The New Cambridge Medieval History
Volume IV   *c*.1024-*c*.1198   PartII

新编剑桥中世纪史

第四卷　　约1024年至约1198年　　第二分册

[英]大卫·勒斯科姆（David Luscombe）

乔纳森·赖利-史密斯（Jonathan Riley-Smith）　主编

陈志强　等译

CAMBRIDGE

中国社会科学出版社

审图号：GS（2021）6272 号

图字：01－2009－0818 号

图书在版编目（CIP）数据

新编剑桥中世纪史. 第4卷, 约1024年至约1198年. 第2分册／（英）大卫·勒斯科姆，（英）乔纳森·赖利－史密斯主编；陈志强等译，—北京：中国社会科学出版社，2021.12

书名原文：The New Cambridge Medieval History，vol. 4，c. 1024－c. 1198，part 2

ISBN 978－7－5203－8783－5

Ⅰ.①新…　Ⅱ.①大…②乔…③陈…　Ⅲ.①欧洲—中世纪史—1024－1198　Ⅳ.①K503

中国版本图书馆 CIP 数据核字（2021）第 147047 号

出 版 人　赵剑英

责任编辑　安　芳

责任校对　赵雪姣

责任印制　李寡寡

出　　　版　中国社会科学出版社

社　　　址　北京鼓楼西大街甲 158 号

邮　　　编　100720

网　　　址　http://www.csspw.cn

发 行 部　010－84083685

门 市 部　010－84029450

经　　　销　新华书店及其他书店

印刷装订　北京市十月印刷有限公司

版　　　次　2021 年 12 月第 1 版

印　　　次　2021 年 12 月第 1 次印刷

开　　　本　650×960　1/16

印　　　张　72.75

字　　　数　1221 千字

定　　　价　298.00 元

This is a Simplified-Chinese translation edition of the following title
published by Cambridge University Press:

The New Cambridge Medieval History, vol. 4, c. 1024 – c. 1198, part 2

ISBN 9780521414111

© Cambridge University Press 2004

This Simplified-Chinese translation edition for the People's Republic of
China (excluding Hong Kong, Macau and Taiwan) is published by
arrangement with the Press Syndicate of the University of Cambridge,
Cambridge, United Kingdom.

© Cambridge University Press and China Social Sciences Press 2021

This Simplified-Chinese translation edition is authorized for sale in the
People's Republic of China (excluding Hong Kong, Macau and Taiwan)
only. Unauthorised export of this Simplified-Chinese translation edition is
a violation of the Copyright Act. No part of this publication may be
reproduced or distributed by any means, or stored in a database or
retrieval system, without the prior written permission of Cambridge
University Press and China Social Sciences Press.

新编剑桥中世纪史

编 委 会

大卫·阿布拉菲亚（David Abulafia）

罗莎蒙德·麦基特里克（Rosamond McKitterick）

马丁·布雷特（Martin Brett）

爱德华·鲍威尔（Edward Powell）

西蒙·凯恩斯（Simon Keynes）

乔纳森·谢泼德（Jonathan Shepard）

彼得·莱恩汉（Peter Linehan）

彼得·斯普福德（Peter Spufford）

本卷主编　大卫·勒斯科姆，谢菲尔德大学中世纪史教授
乔纳森·赖利－史密斯，剑桥大学教会史迪克西
教授

本卷译者　陈志强，南开大学历史学院教授
郭云艳，河北大学历史学院副教授
赵康英，沈阳大学外国语学院教授
郑　玮，南开大学历史学院副教授

总　译　序

　　《剑桥古代史》《剑桥中世纪史》与《剑桥近代史》是剑桥大学出版社出版的三部世界史名著，代表了西方史学研究的趋势和水平，在西方史学界乃至世界史学界享有极高的学术地位，国际史坛习称为"剑桥三史"。其中，《剑桥近代史》的第2版以《新编剑桥世界近代史》的中文译名，已由中国社会科学出版社出版，成为我国学人及广大世界史爱好者的重要读物。

　　《剑桥古代史》初版于20世纪前期，自70年代开始由英语世界及法国、德国等国的知名学者和专家进行长达30年的重写，由原来的12卷扩展至14卷19册。新版《剑桥古代史》将初版中公元3世纪的古代史下限推到公元7世纪左右，大量增加关于古代埃及、西亚文明与早期希腊历史，以及社会经济史、文化史的内容，在古代文明的起源、古代经济的一般特征、古典文明与东方文明的关系、古代世界的转变等一系列根本问题上，取得了重大突破。

　　《新编剑桥中世纪史》共计7卷8册，与旧版《剑桥中世纪史》相比，在编写体例和篇章编排上更为清晰明了，突破了传统政治史的旧框架，试图呈现"全面的历史"，将经济、社会、精神、文化等领域纳入论述范围，提供了对中世纪更为全面、翔实的记载。值得注意的是，新编系列摆脱了以往将欧洲视为世界全部的"欧洲中心论"，反对将欧洲各国历史机械拼凑或简单相加，力图从整体上考察中世纪欧洲各国的历史发展轨迹及相互间的影响，反映了一个世纪以来西方学术研究的繁荣与进步。

　　多卷本《剑桥古代史》（14卷19册）和《新编剑桥中世纪史》（7卷8册），由于篇幅巨大，内容涉及史前史、古埃及史、古代近东史、古希腊史、古罗马史、基督教文明史、伊斯兰教文明史等丰富的历史与多种文字，其中包括大量古代文字，如埃及象形文字、西亚楔形文字、古希腊文、拉丁文等，翻译难度极大，此前一直未能组织翻译出版，这不能不说是中国世界史学界的一大憾事。

改革开放以来，我国世界古代史和世界中世纪史学科取得长足进步，在高校与科研院所中形成了一批受过良好的专业和外语训练的研究队伍，翻译《剑桥古代史》与《新编剑桥中世纪史》的条件逐渐成熟。由于历史学是其他各门人文社会科学的基础，翻译出版两部巨著，不仅会改变中译本《新编剑桥世界近代史》"一只孤雁"的状态，把体现世界史学高水平的"剑桥三史"全部介绍到国内，而且对推动我国世界历史学科，特别是世界古代史和中世纪史学科的建设和人才队伍建设，着力提升中国世界史体系及世界通史研究水平具有重要的学术价值。迄今为止，《剑桥古代史》和《新编剑桥中世纪史》尚无英文之外的译本，中译本的完成和出版，将是这两套重要历史学著作的第一个译本，对于提高我国世界史研究在国际学术界的地位，以及提高我国的文化软实力都有重要意义。

为了将这两部史著翻译成中文出版，中国社会科学出版社于2008年购得了两部著作的中文版权。2010年初启动了由著名历史学家、时任中国社会科学院副院长武寅研究员主持的"《剑桥古代史》《新编剑桥中世纪史》翻译工程"。2010年下半年，该工程被批准列为中国社会科学院重大科研项目和国家社科基金重大招标项目。

在首席专家武寅研究员的领导下，翻译工程集中了全国科研机构和高等院校世界古代中世纪史一流学者组成翻译队伍；聘请国内世界古代、中世纪史老专家作为顾问；组成了由具有较高学术水平和组织经验的世界史专家、出版社领导及相关人员参加的翻译工程工作委员会（简称总编委会），负责翻译工程的日常工作，确保翻译、出版工作的顺利进行。

"翻译工程"不是简单的、一般意义的翻译，而是将这种翻译建立在深入研究的基础上，在某种意义上，这是难度更大、任务更为艰巨的研究性课题。两套史书共27卷册，涉及语种众多，国内和海外对人名、地名及专有名词的译法多有不一。课题组首先组织翻译了各卷册名词索引，又由专人将其汇编成两大本《世界古代史译名词典》和《世界中世纪史译名词典》，作为翻译工程的指南，将来可作为我国世界古代、中世纪史研究和翻译的工具书出版。两部史著不仅涉及的语种多，涉及的学科门类也多，增加了翻译的难度，课题组反复多次请教了不同语种不同专业的专家，解决难点疑点问题。在忠实翻译原著的同时，为便于读者理解，适当增加了译注，在一定程度上反映了国内外最新研究成果和中国学者的观点。

虽然时间紧、任务重，课题组成员发扬艰苦奋斗、精益求精、甘于奉献的精神，按时完成了任务。在此谨对课题组全体成员表示感谢，感谢首席专家武寅研究员，她自始至终率领大家攻坚克难，并从头到尾审阅了全部书稿；感谢于沛研究员做了大量组织工作并审阅了大部分书稿；感谢郭小凌教授和侯建新教授，在完成本卷册翻译任务的同时，还分别担任了古代史和中世纪史子课题的负责人，做了大量组织和审稿工作；感谢所有译者，他们拿出宝贵时间，完成繁重的翻译工作。特别感谢刘家和、朱寰、王敦书、庞卓恒等国内著名老专家，作为顾问全力支持翻译工程。感谢中国社会科学院科研局和国家社科规划办提供的多方支持，有力保证了"翻译工程"顺利进行。感谢中国社会科学出版社赵剑英社长在人力财力上给予大力支持，感谢郭沂纹副总编做了大量具体的组织统筹工作，感谢前社长孟昭宇和原副总编辑曹宏举等关心和支持本课题的所有人，没有他们的支持，本课题也不可能顺利完成。

剑桥翻译工程课题组

2017 年 12 月 17 日

《新编剑桥中世纪史》译序[*]

《新编剑桥中世纪史》（*The New Cambridge Medieval History*）的中译本终于要与华语世界的读者见面了！它将与新版《剑桥古代史》中译本一道陆续出版发行，无疑是奉献给中国学界的一道丰盛大餐，尤其助力于我国的世界史学科的基础性研究，想到此，相信付出8年艰辛劳动的译者们无不深感欣慰！

旧版《剑桥中世纪史》是著名的"剑桥三史"（剑桥古代史、剑桥中世纪史、剑桥近现代史）之一，酝酿于1904年，出版时间从1911年至1936年最后一卷完成，前后耗时33年之久。[①] 自面世以来，一直被认为是同类作品中的扛鼎之作。大约20世纪中叶前后，随着西方新史学的兴起，"剑桥三史"的内容渐显陈旧[②]，此后旧版虽多次有略加修改的重印本，仍不能满足时代要求，因此剑桥大学出版社决定先后启动"剑桥三史"的重新编写工作。1995年，英国剑桥大学出版社首推《新编剑桥中世纪史》（以下简称《新编》）第二卷，自此各卷相继出版，到2005年，共7卷8分册英文版《新编》全部问世。从20世纪80年代后期酝酿重编事宜到全部出齐，《新编》也经历了大约20年。这是一部欧洲史的著作，虽然该书也涉及并写到了近东和北非等地区，仍不能称为世界史作品，然而，它的学术影响却是世界性的。

---

[*] 天津师范大学郑阳博士帮助搜集了相关资料，在此致以谢意。

[①] 参见 P. A. Linehan, "The Making of the *Cambridge Medieval History*", *Speculum*, Vol. 57, No. 3 (Jul., 1982), pp. 463–494。Linehan 是《新编剑桥中世纪史》8人编委会的成员之一，他的这篇文章详细地介绍了老版《剑桥中世纪史》的来龙去脉。

[②] 甚至有人戏称为"鸡肋"，比如，约翰·阿珀斯博士是批评者之一。他于剑桥大学获得博士学位，从事黑死病和瘟疫史研究。他在回忆旧版剑桥中世纪史时说，在其攻读博士学位时无人推荐他去阅读这部作品，包括其导师克里斯托弗·布鲁克在内，尽管该书第七卷涉及他的研究时代，而且该卷主编之一的扎克利·布鲁克还是其导师的父亲。参见 John Aberth, "Review: *The New Cambridge Medieval History*, Ⅵ: *c. 1300–c. 1415*", *Speculum*, Vol. 77, No. 4 (Oct., 2002), p. 1324。

一

　　每部史学著作都不可避免地留下时代的烙印。《新编剑桥中世纪史》和旧版《剑桥中世纪史》作为具有谱系关系的两部史著，既有联系又有区别，从内容取舍、写作风格不同到编纂体例和史学理念的变化，都可以品味皇皇巨著背后的时代沧桑。《新编》与旧版主要有哪些区别，或者说什么是《新编》的主要特点？

　　其一，《新编》撰写体例和内容都发生了变化。剑桥大学史学编纂体例的传统是兼顾主题和时段两大要素。[①] 旧版各卷也兼顾了两大要素，只是政治性主题被强化，各卷大都依照特定的政治主题编排。诸如罗马基督教帝国与日耳曼各王国的建立、日耳曼人和西方帝国、东罗马帝国、帝国与教廷之争、教廷的胜利、帝国和教廷的衰落等，显然是一部典型传统的政治史和军事史，显示了那个时代的史学特征。19 世纪末以降，兰克学派盛行于世，在史学方法上强调实证主义，叙事内容则以政治史研究为中心。剑桥大学的史学圈深受其影响，其代表人物阿克顿勋爵主编的《剑桥近代史》把西方的政治史推向新高峰。旧版《剑桥中世纪史》则紧随其后。英国史学界对于政治史的过分强调显然限制了《剑桥中世纪史》的研究视野和内容取舍。[②]

　　《新编》编排的方式以时段要素为主，诸分卷依时序相衔接；同时各卷试图紧扣住该时段最具典型特征的历史画面，重视政治，也不忽略经济、社会、文化与艺术等方面。而且，关注下层社会的历史，关注非精英团体的历史，打破了旧版以英雄人物为焦点的传统。[③] 有人认为这种撰写体例有进步也有缺陷，最大的缺陷莫过于主题过多而无法形成有机整体，神形俱散。例如，巴克拉克在对新编第二卷所作

　　① 参见 J. O. McLachlan, "The Origin and Early Development of the Cambridge Historical Tripos", *Cambridge Historical Journal*, Vol. 9, No. 1 (1947), p. 83。

　　② 参见 B. Bachrach, "Review: *The New Cambridge Medieval History, II: c. 700 – c. 900*", *Speculum*, Vol. 74, No. 1 (Jan., 1999), p. 217; E. Peters, "Review: *The New Cambridge Medieval History, IV: c. 1024 – c. 1198*", *The International History Review*, Vol. 28, No. 2 (Jun., 2006), pp. 375 – 378。

　　③ P. Freedman, "Review: *The New Cambridge Medieval History, V: c. 1198 – c. 1300*", *Speculum*, Vol. 77, No. 1 (Jan., 2002), pp. 122 – 123。

的书评中，就批评该卷由于过多强调社会、文化等当下学界热捧的各
个研究维度，致使难以归纳出该时段的历史特征。① 阿珀斯在评论
《新编》第六卷时，毫不客气地指出该卷各章之间缺乏整合性，只见
树木不见森林。② 不过总的看，《新编》的体例普遍受到好评，一些
学者认为，即使上述那些问题存在也无伤大雅，因为从受众角度看，
这部作品主要面对具有相当研究基础的学术群体，属于专业研究生使
用的大型教科书，大多数人只是查阅相关部分，很少通读全书，因而
在一定程度上回避了该书撰写体例上的缺陷。③

　　其二，改善编纂组织方式，研究视域涵盖整个欧洲。19 世纪末
20 世纪初，民族主义思潮盛行，以致引发世界大战，这给旧版《剑
桥中世纪史》留下深深的伤痕。第一次世界大战爆发后，剑桥大学
出版社特别委员会决定罢免所有参与《剑桥中世纪史》撰写的"敌
对国家"的学者，并以"自己人"取而代之。据此，所有来自德国、
奥地利、匈牙利甚至俄国的作者皆遭排斥出局，而这些作者本是当时
相关领域的一流学者；取而代之的学者往往相形见绌。④ 结果旧版
《剑桥中世纪史》迟迟不能成书，质量也大打折扣，皆为后人所诟
病。第二次世界大战后，人们对于民族主义及其引发的灾难进行了深
刻的反思，推动了《新编》编纂的国际合作精神。作为一部英语学
术著作，《新编剑桥中世纪史》的非英语撰稿人在各卷中均占有一定
的比例，最低占24%，最高则达到46%。⑤ 此外，《新编》展现了更
为公允的学术立场。以《新编》第二卷为例，主编麦克科特里克及
其英籍同事对欧洲大陆历史事件客观而准确的叙述和分析，颇受好
评，远非旧版可比，后者的一些表现被斥责为强烈的"盎格鲁中心

---

① B. Bachrach, "Review: *The New Cambridge Medieval History*, II: *c. 700 – c. 900*", *Speculum*, Vol. 74, No. 1 (Jan. , 1999), p. 219.

② John Aberth, "Review: *The New Cambridge Medieval History*, VI: *c. 1300 – c. 1415*", *Speculum*, Vol. 77, No. 4 (Oct. , 2002), pp. 1324, 1327.

③ D. Shanzer, "Review: *The New Cambridge Medieval History*, I: *c. 500 – c. 700*", *Speculum*, Vol. 83, No. 2 (Apr. , 2008), p. 436.

④ 例如，第八卷第四章涉及 15 世纪的神圣罗马帝国，取代德国学者科伊特根（Keutgen）的是英国学者拉芬（R. D. G. Laffan），在给当时《剑桥中世纪史》主编之一的特纳（J. R. Tanner）的信中，拉芬坦言："我阅读德文很慢，困难重重，因此几乎不能阅读任何重要的德文著作，尽管我有时提及它们；虽然我希望明天去学习这门语言，但在相当一段时间里却无法精通。"见 P. A. Linehan, "The Making of the *Cambridge Medieval History*", *Speculum*, Vol. 57, No. 3 (Jul. , 1982), p. 466。

⑤ 根据《新编剑桥中世纪史》各卷撰稿人情况统计得出。

主义"。① 旧版《剑桥中世纪史》的所有主编均有剑桥大学的背景，而且一人通常兼管数卷，权限过大，交接无序，不可避免地影响了作品质量。②《新编》的最高编委会由 8 名国际学者构成，各卷的主编向编委会负责，从而有利于编纂组织工作公允有效地推进。

《新编》的研究视角囊括整个欧洲，麦克科特里克指出，《新编》第二卷致力于通过跨学科的方法探究整体欧洲的发展。③ 各卷大多都有北欧、东欧地区的专门章节，而且波兰、捷克、立陶宛、挪威等国的学者直接参与了各卷的撰写并取得了丰硕的成果。④ 同时注重欧洲与周边非基督教文明的互动。事实上，欧洲整体史以及文明互动的观念在《新编》各卷中均有表现。伊斯兰教世界在《新编》中具有更重要的位置，比如《新编》第四卷第二部分中有两章专门探究相关时期的伊斯兰世界。⑤ 对此，彼得斯认为新版欧洲中世纪史的研究视域扩展到了东方和南方的新边界。⑥

其三，史料翔实，并力求史料与分析并重。剑桥史学一向以扎实敦厚的研究院风格著称于史学界，《新编》承继了这一传统，而且原始资料的来源范围更加宽泛。不仅包括各种传统的档案与法典，个人信件、税单、货单、徽章、忏悔书、墓志铭、印章、社团手册和工艺品等都被纳入涉猎范畴。近几十年最新考古成果的贡献也相当醒目。应该说，《新编》比旧版的史料基础更为坚实和广阔。各卷末所列参考及进一步阅读书目，占该卷总篇幅的 15% 以上，是全书的重要组成部分。一方面重视原始资料，另一方面重视吸纳和展示当代学者的最新研究成果，浏览参考书目可掂出成果之厚重，也感受到明显的时代气息。《新编》另一个明显的新特征是，加强了历史解释和评论的

---

① 　J. Campbell, "Review: *The New Cambridge Medieval History*, II: *c.* 700 – *c.* 900", *The English Historical Review*, Vol. 113, No. 452（Jun., 1998）, p. 684.

② 　关于旧版《剑桥中世纪史》的编辑组织的变化以及各位执行主编的问题，均见 P. A. Linehan, "The Making of the *Cambridge Medieval History*"。

③ 　Rosamond McKitterick, ed., *The New Cambridge Medieval History*, II: *c.* 700 – *c.* 900, Cambridge, Eng.: Cambridge University Press, 1995, pp. xvii – xviii.

④ 　例如，T. Noonan 在《新编剑桥中世纪史》第三卷中关于东欧地区的研究便十分出色，被认为具有很高的学术价值。见 J. Contreni, "Review: *The New Cambridge Medieval History*, III: *c.* 900 – *c.* 1024", *The International Historical Review*, Vol. 23, No. 3（Sep., 2001）, p. 633。

⑤ 　David Luscombe & Jonathan Riley-Smith, eds, *The New Cambridge Medieval History*, IV: *c.* 1024 – *c.* 1198, *Part* 2, New York: Cambridge University Press, 2004, chap. 22, 23.

⑥ 　E. Peters, "Review: *The New Cambridge Medieval History*, IV: *c.* 1024 – *c.* 1198", *The International Historical Review*, Vol. 28, No. 2（Jun., 2006）, pp. 377 – 378.

力度。它保留了兰克学派实证主义的方法，同时在相当程度上摒弃了述而不论、怀疑论及不可知论，后者曾被调侃为"外交"型历史学家的风格。秉持述论并重的原则，而且不失时机地介绍其他相同的和不相同的观点，无疑使史学思辨更富有张力。

二

下面，笔者对《新编》各卷做简要介绍，以方便读者阅读。

《新编》共 7 卷 8 分册，探讨的时段自大约公元 500 年至公元 1500 年。其中第一至三卷探究中世纪早期的欧洲历史，第四、五卷探究中世纪盛期的欧洲历史，第六、七卷探究中世纪晚期的欧洲历史。各卷情况大致如下：

第一卷主要阐释 6—7 世纪欧洲发端时期的背景历史。先以导论方式介绍了晚期罗马帝国、蛮族入侵以及相关史料及其解读。继而以时段为序，以地域性政治实体为单元分别讨论了这一时期的历史。最后一部分以专题的方式探究了犹太人、王权、地中海与北海经济等问题。考古材料和各种非文献史料的运用是本卷的亮点，伊斯兰文明和拜占庭文明在本卷中占有一定的分量，显示了开阔的视野。

第二卷主要阐释 8—9 世纪欧洲文明形成时期的历史。本卷重点探究以法兰克王国为中心的蛮族王国对欧洲的塑造性作用，包括政治观念、统治方式、社会组织、教俗关系、文化生活等各个方面。本卷分为四个部分。第一部分一般性介绍 8、9 世纪欧洲各王国和各族的政治史；第二部分分析王权、贵族、经济制度、军事组织、乡村社会等专题；第三部分阐述教宗制度与仪式，以及教俗关系；第四部分从不同方面系统地探讨了 8、9 世纪的欧洲知识与文化的历史。

第三卷主要阐释"漫长的 10 世纪"（可上溯至 9 世纪末下推及 11 世纪 20、30 年代），欧洲封建制、庄园依附制出现与形成，欧洲的政治格局和政治版图由此奠定。本卷分成三部分，第一部分为经济—社会史的各类专题，第二和第三部分以加洛林帝国地域为界，分别探究"后加洛林欧洲"各国，以及"非加洛林欧洲"各地区的历史。欧洲在这一时期完成了从古代世界向中世纪世界的转变，欧洲核心区各王国开始了自我认同的历史进程。

第四卷主要阐释 11—12 世纪政教二元架构下的欧洲。本卷分上下两册，两册的基本内容大多涉及教会或教会与世俗的关系。上册作为专题史，论述了宗教和世俗两个世界的发展与变革，包括人口、农业、贸易、城市、教会改革及其与东派教会、伊斯兰世界和犹太人的关系等。下册侧重于政治史视角，探究教俗重大政治事件的进程与发展，包括教宗制转型、欧洲各王国、各地区精英阶层的兴起与政府组织的发展等。

第五卷主要阐释 13 世纪的欧洲历史，以西欧地区与外界前沿地区的互动为研究框架，从多个维度凸显"扩张"这一时代主题：如天主教会的扩张、欧洲人口的急剧增长和经济扩张，以及王权的深度发展等。

第六卷主要阐释 14—15 世纪欧洲的历史，凸显 14 世纪进步性的一面。传统上认为 14 世纪以灾难与衰退为特征，特别是黑死病损失了欧洲三分之一的人口。本卷在客观分析大灾变的同时，指出 14 世纪是旧事物衰落、新事物萌生的时期，例如战争技艺的提高、近代国家的起源、市民阶层的兴起与宪政的发展、农民社会地位和生活水平的提高等。总之，进步隐含于混乱和衰败之中。此外，把东欧作为独立主体进行叙述，是个明显的变化。

第七卷主要阐释 1415 年前后至 1500 年前后的欧洲历史，重点是欧洲民族国家的发展。而各国的案例呈现出多样性特征，无论政府和政治体制发展，还是贵族的地位和作用均如此。另外，与第六卷强调 14 世纪的进步一样，本卷也力图扭转一些非理性的传统观点，多角度展现该时期欧洲所取得的成就，正是在这一背景下，欧洲文明步入现代。

三

《新编剑桥中世纪史》的权威性举世公认，被世界各国历史学科及其他相关学科图书馆列为基本藏书，某种程度上具有了工具书的性质。这种学术性极强的鸿篇巨制，翻译难度相当高，非置身其中是难以体会的。将艰涩的学术语言译成流畅、准确的中文绝非易事，不仅需要深入了解已经逝去的且千变万化的语境，还要排除古希腊文、拉丁文、古英文、阿拉伯文等不常见文字和死文字的干扰。不仅如此，由于是大型系列学术专著，一些规定性语言要求卷内一致，还须各卷一致，中世纪史与古代史也须避免矛盾和误解。仅仅人名地名的统一这项工作就耗费了我们大量的精力和时间。工作初期我们花费了几乎一年时间，逐渐消化有可能产生歧义的数万词条。2013年初，在天津师范大学专门召开了"新编剑桥中世纪史译名研讨会"，对有争议的人名地名"会诊"，反复讨论，逐条敲定。在上上下下的若干回合中，几乎每个词条译法，都集中了大家的意见，最后编成涵盖上万词条的《中世纪史译名手册》，供译者使用。这不是说我们做得很好了，只能说尽力了。由于水平有限，仍难免有疏漏和错误。杨绛先生曾云：翻译就像是抓虱子，再小心也不免有落网之虫。那就请大家与我们一起来抓虱子吧！不论译名还是译文，诚恳地期待读者批评指正。随着我国世界史研究水平的提升，也期待着更好的中译本问世。

参与《新编》翻译的各卷册主持人名单如下：

第一卷（c.500—c.700）徐家玲教授（东北师范大学历史文化学院）

第二卷（c.700—c.900）郭方研究员、李桂芝副研究员（中国社科院世界历史研究所）

第三卷（c.900—c.1024）顾銮斋教授（山东大学历史文化学院）

第四卷第一分册（c.1024—c.1198）彭小瑜教授（北京大学历史学系）

第四卷第二分册（c.1024—c.1198）陈志强教授（南开大学历史学院）

第五卷（c.1198—c.1300）徐浩教授（中国人民大学历史学院）

第六卷（c.1300—c.1415）王加丰教授（浙江师范大学历史系）

第七卷（c.1415—c.1500）侯建新教授、刘景华教授（天津师范大学欧洲文明研究院）

在《新编》中文版即将问世之际，我对上述主持人表示衷心感谢，对各卷的译者们表示衷心感谢。数年愉快的合作留下美好的回忆。《中世纪史译名手册》的审校工作，彭小瑜教授、徐家玲教授倾注了大量心血，谨致以敬意。感谢项目首席专家武寅研究员，没有她出色的领导，很难组织起如此庞大的、来自几十所高校和研究机构的学术团队。感谢赵剑英、曹宏举、郭沂纹、魏长宝、王茵等中国社会科学出版社的领导、编辑和工作人员的辛勤工作。在译名手册的编纂中，初选上来的数万词条需逐一查重、核准，天津师范大学欧洲文明研究院陈太宝博士默默做了大量的基础性工作，翻译微信群的交流活动等，青年教师刘芮付出劳动，在此一并表示谢意。

是为序。

侯建新

2016 年 1 月 17 日

于天津师范大学欧洲文明研究院

译　者　序

《新编剑桥中世纪史》丛书自 1995 年首卷问世后，直到 2004 年最后一卷出版。本卷第四卷下册属于最后完成的，其中原因在分卷主编大卫·勒斯科姆和乔纳森·赖利－史密斯所作前言中透露出来，"原本打算参与撰写的学者有三位刚要动笔就不幸去世了，还有五位未能完稿"，重新选择聘任的作者竟然占了总数的三分之一，其困难显见一斑，也在书中留下了痕迹。无论如何，当 2008 年全套七卷八册书正式出版时还是给读者留下了深刻印象。

本卷书涉及欧洲地中海世界 1024—1198 年前后时段的历史，这个时段正是欧洲中世纪史的盛期，要讨论的内容太多，线索太复杂，以至于总编委会不得不将本卷书分为上下两册，使之成为整套书中唯一分上下册的一卷书。如果说上册是"专题史"，那么下册就是"地区国别史"。作为下册分卷中译本主编，我愿意就此略谈一二。

首先，下册按照当下地区国别界线详谈欧洲及相关地区国家将近两个世纪的政治变动，重点梳理影响国家层面发展的君王世系线索。这与上册专题叙述框架形成了鲜明对照，或者读者可以将下册作为上册的背景知识来阅读。近年来，史学界倾向于突破政治军事史研究的传统理路，拓展出极为广阔的社会史、生态环境史和新文化史等诸多领域的研究空间。尽管如此，人们还是注意到政治史研究的重要性和不可替代性，因为人类社会生活最重要的内容还在于政治生活的变革，这一因素决定着人类群体内外关系的稳定性，进而影响着人类与自然环境（保护、开发、利用、争夺）的关系、人与人（家庭、族群、邻里、社区等）的关系，也影响着人类科技文化的发展。缺少了政治发展的历史叙述，其他专题研究似乎都无从谈起。这一决定性因素应该也必须成为任何历史书的核心议题，当然也是下册的主题。

有了这个坚实的平台,上册的专题研究才有的放矢,读者也将在欧洲各国清晰的年代变动线索中找到专题分析的落脚之地。从这个角度看,也许现有的上下册互换位置更为妥帖。

其次,下册重点的政治叙述并非单纯厘清王朝、大家族的谱系关系,细心的读者在众多王朝、大家族的众多君王大贵族复杂关系中一定会发现全书深层涌动的政治变动趋势。如果以政治问题核心焦点的权力体制角度看,就不难发现整个欧洲地中海世界人类社会大体分为中央集权和地方集权两种状态。前者以自晚期罗马帝国以后就一直坚持皇帝专制中央集权的拜占庭帝国为典型,后者以日耳曼民族大迁徙运动以后普遍实行各级君主地方分权的西欧地区为典型。问题的关键在于本卷所涉时段,两种权力模式出现了发展至顶点后的趋同走向。具体而言,拜占庭帝国的中央集权体制在科穆宁王朝时期朝向家族政治发展,而西欧各地方君主,特别是英格兰、法兰西、西班牙和德意志各国诸侯则逐渐屈服于实力日增的王权。事实上,拜占庭帝国早期政治继承的罗马帝国传统最重要之点在于强大的国家体制,即完善的中央和地方政府机构、完整的法律和法治制度、以信仰为核心的官方意识形态、强势的铁腕皇帝及其团队,这一整套国家形态建设充分调动了其所辖的东地中海世界多种资源。与此同时,在欧洲"试验场"的西部,地方集权以各级领主理顺家族内血缘关系和构建家族间血缘关系网络为核心的建设也在缓慢推进,由于土地资源在农耕游牧时代的极端重要性,遂被当作各种关系链条的基本纽带,一整套等级严格的制度由此形成,特别是罗马教会充当了共同意识形态的代表。然而时至本卷涉及的时期,中央集权和地方集权两种政治模式都在运行中出现了问题,都在不自觉地向着相反但两者趋同的方向发展。这种趋同发展在西西里和匈牙利甚至英格兰均率先出现了,那里的君王们不约而同地采取了削弱家族子弟之地方权力基础的措施,并千方百计强化父辈的政治经济实力,从而出现了早期多层次政治无序状态向着国家统一政治权力发展的趋势。而拜占庭马其顿王朝巴西尔二世"黄金时代"之后国家统一政治权力因缺乏杰出皇帝而出现了中央集权的松弛乃至瓦解,科穆宁王朝阿莱克修斯一世的政治改革开启了家族政治的开端,也在不自觉地朝着地方集权的方向发展。换言之,拜占庭帝国的国家权力逐渐衰败,而以西欧王权为代表的国家权力开始加强。这一深刻变动为嗣后欧洲地中海世界在中古晚期和近代早期的发展奠定了基础，西欧和中欧地区各国以国王集权为最高形象逐渐形成的民族国家恰好符合工业文明兴起的政治经济要求，那里各个近代国家的发展愈发强势，而拜占庭"帝国"则从强势的中央集权制国家蜕变为地方集权的家族统治，进而在新兴的奥斯曼帝国的打击下灭亡。这个复杂变动的时代，呈现出令人眼花缭乱的现象，确实需要本卷用上下两册加以叙述，在此，总编委会在全书布局上的"洞察力"和苦心值得仔细领悟。

最后，本册翻译亦如分卷主编选用作者遇到的问题类似，原定的分工计划几经调整，翻译团队最终完成了任务。最初考虑到这套书语言文字不同于一般教科书和教材，研究性表达方式迫使选定译者的标准提高了，按照内容相近和页数平均原则分配，赵康英负责第二、四、十三、十五章，郑玮负责第八—十二章、郭云艳负责第十八—二十三章，其余正文和各附属部分由我负责。但这一分工计划在开始后一年进行了第一次调整，郭云艳增加了第九—十二章；不久后又因多种原因不得不进行第二次调整，再给郭云艳增加了大幅度修改翻译初稿的任务即第二、四、十三、十五章的重译和修改工作（读者可以在各章末尾处确认各位译者）。我翻译第一、三、五、六、十四、十六、十七和所有辅助部分后，校对了全书，郭云艳负责地图文字说明和索引翻译。这里，我向郭云艳副教授表示衷心感谢，没有她的全力投入和高质量翻译，真不知道我们会如何完成翻译工作。

诚如各卷译者前言指出的一点：由于内容覆盖面广，使用语言复杂，表达方式多样化，我们在翻译中常感能力不足，也出现了一些失误。幸赖多位审读专家和本册编辑严格仔细的"把关"，他们提出的意见和建议促使我们在修改中得到进一步学习的机会，对保证最佳翻译质量也发挥了重要作用。在此表示衷心谢意。敬请读者批评指正，并直接向我本人提出，以便进行后续修改（markchen@nankai.edu.cn）。

陈志强

2020 年 9 月 8 日

目　　录

地图一览表

陈志强 译

王朝世系一览表

陈志强 译

帝王名录

基督教君主

穆斯林统治者及其登基年

陈志强 译

作者简介

迈克尔·安格尔德（Michael Angold）：爱丁堡（Edinburgh）大学拜占庭史教授。

本杰明·阿诺德（Benjamin Arnold）：雷丁（Reading）大学中世纪史教授。

约翰·W. 鲍德温（John W. Baldwin）：约翰霍普金斯（John Hopkins）大学"查尔斯·荷马·哈斯金斯"（Charles Homer Haskins）荣誉退休历史教授（Emeritus），巴尔迪莫（Baltimore）大学、马里兰（Maryland）大学荣誉退休历史教授，英国科学院院士。

杰弗里·巴洛（Geoffrey Barrow）：爱丁堡（Edinburgh）大学"威廉·弗拉塞尔爵士"（Sir William Fraser）苏格兰史和古文献学荣誉退休教授，英国科学院院士。

西蒙·巴敦（Simon Barton）：埃克塞特（Exeter）大学西班牙语教授。

诺拉·柏伦德（Nora Berend）：剑桥（Cambridge）大学圣凯瑟琳（St Catharine）学院历史讲师（Lecturer）和研究员（Fellow）。

尤塔－雷纳特·布卢门特尔（Uta-Renate Blumenthal）：华盛顿特区美国天主教（Catholic）大学教授。

康斯坦丝·勒斯科姆·布里坦卜洽德（Constance Brittain Bouchard）：俄亥俄（Ohio）阿克隆（Akron）大学"特聘"（Distinguished）历史教授。

迈克尔·布莱特（Michael Brett）：伦敦大学东方与非洲研究学院（School）北非史教授。

迈克尔·布尔（Michel Bur）：南希二世（Nancy Ⅱ）大学荣誉退休教授。

马乔里·池布纳（Marjorie Chibnall）：剑桥大学卡莱尔学堂（Clare Hall）研究员，英国科学院院士。

马丁·迪米尼克（Martin Dimnik）：多伦多（Toronto）大学中世纪研究教宗研究所（Pontifical Institute）教授。

斯蒂芬·汉弗莱（Stephen Humphreys）：加利福尼亚（California）大学圣巴巴拉市（Santa Barbara）"国王阿卜杜拉阿齐兹伊本萨乌德"（King Abdul Aziz Ibn Saud）伊斯兰研究教授。

托马斯·K. 基佛（Themas K. Keefe）：北卡罗来纳阿巴拉契亚（Appalachia）州立大学教授。xiv

彼得·林奈班（Peter Lineban）：剑桥大学圣约翰（St John）学院研究员，英国科学院院士。

G. A. 罗德（G. A. Loud）：利兹（Leeds）大学中世纪史高级讲师（Reader）。

大卫·勒斯科姆（David Luscombe）：谢菲尔德（Sheffield）大学中世纪史教授，英国科学院院士。

保罗·马格达里诺（Paul Magdalino）：圣安德鲁斯（St Andrews）大学拜占庭史教授，英国科学院院士。

汉斯·厄伯哈德·梅耶（Hans Eberhard Mayer）：基尔（Kiel）大学荣誉退休教授。

乔纳森·赖利－史密斯（Jonathan Riley-Smith）：剑桥大学伊曼纽尔学院教会史"迪克西"（Dixie）教授和研究员。

I. S. 罗宾逊（I. S. Robinson）：都柏林（Dublin）大学三一（Trinity）学院中世纪史教授。

彼得·索耶（Peter Sawyer）：利兹（Leeds）大学中世纪史荣誉退休教授。

乔万尼·塔巴科（Giovanni Tabacco）：都灵（Turin）大学教会史助理教授（Associate Progessor）和英国科学院通讯院士。

汉纳·沃尔拉特（Hanna Vollrath）：波鸿（Bochum）鲁尔（Ruhe）大学教授。

杰兹·维罗兹姆斯基（Jerzy Wyrozumski）：克拉科夫（Cracow）亚盖洛尼亚（Jagiellonia）大学教授。

陈志强 译

前　　言

本主编向本卷上下两册所有作者致以最诚挚的谢意，感谢他们的合作、参与和努力工作。集体行动的风险绝不能缺少合作冒险的勇气，《新编剑桥中世纪史》第四卷——本丛书最厚重的一卷——也不例外：其编撰已经跨越了十余年。

本卷上册原计划参与编撰的学者中，五位未能完稿。我们要特别感谢那些挺身而出、替代他们撰写了相应各章的杰出历史学家们。

本卷下册我们面临的问题和情况更难处理，原本打算参与撰写的学者有三位刚要动笔就不幸去世了，还有五位未能完稿。我们同样要特别感谢那些挺身而出、立即替代他们投入撰写完成相应各章的杰出历史学家们。我们还要对最近去世的乔万尼·塔巴科（Giovanni Tabacco）和托马斯·K. 基佛（Themas K. Keefe）致以深切的哀悼，他们直到临终前还在撰写。

大卫·勒斯科姆

乔纳森·赖利－史密斯

陈志强 译

致　谢

　　在准备这一卷的过程中，我们欠下许多情义，心中感谢不尽。文字编辑、翻译、秘书、地图绘制员、图表绘制员、排版员和其他工作人员慷慨地为我们提供了专业的意见。我们的文字编辑——弗朗西斯·布朗（Frances Brawn）和琳达·兰德尔（Linda Randall），负责索引的奥瑞尔·格里菲斯－琼斯（Aariol Griffith-Jones），还有包括琼·比勒尔（Jean Birrell）、莫尼卡·科格伦（Monika Coghlan）、卡罗琳·斯通（Caroline Stone）和马丁·汤姆（Martin Thom）等人的翻译团队都给予了我们宝贵的帮助。谢菲尔德大学的帕特·霍兰（Pat Holland）在秘书工作上给予我们慷慨的援助。我们要对剑桥大学出版社的威廉·戴维斯（William Davies）在每个阶段的支持特别表示感谢。编辑们也有理由感谢彼此，因为他们的合作成果丰硕、令人愉悦。但迄今为止我们最应致谢的是这一卷的所有作者。

大卫·勒斯科姆

乔纳森·赖利－史密斯

缩 写 表

AHP	*Archivum Historiae Pontificiae*
AHR	*American Historical Review*
Annales ESC	*Annales: Economies, Sociétés, Civilisations*
ANS	*Anglo-Norman Studies*
BEC	*Bibliothèque de l'Ecole des Chartes*
BF	*Byzantische Forschungen*
BHL	*Bibliotheca Hagiographica Latina*
BIHR	*Bulletin of the Institute of Historical Research*
BISI	*Bullettino dell'Istituto Storico Italiano per il Medio Evo e Archivio Muratoriano*
BMGS	*Byzantine and Modern Greek Studies*
BS	*Byzantinoslavica*
BSOAS	*Bulletin of the School of Oriental and African Studies*
BZ	*Byzantinische Zeitschrift*
CCCM	Corpus Christianorum, Continuatio Mediaevalis
CCM	*Cahiers de Civilisation Médiévale*
COD	*Conciliorum oecumenicorum decreta*, ed. J. Alberigo, J. A. Dossetti *et al.*, 3rd edn, Bologna (1973)
DA	*Deutsches Archiv für Erforschung des Mittelalters*
DOP	*Dumbarton Oaks Papers*
EEBΣ	*Epeteris Etaireias Vizantinon Spoudon*
EEMCA	*Estudios de Edad Media de la Corona de Aragón*
EHR	*English Historical Review*
FmaSt	*Frühmittelalterliche Studien*
FSI	Fonti per la Storia d'Italia, ed. Istituto Storico Italiano, 118 vols. so far, Rome (1887–)
HZ	*Historische Zeitschrift*
JEH	*Journal of Ecclesiastical History*

xviii JL	*Regesta pontificum Romanorum ab condita ecclesia ad annum post Christum natum MCXCVIII*, ed. P. Jaffé, 2nd edn, rev. ed. S. Loewenfeld, F. Kaltenbrunner and P. Ewald, 2 vols., Leipzig (1885–8)
JMH	*Journal of Medieval History*
JöB	*Jahrbuch des österreichischen Byzantinistik*
JRAS	*Journal of the Royal Asiatic Society*
MA	*Le Moyen Age*
Mansi	*Sacrorum conciliorum nova et amplissima collectio*, ed. G. D. Mansi, 55 vols., Venice and Florence (1759–98)
MGH	*Monumenta Germaniae Historica*, ed. G. H. Pertz *et al.*, Hanover, Weimar, Stuttgart and Cologne (1826–)
Constitutiones	*Constitutiones et acta publica imperatorum et regum*, 11 vols. so far (1893–)
Diplomata	*Diplomata regum et imperatorum Germaniae*, 19 vols. so far (1879–)
Epistolae	*Die Briefe des deutschen Kaiserzeit*, 8 vols. so far (1949–)
Epp. sel.	*Epistolae selectae*, 5 vols. so far (1916–)
Libelli	*Libelli de lite imperatorum et pontificum saeculis XI. et XII. conscripti*, 3 vols. (1891–7)
S	*Scriptores*, 38 vols. so far (1826–)
Schriften	*Schriften der Monumenta Germaniae Historica*, 51 vols. so far (1938–)
SRG	*Scriptores rerum Germanicarum in usum scholarum separatim editi*, 75 vols. so far (1871–)
SRG NS	*Scriptores rerum Germanicarum. Nova series*, 18 vols. so far (1922–)
MIÖG	*Mitteilungen des Instituts für österreichische Geschichtsforschung*
NA	*Neues Archiv*
NCMH	*The New Cambridge Medieval History*
OCP	*Orientalia Christiana Periodica*
PaP	*Past and Present*
PBA	*Proceedings of the British Academy*
PL	*Patrologiae cursus completus, Series Latina*, comp. J. P. Migne, 221 vols., Paris (1844–64)
QFIAB	*Quellen und Forschungen aus italienischen Archiven und Bibliotheken*
RBén	*Revue Bénédictine*
REB	*Revue des Etudes Byzantines*
RES-EE	*Revue des Etudes Sud-est Européennes*

RHC Occ.	*Recueil des historiens des croisades. Historiens occidentaux,* ed. Académie des Inscriptions et Belles-Lettres, 5 vols., Paris (1844–95)	xix
RHE	*Revue d'Histoire Ecclésiastique*	
RHGF	*Recueil des historiens des Gaules et de la France,* ed. M. Bouquet and M.-J.-J. Brial, 24 vols., Paris (1738–1904)	
RIS NS	*Rerum Italicarum Scriptores,* 2nd edn, ed. G. Carducii *et. al.,* 34 vols. so far, Città di Castello and Bologna (1900–)	
RS	Rerum Britannicarum Medii Aevi Scriptores, publ. under the direction of the Master of the Rolls, 99 vols., London (1858–96)	
SG	*Studi Gregoriani*	
TM	*Travaux et Mémoires*	
TRHS	*Transactions of the Royal Historical Society*	
VV	*Vizantiniskij Vermmenik*	
ZDPV	*Zeitschrift des Deutschen Palästina-Vereins*	
ZRG	*Zeitschrift für Rechtsgeschichte*	
ZRVI	*Zbornik Radova Vizantinoloshkog Instituta*	
ZSSRG	*Zeitschrift der Savigny-Stiftung für Rechtsgeschichte*	
KA	*Kanonistische Abteilung*	

第　一　章
概　　论

1099 年 7 月，在经历了四个半世纪的穆斯林统治后，耶路撒冷城被十字军骑士重新占领，这是一个最为重要的标志，表明地中海权力的天平开始从东部倒向了西部。巴尔干半岛和黎凡特（地中海东部地区）与西欧一样，也出现了同样有益的经济发展动力，但这里并未对其加以充分利用。由于游牧的突厥民族占领小亚细亚大部分地区，拜占庭帝国业已遭到沉重打击，还有不时反叛的"罗马"将领们雇用突厥人为雇佣兵，进而大范围地将这个地区占为己有，这不禁让人想起 3 世纪蛮族入侵时的情景。这个帝国只不过成了希腊中部和巴尔干半岛地区的一个阴影，事实上它从来没有重要的商贸和工业生产部门，这些部门原本应该可以补偿其领土丧失造成的损失：而君士坦丁堡一直是庞大的消费城市。有利可图的商业中心都必须处于商路要道而非商路的终端，当皇帝阿列克修斯一世（Alexios Ⅰ）鼓励威尼斯和比萨的商人进入君士坦丁堡时，他可能是想要开通一条新的海外通道，而这恰好是建立此类国际市场所必需的。

在开罗的什叶派法蒂玛王朝（Shi'ite Fatimids）和代表巴格达阿拔斯（'Abbasid）哈里发的逊尼派塞尔柱突厥人之间的战争中，叙利亚和巴勒斯坦惨遭摧毁。近东地区的穆斯林早在第一次十字军到来前就已经陷入了相当严重的混乱。1092 年，塞尔柱历史上最伟大的人物、在幕后支持历任素丹超过 30 年之久的维齐尔（vizier）尼扎姆·穆尔克（Nizam al-Mulk）被暗杀。一个月后，素丹马利克沙（Malik-shah）去世，死因疑云重重，而他的妻子、孙子和其他重要的人也同样死得不明不白。阿拔斯哈里发穆克塔迪（al-Muqtadi）本人也于1094 年去世。塞尔柱素丹国分裂为许多地方政权，篡位者和素丹家族成员们为争权夺利而相互厮杀。1094 年，法蒂玛王朝哈里发穆斯坦绥尔（al-Mustansir）也去世了，他曾在开罗统治了 58 年，顽强抵抗了塞尔柱人的入侵；他的维齐尔白德尔·贾迈利（Badr al-Jamali）也死去了。因此，第一次十字军入侵横扫的是一个权力真空的地区。

　　西欧可能从来就不是个适于生存的舒适之地，但那里的客观条件比东方要好。由于未遭遇任何重大外部威胁，这里的教育和政府管理得以迅速发展，这些内容将在本卷第一部分加以叙述。发展的动力来自拉丁教会，这是在欧洲大陆各地唯一具有重要影响力的组织。西欧之所以发展出先进的政府管理体制，部分原因在于其管理核心在教、俗两界都支持的舆论氛围中所秉持的主动创造精神。它们表现出令人惊异的雄心大志，尽管它们最初并不包含具体的计划，因为那些主要的活动家们都没有明确的思路要向何处发展。这些人只是打算将整个教会重新恢复到他们认可的那个样子，这其实非常质朴单纯，他们决定利用基督教管理组织的核心机构实现这个目的。在此后整整三个世纪，也就是在教会历史上最具变革的那个时期，罗马教宗（罗马教宗是 8 世纪中期由其前身罗马主教发展形成的，但其名称本身一直没有变化。——译者注）坚持其独立的、权威的发言权，并以一系列制度建设强化其权威，首先是通过前 7 次（或 8 次）全基督教主教会议决议，瓦解了前此存在的教义权威体系。如果认为教会此时就可以随心所欲，那就大错特错了——确实，它总是使那些愿意虔诚地遵循先贤、前辈主教会议和《圣经》的人们深信不疑——而人们通常从其声音中感受到教会的卓越和尊崇，只不过意味着教会只能监督教义的适度修正和调整变动。1123—1312 年间，教会至少召开了 7 次新的全体主教大会，而教廷长老会（curia）不断做出的裁决表明，教会法的标准法典，即格拉先（Gratian）的《教会法汇要》（Decretum）不得不定期修改，补充新材料。因此，拉丁教会的权威不再是静态且一成不变的，而是要持续不断发展变动的，天主教教义逐渐形成的特点就在于不断地颁布一系列关于信仰和道德的信条，当然每次颁布的都只是表达教会从一开始就有的思想。

　　显然，只有雄心大志本来不足以使罗马主教们从相对被动转变为持续主动的角色。人们也不能习惯性地认为，先进的政府管理同样依赖于被统治者和统治者。很少有统治者会愚蠢到设立无所事事的精细的统治机构，中央官吏是在处理各种新事务时产生的。总体上看，中世纪的统治机构就是从社会下层的臣民们寻求仲裁和判决中形成的，但事实上没有人能够期望从实际上离他家很远或者其审理程序使他们感到确实公正的法庭上得到公正的判决。教会早就拥有公共法庭机构，每个机构都设在距离所有受过洗礼的基督徒不远的地方。当时各地主教均开设法庭，这就是 11 世纪期间对主教区的控制成为如此重要问题的原因之一。如果要使适用于各地主教法庭所使用的法律——教会法——能被解释清楚并制度化，以便创造普通基督徒都能从中寻求公平的环境，那么教廷就需要鼓励学术研究。

　　1049 年教宗利奥九世当选后，变革的过程开始了，此时一批激进的改革者来到罗马，他们深受半个世纪前就已在修道院圈子里兴起的改革运动的影响。因严格的道德自律而权势日增的教廷冒着在此过程中丧失自身权威的风险，几乎史无前例地努力置身于变革的最前沿。其激进主张是有历史渊源的，在他看来，其主张是建立在此前和过去拥有的权威基础上的，而且似乎一直没有意识到其发动的某些变革将会产生的后果，然而，没有人会质疑其追寻最终目标的能力和毅力；其目标就是挑战拜占庭帝国和君士坦丁堡牧首；千方百计要确立起教宗自由选举制；恢复了差不多被遗忘的有关教士独身的古代法律、教会学校和神职体系；宣称对西欧的重要地区均享有宗主权；还创造出从未有过的赎罪圣战观念，发起十字军征战；开始要求包括东方教会各位牧首在内的所有各级主教都要服从彼得的圣廷。在相当短的时间内，拉丁教会的圣礼仪式和悔罪神学便形成了，其中许多部分是以不同方式来直接影响普通教徒，例如确定了炼狱的地理位置、普遍适用的封圣规则和确证圣物的规定。

　　1059 年的教宗选举法展示出这些改革者的一连串思想如何使他们走上背离其初衷的方向。这个法令确保此后教宗的选举自由进行。枢机主教将首先商定出候选人，而后召集全体枢机执事。其余的罗马教士和民众将认可这一选举。帝国的继承者、德意志国王也将拥有这种认可的"特殊荣誉"。实际上，教宗以其刻意追求自由的名义，宣布断绝与教会传统保护人即世俗保护者的关系。这些改革者故意忽视

传统的世俗保护带来的那些利益——尤其是无视皇帝对教会制度本身
的改革——但是如果认为这些改革者原则上拒绝保护那就错了。恰恰
相反，他们极为迫切地想要得到保护，因为他们非常清楚，如果没有
强大的世俗权力维持秩序保证必需的安全，那么教会就难以有效地发
挥作用。这也是为什么教宗选举法的措辞模棱两可，为什么其中阐明
的政策不能始终如一地施行，以及为什么甚至到两个世纪以后教会与
国家关系的说法仍自相矛盾。然而，在这些 11 世纪的改革者看来，
上帝赋予世俗统治者的最初合法性和主要职责就是保护教会，那么这
个保护人就应该清楚其地位，并应永不试图对教会加以干预或控制。
他们确信，世俗保护权已经完全失控了，在他们看来，已经到了世俗
权力自身犯错的程度。

对于这些改革者的勇气，我们只能在罗马与其教区主教们复杂关
系的背景下加以欣赏，这种关系在教廷历史上始终存在。此时，这座
城市再也不能与以前那座帝国都城同日而语了。在古代城墙内的大部
分空地上散布着荒郊野地和泥潭沼泽，其间散落着罗马贵族的城堡住
宅，教宗们对他们大部分人心存畏惧，因为这些贵族的天性就是要设
法控制各自所在地的主教。所有人都认为，教宗权势衰落的时期恰好
与贵族占据上风的时间相一致。这就是教宗们曾寻求拜占庭帝国、加
洛林王朝、奥托王朝和萨利安王朝诸帝支持的原因。由于罗马的这些
改革者们极为有效的推动，他们抛弃了帝国的保护，使教廷暴露在真
正的危险下。一个半世纪以后，身为罗马贵族成员的教宗英诺森三世
（Innocent Ⅲ）自以为找到了利用教廷遗产解决问题的办法——这位
本身就是强势君主的教宗能够控制各地领主——但是在过渡期间的其
他教宗却常被逐出圣殿，被迫寻求例如南意大利的诺曼人、"圣彼得
的忠实信徒"（fideles beati Petri）等保护人的庇护，在这些教宗看来，
选中这些人的好处是他们实力弱小、难以对自己构成威胁。我们找不
到证据证明教宗实施其改革计划即选择危险的动力何在，但是通过对
比 1200 年前后英诺森三世的举措和两个世纪前其前辈教宗那些鲜为
人知的权利，还是能够看出教廷取得成就的影响程度。

如今，我们只要在西欧乡村开上半个小时的车程，计算一下途中
有多少中世纪鼎盛期所建立教堂的遗址，就可以轻易看出当年那些改
革者的能量。几乎每个村庄都有大型的石头建筑教堂，假如这就是使

用从那些可怜的棚户民征集来的资源建造的话，这个问题就能够得到理解。自罗马帝国以来，从未有过如此广泛的建筑计划，但在以展示教堂为时尚的社会里，这确实证明了教会的地位及其影响。这一点在西欧各地也能看到，甚至在所有行为都极具政治性的战时也是如此，战争不仅在十字军运动中被神圣化，而且在各层面被仪式化了。在拉丁欧洲的核心地区，人们所关注的事情是要克服种种困难以获得更高效的政府，这个时期的教会就同时提供了一个榜样和一种制约，因为他们坚持自己处理自己的事务，从而限制了国王和领主们对重要公共机构本可能具有的控制，世俗君主原本就是凭公共机构维持其统治的。这个时期的一个主题是：世俗统治者反抗教会时所采取的种种措施，既包括 11 世纪后半期在意大利发动的战争，也包括 12 世纪煽动教派分裂或要求重新划分世俗和教会司法权界限的活动。

　　无论在西欧的什么地方，人们仍承认法院机构由一位统治者控制，在其中任职的官吏在某种程度上对统治者负责，以实现中央集权化。在英格兰，诺曼人关心的并不是废除他们在那里发现的制度，尽管那里的制度与其他地方一样，也与地方司法权和教会法官并存。国王亨利二世引入有产者巡回审判制度就是一个重要的例子，它确定了易于到达的法庭位置和易于理解其前后有序的司法程序；其结果是混乱时期积累下的一堆案子拥进王室法庭，这也导致了王权的强化。令英国中世纪历史学家感到自豪的是，那些他们视为早熟且先进的政府制度，留有丰富的记载，但英国并非独一无二。西西里的诺曼王国分散在海岛上，自 11 世纪被征服后就一直稳固地被掌控在其统治者手中，而发展出许多独立君主国的意大利本土，也是政府管理的实验范例，与英格兰的管理一样令人印象深刻。然而，这两国的情况类似，其运作良好的统治体制都是由于所辖区域地理面积相对狭小。

　　面积大小通常是一个重要因素。从管理的角度看，西部帝国在公元 1000 年看起来有些类似于英格兰，到 1100 年开始解体。这在德意志导致了各君主国的兴起，在意大利北部则导致了城市共和国的兴起。帝国因一连串的内战而遭受沉重打击，有一种看法值得商榷，即认为一旦帝国臣民的数量超过了一定限度，帝国就因其过于庞大而难以有效地加以管理。显而易见的是，帝国的任何组成部分都没有对帝国存在的说法提出过挑战；他们都寻求在帝国的框架内处理各自事务的办法，然而该框架却被他们成功地削弱了。法国是另一个过于庞大而难以有效推行中央集权控制的国家，早就四分五裂了，到了 11 世纪初，分裂导致了无法承受的内乱。1100 年，局势有所改善，但此后差不多一个世纪，这个王国的各个地区却因为断断续续的内战而遭受破坏，战争的起因往往又是各地领主千方百计恢复其各自领地内的秩序。1200 年前后，国王菲利普二世（Philip Ⅱ）通过扩大王权、侵蚀业已得到巩固的领主权逐步提升形象，然而，此时采取这些措施却比过去该采取时要难得多，因为法王的一位封臣——英格兰国王的领地面积过于庞大，威胁到了整个法国王国的生存。

6
　　中央集权并非一切，当有些地方的政府权力机构瓦解或衰败了以后，那里的政府机构也可能不会重新建立，这就是弗雷德里克·巴巴罗萨（Frederick Barbarossa）治下的帝国和卡佩王朝（Capetian）历代君主治下的法国，其王权不得不采取其他办法扩大王权权势的原因。无论在德意志还是在法兰西，统治者们都利用封建关系，因为这至少可以为他们提供多种类型的服役、效忠与服从的合法制度。但是时代变了，结果也会完全不同，德意志的分裂进一步加剧了，而法兰西的王权最终却走向强化。1200 年以前，这些过程还处在其早期阶段，可以肯定的是，封建领主尚未发展到后来 13 世纪末那样强大。

　　如果 11 世纪末和 12 世纪确实出现过领主最关心的问题，那么肯定不是最有封建产业特征的领主权和领地期限问题，而是家庭问题。血缘关系无疑是延续到现代的最持久的主要政治因素，为西欧提供了另一种内在的统一因素。血缘关系与领主关系最主要的区别在于，无论领主在各自领地如何行动，他们都强调其四海为家的观念，而家族则在异国他乡寻找更多合适的配偶，其部分原因是为了应对教会千方百计施加并得以严格实行的血亲规则。例如，1100 年前后，诺曼底边界地区的莫尔塔涅（Mortagne）伯爵佩舍的罗特鲁（Rotrou of Perche）就通过其姑母与阿拉贡王室建立了亲戚关系，通过其妹妹的联姻与利穆赞子爵蒂雷讷（Turenne in Limousin）建立血缘关系。大约同一时间，勃艮第（Burgundy）伯爵威廉·泰特·哈迪（William Tête Hardi）的几个女儿分别嫁给了勃艮第公爵和佛兰德伯爵、萨伏依（Savoy）伯爵和巴勒迪克（Bar-le-Duc）伯爵。威廉的一个儿子还娶了卡斯蒂尔（Castile）的女继承人。血缘关系的国际纽带就像西

铎会（Cistercian）的关系一样（西铎会是天主教隐修院修会之
一。——译者注），从不列颠和斯堪的纳维亚到利凡特的广大地区逐
渐扩展开来，从文化上将西欧人联结在一起。

　　王朝联系给周边地区带来重大影响。近年来，关于叙利亚和巴勒
斯坦居民的研究表明，他们与其西欧亲戚保持着相当密切的联系。那
些表现最突出的家族常常不是最上层的贵族。最先发动十字军运动的
第一个家族梦莱利家族（Montlhérys），当时肯定通过某些方式积极响
应十字军最初的召唤，因为该家族中相当多的成员投身这场运动。在
利凡特地区建立的首批定居点中有两个属于梦莱利家族，其中一个还
与当地最伟大的人物建立起亲戚关系，且其才华超群，故被授予领主
权。他进而庇护其他亲戚，包括那些新抵达者。这个家族的诸多成员
因而地位显赫，1118 年，他们获得机会夺取了王权。互相合作和相
互支援的本能促使整个血缘关系族群或其核心部分在创始人之后形成
家族系统，这种富有特征的方式在西方也在东方那些亲戚们的努力中
得到证明，他们通过访问巴勒斯坦，通过充分利用其在家乡的各种影
响力，通过定居点本身来努力满足其外出殖民表亲们的需求。梦莱利
家族使用的这些办法此后被吕西尼昂家族（Lusignans）效仿了几十
年，后来在 13 世纪被布里恩家族（Briennes）所模仿。十字军运动
在很大程度上依赖那些忠诚的欧洲亲缘族群的响应，而这些家族则能
够相对容易地操纵这场运动。

　　西欧各地的政府就是以不断尝试、不断革新为标志的。这一点在
那些新定居点表现得特别明显，在那里，边疆政府和边疆贵族统治的
鲜明特点就是赋予其实际占有者进行实验尝试的自由。西欧在西班牙
和利凡特面临着对当地众多其他宗教信徒的改造同化，并以适当的方
法处理和他们的关系问题，其中大多涉及调整现存穆斯林法规
（dhimmi）以适合臣属民众。但 1200 年以前的特点是，教宗在许多
边境地区的影响远比内地小得多，尽管存在如下事实：教宗发动的十
字军运动曾在利凡特地区建立许多殖民地，西班牙也成为 11 世纪教
廷曾特别关注的地区，而西西里王国则成为教宗的臣属国。这一征服
的性质、那些并不置身于改革前沿的统治者的登基，以及伴随第一次
十字军运动的那些教士的低下素质，都是造成耶路撒冷教区可能包括
拉丁基督教世界中最落后和最缺乏变革精神省区的原因。在西班牙和

西西里，教会堕落为国王的钱袋。教会相对衰落的原因似乎是，它还不具备在那些不熟悉它的地区推行拉丁基督教强制统治的合适手段。在边境地区也是如此，当教会公开宣称其摆脱世俗影响获得自由时，它仍然像查理大帝和奥托朝诸王的时代一样依附于世俗权力。

乔纳森·赖利－史密斯

（Jonathan Riley-Smith）

大卫·勒斯科姆

（David Luscombe）

陈志强 译校

第 二 章

1024—1122 年的罗马教廷

前 言

概述

  本章记述的是 1024—1122 年间罗马教廷的情况。作者所面对的
艰巨任务是在有限的篇幅中既要记述贵族控制下的教宗（*Adelspapst-tum*）时期，也要记述格列高利改革时期教宗的情况。人们或许会想
象不出这两者之间的强烈反差。1046 年，皇帝亨利三世控制下的苏
特里（Sutri）宗教会议和罗马宗教会议罢黜三位教宗，这次清洗为
首位来自北方的新教宗克雷芒二世（Clement Ⅱ，1046—1047 年在
位）扫清了道路，这样一来，在腐败的罗马地方贵族掌控下的教廷
废墟上，将产生出一个根本不同的教廷。事实上，深刻的变化发生在
11 世纪后半叶，尽管这一变化较少涉及作为一个机构的罗马教廷本
身，更多地体现在教廷与帝国［包括德意志、意大利以及有时还包
括勃艮第（Burgundy）］教会之间、与意大利的诺曼人之间、与法兰
西王国及其公侯国之间，以及与拜占庭牧首之间的关系上。由于诺曼
征服以及教宗与从威廉一世到亨利一世的英格兰国王之间的特殊关
系，英格兰在某种程度上处于这种秩序重建之外，在这一点上，忙于
"收复失地运动"（*Reconquista*）① 的西班牙与英格兰的情况差不多。

---

  ① Cowdrey（1972）and（1989）；Fornasari（1989）；Garcia y Garcia（1989）；Erdmann（1935）.

这种变化涉及教宗最高教权的成功实现。这一点不但没有局限在世俗领域里，还深深地影响到教会内部的关系。这些变化的历史可以在前面的章节以及许多手册中找到，此处只作简要概述。② 本章要着重说明的是罗马教宗统治管理的重要制度，它使教廷在 12 世纪末英诺森三世（Innocent Ⅲ，1198—1216 年在位）统治时期变得特别强大，形成了拉丁基督教世界唯一最有影响力的政治和精神管理机构。本章内容将涵盖这一发展的最初阶段，即从 1012—1123 年逐渐展开的阶段，并进行连续的叙述。

10 世纪的历史背景

10 世纪和 11 世纪早期的教宗们从未与以往由尼古拉一世（Nicholas Ⅰ，858—867 年在位）和约翰八世（John Ⅷ，872—882 年在位）所代表的傲慢的罗马教宗传统断绝关系。教宗与法兰克统治者之间的关系曾在 8 世纪帮助教廷将注意力从拜占庭帝国转向欧洲北部，但此时由于这种关系在加洛林帝国分崩离析时期出现相当大的削弱，以及教宗权势的衰落，10 世纪的教廷愈加依靠罗马和意大利的地方势力。阿尔卑斯山北部以及南部地区政治上近乎混乱的状态也限制了教宗的视野，缩小了教宗活动的范围。即便奥托王朝的统治者们在 962 年恢复了西部帝国的传统，也不能打破使教廷永远变成纯粹地方势力的恶性循环。教宗福莫瑟斯（Formosus，891—896 年在位）的事件清楚地表明：当罗马的几大竞争派系之一通过塞尔吉乌斯三世（Sergius Ⅲ，904—911 年在位）取得对其他势力的明显优势地位时，这对教会来说竟然是有利的。福莫瑟斯被选为教宗之前是主教，而教会法规禁止主教调任其他教区，因为通常主教与其祝圣的教堂是共为一体的。因而福莫瑟斯的反对者们找到了一件绝佳的武器。在 896 年或 897 年召开的那次声名狼藉的宗教会议上，教宗斯蒂芬七世（Stephen Ⅶ）为福莫瑟斯开始腐烂的尸体穿上教宗盛装，再剥夺其教阶，最后将他已经腐烂的尸体抛入台伯河（Tiber）。此后，关于福莫瑟斯是否合法地成为教宗，以及他的祝圣是否依然有效的激烈争论，持续了几乎 20 年之久。支持福莫瑟斯的著述不仅非常生动地说明了当时罗

② *NCMH*, iv, Part 1, ch. 9.

马的混乱状况和暴虐统治，顺便也为 11 世纪关于彼得·达米安（Peter Damian）和席尔瓦·坎迪达的安贝尔（Humbert of Silva Candida）之间关于买卖圣职合法性的争论提供了一些最有力的论据。

作为自 897 年以来就一直反对福莫瑟斯的教宗候选人，塞尔吉乌斯三世的成功主要归功于狄奥菲拉克特（Theophylact）对其事业的支持。狄奥菲拉克特及其直接继承者一直掌控着罗马，直到 963 年被克雷森蒂家族（Crescentians）以及后来的图斯库兰家族（Tusculans）所取代。在狄奥菲拉克特的孙子、"第一公民"（*princeps*）阿尔贝里克二世（Alberic Ⅱ，932—955 年在位）的领导下，罗马享受了整整一个世纪最大限度的安定与和平。阿尔贝里克虽然完全控制了教廷，但是他的统治也促使罗马开始进行修道院改革。修道士们受到克吕尼修道院院长奥多（Abbot Odo of Cluny）的激励和亲自指导。阿尔贝里克的儿子奥克塔维安（Octavian）不仅继续统治着当时的罗马，还成为教宗，称约翰十二世（John Ⅻ，955—964 年在位）。克雷森蒂家族对教廷的控制直到 1012 年才结束。当年，教宗塞尔吉乌斯四世（1009—1012 年在位）和显贵出身的约翰在一周内相继死去，图斯库兰家族在当年 5 月接替了克雷森蒂家族在罗马的位置。克雷森蒂家族推选的教宗格列高利，被来自图斯库兰家族的狄奥菲拉克特击败和取代，后者即是本尼狄克八世（Benedict Ⅷ）。

图斯库兰诸教宗

本尼狄克八世（1012—1024 年在位）

克雷森蒂家族主要依赖家族的稳固，也依靠罗马公国各个世俗权贵和地主的支持——以罗马教会的世俗财产为代价。与此相反，图斯库兰家族则利用他们的世俗权力和成功来维持其推举的教宗在罗马贵族中的声望。对于克雷森蒂家族统治非常重要的贵族态度仍然没有发挥作用。尤其是本尼狄克八世通过艰苦的斗争，成功地为罗马教会收回了通过长期永典权而转让给世俗权贵的一些财产。同时，罗马教宗还支持罗马南部地区的修道院收回被转让出去的财产，例如法尔法（Farfa）修道院。被本尼狄克和皇帝亨利二世交口称赞的 1022 年帕维亚（Pavia）宗教会议却背离了上述精神，不过，它也进行了关于教士道德方面的某些改革，且其影响也不应被低估。③ 即使一贫如洗的罗马教廷也在 11 世纪中叶提出了可行的措施，但罗马教会成功收回的权利和财产仍然微不足道。因此，从最终结果看，本尼狄克统治的各个方面都更应被看作支持和保护了加洛林王朝时代形成的罗马教宗的传统权利。本尼狄克与皇帝的合作，以及他对军事同盟的需要，促使他于 1020 年到班贝格（Bamberg）觐见亨利二世。在这次会见中，罗马教宗得到一份皇帝颁发的特权，它以一些附件的形式重申了《奥托特权》（*Ottonianum*），后者曾确认了早期法兰克人对教宗的土地赠予。在未来的几个世纪中，这份被称为《皇帝亨利二世恩赐令》（*Henricianum*）的文件与"君士坦丁馈赠"一起，在证明教宗主权和教宗国地理范围方面，起到了辅助性的但比较重要的作用。

教宗和皇帝的合作对教宗其他政策的影响，远远超出了图斯库兰诸教宗自己统治产生的影响。在他们统治期间，他们只对教廷内阁的管理做了些改变，以及引入似乎无害的"和子"（*filioque*）文句。（拉丁教会在《尼西亚信经》关于圣灵来源"发自圣父"文句中加入"和子"，改为"发自圣父和子"，引发基督教内部长期争论。——译者注）1014 年，在亨利国王举行皇帝加冕典礼之际，教宗在罗马召开了一次宗教会议。大会同意遵循法兰克人的习惯，在周日和节日庆典的弥撒祷告中加入尼西亚信经。如此一来，现在这份庄严的信经就包含了"和子"的文句，而这种说法的法兰克源头很快就被遗忘了。这种说法仅仅被罗马教会所接受，以至于拜占庭教会对"和子"文句的反对成为 1054 年罗马与君士坦丁堡分裂的根本问题。

更为重要的事实是，自查理大帝起，新的大主教区只能由罗马教宗来确定，这已经成为一种惯例。罗马教宗将决定一个大主教区的地理范围以及新任大主教的人选。此外，大主教只有在被授予教宗披带之后才能行使其职责，当初教宗曾神圣地将这披带献祭于罗马圣彼得之墓。最后，在 11 世纪晚期，披带授予让大主教看起来更像是教宗的代理人，他们共同分担大主教的职责。当然，像奥托一世［Otto I，963 年设置马格德堡（Magdeburg）大主教区］或者亨利二世

---

③ *MGH Constitutiones*, i, no. 34, pp. 70–77；参见 Capitani (1966)，Pavia 1046。恢复教会财产的斗争可能本身就够得上一场改革，见加西亚·Y. 加西亚的著作［Garcia y Garcia (1989)，p. 246］。

（Henry Ⅱ，1020 年设置班贝格大主教区）这样权力大得足以建立新大主教区的统治者们，也会强大到足以影响罗马教廷，这是事实；但至少在形式上还是教宗的控制决定着在某些特定王国里教会的规模。当政治环境允许时，教宗或者会设法把这种控制转变成真正的行动，或者试图这样做。例如，格列高利四世（827—844 年）就曾介入 830 年反对虔诚者路易（Louis the Pious）的叛乱，支持洛塔尔一世（Lothar Ⅰ）和其主教们的立场。由于大部分法兰克主教区都支持路易，那一次教宗虽然没能成功，但是在谈判的过程中，格列高利四世重新解释了教宗利奥一世（Leo Ⅰ，440—461 年）的教导，即教宗拥有完整的宗教权力（*plenitudo potestatis*），而主教只被委托以部分的职责（*pars sollicitudinis*）。到 11 世纪末，这个宣言常常被用来证明教宗至高无上的地位。那时，在那些至少在实践中抛弃了对教会陈旧理解的主教区中，该宣言很少遭到反对。正是由于教宗维吉里乌斯（Pope Vigilius）的努力，该宣言在收录有"君士坦丁馈赠"的《伪伊西多尔教令集》（*Pseudo-Isidorian Decretals*）中占有一席之地，而后者是自 9 世纪中叶以来法兰克人精心伪造的文献之一。④

修道院特权

整个"黑暗时代"（*seculum obscurum*）期间，除了在隆重的场合，特别是在宗教会议上，教宗继续派出代表罗马教廷的使节外，在越来越多寻求罗马教宗保护以及免除修道院和主教区税负的呼声中，罗马教廷的影响和对圣彼得的崇拜也越发明显。就在 11 世纪，教宗的保护通常与国王或皇帝的保护并存；而前者意味着某一特定修道院处于圣彼得的保护之下，对它的攻击就同时意味着对圣彼得的攻击。这种特权常常包括自由选举男、女修道院院长的权利。保护范围扩大后还导致至少有部分修道院摆脱了主教区的监管。免税权的程度各不相同也不绝对。勃艮第人的克吕尼修道院是阿基坦（Aquitaine）公爵在 909 年建立的，该修道院的发展史就是各种不同程度的保护和豁免的明证。该修道院特许状直接规定的权利包括：修道院完全独立于世俗权力的控制，自由选举修道院院长和享有教宗的保护（*tuitio*

_____

④　*Decretales Pseudo-Isidorianae*；Fuhrmann（197 – 4）.

and defensio)。该修道院是献给圣彼得和圣保罗的。克吕尼修道院每五年要付 10 个索里达（solidi）金币的人头税来确认这种保护。修道院院长自由选举权被理解为是指定一名适当继任者的权利。这种权利最初在克吕尼修道院的发展中贡献很大，要远远大于教宗的保护，修道院因此能够防止改革热情的降低，或杜绝严谨生活的懒怠和道德标准的败坏。后来，国王和教宗对克吕尼修道院的保护终于导致克吕尼教士通过教廷解除了主教区对它的管辖权。这个复杂过程的最后一步是教宗约翰十九世（John XIX，1024—1032 年）于 1024 年授予克吕尼修道院的一项特权，因此也终结了修道院和梅肯（Macon）主教之间所有的激烈辩论和争斗。梅肯主教因为克吕尼修道院部分享有免税权而失去了很大一部分主教区收入。⑤ 鉴于克吕尼修道院的名望和影响，该修道院与圣彼得的联系如此牢固也就很容易理解，因为它不仅提升了修道院的声望，对圣彼得在现世的继任者——教宗的威望和影响同样很有帮助。然而，我们必须说，总体上，本尼狄克八世的两位继任者约翰十九世和本尼狄克九世（Benedict IX，1032—1044 年；1045—1046 年；1047—1048 年）不如他们的前辈那样成功。本尼狄克九世的教宗任期经常中断就很说明问题。其教宗任期第一次被中断是因为他本人提出辞职，第二次是因为被罢免，第三次则是因为被击败。⑥

遗产

不过，对圣彼得继承人的崇拜仍然以多种方式存在着：通过许多朝圣者，可能也通过意大利圣徒遗物的传播，教宗对皇帝的加冕权，以及教宗追封圣徒的典礼等。一直到 10 世纪末，对圣徒的崇拜都一直因环境和地点发生变化，但在 993 年，应德意志统治者的请求，约翰十五世（John XV）成为第一位正式封授圣徒的教宗。约翰规定普世教会都要祭拜奥格斯堡的乌尔里克主教（Bishop Ulrich of Augsburg），约翰十八世（John XVIII）规定要祭拜五位波兰殉道士，本尼狄克八世则规定祭拜亚美尼亚隐居士西米恩（Symeon），这些规定都

13

---

⑤ Cowdrey（1970）.
⑥ Kempf（1969），pp. 247 – 257；Herrmann（1973）；Schimmelpfennig（1984），ch. 5，pp. 122ff.

是最初的几个步骤，最终导致教宗英诺森三世统治时期教宗独享封圣特权。关于历史上教宗为皇帝加冕的作用已经在前一章评价过了。[⑦]在此只是提示注意，没有哪一位想当皇帝或者需要这个头衔来保持权力的国王，能担负得起忽视依赖教宗支持的后果。

无论身居圣彼得宝座的人是强还是弱，罗马教廷作为一种制度，已做好充分准备来承担其在改革时期教宗领导下所承担的全部任务。他们打下的基础十分牢固，尤其是当时制定的《教令集》。实际上，像尼古拉一世那样伟大的教宗，其取得的成功虽然短暂[⑧]，但他的成就在法律和理论方面的价值是无法衡量的。教会的东、西两部分在学术和政治方面的分裂愈加严重，给罗马教权（Roman Primacy）的发展带来了决定性的转机。假如没有君士坦丁堡牧首这样一个让人不断意识到存在五大教区主教权威分裂，那么罗马主教的地位就很容易替换为普世教权，这种权威是几个世纪以来西部拉丁教会作为圣彼得继承者而赋予罗马主教的。1054 年，教宗利奥九世的两个代表，来自洛林（Lorraine）的枢机主教弗雷德里克和来自席尔瓦·坎迪达的枢机主教安贝尔（Humbert），将君士坦丁堡牧首米哈伊尔·凯路拉里厄斯（Michael Keroularios）和皇帝君士坦丁九世（Constantine Ⅸ）逐出教会。这不仅是希腊东正教和罗马天主教迈向永久分裂的重要一步，也是走向教宗普世权威的重要一步。

改革时期的罗马教廷

买卖圣职和尼科来特主义

1123 年，在沃尔姆斯召开的拉特兰公会上，亨利五世和教宗卡立斯特二世（Calixtus Ⅱ）的代表们就主教和修道院院长的国王授职权达成和解，但都不太情愿；不过，这样一来，从 1046 年苏特里和罗马的宗教会议直到此时，罗马教廷终于发展成最高级的国际机构。1046 年会议的目标只是罗马的教会改革。对罗马教会改革者来说，当时的情况已经非常紧急，这些改革者包括修道士、律修会修士、主教、君主、

---

⑦　*NCMH*, iv, Part 1, ch. 9.
⑧　*NCMH*, ii, ch. 21, pp. 563 – 586.

贵族，以及普通世俗信徒。腐蚀了教会和玷污了基督纯洁新娘的两大
罪恶，指的是买卖圣职罪和尼科来特主义（即允许神职人员结婚）。
买卖圣职罪源自行邪术者西蒙（Simon Magus，《使徒行传》8：18 -
24），按照伟大的格列高利（Gregory the Great）的解释，这就是买卖
与灵魂有关的东西和圣职。格列高利识别买卖圣职罪的三种行为包
括：为得到圣职提供金钱或礼物（*munus a manu*）、提供服役或恩惠
（*munus ab obsequio*），以及阿谀奉承游说说情（*munus a lingua*），他
强调那个古老的概念：任何犯下亵渎圣灵的买卖圣职罪的人都是异教
徒。11 世纪，私有教会的概念已经渗透进教会，买卖圣职的行为以
各种伪装面目出现，尤其是那些不同种类的收费，例如修道院索要的
入门费等。授职权是一种移交职务象征物（修道院院长的权杖和主
教指环）的仪式，也常被视为与买卖圣职有关。因此，买卖圣职是
一个复杂的问题，极难深究。关于神职人员禁欲的争论更为清楚，但
更需要罗马教廷的不断坚持。罗马教廷自利奥九世以来已经取得了教
会改革的领导权。正如前面章节所述[⑨]，虽然两种罪恶都没有被根
除，但在这两个问题上的改革已有很大进展。买卖圣职和尼科来特主
义一直困扰了教会几个世纪，尽管不再沸沸扬扬，但将来还会继续存
在。但明显的是，正是相关教会法的规定明确了后来被整个拉丁基督
教界广为接受的标准，从而被用来衡量教士的生活，并在世俗信徒中
不断引起对神职人员的批评，而这种批评在中世纪后期十分显著。不
过，一些历史学家在强调教会改革是 11 世纪罗马教廷的主要特征时，
却要被迫来解释这个时期与其他时期的教会改革和革新的差异。人们
日益认识到：至关重要的差异是改革者对旧的教宗职权概念的诠释。
教宗职权和改革这两个问题尽管相互作用和影响，却各不相同。

教宗的教权

直到 10 世纪，教宗还不是特别受人尊敬，即便对在谢勒
（Chelles）宗教会议上获得领导地位的兰斯（Rheims）大主教存有争
论，但没有人对罗马的教权产生过异议。然而，伊芙斯·贡嘎尔
（Yves Congar）却明确指出：总体看来，罗马教廷在改革之前被视为

---

⑨ *NCMH*, iv, Part 1, ch. 9.

一个在主教领导下、通过理事会管控的教会内部的部门或机构，以其智慧和道德权威著称。[10] 自 11 世纪中叶以来，像《伪伊西多尔教令集》中流传下来的教规传统，尤其是沃尔姆斯主教布尔夏德（Burchard of Worms，死于 1025 年）的《教令集》（*Decretum*）[11]，逐渐增强了教宗职权的概念，直到罗马教会把圣彼得的经文（Matthew 16：18 – 19；Luke 22：32；John 21：15 – 17）据为己有，从而变成了信条真理。[12] 服从教宗成为信仰的一个方面；而当时违抗教宗就是邪神崇拜，就属于异端。不服从教宗是导致格列高利七世（Gregory Ⅶ）[13] 把亨利四世逐出教会的根本原因，也是 1102 年乌尔班二世（Urban Ⅱ）和帕斯卡尔二世（Paschal Ⅱ）驱逐亨利五世的主要原因。[14] 当时正值在拉特兰召开当年的大公会议。大会还做出一个新规定，要求参加会议的人和被授予主教披带者必须书面申明其对教宗的服从。[15]

　　教宗教权概念在 11 世纪的这种转变有很多根源，在整个拉丁教会中都可以找到。北方论战明确强调一条古老的规定，即教宗不应受到任何人的审判，尤其不能受到像皇帝亨利三世这样的俗人审判，特别是亨利三世还无权选举任何教士。意大利的改革者彼得·达米安的观点早在利奥九世及其洛林（Lotharingia）和勃艮第的同人对罗马教会进行改革之前就已形成。与拉丁基督教世界的许多同时代人一样，达米安在书中把上帝的法令看作神圣的教规（*sacri canones*），他也同样看待教宗、大公会议以及受圣灵启示的教会神父们的神圣声明。教规等同于神圣法律，达米安和其他人一样，确信上帝的法律不可能彼此矛盾。他主要关注的是协调那些看似矛盾的各段经文。对达米安来说，这样的段落有许多，因为所有的大公会议（即使教宗或教宗代表没有参加）以及所有的教宗法令——由于教宗是圣彼得的继承人——都是普世效力的法律根源。有一个例外。达米安公开宣称：任何教规在与教宗本人的法令相抵触时就不再有效（"si decretis Ro-

---

⑩　Congar（1961），p. 196；Klinkenberg（1955）.

⑪　Fuhrmann（1972 – 4），ii, pp. 442 – 485.

⑫　Congar（1961）.

⑬　Gregory Ⅶ, *Register* iii, 10a："Et quia sicut christianus contempsit oboedire . . . meaque monita . . . spernendo . . . vinculo eum anathematis vice tua alligo"；*ibid.*, Ⅶ, 14a："Heinricus . . . non timens periculum inoboedientie, quod est scelus idolatrie . . . excommunicationem incurrit."

⑭　Blumenthal（1978），p. 21.

⑮　*Ibid.*, pp. 21 ff；Gottlob（1936），pp. 8 – 10 and 49ff.

manorum pontificum non concordat"）。这条简单明了的原则是达米安衡量任何教规真实性的标准，无论它们出自何处。[16] 与枢机主教奥托和席尔瓦·坎迪达的安贝尔不同的是，达米安并没有因此而预先假定教宗对教规进行了肯定性确认，相反，他赞成并经常使用沃尔姆斯主教布尔夏德的《教令集》。达米安根据刚刚提到的和谐原则进行推论，宣称：任何不遵从罗马教会的人都是异端（"haereticus esse constat, qui Romanae ecclesiae non concordat"）。同样的这句话，虽略有差异，但常常被认为是米兰的安布罗斯（Ambrose of Milan）提出的，而在格列高利七世的《教宗敕令集》（*dictatus papae*）中也有一句非常相似的句子。[17] 虽然不是所有改革派［例如枢机主教狄乌迪第（Deusdedit）就是个例外］，但至少是许多人都默认，甚至明确地将使徒彼得、教宗和罗马教会同等看待。这样一来，对罗马教宗的顺从就变成绝对服从了。

正如我们今天所见，这种信念不仅在格列高利七世的《教宗敕令集》中表示得非常明确，而且其前任和继任者也持有同样的观念，它们后来被传入世俗社会。在日复一日的教宗活动中表现特别突出。由教宗格列高利七世时期设想、由乌尔班二世于 1095 年在克莱蒙（Clermont）大会上发起的十字军东征；法兰西国王被废黜，皇帝亨利四世和亨利五世被废黜；针对拜占庭帝国的政策，最后同样重要的是针对南部意大利诺曼人的政策，这些事件虽说是间接的，至少在某种程度上体现出教宗权的原则。到这个时候，被视为普世教会的拉丁教会，就处于教宗的直接控制之下。教宗拥有最高权力（*plenitudo potestatis*），他不受任何人审判和罢免。最晚到 12 世纪下半叶，教宗一直独享颁布新法令的权利；教宗的敕令对新兴的，特别是在法兰西南部和意大利各大学兴起的法理学产生了最为重要的影响。教宗可以单独签发特许状，豁免修道院和大学各教堂的赋税，创建或划分新的教区，或重新设置主教区。相比之下，尤其是大主教的自治权受到极大的削弱。在执行教宗政策的过程中，最重要的助力是重新组织教廷官僚机构，兴建枢机主教大学，以及系统地派遣教宗代表。

除了在教会内部强调教宗职权，格列高利七世及其继任者还颠覆

⑯　Ryan（1956），pp. 137 ff.

⑰　Gregory Ⅶ, *Register* ii, 55a, c. 26："Quod catholicus non habeatur, qui non concordat Romane ecclesie."

了修道院与教廷的传统关系。格拉修（Gelasius）关于基督领导下的同一教会内部教权和俗权平起平坐的观念，在 9 世纪加洛林王朝统治期间一直很有代表性。这种观念主宰着人们的思想，直到 11 世纪晚期。格列高利对亨利四世的罢黜，以及他要求在意大利、西班牙、地中海诸岛、斯堪的纳维亚、波兰、波希米亚（Bohemia）、匈牙利，最后尤其是英格兰的统治权，这些事情与伪文献"君士坦丁馈赠"的构想完全不同。[18] 到 12 世纪初，罗马教廷已经向人们早说过的教宗君主制迈进了一大步。

罗马教廷的管理

17

从拉特兰宫到长老会

这个时期通常认为拉特兰宫既是教宗的住所，也是罗马教会及其世俗产业的管理中心：圣彼得教会的世俗财产包括罗马公爵领地和圣彼得主教遗产（土地不动产）。在伟大的格列高利时期，它只不过是一所"主教官邸"（episcopium），很快就被称为与东部教会牧首官邸相似的"宗主教拉特兰宫"（patriarchium Lateranense）。最后到 10 世纪，"神圣的拉特兰宫"（sacrum palatium Lateranense）成为标准的表达方式，并作为专有名词出现在"君士坦丁馈赠"中，这很可能是一份 8 世纪罗马人伪造的文件。早期高级教职中最为人所知的是罗马的七位执事，这是一个非常有影响力的寡头执政团体，许多早期的教宗，包括伟大的格列高利在内，都是从该团体中选出的。然而，到 10 世纪中叶，主要的高级教职则是"法官"（judges），这个词在当时的意思是显要人物而非法官。这个头衔可以用"公爵"、"罗马执政官"、君主甚至罗马世俗"权贵"（sentatrix）来代替。作为军事法官（iudices de militia）的"权贵"与教宗关系密切。[19] 尤其是那些过去的"大区行政长官"（prefect）也是这种情况，其职责与惩治犯罪和罗马城市管辖权有关。这些在 12 世纪地方自治运动中重

---

[18]　Robinson（1990），pp. 17-27.

[19]　*Regesta pontificum Romanorum*：*Italia pontificia*，i，p. 185，no. 1. Jordan（1947），p. 112. 这里主要依据的是 Halphen（1907）中列出的官职列表。关于军事法官（iudices de militia）这种罕见的表述，参见前引书（p. 37 n. 1）。关于被称为"权贵"的狄奥菲拉特家族的成员，除了凯尔（Kehr）的书，还可参见图博特［Toubert（1973），p. 1027 n. 3］的书。

新焕发光彩的官职，此时对改革时期教宗的统治仍然十分重要。[20] 财政长（Vestararius）一职有时可能会被认为更有影响力。[21] 与世俗"法官"并存而且相互混淆的官职是神职法官（iudices de clero），即教廷的主要管理者。他们也是罗马的贵族成员，通常也结婚，尽管他们的称呼会令人产生误解，但他们的级别却很低。这个群体包括辩护人的首席秘书（primicerius）和公证人〔像其他群体一样组成专家组（scholae）〕的第一和第二秘书（primicerius and secundicerius）、自 7 世纪以来掌管财政的账目官（arcarius）和会计（sacellarius），以及负责发放救济品的民政官（nomenculator）。"首席判官"（protoscrinarius）在 9 世纪也属于"法官"团成员。这七位"法官"的职位在两份文件中有详细的描述，这两份文件分别被称为"旧法官职官表"和"新（1002—1049 年或 1032 年之前成文？）法官职官表"。[22] 无论"新法官职官表"是否能反映出位于帕维亚的教宗神圣宫殿（sacrum palatium）的影响力，可以确定无疑的是，它就是图斯库兰家族诸教宗努力强化教廷留下的一个痕迹。另一份法官职官表似乎明显暗示作为宫廷圣职者的罗马神职人员与教宗的联系此时更加密切，该法官职官表中于 1018 年前收录着随从和副助祭（JL 4024）的名字，到 1049 年则添加了新增助祭（JL 4067，JL 4163）。[23] 在重要的礼拜仪式上，教宗与高级教士和枢机主教之间的联系重新得到加强，因为到 10 世纪后期和 11 世纪早期，在拉特兰宫举行的教宗仪式、教宗巡游和在罗马城举行的本堂圣餐仪式都更加复杂精致，这一点在"新法官职官表"中可以找到证据。[24] 1026 年，教宗约翰十九世不但请求席尔瓦·坎迪达主教在圣彼得长方形教堂恢复圣餐仪式（JL 4076），而且还为了改革教会音乐邀请阿雷佐的圭多（Guido of Arezzo）到罗马

---

[20]　例如，1075 年，琴奇乌斯·斯蒂法尼（Cencius Stephani）绑架了格列高利七世（Bonizo of Sutri, "Liber ad amicum", pp. 606, 610 – 611），另一个例子是 1116—1167 年反抗帕斯卡尔二世的起义（Liber pontificalis, ii, pp. 302, 303）。见 Partner（1972），pp. 152ff。

[21]　Jordan（1947），pp. 116 – 118。

[22]　Schramm（1929），pp. 199 – 218；Elze（1952），pp. 29 – 33，作者在文中很有说服力地论证这种变化的可能时间约为 962 年。

[23]　Elze（1952），pp. 40 – 46。

[24]　Elze（1952），pp. 50ff，依据本尼狄克的圣务指南（the Ordo of Benedict）。"法官"（judges）的礼拜仪式让人想起他们过去的尊贵，但也表明他们不再承担过去的官方职能。从 10 世纪晚期开始，他们渐渐被"图书馆长"（bibliothecarius）取代，见 Jordan（1947），p. 116，亦见 Blaauw（1987）。

去。㉕ 此外，本尼狄克八世和约翰十九世特别关注罗马市郊教区的主
教职位，诸如波尔托（Porto）、席尔瓦·坎迪达和蒂沃利（Tivoli）
等教区。㉖

教廷内阁

无论如何，改革的短期成果——也许在我们看来是短暂的——超
出了教宗的仪式和枢机主教的职权等问题。如果现存为数不多且遭到
损毁的罗马长老院原始文件手稿能够提供一些信息的话，那么到 10
世纪晚期，改革实际上一定非常急迫。拉比卡乌斯卡斯（Rabikaus-
kas）的研究支持了艾尔哲（Elze）的观点，即许多教宗书记员（*ta-
belliones*），无论是指定的公证人还是秘书（*scriniarii*），都与罗马市的
公证人一样。这只能说明教宗文书一职已经变得无关紧要，以致不再
需要这一特定的官员。㉗ 962 年恢复的皇帝权威以及教廷与奥托/萨克
森诸皇（Ottonian-Saxon）宫廷的新关系，影响了 10 世纪晚期和 11
世纪早期拉特兰官僚机构的改组。总管一职就是最为重要的例子。在
约翰十八世（1004—1009 年在位）时期，"神圣拉特兰宫总管"
（*cancellarius sacri palatii Lateranensis*）已经成为教廷总管常用的名称，
其职能仅次于"图书馆长"（*bibliothecarius*），是负责通信和管理特权
的二号官员。㉘ 到 1023 年，当教宗本尼狄克八世任命科隆大主教皮
尔格林（Pilgrim）为"图书馆长"时，教廷总管承担的工作显然已
经完全等同于图书馆长的职责。㉙ 1037 年，这两个职位被教宗本尼狄
克九世合二为一，由席尔瓦·坎迪达的彼得一人担任（见文献 JL
4110）。㉚ 尽管在 1046 年苏特里和罗马的宗教会议上，皇帝亨利三世
的干预使教宗权发生了特别重大的改变，彼得却仍一直承担这两个职

19

㉕ Elze（1952），p. 53 n. 140.

㉖ 在 *Regesta pontificum Romanorum*；*Italia pontificia*，iii，nos. pp. 20，10 – 11 涉及波尔托；pp. 25 – 27，nos. 2 – 5 涉及席尔瓦·坎迪达；p. 77，no. 9 涉及蒂沃利。关于这段内容，图博特〔Toubert（1973），p. 1036〕称图斯库兰们的行动为"前改革运动"（pre-reformateur）。

㉗ 法官新名录中对"首席秘书"（*Protoscrinarius*）是这样解释的："Quintus est protus qui praeest scriniariis, quos nos tabelliones vocamus"〔Rabikauskas（1958），pp. 69 – 71〕。关于教宗秘书以及罗马市公证人的例子，可见前引书（*ibid.*，p. 68 n. 12）。

㉘ 参见 Rabikauskas（1958），p. 95ff，特别是 Santifaller，（1940），pp. 113ff。

㉙ Bresslau（1912），pp. 219ff.

㉚ Herrmann（1973），p. 24，他不太恰当地将这一新职位称为"超级大臣"（*Superministerium*）。参见 Elze（1952）与 Rabikauskas（1958）。

责，直到 1050 年他去世为止。本尼狄克九世曾把上述教职长期委任
给席尔瓦·坎迪达的各位主教终身担任，但却只有安贝尔及其继任者
曼纳德（Mainard）能在 1057—1063 年间保有图书馆长或总管的位
置，前者曾是陪同教宗利奥九世前来罗马的教会高级教士之一，而他
们当时都是席尔瓦·坎迪达枢机主教。[31] 一般说来，教宗总是倾向于
把教廷总管的职位委任给官阶较低的教士，因为他们常常会竭尽全力
完成其文书职责。教宗的助手彼得从 1063 年直到 1084 年担任此职，
这一年他放弃了教宗格列高利七世的主张，转而支持对立派教宗克雷
芒三世（Clement Ⅲ）。著名的加埃塔（Gaeta）总管约翰也长期担任
这一职务，从 1088 年直到 1118 年他当选为史称格拉修二世（Gela-
sius Ⅱ）的教宗为止。加埃塔的约翰过去也是卡西诺山（Monte Cas-
sino）的修士，师从修辞学家阿尔贝里克。就是他把"年代"（cur-
sus）引用到教宗文档中，在计算 15 年一次财产评价公告中采用了新
的时期划分，并在当年启用新日期。[32]

　　但是，即使坐落于拉特兰宫的教廷内阁继续维系着领导地位，11
世纪教会的改革仍然给教廷成员带来许多变化，特别体现在他们的作
品中，主要是在教宗的信函与特权中，尽管教廷内阁也同样保留着官
方记录。保留官方记录的古老习惯在教宗亚历山大二世（Alexander
Ⅱ，1061—1073 年在位）统治后期重新开始盛行，虽然这一时期的
文件中只有格列高利七世（1073—1085 年）的记录原稿在梵蒂冈的
秘密档案馆（Archivio Segreto）保存下来。[33] 有一部分教宗的档案似
乎保存在拉特兰宫，还有一部分保存在君士坦丁凯旋门附近的一座塔
楼里。[34] 只有罗马书记员受过传统长老院书写体的训练，但他们很少
陪同像利奥九世或维克托二世（Victor Ⅱ）那样的罗马教宗远行。因

　　[31] 在 Huels（1977）一书中，关于安贝尔，参见第 131—134 页；关于曼纳德，见第 134—136 页。1063 年 1 月，当曼纳德成为彭波萨修道院院长后，此职位由他的助手彼得接任。
　　[32] 在 Santifaller（1940）一书中，第 183—189 页提到了助手彼得，第 208—214 页涉及加埃塔的约翰；Sydow（1954/5），p. 50。
　　[33] Bresslau（1912），pp. 101 – 124；Caspar（1913），pp. 214 – 226；Lohrmann（1968）；Schmidt（1977），pp. 220 – 235；Blumenthal（1986），pp. 1 – 18, and（1988b），p. 135 n. 2。
　　[34] Schieffer（1971），pp. 169 – 184；for the *Archivo sacri palatii Lateranensis* see Deusdedit, *Kanonessa-mmlung*, iii. 278 and iii. 279；Kurze（1990），p. 35 n. 48；Ehrle（1910），p. 448. 凯尔（Kehr）在 1901 年撰写的文章曾颇具影响，指出"书记处"（*scrinium*）和主教法庭（chancery）是两个不同的机构，其人员构成也不尽相同，此观点已经被有力地反驳，见图博特转引的艾尔哲的著作［Elze（1952）as noted by Toubert（1973），p. 1043 n. 2］。

此，教宗只能依靠地方助手或随从人员，这些人通常不得不用加洛林王朝的小写体来替代长老院书写体。此外，他们还必须用羊皮纸代替纸莎草纸，这种纸在当时已经很少见了，在阿尔卑斯山以北是无法得到的。然而，替换长老院书写体不是刻意进行的，因为在斯蒂芬九世（Stephen Ⅸ）及其继任者到教宗卡立斯特二世（1119—1124 年在位）统治时期，这种变换又再次出现，与小写体同时并用，一直到 1123 年之后才消失不见。

更有趣的是特权证书文本和格式的变化，这很可能是教宗主动推动的。其中一些清楚地反映出皇帝的用法。某些历史学家提出这种变化与自利奥九世以来教宗们对"君士坦丁馈赠"表现出的浓厚兴趣有关，但其证据过于模糊不清，难以确定。㉟ 利奥九世及其顾问们，包括席尔瓦·坎迪达的安贝尔在内，开始在文件的落款处，即一份特权证书正文的最后几行使用"圣法轮"（rota）。圣法轮就是环绕十字架的双圈，上面写有每位教宗专用的名字，这种圣法轮代替了原先简单的十字架。另一个值得注意的变化是，传统的教宗字号（Bene valete）改变成了字母组合。㊱ 教廷的这种缓慢且全面的变革有意无意地带来了与当地罗马制度的区别和分离。这样一来，恰好符合教宗权从一个地方性统治机构向国际性组织的演变。至少回溯到 11 世纪早期，教廷总管因此从教宗乌尔班二世（1088—1099 年在位）以来的发展中轻而易举地在教廷找到了自己的位置，这类似于同期欧洲君主宫廷的"财务总理"（camera）和"宫廷总管"（capella papalis）。㊲

财政管理和圣彼得地产

对教廷史来说尤为重要的是在教宗乌尔班二世统治时期，罗马教廷创立了财政部（camera）。除枢机主教外，许多罗马教士（旧时的

㉟　经常有人这样提议，但这种提议与事实不符，从约翰十三世（John ⅩⅢ, 965—972 年在位）教宗任期直到教宗斯蒂芬九世的任期，教廷宫廷一直处于德意志皇家法庭的影响之下。与此相反，到 11 世纪末，这种影响又反了过来。参见 Bresslau (1918), pp. 27 - 37。

㊱　Santifaller (1973), pp. 29 - 38. Frenz (1986), pp. 15 - 22, 提供了有关这个时期关于字母、简单以及神圣特权演化最好的、最新的描述，还附有一份参考文献。关于利奥九世统治时期的发展，参见 Dahlhaus (1989)。

㊲　Jordan (1947), pp. 114ff and n. 15, and Jordan (1973), pp. 32 - 43。

"神职官员"）在 1084 年都放弃了格列高利七世的主张，转而效忠于对立派教宗克雷芒三世和皇帝亨利四世。教廷总管和大总管（*archidiaconus*）都在其中。乌尔班因此得以从头开始，在没有受到旧传统和旧官僚思想阻挠的情况下，将教廷财政部迁移到罗马，该财政机构早在勃艮第克吕尼修道院时就证实了其特殊的价值。当然，阿尔卑斯山以北的其他修道院也利用财政机构来维持其财务状况的井然有序[38]，几乎毫无疑问，此前在克吕尼担任修道院院长的乌尔班受到这个机构的影响，当他还是修道士时就了解并重视它，尤其受到他的第一位财政大臣、同样来自克吕尼修道院的"财政助理"（*camerarius*）彼得的影响。此外，在 11 世纪晚期和 12 世纪早期，克吕尼修道院本院即利用财务往来直接协助教宗，以至于《孔波斯特拉史》（*Historia Compostellana*）提到，克吕尼是卡立斯特二世时期教宗的"财务总理和总管"（*camera et asseda*）。[39] 在帕斯卡尔二世（1099—1118 年在位）统治时期，彼得继续担任财政总管。教宗卡立斯特二世，即前维埃纳（Vienne）大主教居伊（Guy），又委任了一位来自克吕尼的修道士贝桑松的斯蒂芬（Stephen of Besançon）担任财政总管。在其教宗任期之后，教廷与克吕尼之间的财政关系开始逐渐疏远。

　　关于教廷财政部设立初期的记录材料非常缺乏。这一时期教廷的财政状况很不稳定，当时教廷曾多次向英、法、德等国教会请求帮助即为证据。通常，教宗的主要花费是"日常经费"（*presbyteria*），包括在许多不同场合送给罗马人的礼物，以及教堂和罗马修道院的日常花费和修缮费用，其中包含拉特兰宫和圣彼得长方形教堂的修缮费用。罗马教士们在某种程度上依赖教廷的财政支持，特别当他们是外国人或是官僚机构的成员时更是如此。然而，改革派教廷不仅卷入与罗马贵族反对派以武装或其他形式呈现出的争端，还要防止诺曼人千方百计夺取教宗国的企图。因此，各种费用自然会增加。教廷的收入最初主要来自"圣彼得地产"，即遍布整个前罗马帝国西半部，特别是南意大利和非洲的庞大地产、村庄和城镇的教会财产。6 世纪末，

---

[38]　Sydow（1954/5），p. 43 n. 161.
[39]　*Ibid.*，p. 57 n. 249.

教会的这些收入曾轻而易举地为整个罗马城提供充足的费用。11 世纪"教廷财政部"建立时，情况有了明显的变化。许多教宗多次设法阻止罗马大家族对教会土地的侵占，但是徒劳无果。贵族们利用从教宗、主教或修道院院长那里获得的长期租赁协议，其租期通常为三代，而回报仅仅是一笔很少的确认费，即报酬（pensio）或者献金（census）。在 877 年拉文纳（Ravenna）宗教会议上，教宗约翰八世与皇帝秃头查理（Charles the Bald，840—877 年在位）一道，不仅有效禁止教廷出让权益，还禁止任何人要求罗马教会出让教会财产或任何财政权利。这类收入直接纳入拉特兰宫，任何修道院、庄园或不动产都不能作为圣俸向外发放。大公会议的这两条教规都有重要的例外：教宗的密友，以及由于对神圣罗马教会提供更特殊服务而拥有这种让渡财产的人除外。[40] 1001 年，奥托三世（Otto Ⅲ，983—1002 年在位）承认彭塔波利斯（Pentapolis）的八个县归属教宗西尔维斯特二世（Sylvester Ⅱ，999—1003 年在位），他在这一承认书中，严厉批评了教廷的领地政策，"我们见证了罗马教会是所有教会之母，但是教宗的粗心和无知已经很久无视其伟大的丰碑了。因为他们不仅出售和转让这座城池以外的东西，而且还出售和转让我们这座高贵城池内所有的东西"。该文最后指出，"君士坦丁馈赠"是教廷以君士坦丁大帝的名义所做的众多伪造物之一，是为了补偿挪用属于皇帝的东西而造成的损失。[41] 同样的情况在意大利其他地方随处可见。奥托三世在 998 年颁布诏书说，租约只能在出租人活着时有效，因为教会的制度原本不是为了在贪欲和人际关系的基础上转让而建立的。[42] 这样的租约以及类似的租约与完全的赠予，将诸如罗马北部的萨比纳（Sabina）变成了克雷森蒂家族势力的基地。[43] 改革尽管来得很缓慢，亨利二世皇帝还是在 1020 年给予罗马教会巨大的赠礼。[44] 尼古拉二

22

---

[40] Mansi 17, pp. 335ff, cc. 15 and 17；Jordan（1932），p. 31.

[41] Otto Ⅲ, *Die Urkunden*, no. 389, pp. 818–820, at p. 820："Romanam ecclesiam matrem omnium ecclesiarum esse testamur, sed incuria et inscientia pontificum longe sue claritatis titulos obfuscasse. Namnon solum quae extra urbem esse videbantur, vendiderunt et ... alienaverunt, sed ... si quid in hac nostra urbe regia habuerunt ... omnibus iudicante pecunia in commune dederunt ... Hec sunt enim commenta ab illis ipsis inventa ... et sub titulo magni Constantini longi mendacii tempora finxit."

[42] Jordan（1932），p. 37.

[43] Toubert（1973），pp. 1029ff, esp. n. 3. 若要了解萨比纳，可参见 Vehse（1929–30）。

[44] Herrmann（1973），p. 34 n. 75.

世（Nicholas Ⅱ，1059—1061 年在位）授予罗卡·安提卡（Rocca Antica）和蒙塔索拉（Montasola）的两项特权，建立了由教宗保护的共同体，其回报是每年缴纳献金（census）、圣职委任（fodrum）以及服从教宗司法权。罗卡·安提卡的居民也被迫重新确立该保护（castellum）权。[45] 教宗帕斯卡尔二世在位期间的文件显示，同样的情况也存在于教会财产赠礼中。[46] 这些文件是 12 世纪中期前后从教廷财政部有关他的登记册中摘录出来的，最后载入"不动产登记册"（Liber Censuum）中。大约在 1108 年，帕斯卡尔在诺曼人的帮助下，占领了位于罗马南部维勒特里（Velletri）主教区的宁法（Ninfa）要塞。该要塞的居民只好宣誓效忠圣彼得、教宗帕斯卡尔领主及其合法继任者。他们必须服兵役，在教宗法庭进行诉讼，并提供劳役。新增加的内容就是对封建关系的依赖，这种关系被描述成集体领主权，是作为维持教宗权力的一种手段。

尼古拉及其继任者做的这点事情说明教廷权威的再度扩张是多么缓慢。教宗显然从拉特兰宫直接掌控着教会的财产，而不是通过以往的教区主教作为中介。有关财政部发展的证据非常零散且稀少，很难得出确定的结论，也许可以说，12 世纪早期清楚地出现了一种转变，即放弃了在亚历山大二世和格列高利七世统治时仍占主导地位的教宗国传统统治模式。当乌赫尔的雷蒙·威廉（Raymond William of Ur-gel）伯爵在亚历山大二世时期赠予教廷两座城堡时，他为自己和后嗣得到了一份年俸（pensio）作为回报。财产是由圣庞斯 – 德 – 汤米埃莱斯山（St-Pons-de-Thomieres）修道院院长弗洛塔德（Frotard）经手收取的，他被称为"收账人"（actionarius），这是教会财产和其他报酬收取人的旧称。[47] 在帕斯卡尔二世时期，这个头衔几乎已经完全废弃了，而与金库相关的新头衔种类繁多，从"圣彼得财务官"（serviens domni Petri camerarii）到"账房"（dapifer）、"重臣"（familiaris）和"司库"（thesaurarius）等，十分混乱。[48] 这种变化是发

<hr/>

[45] Regesta pontificum Romanorum: Italia pontificia, ii, p. 72, no. 1 for Rocca Antica; Vehse (1929 – 30), pp. 172 – 175, appendices 1 and 2 for Montasola.

[46] Liber censuum, i, p. 407, no. 132, and ibid., 2, p. 95 = x. 54; Regesta pontificum Romanorum: Italia pontificia ii, p. 109, no 1; Jordan (1932), pp. 49ff.

[47] Deusdedit, Kanonessammlung, iii. 271.

[48] Sydow (1954/5), p. 56.

展变革的典型标志，而且是人们所期待的。在阿德里安四世（Adrian
Ⅳ，1154—1159 年在位）统治时期，"教廷财政部长"博索（Boso）
专门负责圣彼得教会的财产。当时，教廷财库已经有了比较细致的规
章制度，尽管出现了诸如教廷分裂及 12 世纪 40 年代罗马的叛乱。但
是，即使在那个时候，与财政有关的事务仍然有很多改进的空间，至
少在琴奇乌斯·萨韦利（Cencius Savelli）看来如此。琴奇乌斯·萨
韦利是当时教廷的财务总管，后来成为教宗，称为洪诺留三世
（Honorius Ⅲ）。他编制了"不动产登记册"，正如他在"前言"中申
明的那样：其目的就是要使整个西部基督教世界教宗的财政权利得到
充分记录并永久保存。除了记录来自那些在教廷保护和（或者）作
为教廷采邑的城市、公国和王国的收入，或者像英格兰的彼得税一类
按惯例提交的赠礼外，"不动产登记册"还记录了众多享有年度献金
的修道院和教堂。到 12 世纪晚期，据估计来自世俗财源的收入数量
达到了来自受保护或免税教堂的收入的四倍之多。[49] 收取这些费用是
教廷财政部的主要职责之一；它的另一职责就是对教会财产进行管
理。因此，早在 11 世纪末财政部总管们就是非常令人讨厌的官员，
也就不足为奇了。最早对教宗的贪欲和教会的贪财进行讽刺的作品是
在教宗乌尔班二世统治时期编辑的《托莱多的加西亚檄文》（*Tracta-
tus Garsiae Tholetani canonici de Albino et Rufino*）。[50]

教宗特使与大公会议

教宗特使

最初，教宗不过是罗马的主教而已。他们对基督教世界其余地区
的领导地位可以追溯到撒尔底迦（Sardica）宗教会议（343 年）。那
次会议决定允许被免职的主教和其他教士向罗马大主教申述，[51] 其结
果使得教宗常常派使者或特使作为自己的代表，出席例如普世宗教会
议这样的活动。还可以派特使进行政治谈判，就像与伦巴第（Lom-

---

[49] Robinson (1990), pp. 281 – 283；Pfaff (1953), p. 114.
[50] *MGH Libelli*, ii, pp. 423 – 435；Robinson (1990), pp. 244 – 291.
[51] Hess (1958), 第 121 页以后部分涉及第 4 条与第 7 条；第 126 页以后部分讨论了长老与助祭的
设立。

bard）或法兰克国王谈判的情况一样。虽然史料中通常把他们描绘成
"使者"（missi）或者"代表教宗的使节"（missi apostolicae sedis），
但也称为特使（legati）。后者常在格列高利七世的登记记录中出现。
在改革时期，特使的使命大大增加。例如在伊比利亚半岛，几乎教廷
的所有事务都委托给教宗信赖的使者。除了孔波斯特拉的圣地亚哥
（Santiago de Compostela）大主教迭戈·赫尔米雷斯（Diego Gelmirez）
这一重要的特例之外，所有的使者都来自罗马或法兰西南部，包括前
马赛的圣维克托修道院院长、时任托莱多（Toledo）大主教的贝尔纳
（Bernard）。由这些特使在"西班牙"主持召开的地方宗教会议，对
于加强教廷在半岛事务中的影响力非常重要，有助于推进改革，落实
基本措施。⑤²

　　格列高利七世在当选教宗之前曾任出使法兰西和德意志的特使。
在他统治时期，委派代表和特使执行教宗诏令可以说是一套正规制
度，并且运作相对平稳。格列高利在 1075 年 4 月致丹麦国王斯文
（Sven）的一封很有趣的信中，对早期和当时的教会情况进行了比
较。教宗解释说，在他的前辈中，通过特使教导所有民族，匡正所有
国王和君主，并邀约所有人一起达到永生，这已经是一种惯例。格列
高利写道：世俗法律通常本应掌握在教宗手中而不是皇帝手中。然
而，现在国王与土地领主（presides）变得如此轻视教会法规，以至
于几乎再也不派出任何特使了，因为他们不可能取得任何结果；教宗
的话此时只能在向上帝祈祷时和祈求上帝惩罚时才起指导作用。但
是，由于格列高利从担任主祭时就认识这位国王，并且清楚该国王尊
敬众教会之母的罗马教会，因此他依然通过特使（nuntios）送信，期
望收到国王的答复和丹麦特使的回访。⑤³ 格列高利一定在设法讨好丹
麦国王，因为派遣特使是他最喜爱的通信方式，而且通常选择的对象
是颇受尊重的合作者。几个月之前，教宗在一封信中确认了一道禁
令，正是其特使奥斯蒂亚的杰拉德（Gerald of Ostia）对普瓦蒂埃
（Poitiers）主教伊塞姆博特（Isembert）宣布的禁令。⑤⁴ 其他特使宣判

25

---

⑤² Garcia y Garcia (1989), pp. 251–253.
⑤³ Gregory Ⅶ, *Register*, ii, 76.
⑤⁴ *Ibid.*, ii, 23.

的裁决包括有争议选举在内的教会案件。[55] 他们可能会监督新的选举[56]，以教宗的名义主持召开宗教会议[57]，以及把国王逐出教会。[58]《教宗敕令集》（*dictatus papae*，第 4 章）中的一个条款规定：教宗特使，即便是低级别的特使，在大公会议上也高于主教并可以罢免他们。[59] 格列高利在 1075 年 1 月写的关于其特使格皮佐（Gepizo）和毛鲁斯（Maurus）的身份确认信中，进一步详述了授予所派代表的职权，为此他还解释说，如果教会要改革而他本人实在难以到场的话，就必须派出特使；[60] 这封信还要求服从这些特使，并给予他们道义上的支持。这种接受款待的权利后来被称为"管理"（*procuratio*），并包含在要求大主教们发出的新誓言中，这几乎立即就引发了抱怨。沙特尔（Chartres）主教伊沃（Ivo）在一封给帕斯卡尔二世的信中暗示，教宗简直就是把使节当作让别人来供养其教士的借口。[61] 1179 年，第三次拉特兰大公会议被迫在大会上宣布：每位与会枢机主教的随从最多不得超过 25 名。[62] 格列高利七世则靠详细的指令严格监督特使，如有必要，他还另外派遣使节以确保特使们适时返回，并报告他们的所作所为。[63] 使节们服从教宗，从来没有产生任何问题。然而，格列高利七世至少在三个场合下废除了派遣高级使节的决定。

　　格列高利七世除从罗马派遣一些特使，以及从另一些相关地区派遣权贵外，还派遣长期固定的特使，即所谓常驻特使。格列高利七世及其继任者在法国、西班牙北部和神圣罗马帝国派驻的里昂的休（Hugh of Lyons）、昂古莱姆的杰拉德（Gerard of Angouleme）、奥莱龙的阿马图斯（Amatus of Oleron）、帕绍的阿尔特芒（Altmann of Pas-

26

[55] *Ibid.*, ii, 25, iv, 17, iv, 26, in very comprehensive terms："Quapropter misimus ad vos hunc dilectum filium nostrum Gregorium et diaconum sancte Romane ecclesie, quatenus una vobiscum de ecclesiasticis causis et christiane religionis sacrosanctis institutionibus, que necessaria sunt, Deo adiuvante pertractans nostra vice, que corrigenda sunt, corrigat, que statuenda, constituat et ecclesiastice libertatis atque iustitie diu et in multis neglectas rationes et studia ad formam canonice et apostolice discipline reducere ... efficaciter valeat confirmare." Gregory is sent "de sinu nostro" conveying the same meaning as the later *a latere*.

[56] *Ibid.*, v, 19.

[57] *Ibid.*, ii, 28.

[58] *Ibid.*, iv, 23.

[59] *Ibid.*, ii, 55a, c. 4.

[60] *Ibid.*, ii, 40.

[61] Hinschius (1869), p. 511 n. 1; Ivo of Chartres, "Epistolae", *PL* 162, ep. 109.

[62] C. 4 = *COD*, pp. 213ff.

[63] Gregory Ⅶ, *Register*, i, 6.

sau）和康斯坦茨的格布哈特（Gebhard of Constance）都担任过特使。有个例外的情况是西西里。在乌尔班二世统治时期，西西里的罗杰（Roger of Sicily）及其后人得到一项特权，允许他们决定罗马教宗特使能否进入其领地并控制特使的活动，甚至允许他们依照罗马派来的教宗代理人的指示行使特使的权力。[64] 教宗对教会的控制通过这些步骤得到极大的巩固。事实上，教宗已成为教会的普世领袖。[65] 就像格列高利和乌尔班坚信的那样，如《伪伊西多尔教令集》所述，在恢复旧时大主教家长式尊严的措施背后，存在一种差不多是集权化控制教会的目的。1079 年，格列高利授予里昂大主教吉布因（Gebuin）最高教职头衔，即这个古代行省卢格杜南一区（Lugdunensis I）的头把交椅（prima sedes）。鲁昂（Rouen）、图尔（Tours）及桑斯（Sens）的大主教都臣服于他。[66] 乌尔班二世时期，纳尔榜（Narbonne）、布尔日（Bourges）和托莱多大主教也得到认可，从而具有这种古代大省教职的尊严，而在卡立斯特二世时期，维埃纳大主教也是如此。如果教规资料中明确界定了教会等级中这种新的、半家长式的等级，那一定会有助于教宗的集权化统治，尤其是与教宗特使职务挂钩后会更为突出，正如里昂的休这位吉布因的继承者一生所见证的那样。

大公会议

11 世纪，对拉丁基督教集权化管理来说，仅次于教宗经常制度化派遣不同类型的特使这一最为重要的手段，是举行教宗大公会议或宗教会议。[67] 甚至有一种看法认为，在教宗利奥九世时期极为重要的革新就是创造了"一种由来自罗马教廷之外和来自帝国领土之外的主教出席的集会，一种在教宗统辖之下的集会，其所颁布的法令被认

　　[64]　关于西西里特权的最明确规定由帕斯卡尔二世制定，参见 JL 6562。
　　[65]　Ryan（1966）。
　　[66]　这些主教区是古老的卢格杜南二区、三区和四区的首府。
　　[67]　当时的材料在提到宗教会议时使用"教宗大公会议"（concilium）和"宗教会议"（synodus），这里也沿用这种做法；而萨莫维尔［Somerville（1989），p. 34 n. 2］、施马尔［Schmale（1976）］和罗宾逊［Robinson（1990）］试图对这些词语的内涵加以细分。

为是要得到整个拉丁基督教世界遵守的"[68]。但是，说这是一个创新而不是改革过程中传统教宗会议的变种是否正确呢？古今大公会议之间存在如此明显的连续性，很难说这是个根本改变。利奥无论是在1049 年 10 月与皇帝亨利三世联手举行的美因茨（Mainz）宗教会议上，还是在此前两周的 10 月 3—5 日于圣雷米（St-Remi）修道院新建长方形教堂的献堂仪式一起召开的兰斯宗教会议上，的确都从未打算进行创新。后来，罗马教宗在一封"致所有法国基督徒、主教和普通信徒的信"（*fratribus et filiis catholicis per universum regnum Francorum*，见 JL 4185 号文献）中，公布了兰斯宗教会议确定的教规，即他命令按教规公布的和他在其他大公会议上批准的教令，应该以遵守古老的普世大公会议决定之教令同样的方式得到遵守。[69] 晚近的《利奥传》（*Vita Leonis*）告诉我们，利奥一直坚持应该遵守"普世教会的法律"。在他（于 1049 年 4 月在罗马举行）的第一次大公会议上，教宗利奥大声确认了最初四次普世大公会议的法令及所有前辈的信经。[70] 这份声明令人想起《日思录》（*Liber diurnus*），即教宗献祭仪式上惯用的信仰表白的准则[71]，而利奥在 2 月刚刚被授予圣职。这次信仰表白也恢复了多年的教会大公会议的传统做法。许多工作会议极为明显的重点在于编辑会议期间庄严颁布的教令集。这也是兰斯会议上"确认历史文献"时的程序。[72] 没有人质疑或争辩过教宗究竟是在罗马还是在帝国境内举行大公会议这个问题。[73] 兰斯大公会议进行的重大改革得益于当时形势的压力：法兰克国王及其顾问由于不愿意让法国教士服从教宗的立法改革，所以拒绝合作，因为这种立法改革

27

---

[68] Robinson（1990），p. 22.

[69] *PL* 143, cols. 616 ff；"[at Rheims] plurima ad utilitatem Christianae religionis necessaria . . . statuendo confirmavimus：quae omni capitulis digesta inter canones haberi praecepimus, et . . . in omnibus synodis quas habuimus, idipsum confirmare curavimus".

[70] 关于 *Vita Leonis*，参见 *BHL* no. 481。在 MGH 资助下，正在筹备一份更为重要的版本；Krause（1976）.

[71] *Liber diurnus*, no. lxxxiii, pp. 90 – 93；Santifaller（1976），pp. 81ff and pp. 226ff；Blumenthal（1988），p. 246 and n. 22.《日思录》（*Liber diurnus*）的准则指的是七次基督教公会议。

[72] "Historia dedicationis", p. 721："lectis sententiis super hac re olim promulgatis ab orthodoxis patribus, declaratum est quod solus Romanae sedis pontifex universalis ecclesia primas esset et apostolicus"；p. 723："quod in canonibus de sacrorum ordinum venditoribus sit decretum, iussit tantum modo recitari . . . ；lectae sunt sententie super huiuscemodi re promulgatae ab orthodoxis patribus".

[73] Schmale（1976），p. 97.

已于 1049 年 4 月在罗马[74]引起严重骚乱。利奥还是决定继续进行改革，因此显示出图斯库兰家族诸位教宗的外国继承人们的自信心不断增加，表明他们非常关注教士道德的改革问题。

　　教宗本尼狄克八世和皇帝亨利二世于 1022 年 8 月在帕维亚共同召开了宗教会议，若将这次会议与利奥于 1049 年召开的三次大公会议的主题进行比较，就可以看出教宗宗教会议传统的延续性和变化。两者最关心的都是买卖圣职和教士结婚问题。帕维亚宗教会议的另一个主题自 10 世纪就已为人所熟知，即哀叹曾经广获捐赠的教会何等贫穷——而兰斯宗教会议的另一个主题则是要求规范选举。在帕维亚，教宗宣布宗教会议教令普世有效，并批准它们永久适用于人世间所有人。[75] 亨利二世是由教宗施涂油礼推上王位的统治者，作为一名虔诚的信徒，他也承认并赞同这个决议。他表示这些是不可改变的公共法律（*publica iura*）。[76] 有些教规在教宗和王室的记述中都提到了"法官"（*iudices*）和"书记员"（*tabelliones*）。[77] 因此，至少在理论上，皇帝的批准本应该是有法律效力的。但是，正如利奥于 1049 年发布的法规，起实际作用的似乎既不是教宗的批准也不是皇帝的批准。所以，在兰斯，即便法国国王亨利一世没有同意，也不能对利奥造成多少损害，尤其是考虑到法国国王和诸侯之间还存在世俗权力的分裂割据。诸侯的势力不足以维护其传统权利，以超越或者反对进行改革的教廷，亨利国王也只能做出中性的决定，因为这仅仅威胁到神学方面的权利。[78] 正如我们所见，教宗利奥九世毫不犹豫地指示，将他的宗教会议敕令添加到古代普世大公会议的教令中去，这令人回忆起本尼狄克八世在帕维亚公布教令的场面。[79] 利奥九世刚一结束与皇帝亨利三世共同召开的美因茨大公会议，就直奔兰斯。与在意大利、美因茨和兰斯一样，他强迫被控犯有买卖圣职罪的主教通过宣誓来表

---

[74] Hauck（1958），pp. 600 – 603.

[75] *MGH Constitutiones*，i，no. 34，pp. 70 – 77，at p. 75："Et ut firmum posthac quod sancimus permaneat et in fines orbis terrae conservandum perveniat, totius huius summa sententiae hac nostri forma decreti, fratribus et coepiscopis nostris subscribentibus, confirmabitur."

[76] *Ibid.*，p. 76："Omnia quidem, quae pro ecclesiae necessaria reparatione synodaliter instituit et reformavit paternitas tua, ut filius laudo, confirmo et approbo."

[77] *Ibid.*，cc. 4，6 and 7.

[78] Kempf（1969），pp. 194 – 197；Becker（1955）.

[79] See n. 75 above.

明清白。利奥九世在其整个任期（1049—1054 年在位）期间，奔波于宗教会议、教堂献礼和圣坛之间，用教宗的特权保护着大教堂和修道院，反响不可谓不强烈。费康（Fécamp）修道院院长约翰挑选在阿尔卑斯山北部召开宗教会议的这一极为特殊的时机，极尽奢华之词地赞颂利奥九世：

> 在我们这个时代，有谁不欣喜若狂、欢呼雀跃呢？他不满足于只劝告他自己所在的罗马城教区的人们，或用上天的圣言来浇灌意大利土地，他还是一位到处观察巡视、用宗教会议滋养阿尔卑斯山北教会的人，他是一位通过教会公开指责和规定……及时修订和改正……的人。啊！神奇的慈父教宗……万福，我们的父，崇高的教宗（Ave, Pater papa mirabilis）……⑧

教宗们在诸如宗教会议场合发布改革措施的普遍偏好开始于利奥九世，这也是 11 世纪下半叶教宗宗教会议的显著特点。另一个特点 29 是教宗极力扩大其对教士和普通信徒，包括国王和皇帝在内行使的司法审判权。⑧ 在教宗及其特使主持召开的宗教会议上，利奥的继任者乌尔班二世、帕斯卡尔二世和卡立斯特二世仍在法国召开宗教会议——尤其著名的是 1095 年乌尔班二世召开的克莱蒙会议，这次会议发动起了第一次十字军东征⑧——但是，更为常见的是在意大利，尤其是在教宗控制的永恒之城罗马召开宗教会议。宗教会议经常召开，对于整个拉丁基督教世界的大主教、主教，以及修道院院长来说，出席宗教会议逐渐成为义务。不能到罗马或不能出席离家很近的特使会议，他们将会被自动逐出教会，即使未出席者年事已高，且终生致力于教会职责也不能例外。⑧ 出席格列高利七世宗教会议者的官方记录上，有些条目看上去就像是被逐出教会者或被暂停贵族身份者的名单，包括法王菲利普一世和德意志的亨利四世，还有些教士也名列其中，他们大概是由于被要求但未能出席会议的人。⑧ 宗教会议涉

---

⑧　PL 143, cols. 797 – 800, at col. 797.

⑧　NCMH, iv, Part 1, ch. 9.

⑧　Somerville (1990), nos. Ⅶ and Ⅷ.

⑧　Blumenthal (1978), pp. 99ff for the council of Troyes (1107).

⑧　Gregory Ⅶ Register, ii, 52a, iii, 10a, and Ⅷ, 20a, are telling examples.

及的一些教士也许总会出席会议，但他们似乎被认为没有价值而没被记录在案。总之，关心灵魂是每位教士，尤其是教宗的主要责任。[85] 需要记录下来的则是教宗与个别教士，或普通信徒之间的关系，特别是他们有什么非同寻常的关系。[86]

教宗及其特使扩大其司法管辖的权限范围，经常是由于向罗马提出诉讼造成的。来自皇帝统治下德意志的诉讼通常涉及等级较低成员对较高成员的指控，例如，班贝克教士们反对其主教赫尔曼（Hermann）的修道院政策；赖谢瑙（Reichenau）的修道士们反对并拒绝接受一位修道院院长。这一时期大多数情况下，教宗宗教会议的司法审判权有利于上诉者，尤其在德意志，这就激起整个主教区的狂怒和愤慨。1076 年 1 月的沃尔姆斯宣言（Declaration of Worms）宣布不再服从格列高利七世，声称教区居民已经习惯于相信：教宗本人或其特使只能对那些接近教宗的个人进行处罚或宽恕的裁决；[87] 主教们写道，格列高利所做的，就是剥夺了他们所有的权力，即人们都知道这些权力是通过"圣灵"神圣地授予主教的权力。[88] 这样说有些夸张，但不过分。改革时期的教宗精力旺盛，声称要保留案件（causae maiores）的司法审判权。有关《伪伊西多尔教令集》的资料、有关尼西亚公会和撒尔底迦公会、英诺森一世、利奥一世和尼古拉一世的教令，都可以在 11 世纪和 12 世纪早期的所有教令汇编中找到，它们都收集在 1140 年前后编纂的格拉先的《教会法汇要》（c. 2 q. 6 c. 3ff）中。[89]

不能过分强调 11 世纪早期和晚期在这方面的差异，尽管 10 世纪晚期和 11 世纪早期那些饱受中伤的教宗在理论上总是坚定地坚持一些基本原则，例如：教宗授予大主教披带的权利、教宗在审判或仲裁

---

[85] 关于乌尔班二世，参见 Somerville（1990），no. v；关于格列高利七世，参见 *Register*，v，14a，and vii，14a。格列高利所做的宗教会议记录显然不够完备：Somerville（1989），p. 35。

[86] 传统上，《教宗起居录》（*Liber pontificalis*）在每位教宗传记的结束时，会记录教宗的受圣职礼。Gregory VII，*Register*，i，85a（year-end summary or *Jahresschlussbericht*）也记录了教宗所授任的大主教和主教们的名录，但同样也会记录完全不同的事件；比较有代表的是将罗伯特·吉斯卡尔（Robert Guiscard）及其追随者驱逐出教会的事件。

[87] Henry IV，*Die Briefe*，p. 67，lines 4–8；Schieffer（1972），p. 46 n. 138。

[88] Henry IV，*Die Briefe*，p. 66，lines 19ff："Sublate enim quantum in te fuit, omni potestate ab episcopis, que eis divinitus per gratiam sancti spiritus ... collata esse dinoscitur."

[89] Maleczek（1981），p. 60 n. 135；Gregory VII，*Register*，ii，55a，c. 21："Quod maiores cause cuiuscunque ecclesie ad eam［ecclesia romana］referri debean"；Robinson（1988），pp. 272ff；Winroth（2000）.

主教争端中的权限，以及教宗在所有信徒中的司法权。991 年，在费尔奇（Verzy）的圣巴塞尔（St Basle）修道院举行的宗教会议上，关于兰斯大主教的争端使法国主教和修道院院长们与教廷产生对立，大约在 994 年谢勒举行的宗教会议上，这种对立更为尖锐。教宗约翰十五世（985—996 年在位）当时拒不让步，但被法国人罢免的加洛林家族的阿尔努尔夫（Arnulf）后来却还是重返了兰斯大主教区，只是因为当时他未出席这次会议，更具讽刺意味的是，他后来还得到教宗西尔维斯特二世（999—1003 年在位）颁发的特许令。西尔维斯特在当选之前被称为欧里亚克的热贝尔（Gerbert of Aurillac），他作为卡佩支持的兰斯大主教，曾是阿尔努尔夫的反对者。[90] 而出身图斯库兰家族的第一位教宗本尼狄克八世则巧妙地维护了教宗的最高司法审判权，使之既高于克努特（Cnut）王支持的英国教士，也超过了美因茨的大主教阿里博（Aribo）。1017 年，坎特伯雷大主教利逢（Lyfing）在一次前往罗马的朝圣中，请求本尼狄克授予大主教的披带，以符合尊贵教宗的要求，但遭到强烈的反对。英国教士们要求教宗履行其大主教本应享有的这项传统权利，并主张大主教的披带应该由罗马授予。他们的愤怒持续发酵，但其原因，至少不是因为教宗要求支付相应的圣职仪式费用。[91] 美因茨的阿里博对本尼狄克的反对理由更加复杂。哈默施泰因（Hammerstein）的女伯爵叶敏加尔德（Irmingard）于 1023 年在美因茨举行的一次宗教会议后，向本尼狄克提出解除她与叶敏加尔德的奥托之间婚姻的请求，理由是他们属于近亲。作为对这一请求的回应，塞里根斯塔德（Seligenstadt）宗教会议于 1023 年颁布了一条教令，规定在得到所属主教的许可和悔过之前，任何忏悔者都不允许向罗马寻求赦免或上诉。教宗与阿里博在美因茨召开的宗教会议期间争吵不休，只是由于本尼狄克于 1024 年去世而终止，当时国王康拉德二世（Conrad Ⅱ）施加了压力，促使阿里博放弃了反对叶敏加尔德的行动。所有这些案例都说明教廷的确有意维护其权力，而且当情况紧急之际还成功地做到了这一点。但是，问题的关键在于——当情况紧急时——实际上没有多少事情需要教宗加以

31

---

[90] Kempf（1969），p. 299，强调其内涵的重要原则。
[91] Hermann（1973），pp. 109 – 117；Barlow（1963），p. 299.

干涉，也没有一位教宗自己选择要这么做。11 世纪中叶的教宗改革
开始在这方面发生迅速改变。

　　呈交给改革时期教宗的"教宗保留案件"（*causae maiores*）仍按
照传统做法，通常是在宗教会议上宣布审判，或者在一些地方性宗教
小型会议上由一名教宗特使来判决。教宗的宗教会议变成在教宗领导
下的教会改革的主要讨论会，并非仅仅由于这个原因；有许多出席会
议者、教宗信使和特使——经常从教宗大公会议向地方宗教会议传达
司法判决——确实不久后便采取广泛分发教规，以及在此类大公会议
上做出司法决定的行动。最终，逐渐成为惯例的做法是：宗教会议委
托教宗顾问委员会编制文件或准备提交给整个理事会或教宗的案卷。
1112 年 3 月，在拉特兰大公会议上，当教宗帕斯卡尔二世被迫授予
亨利五世主教叙任特权被撤销时，他公开承认皇帝的特权无效[92]，并
命令应该根据参加会议的教友兄弟的建议和判断予以更正。作为回
应，会议组成了枢机主教团和主教委员会，并在第二天提出一份相应
的解决方案。该方案得到委员会全体成员的一致接受，后来就是以
"反对向异端授圣职的会议决议"（*actio concilii contra heresim de inves-
titura*）的标题保存下来。[93] 有时人们会认为：这样的委员会就是 13
世纪由枢机主教组成的宗教法庭的先驱，它最终逐渐取代了大公会
议。然而，事实并非如此，因为在教宗英诺森三世统治的晚期，"宗
教法院"一词表示庄严而公开进行的司法诉讼。[94]

　　人们经常强调这一时期出现的一些未经编辑的手稿中保存下来的
些许零散信息，并因而产生了对 12 世纪早期有关大公会议程序不确
定性的看法。罗宾逊（Robinson）对一些著名宗教会议的记述，即清
楚地说明了这一点。[95] 然而，尽管教宗个人和与会教父的关系不断变
化，现存的档案却丝毫无法质疑当时举行的教宗大公会议在拉丁教会
生活中占据中心地位；也无法质疑是否全欧洲的众多大主教、主教、
修道院院长和世俗要人都会出席定期召开的宗教会议；还无法质疑记

---

　　[92] *Liber pontificalis*，ii，p. 370，第 7—20 行解释了文献中提到的 *pravefactum*，因此在撤销时称其为
pravilegium。

　　[93] *MGH Constitutiones*，i，p. 571 with recension i.

　　[94] Maleczek（1984），pp. 299 – 302，提供了很多证据来区分枢机主教咨询会议（*Ratsversammlung*）
和监督法院（*consistorium*）之间的区别。

　　[95] Robinson（1990），pp. 121 – 135；Somerville（1990），nos. v and Ⅶ；Schmale（1976）.

录材料提到了低级教士出席会议，虽然他们的名字很少被提及。此外，11 世纪晚期和 12 世纪的大公会议多是涉及纯粹的教廷事务。1056 年亨利三世去世后，没有任何教宗再与皇帝联手主办会议了。教宗在大公会议即将结束时没有提到世俗权威而发布教规和司法决定，即后来被称为大公会法令的"决议"（acta）。教宗的宗教会议已经变成普遍的或普世的大公会议了。从 1123 年第一次拉特兰大公会议开始到 16 世纪，其间的一些会议被认为是西方教会的普世大公会议。[96] 有一条教会原则以 9 世纪早期的《伪伊西多尔教令集》为基础，并由沃尔姆斯主教布尔夏德的《教令集》加以系统化，它在改革期间曾展现出其在构建思想态度以及教宗实践中所具有的效力，即"使徒教会已经得到特别授权，有权召开宗教会议；我们在别处从未见到过那些非官方召开和支持的普世宗教会议是合法的"[97]。1117 年，帕斯卡尔二世致信西西里伯爵罗杰，批准由教宗乌尔班二世授予罗杰的父亲罗伯特·吉斯卡尔（Robert Guiscard）的特权，但也做了些限制。帕斯卡尔在信中特别取消了伯爵召开宗教会议的权力，尽管他还享有教宗特使的权力。这样，只有教宗有权召开大公会议，而只有他才能决定在西西里的案子中派遣使节。帕斯卡尔用词讲究地问道，"还能有别的方式吗？"[98]

枢机主教团

1148 年，陪同教宗尤金三世（Eugenius Ⅲ）出席兰斯宗教会议的枢机主教们激烈抱怨剥夺他们特权的克莱沃的贝尔纳（Bernard of Clairvaux）。他们设法迫使尤金进行干预。尤金废除了贝尔纳及其朋友吉尔伯特（Gilbert）的决定，并将该问题推至以后再议。[99] 到此时为止，枢机主教团已经集中掌控了诸如选举教宗权的大部分相关权力。枢机主教确实成为"普世教会的神职元老了"，正如彼得·达米

---

[96]　Fuhrmann（1961），pp. 677 – 689.

[97]　Burchard of Worms, "Decretorum libri xx", i, 42（*PL* 140, col. 561）: "Synodorum … congregandarum auctoritas apostolicae sedi privata commissa est potestas. Nec ullam synodum generalem ratam esse legimus, quae eius non fuerit auctoritate congregata vel fulta"; Fuhrmann（1961），pp. 683ff.

[98]　JL 6562.

[99]　Robinson（1990），p. 109.

安（1072 年去世）称呼他们的那样，而其本人则自 1057 年就已担任
33 奥斯蒂亚枢机主教。[100] 自从利奥九世任期以后，教会管理中顾问的
作用、特权和对"决议"的签署、参与教廷最高司法权、参与教宗
选举等，这些逐渐成为枢机主教不可剥夺的特权。[101] 枢机主教是一个
比较古老的名词，但是在改革时期的教宗统治下，该词的含义经历
了明显的变化：其用于圣餐仪式的重要意义渐渐被其政治含义所取
代。克莱维茨（Klewitz）认为利奥九世的改革是罗马教廷枢密院的
"起源"。[102]

12 世纪早期，枢机主教团有三个等级：主教、司铎和执事。历
史最悠久的头衔是枢机主教。从 4 世纪起，来自罗马附近某些主教区
的主教，即罗马市郊的主教便开始出现在教宗周围。当时，在波尔托
和阿尔巴诺（Albano）主教们的协助下，奥斯蒂亚主教就已经拥有授
予新当选教宗圣职的特权。枢机主教团最初出现在 8 世纪，确定的人
数是七位；但由于实际工作的限制、贫穷和人口减少以及政治等原
因，这七位罗马市郊主教区的名字一直在变化，直到 12 世纪中叶，
这七位主教的人数才不再重要。[103] 枢机主教通常包括：（维勒特里 -）
奥斯蒂亚、阿尔巴诺、波尔托、帕莱斯特里纳（Palestrina）、（席尔
瓦·坎迪达 -）蒂沃利、［加比 - 拉比库姆（Gabii-Labicum-)］图斯
库兰和萨比纳等教区的主教。根据《教宗起居录》（*Liber pontificalis*）
中所记述的教宗斯蒂芬三世（Stephen Ⅲ，768—772 年在位）的生
平，正是这位教宗把"枢机"主教与拉特兰大教堂的圣餐仪式联系
在一起；1100 年前后，《拉特兰教廷录》（*Descriptio ecclesiae Later-
anensis*）中也清楚地描绘了这些典礼。[104] "然而，这七位主教，作为
教宗大人的助祭，曾在耶稣基督圣坛上举行了弥撒，他们将要与教堂
（拉特兰大教堂）的教士一起分发祭品，一周结束时，他们将返回自
己的教职。"[105] "枢机的"一词因此用来形容一位在教堂正规圣台上举

[100] *Contra philargyriam* = Peter Damian, *Die Briefe*, part 3, pp. 64 – 83, at p. 80, line 18；Kuttner
(1945), p. 174 n. 100.

[101] Maleczek (1981). See also n. 113.

[102] Klewitz (1936)；Huels (1977).

[103] *Ibid.*, p. 4.

[104] *Ibid.*, pp. 38 – 44.

[105] Valentini and Zucchetti (1946), iii, pp. 360ff.

行圣餐仪式的教士，而非形容他的教阶。然而，根据利奥九世，该名称的意思是指枢机主教与罗马教会的紧密关系，是整个教会的枢机（*Cardo*）和首领（*Caput*）。⑩ 当时，这个词源是错误的，因为非罗马教会中也存在枢机主教。

　　在利奥九世及其继任者统治时期，这些枢机主教的圣餐典礼职能很快就变得不重要了。相反，他们日益活跃在教廷管理活动中，在教宗最重要的合作者中常见他们的身影。教宗尼古拉二世统治时期，当1059 年选举教宗教令颁布时，枢机主教的领导作用就已经很突出了⑩，教会改革的责任落在他们肩上。1050 年，利奥本人确实将穆瓦延穆捷的安贝尔（Humbert of Moyenmoutier）提拔为席尔瓦·坎迪达的枢机主教；而博尼佐（Bonizo）提名的来自贡比涅（Compiegne）的苏特里的阿泽林（Azelin of Sutri）则不甚清楚。维克托二世（1055—1057 年在位）是另一位能提名弥补罗马市郊主教空缺的教宗，他挑选了一位意大利教士卜尼法斯来担任阿尔巴诺主教。同样也是意大利人的彼得·达米安被教宗斯蒂芬九世（1057—1058 年在位）提名为奥斯蒂亚枢机主教，该提议是在后来成为教宗格列高利七世的希尔德布兰德（Hildebrand）催促下提出的。1058 年，斯蒂芬在佛罗伦萨去世，罗马反对派利用长老院的缺席，选举维勒特里枢机主教约翰为其继任者。约翰则选择了本尼狄克十世（Benedict X）的称号，以此来复兴图斯库兰家族传统，约翰的这一举动毫不奇怪地表明：其最强大的贵族支持者是图斯库兰伯爵格列高利二世（Gregory II）、加莱里亚（Galeria）伯爵杰拉德（Gerard）和蒙蒂切利（Monticelli）的克雷申蒂厄斯的儿子们。然而，只有当另一位枢机主教，同时也是特拉斯泰韦勒（Trastevere）的圣科斯马斯和达米安（SS. Cosmas and Damian, S. Cosimato）修道院院长的帕莱斯特里纳的雷奈里乌斯（Rainerius of Palestrina）表示支持约翰，他才敢公然反抗斯蒂芬九世的明确意愿。大约在 1060 年，随着本尼狄克十世周围聚集的反对派惨遭失败，所有的枢机主教都被认为是改革的支持者。对教宗权来说，这一胜利真是喜出望外，因为要知道，当时在阿尔巴诺、帕莱斯

---

⑩　见注释 115。
⑩　Jasper（1986）．

特里纳、维勒特里、苏特里和图斯库兰（Tusculum）等教区周围的领地都掌握在封建贵族手中。罗马城内和周边的地产大亨对教廷的控制已经衰败。1059 年颁布的选举教令利用了这一形势。这项被庄严公布的教令中有部分条款规定：枢机主教要首先进行选举教宗的辩论；然后其他枢机主教应该接受他们的决议；最后，一旦选举已经确定，其他罗马教会教士和普通信徒都要认可。[108] 罗马人的权力受到严格限制，该教令解释说，这是因为他们通常根据血缘关系或报酬来投票。换句话说，他们犯有买卖圣职罪，这在改革者看来是一项不可饶恕的罪行。

　　到 12 世纪初，枢机主教不得不与枢机神父和枢机执事分享他们的职责。[109] 胡厄斯（Huels）在其有关各教派授职权之争的记述中已经讲述了关于执事的复杂历史。[110] 对于枢机神父来说，教宗约翰八世授予这些司铎管理罗马教士和普通信徒之自治司法特权的说法大概并不可信。[111] 然而，《拉特兰教廷录》用非常热情的词语讲到这些枢机神父和主教们的特权。据推测，他们拥有在其出席的所有大公会议和宗教会议上审判整个罗马帝国——当然是指古罗马城的所有主教的权力。[112] 至少从 4 世纪开始，罗马长老或教士们就与特别冠名的教堂有关联，教堂的名字最初源自私人宅邸，这些宅邸在被诸如大教堂等公共建筑取代之前，是基督徒做礼拜的地方，5 世纪早期已知的冠名教堂一共有 25 座。克莱维茨根据证据推断出 5×5 计算法，把 5 座教堂相关司铎的称号分别与中世纪罗马的 5 个大主教会堂每周举行的仪式典礼联系起来：圣保罗墙外修道院（S. Paolo fuori le mura）、圣洛伦佐（S. Lorenzo f. l. m.）、圣玛丽亚（S. Maria Maggiore）、圣彼得（St Peter）和拉特兰这五大教堂。当教宗斯蒂芬三世重拾古代传统，委托枢机主教在拉特兰宫举行圣餐仪式时，这个假设重建的古代制度一

---

　　[108]　Jasper（1986），pp. 101 – 104.

　　[109]　在 Klewitz（1936），p. 20 n. 1 中，有关这部分内容的相关描述："Quando papa S. Petri vicarius in dominicis vel in praecipuis sollempnitatibus missam celebrat in altare s. Salvatoris Lateranensis ecclesiae ... praedicti Ⅶ episcopi debent assistere cum XXVIII cardinalibus totidem ecclesiis infra muros urbis Romae praesidentibus ... Debent etiam ibi praesens esse archidiaconus Romae cum VI diaconibus palatinis ... et alii XII diacones regionarii."

　　[110]　Huels（1977），pp. 14ff, 255 – 72.

　　[111]　Kuttner（1945），pp. 173 and 193 – 7.

　　[112]　Ibid., p. 177, 作者指出，这一特权由主教和教士们分享。一直以来，关于这段文字的解读都是如此。然而，该段拉丁语本身是模棱两可的。参见 Klewitz（1936），p. 20.

定发生了变化。1100 年前后的《拉特兰教廷录》反映出一种安排，它把 7 位枢机神父与 4 座仍然保留的主要教堂中的每一座联系在一起，保留了枢机主教在拉特兰宫的仪式。⑬ 虽然文献中记载了 28 座冠名教堂的名字，但是其中只有 4 座教堂的代表在 1059 年的选举教令中签名。另一个附加信息是教宗亚历山大二世的授权。该授权保留了枢机神父在其教阶中的准主教权限的权利。⑭

　　主张改革的教廷将其主要注意力集中在枢机主教身上。教宗利奥九世采纳了前文所指出的《伪伊西多尔教令集》中关于"枢机"（cardo）的定义：枢纽。这种定义认为，罗马教会成为普世教会的枢纽和首脑。利奥在 1054 年写给君士坦丁堡牧首的信中，公开宣称"就像固定不动的枢纽一样承受着大门的前后转动，所以彼得及其继承人拥有整个教会至高无上的管辖权……因此，他的教士被称为枢机主教，因为他们更接近属于其他任何东西都围绕其运动的中枢机构"⑮。他的这些教士被称为枢机主教。了解了罗马教会枢机主教和执事的这一传统角色，就不会奇怪那些群体为何激烈抗议挑选附近教区的主教了。温科利的圣皮耶罗（S. Pietro in Vincoli）的枢机长老狄乌迪弟（Deusdedit）是那些群体的主要代言人之一，尽管他毕生都是改革派教宗的坚定支持者。狄乌迪弟编撰的教令集（1087 年）及其在 1098 年或 1099 年去世前才编辑完成的《檄买卖圣职书》（Libellus adversus simoniacos），其中收录了一些被人遗忘很久的文件，其中有一份 769 年罗马宗教会议的敕令。该敕令规定只有枢机神父或执事才能被选为罗马大主教，此外，教士、教会要人和整个罗马教会的圣职担任者都要贯彻执行这种选举。⑯ 1059 年的教宗选举敕令直接与这两点规定相抵触。这绝非偶然。狄乌迪弟在其 1087 年献给教宗维克托三世的教令集前言中，谴责 1059 年的规定，宣称他们违背了上帝和教宗所有的教令。⑰ 狄乌迪弟在其编辑的第二本教令集（Ⅱ. 160）

36

---

⑬　Klewitz (1936), pp. 56 - 60 and *ibid.*, p. 16 for the *Descriptio* text; Huels (1977), pp. 8 - 14.

⑭　JL 4736; *Regesta pontificum Romanorum*: *Italia pontificia*, i, p. 7, no 9; Kuttner (1945), p. 176 n. 105.

⑮　我这里所引用的译文参见 Kuttner (1945), p. 176。

⑯　Deusdedit, *Kanonessammlung*, ii. 261 and ii. 262 (p. 268). 值得关注的是，在 ii. 262 中 *laici* 与 *proceres ecclesie* 的区别。

⑰　*Ibid.*, *Prologus*, pp. 4ff, lines 30ff. 维克托三世（Victor Ⅲ）曾作为圣塞西利亚（S. Cecilia）的枢机主教签署 1059 年的决议，并且在狄乌迪第（Deusdedit）的 *quidam* 中明确提到。

中认为，伊西多尔关于枢机的定义是为了使其观点与罗马枢机神父和执事的角色保持一致。根据狄乌迪弟的原文，枢机主教本身负责引领上帝的子民走向永恒的救赎。他们是统治人民的国王；他们是开启天堂大门的枢纽——天堂大门就是围绕这些枢纽旋转的。[113]

尽管狄乌迪弟本人在改革者圈子里地位突出，但他的这些极端主张并没带来什么影响，对韦伯廷（Wibertine）教派也没有什么影响。1084 年，罗马人在很大程度上受到罗马神职人员，尤其是受枢机神父和执事放弃格列高利七世主张的行动的影响，终于向亨利四世和当选教宗拉文纳的韦贝尔（Wibert of Ravenna，即教宗克雷芒三世）敞开了大门。有一个例外是，枢机主教依然保持对教宗的忠诚。敌对分裂派的枢机主教贝诺（Beno）谴责格列高利将主教从罗马枢机主教团中分离出来，"因为他们的权力受到格列高利的控制"[119]。然而，绝大多数新近被任命的主教所保持的忠诚，完全可以根据他们在教廷管理机构中的显著地位来解释。这样一种角色的缺失，以及随之而来的罗马神父和执事尊严的丧失，同样也很好地说明了后者激烈抗争的原因。克莱维茨（Klewitz）注意到：在教宗乌尔班二世时期，有 17 位枢机长老和大约一半枢机执事支持对立派教宗克雷芒。[120] 而 "东正教" 牧首和罗马枢机主教之间的关系也一直非常不稳定，尤其在教宗已与 "新" 皮埃勒昂（Pierleoni）家族和弗兰吉帕尼（Frangipani）家族联合，并因而获得了权贵的支持之后，更是如此。[121] 由于贝诺对格列高利抱有明显的敌意，所以他对格列高利免除枢机主教法律顾问职责的谴责没什么分量，并且对后者未经与他们协商、未能征得枢机主教的同意，也未经宗教会议同意就突然将亨利四世逐出教会的指控，也无足轻重。[122] 韦贝尔－克雷芒扭转局势使之有利于自己，在他的管理机构——以及其特权签署国中，给予枢机长老和执事以显赫的

37

---

[113]　*Ibid.*, ii. 160（p. 268）："Sicut a basibus ... basilei idest reges dicuntur, quia populum regunt; ita et cardinales deriuatiue dicuntur a cardinibus ianue, qui tam regunt et mouent, quod plebem dei ... moueant. Item cardinales mundi duo sunt in septemtrione et meridie et ideo dicuntur cardines, quia in ipsis uoluitur celum. " See Kuttner（1945）, pp. 176ff. for additional texts from the collection extolling the lower ranks of the cardinals.

[119]　当时的一份文献中包含了一个名单，见 *Gesta Romanae Ecclesiae contra Hildebrandum* = *MGH Libelli*, ii, pp. 369 – 422, here p. 369, lines 19ff; Zafarana（1966）。

[120]　Klewitz（1936）, pp. 70 – 76.

[121]　Huels（1977）, pp. 255 – 272.

[122]　*Liber pontificalis*, ii, p. 370.

位置。格列高利的合法继承者、乌尔班二世和帕斯卡尔二世只能继续沿袭这种做法。赢得枢机长老的支持对于任何一位希望能够维护自己在罗马地位的教宗来说都至关重要。其结果是：一个完整统一的枢机主教团成功地坚持，并维护了其在教廷管理中不断增大的职权范围。

尤塔－雷娜特·布卢门撒尔
（Uta-Renate Blumenthal）
郭云艳、赵康英 译
陈志强 校

第 三 章

萨利安人统治下的西部帝国

萨利安世纪的开端

　　正像其前辈奥托三世于 1002 年去世时一样，亨利二世于 1024 年去世时也未对外公布消息。尽管这看起来好像是历史事件的重复，但两者还是存在显著差别：奥托三世生前并未结婚，当时他还很年轻，似乎以后还有可能与某位继承人结婚。然而，他却于 21 岁时在意大利死于疟疾。而亨利二世不同，他去世时大约 50 岁，差不多已经结婚 30 年了。他若去世后会使王国丧失确定继承人的可能性，这在很长时间以前就已经呈在领主们面前了。事发 20 多年后，王室神父维波（Wipo）详细叙述了这次选举的过程，给人留下了这样的印象：选举就是在 1024 年 7 月 13 日亨利去世后举行的，美因茨大主教阿里博召集领主们到莱茵河畔的卡巴（Kamba）开会选举新国王，领主们首先就该问题提出各种想法，据维波记载，最初提名了几位候选人，后来逐渐减少到两位候选人，即名字都叫作康拉德的堂兄弟，一位是小康拉德（Conrad the Younger），另一位是大康拉德（Conrad the Elder），最终大康拉德当选为国王。他像同时代的其他世俗贵族一样，是个"白痴"文盲。但对于这么称呼他的意大利僧侣来说，这绝不是恭维。尽管如此，这并不妨碍德意志选帝侯们认为他就是最合适的人选，这也表明在德意志的土地上，文化修养并不像在阿尔卑斯山以

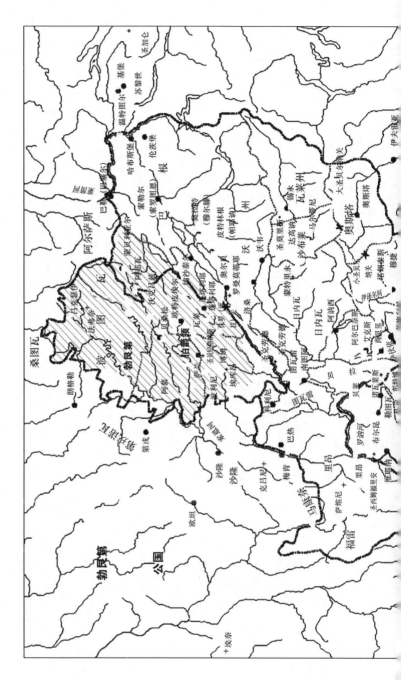

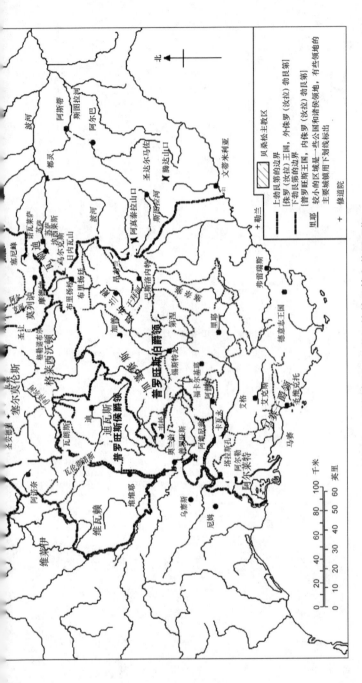

地图 1a 西部帝国：11 世纪的勃艮第和普罗旺斯

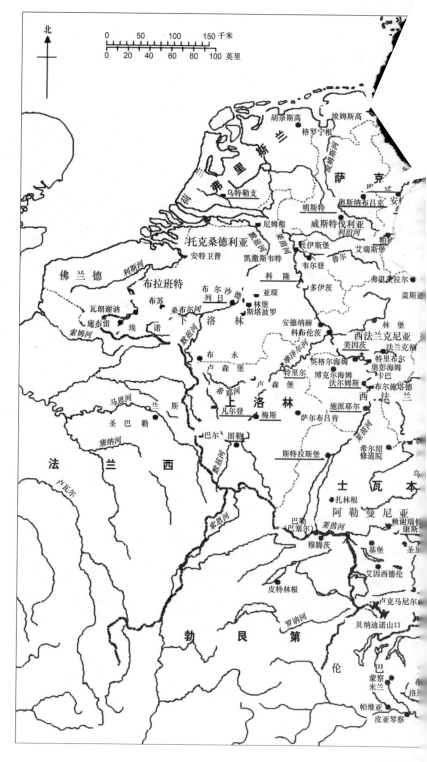

北

0 50 100 150 千米
0 20 40 60 80 100 英里

弗里斯兰

胡奈斯高　埃姆斯高
格罗宁根

荷　　乌特勒支

萨克森

明斯特　奥斯纳布吕克　安

尼姆根

威斯特伐利亚利珀河

托克桑德利亚

安特卫普　凯撒斯韦特

杜伊斯堡
鲁尔
韦尔登
艾瑞斯堡

佛兰德　利斯河

布拉班特

布尔沙列日
德
亚琛
多伊茨

科隆

弗里茨拉尔
盖斯讷

瓦朗谢讷
布苏
康布雷
埃诺
索姆河

桑布尔河
下
洛
林堡
斯塔波罗

安德纳赫
科布伦次
摩泽尔河

林堡

西法兰克尼亚
美因茨
法兰克福

布永
卢森堡
希耶河

特里尔
博克尔海姆
沃尔姆斯
施派耶尔

奥彭海姆
卡巴
布尔施塔德

西
法　兰

马恩河
兰　斯
圣巴勒
塞纳河

上　洛　林
凡尔登
梅斯

萨尔布吕肯

希尔绍
修道院

法　兰　西

卢瓦尔

图勒
巴尔
默兹河

斯特拉斯堡

士　瓦　本

索恩河

扎林根
阿勒曼尼亚
赖谢瑙修
康斯

巴勒
(巴塞尔)
莱茵河
基堡
圣
艾因西德伦

穆腾茨

皮特林根

罗讷河

卢克马尼尔山口
贝纳迪诺山口

勃　艮　第

伦

巴
蒙察
米兰
帕维亚
皮亚琴察

波罗的海

阿科纳
吕根岛
科尔贝格
波美拉尼亚
施塔加德
马佐维亚
维斯瓦河

石勒苏益格
赛勒克
迪特马申
奥尔登堡
齐曹
齐齐帕尼
荷尔泰因
阿博德利人
施塔德
梅克伦堡
汉堡
毕隆马尔克
瓦兹纳纳奥尔
普列格尼茨
里诺日
雷特拉
波茨南
(波森)
瓦尔塔河
波
兰
莱苏姆
来梅
瓦尔登
北方马尔克
韦尔本
普尔茨拉瓦
哈弗尔贝格
韦奇
克罗森
格洛高
弗罗茨瓦夫
(布雷斯劳)
西
里
贝克斯海姆
唐格明德
马格德堡
韦拉
哈尔茨伯施泰特
戈斯拉尔
奎德林堡
勃兰登堡
于特博格
劳西兹马尔克
莱布萨
奇
利
涅姆恰
尼斯
西
亚
巴伦施泰特
韦尔费索尔茨
哈雷
吉比申斯泰因
施特雷拉
米利
鲍岑
奥米茨
克拉科夫
梅泽堡
瑙姆堡
梅泽堡马尔克
蔡茨
梅森
达拉明茨
梅森马尔克
萨尔费尔特
埃尔福特
雅玛尔
蔡茨马尔克
富尔达
梅尔希施塔特
东法兰克尼亚
施韦因富特
班贝格
波希米亚
布拉格
莫拉维亚
比尔森
维尔茨堡
福希海姆
纽伦堡
克尼亚
诺德高
艾希施泰特
雷根斯堡
布连根
斯陶芬
多瑙河
弗赖辛
帕绍
巴伐利亚东方马尔克
(奥地利)
克雷姆斯
梅尔克
维也纳
海恩堡
维瑟尔堡
匈牙利
奥格斯堡
巴伐利亚
特劳恩高
萨尔茨堡
恩斯河
门佛
斯图尔魏森伯格
乔纳德
道院
库尔
布伦纳山口
布里克森
梅拉诺
伯岑
卡林西亚马尔克
古尔克河
拉布河
德拉瓦河
塞普提麦尔
山口
弗留利马尔克
卡林西亚公爵领
斯蒂里亚
马尔克
维罗纳马尔克
维罗纳
卡尼奥拉
(克拉尼斯卡戈拉)
伊斯特里亚
马尔克
斯洛文尼亚
雷西亚
克雷莫纳
帕尔马
瓜斯塔拉
亚得里亚海

奥格斯堡	德意志主教区
美因茨	大主教区
━━━	"勇者"波列斯拉夫王国的范围

西部帝国:11世纪的德意志和基督教世界东北边界

43

南地区那样深受重视。① 然而，维波没有提到康拉德是奥托大帝与其
第一任英国妻子伊迪丝（Eadgyth 或 Edith）所生女儿柳特加德（Liut-
gard）的重孙子，因此是已故国王血缘最近的候选人。鉴于贵族家族
的族谱是直到此后一个多世纪才逐渐完成的，1024 年的选侯们显然
没有看到它。他们是否真的没有意识到选举大康拉德为王就是选择了
王室血缘最近的人？但是，如果他们确实为血缘关系的考虑所左右，
那么这又如何与维波的记载相吻合呢？维波说国王亨利死后，人们就
开始大范围寻找合适的继承人。难道说这次选举真的是具有自由协商
的"自由"选举吗？1024 年的选侯们在选举时真的相信他们支持了
现存王室家族最重要的成员，或者他们真的相信他们决定建立起新的
王朝？今天的历史学家们在如何回答这些问题上还不能达成一致。

　　无论 1024 年的选侯们如何看待他们自己的所作所为，现代历史
在编纂时都把康拉德看作新王朝的第一位国王，这个王朝就像其他贵
族血缘群体一样还没有家族姓氏，只是在 12 世纪逐渐被人称为萨利
安（或萨莱人，Salier）。康拉德及其大法官了解到一个事实，即早在
一个多世纪以前就有一位名叫康拉德的国王（Conrad, 911—919 年在
位），因此，萨利安的第一任国王称自己为康拉德二世。

　　萨利安王朝统治了一个世纪，每位萨利安国王都在生前确保其子
得以继承王位：康拉德二世（1024—1039 年在位）由其唯一的儿子
亨利三世（1039—1056 年在位）继位，后者于 39 岁英年早逝，并由
其子亨利四世（1056—1105/6 年）继位，当时他还是个 5 岁的孩子。
亨利四世被其子亨利五世（1105—1125 年在位）废黜，结束了其起
伏多变的人生。亨利五世则成为萨利安王朝最后的君主，因为他和其
英国妻子玛蒂尔达（Matilda）没有孩子，她就是返回英格兰后那位
臭名昭著的"冒德女皇"（Empress Maud）。

　　萨利安的世纪还可以从以下两方面观察到：鉴于康拉德二世和亨
利三世的统治是依据现存的习惯，那么亨利四世就面临着迫使他和他
的同代人"去东方化"的问题。亨利四世认为，"格列高利改革"的
革命运动顺应并将各种力量与萨克森起义结合起来，造成了"中世

① 重点关注德意志国王和贵族中教、俗文化修养的考察见 Wendehorst（1996）的作品。

纪德意志的危机"②，危害了其王权统治的生存，同时也危害了德意志王国，这场危机一直持续到亨利五世统治时期。

11世纪初的选举，无论是国王、教宗、主教还是修道院院长，都不遵循正式的程序。当时还没有确定选举人团队，也不存在计票。无论什么官职的候选人，只要他被承认是领主，并因此获得了追随者的支持，就可以当选，如果他被认为是某个职位的合适人选，他就可以当选，就成为传统和神意预先选定的人。这种正统派基督教信徒的选举方法在萨利安统治时期遭遇到挑战，有争议的选举和内战迫使人们对选举过程进行比以前更多的思考。康拉德当选为国王几乎可以被视为这一发展进程的转折点，因为它确立了这样的观念：在集体活动中团结起来的王国领导人应该就是那些具有选举新国王职责的人。③然而，卡巴会议贵族选举康拉德为王，并没有让他不去争取那些缺席会议贵族的支持，其中首先是萨克森家族的支持，他们好像都没有出席会议。如果身份认同的感觉完全超过了血缘关系和地方或区域联盟，它依然在很大程度上取决于构成德意志王国的众部族中的一个。新国王拥有法兰克血统，其家族的土地财产位于莱茵河流域沃尔姆斯和施派耶尔（Speyer）周围。由于他的当选，萨克森家族丧失了此前一直由奥托家族（即萨克森的一支）控制的王权，他们似乎非常担忧这位"外来的"国王。他们只有在国王接受条件，保证不干涉其"特别残酷的萨克森法"（诚如历史家维波所说）时，才愿意承认他，而康拉德确实在他首次巡游其王国期间，在明登（Minden）的萨克森城市会见他们时，接受了这一条件。

康拉德的德意志王国此时确实非常"古旧"，无论在经济还是社会乃至于文化方面都是如此。其土地人居稀疏，遍布林木，未开垦的沼泽或石地分隔着居民社区。这使交通和旅行困难重重。国王及其随从就像带着商品横穿北欧的商人一样，主要依赖能够通航的河流和几条古代道路骑马巡视。而德国各地的贸易和手工业与农业相比，还属于非常弱小的经济因素，事实上作为汇集多种经济要素的城镇还不存在。大多数民众还依靠教、俗领主生活和劳作。沿着莱茵河和多瑙河

②　Leyser（1983）repe.（1994）.

③　Keller（1983）；Fride（1994），pp. 731 – 736.

流域散布的古罗马城市所剩无几，大多衰落到主教区的地步，其居民也都像生活在封建庄园周围村庄里的农民一样。文化与知识被限制在各大修道院和某些教师范围内，少数几名学生或自愿或根据其主教的要求聚集在教师身边。

在康拉德的第二王国意大利，情况完全不同，他根据两国间联合的传统要求掌控意大利王权。其"意大利统治"多多少少与亚平宁半岛北部的伦巴第有关。尽管当地的自治政府早就瓦解了，但是这里居民区的城市特点仍然保持着，远比康拉德在北方的王国强得多。城市居民自出生以后便被视为自由的。贵族则继续居住在城市里。这样，伦巴第各城市的居民在反抗其主教或其他领主的统治时，其地位就要优越得多。康拉德二世统治刚开始就遭遇了一件意外事件，它见证了独立城市的不断兴起：帕维亚居民在亨利二世去世后立即平毁了该城的宫殿。康拉德可能还不了解其他伦巴第城市如克雷莫纳（Cremona）、布雷西亚（Brescia）、帕尔马（Parma）和洛迪的情况，这些城市的居民对他们各自的教会领主政府发起挑战已经有些日子了，他们自己组织起公社，也像帕维亚人所做的一样，平毁了其领主的城市宫殿。康拉德宣布这种暴力行为是非法的，要求重建被毁的宫殿，但这一要求从未被落实。

当康拉德于1027年前往意大利，按照惯例从教宗手上接受皇冠时，那里的贸易变革早就随着城市繁荣和城市自卫的复兴而兴起。有人可能会质疑：他的封建观念是否能使他像几十年后即将改变整个西欧的普遍发展的先驱者一样，理解意大利各城市出现的经济和社会状况。

康拉德的统治遵循着传统，他朝着其前辈铺就的道路迈进。一方面这导致他获得了勃艮第王国，另一方面这使他招致买卖神职的指控。

因几份条约的束缚，勃艮第国王鲁道夫二世（Rudolf Ⅱ）将其王冠留给了他的亲戚和封君亨利二世。当鲁道夫二世于1032年9月去世时，康拉德就在国王官邸以亨利二世继承人的身份要求获得勃艮第王冠，而鲁道夫的侄子布卢瓦（Blois）的奥多伯爵（Odo）和康拉德的义子士瓦本（Swabia）的厄斯特公爵（Ernst），也以已故国王血缘最近的亲戚和继承人的身份要求勃艮第王权。在这场斗争中，新王

45

康拉德获胜，并于 1033 年 2 月成功加冕勃艮第王冠。尽管勃艮第封建领主们限定他的勃艮第国王权只是一种荣誉称号（dignitas），但是勃艮第此后一直被认为是帝国的一部分，即皇帝的领地。

　　在康拉德看来，统治（regnum）和服从（sacerdotium）是以其互有义务、相互约束在一起的，就是按照神意命定确保世界秩序的，这也是奥托王朝的传统观点。作为上帝以涂油礼所选定的，他认为自己负有保护其王国内基督教信仰和基督教教会的职责，虔诚地捐献贡物，并在他认为必要的时候干涉他们的事务。他希望主教和修道院院长们响应其虔诚的努力，为他提供既包括精神的也包括物质的支持。然而，在这方面他可能没有采取什么行动，并没有按照其王国内教士和修道士们对他这个神定国王的期望去做。[④] 他可能于 1025 年毫无顾虑地威逼巴塞尔新任主教向他支付一笔相当可观的金钱；他也可能认为这是国王佣金（servitium regis）的一部分，而且教会从遥远的古代就一直习惯于缴纳这笔钱。大约过了 20 年后，这就被认为不仅是不适当的，而且是一种罪过。当维波不久以后于 1046 年完成其《大康拉德》（Gesta Cuonradi）一书时，已经是康拉德之子兼继承人亨利三世统治的时期了。他说：当康拉德及其王后接受了教士乌达尔里克相当大一笔钱，并同意后者担任巴塞尔主教职务时，就意味着突然出现了买卖神职的异端。维波焦急地继续写道：康拉德后来对自己的这一罪行表示忏悔，发誓再也不接受任何为获得修道院院长或主教职位支付的金钱了，维波还补充说，他或多或少履行了这一承诺。

　　维波的判断反映出 11 世纪 40 年代晚期这一争论的情况：当时买卖神职和尼科来特主义已经逐渐被用来当作教会彻底腐败状况的代名词。长期以来，历史学家们一直试图回答为什么这两个问题会在 11 世纪中期先后成为热点：为什么"教会改革"变成如此重要的议题？为什么教会改革变得和反对买卖神职和尼科来特主义一样重要？相当长时间里，历史学家们按照当时的那些史料得出结论，认为：教会当时在道德和精神上确实相当堕落，教会改革的呼声日渐高涨，表明人们逐渐了解到这些越来越严重的腐败。然而，一项对早期中世纪教会更近距离的观察揭示出，教士结婚即尼科来特主义肯定有着某些重要

---

④　Hoffmann（1993）.

的意义；事实上，教士的职位更经常是由父亲传位给其子，这种方式肯定被认为对教会生活更为有益，因为当时没有正规的教士培训，而那个早就完整目睹其父举行全部圣礼仪式的儿子，肯定更适合充任教士职位，比从没有自早年孩童时期就获得这类经验的任何人都合适。

　　就"帝国教会"（Reichskirche）而言，任何人都不能否认，根据教会法，主教职位的授予也包括教士和民众的选举。但是，在中世纪早期，教士和民众（*clerus et populus*）并没有被当作确定的选举团体，他们尚未达到根据当时已有的法规独立做出决定的水平。由于任何世俗的追随者都会不得不接受他们的领主，因此教士和民众通过"投票"来接受其新任精神领袖要更好些。这种选举认可是由惯例和适当的观念规定的。有了世俗民众的支持，世袭权利才能发挥最重要的作用。但是，未经领主亲手授予的庄严仪式，任何世袭继任都是无效的。正是领主的授权才使权利转移到法定继承人那里。这两者相当紧密地结合在一起，成为不可分离的整体，以至于没有这样的法规来处理世袭习惯称号和领主授权发生冲突的问题。我们倾向于认为，这两种因素是可以分离的名目，因此后来它们分开了。中世纪早期的民众对此并不区分。他们认为人就是要在统一和谐中做各种活动，以获得所有人都认为是正确的结果。如果不一致就要呼吁调解妥协（就是冲突各方同意按照正确的方案找到最终的解决办法），或者可能更常见的是在争执中诉诸暴力。

　　主教的任命就是沿着这些线索解决的。然而，当直系血亲世袭继承制受到教士独身义务制排斥时，就出现了一种适用范围更广泛的办法，使那些负责类似任命的人进行活动，主要是指教士、民众和国王。尽管深受尊敬的教会法对国王授职权一无所知，但它毫无疑义地被接受，成为人们职责和义务的一部分。正是国王君主权及其与地方权贵关系中的地位，决定了国王的影响有多大。[⑤]

　　各级教堂无论地位高低都成为社会的一部分，其经济和社会基础是拥有依附农的封建领主，封建农奴则被束缚在庄园体系中。一名主

47

---

　　⑤　德国传统的历史编纂将所有德国主教和皇家修道院院长任命的最重要影响归于国王的意愿，他被视为来自王室小教堂的代表人物，以便把单纯教堂纳入服务于国王和王国的帝国教会体系中。这种观点受到 Reuter（1982）作品的成功挑战。关于这次激烈辩论后来情况的评价，参见 Fried（1991）的作品，第 165 页以后，以及 1994 年的作品，特别是第 666 页以后部分。

教"接受"一所教堂，连同其通过授职权从其封臣领主国王那里得到所有收入，同样一位获得某个靠近庄园领主教区教堂的教士，也"接受"其教堂的土地财产。各地领主通过赠予教堂也给予教士一定收入，就像他们对待其世俗封臣一样。对于他们赠予出去的礼物，他们也要求得到相应的报酬，例如比较常见的是教士的祈祷，同时也有物质报偿：作为领主的国王可能希望得到有人伺候的款待和娱乐；主教和修道院院长需要为其提供远征的武装骑士和其他服役人员，这也能换算成需要缴纳的金钱。任何人都不能将教会法禁止的买卖神职核算成这类捐赠。捐赠活动构成了中世纪早期的赠礼交换经济，具有一定的重要性，所有人也似乎认定它属于正常活动。

按照这些长期确立的习惯看法，越来越多的学者倾向于把教会改革的需求归于思想观念的转变，而教会改革旨在消除买卖神职和尼科来特主义。[⑥] 直到那时为止还仅有极少数人拒绝把这些活动看成是腐败堕落。教会必须通过放弃买卖神职和尼科来特主义而得到改革。信徒们开始担心，他们只有接受那些双手洁净的教士施行圣礼，圣礼才能对拯救灵魂发生效用，所谓洁净是指未受金钱和肉欲接触的污染。

48　康拉德统治时期，这些观点似乎还局限于意大利北部某些严格的宗教小圈子里，到 11 世纪刚刚结束时，在那些地方，禁止买卖神职的规定就变为修道院的基本章程。迫害异端的报告也显示，宗教意识开始发生变化。在晚期罗马时代，教会大公会议曾斥责多种宗教礼仪和信仰为异端。而在中世纪早期，异端不再是个议题。当沃尔姆斯的布尔夏德于 1025 年前后完成其《教令集》一书时，他还没有提到异端教徒，而这本书在一个多世纪里可是西欧教会最常抄用的教会法汇集书籍。大约也是在同一时间，米兰历史家兰杜尔夫（Landulf）就报道说，其枢机主教阿里伯特（Aribert）发现了在都灵（Turin）附近蒙特福特（Monteforte）女伯爵的城堡中生活着一群"异端"。在这位大主教的审讯中，他们公开承认正在追寻一种极端的苦修生活，即连续祈祷、长期守夜，不仅消耗着肉体的能力、性交和所有肉欲，而且举行各种圣礼，承认罗马教宗的权力。大主教将他们关押在米兰的监狱中，但是他未能阻止当地上层市民将那些拒绝承认"天主教

---

⑥　Leyser 的作品英文版（1994 年）。

信仰"的人活活烧死。

这是中世纪开端时的一个极端案例，有人就是因为宗教仪式的不同，被自己的基督教同胞亲手处死了。兰杜尔夫提供的报告揭示出到11世纪末即将成为遍及整个西欧的宗教群众运动因素的某些特征：个体有时怪异地自愿守贫，并非亵渎神灵的信仰典礼仪式，结合着抵制由教会任命的神职人员主持的圣礼。像耶稣基督真弟子一样去经历众使徒的人生，以便确保得到拯救，使圣礼的中介作用变得多余。到目前为止，在意大利和法国仅出现几个类似的孤立事件。国王康拉德及其德意志同胞对此并未在意。他们的虔诚信仰还很传统，并在慈善救济和对教堂及修道院的真诚捐赠中表现出来，在教堂中为死者保留着备忘录（memoriae），并为上述活着的人的幸福安康进行祈祷。下葬在圣物附近的教堂旁或教堂中也将有助于得救。康拉德选择施派耶尔主教教堂作为自己家族的墓地，并开始重新修建这座将要成为德意志最宏伟的罗马式大教堂。

亨利三世（1039—1056年）

康拉德的儿子亨利在其更为努力积极地干预所有宗教事务时，以其异常严谨和虔诚的形象影响着他的同时代人。就在1026年被其父指定为国王时，这个9岁的男孩被转交给奥格斯堡主教接受教育。当他于1043年迎娶同样热情的普瓦图和阿基坦的阿涅丝（Agnes of Poitou and Aquitaine）时，其虔诚似乎得到了极大的强化。中世纪史学家们倾向于记录个人的邪恶和美德，这对我们现代思想观念来说，反映出长时期价值倾向的发展变化。对中世纪史家而言，亨利三世是个虔诚的统治者，尽职尽责，因为他反对买卖神职，而他的父亲康拉德则不够虔诚，因为他不反对买卖神职。

然而，亨利三世毫无疑问非常清楚其个人以及其他所有教会神职人员内在的精神需求。在选择为其加冕的教士时，他首先选择了来自他在凯撒斯维特（Kaiserswerth）［位于莱茵河下游杜伊斯堡（Duisburg）附近］和戈斯拉尔（Goslar）［位于哈茨山（Harz mountains）］修道院的王室神职人员。他在康斯坦茨和特里尔（Trier）教徒的祭坛上鼓吹和平，好像他变成了基督教君王；当他在门佛（Menfö）战

49

役中获得了对匈牙利人的胜利后，却在其宾主面前表现成悔罪者。当其子于 1050 年出生后，他热情地邀请克吕尼（Cluny）修道院的休做其子的教父，并最终得偿所愿。[7] 这些表现并无任何新意，但确实是处理传统宗教仪式更为热情的方法。至于有关买卖神职和尼科来特主义的真正新意之处，亨利三世似乎于 1046 年才更清楚地意识到，当时他在前往罗马接受皇帝加冕途中抵达意大利北部。法国历史家拉杜尔夫·格拉贝（Radulf Glaber）指出，亨利发表了反对买卖神职的布道，当时一同出席宗教会议的还有帕维亚的意大利主教们，他在演讲中谴责了这种流行的方法，抨击教士的职位（及其薪俸）正在被买卖，像商品一样被出售。此后不久，亨利会见了教宗格列高利六世（Gregory Ⅵ）。这位国王和这位教宗的名字双双出现在皮亚琴察（Piacenza）的圣萨维诺（San Savino）教堂兄弟会名册上[8]，这表明如下事实：亨利对于他冒犯格列高利已经达到受指控的程度毫不知情，主要是指亨利刚刚公开抨击买卖神职这一罪行。这也部分地是由于当时罗马教会同时有几位教宗并存的混乱状况造成的。来自罗马贵族图斯库兰家族的教宗本尼狄克九世于 1032 年登上教宗宝座，而 1045 年他就遭遇到来自敌对阵营的克雷森蒂家族的教宗西尔维斯特三世的挑战，部分仇视他本人家族的罗马教士和民众选举出后面这位教宗。为了打破这种尴尬的局面，本尼狄克九世被迫辞职以便支持其青睐的格列高利六世，后者可是其教父，也是一位真正的虔诚信徒。但本尼狄克要求赔偿其辞职造成的收入损失，他也确实得到了赔偿。

尽管像虔诚的隐居者彼得·达米安这样具有笃信宗教思想的人欢迎这样的解决方式，但是其他人却发现格列高利六世犯有买卖神职罪。当时以及随后的 10 年间，买卖神职还是个相当模糊的概念，没有人关心是否应给出一个适当的定义。与教会官职有联系的所有经济交易都会遭到调查，审核其是否具有买卖神职的罪行。如果有人感兴趣，那么他几乎随时可以发现这类联系，后来某些主教区的章程就以一些完全不同的理由拒绝承认其主教，其成功甩掉这些主教的依据就是指控他们买卖神职。[9]

---

[7] Lynch（1985）and（1986）；Angenendt（1984）pp. 97ff.

[8] Schmid（1983）.

[9] Schieffer（1972）；Vollrath（1993）.

买卖神职是异端（*simoniaca heresis*），也是一种可怕的罪行，这是从古代教会法学来的。亨利像上帝的选民和皇帝应做的那样，认为使罗马教会摆脱这种罪恶是其责任。他在苏特里和罗马召集大会罢免了三位教宗，任命班贝格的德意志主教苏伊特格（Suitger）为教宗，名为教宗克雷芒二世。几天后，在亨利的皇帝加冕礼上，他被赋予"罗马捍卫者"（*patricius Romanorum*）的称号，这就保证了在未来教宗选举中皇帝的影响。克雷芒是同时在位的几位"皇帝派"教宗中的第一位。他们中最重要的是利奥九世，这位具有阿尔萨斯（Alsatian）贵族血统的教宗如同亨利三世一样，怀有改革教会的热情，要革除有损教会原始纯洁性的恶习毒瘤。利奥不像他那位罗马出身并总是保护罗马地方利益的前任，他把教宗一职看成教会领导权的手段，因此无论基督教世界哪里需要，他都会去呼吁推进改革的思想。经过一段较长的时间，许多地方教会多多少少通过效忠于他们共同的领主——国王而团结在一起，利奥重新恢复了完整且不可分裂的神圣教会的概念，其成员大多将罗马教宗视为其领袖。无论亨利还是利奥似乎都担心这种双重忠诚会产生问题。亨利三世在病榻上将其年仅6岁的独子亨利四世交到教宗维克托二世手中，后者也是德意志人，1056年，39岁的亨利去世时他也在场。

亨利四世（1056—1105/6）

亨利三世去世后大约20年，教宗格列高利七世公开宣布任何由世俗人士包括国王施行的封授神职权都是非法的，从而正式废除了主教对国王和教宗的双重效忠。这一行动首先是指向西欧基督教世界的所有世俗人士，特别是国王们。然而，在德意志，这一行动比其他地区的反应更为强烈，因为它恰好与萨克森公爵东部地区大部分贵族参与的起义同时发生，起义贵族成功地与王国其他地区的领主，以及与亨利敌对的教廷结为联盟，从而把德意志推入内战，这场内战起起伏伏持续了40多年。

我们要回顾一下自11世纪50年代中期以后发生的一系列事件，它们作为11世纪70年代发生的那次重要冲突的预兆，并使后来的冲突变得几乎不可避免。当然，亨利四世及其追随者们显然未能抓住罗马民众团体背后的革命性力量，他们就是打着教会改革的名义。他们中间存在普遍的认同，那就是教会改革将意味着：首先且最重要的事在于消除买卖神职和尼科来特主义，而改革后的教会应该仿效未受污染的原始教会（ecclesia primitiva）模式。然而，似乎任何人都不清楚那个概念意味着什么，除了清楚原始教会应该是完全纯洁的，其中的基督教教徒及其社团组织都是善良的而非邪恶的这一点。没有统一的计划，也没有如何使这种原始教会理想的状态重新恢复的明确概念。像教宗利奥九世和彼得·达米安这样的改革者们曾被同一位教宗任命为奥斯蒂亚枢机主教，他们设想在纯洁的教会中，国王作为上帝的委任者，为了所有基督徒的利益应与教宗和主教们共同合作。而其他像来自席尔瓦·坎迪达的枢机主教安贝尔这样的人则有不同看法，他曾陪伴利奥从洛林到罗马，他们坚持认为：买卖神职的根源根本是在俗人主宰教会。因此，要反对买卖神职就要首先从断绝俗人主宰教会开始。他在其写于 1057/8 年的论文《论废止买卖神职》（Adversus simoniacos libri tres）中，认为：世界处于荒唐的秩序中，世俗权力在主教选择上占据首要地位，而将民众、教士们的意见和大主教的判决置于次要地位，然而教会法规定的主教选择完全是另一回事。这里涉及一个著名的判决，即教宗利奥一世判定：任何人未经教士选举、民众同意，并由其所在省份主教按照大主教判决给封授神职者，都不能位列主教之职；这段文字被反复引用以确定教会法规定的选举应该是什么样的。但是，无论是利奥还是安贝尔，都没法确切说明：在主教选举中究竟应该做些什么，什么时候和在哪里举行。安贝尔特意对由世俗权力封授神职百般挑剔，因为任何俗人包括国王都未被允许封授神职。尽管这一点后来在 1078 年成为教廷的核心政策，但是安贝尔写于 1057/8 年的论文仍然没有成为"这些"改革者接受此后一系列措施的依据。甚至安贝尔相当激进的观点也没有总结出"改革后的"教会究竟应该是什么样子。就我们掌握的史料允许我们做出的判断是：11 世纪中期盛行的对教会状态的一种普遍的、不特别针对某地区的骚动和不满氛围，使民众对教会改革不满。在 1056 年亨利三世去世之前，民众在皇帝支持下都是如此；而在那以后，他们仍然如此，但却没有皇帝的支持。德意志国王和未来的皇帝亨利当时只是个六岁的孩子。也没有个合法的摄政王政府。小孩子亨利被任命和加冕，

因此他就被看作在位的国王了；但是他毕竟年幼，需要一位监护人， 52
这个位置顺理成章地就落到了他的母亲阿涅丝头上。她面对着难以完
成的任务：正像以前其他所有德意志国王一样，她的丈夫也一直面临
着心怀不满的贵族们周期性的反叛。而皇室政府也只知道少数几种维
持下属忠诚的办法：首先以慷慨的礼品表示对其贵族附庸封臣的敬
意，以礼品作为交换来保证他们的忠诚。以土地财产和某种荣誉官职
例如采邑来维持他们的忠诚。但作为一种习俗，允许忠诚的封臣附庸
之子在其父死后得到其父的采邑，而国王并不愿意封授采邑。阿涅丝
还是比较幸运的，卡林西亚、巴伐利亚（Bavaria）和士瓦本等几位
公爵都是在她丈夫生前去世的，而亨利三世未及时填补这些位置。她
于 1057 年将士瓦本地区、勃艮第的管辖权封授给莱因费尔登
（Rheinfelden）的鲁道夫，于 1061 年将巴伐利亚封授给萨克森贵族诺
特海姆的奥托（Otto of Northeim），并将卡林西亚封授给扎灵根
（Zahringen）的士瓦本人伯特霍尔德（Berthold），因此能使自己确信
已经赢得了这三位异常可怕人物的忠诚，他们都有非常重要的家族背
景。此外，鲁道夫接受了阿涅丝四岁的女儿玛蒂尔达为新娘[10]，他很
可能通过联姻关系与奥托家族建立了联系，当玛蒂尔达不幸于结婚之
前去世后，他转而娶了都灵的阿德莱德（Adelaide of Turin）为妻，
她是亨利四世的新娘贝尔塔（Bertha）的妹妹。现代历史学家倾向于
批评阿涅丝"浪费"王室资源，首先她轻易地授出空缺的公爵领地，
她丈夫一直非常精明地把它们留给王室自己使用；其次她错误地选择
了这几个人，比如这三位公爵在后来的反叛中都发挥了重要的作用，
并于 11 世纪 70 年代动摇了她儿子的王权。但我们还是要记住，尚在
弱冠的国王一定需要比成年国王更多的支持，而这种支持更难获得。
当阿涅丝动用空缺的公爵领地时，就是沿袭传统旧制达到这个目的。
至于她选择的贵族，三个人中没有任何一个被认为是在千方百计地策
划反对萨利安王朝的行动。

　　鉴于德意志国王各种身份和职责的特性，阿涅丝的当务之急就是
控制住德意志的土地，因为土地构成了其他所有不同层次活动的基
础。看起来好像她本人及其班底对于将在罗马做些什么还没有一个非

⑩　Jachman（1990）.

常清晰的概念。因此后来出现的情况并不令人感到惊讶。事情的发展
显然缺乏思想上的清晰度和逻辑连贯性，但我们是掌握了零散史料后
才显示出这种清晰度，我们在已经了解其最终结局后才能够推测各种
发展变化。如同在其他地方一样，罗马教宗的选举传统上依赖教廷所
在城市的教士和民众。而罗马也像其他许多地方一样，地方的敌对各
派和冲突势力都参与争夺教宗权。亨利三世已经成功地将其德意志候
选人推上教宗宝座，从而暂时平息了地方各派的觊觎，当然并没能完
全限制住他们。1059 年，当枢机主教团选举了一位旧罗马贵族血缘
家族成员为教宗本尼狄克十世时，他们就推举出"改革教会"的候
选者为教宗尼古拉二世以对抗前者，而后立即召开大会通过了教宗选
举法，以确定尼古拉选举的合法性。这算得上是制衡枢机主教们选举
的最重要筹码，因为他们的选举权也是从古代教会法推演出来的。它
也不是挑战德意志国王作为罗马教会保护者的传统作用。如果说德意
志国王在教宗选举中的法律地位很不清晰，那是因为至少在中世纪初
期以前的古代教会法中并没有提到国王。1059 年，枢机主教们并不
是担心德意志国王成为罗马教会领袖职位的敌对力量，而是担心重新
主张其传统影响的各罗马地方贵族派别。这个法令是否被接受成为以
后所有教宗选举的法规，还是值得怀疑的。但是，它还是反映出枢机
主教团（collegium）希望获得其在罗马教会内的领导作用。任何忽视
这一点的人都将遭到他们的抵制。[11]

　　尼古拉二世于 1061 年去世后，罗马贵族派出一个代表团，向年
少的亨利国王呈送贵族徽章，并请求国王帮他们任命一位教宗，这
时，阿涅丝就设法帮她的儿子任命帕尔马主教卡达卢斯（Cadalus of
Parma）。为了实现这一任命，她的确忽视了枢机主教们的作用。其
中的原因可能在于：双方在一些德意志主教的任免问题上存在分歧，
在尼古拉去世时，这个分歧影响着教廷和德意志王室间的关系。阿涅
丝可能不了解 1059 年的教宗选举法令，显然对罗马形势的错综复杂
也知之甚少。然而，德意志王室却发现自己恰好支持"罗马人"对
抗枢机主教们，因为后者选举卢卡的安塞姆（Anselm of Lucca）为教

----
　　⑪　1059 年教宗选举法最终成为此后所有教宗选举的法律规定，学术界对该法进行了广泛的研究，
有关讨论的最新内容和总结，请见 Jasper（1986）的作品。

宗，称亚历山大二世，枢机主教们还在卡普亚的理查德（Richard of Capua）领导的诺曼军队帮助下将其扶上教宗宝座。

阿涅丝的行动最终变成她犯下的一个致命错误。她不顾其个人的虔诚信仰，帮她的儿子运作到有利的地位，也就是使德意志王朝表现出枢机主教中教会改革反对派的形象。当她的错误揭示出和她儿子有关的一个问题时，其失误就引起特别的关注，这个问题触及早期中世纪社会的基本问题，也就是远距离的政策制定问题。至今尚没有人撰写早期中世纪的交通史。当时主要依靠面对面的接触商谈，其间，多种姿态手势和礼节仪式可以弥补口头交流的不足，它们共同构成了一种特殊的语言。[12] 而远距离协商似乎主要靠使者，有时靠信件来达成。但是就我们所知，远距离交通缺乏系统组织机构，非常零散和偶然，尚未形成获得可靠重要信息的系统性的实用手段。

除这次在罗马的灾难外，教会领袖和世俗贵族都认为，她过分听从奥格斯堡（Augsburg）的亨利主教的建议，而冷落了他们。不断扩散的不满使科隆（Cologne）大主教，同时也是王国内主要大领主的安诺（Anno），于 1062 年从凯撒斯维特绑架了年少的亨利，从而终止了阿涅丝事实上的监护摄政权；凯撒斯维特王宫当时位于科隆以北大约 50 英里莱茵河上的一个小岛。尽管亨利设法跳入河中试图逃脱，但是这个 12 岁的男孩还是被抓住并送交安诺。安诺抓住了国王本人也就控制了王权。他以此表明对亚历山大二世的支持，最终通过确保德意志主教服从亚历山大而结束了教廷的分裂。

安诺的摄政统治也未持续很长时间。1065 年，亨利年满 15 岁，因此业已成年。他开始行使其权力进行统治。与同时代的其他国王一样，亨利的国王地位建立在封建义务之上：王国的大贵族们必须向他提供建议和军事援助（*consilium et auxilium*）。他们来到国王巡回宫廷和出席参议会，当面与国王商议，直到达成一致意见。一位不能获得大多数大贵族的建议并与之达成一致的国王，没有任何办法来强迫他们提供应该提供的支持。另一方面，国王的宫廷还是整个王国社会的中心，在这里可以得到采邑和荣誉，在这里对圣骑士级别的声望与尊严加以评判与展示。对于国王以及贵族来说，这是一种相互依赖的常

54

---

⑫　Schmitt（1990）；Koziol（1992）；Althoff（1993）．

态平衡。如果贵族陷入内斗，那么国王的努力调解就很容易使他显得偏袒一方，特别是在那个感觉自己受到歧视的贵族眼中更是如此。如果一位国王偏离了其贵族所认为的原有惯例从而触犯了他们的权益的话，那么这位国王就需要应对他们的反抗。在封建遗产的继承争端中，国王若要支持一方的权利要求，那就是在测验自己的权利，因此很容易在对立一方及其亲族和宣誓结盟的朋友中为自己树敌。假如一位国王极力推行自己的主张而触犯了一名或者数名权贵，那么这种情况就更容易发生了。在这种情况下，他极易遭受整个地区贵族的反叛，他们的借口就是反对他这个暴君。

　　11 世纪的萨克森公国东部地区就出现了这种情况。1073 年以后萨克森战争的残暴性，以及当时史料对这场战争的大量相关报道，都使历史学家们长期忽视一个事实，即早在亨利三世统治时期和亨利四世少年时期，当地已经爆发了骚乱。非常不幸但又非常典型的是，历史学家们长期以他们的笔为武器参与争端，因此也没有感到有义务对造成这一残暴的原因背景情况做一个公允的叙述。他们目睹了这样的现象，每一方都说对方是彻底的邪恶和堕落，并无情地破坏法律。因此历史家们始终无法就那些隐藏在紧张冲突背后的原因达成一致意见，这些冲突在 11 世纪 70 年代开始时发展为内战。亨利不是一直宣称王室对其寡居的母亲的地产拥有权利，而这些地产因她过于衰弱而无法确保吗？他作为王权继承人不是一直要求拥有奥托家族的产业，故对那些基于王权的称号头衔提出要求的吗？他不是一直设法收回那些脱离王权控制达几代人之久的土地，要将它们转由王室直接控制管理，并就此否认了传统的合法使用权吗？不论原因何在，显然这些要求使亨利采取了一些据说是新的管辖措施，也因此被他的反对者认为是非法的：他加大力度修筑在萨克森丘陵山区建造的城堡，并派遣士瓦本的侍从官（ministeriales）来进行管理，这些侍从官多曾经是没有自由身份的家臣，只能通过服军役来提升自己的社会地位。无论其士瓦本身份还是农奴出身，都令萨克森贵族大为反感，后者认为自己遭到这些卑劣的外人的压迫。

　　正巧在同一时间，与教廷的冲突促使设立了米兰大主教区。在米兰如同在伦巴第地区其他城市一样，当地市民逐渐拥有自己的发言权，他们反对其领主和大主教，这些领主都是德意志国王以意大利王身份尽其所能封授的。米兰民众和各重要党派聚集在贵族领导者旗下，指控大主教圭多（Guido）及其追随者宽容买卖神职和坚持尼科来特主义的教士，危害了他们要得到拯救的权益。无论叛逆的市民所接受的"上帝的审判"（placitum Dei）这一称呼是否意味纯粹的宗教动机，他们的敌人恶意称呼他们为"垃圾"（Pataria），这一名称后来也被他们自己接受了，这些名字似乎揭示出在这座古城发生的变化：货币经纪的发展作为中世纪盛期贸易革命的一部分，打乱了古代社会的体系，相应地产生出社会动荡的原因。

　　大主教圭多面临持续的危机，眼见教士们遭到肉体上的攻击，深感自己的职责是保护他们，故于 1070 年决定辞去大主教之职。他和他的追随者按照教会法规选择名为戈弗雷（Godfrey）的人继承大主教职位，并送他翻越阿尔卑斯山面见亨利，接受封授神职。"垃圾"派民众则认为，按照教会法规范由教士和民众参与的选举尚未举行。这场争执把米兰城搅得天翻地覆，持续了好长时间，其起因就是在大主教选举时忽视了教士和民众的意见，实际上是迫使国王以王室授权来支持一派候选人。然而，亨利四世也犯了一个致命的错误，他在远离事发地点的地方封授戈弗雷，而后送后者回去强迫人们接受对后者的任命。这位国王像他的母亲一样，卷入了远距离制定政策的麻烦，可能他根本就不了解当地的局势。他行使其封授神职的权利，并按照 ⁵⁶ 习惯认为这个权利就属于他。米兰那些思想深邃的历史家们并未指责国王的这个特权，但是，甚至连他们也批评他远距离支持这名大主教，从而无视该城公众意见的行为，而这名大主教也因为缺乏支持而辞职。"垃圾"派民众推举了一个名叫阿托（Atto）的教士作为他们的候选人，以应对国王，转而向教宗亚历山大二世寻求其对此位候选人的支持。亚历山大二世认可了阿托，并坚持认为：在有争议的选举中，只有那些得到圣彼得支持的候选人才被认为是符合教会法规的当选者。至此，教宗并没有争论国王的授职权是否合法之类的问题，而是要求亨利撤回在这起特殊案例中的授职任命，因为此项授职颁给了错误的人选。这是中世纪教会选举中出现的一个全新主张，这个映射着罗马教宗全新作用的主张就是：教廷公开宣布他们是全体教会的领袖。而这一主张促使地方冲突升级为国王和教廷之间的冲突。另外，它也使萨利安王朝看起来更像是反对教会改革了。

　　格列高利七世于 1073 年当选教宗时，这场冲突还在持续。实际上，他早就专注于教会改革。尽管与其前任一样，他对这场冲突究竟意味着什么还很模糊，但是他对教宗和罗马教会在冲突中的作用持有一个理论上的概念：他知道罗马教会是耶稣基督亲自建立的，他说彼得是建立其教会的基石（《马太福音》16：18），这话证明了这一点。因此他认为圣彼得本人就是通过合乎教会法规当选的教宗来说话的，而他本人作为圣彼得的代言人就是因为神的任命而拥有权利。1075年格列高利在其《起居录》添加的 27 句话 [还冠以“教宗亲自口述”（Dictatus papae）的标题] 中，有许多话就是这一原则合乎逻辑推演的结果：例如罗马教会从未犯错，根据《圣经》，也将永远无谬（22 句）；所有符合教会法规当选的罗马教宗都毫无疑义地被圣彼得恩赐为神圣（23 句）；只有那些与罗马教会一致的信仰才是正统的信仰（26 句）。由此进一步得出：所有人都必须服从教宗的判决；任何人都不能取消教宗的任何判决，尽管他可以取消所有其他的判决（18 句）；教宗有权罢免皇帝（12 句）。[13]“教宗亲自口述”并未引发强烈的抗议，因为当时它还不为人所知。然而，教宗格列高利是按照它行事的，结果就遭到激烈的反抗：德意志主教们认为其上帝赋予的主教尊严被这个危险的人物削弱了，亨利四世也强烈反对，因为教宗在米兰事件中蛮横地要求他服从。1075 年底，一封措辞极为强硬的教宗来信送到国王手中时，他正巧在庆祝平息萨克森叛乱的一次重要胜利。他感到自己足够强大，能够拒绝教宗主张最高权力的要求，特别是他刚刚与其王国中绝大多数主教达成一致。1076 年 1 月在沃尔姆斯召开的王室会议上，他公开谴责格列高利专横的行为，公开废除所有对教宗的服从，宣布这位教宗的选举当然还有其教廷为非法。它谨慎地回避了直接废除教宗，而只是公开宣告教宗凌驾于世俗判决之上的罪行。然而，国王致罗马人的第二封信表明，这个公开宣言就是在说：要求罗马人民驱逐这个伪教宗，声称他自始至终都是个伪教宗，因为他的选举就是非法的。德意志国王和皇帝们以前早就罢免过几位教宗。但是他们在事发时都在现场，而亨利则是在远离现场的地

───────────────

　　[13]　见格列高利七世的《注册表》，那个很少提及教会法规汇编的“教宗亲自口述”发表在 Gilchrist（1973 年和 1980 年）的作品中。

方尽力强制施行其意志。格列高利选择教宗的四旬斋（Lenten）会议作为反击的场合。他在向圣彼得祷告时，宣布开除亨利四世的教籍，并解除所有曾对亨利发誓效忠的封臣的义务。这一反击的效果立即体现在苏特里的波尼佐（Bonizo of Sutri）的反应中，当他听到教宗的裁决时感到就像发生了地震。确实，国王遭到绝罚令是没有前例的。上帝任命的国王和皇帝应该像其前辈一样是公认的罗马教会（*Romana ecclesia*）的特殊保护者，此时竟然被罗马主教驱逐出教会。

如同亨利一样，教宗也是从远处采取行动。对于此前刚刚聚集团结在其国王麾下的德意志主教们来说，前此从未显露过的忠诚就成了问题：他们隶属基督教世界秩序和普世教会的教阶组织机构，也属于其效忠自己的国王领主和其本土王国的封建关系网，他们对前者是否比后者承担更大的义务？国王领主要求主教们服从是因为他们的最高领袖——教宗们很少且很难成功地干涉德意志的教会事务，只有当几个争端派别之一认为让教宗参与是个权宜之计时才让教宗卷入。然而，对国王的忠诚要对决对教宗的忠诚，这在以前从未出现过；以前也从来没有过这样的事：要求德意志教会主教们在国王和教宗之间做出选择。

此事到了夏季变得更清楚了，许多主教更倾向于效忠圣彼得，逐渐超过了效忠他们的领主君王。从国王在乌得勒支（Utrecht）召开的东部会议，到他在沃尔姆斯的潘特科斯特（Pentecost）召开的会议，再到7月在美因茨举行的大会，参加会议的人数越来越少。诸如美因茨和特里尔大主教、梅斯的赫尔曼（Hermann of Metz）主教，以及维尔茨堡的阿达尔贝罗（Adalbero of Wurzburg）主教都明白无误地表示要寻求和接受与格列高利七世的和解。事件发展的进程相对意外，这可能是因为教士们同一身份认同的意识不断增强，这种意识的强化是随着对教会改革和对11世纪40年代以来改革后教廷的认同日益增加有关，这就使许多严谨尽责的教会人士不能接受迫使他们完全断绝与罗马教会的关系。同样地，反对他的世俗君主和他们在萨克森州、士瓦本、巴伐利亚和卡林西亚公国的盟友们，开始像早先东部各地领主们一样，要求自己的权利。因宿怨导致的经常性敌意与宗教动机结合起来，这种动机源自对教会改革和对教会最强硬领袖格列高利七世的忠诚。然而，在其他时候，宗教问题似乎只起很小的作用，甚

58

至不起作用：当梅森侯爵埃克伯特（Margrave Ekbert of Meissen）还很年轻时，就开始了其轰轰烈烈的人生。他是组织萨克森反对派对抗国王——其亲戚的领导人物。由于他在东萨克森令人生畏，因此他每次寻求和解时，国王总是情不自禁地接受他重新宣誓效忠，这已经有很多次了。人们不知道他发动起义是否掺杂了宗教动机。显然，即便是某些萨克森上层教士，例如大主教沃尔讷（Werner，1063—1078年）和马格德堡的哈特维格（Hartwig of Magdeburg，1079—1102年）与亨利对抗的理由，也不是宗教动机，而是如同萨克森反对派一样的理由。⑭ 人们还是不太可能说清楚：士瓦本公爵、莱因费尔登家族的鲁道夫究竟什么时候以及为什么变成了反对萨利安王朝事业的干将。如前所述，他的公爵生涯就是以与萨利安家族联姻协议为开端的。他甚至还可能与这个家族有很远的血缘联系。另一方面，他早就表示对教会改革特别关心。他慷慨地资助了黑森林地区希尔绍（Hirsau）那座改革修道院，在格列高利七世和亨利四世争端升级到公开的斗争时，这座修道院就转而投入格列高利的阵营。他没有出席1月在沃尔姆斯举行的国王晋见，而是与其在巴伐利亚和卡林西亚公国的公爵同仁采取行动组织反对国王的活动，几乎就是在格列高利的四旬斋绝罚令传来之后立即采取了行动。从此，他就成为公开反对派中的一员，他们提出：如果亨利在年底前拒绝或不接受教宗的绝罚令，那么就要选举新国王。到了1076年10月，亨利再不能回避其王国所有反对派都同意这一行动纲领的事实了。为了挽救其王权，他采取了一个其敌对势力显然没能预见的行动，鉴于他们已经确定了选举新国王的日期，他在冬天出发翻越阿尔卑斯山向教宗寻求和解。他在路上碰到了格列高利，后者已经在前往德意志的路上，刚好到达托斯卡纳（Tuscany）地区，他向惊讶不已的教宗表示，他不是来与教宗争斗的，而是来向教宗悔罪，表示顺从的。

　　谦恭悔罪与和解顺从并不只要自愿虔诚地表示顺服就可以了，而是由认罪、自辱和笃信这几段仪式构成。就我们正谈论的这件事而言，事情的程序应该通过谈判确定：亨利请其教父、克吕尼修道院院长休和托斯卡纳女伯爵玛蒂尔达（Matilda of Tuscany）代表他从中斡

59

---

⑭ Claude（1972）；Fenske（1977）.

旋调停，同意身着悔罪服在格列高利的临时住所卡诺萨（Canossa）城堡要塞城墙下连续悔罪三天。他请求教宗宽恕的悔罪，终于在第三天，即1月25日，得到了回应，教宗让这个悔罪的罪人从他匍匐在地的地板上站起来。这个仪式以他们共同进餐为结束。

这个日子揭示出这个场面是刻意安排的。在教会的日历上，1月25日是"保罗皈依节"（conversion Pauli），也就是使徒保罗皈依基督教。恰如失明的保罗在大马士革城下跪拜三天后，"萨姆尔眼睛上的鳞片掉了"（the scales fell from Saul's eyes），他也变为笃信基督的信徒，国王也从基督信仰人的迫害者变为基督教徒了，他也最终睁开眼睛看到了真理。

德意志历史学家的作品中，关于政治悔罪的内容，越来越认为："卡诺萨"事件是德意志国王权力在教宗派主张压力下，遭到耻辱的贬低。这个事件在当时中世纪环境中的解读都带有这种色彩，直到最近学者们开始更加关注中世纪的思想状况才有所改变。⑮ 历史学家们已经逐渐认识到：当时人受到教宗禁令震动的程度似乎远甚于亨利悔罪的行为。尽管一些行动特殊且非同寻常，但是悔罪和妥协终究在中世纪宗教生活中占有确定无疑的地位。尽管这种看法消除了民族屈辱的隐痛，但是这一具有象征意义事件的解释，还是更为明显地暴露出亨利被迫屈从于格列高利意见的程度：凡是不屈从于教宗的人就是无视上帝的真理，也就等同于虔诚信徒的迫害者。9、10世纪的国王们被视为上帝在各地教会钦定的首脑，也是其主教们的领主，因此具有上帝亲自授予的权杖。此时，格列高利成功地使其思想占了上风，即主教及其所牧使的信众，构成了以教宗为其最高首脑的单一整体教会。国王尽管在人间地位尊贵，他也只是信众中的一员；他们需要引导，并服从教宗。

虽然亨利也希望自己能够通过在卡诺萨向教宗的悔罪来确保其王权，但是他似乎相当清楚一个事实，他确实要接受教宗关于人世间要有正确秩序的观点。有报道说，他以严肃拘谨的表情坐下来与教宗共餐，既没有碰食物也没有用其手指触动木桌。共同进餐也是中世纪社

---

⑮　关于11世纪以后文献作品中揭示出的对卡诺萨事件的不同理解，见 Zimmermann（1975）的作品。

会关系中意味深长的礼节。它们因此成为互相宣誓的朋友联盟（amicitiae）之不可或缺的部分，其表达的基本含义包括：友情、互助、不怀恶意和不争斗。共同分享食物则表明，这里没有敌人，只有和平与友爱。很难说清亨利没有去触碰食物是否就真的破坏了应有的行为规则，或者也不可能说清历史家兰格里乌斯（Rangerius）是否真的记载下了有关这个事件最早的传说，他可是在此事发生 20 多年后才写历史的。兰格里乌斯想要通过细节描写所传递的意思却是明确的。就国王而言，这次争端结束了，但是和平也只是表面恢复，而敌意与不信任继续保留了下来。[16]

　　无论挑起争端是不是教宗的本意，事实上这符合他的利益，卡诺萨事件之后仅仅两个月后，争斗重新开始了。尽管格列高利对亨利的悔罪感到很满意，而且确实也能够感到满意，一小批强硬的德意志诸侯还是继续推进他们的计划，选举新国王。1077 年 3 月 15 日，他们选举莱因费尔登家族的鲁道夫为他们的新王。他们中的一些人以前就反对过亨利：包括马格德堡大主教和哈尔伯施塔特（Halberstadt）主教，他们都是反萨利安王朝之萨克森战争的主力，如同萨克森贵族诺特海姆的奥托一样，亨利四世曾于 1070 年剥夺了后者的公爵头衔。重新选出一位自己的国王使反对派死灰复燃。在中世纪德意志王国的历史上，以前还从来没有选出过对立的国王。在此之前，按照毫无争议的惯例，一位国王的儿子就被视为其当然的继位者。上帝以赠予国王继承人的方式来保佑国王这一事实，难道不是表明上帝自己就是想要王权按照国王的血缘传承下去吗？[17] 历史上，诸侯们总是选举国王的儿子为王，或者用生物学排除法选出与已故国王血缘最近的人，而不会在选举前考虑其他不同血缘的候选人。选举就意味着他们接受了符合条件的人选作为其领主国王，亦即按照惯例和上帝赋予万般事物秩序的思想，来确定出的人选。这一思想背景使正式的选举规则成为多余。也没有规定好的候选人人数。国王的王位依赖于他能够争取到的其王国内重要诸侯的支持，他们具有显赫的名号和强大的家族背

---

　　[16]　关于中世纪进餐礼节，见 Althoff（1987 年）的作品。
　　[17]　查理大帝坚持按照血缘关系证明其于 806 年在三个儿子中划分其王国计划的合法性，见"分割法"（Divisio regnorum, ed., *MGH Capitularia regum Francorum*, Ⅰ, no. 45, pp. 126 – 130），他的理论依据成了中世纪选举思想背景的标准。

景，如果需要，他们能够召集起血缘亲戚、誓血朋友和大批通过各种义务纽带联结起来的拥趸。直到1077年，德意志国王目睹了许多贵族离他而去，眼见着他们在感到国王对自己不公时组成了反国王联盟。但是以前从来没有一群封建诸侯废除对一位国王的忠诚，而将它转给另外一位领主。这确实是个新现象，莱因费尔登家族的鲁道夫只是作为个人当选为王，而其子对王位的继承尚未得到认可。这难道是13世纪中叶斯陶芬（Staufen）王朝被废以后在德国成为常态的"自由"选举的先驱?[18] 反叛的贵族是要限制亨利四世对传统定制的破坏，以便在他们这个特殊的敌人死去以后重新恢复早先的王族血统吗？不管他们长远的意图可能是什么，最直接的结果就是内战，这场战争甚至直到鲁道夫在1080年战役中阵亡后还在持续。战争的影响因时因地而有所不同。哪里的民众多多少少意见一致地支持两个国王中的一个，那个地区就保持与那一方及其党派非常密切的关系。这种情况可以在东萨克森地区看到，当地支持鲁道夫；在巴伐利亚也可以看到，这个地区保持对亨利的忠诚。但是，在德国的许多地区，形势变得更为复杂。针对莱因费尔登家族的鲁道夫破坏效忠的行为，亨利的直接反应是在贵族法庭上证明他有罪，并宣布没收其士瓦本公爵领地。1079年，他安插比伦（Buren）的弗雷德里克代替鲁道夫为公爵，他还将自己的女儿阿涅丝嫁给他为新娘，进一步加强了他们之间的联盟。弗雷德里克的后人后来自称为斯塔佛（Staufer）或斯陶芬（Staufen），是以他们建立在魏布连根（Waiblingen）附近霍亨斯陶芬（Hohenstaufen）山上的斯陶芬城堡的名字命名的。作为亨利的候选人，弗雷德里克是莱因费尔登家族及其盟友，特别是韦尔夫（Welfs）和扎灵根那些贵族家族的天生敌人，后者还选举鲁道夫的儿子伯特霍尔德为他们公国的领主。两位公爵都在设法占领这个公爵领地，攻击敌对方的支持者及其侍从，暴力行为遍及整个地区，就如同他们在莱茵河流域那些更大的城市里所做的那样。在美因茨，市民们支持亨利，而他们城市的领主和大主教则站在鲁道夫一边。当美因茨大主教在其教区大教堂为鲁道夫施行涂油礼并为之加冕时，市民们发动骚

---

⑱ 由于德意志王权继承与采取长子继承制的英、法等国均有区别，其后也有发展，历史学家曾将1077年的国王选举叫作德国历史上的转折点，给予极大的关注。这种转折点的观点得到Schlesinger的详细论证，见其（1973年）和（1987年）重印的作品。最新的讨论见Keller（1983）的作品。

乱，将对立国王和他们自己的领主赶出了城市，正像沃尔姆斯和科隆的市民在萨克森战争期间所做的那样。看起来新兴的城市市民普遍比贵族阶级更倾向于传统的王室血统。

国王在教士和民众选举了大主教和主教之后，按照传统安排他们就任，而主教区内的派系却很容易分裂，正像奥格斯堡一样，那里的维格尔特（Wigolt）想要争取鲁道夫国王把他安排为主教，从而挑战已经得到亨利封授神职的王室教士西格弗里德（Siegfried）的权利。当维格尔特受到巴伐利亚的韦尔夫党人支持的时候，西格弗里德及亨利派（Heinrician）支持者就设法诉诸武力，夺取奥格斯堡主教职位，于是当地民众和商人在许多年中生灵涂炭。在某些情况下，这种撕裂的王权只是提供了延续宿怨的新手段，就像在康斯坦茨湖（Lake Constance）一样，在那里，康斯坦茨主教与其比邻的赖谢瑙及圣高尔（St. Gall）两个修道院彼此憎恨，于是借口反对对立派国王的支持者而继续斗争。尽管地方分裂的局面很严重，但是国王亨利的支持力量还是在稳步增强。

格列高利继续通过普遍禁止世俗领主授职权来扩大教会的影响，但很不受欢迎。1077 年 5 月，他通知其在法国的代表，如果某位大主教当选后是通过其世俗领主接受其教会职位的话，那么他就是拿自己的职位在冒险。该代表在法国的两次宗教会议上适时宣布了这道禁令，但同时该禁令在德意志领土上好像并不为人所知。[19] 然而，格列高利于 1078 年 11 月趁拉特兰宗教会议召开之机，使其主张广为人知：

> 由于我们知道，与神圣教父们的法规相违背，俗人授职这样的事情还在许多地方发生着，各种各样的混乱因此在教会中持续盛行，损害着基督教的信仰。因此我宣布：任何教士都不得从皇帝、国王或任何俗人之手接受主教、修道院院长的职位或教会，无论他是男士还是女士。但是，如果有人试图这样做的话，就要

---

[19]　直到最近，关于教宗发布的第一个禁止世俗国王授职权的时间还确定在 1075 年或更早到 1059 年，学者们争论认为，正是这个禁令才使亨利四世及其主教们在 1076 年 1 月沃尔姆斯宣称服从教会。Rudolf Schieffer（1981 年）的作品确定这个年代应该是 1077/8 年，关于年代问题彻底的讨论具有其政治含义。

让他知道，以使徒权威的名义，这种授职是无效的，他本人将被开除教籍，直到其纠正错误为止。[20]

　　事实上，这道禁令打乱了以个人纽带和相互人身义务为基础的封建体系，教会也是这个体系的一部分。国王举行庄严的仪式，通过颁发指环权杖封授神职，以此对外表明，教会也是他赋予的，因为教会属于他的王国，也就是说教会负有向他效忠和履行各种服务的义务，以回报国王应对教会提供的保护，回报国王们几个世纪以来按照惯例长期给予教会的许多捐赠和特权。毕竟，一位国王并无税收来支撑其管理国家。他不得不依靠其世俗的和教会的封臣对他所负的义务，这些义务是通过庄严的效忠仪式和授职权来确立的。教会神职的封授就相当于封主封臣间的纽带，当封主或封臣去世时还要重新确立。然而，教宗格列高利却按照完全不同的思路思考这个问题。他完全不考虑各王国的作用而只考虑宗教的道理：在圣餐礼上触碰过基督肉和血的教士之手，完全不能再接触世俗人士被血玷污的手。在他看来，正是坏习惯（*mala consuetudo*）才使上帝的教会被融合进封建的人世中。他认为教会的解放（*libertas ecclesiae*）意味着教会摆脱所有世俗纽带和义务。

　　尽管格列高利的禁令明白无误地拒绝封建社会的基本结构，但是它对德意志境内持续进行的战争影响甚微。[21] 参战各方为了支持或反对世俗授职权而战，根本不约束自己。甚至教宗格列高利本人也不严格坚持禁令。在我们上面提到过的奥格斯堡案例中，国王鲁道夫确实举行过一个格列高利派视为典型的国王就职典礼，即放弃了传统的授职典礼仪式，而国王亨利肯定是按照传统的方式来封授主教和修道院院长的神职。然而，格列高利还拒绝认可他派驻德意志的一名使节于1077 年秋季颁发的反对亨利的禁令，正像他犹豫再三难以承认鲁道夫为德意志合法国王一样。1080 年局势的再度恶化，不是由于俗人的授职权问题，而是屈服顺从的问题。亨利眼见其追随者越来越多，于是要求教宗开除对立国王的教籍，如果格列高利拒绝，他将宣布选

63

⑳　Gregory Ⅶ, *Register*, Ⅵ, 5b, c. 3.
㉑　这是 Stefan Beulertz（1991）的研究成果，多少有些令人感到惊讶。

举新的教宗。这次，格列高利重新发布了对亨利的绝罚令[22]，并认可鲁道夫为合法的国王。他极为自信地认为，上帝将亲自惩罚亨利对圣彼得代言人的冒犯，他甚至预言这个国王由于惧怕圣彼得的锁链而在8月1日前死去。

亨利再度召集其教会的支持者，他们重新中断了与教宗的关系。但是，萨利安党人这次比1076年沃尔姆斯会议走得更远。亨利带着大批拥趸南下，并于1080年6月在南部布里克森（Brixen）的城市提罗林（Tyrolean）召开宗教会议，选举拉文纳主教韦贝尔为教宗。韦贝尔就任教宗，称克雷芒三世，他是名彻头彻尾的教会改革反对派人士，拒绝修正教士和民众的宗教思想和礼仪。他曾公开对其教区内更为严谨的修道院机构表现出极大的兴趣。[23] 但是，他担任教宗后进行的活动表明，他希望在为其加冕的世俗领主合作方面进行教会改革，就像11世纪40、50年代那些教会改革者们所做的那样。然而，与那时相比，情况已经发生了巨大变化。很多人逐渐把教会改革等同于服从罗马教会（Romana eddlesia），进而将那些拒绝服从教会的人等同于改革的敌人。封建的思维方式就浓缩为有关个人纽带的一个非常复杂的问题。

1080年10月，对立派国王在战争中阵亡，这极大地加强了亨利的地位。而鲁道夫死于他丧失了右手这一事件，又使其阵亡带有痛苦报应的意义，因为他就是用这只手宣誓效忠其世俗领主的。此事掩盖了格列高利预言亨利死期将至的事。尽管又有一名叫萨尔姆的赫尔曼（Hermann of Salm）的候选人当选为对立国王，亨利还是确信自己相当安全，足以离开德意志去罗马接受皇帝加冕。他和妻子贝尔塔于1084年的复活节那天从教宗克雷芒三世手中接受了皇冠。格列高利被迫离开罗马，于次年死于流放中。就他们个人的纷争而言，亨利确实战胜了对手，取得了胜利。

亨利在意大利取得的胜利，为他赢得了新的拥护者，加强了亨利派在德意志的势力。但是，尽管很多人改变了立场，仍有一些人坚持抵抗。其中最突出的是那些在1076年国王和教宗冲突一开始就宣布

---

[22] 苏特里的博尼佐（Bonizo of Sutri）关于这些事件进程的研究得出这个解释，关于其可靠性的最新讨论见 Vogel（1983年）的作品。

[23] Heidrich（1984）.

自己服从格列高利的主教们，还有那些参与选举鲁道夫后被其教区支持萨利安王朝的居民驱逐出其教区的主教们。美因茨和萨尔茨堡（Salzburg）的大主教们、维尔茨堡、帕绍、沃尔姆斯、梅斯等地的主教，不是被流放数年，就是在其原教区中被监控，直到 1085 年在美因茨召开的复活节宗教会议上，教宗克雷芒三世亲自出席并宣布罢免他们的神职，选择其他人接任。这次会议还罢免了萨克森地区那些最凶狠、残暴的反对亨利的教会敌人，包括马格德堡大主教、哈尔伯施塔特、梅森和梅泽堡（Merseburg）的主教们。这次会议在美因茨总共有 15 位主教被重新任命。国王依照传统方式举行授职权仪式。这些任命的影响不一。在那些格列高利派被驱逐流放的教区，任命结束了主教空缺的情况。在萨克森教区局面就不同了，因为敌对派主教仍然在原有的教区供职。亨利挑选并任命取代这些人的主教们，他们需要并受到国王军队的保护，设法接管其教区，但是其情况常常变得非常不确定。在那些认为克雷芒及其德意志拥护者是教会最大的分裂者的人看来，所有这些罢免令当然都是非法的，而后的选举也不过是使其篡位合法化罢了。这样，战争继续在那些双方都认为自己正确、都强大到足以打下去的教区持续进行，这些教区继续惨遭涂炭。

　　11 世纪的政治发展几乎就是个人和个人效忠的问题，这一事实可从 11 世纪 90 年代的事件进程中表现出来。对立国王赫尔曼从来不是亨利的主要对手，他在 1088 年去世，同年 4 月，亨利在萨克森教会敌人中最暴虐的对手哈尔伯施塔特主教布尔夏德二世（Burchard Ⅱ）遭到暗杀；1090 年，亨利在世俗人中的公开对手、梅森侯爵也遭到同样的命运。[24] 但肯定还是有一些人活下来并坚持反对国王。然而，亨利在德意志的敌人到 11 世纪 80 年代末似乎整体衰落了，甚至在对教宗的关系上，好像皇帝也占了上风。

　　尽管克雷芒三世未能赢得德意志君主影响范围以外国家的承认，但是亨利四世相当自信地认为：到 11 世纪 80 年代中期，他已经使枢机主教团一派彻底屈服了。随着遭到驱逐的格列高利七世在萨勒诺（Salerno）去世，这一派看起来好像遭到了致命的打击。枢机主教们

---

　　[24]　关于萨利安王朝时期大量暴力活动，特别是在德意志历史上首次出现的暗杀主教的系统分类分析，见 Reuter（1992）的作品。

65

花了整整一年时间选举那位尴尬的卡西诺山修道院院长为教宗。他从来没有下榻过战事蹂躏的罗马，并于 1087 年 9 月去世。然而，在 1088 年 3 月，他们选举奥斯蒂亚的枢机主教奥多（Odo）为教宗。他自称乌尔班二世，很快就证明了自己是个很难缠的对手，既聪明睿智，又是个狡诈老练的政客。他出生在法国，并在那里接受教育，但对德意志事务非常熟悉，因为 1085 年曾作为教宗派驻德意志的使节，他曾极力整合格列高利派成员。但是那时他没有获得成功，因为他用来谴责背叛者的教宗禁令未能使他们回避开国王亨利的问题。然而，他帮助扎灵根家族成员格布哈特成功就任康斯坦茨主教，因此他成为格列高利事业的坚定支持者。

他计划孤立亨利的第一个行动就是促成了一段婚姻，1089 年他安排当时已经 43 岁的托斯卡纳女伯爵玛蒂尔达和只有 17 岁的韦尔夫五世（Welf V）结婚，前者可是一个坚定的格列高利派。当亨利国王于 1090 年前往意大利执行对这位女伯爵叛逆行为的最严厉的审判时，他发现自己被阻截在维罗纳（Verona）附近，因为托斯卡纳和韦尔夫的拥趸们联合行动阻止他北上，直到 1096 年，此时韦尔夫渐渐地厌倦了其老迈的妻子，并重新效忠于国王。1093 年，教宗将亨利的儿子、年轻的国王康拉德争取到自己一边，1095 年他让亨利的第二任妻子阿德莱德－普拉克迪斯（Adelaide-Praxedis）把皮亚琴察的教廷会议作为舞台，公开谴责她丈夫严重的性失常。

这些计划可能除了有助于在历史书中树立亨利臭名昭著至今不减外，很难说是否产生了重大影响。首先，阿德莱德的指控只是证明了萨克森战争中敌对派地方历史家们的说法，他们也污蔑亨利性欲过度。然而值得怀疑的是，这些恶名在字面上是否解释得通，因为根据 7 世纪塞维利亚（Seville）主教伊西多尔（Isidore）所著的那本被当作中世纪百科全书的《辞源学》（Etymologies），人的肆意放纵和悲惨的性压抑必然造就一个暴君⑤，就是按照这个定义，也不适用于对国王的效忠。亨利的敌人把他说成是个性欲怪物无非就是想给他加上暴

66

---

⑤　Isidore of Seville, *Etymologiarum sive originum libri viginti*, Lib. IX, III, 20: "in usum accidit tyrannos vocari pessimos atque inprobos reges luxuriosae dominationis cupiditatem et crudelissimam dominationem in populis exercentes".

君的性格，这当然能够使他们背叛效忠的行为合法化。[26]

乌尔班二世的出名并不是由于上述这些谋略，而是他重新确立起革新派教宗在整个拉丁教会的领导地位。首先，他常被史学家当作发动第一次十字军征战的教宗。当拜占庭特使于1095年向教宗游说，请求教宗帮助击退其边境上的异教徒时，他们可能希望得到一支训练有素的雇佣军队，但是教宗有意无意地误解成为对西方基督教世界的普遍求援。在1095年10月克雷芒宗教会议的布道演讲中，教宗呼吁所有基督教徒，无论富有还是穷困，都要武装起来，从异教徒占领下解放圣地，并允诺免除所有响应号召者的罪恶。扩大宣传这个武装朝拜圣地的计划是各地主教的职责。[27] 这个布道词的原始文本并没有流传给我们。我们掌握的文本概要分属不同的版本。尽管教宗可能并非刻意要把事情戏剧性地渲染成新的东西，但人们还是认为，就是这位教宗自己提出所有非基督教徒都是基督徒的敌人，因此就在民众的意识里植入了一种非此即彼的思维方式，使他们得出了灾难性的结论。[28] 很明显，它使原本大体平静地生活在中世纪早期基督教社会中的非基督徒成为被迫害的对象，特别是由于随军教士在说服十字军时本能地采取了宣讲方式。在法国，同样在德国，犹太社区成为激进派的无辜受害者。据估计，至少有5000名犹太人遭到屠杀。[29] 中世纪的各个王国里都有犹太人，他们通过血缘纽带和封建的或其他个人的纽带，结成相互依存和互相保护的关系网。不是他们合法的地位使他们处于各国国王的"保护"下，而是他们的睿智和独立状况使然。国王亨利就是应某些犹太社区领袖的请求，仁慈地颁布了保护宪章，并尽其所能保护他们。实际上，德国犹太人是否得到保护的命运完全依赖于各城镇主教或领主们是否能够或者是否愿意提供保护。施派耶尔主教就通过接纳其成员进入其军事要塞城堡，最终成功地挽救了整个犹太社区，而沃尔姆斯和美因茨的犹太人则遭受了重大损失。除了这些可怕的负面影响外，发动第一次十字军可能多少要首先经过德意

---

[26] 关于以我们现今世界理念解读描写亨利个性的象征性语言的问题，参见 Tellenbach（1988）的作品和 Vollrath（1992）的作品。

[27] Riley-Smith（1986）.

[28] Rousset（1983）.

[29] 见 Metens（1981）的作品，Chazan（1987）的作品初步勾画出力图说明犹太人社区状况的犹太史料，该社区作为第一次十字军前后中世纪社会的一部分。

志领地。但它主要是涉及法兰西、佛兰德和英格兰的事务。几乎没有
一位德意志主教出席了克莱蒙会议，在十字军的宣教刚开始时，德意
志国王正在伦巴第地区旅行。而且，他仍与克雷芒三世保持密切联
系；教宗乌尔班当时是他的敌人，几乎就在他继位登基典礼之后，乌
尔班就重新颁布教宗禁令反对他。

　　教会改革从一开始就质疑现存惯例和传统，这曾促使关于世俗及
教会统治的性质和现存世界合理秩序的神学思考。在知识分子进行论
证的过程中，沙特尔的伊沃主教就把有关主教职位不同功能的、原本
非常模糊的概念解释为明确的定义，这些功能被区分为"属灵的"
（*spiritualia*）和"属世的"（*temporalia*）。属世的功能是指对世俗的
统治和财产权利，而属灵的功能是指其宗教的职能。到 11 世纪末，
它被越来越多人接受：教会授职权的传统象征，也就是指环和权杖，
代表着主教职位的宗教权利和义务，只能由教会的神职人员在宗教仪
式上使用。这就提出了问题，现任神职人员如何接受附带有随从食客
的土地财产，以及与其职位相关的司法特权及其他特权？在他能够像
其他所有领主一样采取行动之前，他还必须成为这些财产的领主。主
教职位被分割为几种功能的这种神学划分，导致出现这样的看法：作
为一名主教必须分别进行几项活动。格列高利七世曾经禁止使用颁授
指环和权杖的方式进行授职。乌尔班则通过把教宗禁令扩大到封建荣
誉范围而使形势进一步恶化。[30] 这就是他对以下事实的回答，事实
上，法兰西的国王和封建领主们早已开始用封建礼仪来进行授职，这
种封建仪式类似于封建领主将世俗采邑分封的仪式，而且还认为该
采邑在其占有者去世后重新由领主掌有。但这位教宗坚持认为：这种
情况不适用于教会，因为这就切断了教会与其地产的联系，而照此
类比，至少在理论上，该地产需要获得租赁土地的合法地位和权利。
另一方面，由于各王国的结构还不是由制度秩序维系的，而是由相互
依存和忠诚的个人纽带维系的，因此领主们继续坚持某些类型的
礼仪。

　　这就在理论上陷入了僵局。正是沙特尔的伊沃押上了其全部权威
为筹码，提出了这样的解决办法：世俗领主在接受效忠宣誓后，将通

67

　　㉚　Minninger（1978）；Southern（1990）pp. 280ff.

过小小的"让渡"（*concessio*）授予某主教区临时拥有权，教宗则放弃对此进行惩罚，而这只是暂时的权宜之计。但当在法兰西大家都沿着这些要求行事时，英格兰国王与坎特伯雷（Canterbury）大主教安塞姆（Anselm）于1107年达成的正式条约也达到了相同的效果。

　　在德意志，争论仍在继续。尽管亨利四世放弃了在1100年克雷芒三世去世后举行仪式选举新的对立派教宗，但是这位国王与时任教宗帕斯卡尔二世之间的关系太过紧张而不可能轻易达成和解。另外，德意志的主教们与其世俗信徒达成的效忠已经破裂，这也成为障碍，导致无法达成任何非正式的协议。对许多人来说，亨利四世一直是仇敌的化身，以至于他们对无论什么形式可能激起旧恨的事都表示欢迎。因此很难说得清与教宗恶化的关系究竟是否只是一个借口，也很难说得清在亨利五世于1104年末开始叛乱反对其父王时，是否真的赢得了许多重要诸侯的支持。无论如何，教宗还是愿意帮忙，使亨利五世摆脱其永不背叛对其父发誓要效忠他的承诺。亨利四世再度面临因各种理由反对他的敌人，而他也再度做好了迎战的准备。他出发前往莱茵河下游地区召集盟友，却于1106年8月在列日（Liège）突然去世，享年56岁。一直就坚定站在老国王一边的列日主教将他埋葬在自己的大教堂里，后来他的儿子从这里将他挖出来。这个遭到教会绝罚令的人竟然可以在施派耶尔大教堂——这个萨利安王朝墓地里得到了一处坟墓，当然那时它还只是个不知名的小教堂。但是，民众对老国王的如此下场的反应完全不同：在其棺椁运送途中经过莱茵河下游时，他们蜂拥到他的棺椁周围，抚摸和崇拜它，好像那就是殉道者和圣徒的棺椁。而亨利五世则是在他自己与教宗发生冲突时，才于1111年大张旗鼓地将其父运回了施派耶尔大教堂的王室墓地。他的遗骨至今还埋葬在那里。

亨利五世（1105/6—1125）

　　看起来，老国王的去世似乎的确为和平铺好了道路。1106年8月，萨克森的马格努斯（Magnus）公爵去世，没有留下任何男性继承人能够毫无争议地继承他的一切。而亨利五世在任命苏普林堡的洛塔尔（Lothar of Supplinburg）为公爵时，惊讶地发现没有人表示反对，尽管马格努斯家族的两个女儿都嫁给了野心勃勃的人，他们后来都要求继承公爵权位。新国王在其王国的其他有争议地区，例如洛林公国，也取得了胜利。原来站在教会立场上与亨利四世对抗的那些人，多少有些令人惊讶地按照传统方式从亨利五世手中接受了封授。他们显然不能理解隐藏在授职权中那些复杂的司法和宗教问题，只能把这个难题抽象地理解为好国王和坏国王的道德问题。因此，他们还难以理解从一个被教宗认可的国王手中受封的意义。1110 年，亨利得以迎娶英王亨利一世的女儿玛蒂尔达，她在 1025 年其前夫去世后即返回祖国，逐渐变成为英国历史上声名狼藉的"冒德女皇"。这种声望的联姻不仅加强了亨利五世的地位，而且给他带来了大笔嫁妆，在英王唯一合法继承人的儿子死于"白色航船的悲剧"后，他甚至被认为是有权要求得到英国王位的。③

关于授职权的纷争，亨利五世在其父去世后几乎立即着手进行谈判。作为意大利国王和未来的皇帝，以及教宗私敌的儿子和继承人，亨利五世不得不亲自前来与教宗帕斯卡尔二世谈判。另外，只有与教宗签订的协议才能使被战争撕碎的德意志教会重新统一起来。双方的代表团于 1106 年 10 月在伦巴第的瓜斯塔拉（Guastalla）会面，而后于 1107 年在法兰西王国的马恩河畔沙隆（Chalons-sur-Marne）会面，最后于 1109 年在罗马晤面。在所有这些会晤中，越来越清晰地表明，教宗和未来皇帝之间若要达成正式协议，必须以解决全部问题为基础。尽管双方都表示了良好的意愿，但还需要结束导致他们未能达成协议的争端。

争端在于王国权利（*regalia*），亨利认为它的处境危险，他自觉有义务捍卫它。虽然双方同意这些权利并不包括属灵的权利（*spiritualia*），但他们还不能就王国权利如何涉及属世权利（*temporalia*）达成一致。③ 亨利似乎已经明了他作为其王国所有教会领主的地位：他的教会拥有的所有东西最终都属于他，这使他能按照惯例的要求任命他的主教。对国王而言，帝国教会的世俗权（*temporalia*）就等于国王的权利。另一方面，教宗似乎也区别出它们的来龙去脉和作用；他

---

③ Leyser（1991）.
③ Fried（1973）.

认为，教会的物质财物都是来自包括国王在内所有捐赠者的虔诚赠礼；它们被不可让渡地赠予教会，因此也就不能再作为国王转让的对象了。由此，教宗区别出国王拥有的权利和收入，这是他作为王国政府首脑行使的王室特权，与此同时还有司法权、税收权、制币权、控制市场和兴建要塞城堡权。他认为这些都是国王统治权不可更改的部分。无论教会和世俗领主在什么地方动摇了这些权利，他们这样做都是国王让步的结果。教宗多少愿意做出让步，承认这些权利作为与主教职位拥有的权利相联系的世俗授权的内容，教廷元老会议中的其他人却认为这么做走得太远了。

我们保存下来的有关沙隆（Chalons）谈判场面的生动描述，是由同时代的圣德尼的叙热（Suger of St Denis）完成的，他是法王最有影响力的顾问。他描写德意志代表团就是一帮流氓恶棍，打定主意要诉诸无情的武力，根本不是理性谈判的领导者。然而，他的报告是在后续事件发生了以后才写的，当时亨利于1111年前往意大利接受其皇帝加冕。虽然报告可能没有传达出沙隆事件生动而真实的场面，但它还是揭示出这位德意志国王后来的行为有多么离谱，完全超出了人们可以接受的范围。

很难相信亨利本人当时可能认为，他的任何行动都会恢复和平。起初，他在图里地区的圣玛丽亚（Santa Maria in Turri）罗马教堂与教宗签署了秘密协议，他应该清楚地知道，这个协议是完全不能被德意志教会君主们所接受的。他此时做出让步，向教宗保证放弃授职权，条件是这些主教们要放弃世俗权利，承认世俗权利不包括对教会的捐赠。当这个秘密协议在拉特兰教堂皇帝加冕礼上公之于众时，德意志教会和世俗君主们顿时炸了窝，因为他们看到王国的秩序大乱。从神学上看，该协议明显反常，完全不合逻辑。然而，很难讲它是不是可能被执行。这个国王眼见自己的计划引发诸侯的暴力反对而失败，他又采取了另一个鲁莽的计划。他宣布颁授戒指和权杖的授职礼是国王的特权。当教宗拒绝对此做出让步时，他将教宗关押起来，并剥夺了教宗的"教宗赠礼"（Ponte Mannolo）特权，这个特权是按照帝国古代习俗授予教宗的。

从妥协调和的角度看，民众早就接受了这样的看法，即作为法、英双方都认为公平的明智办法，德意志国王的要求显然不合时宜，即便他急于表明他的意思是其授职权仅限于世俗权（*temporalia*）。这样的解释当然不能使他的行为变得更易接受。1112 年拉特兰公会废除了教宗颁布的特权，斥责它是"腐败"的权利，并将这位皇帝开除教籍。

　　随着皇帝和教宗间恢复了公开斗争，从其父亲时代就存在的各个联盟似乎纷纷死灰复燃。萨克森人质疑亨利五世处理维玛尔－奥拉蒙德的乌尔里克二世伯爵（Count Ulrich Ⅱ of Weimar-Orlamunde）遗产时的方法，后者于 1112 年去世，消息密而不发，在萨克森内外激起不满者组成联盟，其盟主为洛塔尔公爵。当国王于 1114 年和 1115 年在战斗中遭遇两场失败后，反叛者的实力得到加强，美因茨大主教阿达尔伯特（Adalbert of Mainz）也加入联盟，他作为萨尔布吕肯（Saarbrücken）伯爵强大家族的成员，发现其家族领土权益受到国王的威胁。他对国王的敌意还有世俗的理由。而作为德意志王国最强大、最显赫的大主教，他几乎不可避免地被推上了教会反对派发言人的地位。

　　尽管有教宗的禁令、激烈的道德指责，以及选举另一位对立教宗的威胁，但是关于授职权的谈判从来没有完全停止过。当暴力逐步升级为内战时，正是德意志诸侯们于 1121 年急于要求教宗和皇帝和解。于是，教宗代表团来到德意志谈判签署协议，该协议实际上被称为《沃尔姆斯和解协议》。双方都列出了承诺的清单，并提出了教宗和国王特权的形式，最后于 1122 年 9 月 23 日在沃尔姆斯城门外的罗布维塞宫（Lobwiese）交换已签署的文本。亨利承诺的中心内容是他放弃所有颁发指环和权杖的授职礼。最近 15 年关于教会世俗权和王国权利的许多细微讨论都认为：教宗承诺让步的核心词句读起来好像都是在巧妙地回避。教宗允许当选者通过象征性的权杖从皇帝手中接受其王国权利，并承认由此所带来的履行义务的职责。一年后，拉特兰会议批准了该协议，并宣布从此结束授职权争议。

　　只用这样一个宣布似乎还不能说明这一纸协定就在众多政治事件中所起到的关键作用。因此我们毫不奇怪地看到，许多德意志教区教堂事实上对它一无所知。只有几座教堂有该协议的文本。它也从来没有被用于具体案例，后来的作家提到它时，都显示出对它所知甚微。[33]

---

[33]　Schieffer（1986），特别是第 62 页之后部分。

显然，那些无论如何都会被遵守的惯例最终被落实到文字上。本质上，这份协议就是教宗和皇帝之间恢复和平的公告。鉴于这次斗争对各派系的影响，以及对德意志王国各地造成数十年破坏的内战的影响，人们仍然难以看清将已被接受的惯例记录在案究竟会带来怎样的后果。但毫无疑问，诸如大主教、主教和王室修道院院长的授职权礼要接受象征王国权利的权杖这一做法，保证了他们都被视为王国（*Reichsfürsten*）内的领主。该协议将他们提升到与公爵们同样的地位，确保他们拥有其领地内总督的权力。[34]

　　1123 年，人们又见证了皇帝和萨克森公爵洛塔尔之间为任命一个地方领主爆发的争端，这次公爵获得了胜利。人们不可能预测这份与教宗的和平协议，最终是否有助于亨利在其德意志王国内加强国王的权威，他在 1125 年 5 月去世了，没有子嗣。最后，大主教阿达尔伯特召集到美因茨来选举国王的诸侯们，选举亨利最强劲的死敌、萨克森公爵洛塔尔来继承他的王国。

汉纳·沃尔拉特（Hanna Vollrath）

陈志强 译校

---

[34]　Heinemeyer（1986）.

第四章（上）

11 世纪的意大利北部和中部地区

意大利的统治者：法兰克尼亚王朝
（康拉德二世—亨利三世）

72

意大利王国从阿尔卑斯山一直延伸到与教宗国相邻那条不断变换的边界，1024 年，正逢萨克森王朝向萨利安王朝过渡时期，它遭遇到最为严重的危机，此时其首都帕维亚爆发起义，起义者摧毁了王宫，驱散了负责中央管理的官员。当王位空置之际，意大利的大领主们对王位的继承问题产生重大分歧。意大利对德意志国王的从属关系，本来就不是一件让人心平气和认可的事实，一些主要的权贵们反而转向法兰西去寻找王位候选人。但是，意大利北部的主教们对以前的一场冲突仍记忆犹新，特意选择了不同的做法，当时正是由于教会与世俗力量在王位继承问题上的分歧，最终导致暴力冲突。于是，他们在米兰大主教安提米阿诺的阿里伯特（Aribert of Antimiano）和韦切利（Vercelli）主教利奥的指引下，将王冠拱手让给了刚刚在德意志当选的国王，即法兰克尼亚家族的康拉德二世。

1026 年，康拉德在重兵簇拥下穿过布里纳（Brenner）山口南下，来到意大利，在米兰受到阿里伯特的欢迎。他包围了帕维亚，并开始不断打压不愿承认他的反对派贵族。1027 年，他封卡诺萨的卜尼法斯（Boniface of Canossa）为托斯卡纳侯爵，而在当时，卜尼法斯已经凭借雄厚的财力、城堡及在波河流域（Po Valley）的诸多地区

享有的伯爵头衔，成为极有影响力的人物。与此同时，康拉德本人在
罗马请图斯库兰家族出身的教宗约翰十九世为他加冕为帝。康拉德还
从这位教宗手中取得了对威尼斯潟湖区（Lagoon）的教会管辖权，此
前阿奎莱亚（Aquileia）宗主教、卡林西亚的波普（Poppo of Carinth-
ia）主教也曾主张这一管辖权，而康拉德的成功却极大地损害了格拉

73

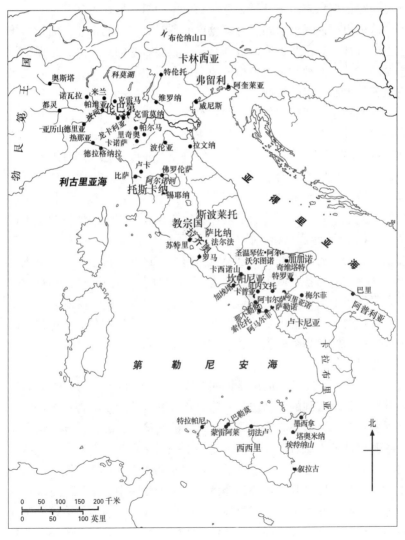

地图 2　意大利

多（Grado）宗主教区和威尼斯的自治权。在康拉德统治意大利时期，他确认了各项地产，并将它们连同特权、世俗司法权及庇护权大量地分封给寺院、主教辖区及大教堂教士团体，涉及的范围从阿尔卑斯山，尤其是阿尔卑斯山东部山区，一直延伸到萨比纳的法尔法修道院和阿布鲁佐（Abruzzo）的卡绍利亚（Casauria）。通过这种办法，自奥托时代德意志诸王就授予意大利王国的组织形式得到了进一步改善。这种组织模式不依赖于合理设置的各等级官员的工作，而是依赖于王权对社会名流及贵族，特别是某些教会君主的约束力，是保护与忠诚的交换，这种约束力根植于他们各自封地的地区及其由宗教义务或王朝权力而获得的权威。

在德意志停留很多年后，康拉德二世于 1033 年被勃艮第的重臣们选举为勃艮第国王。这些重臣之中不乏亨伯特（Humbert）伯爵这样有权势的人物，他是萨伏依家族的首领，在许多地区拥有地产与权利，其范围从奥斯塔河谷（Val d'Aosta）一直延伸到与意大利王国接壤的地域。1034 年，米兰大主教阿里伯特和托斯卡纳侯爵卜尼法斯带领一支意大利军队，参加了确保康拉德在新王国统治地位的军事行动。但在 1036 年底，康拉德第二次南下来到意大利时，米兰大主教在宗教界及世俗领域的势力已经空前膨胀，这使皇帝不得不聆听伦巴第大区领主们与各个城市的怨声怒气；面对大主教目空一切的行为，皇帝只好将他关押起来。阿里伯特逃至米兰寻求庇护，受到人们的保护。康拉德带兵包围了米兰，但却徒劳无获。他还想罢免阿里伯特的官职，任命米兰高级教士成员、宫廷教士安布罗斯接替其位置，但也同样无果而终。

在对米兰毫无结果的围城期间，康拉德于 1037 年 5 月 28 日颁布了其关于封臣权利的著名法令。当时意大利统治力量的特权地位已经变得岌岌可危，形势非常危险，在这样的情势下，颁布这样的法令是一项基础性的立法行动，它试图使国王—皇帝重新恢复在当地的体制自然发展中的核心地位。事实上，米兰的麻烦不仅是这座城市与其宗主教堂、与伦巴第其他重要的经济、宗教和政治中心之间进行较量的问题，同时也是大主教手握重兵引发的一个问题，因为他恰好处于众多封臣诸侯复杂而等级森严关系网的顶峰。这个关系网中的关系非常紧张：在多种等级中，与处于顶层的大主教的关系，与非军事力量的城市居民的关系。反过来，米兰的紧张局势又是一个缩影，恰好反映了伦巴第地区所有教会与世俗贵族主要军事中心之间的内讧。康拉德的法令则从官方角度提供了解决这些难题的办法，至少在理论上遵循王国内军事组织的统一概念，为拥有封地的诸侯封臣确立起一套等级秩序。

事实上，在人身依附关系处于流动性的等级秩序中，个别封臣与其直属领主之间的分歧，取决于采邑这种基于地产的不确定属性，而采邑也就是颁授给封臣以换取其服务的报酬。康拉德二世面临由此而在实践中产生的矛盾，于是重新把目光投向综合性的封臣等级制度，包括那些已经得到财税封地，或财税来源的封地，或教会封地的封臣。他对每位封臣已然拥有的封地予以确认，并宣布只要封臣及其男性继承人一如既往地忠实履行所要求的职责，为给他们颁授土地的上级领主提供军事服役并连同马匹和武器，那么对附庸封臣的土地颁授就不可更改，并可以世袭。这样一来，封主与封臣之间互惠互利关系的稳定性，就通过同时出现于双方地产中的采邑加以界定清晰，这种关系本身则建立在军事服役基础上，而法令将这种服役解释为皇家军队之封臣等级制度中不可或缺的一部分。为了进一步呈现出一个更清晰的事实景象，以说明涵盖所有的、以国王本人为最高权力的军事等级结构，该法令正式隐掉某种特殊封地的存在，它们既不源于国库资产，从而与统治权力毫无瓜葛，也不属于受皇家庇护的教会资产。我们看到的这个王国的运行不是以公共法规的合理体系为基础的，而是一种庇护人与受庇护者之间关系的变异集合体，此时它开始依照基于法律推定的庇护系统重新谋求统一。

当然这并不是说王权以及皇权在意大利毫无效力。它经常能够影响主教们的选择，也就是那种在形式上归属地方教士的选择，同时也影响那些隶属皇家的修道院院长的选择。事实上可以说：一旦君主即位进行统治，那么他首先就要运用他与大权在握的领主之间存在的封授隶属观念。这些大权在握的领主多指教会上层人士或是享有家族荣誉的侯爵或伯爵，他们亲口宣誓对国王效忠，若是非常明显地违背誓言，就会被依法惩处。需要牢记的是卡诺萨的卜尼法斯晋升为托斯卡纳侯爵的例子，这比较典型。它表明皇权有可能会干预非教会地方势力的世袭问题，换言之，如果侯爵或伯爵的权力没有得到皇家名正言

75

顺的认可，那么皇帝有可能会插手，正如托斯卡纳侯爵领地那样。王权的干预还可能采取与某大家族达成协议的形式，利用君主赞成或认可缔结的婚约。1034 年都灵的阿德莱德就是一个很好的例子。阿德莱德是奥尔德里科·曼弗雷迪（Olderico Manfredi）侯爵的女儿和继承人，她在康拉德二世和亨利三世的安排下先后嫁给三任丈夫，由此一来，他们都先后拥有了都灵侯爵的头衔，而都灵侯爵领地是王国内一块面积可观的土地。与此类似，康拉德二世非常赞同对他忠心耿耿的卜尼法斯侯爵与洛林的比阿特丽斯（Beatrice of Lorraine）的联姻，比阿特丽斯自小在宫廷长大，与奥博藤吉（Obertenghi）侯爵阿尔贝托·阿佐二世·埃斯特（Alberto Azzo Ⅱ d'Este）的后人有亲戚关系，与势力强大的德意志韦尔夫家族有着千丝万缕的联系。皇权除了偶尔会插手强大的教会和大贵族事务外，有时还会委派信使代表君主主持某些地方或其他王国的立法会议，不过这些事情只是偶尔才做。

　　这个关于采邑的法令产生了一定的影响：当然这个影响不是指形成整齐划一的、等级森严的封臣等级制度，而是指它对原本不稳固的封建附庸制度起到了稳固作用，使获得采邑的封臣们有了更大的保障，有助于早就开始出现的变革。不过该法令并没有对康拉德二世与米兰周围地区的僵局产生任何看得见的缓解作用，米兰仍然对康拉德的围城予以抵抗。波河流域的一些反对康拉德的主教们私下谋划的阴谋也被曝光，阿里伯特企图与已经入侵德意志西部的香槟（Champagne）伯爵联手。1038 年，轮到康拉德二世到访意大利中部地区，当时的教宗是前任教宗约翰十九世的侄子本尼狄克九世，康拉德二世得到本尼狄克九世的批准，将阿里伯特逐出教会，并推举皇帝提出的候选人安布罗斯接掌米兰教区，但他并没有真的如愿。在与教宗达成共识后，康拉德南下来到卡西诺山防线，任命了一名对他的事业忠心耿耿的德意志教士为修道院院长，并委派他为萨勒诺大公，以便保护那里。在坎帕尼亚（Campania）展现了一番国王威仪后，康拉德沿亚得里亚海沿岸一路向北，继续把特权分别赐予贵族和教会。他把对米兰的征服推迟到下一次，并重新北上到阿迪杰河（Adige）流域，再次越过阿尔卑斯山。而忠于康拉德皇帝的意大利领主们重新展开对米兰的围攻，但在 1039 年，突然从德意志传来国王去世的消息，这让他们大吃一惊。

如果研究一下康拉德二世平生涉足的欧洲地区——从洛林和勃艮第到斯拉夫地区，从北海到南意大利——人们绝不会认为意大利王国对他来说是无足轻重的。但是，对帝国内这个最多样性、最不安定且复杂的边远地区的关注，使他越来越疲惫不堪，渐渐难以保证意大利王国持久的和平安定。它还进一步加剧了制定相应整治策略的难度，该策略本质上依赖意大利不同地区各群体间的相互联合。这个王国缺乏基于领土的政府管理。康拉德在意大利逗留期间，为供养其行宫和军队而享有的征集草料和实物捐税的权利，在某种程度上产生了麻烦，因为这种权利主要取决于曾宣誓对皇帝效忠的贵族们对皇帝的忠诚度。卡诺萨的卜尼法斯对康拉德二世的忠诚就是持之以恒的，他是皇帝在意大利最坚定的支持者。而在其他人那里，这种忠诚就变化无常了，以阿里伯特为例，他的反叛同时也清楚地证明了：康拉德在意大利强大的军事实力面前，在那些财大气粗的贵族面前，是多么力不从心。当然从总体上讲，康拉德在意大利王国的统治也并非总是如此失败，他的儿子亨利三世在意大利的顺利继位就是最好的证明。

事实上，早在康拉德二世统治期间，他就已开始着手准备儿子的继位事宜，并在德意志举行选举，为亨利加冕为王。这似乎表明当时人们已经能够接受德意志与意大利国王之间的亲密联系。当然因为米兰的问题还未得到妥善处理，本应该有人会出于政治原因站出来反对年轻的新国王；但是在这个问题上康拉德表现得相当谨慎，他不再与阿里伯特纠缠不清，而是接受了这位高级教士在德意志对他的效忠誓言。同时他还满足了意大利关于确认教会和修道院产业的要求，并慷慨地给予它们特权。在继位的最初几年，他对萨比纳的法尔法修道院表现出浓厚的兴趣，特意根据自己的判断派人去担任该院院长。被委派的人知识渊博，曾经是他的老师。他还精挑细选出两名德意志教士担任阿奎莱亚宗主教及拉文纳大主教。1043年，他委派大臣阿达格尔（Adalgar）去伦巴第主持当地的司法会议，并到各地采取各种行动，只为实现和平这一最终目的。1045年阿里伯特去世后，亨利国王拒绝了米兰高层教士推荐的候选人，任命一名来自米兰附近地区的圭多·达·维拉特（Guido da Velate）的高级教士继任大主教一职，其意图很明显，他要对米兰的贵族要员们采取进一步严密控制。这些人内部当时已经四分五裂，其忠诚度也已大打折扣。1046年春，在亚琛（Aachen）举行的贵族大会上，他免去了两年前亲自提拔的拉文纳大主教维德格洛（Widgero）的职务。在早期教会改革运动的影响下，特别是在彼得·达米安这位大雄辩家、僧侣的影响下，意大利出现了反对他的声音，严厉指责政府的无能与腐败。与此同时，亨利国王正着手准备他的第一次意大利之行。

78　　夏末，亨利在众多封臣、附庸的簇拥下通过布里纳山口，越过阿尔卑斯山。10 月，他现身帕维亚，主持了一场以改革为核心的大型宗教会议。12 月，在苏特里和罗马的宗教会议上，他解决了起始于两年前的教廷危机，其核心是反对本尼狄克九世这位最后的图斯库兰教宗。三名宣称有权入主教宗之位的教宗被免职，亨利国王任命班贝格主教为教宗，称克雷芒二世。新任教宗为国王加冕称帝，并由罗马人授予其贵族头衔，从而进一步巩固了国王作为罗马保护者的地位，有权参与每位教宗的选举，并投出第一票。通过对教宗职位及意大利北部三大教区，即米兰、阿奎莱亚及拉文纳教区的严格控制，国王亨利三世使整个意大利王国内的教区都处于罗马教会的政治领导之下。1047 年的头几个月，亨利三世还参与了卡西诺山法尔法大修道院和圣温琴佐·阿尔·沃尔图诺（San Vincenzo al Volturno）大修道院的教会事务，并帮助维持受诺曼人开始入侵的坎帕尼亚区的政治秩序。由此，一个在意大利的皇帝王国的观念深入人心，且传遍自阿尔卑斯山以南的整个半岛。

　　1047 年秋，克雷芒二世去世时，皇帝亨利三世已经回到德意志几个月了，克雷芒二世的死讯促使罗马的图斯库兰派东山再起，这一派起初似乎与图斯库兰的卜尼法斯关系甚好。但亨利三世却任命布列瑟农（Bressanone）主教为教宗，称为达马苏二世（Damasus Ⅱ），并命卜尼法斯陪同他前往罗马。几周后，新任教宗也故去了，但亨利仍然不顾托斯卡纳派的意见，提出了自己的候选人，任命自己的表兄图勒（Toul）主教接任教宗一职，称为利奥九世。尽管亨利极力反对托斯卡纳派，却没能将他们从拉齐奥（Lazio）的城堡中驱逐出去。从政治—宗教的角度讲，利奥九世的教宗职位代表着亨利三世的帝国计划与欧洲范围的改革运动处于重要的会合点，而此时改革运动的中心在罗马，在利奥九世本人及其不同国家背景的高级幕僚那里。截至此时，这一转变有助于强化当时在罗马—德意志帝国已然形成新传统

的体制：以教宗及地方教区为基础的国王至高无上的政治权力；但它
也促使王族与世俗大贵族之间关系进一步恶化。这一严峻形势在阿尔
卑斯山边远地区非常突出，在意大利内部却刚开始露出苗头。

1048年，实力强大的卜尼法斯侯爵受新任教宗任职事件的影响，
其忠诚度已大打折扣。1052年，卜尼法斯去世，他的遗孀、洛林的
比阿特丽斯接管了他留下的丰厚家产及在亚平宁南、北地区的主要势
力范围，不久之后，比阿特丽斯嫁给亨利三世在德意志最危险的劲
敌——大胡子戈弗雷（Godfrey the Bearded）。戈弗雷之所以如此强
大，凭借的是其自身雄厚的财力物力、人马及其上洛林公爵封号具有
的强大影响力，不过严格说来，他的公爵封号已经被国王以叛乱为由
正式剥夺了。德意志与意大利反对皇权的这两股地方势力联手，恰好
与皇帝至高无上的权力相冲突；与此同时，祸不单行的是，利奥九世
在南意大利与诺曼人的对抗中失利，意大利的这一切麻烦就成为亨利
三世的燃眉之急。事实上，他早就十分关心意大利局势的变化，例如
在1052年意大利王国的各位要员在苏黎世（Zurich）举行大会时，
他要求传布的两项法令，一项刑事，一项民事。尽管这只是两项法
令，但它们却是继康拉德颁布采邑法令后进行立法革新的重要标志，
虽然还有些粗糙。1054年，亨利三世再次在苏黎世召开意大利政要
大会，在这次大会上，伦巴第主教区的代表人数众多。亨利三世在会
上提出已故教宗利奥九世的继任人选，任命对他忠心耿耿的宫廷助手
和顾问、德意志主教为下一任教宗。1055年春，新教宗在罗马加冕
就任，即教宗维克托二世。同时，亨利又在众多主教和封臣的陪伴
下，按惯例途经布里纳山口，南下来到意大利。

亨利三世逗留在意大利的几个月里，探访了各个教会，并对诸如
曼图亚（Mantua）、费拉拉（Ferrara）之类的小城镇非常亲和，这些
举动显得特别重要。这些小镇所在地区以波河和阿尔诺河（Arno）
为界，这里正处于卡诺萨家族的势力趋于鼎盛时期。亨利通过与地方
势力达成的直接联系，来处理卜尼法斯留下的遗产与比阿特丽斯和戈
弗雷联姻带来的挑战。同时，国王将斯波莱托（Spoleto）和从亚得
里亚沿海地带直到意大利中部的所有地区都交由教宗维克托二世管
辖。以前，尽管维克托早就被任命为皇帝在这个地区的全权代表，但
教宗在这些区域的权力并没有得到认可。这一举动有助于将皇帝的势

79

力范围扩展到这个地区，而这标志着王国的转变，从具有加洛林传统的意大利王国，向南意大利，直至卡西诺山，从而与强大的诺曼势力迎面相遇。

1056 年，亨利三世重回德意志，与大胡子戈弗雷和比阿特丽斯和解。10 月，亨利三世英年早逝，将一大堆麻烦留在身后：卡诺萨协定该怎么办？一旦忠诚的德意志教宗去世——他真的于次年去世了，皇帝与罗马教会的同盟会有何种下场？如何才能把眼下急剧扩张的地方势力整合在一起？诺曼人的命运又该怎样？是抑制还是击溃？

意大利王国的地方势力（11 世纪上半叶）

从加洛林王朝后期开始，到整个萨克森王朝期间，将世俗司法权与军事力量纳入教会地产的整合进程一直在持续，与此同时，这些权力还强势向东扩张，侵袭仍处于世俗领主控制下的侯爵和伯爵领地：这些变化如此剧烈地改变了公共秩序，使康拉德二世和亨利三世统治下的意大利地方权力结构，根本无法与加洛林时代形成的区域权力分割状况相比。形势紧急时，国王信使的活动出现在永久领土版图之外，并且受到限制，仅作为意大利王国的要员们——教会与豪族——在正常行使权力之外的一种补充：这些教会与豪族在经济上根植于其土地资产，在军事上依赖于日益增多的军事要塞。

此时，在教会机构中出现了执掌宗主教区权力的机构，将各种不同的权力因素汇聚在一起：对各副主教区的主教们的训诫权；对大主教区内各修道院的管理权；对生活在督主教教堂各分散地产上的社区的管理权；督主教区及其周边地区的民事和军事管理权——无论其来自国王颁赐，抑或源于惯例；还有日益增多的武装力量和城堡。米兰大主教的教会管辖区从阿尔卑斯山西部延伸到利古里亚（Ligurian）海岸，最终延伸到位于加达（Garda）湖的阿奎莱亚教区。米兰大主教的政治和区域影响力伴随着该城经济扩张的路线，从米兰一直辐射到几乎整个伦巴第。虽然从法律角度讲或从世俗行政管理角度讲，米兰大主教阿里伯特对所辖制地区还没完全掌控起来，但其政治影响力已经举足轻重，在他与康拉德对抗的关键时期，竟能调动整个米兰教区的居民起来武装抵抗国王，从农民到骑士几乎都参与其中。

阿奎莱亚牧首治下的教区包括：威尼托（Veneto）、弗留利
（Friuli）、伊斯特里亚（Istria）及阿尔卑斯山东部地区，他的庞大财
产、免税权及城堡大都集中在弗留利，但他与国王的权威紧紧绑在一
起，因此国王便把很多他信任的德意志教士派到这个教区来。拉文纳
教区及其大主教在罗马涅（Romagna），也就是古代的总督区，拥有
很多皇帝承认的伯爵领地，但是却与罗马教会相互竞争。但他终归拥
有大量地产，又频繁地与许多拉文纳贵族结盟，这些贵族包括大地主
和地产的永久租赁者。另外，拉文纳大主教也是由德意志国王从德意
志贵族中亲自挑选并任命的。

　　从世俗角度看，阿奎莱亚教区完全独立于大主教区的管辖，却与
大主教区同样享有免税权，从属于经由此教会机构所施加的德意志影
响，而在该教区内，维罗纳侯爵主要行使对一些地区的公共权力，这
些地区包括：今天的威尼托地区及弗留利地区，换言之，他掌管着一
块情况复杂的地区，这里是德意志和意大利两个王国的通道，也能控
制威尼斯潟湖的腹地。与此同时，维罗纳侯爵凭借可追溯到奥托时代
的私人关系，还享有多个卡林西亚公爵头衔，并属于德意志高级贵
族。这种意大利的侯爵身份与德意志公爵领地的结合，非常明显地表
明了德、意两国在该地区的关系，这也要归功于帝国对这些地区特别
关注。帝国在操作过程中感受到的军事利益，也在这两个地区得以保
留，尽管其方式方法并不丰富多彩，这块重要公共区域的法律形式基
于领地，而在伦巴第地区这种形式已完全消失。

　　都灵侯爵领地仍然保留着最初的庞大公共区域的形式，在一片开
阔的地带伸展开来，沿着阿尔卑斯山西南从苏萨（Susa）河谷一直延
伸至卡纳维塞（Canavese），直至利古里亚海。自10世纪中叶起，都
灵侯爵领地就由阿多因尼齐（Arduinici）家族管理，成了代代世袭的
侯国领地，在构成侯爵领地的几乎所有地区，侯爵的权力依仗的是其
家族拥有完全所有权的丰厚地产，以及一系列修道院的地产和捐赠。
阿多因尼齐家族在这片土地稳稳扎了根，这是毋庸置疑的，最好的证
明就是1034年当该家族的男性子嗣后继无人时，奥尔德里科·曼弗
雷迪侯爵的女儿——女伯爵阿德莱德为她后来的几任丈夫争取了侯爵
的头衔，也因此保住了对这片土地的所有权，正如前文看到的，其侯
爵头衔是帝国授予的。最后要提到的是莫列讷（Maurienne）伯爵奥

多，也就是萨沃依家族的奠基人，那位亨伯特的儿子和继承人，而亨伯特曾为康拉德二世征服勃艮第立下汗马功劳。莫列讷地处罗恩河（Rhone）分支阿尔克河（Arc）流域，是隶属勃艮第的奥多的诸多领地之一，经由蒙塞尼（Montcenis）关口与苏萨流域的阿多因尼齐的领地相邻。

因此，奥多与阿德莱德的联姻意味着位于阿尔卑斯山两侧的两大王权的联合，而勃艮第与意大利的连接纽带正处在他们的势力范围内。这条路沿着所谓的"弗朗奇格拉大道"（Via Francigera），成为商人、朝圣者及军队从西欧到罗马的通道。因此，也很好理解国王对此地始终抱有的浓厚兴趣，与前文提到的卡林西亚公国与维罗纳伯爵领地的情况大同小异。这种情况还有许多，奥多伯爵还掌控着勃艮第王国内的奥斯塔河谷。而连接着帝国的三大王国——意大利、勃艮第和德意志——的交通要道，正是穿过圣伯纳德大山，途经此地区。1055 年末，亨利三世同意他的儿子，也就是后来的亨利四世，与莫列讷的奥多和都灵的阿德莱德的女儿贝尔塔联姻，证明帝国对此特别关注。当时亨利四世虽然年幼，但已被选定为德意志国王。

在意大利王国，各个领地虽然犬牙交错，但还有一定的统一，最好的光景无疑是在康拉德二世统治时期卡诺萨的卜尼法斯促成的统一。而在亨利三世统治时期，卜尼法斯伯爵的遗孀和她的新任丈夫大胡子戈弗雷的行动打破了这一和平，彼此变得敌对起来。如同都灵伯爵领地的阿多因尼齐的经历一样，卡诺萨家族在自己的领地也站稳了脚跟，即使后来家族再无直系男性继承人，也没有出现领地被大量分割的现象。亚平宁山脉以北地区最为突出的特征是：以农场、城堡、领地封臣及高贵教会为形式的军事关系和领土关系，这一地区在地理上的范围包括：从布雷西亚和曼图亚区域起，沿着波河一直到埃米利亚（Emilia）和罗马涅的所有地区。在这里，卡诺萨家族也拥有其他地区的封号，并使曼图亚城成为其权力的支柱。卡诺萨家族统治的另一支柱是在卢卡的托斯卡纳侯爵领地，当他们获得该侯爵领地后，就通过一系列措施使卢卡成为职权范围相当广泛的司法中心。到此为止，卡诺萨家族所控制的范围逐渐将邻近地区一块一块地连在一起，从布雷西亚地区一直延伸到教宗管区，却仍保留着多样化、庞大区域的特征。他们并没有像阿多因尼齐侯爵领地那样，抑制自己的传统而将各地成员统一起来，必须承认各方领地的地理范围实在是很小。这种差异源于极为不同的政治源起；卡诺萨家族的特色一直就是不停地向外扩张。卡诺萨家族无疑也希望有朝一日能创建出一个生机盎然的、以土地为基础的公国，但是他们发现尽管其政策强而有力并范围极广，但在朝着目标前进的道路上，仍然布满了荆棘与坎坷。

与此同时，10 世纪中期以来，与阿多因尼齐家族并存的其他大家族，同样具有军事传统，虽从国王那里获得了侯爵的封号，却与阿多因尼齐家族的命运截然不同。他们包括：南皮德蒙特（Piedmont）的阿勒拉米西（Aleramici）家族，东利古里亚的奥博藤吉家族，以及托尔托纳（Tortona）及米兰的奥博藤吉家族。他们附有封号的侯爵领地或成片的封地，在 10 世纪末 11 世纪初就已经四分五裂了。在萨利安王朝期间，这两大家族分崩离析，此时分裂为各个小支系，每个都保有侯爵的头衔，并分散遍及整个王国，但在财力和军事实力上却是良莠不齐。他们建立了许多自治政权，多是分散在各地的小块领地，它们不仅互不比邻，而且相互交织重叠；这些土地大多位于阿尔卑斯山脉及其谷地附近的农村或山区。奥博藤吉家族的一个分支甚至在意大利东部，位于威尼托和罗马涅之间；在康拉德二世的要求下，嫁给德意志的韦尔夫家族的同一个阿尔贝托·阿佐·埃斯特（Alberto Azzo d'Est）就属于这个家族。对他们来说，侯爵的头衔无外乎就是忠诚于家族的传统及保留这一头衔的欲望，有了这个头衔可以使他们更容易在他们的城堡以及雇佣武装所在的地方行使权力。

如此一来，这些称为侯爵领地的领主权就相互纠缠交织在一起，逐渐与众多地区，甚或没有任何公共名称的官职混在一起。从此以后，这些领主权便与教会领主权一起成为王国真正的政治组成部分。这就是皇帝权力所直接面对的情况，有些处于地区势力范围内，有些则在该地区范围以外。意大利王国如同西方其他地方一样，这种参差不齐的地方贵族多数都是依赖对领地的完全享有权，他们长期并存，混杂在一起，从而造成权力的并存和重叠，因此，各种权力间关系经常可以在封建关系制度，或内植于宗教机构职能中的特殊保护形式中，找到司法支持。

意大利的皇权和地方权力
（亨利四世—亨利五世）

　　1056 年亨利三世临终前将只有六岁的儿子小亨利委托给正在德意志的教宗维克托二世。维克托二世也保证让亨利四世继承德意志王位，并同意由国王的遗孀普瓦图和阿基坦的阿涅丝摄政。回到意大利后，教宗继续与大胡子戈弗雷及其兄弟弗雷德里克友好交往，当时弗雷德里克担任卡西诺山修道院院长。1057 年夏，维克托二世逝世，弗雷德里克接任教宗一职，称斯蒂芬九世。他也是一位德意志人教宗，但却没有得到皇室的任命。相反，他参与了罗马教士进行的宗教改革活动，并且就是由那个洛林家族选出，而洛林家族以戈弗雷为代表，曾一度是亨利三世在德意志和意大利的重大威胁。新教宗弗雷德里克确认其兄弟戈弗雷作为帝国在斯波莱托公爵领地和亚得里亚地区的代表身份，也正是在这个地区，亨利三世曾任命维克托二世为他的代理人。

　　1058 年，斯蒂芬九世逝世，抵制宗教改革的罗马贵族乘机推举本尼狄克十世为新任教宗。就连他选择的名号似乎都表明他与托斯卡纳教宗传统的联系，但是改革派竭力反对新任教宗，并使佛罗伦萨主教脱颖而出。他后来成为尼古拉二世，并由大胡子戈弗雷一路护送至罗马。他一反以往教宗的政治立场，开始信任南意大利的诺曼人。这个以改革派教廷为中心的政治结盟行动，使作为罗马教会保护者的德意志皇帝失去影响力。1061 年尼古拉二世逝世，教会陷入分裂，新一轮范围广泛的对抗在反对改革派罗马贵族与德意志帝国宫廷之间上演。皇帝在巴塞尔举行的意大利—德意志宗教会议上推举出帕尔马主教卡达卢斯（Cadalus）为新任教宗，称为洪诺留二世。而罗马改革派则选出伦巴第出身的卢卡主教安塞姆为新任教宗作为对抗，他被称为亚历山大二世。

　　在这场争执中，大胡子戈弗雷保持中立，但他的妻子比阿特丽斯却极力阻止卡达卢斯一行人通过亚平宁山进入罗马。与此同时，在德意志帝国朝廷这个最高权力所在地，影响力举足轻重的科隆大主教安诺，倾向支持亚历山大二世。后来，戈弗雷与安诺达成一致，支持亚历山大二世，并于 1063 年亲自护送其至罗马。1065 年，人们以为亨利四世会来意大利接受罗马教宗亚历山大二世的加冕，但是事实上当年和次年什么都没发生。虽然亨利四世尚且年幼，且长期不在意大利，但是阿奎莱亚和拉文纳的教会仍然同罗马保持着联系，不过在米兰，教会上层与帕塔里阿（Patarines）教派正在上演惊心动魄的斗争，至少一直持续到1067年才算告一段落。德意志没有对此进行干预，唯一一个外来干预势力来自教宗。在关于南部纷争的问题上，卡西诺山修道院是帝国与教宗之间沟通的枢纽。从1057年开始直至以后的几十年中，在修道院院长德西迪里厄斯（Desiderius）的治理下，它一直是倡导改革派教宗与诺曼人联盟的一个极为另类的支撑点。1066—1067年，亚历山大二世和卡普亚的诺曼大公理查德之间的关系出现危机，把诺曼人从罗马土地上驱赶回去的力量，不是行动迟缓的帝国军队，而是雷厉风行的大胡子戈弗雷。而戈弗雷的妻子比阿特丽斯，像卡诺萨的卜尼法斯与比阿特丽斯的女儿玛蒂尔达一样参与了这些事件。值得注意的是，戈弗雷的干预活动在德意志被解读为是对 ⁸⁵ 这个非常年轻的国王权威的一种蔑视。

1065年，亨利四世赐予戈弗雷下洛林公爵头衔，戈弗雷的权势借此得到了认可与巩固，而这次颁赐不应该与亨利三世统治时期剥夺戈弗雷的上洛林公爵头衔一事混为一谈。受封的戈弗雷在德意志实力大增，也使卡诺萨家族在意大利的巨大权势如虎添翼，支持戈弗雷与卡普亚的理查德进行作战的意大利和德意志军队发挥的重要作用就是最好的证明。帝国的权威原本是为了保卫罗马，但现在已变成捍卫宗教改革的责任，此时遭遇了更大的危险。这场宗教改革已经蔓延至整个欧洲，使西方基督教世界的权力正逐步集中到教宗手中。1068年，戈弗雷与态度变动不定的国王亨利和科隆大主教安诺达成和解，他的重要性由此可见一斑。他也开始重新关注被驱逐出教会的帕尔马主教卡达卢斯，从而激怒了彼得·达米安，后者写信给戈弗雷，劝他珍视来之不易的地位，即在罗马—德意志帝国的众多君主中，一人之下万人之上的地位。在意大利，卡诺萨－洛林家族精心安排了驼背人戈弗雷（Godfrey the Hunchback）和卡诺萨的玛蒂尔达联姻，借此卡诺萨－洛林家族的地位得到进一步巩固，因为玛蒂尔达是已故卜尼法斯侯爵与比阿特丽斯的女儿。这样一来，下洛林公国与托斯卡纳侯爵领地就实现了联合，还包括所有隶属于这两大家族的其他辖区和庞大的地产，这种联合一直持续到 1069 年末大胡子戈弗雷去世。

　　然而，这场婚姻并没有维持太久，主要是因为小戈弗雷和玛蒂尔达之间出现了意见分歧。从政治角度讲，以小戈弗雷为代表的德意志势力支持国王，而以玛蒂尔达和比阿特丽斯为代表的意大利势力站在主张改革的教宗一方，分裂已在所难免。这一点在后来看得尤其清楚，1073 年亚历山大二世去世后，勇敢而年富力强的总执事希尔德布兰德（Archdeacon Hildebrand），在没有德意志干预的情况下被选为教宗，称为乔治七世。在卡诺萨家族的治理下，从伦巴第东部到托斯卡纳侯爵领地的多样混合领地的发展没受丝毫影响，但是后来被交给两个女人管理。她们没有正式继承侯爵的头衔，只是通过与小戈弗雷侯爵的联姻获得了对领地和城堡的继承权。拥有一个高高在上的合法地位与握有对这个边远地区真正的掌控权是有本质区别的，这一地区簇拥着大量卡诺萨的卜尼法斯身后遗留下的地方势力，为皇帝插手其中提供了可能，从而带来动荡的后果。它打破了已经在整个权力结构中运行了几十年的规则，并使之趋于恶化，而这一结构是城市中心和封臣附庸发展后形成的结果。1076 年，比阿特丽斯在托斯卡纳逝世。因为小戈弗雷尚在德意志北部，玛蒂尔达悲哀地发现自己被孤零零地留在意大利，正处于风口浪尖，面临着双重威胁：内部暗潮涌动和外部来自国王的虎视眈眈。

　　与此同时，在教宗亚历山大二世在任的最后几年里，米兰关于取替圭多大主教的争执愈演愈烈，局势更加恶化，而国王也参与其中。圭多大主教是由国王亲自选任的，却受到教宗亚历山大的排斥，在米兰毫无地位可言。如此一来，意大利北部最有权势的大都市似乎像曾经脱离罗马教宗的控制一样，也要永远脱离开德意志皇帝的掌控了。由于格列高利七世插手的——大部分不是主教区的活动，故而宗教改革运动愈演愈烈，且聚集于罗马，这种局势就给了国王可乘之机，他又开始干涉米兰大主教的事务，在高调地与罗马公开破裂后又干涉教廷本身的事务。

　　1077 年初，国王首次来到意大利。教宗与国王之间和解的希望非常渺茫，在这场和解过程中，卡诺萨的玛蒂尔达充当着重要的角色。1076 年，帝国皇权与罗马教宗权威之间的长期平衡被打破，这对于亨利四世来说无论是从个人角度讲还是从政治制度层面上讲，都

是一种深深的耻辱。这种耻辱在卡诺萨是众人皆知的，而且在 1077
年还在持续发酵。由此引发了相当大规模的误解及激烈的冲突，教宗
格列高利七世的支持者和对立教宗克雷芒三世的支持者拉文纳大主教
之间，国王的拥护者和德意志崛起的反国王者之间，多种矛盾激化。
面对着教会内部以及世俗世界的双重分裂，且绝大多数教区都卷入其
中的局面，玛蒂尔达很快就意识到自己很难置身事外，处境十分危
险。其领地上的各城市都向往独立，国王曾赐予它们特权，这使内部
矛盾加剧，打乱了玛蒂尔达将其辖区不同政治势力都统一到一个运行
体系的全部计划。这种局面迫使玛蒂尔达为了确保自身的政治权益，
不得不于 1080 年把名下所有地产正式转让给罗马教会，只保留了自
由处理它们的个人权利，不过前提是要在教宗的监护下进行。即便如
此，玛蒂尔达也难逃厄运，就在第二年，亨利四世再次来到意大利，
将玛蒂尔达驱逐出国，并宣布剥夺她所有的权利与财产，既包括拥有
完全所有权的，也包括分封的产业。命令虽然没有被彻底执行，但打
击其权势的做法却变得完全合法化了。

　　在整个意大利和属于教宗的土地上，时局变化莫测，战争的阴云
笼罩，这使德意志国王曾几次到访罗马。最终于 1084 年，对立教宗　87
克雷芒三世为他加冕。但是罗马受到格列高利七世支持的诺曼人的威
胁，皇帝被迫离开罗马，迅速返回德意志，并连续三年隔岸观火。当
罗马被诺曼人野蛮占领后，教宗逃到卡西诺山寻求庇护，于 1085 年
卒于诺曼人保护下的萨勒诺。罗马枢机主教们选出卡西诺山修道院院
长德西迪里厄斯接任罗马教宗一职，称为维克托三世。他是诺曼君主
推荐的候选人，也得到卡诺萨的玛蒂尔达的认可。

　　虽然玛蒂尔达在其辖区内遭遇巨大的麻烦，急需一套政策与国王
和解，但她仍然是反对亨利四世的核心力量，因为这已不仅仅是个人
愿望，而是其封臣附庸们的意愿。当维克托三世的继任者乌尔班二
世（1088—1099 年）劝她再嫁时，她反对国王的态度就更为明朗了：
她再嫁的新夫君是年仅 18 岁的韦尔夫五世，他是韦尔夫四世的儿
子——巴伐利亚公爵。这样一来，来自德意志与意大利的两大势力再
次结盟，共同反对德皇。康拉德二世一直致力于韦尔夫家族与埃斯特
家族的结盟，把它作为实现帝国霸业的关键一步，现在这一联盟仍然
是对德意志的一大威胁。韦尔夫四世公爵是奥博藤吉家族的阿尔贝

特·拉佐·戴思特的儿子，1090 年当亨利四世再次来到意大利时，阿尔贝特·拉佐·戴思特仍健在。多年来，这个政治群体一直是股不容忽视的军事力量，在 1093 年康拉德二世举兵反叛其父——德意志皇帝时，它还派上了用场。早在几年前，康拉德二世就已经在德意志被其父选举为王，现在又被米兰大主教加冕为王，当然是在米兰及其他城市与玛蒂尔达及韦尔夫五世结盟的背景下。1095 年，玛蒂尔达再次发现自己处于风口浪尖，孤立无援，原因是她与年轻的韦尔夫五世的联姻宣布失败，韦尔夫五世已随着父亲回到德意志，转投亨利四世的阵营。同一年，在玛蒂尔达和乌尔班二世的迫切请求下，康拉德国王娶了实力雄厚的西西里伯爵罗杰的女儿，与诺曼人结成了与此前完全不同的政治联姻。这次联姻进一步导致德皇在整个意大利境内的孤立无援，特别是乌尔班二世在整个欧洲实施改革且形势一片大好的背景下更是如此。

　　亨利四世万般无奈下在威尼托采取行动，并于 1097 年越过阿尔卑斯山回到老家。他在意大利奋斗了七年，最终劳民伤财，一无所获。而康拉德心不甘情不愿地成了玛蒂尔达的傀儡，他的父亲还在德意志宣布免去他国王的头衔，任命另一个儿子为国王，即亨利五世。而亨利五世继康拉德在意大利英年早逝之后也起来反抗他的父亲，也不得善终，于两年后的 1106 年去世。很多年里，意大利的绝大多数地方都与乌尔班二世的继承人帕斯卡尔二世（1099—1118 年在位）结盟，而帕斯卡尔二世得到玛蒂尔达的支持。她把二十几年前献给格列高利七世的所有土地资产都献给了新教宗。

　　位于埃米莉安亚平宁山脉一带的卡诺萨城堡掌控着多个领地，它们向四方伸延，遍及各地，因此赋予它跨地区的广阔范围，并具有伯爵领地与侯爵领地的特征。赞同把卡诺萨公国变成类似于王国的想法是一种普遍心态，这也清楚地表现在大臣的言谈举止之中，以及僧侣多尼佐（Donizo）赞美玛蒂尔达及卡诺萨家族的诗歌中。这种思想倾向也表现在著名法理学家们频繁光顾女伯爵城堡这一点上，影响很大。然而作为一个附属国，它还是太弱小了，尽管教会争议已渐渐平复下来，但是地方势力的内部分裂却在加剧。人们可以相当精准地指出：尽管教会的重大争斗使玛蒂尔达各领地内麻烦不断，但也使她有机会在意大利历史舞台上占有最重要的一席之地，并使她得以与强者结盟。这可以用来解释其两次婚姻均惨淡收场，也解释了她在 1099年的另一权宜之计，即收养孩子。她收养的儿子就是圭多·圭耶拉一世（Guido Guerra Ⅰ），他是位有魄力、有军事才能的绅士，且在托斯卡纳和罗马涅的亚平宁山一带家产丰厚。但到最后，玛蒂尔达还是需要与国王和解。

1111 年，亨利五世来到意大利，帕斯卡尔二世被迫为他举行皇帝加冕礼，一切都尘埃落定之后，国王与玛蒂尔达终于见了面。也许怕自己的领地会四分五裂，玛蒂尔达宣布亨利将以个人名义继承她所有的财产，尤其是意大利邻近波河流域的广袤领地及城堡。1115 年女伯爵去世，亨利再次来到意大利，将女伯爵的多数财产纳入自己的名下。而这笔遗产只需要与罗马教会协商解决，因为玛蒂尔达先前将产业馈赠给了教廷，女伯爵的这两次捐赠引起权利重叠问题，那时她选择了将其领地置于教宗保护下。这就造成了复杂的遗产继承争执，引发了国王和教宗之间持续很久的纷争，它既是土地纷争也是对政治权力的争夺，严重损害了双方在意大利的关系。至于处理女伯爵曾在各领地享有的侯爵管理权则是亨利作为皇帝的事务，亨利把托斯卡纳侯爵领地交给了从德意志来的一批人，但这些人完全没有能力为该地区带来和平。

因此，局势朝着与玛蒂尔达的意愿相悖的方向发展，在意大利王国，卡诺萨家族几乎掌管了近百年的领地和权力四分五裂了，它有时与帝国保持和谐，有时发生冲突。与此同时，1091 年在阿德莱德去世后，都灵侯爵领地也分崩离析了，阿德莱德侯爵生前，在帝国与教宗之间极为焦灼的争斗中，一直能协调好与两者的关系，独善其身。卡萨诺分裂是因为王朝世袭断绝、后继无人；而都灵分裂的原因与卡诺萨不同，是由于众多势力争夺继承权，以及皇帝对掌控阿尔卑斯山另一侧意大利境内的各种势力很有兴趣。然而，归根结底，卡诺萨和都灵这两个王朝势力最终分裂的原因是地方势力的崛起。这种情况也出现在维罗纳，尽管维罗纳侯爵领地表面上仍然在卡林西亚公爵的管辖范围内，但在 1123 年亨利五世统治后期，已有征兆显示其管辖权气数已尽。另一方面，阿奎莱亚宗主教区管理着他们自己的领地，使其井然有序。这里本来是一份不动产，在 1077 年还是一份大公领地，由亨利四世把弗留利伯爵之位作为礼物永久性地赐予阿奎莱亚宗主教。特伦托（Trento）主教的地产早在 1027 年由康拉德二世下诏特许状赐给特伦托主教，也以特伦托郡县的形式成为领地大公国。特伦托和阿奎莱亚这两个教会大公国，是德意志和意大利之间重要的交通要道，仍然掌握在皇帝手中。然而，拉文纳大主教区却因参与到对立教宗克雷芒三世的分裂活动中，在亨利五世统治后期脱离了皇帝的控制。拉文纳因为听命于改革派教宗，而丧失了政治独立的地位，只是成为地区性的权力中心。同样的情况也发生在米兰大主教区。

　　在意大利王国，各都主教教堂与侯爵世家在地区协调中出现了几乎全面的分崩离析，这就为亨利五世采取军事行动留下空间，占有女伯爵玛蒂达的领地为其出兵提供了便利，而出兵的原因则是与几位改革派教宗的新分歧。在意大利发生了很多不利于帝国的剧烈变革，当 1122 年皇帝与教宗卡利克斯特二世在《沃尔姆斯政教协约》中最终达成共识后，这些变革就变得明朗化了。在德意志，早就确定了国王或其代表出席主教和修道院院长选举的惯例，而这在意大利却行不通，这也就意味着帝国在阿尔卑斯山以南无法对那里的权力中心、主教区以及各大修道院的权能进行任何程度的控制，但这些地方长期以来却一直是皇权重要且稳定的据点。此外，1125 年亨利五世死后，围绕着女伯爵玛蒂尔达的遗产分配问题又展开了新一轮的争执，最终占有这些遗产就成为皇帝在意大利获得的最大政治成就。

意大利王国的全面瓦解与城市和教宗辖区的发展

⁹⁰

　　萨利安王朝统治下的意大利，王权持续衰落，伴随着地方势力的危机，无论是与王国结盟抑或是反对王国的力量，都促使地方势力大量涌现。这些地方势力有时尚在形成中，规模不大，但是常常效率很高，成为王国社会未来发展的政治架构。这种发展也同时发生在城乡环境中，地方政权也危机四伏。种种迹象表明，地方势力在崛起。这些变化规模虽小，但发展迅猛，为王国社会发展塑造了一个有潜力的政治框架。与此同时，类似的变化也出现在乡村和城市里，而这显然与人口和生产的增长相关，与人口的流动和新型机构模式更广泛的扩展相关。

与后加洛林王朝统治下的西部各地或多或少出现的情况类似，在意大利北部和中部的乡村各地，小土地正在形成。从地形学的角度看，这些土地通常非常规整，并受地主军事力量的保护，这种地方势力可能是一座主教教堂、一个教士团体、一位修道院院长，也可能是某个军事世家。这些领地很少与领主的农耕用地相吻合，即便其重要区域可能是该地产的管理中心。这是因为这些土地包括了复杂的成分，很有可能归不同人所有，只是因为受同一领主武装势力保护才联系到一起，区内各处驻扎着军队。一般说来，这些地方领地的中心是一座要塞或城堡，教会机构或是贵族世家的实力大小，与他们所拥有的城堡数量及所处的战略地位成正比。这一原则适用于各方势力，从只有一个领地的地主，到大主教教区、教会君主国，抑或是拥有伯爵或侯爵头衔的大家族，无一例外。卡诺萨就是最好的例证，它的实力不是全依赖于国王封授给他们的公共官职，而是植根于其拥有的大量要塞及能调动的大量地方武装。不过，伯爵或是侯爵的头衔是一个重要工具，被用来协调众多大家族土地贵族之间的关系。

这种地方势力的广泛崛起，可追溯到爆发了公共秩序危机的10世纪，但是在11世纪的意大利，根据地方管理和法律权力的报告，这种发展趋势变得更加清晰，出现了越来越多的公证活动，产生了大量转让土地和头衔的文件。人们开始用专门的术语来定义贵族土地，区分贵族与生俱来的地产所有权，和那些通过具有公共性质的司法强制程序获得的土地所有权之间的区别，这一现象表明，司法界已经意识到：获得确属王家封地所附带的责任此时正在与地方贵族的权力融为一体，并有助于这些领主逐渐获得土地所有权。政治权力的最终分裂，使领主有可能与其身家以土地为生的乡下人之间沟通，正像11世纪中叶人们开始签署的这类协议显示的那样。后来在12世纪逐渐形成的乡村公社就起源于此。

然而，在所有权力中心迅速增多的关系网中，政治碎片既复杂又可修正。首先，各个级别的教堂和世俗贵族之间建立了更多的联系，这些贵族可能是教堂的建造者，也可能是赞助人，抑或是它们的封臣。都灵的阿德莱德和卡诺萨的玛蒂尔达提供给修道院各教堂的捐赠和保护就特别多。除此之外，还有各教堂内部的协作互助，不仅包括宗教事务上的往来，还有世俗门客间的相互扶持，教堂也有大有小。

91

大主教教堂对享有其头衔的那些教堂行使的掌控权尤为值得一提。世俗贵族之间的封建关系仍然存在，并有所发展。这也许是因为掌管要塞的人，也就是真正拥有采邑的那些贵族的代理人正在变成真正的领主，他们以家臣的身份与上层贵族紧密相连，或者不太严格地看，也许是因为某些受封领主在接受封地采邑的同时也从其他领主那里接受了封地附带的封臣。附属于同一个封建领主的所有同级封臣们之间也存在着联系，最好的例子就是属于玛蒂尔达的那许多封臣之间的联系，他们甚至在玛蒂尔达死后仍然保持着某种程度的一致性，并选出自己的首领，但这并不妨碍他们效忠于卡诺萨家族财富的继承者亨利五世。

意大利与阿尔卑斯山另一侧的各个地区不同，无论在乡村还是在城市，人口增长和经济增长都很显著，其中也暗含政治因素。在大多数情况下，从10世纪开始就存在着与主教的世俗政府是合作还是对抗的问题，城市开始倾向于自治，城里人比乡下人更清楚自身的实力。在萨利安王朝统治下，由于商业的发展和生产手段的进步，人们越来越关注周边地区的地主，以及主教和其他权贵的下属封臣，同时也开始关注其他手握兵权的权势人物的重要性，尤其以波河流域为突出，而这些有兵权的人也都属于城市贵族。这一变化引起城市人口内部的同盟变更及新的纷争，从而加剧了同一时期各城市之间的宗教、商业及军事冲突。诸多宗教运动的兴起、受热捧的帕塔里阿教派，以及改革派教廷与皇帝之间的冲突，都使纷争更为复杂，导致各教区城市的教会分裂。11世纪末12世纪初，这一点显得更为明显，在主要城市内出现了一种适合的政治行政管理机构："领事"（consulate）。"领事"是一种任期不定的官职，后来逐渐变成一年任期：它由若干城市名人组成，他们都是从经济地位显赫或军事贡献突出的重要人物中选出的。

米兰被誉为伦巴第大主教政治权力的接班人，它与热那亚和比萨这些海上共和国一样，凭借自身的经济、军事实力及广泛的活动领域成为最有影响力的城市共和国。在米兰，占统治地位的军事阶级由大主教的军事附庸们构成，他们与社会地位高高在上的"上层人物"及直接的下级"封臣"都不尽相同。在热那亚和比萨，船主和大地主们是统治阶级。总体说来，按照小贵族的传统，他们在内地非常活跃，在广阔的海上区域也是如此。他们对定居在第勒尼安海（Tyr-rhenian）大海岛、在北非以及伊比利亚半岛的穆斯林进行军事打击。威尼斯潟湖地区则自成一体，这里与意大利王国毫不相干，与典型的西欧类型的贵族和市民发展毫不相干。这是因为威尼斯人的独立政治传统与源于拜占庭的传统高度吻合，也是因为他们与拜占庭世界及德意志—拉丁国家之间的商业、外交关系极为密切。11 世纪期间，威尼斯市在聚集于里亚尔托桥（Rialto）周围各个小岛社区相互合作的基础上形成，在政治上由一名总督继续进行自治，他的权位可终身享有，并由在海上英勇善战从而巩固起在亚得里亚海主导地位的贵族阶层辅助。

　　在意大利王国早就显露出来的政治四分五裂现象，此时在各个地区同样可以看出：帝国的权利被罗马教会、罗马涅教会和马尔凯（Marche）教会那些多多少少属于理论上的权利所分割，这种情况甚至还要延伸到佩鲁贾（Perugia）各地以及更远的拉齐奥地区。但是，在地区政治层面上，也能看出主张改革的教廷在宗教方面的大举扩张，特别是在拉齐奥。在这里，对教廷独立行动构成最严重威胁的各个贵族中心的权力，被逐步削弱或限制；在众多贵族与私人城堡当中，听命于罗马教会的人逐渐增多，数量激增。与此同时，中央金融机构和主教法庭组建起来，在新官僚机构的协助下，利用枢机主教学校来确保对拉齐奥世俗权力的掌控。当意大利王国的核心区域，无论是在教会事务还是王朝事务中，其所拥有的地区领导地位逐渐丧失的时候，在王国的南端，正在形成一种地区统治的模式，它们依附于罗马教会，未来，它们将会与北部的城市共和国以及南部的诺曼人一起，在意大利政治史上写下浓重的一笔。

乔万尼·塔巴科（Giovanni Tabacco）

郭云艳、赵康英 译

陈志强 校

第四章（下）

11 世纪的南部意大利

公元 1000 年，南部意大利被分为三个不同部分。阿普利亚（Apulia）和卡拉布里亚（Calabria）由拜占庭帝国管辖，西西里岛由阿拉伯人统治（自从 9 世纪被阿拉伯人占领以来，这里就一直由阿拉伯人统治），中部的山地以及坎帕尼亚则分别隶属于三个伦巴第公国，这三个公国分别是卡普亚公国［其领土范围是从那不勒斯（Naples）北部几英里处开始一直到奥松尼山（Monti Ausoni）以及利里（Liri）河上游地区，与教宗国接壤］、南部的萨勒诺公国［其领土范围从阿马尔菲半岛（Amalfitan）至波利卡斯特罗（Policastro）海湾地区］，以及贝内文托公国［Benevento，位于内陆山区，其领土范围是从阿韦利诺（Avellino）至北面的亚德里亚海］。此外，在贝内文托公国的北面，有阿布鲁兹地区［Abruzzi，该地区的领土范围大约是从特里尼奥河（Trigno）往北的地区］，该地还有一些独立国家，这些独立国家有的是伦巴第人、有的是法兰克人的后裔。而这个地区无论从哪个方面看，比如地理、经济以及社会等方面，都与南方的主体相脱离。在西海岸，还有三个小公国，即加埃塔、那不勒斯和阿马尔菲，这三个小公国在中世纪早期一直保持着独立，不受控于周边卡普亚和萨勒诺等强大的邻国。虽然独立于强国的同时也意味着失去了强国的庇护，但是这三个公国在独立问题上从没有动摇过。那不勒斯与阿马尔菲仍对拜占庭帝国俯首称臣，从而得到拜占庭的庇护，不用再担心伦巴第诸国的进攻。

意大利南方地区在政治上四分五裂、小国林立，而在文化和宗教方面，更是错综复杂、难以统一，因为该地区的文化与宗教的分布状况并不与国家的地理划分相一致。在拜占庭领地内，阿普利亚北部和中部地区的人口主要是伦巴第人，其语言是拉丁语与罗曼语相混合的方言，奉行的宗教仪式则属于拉丁人的传统仪式。在阿普利亚南部地区以及卢卡尼亚（Lucania），尽管该地区人口可能大多为希腊人，且自10世纪以来希腊人从南方源源不断地移民到此地，希腊人愈加成为该地区的主要民族，但是该地区的宗教、文化状况却比阿普利亚北部和中部地区更加复杂。卡拉布里亚的人口主要由希腊人构成，尤其是卡拉布里亚南部地区的人口，全都是希腊人，但是在大锡拉（Sila Grande）山区北部仍然居住着一些伦巴第人，该地区在9世纪曾经是萨勒诺公国的领土。在西西里岛，信仰基督教的希腊人虽然在宗教斗争过程中以及移民的过程中付出了惨重代价，并丧失了大量人口，但是仍然人口众多，他们主要集中在西西里岛东北部地区，在埃特纳火山（Mount Etna）与墨西拿（Messina）之间。① 因此无论是在拜占庭领地内，还是在穆斯林地区，都存在着在文化与信仰上与周围多数人口格格不入的少数人口。他们向谁效忠，宗教立场如何，始终让人无法搞清楚。

　　大约在1000年前后，意大利境内的拜占庭当局面临很大的威胁，帝国内部发生叛乱，西西里岛的阿拉伯人时有侵犯，并且从10世纪90年代开始，这些阿拉伯人的侵犯就在不断升级，他们还控制着卡拉布里亚和阿普利亚南部地区。1003年夏季，拜占庭帝国在意大利地区的首府巴里（Bari）被围困四个月，最后幸亏威尼斯派来舰队援助，才算解围。1009年的冬天异常寒冷，阿普利亚沿海城市可能受到这年寒冬的影响，发生了叛乱。巴里与特拉尼（Trani）沦陷于叛乱者手中达数月之久，甚至更长。君士坦丁堡不得不派出增援部队来平息叛乱。叛军的首领是一个来自巴里的伦巴第人，名叫米洛斯（Melus），后来逃到意大利西部伦巴第公国领地内。同时，穆斯林大举侵犯卡拉布里亚北部地区，把科森扎（Cosenza）洗劫一空，这无

① 关于这次移民的详情以及卡拉布里亚北部希腊居民的演变争论颇多。参见 Ménager（1958/9）；Guillou（1963）and（1965）；Loud（1988），pp. 215 - 218, and（2000），pp. 54 - 58, for a summary。

疑是给帝国的窘迫局势雪上加霜。[②]

　　在阿普利亚，人们逐渐反感拜占庭的统治，一个重要原因就是拜占庭设置在当地的高度集权且效率极高的统治机构向居民征收繁重的苛捐杂税。1009 年发生了一次叛乱，在 1017 年至 1018 年间再度爆发叛乱，第二次叛乱带给帝国的打击与第一次同样沉重。帝国动用了巨大的力量才勉强平息了叛乱。但是，拜占庭帝国并没有因此而变得衰弱。如果说真的有什么变化，那就是，相对于那些动辄就四分五裂的周边地区而言，帝国的力量在 11 世纪反而壮大了。在西西里，卡勒比德（Kalbid）王朝的埃米尔们勉强维持着统治。但是在 1019 年巴勒莫（Parlemo）起义后，埃米尔贾法尔（Ja'far）退位，这足以说明局势并不十分稳定。自 11 世纪 30 年代以来，岛上内部的凝聚力就逐渐涣散，直至最后彻底分崩离析。岛上局势混乱，大陆的基督教徒却从中受益匪浅，他们正好借此摆脱穆斯林的袭扰。伦巴第诸国，特别是贝内文托内部，各国的中央集权早就日渐衰微。尽管在 1008 年至 1014 年间，贝内文托与卡普阿再次联合，恢复了两国在 10 世纪的统一状态，但是这次联合并没有产生什么实际效果。[③] 早在 10 世纪
96　60—70 年代，拜占庭人就已经能强化对卢卡尼亚的统治，10 世纪末他们把统治范围扩大到亚平宁山脉南部与加加诺（Gargano）半岛之间的地区，向北延伸至福尔托雷河（Fortore），该地区原本在名义上处于贝内文托大公的统治范围内。从 1018 年起，意大利的拜占庭统治者（总督）巴西尔·博约纳斯（Basil Boioannes）便开始密切关注该地区，设法加强帝国在当地的统治。

　　就这样，南意大利的政治与文化走向分裂，并呈现出权力真空的状态。如果说拜占庭帝国尽管在各地遇到种种困难却依然是半岛南部最强大力量，那么拜占庭政府是否有能力干预该地区事务，就取决于帝国是否拥有大量资源，是否能够在管理其广阔领土之余依然有剩余

---

　　② Hoffmann (1969), pp. 112 - 114, Hoffmann 倾向于认为米洛斯的起义时间是 1011 年，其证据是 *Annales Barenses*（*MGH S*, v, p. 53），但更权威的观点是 1009 年。
　　③ 卡普亚与贝内文托由该家族的两个不同支系统治。事实上，卡普亚的潘德尔夫四世（Pandulf IV of Capua, 1014 - 1049 年在位）与贝内文托的兰杜尔夫五世（Landulf V of Benevento）是兄弟。考虑到这种关系，经常会出现将在父辈统治期间与子辈发生混淆，再加上他们所使用的名字非常有限，经常重复，因此王公们（其本身就年代混乱）的数目经常因粗心而弄错，结果关于伦巴第家族王公的具体数目，历史学家的意见分歧较大。这里使用的数据是最常用的。

的财力物力来维系对半岛南部的统治。11世纪初，皇帝巴西尔二世竭力加强对巴尔干半岛的控制，并力图把保加利亚王国纳入帝国版图。只有实现了这个目标，帝国才会有充足的金钱和军队来维系对南意大利的控制。同样，当德意志帝国宣布对整个意大利的统治权——包括对南意大利，尤其是对伦巴第诸国的统治权时，德意志帝国对该地区的控制并不始终牢固，而且没有真正起到多大作用。直到10世纪60年代到70年代，当奥托一世与卡普亚的潘德尔夫一世（Pandulf I of Capua）联合起来时，德意志皇帝才在该地区拥有一定的影响力。982年，奥托二世在卡拉布里亚与阿拉伯人交战时一败涂地，但这次交战的初衷并非为了促使德意志介入南意大利事务。即便奥托三世于999年进攻卡普亚和贝内文托，其进攻的目的也同样不是促使德意志介入南意大利事务。这次进攻尽管不算惨败，但也毫无结果。④西部帝国与南意大利距离遥远，并且在意大利之外它还有更重要的利益需要争取，这些因素使西部帝国只是偶尔从南意大利获得一些利益，却不能真正控制这个地方。

　　尽管南意大利在政治上四分五裂，同时代的编年史作者却依然相信这是一个繁荣富庶的地方：是个"流淌着牛奶和蜜的地方，到处是珍贵的好东西"⑤。当然，这种令人神往的观点并不能适用于该地区的每个角落。南意大利内陆地区有很多地方是山区，交通不便，与外界的沟通只能依赖狭窄的河谷。阿布鲁兹与卢卡尼亚遍布森林。一些沿海地区到处是沼泽，瘴气弥漫，所以根本就不适合人居住。阿普利亚内陆遍布石灰岩的穆格（Murge）地区以及卡拉布里亚的东部海岸，都是贫瘠的不毛之地。卡拉布里亚和北部的锡拉（Sila）山脉，以及南部的阿斯普罗山（Aspromonte），从来没有繁衍过众多的人口。97但是另外一些地区，比如卡普亚与那不勒斯周围的泰拉迪拉沃罗（Terra di Lavoro）、阿普利亚北部的塔沃列尔（Tavoliere）、西西里岛东部埃特纳火山的山坡地带，这些地方从古至今都以土壤肥沃、物产丰富而闻名于世。阿普利亚、坎帕尼亚以及西西里岛盛产谷物；海拔

---

　　④　贝内文托刚刚抵挡住皇帝的一次围城，一年前他作为卡普亚亲王候选人的权利被取缔，见 Loud（2000），p. 27。

　　⑤　"la terre qui mene lat et miel et tant belles coses"，Amatus of Monte Cassino, Storia de' Normanni（此后简称 Amatus），lib. i c. 19, p. 24。

800 米以下的各地区盛产葡萄酒；坎帕尼亚和西西里岛北部及东部盛产水果（其中很多水果种类在北方人看来都非常独特，比如无花果、杏仁，还有西瓜）；11 世纪发展起来的橄榄油制造业在阿普利亚中部尤为发达；卡拉布里亚种植的桑树以及养殖的蚕，面积之广令人吃惊，而到了 11 世纪则更加普遍；这些丰富的物产的确为世人呈现出一派富饶繁荣的图景。犹太商人从开罗寄出的信件显示，在 11 世纪的地中海地区，卡拉布里亚在生产丝绸方面仅次于穆斯林时代的西班牙。在这个时期，不仅卡拉布里亚和卢卡尼亚的部分地区，连那些看起来不怎么富饶的其他地区，比如萨勒诺公国南部的奇伦托（Cilento），尽管到处是崇山峻岭，也开始接纳更多的外来者到此定居。西部沿海城市，其中最突出的是阿马尔菲，在地中海贸易中发挥了重要作用。而此时的地中海地区，尽管存在基督教与伊斯兰教的分歧，贸易活动却更加发达。谷物、木材，甚至葡萄酒经由阿马尔菲出口至北非与埃及，而从拜占庭进口的奢侈品也经由那里销往各地。据那个时代的人描述："萨勒诺的商品琳琅满目，陆地与海洋所能提供的各种物产都能在那里找到"，阿马尔菲则是一个"富庶繁华的城市，金子、银子和服装源源不断地运送到这里，没有哪个地方可以与之相比"[6]。

因此，在 1000 年前后，被当时的史料称为"诺曼人"的北方移民，开始涌入南意大利，起初是为了朝圣，后来则是为了找工作赚钱。此时，这个地方既富庶迷人又动荡不安，亟须雇用大量的军人以维持稳定，伦巴第控制的西部与中部地区尤其如此。11 世纪 30 年代，雇佣军的数量实在太多了，他们本身已经成为南意大利的不稳定因素。11 世纪 40 年代初以来，以前的雇佣兵渐渐成为主人。11 世纪末，他们甚至控制了整个南意大利大陆，并且从阿拉伯人手里抢走了西西里岛。但是，由于诺曼人获得了南意大利的统治权，因此就假定这个过程是不可避免的话，那就会产生误导。从被当地人雇用到最终成为这个地区的征服者，他们角色的变化经历了一个缓慢的过程。他们逐渐接管了这个地区，这既是入侵又是渗透的过程。此外，当这些

---

⑥　"Et quodcunque velis terrave marive ministrat ... Urbs haec dives opum, populoque referta videtur"，William of Apulia, *La Geste de Robert Guiscard*（此后简称 W. Apulia），lib. iii lines 475 – 9, p. 190。见generally Citarella（1968）；Guillou（1974）；and von Falkenhausen（1975）。

外来者接管了当时的省份与公国，并产生新的统治者，建立新的体制
时，他们的人数并不太多，无论是在世俗社会还是在教会里，并没有
形成一个封闭单一的统治阶层。当地的传统习俗依然很强大，特别是
在城镇里。诺曼统治者与当地臣民之间的那种融洽关系，若换在盎格
鲁诺曼时代的英格兰，简直是无法想象的。

　　对于诺曼人成为这个地区的新统治者，有观点认为是历史发展的
必然结果，这种观点源自同时期的编年史记载。这些编年史的作者们
都为诺曼人的征服感到欢欣鼓舞。那个时期最重要的三份史料都出于
11 世纪末，都是站在征服者的立场上。这些史料一致认为诺曼人的
胜利是神意的体现。在 1095—1099 年间，阿普利亚的威廉曾为阿普
利亚公爵罗伯特·吉斯卡尔（Robert Guiscard，1059—1085 年）写诗
作传，他这样写道："阿普利亚的海滨，曾被希腊人占据，如今再也
不会成为他们的领地；英名盖世的诺曼人，威武豪侠，来到这里，赶
走希腊人，统治意大利。掌握四季变化与王国兴衰的上帝，也为此感
到格外欣喜。"⑦ 卡西诺山的阿马图斯于 1080 年前后编写了《诺曼人
的历史》，在这部书里他也表达了同样的情感。大约 20 年后，卡塔
尼亚（Catania）的一位诺曼僧侣杰弗里·马拉泰拉（Geoffrey Malat-
erra），在其编写的《西西里罗杰伯爵传略》中所表达的观点与上述
观点略有不同，但是基本相近。他认为，诺曼人之所以能够取得胜
利，是因为诺曼人具有优秀的道德品质，而这恰恰是本地人，无论是
伦巴第人还是希腊人，都不具有的长处。因此，诺曼人的胜利是必然
的，符合上帝的安排。⑧ 但是，这些观点都是些先入为主的偏见，表
达这种观点的作者都觉得：既然诺曼人已经取得了胜利，一切都不可
逆转，那么一切既定的事实必然出于上帝的旨意。但是我们不能让中
世纪的目的论观点干扰我们理性冷静的历史分析，分析文献史料就一
定能够改变对当时历史学家头脑中就这一历史事件认识的一贯看法。

---

　　⑦　"Postquam complacuit regi mutare potenti, Tempora cum regnis, utGraecis Apulia tellus iam possessa
diu non amplius incoleretur, Gens Normannorum feritate insignis equestri intrat, et expulsis Latio dominatur Achi-
vis", W. Apulia, i lines 1 –5, p. 98.

　　⑧　Amatus, dedication, p. 3. GeoffreyMalaterra, *De rebus gestis Roger Rogerii Calabriae et Siciliae comitis*
［henceforth Malaterra］. On the Lombards, "gens invidissima", "genus semper perfidissimum", *ibid.*, lib. i
cc. 6, 13, pp. 10 – 14; on the Greeks, "gens deliciis et voluptatibus, potius quam belli studiis ex more dedita",
lib. iii c. 13, p. 64. On Malaterra, Capitani (1977), especially pp. 6 – 11, 30 – 3; Wolf (1995), pp. 143 –
171.

我们也不能擅自臆断入侵者的每一个行动从一开始就是出于明确的征服意图。比如阿普利亚的威廉可能会暗示，诺曼人曾故意在伦巴第人之间制造不和，这样就使伦巴第人的任何一派都无法取得绝对的优势地位，而诺曼人自己却攫取了这种优势地位。[⑨] 但是我们不能据此臆断，诺曼人从一开始就抱定了征服意大利的目标。他们之所以这样做不过是想保住自己的生计罢了，而不是出于马基雅维里式的策略，即以不择手段的野心加害他们的雇主。

99

诺曼人对南意大利的征服过程可以划分为三个阶段。第一个阶段，11 世纪 40 年代初之前，诺曼人在当地充当雇佣兵，除了阿拉伯人之外，南方各派势力都可以雇用他们。马拉泰拉的描述非常简洁明确：他们浴血奋战，只为换来一份收入。[⑩] 第二个阶段，从 1042 年开始，他们为自己的利益而奋斗，他们的行动范围从伦巴第地区扩大到阿普利亚。11 世纪 40—50 年代，他们从被雇用者终于成为征服者。1058 年，诺曼人征服卡普亚，1059 年，罗伯特·吉斯卡尔与阿韦尔萨的理查德（Richard of Aversa）被教宗分别授予阿普利亚公爵与卡普亚大公的称号。尽管诺曼人尚未掌控南意大利的所有地区，但这可以看作其完成征服的标志。教宗的授权，意味着诺曼人将永久定居于此地，同时也承认了他们的征服实乃出于上帝的旨意，确属必然。第三个阶段是诺曼人在大陆进行联合统一的阶段。他们扫荡了拜占庭帝国在阿普利亚与卡拉布里亚进行统治的最后据点，征服了西西里岛。对西西里岛的征服开始于 1061 年，持续了整整一代人的时间，直到 1091 年攻克了岛上东南部最后一个穆斯林堡垒，征服才算完成。在征服西西里岛的同时，阿普利亚的诺曼君主罗伯特·吉斯卡尔开始在欧洲舞台上发挥重要作用。从 1080 年开始，他是教宗格列高利宗教改革的主要支持者，其反对派是德意志皇帝亨利四世。不仅如此，他还对拜占庭帝国的大陆省份发起了全面的进攻。

诺曼人的征服：雇佣兵阶段

1017 年，米洛斯发动了阿普利亚的第二次起义，被史料称为诺

---

⑨　W. Apulia, i lines 156 – 64, pp. 106 – 108.
⑩　"Causa militari aliquid lucrandi", Malaterra, i. 6, p. 10.

曼人的北欧人参与其中，这标志着诺曼人初次介入南意大利事务。据阿普利亚的威廉在《罗伯特·吉斯卡尔传略》（我们必须牢记一点，这本书写于这件事发生的70年后）中的记载，起义首领与诺曼朝圣者在加加诺山的圣迈克尔（St. Michael）圣所偶然相遇，这次偶遇的结果是诺曼人参与了这次起义。⑪威廉的诗歌究竟是在记录史诗还是在演绎传奇故事，这次相遇究竟纯属偶然还是在伦巴第大公们以及本尼狄克五世的默许授意之下，人们一直围绕这些问题争论不休，毫无定论。但有两点是非常清楚的。这并非诺曼人与南意大利的第一次接触，同时他们在起义中起到的只是辅助作用，仅仅作为雇佣兵，从旁协助了当地的起义军，而且他们的人数可能也并不多。

　　卡西诺山的阿马图斯在《历史》中所做的描述一直为多数人所接受。他写道，大约1000年，一群诺曼人率先抵达南意大利萨勒诺，他们的身份是从耶路撒冷返回的香客，并协助当地人抵抗阿拉伯的一次袭击。对于这种说法，还是有人认为这只是传奇故事不足为信，或者认为确切时间应该是1017年阿普利亚起义前夕。但有证据表明，11世纪初，萨勒诺确有一次遭到穆斯林的袭击。如果说诺曼人从此成为意大利南方的雇佣军，这也的确是说得通的。⑫另外一些史料显示，从诺曼底流放出来的政治犯也掺杂其中。而确切人数也一直是个难以考证的问题。阿马图斯称，有40名香客援助了萨勒诺，而他对1017—1018年起义的描述却自相矛盾。他开始说的是大约250名诺曼人参与了起义，后来又说是3000人参加起义，其中500人幸存下来。⑬人们可能更愿意相信人数比较少的说法，但是无论情况究竟怎样，有一点却是非常清楚的，那就是参与起义的诺曼人并不多，而伤亡人数却非常大。在阿普利亚初战告捷之后，起义军于1018年10月被巴西尔·博约纳斯率领的拜占庭军队击溃。米洛斯逃亡，最后寻求德意志皇帝亨利二世的庇护。而幸存下来的诺曼人要么去了伦巴第公国，要么就是接受战胜者的酬金，成为拜占庭帝国的雇佣兵。

⑪　W. Apulia, i lines 11–27, pp. 98–100.

⑫　Amatus, i. 17–18, pp. 21–23, and cf. *Chronica monasterii Casinensis*（此后简称 *Chron. Cas.*），lib. ii c. 37, p. 236。如今，Hoffmann（1969）的观点影响最大，取代了之前 Joranson（1948）等人的观点。在1005年11月的一份特许状中提到了早期穆斯林的一次攻击造成的毁坏，参见 *Codex diplomaticus Cavensis*, pp. 40–42 no. 898（其中将时间误作1035年）。当代作品可参见 Loud（2000），pp. 60–66。

⑬　Amatus, i. 22–3, pp. 30–31.

巴西尔·博约纳斯统治的那 10 年间（1018—1028 年），拜占庭在意大利的特权与势力达到了顶峰。在与保加利亚进行的战争中，拜占庭帝国取得了胜利，这使帝国获得充足的物资来维持对意大利的控制，而这在过去的许多年中是根本办不到的。在特罗亚（Troia）、德拉格纳拉（Dragonara）、菲奥伦提那（Fiorentina）和奇维塔特（Civitate），巴西尔沿着阿普利亚平原的边缘在丘陵上修建了很多带防御工事的居民点，这些居民点既是军事要塞又是主教辖区，这样就加强了他对阿普利亚北部的控制。[14] 此外，在这一时期，伦巴第诸大公对拜占庭帝国的权威比从前顺从多了［虽然这可能是由于萨勒诺的古艾玛三世（Guaimar Ⅲ）的态度一直倾向于这个东方帝国］。[15] 卡普亚的潘德尔夫四世却并非如此，他一直支持并援助米洛斯的起义。但起义失败后，他正式向拜占庭帝国俯首称臣，非但如此，他还接受了巨额贿赂，允许拜占庭军队进入自己的公国逮捕米洛斯的妻弟达图斯（Dattus），并把达图斯带回巴里对其执行死刑。

101　　德意志皇帝亨利七世正是因为看到拜占庭帝国在意大利的势力大大增强，再加上逃亡中的米洛斯与教宗本尼狄克七世提出了请求，才于 1022 年派兵干预南意大利的局势。他的目的是维护德意志帝国在该地区的管辖权。而这份管辖权，最起码在伦巴第诸公国的管辖权，直到 10 世纪后期一直是被承认的。教宗希望自己的权威能够被阿普利亚教会承认，进而掌控当地的拉丁教会，以便打击君士坦丁堡牧首的权威。自 10 世纪 60 年代以来，君士坦丁堡教会的权威日渐增长，这一直就是使双方关系对立的原因。1009 年以后，罗马教会与君士坦丁堡教会之间的关系全面断绝（西方教会在经文中插入"和子"文句引起的纠纷），牧首的宗教威信非但没有因此而增强反而受到更大的削弱。但是，就像 999 年奥托三世攻打卡普亚和贝内文托的情况一样，亨利二世也只获得了一点短期的效果。卡普亚的潘德尔夫四世被废黜了，取而代之的是他的表兄泰阿诺（Teano）伯爵。但是萨勒诺成功地抵抗住帝国军队的围攻；其实，在这次围攻中，帝国部队的状态也是心猿意马。入侵阿普利亚的企图也被特罗亚的防御成功

⑭　见 Borsari（1966 – 7）；von Falkenhausen（1967），pp. 55 – 57。

⑮　Hoffmann（1969），pp. 123 – 124. 意大利的拜占庭统治者 Basil Mesardonites 在 1011 年 10 月曾在萨勒诺停留，见 von Falkenhausen（1967），pp. 175 – 176。

挫败，而该边防部队正是由当时受雇于拜占庭的意大利统治者的诺曼雇佣军构成。南意大利炎热的夏季使军队士气大跌，德意志皇帝只好撤兵。他任命的卡普亚大公比奥托三世任命的卡普亚大公在位时间稍微长一点。但是亨利去世后，他的继任者康拉德二世把潘德尔夫四世从德意志监狱中放了出来。于是那位卡普亚大公只执政四年，就被潘德尔夫四世赶了出去。

1022年之后的20年里，拜占庭在阿普利亚和卡拉布里亚的权威一直未遭遇到什么挑战。在此期间，西西里岛上的伊斯兰联盟土崩瓦解了，拜占庭帝国曾经在11世纪20年代筹划过重新夺回西西里岛，但一直没有付诸行动。1038年，拜占庭终于对西西里岛发动了战争，但是军队将领们的内讧以及主帅被皇帝召回，使这次行动以失败告终。同时，潘德尔夫四世力图恢复自己在卡普亚公国的权威，而伦巴第大公们互相征战不休。混战过程中的细节或许可以不必细究，但有两个方面的问题值得我们认真考虑。一方面，潘德尔夫四世以及后来的萨勒诺的古艾玛四世（1027—1052年在位），都曾经尝试在南意大利伦巴第地区获得盟主霸权。阿普利亚的威廉这样写道："对权力的渴望使得大公们冲突不断。每个人都希望自己比别人更强大，然后能够攫取别人的财富。"⑯ 1026年，潘德尔夫成功夺回卡普亚，11世纪20年代末又夺取了那不勒斯，不过他在那里的统治仅维系了三年左右。1036年，他围攻由侄子潘德尔夫三世统治的贝内文托，但没有成功。不久，他又夺取了加埃塔。但是1038年德意志皇帝康拉德二世发兵干预，结果迫使潘德尔夫逃往君士坦丁堡。然后，康拉德二世封古艾玛四世为卡普亚大公。数月之后，1039年3月或4月，萨勒诺大公占领阿马尔菲。他封自己的哥哥为索伦托（Sorrento）的统治者。此前，索伦托附属于那不勒斯。⑰ 很可能潘德尔夫与古艾玛都想成为整个贝内文托的统治者，或者最起码也要成为曾一度出现过统一的贝内文托的霸主。他们可能还梦想着占领那些面积虽不大但非常富庶的沿海公国。这方面的佼佼者是卡普亚的铁头潘德尔夫（Pandulf

102

---

⑯　Illis principibus dominandi magna libido bella ministrabat. Vult quisque potentior esse, Alter et alterius molitur iura subire', W. Apulia, i lines 148 - 50, p. 106.

⑰　关于潘德尔夫（Pandulf）对本内文托的攻击，参见《贝内文托年代记》（"Annales Beneventani", p. 154）；以及 Amatus, i. 40, p. 53；关于古艾玛作为卡普亚亲王的情况，参见 Amatus, ii. 6, pp. 63 - 64，作为阿马尔菲总督的情况，参见 Schwarz (1978)，pp. 49, 247。

Ironhead）。他在奥托二世的支持下，曾于10世纪70年代末统一了所有伦巴第诸侯国。其实他们的统治所具有的意义并不在于统治权本身。在卡普亚，长期以来大公的权力仅仅局限于卡普亚内部。值得注意的是，加埃塔公国最终摆脱了大公的统治，经历了阿韦尔萨的诺曼伯爵雷纳夫（Rainulf）的短暂统治之后，于1045年被阿奎诺的阿特努尔夫（Atenulf of Aquino）伯爵占领，其统治不仅比卡普亚更加接近加埃塔，而且真正脱离了大公的管辖。11世纪30年代，潘德尔夫大公对卡西诺山区的僧侣实施镇压。阿马图斯谴责了这一行径，后来奥斯蒂亚的利奥在其寺院编年史中也抨击了这件事。但是这次镇压不能仅仅用大公本人内心的邪恶品质来解释（就像那些编年史作者所暗示的那样）。其实，这次镇压有一部分原因是大公想恢复自己在公国北部的统治，即控制被罗卡蒙非娜（Roccamonfina）壁垒从卡普亚平原分隔开来的那部分地区。在这次事件中，大公的镇压固然带来灾难性的后果，但是（至少根据卡西诺的传统说法）事情的起因却是僧侣们大发牢骚结果招致1038年大公的反击，或者部分地造成这个结局。⑱

另一方面就是诺曼雇佣军的军事协助。11世纪20年代和30年代，在伦巴第地区的混战过程中，诺曼雇佣军渐渐成为举足轻重的力量。非常至关重要的环节是，1029年至1030年前后，公爵塞尔吉乌斯四世在收复那不勒斯的过程中，派一股诺曼雇佣军去阿韦尔萨守卫公国的边境。于是，这里成为诺曼人在意大利大陆上拥有的第一个根据地。1038年，在萨勒诺的古艾玛的请求下，康拉德二世封雷纳夫为阿韦尔萨的伯爵。在阿韦尔萨，他是诺曼人的领袖。于是，诺曼人在阿韦尔萨就获得了合法地位。但是阿韦尔萨并非诺曼雇佣军唯一的活动中心。11世纪30年代，潘德尔夫四世派诺曼军队抢夺卡西诺山区。1038年，古艾玛派300名诺曼士兵协助拜占庭人征讨西西里。⑲人们会这样猜想，既然他已经成为伦巴第诸侯国的霸主，那他其实是在利用这次机会消灭诺曼人，因为诺曼人已经对他没什么用处了，反而会成为他潜在的对手。

---

⑱　*Chron. Cas.*，ii. 63，p. 288.
⑲　Amatus，ii. 8，pp. 66 – 67.

到了1040年，诺曼移民在本地人心目中成为"可租用的刀剑"，[103]他们的人口数量也逐渐增多。阿马图斯在描述这个过程时笔触热情洋溢，甚至有失历史学家的冷静与公允。他写道：诺曼人占领阿韦尔萨之后，他们的统治越来越稳固，英雄豪侠越聚越多。[20] 但除了阿韦尔萨，诺曼人在南意大利没有其他根据地。一直到11世纪40年代初，这种情况才发生了戏剧性的转变，诺曼人初步具备了征服南方并在南方永久居住的基本条件。促成这种转变的是1041—1042年由拜占庭帝国管辖的阿普利亚再度爆发的起义。但即便到了此时，起义开始时，诺曼人仍然只充当辅助力量。一位持不同政见的拜占庭军官阿多因（Arduin），后来在一伙诺曼人与当地人的协助下，占领了梅尔菲（Melfi）的边境小镇，他本人也只是一个雇佣军人，来自意大利北部米兰。从那开始，其军队用很短的时间便占领了韦诺萨（Venosa）和拉韦洛（Lavello），在接下来的几个月里，他又屡次打败了该省境内的拜占庭军队。但是在阿多因发动突袭之前，阿普利亚早已陷入动荡混乱的局面。1040年，巴里以及内陆重镇阿斯科利（Ascoli）居民不堪忍受拜占庭税务官员的横征暴敛，也不愿再为征讨西西里岛卖命（这次征讨始于1038年），接连发生叛乱。到了1041年5月，拜占庭军队再度受挫。意大利的拜占庭统治者遂放弃内陆的阿普利亚，把残余部队撤到巴里。叛军这次推选的首领不是诺曼人，而是当时贝内文托大公的兄弟阿特努尔夫。

1041年9月，起义军在蒙特佩罗索（Montepeloso）再次取得胜利，沿海的大部分城市都加入了起义军。阿普利亚的威廉在描述这一事件时，措辞意味深长。巴里、莫诺波利（Monopoli）、吉奥文纳佐（Giovenazzo），以及另外一些城镇，摆脱了与希腊人的联盟，转而与这些法兰克人签订了协约。[21] 这件事的性质显然不是诺曼人企图征服当地人，而是这些伦巴第人居住的城镇欲主动加入诺曼人起义军。更何况，诺曼人并不团结，尤其是贝内文托的阿特努尔夫并不胜任起义领袖的角色。从阿韦尔萨来的诺曼人仍然拥戴萨勒诺的古艾玛。另外

⑳　Li honor de li Normant cressoit chascun jor, et li chevalier fortissime multiploient chascun jor', Amatus, i. 43, pp. 54 – 55.

㉑　"Foedere spreto Graecorum, pactum cum Francigenis iniere", W. Apulia, i lines 400 – 1, p. 120. 关于诺曼人努力从当地招募士兵扩充军队的内容，参见 Amatus, ii. 25, p. 88. 关于这个时期 Chalandon[Chalandon (1907)，i, pp. 95 – 105] 的观点仍然非常有价值。

那些曾经在起义前在阿普利亚当雇佣军的诺曼人，与伦巴第诸公国的起义军一样，都拥戴阿吉洛斯（Argyros），即 1009—1017 年起义领袖米洛斯的儿子。直到 1042 年秋天，诺曼人才有了一位受到各方一致拥戴的领导人，并且不再受阿普利亚起义军的辖制。在这个阶段，刚刚被拜占庭皇帝君士坦丁九世任命的新任意大利统治者乔治·马尼亚科斯（Geroge Maniakes），已经收复了阿普利亚南部的大部分失地。而阿吉洛斯（他被质疑具有诺曼人动机）则叛变了，向希腊人投诚。

征服大陆

1042 年 9 月，豪特维勒（Hauteville）的威廉被推举为阿普利亚伯爵。这成为诺曼在南意大利征服历程中的一个分水岭。在此之前，这些外来者一直在为别人效力。从此之后，他们就开始为自己而奋斗了。此外，尽管拜占庭人发动了反攻，但是马尼亚科斯想夺取皇位，并放弃了意大利的战场，所以这次反攻草草结束，而诺曼人则依然控制着阿普利亚内陆的大部分地区。可是，尽管威廉被推举为最高领袖，但是阿普利亚境内的诺曼人仍然没有统一。他们仍然是由很多利益各不相同的群体构成的松散联盟，而且每个群体都有自己的首领。阿普利亚的威廉把这些首领称作"十二贵族"，阿马图斯则把他们的姓名都罗列了出来。[22] 他们依然承认萨勒诺的古艾玛的权威。但是这个局面开始发生了转变。直到此时，阿韦尔萨一直是诺曼人唯一的领地，是诺曼人的活动中心，雷纳夫伯爵则是其最高领袖。但是诺曼人此时开始在阿普利亚谋求真正的利益。11 世纪 40 年代初期，虽然雷纳夫一度掌握了加埃塔，但是他无法在该市巩固自己的统治，或许这可以看作一个信号。[23] 诺曼人在阿普利亚占领的地盘越来越多，速度惊人。虽然当时雷纳夫完全可以带领阿韦尔萨的诺曼人介入阿普利亚的局势——1043 年谋划的分割计划就把加加诺半岛划归给他，但是雷纳夫及其继任者们都只是把注意力放在了半岛的西部。

---

　　[22]　W. Apulia, i lines 232 – 4, p. 110；Amatus, ii. 31, pp. 95 – 96.

　　[23]　1042 年 1 月的两份特许状中确认了兰多尔夫的统治，见 *Codex diplomaticus Caietanus*, i, pp. 335 – 337 nos. 169 – 70；cf. Amatus, ii. 32, p. 97。阿奎诺的阿特努尔夫（Atenulf of Aquino）从 1044 年开始担任加埃塔总督（Gaeta）。

1043年，古艾玛获得了"阿普利亚与卡拉布里亚公爵"的头衔，并于同年与威廉伯爵联手攻打巴里，这次行动没有成功。而整个11世纪40年代，阿普利亚与阿韦尔萨境内的诺曼人始终与古艾玛保持协作关系。阿马图斯的著作《历史》在描述他们的关系时，非常详尽，叙述了很多细节，继续采用封臣和附庸的语言，因此阿韦尔萨的雷纳夫伯爵"一直效忠于大公"，甚至在他死后，他的诺曼诸侯们"纷纷找萨勒诺大公，请他作为他们原来主子的继任者"。豪特维勒的德罗格（Drogo of Hauteville）成为哥哥威廉的继任者，得到了大公的批准。后来，德罗格"看到萨勒诺大公失利，便急忙为自己的君主报仇雪恨"[24]。然而阿马图斯却同样明确且详尽地指出，他们之间的关系逐渐脱离君臣关系，最终成为合作伙伴。雷纳夫的侄子阿斯莱廷（Asclettin）去世后，古艾玛试图从阿韦尔萨的另一个家族中选出一位新伯爵，但没能如愿。后来是德罗格迫使他接受了阿韦尔萨的诺曼人的选择，并声称，"这不是请求，而是命令"[25]。他们一直保持合作，互利互惠甚至相互联姻，因为这样做符合双方的利益（德罗格就娶了古艾玛的女儿）。古艾玛很庆幸有诺曼人相助，而诺曼人则因为大公的慷慨逐渐壮大了起来。[26] 古艾玛和德罗格于1051—1052年相继遇刺，阿普利亚的威廉依然把他们相提并论，说他们都是"诺曼人的领袖"。[27] 但从那时起，诺曼人的情况开始出现了变化。1047年，亨利三世干预南意大利事务，从古艾玛手里抢走了卡普亚，并把卡普亚归还给从前的大公潘德尔夫，不仅分封了阿韦尔萨伯爵（与他父亲在1038年的做法如出一辙），还封德罗格为阿普利亚伯爵。按照皇帝的观点，他们至少不再依附古艾玛了，而且古艾玛也放弃了自封的公爵头衔。阿马图斯在《历史》中仍然把德罗格称作"对古艾

105

㉔ "Et cestui conte Raynolfe persevera en loïalte a lo Prince", Amatus, ii. 7, p. 65. "Li fidel Nomant ... vindrent a lo Prince de Salerne et requistrent subcessor de lor seignor qui estoit mort", ibid., ii. 32, p. 97. "Et a lui succedi son frere, liquel se clamoit Drogo; ... et estoit approve de Guaymere", ibid., ii. 35, p. 101. "Et Drogo se festina de deffendre la injure de son seignor", ibid., ii. 37, p. 104. Clementi [Clementi (1982 – 3)] 关于这里不存在封建关系的观点似乎被误解了。Tramontana [Tramontana (1970), pp. 125 – 188] 的主张更易被接受。Amatus 的著作在阅读时要谨慎，因为现存的是原始拉丁文本的晚期法文译本。

㉕ "Mes non fut proïre, ains fu comandent", Amatus, ii. 39, p. 106.

㉖ "Guaymere se glorifia en la compaignie de li Normant, et li Normant se magnificoient en li don de lor Prince", Amatus, iii. 2, p. 117.

㉗ W. Apulia, ii lines 75 – 6, p. 136. 这里，Alessandro [D'Alessandro (1978), pp. 107 – 116] 做出很有价值的探讨。

玛忠心耿耿的伯爵"。雷纳夫的另一个侄子理查德于 1050 年成为阿韦尔萨伯爵,他对古艾玛忠心不二。阿马图斯明确表示:没有诺曼人的协助,伦巴第大公们什么事也做不成。古艾玛去世后,史学家们再也不在书中暗示古艾玛的君主地位,而把古艾玛给诺曼人的"赏赐"说成是给诺曼人的"进贡"。

　　与此同时,诺曼人的活动范围扩大到新的地区,他们征服的地区不断扩大。1044 年,诺曼人攻打卡拉布里亚,到 1047 年,一位诺曼伯爵就一直统治着加加诺半岛北部靠近亚德里亚海岸的莱西纳(Lesina)[23],1048 年,德罗格入侵卢卡尼亚以及北卡拉布里亚,直逼科森扎,并在巴尔·迪·克拉提(Val di Crati)建立军事要塞。在其中的一次行动中,他把自己的同父异母兄弟罗伯特派去,罗伯特就以此为基地,东征西讨,渐渐深入周边地区。与此同时,阿普利亚沿海的小城镇,比如安德里亚(Andria)和巴列塔(Barletta),也落入诺曼人手中。在卡普亚境内,诺曼人对卡西诺山区构成的威胁尤为严重。他们迫使德意志修道院院长里歇尔(Richer,1038 年由康拉德二世任命)把当地人聚集到军事要塞里。1052 年,阿韦尔萨的理查德伯爵直接围攻卡普亚,但是没能成功。

　　然而,到了 11 世纪 50 年代初,诺曼人几乎要彻底征服意大利或意大利大部分,尤其征服南意大利了,这种危险越来越明显。这个地区变得愈加动荡不安。此外,诺曼人采取的方法常常残酷至极,烧毁庄稼,砍断葡萄藤,砍倒橄榄树,都是他们惯用的手段。这些行径使他们无法与当地居民融洽相处。11 世纪 40 年代晚期,罗伯特·吉斯卡尔在卡拉布里亚北部随意抢劫,尽管编年史作家使用了非常崇高的词汇来粉饰这种行为,但当地人因他的行为更加仇恨诺曼人。1051年夏,德罗格以及另外几位诺曼首领遇刺身亡,就是当地人对诺曼人残暴行径的报复。还有另外两个因素也促使当地人联合起来共同反对诺曼人。教会宗教改革运动中的第一位教宗利奥九世继位不久,便特别关注南意大利的局势。他原本考虑的是如何消除买卖圣职的现象,以及如何重整南意大利教会的组织机构,但是诺曼人的残暴行为却引起了他强烈的关注。特别是 1051 年春,曾在数月前赶走了他们自己

---

[23] *Le colonie Cassinesi in capitanata*, i: *Lesina*, pp. 71–72, no. 23.

大公的贝内文托公民，请求教宗亲自统治这座城市，这更加引起教宗的关注。其次，伦巴第的阿吉洛斯于1051年被任命为总督，管理阿普利亚境内仍属于拜占庭帝国的地区。他的态度从来都与巴里以及另外一些阿普利亚市的城市贵族立场完全一致。他于1042年投奔拜占庭一方，这意味着，比起拜占庭统治，诺曼人对他那个阶层的利益威胁更大。作为意大利的统治者，他准备与教宗联合打击诺曼人。1052年6月，古艾玛四世遇刺身亡，此事虽与反诺曼人的联盟没有什么直接瓜葛，而是王族内部的纷争，但是结果却是瓦解了诺曼人在当地的唯一联盟。

利奥九世募集军队，并于1053年率领这支军队进入阿普利亚。这是当地人第一次也是唯一一次重大的联合作战，以便制伏这些外来者，让他们俯首称臣，甚至把他们彻底赶出南意大利。但是他们的意图究竟如何无法确证，因为1053年6月18日，教宗的军队在阿普利亚北部的奇维塔特被阿普利亚和阿韦尔萨的诺曼人联手消灭了。此次率领诺曼人的将领是豪特维勒的德罗格的兄弟，也是德罗格的继任者汉弗莱（Humphrey）。编年史家们自然又把这次胜利归功于诺曼人非凡的勇气和杰出的军事才能。但是人们也可以看出，拜占庭军队没能与教宗军队联合起来，以及德意志皇帝亨利三世派出的援军人数少得可怜，这些也是诺曼人取得胜利的重要原因。诺曼人在奇维塔特之战的胜利，确保了他们最终能够征服南意大利。从那以后，这些外来者在征服进程中再也没遇到什么严重的阻碍，征服的速度大大加快。

1054—1055年，诺曼人深入阿普利亚南部腹地，于1054年占领了孔韦尔萨诺（巴里南部），然后继续推进，进入意大利东部，于第二年占领了重要港口奥特朗托（Otranto）。接着他们又很快进入萨勒诺公国。萨勒诺公国的大公吉素尔夫二世（Gisulf Ⅱ），在阿韦尔萨的理查德以及阿普利亚的汉弗莱的进攻下，很快就失去了阵地。罗伯特·吉斯卡尔于1057年接替哥哥汉弗莱成为阿普利亚境内诺曼人的领袖，并从此开始致力于征服卡拉布里亚，一路征战，直至里奇奥（Reggio）。尽管在此过程中也遇到一些挫折，比如暂时的失利，在阿普利亚境内发生一些令他感到棘手的麻烦事，以及与他弟弟罗杰就如何划分征服土地的问题上产生分歧等，但整个征服过程还是不到三年就完成了。到1060年里奇奥投降时，整个卡拉布里亚省都已尽在诺

107

曼人的掌握之中。与此同时，阿韦尔萨的理查德于 1058 年春季攻打卡普亚。这个城市被包围后不久就投降了。他被拥戴为新一任的大公，并在此后的四年里加强了对这个伦巴第公国的统治。1059 年，教宗尼古拉二世在梅尔菲宗教会议上承认了两个主要的诺曼领袖，罗伯特·吉斯卡尔以及卡普亚的理查德。这是诺曼征服进程中的顶点。教宗正式把土地册封给这两位诺曼领袖，而他们则宣誓效忠于教宗（教宗的册封以及向教宗宣誓原本是皇帝身份的象征行为）。吉斯卡尔被封为阿普利亚、卡拉布里亚以及西西里的公爵。[29]

　　诺曼首领们都愿意臣服于教宗，个中因由非常清楚。教宗的册封可以使他们正式成为各自领地的统治者，使他们的统治地位合法化。而教宗态度的转变则有更复杂的动机。一部分原因是，诺曼人已经站稳了脚跟，而教会必须得到他们的支持才能使自己的利益不受损害，所以教宗承认诺曼人的统治地位在所难免。但是 1059 年的册封也能反映出罗马教宗改革的情况。一年前斯蒂芬九世去世时，教会曾进行过双重选举。在选举中罗马贵族曾选举他们自己的代言人，与尼古拉二世争夺教宗的宝座。而尼古拉二世是教会内部改革派选定的人物，他们自利奥九世时代就开始聚集在罗马。尼古拉在接下来的斗争中获胜，就是通过确保获得新的卡普亚诺曼大公的军事支持，并且在将来也能获得诺曼大公们提供军事支持的许诺。其交换条件就是教宗的认同。另外，利奥已明显表露出要对南意大利教会进行改革和重组，还想要夺回被拜占庭人划归君士坦丁堡牧首统辖的教区，恢复教宗对它们的惩戒权，而这两个目标都需要得到当地拥有实际统治权的势力的支持。在梅尔菲宗教会议上，这诸多动机已显露无遗。教宗不仅许诺给诺曼领导人以土地和爵位，还重罚教士结婚，并且以买卖圣职之罪废黜了几位主教。继其之后的亚历山大二世继续着这些活动，他也废黜了拜占庭教会的主要支持者、特拉尼的大主教约翰。[30] 简而言之，

---

　　[29] 由于 W. Apulia 关于宗教会议的记录中没有提到卡普亚的理查德（Richard of Capua），只有"不动产登记册"［Liber censuum, i, p. 422（英译本，Loud［2000］, pp. 188–189）］中出现他的誓言，因此一些历史学家怀疑当时理查德并不在 Melfi，参见 W. Apulia, ii. lines 387–404, pp. 152–154。然而，不仅仅只有一处（Chron. Cas., iii. 15, p. 377）提到理查德在现场，当时的一份特许状还明确提到，见 Loud（1981b）, pp. 119–120 n. 3。然而，可能理查德在 1058 年就已经向教廷宣誓效忠。关于 Drogo 早些时候已经被任命为阿普利亚总督的观点所依据的是一份伪造的文献，即 Deér（1972）, p. 48。

　　[30] Peter Damian, Die Briefe, no. 97, pp. 77–78. For John, Gay（1904）, pp. 495, 506.

教宗现在的利益与诺曼人新领袖的利益相一致。

统一大陆与征服西西里岛

1059 年以后，这些诺曼统治者加强了他们在大陆的统治。在梅尔菲宗教会议时期，巴里和南阿普利亚的几座重要城镇还在拜占庭人手中，吉斯卡尔亟待解决的问题是征服卡拉布里亚和肃清反抗。尽管征服卡拉布里亚只花了几个月的时间，但是击垮拜占庭人在阿普利亚的最后阵地却花了大约 12 年。然而，其原因主要不是拜占庭帝国的坚决抵抗，而是在于诺曼人内部的分歧，因为不是所有人都赞同罗伯特成为他们的君主。况且在当时，拜占庭帝国正面临着更大的威胁，在小亚细亚，突厥人对其东部边境的威胁越来越严重。因此，当吉斯卡尔于 1060 年在里奇奥投降后回到阿普利亚时，他的各级诸侯表现出诸多不满，并且当他不在时，这些诸侯便掠夺了他的部分私人领地。[31] 11 世纪 60 年代早期，罗伯特忙于应付卡拉布里亚的新问题，并处于准备侵略西西里岛的初始阶段。因此在 1063—1064 年，他们从拜占庭人手中夺走塔兰托（Taranto）和马泰拉（Matera）时，都被看作其他诺曼人独自采取的行动。最终，吉斯卡尔于 1067 年秋天遭遇到拜占庭人支持下的严重叛乱，在这次叛乱行动中，阿普利亚的绝大多数比较重要的贵族都卷入其中，也包括吉斯卡尔自己的外甥孔韦尔萨诺的杰弗里和阿贝拉尔（Abelard）。[32] 1068 年夏天，这次叛乱接近尾声，罗伯特最终包围了巴里，这是拜占庭人在意大利统治的最后一块领地。尽管巴里能获得来自海上的支援，但围攻仍几乎用了三年时间，才最终获得成功，正是伦巴第居民间的分歧导致这座城市最终投降。

无独有偶，卡普亚的理查德也花了数年时间才接管了他的公国。卡普亚最初于 1058 年投降，导致该城的市民控制了城防，而后，他于 1062 年对卡普亚又一次进行围攻，才完全掌控了其新国都。在公国北部的一次主要叛乱则发生于 1063 年，绝大多数伦巴第贵族都参

㉛ Amatus, iv. 32, p. 206; Malaterra, ii. 2, p. 30.
㉜ 关于这件事情的具体时间和校正版本，可见 Jahn（1989），pp. 101 – 105.

与其中，也包括理查德自己的女婿蒙特勒伊的威廉（William of Mon-treuil），他大约花了两年时间才平息了叛乱。理查德的主要盟友是卡西诺山的大修道院，其院长德西迪里厄斯（Desiderius）早在 1058 年卡普亚被攻陷之前就已经与诺曼人合作，以便诺曼人的权力能保护其修道院扩张土地利益。卡西诺山是 1063—1065 年间暴乱的主要受益人，因为理查德把从伦巴第叛军那里没收来的城堡和土地给了修道院，极大地扩大了它在公国北部的特权，该地区被称作"圣本尼狄克的土地"。㉝

　　此时，对西西里岛的征服已在进行中。1059 年，尼古拉二世就许诺将来承认吉斯卡尔对西西里岛的统治权，1061 年后，吉斯卡尔的部队已经在西西里岛东北部建立了据点。他很快就占领了墨西拿，但是从那以后，虽然有当地希腊人的支持，穆斯林内部又有分歧，战事进展依然缓慢。只在初期，于 1064 年针对巴勒莫发动了历时很短的攻击时，罗伯特·吉斯卡尔本人和他主要的陆军才投入战斗，而且进攻也以失败告终——要注意到他在大陆的困难——迫使他不得不让他的弟弟罗杰主持岛上的军事行动，而且参战士兵的人数也很少。1062 年初，罗杰手下只有 300 人，据马拉泰拉（Malaterra）所说，1063 年，凯拉米（Cerami）仅以 136 名骑士就挫败了来自非洲北部的一支穆斯林大军。㉞ 穆斯林不能完成清除诺曼入侵的部分原因，是因为西西里岛东北部的地势易守难攻，使诺曼人能巩固并能坚守已经夺取的土地，另一部分原因是诺曼人先进的武装和战术，使他们能于 1068 年在米西尔梅里（Misilmeri）战胜穆斯林，但胜利的更重要的原因还是由于穆斯林各阶层的内部分歧。罗杰伯爵的统治沿着北岸逐渐延伸扩大，直到 1068 年最远处已接近巴勒莫。但是直到 1071 年 4 月巴里投降后，他才腾出足够的武力对巴勒莫进行新一轮的攻击，这一次有了海军的有效支援，而 1064 年就是因为缺少海上支援才使对巴勒莫的进攻未能成功。巴勒莫于 1072 年 1 月投降。

　　占领该岛其余地方又用了大约 12 年的时间。在整个 11 世纪 70年代，罗伯特·吉斯卡尔都在全力镇压大陆的一次又一次的叛乱，并

110

　　㉝　Loud（1981a），pp. 120 - 122，nos. 5，12 - 14. 注意这也是向一位忠诚的伦巴第伯爵所颁赐的授权，*ibid.*，no. 8。
　　㉞　Malaterra，ii. 29，33，pp. 39，42 - 43.

继续企图吞掉贝内文托和萨勒诺公国剩余的领土。到11世纪80年代初，他的心思主要放在侵略拜占庭帝国。从1072年以后，他再未涉足西西里岛。1074—1075年和1081年，罗杰伯爵被两度紧急召回到大陆，来帮助镇压当地的叛乱，而罗杰这两次离开西西里岛，都导致该岛局势发生了严重的逆转。尽管局势逆转且有小批部队卷入其中，但由于他于1077年攻陷特拉帕尼（Trapani）以及两年后夺取陶尔米纳（Taormina），占领了埃特纳山地区［卡斯特罗乔瓦尼（Castrogio-vanni）除外］，因此西西里岛的西部边境还在他的掌控之下。大陆的各种棘手难题和他们各阶层间的内部分歧，导致他在其后的几年中少有进展，但是新一轮进攻在很大程度上镇压了11世纪80年代中期再度出现的抵抗。叙拉古（Syracuse）于1086年10月被攻陷，阿格里琴托于1087年7月被占领，最终卡斯特罗乔瓦尼［现代的恩纳（En-na）］也很快被夺取，布泰拉（Butera）则于1089年夏天被攻占，穆斯林控制的最后一座城镇诺托（Noto）于1091年2月被攻陷。

在大陆上，攻陷巴里最终完成了对原拜占庭领地的征服。但是罗伯特·吉斯卡尔的统治从来没有完全稳固过。他于1072年秋天为了镇压又一次叛乱从西西里岛返回，这次叛乱使大部分阿普利亚沿海城镇的诺曼贵族卷入其中，也包括他自己的几个亲戚，即萨勒诺的吉素尔夫和卡普亚的理查德。最顽固的反叛者就是他兄长的两个儿子，也就是他的侄子阿贝拉尔和赫尔曼，他们从未忘记罗伯特篡夺了他们认为本应属于他们的阿普利亚的诺曼领袖的合法位置。[35]虽然阿普利亚的叛乱很快被镇压下去，但是阿贝拉尔坚守他在圣塞维利诺（S. Severino）的堡垒直到1075年前后，一年后他又一次叛乱，并在他位于阿加塔·迪·普格利亚（S. Agata di Puglia）的基地公然反抗公爵长达约两年之久。就在他最终战败的几个月以后，又出现了一次范围更广的叛乱，起因是罗伯特为其女儿结婚而要求他的诸侯给予经济"援助"。[36]这次叛乱，不仅坎尼（Canne）伯爵赫尔曼参加了，还有罗伯特·吉斯卡尔的另外两个侄子，即孔韦尔萨诺伯爵和蒙特卡格里奥索（Montescaglioso）伯爵，此外参加叛乱的还有圣安杰洛

㉟　W. Apulia, iii lines 517 – 18, p. 192. *Ibid.*, lines 498 – 501, p. 190.
㊱　*Ibid.*, lines 498 – 501, p. 190.

（S. Angelo）、安德里亚、吉奥文纳佐（Giovenazzo）的各位伯爵。甚至在很短的一段时间内，罗伯特竟然失去了巴里，尽管当他亲自出现在阿普利亚北部时，叛乱很快被镇压下去。1081 年，当罗伯特·吉斯卡尔正在亚得里亚海另一端攻打拜占庭人时，阿贝拉尔和赫尔曼又组织了最后一次叛乱，迫使罗伯特·吉斯卡尔不得不于 1082 年返回意大利，用了大约一年时间才将其平息。此时，他好像已失去了耐心，以前对待叛乱领袖都一向仁慈，可是现在却使用更残暴的手段，包括完全摧毁了坎尼。[37]

这些不断出现的麻烦主要与诺曼人有关，而阿普利亚的伦巴第居民很少参与。虽然有这些问题存在，而且他们之间又相互敌视，但在 11 世纪 70 年代，卡普亚的理查德和罗伯特·吉斯卡尔还都试图吞并余下的中西部地区小国来完成他们对领地的掠夺。在这里他们只是取得了部分的成功。阿马尔菲于 1073 年 10 月承认罗伯特的统治，就是为了寻求保护，以抵抗萨勒诺的吉素尔夫的侵扰。萨勒诺本身也在 1076 年遭到 6 个月的围攻后被攻陷了，教会的谴责都徒劳无功、毫无用处。但是，卡普亚的理查德却难以攻克那不勒斯，罗伯特在贝内文托末代大公死后也没能攻下该城，因为这个末代大公远见卓识，早在几年前的 1077 年就将他的城市投归于教宗的统辖。这些障碍阻碍了他们在阿普利亚完成其巩固诺曼统治的努力，而且，那不勒斯和贝内文托虽然在南意大利孤立无援，但始终坚持作为独立的要塞。因此，从这个极其狭义的角度上讲，诺曼人并没有完成征服南意大利的事业，而不断出现的对罗伯特·吉斯卡尔的反叛也显示出统治者内部的疏远，相当不团结。

诺曼人与教宗权

1059 年的任职仪式为阿普利亚公爵和卡普亚大公的统治提供了合法的理论基础。然而不管是罗伯特·吉斯卡尔还是卡普亚的理查德，都已经在 1059 年前就统治或者说处于接管其各自公国的过程之中，实际上，他们的统治依赖于他们对其封臣及臣民的控制和认可。

---

[37]　*Ibid.*，iv. lines 528–9, p. 232.

比如马拉泰拉记载说，当罗伯特于 1060 年秋天从卡拉布里亚返回阿
普利亚时，他们不得不恢复他在那里的权利，而且"阿普利亚的领
导人再一次接受了公爵的统治"[38]。教宗的认可为罗伯特和卡普亚大
公的统治增加了精神力量，但是，他们的统治并不依赖于教宗的认
可；教宗的授职仪式也无法阻止叛乱，卡普亚的理查德于 1063—
1065 年就遭遇到叛乱，而罗伯特·吉斯卡尔一生的大多数时间都在
平叛：1067—1068 年、1072—1073 年、11 世纪 70 年代后期当他被
教会开除教籍时，以及在 1081—1083 年间他成为教宗最重要的同盟
者时，都一样在忙于应付叛乱。诺曼统治者要发誓忠于每一位新教
宗，而教宗也要正式授予他们头衔及领地，这种形式已成定规，而且
每位新公爵或每位新大公都要这样做。但他们作为教宗的封臣并不是
他们统治的依据。卡普亚的大公们也继承了所有的大公典礼，即他们
的伦巴第前辈的加冕仪式，也就是正式佩戴王冠的仪式，也许（证
据稀少而且很难获取）要接受卡普亚大主教的洗礼以使他的统治合
法化。1058 年，理查德大公攻陷卡普亚之前就访问了卡西诺山，而
且"他受到列队欢迎，待遇犹如国王"[39]。这是在他接受教宗授职仪
式之前发生的事。

　　诺曼统治者和教宗之间的关系有时会十分紧张。1073 年，罗伯
特·吉斯卡尔被乔治七世开除教籍，1080 年才恢复。卡普亚的理查
德一世也于 1076 年被开除教籍，1078 年在他临终时才恢复，他的儿
子约尔丹（Jordan）于 1070—1080 年和 1082—1083 年两次被开除教
籍。有人说这样的困境源于南意大利的诺曼人和教宗之间在封臣关系
问题上存在不同看法：诺曼人认为，他们的统治是建立在无条件继承
的基础上，但教宗们则认为这些职权的授予是有条件的，也可以收
回，并且没有必要授予一位去世了的统治者的继承人。[40] 然而，这种
说法从根本上是错误的。当然，诺曼统治者认为他们的统治是继承性
的，根本不是教宗授予的。教宗们也可能认为他们认同统治者的统治
很重要，但是并没有任何证据显示教宗们认为其统治不具有继承性。

---

[38]　"Apuliensesque principes, de novo ducatu accepto, sibi congaudentes", Malaterra, ii. 2, p. 30.

[39]　"Il fu rechut o procession come roy", Amatus, iv. 13, p. 191. Hoffmann (1978) 的著作，特别是第 142—152 页对此有重要的概述，关于 scriptorium 的详细分析与风格，参见 Loud (1981b), pp. 106 – 107。

[40]　Deér (1972), passim.

诺曼统治者可能会推迟几年宣誓表达他们忠诚于新教宗（或是新统治者向已有的教宗宣誓对其忠诚）和接受授职。罗伯特·吉斯卡尔直到 1080 年，即格列高利七世成为教宗的 7 年后，才正式成为其封臣，其原因在于两者之间争吵不断，1073 年，罗伯特被开除教籍。但是，他在 1076 年以前一直没有接受格列高利的前任教宗亚历山大二世的授职，这一年已经是亚历山大成为教宗的 6 年以后了。[41] 罗伯特·吉斯卡尔的孙子阿普利亚公爵威廉，也是直到他在 1111 年即位后的第 3 年才接受帕斯卡尔二世的授职。这就非常有力地说明，正式的授职仪式起到的只是宣布作用，它并不是必不可少的，而且双方都这样认为。另外，尽管罗伯特·吉斯卡尔有 7 年时间都处于被开除教籍的状态，但是没有任何征兆说：格列高利想要像废除德意志国王亨利四世那样，废除他或是宣布罢免其国王职务。在 1073—1074 年间，格列高利想要领导一次对南意大利的远征，但是他的目的是恢复南意大利的秩序，重建和平。如果这个目的实现了，远征军就会继续攻打威胁到拜占庭帝国的土耳其人。[42] 结果远征失败了，格列高利则继续寻求与罗伯特和解而不是废除他。而且，他也从来没有支持过阿普利亚的贵族与罗伯特·吉斯卡尔作对。

诺曼统治者和教宗之间的"封建"关系其实是一种同盟关系，封主封臣之间的联系及正式的授职仪式就能显而易见地表现出来，但必须注意的是，这种仪式并不是效忠仪式，直到 1120 年以前，诺曼统治者从来没有这样做过。这种同盟所产生问题的原因并不是对主从关系的不同理解，而在于现实的和政治方面的原因。现有的资料不能准确说明为什么格列高利七世于 1073 年在贝内文托的一次有计划的会议后开除了罗伯特公爵的教籍，会议以二人的争吵结束，此后他们再未会面。但看起来很有可能是因为诺曼人不断入侵别国领土引发的。罗伯特的下属，特别是他的侄子洛里泰洛（Loritello）伯爵罗伯特，当时正在侵入教廷在阿布鲁兹想要得到的土地；然而，伯爵本人既威胁到贝内文托也威胁到萨勒诺，1073 年 8 月，贝内文托大公将本城移交给教会管辖，而萨勒诺大公国其余部分的大公吉素尔夫二世

---

[41] Houben (1989), p. 127；Loud (2000), pp. 196, 208.

[42] Gregory VII, *Register*, i. 25, 46.

也已经成为教宗的亲密盟友。在接下来的几年间，格列高利曾数次谴责这些入侵行为。[43] 1076年，当卡普亚大公理查德不再忠于格列高利，且攻打那不勒斯公国，还援助罗伯特·吉斯卡尔帮助他从吉素尔夫手中夺取萨勒诺时，他便被开除了教籍。约尔丹被开除教籍是因为他于1079年侵袭教会的财产，并且在1082年成为已被开除教籍（在教宗看来他已经被废黜了）的国王亨利四世的封臣。但是在所有的这些事件中，教宗想要达到的目的就是迫使诺曼统治者能放弃他们那邪恶的方式，并且能遵守他们向他和他的前任们许下的诺言。他从来都没有想过要剥夺他们的领地，尽管这些土地从理论上来讲是教宗的领地。1090年以后，阿普利亚公爵和卡普亚大公的权力都大不如前，这时乌尔班二世还尽其所能来帮助他们加强权力。

　　因此，如果我们谨慎地对待这种主从关系的所谓重要性，我们就要小心不要公然强加给教宗某些政治目的。例如，他们没有离间卡普亚大公国和阿普利亚公国之间的关系，他们也没有存心"分裂并统治"它们[44]，更没有离间过伦巴第大公国其余地区和诺曼人之间的关系。他们想要的是南意大利的和平与和谐，之所以这样说，原因如下：首先，他们自然都不愿意看到基督徒中发生流血事件。其次，由于改革派掌控罗马的情势十分不稳固，并与皇帝家族的关系也不断恶化，到1080年已完全破裂而无可挽回，他们需要诺曼人的政治和军事支持。卡普亚的军队于1059年曾扶助尼古拉二世，于1061年辅佐亚历山大二世，而罗伯特公爵的部队则于1084年从皇帝的支持者手中挽救过格列高利七世。最后，教宗们只有通过与诺曼统治者保持良好关系，特别是和阿普利亚公爵维持友善，才能推动对南意大利教会的改革和重组，教会改革和重组很明显是需要进行的，利奥九世和尼古拉二世所做的才仅仅是个开始。罗马和君士坦丁堡之间的相互敌对，在10世纪已经给卡拉布里亚和阿普利亚造成了大动乱，他们都争夺教会的最高权力，致使各城市大主教、有时甚至教堂主持相互对立，这些地区独立的大主教林立，教会组织混乱。治理混乱局面的努力一直持续到12世纪前几年。[45] 另外，罗伯特公爵和他的弟弟罗杰

114

---

[43] *Ibid.*, ii, 52a, iv, 7, V, 14a, vii, 14a. For Benevento, Vehse (1930-1)，特别是 pp. 99-107。

[44] Cowdrey (1983), pp. 121-136，该书过于强调这一方面，否则它会是最有价值的作品。

[45] 见 Kamp (1977)；Fonseca (1977)；Houben (1989), pp. 121-135。

使西西里恢复了基督教的统治，这件事是教会批准认可的。1080 年 6 月，罗伯特在凯普拉诺（Ceprano）宗教会议上与教会的和解对教宗来说是莫大的宽慰。

然而，即使是在此之后，这种本质上属于实用主义的关系依然十分明显。虽然教宗希望罗伯特能留在意大利，并且保护罗马不受亲德皇分子的侵扰，但罗伯特还是于 1081 年选择了入侵拜占庭帝国，意图永久灭掉这一曾经伟大的国家，并从中获利。当他回到意大利以后，用了一年多时间来镇压阿普利亚的反叛，而后才于 1084 年去援助教宗格列高利。南意大利诺曼人的军事援助只是主从关系的一个方面，但这对教宗来说极为重要，教宗需要的并不是拥有那里的土地权；11 世纪 80 年代，教宗作为封主的地位就已清楚地显现出相当严重的不稳固。格列高利去世后，他的继承人是卡西诺山的德西迪里厄斯院长维克托三世，他是诺曼人的同盟与合作者，他就是在卡普亚、在诺曼领导人的见证下选举出来的。正是诺曼军队的支持才使他有可能返回罗马确认其教宗的神圣地位。到 11 世纪 80 年代，教宗比以前更需要诺曼人。

115

诺曼时期的意大利社会

到 1085 年罗伯特去世为止，诺曼人对西西里的征服已全部结束，再也不需要"肃清"西西里东南部的反叛活动了。到此时为止，从法国北部向南意大利的移民也基本停止。人口涌入给南意大利社会带来怎样的改变呢？

首先，我们要研究一下"诺曼"（Norman）这个称呼是否正确，这个词因为使用方便，所以沿用到今天。来到南意大利的新居民真的是诺曼人吗？毕竟对于一个意大利人而言，诺曼人就是北方人，可能是指来自阿尔卑斯山脉北方的任何一个人。如阿普利亚的威廉所写，"他们被称作诺曼人，即北方来的人"[46]。威廉在其诗中交替使用"诺曼人"（*Normanni*）、"高卢人"（*Galli*）和"法兰克人"（*Francigeni*）指代这些新移民，难道这样做没有特别意义吗？

---

[46] "Normanni dicuntur, id est homines boreales", W. Apulia, 1 line 10, p. 98.

　　事实并非如此。威廉作品的文学本质使其更需要合辙押韵而不是准确的术语，而且无论如何，这些诺曼人讲法语。阿马图斯和马拉泰拉撰写的历史恰恰相反，他们开宗明义都详细描述了诺曼底公国，将其作为入侵者的来源地。从文献记载得知，人们所知的11世纪和12世纪初来自南意大利而不是本土的外来者中，有2/3到3/4人的名字都来源于诺曼底公国。这些人要么他们的姓氏能够追溯到诺曼底公国的某一个地方，要么这些人称呼自己为"诺曼人"［以区别布列塔尼人和佛来芒人（Flemings）等，这些称呼都出现在了特许状中］，或者他们的名字中含有只能与法国—斯堪的纳维亚地区相联系的斯堪的纳维亚元素，即诺曼底名字。[47]当然，这意味着还有极少部分人从法国其他地方来到意大利，一些来自意大利北部甚至德意志。比如11世纪80年代以来的圣阿加塔·迪·普格利亚诸位领主，当年就是罗伯特·吉斯卡尔将他们安置到这里，他们都是布列塔尼人，后来成了当地世袭公爵的总管。[48]西西里伯爵罗杰于11世纪80年代在其弟帕泰尔诺（Paterno）的亨利伯爵的见证下，娶了萨沃纳（Savona）的阿德莱德为其第三任妻子，从而在西西里东部地区建立起北意大利人真正的殖民地。而他的弟弟亨利则是继罗杰之后，于12世纪早期成为当地最重要的土地领主。但是绝大多数移居这里的人确实是真正的诺曼人。另外，大多数特别重要的大片领地的所有者也都是诺曼人，在阿普利亚，他们中不少人都是公爵的亲戚，而在卡普亚，很多人都是大公的亲戚。在大公国东部的卡加佐（Caiazzo）诸伯爵（他们取代了几位前伦巴第伯爵）是理查德一世某位兄弟的后裔，而公国中部的卡里诺拉（Carinola）伯爵是理查德幼子的后裔。在西西里，帕泰尔诺的亨利所拥有的土地与叙拉古的土地相毗邻，这片土地起先属于罗杰的混血儿子约尔丹，而后归其侄子坦克雷德（Tancred），还有拉古萨（Ragusa）领地（也或许是个州），由他的另一个儿子戈弗雷占有。[49]如果某个地区重要的土地所有者不是诺曼人，那他们也不会是真正的法国人，而是那些以前诺曼统治时期当地的幸存者。在卡普

116

---

[47]　Ménager（1975a）。关于这一问题的更全面论述，参见Loud（1981b）。
[48]　参考文献可见Ménager（1975b），pp. 375 – 376。
[49]　关于西西里在罗杰一世治下的土地所有权详情，参见Tramontana（1977），pp. 216 – 221及其后全文。亦见Loud（2000），pp. 173 – 179。

亚大公国北部，卡西诺山的辖地被阿奎诺（Aquino）的伦巴第诸伯爵的领地包围，这些伯爵即便没能保持住头衔，但也成功地保有其领地，一直到 13 世纪。[50] 拥有卡普亚和阿布鲁兹两大公国之间土地的家族是布雷勒（Burrells）的后裔，属于伦巴第—法兰克相结合的家族，自从 10 世纪以来，他们一直如此。在卡拉布里亚的斯蒂洛（Stilo）地区，希腊地主们一直保有他们自己的土地，保持着自己的重要地位。然而，萨勒诺大公国的部分土地却落入诺玛家族手中，例如大公国中的诸伯爵，他们都是罗伯特公爵的弟弟威廉的后裔，还有圣塞维利诺的领主们［其祖先图尔吉休斯（Turgisius）曾自豪地形容自己是"来自北方的诺曼人"（Normannus ex normannis）］，他们都是在吉素尔夫二世（Gisulf Ⅱ）倒台后幸存下来的原诸侯家族的次子们的后裔，并保有其领地一直到 12 世纪。这种情况下，通婚是非常重要的因素，最为突出的莫过于古艾玛四世的女儿希塞勒加塔（Sichelgaita）的婚姻，她于 1058 年嫁给罗伯特·吉斯卡尔本人，但这只是类似几桩婚事中最典型的一例。[51]

诺曼人接管南意大利最显著的特点就是入侵人数相对较少，最多时也没有超过几千人。另外，尽管许多阿普利亚领主都居住在城镇，但那些城镇都不是最重要的。南意大利的中心城镇主要有巴里、贝内文托、萨勒诺、阿马尔菲、那不勒斯和卡普亚，它们都差不多只保存着现有人口。也许除阿普利亚沿海地区外，诺曼和法国的地主们都倾向于带着财产居住在城市以外，不仅仅是因为对城市生活的厌恶和陌生，而是因为南意大利绝大多数城市相对较晚才落入诺曼人手中，而贝内文托和那不勒斯根本就没有被征服。只有诺曼人占主导地位的一座阿韦尔萨城是个例外，自 1030 年开始，新来的诺曼人就控制了这座城市，并将其作为重要的新基地（此处也许已经有过一个村庄，但一定不是有城防的市镇）。因此，诺曼人对于乡村的影响大于他们对城镇的影响。至少在一些地区，乡村居民历经苦难，饱受战乱的直接影响，我们也不能低估 1058 年卡拉布里亚大饥荒的影响（主要是

117

㊿ 其晚期成员中最杰出的是圣托马斯·阿奎那（St Thomas Aquinas）。
㉛ 这部分内容参见 Loud（1987），特别是第 159—163 页，以及（1996），pp. 329 – 332，关于后续情况以及本文提到的随后发展，参见 von Falkenhausen（1977）。

人为造成的），马拉泰拉曾用图表对其进行了描述。[52] 但是在诺曼人侵入之前，卡拉布里亚一直是以自由农耕种为主体的社会。诺曼人征服此地后，新统治者送给修道院的农奴人数令人震惊，就像《奴仆人口清查》（*jarida*）所描述的西西里贵族家庭主要使用穆斯林农民一样。在南意大利的大部分地区，乡村民众的生活环境恶化，但是对这里也应该保持适当的评价。南意大利的经济是以收取地租而非以封地为基础，农奴制在很大程度上是根据传统必须缴纳的租税，而不是提供劳役。在诸如卡普亚大公国和西西里东部等经济最发达地区，这样的农奴劳役义务相对少见（无论如何，在西西里的基督徒居民中不多见，因为伯爵希望吸引他们到这里来定居）。这些义务通常是租佃耕种土地（也就是附加于占用土地上的一种地租），而不是人身依附。[53]

另外，新政府的基础建设也需要本地人参与，不仅仅是因为在伦巴第人、希腊人和阿拉伯人普通民众中保持了诺曼人不具备的文化传统。在阿普利亚，许多诺曼爵爷土上的官员都是伦巴第人，而伦巴第官员在卡普亚大公服务人员中也占多数，罗伯特公爵有一位十分重要的教会顾问，也许是最重要的顾问，巴里大主教乌尔苏斯（Ursus），他就是伦巴第人。教堂只是被部分占用。在卡普亚大公国，卡普亚城郊南部的主教辖区由法国主教供职，而在大公国北部的主教辖区内，供职的几乎都是卡西诺山各个级别的修道士，卡西诺山则几乎全部是由伦巴第人构成的一座修道院。如果说教会有哪个部分是由"诺曼人"控制的话，那就是新成立的修道院和西西里的主教们，事实上，叙拉古的第一位主教、勃艮第的阿格里琴托（Agrigento）就来自普罗旺斯（Provence）。但是，罗杰一世在西西里设立了六个拉丁主教职位，第七个设在马耳他（Malta），他还建立了四座拉丁派修道院，建立或资助了大约17座希腊派修道院，这一比例就显示出岛上的人口比例，这里的基督教信徒人口一直到12世纪还基本上都是希腊人。[54]

新统治者对教会的效忠及给予教会重新分配的财产，也反映出 118

---

[52] Malaterra, i. 27, pp. 21 – 22.

[53] 见前引书 iv. 16, pp. 95 – 96，书中提到罗杰一世试图向来自马耳他的俘虏许诺还其自由，以吸引他们留在西西里。参见 D'Alessandro (1987)，特别是 pp. 310 – 312。

[54] White (1938)，特别是 pp. 38 – 46；Scaduto (1947)，chapter 3，特别是 pp. 69 – 70，关于早期的主教，参见 Malaterra, iv. 7, p. 89。

“诺曼”征服的局限性。由征服者们建立的修道院获利颇多，就像韦诺萨和圣尤菲米亚（St Euphemia）修道院从罗伯特·吉斯卡尔那里获利，而米列托（Mileto）修道院从罗杰一世那里获利那样。这一点在西西里尤为明显，利帕里（Lipari）和卡塔尼亚（Catania，后者为主教职）修道院都接受过慷慨的捐赠。但是，其他非诺曼人建立的修道院获利，即便不像它们那样多，也绝不少于它们。更重要的是，卡西诺山修道院从德西迪里厄斯与诺曼人的合作中获利，不仅有赖于他与卡普亚大公们的伙伴关系，也通过在阿普利亚的积极活动增加他们的财富。罗伯特·吉斯卡尔在其晚年及其儿子罗杰·博尔萨（Roger Borsa）所提供的庇护，在这方面起了相当大的作用，同时教宗改革给俗人带来的压力也迫使诺曼人放弃他们独占的教堂。1038—1105年间，卡西诺山至少得到150座这样的教堂，既从诺曼征服者那里获利，也常常从希望在修道院保护下至少能保全部分财产的伦巴第人那里获利。(55) 但是，卡西诺山始终是座伦巴第修道院。其院长一直不是诺曼人，只有极个别修道士是诺曼人。卡瓦（Cava）的圣三一（Holy Trinity）修道院也是这种情况，它成为萨勒诺大公国最重要的修道院，也是罗杰公爵和威廉的主要捐赠对象，它在阿普利亚拥有相当多的土地。在阿普利亚，受益人几乎都是诺曼人，但修道院本身始终是伦巴第人在主导。(56) 贝内文托的圣索菲亚（St Sophia）也是如此，它接受莫利塞（Molise）的诺曼贵族们的大量捐赠，但它本身却坐落于从未被诺曼人征服的城市里。

有一种意见认为，在卡拉布里亚，有人千方百计地企图改变该地教区，即便不是“诺曼化”，也至少要拉丁化，通过贬低希腊教堂并将希腊主教辖区改为拉丁主教辖区的办法，这一政策确实导致卡拉布里亚的希腊人移民回到西西里岛。(57) 然而，人们对于这种意见存有争议，即使在卡拉布里亚出现了教会拉丁化的现象，那么这一进程也十分缓慢，虽然卡拉布里亚中部和北部的几个主教区，在11世纪最后几年被皈依成了拉丁派教区。但是，卡拉布里亚南部的教堂（和人口）在很长一段时间内都坚持属于希腊派教会，而且几乎没有证据

(55) Dormeier (1979), p. 56.

(56) 见 Loud (1987)。

(57) Ménager (1958/9), *passim.*

显示曾有过宗教上的紧张局势。12 世纪早期，卡拉布里亚北部主教区中有希腊教士和拉丁主教，并且希腊和拉丁主教也在重要的礼拜仪式和法律案件中合作。如果希腊派宗教仪式走向衰落，其原因也主要是由于希腊文化在几个世纪期间与拉丁文化相融合，而不是来自拉丁教会的直接迫害。[58]

　　如果 11 世纪末，移民和当地居民之间，或者首先就是移民与伦巴第人之间，确实不时出现了关系紧张的情况，那么其原因不在诺曼人的征服，而在于 1085 年罗伯特·吉斯卡尔去世和卡普亚的约尔丹一世于 1090 年去世后，随即出现的管理问题和秩序混乱。罗杰·博尔萨遭遇来自其同父异母的哥哥的强烈挑战，在罗杰与萨勒诺的希塞勒加塔（Sichelgaita）结婚以前，他这位后母就与罗杰断绝了关系；因此他无法阻止自己的哥哥在阿普利亚南部划出他的独立公国，后者以塔兰托城为根据地。另外，有几位权势很大的阿普利亚贵族，在罗伯特公爵统治时期就已经跃跃欲试，这回更是甩掉束缚，在他们定期颁布的特许状中不再提及公爵执政的纪年日期，并且还不断扩大他们的权力范围。教宗乌尔班二世在 1089 年的梅尔菲宗教会议和 1093 年的特罗亚会议上宣称，上帝休战就是阿普利亚中央权威瓦解的直接结果。卡普亚城居民在 11 世纪 90 年代曾两次驱逐其大公，只是由于大公、阿普利亚公爵和西西里的罗杰伯爵于 1098 年发动全面围攻才平息下来。然而一直到 11 世纪 90 年代，伦巴第官员在大公的宫廷中都占据显要地位，这一时期，从阿韦尔萨颁布的特许状可以看出，其随从全部是法国人或几乎都是诺曼人。1090 年以后，诺曼人也被一度从加埃塔城驱逐出去，大公们也几乎无法控制其公国的北部地区。但是，萨勒诺公国与此不同，罗杰·博尔萨的统治始终很稳固，因为他是原皇室家族的后裔，他的身份使其在伦巴第人看来具有合法性。然而，罗杰公爵并未完全放弃阿普利亚，也没有放弃他父亲在卡拉布里亚拥有的（没有给他的哥哥罗杰）那部分领地，他的活动越来越集中在萨勒诺河西岸。卡拉布里亚南部和西西里始终控制在罗杰伯爵手中，尽管在他于 1101 年死后有一小部分人长期扰乱这一领地的安定。

　　因此，如果诺曼征服给那些几乎全部是希腊人和穆斯林人聚居的

---

[58]　Guillou（1963）；Loud（1988）.

地方带来了稳定，那么在南意大利还没有完全做到这一点，1100 年的南意大利比一个世纪前，即便不是更分裂了，情况也差不多。在西西里的罗杰之子统一此地之前，这里还要经历漫长而血腥的过程。

G. A. 罗德（G. A. Loud）

赵康英、郭云艳 译

陈志强 校

第　五　章

1108 年以前的法兰克王国

　　11 世纪的法兰西正处在经济和社会的转型时期。10 世纪的许多传统仍继续存在，从认为本尼狄克修道院制度是最纯洁的宗教生活这样的思想，到 11 世纪领地君主们统辖的各种政治实体，都继续存在。当然，旧制度在新的文化气氛中发生了变革，全新的制度正在形成。由于变动并不是太突然，更不是同步发生，因此不能将 11 世纪说成是法国历史的"断裂"，加洛林的遗产在 11 世纪期间进行了调整，直到其最终得到承认。

　　从政治学上看，虽然政府管理制度还基本保持不变，但加洛林人关于国王高踞在上，其大封臣和主教们则围绕在他周围的看法，已不再是习以为常的认识，这种看法并不顾及到底有多少曾经发生或没有发生的真实成分。11 世纪国王政治活动空间狭小，这表明权力发生了深刻转变，在法国加洛林王朝的最后几任国王统治期间，国王的活动空间一直在缩小，这种情况在卡佩王朝初期仍在继续。

　　但是，11 世纪国王政治上的衰弱还不能被单纯地看作负面的表现。与其说王权的瓦解必然产生出新的政治和社会结构，还不如说社会的所有方面都经历了重要的转变，而国王的作用只是其中一个。11 世纪的国王并没有简单地丧失那些 12 世纪的国王重新获得的权力。11 世纪的国王们事实上取得了超越 10 世纪加洛林国王们的进步，因为他们的王权从未遭遇严重的挑战，在他们所生活的时代，人们努力组织、建立等级制度，理解普世的道德和社会结构，这一切影响深远。这些新的组织形式使更多的人卷入其中，多于加洛林政治体系中

121　的人数。法国国王必须在新的政治和社会秩序中为自己找到一个位置，并为其后继者们在下个世纪掌控权力奠定基础。

在1031年罗贝尔二世去世到1108年路易六世继位期间，法国国王们的影响力很少超出其流动中的朝廷以外。亨利一世（1031—1060年在位）和菲利普一世（1060—1108年在位）被公认为是法国公爵和伯爵们的国王和霸主，而这些公爵和伯爵在很多情况下明显地发挥着更大的临时权力。国王们被要求确认修道院地产，因此时不时要设法使他们青睐的人中有一个当选主教，尽管只是在一个相对狭小的领地里，也只能取得或大或小的成功。他们确实维系着法国主教区的忠诚，甚至当菲利普一世的婚姻问题严重影响到这种忠诚时也是如此。但是，现代学术界已经对这些国王进行了最为频繁的研究，不是点评他们的政策而是考证他们混乱的婚姻，而对其领导权和权威问题的所有研究都还很有限。

然而，人们必须避免过分低估亨利和菲利普这两位国王。他们确实保持着君主和卡佩王朝的活力和高效，这个王朝是休·卡佩（Hugn Capet）和罗贝尔二世在10世纪晚期和11世纪初期创立的。他们因此有可能使12世纪的王权和王朝管理制度取得更大的发展。国王们并不需要总是处于所有政治、社会或制度发展的最顶层。而现代历史家必须注意：不要因为缺少了当时传记作家的记录，就使那些没有传记存世的国王遭到贬低，例如罗贝尔二世和路易六世就是如此。《圣本尼狄克异闻录》（*Miracula Sancti Benedicti*）这本书给亨利冠以"斗士"这一绰号，并没有弥补其传记的缺乏，当然，叙热（Suger）赞美路易六世，有部分是通过把他与菲利普进行鲜明的对比。但是，我们仍然产生了深刻印象：11世纪的法国除涉及王室宫廷方面外，总体上是个令人极为激动的地方。

在这两位人物控制法国王权期间，法国的社会和文化急速变化。11世纪的多方面变革，原因不同，变化的速度也不一样，其中大多数可以被看作与各种努力相关，即力图使从神学到政治的各个方面都变得更有组织，朝着更明确、等级制度更成熟的目标努力。11世纪确实是一个变革相当广泛的时期，因为此时的经济迅速发展。虽然法国的商品经济发展不如意大利那么超前，但是11世纪期间，其市场经济开始扩展，森林被砍伐，沼泽被抽干，农村人口和农业土地面积

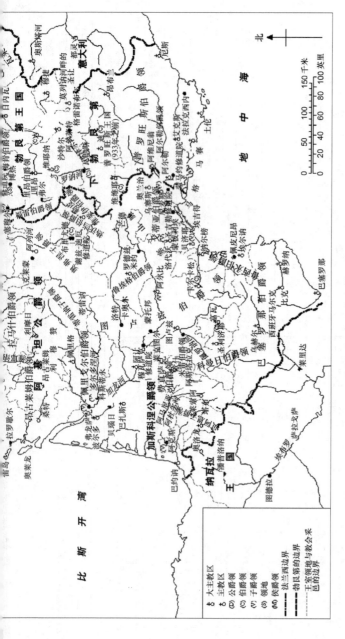

地图 3　法兰克人的王国

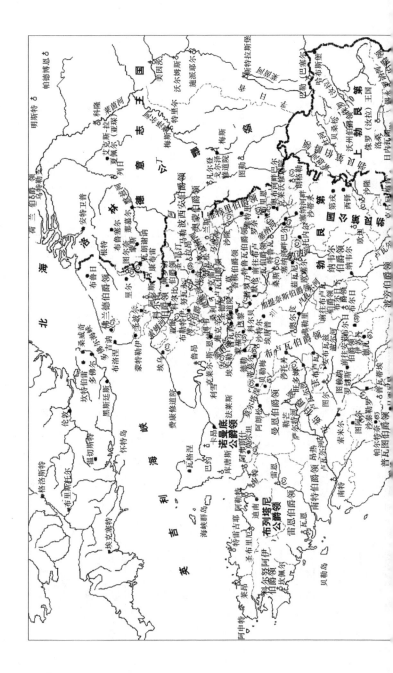

都开始增加。

封建采邑占有制度（在中世纪的法国，"封建主义"一词具有的唯一合理含义）在亨利一世和菲利普一世统治时期基本上被重新改造。直到 12 世纪以后，法兰西国王才逐渐适当地卷入封建领地占有活动，他们与同时代的英格兰国王在这一点上不同，这可以被视为法国社会政治与王国诸多事件毫无关系的标志。10 世纪末才首次出现在法国的城堡在 11 世纪的法国迅速蔓延，伴随城堡发展的是城堡封建主和骑士这些新兴的具有全新重要性的社会团体的出现。

在这两位国王统治期间，尽管国王基本上没有参与，宗教生活还是迅速扩张和发展，例如许多法国修道院在荒废或被遗弃了许多世纪后，又开始重新修建和修缮。克吕尼通过努力终于建立起一系列小修道院群体，教会法规则开始初露端倪，在法国各地森林中出现了人数众多的隐修士，新的西铎（Citeaux）修道院建立起来。格列高利改革和授职权之争深刻地改变了教区主教的选举和担任教会高级职务的那些人的道德标准，事实上重组了基督教教会，使教会内部的权力系统最终都隶属于教宗。但法国国王们对这场争执中的任何一方都不发挥领导作用，只是在教宗们被驱逐出罗马时为他们提供了避难所，或者在其他君主努力达成妥协时接受和解方案。

从文化方面看，11 世纪晚期是具有全国盛誉（甚至国际声誉）的第一批法国大教堂学校发展的时期，它们后来影响了大学的兴起。在这些学校进行了极为激烈的神学争论，某些信仰被宣判为异端，被证明有罪的异端几个世纪以来首次被判处死刑。加洛林时代对教会法的系统编纂工作一直相当散漫，缺乏持续性，此时也获得了新的动力。

总之，法国中世纪文化鼎盛时期绝大多数成就的基础，都是在变动极为剧烈的 11 世纪，也就是亨利和菲利普的漫长统治时期奠定的，而这些发展到了 12 世纪时陆续结出了果实。

亨利一世

亨利一世（1031—1060 年在位）原来并未打算成为国王。其兄长休（Hugh）曾于 1017 年被加冕为国王，和其父罗贝尔二世共同在位。只是在 1025 年休早逝后，亨利才被提升为罗贝尔的继承人，而休的死，根据《圣本尼狄克异闻录》的记载，是因为从马上坠落造成的。即便如此，选择亨利为王也是有问题的。拉杜尔夫·格拉贝记载说，强硬的王后康斯坦丝更希望她的第三个儿子罗贝尔做国王的继位者。但是，亨利最终还是按照计划于 1027 年继位为国王，其弟弟罗贝尔则被封授为勃艮第公爵，这个爵位本来是要给亨利的。而康斯坦丝和罗贝尔最小的儿子奥多未能从其父母那里继承领地，因此在后来的岁月里他总是煽动、策划反对国王的叛乱。

1031 年罗贝尔二世国王去世后，王后便于 7 月 20 日开始策动反对她的几个儿子的短期战争，起因尚不清楚，但是亨利在战后作为国王的大约 30 年间并不出众。他至少曾与一位德意志公主玛蒂尔达结婚，也许确实是与两位玛蒂尔达结婚，因为皇帝康拉德的《自传》（Vita）中曾提到他女儿玛蒂尔达去世的时间，即"离开"亨利的时间是 1034 年，而《圣本尼狄克异闻录》却记载玛蒂尔达王后死于 1044 年，当时她正通过剖腹产手术生了一个孩子。[1] 但是两个玛蒂尔达都没有给亨利留下活下来的儿子。最终在 1051 年，亨利做了 20 年国王后，才与基辅大公（Kiev）雅罗斯拉夫一世（Jaroslav Ⅰ）的女儿安娜（Anna）结婚。法国三代国王都曾一直面临找不到合适新娘的困境，她们还没有建立与之相适合的身份地位，而一位作为第一代以基督徒身份养大的罗斯公主（当代编年史称雅罗斯拉夫一世为国王）受到了欢迎，问题也找到了新的解决方法。[2]

亨利与安娜有三个儿子，分别叫菲利普、罗贝尔和休。菲利普生于 1052 年，是在其父母结婚当年出生的。给王位继承人取名菲利普在卡佩王朝晚期非常常见，可能就是通过安娜的罗斯血统进入卡佩世系当中；安娜的祖母来自拜占庭帝国的马其顿王朝，该王朝自称是古代马其顿国王菲利普的后裔。亨利一世的另外两个小儿子，罗贝尔小的时候就死了，而休（死于 1102 年）通过与韦尔芒杜瓦的赫利伯特四世（Heribert Ⅳ of Vermandois）之女阿德拉（Adela）的婚姻，成为韦尔芒杜瓦伯爵。亨利国王死于 1060 年 8 月 4 日。

---

① Wipo, "Vita Chuonradi", p. 32；*Miracula Sancti Benedicti vii.* 3；Vajay (1971), pp. 241–256.
② Bouchard (1981 b), p. 277.

菲利普一世

　　菲利普一世（1060—1108 年在位）被其同时代人几乎众口一致地说成反面人物，而对现代学术界而言，了解最多的还是其婚姻问题。他于 1059 年圣灵降临节和其父一同登上王位，由兰斯大主教当着法国主教和世俗诸侯的面加冕为国王。由于其父次年去世时他只有八岁，王国就由其姑父佛兰德的鲍德温五世（Baldwin V）摄政管理了数年，后者是与亨利一世的妹妹结婚。鲍德温是由亨利挑选的，有一种有趣的意见认为，亨利的弟弟勃艮第公爵罗贝尔是更合适的人选。鲍德温有效地控制着其侄子和王国，直到 1067 年他本人去世；王太后安娜起初也帮助他摄政管理，但是在 1062 年以后的王国事务中几乎没发挥什么作用，因为这一年，她嫁给了克雷皮和韦尔芒杜瓦的拉尔夫（Ralph of Crepy and Vermandois）。

　　可能是在 1072 年，菲利普与贝尔塔结婚，她是后来的荷兰伯爵佛罗伦特一世（Florent I of Holland）的女儿，也是佛兰德伯爵弗里西亚（Frisia）的罗贝尔的继女。在此之前，菲利普和弗里西亚的罗贝尔刚刚签署和平协议。菲利普和贝尔塔因未能生下儿子，在数年的时间里他们危机不断。直到 1081 年，未来的路易六世终于出生，围绕这件事出现了许多神奇的故事，越传越神，令人惊讶，说神圣的苏瓦松（Soissons）修道院院长告诉王后，她怀孕了，如果她给这个孩子起个加洛林名字路易，那将非常值得赞赏。③

　　菲利普和贝尔塔除了有路易这个儿子，他们还有个名叫康斯坦丝的女儿，很显然还有个二儿子亨利，但在他很小时就死了。菲利普在孩子们出生后，对妻子心生厌烦。根据当时人的记述，他认为她"太胖了"，尽管他自己的体重也变得越来越重，以至于晚年连马都骑不上去。1092 年，菲利普宣布与贝尔塔离婚，并与安茹（Anjou）伯爵、粗鲁的富尔克（Fulk Rechin，即富尔克四世）的妻子、蒙福尔的贝尔特拉达（Bertrada of Montfort）厮混在一起，这自然引起伯爵对他的仇恨。尽管遭到强烈反对，菲利普和贝尔特拉达后半生似乎

---

　　③　Hariulf, "Vita S. Arnulfi episcope Sussionensis".

一直厮守在一起，甚至于 1106 年还与富尔克伯爵达成和解。菲利普和贝尔特拉达共有三个孩子，分别叫菲利普、塞西利亚（Cecilia）和弗罗鲁斯（Florus）。这些孩子都是不合法的，被排斥在王位继承体制之外。路易于 1100 年获得国王（rex designatus）称号。

菲利普的第二次婚姻引起强烈反对，众多反对声音中最持久、最公开的要求是将正在变化的基督教婚姻思想强加于不情愿的男女身上。困难在于，有组织的教会并未组成联合阵线来对抗这对夫妻。法国教会的主教们不愿意放弃他们的国王，甚至教宗也因为忙于与皇帝的斗争，似乎已经与法王达成了和解。菲利普最初于 1092 年希望沙特尔的伊沃能为他主持婚礼。虽然伊沃因菲利普尚与贝尔塔保持着婚姻而拒绝这样做，但菲利普却能召集数位法国主教为其第二次婚姻举行庆典，其中可能包括兰斯大主教，教宗为此给后者写了封措辞严厉的信。1093 年，国王将伊沃监禁起来，以惩罚其反对态度。

1094 年王后贝尔塔去世，这就使菲利普能够自由地再度结婚（尽管不是和贝尔特拉达），他召集了两次咨询会议讨论国王的婚姻问题。菲利普当然希望由兰斯大主教召集的咨询会议能够做出有利于他的决定，但更重要的是，这次会议由教宗的代表主持，会议结束时决定开除国王的教籍。后来，谈判持续了一年，而后，教宗本人迫于富尔克伯爵的抱怨，于 1095 年在克莱蒙亲自开除菲利普的教籍。菲利普因此在第一次十字军东征时没有发挥作用，这次十字军征战是在克莱蒙发动的，而且他过早地老迈发福，以至于无论如何也不可能参与实际的行动了。

1096 年，菲利普同意与贝尔特拉达分开，并与教宗和解。事实上，当他拒绝履行承诺时，法国于 1097 年遭到禁止令。（基督教禁令，即是将某人或某地区排除在大部分圣礼之外，并不准其以基督教形式安葬。——译者注）此后进行的谈判和御前会议持续了 7 年，直到 1104 年双方达成最终和解。菲利普再度同意与贝尔特拉达分开，但他再度食言，未能履行承诺，此后教宗似乎不再理睬他，对他们之间的关系选择视而不见。

菲利普经历这些事情后，退隐起来，不再积极活跃，而让路易六世成为法国实际的国王，直到后者事实上继承王位。1108 年 7 月 29日或 30 日菲利普去世，临终前他要求葬在弗勒里（Fleury），即卢瓦尔河上的圣伯努瓦修道院（St-Benoit-sur-Loire），而不是在圣德尼修道院和法国的先王们葬在一起。根据叙热和奥德里克（Orderic）记载，他感到自己不配与其更为杰出的先祖们葬在一起。

王室政府

亨利和菲利普的统治就像他们之前的休·卡佩和罗贝尔二世一样，在诸多方面沿袭了加洛林王朝的王室法规制度，并保持了制度的进一步发展与延续。卡佩诸王和加洛林诸王一样，在兰斯涂油加冕。事实上，卡佩王朝的大臣们使用比其前辈更夸张的语言描述他们最初的几位君主，这些国王们能使出神奇的修复术，这似乎是加洛林王朝国王所没有的。罗贝尔二世及其儿孙们能够治愈"邪恶的国王病"（淋巴结核），享有远比加洛林王朝大得多的精神权威，其影响也超越他们 12 世纪的后代子孙们。

王室家族

11 世纪的卡佩王朝如同加洛林王朝，通过王室官员进行统治，这些官员在许多方面与其家族官员没有区别。王室扈从随国王出行非常频繁，既是因为如果他们出行则宫廷可以非常容易地使用所到之地征收的税赋和食物，也是因为国王需要亲自到场以行使其多方面的权力，从司法审判到确认特权。11 世纪，王朝宫廷有一位成员极为重要且几乎总是伴随国王，她就是王后，正如文献中所记载的，王后常常引发争论，还常常签署王朝文件。

王室官员在 11 世纪期间变成越来越重要的宫廷成员，连国王都需要征求他们的建议和签字，而不是他的高级封臣们（*fideles*）。王室官员中最重要的是王室总管（*dapifer*），他是墨洛温时代和加洛林时代那些宫殿总管在制度上的继承者。他是王室的管理者，在某些方面是事实上的主宰。负责指挥国王军队的治安长官（*comes stabuli*）和监督王室庄园收入和葡萄酒的管家（*buticularius*），都要服从于大管家。11 世纪期间，负责王室国库的国库长（*camerarius*）经常签署国王文件，而英国的王室国库的国库长从来没有得到这样大的权力。这四种官职最初都是王室内官，而且都由世俗人士担任。其他重要的王室官员，如负责王室档案（包括国王印玺）和国王小教堂的大臣（*cancellarius*），在卡佩王朝早期，都是由高级教士担任的。

卡佩王朝的文件最初也采取像其先祖的公共文件一样的形式，但是在 11 世纪期间，它们逐渐采取了国王"私人文件"的形式，这一点尤其可以从它们长长的见证人目录中看出来。加洛林王朝的文件只能由国王及其大臣签署，但是亨利一世统治期间，国王的扈从官员也常签署。长期以来，见证人目录在私人文件中出现极为常见，后来国王文件也采用这种方式，就是城堡主人和小封建领主们以及作为国王"封臣"的伯爵和主教们在文件上附上他们的名字。事实上，11 世纪晚期，在国王文件的见证者名录中越来越罕见主教们的签字，而最常见的签名大多来自世俗领主。另外，这些世俗领主也越来越多地来自法兰西岛（Ile-de-France），这说明地方人士而非王国的高级诸侯对王朝宫廷日常生活具有最重要的影响。④

国王的权力

国王们在法国大诸侯的领地之间行使其直接权力，也就是在诺曼底、阿基坦、佛兰德、韦尔芒杜瓦、特鲁瓦（Troyes）、勃艮第和沙特尔—布卢瓦—图尔之间的地区。另外，卡佩王朝在成为法兰克王国以后，得到曾是加洛林王朝领地的"王庄"（*villae*），它们大部分位于奥塞河（Oise）和埃纳河（Aisne）两河间的河谷地区。即便在这个地区还是有些伯爵和城堡领主想要独立。事实上，在 11 世纪期间，安茹伯爵和诺曼底公爵对自己领地的控制，要强于法国国王对自己领地的控制，虽然独立城堡领主的兴起也在王国的其他地区存在，比如梅肯和普瓦图的公爵领地。

11 世纪，卡佩王朝直接统治的领地比他们加洛林王朝的前辈统辖的领土要小。国王领地上的国王权力是一种司法权、管辖权和财政权相当矛盾的混合体。国王根据这类王权权利获得某些收入，例如市场税和关税，以及在领地的铸币权；而高级的法国公爵和伯爵在其自己的首府城市也行使同样的权利。11 世纪期间，国王的政治核心地区是法兰西岛，这里是巴黎和奥尔良（Orleans）周边地区，也就是

④　Lemarignier（1965），pp. 42 – 59，107 – 128.

以前的休·卡佩公国。巴黎至少在 9 世纪末便曾经是罗贝尔/卡佩王权的核心地区，当时奥多在击退维京人于 885—886 年对巴黎著名的围攻后，于 888 年当选为法国国王。

国王的经济领地甚至比其政治领地更小，他们大部分岁入由此获取。这种经济领地在 11 世纪和中世纪晚期是一样的，在地理上并没有连在一起，而是由那些在王国境内由国王及其代理人直接管辖的土地组成。国王在远比其行使权利的那些领土小得多的土地上获取租金和税赋。⑤ 向国王直接纳税的这些土地——或这些臣民——成为维持国王宫廷开销的主要基础。

实际上，国王通过同一批官员在自己的政治和经济领地上行使各项权利。国王们通过行政主管（*praepositi*）管辖司法和征集税收，这个职位设立于 10 世纪末，直到 11 世纪下半叶以前有关其细节的材料非常少。最初，他们是负责经济收入的领地代理官员，而事实上他们也管辖着一些诸如城市市长（*vicarius*）和农村庄头（*maior*）之类的小官员。行政主管（*prévôté*）可能有一个名称来指示具体的某地理单位，但是任何行政主管在一个特定地区所控制的权力都不超过国王本人实际控制的权力，行政主管的权力更完整或更有效。

亨利似乎很满意王室的那块小领地，事实上比其境内一些领主的土地还要小。他甚至不去邻近那几个领地巡视，也不给他们写信，罗贝尔二世可是经常造访那些地区，最突出的要算勃艮第公国，他的弟弟就是那里的公爵。王权最初是在卢瓦尔河（Loire）以北地区行使。但还是有一些迹象表明，菲利普对王室领地加强管理并使管理制度化。在其统治的最后 20 年前后，他的行政长官们正式接到国王颁布的法规。这些行政长官也在一些王室宪章上签名充当见证人。到 11 世纪晚期，他们和王室官员大多来自该地区各个实力强大的领主家族，而不是来自早先为国王服务的小贵族。这可以说明，国王即便还没有像后来的路易六世那样成为该地区毫无争议的领导人，但也能够控制上流社会，从中获得尊敬和使之为其服务。

11 世纪期间，国王的领地并没有显著增加，少数增加的领地中的大部分也因为其他领地的丧失而实现了平衡。罗贝尔二世在其叔叔

130

---

⑤ Newman（1937），pp. x – xii, 1 – 5.

亨利于 1002 年去世后获得了勃艮第，而这就花了他大约 15 年时间的不懈努力，1031 年，该领地又脱离了王室控制，变成为独立公国，直到 14 世纪中期。亨利一世于 1055 年获得了桑斯伯爵领地，当时雷纳德（Raynard）伯爵去世了，尽管该城市继续由当地子爵控制，但是国王也在其妹妹阿德拉嫁给佛兰德伯爵时，把科尔比（Corbie）伯爵领地给了后者。

菲利普一世在扩张王室领地面积上取得更多的成果，但只比其前任多了一点儿。他于 1069 年从安茹伯爵手中获得了加提奈斯（Gatinais），作为后者贿赂国王不干涉伯爵与其兄弟争端的回报；他于 1071 年从佛兰德伯爵手中收回了科尔比公爵领地，这可能是作为他努力帮助年轻的伯爵战胜其觊觎伯爵位置的叔叔的答谢；他还在 1077 年接手了维克辛（Vexin）地区，当时菲利普国王的母亲安娜的继子韦尔芒杜瓦和维克辛伯爵西蒙（Simon）隐退进入了修道院。最后，菲利普在 1100 年前后，从布尔日子爵手中购买了其领地，当时后者刚好要离开家乡前往耶路撒冷，急需筹钱。

主教和修道院

国王权利的一个重要组成部分是有权帮助选择新的主教，至少国王自己这么看。现代学者总是试图定义 11 世纪期间的王室领地（或者至少是国王的政治权威），事实上有时国王们自己都不清楚这个问题。学者们的结论一部分是建立在城市研究上的，因为国王在城市里收取国家税赋作为他不在城市时行使的固定权利，还在城市教区选举中发挥作用，选任新主教。很明显，国王控制主教区的"王室"军队，而这个军队掌控的地区远比国王的经济领地大得多。有些 11 世纪的国王设法任命主教的教区就位于大的公国领地范围内。加洛林王朝曾定期任命主教，作为例行公事，并在他们不在其地时接受教区主教的岁收，德意志皇帝们就继续这样做，但是亨利和菲利普只是在大约 20 个或 25 个教区如此行使权利：这个准确的数字还有争议，事实上，设法调查清楚这个准确的数字似乎没有什么意义，因为教区和教区的局势以及这个世纪不同时段的形势都不一样。

亨利一世从来没有卷入利奥九世在 1049 年兰斯宗教会议上开始的教会改革。他继续任命主教，的确也在 1058 年受到指控，当时枢机主教安贝尔指控其买卖神职，出售和销售基督教教会职位。当菲利普成为国王后，"格列高利改革"（就像现代学者通常所称呼的）最初的发展出现了一点曲折，此时格列高利七世已经陷入与帝国的德意志继承人之间就新主教的选举和授职权等特殊问题的争执，还涉及国王或教宗在基督教帝国中究竟应该发挥何种最高权力等更广泛的问题。而菲利普继续设法任命其亲信担任教会职务，确实也罢免过他不满意的主教。例如，1082 年他就罢免了图尔（Tours）大主教拉尔夫。

国王们依靠某些教区的主教，特别是兰斯、拉昂（Laon）、沙隆和博韦（Beauvais）教区那些主教，作为王室权力的支持者。而兰斯大主教不仅按照传统加冕法国国王们，他们还是加洛林王朝时期王室大法官的常规候选人。虽然 11 世纪卡佩王朝从来没有和任何教区的主教保持极为亲近或者疏远的关系，但他们还是继续把某些主教视为其王国的关键。而休·卡佩成为国王以前，卡佩王朝/罗贝尔家族的国王们是由桑斯大主教加冕的。

国王们也不是没有变化，他们可能会冷落他们以前曾任命过主教的城市，或者极力提出其候选人进入那些以前受到比国王影响更多的地方公爵或伯爵影响的教区。到了菲利普统治后期，这个问题因为授职权之争而变得复杂起来，在这场斗争中，改革派人士几乎一方面寻求将世俗人士排斥出教会神职人员的选举，另一方面又设法让国王在主教区获取和解除附属于它们的产业方面发挥特殊作用。然而，授职权之争在法国从来也没有演变为像德意志帝国那样严重的政治问题。毫无疑问，部分原因在于，11 世纪期间的法国国王授予神职的教区数量十分有限。在 11 世纪被迫逃出罗马的教宗都不可避免地来到法国，而改革派宗教会议中最大的一次就是在法兰西王国内召开的，1049 年兰斯宗教会议拉开了序幕。

菲利普与教廷之间就其与法国主教们的关系问题发生的冲突远比不上因其婚姻问题导致的冲突。1107 年，教宗、菲利普及其继承人路易六世都在特鲁瓦会议上宣布相互接受国王授职权，而在此 15 年前教宗和皇帝就达成了和解。虽然有关这次协议的准确细节还不是很清楚，但是它们可能建立在沙特尔的伊沃关于属灵的和属世的区别基础上，前者以禁止国王使用的指环和权杖为象征，后者以国王颁授的主教区之土地和收入为象征。

如果"国王"主教区的定义还存在什么问题的话，那么"国王"修道院的定义更成了问题。[⑥] 国王们确认修道院的教产，并向多个修道院颁发免税权，但是这些修道院不能非常肯定说就属于"王室"家族。颁授免税权的目的就是宣布该修道院不属于任何世俗人士而只属于国王，但不是让修道士服从于王室，以便使修道院保持独立。国王们对某座修道院的改革同时也是增加其独立于任何世俗人士包括国王自己的独立性。然而，11 世纪的国王们在某些修道院还是充当了修道士的保护者，即修道士的"卫士"（advocatus），并且还行使司法权（也就是不让地方主教审判其案件），通常他们还在新修道院院长的选举中发挥主要作用。这些修道院包括卢瓦尔河上的圣伯努瓦修院、圣德尼、奥尔良的圣艾格南（St-Aignan of Orleans）、圣马丹—德尚修院（St-Martin-des-Champs），最后这座修道院是亨利一世建立起来作为教会法修道院，后来经过菲利普一世于 1079 年改成为克吕尼（Cluniac）小修道院。

11 世纪期间，法国国王逐渐发生了变化，从被视为事实上的教士或至少充任其臣民和上帝之间的中介人物，变成世俗人，不再像教士们那样被当成属灵人士。10 世纪晚期国王的涂油加冕典礼非常像主教们任神职的典礼。国王们能医治淋巴结核的说法强调出他们具有神性。但是到了 12 世纪前半叶，国王的神性就已经让位于教宗的神权，这一变化极大地影响了法国，即便各种争议几乎全发生在法国以外，与帝国有联系。

11 世纪法国的公侯国

国王和君主

11 世纪，法国国王们的政治权力很少有超过其许多伯爵和公爵的。那些大公和伯爵在 10—11 世纪成为半独立的公侯国以前，就是加洛林统治时期的行政单位。这些君主中的一些人在其领地内就是事实上的国王。然而，他们承认国王的宗主权，还不时地向国王表示衷

---

⑥ *Ibid.*, pp. 69 – 85.

心的敬意。直到 11 世纪晚期，伯爵们开始绘制家谱以显示其光荣的
血统，常常与加洛林王朝有关，以便强调他们自己的独立性；到 12
世纪，国王们就采取积极的措施限制任何这类独立活动。在大部分的
公侯国中，11 世纪的伯爵和公爵在选举主教中发挥了积极的作用，
这些主教或者来自他们各自的家族，或者来自各自的利益集团。

　　11 世纪的卡佩王朝只能相信一小批领地封臣君主的忠诚，即便
这些君主也不是所有人始终如一地保持忠诚。王国西南部边远地区的
君主就特别疏远王权。这就制约了王权对这些君主的控制，法国王权
越往北就越衰弱，这一点早已在 10 世纪法国加洛林朝末期就变得明
显起来。

　　亨利和菲利普所享有的这类政治成就，通过玩弄不同方面相互斗
争的手段就可以取得。那些控制王室领地附近领地的强大君主们，特
别是安茹伯爵和布卢瓦伯爵相互争权夺利，而国王就能够利用这样的
机会支持一方而反对另一方，经常通过在关键时刻变换盟友的方法达
到这一目的。亨利在其统治之初，曾经请求诺曼底公爵帮助他反对其
母亲；诺曼底公爵则早在 20 年前就帮助过罗贝尔国王从事勃艮第战
事。亨利在结束了与自己母亲的战争后，又花了 10 年左右的时间忙
于对布卢瓦和特鲁瓦伯爵的斗争，前者是奥多一世，而后者是奥多的
儿子。他最初支持当时尚为布卢瓦家族敌人的安茹伯爵，到了他的统
治末期，亨利转而反对安茹伯爵，后来又反对诺曼底公爵。

　　在佛兰德伯爵监护下长大成人的菲利普于 1070—1071 年卷入争
夺该公爵领地继承权的战争，并与佛兰德家族建立政治同盟和联姻同
盟，极力限制诺曼底公爵的权力。由于诺曼底公爵自 1066 年成为英
格兰国王，这样在菲利普整个成年阶段，法国国王就把诺曼底公爵视
为其主要对手。菲利普开始推行这样的政策，12 世纪其继承人继续
了这个政策，他支持英国人反对本国国王的叛乱，利用英国王室内部
的每次分裂斗争，例如他特别支持罗伯特·科托斯（Robert
Curthose）反对其父"征服者"威廉（William the Conqueror），而后
支持他反对其兄弟威廉·鲁弗斯（William Rufus）。

　　在考察 11 世纪法兰西王国的世俗君主时，形成了几个课题。在
法国，公爵和伯爵面临着同样的挑战，因为国王力图避免其子爵和城
堡领主实际上的独立性。在某些公侯国，伯爵的权力遭到侵蚀，但是

在其他公侯国却比国王亨利和菲利普更成功地继续控制其领地。公爵
和伯爵还为自己的遗产担忧，他们拿不定主意是把所有的财产都留给
一个儿子还是在几个儿子中间分割遗产；他们对两种方法都进行过尝
试。虽然最普遍的做法与规定相去甚远，但是却被常用，就是让最年
长的儿子继承其自己父亲早已继承的祖传遗产，而第二个儿子（或
其他所有更小的儿子们）继承他们父亲生前新得到的财产。

　　到 11 世纪末，所有不同家族的公爵和伯爵或是通过血缘，或是
通过婚姻，相互保持着亲戚关系——也都是国王的亲戚。政治联盟的
变动是 11 世纪特有的现象，因此任何人都不能说两个公侯国是天然
的盟友；很明显的是，国王总是其潜在的敌人，因为几乎所有君主家
族都时不时地进行反对国王的斗争。人们还是可以看到，11 世纪期
间法国公爵和伯爵之间关系十分稳定。他们所有人在这个世纪末如同
在这个世纪之初一样仍然是非常重要的公侯国，除非常少数的例外，
几乎都是由小家族成员掌控。事实上，这些公侯国的政治史不可避免
地与这些家族和它们的联姻史紧密联系在一起。

勃艮第

　　迄今最复杂的例子是勃艮第公国。10 世纪，勃艮第与法国国王
保持着密切的联系，到了 11 世纪，其公爵就来自卡佩王朝。国王罗
贝尔二世于这个世纪初从奥托－威廉伯爵及其支持者那里得到了勃艮
第，并将其次子立为新的公爵。1031 年以后，勃艮第公爵先是国王
的兄弟，而后是国王的表兄，但是他们也并没有因此与王室保持一致
立场。国王亨利一世的弟弟勃艮第公爵罗贝尔一世（1031—1075
年），以及继承其爵位的两个孙子休一世（1075—1078 年）和奥多一
世（1078—1102 年）（他们都是在其大哥引退克吕尼修道院以后继承
的公爵位），最初他们都极力巩固对这个公国的控制，虽然并不总是
能够取得成功。法国国王的王国中有一些像他们一样强大的封臣领主
（fideles），而这样的现象同样出现在勃艮第公国境内，不过规模上略
小。那里也有类似于克吕尼修道院的许多修道院，它们也都宣称拥有
对任何世俗领主的免税权，有一个叫作朗格勒（Langres）的公爵领
地被该地主教控制着，完全脱离公国而独立。

　　但是 11 世纪最后十年，勃艮第公爵已经开始把主要的注意力转

向对外事务，即西班牙的"收复失地运动"（*Reconquista*）。罗贝尔公爵的女儿康斯坦丝嫁给了卡斯蒂尔国王阿方索六世（Alfonso VI）；其孙子亨利（即休和奥多两位公爵的兄弟）也通过联姻成为葡萄牙大公。当"十字军"的重点从西班牙转移到圣地时，这些公爵也将其注意力转到那里；奥多一世在十字军前往耶路撒冷途中去世。

勃艮第公爵们的主要竞争者来自本国的勃艮第伯爵和梅肯伯爵，他们是奥托-威廉伯爵（981—1026 年）的后人。除这几位公爵和伯爵外，其他两个重要世系是纳韦尔伯爵（Nevers）和沙隆伯爵。奥托-威廉伯爵是意大利末代王阿达尔伯特和沙隆的格尔伯格（Gerberge of Chalon）的儿子；当休·卡佩的兄弟、勃艮第的亨利公爵娶了格尔伯格以后，奥托-威廉也就被收养。

1002 年亨利去世，奥托-威廉伯爵最初似乎希望继承该公国。他特别得到其叔叔沙隆的休一世（Hugh I of Chalon）的支持，后者还是欧塞尔（Auxerre）主教。奥托-威廉伯爵与国王罗贝尔二世之间的战争持续了将近 15 年，随着奥托-威廉伯爵定居在他早于 981 年即获得的梅肯，并得到勃艮第伯爵爵位而结束。这个爵位称号在 11 世纪期间逐渐成为伯爵权力的代表，其权力极大，范围超过在勃艮第的泛索恩河（trans-Saone）地区的古老王国。这个旧王国基本上不为其空有国王头衔的德意志皇帝所重视，鲁道夫三世于 1032 年去世后，后者成为勃艮第最后一代国王。

奥托-威廉伯爵安排自己的孩子们与勃艮第和法国其他强大领主联姻。其子雷纳德（Raynald）继承了勃艮第伯爵的称号，并与诺曼底的阿德莱德结婚；他们的婚姻可能是在勃艮第战争之后举行的，因为诺曼底公爵们曾是国王反对奥托-威廉及其盟友们最主要的盟友。奥托-威廉的其他三个女儿分别嫁给了纳韦尔伯爵兰德里克（Landric）、普罗旺斯伯爵威廉二世和阿基坦公爵的威廉五世。

需要注意的是，尽管尼韦尔讷（Nivernais）地区在中世纪晚期瓦卢瓦（Valois）公爵时期从勃艮第分出来，但在 11 世纪，它就是勃艮第公国非常重要的部分。兰德里克伯爵似乎通过其与奥托-威廉伯爵之女的婚姻晋身为纳韦尔伯爵了，1002 年以后，他成为奥托-威廉伯爵反对国王最重要的盟友，甚至早在罗贝尔二世试图维持其与贝尔塔的婚姻时就发挥过积极的作用，当时法国主教们都坚持国王必须离开这个女人。当勃艮第战争最终结束，兰德里克与国王的和解也通过其子和继承人与罗贝尔二世之女的订婚实现了。兰德里克的后人们，即纳韦尔伯爵和欧塞尔伯爵，后来也于 11 世纪下半叶获得了托奈勒（Tonnerre）伯爵领地，此时兰德里克的孙子娶了托奈尔雷的女继承人。

奥托－威廉伯爵死后，梅肯伯爵领地就被其长子居伊（Guy）的后人控制了，后者比其父死得还早。居伊的爵位和领地是由其子奥托和后来其孙子杰弗里继承的。当居伊的曾孙居伊二世跟随勃艮第公爵引退克吕尼修道院时，梅肯伯爵的分支就于 1078 年结束了。与此同时，勃艮第伯爵头衔传给了奥托－威廉的儿子雷纳德（死于1057 年）和后者的儿子威廉·泰特·哈迪。后者从其表兄那里继承了梅肯，并将此领地留给了他的长子雷纳德二世（死于 1095 年），而其次子斯蒂芬一世（Stephen Ⅰ，死于 1102 年）则继承了勃艮第伯爵领地。

诺曼底

诺曼底公爵属于 11 世纪期间能够对法国国王构成威胁的最强大、最活跃的君主，他们的公侯国与勃艮第不同，是领地最集中的公侯国。这里起初是维京人的定居点，911 年得到天真汉查理（Charles the Simple）的承认，11 世纪初，诺曼底公爵就已经在语言和文化上彻底变成了法国人。但是，诺曼底人并没有变成法兰克人；他们的制度和社区组织是从挪威传统发展出来的。他们设法使自己的依附者成为附庸的办法非常有效；诺曼底公爵在其公国中拥有更为直接的权力，比 11 世纪"法兰西岛"上法国国王的权力大得多。（ile-de-France 是指以巴黎为中心的法王领地，暗讽其领地狭小，实力软弱。——译者注）

公爵理查德二世（996—1026 年）在 11 世纪初期统治诺曼底，他是卡佩王朝的支持者；他帮助国王罗贝尔二世从奥托－威廉及其同盟手中得到勃艮第公国。在勃艮第战争结束时，他将女儿诺曼底的阿德莱德嫁给奥托－威廉的儿子勃艮第的雷纳德伯爵。理查德二世的儿子和继承人理查德三世公爵统治的时间非常短暂（1026—1027 年）。他与国王罗贝尔二世的女儿阿德拉结婚，而后者后来又与佛兰德的鲍德温五世结婚。理查德三世于 1027 年去世，继承他的不是其子而是他的弟弟罗贝尔，就是人们熟知的恶魔罗贝尔（Robert the Devil）。罗贝尔早就开始挑战理查德国王管制他的权力了。这种近亲之间的争夺在诺曼底公爵以及后来的英格兰国王的家族中不断上演。公爵爵位被认为是不能分割的，只能由一个儿子继承。虽然其他儿子通常也会被授予领地或公爵自己的其他土地或收入，但是新公爵一般都设法剥夺其亲属的财产；罗贝尔却是非常罕见的没有被暴力驱逐的兄弟之一。⑦ 当 1037 年恶魔罗贝尔去圣地朝圣途中死亡时，他的全部遗产都转给其私生子威廉了。

　　威廉继承遗产时也是个小孩子，突如其来的私人城堡和战争一下子威胁到这位公爵的权威。直到 1047 年威廉在国王亨利一世的援助下击溃了起义首领，他才能享有如同其父亲那样大的权力。可能还是在 1047 年，威廉将"上帝和平"引入诺曼底，掀起了一场源于 50 年前的宗教会议的运动，使其成为公爵统治的一部分。在此后的岁月里，他与安茹的杰弗里·马特（Geoffrey Martel）进行战争，先是与国王亨利一世结盟，后来则同时与亨利和杰弗里为敌。这些战争直到 1060 年亨利和杰弗里先后去世才结束。威廉于 1050—1051 年通过与伯爵鲍德温五世之女玛蒂尔达结婚，使自己与佛兰德伯爵结盟，尽管他们这对夫妻亲缘关系太近，属于禁止结婚的范围。

　　11 世纪 60 年代期间，威廉迅速扩张诺曼底公爵的权力，但是其权力最大的扩张则是在 1066 年对英格兰的征服。威廉成为英王后，还继续担任诺曼底公爵，他仍然像大部分诺曼底领主占有盎格鲁－撒克逊（Anglo-Saxon）地产一样，也继续持有其诺曼底财产，采取跨英吉利海峡领主方式行使其统治和权力。1087 年威廉去世时，他将自己的遗产分开，诺曼底公国留给了大儿子罗伯特·科托斯，而将英格兰的遗产留给了二儿子威廉·鲁弗斯。

布卢瓦

　　另外一位挑战法国国王权力的强大家族是布卢瓦、特鲁瓦和沙特尔的伯爵们，这个家族在 12 世纪自称香槟伯爵。他们是图尔、布卢

---

⑦　Searle（1988），pp. 143 – 148.

瓦和沙特尔的奥多一世伯爵（死于 996 年）的后人，后者与法国国王勃艮第的鲁道夫三世的妹妹贝尔塔结婚。奥多一世死后，贝尔塔又嫁给了法国国王罗贝尔二世，尽管由于他们亲缘关系太近而最终被迫分开。这位国王积极地支持奥多和贝尔塔的儿子奥多二世，在这位布卢瓦伯爵与安茹伯爵的冲突中，国王对他的支持真是太有用了。但是，罗贝尔与贝尔塔的婚姻破裂后又与安茹伯爵的孙女康斯坦丝结婚，则可以被视为国王与布卢瓦伯爵和安茹伯爵之间结盟政策的重大调整。奥多二世于 1032 年鲁道夫三世去世后，极力要求获得勃艮第公爵爵位，但没有成功。他只是于 1004 年其兄弟死后才接受了兰斯和普罗万（Provins）附近的领地，即便如此，其中的兰斯大主教还继续坚持其自己领地的独立性。1021 年，其二表兄斯蒂芬去世，他从这个表兄那里获得了特鲁瓦领地（还是通过战争才夺回了他自己的权益）。

　　奥多二世一旦将早在 10 世纪还是韦尔芒杜瓦权力核心区的香槟领地合并到他那块位于巴黎以东的领地（兰斯、普罗万和特鲁瓦）时，就与其位于巴黎西南的领地（图尔、布卢瓦和沙特尔）连成了一片，从而使其领地基本上将法国王室领地团团包围。尽管他还是愿意把法国国王视为自己的封主，但是他和他的继承者显然比其他法国大君主们更为经常地活动在法王宫廷，他还极为谨慎地宣称，他的领

138

地都是他凭借自己的继承权获得的，而不是来自国王的封授。他阴谋反对国王罗贝尔二世和国王亨利一世，其野心导致争夺图赖讷（Touraine）、洛林和勃艮第王国的战争，但因为领地过于庞大而难以成功。他于 11 世纪 30 年代初反对亨利的战争，最终由于亨利与皇帝康拉德二世结盟而以失败告终，因为后者是奥多争夺勃艮第王位的最大敌手。

　　1037 年奥多去世之后，他的儿子们分割了其遗产。他在西部各郡以布卢瓦为中心的领地都归狄奥博尔德一世（Theobold Ⅰ，死于 1089 年）所有，而其东部各郡以特鲁瓦为中心的香槟领地则归属斯蒂芬（死于 1045—1048 年），这里后来归斯蒂芬的儿子奥多二世。1044 年，狄奥博尔德丧失了图尔，该地归安茹伯爵。狄奥博尔德和斯蒂芬兄弟参与了一起由亨利的小弟奥多领导的政变，阴谋反对国王，但未能成功。诺曼底征服后，香槟的奥多三世去了英格兰，此时

狄奥博尔德就控制了其领地。这样他就处于挑战国王最有利的位置，并自称"巴拉丁伯爵"（Count Palatine），这个爵位称号自加洛林时代就不太使用了。1089 年他去世时，菲利普一世得以成功地坚持了自己的主张，布卢瓦和香槟两地被分给了狄奥博尔德的两个儿子斯蒂芬（或称为斯蒂芬－亨利）和奥多四世。

佛兰德

佛兰德自加洛林时代以后就一直是法兰西王国边缘地带强大而独立的伯爵领地，11 世纪期间，这个地区是重要的商业中心，以其羊毛制品贸易和服装编织闻名于世。鲍德温四世（988—1037 年）和鲍德温五世（1037—1067 年）两位伯爵开始从法兰西王国向低地扩张领土。鲍德温五世是法国王室亲密的盟友。他与国王亨利一世的妹妹阿德拉结婚，1060 年亨利去世后，他就成为其年轻的外甥菲利普一世的摄政王，直到他于 1067 年去世为止。

鲍德温五世有两个儿子，即其佛兰德继承人鲍德温六世（1067—1070 年）和罗贝尔，通常人们称为弗里西亚的罗贝尔，他与寡居的荷兰女伯爵结婚。但是，鲍德温六世统治的时间非常短暂，他死后，罗贝尔（1070—1092 年）就从鲍德温的儿子阿尔努尔夫手中夺取了佛兰德。尽管菲利普代表阿尔努尔夫的利益干涉此事，但后者还是在 1071 年遭到杀害，而菲利普不久也与罗贝尔和解。然而很快，菲利普娶了罗贝尔的继女、荷兰的贝尔塔（Bertha of Holland），11 世纪剩下的时间里，佛兰德公爵们都在致力于加强与国王们的联盟。罗贝尔是法国领地君主中镇压其领地内异己分子最成功的一个。他和王后贝尔塔的母亲基尔特鲁德（Gertrude）生下了佛兰德的罗贝尔二世（1092—1116 年），也就是后来即位的伯爵。罗贝尔二世是当时法国所有领主中最富有的一个，也是参与第一次十字军征战中最强大的领主。

安茹

安茹郡是 11 世纪法国最强大的公侯国之一，其强大的统治家族是国王的一个长期挑战者。福尔克·奈拉（Fulk Nerra，987—1040 年）伯爵统治时间的大半用来强化权力。他的侄女康斯坦丝是国王罗贝尔二世的最后一任妻子，这段婚姻被视为代表着安茹王朝的胜利。福尔克是法国君主中第一位建造和有效使用城堡的领主。他从国王那里设法获得了适当的独立性，并且实实在在地扩大了自己的领地。他几乎始终处于战争状态，并多次前往圣地朝圣，使安茹的各位伯爵成为各方坚定的盟友或强大的敌人。

其子杰弗里·马特（1040—1060 年）曾起兵反对自己的父亲，并作为伯爵对法王、诺曼底公爵、阿基坦公爵、布卢瓦伯爵多次开战，1044 年还从布卢瓦手中夺取了图尔领地。他在自己的领地内行使着那些被认为只有国王才能有而不仅仅只是君主的权利，宣称他的宫廷就是其治下所有自由人的宫廷，而所有自由人必须在其部队中服役作战，他本人则有权改变任何不好的法律习俗。他与阿基坦的威廉五世之寡妻，同时也是勃艮第的奥托－威廉之女阿涅丝结婚。但是他没有孩子，其继承人就是他妹妹厄门加德（Ermengard）的孩子。她早就嫁给郎东堡（Château-Landon，加提奈斯家族）伯爵，后来又开始发展与勃艮第公爵罗贝尔的关系。罗贝尔和厄门加德后来有了个女儿希尔德加德（Hildegard），后者嫁给了阿基坦的威廉八世。

当杰弗里·马特于 1060 年去世后，安茹伯爵领地便陷入其两个侄子即杰弗里·巴尔布（Geoffrey Barbu）和福尔克·赖琴之间的争夺中。后者最终获胜，1068 年，他与国王和教宗两人都缔结同盟，并一直统治安茹到他于 1109 年去世。他将安茹那些城堡领主完全控制在其强大的权力下，他们曾经企图利用这两兄弟间的战争建立独立领地权。正是这位福尔克·赖琴的妻子贝尔特拉达吸引了国王菲利普一世，使后者于 1092 年离开自己的妻子而与之结婚，致使国王遭到伯爵的痛恨。

阿基坦

阿基坦公爵处于法兰西王国的中部和西部地区，长期以来是最有独立性的公侯国。从 10 世纪中期以后，阿基坦公爵称号就一直由普瓦图伯爵占有。"伟大的"威廉五世公爵（993—1030 年）继承了广阔的领地，他至少还对更南方的朗格多克（Languedoc）的伯爵领地发挥某些影响。但是，他的统治无疑只是局限在普瓦图范围内，而且其统治期间突出的特征就是与周围的伯爵纷争不断，特别是与安茹伯爵。他是其领地内教会的有力支持者，也是最早支持"上帝和平运动"的诸侯之一，他还频繁地前往圣地朝圣。

他结了几次婚，最后一位妻子是勃艮第的奥托－威廉的女儿阿涅丝。当威廉的两个大儿子威廉六世和威廉七世继位后，没有留下继承人，阿基坦的城堡领主们就得以提出获得各自独立的要求，安茹的杰弗里·马特也在阿基坦边境地区建立起安茹王朝的权力。而威廉还有一个儿子居伊－杰弗里－威廉（Gui-Geoffrey-William），或称威廉八世（1058—1086 年，他原名叫居伊，当他母亲嫁给杰弗里·马特后就叫作杰弗里，后来成为阿基坦公爵时，又称威廉），他设法夺回了直到阿基坦南部的领地，包括 1063 年加斯科涅（Gascony）控制的地区。他在菲利普国王加冕典礼上位列群臣之首，他与国王的联系充其量只能用很少见来形容。

威廉八世与勃艮第公爵罗贝尔的女儿希尔德加德结婚，开启了三代人以后阿基坦的埃莉诺（Eleanor）和路易七世间近亲结婚的先例。[8] 其子威廉九世（1086—1126 年）是个著名的游吟诗人，还一方面忙于阿基坦的边境事务，与安茹、昂古莱姆和加斯科涅进行争夺，另一方面在更为广阔的世界出游：参加十字军并到西班牙作战。

布列塔尼

尽管布列塔尼位于法国北方，又比邻诺曼底和安茹，但是它在文化和语言方面保持着与法国政治和社会的距离。该领地公爵在其领地上大体上如同国王一样行动；拉杜尔夫·格拉贝甚至记载说，科南一世（Conan Ⅰ）在庆祝其夺取公国权力的加冕仪式上，"像国王们一样行事"，往自己头上戴王冠。[9] 这个时期的这些布列塔尼公爵虽然有上述象征性权力，但是他们处于争权的混乱状态，或者为保护自己的领地与周边领主作战，或者攻击那些越来越独立的城堡领主们，但并非总是获得重大成功。

10 世纪期间，布列塔尼公爵陷入雷恩（Rennes）伯爵们和南特（Nantes）诸伯爵的争端；到 10 世纪后期，科南一世（死于 992 年）

---

⑧　*Chronique de Saint Maixent*, c. 1067.
⑨　Radulf Glaber, *Historia* Ⅱ. iii. 4, "more regio".

就确保了雷恩伯爵的胜利（至少是暂时的）。他与安茹的福尔克·奈拉伯爵之妹厄门加德结婚。其子杰弗里（992—1008 年）则通过政治合作与联姻和比邻的诺曼底公爵结盟：他娶了诺曼底公爵理查德二世的妹妹哈德威迪斯（Hadwidis），而理查德公爵则和他的妹妹结婚。杰弗里在其短暂的统治期间，在布列塔尼地区进行了多次修道院改革。他的幼子阿兰三世（Alain Ⅲ）后来继承了他（1008—1040 年）的爵位，得以镇压由布列塔尼领主发动的两次叛乱，并对主教区施行异常严格的控制。阿兰三世的妻子是布卢瓦的奥多二世之女，她给他生了科南二世（Conan Ⅱ，1040—1066 年），后来科南二世也是依靠少数领主的支持开始其统治的。即便在科南本人获得了公爵权力后，仍然面临反对他的起义，有几次是由其叔叔领导的，当他还是孩子时，后者曾充任他的摄政。南特和安茹伯爵们以及诺曼底公爵也参与了正在发生的冲突。这表明许多布列塔尼大领主的独立性，他们中许多人在黑斯廷斯（Hastings）战役中跟随诺曼底公爵威廉作战。即便科南在维护自己在布列塔尼的地位方面获得了相对的成功，但是1066 年他的去世也意味着布列塔尼王朝的变更，因为他没有留下儿子继承他的领地。

科南的妹妹哈德威迪斯已经嫁给了南特伯爵霍尔（Hoël）。1066年，后者成为布列塔尼公爵。在霍尔及其儿子阿兰四世（Alain Ⅳ，1084—1115 年）统治时期，布列塔尼公爵经常与诺曼底公爵及其封臣进行战争。正是在这个时期，随着格列高利改革对布列塔尼公国的日益渗透，布列塔尼的主教们早就与公爵们结成紧密同盟，也变得更为倾向接受来自外部的影响。

图卢兹（Toulouse）

像阿基坦公国一样，图卢兹伯爵领地也是法国公侯国中最独立的一个。这个伯爵领地向东濒临地中海，基本上不关注北方政治。图卢兹城在 11 世纪期间迅速发展成为重要的城市中心，而该领地伯爵则严格地控制其主教们和城市的子爵。陈旧的罗马法体系，也就是世俗人士和公共法庭系统之间的成文协议，在这里仍然适用，这种法律体系当时在北方早就废弃了，而且新城堡数量不断增加，大量土地刚刚被清理出来。

11 世纪初期，绰号为"收租人"的威廉（William "Taillefer"，即威廉·泰勒菲尔，死于 1037 年）成为图卢兹和戈蒂亚（Gothia）伯爵。他与普罗旺斯伯爵威廉一世的侄女艾玛（Emma）结婚。威廉·泰勒菲尔的两个儿子庞斯（Pons）和雷蒙分割了他们家族的土地和爵位称号，也就是把图卢兹和戈蒂亚分开继承。庞斯的儿子们即威廉四世（死于 1093 年）和雷蒙四世（死于 1105 年）在伯爵于 1061 年去世时也是这样做的。但是，庞斯的小儿子，被称为"圣吉勒的"雷蒙四世（Raymond "of St-Gilles"，因为他迫使圣吉尔修道院屈服于克吕尼派）自从成为普罗旺斯侯爵以后，就重新将图卢兹和戈蒂亚联合统一起来，并加上了普罗旺斯领地，这都成为其遗产。然而，雷蒙四世杰出的政治成就是短命的；当他于 1096 年参加十字军出征时，阿基坦公爵趁机进攻图卢兹，因为后者与雷蒙的侄女菲利帕（Philippa）结婚了。雷蒙四世完成了的黎波里（Tripoli）公国的建造，该公国后来使其继承人的注意力不再限于法国南部。

普罗旺斯

普罗旺斯一直是 9 世纪晚期和 10 世纪早期独立王国的心脏地区，但是到了 10 世纪晚期，它就大体沦为一个伯爵领地，并以阿尔勒（Arles）城为首府。直到 1032 年勃艮第最后一位国王去世，普罗旺斯仍归属其统治之下，但是并非其王国的一部分。虽然它在帝国内，严格讲并不在法兰西王国内，但它到 11 世纪，无论是文化还是政治都已经法兰西化了。

到 10 世纪末，威廉一世（死于 993 年）成为阿尔勒伯爵和普罗旺斯侯爵。他与安茹的福尔克·奈拉伯爵的姑母阿德莱德－布兰奇（Adelaide-Blanche）结婚。阿德莱德－布兰奇早年曾嫁给加洛林王朝的路易五世。威廉和阿德莱德的儿子和继承人威廉二世（993—1019年）与勃艮第的奥托－威廉伯爵之女格尔伯格结婚。除威廉二世外，威廉一世还有个女儿康斯坦丝，她后来与罗贝尔二世结婚，成为法国王后。

威廉二世去世后，他的遗产由其三个儿子依次继承，先是威廉，后是贝尔特兰（Bertran，也就是人们所知的以福尔克－贝尔特兰）和尤弗雷（Jouffre）。在 11 世纪的大部分时间里，领地的权利由这三

142

个儿子和他们的儿子享有。但当小辈的三个儿子去世后，就只剩下女性继承人了，比如贝尔特兰的儿子威廉·贝尔特兰（死于 1065 年）和尤弗雷的儿子贝尔特兰二世（死于 1090 年）。普罗旺斯郡因此转给了他们的表兄图卢兹的雷蒙四世（1065—1105 年），他具有从普罗旺斯的威廉一世的侄女传下来的血缘关系，因此他也就继承了普罗旺斯侯爵领地和"圣吉尔的"的头衔。

11 世纪期间的其他发展

对法兰西王国来说，11 世纪在许多方面都是一个转折点，社会经济结构发生了基础性变动，权力结构和宗教与文化生活也发生了巨变。然而这些变化并非发生在同一时间或者变化速度都一样，即便是在人们通常大体称为法国的这个区域内，或者至少在法国北部地区，也出现了大量的地区性差异。但是毫无疑问的是，1100 年的法国（无论如何定义的法国）与 1000 年的法国相比，有极大的不同。

有时"封建"社会的发展会被看作这一巨变的特征，或者如果人们专门谈论涉及国王的话题，那就是"封建王朝"的发展。任何一次使用"封建"这个词语本身就存在极大问题，如果要给它一个合理定义，既不是指广义的社会，也不是指 11 世纪的法国国王。

如果人们一定要给这个新型社会及其政府形式一个笼统名称的话，那么可能称之为"卡佩王朝"社会更好；毕竟，"墨洛温王朝"和"加洛林王朝"这两个名称已经被广泛使用，分别指称 5—9 世纪和 9—10 世纪，包括从艺术风格到司法制度的所有事物。还有一种可能就是借用建筑学用语"罗马式"，来说明"罗马式"社会的产生，这个用语可能比"卡佩王朝"这个词更能体现 11—12 世纪的特色。

经济发展

不管人们如何定义这个出现在 11 世纪法国的新型社会和结构，很明显，那里已经发生了重要的变化。正是在这个时期，奠定了促使 12 世纪城市和商业可能快速发展的经济基础。基本的情况是气候全面改善，中世纪早期存在的"小冰河期"结束了。10 世纪，气候就已经开始改善，但只有到了 11 世纪，才出现了季节微小的拉长，天气略微干旱，这使得法国北部江河流域大量富饶的土地能够被开发出来，开始受到广泛关注。这个世纪最初几十年，法国很多地区还是遭遇了多次歉收，很多人遭受饥荒，谣传说人吃人的现象普遍出现，但是 11 世纪 30 年代以后直到 14 世纪初，大范围的饥荒就从法国消失了。

新土地开始被开垦出来，森林被清理掉，最初速度缓慢，但是到 11 世纪后期和 12 世纪初期，速度越来越快。重犁和马力逐渐发展并零星地取代牛牵引的旧有方式，使人们能开垦沼泽地，并更高效地犁地。尽管 11 世纪的农业扩张还逊色于 12 世纪的农业发展，但非常清楚的是，到 11 世纪末，与一百年前相比，法国有更多人口能够成功种植出更多的食物。

当 11 世纪法国农民扩大了可耕地的面积，并在农业技术方面进行了某些改革时，他们也时不时地冲破了其祖先具有的农奴制特点。"男农奴"（*servus*）和"女奴仆"（*ancilla*）这两个名称在古代晚期比较常见，但在 12 世纪最初十年，在法国北部地区基本上消失了。自由农与其领主的社会地位绝不平等；事实上，"战斗的人"和"劳作的人"之间的差别不断发展，在领主和农民之间树立起明确的屏障。但是，12 世纪通常用来指称自由农民的名称"人"（*homo*）同样也用来指领主，甚至指贵族出身的领主。

随着农业发展的是城市的建立和商业增长。在城市化方面，法国或者至少在法国北部似乎已经落后于意大利一个世纪，因为在意大利，城市的发展显然从 11 世纪初就出现了。但是，11 世纪期间商业交换成倍增加，而加洛林时期的市场和税收始终没有消失，反而变得更活跃了。流通领域中的货币数量大幅度增加，显示出广泛的商业交换已经触及最深处的经济发展层面。新的桥梁开始搭建，以满足日益增加的运输货物的需求。

11 世纪法国的经济增长还反映在该世纪后半叶。早在 11 世纪前半叶，诺曼人就开始向南意大利进军，他们在那儿建立了基地，最终成为西西里王国。11 世纪 70 年代期间，西班牙国王和法国贵族，特别是与在"收复失地运动"中发挥了主要作用的勃艮第贵族，建立起政治和联姻同盟关系。法国骑士在 1095 年发动的第一次十字军征

144

战中占多数。

城堡和城堡领主

　　社会上层的许多变化也能够与城堡的发展和扩散联系起来。当然，建筑工事要塞的历史很久远，可以追溯到青铜时代，而中世纪初期许多法国城市就建起了坚固的城墙。城堡（*castrum*）这个词很长时间以来就一直断断续续地用于修筑防御工事的地方。但城堡在 10 世纪末却是个新现象。在或长或短的时间里，人们建造城堡是用来作为强大的领主及其家人的永久家园，而不是防卫城墙内的大量人口，也不是用来抵抗维京人或穆斯林入侵的，至少在城堡数量相当多以后的长时间里是如此。因此，城堡结合了要塞防御工事和宫殿建筑物的功能，这些宫殿最初非常大，也更开放。城堡是 11 世纪快速发展和更早期传统相结合的典型。这些 11 世纪期间数量不断增加的要塞城堡，最初是由那些公侯国在加洛林时代就已存在的领主们建造的，通常是他们的祖先建造的。

　　城堡沿着主要的道路、河流和政区边界迅速在法国各地扩散。其中一些由君主们亲自下令建造，有些是由强大的自由地产的主人按照各自意愿建立在他们自己的领地上。法国国王政治上的软弱意味着这里不存在国王批准建造城堡的问题，就像在诺曼征服后的英格兰一样。但是，个别的伯爵和公爵会严格控制其领地内城堡的修建和样式。例如安茹伯爵在这个世纪一开始就属于最勤勉的城堡建设者，要求那些住在城堡的人必须保持对他们的忠诚。

　　自城堡出现开始，城堡领主们无疑也是贵族成员。不过，在很多
145　情况下，他们看起来像是"新人"，因为他们的祖先不曾拥有政治权威。他们的出现扩大了贵族的范围，一旦他们确立了自己的地位，就迅速建立起他们自己与那些有更古老血统的伯爵和子爵之间的婚姻纽带，在很多情况下还把这些古老的血统关系摆在城堡里最重要的位置。

　　不久，城堡领主们开始编制他们各自的家族和个人身份，以及他们围绕着城堡的政治和军事权力。到 11 世纪最后十年，相当普遍的情况是，文书中提到的贵族会被称为某地"的"某人，例如称为"努瓦耶的米罗"（Milo of Noyers），这个有 500 年历史的贵族就被人

们通常用一个简单的名字来称呼。贵族的第二个名字（*cognomen*）最常见的是取自城堡的名字，这变得更为普遍，而基督教名字的数量在通行使用上看，出现急剧减少的现象，表亲堂亲很可能只是共同分享几个名字，优先采用其最荣耀祖先的名字。遗产和命名方式围绕着城堡领主编制起来。城堡也非常迅速地变成世袭的产业，城堡领主通常决定将其城堡只留给其长子。

城堡赋予领主的权力使城堡领主们开始行使其"禁用"权利［该词来自拉丁语的"取缔"（*bannum*），表示隶属某人或某机构权威之下的区域或范畴］。这些权利包括经济、军事和司法权，城堡领主对所有居住在其城堡辖区内的人行使。城堡因此成为领地统治的手段。起初，"禁用"权利似乎是公共权利和私人权利的结合。过去，司法和军事职能以国王的名义行使，但此时已从国王及其伯爵和子爵那里转移到新的城堡领主手中，这些职能与佃户和农奴一直要履行的许多经济义务结合起来。

其不同之处在于，这些"禁用"权强制所有当地居民接受，无论他们在人身上是否依附于某个特定领主。很快，它们就从一种被授予的权力转变为享有禁令权利的领主的世袭财产。这也说明，这些权利在何等程度上丧失了其公共权利的性质，以至于"禁用"权利经常被叫作"惯有权利"（*consuetudines*），即建立在集体回忆而非国王权力基础上的权利；有趣的是，到了 11 世纪中期，法国国王开始使用"惯例权利"一词来表示他们自己行使权力。

这些"禁用"权利中最重要的是征税权，它本质上是一种领主提出就需即刻缴纳的费用；现在也可能被称为保护费。"禁用"权利也包括对磨坊和烤炉的专属权、道路桥梁通行税征收权、要求款待权，特别是司法管理权。因此，当许多农奴逃离这种劳役时，许多祖上本来拥有自由份地使用权的农民也开始向地方领主缴纳税赋。享有"禁用"权利的领主们在 11—12 世纪得以强化其经济地位，因为此时正在兴起的货币消费（新城堡提供给十字军和教会的各种礼物都要用货币支付）使许多贵族的财富大为减少。

在城堡不断扩散的同时，出现了一个新的社会阶层，即骑士（*milites*）。骑士一词起初指罗马步兵，但 10 世纪末以后，其含意发生变化，特指某些为领主或城堡主提供服役和作战的人，通常都是些

146

骑兵。当它首次出现时，服役的含义就已融入骑士的完整概念中，但是国王要求其封臣领主提供的那种服役与农民承租人提供的服役非常不同。11世纪的骑士有时专指城堡领主（*caballarius*）而不是指骑兵（*miles*），即在城堡中服务，并随其领主参战，或去参加地方会议，或远足去其他城市和修道院。起初，骑士作为职业战士并不必须拥有贵族血统，开始时也不等同于贵族，虽然这两个群体最终在12—13世纪融合在一起。[10]

　　骑士在法国越来越普遍的同时，开始出现了一种关于如何构建社会的新概念。早些时候，俗人之间的最流行的区别标准在于他是自由人还是农奴，因此自由农民和自由贵族也被归结到同一类别。但11世纪，社会划分不是靠地位而是靠社会功能，这变得越来越常见。这一社会划分的经典陈述是11世纪初拉昂的阿达尔贝罗（Adalbero of Laon）写下的，他把人们区分为从事战斗的、从事祈祷的和从事劳作的。[11] 阿达尔贝罗的这一明确表述并不是直接重复更早时代关于社会的描述。甚至那些同意对世俗社会的劳动者和战士做出区分的教会人士，也并不总是将世俗社会中的教士和教会中的教士成员当作同一等级。逐渐地，贵族及其骑士、战士（包括许多依附骑士，他们在10世纪又被视为仆从），就因为其作战行为而与社会其他人区分开了。

上帝和平运动

　　与城堡和骑士大范围扩展同时出现的是上帝和平运动的发展。这

147　个运动标志着深层思想（至少在领导该运动的主教们中间）的变动，即从接受战争是人类的正常职业转变为上帝的意旨等同于和平。[12] 加洛林时代的公共司法是否曾经有效发挥过作用还是个问题，而它在面对权势人物阶层遭遇的瓦解，引发人们为保持社会内部秩序而去选择新方法。作为新兴职业的武士社会群体势力崛起，城堡的数量大量增加，为战争提供了平台，法国主教们，先是南部后是北部，开始召集上帝和平运动宗教会议。法国南部主教经常得到地方伯爵的协

---

[10]　Flori (1988), pp. 260 – 264.

[11]　Adalbero, *Poeme*, lines 295 – 296.

[12]　Duby (1973), pp. 450 – 451.

助。在法国南部有时用起誓来强化依赖于教会的人身和财货保护，或者用它来维持教堂避难权，这逐渐变成确立或者试图确立社会内部普遍秩序和公正的一种手段。[13]

在这些会议上，主教们拿出遗存圣物，用以从思想上说服贵族和骑士发誓不对没有武装的人和神职人员采取暴力，也不对他们进行勒索。这些会议出现在 10 世纪 80 年代，11 世纪期间逐渐增多。到了 11 世纪 30—40 年代，法国主教们感觉他们在说服权势阶层不再攻击无助者的事业上，已经取得了足够的进展，使他们能够扩大其努力来宣传上帝休战日，他们极力使骑士和贵族同意在一个礼拜的某些天不要再相互厮杀。这个休战日开始确定在礼拜日作为和平日，后来扩展到一个礼拜的其他几天和一年的某些季节（特别是基督降临节和四旬节）。和平运动在 11 世纪末再次兴起，因为在法国召开的每一次基督教大会，甚至教宗主持的会议（例如 1095 年发动第一次十字军的克莱蒙会议）上都宣扬"上帝和平"运动。

这些和平会议在减少普遍的社会暴力方面可能并不是特别成功，首先在该世纪后半期，法国第一次出现了雇佣军，与此同时和平运动也达到了高潮[14]——它们无疑还是使一些贵族反思他们的武力行为或偶尔缓和其暴力行为。但我们还是能从这些主教们召集这些会议的事实中总结出几点结论。

第一，很明显，在努力限制对无助者采取暴力行为的过程中，没有人认为值得向加佩诸王寻求帮助。主教们召集这些会议只是在填补王权的空缺。加洛林诸王，甚至那些在 9、10 世纪期间来自其他家族的国王，都是战争的领袖，那些不能成为战争杰出领袖的人就被视为无能的国王。此时，即使在整个 11 世纪卡佩王朝并没有马上发挥这样的作用，但人们还是认为有能力的领袖就是和平的缔造者。某些公爵比国王们更早地认识到这一点；诺曼底公爵和阿基坦公爵在他们各自的公国带头发出和平呼吁。

第二，尽管这些会议一致谴责现时代的暴力，尽管这个时期地方战争也被完整地记载下来，但人们还是产生了这样的印象：11 世纪

148

---

[13]　Magnou-Nortier（1974），p. 304.

[14]　Duby（1973），p. 462.

的暴力行为比 10 世纪少些。假定贵族和骑士没有机会实行暴力行动，那么原本就没有必要来设法让他们同意放弃胡乱攻击无助者。甚至兴建城堡也至少说明了暂缓战事的努力；当一座重要的山岭或河流要冲被团团围困时，人们也来不及构筑防御工事。

采邑持有

11 世纪法国社会重新形成诸多结构，甚至还从更早时期继承法律术语，在这些变动中，采邑持有就是一个主要的例子。由于采邑持有使用加洛林时代的拉丁文用语，此时它们就具有不同的含义，例如封臣、附庸（vassus）和恩惠（beneficium）这些词，学者们用来说明在 11 世纪史料中变得特别具有明显的封建关系含义，它们早在一两个世纪前就存在了。但是，对相近地区的大量研究已经揭示出这种制度新的内容。

采邑持有制度是贵族之间或贵族和骑士之间，也就是社会上层成员之间专用的制度，在这个制度中，一个人对另一个人宣誓效忠，以换取终生使用一块地产即采邑的权利（feudum）。接受采邑的人，即封臣，并不需要缴纳租税或地租，只要在需求的时候提供效忠支持和军事服役即可。他并不主张拥有采邑的所有权，这块土地仍然属于封主领主，但是他享有占有权并使用它。封臣的采邑权利是有条件的，那就是他必须事先承诺始终支持其封主，而封主则被希望允许其封臣终生保有其采邑，除非他丧失了封臣的支持；在这个方面，采邑与恩惠（beneficia）非常不同，加洛林时代获得的恩惠有长期的和有短期的。

沙特尔的富尔伯特（Fulbert of Chartres）在信中描述了 1020 年前后一个封臣对其封主应尽的义务，这是最早对封建关系（forma fideli-tatis）进行全面描述的文献，它特别强调封臣受到限定的义务。[15] 富尔伯特说，封臣将不能给其封主造成任何伤害，不能泄露其秘密或出卖其城堡。他不能从其领主那里转移司法权，不能造成其财产的任何损失，或者不能做任何使其封主难以做到，或不可能做到，或不值得去做的事情。然而，富尔伯特补充说，这些被限定的义务对获得采邑

149

---

[15]　Fulbert of Chartres, *Letters* 51, pp. 90 - 92.

的封臣而言还不够。他还提出封臣要身体力行地帮助其封主，并提供好的建议，而其封主则应该反过来值得封臣信赖并帮助他。

当采邑持有第一次出现在法国时，它是偶然的（ad hoc），并有严格限制。在数个世纪之前，它肯定有先例，比如伯爵和公爵对加洛林王朝的效忠宣誓，或就此事而言，先例还能从同时具有罗马和早期日耳曼社会特征的领主和随从中发现。但是 11 世纪采邑持有在地位同等的人之间出现的频率与在上层和随从间出现的频率一样，它也必然地包括采邑颁授，而在加洛林时期，不管国王是不是真的给了封臣什么东西，也不管国王是不是取得了什么作为回报，封臣都要忠诚。另一个重要的区别是，加洛林王朝的采邑封臣接受的是公共土地和他们作为官吏职位所得的收入，而 11 世纪封建领主向其封臣颁授的是他们自己个人合法所有的土地，这一点人们在法国南部看得最清楚，在法国北部也能看到。

富尔伯特提到的相互义务产生了一种封主和封臣之间平等的概念。采邑持有被用来加强骑士和小贵族与更强大权势阶层的联盟和纽带。到了 12 世纪晚期，这个制度就成为地方诸侯必须在他们和他们属下的城堡领主们之间，建立联系的一个强有力工具。但在 11 世纪或在 12 世纪大部分时间里，采邑在贵族土地持有制度中只占小部分，因为他们持有的大部分土地都是具有完全世袭土地所有权的。

重建修道院

在城堡、骑士和采邑开始流行的同时，法国修道院制度也经历了一次快速的扩张。拉杜尔夫·格拉贝记载说，勃艮第开始重建教会的重要时期在 1030 年前后，他说当时法国正在被披上"白色教堂组成的斗篷"。[16] 事实上，即便在勃艮第，11 世纪的修道院扩张也有其在 10 世纪存在的长期根源，毫无疑问的是，11 世纪确实是重建、重修和再建修道院的伟大时代，以至于到 12 世纪初几乎没有哪间曾在历史上作为僧侣庇护所的教堂是破败不堪的。同样，12 世纪的修道院也完全没有破败迹象，特别是在城市里的许多修道院都得到重建，作为法政教士（secular canons）或律修会修士（regular canons）的住

---

⑯　Radulf Glaber, *Historia* Ⅲ, iv. 13, "passim candidam ecclesiarum vestem indueret".

150　所。但是，在 1075 年建成的莫莱姆（Molesme）修道院和 1098 年建成的西铎修道院还在修建时，大部分新修道院的确都是新建的，不仅仅是对墨洛温王朝或加洛林王朝时期修道院的加固，而前面提到的这两座建筑对 12 世纪的修道院产生了极大的影响。

　　11 世纪的修道院复兴包括几个不同的方面，且彼此之间也不一定有关联。需要重新修建的建筑都进行了重修；已成经典的建筑也都重建或扩建了；许多修道院还争取摆脱主教的控制。在 9 世纪或 10 世纪早期修道院得到的一些特权使它们处于教廷的直接管理下，这时这些特权都得到恢复，并被用来抵抗地方主教。尽管像克吕尼这样的一些修道院能够在 11 世纪期间使自己完全彻底地摆脱其教区主教，但是 11 世纪晚期教宗突然干涉法国教会实际生活，促使教区权力重新得到加强，这多少有些讽刺意味，教宗们设法建立起教阶等级结构，在这个体系里，主教肯定要发挥重要作用，即使其作用只是充当教廷和地方教堂和修道院之间的中介人。

　　虽然对现存修道院进行重建的传统和修道主义一样古老，有的是因为修道院本身确实已经破败，有的是因为僧侣们似乎不再坚守比较严格的修道生活，但自墨洛温王朝以来法国一直不断重建修道院，而从 10 世纪最后 25 年前后开始的重建风潮确实在强度上是空前的。毫无疑问，这一风潮是与总体上暴力冲突的减少（哪怕是微小的减少）有直接关系，这就使上帝和平运动更加可行。

　　10 世纪晚期和 11 世纪的通行方式是，具有确定无疑的规律性和圣洁生活的修道院，有义务对损毁或坍塌的修道院房屋进行改造，有时会接过修道院的管理权，有时会向那里派去一位自己属意的僧侣去担任修道院院长，而这位院长通常还带着一个领导班子。在法国不同地区，人们极力寻找不同的修道院以作为适合改造的对象。在勃艮第，克吕尼修道院的起源能上溯到 10 世纪晚期和 11 世纪，甚至在 10 世纪上半叶，其在奥弗涅（Auvergne）和意大利的影响比在勃艮第还大得多。在洛林，戈尔泽（Gorze）修道院像法国西部的马尔穆捷（Marmoutier）修道院一样发挥同样大的影响，还有蒙马约（Montmajour）修道院在普罗旺斯地区，穆瓦萨克（Moissac）修道院在图卢兹地区（到 11 世纪下半叶，这里就屈服于克吕尼派影响），以及谢兹－迪厄（Chaise-Dieu）在奥弗涅地区所发挥的影响。

这些重建活动在 11 世纪期间有某种偶然性（*ad hoc*），完全不像 12 世纪的西铎会，后者所做的改建活动是有秩序地建造，并基本上形成了制度化关系。几乎在所有重建的情况下，最初都不是由那些不再进行这类重建工作的修道院发起的，而是由地方主教或有权势的世俗人士发起的；事实上，在很多情况下，修道院院长根本不愿意使用他控制的资源和僧侣去重建另一所修道院。值得注意的是，11 世纪的重建和建造工作也很少是由国王们发起的，人们甚至不要求国王认可国王领地以外的修道院重建工程，这在加洛林王朝是定期进行的工作。有趣的是，亨利和菲利普两位国王都比较注重法政教士之家，而不重视修道院建筑；后来有人认为：修道院可能会对王权已经衰落的主权造成更大的威胁。⑰

在某些情况下，重建后的修道院都可能变成在建修道院的附属小修道院，其院长由那所在建修道院院长兼任，这样的安排可能会无限期，或者以原院长在世为限。诺曼底的费康修道院就是由第戎的圣贝尼格纳斯（St-Benigne of Dijon）修道院院长重新修建的，但是它在圣贝尼格纳斯修道院控制下 30 年后，应诺曼底公爵的要求，得到了一位自己的院长。但在另外一些情况下，新近重建的修道院也可能从一开始就有自己的院长，也就是派遣众多修道士中的一位，前去重组该修道院的修道生活。

无论通过哪一种重建修道院的办法，其成效都十分显著。到了 11 世纪最后几十年，很少有几个能够负担起大量男性或女性教众的宗教团体没有做过这样的重建工程了。甚至有些小教堂也经常有一小群神父前来依附。其中许多都是法政修士，但到 11 世纪 60 年代初，律修会修士或"奥古斯丁派修会"修士（Augustinian canons）开始在法国出现了。这些修士滞留于城市的教会中，不过有的人也生活在一些乡村的教堂，甚至城堡小教堂中，在那里，他们遵循着共同的生活方式，关照其世俗邻居的精神生活。大约就在这些修士出现在城市教会中时，隐修士开始在法国城乡各地星罗棋布地出现了。到 11 世纪末，某些偏僻地区的修道院就成为新建立的修道院机构的雏形，例如西铎修道院就是在一个偏僻地区（*hermemum*）修道院的遗址上建立的。

151

---

⑰　Lemarignier（1965），pp. 93 – 107.

　　11 世纪期间，一些一度依赖于国王或至少依赖于地方君主授予其免税权的修道院逐渐转向了教宗。这个过程即使在格列高利改革以前就迅速推进，在改革期间则进一步加速。例如克吕尼修道院在亨利和菲利普等一些法国国王统治期间就没有接到过任何由国王签发的特权委任状。这些僧侣公开独立于王室权力显然严重影响国王的支持。拉瓮的阿达尔贝罗描述的社会三大等级并不是简单的概括，而是人们热议的一部分，这种观点主张"那些祈祷的人"正在介入那些本应属于"作战的人们"的行为。

152　　11 世纪是有权势的世俗人士向僧侣捐赠礼物的主要时期。教区教堂极为频繁地获得礼物，就是那些以前曾控制他们的世俗贵族向僧侣赠送礼物；11 世纪使修道院变得越来越重要的一种方法是控制更多的教区教堂。僧侣们接受大片土地的情况也极为常见，他们甚至从那些最有权势的捐赠人那里获得整个王庄（*villae*）：非常有趣的是，这些人就是在其生前某个时期刻意把某些修道院的财产当作他们自己产业的那些人。尽管全面对比 11 世纪和 12 世纪的捐赠有何不同是极为困难的事情，因为 12 世纪又兴建了许多新的修道院，而且那些在 11 世纪很少把他们的钱财捐赠出去的骑士们，却在 12 世纪开始大量进行捐赠，但很清楚的是，非常重大的捐赠常常来自那些或者主动重建修道院的世俗人士，或者来自其祖上曾经进行过修道院重建的世俗人士，而在 1100 年以前这种情况显然比 1100 年以后更为常见。事实上，某些修道院的大笔捐赠是来自更早的时期，克吕尼修道院在 10 世纪 80 年代确实获得了相当大笔的捐赠，而在 11 世纪时，其财源就缩减了。

学问

　　当那些进行捐赠的僧侣和世俗人士在 11 世纪期间千方百计地促进规范的修道生活时，许多教区学校吸引了大批教师，并将大量有志于学问钻研的人们吸引到学校来，其中甚至有些并不是某个相关教堂的信徒。甚至一些法政修士之家也开办学校；当克莱沃的贝尔纳还是个普通世俗人士时，就与塞纳河畔沙蒂永（Chatillon-sur-Seine）的大教堂教士们一起学习。在许多这类学校中，又重新对很多神学问题进行考辨，自教父时代以后在西方就没有再对它们进行过广泛的争论了。

像沙特尔的伊沃这样的教会法学家就是通过研究大量教宗的公告、会议决定、自基督教第一个千年以来，那些或真或假的教会法集刊，试图确定教会的真实状况，这就涉及一大堆神学和教会法律的问题。像沙特尔学校这样的许多学校吸引了众多对神学研究感兴趣的教师和学生，他们对这些问题研究的兴趣极为浓厚，以至于在 11 世纪最后几年里，那些旅行各地的神学家吸引了大批读者。这个时期，在西方再度出现异端，不是曾经出现过的那种严格意义上的异端，而是那种正统意义上的异端，若干世纪以来没有任何人有时间、精力或知识去把它们争辩清楚。与重新出现的异端同时出现的是烧死异端分子，虽然在实践中，自罗马帝国末期以后，在法国就没有人了解这种刑罚，但在 11 世纪仍有零星的案例发生。

伴随着教会内部学术的发展，像克莱沃的贝尔纳所说的那样，世俗学问的复兴开始了。至少在法国北部地区，世俗学问似乎在 10 世纪就消亡了，而且直到 13 世纪为止也没有重新流行起来，但毫无疑问的是，那些代表世俗人发布的大量宪章特许状在 11 世纪非常明显地增加了。现存的大部分文献都属于修道院，因此我们不能把这些文献的增加与捐赠给僧侣的礼物的增加完全分开，很清楚的是，书写文字正变得具有新的重要意义。

尽管人们还不能说，就是由于修道院文化的复苏和教会法律教义的兴起直接导致了所谓的教会内格列高利改革，但是它们至少有直接关联。在法国，这就相当迅速地使一些主教变得德高望重，他们不像其先辈中的许多人（肯定不是全部）优先致力于教会事业高于各自的家族，而是品德高尚，通过选举而非贿买担任教会职务。国王和君主们在选举主教中的作用急剧减少的最突出后果，是那些在法国几乎所有教区中成为主教的人的社会来源在发生变化。他们曾经是效忠服务于权势阶层的人，可能作为后者的神甫，或者甚至是君主们的兄弟和表亲。当大教堂监管人主持新主教的选举时，他们自然倾向于挑选他们自己的人选，而不会中意那个地区最有权势的世俗领主的随从或亲戚。从 11 世纪最后 25 年开始，不再刻意挑选来自最高阶层的贵族担任新主教，当然他们也还是贵族，也很常见驻扎在原地区。[18]

---

　　⑱　Bouchard（1987），pp. 67－76.

　　因而，11 世纪是法国社会各个方面发生重大且急速变革的时期。过去，人们对这个时期比较忽视，部分原因是这个时期在位的国王们比较乏味，部分原因在于 12 世纪吸引了学术界更多的注意力。但是，11 世纪是个关键的转折性世纪，在此期间，从加洛林时代传承过来的经济、文化和政治制度都发生了变革。

康斯坦丝·布里坦·卜洽德

（Constance Brittain Bouchard）

陈志强 译校

第 六 章

11 世纪的西班牙

穆罕默德·伊本·阿比·阿米尔（Muhammad ibn Abi 'Amir）在历史上以其尊号曼苏尔（al-Mansur）或者"胜利者"（Almanzor）闻名。他于 1002 年 8 月 11 日在梅迪纳切利（Medinaceli）去世，这件事毫无疑问受到基督教西班牙各王国居民的欢迎，虽然这有些残酷无情，但还谈不上感到特别欣慰。曼苏尔在大约四分之一的世纪里牢牢地控制着安达卢西亚（al-Andalus，即穆斯林西班牙）的统治权，将其政治对手完全限制在科尔多瓦（Córdoba）的国家官僚机构中，也将统治王朝倭马亚（Umayyad）朝哈里发希沙姆二世（Hisham Ⅱ，976—1009 年在位）下降到只是参与典礼仪式的角色。曼苏尔以类似的手段推行恐怖和威严统治，他作为哈里发国家的宰相"哈吉布"（hajib）和整个穆斯林西班牙的实际统治者，其权力在统治期间基本上没有遭遇到挑战。他亲自指挥的军队无论在规模庞大还是实力强大方面，都保证了科尔多瓦对整个穆斯林西班牙各个省区的控制，从来没有造成任何严重的问题；正如其军队也使得他能够赢得巨大的个人权势和相当庞大的战利品，他每两年就要进行一次大规模的破坏性抢劫远征，获利巨大，且范围甚广，直接深入基督教王国领土，从东北部的巴塞罗那（Barcelona）直到西北部的孔波斯特拉的圣地亚哥。到了 11 世纪初，穆斯林西班牙王国不仅是伊比利亚半岛上唯一强大的政治势力，而且可能是整个西地中海地区最强大的国家，其边界从北非直到杜埃罗（Duero）河。正如后来一位观察者所说，在曼苏尔的统治下，"伊斯兰教享有整个西班牙伊斯兰世界前所未有过的光

荣，而基督教徒则遭受到其最痛苦的欺辱"①。尽管如此，强大实力
的印象也只是提供了一种虚幻的假象。在曼苏尔死后仅仅 10 年，安
达卢西亚世界统一的政治权力便衰败了，1031 年，西倭马亚王朝哈
里发国家便寿终正寝，从此再也没有恢复过来。虽然到该世纪末，穆
斯林西班牙世界在柏柏尔人阿尔莫拉维德朝（Berber Almoravids）的
155　统治时期一度获得了短暂的统一，但是伊比利亚半岛的权力天平已经
决定性地从穆斯林西班牙偏向了另一侧。西班牙穆斯林在北方基督教
国家日益增强的自信和扩张面前，开始呈现出长期而羞辱的退却。

　　曼苏尔的儿子及其继承者阿卜杜勒 – 马利克·穆扎法尔（'Abd
al-Malik al-Muzaffar）被一些人认为是个放荡不羁且嗜酒如命的人，
但他所推行的政策还是相当忠实地继承了其杰出的父亲一直推行的政
策。② 这位科尔多瓦新宰相采取步骤加强对国内权力的控制，将那些
他认为潜在对手的人打入监狱，并确保哈里发继续远离国家事务。他
还千方百计保持对国外敌人的压力，对加泰罗尼亚（Catalonia）、卡
斯蒂尔、莱昂（León）和纳瓦拉（Navarre）等地区发动抢夺性远征，
并取得了不同程度的胜利。1004 年，他甚至要求仲裁关于莱昂王位
的争端。但是，他对处于被包围状态的北方基督教居民还是放过一
马。穆扎法尔于 1008 年 10 月因心脏病突然去世，使整个穆斯林西
班牙世界陷入政治危机，并暴露出其政治和军事体制的结构性缺
陷，这个体制是曼苏尔一直苦心经营打造起来的。首先，曼苏尔及
其儿子一直宣称是以哈里发希沙姆二世的名义行事，而年轻的哈里发
实际上被与政府隔绝开来，宰相作为哈里发权位背后的实际掌权人，
一直力图限制并降低早已衰弱的哈里发的权威，这也同时瓦解了业
已确立的穆斯林西班牙权力的基础。尽管哈里发的名字还出现在铸
造的金属货币上，尽管每周五进行的祈祷仪式上还要继续提到他的名
字，但是，到 1008 年，倭马亚王朝的统治者早已经变得无足轻重
了。③ 其次，国家军队的迅速扩张不仅造成了公共财政难以承担的压
力，而且大量招募柏柏尔人进入军官序列使穆斯林西班牙世界充满
了外族的不安定因素，他们只是效忠科尔多瓦那些支付其军饷的人，

---

① 'Abd Allah, *The Tibyan*, p. 43.
② Ibn 'Idhari, *La caida del Califato de Córdopa*, p. 11.
③ Ibn al-Kardabus, *Historia de al-Andalus*, p. 84；Wasserstein（1985），pp. 40 – 41, n. 47.

而不忠诚于倭马亚王朝哈里发国家机构。后来,当这一制度陷入危机时,军队中的很多人就认为有必要采取武力保证他们自己的安全了。

总之,只要占统治地位的阿米尔（'Amirids）家族愿意在哈里发权位面前表现出阿谀奉承,并能得到武装力量的支持,那么他们的政治统治地位似乎就是稳定的。但是,当穆扎法尔那位骄傲自负的兄弟阿卜杜勒·拉赫曼［Abd al-Rahman,也叫作小桑绰（Shanjul）］于1008 年决定任命他自己为哈里发王位的继承人时,则导致了严重后果,不仅是对其父亲建立的阿米尔家族,而且对整个穆斯林西班牙世界来说都是灾难性的。倭马亚王朝家族成员在面临即将到来的政治灭亡前途时,鼓起勇气于1009 年2 月发动政变,他们设法废除了无能的希沙姆二世,扶植家族的另一位成员穆罕默德·马赫迪（Muhammad al-Mahdi）取而代之,成为新的哈里发,而后杀死了遭人痛恨的宰相小桑绰。作为反叛行动的标志,曼苏尔曾经为其家族在科尔多瓦东部的马蒂纳·扎西拉（Madinat al-Zahira）建造的豪华宫殿（“金光宫殿”）被叛乱者夷为平地。但是,如果倭马亚王朝家族反叛者真的以为他们通过起义就能挽回颓势,重新恢复阿卜杜勒·拉赫曼三世（912—961 年在位）时期曾经享有的哈里发权势和特权,那他们就只能失望了。1008—1009 年的一系列事件远未能使倭马亚王朝的统一权力赢得支持,而仅仅刺激了那些有可能成为统治者的人也进行叛乱冒险,以便为他们自己奠定争夺王权的基础。以前一直使科尔多瓦中央能够控制各个省区的国家军队很快便分裂成各霸一方、相互攻战的军阀,随之而来的是统一的穆斯林西班牙世界的瓦解。

在1008 年穆扎法尔去世和1031 年这个哈里发国家最终灭亡期间,激烈的争权夺利业已显现,但是在此后的角逐中,中央集权瓦解了,整个穆斯林西班牙世界分裂为许多独立的君主国,历史学家们称之为“分裂诸小国”（ta'ifa,阿拉伯语一词的意思是“党派”或“派别”）。当代阿拉伯作家把这个争权夺利的时期称为混乱时期“冲突”（菲特纳,fitna）,意为混乱、起义骚乱或惩罚。④ 根据1073 年到1090 年格拉纳达（Granada）的“分裂国”（ta'ifa）国王阿卜杜

④ Scales (1994), pp. 2–5.

勒·齐里（'Abd Allah al-Ziri）在其回忆录中记载的各种事件的叙述，阿米尔王朝倒台后，"所有的军事将领都在各自的城市自立为王，并把他们自己封闭在各自要塞的高大围墙内，首先要确保各自的地位，建立各自的军队，集聚各自的资源。这些人为了争夺世俗利益相互攻讦，每个人都在设法征服其他人"。⑤ 1008 年以后很快成功崛起的国家中，最成功的是以行政管理单位库瓦伊（kuwai）为基础的那些国家，即一个城市及其周围地区，它们早在阿米尔家族统治时期就已经存在。同样的，许多成功自立为"分裂小国"国家统治者的人，早在前朝统治时期就已经获得了行政职位。例如，扎维·伊本·齐里（Zawi ibn Ziri）早在 1013 年前后便获得了内华达山脉（Sierra Nevada）山脚下的埃尔维拉（Elvira）省区，后来，他将其首府迁移到逐渐发展成格拉纳达城的那个地方，他就是在统一的中央集权瓦解后成功寻求独立的许多柏柏尔将领中的一个。在其他地区，特别是在阿尔梅里亚（Almería）、德尼亚（Denia）和巴伦西亚（Valencia）地区，获得当地控制权的那些人不仅包括军事将领，也有大贵族行政官僚，其中一些人就是具有欧洲血统的奴隶"萨卡里巴"（saqaliba），他们以前就在阿米尔家族统治下行使职权。还有另外一些"分裂小国"统治者属于早就富甲一方、权大势重的安达卢西亚各家族：如1010 年就控制了萨拉戈萨（Saragossa）的图基比（Tujibids）家族，以及后来于 1039 年取而代之的乌迪兹（Hudids）家族，还有 1018 年占领了托莱多的杜·鲁利兹（Dhu al-Nunids）家族；或者像 1023 年在塞维利亚成功东山再起的阿巴德（'Abbadids）家族。⑥ 所有这些野心勃勃的人具有的共同点在于他们敏锐地洞察到中央集权瓦解对各自有利的机会。虽然他们绝大多数人都是在阿米尔家族独裁时期获得的权势地位，但是他们为了那个统治权力而战的热情并不比为了确保哈里发国家的存在而战的热情更高。其深层原因在于，科尔多瓦这个昔日的政治中心本身，经过 1009 年政变的血腥蹂躏后，已经不可能重新恢复控制权。尽管有些人仍然认为倭马亚王朝哈里

---

　　⑤ Abd Allah, *The Tibyan*, p. 45.
　　⑥ 关于哈里发的衰败，参见 Wasserstein (1985)、pp. 55–81。在 Wasserstein (1985)、Viguera Molins (1992) 和 (1994) 的著作中对相继存在的"分裂小国"有透彻的研究。至于地区问题可以参见 Dunlop (1942)、Huici Miranda (1969–1970)、Terron Albarran (1971)、Turk (1978)、Tapia Garrido (1978) 等人的著作。

发制度值得重振威严，但它已经变得衰弱不堪、声名狼藉了，王朝中充斥着激烈的阴谋政变、钩心斗角，没有任何人能长久地控制权力。到1031年被废黜的最后一代哈里发希沙姆三世（1027—1031年在位）时期，科尔多瓦早已经衰落到像其他"分裂国"一样的小国地位，它以前主宰整个西班牙伊斯兰世界的权势只是化为逐渐淡去的回忆。

在1010年到1040年间政治最为动荡的时期，共有多达30多个这类"分裂小国"。它们无论在疆域面积，还是在人口数量和物质资源方面都差异悬殊，从诸如阿尔梅里亚、卡塔赫纳（Cartagena）和马拉加（Málaga）这类小而富的沿海小国，到巴达霍斯（Badajoz）、托莱多和萨拉戈萨这类土地广袤的边疆国家。然而到11世纪中期，西班牙伊斯兰世界的政治版图发生了变化。由于这些"分裂小国"的财富和军事势力相差巨大，一些小国最终被实力更为强大且野心膨胀的邻国吞并只是个时间问题。其中最为强大的君主国是塞维利亚的阿巴德王国，该王国在11世纪40—50年代期间成功地将多达十余个"分裂小国"吞并置于自己的统治下，把它们合并为三个地区，即阿尔赫西拉斯（Algeciras）、韦尔瓦（Huelva）、龙达（Ronda）。1070年，科尔多瓦本身也被阿巴德王国吞并。塞维利亚可以说是当时所有"分裂小国"中最强大、最有声望的国家，以至于它能够煞有介事地宣称自己就是哈里发国家传统的真正继承者，但其自命独霸整个西班牙伊斯兰世界也遭到激烈的抵抗。托莱多和萨拉戈萨等"分裂小国"，以及那些更小一些的国家如巴达霍斯、格拉纳达和巴伦西亚等国，都成为维护其各自权益的重要政治实体。这些主要的"分裂小国"各自继承了哈里发国家的财富和经济发展的活力，都分别拥有建立各自首都和十分豪华王宫的财力。其统治者们都在设法大兴浩大的土木工程，以便向世界表明他们的雄厚实力，例如阿尔加菲里亚（Aljafería）统治者穆克塔迪（1046—1082年在位）在萨拉戈萨兴建的奢华的阿尔加菲里亚宫殿，其占地广阔，藏有大量艺术精品。正是在这个豪华典雅精巧宏伟的环境中，活跃着众多名噪一时的诗人、哲学家和科学家。一些"分裂小国"的君王，特别是像巴达霍斯的穆扎法尔（1045—1068年在位）、塞维利亚的穆塔蒂德（al- Mu'tadid，1042—1069年在位）和穆塔维德（al-Mu'tamid，1069—1091年在

158

位），都凭各自的本事成为颇有造诣的诗人和学者。⑦

这些"分裂小国"虽然异常富有，宫殿富丽奢华，清真寺院宏伟，但都非常脆弱。它们数量众多、范围广大，这本身就意味着其中大多数国家缺乏政治和经济实力，难以进行实际可行的领土扩张计划。对于大多数"分裂小国"的君王来说，其维持自身存在就是当时的任务。这些君主的政治活动就是谋划持续不断的争斗，小王朝对手间的较量、各地区外交权谋，以及小规模军事冲突，这就是当时的局面。由于西班牙伊斯兰世界的君主们政治影响力持续降低，因此"这个世界不断萎缩"。⑧ 而它与海外强权的外交联系也开始逐渐断绝；打击北方基督教徒的进攻性军事行动变得越来越少，乃至停滞，而在阿米尔王朝统治时期，这是对外政策的重要特征。相反，各霸一方的"分裂小国"国王们却越来越依赖北方基督教国家为他们提供军事力量，因为在他们与各自邻国长期的领土争端中，越来越需要武装力量。基督徒们抓住机会，扭转局势，朝着有利于自己的方向变化，就只是个时间早晚的问题了。

但是，伊比利亚半岛上基督教王国的君主们，在 1008 年秋天穆扎法尔去世后出现的局势面前，很少有人能够洞察到西班牙伊斯兰世界的统一局面会在极短时间内瓦解，并导致政治剧变，更别提预见到随后显现出来的能够使其实力加强、领土扩张的机遇。另外，当时的基督教君主们大多还没有利用哈里发国家垮台后的有利时机采取行动的意图，唯一的例外是卡斯蒂尔和加泰罗尼亚的两支武装力量，他们逐渐卷入 1009 年到 1010 年科尔多瓦爆发的后阿米尔时代的权力争夺战中。⑨ 此外，大部分基督教君主们麻烦不断，各自应接不暇。真实的情况是：基督教徒们早就变得习惯于充当安达卢西亚西班牙伊斯兰权贵统治者的下人奴仆。在 10 世纪的绝大多数时间里，哈里发阿卜杜勒·拉赫曼三世及其继承人哈卡姆二世（al-Hakam Ⅱ，961—976年在位）一直掌控着统辖基督教国家的军事和政治强权，以至于许多基督教君主成为其门客下属。10 世纪最后 25 年间，宰相曼苏尔对北方基督教地区定期发动毁灭性的洗劫，不仅强化了科尔多瓦的强权

⑦ Viguera Molíns (1994), pp. 497–647.
⑧ Wasserstein (1985), p. 135.
⑨ Scales (1994), pp. 182–204.

统治，而且对毫无斗志的基督教教徒造成了深刻的心理和肉体伤害，而且这种伤害一时还难以恢复正常。

　　哪里的情况都不如所有基督教国家中最强大的莱昂王国的情况典型。[⑩] 这个王国来源于711年到718年穆斯林征服后出现的阿斯图里亚（Asturian）公国，到11世纪初年，该国逐渐扩张，不仅囊括阿斯图里亚和加莱西亚（Galicia）这些山区，而且囊括占据西班牙北部半壁河山的广袤开阔的梅塞塔平原（meseta），一直向南伸延到杜埃罗河。这个梅塞塔平原的垦殖和沿杜埃罗河南岸建立防御要塞，早就成为莱昂君主们主要关注的事情之一，并在此后一段时间将继续为他们所重视。另一个受到重视的事情是将哈里发国家的军队阻挡在海湾，并在时机出现时与之战斗。但是，作战的事情说起来容易做起来难。在10世纪后半期，很少出现过几次值得炫耀的作战成功的时机。这个阶段更为突出的情况是内部政治冲突，比较典型的事例是958—959年间"胖子"桑乔一世（Sancho Ⅰ the Fat，956—966年）和"坏人"奥多诺四世（Ordono Ⅳ the Bad，958—959年）之间的王位之争，以及982—985年间拉米罗三世（Ramiro Ⅲ，966—985年）和韦尔穆多二世（Vermudo Ⅱ，982—999年）之间的王位之争，这成为莱昂军队的突出特征。[⑪] 由于他们的政治斗争势均力敌，具有分裂意识的贵族继续存在，而当时穆斯林的攻击日益频繁、狂野残暴，因此敢于突入倭马亚王朝控制地区进行袭击的打算，几乎不再为越来越陷入围困的莱昂君主所考虑。韦尔穆多二世决定向曼苏尔缴纳年贡，以换取穆斯林军队的巡逻保护，进而在国内稳固其王位，这一决定充分说明了莱昂君主的疲弱。而且，后来当韦尔穆多二世于987年企图使自己摆脱科尔多瓦的统治时，曼苏尔立即做出反应，洗劫了科英布拉（Coimbra）、莱昂和扎莫拉（Zamora）。997年，这位宰相的军队还蹂躏了圣城孔波斯特拉的圣地亚哥，抢走了大教堂的大门和大钟，用来装饰科尔多瓦大清真寺，更是在他们的伤口上撒盐。[⑫]

160

---

　　⑩　有关这些基督教国家的历史特别要参见 Valdeavellano（1968）、Lacarra（1975）、Ubieto Artera（1981）和 Salrach（1987）的作品。英文作品的专著包括 O'Callaghan（1975）、Lomax（1978）、Bisson（1986）和 Reilly（1992）的作品。

　　⑪　*Historia Silense*，pp. 169–177.

　　⑫　关于 al-Mansur 的战事请参见 Lévi-Provencal（1944），Ⅰ，pp. 432–447；Ruiz Asencio（1968）；Seco de Lucena Paredes（1970）；Molina（1981）。

尽管 1008 年穆扎法尔死后，穆斯林对莱昂的长期侵扰很快就停止了，但是韦尔穆多的儿子和继承人阿方索五世（Alfonso V，999—1028年在位）仍面临更多类似的麻烦要应付：他被迫应付地方贵族反叛势力对其权力的挑战；他还不得不抵抗定期侵扰洗劫加莱西亚沿海地区的维京海盗；他也试图重建其遭到战祸摧毁的王国，并使之人丁兴旺。直到 1028 年，阿方索才真的认为自己的实力足够强大，可以从安达卢西亚的政治动乱中得到好处，而这个时候，他却在围攻葡萄牙城市维塞乌（Viseu）时突然死亡。[13] 其九岁的儿子韦尔穆多三世（1028—1037 年在位）继承王位，导致了一个新的政治动荡阶段的开始。

莱昂的君主们习惯性地认为他们自己就是西哥特统一王国的合法继承人，该王国灭亡于 711 年穆斯林入侵的军事进攻。早在 9 世纪时，奥维耶多（Oviedo）地区的阿斯图里亚王室宫廷宣传家们就已经开始孕育发展出新哥特观念，并热情地鼓吹阿斯图里亚君主们对整个西班牙的统治。更有甚者，这种观念自信满满地预言，从半岛驱逐这些异教徒的时刻即将到来。[14] 而莱昂国内的政治动乱意味着，这些好大喜功的主张随着 10 世纪时间的流逝正在变得越来越不现实，尽管还有一些人像主教阿斯托加的萨姆皮罗（Sampiro of Astorga，生于992 年，卒于 1042 年）一样，积极地为保存夺回失地的理想火花而奋斗。[15] 然而，除教会仪式上的说辞以外，人们认为现实生活中的政治情况更为复杂。早在 11 世纪初，西班牙的基督教世界就是一幅相互争斗的君主国的大拼图。例如，莱昂以东是卡斯蒂尔国，它一度是莱昂王国领土的一部分，后来在伯爵费尔南·冈萨雷斯（Fernan Gonzalez，930—970 年）及其继承者加西亚·费尔南德斯（Garcia Fernandez，970—995 年）和桑乔·加尔塞斯（Sancho Garces，995—1017 年）的卓越领导下成功独立，成为独立的君主国。当莱昂君主们千方百计为控制权力而战时，这些卡斯蒂尔的伯爵们日益展现出自信与扩张的倾向；表现最为突出的是伯爵桑乔·加尔塞斯，他虽然在对抗阿方索五世少数派设法夺取统治权时受挫，但是却利用莱昂王国

---

[13]　Fernández del Pozo (1984)，pp. 31 – 162.

[14]　*Crónicas asturianas*，p. 188.

[15]　Fernández-Armesto (1992)，pp. 133 – 137.

政治动乱获利匪浅，向西扩张，将其控制权扩大到塞亚（Cea）河与皮苏埃加（Pisuerga）河之间各个领地。其更大胆的行动是，一度支持柏柏尔人在 1009 年夺取科尔多瓦政权的起义，结果伯爵桑乔·加尔塞斯由于支持起义得以重新占领了沿杜埃罗河谷的一些要塞，包括戈尔玛斯（Gormaz）、圣埃斯特班（San Esteban）、克吕尼亚（Clunia）和奥斯马（Osma），这些要塞都是以前失陷于曼苏尔的。⑯

在卡斯蒂尔境外，还有巴斯克（Basque）国家和潘普洛纳（Pamplona）那个非常小的王国，也称为纳瓦拉。尽管该王国的早期历史非常不清楚，但它曾是以古罗马旧城潘普洛纳为基础的独立国家，早在 9 世纪 30—40 年代，就在最初的穆斯林统治以及后来法兰克人统治下，形成并得到过承认。⑰ 在新崛起的希门尼斯（Jimenez）王朝的桑乔·加尔塞斯一世（905—925 年在位）国王统治时期，该王国进行了相对缓慢的领土扩张，其边界延伸到里奥哈（Rioja）河流域富饶地区。然而正是在 11 世纪最初的几十年，纳瓦拉王国经历了其最辉煌的时期，尽管最终是短命的，但其领土却极大地扩张了。后人称为"大帝"的桑乔·加尔塞斯三世（1004—1035 年在位）国王，将残酷无情的机会主义和深思熟虑的外交技巧相结合，依靠军事武力，把一大片基督教徒掌控的土地纳入其统治下。⑱ 他向东吞并了比利牛斯山中央山脉的索布拉贝（Sobrarbe）和里巴格尔扎（Ribagorza），同时向北将其统治扩大到巴斯克沿海地区的吉普斯科阿（Guipuzcoa）和维兹卡亚（Vizcaya），并在其统治晚期一度短暂地宣称对整个加斯科涅地区拥有统治权。⑲ 同时，他还向西扩张，娴熟地运用联姻结盟，将其势力进一步扩大。他本人迎娶了卡斯蒂尔的桑乔·加尔塞斯伯爵之女马尤德·桑切斯（Mayor Sanchez）；他于 1023 年将自己的妹妹乌拉卡（Urraca）嫁给了莱昂的阿方索五世；当其年轻的小舅子卡斯蒂尔伯爵加西亚·桑切斯（Garcia Sanchez, 1017—1029 年）于 1029 年被刺杀身亡，威胁到拟议中的莱昂－卡斯蒂尔联盟时，桑乔立即安插其子费尔南多（Fernando）为该地伯爵，并安排

⑯　Scales（1994），pp. 188 - 200.

⑰　Lacarra（1975），pp. 21 - 33；Collins（1990），pp. 104ff.

⑱　Pérez de Urbel（1950）.

⑲　*Cartulario de San Juan de la Pena*，Ⅰ，nos. 58 - 9；*Documentacion medieval de Leire*，no. 23 cf. Bull（1993），pp. 90 - 92.

后者与莱昂的韦尔穆多三世的妹妹桑查（Sancha）于 1032 年订婚。经过这一系列外交谋略的实施，他建立起统治整个莱昂王国的庞大国家。到其统治末年，他宣称自己掌握了从扎莫拉经巴塞罗那到加斯科涅广袤地区的实际霸权，桑乔得以自豪地标榜自己是西班牙各国的皇帝（imperator）和国王。[20] 然而，其过度自我吹嘘的帝国几乎刚刚形成便告解体。1035 年桑乔死后几个月内，纳瓦拉人宣布对莱昂和加斯科涅的主权就烟消云散了，剩余的领地被他的几个儿子瓜分，根据老国王的遗嘱，大儿子加西亚获得纳瓦拉，费尔南多得到卡斯蒂尔，拉米罗得到阿拉贡（Aragón），贡萨洛（Gonzalo）得到索布拉贝和里巴格尔扎。

　　阿拉贡的这个比利牛斯山下的小伯爵国的起源，如同其纳瓦拉邻居的王国起源一样，都是相当模糊不清的。其领地是在 9 世纪早期被当作一个统一的实体，在历史上得到公认，那个时期，它成功地抵抗住穆斯林和法兰克人企图强加给它的宗主权。然而，在伯爵加林多·阿兹纳尔（Galindo Aznar，大约 844—867 年）统治时期，阿拉贡逐渐落入纳瓦拉君主的控制下，这种影响一直存在到该伯爵国逐步崛起为王国地位时，它按照自己的意愿在 1035 年桑乔·加尔塞斯三世去世后独立。在其第一个君主拉米罗一世（1035—1063 年在位）统治时期，这个日益崛起的王国很快就开始展示其实力，不断扩张其疆界。1045 年，拉米罗利用其同父异母兄弟贡萨洛遇刺身亡之机，将其统治扩大到索布拉贝和里巴格尔扎地区的各个领地。但是，他后来向西侵入纳瓦拉和向南侵入萨拉戈萨地区的各个"分裂小国"领土的努力，却只是获得了极其有限的成功。在拉米罗一世统治时期，据说阿拉贡"几乎无所作为，只是龟缩在当地群山峻岭的屏障后苟延残喘"[21]。当拉米罗最终走出山区屏障，并于 1063 年夺取比利牛斯山脚下的格劳斯（Graus）城时，只是使事情变得更糟，他遭到彻底的惨败，在战斗中被萨拉戈萨的穆克塔迪及其卡斯蒂尔盟军杀死，只是给桑乔·拉米雷斯一世（Sancho Ramírez Ⅰ，1036—1094 年）留下了

　　⑳　"Regnante rex Sancio Gartianis in Aragone et in Castella et in Legione, de Zamora usque in Barcinona, et cunta Guasconia imperante"：Cartulario de San Juan de la Pena, Ⅰ, no. 59. As imperator and rex Hispaniarum, see Menendez Pidal (1956), Ⅰ, p. 109, Ⅱ, pp. 671 – 672；Cartulario de San Millan de la Cogolla, no. 193.

　　㉑　Reilly (1992), p. 106. 有关阿拉贡的早期历史见 Ubieto Arteta (1981)，pp. 9 – 76。

继续其父亲开创的进攻性扩张的政策；但是，决定性的军事进展直到这次军事失败 20 多年之后才发生，使阿拉贡人能够从山上转移到韦斯卡（Huesca）平原。

在比利牛斯山脉最东端，也就是今天称为加泰罗尼亚的地区，存在一大堆独立的基督教小君主国。它们的起源都可以在法兰克人的保护地中找到，这就是所谓的西班牙军事领地，大多建立于 9 世纪初期。[22] 随着 9 世纪后半期加洛林帝国的解体，新建立的加泰罗尼亚国家越来越各自为政，直到法兰克人的控制力完全彻底消失为止。这种权力真空很快就被大量的地方大贵族填充，他们自立为独立君主，其中最强大的是巴塞罗那伯爵 "多毛的" 威弗雷德（Wifred "the Hairy"，870—897 年）。即便如此，他们与法兰克帝国的政治联系并没有完全中断，尽管还存在曼苏尔和穆扎法尔对该地区毁灭性的洗劫，但直到加洛林王朝于 10 世纪末灭亡，这些国家早先由法兰克人建立的领土边界一直保持相对稳定。伴随着穆扎法尔于 1008 年去世，巴塞罗那伯爵拉蒙·博雷尔一世（Ramon Borrell I，992—1017 年）及其兄弟乌赫尔伯爵阿尔芒戈一世（Count Armengol I of Urgel，992—1010 年）便越来越忙于应付严重影响安达卢西亚的残暴动乱，这迫使他们于 1010 年率领一支军队向南挺进，帮助有可能成为哈里发的穆罕默德·马赫迪收复被柏柏尔人占领的科尔多瓦。但是，后来人们所知道的所谓 "加泰罗尼亚人之年"，实际上并不是长期攻击南方穆斯林时期的序幕。[23] 尽管仍然存在加泰罗尼亚人于 1018 年和 1024 年对安达卢西亚地区的侵扰，但是几乎没有出现过进行系统的领土征服的打算，因此，与西班牙伊斯兰世界的边界线也几乎没有变动。相反，11 世纪上半期的加泰罗尼亚—穆斯林关系反而呈现出日益紧密的政治和经济联系的特征。可能部分是由于这种边界线的稳定，11 世纪上半期巴塞罗那的历史突出地表现为大规模的内乱，伯爵贝伦格尔·拉蒙一世（Berenguer Ramón I，1017—1035 年）表明他根本不能维系其掌控日益反叛闹事的加泰罗尼亚大贵族的权力。该世纪第二个 25 年期间，公共秩序进一步恶化，君主权力最先遭到大贵族的挑

---

[22] Salrach (1987), pp. 117 – 181；Collins (1995), pp. 250ff.

[23] Scales (1994), pp. 191 – 195.

战，私人武装并起，"私人"军事要塞大量涌现，小武装势力构成的
"新贵族"风起云涌。恢复秩序的重任就落到了伯爵拉蒙·贝伦格尔
一世（Ramón Berenguer Ⅰ，1035—1076 年）身上，他以老练的手段
分化瓦解了其各个对手，使用他从属下的"分裂小国"征收来的大
笔金钱收买那些对抗他的人，并恢复了对其要塞的控制，还通过人身
效忠纽带加强了使其属下对他的依附，从而逐渐得以重掌局面。[24]

　　早在巴塞罗那的拉蒙·贝伦格尔一世开始在其统治下的加泰罗尼
亚领土上强制推行其"政治新秩序"的 10 年之前，新的政治动乱就
已经开始冲击半岛的另一侧。[25] 1035 年，纳瓦拉的桑乔·加尔塞斯三
世的去世，似乎被觊觎已久的莱昂的韦尔穆多三世看作一个报仇雪
耻、清算旧账的机会。1037 年，他亲率军队渡过塞亚河，目的就是
收复早先被卡斯蒂尔的费尔南多夺取的土地，后者于 1032 年乘他自
己与其妹妹结婚之机出兵占领该地。但是，韦尔穆多这次大胆的行动
遭到挫折，他惨遭失败，在 1037 年塔马龙（Tamaron）战役中被费尔
南多杀死，后者还从这个地方乘胜迅速进军，以其妻子桑查之名，确
立了他对莱昂王权的掌控。

　　费尔南多和桑查加冕莱昂王冠的仪式于 1038 年 6 月举行，该王
国大部分世俗和教会大贵族悉数到场，这标志着新兴的莱昂 - 卡斯蒂
尔王国的正式诞生，在此后的数十年间，这个王国将逐渐主宰整个基
督教北方地区。然而，短期看，新君主的重点并非进一步实现建构帝
国的野心，而是稳固其对新建王国的权力。但是，有关费尔南多一世
统治的史料如此贫乏，只有十几个典章制度，还有一些枯燥无味的编
年史记载，这就是我们拥有的全部材料，因此，我们对其统治初年的
情况确实知之甚微。尽管如此，如果出席其外交活动的亲历者名单确
实可信的话，那么这个新国王似乎能够赢得大部分莱昂和卡斯蒂尔贵
族们的支持。[26] 在加莱西亚，韦尔穆多三世的去世和这个纳瓦拉—卡
斯蒂尔新王朝的统治似乎获得了相当广泛的欢迎。费尔南多统治的突
出特征就是他很少造访加莱西亚，并且他很少向这个地区的教堂和修
道院捐赠。由女伯爵奥德罗西亚（Countess Odrocia）、其女儿埃尔维

㉔　Bonnassie (1975－6)，Ⅱ，pp. 539－680；Salrach (1987)，pp. 312ff.
㉕　Bisson (1986)，p. 25.
㉖　*Coleccion diplomatic de Fernando* Ⅰ，nos. 8－13.

拉和后者的孙子伯爵努诺·罗德里戈斯（Nuno Rodriguez）在蒙特罗索（Monterroso）地区策划的叛乱，很可能就是更普遍反对费尔南多统治权的表现之一。而该地区许多最古老的贵族家族从此就从历史记载中消失了，这可能也不是一种巧合。㉗ 同样的，古老的加莱西亚贵族决定反抗费尔南多一世也大体类似，都为此付出了代价。

费尔南多一世在其统治前半时期，重点考虑的问题是稳定其与纳瓦拉的边界。尽管加西亚·桑切斯五世（1035—1054年）曾在1037年出兵帮助费尔南多打败过莱昂的韦尔穆多三世，并因此获得了以前卡斯蒂尔伯国北部地区作为其援助的酬劳，但是两兄弟不久便发生了争执。双方的相互敌视最终演变为爆发战争。1054年9月1日，费尔南多在布尔戈斯（Burgos）附近的阿塔普尔卡（Atapuerca）战役中击溃并杀死了加西亚，他也因此得以吞并埃布罗（Ebro）河上游西岸地区的比雷巴（Bureba）领地，并将纳瓦拉的新国王桑乔·加尔塞斯四世（1054—1076年）降格为其封臣附庸。

由于纳瓦拉所有可能的威胁都消除了，费尔南多得以长时间利用安达卢西亚各个"分裂小国"的政治军事劣势，占据有利地位。其最为公众所知的领土征服活动是在巴达霍斯这个"分裂小国"进行的。1057年11月，费尔南多的军队夺取了拉梅谷（Lamego）城以及附近杜埃罗河流域上游各支流。1058年，维塞乌陷落，1064年，科英布拉也同样失守，结果，蒙德古（Mondego）河谷地也落入莱昂人的控制下。由于他在杜埃罗河流域下游地区的重大胜利，这些征服成果得到加强，1060年费尔南多在这里横扫了隶属于萨拉戈萨的穆克塔迪的许多军事要塞。这些胜利中最显赫的战果是，费尔南多向穆斯林占领的内陆，也就是从西南方的塞维利亚到东南方的巴伦西亚这一遥远而广袤的地区，不断地派遣远征军，从而始终保持对"分裂小国"诸王的压力。 165

在各地进行的征服活动虽然非常顺利，且屡屡得手，但是在土地、战利品和战俘奴隶方面收获并不明显，更不要说通过胜利赢得名声，这些都被不断上涨的战争费用所抵消。费尔南多一世于1064年对科英布拉的占领就是如此，他是在大开杀戒，且无疑付出了重大代

㉗ *Ibid*, no. 59；Fletcher（1984），p. 31.

价的 6 个月围困之后才完成的。㉘ 因此毫不奇怪，从一个君主的角度
看问题，其采取军事行动的合理理由经常是看是否有超出贡赋的更多
收益。西班牙东部地区的基督教君主们，特别是那位在 1045 年前后
风骚一时的巴塞罗那拉蒙·贝伦格尔一世伯爵，他是首批要求从那些
衰弱不堪的穆斯林西班牙的"分裂小国"征收贡赋的君主，这就是
当时所谓"保护费"，以此作为军事"保护"的代价。㉙ 莱昂－卡斯
蒂尔的费尔南多一世似乎并没有系统征收任何形式的"保护费"，直
到他统治的最后一年才开始征收，但这时他已经没有时间了。费尔南
多直到 1065 年去世，已经在向"分裂小国"定期征收"保护费"，
其中包括巴达霍斯、托莱多、萨拉戈萨，有时也包括塞维利亚和巴伦
西亚。这涉及一大笔金钱，费尔南多一世从巴达霍斯的穆扎法尔那里
公开征收 5000 枚第纳尔金币，如果这一征收具有一定代表性，那么
这位莱昂－卡斯蒂尔国王在其临终时获得的年度收入就超过了 2.5 万
枚金币。㉚ 除这些硬通货外，征收的贡赋可能还包括珠宝、织物和其
他奢侈品形式的贡物，1063 年，费尔南多一世甚至从其封臣塞维利
亚的穆塔蒂德那里重新得到了圣伊西多尔不朽的遗骨。㉛

　　尽管我们没有保存下来有关费尔南多一世及其封臣属国之间确定
协议的细节，但是还是能够从萨拉戈萨的穆克塔迪与纳瓦拉的桑乔·
加尔塞斯四世于 1069 年和 1073 年起草的约定中，明了"保护费"制
度运作的良好理念。㉜ 该协议除规定其他事务外，还确定穆克塔迪每
年向纳瓦拉国王交纳 1.2 万枚金币，或者相当数额的银币。反之，桑
乔将说服，或者有必要的话，动用武力迫使阿拉贡国王从韦斯卡附近
领土撤兵，因为后者一直就是从这里出兵侵扰萨拉戈萨王国的。两位
君主进而还一致同意，无论在对抗基督教徒还是对抗穆斯林的作战中
都要相互提供军事支援。

　　从"分裂小国"征收的"保护费"中获得的大笔金钱给以前一
贫如洗的基督教君主们带来了从未听说过的财富。这些金钱中属于国

㉘ Rodrigo Jimenez de Rada, *Historia de rebus Hispanie*, pp. 189–190.
㉙ Lacarra (1981a)，pp. 52ff. Cf. Grassotti (1964)，pp. 45–64.
㉚ Ibn 'Idhari, *La caida del Califato de Cordoba*, p. 198. 费尔南多的儿子和继承人阿方索六世可能
从其穆斯林附属小国征收到年度高达 70000 枚纳尔（dinars）金币的收入，Reilly (1992)，p. 58。
㉛ *Historia Silense*, pp. 198–204；*Coleccion diplomatic de Fernando* I, no. 66；Vinayo Gonzalez (1961)．
㉜ Lacarra (1981b)．

王的部分可能就是用来作为军事预算的。摩尔人缴纳的黄金白银大笔钱财使得北方这些国王及伯爵能够建立装备更为精良、规模更加庞大的陆军，能够以前所未有的规模进行城堡建设，能够建造或购买船只，更重要的是，能从外国雇用拥有围攻技术的新部队。这样，据说巴塞罗那的拉蒙·贝伦格尔一世在 1062 年到 1072 年间，仅以建造城堡一事就至少征收了 10000 盎司的黄金。[33] 大笔现金还在好战的贵族手中找到了用项，因为他们的君主极大地依赖于他们丰富的战争经验。还有一些钱成就了加泰罗尼亚贵族阿纳尔·米尔·德·托斯特（Arnal Mir de Tost），他在其长期且极为成功的军事生涯中为自己聚敛了大量金钱、土地、城堡、奢侈品。[34] 很多宗教机构，例如哈卡（Jaca）、潘普洛纳和乌赫尔大教堂，以及纳杰拉（Najera）、圣胡安·德·拉·佩纳（San Juan de la Pena）修道院等，都成为"保护费"征收税款的另一个巨大受益者。1048 年，乌赫尔的阿尔芒戈三世（Armengol III of Urgel，1038—1065 年）就把其未来征收自穆斯林的贡赋的十分之一分配给了他所在地区的教会。[35] 新财富也分配给比利牛斯山脉以外的教堂，最突出的例子是勃艮第地区的克吕尼修道院，它于 1063 年前后得到莱昂 - 卡斯蒂尔的费尔南多一世的允诺，答应每年捐赠 1000 枚金币，以及后来在 1077 年他的儿子阿方索六世答应将捐赠扩大一倍。[36]

尽管贡赋征收和领土扩张远远超出了莱昂 - 卡斯蒂尔王朝独立维持的能力，到费尔南多一世于 1065 年 12 月 29 日去世时，他在陆军战事中取得的胜利、他那些不再是无足轻重的征服成就，以及他成功地将几个"分裂小国"降格为纳贡臣属国地位，都确立起他的威望，成为半岛政治舞台上确定无疑的最强大的王室。

朕只是要收回那些早先属于我们的土地，那是在你们到来之初被你们夺取的。你们现在已经定居在这些允诺给你们的土地上，而由于你们自己的无能，我们成为征服你们的胜利者。因

---

[33] Lacarra (1981a), pp. 61 – 64；Bonnassie (1975 – 6), II, pp. 670 – 674；Sobreques I Vidal (1985), pp. 62 – 63.

[34] Bonnassie (1975 – 6), II, pp. 789 – 797.

[35] Lacarra (1981a), pp. 65 n. 76.

[36] Bishko (1980), pp. 23ff.

此，滚回海峡对岸你们自己那一侧，把属于我们的土地还给我们，因为从今以后，你们还和我们住在一起将不再会有好果子吃。我们将绝不从你们面前后退，直到上帝在我们之间做出裁决。

人们推测费尔南多一世就是这样对来自托莱多的使节说话的。而14世纪初年的作家伊本·伊德哈里（Ibn 'Idhari）也使我们这样理解。㊲ 这个时期费尔南多一世是否真的迫使自己认真实施一项深思熟虑的再征服政策，这确实是个相当模糊不清的问题。这位疾病缠身的国王在1063年12月，也就是在他去世前两年所做的安排显然已经说明，他与19世纪阿斯图里亚那些国王不同，他不认为重新恢复覆盖半岛东西南北各地的统一基督教王国是一个可行或者紧迫的目标。因为，费尔南多与其父亲桑乔·加尔塞斯三世一样，也决定将其王国分给自己的几个儿子。他将卡斯蒂尔王国封授给其长子桑乔二世（1065—1072年在位），即向西直到皮苏埃加河的地区，连同萨拉戈萨的"分裂国"缴纳的"保护费"。他封授给阿方索六世的是莱昂和阿斯图里亚领地，以及托莱多缴纳的"保护费"。他封授给小儿子加西亚一世（1065—1073年在位）加莱西亚和葡萄牙领地，向南直到科英布拉，以及巴达霍斯的"分裂国"缴纳的贡赋。㊳

1067年11月7日，费尔南多一世的遗孀桑查去世。这显然被国王的儿子们视为摆脱其已故父亲关于王朝安排、重新划分西班牙西北地区政治版图的良机。1068年，效忠于卡斯蒂尔的桑乔二世和忠实于莱昂的阿方索六世两兄弟的军队在皮苏埃加（Pisuerga）河畔的兰塔迪拉（Llantadilla）发生冲突，但未分胜负。1071年春季，阿方索对其兄弟加西亚动武，迫使后者逃往科英布拉寻求避难。阿方索很可能向桑乔提出了以某种形式瓜分加莱西亚的权力，但是他们两兄弟互相猜疑，很快就引发了进一步的领地纠纷。1072年1月，阿方索在卡里翁（Carrion）附近的古尔佩吉拉（Golpejera）战役中被桑乔击败，并被俘虏。此后不久，桑乔又推翻了加西亚，从而将加莱西亚和

㊲ Wasserstein（1985），p. 250.
㊳ *Historia Silense*, pp. 204 – 205；Pelayo of Oviedo, *Cronica*, pp. 75 – 76；"Chronicon Compostellanum", p. 609.

葡萄牙的领地全都纳入自己的统治下。

从事态发展表面看，桑乔二世的进攻性战略取得了辉煌的战果（*tour de force*）。他不仅重新统一了其父亲划分给他们的这个王国，而且还强迫他的兄弟们流亡各地，阿方索流亡到托莱多的马蒙（al-Mam'un of Toledo，1043—1075 年在位）的"分裂国"宫廷，加西亚则流亡到塞维利亚的穆塔维德的宫廷。要维持新近征服的各个王国的安定，比起完成征服要困难得多。尽管这位新加冕的莱昂和卡斯蒂尔君主取得了显赫的战绩，但是他的统治仍遭遇到来自教会教职人士和莱昂土地贵族的反对。他还不得不应对其妹妹乌拉卡的敌视对抗，根据一个记载描述，后者千方百计将阿方索的支持者联合到她设在杜埃罗河北岸扎莫拉的大本营。[39] 桑乔迅即进军围困扎莫拉，化解了对其权力造成的威胁，但是，1072 年 10 月，他在该城墙下遭到刺杀。他作为卡斯蒂尔、莱昂和加莱西亚国王的统治只维系了不到 9 个月。

我们还无法肯定地说，究竟扎莫拉城起义和桑乔二世遭到刺杀是不是阿方索六世直接策划的，以便他收复其一度失去的继承权。尽管阿方索本人很快就宣称他未经流血就重新恢复了莱昂的王位，但是后来有关桑乔被刺身亡的描述都毫无疑义地认为他卷入了这桩肮脏的阴谋。[40] 无论如何，阿方索显然从其兄弟的死亡中获得了太多的好处。桑乔的尸体被运回卡斯蒂尔，以在奥纳（Ona）修道院举行的葬礼上祭奠，阿方索立即北上到莱昂重新宣布其王位。到了 12 月，他可能已经到达了布尔戈斯，并在这里向附近的卡尔德纳（Cardena）修道院的修道士们大肆施舍，设法赢得卡斯蒂尔的教士和贵族们支持自己。[41] 后来的文献描写了盛大的葬礼仪式，一些卡斯蒂尔贵族据说刻意掩饰阿方索六世在桑乔二世死亡事件中的作用。这位莱昂君主据说在卡斯蒂尔贵族接受他作为他们的国王以前，被迫在布尔戈斯发誓说

168

㊵　"Chronicon Compostellanum"，pp. 609 – 610.

㊵　在其 1072 年 11 月 17 日颁布的法令中，这位国王宣称："Ego quidem Adefonsus rex . . . sensi uindictam Dei omnipotentis presenti tempore factus extorris a potestate regni mei et postea restituit me Deus in id ipsum quod amiseram, sine sanguine hostium, sine depredatione regionis, et subito, quum non extimabatur, accepi terram sine inquietudine, sine alicuius contradiction et sedi in sede genitoris mei Dei donante clement ia"：*Colección documental . . . de León*, no. 1182. Cf. Menéndez Pidal（1956），Ⅱ，pp. 178ff.

㊶　*Becerro Gotico de Cardena*，no. lxxxvi.

自己没有卷入其兄弟死亡的任何阴谋。⑫ 无论这个插曲是否有任何历史事实的依据，阿方索可能真的成功地赢得了卡斯蒂尔人的支持，因为没有任何记载提到 1072 年以后出现过反对其统治权力的活动。随着卡斯蒂尔实现安定，阿方索就能够将自己的注意力转向加莱西亚。1073 年 2 月，他俘获了此时刚刚结束流亡回家的兄弟加西亚，并将后者关进莱昂北部的卢纳（Luna）城堡。加西亚此后一直关押在这里，直到 1090 年 3 月 22 日去世。

卡斯蒂尔的桑乔二世的去世和加莱西亚的加西亚一世遭到囚禁，使阿方索六世能够将费尔南多一世在其几个儿子中分割的所有领地全都纳入他自己的手中。由于一时可能再没有其他人公开要求获得王位，卡斯蒂尔和加莱西亚的世俗贵族及教会贵族，就只能接受这个既成事实了，费尔南多一世对王朝的安排最终被无情地化解了。无论如何，阿方索六世在其于 1072 年冬季恢复继承王位以后不久，便推行扩张政策，这并不说明他对自己在国内的王权感到不稳固，而是表明 169 他致力于重新恢复莱昂－卡斯蒂尔以前曾经享有的统治地位，这一点仅仅在几年前其父亲费尔南多一世统治时还保持着。阿方索恢复王权后急迫解决的问题之一，是确保其表兄弟纳瓦拉的桑乔·加尔塞斯四世承认其宗主权。但是，桑乔却于 1076 年 6 月 4 日被谋杀，被其兄弟拉米罗和妹妹艾尔梅辛达（Ermesinda）推下了佩尼亚伦（Penalen）大悬崖而毙命，至少传说是如此。在桑乔的男性亲属还没来得及自立为王以前，纳瓦拉的邻国就乘机设法为他们各自争权夺位。阿拉贡的桑乔·拉米雷斯一世立即向东进军夺取潘普洛纳，而阿方索六世则率兵西进，进入里奥哈河流域。按照两个君主此后达成的协议的条款，阿方索将获得里奥哈河地区和阿拉瓦（Alava）的巴斯克各省区、维兹卡亚和吉普斯科阿的一部分。桑乔·拉米雷斯将获得潘普洛纳领地，向西直到埃斯特里亚（Estella），作为交换，他要向莱昂－卡斯蒂尔王朝表示效忠。就在自封为"西班牙人的国王"的桑乔·加尔塞斯三世去世将近 40 年的时候，1076 年纳瓦拉的解体意味着这个独立政治权力的王国灭亡了，直到此后 58 年，即 1134 年再度

---

⑫ Lucas of Túy, "Chronicon Mundi", p. 100；参见 Menéndez Pidal (1956)，Ⅰ, pp. 193 – 199, Ⅱ, pp. 709 – 711.

崛起时，不仅纳瓦拉发现其权力大为削弱，而且丧失了里奥哈河地区，这还意味着对穆斯林领土的任何进一步扩张都被有效地阻止了。

占领里奥哈河流域使阿方索六世得以确立其在半岛其他基督教强国中的霸主地位。在纳瓦拉征服战争取得胜利仅一年后，这位莱昂－卡斯蒂尔君主便自信满满地开始为自己加封为整个西班牙的皇帝（*imperator totius Hispaniae*），这可能并不是偶然的。[43] 阿方索六世在其统治的最初几年进行的其他主要活动是对付安达卢西亚整个西班牙的"分裂小国"。莱昂－卡斯蒂尔王朝在 1067 年到 1072 年间发生的兄弟自相残杀的内讧斗争，促使这些"分裂小国"停止缴纳他们在费尔南多一世时期被迫缴纳的大笔"保护费"。托莱多的马蒙曾于 1072 年阿方索遭到迫害以后为他提供避难地，可能也是在此后同样停止了纳贡。1074 年夏季，阿方索在效忠于他的盟友马蒙军队的支持下，进一步领兵讨伐格拉纳达的阿卜杜勒（'Abd Allah）"分裂小国"。阿方索运用娴熟的技巧分化了阿卜杜勒及其穆斯林对头，很快就使这位格拉纳达王坐到谈判桌前。阿卜杜勒本人坦率地描述了他们进行的勾当，这些都保留在这位"分裂国"国王于 11 世纪 90 年代流放期间完成的回忆录记载中，他宣称阿方索的策略十分清晰：

170

　　他……带着从对立双方收钱并逐个碾碎他们脑袋的意图而来。他并不打算为他本人夺取哪个国家，因为他对这件事早就深思熟虑了，他对自己说："我和他们的信仰不同，那里所有的居民都恨我。我渴望夺取占有它靠的是什么？靠屈服吗？不，那根本不可能。靠战斗打败它？不，我将损兵折将，我的金钱将花光，假如那个城市落入我手中的话，我的损失将大大超过我希望榨取该城所得的好处。即便它真的落入我的手中，没有其居民的合作也无法维持。而那个时候，他们都是不可靠的。我也根本不可能杀光那里的居民，然后移植一些和我信仰相同的人住进去。最好的计划，也确实是唯一可行的计划，是让他们相互威胁，并长期夺取他们的钱财，直到其各个城市贫穷衰弱。当他们衰弱不

㊸　Reilly（1988），p. 104；参见 Menendez Pidal（1956），Ⅱ，pp. 725 – 731.

堪时，他们就会投降，就会成为其内部统一但隶属于我的城市。"⑭

这一描述并非仅仅是阿卜杜勒方面幻想出来的图景，因为他一再宣称，阿方索的想法是莱昂王朝重臣、葡萄牙的希斯南多·戴维德斯（Sisnando Davidez of Portugal）伯爵告诉他的。另外，其他阿拉伯史料也提供了大意基本相同的分析。⑮无论如何，在经过两位君主漫长的谈判之后，达成了一份协议，而谈判是笼罩在阿方索方面的军事威胁下的。协议规定，两国王朝互不侵犯，阿卜杜勒将立即向阿方索支付总额高达 3 万枚密斯卡尔（mithqals）金币的巨额金钱，而后每年另支付 1 万枚密斯卡尔金币。

正如阿卜杜勒对阿方索六世对付"分裂小国"政策的清晰说明，对安达卢西亚西班牙伊斯兰世界的征服并不是这位莱昂国王紧迫的首要任务。事实上，由于他每年都可以通过"保护费"获得大笔金钱，更不用说还有各种各样珍宝异物，通常都随着缴纳的贡赋滚滚而来，所以征服的动机显然并不大。诚如一位历史家所说："维系保护费制度的环境长期存在，贡赋缴纳者的经济活力保持不衰。因此，杀死正在下金蛋的鹅将是愚蠢的。"⑯确实，在格拉纳达远征的数年内，这就是阿方索六世千方百计在做的事情。

导致阿方索六世对"分裂小国"政策发生急剧变化的根本原因是托莱多王国政治形势的突变。托莱多王国在阿方索六世的老朋友和盟友马蒙统治时期，一直享有繁荣和扩张的黄金时代。1065 年，它吞并了巴伦西亚，10 年后，又吞并了科尔多瓦。但是，1075 年马蒙的去世引发了该王国极为紧张的政治动荡。他的孙子和继承人卡迪尔（al-Qadir）证明其在统治王国方面达不到要求。巴伦西亚和科尔多瓦很快便脱离了他的控制，更糟糕的是 1079 年，托莱多王国内部激烈的政治厮杀迫使卡迪尔逃离其家族权力在昆卡（Cuenca）的大本营城市。其在托莱多国内的敌手邀请邻近国家巴达霍斯的统治者乌玛尔·穆塔瓦基尔（'Umar al-Muta-wakkil, 1067—1094 年在位）来篡

⑭ 'Abd Allah, *The Tibyan*, pp. 89–90.
⑮ 见例如, Ibn al-Kardabus, *Historia de al-Andalus*, p. 102。
⑯ Fletcher (1987), p. 35.

夺了王位。乌玛尔·穆塔瓦基尔虽然是个老练的诗人，并精于美食，但是并不尚武。在早就占领了科里亚（Coria）的阿方索六世的大军重压之下，这位巴达霍斯国王很快就认清了自己在托莱多的位置极不稳固，并旋即退兵，从而使卡迪尔得以重新掌控王权。作为阿方索军事支持的报酬，卡迪尔不仅被迫继续缴纳更大笔的"保护费"，而且被胁迫割让其王国北部领地上好几个要塞给莱昂控制。然而，卡迪尔的地位仍然岌岌可危。他允许基督教军队在托莱多领土上巡逻，这件事让其臣民感到非常屈辱，而且他还在早就深受赋税之苦的臣民身上强征更沉重的税收，更不用说其极度残忍地迫害其在托莱多的政治对手，这一切都使他更加不受民众欢迎。然而，最终导致卡迪尔下台的致命一击并不是来自其国内的对手，也不是其国外那些"分裂小国"中的任何一个，而是其盟友和所谓的"保护人"阿方索六世。

阿方索六世很可能预见到 1082 年托莱多会再度爆发内战，同时也认识到卡迪尔作为可靠同盟的日子已经屈指可数，于是他最终被说服决定采取行动为了自己的利益夺取权力。根据一份资料，正是卡迪尔自己将托莱多及其领土贡献给阿方索的，条件是后者帮助他夺取巴伦西亚。[47] 1084 年秋天，阿方索的军队围困住托莱多。市民们迅速向其他"分裂小国"发出军事救援的请求，但是他们都显得装聋作哑充耳不闻。1085 年 5 月 6 日，双方最终达成了投降条款。阿方索允诺的条件非常慷慨：托莱多市民得到其人身财产安全的保证，他们还可以自由举行其宗教仪式。那些选择离开这个城市的人都可以无条件且无阻碍地离开。5 月 25 日，阿方索六世胜利地进入托莱多城。对于这位莱昂国王来说，这是其长期军事生涯的辉煌顶点。托莱多是个比较富有的城市。这个前"分裂小国"包括广袤的疆域，北起瓜达拉马山脉（Sierra de Guadarrama），南抵莫雷纳山脉（Sierra Morena），西自塔拉韦拉（Talavera）附近的塔古斯（Tagus）河谷，东到瓜达拉哈拉（Guadalajara）。莱昂-卡斯蒂尔王国突然之间面积扩张了三分之一，占地相当于英格兰的两倍大小。如果说战争所得的战利品相当巨大的话，那么征服产生的心理后果甚至更大。托莱多是最大的穆斯

172

---

　　⑪　Ibn al-Kardabus, *Historia de al-Andalus*, pp. 104 - 105. 关于托莱多陷落的背景，参见 Lévi-Provencal（1931）；Miranda Calvo（1980）；Reilly（1988），pp. 161ff。

林城市，自从 8 世纪半岛遭受穆斯林蹂躏以来，这个最大城市竟然落入基督教徒手中，而在 8 世纪，基督教世界的边境随时随地都遭受着伊斯兰教徒的攻击，正是因为这个原因，阿方索能够自豪地宣称他是基督教信仰的捍卫者。更为重要的是，托莱多还是古代西哥特人的首都。对于像阿方索六世这样宣称自己是"所有西班牙人皇帝"的君主来说，征服这座城市本身就是具有巨大象征意义的行动。

从更为广阔的欧洲范围看，莱昂－卡斯蒂尔王国在托莱多王国灭亡后，从杜埃罗河向塔古斯河的"大跃进"，就是中世纪鼎盛时基督教拉丁世界向欧洲边缘地带急剧扩张的征兆。从西班牙到波罗的海（Baltic），再到东地中海，这种普遍存在的扩张模式到处都是一样：紧跟着军事征服的便是并不激烈但也不是不重要的移民运动和殖民开发运动。然而在西班牙西北地区，这一移民定居运动的进展早在托莱多落入阿方索六世手里以前就已经开始了。自从阿斯图里亚王国于 9 世纪初迅速扩张到莱昂平原以后，这个王国的领土扩张就确实随着缓慢而零散的殖民开发运动，许多小的移民定居群体逐步挺进到跨越北方梅塞塔平原的众多河谷地区，直到他们于 850 年到 900 年间抵达杜埃罗河两岸地带。[48] 10 世纪初期，来自莱昂和卡斯蒂尔腹地的部分移民由于寻找新的草场，开始逐渐占据杜埃罗河以南的土地。但是，这种小心谨慎的殖民开发运动却被突然中断了，曼苏尔的军队在 977 年到 986 年间不断洗劫蹂躏这个地区，造成巨大灾难。[49] 这样，杜埃罗河因此在数十年间成为基督教徒和穆斯林之间的界河，直到先有费尔南多一世、后有阿方索六世指挥军队对这里发动进攻为止，这在征服托莱多的战争中达到顶点，同时被征服的还有被称为"极荒之地"（Extremaduras）的大片边缘地带，这些人烟稀少的地区后来都进行了系统的殖民开发、管理和防卫。

塞普尔维达（Sepulveda）西北濒临杜埃罗河，东南通往跨越瓜达拉马山脉的索莫斯埃拉（Somosierra）隘口，战略地位十分重要，是泛杜埃罗地区最早建立的居民定居点之一。984 年曼苏尔对该城进行摧毁式破坏后，自 10 世纪初就开始的殖民运动便暂时停止了，而

---

[48]　Sánchez-Albornoz (1966)；参见 García de Cortázar (1985)．

[49]　Villar García (1986)，pp. 59–71.

科尔多瓦哈里发国家的瓦解则激发起基督教—穆斯林关系的迅速好转，推动"再殖民"（*repoblacion*）进程重新开始。1076年11月17 173日，阿方索六世颁发给塞普尔维达市民特许权（*fuero*），他在市民法中确认了那些已经定居在这片土地上的居民的权利和义务，意图就是鼓励来自北方的新移民定居在这座边境前哨城市。[50] 因为塞普尔维达确实不是个普通的城市；正如定居在这里的居民都不是一般的移民定居者。从一开始，塞普尔维达就被认为是座军事据点，该城市民都被编列为骑士（*caballeros*）或步兵（*peones*），他们都被赋予了防卫边境免受进攻的重任，只要边关告急就参战抗敌。塞普尔维达城市生活的军事化很快就被泛杜埃罗地区其他据点模仿。到了12世纪初，一个完整的边境防卫体系就在萨拉曼卡（Salamanca）到索里亚（Soria）之间的地带形成了，一条战略位置重要的边疆要塞城市地带不仅担负着阻遏穆斯林进攻的重任，而且成为未来征战的跳板。事实上，尽管诸如阿维拉（Avila）、萨拉曼卡、塞哥维亚（Segovia）等城墙包围的要塞的防卫能力从来也没有真正得到检验，但是它们投入战场的军事武装力量却在莱昂-卡斯蒂尔军事进攻中发挥了越来越重要的作用。多亏了它们的战争经验，这条与伊斯兰世界相隔开的边防线从未被攻破。[51]

在基督教占据的北方其他地区，向南方边境地带的移民运动同样十分活跃。阿方索六世向卡斯蒂尔的流氓、罪犯和饭桶废物发出邀请，鼓励他们到塞普尔维达寻求自己的新生活，在此之前十几年，就有相当多数量的移民已经开始离开他们在阿拉贡和加泰罗尼亚高地的农村老家，以便到比邻安达卢西亚的边境地带寻找新的机遇。[52] 然而，西班牙的基督教世界在11世纪的扩张趋势不仅能够从其对穆斯林控制领土进行步步紧逼的征服中得到说明，而且能够从边界线内发生的同样充满活力的"内部扩张"得到印证。在西班牙北部，就像950年以后西部的大部分地区一样，多种因素结合起来促进了农业产量的稳步提高，这些因素包括人口的急剧增加、天气的变化、技术的

---

[50] Sáez (1953), pp. 45-51.

[51] Barrios García (1983-4), I, pp. 128-171; Villar García (1986), pp. 91-103; Gonzalez Jimenez (1989), pp. 52-59. 关于该城军事见 Powers (1988)。

[52] Nelson (1984); Bonnassie (1975-6), I, pp. 436-440; Salrach (1987), pp. 256-262.

发明创造和更广泛的土地清理。随着农村经济的繁荣，对土地的需求
174 也在增长。其直接的结果是，地产业的快速发展，富有的贵族家族和
教会机构都急于设法扩大其占有的土地数量，而独立的农民产业主则
成了牺牲品。以下的事实就是证据，莱昂大贵族伯爵弗尔瓦拉·穆诺
兹（Froila Muñoz）在 1007 年到 1045 年间经手了 67 笔财产交易；布
尔戈斯附近圣佩德罗·德·卡尔德纳（San Pedro de Cardena）修道院
的僧侣于 999 年到 1090 年间获得了 119 处房地产。[53] 在半岛另一端的
加泰罗尼亚也是如此，就在以巴塞罗那为中心的内陆地区，在 10 世
纪 80 年代以后，涌现出大量清理土地的活动，同时农业产量显著
增加。[54]

公元 1000 年以后人口和农产品的持续增长刺激了各个城市中心
的发展。尽管后来在 11 世纪，这些被当作北方基督教地区城市的中
等规模的定居点，没有一个有能力与西班牙伊斯兰世界那些繁荣的商
业贸易中心相媲美，但是它们大部分都在这个时期经历了重要的发
展。例如，在加泰罗尼亚，农业剩余产品持续增加的利润和通过
"保护费"获得的大量贵金属，都推动了商业贸易活动，使巴塞罗那
快速发展成为地区商品交换的重要中心。[55] 然而，在北方其他地方，
农业经济爆炸式的发展，似乎并没有产生像加泰罗尼亚地区那样的效
果，相反，促进城市发展最重要的因素是前往孔波斯特拉的圣地亚哥
的朝拜活动。[56] 至少早在 10 世纪中期，来自比利牛斯山脉之外的香
客就已经开始进行朝拜加莱西亚的圣詹姆士（St James）圣地的那些
艰苦旅行。但是，在 11 世纪期间，涌向使徒墓地的朝拜队伍人流越
来越密集，到了 12 世纪前半期达到了顶点。四条主要的朝拜路线都
以法国为起点，而后在蓬特拉雷纳（Puente la Reina）转向西边的比

[53] 关于大地主的出现问题见 Carle (1973), pp. 23–92; Sánchez-Albornoz (1978), pp. 19–57; Pastor (1980), pp. 56–73; Carzolio de Rossi (1981); Martinez Sopena (1985), pp. 215ff. 关于弗尔瓦拉·穆诺兹财产转手问题见 Catalogo de documents ... Otero de las Duenas, nos. 154–7, 162–2, 165, 167; Coleccion diplomatic De Santa Maria de Otero de las Duenas, nos. 58, 61, 82–3, 89–91, 93–4, 101–6, 109–13, 116, 118, 122–3, 126–30, 135–6, 138–40, 142, 145–6, 148, 150, 154, 157–61, 163, 166, 91a, 96a, 107a–b, 122a, 124a–b, 125a, 137a, 145a, 156a, 158a, 165a, 166a. Cf. Prieto Prieto (1975) [原文如此，应为 Prieto (1975)——译者注]。关于 Cardena 修道院僧侣获得地产问题见 Moreta Velayos (1971), pp. 125–126。

[54] Bonnassie (1964) and (1975–6), I, pp. 435ff; Ruiz Domenec (1977).

[55] Bonnassie (1975–6), I, pp. 488–496; Ruiz Domenez (1977).

[56] Valdeavellano (1969), pp. 103–176; Gautier Dalche (1989), pp. 67–85.

利牛斯山脉，由此所谓的"法国之路"（camino francés），绕道向西穿越西班牙北部地区，经过罗格罗尼奥（Logroño）、布尔戈斯、卡里翁、萨阿贡（Sahagún）、莱昂和阿斯托加，而后进入加莱西亚这个地区。[57]

　　朝拜大道对经过的沿途村舍产生了持久的影响。国王们、教士们和普通人争先恐后地为过往香客提供可行的便利，修缮道路，建筑房屋和教堂，为需要的人设立旅馆和医院，例如莱昂的佩拉约（Pelayo of León）主教于 1084 年 12 月 13 日在其所在教堂对面建造的那所医院。[58] 数量如此多的外国香客还留下了深刻的文化影响，尽管大部分是法国的。这反映在法文的书写形式上，直到 11 世纪末，传统的西哥特文写法就开始被法文写法所取代，而前者此前在半岛各地表现为多种形式；还反映在崭新的雕刻风格上，甚至远至比利牛斯山脉的哈卡和铁拉德坎普斯（Tierra de Campos）地区的萨阿贡这些地方，新风格都逐渐成为时尚；也反映在按照流行的罗马建筑风格设计的建筑物上，沿着当时的朝拜之路，这类建筑如雨后春笋般不断地耸立起来，例如卡里翁附近那座精美的弗洛米斯塔圣马丁（San Martín de Frómista）教堂。[59]

　　前往孔波斯特拉的圣地亚哥的朝拜活动有助于使西班牙在地图上凸显出来，也促使这个半岛以前所未有的姿态向外国的各种影响敞开大门。但虔诚信仰并非是吸引外国人到西班牙土地上驻足的唯一力量。可能是有关北方地区通过"保护费"从西班牙伊斯兰世界各"分裂小国"得到了大量财富的传言，激起了比利牛斯山脉以外某些好战贵族的兴趣，他们把西班牙边防线看作建立自己匪巢的理想地点。无论如何，情况似乎明了了，那些于 1064 年帮助加泰罗尼亚和阿拉贡军队的法国骑士心里想的，并非获得精神升华的奖赏，而是谋划着抢劫的计划，他们包围并征服了巴瓦斯特罗（Barbastro）的萨拉戈萨军事要塞。[60] 与半岛各王朝结为婚姻联盟也是促使法国贵族前往西班牙冒险的原因之一。因此，在 1087 年参与围绕着图德拉（Tude-

---

[57]　Vázquez de Parga, Lacarra and Uria Riu (1948–9)；Fletcher (1984)，pp. 78–101.

[58]　Vázquez de Parga, Lacarra and Uria Riu (1948–9)，Ⅰ，pp. 281ff；Santiago–Otero (1992) 的论文集；Coleccion documental . . . de León，no. 1236。

[59]　Fletcher (1978)，pp. 115–116；Moralejo (1985)；Whitehill (1941)．

[60]　Ferreiro (1983)；Bull (1993)，pp. 72–81.

la）的漫长战斗的各位法国军事武装领袖中，勃艮第公爵奥多就是阿方索六世第二任妻子康斯坦丝的侄子，而圣吉尔的雷蒙的母亲阿尔莫迪斯（Almodis）嫁给了巴塞罗那伯爵拉蒙·贝伦格尔一世伯爵，他本人则是阿拉贡的桑乔·拉米雷斯的妻子菲利帕的叔叔。[61]

在半岛上将获得巨大好处的传言，也激励着外国商人和工匠前来殖民开拓，他们沿着法国之路建立商铺，以便为成群结队途经这里的虔诚信徒提供饮食服务。坐落在翻越比利牛斯山中部松波尔特峰山口（Somport pass）山脚下的阿拉贡城市哈卡，就提供了这方面有说服力的例子。在 11 世纪期间，前往西班牙的那些不断增加的香客人流，使哈卡城从一个不那么重要的军事要塞定居点，逐渐发展为通往孔波斯特拉道路上的重要落脚点，也是法国与半岛各王国间商贸交通的主要通道。[62] 数量相当可观的定居点，或者就像他们所说的市镇（burgenses），在桑乔·拉米雷斯于 1077 年授予哈卡城特许状时，就已经发展成正在崛起的商业中心。[63] 更有甚者，数量众多的商人每年都经过这个城市——其中相当一部分表面上自诩为朝拜者，他们的数量如此之多，以至于阿拉贡国王被迫下令对进口货物征收关税。[64] 同样的城市发展进程也可以在法国之路沿途其他地方看到。例如，在潘普洛纳西南的埃斯特里亚，这里大量涌入法国定居者，数量之多使他们也在 1090 年获得桑乔·拉米雷斯颁发的特权许可状；这个繁忙的商贸市镇（burgo）是阿方索于 1085 年以前的某个时候，在莱昂东南的萨阿贡修道院一侧建立的，据说这里吸引来自欧洲各地各行各业的商人和工匠，包括铁匠、木匠、裁缝、毛皮工匠和鞋匠。[65] 与此同时，在孔波斯特拉的圣地亚哥拉当地，商业活动极为繁荣，到 1095 年已经达到极高的程度，以至于当地的领主勃艮第的雷蒙认为有必要颁布法令保护商人的权益，确保他们愿意上路前往圣城贩卖其货物。[66]

朝拜者、武士和商人并不是来到西班牙领土上活动的唯一的外国

[61]　Bull（1993），pp. 86 – 89.

[62]　Lacarra（1951）.

[63]　*Cartas de poblacion del Reino de Aragon*，no. 2.

[64]　Vazquez de Parga, Lacarra and Uria Riu（1948 – 9），Ⅲ，no. 76.

[65]　关于埃斯特里亚见 Défourneaux（1949），pp. 247 – 248；Valdeavellano（1969），pp. 140 – 143。关于萨阿贡见 Herrero de la Fuente（1988），no. 823；*Cronicas anonimuas de Sahagún*，pp. 19 – 24；Gautier Dalche（1989），pp. 70 – 73。更广阔的背景见 Ruiz de la Pena Solar（1993）。

[66]　Lopez Ferreiro（1898 – 1911），Ⅲ，Ap.，no. vii；*Historia Compostellana*，pp. 51 – 52.

人。越来越多的教士也开始在这个世纪期间穿越比利牛斯山脉来到西班牙。他们中包括像奥弗涅地区的谢兹－迪厄修道院的阿德雷姆（Adelelm）这样的法国修道士，他大约在 1081 年应阿方索六世第二任妻子勃艮第的康斯坦丝的邀请前往西班牙，后来他还掌控了布尔戈斯地区圣胡安（San Juan）的宗教社团和医院，该医院于 1091 年隶属于谢兹－迪厄修道院；还有圣弗伊·德·孔克（Ste-Foy-de-Conques）教会的昂杜克的彼得（Peter of Andouque），他于 1082 年被任命为潘普洛纳教区的主教；圣庞斯－德－汤米埃莱斯山修道院院长弗洛塔德和圣维克托·德·马赛（St-Victor de Marseille）修道院院长理查德，其辖下的各修道院也于该世纪最后 25 年间在加泰罗尼亚宗教社团中编织起一个由下属机构组成的重要联系网络。[67] 然而，在伊比 177 利亚半岛上特别突出的是勃艮第的克吕尼修道院。[68] 大约在 1025 年前后，纳瓦拉国王桑乔·加尔塞斯三世请求克吕尼的奥迪罗（Odilo of Cluny）修道院院长在其王国中引进采用改革后的本尼狄克教会制度。这位修道院院长满口答应，旋即派遣一个修道士团队到西班牙，他们在一位叫帕特努斯（Paternus）的修道士领导下，定居在圣胡安·德·拉·佩纳的阿拉贡修道院，并由此将克吕尼修道院的制度推广到桑乔王国的其他宗教机构。作为回报，这位纳瓦拉国王赏赐给克吕尼丰厚的礼物，因为修道院使他能够保持在宗教界中作为世俗成员的地位，以及此后僧侣们代祷的承诺。

尽管桑乔·加尔塞斯三世与勃艮第修道院建立了密切的手足关系，但是克吕尼修道会在西班牙的影响有限，其势力的扩展非常缓慢。这位修道院院长未能在半岛上建立起下属宗教机构的修道院密集联络网，如同它在半岛西部其他地方所做的那样，也没有任何证据表明有大批克吕尼修道会僧侣涌入西班牙各修道院。另外，桑乔·加尔塞斯三世去世后，他的儿子们即加西亚、拉米罗和贡萨洛显然对这位修道院院长表现出明显的冷淡态度，尽管他们的父亲给予他相当高的

⑥⑦ 关于 Adelelm 见 Vazquez de Parga, Lacarra and Uria Riu (1948－9)，Ⅱ，pp. 184－185；*Documentacion...De San Juan de Burgos*, no. Ⅰ。关于 Pamplona 主教 Peter of Andouque 见 Mussigbrod (1994)。关于 Frotard 和理查德见 Linage Conde (1973)，Ⅱ，pp. 872, 885, 908, 912－913, 979－981。

⑥⑧ 关于西班牙的克吕尼运动，特别参见 Bishiko (1961), (1965) and (1980)；Cowdrey (1970), pp. 214－247；Linage Conde (1973)，Ⅱ，pp. 861－997；Segl (1974)。

尊重。[69] 与此相反，在莱昂－卡斯蒂尔王国，克吕尼修道会的影响最终达到特别强大的程度。正是在 11 世纪 50 年代的某个年头，费尔南多一世决定恢复了其父早年与克吕尼建立的友谊关系。而且，在其统治末期，大约是在 1063 年，当时王室的金库因为摩尔人缴纳大量贡赋而异常充盈，费尔南多就凭借这些钱为自己在僧侣的祈祷仪式中获得了长期而稳固的地位，当时他每年要向克吕尼提供 1000 枚金币的经费支出。[70] 他的儿子阿方索六世比他还慷慨。1073 年到 1077 年间，新建立的莱昂－卡斯蒂尔王朝赏赐克吕尼修道会四所修道院，其中包括萨阿贡王室修道院。1077 年，他将提供给克吕尼的经费提高了一倍，每年达到 2000 枚金币。阿方索有足够的理由对克吕尼派表示特别的尊重。首先，正是因为克吕尼修道院院长休这位良吏的努力，卡斯德尔的桑乔二世才被说服，于 1072 年把他从布尔戈斯的监狱中释放出来。还是这位修道院院长想方设法，精心促成了其侄女康斯坦丝于 1079 年嫁给了阿方索。这次婚姻有助于进一步加强莱昂王室与克吕尼修道会的关系。在该世纪的最后 25 年，有越来越多的克吕尼修士进入这个王国，其中许多教士还在莱昂－卡斯蒂尔教会等级教职体系中担任高级教士。他们当中没有任何人比塞迪拉克的贝尔纳（Bernard of Sedirac）混得更好，他于 1080 年被任命为萨阿贡修道院的院长，于 1086 年担任托莱多大主教，并于 1088 年担任全西班牙大主教，这个职位他一直担任到 1124 年去世为止。[71]

178

在 11 世纪中期之前，西班牙基督教王国和教宗之间时有联系，至少没有断绝。尽管加泰罗尼亚各郡县表面上都成功地保持着与教廷沟通的渠道，但是，西班牙基督教世界的其他地方与欧洲宗教礼仪习俗和思想理念的主流派别仍然保持相对孤立。[72] 然而，随着 11 世纪下半期教会改革运动的发展，这种局面逐渐发生变化。改革运动促使教廷以前所未有的积极性扩大其影响，正因如此，教廷对伊比利亚事务产生了极大的兴趣。在亚历山大二世和格列高利七世在任期间，努力采取了多项重要措施，以克服地方教会习俗，并将西班牙教会与教

⑥⑨　Bishko (1980), pp. 5–8.
⑦⓪　Ibid., pp. 23ff.
⑦①　Rivera Recio (1966), ch. 3; cf. Defourneaux (1949), pp. 32ff.
⑦②　Linage Conde (1973), Ⅱ, pp. 866–887; Bonnassie (1975–1976), Ⅰ, pp. 326–332; 参见 Kehr (1946), pp. 77–89; Flether (1994), pp. 461–464.

廷越来越紧密地联系起来。对西班牙事务形成的这种新兴趣，可以从
亚历山大二世派遣的三次罗马教廷代表团得到证明，它们在枢机主教
休·坎迪杜斯（Hugh Candidus）率领下于 1065—1072 年间到访西
班牙。[73]

　　教宗格列高利七世继承了其前任教宗亚历山大二世未竟的事业，
傲慢地无视半岛政治现实和地方棘手的难题，发动了一场狂妄的外交
攻势，以图扩大他对其所谓的"西班牙王国"的权威。他在其 1073
年 4 月 30 日的一封信中表示，支持鲁西的埃布里斯（Ebles of Roucy）
伯爵拟议中对西班牙的军事远征，格列高利贸然宣称教宗对整个半岛
的领主权，提醒那些即将投身于开始战斗的人，他们从穆斯林手中征
服到的任何土地都将属于教廷。[74] 格列高利在这一点上毫无疑问是受
到阿拉贡的桑乔·拉米雷斯先前事例的鼓舞，后者于 1068 年经亚历
山大二世说服而成为教宗的臣属，并将其王国置于罗马教廷的宗主权
下。[75] 事情的转机是，埃布里斯伯爵的远征计划似乎像被打湿的爆竹
点不响一样，但是这并没有阻止教宗格列高利执意对西班牙各王国施
加压力的步伐。在他后来 1077 年 6 月 28 日的信中，竟然厚颜无耻地
通告西班牙各王朝及其贵族们，"古老的宪法"——他可能指的就是
"君士坦丁馈赠"——已经将西班牙王国授予了被赐福的彼得和神圣
罗马教会管理和领导，据此，西班牙各王国应对罗马教廷负有服从的
义务。[76] 但加泰罗尼亚贝的萨卢的贝尔纳特（Bernat of Besalu）是个
例外，他于 1077 年就将其属地置于教宗领主权之下，格列高利七世
在半岛上进行的狂妄而野心勃勃的外交攻势只是得到了极为短暂的承
认。[77] 1077 年，格列高利大胆地公开其致西班牙诸王的信件，就在这
一年，阿方索六世决定在其法庭文件中采用"西班牙皇帝"（*impera-
tor totius Hispaniae*）这样的表述，以此宣示他对西班牙半岛霸权的要

179

---

[73]　Säbekow（1931），pp. 13 – 17.

[74]　*La documentacion pontificia hasta Inocencio* III，no. 6.

[75]　Kehr（1945）.

[76]　"Preterea notum vobis fiery volunus, quod nobis quidem facere non est liberum, vobis autem non solum ad futuram sed etiam ad presentem gloriam valde necessarium, videlicet, regnum Hyspanie ex antiquis constitut-ionibus beato Petro et sancte Romane ecclesie in ius et proprietatem esse traditum"：*La documentacion pontificia hasta Inocencio* III，no. 13.

[77]　Menéndez Pidal（1956），I，p. 234.

求，此事并非时间上的巧合。[78] 格列高利显然已经得到了有关信息，因为此后教宗对半岛宗主权的问题就再也没有提起过。

宗教礼仪改革的问题不会那么轻易避开。所谓的穆扎拉布（Mozarabic）仪式早在西哥特人时代就在西班牙发展起来了。其礼仪习俗既不同于各式各样的罗马式礼仪，也不同于需要面对神父所穿的多彩法衣进行的祷告。然而在 11 世纪后半期，教宗打算在整个拉丁西方世界强制推行统一的宗教仪式，这就使西班牙各个王国（只有加泰罗尼亚是个例外，因为它早就接受了罗马式礼仪）越来越面临统一工作的巨大压力。曾经一度使外国人看来十分奇怪的那些仪式，现在都被视为冒犯上帝。亚历山大二世在其 1071 年致圣胡安·德·拉·佩纳的修道院院长阿夸伊力诺（Aquilino）的信中，表示了他对这件事情的关注，对被教宗称为"混乱仪式"的改革就是同年被派来的休枢机主教代表团的主要目的之一。[79] 这样的压力开始产生效果。在教宗的鼓励下，阿拉贡的桑乔·拉米雷斯于 1071 年到 1092 年间逐渐在其王国各大主教区和修道院用新仪式取代西哥特宗教仪式。[80] 在邻国莱昂－卡斯蒂尔王国，阿方索六世也非常愿意服从教宗对这一事务的指导意见，但是他打算强制推行罗马宗教礼仪的计划引发了长期激烈的争论。[81] 一些参加了 1074 年罗马四旬斋宗教会议的西班牙主教和赞同大力进行改革的主教，此后便在这个问题上另有想法。阿方索六世在 1077 年致克吕尼修道会院长休的一封信里，坦承其王国完全被这个变化摧毁了。[82] 根据后来的记载，阿方索六世采取了孤注一掷的手段，包括司法决斗和用火判决的方法，后面那种方法的具体内容是国王将所有宗教仪式的纸张放在篝火上焚烧，就是为了看看穆扎拉布仪式哪一张未被火焰损坏，他千方百计想要一劳永逸地解决所有争端。[83] 阿方索得到了克吕尼修道会院长休和康斯坦丝王后的支持，寻求僧侣阿德雷姆的帮助，打算向沸腾的浑水中倾倒热油；

[78]　参见前文注释 43。

[79]　*La documentacion pontificia hasta Inocencio Ⅲ*, no. 4.

[80]　Ubieto Arteta (1948), pp. 308–324.

[81]　关于以下部分参见 Cowdrey (1970), pp. 228–239; Hitchcock (1973); O'Callaghan (1985), pp. 105–113; Reilly (1988), pp. 97ff. Cf. Menendez Pidal (1956), Ⅰ, pp. 237–251, 有关礼仪的争端除了充满血腥的"民族主义危机"外，别无其他。

[82]　*Recueil des chartes de l'abbaye de Cluny*, Ⅳ, pp. 551–553.

[83]　*Crónica Najerense*, p. 116.

但是另一位克吕尼修道会的僧侣罗贝尔似乎表现出支持穆扎拉布仪式的意思，而他刚刚被任命为萨阿贡修道院院长。争论继续拖延下去。教宗代表们来去匆匆，而两位主角之间的通信更加频繁。最终在1080 年 5 月，教廷的麻烦制造者枢机主教圣维克托·德·马赛的理查德在布尔戈斯召集了会议，大会期间，正式宣布禁止举行穆扎拉布仪式，并采用罗马仪式。格列高利七世取得了显赫的胜利。西班牙北部各王国统一到西欧基督教世界更广阔的进程持续加速。

1085 年托莱多城的陷落是半岛基督教—穆斯林政治关系的分水岭。该城市被征服及其控制下的广阔领地被吞并不仅使莱昂－卡斯蒂尔王国迅速扩张，快速崛起，而且还造成了有利于基督教北部地区的权力均衡局面被永久性改变。格拉纳达的阿卜杜勒后来回忆说，托莱多城被征服"对整个西班牙伊斯兰世界产生了巨大震动，使得所有居民充满了在那里生活的恐惧和绝望"[84]。诗人伊本·阿沙勒（Ibn al-'Assal）描绘了一幅生动得多的图景：

> 西班牙伊斯兰世界的人们，快骑上你们的骏马离开；
> 这里什么都没有了，留下来大错特错。
> 长袍要从外向里解开才能脱去，但我看半岛是从里向外一下子脱掉长袍。
> 我们若是被敌人抓住，他们就绝不会让我们活着出来：谁能与毒蛇生活在一个篮子里？[85]

1064 年，法国、加泰罗尼亚和阿拉贡组成的军队攻克巴瓦斯特罗城的时候，人们也表达出类似的恐惧，似乎末日降临。当时，伊本·哈延（Ibn Hayyan）绝望地写道："我们正站在悬崖边上，俯瞰着深重的灾难。"[86] 但是次年，巴瓦斯特罗城又被萨拉戈萨的穆克塔迪收复，绝望的情绪很快就消散了。在此 21 年后，新一轮歇斯底里的绝望情绪再度席卷穆斯林社会。

此后在托莱多发生的事件进一步强化了即将遭受攻击警示的恐慌 ₁₈₁

84 'Abd Allah, *The Tibyan*, p. 113.
85 *Christans and Moos in Spain*, Ⅲ: *Arabic Sources*, pp. 90 – 91.
86 Scales (1994), p. 210; cf. Marin (1992) .

情绪，而阿方索六世在这里对穆斯林民众推行的安抚政策似乎也很快就被放弃了。就在 1086 年的某个时候，该城市总督希斯南多·戴维德斯伯爵遭到解职，他曾经效力于塞维利亚的穆塔蒂德宫廷，据说他可能很清楚穆斯林社区的敏感情绪。[87] 大约与此同时，传闻称是应王后康斯坦丝及其法国随从大主教托莱多的贝尔纳的请求，该城市最大的清真寺被占领，改作基督教大教堂，这显然违背了前一年该城投降协议的条款。[88] 同时，越来越好战的阿方索六世开始进一步强制加重了尚存的"分裂小国"的贡赋。1086 年春季，他单方面实施了在托莱多城投降前夕他与卡迪尔达成的投降协议条款，派遣一支军队在阿尔瓦尔·法奈兹（Alvar Fáñez）统领下，将其以前的门客安插到巴伦西亚作为当地的统治者。据说他还劝说塞维利亚的穆塔维德率其王国向他投降，并派出一支突袭远征军攻击格拉纳达的阿卜杜勒。可能还是在这个时期，他的一位将领加西亚希门尼斯夺取了穆尔西亚（Murcia）西南的阿莱多（Aledo）要塞。1086 年初夏，阿方索六世发动了对萨拉戈萨城的围攻，就是为了迫使该城新任统治者穆斯泰恩（al-Musta'in，1085—1110 年在位）重新恢复缴纳前一年拖欠的"保护费"，他并不想真的攻占它。但是阿方索在攻陷托莱多以后不久就采取了这一行动，他的进军显然很难平息其他"分裂小国"中日益高涨的恐惧担忧情绪，因为他们作为各自国家独立君主的地位似乎危在旦夕。这些"分裂小国"因为被逼到了墙角走投无路，便向直布罗陀（Gibraltar）海峡对面位于马拉喀什（Marrakesh）的阿尔莫拉维德王朝（Almoravid）的埃米尔优素福·伊本·塔什芬（Yusuf ibn Tashufin）发出绝望的求援信，请求军事援助，以便帮助他们抵抗基督教军队的进攻，遏制住其面临的难以阻挡的攻势。

据说阿尔莫拉维德运动早就从"边境要塞"（ribat，意为边防要塞）中产生发展起来，这些边境军事前哨是被称为伊本·亚辛（Ibn Yasin）的马立克学者和传教士于 1039 年以后某个时间建立起来的。[89] 伊本·亚辛的追随者们后来被称为穆拉比吞（al-Murabitun），西班牙

---

[87] García Gomez and Menendez Pidal (1947) .

[88] Rodrigo Jiménez de Rada, *Historia de rebvs Hispanie*, pp. 205 – 207；参见 García Gómez and Menéndez Pidal (1947), pp. 32 – 33, 38 – 41。

[89] 关于阿尔莫拉维德王朝运动要特别参见 Bosch Vilá (1956)；Lagardère (1989a)。关于最新学术动态的回顾非常有用，见 Hrbek and Devisse (1988)；Molina López (1990), pp. Iiii – Ixxx。

语的阿尔莫拉维德王朝就是从这个名称演化来的，他们追求一种纯粹宗教的单纯生活方式，并高举圣战（*jihad*）的旗帜广泛活动在伊斯兰世界的边境地区。阿尔莫拉维德运动实行严格的禁欲生活，追求精神复兴运动，影响迅速扩大，深受民众欢迎。到 1059 年伊本·亚辛去世时，阿尔莫拉维德运动的势力影响范围已经扩大到撒哈拉以西整个桑哈扎（Sanhaja）柏柏尔部落地区，并控制了摩洛哥（Morocco）南部其他几个柏柏尔民族。该运动的领导权后来落到伊本·亚辛的一个弟子、桑哈扎的部落酋长阿布·巴克尔·伊本·欧麦尔（Abu Bakr ibn 'Umar）手中。当阿布·巴克尔在南方加强其地位时，其表兄优素福·伊本·塔什芬向北进军跨越阿特拉斯（Atlas）山脉，于 1070 年在马拉喀什建立起司令部，并通过一连串的胜利迅速征服了摩洛哥平原，占领了费斯（Fez）、特莱姆森（Tlemcen）和丹吉尔（Tangier）诸城。1087 年阿布·巴克尔去世后，优素福便夺取了整个阿尔莫拉维德王朝派运动的最高领导权。

　　优素福夺取地中海南岸立足点后不久，就接到西班牙伊斯兰世界"分裂小国"君主们的求援信。1079 年，也就是科里亚城失守后不久，巴达霍斯的穆塔瓦基尔就以他的名义给阿尔莫拉维德王朝的埃米尔发出了一封信件，请求援助。1083 年，塞维利亚的穆塔维德也是由于阿方索六世率领的突袭部队蹂躏其王国造成巨大灾难受到极大刺激，以同样的理由发出了求援信。但是直到 1085 年托莱多城失陷才最终促使优素福决定采取行动。然而从一开始，这位朴素的阿尔莫拉维德王朝埃米尔就和"分裂小国"的那些君主关系失和，发生口角。后者认为，优素福不过就是个未开化的野蛮人，一个彻头彻尾的宗教狂热分子。而优素福则认为，这些女里女气的"分裂小国"的国王早就背叛了对伊斯兰教的信仰，他们生活腐化，对基督教教徒卑躬屈膝，对自己的同胞臣民强制征收《古兰经》上没有记载的税赋，还把这些钱财缴纳给基督教的"保护者"。这些"分裂小国"的君主显然对寻求柏柏尔人的干预顾虑重重，但在危机面前只能急病乱投医，他们孤注一掷以解绝望的困局。鉴于他们面临着 1085—1086 年的严冬，横渡海峡极为艰难，"分裂小国"的国王们几乎无法对其盟友挑肥拣瘦。塞维利亚的穆塔维德深思熟虑地说道：他"宁愿要一个摩洛哥赶骆驼的人，也不愿意要一个卡斯蒂尔放猪人"，这段评语有力地总结了当时占据上风的心态。[90]

1086 年 6 月，优素福率领大批柏柏尔人军队渡过海峡，他在阿尔赫西拉斯建立其大本营，而后向内地进军，首先到达塞维利亚，随后向北进抵巴达霍斯。阿方索六世被迫放弃对萨拉戈萨的围攻，仓促向南挺进迎敌。1086 年 10 月 23 日，两军相遇在巴达霍斯北面一点的萨格拉哈斯（Sagrajas）。基督教军队遭到大败，阿方索本人几乎难逃厄运，不过最终幸免于难。[91] 但是，阿尔莫拉维德王朝的埃米尔却选择不乘其军事胜利立即进一步攻城略地，而是选择稍后撤退回摩洛哥。然而"分裂小国"诸王向他求援的呼唤促使优素福于 1089 年再度攻入西班牙，这次他把时间白白地浪费在围攻阿莱多，次年他又进入西班牙，发动了对托莱多的围攻，结果又没成功。而这个时候，这位埃米尔和"分裂小国"诸王之间原本就已紧张的关系完全破裂。优素福对于"分裂小国"一直以来对自己的冷淡支持感到寒心，对他们之间持续不断的争吵感到失望，因为这使得他们根本不能结成任何反抗北方基督教教徒的统一战线，特别是怀疑——正确地说是已经暴露出来——他们中的一些人竟然秘密地与阿方索六世重启谈判，他决定自己来做西班牙伊斯兰世界的主人。就此而言，他得益于穆斯林民众显然将阿尔莫拉维德王朝派视为解放者这一点。他在萨格拉哈斯取得的胜利唤起了穆斯林民众的希望，在基督教徒手中屈辱而痛苦的几十年可能就要结束了，极为沉重的税收有望即刻取消了，这一切都使优素福深受广大民众的欢迎。正如一位编年史家后来所说的那样，这位阿尔莫拉维德王朝的埃米尔被人民普遍看作"幸运的预兆和保佑"。[92] 事实上，市民们在神学家（fuqaha'）和法学家（qudat）的鼓励下，很快就在这位埃米尔面前宣布废除了他们自己的君主，而神学家和法学家就负有维护伊斯兰立法信条的职责，他们很久以来就对"分裂小国"诸王的所作所为感到失望了。

至于"分裂小国"的统治者们，事实上他们早就无力对抗优素福。格拉纳达的阿卜杜勒是第一个倒台的，1090 年，他被剥夺了其

---

[90]　Péres（1953），p. II.

[91]　Huici Miranda（1956），pp. 19 – 82；Lagardère（1989b）.

[92]　*Christians and Moors in Spain*，III：*Arabic Sources*，p. 99.

财产和官职，被流放到摩洛哥。1091年，轮到了塞维利亚的穆塔维德和其他一些"分裂小国"君主。穆塔瓦基尔于1094年初被废黜，并被杀害，而后阿尔莫拉维德的军队洗劫了葡萄牙中部的各个城市，包括里斯本（Lisbon）、圣塔伦（Santarém）、辛特拉（Sintra），这些城市被绝望的巴达霍斯国王在前一年割让给阿方索六世，作为结成新军事同盟的代价。到1094年，西班牙伊斯兰世界西部地区的所有"分裂小国"的君主都被废黜，其领地被尽数纳入阿尔莫拉维德帝国。与此同时，优素福的军事将领们忙于平息西班牙东南部地区的反抗，通过一连串的胜利，穆尔西亚、阿莱多、德尼亚、哈蒂瓦（Játiva）和阿尔西拉（Alcira）都被攻克。然而，在巴伦西亚，阿尔莫拉维德军队的强劲攻势遭遇到抵抗，突然止步不前。然而，抵抗的不是应捍卫王朝以及王国而勇敢奋起的"分裂小国"诸王，而是很难想象地来自一名叫作罗德里戈·迪亚斯·德·维瓦尔（Rodrigo Díaz de Vivar）的卡斯蒂尔冒险家。

　　罗德里戈·迪亚斯（约1043—1099年）被后人更经常地称呼为埃尔·熙德（El Cid），传统上他被描述成西班牙历史上一位伟大的英雄。埃尔·熙德作为西班牙中世纪最伟大的史诗作品《熙德之歌》（Poema de mio Cid）的灵魂人物，以及其他文学作品的热门主人公，在死后被描写为虔诚的十字军勇士，他首要关心的就是将半岛从穆斯林统治下解放出来。[93] 然而，如果我们将这个人物从传说和爱国主义的赞歌中辨识梳理出来，就会形成一幅完全不同的图画。罗德里戈·迪亚斯是个卡斯蒂尔贵族，在桑乔二世的家臣中崭露头角，升上高位。1081年在他领导下进行的一次突袭托莱多"分裂小国"的行动后，因为未经批准擅自行动而遭到阿方索六世的驱逐流放。他曾经到加泰罗尼亚寻求庇护，但未能成功，最终受雇于萨拉戈萨的穆克塔迪军队，担任雇佣兵队长，而后继续在后者之子穆塔明（al-Mu'tamin，1082—1085年）手下从军。所有的记载都说他是个颇有天赋的战士，既与穆斯林作战也与基督教敌手交锋，罗德里戈·迪亚斯在战场上的战绩使他很快就赢得了巨额财富和广泛名声，同时还获得

184

---

　　[93] Poema de mio Cid; Menendez Pidal (1956), II, pp. 593 – 622. 关于熙德（Cid）生涯的最新评价参见 Fletcher (1989)。

了"勇士"（*Campidoctor*）的绰号（当时用西班牙语称为 *Campea-dor*）。1082 年，他在莱里达（Lérida）附近的阿尔麦纳尔（Almenar）战役中击溃并俘获了巴塞罗那伯爵贝伦格尔·拉蒙二世（1076—1097 年在位），这就促使里波尔（Ripoll）的一名僧侣精心编写了史诗作品《熙德之歌》，对罗德里戈·迪亚斯大加赞美，而这位僧侣正是贝伦格尔·拉蒙的死敌拉蒙·贝伦格尔二世（1076—1082 年在位）的支持者，他们兄弟俩殊死较量。[94] 两年后，罗德里戈又重创阿拉贡的桑乔·拉米雷斯亲率的军队。1086 年，他在萨格拉哈斯遭遇惨败后不久，便应阿方索六世的召唤返回卡斯蒂尔，但是三年后，他再度遭到流放，显然是因为他没能帮助这位君主成功瓦解阿尔莫拉维德王朝对阿莱多的围困。1089—1094 年间，埃尔·熙德以自由战士的身份在西班牙东部地区闯荡，撞大运。他凭借自己丰富的战争经验，成功地吸纳战败将士加入其部队，得以从该地区许多"分裂小国"征收"保护费"，因而获得了大笔金钱。1094 年 6 月，他征服了巴伦西亚，大败优素福派来对付他的阿尔莫拉维德王朝军队。罗德里戈·迪亚斯统治巴伦西亚君主国的地位得到稳定，直到他于 1099 年 7 月去世为止。

不可否认，罗德里戈·迪亚斯长期而复杂的传奇经历确实是一个突出的例子。后来的文学作品，特别是《熙德之歌》热衷于塑造一个被肯定的形象，这是 13 世纪卡斯蒂尔好战的贵族们渴望树立的形象，千方百计地突出埃尔·熙德征服的胜利，以及对被征服领地的统治，他在此一直以其封主阿方索六世的名义，并作为后者忠诚的封臣活动。[95] 更早些时候的证据更为可靠，有力地证明罗德里戈·迪亚斯在 1094—1099 年间仍然继续保持其未经文学修饰的本色。[96] 西班牙的基督教君主们很可能都鄙视地将罗德里戈·迪亚斯看成是个麻烦制造者，比那种怀有超越其实际地位的理想和野心的暴发户好不了多少。然而，埃尔·熙德在战场上的战绩表明，阿尔莫拉维德军队远不是战无不胜的，并在基督教北方地区防御线正在开始出现缓慢的松动

185

---

[94]　Wright（1979）．

[95]　*Poema de mio Cid*，lines 815 – 818，875 – 880，895，1271 – 1274，1334 – 1339，1809 – 1814；cf. West（1977），pp. 204 – 206；Fletcher（1989），pp. 193 – 196；Pattison（1996），pp. 108 – 110.

[96]　Fletcher（1989），pp. 179 – 185.

和完全崩溃的危险之际，给他们带来新的希望。其顽强的抵抗不仅阻
止了阿尔莫拉维德军队进一步通过利凡特（Levante）地区挺进巴塞
罗那，而且还在穆斯林军事进攻直指托莱多、意图重新收复该城之
时，有效地分散了他们的进攻势头。但是从长远趋势看，罗德里
戈·迪亚斯作为巴伦西亚君主进行的统治，基本就是多种事件普遍
发展趋势中的一个奇异插曲。一旦罗德里戈去世，他刻意为自己打
造的那些原则就像它出现一样迅即瓦解。他的遗孀希美娜（Jime-
na）尽其所能维持着巴伦西亚，但是，1102 年阿尔莫拉维德军队
新一轮的进攻迫使她从这个城市撤离，并返回卡斯蒂尔。到了这个
阶段，以前的"分裂小国"中只有萨拉戈萨还维系着脆弱的独立，
而这个地方在 1110 年就被优素福之子阿里·伊本·优素福（Ali
ibn Yusuf）无情地摧毁了。

　　罗德里戈·迪亚斯于 1081 年出现在西班牙东部略显拥挤的政治
舞台上，在此后数年间，让该地区的各个基督教强权越来越恐惧。在
拉米罗一世及其继承人桑乔·拉米雷斯一世统治时期，阿拉贡人主要
的战略目标即已确定，就是将他们的王国向南扩张进入萨拉戈萨的
"分裂小国"上游各支流地区。由于其卡斯蒂尔和纳瓦拉基督教盟友
的支持，萨拉戈萨的穆克塔迪还能够将阿拉贡人抵抗在海湾一线，但
是半岛东端地区的势力平衡却由于纳瓦拉的桑乔·加尔塞斯四世于
1076 年遭到暗杀而突然改变。此后阿拉贡对潘普洛纳领土的吞并进
一步加强了其作为该地区基督教强权中老大的地位，并促使桑乔·拉
米雷斯更大胆地再度发动对萨拉戈萨的军事袭击。在这方面，他还面
临几个有利时机：阿方索六世自 1080 年后越来越忙于处理其本国南
部边防地区事务而无暇他顾，1081 年穆塔明和穆德希尔（Mundhir）
兄弟忙于瓜分萨拉戈萨"分裂小国"，此外，1086 年罗德里戈·迪亚
斯被派遣离开萨拉戈萨宫廷，这一点也不可小视。萨拉戈萨一系列重
要的边防要塞就是因为桑乔的攻击而在 11 世纪 80 年代陆续失陷于阿
拉贡人之手，其中包括 1083 年丧失的格劳斯，1088 年失守的蒙特阿
拉贡（Montearagón）和 1089 年陷落的蒙松（Monzón）。尽管这位阿
拉贡国王在 1094 年 7 月指挥围攻韦斯卡城时不幸遭到意外死亡，但
是其子和继承人佩德罗一世（Pedro Ⅰ，1094—1104 年在位）很快便

担负起他父亲未竟的事业。韦斯卡城最终于 1096 年 11 月沦陷于阿拉贡人及其法国联军，巴瓦斯特罗于 1100 年被重新征服，次年，萨拉戈萨城本身也成为被攻击的目标，只是攻击没有得手而已。[97]

在 11 世纪的大部分时间里，甚至自拉蒙·博雷尔于 1010 年造访科尔多瓦并参与到哈里发的权力争斗中以来，巴塞罗那地区的各位伯爵的主要目的，就是力图从西班牙伊斯兰世界的政治分裂中为自己谋取财政利益。特别是伯爵拉蒙·贝伦格尔一世，他是第一个定期征收"保护费"税款的伊比利亚基督教统治者，他通过邻近的莱里达、托尔托萨（Tortosa）、萨拉戈萨各个"分裂小国"缴纳的贡赋获得了大量贵金属。主要还是由于这笔来自穆斯林的巨额金银财富的稳定收入，这位伯爵才能在 11 世纪 40 年代和 50 年代期间，稳固他对其王国内桀骜不驯的贵族的统治，而大量多余的金钱还有助于他扩大其在法国南部许多领地的统治，其中包括卡尔卡松（Carcassonne）和拉泽斯（Razès）伯爵领地，这两个地方是他于 1067 年到 1070 年间执行一系列购置协议获得的。[98] 后来大约在 1076 年到 1078 年间的某个时候，拉蒙·贝伦格尔一世的孪生儿子和共同继承人拉蒙·贝伦格尔二世和贝伦格尔·拉蒙二世，联合他们的盟友和亲戚乌赫尔的阿尔芒戈四世伯爵（Armengol Ⅳ of Urgel，1065—1092 年在位），共同制订了野心勃勃的计划，建立起疆域广大的保护国，其范围不仅包括长期以来的纳贡国，而且还包括巴伦西亚、德尼亚、穆尔西亚和格拉纳达这些"分裂小国"。[99] 然而，他们设法实现这些计划的努力太引人关注了，最终还是未能成功。1082 年，拉蒙·贝伦格尔二世遭到暗杀，只是由于 1086 年达成的协议，巴塞罗那全面内战才没有爆发。该协议允许杀害亲兄弟的嫌疑人贝伦格尔·拉蒙继续统治，直到其内侄长大成人，后者就是以后人们所知道的拉蒙·贝伦格尔三世（1097—1131 年在位）。罗德里戈·迪亚斯出现在这个地区使事态更加恶化，他不仅于 1090 年在泰瓦尔（Tévar）使贝伦格尔·拉蒙遭到耻辱的败绩，从而使后者吞并巴伦西亚王国的计划遭受挫折，

---

[97] Ubieto Arteta (1981), pp. 77 – 138. 关于 Sancho Ramírez 和 Redro Ⅰ 各自统治的情况见 Buesa Conde (1996)，Ubieto Arteta (1951)，pp. 53 – 126。

[98] Bonnassie (1975 – 6)，Ⅱ，pp. 860 – 863.

[99] Ibid.，Ⅱ，pp. 865 – 867.

而且还激励莱里达、托尔托萨、德尼亚等地相继将各自国家置于这个强悍的卡斯蒂尔军阀保护之下。甚至当埃尔·熙德于 1099 年从政治舞台上消失以后，阿尔莫拉维德王朝军队于 1102—1110 年间对西班牙东部地区持续的进军表明，无论对加泰罗尼亚还是对其他半岛基督教列强来说，征收"保护费"贡赋的黄金时代真的结束了。[100]

　　阿尔莫拉维德王朝军队于 1086 年取得萨格拉哈斯胜利后的第二年，其战略思维完全被渴望收复托莱多城所左右。到了 11 世纪末，所有曾经属于以前"分裂小国"的领土向北直到塔古斯山脉，都遭到优素福军队的扫荡。但是，这座严阵以待的托莱多城本身却岿然不动，并成为莱昂－卡斯蒂尔在未来一个世纪对南部边界地区采取军事行动的主要基地，尽管后来它在 1090 年以后多次面临被围攻失陷的危险。对阿方索六世而言，他尽其所能抵抗阿尔莫拉维德王朝的进攻势头，虽然很明显没有取得什么胜绩。1091 年，他派遣去帮助塞维利亚解除阿尔莫拉维德王朝军队围困的部队在阿莫多瓦－德－里约（Almodóvar del Río）遭到大败。1092 年，他又联合阿拉贡、巴塞罗那和意大利航海城市国家热那亚和比萨进犯巴伦西亚，但未能取胜。

　　他在外交攻势方面取得了最起码的成功。阿方索六世在萨格拉哈斯遭到耻辱的惨败后不久，就向其位于比利牛斯山脉另一侧的各个邻国发出军事援助的紧急请求。这一求救立即得到法国远征军队的响应，他们的将领中许多人与半岛都有家族亲戚关系，包括勃艮第公爵奥多、吕西尼昂的休六世和图卢兹伯爵雷蒙四世。1087 年冬季，这支远征军翻山进入西班牙，并包围了埃布罗河流域的图德拉城，但是没有取得什么战果，而后撤军返回。[101] 然而，法国远征军也不是毫无战果可言。阿方索六世可能就是由于法国军队展示了实力，才热衷于加强与勃艮第公爵家族进一步的外交纽带，他可是早在 1079 年就娶了奥多公爵的姊子康斯坦丝为妻。因此，康斯坦丝的表兄勃艮第伯爵领地的雷蒙将迎娶阿方索的大女儿乌拉卡就顺理成章了。不久以后的某个时间，雷蒙的表兄勃艮第公爵领地的亨利（Henry of ducal Burgundy）就与阿方索的几个私生女中的特里萨（Teresa）订婚，另一

⑩　Bensch (1995), pp. 98ff.
⑩　Bull (1993), pp. 83 – 86.

个女儿埃尔维拉则于 1094 或者之前嫁给了图卢兹伯爵雷蒙。这些婚姻联盟无疑是莱昂－卡斯蒂尔王室极为骄傲和拥有巨大威望的资源，但是从权力政治的角度看，它们并没有太大的现实重要性。就我们所能谈论的而言，雷蒙和亨利来到西班牙并没有带来许多军事随从；也没有任何证据表明，他与勃艮第的联系此后有助于法国军队翻越比利牛斯山脉到西班牙，对阿方索六世在战胜阿尔莫拉维德的战事中帮上一把。

然而，雷蒙和亨利在莱昂－卡斯蒂尔朝廷上却为他们自己捞到了好处。1087 年，大约就在雷蒙与乌拉卡公主订婚的同一时间，前者取得了统治加莱西亚省区的权力，当地爆发的由伯爵罗德里戈·奥维奎斯（Rodrigo Ovéquiz）领导的起义不久前刚刚遭到镇压，而统治葡萄牙边疆地区领地的权力则最晚于 1096 年被移交给了亨利。根据一份孔波斯特拉的资料，雷蒙甚至可能还被任命为莱昂－卡斯蒂尔王位的继承人。[102] 无论这是不是真的，阿方索六世唯一的男性近亲，即他的兄弟加西亚于 1090 年死于牢狱，而这位国王此后又未能生出合法的男性继承人，这些都意味着雷蒙可能真的抱有强烈的期望，认为这个王位最终还是得归他占有。但是，1093 年，当阿方索六世的女仆、塞维利亚的穆塔维德以前的儿媳宰达（Zaida）为他生下了儿子桑乔以后，这些预期就朝着相反的方向变化了。雷蒙担心其渴望统治莱昂－卡斯蒂尔的预期此时就要落空，这种担忧理由非常充分，于是他决定采取行动。大约在 1095 年到 1107 年间的某个时候，雷蒙和亨利在克吕尼修道院院长休及其特使达尔马提乌斯·格莱特（Dalmatius Geret）的默许下，起草了一份秘密协议。关于订立这份协议的准确日期，学术界聚讼不休，说法很多，尚无定论。[103] 根据这份所谓的"继承协议"规定，这对表兄决定在阿方索六世去世时，由亨利协助雷蒙夺取继承莱昂－卡斯蒂尔王位，他们两人将瓜分这个王国。亨利将作为雷蒙的封臣占据托莱多，或者如果占领不了的话就占据加莱西亚地区——这是个强烈的暗示，表明没有任何人有信心能够确保这个城市抵抗住阿尔莫拉维德王朝长期的进攻而不失守；而雷蒙则占领王国的其他地区。另外，这对表兄弟还达成一致意见，托莱多国库财产的三分之一转交给亨利。而新生儿桑乔这个名字最好是让它消失。然而，雷蒙于 1107 年 9 月的去世使该秘密协议变得毫无意义。而且，阿方索六世于 1106 年正式迎娶了婴儿的母亲宰达，从而使得桑乔继承王位的权利合法化了，进一步加强了后者王位继承人的地位。

　　阿方索六世统治末年被一大堆难题和与阿尔莫拉维德王朝的军事斗争纠缠着。尽管这位国王有充足的理由自信满满，因为 1095 年他夺取了塔古斯河上的圣塔伦，次年，韦斯卡又陷落于阿拉贡的佩德罗一世，但是，其脆弱的地位还是于 1097 年遭到严重动摇，优素福于这一年在托莱多附近的孔苏埃格拉（Consuegra）又使他惨遭败绩，而后不久，阿方索的左膀右臂阿尔瓦尔·法奈兹统率的一支军队在昆卡附近遭到重创。1100 年，托莱多再度遭到围困，1102 年，阿方索被迫撤出巴伦西亚地区。另外，这个国王面临的问题还包括人力极为短缺，以至于达到这样的程度，1100 年和 1101 年，教宗帕斯卡尔二世一再致信给他，提醒即将启程去圣地的西班牙十字军不要忽视放弃半岛的防卫。[104] 还有，由于征收"保护费"而获利已成昔日的记忆，这个国王严重缺乏金钱。[105] 尽管如此，阿方索仍然准备与敌人继续进行战斗。他乘阿尔莫拉维德王朝军队时疫流行战斗力严重不足之机，于 1104 年夺取了军事要塞城市梅迪纳切利，并在 1104 年和 1106 年进一步挥军进入穆斯林领土洗劫。当 1106 年优素福最终去世，并由他的儿子阿里·伊本·优素福继位后，阿尔莫拉维德王朝的军事机器又再度运转起来，1108 年 5 月，由阿里的兄弟塔敏（Tamim）率领的军队再次向北进攻托莱多。但是，在它抵达攻击目标以前便遭到莱昂军队的拦截，双方在托莱多以东大约 100 公里的乌克莱斯（Uclés）发生战斗，在战斗中，基督教军队遭到沉重打击，全军覆没。据说有 7 个伯爵在战斗中阵亡，此外，阵亡者还包括阿方索的儿子和继承人桑乔。[106]

　　尽管阿尔莫拉维德王朝军队在乌克莱斯取得了决定性胜利，但是

189

---

　　[104] *Historia Compostellana*, pp. 24 – 26, 77 – 78.

　　[105] Sánchez – Albornoz（1965），pp. 483 – 519.

　　[106] *Crónica Najerense*, p. 118. Cf. Lucas of Túy, "Chronicon Mundi", pp. 101 – 102；Rodrigo Jimenez de Rada, *Historia de rebvs Hispanie*, pp. 216 – 217. 关于乌克莱斯（Uclés）战役的背景参见 Huici（1956），pp. 103 – 134；Slaughter（1974 – 9）；Reilly（1988），pp. 348 – 355。

塔古斯边防线并没有遭到破坏。托莱多城也没有失守。然而，这次惨败的政治后果是灾难性的。桑乔王子的早逝意味着王室的王位继承问题还要重新解决。而匆忙做出的决定必然使事情变得更糟，因为阿方索六世本人被病痛击垮了，卧床不起。可供这位疾病缠身的国王选择的可能性非常有限，或者说几乎无法选择。虽然雷蒙已经消失，退出了政治舞台，但他还是留下了寡妇乌拉卡，以及他们所生的孩子，当时只有三岁，即后来的阿方索七世（1126—1157 年在位）。而在亨利这方面，他和葡萄牙女伯爵特里萨也有幸于 1109 年生了个孩子，也叫阿方索［或者叫阿东索（Atonso）］。结果，阿方索六世最终正式宣布他的女儿乌拉卡为其继承人，并宣布她与阿拉贡国王"战士"阿方索（Alfonso Ⅰ "the Battler"，1104—1134 年在位）订婚。尽管有关这个阿拉贡人的婚姻还没有十分明确的具体安排，但至少在纸面上，这个计划还可以说是有利的。因为有一件事很明确，它展现出西班牙基督教诸王国中两个最为强大的王国联合军事同盟的前景，而这个联盟确实有可能扭转阿尔莫拉维德王朝军事进攻造成的越来越危险的局势。另外，它也能够避免使莱昂－卡斯蒂尔王国只由一个女人进行统治，有些事情就是几个男人——特别是还包括阿方索六世本人在内——应付起来都感到十分艰难。确实，阿方索一世和乌拉卡都是纳瓦拉的桑乔·加尔塞斯这个共同祖辈的后人，但是鉴于王国本身所面临的绝望境地，阿方索六世无疑希望教会当局能够对这个小小的血缘问题睁一只眼闭一只眼，而不要不合时宜地把它爆料出来。当阿方索六世最终于 1109 年 7 月 1 日在托莱多这个他曾取得最辉煌胜利的城市去世时，其"帝国"的边疆前线确实非常辽阔，西起大西洋沿海，东至埃布罗河，从坎塔布里亚（Cantabrian）海滨向南直达塔古斯山脉，他可以欣慰地相信，他已经为捍卫其成就做得够多了。现实局势却十分艰难。与阿拉贡人联姻的直接后果远未能加强这个王国，相反却引发了新的继承王位危机和八年内战，莱昂帝国因此被撕得粉碎。

西蒙·巴敦（Simon Barton）

陈志强 译校

第 七 章

1042—1137 年的英格兰与诺曼底

1042 年，忏悔者爱德华（Edward the Confessor）从诺曼底流亡之地返回英格兰，并加冕为英国国王，此后这个世纪或可称为诺曼征服时代，它也直接促成了短命的盎格鲁－诺曼王朝的诞生。1066 年，征服者威廉（William the Conqueror）收回诺曼底公国的政权和军权，从而将诺曼底公国与英格兰王国合并在一起，这一点早就可以从威廉本人与英国王室的亲缘关系预见到，不过到这个时候才终于成为现实。此后，在威廉的儿子们——威廉·鲁弗斯与亨利——的统治下，这种联合得到进一步扩大和巩固，同时两地之间的文化也相互交流、相互影响；尽管当时已有迹象表明这种联合还能继续发展得更为紧密，但当斯蒂芬国王失去了对公国的掌控之后，这一目标终究也未能实现。直到安茹帝国时期，因安茹王朝庞大、血缘联系复杂，才出现了另一种不同形式的联合。

忏悔者爱德华，身为英格兰国王埃塞尔雷德二世（Æthelred Ⅱ）与诺曼底的艾玛的儿子，重返英格兰，而这时因斯堪的纳维亚人的征伐，英格兰王国刚经受了严重的领土动荡。大多数老贵族已被丹麦统治者的斯堪的纳维亚随从，或者世系不明的新兴的撒克逊暴发户所取代；这些新伯爵当中最著名的当属戈德温（Godwine）伯爵和他的子孙们。此时，伯爵还兼任各省总督，主要负责防务。起初，他们的权力和财富对国王构不成直接威胁；君主自身就很强大，他是社会稳定的基础，也是王国的财富所在。但各地区的法规和习俗千差万别，特别是在丹麦人曾占据的东部地区盛行丹麦律法，不过这并没有影响来自西部的撒克逊国王们所缔造的统一局面，而且到克努特时期，国家的统一还得到了巩固。

在丹麦战争和丹麦人占领时期，为满足防务的需要，国王在税收和军事的组织管理方面都有所发展。到 10 世纪，埃德加（Edgar）国王已经能够按照地域征收一般税，还有不定期的摊派。随着丹麦人的入侵，许多税种都要求以金钱和服役的形式缴纳。按照盎格鲁－撒克逊编年史家们的记载：1012 年征收的丹麦金总额为 3.6 万英镑；1017 年为 8 万英镑，不过，这些数据可能有些夸大，但在那个需要定期重铸货币的时代，货币的价值在紧急情况下是有可能涨到这个水平的。可以确定的一个例证是：埃塞尔雷德国王曾将税金或军队税金提高到每年 4000 英镑，此后每年定期征收，直到 1051 年被废止。有些军事义务通过提供壮丁来履行，其他义务还包括以金钱、实物为履行手段；支付方式非常重要。国王和领主的侍从们从事家内服务并获取工资；紧急状态下会雇用短期雇佣兵；1051 年，又建成一支每年需花费 3000—4000 英镑的正规舰队。如果没有一个足够复杂的政府将全国的财富集中起来，所有这些都将不可能实现。

到 11 世纪，国王任命的各郡官员或郡长的重要性有所提高。他们由国王亲自任命，直接对国王而非伯爵负责，管理整个郡的财政并主持郡里的议事会。他们负责王室地产的各项租税征收工作，同时还要征收日常税金，此外还参与确定本地的债务问题。在此过程中，辅助他们工作的有：百户区和小邑这样的较小政府机构里的工作人员，还有各大地产的那些拥有自己的官员和仆从的领主。村庄的官员也负责部分税收的征缴，有些佃农还需提供骑乘役务，其中有一项是送递国王发出的令状，国王可以通过这些令状，将他的指示传达给各郡长官以及其他地方官员。市镇居民同样需要缴纳一些地方税。① 因这些业务的需要，书写文件的数量急剧增加，同时增加的可能还有记录税金的中央文卷。记录部门的职员数目肯定有所增长，但可以称为大法官法庭的正式组织要到以后才会出现。

只有国王与领主（thegns）以及大权贵之间保持友好关系，才能维持王国的和平与稳定。起初，双方之间的关系并不太紧张，一些来

---

① Campbell（1987）.

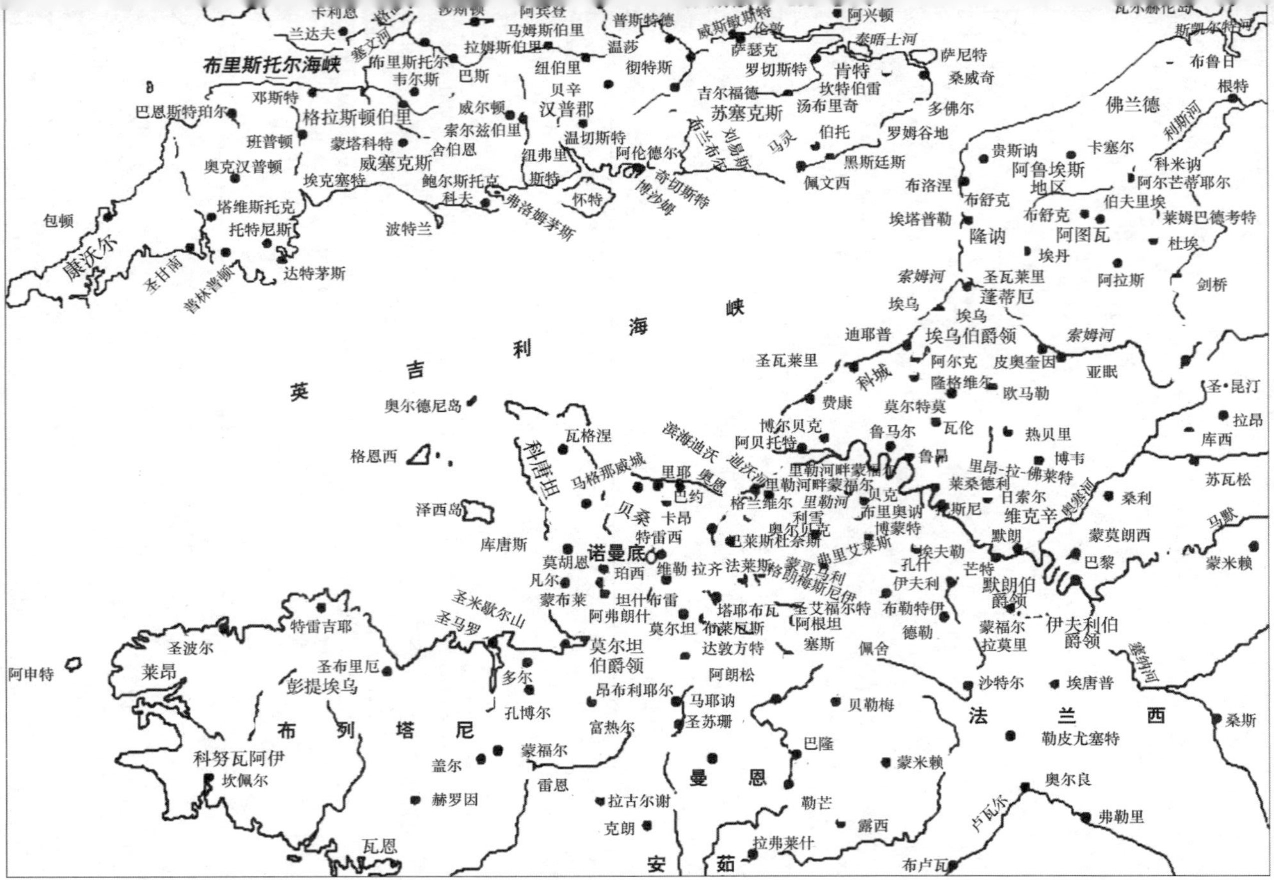

布里斯托尔海峡

英吉利海峡

诺曼底

布列塔尼

曼恩

安茹

法兰西

西兰

地图 4　英格兰与诺曼底

192

自诺曼底或布列塔尼的贵族，有的与爱德华一起，有的在爱德华之后来到英格兰，在威尔士边区以及英格兰东部安顿下来，负责保卫边疆。对王权造成严重威胁的是时任威塞克斯（Wessex）伯爵的戈德温家族日渐膨胀的权力。戈德温的女儿伊迪丝是国王爱德华的妻子，他的几个儿子哈罗德（Harold）、斯维恩（Swein）、托斯蒂格（Tostig）、吉尔斯（Gyrth）和利奥弗维恩（Leofwine）都要求爱德华封他们为伯爵。对于这一要求，爱德华国王试图在 1050—1051 年进行镇压，结果以失败告终，此后，他不得不与这些人合作。虽然斯维恩和托斯蒂格因各自的失误和不善管理失去伯爵封地；但是哈罗德的权力却急速膨胀，尤其是继承了他父亲的伯爵封地之后。他们兄弟几个都有各自的武装力量，并与像伍斯特（Worcester）主教伍尔夫斯坦（Wulfstan）这样的教会界要人结成同盟。到 1066 年，由于国王不时地加以封赏，戈德温家族的地产已经相当庞大，其中有一部分是为了保证他们能够履行军事义务、守卫其所负责的郡地。然而，在这些土地中，有一些原本是仅限于颁授在王室政府中任职的官员们，不过现在却成为戈德温家族的私产，而且戈德温家族的财产总数远远超过国王。因为这一点，现在有学者在评述爱德华国王时声称：如果是他默许了这个家族如此扩张，那么他就是蠢蛋；而如果他只是迫不得已，那么他就一定没能有效地控制整个王国。[②] 虽然英格兰政府在财富和军队方面的管理组织很有效，但它却越来越不稳定，越来越危险。因为爱德华去世后没有留下任何子嗣，王国的继承成为公开的问题。哈罗德伯爵虽然没有王室血统，却是王位的有力竞争者，因为他权力很大，而且在爱德华弥留之际就来到国王身边，可能得到了爱德华的允诺。还有两位候选人也有一定的竞争力，并且都与爱德华有亲缘关系，分别是挪威国王哈拉尔德·哈德拉达（Harald Hardrada）和诺曼底的威廉公爵，而且威廉还声称爱德华在 1051 年曾许诺让他来继承英格兰王位。

　　在威廉公爵的治理下，诺曼底已经逐步成为法兰西王国中最强大的公国。到 1047 年，公国内少数族裔引发的麻烦完全了结，在巴莱斯杜奈斯（Val-ès-Dunes）战役中也取得了胜利，此时的威廉蓄势待

---

② Fleming（1991），p. 102.

发、实力强劲，足以应对各种叛乱。11 世纪 50 年代是诺曼底公国继续巩固实力的时期：边防力量得到加强；虽然名义上仍然承认法王的宗主权，但实际上并不听从他的号令；已经慢慢地开始进行军事上的扩张。这为 11 世纪 60 年代即将开始的一系列对外军事行动和胜利做好了准备。而诺曼底的历任公爵也从历史上学到很多本领：从鲁昂的加洛林伯爵们学到如何运用公共权力；还从曾在 10 世纪到过这里的斯堪的纳维亚军队的领导人那里学习到军事技能。起初，对于诺曼底的某些封臣来说，公爵不过是位法兰克伯爵；对其他人来说，他只是位维京酋长；一直到 11 世纪中期，这两种品格才实现了融合。对此，吕西安·缪塞（Lucien Musset）认为：在诺曼底公国的《法令》（coutumes）中，法兰克的王室条例与北欧因素的比例为 4∶2。③ 公爵的公共权力包括：征缴普通税、管理和控制货币、要求各城堡都应该由公爵指定的代理人管理。斯堪的纳维亚对公国政府机构的影响在于：诺曼人维持公共秩序的方式以及调动舰队的程序。

　　除此之外，威廉公爵还在 11 世纪 50 年代早期开始与改革派教士合作，并与教宗建立起良好的关系。他在建立本尼狄克修道院的过程中起领导作用，并利用自己在维持公共秩序时所拥有的传统权利和权力，确保其封臣所建修道院的安全。威廉将主教和修道院院长的选举控制在自己手中，并且在出售圣俸方面非常谨慎。他之所以将他的叔叔莫格（Mauger）从鲁昂大主教的位置上撤换，很可能就是因为他非常怀疑莫格的忠诚，按照世俗历法算来，威廉已经忍耐他近 15 年了，但威廉仍然等到在一次教会会议上很谨慎地罢免了他，并任用一位行为堪称楷模的主教来接替他。在圣艾福尔特（St-Evroult），他以类似的方法，将格朗梅斯尼伊的罗伯特（Robert of Grandmesnil）驱逐，原因是这个人所隶属的家族曾参与叛乱，继任者是一位让他自己和改革派都很满意的修道院院长。他所主持的教会会议发布了关于禁止买卖圣职、禁止教士结婚的教令，还为与改革派教宗们建立良好关系奠定了基础，这种友好关系将在他征服英格兰后又持续了很长一段时间。

　　经过 1053 年（此处英文原文有误，不是 1153 年。——译者注）

---

③　Musset（1970），pp. 112–114.

阿尔克（Arques）伯爵威廉的起义失败并被剥夺领地的事件后，庞大的诺曼家族紧紧地追随公爵，并且和他的成功一起在这个"掠夺性的亲缘关系"的时代兴旺起来。④ 从 11 世纪 20 年代以后，新出现的诺曼诸伯爵都是公爵的亲戚和随从；有不少还与公爵理查德一世的遗孀贡诺尔（Gunnor）公爵夫人，或他的异母兄弟罗杜尔夫（Rodulf）伯爵的家族有关系。通常，他们的领地都位于边界线附近，适合防卫和进攻；最早的伯爵设在伊夫利（Ivry）、埃乌（Eu）和莫尔坦（Mortain）。这些封号起初都以个人名字命名，到 1066 年就已经直接按照领地命名，唯一例外的可能就是布里奥讷（Brionne），那里的吉尔伯特伯爵从来没有被称为"布里奥讷伯爵"。这些伯爵作为掌权贵族，控制城堡，修建修道院，但并不履行任何与职务有关的公共职能。再把视线移向外看，就会发现：他们有时还得到一些诺曼底疆域之外的领土，这些使他们同时还要效忠法兰西国王。也有一些领主将诺曼底的地产和其他法兰西省份连在一起，例如：博蒙特的罗杰（Roger of Beaumont）娶了默郎（Meulan）伯爵瓦勒兰（Waleran）的女儿，或者蒙哥马利的罗杰（Roger of Montgomery）娶了贝勒梅的马贝尔（Mabel of Belleme）。有些人则得到海峡对岸的领土。1002 年，公爵理查德二世的女儿艾玛嫁给英格兰国王埃塞尔雷德，威廉公爵就通过这一联姻关系对英格兰王位提出继承要求；1042 年忏悔者爱德华即位后，把一些诺曼人吸引到英格兰定居。这些在诺曼征服之前建立起来的居住点，大多分布在布列塔尼、曼恩（Maine）和佩舍省。起初，这些定居点扩大了诺曼人的影响，但是实行双重效忠却迅即降低了这些跨境大贵族的忠诚。

公共职能主要由子爵们（*vicomtes*）来承担，就公爵的鲁昂伯爵这一身份而言，这些子爵是他履行应负职责的直接代理人。他们负责法律事务以及征缴税收，还要征召军事徭役和守卫城堡：他们做的这些事情在英格兰都是各郡长官的职责。然而，在一些重要环节却又很不一样。尽管有着维京人的影响，诺曼底却没有像斯堪的纳维亚的事务会（*things*）或英国的郡法庭和百户区法庭。子爵们直接向公爵负责；他们不需要主持地方集会，也不是任何议事会的代表。这些结构

197

---

④ Searle（1988）.

上的差异必然会影响到后来的变化。一些子爵的家族连续两代或数代掌管同一职位，变得非常富有且有影响力。希叶莫斯（Hiemois）子爵本是蒙哥马利的罗杰一世，后来由他的儿子罗杰二世接任。里勒河畔蒙福尔的休一世（Hugh Ⅰ of Montfort-sur-Risle）也是由其子继承。克里斯皮（Crispin）家族盘踞在诺曼的维克辛，高兹（Goz）家族在阿弗朗什（Avranches）。巴约（Bayeux）子爵拉尔夫和科唐坦的奈杰尔（Nigel of Cotentin）同样也将子爵之位传给了他们的后人。在这些人当中，有的继续往上发展成英格兰更高一级的贵族，而他们做子爵时所拥有的财富和权力恰恰是通往高位的跳板。

当威廉公爵开始考虑英格兰的问题时，诺曼底已经成为法兰西北部最强大的省份，当然有部分原因要归结到安茹伯爵和法国国王的衰弱。他趁曼恩内部发生继承权纠纷之际发动攻击，安排他的儿子罗伯特与曼恩的女继承人订婚，后来，虽然罗伯特的未婚妻尚未举行婚礼就去世了，威廉仍然将罗伯特任命为曼恩伯爵。在东部，蓬蒂厄（Ponthieu）伯爵居伊被迫向威廉表示效忠并承诺提供军事服务；在威廉娶了鲍德温的女儿玛蒂尔达之后，他与佛兰德伯爵鲍德温建立起很好的关系。1064年，在布列塔尼的科南二世伯爵尚未成年时，威廉率军发起攻击，支持孔博尔的里瓦永（Rivallon of Combour），并在那里确立自己的权威。这些战争使他作为一名军事指挥官的高超技能尽情显露，这样一来，周边省份的许多骑士都被吸引到他的军队，在这里，他们既能获得战斗经验，又能赢得战利品。他自己的封臣也需要承担军事服役等义务，通常他们是不具体指定数量和期限的；可能唯一需要签约保证提供确切数目骑士的封臣就是那些货币封土持有者。有些修道院，到后来也需要为公爵提供骑士，这可能是由于先前的一些教会土地后来曾经改为民用，当修道院把这些土地再收回时，有些土地上已经住着一些骑士。对于这些新骑士来说，优质的服务能够换回丰厚的奖赏：土地、城主之位、子爵之尊，或者娶到一位女继承人。在11世纪中期，战争被称为"诺曼人的民族产业"。

忏悔者爱德华一方面没有子嗣，另一方面又对当年诺曼底的亲戚们在他落魄流亡之际为他提供避难之所，并承认他的权利等帮助心怀感激，因此，威廉从很早就抱着希望，等待着被指定为爱德华的继承人。然而，他争取英国王位的漫长征途才刚刚开始，就在1066

年 1 月爱德华去世后被迫中断，因为哈罗德·哥德文森（Harold God-wineson）被加冕为英国国王。威廉就此事与他的封臣们进行商议，并得到他们的支持。从其长达数月的准备来看，他并没有低估这场战争的困难程度；他之前的所有资源和经验都得到充分展现。他自己的封臣提供了人员和船只；有一份早年不完整的船只记录单，其中列出的数据可以看出威廉的准备很有力。⑤ 一些重要封臣和盟友准备的船只数量多少不等：威廉的两个妹夫莫尔坦的罗贝尔和巴约主教奥多分别提供了 120 艘和 100 艘；埃夫勒（Evreux）伯爵威廉提供了 80 艘；阿弗朗什的休、博蒙特的罗杰、埃乌的罗贝尔、蒙哥马利的罗杰和威廉·菲茨·奥斯伯恩，每人提供船只 60 艘；最少的有一艘，例如费康修道院的雷米吉乌斯（Remigius）就提供了一艘战船。诺曼人的军队得到其附近省份乃至远离战场地区的盟友和骑士的坚决支持。布洛涅的尤斯塔斯（Eustace of Boulogne）从封地带来一支数量可观的军队，其中包括布列塔尼人、佛兰德人、普瓦图人和一些来自曼恩、阿基坦及安茹，可能还有南意大利的士兵。1066 年对英格兰的征服被描述成为"威廉公爵率领的布列塔尼人、洛泰林吉亚人（Lotharing-ian）、佛兰德人、皮卡迪人（Picard）、阿图瓦人（Artesian）、塞诺曼人（Cenomanian）、安茹人、所有法国人和诺曼人的征服"⑥，这并非空穴来风。1066 年夏，威廉的军队用两到三个月的时间，在滨海迪沃（Dives-sur-Mer）完成首次集结，然后转移到圣瓦莱里（St-Valéry），在那里等待开拔，因此他们有足够的时间将各自不同的军团通过严格训练整合成一支训练有素的、具有战斗力的军队。后来在黑斯廷斯发生的漫长而艰苦的战役中，正是得益于这段时间的训练，威廉的军队才获得了胜利。

无论威廉是否提前知道挪威国王哈拉尔德·哈德拉达（正文中这里是 Harold Hardrada，文末索引处是 Harald Hardrada，此处应为原文错误。——译者注）会在托斯蒂格的支持下准备攻打英格兰北部，但结果是，威廉一直等到哈罗德·哥德文森不得不离开前去约克郡回击入侵者时才采取行动，此时南部沿海正处于空虚状态。假如按照那

---

⑤　Van Houts (1988).
⑥　Ritchie (1954), p. 157.

些想要探索上帝意志的诺曼史家的常用说法，海风只能祈祷且要听天由命的话，如果威廉遇到不利的海风，其跨海作战行动就要推迟。而事实表明一位优秀的指挥官会选择最佳时机，成功从最开始就已经打好了基础。哈罗德在斯坦福德桥（Stamford Bridge）的战斗取得胜利后，就立刻赶回南部，只带着主力部队和从当地征召的士兵。尽管这支军队仍和以往一样强大，但仍然抵挡不住威廉精心演练的骑兵与弓箭手组合起来的联合进攻。在黑斯廷斯战役中，哈罗德阵亡。然而，英国军队的失败和诺曼人的胜利只是征服战争的序幕。虽然那场战役中幸存下来的英国贵族们接受了威廉，并在威斯敏斯特（Westminster）教堂由约克大主教埃尔德雷德为威廉加冕，但在后来的四年多时间里，威廉还是不得不面对来自英格兰西部和北部的各种起义。尽管他宣称自己的王位合乎法律，也尽可能地保留英国的各种现存制度，但从很多方面看，他的军队仍然属于占领军。这也决定了其新王国中的军事结构。

诺曼人征服后的20年中，土地被大规模地重新分配。修道院院长和大主教们在表示顺从之后，原先教会地产中的大多数都得以保留；但到威廉统治末期，诺曼人及其盟友们新获得的土地总共加起来也不足原英国世俗大贵族所占土地的5%。不过，变化正在逐步推进。威廉首先进行重新分配的土地包括王室地产、戈德温家族被充公的领地，以及在阿基坦战役中失败的领主们（thegns）的土地。他只打算保留原有伯爵中的三位——埃德温（Edwin）、莫卡尔（Morcar）和西瓦尔德（Siward）的儿子沃尔赛奥夫（Waltheof），以便保证王国的政府机构能够运行。当他离开英国去诺曼底时，他还不得不信任那些在哈罗德及其兄弟们吉尔斯和利奥弗维恩封地上新封的伯爵，将军事和政治领导权暂时交由他们掌控。威廉·菲茨·奥斯伯恩（William fitz Osbern）被授予伯爵封号，并管理汉普郡（Hampshire）和赫里福德郡（Hereford）。威廉的妹夫巴约的奥多被任命为肯特伯爵，并同时掌管数郡；王室管家拉尔夫（Ralf the Staller）作为盖尔人（Gael）的布列塔尼领主，在爱德华国王统治时期住在东盎格里亚，此时由吉尔斯接替，后者被封为东盎格里亚伯爵。这些还保持着传统形式的伯爵领地；直到1068年，埃德温和莫卡尔因起义导致土地被没收，威廉国王才按照诺曼底的样式，将伯爵们分封到边境地区，而且只给他们一小块土地。蒙哥马利的罗杰可能是在 1068 年成为施鲁斯伯里（Shrewsbury）伯爵；而阿弗朗什的休则从 1070 年成为切斯特（Chester）伯爵。[⑦]

到这个时候，威廉对王国的态度已经发生了转变。他不再继续尊称哈罗德·哥德文森为"国王"；自从在威斯敏斯特举行加冕礼后，他就从加冕那天开始纪年来记载他所实行的各种措施；他自称为爱德华国王的直接继承人，两人之间相隔的 9 个月被指为叛乱期。随后，威廉开始不断没收反叛者的土地；诺曼人及其盟友取代了仅剩的数位原英国最有权势的大贵族。国王沿用原有的地方议事会处理与法律有关的事务，征收普通税，并雇用原先的英国铸币工人继续铸造王国的货币。这些入侵者使用英国的制度，遵守英国的传统，但他们本人还都是"诺曼人"，他们讲着自己的法语，遵循不同的行为习惯。这样形成的社会既不是英国的，也不是诺曼人的，而是一种新的政府和军事组织形式，以满足新的需要。以盖马尔（Gaimar）和瓦斯（Wace）为代表的 12 世纪法国编年史家，把英国的这段历史当作他们自己的历史，并用他们的白话文法语诗歌传诵它：他们从一种不同的视角，来看待这个社会曾发生的事情。

为了进行再分配，威廉将没收来的土地分封给新领主，这个时候，他一般遵循两种原则：一是世家（antecessor）；二是某郡或某县的整体划拨。世家原则运用的对象是在爱德华国王去世时依法拥有领地的领主们；威廉统治早期，使用较为普遍的就是这一原则，也就是将土地分配给有名可查的世家。有些情况下，这些新领主所持有的撒克逊世家领地只有一两个县；例如，曼德维尔的杰弗里（Geoffrey of Mandeville）得到了王室管家安斯噶尔（Ansgar the Staller）位于埃塞克斯（Essex）的土地，但赫特福德郡（Hertfordshire）或白金汉郡（Buckinghamshire）的土地却没有给他。再者，世家并不是使用得最广泛的原则：事实上，只有 10% 的土地能够按照这种原则进行分配。[⑧] 而威廉国王迫切需要的是设置比较紧密的以城堡为中心的屏障，从而确保海岸和边疆地区的安全。掌管着黑斯廷斯、佩文西

200

---

⑦ Lewis（1991）.

⑧ 本节所引用数据来自 Fleming（1991）和 Hollister（1987），其中弗莱明的著作是目前所有专著中对这一主题进行的最丰富、最详细的论述。

（Pevensey）、刘易斯（Lewes）、阿伦德尔（Arundel）和布兰布尔（Bramber）的苏塞克斯（Sussex）领主，是早些时候就分封好的，而其他密集的小领地则散布于汉普郡、英格兰与威尔士边区以及不停变动的北部边界地区。这些领地的设置遵循的是第二个原则：用于分封的县郡土地不属于教会或早期被分封过的世俗领主合法占有。后来授予较小领主的封地中有很大比例是按照这一方式分封的。有些土地的转让得到过英国王室的承认，而许多领主却只需要其手续办理所在地的法庭出具证明即可。具体的分配细节可能由百户区法庭或邑法庭来进行安排。

　　因为有些世家在土地分配之前已经拥有了一些土地，特别是一些教会地产，有些租借了一些土地以维持生计，有些则是非法占有，因此难免会有土地纠纷提交到司法程序。在威廉征服之后的 10 年间，关于土地的诉讼案件也多种多样；其中最重要的一个案例，是在彭能登·希思（Penenden Heath）办理的，争议焦点是坎特伯雷教堂的土地归属问题；另外伊利（Ely）的土地归属权也经过漫长的诉讼过程。20 年的政局动荡导致土地所有权和所有人都发生了很大变化。对于那些征服之前的地产来说，若这些地产所归属的司法部门相对比较分散，那么要维持该地产的完整，机会就比较多一些，反之，若贵族身份只针对个人，而没有相应的土地，那么该地产就较难以保持完整。有些撒克逊人和其他转租人想要得到保护，自荐到新来的诺曼贵族那里，与贵族们建立起原本没必要的私人法律联系。结果，土地所有权因地区变化以及居民习惯的多样性就变得比较复杂了，而上述这种新变化则使这一局面更加严重。在转让的过程中，一些古老地产分崩离析，随之农业生活的瓦解给土地价值带来的负面影响也非常大，按照《末日审判书》（Domesday Book）的观点，这种破坏远远超过了入侵军队带来的影响。那些原封不动转让给新主人的土地，其价值比征服前的价值减少了13%，而那些需要整合多个领主控制的土地，其价值则平均比征服前的价值减少了22%。

　　随着土地的重新分配，与封臣义务的含义也得到澄清。[9] 大多数情况下，一些教会地产上比较重要的佃农也需要承担一定的军事义

---

⑨　Holt（1984）.

务，特别是当他们长期租用某块份地，或者当一位新主教被委任到这里时。修道院所要承担的军役份额，起码有部分原因出于军事需要。彼得伯勒（Peterborough）和格拉斯顿伯里（Glastonbury）需要提供60 名骑士，而伊利和伯里·圣埃德蒙兹（Bury St. Edmunds）则提供40 名骑士，这些都是易于受到攻击和入侵的地区，有些距离世俗权力中心地区较远。阿宾登（Abingdon）需要提供 30 名骑士，它控制的河滩，是连接南北交通、通往内陆地区的要冲。世俗领主需要提供的军事义务逐渐地也开始计算出确切的骑士数额。这些变化中的大多数都是在威廉统治末期发生的，虽然直到世纪之交，各封地由于有些土地被没收、有些土地被再次分封，均已发生了重大变化。随着骑士领地制度的确立，无论是世俗还是教会的领主都可以独自进行次一级的分封。在后来的数十年时间里，这些封地的财政属性逐渐超过军事属性。受封土地和份额数目与大地主所能供养或者不得不供养的骑士规模有关。在诺曼底，征服行动也催生出重大变革。随着大量骑士前往英格兰，公爵需要留下来的诸侯们能为他提供足够的保护，以维护和平并保卫边疆。那么很可能的情况是，如果诺曼底分配的封地中绝大多数正式份额与英格兰的正式份额是大致同时分配下去，那么就能说明之前提到过的那种关联，即在 1172 年返回诺曼底的封臣的封地份额的规模，与 1066 年轮船表中提到的最大地主的财产之间存在着简单关联。

《土地税调查记录》（*Inquisitio geldi*，仅有关于五个郡的记录流传于世）和《末日审判书》中记录了诺曼人征服后在英格兰定居的二十多年间，大多数土地和资源的变动情况。1085 年，威廉国王不得不动用一切力量来应对丹麦克努特（Cnut）国王与佛兰德伯爵弗里西亚的罗贝尔（Robert the Frisian）联合起来对英格兰的入侵。威廉的武装部队中，常备武装一直占据重要地位，来自外部的威胁迫使他招募到一支特别庞大的雇佣军。此外，他还得时刻关注诺曼底，并打算挑衅法王，想要尽快解决围绕着维克辛边境地区的长期领土纷争。这些行动需要的资金要求征收重税。爱德华国王曾在 1051 年停止征收常规税（"赫勒盖德税"，heregeld）；但直到 11 世纪 70 年代初（或者更早时候），征服者威廉才重新征收土地税，后者也构成了新税收体制中的重要内容。威廉统治末年，国家开始征收极为严苛的税收：对此，史学家们纷纷哀叹。《土地税调查记录》很可能是在1086 年开始编制的，几乎就在同时，涉及范围更广的"末日审判"普查开始展开。然而，推动这次大普查的不仅仅是财政需求。此前与土地有关的申述案件不断被呈交到国王及其代表的案前，这其中既有在分封期内的合法变动，也有可追溯到征服前的非法占有。这些纷争甚至涉及坎特伯雷和伊利大教区；"末日审判"普查中揭露出成百上千的土地纷争（clamores），而且许多小佃户都要求解决这些问题。诺曼郡长们也参与到掠夺土地的行动中来；有些土地还不用缴纳赋税，而且早在 1066 年，似乎支付土地税可以为一些有争议土地换取某种特权称号。⑩ 诺曼地主们在意的是，无论是通过誓言还是得到国王的命令，只要让自己的土地权利得到官方认可就行。各郡、各百户区的法庭设有普查机构，其中各地庄园主和各村镇的代表都一起参与其中。但是若没有权贵们的合作，这些调查根本无法进行，就像 1085 年进行普查决定的计划，就在威廉国王的圣诞节宫廷中搁置了六个月。只有在武力占领这种特殊条件下，才能保证如此大规模的普查得以进行；而在诺曼底，尽管也有类似的需求，但却无法进行这样规模的调查。

这次普查进行了七八次巡回审议。各郡、各区的政府，在地方庄园主和筹备人员的帮助下收集了相关证据，这些人当中有许多已经习惯于向主人作报告，而且在这些证据提交到每次巡回法庭审议之前，还要经由地方陪审团经宣誓后予以证明。除去达勒姆（Durham）、北部地区，以及伦敦和温切斯特（Winchester）这样的大城市，巡回法庭几乎覆盖了整个英格兰。东盎格里亚的巡回法庭管辖的土地占有情况极为复杂，以至于当其他地区的巡回法庭工作已经结束时，这里的报税单还没有完成，而且它还包含了许多其他巡回法庭省略掉的内容。到这时，大家才认识到，尽管《末日审判书》的编制工作会一直持续到下一位国王任期，但报税单的统计已经在 1086 年 6 月结束了。当"所有根据各种原因拥有土地的人"在索尔兹伯里（Salisbury）议庭发誓效忠并服从威廉国王时，这些呈交上来的报税单都要作为参考。⑪ 如果索尔兹伯里誓约确实与末日审判联系在一起，那么它

⑩ Hyams（1987）.
⑪ Holt（1987a）.

就是一种标志，也就是说，原本作为封君和封臣之间的约束和一般义务的效忠，已经演变成要回报一些特定的土地或权利。所以，若将这次普查说成是"英格兰所有诺曼征服者的地契调查"，也不是没有道理的。[12] 此外，它还一个县一个县地为国王提供了官员们，特别是郡长们的资料，这样，国王就能用这些官员来管理王室领地，管理那些由于缺乏继承人、归还财产或者没收等行为而被国王收回的封臣领地和教会领地。它也体现出财政和司法因素的融合，这一特征将在整个 12 世纪成为政府的鲜明特征。

　　普查行动收集的内容包括：爱德华国王时期的地主明细、土地被授封的时间，以及 1066 年征服者的到来给土地所有权带来的剧烈变化。更重要的是王室领地与最强势封臣拥有的领土的不同比例。在征服之前，国王和最富有地主所拥有土地的情况是，忏悔者爱德华拥有的土地只占全国的 34%，而戈德温家族占有的土地为全国的 43%（这还是托斯蒂格失败之后的数据），利奥弗里克（Leofric）和西瓦尔德家族占据着 23% 的土地。诺曼征服后，这种比例发生了逆转，威廉国王拥有全国 64% 的土地，而最大的一些地主所占土地加起来只有国王的一半。此外，威廉属下最有权势的封臣们所拥有的财富也比强势的萨克森伯爵们稍逊一筹，而且他们封地的地理分布也不像后者的那么分散。戈德温家族的土地分布在 30 个县，而阿弗朗什的休家族的产业则分布在 20 个县，国王的妹夫们巴约的奥多和莫尔坦的罗贝尔两家的封地加起来散布在 21 个县。

　　若对威廉属下各封臣的财富进行粗略计算，其价值平均每年超过 750 英镑，其中居前的有巴约的奥多为 3000 英镑，莫尔坦的罗贝尔为 2100 英镑，蒙哥马利的罗杰为 2100 英镑，瓦伦的威廉（William of Warenne）为 1165 英镑，里士满（Richmond）领主布列塔尼的阿兰（Alan of Brittany）为 1100 英镑；紧接着稍差一些的有切斯特伯爵阿弗朗什的休为 820 英镑，克莱尔（Clare）的理查德、库唐斯（Coutances）主教杰弗里和曼德维尔的杰弗里分别是 780 英镑，最后还有布洛涅的尤斯塔斯二世为 770 英镑。这些人中绝大多数都是威廉公爵殿下的亲人，都是他的好帮手。教会财产总额约为全国地产总值

⑫　Davis（1987b），p. 28.

的 25%。巴约和库唐斯的主教们把他们的英国地产看作俗世应该给予他们的费用，作为回报他们提供的服务相当于世俗男爵应承担的义务；而且他们还需要频繁出席司法委员会。然而，巴约的奥多被怀疑对威廉不忠，因此在 1083 年被捕入狱；很可能是因为他同情国王那个叛乱儿子罗伯特·科托斯。征服者威廉去世后奥多被释放，可是他却在新王即位之初公然反叛，最终被流放，家产被没收。这个时候，任何大贵族都不可能像戈德温家族那样威胁到王权；事实表明，国王谨慎地利用他的各种资源，有能力抗击任何一次来自英国或诺曼底的起义，即便对方得到某些外国势力的支持，至少这种状况会在此后的半个世纪中保持下去。威廉取得的巨大成就在于，他在英国建立了稳固的诺曼人统治，并将诺曼底和英国联合起来，而且他的继承人们也都希望能在这两个方面继续这一业绩。[13]

204

然而，所有的诺曼国王都遇到同样严重的继承权问题。1087 年 9 月威廉去世后，他遗留下来的财产几乎要被瓜分。尽管关于法王是否为诺曼底公爵的领主这一地位尚且存疑，尽管法王和威廉公爵都对此有着不同的解释，但诺曼底终究还是法兰西王国的一部分。威廉很可能先是向法王亨利宣誓效忠，后又在 1060 年向年轻的法王菲利普宣誓。而且可能这一效忠仪式是在行军途中进行的，但这些关于效忠法王的资料都来自 12 世纪的文献，可能准确性不高。在 1066 年威廉离开诺曼底前往英格兰之前，他让他的贵族们宣誓效忠于其长子罗伯特，这些誓言后来又再次加以确认，而且罗伯特也得到法王菲利普的认可，成为诺曼底和曼恩的领主。当罗伯特与父亲发生冲突时，甚至在法王菲利普的支持下与父亲兵戎相见时，他很可能已经宣誓效忠法王了。尽管这种父子同为诺曼底公爵的状态，在威廉生前更多只是名义上的，但它却是一种承诺，对于这一承诺，即使威廉国王本人也无法死而复生地予以否认。他的愿望可能是要保证所有领地都统一在一起，但是他又不打算让罗伯特担任英国国王。他曾明确地对兰弗朗克（Lanfranc）大主教说，希望次子威廉·鲁弗斯加冕为英王；兰弗朗克对此没有异议，所以说威廉的王国在那时就已经分裂了。

威廉·鲁弗斯和罗伯特的分裂并不是诺曼习俗——也就是经常由

⑬ Bates (1989b), p. 185.

长子继承祖产，而次子得到新获取的产业——的必然结果。尽管遗产继承原则在 1087 年就已阐释清楚——事实上，它们一直保持着弹性空间——但它们既不适用于英国也不适用于诺曼底公国，这两个地方先前的历史都更倾向于统一。自从英格兰王国统一后，其统治者就一直对整个王国享有绝对的权威；而诺曼底诸公爵则从来没有分裂过公国。甚至公爵的儿子和他父亲名义上的联合也不具备代表性，远远构不成对权力的分割；这更多的是一种继承权的保障。让罗伯特担任诺曼底公爵，威廉·鲁弗斯成为英格兰国王，更多的是形势所需，而非仔细权衡的筹划；威廉的第三子亨利虽然声称他有权得到母亲的封地，但最终只分到一些金钱。起初，威廉·鲁弗斯和罗伯特都允诺如果任何一方没有子嗣，那就将对方定为自己的继承人。后来当罗伯特参加十字军东征后，威廉·鲁弗斯就在 1096 年到 1100 年负责管理诺曼底事务，在这期间他的种种行为，以及当他去世后亨利的残忍谋划和卓有成效的行动，再加上罗伯特想要收复英格兰的徒劳努力，林林总总，都表明三兄弟均想要由自己来重新统一父亲留下来的王国。威廉和亨利的统治能力都有些像他们的父亲，并有相当不错的表现；而罗伯特在十字军东征中充分展现出的军事才能和英勇，反而证明他自己没有能力保证封臣的忠诚，只会把重要的资源和土地分封出去，甚至无法保住他自己原有的东西。

　　在威廉·鲁弗斯统治时期，诺曼人继续向外扩张。他把父亲开创的事业发扬光大，同时主要由小儿子们发起的新移民潮也一波接一波地推动了他的扩张脚步。北部边疆推进到坎布里亚（Cumbria）。威廉一世在征讨苏格兰国王马尔科姆·坎莫雷（Malcolm Canmore）的战斗中，曾在阿伯内西（Abernethy）迫使马尔科姆·坎莫雷臣服，当时的臣服礼相当于行军途中的效忠仪式。1092 年，鲁弗斯率领大军北征，并在卡莱尔（Carlisle）建造一座城堡，将人们迁到那里，然后委任布里奎萨特（Briquessart）的拉尔夫为当地领主。1094 年，虽然苏格兰国王马尔科姆勉强同意到格洛斯特（Gloucester）拜见威廉·鲁弗斯，但却一直是北部边界上的潜在威胁。不久之后，马尔科姆被暗杀，苏格兰王国陷入争夺继承权的纷争当中，马尔科姆的幼子和女儿们因在英格兰长大，与英格兰国王关系较好，因此到世纪之交时，北部边界的紧张态势有所缓解。在威尔士的北部和中部，诺曼人

205

的扩张主要由积极扩张的切斯特的休侯爵以及施鲁斯伯里的罗杰侯爵率领，当他们去世后，这里的攻势也暂告一段落。在威尔士南部，当威廉·菲茨·奥斯伯恩打算加强攻势时，他的儿子却在 1075 年被发现通敌，并被没收了财产，因此国王干脆直接从布里斯托尔海峡（Bristol）进军。随后一大批诺曼移民来到这里定居；他们建造城堡、修道院和小市镇。当 1093 年赖斯·阿普·特乌多（Rhys ap Tewdwr）去世时，威尔士政权便失去了核心，于是鲁弗斯就将刚刚跨海过来的诺曼人和布列塔尼人安置在阿伯加文尼（Abergavenny）、克利恩（Caerleon）和格拉摩根（Glamorgan）。在这段时间里，威尔士人不断起义威胁诺曼人，但至少鲁弗斯维持住了他父亲取得的成果。

　　罗伯特·科托斯去耶路撒冷后，鲁弗斯为巩固诺曼底公国边疆取得了突出的成绩。蒙哥马利的罗杰的长子贝勒梅（Belleme）的罗伯特拥有优秀的军事技能，他成为鲁弗斯的好帮手，在边境地区建立了许多新城堡，从而加强了边境的防守。例如，日索尔（Gisors）就是新建成的防御性城堡，防卫对象是维克辛的那些不守规矩的领主。虽然鲁弗斯没能将这边的疆界向外推进，但他留下了很好的防御体系，在南部，他成功地控制了安茹伯爵辖下的曼恩，并在勒芒（Le Mans）部署了军队，在他去世之前，这里一直被诺曼人控制着，并且左右着那里的主教选举。整个南部边境地区的一些领主同时也是法王的封臣，因此，两位国王谁能给他们最大的利益，他们就将忠诚献给谁。威廉·鲁弗斯成功地得到了梅伦（Meulun）伯爵的效忠，而蒙福尔·拉莫里（Montfort l'Amaury）家族则分裂成两派，分别以西蒙和阿莫里这两兄弟为首站在对立的阵营。尽管阿莫里家族发生了分裂，但鲁弗斯仍然成功地控制了这个地区，还筹划着占领阿基坦，但 1100 年 8 月 2 日他在去"新森林"（New Forest）狩猎的途中，发生意外死亡。

　　威廉·鲁弗斯在位的这几年，虽然也发生了 1095 年莫布雷（Mowbray）的罗伯特领导的大规模叛乱运动（被他强力镇压下去），但总的来说，他还是成功的，这要归因于他的军事领导能力和娴熟运用继承自父亲各种资源的能力。他对隶属王室的城堡严格控制；而他哥哥罗伯特·科托斯管理下的诺曼底却允许封臣们把王室的城堡当作各自家族的祖产。罗伯特·科托斯放弃了诺曼底中心区域的布里奥讷，将它封给原先只负责管理该城堡的博蒙特的罗杰。反过来看，鲁弗斯并没有挥霍他继承到的遗产；他手下的骑士们更期待到威尔士和北方地区夺取新领地，或者等待重新分配的充公土地，而且还有希望缔结一门颇有利可图的婚姻，所以他们都清楚，要保证自己的利益，必须先让国王满意。而且军队在战场上也不会严格地按照约定的配额分配战利品，然而，由于有些下属封臣在诺曼底的利益很重要，他们在海峡两岸两位国王的较量中亟须选择哪一方时，并不总能毫不犹豫地做出决定。无论如何，国王自己供养的庞大军队构成了在诺曼底与曼恩长期征战过程中的主力。有些人，甚至包括教会人员曾抱怨这些国王军队的敲诈行为，他们行军经过的地区也抱怨这帮人数量庞大、不守规矩、给当地带来破坏。然而，尽管坎特伯雷大主教安塞姆曾跑到罗马希望得到教廷的意见和帮助，而且教会史家们也对威廉·鲁弗斯大为贬斥，但在骑士们和年轻的封臣们当中，国王还是颇受欢迎的。在教会人士看来，威廉·鲁弗斯意外去世，未能进行忏悔恰恰是上帝对他的惩罚。

当鲁弗斯去世时，罗伯特·科托斯正在从耶路撒冷返回的路上，还带着妻子孔韦尔萨诺的希贝尔（Sibyl of Conversano），她的嫁妆足够用来偿还他欠下的债务。在他抵达诺曼底之前，他的幼弟亨利迅速采取行动，自己接任英格兰王位，并在威斯敏斯特加冕。1101 年罗伯特试图进攻英格兰，以失败告终。在此后六年时间里，他被亨利逼得逃离诺曼底，后来又被囚禁在坦什布雷（Tinchebray），从而将盎格鲁 - 诺曼王国的两块领地统一起来。直到 1134 年去世，罗伯特一直被囚禁着；而他年幼的儿子威廉·克里托（William Clito）仍保有成为诺曼底公爵的权利。

在亨利漫长的统治生涯中，他的目标是巩固疆土而非扩张，与前任们相比，亨利加强了英格兰和诺曼底的联系。像父亲一样，他将武力征服转变成合法统治。他迎娶的是马尔科姆·坎莫雷和埃德加·阿瑟林（Edgar Atheling）的妹妹玛格丽特（Margaret）的女儿玛蒂尔达，这样就将他的家族与苏格兰的阿尔弗雷德（Alfred）国王联系起来，这有助于巩固北部边疆的稳定。1102 年，支持罗伯特·科托斯的贝勒梅的罗贝尔发动叛乱，这也是亨利在位期间遭遇到的最严重的叛乱，此前，贝勒梅的罗贝尔通过继承遗产，将蒙哥马利和贝勒梅两大家族在海峡两岸的庞大财产都继承下来。起义失败后，他在英国的所有产业都被没收，他和两位弟弟阿尔努尔夫和罗杰都被流放。10 年后，亨利又剥夺了他在欧洲大陆上的爵位并没收了其地产，他本人被终身监禁。这是亨利统治期间唯一一个被剥夺了封号和财产的大家族，直到去世之前，他一直对贝勒梅家族进行残酷的追捕。

相对而言，诺曼底并不是太稳固。亨利后来进行的几场战争中，除两次远征威尔士外，都发生在海峡另一边的诺曼底。有些封臣，特别是那些在维克辛边境地区的封臣支持罗伯特·科托斯，当罗伯特的儿子威廉·克里托长大并拿得起武器时，这些人就组织起来，奉他为领主。他们还得到法王路易六世和安茹伯爵的资助，其中安茹伯爵继承了曼恩伯爵的财产，与诺曼人发生了利益冲突。在与安茹的斗争中，亨利得到他的姐姐阿德拉的儿子布卢瓦伯爵狄奥博尔德（Theobald）的有力支持；在布卢瓦与安茹的长期竞争中，家族成员间的忠诚得到加强。1113 年，安茹伯爵福尔克五世最终答应和解，同意将小女儿玛蒂尔达嫁给亨利唯一的婚生子威廉·阿德林（William Adelin）。曼恩将作为玛蒂尔达的嫁妆，从这时开始，亨利就开始为儿子筹划，确保其能妥当地继承所有财产。1115 年，诺曼底的封臣向这个年仅 12 岁的男孩表示忠诚与效忠；一年后，英国各大权贵也在索尔兹伯里举行了类似的效忠礼。这也是首次通过效忠以确保继承权。1119 年，法王路易六世的军队在布雷姆勒（Bremule）遭亨利的骑士们重创，一年后，路易最终认可亨利对诺曼底的控制，并接受威廉·阿德林的效忠。这样一来，亨利自己不用向任何人表示效忠，就合法地控制了诺曼底，同时也实现了盎格鲁－诺曼王国实际上的统一。奥德里克·维塔利斯在撰写其史书时正生活在亨利统治晚期，他见证了亨利作为国王的业绩，并认为对亨利不敬就是亵渎君王。然而，没有人会把诺曼底当作英格兰的一个省，而且但凡说这种话的人只不过是为了哗众取宠。1120 年以后，亨利本人开始以诺曼底公爵的身份示人，在此之前，当他剥夺其兄弟这一封号时，一直克制着不用。法王对诺曼底的宗主权可能已经很小，不过是种传统，但毕竟有可能成为现实；它"被忽略、被抵制或被否定，但从未被忘记"，并且终将成为"将诺曼底与其宗主国统一起来之理念的重要因素"⑭。

亨利在诺曼底的行动表明：他关心的是将自己的地位合法化以及巩固边防，而不是扩张。他在布列塔尼、曼恩、佩舍、法兰西的维克辛（Vexin Francais）、博韦和尤－蓬蒂厄（Eu-Ponthieu）的边境地区加固的城堡至少有 15 座。国王在贵族私人城堡中的权利也显著增强；例如，国王于 1119 年在与法国交战时，其私人部队就驻扎在鲁昂大主教位于安德里（Andely）的城堡。亨利的私生女们都嫁给了位于边境地区的领主，其中有布列塔尼公爵科南三世公爵、佩舍伯爵罗特鲁、布勒特伊（Breteuil）的尤斯塔斯、蒙米赖的威廉·古埃特（William Gouet of Montmirail）、蒙莫朗西的马修（Matthew of Mont-morency）、博蒙特－勒－维斯科姆特的罗瑟林（Roscelin of Beaumont-le-Vicomte），还有海峡对岸的贵族们，例如苏格兰国王亚历山大、加洛韦（Galloway）伯爵菲尔古斯（Fergus）。他唯一的婚生女儿玛蒂尔达早就订好了一门更显要的婚事，嫁给皇帝亨利五世，后者将在法国的东部边疆为诺曼底提供支持，维护诺曼底与莱茵地区富庶城镇之间的商贸联系。他的私生子们和布卢瓦家族的侄子们在其私人部队中任职并都得到晋升，迎娶到一些女继承人，或者得到了教会圣职。年纪最大的卡昂（Caen）的罗贝尔得到了格洛斯特的封地，并娶了罗伯特·菲茨·哈默（Robert fitz Hamo）的女儿兼继承人为妻。他的侄子布卢瓦的斯蒂芬得到莫尔坦郡，娶的是位于大陆的布洛涅和位于英国的其他地产的女继承人玛蒂尔达；而斯蒂芬的弟弟布卢瓦的亨利则成为格拉斯顿伯里修道院院长和温切斯特主教。

亨利的目的还在于通过推动他的贵族们在海峡两岸都能获取利益，从而维护英格兰与诺曼底之间的联系。自从诺曼人在英格兰得到丰饶的地产后，他们就积极避免会产生双重效忠的复杂局面。奥德里克·维塔利斯将他们的愿望用语言表述出来，即希望他们这些在英格兰和诺曼底同时享有荣耀的人可以只为一位领主服务。随着每一代新移民的到来，这种联系变得有些松动；在这个过程中，像克莱尔和托斯尼（Tosny）这样的大家族，有的旁支扎根于英格兰，有的旁支则继续留在诺曼底。亨利对此事的态度则是鼓励跨海峡领主数量的增

---

⑭　Le Patourel (1976)，pp. 219 – 221.

加。博蒙特双生子中的老大罗伯特继承了莱斯特（Leicester）的尊号，并被封为侯爵，后来又娶了布勒特伊的女继承人。布里奎萨特（Briquessart）的罗伯特在继承了切斯特的爵位后，还保有他在诺曼的领地。尽管有些领主，就像博蒙特双生子中小儿子默郎伯爵瓦勒兰，由于既是法王又是英王的封臣，不免有些举棋不定，但是身为强大的英国贵族能得到丰厚的跨海利益，这一点将在后来皇后玛蒂尔达与她堂弟斯蒂芬争夺王位的过程中发挥作用。

就在威廉·阿德林向法王路易六世表示效忠数月后，他因乘坐的白船号（White Ship）沉没而去世，围绕着继承权的斗争导致战争再次爆发。当时，亨利的首要目标就是除掉威廉·克里托，这个时候的威廉·克里托拥有一些诺曼封臣和法王的支持，并在1127年成为佛兰德伯爵，这非常不妥当。亨利对他进行无情的追捕；说服教宗宣布克里托与安茹伯爵的女儿之间的婚姻无效，在佛兰德的继承权争夺大战中支持克里托的对手阿尔萨斯的蒂埃里（Thierry of Alsace）。随着1128年克里托在一次战役中身亡，这一危险终于消除。由于亨利与卢万的阿德丽萨（Adeliza of Louvain）的第二次婚姻并没有子女，因此他需要仔细筹划让自己的血亲后人作为继承人。他的女儿玛蒂尔达在1125年开始孀居，因此被从德意志带了回来；三年后，就在威廉·克里托去世之前，她嫁给了安茹伯爵的长子杰弗里。就在玛蒂尔达返回诺曼底不久，亨利就要求英格兰和诺曼底的封臣承认她作为他的继承人，并宣誓忠诚于她。他并没有要求他们举行效忠仪式；但当她于1131年再婚后，各封臣又重申一遍忠诚的誓言，而且原则上确定了她的婚生子女将是亨利所有遗产的继承人。亨利清楚地表明他的意图，即他用毕生心力得到的所有遗产，必须完整地传承下去。然而，重要的实施细节却没有说清。玛蒂尔达的丈夫杰弗里只是被勉强地封为男爵，但从来没有明确否认他的继承权；不过在誓言中也没有提他。玛蒂尔达是女人，即使她得到了效忠誓言，在那个年代也无法让人服从。亨利本人避免以诺曼底的身份效忠法王，可能是希望法王能给他女儿以同等的自由，以便她的儿子长大成人后能以她的名义行效忠礼。然而，对于杰弗里来说，这些还远远不够，他甚至希望能够成为英格兰的联合国王，就像他的父亲福尔克娶了第二任妻子耶路撒冷的女继承人梅丽森德（Melisende）之后所享受的权力。

　　1135 年 12 月 1 日，亨利国王患病，不久后在里昂拉福雷（Ly-ons-la-Foret）去世，贵族们与杰弗里和玛蒂尔达的关系也紧张起来，起因是关于边境上各城堡的纷争，以及贝勒梅的罗贝尔之子威廉能否继承他父亲在诺曼底遗产的权利。亨利的侄子布卢瓦的斯蒂芬当时还在布洛涅，很快回到英国夺取王位，而无视自己曾对玛蒂尔达发出的誓言。他也没有打算将遗产分割，大贵族们对他还算认可，因此听说他加冕后不久就承认了他的王位。斯蒂芬学习亨利国王的做法，他自己不向法王行效忠礼，而是让他的儿子尤斯塔斯在 1137 年向法王表示效忠。但和亨利不同，他的即位更缺乏说服力，而且还有违背誓言的罪过，因此他立即派使者去觐见教宗英诺森二世，得到教宗对他加冕的认可。自从 1066 年以来，教会人士坚决要求国王即位时必须举行加冕礼。国王的执政年限要从加冕之日算起，前三任诺曼国王都认识到加冕的价值，从而得到境内高级教士的支持。斯蒂芬的合法加冕是他能够确保终身作为国王的最有力的保证。然而，诺曼底却成为他的"阿喀琉斯的脚踝"；包括阿根坦（Argentan）城堡在内的那些引起争执的边境堡垒，是玛蒂尔达的嫁妆，她很快控制了这些地方，在诺曼底与安茹之间打开一道门。就在边境地区的领主们因私人边界问题陷入混战时，斯蒂芬在 1137 年第一次来到诺曼底，并且成功地签署了一份临时休战协定，却没有建立起能够保证长久稳定的秩序。这次失败标志着古老的盎格鲁－诺曼王国的终结，此前亨利一世的统治，恰恰是这一古老王国发展的顶峰。

　　在盎格鲁－诺曼王国，君王们只是依靠个人能力，将王国内的各个不同部分统一到他的统治之下，统一到他的王廷治下，统一到他的私人军队当中。通过在辖区内不停地奔波，他和他的封臣以及追随他的私人军队军官们逐渐熟悉了各种不同的风俗和管理方式。尽管英格兰和诺曼底内在结构上的不同使其发展永远无法同步，但这毕竟带来了相当重要的互相促进、互相受益的结果。只要亨利国王在世，他的王廷就是"延伸到各地的权力和影响构建起来的网络中心"[15]。那些受重用的人享受着他的恩赐带来的利益，这其中既包括像默郎的罗贝尔这样的大贵族担任顾问，也有在被推举为大主教后仍然为他服务的

210

　　⑮　Green（1986），pp. 36 – 37。

王室教士，还有根据需要随时担任城堡主或郡长的骑士指挥官。这群人的人员构成虽然不停改变，但却总拥有巨大的影响力，维护了亨利统治晚期整个王国的统一。

这个时候，财政和司法机构从无差别的私家宫廷中分化出来，并设立在王国或公国中的过程尚未开始，而且如果确实要去设置的话，诸如宫廷或国库这样的术语还需要谨慎选用。尽管书写工具的使用范围迅速扩大，但英格兰和诺曼底仍然没有分出各自独立的书写机构。一大群王室书记官和国王一起到处奔波，为他的小宫廷提供服务。在征服英格兰之前，诺曼底的历任公爵和英格兰诸国王都有这种形式的小宫廷，而且两者都会不时地将主要书记员封为"大臣"。圣·昆汀的杜多（Dudo of St-Quentin）曾为公爵理查德二世制定各种宪章，曾被称为"大臣"；而雷根巴尔德（Regenbald）被威廉一世俘虏时，正是爱德华国王王廷的"大臣"，尽管这个时候还很难说已经形成了非常明确的王室宫廷。无论对1066年前英格兰和诺曼底存在的印章会有怎样的研究结论，书写工具确实已经得到广泛应用，成为向在英国各郡政府官员或起诉人发布命令的手段之一。诺曼人的征服促使英格兰的文书应用急遽增长，而诺曼底也有所增长。密封的文书成为国王政府中一项必要的工作内容。书记员的数量也有所增加，尽管有些特许状是由受惠人自己写好并呈交国王予以确认，不过这种情况在诺曼底比较突出。然而，印章只有一枚，而且印章的保管人也只有一个；等到亨利统治晚期建立起早期的王家宫廷时，也只有一位大臣。其他王室成员——管家、治安官和典礼官——可能更多是由当地人担任。有些官员经常变动；例如罗伯特·马杜伊特（Robert Mauduit）同时在英格兰和诺曼底两地的财政部任职，而林肯（Lincoln）城堡的治安官拉海耶的罗伯特（Robert de la Haye）则是诺曼底财政部的第二位负责人。

最早的三位诺曼国王必须把他们的时间分别花在诺曼底和英格兰，而且当他们离开时，又不得不留一位亲人或亲信贵族作为副摄政来管理事务。威廉一世经常把他的妻子玛蒂尔达留在诺曼底作为他的代表。在英格兰，他起初依靠威廉·菲茨·奥斯伯恩，后来依靠巴约的奥多，一直持续到奥多被贬黜。兰弗朗克大主教是传达国王命令的重要人物，莫尔坦的罗伯特以及库唐斯的杰弗里主教都经常被委任来处理重要的申诉案件。当威廉·鲁弗斯在他哥哥参加十字军期间管理诺曼底时，就在英格兰雇用了一位新型的官员拉诺尔夫·弗拉姆巴德（Ranulf Flambard），后者曾是征服者威廉统治末期王室政府中最有能力的职员。拉诺尔夫并没有得到和后来的首相同等的地位，但他负责的事务却包括司法和财政。亨利曾离开英格兰去诺曼底停留了很长时间；尽管在那期间英格兰的中央朝廷处理着所有重要事务，但亨利来往各地造成的实际困难以及政治事务的逐渐增多，使得无论是海峡的哪一边，都急需从王廷中分离出一个组织更加紧密的政府机构。1118年前，当亨利国王不在英格兰时，一直由他的王后玛蒂尔达作为政府摄政，但是索尔兹伯里主教罗杰逐渐掌控了更多副摄政的权限，直到玛蒂尔达王后去世，他已俨然成为仅次于国王的第二号人物。包括林肯主教罗伯特·布洛埃特（Robert Bloet）、伦敦主教理查德·贝尔梅斯（Richard Belmeis）、波特的亚当（Adam of Port）以及拉尔夫·巴塞特（Ralph Basset）在内的很多人聚集在他周围，与他一起行动，处理一些违背国王意愿的司法案件，并且主管财政。当亨利国王身在英格兰时，利雪（Lisieux）的约翰主教就履行着与索尔兹伯里主教罗杰类似的职责，管理着诺曼底。

　　财政很关键，由于需要应对不断出现的入侵威胁或叛乱，特别是诺曼底地区的叛乱，亨利的决策在很大程度上受到财政的制约。当诺曼底边境地区，特别是一些地区的军队不足以满足防卫需求时，他也不得不让骑士们在其私人军队中服务，或是在诺曼底前线各城堡中当巡逻兵。亨利统治期间最危险的年月有两个：一是 1106 年到 1113 年收复诺曼底；另一个是 12 世纪 20 年代亨利的继承权真的受到了威胁，当时威廉·克里托在法王路易六世支持下向他提出挑战。这段时期也见证了亨利强力进行的财政改革。首先，必须严格管控不守规矩的骑士随从以及王廷仆从，防止他们到处惹事，因为鲁弗斯统治时期，这些人恣意破坏，曾令国王军队成为各地方最为恐慌的对象。到1108 年，亨利制定了比较具体的纪律条款，一方面通过残酷的惩戒加以约束，另一方面提前安排行程以便各地能够尽可能地准备接待事宜。1130 年的《财政署卷档》（Pipe Roll）就是最好的证据，它记录了当王室巡视团到来前，郡长们不但要给他们安排好所需物品，还要提前准备好葡萄酒、谷物、衣物等很多东西。1108 年，亨利首先对

212

钱币铸造进行了大规模改革；到 1125 年又进行了更加彻底的改变，他逐渐减少铸币的数量，直至最后完全放弃盎格鲁－撒克逊人统治下英格兰定期重铸货币的传统。⑯ 随着王室领地物产越来越多和封臣的封建义务开始用财政手段来结算，严密控制资金流动以及审查收入就变得非常必要。

　　12 世纪最初 10 年间在英格兰进行了一项重大变革；到 1110 年，就在同一地区同一御前会议上进行了一次中央收入登记和审计。不过这仍然只是一次偶然事件，而不是一项制度，它被称为沙盘面上的国库财政，每当各郡长和其他官员带着现金收入以及已经支出的费用记录来报账时，用的就是这种沙盘面上国库财政方法来计算的。这种统计工作每年定期举行两次，最初在温切斯特，后来其举行地点不时变化，而参与历次统计工作的大贵族们则被称为财政男爵，负责处理司法以及财政两方面的事务。索尔兹伯里的罗杰主持这些事务，但没有受封任何与司库（treasurer，或译为国库长官）有关的官职——后来他的侄子奈杰尔得到这样的称号。为了方便，现金仍然由分散在不同地方的国库保存，其中在英格兰的有伦敦塔、威斯敏斯特和温切斯特，在诺曼底有卡昂和法莱斯（Falaise）。日常所需的开销携带在国王身边，由王廷中的一位侍从负责管理。在亨利统治结束之前，很可能就在其最后的数年间，在诺曼底的卡昂开始设立一个中央收入审计部门，由利雪主教约翰主持的一个独立的财政部负责。⑰ 海峡两岸的英格兰和诺曼底的财政机构之间有着非常紧密的联系；尽管有些职员只在其中一边比较活跃，但是双方的信息和经验是互通的。根据亨利统治末期《王室确立书》（Constitutio Domus Regis）的记录，财务主管的身份仍然没有固定下来，有时属于王廷，有时又不属于，他很可能负责管理所有工作人员，以及英格兰和诺曼底的国库。这与王室的组织管理比较接近；但因为英国郡长的地位与诺曼底的子爵们（Vicomtes）不同，后者在诺曼底要负责农业生产以及征税，所以诺曼底并没有和英国的郡县王廷一样的机构，这种差异性一直延续下来。关于英国中央审计幸存下来的最早记录，是 1129 年到 1130 年的《财务

213

---

⑯ Blackburn (1991).

⑰ Green (1989), pp. 115–123.

总卷》，这比诺曼底能找到的记录要早；较晚时期的诺曼底的《财政档案》（Exchequer Rolles，始于 1172 年）揭示出两地因实践差异而发生的一些变化。

司法领域同样如此，尽管有一套国王元老院（*curia regis*）随着国王来回奔波，处理王国内各个地方发生的案件，然而，政府制度的发展却促使"两个地区的不同传统和习俗得到加强并永远持续下去"[18]。结果，各级地方法庭所适用的法律，在贵族以下的各个阶层都表现出不同的特征，而上层的封君封臣适用的法律在整个王国境内则更加统一。对于上层贵族来说，彼此之间的通婚、在政府中任职、为王室服务，以及因国王的事务或者视察他们远处的地产而进行的长距离旅行，都导致诺曼人、布列塔尼人、佛兰德人、普瓦图人，以及其他征服者的第二代、第三代后裔们，逐渐与英格兰居民同化。自由继承法更加普及。到亨利统治末年，原先各家族内部较为弹性的继承惯例发生了决定性的变化：在英格兰，那些因长期在军队服役而获得的土地一般由长子继承；在诺曼底，则通行采邑不可分割的"长子权"规则。国王身边的国王元老院受理与地跨海峡的领主们有关的案件，它们有很多相似性。而且也都使用类似的工具；一些文书和国王制定的决议经密封后，在盎格鲁－诺曼王国随处可见。

从征服者威廉开始，法官们需要得到特别委任状；亨利一世有时会直接指派法官或司法官去某个郡县受理案件。他们处理的是以文书形式提交的诉讼，当然司法文书的形式多种多样。无论在英格兰还是在诺曼底，这些文书都是针对某些特定条件而特别设计的。然而，这些案件仍然要由地方法庭审理，而且判决也需要按照传统方法来宣布，即使王室官员主办的案件也不能例外；直到亨利二世时期，官员们才能从根本上影响司法决议。尽管这个时期的文书语言以及范围更广的司法实践已经出现了一些变化，但它们本身并不足以直接导致晚些时候司法实践方法不可避免的发展，那时的实践方法形式要更为清晰得多。[19]

对于被提交到亨利案前的许多案件，他坚持认为受理它们的合适

214

[18]　Le Patourel（1976），p. 223.

[19]　Brand（1990）.

地方应是领主法庭，法庭负责处理的事务包括各封臣间的领土纠纷以及封建义务的履行。如果这些法庭无法解决，并且是基于相关人员隶属别的领主或者法官被罢黜，那么他就会把这些案件移交给英格兰的王室宫廷，或者当他身在王廷时干脆亲自受理。有些因在审计过程中查出的金融纷争导致的诉讼，将由负责财政的男爵们受理。通常，这些案件都是由原告先起诉。国王不会去寻找法官，但他会从很广的范围中选用，而且法官或司法院的收入在土地收益之外还是一项重要的税收来源。在国王法庭里，英格兰和诺曼底的司法管理有些许不同。国王的直属封臣们设有自己的领主法庭以处理他们自己的封臣事务，它们在许多方面与国王法庭联合起来。现在关于诺曼底早期的子爵法庭如何运作所知甚少；它们当然不会带有英格兰地方法庭所含有的公共机构的意义，而在英格兰，有些事务就是需要这些法庭处理。像奥尔贝克的兰德里（Landry of Orbec）这样的子爵，当议事会审理刑事案件时会遵循职权嫌疑（suspect *ex officio*）原则。[20] 这种做法非常不受欢迎，极易导致遭受勒索行为，因此尽管亨利一世统治时就出现过这种做法，但在英格兰不会进一步发展。地方陪审团的出现，使得地区法庭成为刑事诉讼的开创者，并且这种陪审团形式在亨利二世统治时期变得很普遍。

由于主教们自身也有爵位，因此也适用于世俗贵族的法律，尽管他们不断努力、试图减少需要履行的世俗义务。他们在英格兰和诺曼底的地位类似。对于国王来说，教士的任免权以及具体指派都是同等重要的。在诺曼底，很早就确定了一条规则，公爵用宗教团体的财产所得进行的投资，并不包括那种完全交由某位主教打理的宗教授职权。这意味着在盎格鲁－诺曼王国，关于宗教授职权的权力争夺并不那么尖锐，甚至比大范围宗教改革后的神圣罗马帝国还要缓和。在主教身为国王大封臣的封建关系中，主教所承担的封建义务变得越来越形式化，围绕着授职权的斗争也更加尖锐；一直到效忠礼可以在祝圣之前举行才得到解决。这时主教选举还不像后世那样成为主要问题；通常国王们都能成功地帮助自己提名的候选人按照正常程序获得选举胜利，或者至少可以达成协议而不会引起纷争。王室的影响力主要表

---

⑳　Van Caenegem（1976），pp. 61 – 70.

现为：供职于王室法庭的教士常常管理着许多主教区；主教区得到晋
升是一种很有价值的恩赐，特别是这种恩赐能确保国王的所有封臣尽　　215
忠职守。当主教们因封建义务关系而需要到司法委员会服务时，之前
处理教会事务的训练就成为他们胜任这种世俗事务的重要经验。塞
（Sées）的副主教约翰在 1107 年被亨利任命为利雪主教之前，曾在教
会法庭的司法部门工作过很长时间，他后来成为诺曼底财政发展中的
关键人物。

　　一直到去世之前，亨利一世都坚持主张他享有的权利。当国王的
官员们开始征税时，关于选举的抱怨并不多，抱怨主要集中于教区职
位长期的空缺。在斯蒂芬即位后因名不正言不顺而需要教宗支持的时
候，恰逢教会改革者要求严格遵守教会法令，因此又出现了新的紧张
态势。就教会法庭的宗教司法权发展趋势而言，它正逐渐从世俗事务
中脱离出来，导致因司法重叠而出现的许多混乱。关于主教们在各郡
法庭的行为引发的问题，只适用于英格兰。大体上，由于副主教出席
的法庭事务越来越多，僧侣组织也日渐强大，由此而起的纷争，特别
是被提起申诉的纷争，在整个王国境内的各个地区都大同小异，而且
直接向罗马提交申诉的渠道还未建立。

　　1137 年，斯蒂芬与玛蒂尔达的斗争进入新阶段：身为统治者，
需要将习俗差异极大的许多不同省份纳入同一个王国的管理之下。随
着边境地区的省份不停转手，王国的边界线也在发生变化。在英格兰
北部，苏格兰国王们始终在争夺这里的管辖权，其中坎布里亚和诺森
伯兰（Northumberland）都有被夺走的危险。海峡并不是完全不能逾
越的障碍，而且亨利一世也相信，诺曼底可以及时地被纳入他的王权
治下。然而，法兰西国王们对诺曼底的权力历史悠久，且始终不放
松。关于效忠的概念也发生了新的重要变化，这有利于法王。此时，
原先松散的忠诚观念被君臣效忠的概念所取代，路易七世明确表示，
只有诺曼底公爵亲自到巴黎向他表示效忠，他才会接受，此前由公爵
之子代行的简单效忠仪式已不可行。斯蒂芬和玛蒂尔达的争斗，可能
就是导致王国不可避免地走向分裂的原因，也可能只是加速了诺曼底
从英格兰脱离并最终并入法兰西王国的脚步。早期的三位诺曼国王所
创建的王国主要依靠个人维系，拥有许多普通的政府机构以及以国王
法庭和宫廷为核心的强大中央。与此同时，任何增设处理国王事务的

地方法庭的行为，以及财政组织的地方化，都可能加强地区间的分
化。那些领地横跨海峡的各大家族，不断有旁系分离出去，定居英格
兰，与各种跨越海峡婚姻的缔结速度相比，前者以更快的速度破坏着
家族内的联系。巴黎距离诺曼底太近，一直是很大的威胁；法兰西国
王们时刻关注着任何能够削弱盎格鲁－诺曼王国的机会。一旦机会来
临，他们就会抓住，并直接导致盎格鲁－诺曼王国爆发内战。

马乔里·池布纳（Marjorie Chibanll）

郭云艳 译

陈志强 校

第 八 章

1025—1118 年的拜占庭帝国

一

巴西尔二世（Basil II）统治帝国近 50 年后，死于 1025 年 12 月 15 日。他留下的帝国，在巴尔干和近东保持绝对优势权力，在多瑙河沿岸、亚美尼亚高地和幼发拉底河一带拥有确定无疑的安全边界。而 50 年后的拜占庭帝国则为生存而斗争。帝国的所有前线边界均被撕开缺口。突厥部落定居在帝国安纳托利亚（Anatolian）的腹心地带，多瑙河沿线的行省则被另一个游牧民族佩彻涅格人（Petcheneks）占据，与此同时，南部的意大利堡垒被诺曼征服者横扫。这确实是一次令人惊愕的命运转折。而同样令人极度惊愕的是，此后拜占庭帝国在阿列克修斯一世·科穆宁（Alexios I Komnenos，1081—1118 年在位）统治下迅速恢复。这是一个政治动荡、经济危机和社会剧变的时期，但也是一个文化和知识取得创新和成就的时代。这一时期，在希俄斯（Chios）岛的新莫尼（Nea Moni）修道院、德尔菲（Delphi）附近的圣卢卡斯（Hosios Loukas）修道院以及雅典市郊的达夫尼（Daphni）修道院的教堂都得到整修和装饰。它们放射出 11 世纪那些修建于君士坦丁堡但未能遗存的雄伟建筑的光辉，比如佩里布雷普托斯（Peribleptos）修道院和曼加纳（Mangana）的圣乔治（St George）修道院。1066 年修建的狄奥多勒·普萨尔特（Theodore Psalter）小教堂不仅雕刻精美，而且表明 11 世纪的君士坦丁堡经历了一次修道生活复兴的伟大运动。这一复兴制约了但并不一定就遏制

218

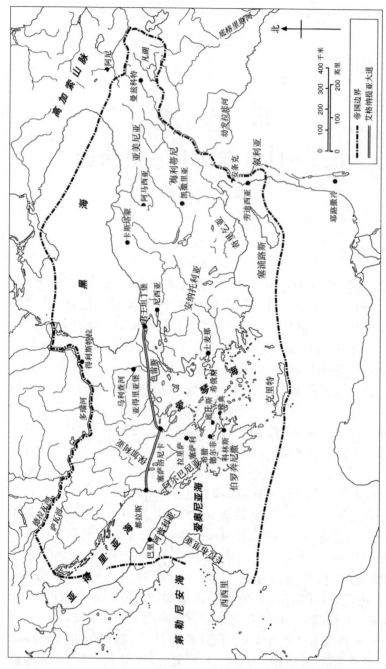

地图 5　11 世纪的拜占庭帝国

了对古典教育日渐增长的兴趣。该运动的翘楚是米哈伊尔·普塞洛斯（Michael Psellos）。他给修辞应用注入了新的活力，历史写作在他手中具有了新的形式和目的。他略带夸张地宣称，他一手复兴了哲学研究。他对哲学的兴趣主要集中于修辞学。他的学生约翰·伊塔洛斯（John Italos）则将哲学应用于神学，并重新引发了对基督教教义一些基本原理的争论。现代史学编纂已经把 1025 年到 1118 年这一时期列为拜占庭历史的分水岭。奥斯特罗格尔斯基（G. Ostrogorsky）已经做出了经典的诠释。① 他将 11 世纪视为拜占庭帝国不可阻挡的衰落的开端，并将此归因于封建制度的胜利。在这里，私人获取利益是以国家损失为代价的。缺乏有效的中央集权制度就不可能动用帝国的资源，或指明任何明确的发展方向。中央集权衰落的征兆是城市贵族和军事贵族的权力之争。后者以阿列克修斯一世·科穆宁登上王位而胜出。但是，他的成功有限，他对帝国的恢复仅限于表面，因为"帝国内力耗尽了"。奥斯特罗格尔斯基的依据是，农民及其财产日益受控于大地产主。他坚信这损害了帝国经济和人口的发展潜力。

奥斯特罗格尔斯基对 11 世纪拜占庭帝国历史的解释受到两方面的反对。勒梅勒（P. Lemerle）的质疑是，11 世纪真的是拜占庭帝国绝对衰落的一个时期吗？② 他将众多经济增长和文化生机繁荣的证据与"哲学家的政府"（le gouvernement des philosophes）相联系。悲剧在于阿列克修斯一世·科穆宁夺取皇权后，以家族统治代替国家。布罗温（R. Browning）还解释道，阿列克修斯通过巧妙利用异端审判平息了 11 世纪的思想和宗教分歧。③

卡日丹（A. P. Kazhdan）持非常不同的观点。④ 他同意拜占庭帝国在 11 世纪出现繁荣。他将帝国的政治软弱归因于阻碍"封建化"进程的反作用因素。哈维（A. Harvey）将此理论发展到极致。⑤ 他坚

219

---

① G. Ostrogorsky, *A History of the Byzantine State*, trans. J. Hussey, Oxford (1968), pp. 316–375.

② P. Lemerle, *Cinq études sur le XIe siècle byzantin* (Le Monde Byzantin), Paris (1977), pp. 249–312.

③ R. Browning, "Enlightenment and repression in Byzantium in the eleventh and twelfth centuries", *PaP* 69 (1975), pp. 3–22.

④ A. P. Kazhdan and A. W. Epstein, *Change in Byzantine Culture in the Eleventh and Twelfth Centuries*, Berkeley, Los Angeles and London (1985), pp. 24–73.

⑤ A. Harvey, *Economic Expansion in the Byzantine Empire 900–1200*, Cambridge (1989), pp. 35–79.

持认为，大地产的发展对经济和人口增长至关重要。卡日丹也对帝国文化的繁荣和创新感到震惊。他将这一情况与个人主义和人际关系的发展相联系。这是进步因素的一次胜利，科穆宁王朝的统治促进了而不是阻碍了这些因素。⑥

220　　这一大胆的理论表述未能判断不同历史学家所表现的敏锐和谨慎以及他们对史料的熟练使用是否合理。这个理论使他们的观点远比其本身更表面化，但是它突出了研究方法的多样性并且提炼了主要的问题。他们主要关注国家的效率。国家是否正在被社会、经济和政治发展所压制、破坏？虽然他们对于年代的表述不同，但是奥斯特罗格尔斯基和勒梅勒都认为情况确实如此。他们认为拜占庭帝国的良性运转取决于中央集权制。通过比较，卡日丹坚信，帝国权威可以在一个不同的基础上重建，而这正是阿列克修斯·科穆宁所能够做的。因此，阿列克修斯功绩的性质成为关键问题。

所有这些对拜占庭帝国"11世纪危机"的解读都有一个缺点，即宁愿相信巴西尔二世的表面功绩；视其统治为理想状态的代表。他们忘记了，他的铁腕统治只是代表在拜占庭帝国行使皇权的非常状态。他的全部优势在于没有先例。在巴西尔统治早期的一系列内战中，他摧毁了譬如福卡斯（Phokas）和斯克莱罗斯（Skleros）这些强大的安纳托利亚家族的权力，但仅仅是靠外部军事援助而占了上风。他利用其权力来束缚拜占庭社会，使整个社会服从于他的专制权威。为达此目的，他重新发布并扩展了其前任皇帝的土地立法。其目的在表面上是保护农民财产免受所谓"权贵者"的侵害。实际上，它远不是像帝国政府所公开声称的那样，是一件关注农民生计的事务，而是一种保证国家税入的方法。这些都依赖于基本税收单位"村社"的完整性。随着越来越多的农民财产流入"权贵者"手中，村社受到严重威胁。巴西尔二世采取进一步措施，让大地产主负担此前主要由农民阶层负担的所有那些拖欠的税收。如果巴西尔二世想维持帝国的应战状态，那么控制农民阶层就是关键；同时，要保持帝国的战时状态也是他推行专制独裁统治的正当理由。他所发动的对保加尔人的

---

⑥ A. P. Kazhdan and S. Franklin, *Studies on Byzantine Literature of the Eleventh and Twelfth Centuries*, Cambridge (1984), pp. 242–255.

长期战争，到 1018 年才最终走向结束。战争耗尽了安纳托利亚军事家族的能量，也使希腊土地贵族畏首畏尾。他们担心会被指控与保加尔人勾结。对保加尔人的战争是血腥的和耗尽资源的，但其实质是重新夺回失去的领土，而不是获取新的领土。约翰·齐米西兹（John Tzimiskes）于 971 年取得对罗斯人的胜利后，把保加尔人的土地并入拜占庭领土。在巴西尔二世统治初期，战争仅仅是内战，是皇帝自己的失职才使保加尔人恢复了他们的独立。巴西尔二世对保加尔人的胜利使人们对帝国的实力产生了一个错误的印象。

　　一方面，胜利得益于不存在强大的外部敌人。伊斯兰教当时威势不再；由于拜占庭帝国的附庸势力佩彻涅格人，使草原上的形势稳定；亚美尼亚人（Armenians）则遭到分化，陷入绝境；西方基督教世界仍然对拜占庭的光彩夺目惊讶不已。罗斯人在 989 年正式皈依基督教的正教会。这就确保他们被纳入了拜占庭的轨道。罗斯人对巴西尔二世统治下的拜占庭的强大至关重要。他们为拜占庭帝国提供了士兵和水手。他们的商人使君士坦丁堡成为罗斯草原和森林产品的贸易集散地，从而强化了君士坦丁堡的商业作用。这一作用由于越来越多的威尼斯商人出现在君士坦丁堡而得到加强。992 年，巴西尔二世通过减少威尼斯人的船只从赫勒斯滂海峡（the Hellespont）通往君士坦丁堡所支付的通行税，鼓励他们的商业活动。其效果是有利于发挥君士坦丁堡作为地中海贸易金融中心（the clearing house）的作用。它强调君士坦丁堡在中世纪国际交通要道中的地位。这给拜占庭帝国带来了巨大的商机。但是，君士坦丁堡过于庞大，超乎寻常，使人们对拜占庭的实力产生了错误印象。它汲取的财富和人口资源远远超越了拜占庭帝国的政治边界。在不同形势下，这可能使其易受攻击。

　　如果拜占庭帝国被逼迫完全依赖其自身的人口和经济资源，那么它顶多会被人们视为发挥着地区强权的作用。但是，它不必如此行事。亚美尼亚高地一直是拜占庭军队重要的兵源基地，还远不止如此。拜占庭帝国对东部地区的征服紧接着就是对亚美尼亚奇里乞亚（Cilicia）、幼发拉底河畔行省和叙利亚北部进行的殖民开发。罗斯人提供了另一个兵源基地。巴西尔二世尤其依赖瓦兰吉亚（Varangian）卫兵，它不仅形成了"核心兵团"，而且成为巴西尔二世政治统治的一个工具。依赖外族人是一把双刃剑。在 11 世纪的历史进程中，帝国与亚美尼亚人的关系恶化，同时与罗斯人的关系开始冷淡。1043
年，由于还不为人知的原因，基辅大公"智者"雅罗斯拉夫（Jaros-
lav the Wise）派出一支攻击君士坦丁堡的远征队。他们虽然被轻易击
退，但是此后罗斯人在拜占庭帝国的事务中所发挥的作用有所降低。
与此同时，瓦兰吉亚卫兵不再从罗斯人而是从被放逐的盎格鲁－撒克
逊人中间征召。君士坦丁堡的帝国政府失去了统一的力量源泉，这不
仅仅指纯粹的军事力量，而且它与罗斯人的商业纽带也日益松弛。

当我们思考 11 世纪拜占庭帝国的崩溃时，我们必须记得巴西尔
二世留给其继任者的是一份浸满毒素的遗产。帝国表面上的强势完全
依赖于其无法掌控的复杂环境。帝国前线的局势可能发生剧烈转变。
巴西尔二世吞并保加利亚和亚美尼亚等缓冲地带的政策在他那个时代
还是适宜的，但是却给其继任者造成了真正的困难。然而，其最大的
222 失败还在其他方面，他忽略了为其身后的继承制度确定必要的规矩。
这意味着拜占庭帝国皇位在此后近 70 年间处于缺乏稳定继承的连续
性，直到阿列克修斯一世·科穆宁牢牢控制皇权。

二

巴西尔二世一生未婚。这意味着皇位要传给他的弟弟君士坦丁八
世，但是后者没有男性继承人，只有女儿，其中佐伊（Zoe）是巴西
尔二世最为宠爱的。在君士坦丁八世去世前很多年，形势已经非常明
了，拜占庭帝国皇位将传到佐伊之手。她物色了多位候选人，但是他
们都加以拒绝，所以当他去世时，佐伊仍然是未婚的老处女。她 40
岁出头并且怀孕无望。我们很难真正了解巴西尔二世如此忽视继承问
题的原因。可能的原因是，王位继承人悬而未决在短期内的神秘感太
诱人了。君士坦丁八世（1025—1028 年在位）看起来并不比他的哥
哥更急于让佐伊出嫁。直到他临终时，才安排佐伊与罗曼诺斯·阿吉
洛斯（Romanos Argyros，1028—1034 年在位）结婚，后者随后继承
其新妻子的权利。他已经略显老迈，难以满足佐伊生子的希望。日益
空虚失望的佐伊以帕夫勒戈尼亚人米哈伊尔（Michael the Paphlago-
nian）为情人，此人恰好是巴西尔宫中一个名为"孤儿院院长"的宦
官约翰（John the Orphanotrophos）的哥哥。罗曼诺斯死于自己的浴室

中，情况非常可疑。米哈伊尔和佐伊结婚，如期继承皇位。人们记得他是一位高效的皇帝，但却很快得了重病。因此，他的兄弟约翰通过劝说佐伊收养他的一个也叫米哈伊尔的侄子为自己的儿子，以设法保证王位可以保留在其家族中。米哈伊尔五世于 1041 年登基，但是他并不感谢他的叔叔。他希望按照巴西尔二世的风格像一个独裁者那样进行统治。他驱逐了"孤儿院院长"约翰及其家庭其他成员。随后，他把佐伊送进女修道院。这导致君士坦丁堡民众自发地举行了起义。他们不愿意其"母亲"——他们如此称呼佐伊，被剥夺皇权。皇帝被逼到绝路上，惨遭剜目。佐伊凯旋回到首都。她和她的妹妹狄奥多拉（Theodora）联合统治了几个月，后者曾是反对政变的中心人物。随后，她再次结婚，这一次她的丈夫是后来成为新皇帝的君士坦丁·摩诺马赫（Constantine Monomachos）。佐伊大约于 1050 年去世，因此狄奥多拉在 1055 年摩诺马赫去世时继承了皇位。随着她次年去世，马其顿王朝走向完结，这就使继承问题进一步复杂化了。

　　乍看起来，没有理由假定皇权继承方面的麻烦会削弱拜占庭国家的结构。继承问题在 10 世纪毕竟出现过多次前景不明的情况，但是这并没有阻止拜占庭国力不断走向强大。可能有观点认为，皇位的经常易手有某种积极作用，因为它促使国家具有应对危机局面的更大灵活性和能力。罗曼诺斯·雷卡平（Romanos Lecapenus，920—944 年在位）面临来自保加利亚沙皇西米恩的威胁，在此背景下登上权力顶峰，而尼基弗鲁斯·福卡斯（Nikephoros Phokas，963—969 年在位）和约翰·齐米西兹（969—976 年在位）更是在巴西尔二世年幼时公开称帝，这都是恰当的例子。他们为帝国政权制定了明确的方向，就像巴西尔二世所做的那样。

　　但在巴西尔二世死后，发生了一连串的阴谋。继承的不确定性仅仅是其中部分原因。它们更关系到一个急剧变化的上层集团。产生的紧张关系在反对皇权的密谋中得到某种程度的缓解。在 10 世纪早期，拜占庭上层社会相比后来是一个相对不复杂的社会团体。它被划分为军事集团和官僚集团。前者由安纳托利亚的大军事家族控制，而后者能够以一小撮政界家族为荣，他们的家族成员数代担任官职。大的军事家族从 10 世纪末期开始走向衰落。比如福卡斯家族实际上消失了，但是其他一些家族更为幸运：斯克莱罗斯家族保留了在安纳托利亚的

223

地产，但是将其活动中心转移到君士坦丁堡并逐渐抛弃了其军事传统。巴西尔二世依靠其他一些家族的司令官，比如达拉塞诺斯（Dalassenos）、狄奥根尼斯（Diogenes）和科穆宁家族。这些家族的财产是在巴西尔二世统治时期积累起来的。军事贵族正在变得更加广泛和分散。同样的说法也适用于官僚集团。与传统官僚家族同时致富的，还有一些在贸易中积累财富的家族，但是他们通过教育和购买贵族头衔将财富转变为地位。这样会使其诸多利益得到满足。阴谋和起义是确保支持者和拥趸的必要手段，或者可能仅仅是维系政治信誉的一个姿态。[⑦]

因此，不稳定性逐渐成为政治结构必不可少的内容。一些现代历史学家愿意将此视为军事集团和官僚集团之间的斗争。这一解释得到了一些当时文献的支持，但是继续采用已经在很大程度上消失了的前一个时代的政治划分标准，这本身就是问题。11 世纪的政治转而由那些超越了这些划分的家族所主导。他们借助整个政治社会范围的资源。他们通常是那些把其活动中心转移到君士坦丁堡的传统军事家族。毫不奇怪，这样带来的结果是，罗曼诺斯·阿吉洛斯成功地成为佐伊的丈夫并获得帝国的皇位。如果不考虑其年龄，他是非常称职的。他来自安纳托利亚一个最古老的军事家族，这个家族已经长期定居在君士坦丁堡。罗曼诺斯·阿吉洛斯在首都为自己获得了官职和声誉。他成为君士坦丁堡的市长。他也与首都的许多大家族保持密切关系。这些家族中包括摩诺马赫家族。君士坦丁·摩诺马赫来自与罗曼诺斯·阿吉洛斯有非常类似背景的家庭，而且是佐伊的丈夫和皇帝职位的必然候选人。他已经通过阴谋手段从米哈伊尔四世手中夺取皇位，后者被认为是最近才崛起的一个新贵，这些新贵上升为主导政局的力量。他的哥哥是巴西尔二世信任的高官。他还与科穆宁家族有联系。科穆宁的一个妹妹嫁给君士坦丁堡的暴发户，而其丈夫是靠造船发了大财。正是他们的孩子继承了皇位，称为米哈伊尔五世。鉴于其父亲的业绩，他被蔑称为"富二代"（Caulker）。君士坦丁堡的民众舆论对他非常不利。君士坦丁堡的市民最终导致了他垮台。他们的起义可能是自发的，但是起义使他们了解到自己是一支多么强大的力

224

　　⑦　J.-C. Cheynet, *Pouvoir et contestations à Byzance*（963–1210）, Paris（1990）, pp. 157–198.

量。从此以后，皇帝们必须平息君士坦丁堡子民的意见。这是 11 世纪另一个导致政治不稳定的因素。10 世纪，国内矛盾可以用政府和扩张政策化解。这在巴西尔二世去世后变得不那么容易了。

三

巴西尔二世之后的继承人们努力追随其扩张和吞并政策，但是仅取得了一些小的成就，弥足珍贵。他们发动过进攻西西里、叙利亚，甚至埃及的远征，规模宏大，开销巨大。1032 年，乔治·马尼亚科斯夺取埃德萨（Edessa）的战役尽显这类努力，代价高昂。与此相应，1040 年保加尔人爆发了一系列起义。即使起义被镇压，它们也表明巴西尔二世的征服并没有建立在坚实的基础上。这是一个分水岭：扩张的时期就此结束。帝国开始关注自身内部事务。在这种形势下，国内纷争就只能被扩大化。

保持帝国处于战时状态可以解释为什么巴西尔去世后，帝国政府面临日益严重的财政困难。因税收而起义（Tax Revolts）是这一时期拜占庭历史的一个特点。[⑧] 巴西尔二世必须为此承担一些责任。在他生命的最后阶段，他最显慈善之举是免除了整整两年的税收。他的慷慨超过了其兄弟所能承受的负担。新皇帝被迫废除了这一措施，在三年时间里征收了五年的税。这产生尖锐矛盾并导致至少爆发了一次税收起义。其后的皇帝罗曼诺斯·阿吉洛斯制定了更宽松仁慈的财政制度。他统治的最初几年遭遇了安纳托利亚的旱灾和蝗灾、瘟疫，天灾迫使农民离开自己的土地。他们蜂拥进入君士坦丁堡。为了让他们返回各自原来居住的村庄，罗曼诺斯·阿吉洛斯给每人提供了一份三诺米斯玛（nomismata）的赠予：大致相当于一个农民实际拥有的一块份地的税收。他也放弃了巴西尔二世"强制"土地所有者支付任何拖欠的税收的做法。取而代之，他采取包税制，这预示着出现了财政困难。他的继承者米哈伊尔四世看似同样缺少现金。他迫使保加尔人以钱币纳税，尽管巴西尔二世许诺向他们征收实物税。这一行为导致保加利亚爆发起义。米哈伊尔四世也被指责擅自破坏货币流通，而他

225

---

⑧ 他们在 Naupaktos、Nikopolis 和 Antioch 被抓捕。1040 年保加利亚人的起义始于税收起义。

的哥哥"孤儿院院长"约翰则攫取了帝国的谷物贸易垄断权。

　　现代钱币学家已基本不再对米哈伊尔四世使货币贬值的措施加以指责了。留给君士坦丁·摩诺马赫的就是采取有限度的贬值拜占庭金币政策。他公开而谨慎地推行这一政策。金币的含金量分阶段由24克拉（K）逐渐降低到18克拉。每一阶段的贬值都在发行不同种类的金币上清晰标明。货币贬值是11世纪拜占庭帝国历史的一个特征，已经吸引了现代历史学家的广泛关注，因为它看似可以提供说明当时经济发展的关键情况。对此有两种主要解释。第一种解释明了易懂：贬值是一个解决预算赤字的办法，而且是拜占庭国家走出长期金融困境的出路。另一种解释更复杂：它推测拜占庭帝国在11世纪早期正经历经济的快速增长，而把货币贬值看成是对经济增长所引发问题的一种回应。⑨这一观点认为，拜占庭经济是应对通货危机的结果：即没有足够的货币流通来满足需求。鉴于贵金属供应的限制，唯一的办法就是货币贬值。不可否认，一些拜占庭政府官员表现出谙熟经济学，并熟练地掌握了它。但是，即使他们大概清楚货币供应缺乏弹性是经济增长的障碍，但是不可能认识到这是贬值货币的充分正当理由，因为金币的成色自君士坦丁大帝以来就基本保持不变。预算困难的确是君士坦丁·摩诺马赫采取货币贬值政策的唯一解释。皇帝能够以10世纪尼基弗鲁斯·福卡斯所采取的暂时贬值为先例。但是，此政策在当时并不受欢迎，它曾一度缓解了金融困境。

　　即使预算困难是一个解释，但是货币贬值仍然可能导致通胀问题。11世纪早期的经济增长是否足以普遍产生流通问题？这里当然出现了经济增长的迹象，但是它们主要与希腊的土地相关，在希腊，城镇恰好呈现繁荣并正在成为贸易和手工业的中心。比如底比斯（Thebes）成为一个主要的丝绸产地，而在10世纪丝绸一直是首都的垄断产业。有迹象表明，爱琴海周围的沿海贸易日益繁荣，而且该地区人口不断增长。然而，这几乎不能做如下解释：这种程度的贸易增长会迫使帝国当局以贬值金币的方式来增加货币流通。

　　无论如何，自巴西尔二世去世前的一段经济快速增长时期后，帝

---

　　⑨　C. Morrisson, "La Dévaluation de la monnaie byzantine au XIe siècle: essai d'interprétation", *TM* 6 (1976), 3–48.

国政府面临的金融困难已很难彻底解决。如果国家对每一次商业交易征收 10% 的增值税，那么国家不是主要的受惠者吗？这必定在一定程度上有利于平衡预算。当然，人口的持续增长并不与基本税收产量的相应增加相匹配，因为 10 世纪的农业立法并未得到严格执行。对大地产主免税范围的扩大同样显著。普遍的免税可能不如优惠税率重要，比如那些 11 世纪受阿索斯圣山（Athonite）修道院欢迎的地产优惠税率，其土地都享有这一优惠。正是依附农民阶层创造的全部产品和劳动，支撑着他们缴纳给地主的税收和劳役。奥斯特罗格尔斯基将这种乡村社会的庄园制度化（manoriali-zation）与经济衰落相联系。他当然错了，但是他正确地将这一点视为国家收入的来源。

可以比较稳妥地认为，11 世纪早期出现了经济和人口的增长，但是不可能带来普遍的货币流通问题。贬值是对政府金融危机问题的回应。应受到一定指责的是免税，但这些是金融管理不善的表面现象。米哈伊尔·普塞洛斯把政府的金融困难归咎于佐伊及其丈夫们的铺张浪费。这可能对佐伊有点不公平。涉猎芳香术和炼金术可能是不必要的，但是这也不至于使国家破产。它至多反映出国家管理的松懈。佐伊不是一个伟大的建设者，不像她的丈夫们在建筑活动中花费巨额金钱。罗曼诺斯·阿吉洛斯建造了佩里布雷普托斯修道院，作为他自己最后的安息之地和其统治的纪念地。米哈伊尔四世是君士坦丁堡城墙外的圣科斯马斯和达米安修道院在科斯米蒂昂（Kosmidion）修道院的资助者，他以奢侈的规模重建它们。君士坦丁·摩诺马赫为曼加纳建筑群增修了圣乔治教堂和其他建筑。后来旅行者们的记述提供了对这些教堂富丽堂皇和宏大规模的印象。它们一座也没被保存下来，只有曼加纳的圣乔治修道院教堂的部分建筑物被发掘出来。它的规模令人难忘，拱顶的直径大约 10 米。因此，它的大小可以与查士丁尼建筑中的一些教堂相媲美。⑩ 但是，君士坦丁·摩诺马赫的一座建筑物却保留了下来，这就是希俄斯岛上的新莫尼修道院。其复杂的设计和绚丽多彩的镶嵌画为我们提供了一些印象，可了解在这些帝国建筑上花费的精力和钱财。但是，大笔开支并不只是花费在建筑上。

227

---

⑩　C. Mango，"LesMonuments de l'architecture du XIe siècle et leur signification historique et sociale"，*TM* 6（1976），351 – 365.

如同曼加纳的圣乔治教堂一样，新莫尼修道院也得到皇帝的慷慨捐赠。

自6世纪以来，拜占庭帝国都不曾出现如此大规模的建筑活动。皇帝们大多满足于维修承自5、6世纪的公共建筑物和教堂，并在皇帝们的大皇宫增添一些建筑。巴西尔二世的主要功绩是在989年修复因地震受损的圣索菲亚教堂。11世纪的皇帝们沉溺于其贵族的风尚，希望通过他们的建筑物在首都保留下自己的印记，并使用国库收入实现各自的目的。同样，即便大规模的建筑活动本身不可能使国家破产，但当时奢华的宫廷生活和建筑活动却给国家的收入增加了实际的额外负担。无论如何，国家收入将趋于减少，因为罗曼诺斯·阿吉洛斯决定放弃巴西尔二世对拖欠税收行为的严格管控。

政府开支持续上涨还有另一个重要原因：随着颁授越来越多的荣誉头衔，文官名单急剧增加。米哈伊尔·普塞洛斯认为，荣誉头衔制度（the honors system）一度是拜占庭帝国实力的重要方面，但是现在被滥用了。他将此列为拜占庭国家衰落的一个根本原因。拜占庭帝国发展出一种复杂的荣誉头衔制度，它有官职和荣誉两个层次。两者均与养老金和薪俸相关。当买卖官职行为减少时，买卖荣誉头衔就成为这项制度中普遍实行的部分。如果购买到一个荣誉头衔，那么荣誉头衔拥有者就按照标准价格享受养老金。据计算，这带来大约3%的回报率，但是它也能以更高的价格出售，这就要带来最高达到6%的更高的回报率。国家建立了养老金制度。只要它被正当监督管理，那么就完全能够良好地运行。国家的潜在开销也可以通过相对有限的荣誉授予数量得到控制。但是这在11世纪迅速改变了，因为创设了新的荣誉头衔序列，以满足不断增长的需求。事实上，它们还可能在个别人的控制下得到批准，这些人能够把它们分配给他们认为合适的人。荣誉头衔被看作父亲可能为儿子们进行的一项投资。帝国有时采取将永久养老金附加于荣誉头衔的授予形式向修道院慷慨捐赠。这就倾向于把货币贬值同荣誉头衔的贬值联系在了一起，由于当时对尼基弗鲁斯·福卡斯早期货币贬值政策的批评，这种关联就更加明显了。其目的之一显然是以贬值的货币支付薪俸和养老金，同时以旧币征税。随着荣誉头衔制度日益失控，贬值货币的诱惑在11世纪变得愈加强烈。

但是，要在有效的统计学基础上，证明确实可能存在此种联系的话，也是非常困难的。我们拥有的证据都是小道秘闻。J. -C. 齐奈特（J. -C. Cheynet）看不上这些证据，认为它们不可靠。[11] 他主张，每一个荣誉头衔的养老金额都是了解荣誉头衔制度开销最好的指南。颁授最高级别的荣誉头衔总是格外谨慎。荣誉头衔的贬值直接影响着从禁卫军队长（spatharocandidate）到卫队长（vestarch）这些较低级头衔，它们的养老金范围从 36 诺米斯玛到 1008 诺米斯玛（或者相当于14 镑黄金），金额相当可观，但是在这里这个观点并不成立：这是因为没有办法清点出担任官职的人数。我们只有现存的那些传闻证据。当时人坚信，到尼基弗鲁斯·博塔尼埃蒂兹（Nikephoros Botaneiates，1078—1081 年在位）统治时期，荣誉头衔制度已经瓦解，因为国家负担不起相关的养老金支出。荣誉头衔制度已经拖垮了国家。阿列克修斯一世·科穆宁对荣誉头衔制度的改革，同样被看成是走向恢复健全政体的关键一步。但是必须承认，对荣誉头衔制度失败的抱怨与货币贬值同时发生，而不是先于后者。两者共同发生作用，破坏了国家的机体。荣誉头衔的贬值与其他不必要开销的项目，以及其他引起预算困难的金融措施相结合，共同导致了君士坦丁·摩诺马赫统治时期的货币贬值。从此以后，货币贬值和荣誉头衔的急剧贬值相结合，使金融形势继续不可避免地恶化。这意味着，已经没有机会使周密的改革措施取得成功了。

四

巴西尔二世去世后的 25 年里，拜占庭帝国失去了方向和动力。承自巴西尔二世的军事扩张政策没有得到多少赞赏。保持国家的战时编制花费非常昂贵，削减武装力量是减少开支的最简单出路。保加尔人的反抗，几乎紧接着 1042 年君士坦丁堡市民反对米哈伊尔五世的起义，这紧急提示着需要组建一种新政府的方式。新皇帝是君士坦丁·摩诺马赫。他有一个计划。当帝国边界似乎获得了稳定安全时， 229

---

⑪　J. -C. Cheynet, "Dévaluation des dignités et dévaluation monétaire dans la seconde moitié du XIe siècle", *Byzantion* 53 (1983), 453 – 477.

军事扩张政策看似不合时宜。摩诺马赫希望削减军队编制。为了实现他的重建计划，他转向君士坦丁·李克胡德斯（Constantine Leik-houdes）和聚集在他周围的青年人才群体。其中包括米哈伊尔·普塞洛斯、未来的牧首约翰·希菲里诺斯（John Xiphilinos）和他们的老师约翰·莫洛普斯（John Mauropous）。他们改革的目标是加强帝国的官僚行政和精简军事编制。[12] 在前线地区，地方征兵暂时停止，而防御任务留给在要塞驻扎的职业军队。军区的军队继续保存，但是基本上只保留名义而已。行省管理日益从军区"将军"（strat-ego）转移给行政长官，以及所谓的大法官或者"大区长"（prai-tor）。这一直是此前 50 年快速发展的一面。君士坦丁·摩诺马赫通过在君士坦丁堡创建新部门来具体落实，该部门在"司法官"（epi ton kriseon）管理下，因此政府官员就对该长官负责。他完成了解除行省管理武装的进程。[13]

君士坦丁·摩诺马赫的宣传家们以复兴罗马帝国的名义推出他的改革。帝国的复兴不时成为拜占庭历史的插曲。通常，改革围绕着一部新法律的编纂。伊苏里亚人颁布了《法律选编》（the Eclogues）；马其顿人则颁布了《帝国法典》（the Basilics）。君士坦丁·摩诺马赫认为《帝国法典》绰绰有余。所缺乏的是有效的法律教育。教育或者通过非正式的学习，或者由公证人行会控制。因此，君士坦丁·摩诺马赫把建立帝国法律学校作为其改革的中心任务。他将其置于被称为"法律捍卫者"（nomophylax）的新设官员指导下，并任命约翰·希菲里诺斯作为该官职的首位官员。新法律学校于1047 年正式开学，并开办在曼加纳的大皇宫群内。君士坦丁·摩诺马赫还为米哈伊尔·普塞洛斯设立了一个"首席哲学家"的职位，其职责包括监管君士坦丁堡学校。这一措施旨在把首都的教育机构置于更有效的政府控制之下。法律教育处于君士坦丁·摩诺马赫改革的核心地位。[14]

---

⑫　J. Lefort, "Rhétorique et politique: trois discours de JeanMauropous en 1047", *TM* 6 (1976), 265 – 303.

⑬　N. Oikonomides, "L'Evolution de l'organisation administrative de l'empire byzantin au XIe siècle (1025 – 1118)", *TM* 6 (1976), 125 – 152.

⑭　W. Conus-Wolska, "Les Ecoles de Psellos et de Xiphilin sous Constantin IX Monomaque", *TM* 6 (1976), 223 – 243.

君士坦丁的改革虽然令人钦佩，但是改革的方案必定被抛弃。它触犯了太多的既得利益者。约翰·希菲里诺斯发现自己受到来自法律机构的压力太大，而宁可退隐到比提尼亚奥林帕斯山上（Bithynian Olympus）过修道隐居生活。约翰·莫洛普斯被任命为地处安纳托利亚山区最远的城市欧凯塔（Euchaita）的主教。他将这一任命视为一种流放，事实也确实如此。同时，拜占庭边境的政治形势迅速变化。佩彻涅格人被来自遥远东方的乌兹人部落驱逐出罗斯的西伯利亚大草原。1046/1047 年冬天，佩彻涅格人的主力跨越多瑙河，来到拜占庭领土上寻求避难。这是西哥特人早在七个世纪以前故事的重演。佩彻涅格人的定居遭到同样粗暴的对待。君士坦丁·摩诺马赫被迫派遣一系列远征军镇压他们。但远征军几乎没有取得任何成功。结果，佩彻涅格人留在了他们所占据的巴尔干半岛一片广袤的地区。几乎与此同时，塞尔柱突厥人（Seljuq Turks）开始在东部前线活跃起来，让人仍感受到他们的存在。1048 年，他们围攻最近才被拜占庭人占领的亚美尼亚首都阿尼（Ani）。突厥人这一次本来可能被挫败，但是出了意外。随着诺曼人海盗从他们建于梅尔菲的基地——他们于 1041 年于此地立足——骚扰拜占庭的领地，拜占庭在南意大利的统治地位发生了动摇。

帝国前线行省迅速变化的局面意味着，君士坦丁·摩诺马赫必须时刻准备好对付外敌。经验已经告诉他，这些前线地区都是危险地带。那里曾是两次非常激烈的起义反抗的策源地，君士坦丁·摩诺马赫不得不面对这些起义。第一次起义爆发于其统治的早年，是乔治·马尼亚克斯所为，他曾作为总督被米哈伊尔五世派到拜占庭治下的意大利地区。他对帝国政权起了疑心，仅仅因为他的死敌罗曼诺斯·斯克莱罗斯亲近君士坦丁·摩诺马赫。他于 1043 年横穿阿尔巴尼亚（Albania），经由艾格纳提亚大道（Via Egnatia）直下进军塞萨洛尼卡（Thessalonica）。他的军队痛击前来镇压他的帝国军队，但是在取胜的关键时刻他却神秘地死亡了，起义因此流产。另一个起义中心是哈德良堡（Adrianople），那里是巴尔干半岛南部地区的主要军事基地。起义的领导者是皇帝的外甥利奥·托尔尼克斯（Leo Tornikios）。1047 年冬季，他进军到君士坦丁堡。皇帝的冷静拯救了时局。有充分的理由认为，这次起义的实质是哈德良堡军事家族方面不满君士坦

丁·摩诺马赫的政策。皇帝正在缩减军事开支时，却不得不招募佩彻
涅格人军队支援东部前线。

　　君士坦丁·摩诺马赫必须制定一种办法能够消除来自不满军官的
危险。在南意大利，他委任名为阿吉洛斯的地方领袖，后者尽管有一
个希腊名字但却是个伦巴第人。他于 1040 年攻克巴里城，宣布自己
为"意大利君主和公爵"（"prince and duke of Italy"），但是他曾经
反对马尼亚克斯的反叛。君士坦丁·摩诺马赫对他十分感激，把他和
他的家庭邀请到君士坦丁堡。阿吉洛斯于 1047 年协助皇帝反击托尔
尼克斯以保卫君士坦丁堡，这再次证明了他对皇帝的忠心。1051 年，
摩诺马赫派他到意大利做总督。这一任命表明，摩诺马赫愿意依靠地
方显贵，而不是依赖拜占庭国家官员。这样做似乎有两个好处。这将
能缓和各地对君士坦丁堡统治的意见，也将适当放松帝国行政管理施
加的禁锢。这样做可能是经过了深思熟虑。拜占庭帝国前线不断变化
的政治形势将使帝国政府纠正巴西尔二世推行的军事扩张政策的某些
弊端。拜占庭帝国曾被迫直接面对在其领土范围之外集聚起来的新军
事势力，因此就会突显出建立缓冲国的价值。当拜占庭帝国在保加利
亚和亚美尼亚的自主领地拱卫着帝国时，帝国一度非常安全，但是它
们同时也确实冒着很大的风险。通过与阿吉洛斯的合作，摩诺马赫似
乎一直在努力摆脱边境防务压力，如今这成为压在君士坦丁堡帝国政
府肩上的重担。他似乎已在巴尔干和安纳托利亚努力实践同样的事
情，试图在那里安置佩彻涅格人和亚美尼亚人。但是这些努力却处置
失当，只是造成与地方居民更多的摩擦。摆脱边境冲突一直是最难取
得成功的政治功绩之一。

　　君士坦丁·摩诺马赫的统治是关键时期。其后的同时代人一致谴
责他在 11 世纪余下的岁月中使帝国遭受灾难，这几乎毋庸置疑。他
有一个恢复帝国的计划，但这个计划失败了。该计划考虑得细致周
到，但是不能在复杂局面下持续推行，内部的反对和发生在帝国前线
多变的形势相结合使局面异常混乱。计划的失败导致帝国陷入绝境。
摩诺马赫解除了为其全面改革进行设计的李克胡德斯的职务。其统治
末期的特征就是政府财政问题严重，而其恢复帝国财政状况的努力均
告失败。

五

在近现代历史著作中，1054 年的教会大分裂成为摩诺马赫统治末期的重要内容。当时这件事影响甚微，但是对未来却影响深远，因为它强化了拜占庭帝国和西方之间不断加深的隔阂，成为不可逾越的鸿沟。这次教会分裂的背景是拜占庭帝国皇帝和教宗利奥九世（1049—1054 年在位）之间达成的一次荒谬的合作。此次合作旨在对抗诺曼人，由阿吉洛斯运筹实现。教宗这一方有个设想，即这一联合可以实现其要求并促成他掌控拜占庭所属意大利地区教会的权力。1053 年，教宗的军队与诺曼人在奇维塔特附近发生接触。教宗军队期望与阿吉洛斯麾下的一支拜占庭军队联合作战，但这支拜占庭军队并没有出现。诺曼人遂痛击教宗的军队并俘获了利奥九世。然而这并没有阻止教宗行动，他于 1053 年秋派遣一个代表团到君士坦丁堡，重新推进与拜占庭教会的联合。代表团以安贝尔（Humbert）为首，他是席尔瓦·坎迪达的枢机主教，是革新派教宗的首席理论家和利奥九世信任的顾问。当教宗的代表团到达君士坦丁堡时，教宗去世了，但是代表团的成员不顾他已经去世，还继续履行职责，举止一如他们被委任的权力仍然有效一样。

君士坦丁·摩诺马赫给了他们很多鼓励：与教宗的联合对他的意大利政策仍然至关重要。枢机主教安贝尔执行来自利奥九世的命令。两大教会已经停止往来长达近半个世纪，它们的联合由于两大教会关系的调整得到巩固。这一次的争论没有围绕拉丁信经中加入的"和子"文句，而是围绕圣餐礼中拉丁教会使用的不发酵面饼（或称azymes）。当时的牧首米哈伊尔·凯路拉里厄斯谴责这是一项犹太教礼仪，并声称拜占庭教会使用发酵面包是有福音书的证据支持。利奥九世对此不以为然，希望问题得到解决。枢机主教安贝尔力图实现教宗的愿望，但却难以实现，因为凯路拉里厄斯拒绝认可他出席活动。安贝尔拒不服从。1054 年 7 月 16 日，他和其他教宗使节进入圣索菲亚大教堂，将米哈伊尔·凯路拉里厄斯被革除教籍的教宗敕令置于祭坛上。牧首转而将安贝尔和其他教宗代表逐出教会。这一事件加深了两大教会久已存在的分裂状态。

232

　　君士坦丁·摩诺马赫将采取什么态度？从一开始，他致力于两大教会的协调一致。教宗的代表处于其保护之下。他为安贝尔和一位东正教会代表组织了两次辩论，旨在澄清致使两大教会分离的问题。辩论以和平的方式进行。由于凯路拉里厄斯缺乏合作精神，君士坦丁·摩诺马赫如同教宗代表们一样，深感受挫。这并不意味着，他会鼓励安贝尔把牧首逐出教会。教宗代表仓皇离开君士坦丁堡，这表明君士坦丁·摩诺马赫并不认可他们的举动。米哈伊尔·凯路拉里厄斯则坚持，教宗代表应该被带回君士坦丁堡。皇帝对此犹豫不决，但是牧首利用民众的愤慨实现了自己的主张。教宗代表遭到了谴责，但是却把惩罚转移到来自阿吉洛斯直系家族的翻译和成员们身上，当时他们正好居住在首都。米哈伊尔·凯路拉里厄斯将事件归罪于其私人对头阿吉洛斯。他谴责阿吉洛斯故意向教宗传达错误信息。通过把阿吉洛斯列为罪魁祸首，凯路拉里厄斯平息了此次宗教争端。因此，仍然存在着希望弥合两大教会分歧的可能性，至少对代表团成员之一、洛林的弗雷德里克而言这是可能实现的，他在1057年成为教宗斯蒂芬九世。他任职后立即派遣代表团前往君士坦丁堡以修复两大教会恶化的关系，但是代表团未能实现其目的，因为教宗在代表团出发后不久就去世了。罗马还提出了其他建议。1059年，新教宗尼古拉二世转而支持诺曼人。到此时，1054年事件已迫使教宗重新评估其利益。此时，教宗与诺曼人的联盟，比和拜占庭人的联合可以更好地保障教宗的利益。这是一个重大的转变，它深刻影响了东、西方关系。

六

　　在拜占庭帝国，1054年事件使米哈伊尔·凯路拉里厄斯成为一个重要人物，而直到那时他既不曾享受也不寻求显赫的地位。他对君士坦丁堡民众的看法施加了巨大的影响力。他与女皇狄奥多拉关系交恶。他公开反对妇女统治帝国。在女皇临终之际，她推举米哈伊尔·斯特拉条提科斯（Michael Stratiotikos）继承皇位。后者来自一个显赫的官僚家族[15]，老迈年高，被当作随狄奥多拉上台的官僚派系斗争的

⑮　Bringas.

傀儡皇帝。新政府慷慨对待首都潜在的支持者，但是当将军伊萨克·科穆宁（Isaac Komnenos）和珂卡夫迈诺斯·卡塔卡隆（Kekavmenos Katakalon）前来寻求升迁和赠礼时，新政府却以财政贫困为借口百般推托。他们立即遭到罢免，并被勒令遣回其在安纳托利亚的领地。他们因此高举反叛的旗帜，在离尼西亚（Nicaea）城不远处的一场残酷血战中击败派来镇压他们的帝国军队。起义军兵临君士坦丁堡城下。在首都内，各派系展开争权夺利的斗争。皇帝米哈伊尔希望通过利用君士坦丁·李克胡德斯和米哈伊尔·普塞洛斯的斡旋保住王位，他们此时已经远离政治舞台，也不曾反对过这两位将军。皇帝派他们去起义军大营。他们打算恢复伊萨克·科穆宁凯撒的职位，并确定他最终继承王位。但是，米哈伊尔·凯路拉里厄斯已经让伊萨克·科穆宁在圣索菲亚称帝，从而将局势掌控在自己手中。米哈伊尔·斯特拉条提科斯只能让步，收回以前说的话。他不愿意因抵抗而把君士坦丁堡变成屠场，因为伊萨克·科穆宁的军队已经进城。伊萨克·科穆宁把王位的获得归功于米哈伊尔·凯路拉里厄斯。牧首为此得到回报，他有权任命教会统辖部门两个最高级的职位："财务总管"（*oikonomos*）和"圣器总管"（*skeuophylax*），以往，这两个职位的任命都属于皇帝的恩典。这一变化标志着教会管辖权脱离皇帝控制的一个重要阶段。

234

　　伊萨克·科穆宁并不希望对牧首表示感谢。他曾受到米哈伊尔·普塞洛斯操纵谈判方式的压力，好像他们的谈判并没有取得任何具体结果。他发现米哈伊尔·普塞洛斯是一个他可以信任的人！他需要一个有经验的大臣监管其缩减财政的计划。需要追缴拖欠的税收；需要减少支付给官员的退休金；需要收回皇家赠出的领地财产；还需要限制对修道院的馈赠，这符合尼基弗鲁斯·福卡斯反修道院的立法。伊萨克·科穆宁的目的完全表露在其发行钱币的胸像印模上。它显示的形象是皇帝手持拔出的刀剑。他一直想恢复帝国的军事力量。最关键的第一步是强制恢复国家财政秩序。米哈伊尔·普塞洛斯在理论上认可这一措施，但是他认为伊萨克·科穆宁实施得过于唐突。他的严厉使得太多既得利益者与皇帝疏远。

　　皇帝的态度造成牧首米哈伊尔·凯路拉里厄斯的敌视。伊萨克·科穆宁极为肯定地将此视为对皇帝权威的挑战。米哈伊尔·普塞洛斯声称"牧首一直坚持教长尊严的优越地位"。米哈伊尔·凯路拉里厄斯和伊萨克·科穆宁的冲突是 11 世纪上流社会的冲突（a cause célèbre），这的确造成了一些体制问题。凯路拉里厄斯愿意承担道德裁判者的角色，他可以在皇帝不能保护东正教时对其进行约束，或者他可以在王位继承出现问题时决定皇位继承人。他拥有其可以利用的广泛支持。这使得他处于遭到公开指控的地位，也就是他蔑视民主。这一谴责反映了马其顿王朝行将结束和王朝更替时期产生的不确定性。因此，发生了有关选举皇帝的法律细节的讨论。米哈伊尔·普塞洛斯追溯奥古斯都时期的解决方案作为指导。他强调皇帝的权威依赖于三个因素，即人民、元老院和军队。他反对米哈伊尔·斯特拉条提科斯成为皇帝，因为他只获得了人民和元老院的同意，还没有得到军队的认可。他指责米哈伊尔·凯路拉里厄斯利用人民的呼声把权力从一个皇帝手中转到了另一个皇帝手中。君士坦丁堡即新罗马民众的法律作用从来都不清晰。有观点认为，首都民众对一位新皇帝的拥戴，大体符合罗马时期的实践，是最为重要的程序——是拥立一位皇帝的基本条件之一。民众有时也会起而反对皇帝，比如对米哈伊尔五世所作所为的抵制。这被解释为推翻暴君的权利。另一个法定行为是加冕礼，这在政治混乱时期使牧首获得了极大的影响力。凯路拉里厄斯利用了马其顿王朝末期产生的法律制度方面的困难，试图把牧首转变为国家体制的仲裁者。这被米哈伊尔·普塞洛斯视为对皇帝权威的威胁。在他的督促下，伊萨克·科穆宁把凯路拉里厄斯逐出君士坦丁堡。米哈伊尔·普塞洛斯奉命负责公诉，但是他指控凯路拉里厄斯的演说还没来得及发表，牧首就在被带到审讯席前去世了。[16]

普塞洛斯对牧首显而易见的厌恶不仅仅是个性的冲突。两个人经历过的人生道路差异巨大。普塞洛斯指责牧首是个神秘主义的信奉者，神秘主义当时在君士坦丁堡的一些小圈子中很流行。其主要内容是崇拜新神学家圣西米恩（St Symeon）。[17] 这一思潮的提倡者是尼基塔斯·斯特萨托斯（Niketas Stethatos），他后来成为圣约翰·施托迪厄斯（St John Stoudios）修道院的院长。凯路拉里厄斯支持他把圣西

---

⑯ 卒于 1059 年 1 月 21 日。

⑰ 卒于 1022 年 3 月 12 日。

米恩追封为圣徒的举动。他的学说为复兴修道主义提供了某些灵感，此时他与狄奥托克斯·欧埃尔杰提斯（Theotokos Euergetis）修道院相联合，在君士坦丁堡聚集力量。

普塞洛斯阐明了神秘主义的危险，因为它推崇无知并否定人的理性。它脱离日常生活。对普塞洛斯而言，他以其自身的人性为荣耀，他对牧首说："我是个现世的人"，"是血肉之躯，所以我以疾病为疾病，以灾难为灾难，以欢乐为欢乐"。[18]普塞洛斯基本上承认并坚信"人是所有事物的尺度"。他当然强调人类经验的首要性。他看不出基督教和社会生活有什么矛盾。基督不就是经常光顾市场而很少去深山老林吗？普塞洛斯宣扬基督徒的人性。社会由基督徒的信仰、友谊和理性为纽带结成一体。它具有自身的逻辑和公正性。但是，它由"哲学家"塑造和指引，普塞洛斯将其权威列为"哲学家"，与牧首的权威处于同等高度。如果他不是如此直接地挑战皇帝权威的话，那么他的《编年史》（Chronographia）就有意详谈个别皇帝的人性弱点。他所包含的意思是，没有"哲学家"智慧的引导，皇帝就不能履行其地位赋予的职责。尼基塔斯·斯特萨托斯不够谨慎地抬高神秘主义。他对神秘主义的尊奉在"皇帝、牧首、主教和教士"之上。[19]

对神秘主义和"哲学家"作用的强调，贬低了拜占庭皇帝的传统权威。它们拥有获取"知识"的途径，而知识可使一个基督教社会直接受益。神秘体验可开启直接接触上帝之路。"新神学家"圣西米恩将这条路视为确保基督神职现身的保障，而不是建立在遥远的过去。普塞洛斯更艰巨的工作是阐明古典学问在一个基督教社会中的重要性。他同意古典学问是教育工具的传统看法，即古典学问是发掘人类理性的一种手段。自然界提供了上帝存在和目的的线索，而学问使理解自然界成为可能。普塞洛斯寻求依靠古典遗产并使其更新。他的文学和修辞作品并不带有上个世纪（10 世纪）单调的百科全书风格，而是充满情感和具体细节。与早期拜占庭历史作品不同，他的《编年史》不受控于上帝的行为旨意，代之以强调人的要素是决定性的

236

⑱　K. N. Sathas, *Mesationike Bibliotheke* (*Bibliotheca graeca medii aevi*), v, Venice and Paris (1876), p. 232.

⑲　I. Hausherr, *un grand mystique byzantin: via de Symeon le Nouveau Theologien* (*949 – 1022*) *par Nicetas Stethatos*, Rome (1928), p. lxxxvi.

历史因素。普塞洛斯看不到基督教和古典传统的任何矛盾之处；就他的思维方式而言，前者使后者更圆满。他情愿承认已遵循了卡帕多西亚（Cappadocian）教父们的传统，利用关于希腊哲学的高深知识深入理解基督教信仰。普塞洛斯从未以任何系统的方式解决神学问题。这项任务留给了他的学生约翰·伊塔洛斯，后者重新提出了许多基督教教义的基本问题。

约翰·伊塔洛斯的作品正是反映了 11 世纪文化活跃的特征。它源于应对 10 世纪受压制的官方文化的反应。皇帝威信的下降引发了关于确立基督教社会秩序的基本问题。神秘主义者和人文主义者的尖锐对立有时使论战更激烈，但是他们并不都同意米哈伊尔·普塞洛斯认为双方直接对立的看法。许多人认为他们的解释途径相互补充。[20] 他们使拜占庭文化获得了新的扩展。同样，神秘主义者和人文主义者的主张破坏了拜占庭帝国传统的权威。一些最强大的社会纽带，能够将它们的追随者紧密团结在自己周围。它们以这样的方式，赋予基督教社会以一定程度独立性的等级权威，并由皇帝和牧首行使这一权威。米哈伊尔·普塞洛斯和米哈伊尔·凯路拉里厄斯之间的争论，揭示出人们正在重新评估规范拜占庭生活的传统设想。他们提出了法律制度、政治、社会和思想方面的问题。文化的动向反映了政治的不确定性。

七

对米哈伊尔·凯路拉里厄斯的攻击，使伊萨克·科穆宁失去了许多支持者。米哈伊尔·普塞洛斯将此看作政治风向。当一场大病使皇帝意志消沉时，普塞洛斯劝说皇帝退位。新皇帝是君士坦丁·杜卡斯（Constantine Doukas），他正好娶牧首的侄女为妻。在众多事件中，必须承认，伊萨克·科穆宁发起并由米哈伊尔·普塞洛斯监督的改革没有成功。君士坦丁·杜卡斯上台后立刻废除各项改革。他恢复了过去被剥夺了荣誉的那些人的荣誉和身份。君士坦丁·杜卡斯在君士坦丁堡行会前发表演说，推行改革计划。他强调其统治的核心是真理和正义而不是利剑。这就回到了君士坦丁·摩诺马赫统治初期曾实施的政

237

---

　　[20]　J. M. Hussey, *Ascetics and Humanists in Eleventh-Century Byzantium*, London (1960).

策。君士坦丁·杜卡斯足够理智地罢免了米哈伊尔·普塞洛斯的行政职务。但他不甚明智的决定是任命普塞洛斯为其子米哈伊尔·杜卡斯的老师，而后者就是其皇位的继承人。当时人一致认为，这导致后者不适合统治帝国。

君士坦丁十世·杜卡斯（1059—1067 年在位）看上去完全实行了非常成功的统治。他极为适合做一位皇帝。他与安纳托利亚的军事贵族家族和君士坦丁堡的官僚贵族家族都保持良好关系。他也规划了未来，其方式是让他的家庭参与统治。他特别依靠其弟弟约翰的支持，并把约翰提升至凯撒之位。他过于慷慨地授予君士坦丁堡居民荣誉和分配养老金，并允许裁军，这些做法使君士坦丁十世·杜卡斯后来饱受批评。帝国前线的压力日益增长。随着 1059 年诺曼人与教宗建立联盟，他们在南意大利取得巨大进展，但是君士坦丁·杜卡斯积极应对：他派遣了一支远征军去保卫拜占庭帝国在亚得里亚海沿岸的主要基地。他自己则带领军队痛击入侵巴尔干半岛的乌兹人（Uze）。他在东部前线则少有作为。他于 1063 年重修梅利蒂尼（Melitene）的防御工事，但是亚美尼亚首府阿尼却于次年被塞尔柱人占领。这次占领之重要性更具象征意义而缺少实际意义。1067 年 5 月，君士坦丁·杜卡斯去世，没来得及闻知在此前后卡帕多西亚的凯撒利亚被洗劫和圣巴西尔教堂被玷污的噩耗。只有像他这样的皇帝才能尽力确保其东部战略的实施。因为那是场消耗战，所以他极力控制关键阵地，而让东部各省去承受突厥人入侵的压力。

按照事情发展的正常惯例，君士坦丁·杜卡斯应该由他的儿子米哈伊尔继承，米哈伊尔当时约 16 岁，却似乎已经被当作能干大事的成人了。因此，君士坦丁授予他的皇后尤多奇亚·马克兰波里提萨（Eudocia Makrembolitissa）摄政权。[21] 她被迫发誓不再结婚，还保证将在凯撒约翰·杜卡斯的协助下进行统治，直到米哈伊尔·杜卡斯能够担负起作为皇帝的责任。按照正确的王朝继承制，君士坦丁·杜卡斯力图确保皇位在自己家族中继承。牧首约翰·希菲里诺斯监督执行她的誓言。但他不久后不得不相信，尤多奇亚出于他们共同利益的要

238

21　N. Oikonomides, "Le Serment de l'imperatrice Eudocie (1067): un episode de l'histoire dynastique de Byzance", *REB* 21 (1963), 101 –128.

求，必须放弃其誓言。这样做就使尤多奇亚能够嫁给势力强大的安纳托利亚家族首领罗曼诺斯·狄奥根尼斯。在表示将尊重米哈伊尔·杜卡斯最终继承王位的条件下，罗曼诺斯·狄奥根尼斯登基称帝。

当尤多奇亚和新丈夫不久连续生下两个儿子时，米哈伊尔·杜卡斯登上皇帝宝座的机会就日益遥远了。罗曼诺斯需要一个决定性的胜利来建立他自己及其血脉的权力。他追杀和阻击突厥匪帮侵扰掠夺的努力，使他遭到公开的嘲笑。皇帝控制下的军队极其呆板僵化且缺乏训练。他还改变自己的战略，不再坐等突厥人入侵帝国行省，相反却决定在突厥人侵入拜占庭疆界主要通道处与之交战。这就是通往凡湖（Lake Van）北部的狭窄道路，曼兹科特（Manzikert）要塞扼守着这条道路。1071 年夏，罗曼诺斯·狄奥根尼斯率领他能召集的所有军队开赴凡湖。他重新夺取了失守于突厥人的曼兹科特和其他战略要地。皇帝似乎还不知道，塞尔柱素丹阿尔普·阿尔斯兰（Alp Arslan）也在这一地区活动。当他了解到遭遇了素丹的军队后，便决定与之交战。这是一个不可失去的绝佳机会。战斗持续了两天。拜占庭军队以惊人的坚韧奋力作战。一直到第二天夜里，他们仍然保持着战场上的优势，此时罗曼诺斯倒台的谣言开始蔓延。这是凯撒约翰·杜卡斯的儿子安德罗尼卡·杜卡斯（Andronikos Doukas）一手制造的。他这样做有其政治目的。如果罗曼诺斯得胜，载誉从战场凯旋的话，那么杜卡斯家族就将前途惨淡。由于安德罗尼卡·杜卡斯控制着后卫部队，所以可成为最大的破坏者。他放弃战场，使罗曼诺斯及其精锐部队失去了保护。他们一度英勇奋战，但最终还是被突厥人迅速包围，皇帝也被俘虏了。

从军事方面看，曼兹科特战役并非灾难。[22] 因为拜占庭军队人员伤亡相对较少。这次战役本来仅仅是确立突厥人对亚美尼亚高地统治权的战斗，而不是包括所有突厥人的战争，在未来十年内这场战争几乎涉及整个安纳托利亚的突厥人。早期突厥人集中定居在沿安纳托利亚高原北部和西部、距曼兹科特西部 1000 英里的地带。那么为什么在拜占庭帝国最东部前线发生的一次战役失败会使安纳托利亚成为突厥人新的定居地？部分原因是受人数的影响。突厥人是个在迁徙移动

㉒　J. -C. Cheynet, "Mantzikert: un désastre militaire?", *Byzantion* 50 (1980), 410–438.

中寻找新牧场的民族。但是，他们向拜占庭帝国境内的游牧迁徙受到
曼兹科特战役失败的影响，因为失败所引起的帝国内战加剧了形势的
变化。君士坦丁堡杜卡斯家族的拥护者，包括米哈伊尔·普塞洛斯，
竭力帮助米哈伊尔·杜卡斯牢牢控制着政府。但是，罗曼诺斯不像谣
言所说，他并没有在战斗中被杀，而是很快被素丹释放了。他还以阿
马西亚（Amaseia）为基地，集结其支持者，重整旗鼓。他被君士坦
丁堡派遣来的军队打败后，退守安条克。次年 1072 年，他再次被首
都派来的军队打败。这支军队由安德罗尼卡率领，主要由法兰克雇佣
兵组成。罗曼诺斯被俘，并被安全保护押送回帝国京城。当他们将要
到达君士坦丁堡时，朝廷下令将他双目弄瞎。这一做法如此残酷，以
至于他在几周后于 1072 年 8 月 4 日去世。帝国内战期间为突厥人提
供了乘机扩大其战果的机会，但是还不止于此。

一个在拜占庭军中服役的诺曼雇佣兵鲁塞尔·巴利奥尔（Russell
Balliol）抓住了难得的机会。他曾经参加诺曼人最初征服西西里的战
斗。他也从曼兹科特战役后果带来的混乱中看到了一个类似的机会。
他以阿马西亚为行动中心，很快控制了过去亚美尼亚军区的大部分地
区。当地居民欢迎他的到来，因为他给予他们一定的保护，使其免受
突厥人的侵扰。鲁塞尔·巴利奥尔对君士坦丁堡政府的威胁比突厥人
带来的危险严重得多。这一威胁随着巴利奥尔俘获凯撒约翰·杜卡斯
而加剧，后者曾受委派随军攻击巴利奥尔。巴利奥尔随即自称凯撒皇
帝，并向君士坦丁堡进军。杜卡斯政府只得雇用突厥人与诺曼人作战，
他们只能这样做。从短期看，这一措施奏效了。巴利奥尔被击败了，
但是他设法逃回阿马西亚，并在此地保持独立。现在看来，使用突厥
人是拜占庭的失算，但当时突厥人看似对君士坦丁堡没有任何威胁。
米哈伊尔·杜卡斯及其臣僚们深居君士坦丁堡，他们可能确实感到，
对待突厥人可以像对待巴尔干的佩彻涅格人一样，给他们土地和一定
程度的部族自治，在适当的时候把他们纳入拜占庭政府管理和社会
体系。

最终，年轻的阿列克修斯·科穆宁被派去对付鲁塞尔·巴利奥
尔。这是他被委派的第一个重要军务。在突厥地方首领的帮助下，他
设法擒获了这个诺曼人首领并把他带回君士坦丁堡。他以高超的技巧
和坚定的自信完成了任务，但结果是安纳托利亚北部大部分地区落入

突厥人控制之下。阿列克修斯·科穆宁经历了极大困难，才使自己和他的囚犯逃离阿马西亚，因为整个地区到处是突厥人。他绕道前往其家族领地的中心卡斯塔蒙（Kastamon），期望在此受到友好接待。然而与其愿望相反，他发现其祖父的宫殿已经被突厥人占领，不得不马上离开上路。这一事件表明，拜占庭人对这个地区的控制瓦解得多么快！这主要是因为缺乏地方层面的领导机构。

在安纳托利亚的其他地区，情况也是如此。1077 年，著名将军尼基弗鲁斯·博塔尼埃蒂兹放弃了在小亚细亚西部的地产，率领 33 个随从向君士坦丁堡进军。他离开了没有保护的地区。更糟糕的是，他雇用了一支突厥首领的部队。这个首领名叫苏莱曼（Suleiman）。博塔尼埃蒂兹好像没有意识到他不是一个普通的军队领袖，而是塞尔柱王朝统治者的后裔。此人受委派从巴格达（Baghdad）来控制安纳托利亚地区的突厥人，而这里极其偶然地成为其意料之外的征服之地。作为对苏莱曼帮助他的回报，博塔尼埃蒂兹把其城防坚固守卫安全的城市尼西亚拱手相让，而尼西亚距君士坦丁堡的直线距离不足 50 英里。苏莱曼遂着手把这座城市变为塞尔柱统治的中心。这是博塔尼埃蒂兹的一个巨大错误，虽然他即使不犯这个错误也不可能推翻杜卡斯，成为皇帝。到他在位时，将不得不应对各种挑战，其中就包含了他自己以前犯下的错误。尼基弗鲁斯·梅里塞诺斯（Nikephoros Melissenos）在科斯岛（Cos）举起反叛旗帜。他也转而求助于突厥人，其代价是放弃小亚细亚西部海岸的一些城市，比如士麦那（Smyrna）。

这一系列的叛乱和内战把突厥人向西引至爱琴海岸，拜占庭帝国丧失了对小亚细亚多数大城市的控制权，它们转由突厥人控制。帝国安纳托利亚的命运就这样注定了！突厥人在安纳托利亚高地的北部和西部边缘建立起自己的力量。事实证明驱逐他们已经不可能了。在此屏障下，拜占庭帝国安纳托利亚地区转为突厥人控制的进程虽然缓慢持续，但是受到的阻碍甚微。回头来看，把安纳托利亚丢给突厥人似乎是荒谬透顶的事情。

八

皇帝尼基弗鲁斯·博塔尼埃蒂兹是一个老英雄，但是却难以掌控急转直下的形势。失去安纳托利亚似乎还不够糟糕，诺曼人将领罗伯特·吉斯卡尔在南意大利集结兵力准备入侵帝国。当时，拜占庭西部军队的指挥官是阿列克修斯·科穆宁，但是他的能力、野心和家族关系使他成为对君士坦丁堡政权的一个威胁。年轻的指挥官发现自己处于令人难以置信的有利位置，他于 1081 年春发起进攻，在其叔叔伊萨克的帮助和凯撒约翰·杜卡斯的支持下，于 1081 年 4 月 1 日控制君士坦丁堡，推翻了老皇帝。

同时，罗伯特·吉斯卡尔和他的儿子博希蒙德（Bohemond）已经穿越阿尔巴尼亚，并包围了位于艾格纳提亚大道顶端的都拉斯（Durazzo）。吉斯卡尔为了证明自己行为正当，宣布他是前来恢复合法的杜卡斯家族在君士坦丁堡的王位。这些支持旧王朝的托词使他更加危险，特别是在新皇帝掌控的权力还不稳定的时候。阿列克修斯集结了所有可能的兵力，向都拉斯进军，结果遭遇了惨痛的失败。他的军队很难与诺曼人抗衡。在军事上，这是一次比曼兹科特还惨重的失败。当诺曼军队挺进到艾格纳提亚大道时，就处于可以随时攻击塞萨洛尼卡的距离之内，由博希蒙德率领的另一支军队向南挺进攻入希腊。关键的位置是塞萨利（Thessaly）的拉里萨（Larissa）。如果它落入诺曼人之手，那么希腊和伯罗奔尼撒的富裕行省就会丧失。1083年，阿列克修斯带领一支临时组建的突厥弓箭手军队前往拉里萨救援。皇帝小心翼翼，避免与诺曼人进行直接的遭遇战。相反，他主要采取小规模战斗的策略。他最终解除了诺曼人对拉里萨的包围，并迫使诺曼人退出塞萨利。但是诺曼人的威胁能够解除，却完全是因为罗伯特·吉斯卡尔于 1085 年突然去世，随之而来的是南意大利一系列危机的爆发，和诺曼人撤出他们在阿尔巴尼亚和爱奥尼亚群岛的根据地。

阿列克修斯靠正确的判断但更靠运气，他成功应对其统治的第一次考验，声誉大振。他的下一个任务是收复多瑙河前线。这一次，关键是夺取得利斯特拉（Dristra）城市要塞。该城当时处于佩彻涅格人的控制之下，他们在 1087 年意外俘获了阿列克修斯。拜占庭人因此失去了另一支军队。阿列克修斯再次幸运逃脱。佩彻涅格人向南推进，直指君士坦丁堡。局势更加危险，因为他们联合了扎查斯（Tzachas），后者是一位已经把士麦那变成海盗根据地的突厥酋长埃米尔。

241

到 1090—1091 年的冬季，阿列克修斯仅仅控制了君士坦丁堡一座城市。他手中没有值得一提的军队。他率领抵挡佩彻涅格人的兵力主要是由其家族和支持者构成的扈从。他向位于赫布鲁斯河［Hebrus，或马利查河（Maritsa）］河口的艾诺斯（Ainos）海港进军，希望阻断佩彻涅格人和其突厥联军的联系。形势随着另一个游牧民族库曼人（Cumans）的出现而复杂化，库曼人一度跨越多瑙河进入巴尔干半岛。他们本来的意图是与佩彻涅格人联合。阿列克修斯成功地赢得了他们对拜占庭一方的支持。主要由于他们的帮助，阿列克修斯在色雷斯（Thrace）的勒福尼昂山（Levounion）战斗中彻底歼灭了佩彻涅格人。从此佩彻涅格人不再构成威胁。库曼人对拜占庭控制的巴尔干半岛仍然是个潜在的危险，但是 1094 年阿列克修斯在黑海的安西阿罗斯（Ankhialos）城墙外打败了他们。经过反复斗争，阿列克修斯最终完全控制了多瑙河前线。

　　面对一系列的军事失败，阿列克修斯表现出百折不挠的坚韧精神。但这不能掩盖这些失败恰恰是他一手造成的事实。主要由于他有勇无谋，使拜占庭控制的巴尔干半岛陷入危险。没有其家族的支持，他能否挺过其称帝的最初岁月，能否补救其失败的军事记录，都值得怀疑。然而，阿列克修斯明智地把运转政府的事务交给他的母亲安娜·达拉塞娜（Anna Dalassena）。当他率军征战时，安娜·达拉塞娜掌控君士坦丁堡并努力满足阿列克修斯的军事需求。她是这个困难缠身的统治政权必不可少的人物。

　　阿列克修斯统治的建立也依靠大家族的支持。他是作为一个贵族派系的领袖登上皇位的。他如果被推翻，就肯定意味着这个派系的垮台。科穆宁家族通过血缘和联姻与所有主要的贵族家族联系在一起。阿列克修斯将此转变为朝廷的原则。他主要通过荣誉头衔制度的根本改革实现这一原则。他的女儿富有洞察力地指出这是他的一项主要成就。[23] 过去，荣誉头衔制度是等级制（hierarchical）而不是王朝制（dynastic）：皇家成员的身份并不意味着朝廷命官的职位，与其权利并不相符。11 世纪荣誉头衔的泛滥导致旧荣誉头衔制度的瓦解。阿列克修斯创立了一系列新的荣誉头衔等级授予其家族成员，以此重建

---

[23]　Anna Komnena, *Alexiad*, bk iii, ch. iv, para. 3; ed. Lieb and Gautier, i, pp. 114 – 115.

这一制度。现在，皇家头衔"显贵"（sebastos）在其最广泛的意义上更符合皇室的含义。"贵族们"（sebastoi）成为一个自身有若干等级的明确等级制度。最高等级是"至尊"（sebastokrator），由"显贵"（sebastos）和"皇帝"（autokrator）头衔合并而成的。这是阿列克修斯为其哥哥伊萨克创立的荣誉头衔，他也分担着帝国官职的责任。"首尊"（protosebastos）头衔授予皇帝的姐夫。它通常与"大总管"（protovestiarios）一职合并。这也标志着政府结构的一个深刻变化。过去，"大总管"几乎总是由大太监和一个帝国王室的主要官员担任。阿列克修斯取消了太监，创立了主要由皇家成员构成的帝国王室，而更多的奴仆职位则给予了科穆宁家族的扈从。帝国王室一直是直接行使皇帝权力的工具，它与科穆宁家族利益的关系使它具有特殊的性质。

过去，官职和头衔带来丰厚的薪俸。荣誉头衔制度改革的吸引力之一是，它提供了废止这些官职利益的方法。阿列克修斯发现了其他犒劳其家庭成员的方法。他授予他们以特定区域的行政和税收权利。这是封授土地的基础，即后来为人所知的"普洛尼亚"（pronoiai）制度的基础。过去，类似的封授土地来自皇家地产，但是阿列克修斯把这一原则延伸到国有土地。某种意义上说，他在其家族中分割了帝国，因为他设立了一系列封地。他重建帝国政府，使之成为一个贵族的联系体；称其家族事业可能是更准确的描述。这一激进的改革措施在后来将造成紧张状态，因为这一帝国独裁政府理论的修订并没有考虑到实际发生的转变。但是，它在阿列克修斯统治初年面临的重重困难情况下，提供了保持其权力所必需的力量。

243

九

有许多大家族并不在科穆宁的圈子内。正是从这些家族里，产生了阿列克修斯政权的主要反对派。那些大权旁落的家族包括杜卡斯王朝统治时期从事行政管理的元老家族。他们和科穆宁家族之间存在的潜在敌对宿愿，在阿列克修斯夺取君士坦丁堡时就暴露出来了。我们了解到，他的支持者故意袭击他们在街上遇到的任何元老。牧首科斯马斯强迫阿列克修斯和其家族成员为其实施的暴力进行公开的忏悔，而暴力正是他们夺取权力的一个特征。这又是一个牧首道德权威的例证，在 11 世纪拜占庭政治中成为势力相当强大的因素。这是对皇家的一次蓄意羞辱。阿列克修斯的反应显示了他的本性：他成功地罢免了牧首，任命尤斯特拉提厄斯·加利达斯（Eustratios Garidas）取而代之，后者是由他母亲培养的一个僧侣。这表明阿列克修斯能够极为残酷无情地行事，但是这也给他招来由卡尔西登（Chalcedon）主教利奥所领导的强大的僧侣集团的反对。利奥反对阿列克修斯剥夺教会财产，以支付其第一次对抗诺曼人战役的做法。利奥的这种行为可视为一个很好的先例。也就是说，选择一个恰当的事件来攻击皇帝。加里达斯不够强硬，既不能保护自己也不能保护皇帝，在 1084 年被尼古拉·格拉马提科斯（Nicholas Grammatikos）所取代。卡尔西登的利奥转而攻击新任牧首，但是这时阿列克修斯·科穆宁的地位已经相当稳固，故将利奥流放。

　　皇帝的自信心主要来自对约翰·伊塔洛斯异端指控审讯的胜利结果。约翰·伊塔洛斯曾经是米哈伊尔七世·杜卡斯朝廷的一个领导人物，曾受皇帝委任与罗伯特·吉斯卡尔谈判。他还是一位有名望的教师，曾在米哈伊尔·普塞洛斯之后继任"首席哲学家"，并接过监管首都教育的责任。与普塞洛斯不同，他倾心于亚里士多德而不是柏拉图。他将哲学方法运用于神学问题，为他赢得了一批狂热的拥护者，但是如同他的前任普塞洛斯，他也遭到公开指控为异端。米哈伊尔七世·杜卡斯鼓励他向牧首科斯马斯表白信仰，以此证明自己的清白。牧首则提出异议，事情便以此为止。

　　这一指控于 1081—1082 年由科穆宁政权再次提出，当时阿列克修斯刚刚战败于诺曼人之手，科穆宁政权在首都的威望岌岌可危。伊塔洛斯之前有一些学生是君士坦丁堡显赫家族的成员，他们被科穆宁家族视为反对皇帝统治的潜在核心力量。如果指控成功，他们对伊塔洛斯的攻击就会有助于使其信誉扫地。在皇帝初步审讯之后，伊塔洛斯被移交给牧首，因此他的案件能够出现在牧首主持的宗教会议上。会议在圣索菲亚教堂及时召开。伊塔洛斯有个好机会可以被宣告无罪，因为主教们的情感开始转向反对科穆宁家族。但是在出现这一可能之前，一群暴徒闯入圣索菲亚教堂并发现了伊塔洛斯。他藏在大教堂的屋顶，迅即逃跑。牧首力所不及，把问题交回给皇帝，皇帝谴责伊塔洛斯为异端。1082 年 3 月 13 日是东正教圣心节斋日（On the feast of Orthodoxy），伊塔洛斯在此公开发誓放弃其错误思想。

对伊塔洛斯的审讯是重要的一幕。他使阿列克修斯·科穆宁建立了对东正教会的支配权。这一过程中表现为三个清楚的线索。首先是他对暴民的利用。君士坦丁堡的暴民在 11 世纪已经证明他们是一个重要的政治因素。但是，他们通常被发动起来支持教会。现在阿列克修斯能够把他们争取到自己一方并指使他们反对教会。他是怎么做到的，且为什么能够做到这一点确实是一个仍值得探讨的问题。最可能的解释是暴民们拥护阿列克修斯作为东正教保护人的形象。这得到了一些人的支持，使他特意安排在东正教节日这一天对伊塔洛斯进行谴责。这个节日是为了庆祝 843 年战胜毁坏圣像运动的胜利。在这个场合，宣读了东正教的《宗教法令》（synodikon）。这是一个信仰的宣言，谴责一切异端，特别是毁坏圣像派。这一宣言事实上从 843 年一直到 11 世纪保持不变。阿列克修斯所做的是，找到这个方法并赋予它新的内涵，方式是加入对约翰·伊塔洛斯的谴责，并且随着其统治，继续不断谴责其他人为异端。这具体体现出皇帝作为东正教捍卫者的作用。

阿列克修斯不单单满足于谴责伊塔洛斯。他也进一步打击后者的学生们。他禁止他们教学，迫使他们被笼罩在其老师被谴责为异端的阴影下。这带来了两个结果。首先，他降低了那些潜在反对科穆宁王朝家族成员的名声。其次，自相矛盾的是，他还同时与君士坦丁堡教会神职人员和睦相处。伊塔洛斯最有名望的学生中有一些是圣索菲亚教堂的执事。他们被劝诱反对他们的老师，并因此与教会和解，允许他们继续教学。其中一个是尤斯特拉提厄斯，未来尼西亚的主教，他很快成为阿列克修斯最信任的宗教顾问。与君士坦丁堡教会的神职人员达成谅解对皇帝很有帮助，因为在宗教会议上他们继续充当抗衡与会主教的力量。阿列克修斯采取措施确保君士坦丁堡教会神职人员的特权。他还颁布一项"黄金诏书"（chrysobull），规定圣索菲亚教堂执掌档案执事（chartophylax）的特权和作用。他赞成执掌档案的执事（chartophylax）要高于主教，因为他是牧首的代理人。事实上，这一职位的任职者逐渐统领了君士坦丁堡教会的管理权。这也非常有利于皇帝的利益，因为皇帝仍然握有对这一职位的任命权。

阿列克修斯的措施大大有助于压制牧首们行动的独立性，而这曾是11世纪的牧首们一直享有的特权。比如，他们在婚姻立法和诉讼上一直掌握主动权。这导致了教会法和世俗法的分歧。阿列克修斯插手重建帝国对这一重要法律领域的控制。他为利奥六世法典中关于订婚和结婚所允许的年龄之规定增加了一个重要的附加条文，即皇帝可以利用他的判断力忽视法典的约束力。在重新获得立法优先权后，他随后让步，同意教会法庭在正常情况下能够受理婚姻诉讼。

阿列克修斯对教会问题的解决是其最伟大的功绩——也是最被人忽视的功绩。这一功绩使他重建起皇帝权威的道德和精神基础，这个权威在11世纪一直遭到破坏。他重新获得了对君士坦丁堡教会行政管理的控制权，并重新赢得了在立法上的优先权。他成为教会特权和自由的保护者。他设定了教会内监事（*epistemonarkhes*，或执掌纪律的执事）的官职，虽然这一官职名称到12世纪中期就不再为官方所用。

最重要的是，从对约翰·伊塔洛斯的审讯开始，他利用反对异端的做法，作为建立其正统信仰捍卫者的信心的方式。在阿列克修斯统治时期，镇压异端成为皇帝专属权力范围内的事，因此发生了一系列异端审讯案件。它们符合阿列克修斯不断设法塑造其形象的意图，但却涌动着政治暗流。它们也是贬低潜在对手名誉的一种方式。最引人关注的异端审讯活动是对鲍格米尔派的巴西尔（Basil the Bogomil）及其追随者的审讯，时间在1100年前后。鲍格米尔异端起源于保加利亚（Bulgaria），是二元论的信仰形式。我们不可能在保加利亚人和拜占庭鲍格米尔派之间建立起任何清晰的联系。它们很可能几乎完全是各自分别同时兴起的，而它们的联系只是在回顾历史时才被找到。拜占庭鲍格米尔派的根基在世俗信仰者中，它被鲍格米尔教派巴西尔传教士派的热情所改变。他把他的追随者们组织在其"十二门徒"周围，人们确信他的目的是改变世界。他也被认为承担着为鲍格米尔派神学进行辩护的重任：他的二元论教义把变动的物质世界转变为信仰体系。如同其他圣人一样，巴西尔能够把一些高贵显赫的人物吸引为他的追随者，他则进入了帝国最上层的圈子。甚至有人猜测，安娜·达拉塞娜就是他的一个支持者。这就能够解释安娜·科穆宁如此生动地描述了那戏剧性的一幕，否则真是令人难以相信。阿列克修斯·科穆宁和他的哥哥伊萨克面见了鲍格米尔派的巴西尔，并且假装赞成他的教义。他们通过这一方式，得以促使巴西尔全面阐释其信仰。与此同时，一位速记员在幕布后记下了他的言辞，随后这些言论被用来反对巴西尔。巴西尔与其他异端者不同之处在于，他还拥有一支庞大的民众追随力量，这意味着他无疑是个危险人物。

虽然，这不一定是阿列克修斯的意图，但是对巴西尔谴责的结果之一是在君士坦丁堡的街头强化了皇帝的权威。这明显地体现在1107 年审讯鲍格米尔派后阿列克修斯随即发布的法令中。该法令的目的是创立一项圣索菲亚教堂的传教士制度，这些教士可以解决首都街头的异端问题，并且像不同街区的道德警察那样执行公务。这一法令显示了他对教会的控制变得相当有效。最初，创立传教士制度是牧首尼古拉·格拉马提科斯的工作，现在转由皇帝接手，皇帝还负责组织君士坦丁堡教会的神职人员。

尼古拉·格拉马提科斯承认了皇帝的支配地位。他明白教会受益于皇帝仁慈的监督，他还认可皇帝的虔诚，这极好地体现在皇帝成为僧侣和修道院保护人的身份上。尼古拉·格拉马提科斯对此心怀感激，因为皇帝不仅是君士坦丁堡一所修道院的修建者，而且他以克己闻名。阿列克修斯继承了其母亲精心栽培僧侣和圣徒的做法，他们对僧侣的支持在其作为皇帝的统治初期的艰难岁月中很有帮助。他和他的家庭成员们支持修道人物的工作，包括帕特莫斯的圣克里斯托杜洛（St Christodoulos of Patmos），以及分散定居各地的圣梅勒提厄斯（Hosios Meletios）和圣西里尔·菲莱奥特斯（St Cyril Phileotes）。他们也在首都新建和重建了修道院。自 11 世纪中期以来，君士坦丁堡一直是修道生活制度复兴这一强大趋势的发生地，这与狄奥托克斯·欧埃尔杰提斯修道院相关。该修道院的"法规"（typikon）或者说"规则"为科穆宁王朝一系列的统治基础提供了指南。修道秩序也为帝国朝廷生活提供了改革的灵感，改革由安娜·达拉塞娜发起，并由阿列克修斯的皇后伊琳妮·杜凯娜（Eirene Doukaina）继续推行。安娜·科穆宁注意到，在他们的倡导下，"皇宫面貌一新，被装饰成一所修道院"[24]。阿列克修斯及其家庭成为虔诚信仰的楷模，这一虔诚的灵感来自 11 世纪以来君士坦丁堡不断强化的修道生活的复

---

[24] *Ibid.*, bk iii, ch. VIII, para. 2: ed. Lieb and Gautier, i, pp. 125, 30–31.

247　兴。这大大有助于教会顺从科穆宁王朝的主导地位，并提升了新王朝的道德名望，而 11 世纪的皇帝们都与道德名望无关。

　　修道生活的复兴持续发展，但是这一切都是在科穆宁王朝的支持下进行的。这是典型的阿列克修斯式教会解决措施。他的主要目的是坚持皇权的控制。他利用 11 世纪出现的新势力和新思想，把它们置于帝国王朝的支配下。阿列克修斯对修道生活领导人物的保护并不意味着他因此敌视人文主义者。即使他压制了约翰·伊塔洛斯，但还是恢复了其学生尼西亚人尤斯特拉修斯的名誉，后者继续其老师关于亚里士多德的研究。科穆宁王朝促进了人文主义文化的发展。阿列克修斯的女儿安娜·科穆宁就是这一时代特色的杰出代表。她关于其父亲统治的作品《阿列克修斯传》（*Alexiad*）多少归功于米哈伊尔·普塞洛斯，安娜非常钦佩他的学问。她也是尼西亚人尤斯特拉修斯和亚里士多德学问的赞助者。最高贵族"至尊"伊萨克·科穆宁可能是阿列克修斯·科穆宁的弟弟，但更可能是他的儿子，他继续了米哈伊尔·普塞洛斯对新柏拉图主义的兴趣。科穆宁王朝自身的利益意味着 11 世纪的文化复兴改变了它的特点。文化复兴丧失了大部分活力，它可能最终遭到失败，或者遭到科穆宁王朝可能的压制，被取而代之。不过他们保持了它的核心内容，并且确保文化的宽容和活力，这构成晚期拜占庭历史的特色。

十

　　阿列克修斯的功绩在于重建了拜占庭帝国。创新和传统相互融合，等量齐观。他恢复了皇帝在宗教事务中的传统作用，并使其进一步发展。他对教会掌控的确切表述应该是"皇帝至尊权"（Caesaropapism）。政治上看，拜占庭帝国建立在王朝基础上而不是在等级制基础上。这也许是阿列克修斯最激进之处，因为王朝对政府的组成具有深远影响。这意味着，皇帝与其庞大家族共同分享权力。另一方面，政府并未得到根本性的重建。阿列克修斯对于寻找实施控制之道更有兴趣。他的解决方法是创建家族和政府并存协作的办法。政府官员现在从属于"宰相"（the logothete of the *sekreta*），即后来的"大总管"（the grand logothete）；财政事务被置于"财政总长"（the grand logariast）的控制下。阿列克修斯继承了一个正在崩溃的国家。帝国货币严重贬值。金币已从 24 克拉降到 8 克拉。其境况如此绝望，以至于他不得不进一步贬值货币，但是到 1092 年他竟然能在一定程度上恢复了货币秩序。他把标准金币提高到大约 20 克拉。他还继续发行已经贬值的金银合金币，但是将其稳定在大约 6 克拉。他继续保持了贬值的银币，其成分结构是含有最少矿物银成分的铜锡合金。他发行了一种新的铜币。阿列克修斯的货币改革是复兴帝国必须采取的典型措施。他加强了秩序和稳定，但是其改革措施造成显著的后果。迈克尔·亨迪（Michael Hendy）认为："阿列克修斯 1092 年的货币改革就是致力于在一个全新的基础上彻底重建货币体系，并取得了成功；……只有戴克里先的改革曾达到过类似的规模。"[25] 他的创新就是在合金而非纯金属基础上建立货币秩序。金银合金和银铜锡合金取代了过去的纯银货币（silver *miliaresia*），这两种货币并存可能带来更灵活的货币体系。但阿列克修斯货币改革最伟大之处是重建了不同货币间明确的价值关系。价值关系的缺乏一度给财政体系造成混乱。随着货币改革的推进，阿列克修斯能够进行彻底的税收改革——所谓的"新税制"（*Nea Logarike*）。该制度本质上是适应改革后的货币税收体系。据估算，如此一来，税率达到原来的四倍。

　　阿列克修斯一世·科穆宁结束了 11 世纪松散的财政制度，没有迹象表明拜占庭帝国经济出现困难。帝国经济从曼兹科特战役失利，到 1091 年阿列克修斯战胜佩彻涅格人近 20 年陷入混乱不堪，现在迅速从这一时期恢复过来。乡村继续"庄园化"，农民获得了其中主要的利益成果。希腊和巴尔干南部的城镇逐渐繁荣。科林斯（Corinth）、底比斯和塞萨利的哈米洛斯（Halmyros）等地受益于意大利商人频繁的到访。爱琴海沿岸出现了非常活跃的地方贸易。君士坦丁堡依旧是中世纪世界的金融中心。帝国远没有达到"内力枯竭"。但是，帝国经济中心发生了根本转移，从小亚细亚转移到希腊和巴尔干半岛南部，这些地方经历了一个时期的经济持续发展。但是，我们还不能确定，这能否弥补丧失安纳托利亚资源的损失。恢复安纳托利亚一直是阿列克修斯的主要任务。

㉕　M. F. Hendy, *Studies in the Byzantine Monetary Economy c. 300 – 1450*, Cambridge (1985), p. 513.

十　一

到 1095 年，阿列克修斯已经平定巴尔干半岛，促进了教会和平，并恢复了高效政府。他所处的形势在于，设法从突厥人手中重新夺回安纳托利亚。他下令军队穿越博斯普鲁斯海峡（Bosphorus），利用尼科米底（Nicomedia）作为基地建立可防御区域，但是，情况很快就明了，他缺乏重新征服安纳托利亚的足够资源。他集中精力解决欧洲问题，因而给了突厥人深入占领安纳托利亚重要地区的机会。在其统治最初阶段，阿列克修斯因为从安纳托利亚撤出仅存的驻军，使形势更加恶化。同时，能够被拜占庭人重新征服的地区只有幼发拉底河畔的领土和奇里乞亚，亚美尼亚人在这些地方仍保持独立。

阿列克修斯需要军队。拜占庭人长期赏识法兰克人的尚武品格，但却担心他们的无纪律性和野心。其主要的雇佣兵来源一直是南意大利的诺曼人，但是 1089 年他遇到一个机会开辟了新兵源——法兰克骑士。佛兰德伯爵罗贝尔一世从耶路撒冷朝圣后经陆路返回。他绕道向当时正在保加利亚冬季行宫的阿列克修斯·科穆宁表达敬意。他提出为阿列克修斯派出一支 500 名骑士的部队。他还向皇帝承诺按照"拉丁惯例宣誓"，从而达成协定。伯爵表态尚好，行动更佳，佛兰德骑兵于次年如约到达。他们被派去守卫尼科米底地区，但是随后于 1091 年撤出，以便参加反抗佩彻涅格人的战斗，后者在勒福尼昂山胜利之时构成最大的威胁。在阿列克修斯统治的危急时刻，佛兰德骑兵是皇帝兵力的重要后备队。但是，如果阿列克修斯想要利用任何机会夺回安纳托利亚，他就需要超过 500 名佛兰德骑士的大部队。他向教宗乌尔班二世求助，他曾与教宗就两大教会合一进行谈判。谈判结果没有结论，但是双方保持友好关系。乌尔班二世知道，他的老师格列高利七世曾经设法组织教宗远征军，前去营救君士坦丁堡，而后再深入耶路撒冷，但是未能成功组建起远征军。阿列克修斯是否也抱有同样目的是另一个问题，但是他非常清楚耶路撒冷对拉丁基督徒的重要性。1095 年春，乌尔班二世在皮亚琴察召开会议。拜占庭特使出席会议，并请求教宗援助他们对抗塞尔柱人。这次请求表达的具体措辞现在已不能再现。乌尔班二世随即于 1095 年 11 月在克莱蒙召开会议，他在会上呼吁法兰克骑士组建远征军，前去营救东方的基督教世界。教宗将参加圣战与赴耶路撒冷的朝圣和相应的精神回报相联系，把 1096 年 8 月 15 日定为向君士坦丁堡出发的日子，声称那里就是他们的集合地。

　　然而，途经拜占庭领土的十字军给阿列克修斯造成巨大麻烦。十字军的人数很难估算。现代统计的士兵数字从 3 万人到 7 万人不等；如果包括非战斗人员则超过 10 万人。第一支队伍随着"隐士"彼得（Peter the Hermit）于 1096 年初夏开始集结。安娜·科穆宁设法使我们相信他们就是一群乌合之众，但事实可能并非如此。他们到来的速度之快，令阿列克修斯感到震惊。他用船只把他们运至小亚细亚，在此，十字军多数人被突厥人所杀。阿列克修斯为随后于 1096 年秋冬而来的十字军做了更好的准备。这些军队由西方君主们率领，如诺曼底和下洛林的各位公爵、图卢兹、布卢瓦、韦尔芒杜瓦和佛兰德的伯爵，以及懊恼的诺曼人博希蒙德。阿列克修斯曾有时间沿着通往君士坦丁堡的主要路线建立市场。当十字军领袖接二连三来到君士坦丁堡时，他能够劝说他们向他这位反击突厥人的远征军未来的领导承诺按"拉丁惯例宣誓"。图卢兹伯爵圣吉尔的雷蒙是给皇帝造成最大麻烦的领袖。他拒绝向拜占庭皇帝做任何宣誓。在所有的十字军领袖中，他是与乌尔班二世最亲近的人。教宗在克莱蒙发出呼吁前，曾向他咨询。雷蒙也是第一个举起十字架的君主。他宣誓决不从东方返回。教宗的使节勒皮的阿德马尔（Adhemar of Le Puy）跟随他这支队伍。因此，雷蒙有权力要求成为十字军的军事领袖。皇帝不得不满足联盟的要求，而每一方都同意尊重对方的生命和荣誉。

　　第一项任务是征服塞尔柱人的首都尼西亚。突厥人宁愿把城市交给拜占庭人而不愿意面对法兰克人的怒火。尼西亚的陷落打开了通往安纳托利亚高原的道路。十字军领袖们提议阿列克修斯应该亲自领导远征，但遭到阿列克修斯拒绝。但他还是派出了一支由他最信任的将领之一塔提修斯（Taticius）指挥的重要部队去增援。阿列克修斯的策略简单明了。他的目标是包围突厥人。由十字军突破一条穿过安纳托利亚的通道，并在奇里乞亚、幼发拉底河地区和叙利亚北部建立控制权，那些地方仍然是恢复拜占庭统治的理想基地。起初，一切按计划进行。1097 年 7 月 1 日，十字军在安纳托利亚平原边缘的多里利昂（Dorylaion）赢得对突厥人的重大胜利。到夏末，他们在奇里乞亚安营扎寨，并开始封锁安条克。阿列克修斯随后也取得了胜利，征服了小亚细亚西部和北部的大部分地区，逼迫突厥人退回到安纳托利亚高原。

但是，合作的时期很快结束了。表面上，十字军围堵控制了安条克。但是，合作还将向更深入的层面发展。穿越安纳托利亚的道路和包围安条克的艰辛经历，使十字军远征从拜占庭和西方的一次联合冒险之旅转变为集中攻击耶路撒冷的计划。不久，十字军便表现出对抗拜占庭的特征。十字军的敌意如此强烈，以至于拜占庭将领塔提修斯放弃包围安条克。他的撤退被看作一次背叛行为。十字军对拜占庭意图的不信任感随后因为阿列克修斯未能前往营救而加深。他的确率军251 出发并抵达菲洛米利昂（Philomelion）——拜占庭帝国在安纳托利亚高原的前哨站，但是他在此遇到了两位从安条克逃出来的十字军领袖，他们十分沮丧，告诉皇帝一切都丧失了。因此，阿列克修斯率军折返。这本是明智之举，但事实远非这两人所言，并没有一切尽失。由于博希蒙德的奋战，安条克下城部分一直到 1098 年 6 月初仍在坚守，安全不失，6 月 28 日十字军还对塞尔柱援兵予以重击。博希蒙德把该城据为己有，而十字军继续向耶路撒冷前进。

十　二

夺取安条克对阿列克修斯·科穆宁从突厥人手中夺回安纳托利亚地区至关重要。该城传统上是拜占庭人在东方的主要行动中心。十字军领袖们曾向阿列克修斯承诺，他们会交还拜占庭的城市和领土。但博希蒙德拒绝这样做。因此，阿列克修斯着手力图将其逐出安条克。他的军队取得了胜利，占领了奇里乞亚，但是关键地点在拉塔基亚港（Latakia）。1103 年，拜占庭人占领了下城地区，并奋力将诺曼人逐出大本营。博希蒙德的压力如此之大，以至于他于 1104 年决定留下其侄子坦克雷德控制安条克，而他本人则返回西方求援。他赢得了教宗帕斯卡尔二世的大力支持和法兰克国王菲利普一世的支持，他还与后者的女儿成婚。他的远征是否称得上十字军，仍然是一个公开讨论的问题。其最终的目标是巴勒斯坦（Palestine）。博希蒙德在教宗使节陪同下，接受教宗授予他的圣彼得旗帜，根据当时人的说法^㉖，任命他为"基督军队的掌旗官"。博希蒙德的宣传强调阿列克修斯·科穆宁对十字军的背叛是其远征东方的正当原因。博希蒙德反对拜占庭帝国的远征体现出十字军的许多特点，但是对其全面的认识还取决于最终的结果，因为十字军征战在理论上仍处于它的初级阶段。而对安娜·科穆宁而言，十字军就是一件完全不同的事情。她很清楚，博希蒙德的入侵不仅得到教宗的许可，而且还符合"正义战争"的名义。^㉗它证实了拜占庭人对十字军将会带来危险的担忧。

　　博希蒙德于 1107 年登陆阿尔巴尼亚海岸，并包围都拉斯。阿列克修斯在周围的山地调度兵力。不久，博希蒙德就发现自己处在与都拉斯前线隔离的绝境，他被迫从海上逃跑的线路被威尼斯人切断了。帕斯卡尔二世此时也撤回了他的支持。1108 年，博希蒙德请求议和。他承认阿列克修斯是他的最高封主。他承认其享有的安条克公国是由阿列克修斯封授的。名义上，阿列克修斯赢得了他最想要的东西：承认他对安条克的权力。但是和约形同虚设。博希蒙德返回南意大利，他的侄子坦克雷德继续统治安条克，拒绝接受向拜占庭皇帝做出让步的条款。阿列克修斯没有能力强制执行这些决定。为了应对博希蒙德的入侵，他已经从奇里乞亚和叙利亚撤出兵力。这就使塞尔柱人在小亚细亚西部重新获得主动。直到 1116 年，阿列克修斯一直没有能力发动对他们的远征攻击。他的目的还是从安纳托利亚疏散仍然生活在突厥人统治下的希腊人口，这是默认了失败的结局。

十　三

　　阿列克修斯向乌尔班二世的求助是经过深思熟虑的，但是拜占庭帝国从十字军那里却收获甚少。拜占庭军队最初希望恢复对安纳托利亚西部富庶沿海地区的控制，无论如何他们有理由相信已经实现了这一计划。但是 1204 年的阴影掩盖了阿列克修斯的成就，他恢复拜占庭帝国的成功性遭到怀疑。他的声誉也因为其女儿安娜·科穆宁关于

㉖　Bartolf of Nangis.

㉗　Anna Komnena, *Alexiad*, bk xii, ch. Ⅷ, para. 5；ed. Lieb and Gautier, iii, pp. 80, 6–7.

其统治的历史著述《阿列克修斯传》，而在近现代历史家中受到损害。该书被评价为缺乏客观性。它非常明显是饱含孝道之作。它过于看重意识形态的说教。尽管有所不足，但它还是提供了一个时代的完美形象，如果允许偏见存在的话，那么其内容就令人信服。安娜·科穆宁对其父亲伟大功绩的评价被阿列克修斯的行政和财政改革以及稳定教会等措施所证实，而她对这些情况却相对叙述甚少。其父亲统治的这些方面必须从文献中汇集收拢。它们提供了阿列克修斯恢复帝国伟大成就的最好证据。

安娜·科穆宁只字未提其父亲向教宗乌尔班二世求助，因此引来十字军一事。这可能是因为她不知道此事，或者她没有把父亲的求助和十字军相联系。但更有可能的是，她这样做是为了保护其父亲的声誉。她写作的年代已是她父亲去世后大约 30 年，那时，十字军已然成为西方扩张的先锋。西方的侵入早从 11 世纪中期就开始显现，阿列克修斯有责任与其达成协议。西方入侵有不同的形式。危害性最小的表现是威尼斯人和其他意大利商人的商业活动。他们为拜占庭帝国海上军需提供了一个解决办法。为了应对统治初期诺曼人的威胁，阿列克修斯雇用威尼斯舰队为其服役。1082 年，为了支付他们的费用，他授予威尼斯人在君士坦丁堡的特权和在整个帝国的关税免税权。这看起来是一笔非常不错的交易。1111 年，阿列克修斯与比萨人也达成了类似的协议。他把他们的关税降至 4%。他竭力打算争取他们支持他设法控制十字军国家的计划，将它们纳入拜占庭帝国统治，但是该计划从未实现。阿列克修斯利用意大利人就好像 10 世纪的皇帝们利用罗斯人一样：加强帝国海军和商业资源。他向乌尔班求助，目的就是通过利用法兰克人的军事潜力强化这一目标。阿列克修斯不能想象这会招引来十字军，也不能预料十字军将终止合作却转而攻击拜占庭帝国。在拜占庭帝国内部，十字军不仅激化了人们对西方的态度，而且也造成了局势紧张。那些支持继续与西方合作的人和那些反对这一看法而希望回到"完全隔绝"（splendid isolation）状态的人之间，意见两极分化。这对原本就存在于科穆宁王朝内部的裂痕增加了更多的压力。皇帝和教会之间、集权政府和贵族之间、科穆宁朝专制皇权与反对派之间、首都和行省之间，矛盾重重。阿列克修斯希望，与西方的谅解能够为恢复帝国享有世界霸权地位提供所需的额外资源。他不能预见这将从内部严重损害拜占庭帝国。这是阿列克修斯失败的本质。由于他在恢复帝国朝廷部门完整性和帝国行政管理完善性上的成功，这一失误得到了弥补。他去世后超过半个世纪之久，拜占庭帝国仍然一直保持强盛。

迈克尔·安格尔德（Michael Angold）

郑玮 译

陈志强 校

第 九 章

约 1020—约 1200 年的基辅罗斯、保加利亚和南部斯拉夫

1024—1204 年的基辅罗斯

1024 年，特穆塔拉坎的姆斯基斯拉夫（Mstislav of Tmutarakan）在切尼尔戈夫（Chernigov）以北的利斯文（Listven）击败他的哥哥诺夫哥罗德（Novgorod）的雅罗斯拉夫，此后罗斯被分成两个自治公国。雅罗斯拉夫得到基辅、第聂伯河（Dnepr）右岸（西岸）以及诺夫哥罗德；姆斯基斯拉夫保有切尔尼戈夫、第聂伯河左岸（东岸）以及黑海东北的特穆塔拉坎公国。然而，1034 年姆斯基斯拉夫去世后，雅罗斯拉夫吞并了他的领地，从而成为当地最强大的君主。他几乎控制了整个罗斯，只有两个他们家族的祖产成为例外：一是波洛茨（Polotsk），由他哥哥伊扎斯拉夫（Izyaslav）的后人管理；一是诺夫哥罗德西南的普斯科夫（Pskov），是他弟弟苏迪斯拉夫（Sudislav）的领地。

雅罗斯拉夫与波兰人、瑞典人、挪威人、德意志人和法兰西人都保持着友好的关系，却与拜占庭帝国关系紧张。1043 年，他命令长子诺夫哥罗德的弗拉基米尔（Vladimir）攻击希腊人，不过此次远征宣告失败，之后，他也就恢复了与拜占庭人的友好关系。1036 年，雅罗斯拉夫取得了对佩彻涅格人的胜利，从而打开了联结基辅与君士坦丁堡间贸易的和平通道。他还帮助诺夫哥罗德人推进扩张运动，侵

255

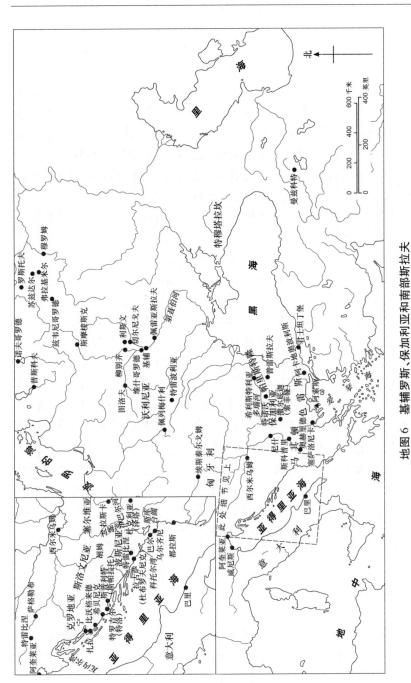

地图 6　基辅罗斯、保加利亚和南部斯拉夫

占其邻近的芬兰（Finns）与立陶宛（Lithuanians）。

　　雅罗斯拉夫的统治是罗斯历史上的关键时期之一，他所取得的成就为他赢得"智者"的绰号。为了巩固政权、保护商路以及守卫边境，他建立了一些防御性城镇。他还推动汇编法典《罗斯法典》（Pravda russkaya）的编纂准备工作。从拜占庭引入希腊工匠来修建教堂和修道院。他出资修建图书馆，鼓励翻译希腊文本和古教会斯拉夫文本，从而推动宗教和世俗文化的发展。1051年，雅罗斯拉夫因打算完成罗斯教会的独立，任命隐士希莱里恩（Hilarion）为罗斯牧首，这也是第一位由本地人出任的牧首。

256

　　雅罗斯拉夫和父亲弗拉基米尔（1015年去世）以及祖父斯维亚托斯拉夫（Svyato-slav，972年去世）一样，在去世之前（1054年）也把罗斯的各个城镇分给他的儿子们；图洛夫（Turov）留给了伊扎斯拉夫，切尔尼戈夫和穆罗姆（Murom）以及特穆塔拉坎一起留给斯维亚托斯拉夫，佩雷亚斯拉夫（Pereyaslavl'）以及罗斯托夫－苏兹达尔（Rostov-Suzdal）地区留给弗塞沃洛德（Vsevolod），弗拉基米尔留给伊戈尔（Igor'），斯摩棱斯克（Smolensk）留给维亚切斯拉夫（Vyacheslav）。这些城镇都留给他们作为世袭领地。然而，为了确保最高权力能和平交接，雅罗斯拉夫还为罗斯首都基辅引入一种新的继承规则。从他立下的所谓"遗嘱"来看，雅罗斯拉夫选择了横向继承制度，也就是让他三个年长的儿子分享整个公国；这样一来，基辅就永远不可能成为某一家庭的世袭领地。因此，他去世后，他的长子伊扎斯拉夫统治基辅；当长子伊扎斯拉夫去世后，若次子斯维亚托斯拉夫还活着，就由他来接管；同样情况下，若三子弗塞沃洛德足够长寿，他将在斯维亚托斯拉夫之后统治基辅。他们的两个小兄弟伊戈尔和维亚切斯拉夫及其家人则被排除在基辅统治层之外。

　　总体上，伊扎斯拉夫、斯维亚托斯拉夫和弗塞沃洛德这三人执政管理基辅长达20年，并且始终保持着他们对其他大公的霸权。1056年和1060年，伊戈尔和维亚切斯拉夫相继去世，他们在弗拉基米尔以及斯摩棱斯克的领地被基辅大公侵占，他们的子孙也失去了祖传产业。1059年，基辅大公们还将雅罗斯拉夫当年囚禁的苏迪斯拉夫释放，并迫使他们的这位叔叔放弃属于他的祖产普斯科夫，然后将他囚禁在修道院中。1064年，伊扎斯拉夫把他大哥（1052年去世）的长

子罗斯季斯拉夫（Rostislav）驱逐出诺夫哥罗德，并亲自控制那里，
而这本是罗斯季斯拉夫家族的祖传领地。通过这些手段，执政三兄弟
掌握了除波洛茨之外整个罗斯的管理权。不过，这种做法违背了
"智者"雅罗斯拉夫对领地进行的分配安排。

　　1068 年，游牧部落库曼人［波洛韦茨人（Polovtsy）］首次进入
基辅南部的大草原，并且击败了执政三兄弟的军队。伊扎斯拉夫想退
守基辅不出，但是由于他拒绝给市民发放武器以对抗敌人而被赶了出
来。市民将被伊扎斯拉夫关在监狱的波洛茨的弗塞斯拉夫（Vseslav）
放出来，并奉他为大公。与此同时，斯维亚托斯拉夫从切尔尼戈夫出
发，并在与库曼人的战争中大获全胜。之后，他与库曼人签署和约，
建立起和睦友好的关系。次年，当伊扎斯拉夫在波兰军队的护卫下返
回罗斯时，弗塞斯拉夫立刻逃离基辅，市民们邀请斯维亚托斯拉夫与
弗塞沃洛德来做他们的大公。不过斯维亚托斯拉夫婉言谢绝。

　　第二次回到基辅后，伊扎斯拉夫立即发兵攻打弗塞斯拉夫，不过
没有得到兄弟们的支持，此时，他们的联盟已经有些松动。1072 年，
雅罗斯拉夫的这三个儿子聚集到基辅以北的小镇维什哥罗德（Vysh-
gorod），在那里他们最后一次表现出他们的团结。他们参加了一场宗
教仪式，伊扎斯拉夫将圣鲍里斯和格雷伯（SS. Boris and Gleb）的遗
址重建为一座木制教堂。紧接着到下一年，斯维亚托斯拉夫就和弗塞
沃洛德一起废黜了伊扎斯拉夫，而斯维亚托斯拉夫则占领基辅。尽管
斯维亚托斯拉夫认为他对伊扎斯拉夫的处罚很公正，但他的行动终究
违背了雅罗斯拉夫曾立下的"遗嘱"，因为他曾命令禁止任何大公武
力侵占基辅。

257

　　1076 年，斯维亚托斯拉夫因手术不成功而去世，他的统治也突
然中止。然而，斯维亚托斯拉夫无疑是三兄弟中最具天赋的一个，他
作为基辅大公时拥有的权力远超伊扎斯拉夫，当然后者的领地也被他
吞并了。斯维亚托斯拉夫自己统治着基辅和切尔尼戈夫，他的长子格
雷伯管理诺夫哥罗德，另一个儿子奥列格（Oleg）管理弗拉基米尔。
他的盟友佩雷亚斯拉夫的弗塞沃洛德，得到了斯摩棱斯克和伊扎斯拉
夫的图洛夫。代表伊扎斯拉夫被派来基辅的德意志使者，对斯维亚托
斯拉夫的财富极为震惊。这些钱被用来赞助教会、支持文化事业，并
推动对鲍里斯和格雷伯的崇拜，在维什哥罗德建造了纪念他们的首座

石头教堂。

斯维亚托斯拉夫去世后，弗塞沃洛德进驻基辅。然而，在第二年（1077年），伊扎斯拉夫从流放地返回，并第三次占领基辅。伊扎斯拉夫与弗塞沃洛德缔结协议，后者不但得到斯摩棱斯克和佩雷亚斯拉夫，原本分给斯维亚托斯拉夫的切尔尼戈夫也被划给他。1078年，被斯维亚托斯拉夫委任为切尔尼戈夫大公的奥列格对弗塞沃洛德发起攻击，并将他逐出该城。同年末，伊扎斯拉夫与弗塞沃洛德联合攻打奥列格，而伊扎斯拉夫在战场上阵亡。奥列格也被击败，逃往特穆塔拉坎他哥哥那里；弗塞沃洛德作为雅罗斯拉夫规定的三位继承人中的唯一幸存者进驻基辅。

弗塞沃洛德任命长子弗拉基米尔·莫诺马赫（Vladimir Monomakh）管理斯维亚托斯拉夫的祖产切尔尼戈夫，任命幼子罗斯季斯拉夫管理佩雷亚斯拉夫。伊扎斯拉夫的儿子们雅鲁波尔克（Jaropolk）和斯维亚托波尔克（Svyatopolk）管理图洛夫、弗拉基米尔和诺夫哥罗德，并宣誓忠诚于弗塞沃洛德。然而，他兄弟们的其他儿子则被排除在最高权力之外，如弗拉基米尔、伊戈尔和维亚切斯拉夫，他们在政治方面的重要性也降了一个等级。斯维亚托斯拉夫的家族成员也遭遇到类似的命运：1078年，格雷伯在诺夫哥罗德被杀；次年，特穆塔拉坎的罗曼（Roman）也遭弗塞沃洛德的盟友库曼人谋杀；同年，奥列格也因弗塞沃洛德的谋害被流放到拜占庭帝国。

那之后，弗塞沃洛德的统治相对平安无事，特别是与库曼人一直保持着和平关系。1086年，统治着弗拉基米尔和图洛夫的伊扎斯拉夫的长子雅鲁波尔克被暗杀，弗塞沃洛德的权力也得到进一步加强。雅鲁波尔克的弟弟斯维亚托波尔克则离开诺夫哥罗德，搬到他们的祖产领地图洛夫。于是弗塞沃洛德就派孙子姆斯基斯拉夫、也就是弗拉基米尔的儿子管理诺夫哥罗德，从而开始直接控制此地。到弗塞沃洛德统治结束时，那些原本受到限制的王子更加强烈地声索自己应得的祖产。因此，他就给诺夫哥罗德的弗拉基米尔的后裔们一块封地，后来这里被称为加利西亚。随着雅鲁波尔克被谋杀，弗塞沃洛德允许伊戈尔的儿子大卫（David）来管理他父亲在弗拉基米尔的祖产。1093年，弗塞沃洛德去世，他的儿子莫诺马赫想要占领基辅。但没有成功，当时的编年史家解释说，这是因为伊扎斯拉夫还活着的儿子当中

年纪最长的斯维亚托波尔克享有优先权，这一优先权自伊扎斯拉夫在
弗塞沃洛德之前占据基辅时就定下了。

　　斯维亚托波尔克干了件极为傲慢愚蠢的事情，以此开启了他长达
20 年的统治：当库曼人派遣使者来求和时，他却把使者直接投入监
狱。因此库曼部落立刻发动攻击，给斯维亚托波尔克与莫诺马赫的联
军以致命一击。此时，1083 年刚刚从拜占庭帝国返回的特穆塔拉坎
的统治者奥列格，利用他侄子陷入困境之机，于 1094 年在库曼人的
帮助下，将莫诺马赫赶出切尔尼戈夫。斯维亚托波尔克和莫诺马赫谴
责他与库曼人的结盟，并要求他和他们一起联合起来攻打库曼人。当
他拒绝后，他们就进攻切尔尼戈夫，迫使他逃往斯塔罗杜布（Star-
odub）。1096 年，奥列格发功战争攻打莫诺马赫，希望能够重新夺回
其祖产。结果，他反而被莫诺马赫的长子诺夫哥罗德的姆斯基斯拉夫
击败，被迫同意参加全体大公会议以实现全境和平。

　　1097 年，罗斯大公们在切尔尼戈夫以西的柳别齐（Lyubech）集
会，同意遵从雅罗斯拉夫原始的领地分配方案：斯维亚托波尔克统治
图洛夫（还有基辅）；莫诺马赫得到佩雷亚斯拉夫；斯维亚托斯拉夫
的三个儿子奥列格、大卫和雅罗斯拉夫重获切尔尼戈夫与穆罗姆。在
弗塞沃洛德去世之前，这种分配方案就已经开始生效：伊戈尔的儿子
大卫管理弗拉基米尔；诺夫哥罗德的弗拉基米尔的两个孙子弗洛达尔
（Volodar）和瓦西尔科（Vasil'ko）重新得到加利西亚的佩列梅什
（Peremyshl'）和特雷波利亚（Terebovl'）。但对于斯维亚托波尔克和
莫诺马赫最重要的是，奥列格和斯维亚托斯拉夫家族的人都支持他们
反击库曼人。

　　但各位大公刚刚离开柳别齐还没有回到家里，这份新和平协议就
被斯维亚托波尔克本人打破了。当时弗拉基米尔的大卫告诉他说，莫
诺马赫和特雷波利亚的瓦西尔科正密谋对付他，因此斯维亚托波尔克
允许大卫刺瞎瓦西尔科。莫诺马赫和斯维亚托斯拉夫家族的人对于这
一意外非常震惊，率军聚集到基辅要求斯维亚托波尔克处罚大卫。
1100 年，在乌维提齐（Uvetichi）召开第二次大公会议，大卫被剥夺
弗拉基米尔的管理权，降级到不太重要的多罗戈布兹（Dorogobuzh）。
随后，斯维亚托波尔克、莫诺马赫、斯维亚托斯拉夫家族以及其他罗
斯大公，对库曼人展开了几次成功的战役。到 1111 年，库曼人终于

被击败屈服，在此后的十年中与罗斯保持着和平。

1113 年，斯维亚托波尔克去世，基辅人爆发起义。尽管据说这次起义是由于斯维亚托波尔克官员们的各种不公正行为引发的，但暴乱者中却有许多人要求莫诺马赫统治基辅。莫诺马赫对此要求颇为犹豫。因为根据雅罗斯拉夫的遗嘱，斯维亚托斯拉夫家族拥有优先管理基辅的权力，如果莫诺马赫此时占领基辅，就等同于篡位。最终，由于斯维亚托斯拉夫家族没有异议，暴乱者也威胁如果他拒绝就报复他的家人并掠夺其财产，因此莫诺马赫不得不接过了基辅的管理权。

莫诺马赫的统治长达 12 年，是罗斯历史上最辉煌的时段之一。他与斯维亚托斯拉夫家族结成同盟，让他们管理切尔尼戈夫和穆罗姆的祖产。而他自己则让儿子们控制着其余公国：佩雷亚斯拉夫、诺夫哥罗德、弗拉基米尔、斯摩棱斯克、罗斯托夫－苏兹达尔与图洛夫。被排除在继承权外的王公们都承认他的霸权，库曼人也保持着和平。唯一不受基辅统辖保持独立的公国就是波洛茨。

莫诺马赫的声望还在于他对库曼人的数次成功战役。掌政后，他制定改革措施防止滥用利率、禁止奴役。此外，他还支持文化事业，修建教堂。1115 年，他还以官方力量继续推动在维什哥罗德用巨石修建教堂，并把圣徒鲍里斯和格雷伯的遗骨转移到这里，这个工作从斯维亚托斯拉夫时就开始了，一直到奥列格统治时期才告结束。不久，他还编写了自传体作品《简介》（*Pouchenie*），书中梳理了他取得的业绩，并为后世的统治者提供建言。

1125 年，莫诺马赫去世前，委任长子姆斯基斯拉夫来统辖基辅，而后由次子雅鲁波尔克接管。他希望通过这种做法能够取代"智者"雅罗斯拉夫所定下的横向继承原则，希望这样能够确立新的制度使基辅以后的主人都是他的后代。尽管姆斯基斯拉夫抢了伊扎斯拉夫家族和斯维亚托斯拉夫家族的继承权，不过他们并没有公开表示反对。"智者"雅罗斯拉夫曾经通过遗嘱把诺夫哥罗德、图洛夫、弗拉基米尔和斯摩棱斯克分给他的四个儿子，但是莫诺马赫却将此地分给他自己的家庭成员，这些人都保证忠诚于姆斯基斯拉夫。1127 年，奥列格的长子弗塞沃洛德（也是姆斯基斯拉夫的女婿）把他叔叔雅罗斯拉夫从切尔尼戈夫赶走，而姆斯基斯拉夫承认了弗塞沃洛德的权力，以换取他的支持。在盟友们的帮助下，姆斯基斯拉夫将基辅大公的权

力首次扩展到波洛茨。1132 年，姆斯基斯拉夫去世，他的幼弟佩雷
亚斯拉夫的雅鲁波尔克就按照莫诺马赫命令的那样继承了基辅大公
之位。

　　雅鲁波尔克的统治麻烦重重，即位伊始，他的堂兄弟和侄子们，
也就是莫诺马赫的儿子们和姆斯基斯拉夫的儿子们之间爆发了冲突。
莫诺马赫原本打算让姆斯基斯拉夫的子孙管理雅鲁波尔克的祖产佩雷
亚斯拉夫。莫诺马赫还指定姆斯基斯拉夫的儿子们继雅鲁波尔克之后
管理基辅，因此也就把他的小儿子们排除在权力之外，他们包括维亚
切斯拉夫、尤里［Yury，后来被称为"长臂"（Dolgorukiy）尤里］
以及安德烈（Andrey）。尤里和安德烈对这一安排很是不满，表示异
议，并得到雅鲁波尔克的支持，迫使姆斯基斯拉夫家族转而支持切尔
尼戈夫的弗塞沃洛德。这样一来，斯维亚托斯拉夫家族就被拖入到与
莫诺马赫子孙们的斗争当中。两方人马发生数次冲突，1139 年雅鲁
波尔克去世后，莫诺马赫家族最终赢得胜利。图洛夫的维亚切斯拉夫
作为雅鲁波尔克仅剩的兄弟中最年长的那个，继承了基辅大公之位。

　　如果没有碰到弗塞沃洛德，莫诺马赫想把基辅变成其家族遗产的
计划原本还是有可能成功实现的。而事实上，弗塞沃洛德在第一时间
质疑维亚切斯拉夫的权力，并占领了基辅。弗塞沃洛德通过熟练的外
交手段打破大公们结成的反对联盟，从而确保了自己的权力。他按照
莫诺马赫的做法，建立起自己对那些无法得到权力的王子的管理权。
他没收图洛夫和弗拉基米尔，并派他的弟弟斯维亚托斯拉夫管理诺夫
哥罗德，当斯维亚托斯拉夫被赶走时，他就把这里交给姆斯基斯拉夫
的儿子斯维亚托波尔克管理，后者还是他的妹夫。作为斯维亚托斯拉
夫家族中最年长的王子，他牢牢控制着他的兄弟和子侄，把切尔尼戈
夫公国的土地分别封给他们。

　　和莫诺马赫与姆斯基斯拉夫一样，弗塞沃洛德也很享受罗斯的最
高权力。除去想要吞并弗拉基米尔的加利奇（Galich）的弗洛达尔，
他没有遇到其他威胁其最高权力的挑衅。即使罗斯托夫－苏兹达尔的
尤里也认识到挑战他是毫无希望的。1146 年，弗塞沃洛德在去世之
前委任他的弟弟伊戈尔继承他的权力。弗塞沃洛德和想要把基辅变成
自己子孙遗产的莫诺马赫一样，也想把这里变成斯维亚托斯拉夫家族
的财产。他并没有取得成功，在以后的日子里，罗斯的首都将成为所

260

有家族在强盛之后要求得到的战利品。由"智者"雅罗斯拉夫制定的横向继承原则也完全失去意义。

基辅人拒绝接受伊戈尔的统治，而他本人也缺乏足够的支持以至于无法通过武力实现他的要求。在弗塞沃洛德去世后发生的暴乱中，市民们杀死了伊戈尔，并邀请莫诺马赫的后裔来统治。然而，莫诺马赫家族内部也没有达成一致意见，罗斯托夫－苏兹达尔的尤里与姆斯基斯拉夫的儿子弗拉基米尔的伊扎斯拉夫发生了冲突。尤里的理由是横向继承原则中惯用的家谱排行；而伊扎斯拉夫要求进驻基辅的理由是他的祖父莫诺马赫曾指定姆斯基斯拉夫的子孙作为他的继承人。伊扎斯拉夫最终获得胜利，主要是因为他得到了基辅人的支持。

他的统治时间是1146—1154年。与当年的"智者"雅罗斯拉夫一样，他也试图将罗斯教会从希腊牧首的管理下解脱出来，希望能够任命一名本地人担任基辅主教区的牧首，不过并没有成功。在政治方面，他投入很大精力回击尤里及其盟友切尔尼戈夫各位大公以及库曼人的攻击。1155年，伊扎斯拉夫去世后，尤里终于占领基辅。然而，他不停地征战、与库曼人的结盟以及高压政策等，都使他很不受欢迎，在成为基辅大公的两年后就被毒杀了。

261　　尤里去世后，切尔尼戈夫的大公们重新掌控最高权力，不过时间比较短。大卫之子伊扎斯拉夫占领基辅后，很快就在1159年被推翻，当年他正想要进一步控制加利西亚。基辅人邀请伊扎斯拉夫的弟弟斯摩棱斯克的罗斯季斯拉夫作为他们的大公。在他统治期间，库曼人扩大了对前往君士坦丁堡商队的侵扰。罗斯季斯拉夫也集结军队打击这些人，但花费很长时间也没能解决这些侵扰。据现有文献来看，就是在他统治时期，那份被无限期拖延的《罗斯法典》（*Pravda russkaya*）最终完成。1167年罗斯季斯拉夫去世，姆斯基斯拉夫家族的统一也宣告破裂，因为他的儿子不同意由他们的堂兄也就是伊扎斯拉夫的儿子弗拉基米尔的姆斯基斯拉夫即位。由于尤里之子安德烈支持罗斯季斯拉夫的儿子们争夺大公之位，权力间的平衡被进一步打破。1169年，安德烈集结一支庞大的军队洗劫了基辅。

此后，安德烈成为这块土地上公认的最有权势的大公，不过他却不想占领基辅。因为他的父亲曾在那里被谋杀，而且他也觉得在罗斯托夫－苏兹达尔会更为便利。此外，如果他进入基辅，那么他就使自己置于险境，远离了位于东北部的权力中心。然而，控制基辅能使统治者得到巨大的军事利益，安德烈又不允许它落入他手。因此，他打算通过一名手下来控制该城。由于罗斯托夫－苏兹达尔是联结经由诺夫哥罗德从波罗的海通往里海的关键地区，因此安德烈也想要控制这里。1170年，他未能通过武力获得，但后来通过封锁前往诺夫哥罗德的谷物运输，成功地迫使当地居民投降。

安德烈想要在自己的地盘上确立绝对统治权，因此就要破坏市民们通过集会（veche）所实施的权力，要把贵族当作奴仆看待，要把所有大公都置于他的控制之下。为了削弱位于科里亚兹马（Klyaz'ma）的罗斯托夫、苏兹达尔以及弗拉基米尔等城镇的影响力，他将宫廷搬至博格柳博沃（Bogolyubovo）村，此后他也被叫作"博格柳博斯基"（Bogolyubskiy）。为了获得对教会事务的更多控制权，他还想要在科里亚兹马的弗拉基米尔设立新的主教区，不过未获成功。他的独裁政策引起很多反抗，1174年被他的贵族成功暗杀。

那之后，罗斯托夫－苏兹达尔一直受到内战的困扰，直到安德烈的弟弟"大鸟巢"弗塞沃洛德（Bol'shoe Gnezdo）控制了该地区。罗斯其他地区的大公们确立了权力的平衡，例如切尔尼戈夫、沃利尼亚（Volynia）和加利西亚。1161年，大卫的后裔伊扎斯拉夫去世后，统治这个地区的一直是来自奥列格·斯维亚托斯拉夫家族的人，此时奥尔戈维奇（Ol'govichi）成为切尔尼戈夫的唯一统治者，而且斯摩棱斯克的罗斯季斯拉夫的后裔也签署了协议。1176年，切尼尔戈夫的斯维亚托斯拉夫，也就是弗塞沃洛德的儿子，占领基辅，成为地位最高的基辅大公。他将罗斯季斯拉夫的儿子来自基辅西北部奥夫鲁赤（Ovruch）的瑞里克（Ryurik）选为共治者。在加利西亚，弗拉基米尔科（Vladimirko）的儿子雅罗斯拉夫·奥斯莫米斯（Jaroslav Os-momysl'）一直统治那里，直到1187年去世；伊扎斯拉夫的子孙则控制着沃利尼亚。

在12世纪的最后25年中，基辅和切尔尼戈夫的大公考虑的主要问题是遏制库曼人的侵扰，不过却没有取得什么成绩。1184年，斯维亚托斯拉夫和瑞里克成功击退了一场对基辅的攻击。次年，奥尔戈维奇家族中的一位小王子诺夫哥罗德·谢韦尔斯基（Novgorod Sever-skiy）的伊戈尔和其他小王子们一起，领导了一场针对库曼人的英勇

262

战斗。虽然小王子们遭到惨败，但它却成为罗斯诗歌创作的主题——"伊戈尔战役之歌"（Lay of Igor's Campaign）。

1194 年，斯维亚托斯拉夫在基辅去世，根据之前的安排，瑞里克即位。1199 年，沃利尼亚的罗曼在波兰人的帮助下夺得加利西亚的管理权。由此他也成为这个地区最强大的君主之一。1202 年，罗曼将瑞里克驱逐出基辅，但是罗斯托夫－苏兹达尔的"大鸟巢"弗塞沃洛德却来帮助瑞里克。第二年，瑞里克率领着大公与库曼人结成的联军进攻基辅，按照编年史家的记载，他们比安德烈当年更加残酷地洗劫了这座城市。罗曼和"大鸟巢"弗塞沃洛德达成妥协，任命一名小王子管理基辅。1205 年，罗曼在一场战役中阵亡，他的突然死亡在罗斯西南部造成权力真空，因为他的儿子丹尼尔（Daniil）和瓦西尔科都还很小。权力的天平此时转向罗斯托夫－苏兹达尔，这里的"大鸟巢"弗塞沃洛德成为最强大的君主。由于他关心的是如何加强他自己公国的力量，因此很少介入南部大公们的事务。

简而言之，我们可以看到，在 11 世纪初，"智者"雅罗斯拉夫统治了罗斯的大部分地区，在他去世前，把其王国分成不同的部分交给他的儿子们管理。他制定了建立在根据家谱排行顺序的横向继承制度，希望通过这种方法来确保基辅权力的和平传承。在弗拉基米尔·莫诺马赫想要把基辅变成其子孙的祖产之前，这一制度总的来说还是相当成功的。1139 年，切尼尔戈夫的弗塞沃洛德·奥尔戈维奇挑战莫诺马赫家族，想要将基辅变成斯维亚托斯拉夫家族的财产。在那之后，罗斯的首都就成为这两大家族争夺最高霸权的主要对象。

1018—1207 年的保加利亚

在 11—12 世纪的大多数时间里，保加利亚一直处于所谓的拜占庭统治时期。1014 年沙皇萨缪尔（Samuel）在看到其战败且被"保加利亚屠夫"巴西尔二世命令刺瞎并遣返故里的军队后去世。四年后，皇帝拿下奥赫里德（Ohrid），完成了吞并保加利亚的目标。他把这个国家分成三个军区或行省：保加利亚军区包括以斯科普里（Skoplje）为中心的马其顿大部地区；帕里斯特隆［Paristrion，帕拉杜纳万（Paradunavon）］军区位于巴尔干山脉与多瑙河下游地区，其中希利斯特利亚（Silistria）是其重要城镇；第三个军区坐落于多瑙河中部以及萨瓦河（Sava）下游，西尔米乌姆（Sirmium）为其首府。每个军区都由一名军事"将军"（*strategos*）管理，并负责指挥帝国军队。

为了避免发生起义或暴动，巴西尔二世将幸存下来的王室成员，以及古老的保加利亚贵族成员转移到小亚的军事基地。他残忍地处理了萨缪尔的败军，但对于原保加利亚王国地区的民事政策却很宽容：他允许保加利亚人继续沿用沙皇萨缪尔时的管理制度。由于他们没有货币，因此皇帝下令保加利亚人可以继续用实物缴税，而无须和其他地区的臣民一样用钱币缴税。他还保留了保加利亚的正教教会，不过有所削弱。虽然他把保加利亚牧首的地位降格为大主教，不过还是委任保加利亚人德巴尔的约翰（John of Debar）担任大主教一职。到后来，奥赫里德大主教一直由皇帝直接任命，因此也就独立于君士坦丁堡牧首的管辖。奥赫里德大主教还拥有对整个地区的管理权，这一权力原属萨缪尔国王。所有这些特权使奥赫里德大主教在拜占庭教会中享有特殊的地位。从中也反映出巴西尔打算给他的新臣民一定程度的教会自治权。

1025 年之后，拜占庭帝国遭遇到严重的军事、经济和社会危机，且还将持续 50 余年，而巴西尔二世的继承者因主要精力要应对这些问题，故放弃了他在保加利亚所实行的合理政策。11 世纪 30 年代，保加利亚许多人在严重的饥荒中死去，且大多为斯拉夫农民。军区中的军事组织分崩离析，将保加利亚军区暴露在外族入侵者的侵扰之下。这些外来的入侵者不但掠夺农民的土地，还给他们带来各种苦难。皇帝赦免大地主的土地税的行动引起人们对政府的强烈不满，进一步削弱了军区制的效用。更糟糕的是，拜占庭的征税官粗暴蛮横，巧取豪夺。于是在 1040 年，皇帝米哈伊尔四世（1034—1041 年在位）废除了巴西尔二世制定的税收制度，强令保加利亚人用现金缴纳赋税。

这项政策激起大规模起义。就在 1040 年，自称沙皇萨缪尔孙子的彼得·德尔岩（Peter Deljan）在贝尔格莱德（Belgrade）自立为保加利亚沙皇。不久，一位名叫阿鲁斯阿努斯（Alusianus）的人加入

他的队伍，而起义也蔓延到巴尔干半岛的大部分地区。德尔岩率领军
264 队南下夺取了尼什（Nis）、斯科普里和都拉斯，然后继续向南进入希
腊北部；但是起义者并没能攻下塞萨洛尼卡。1041 年，起义者因缺
乏统一指挥而遭到镇压。然而，起义的短暂胜利还是削弱了巴西尔二
世所创立的制度的基础。同时，它也反映出加入起义队伍中的保加利
亚人、塞尔维亚人、阿尔巴尼亚人以及希腊人在政治上的互不信任这
一严重问题。即便如此，拜占庭对此事的回应也不过是把政府中的职
位由保加利亚人换成希腊人以加强对反抗分子的控制。此后，各地的
起义更加严重。

其他领域的变化也破坏了拜占庭对保加利亚的控制。1034 年后，
佩彻涅格人对巴尔干半岛的侵扰变得更加频繁。1064 年，同样源于
突厥人的乌兹人越过多瑙河进入保加利亚、色雷斯和马其顿（Mace-
donia）。他们给保加利亚人造成的苦难几乎迫使当地人向外地移民，
但是一场瘟疫使许多入侵者死亡。1071 年，拜占庭帝国因在曼兹科
特和巴里的灾难性失败几乎走到崩溃的边缘。

到 1072 年，拜占庭政府几乎失去了作为帝国心脏的巴尔干半岛。
保加利亚人和塞尔维亚人发动武装起义，宣布杜克利亚（泽塔）的
米哈伊尔［Michael of Duklja（Zeta）］的儿子君士坦丁·柏丁（Con-
stantine Bodin）为保加利亚沙皇。然而，拜占庭人镇压了起义并抓获
了柏丁。与此同时，帕里斯特隆军区对君士坦丁堡把谷物贸易定为国
家专营的决定感到愤怒，宣布自治。

鲍格米尔异端是双重异教徒，他的名字却取自沙皇彼得（927—
969 年在位）时期的主教鲍格米尔，而他在 11 世纪爆发的起义当中
的角色却很难界定。由于这个时期宗教上持异议者比以往更加活跃，
因此，都认为他们也参加了起义并支持佩彻涅格人。尽管他们到处布
道劝说臣民不服从政府命令，但他们的无政府主义反映出这只是宗教
信仰，而非政治计划；抛洒热血的行为并不符合他们的信仰。因此，
尽管鲍格米尔异端反对正教教会和拜占庭政治体制，但对于他们必然
参加武装起义的观点仍要存疑。

11 世纪中期，保加利亚西部发展出一种非常接近封建制度的政
治经济制度。其基础是"普洛尼亚"制度，根据这种方法，政府将
土地租给世俗贵族以换取军事服务。很难判断这一变化怎样影响着保

加利亚人对希腊人的态度。然而，在日渐贫困的农民看来，这些主要
来自外国的大地主，无疑就是帝国派来的剥削者。

希腊人在保加利亚实行文化同化政策。1037年，德巴尔的约翰 265
去世，此后奥赫里德大主教一直由希腊人担任。作为皇帝的代理人，
他不得不执行诸如在保加利亚教会中使用希腊语的政策。希腊人还毁
灭斯拉夫语书籍，但文献中并没有如何顺利执行这项政策的记录。现
存的许多斯拉夫语古教会文献，据称是11世纪由保加利亚和马其顿
的书记员抄写完成的，表明大主教们对使用这种文本还是比较宽容
的。关于奥赫里德教会的首领并不打算扼杀斯拉夫传统的最有力证
据，可从狄奥菲拉克特（约1090—约1109年）的记载中找到。对于
一个公开宣称憎恶生活在保加利亚的希腊人来说，他所撰写的奥赫里
德的圣克雷芒传记，却大多是这位圣徒的斯拉夫生活方式，这一点很
值得关注。在书中，他还赞扬了圣西里尔和梅多迪乌斯（SS. Cyril
and Methodius）的著作。

1185年，拜占庭帝国陷入严重混乱之中。西西里的诺曼人占领
了都拉斯和塞萨洛尼卡。这时，伊萨克二世·安杰洛斯（Isaar II
Angelus，1185—1195年在位）开始掌权并征收一种非常不受欢迎的
税收，以支付他婚礼的费用。在各大军区，帝国军队的情况继续恶
化，土地不断落入肆无忌惮的地方贵族手中。知名的代表是特诺沃
（Trnovo）的两兄弟彼得（狄奥多勒）和阿森（Asen）。他们是弗拉
赫人（Vlakhs），曾向皇帝要求也实行"普洛尼亚"制，但被粗暴地
回绝了；而弗拉赫人中大多数都是半罗马化的达契亚人（Dacians）
后裔，他们在斯拉夫入侵时逃进山区。沉重的赋税再加上羞辱谩骂又
激起保加利亚人和弗拉赫人的再次起义。

1187年，伊萨克二世将彼得兄弟赶到多瑙河以北。但当他返回
君士坦丁堡后，他们又再次聚集起来，并且得到游牧部落库曼人的增
援，夺取了保加利亚的控制权。这时，皇帝已无力镇压起义军，被迫
签署协议：彼得与阿森同意把他们的幼弟卡洛扬（Kalojan）送往君
士坦丁堡做人质，两年后卡洛扬从君士坦丁堡逃脱，而伊萨克二世则
放松了拜占庭帝国对巴尔干山脉与多瑙河之间区域的控制，承认了这
个新保加利亚国家的独立。

通常，我们也把第二个保加利亚帝国叫作保加利亚，即使这兄弟

俩是弗拉赫人。阿森加冕为国王，首都设在特诺沃；彼得以普雷斯拉夫（Preslav）为中心进行统治。奥赫里德大主教因忠诚于拜占庭因此被抛弃，阿森在特诺沃建立了一个独立主教区。为他服务的大多数贵族并非来自古老的保加利亚家族，其中有不少是帮助兄弟俩作战的库曼人。即便如此，兄弟俩还是觉得保留拜占庭时期制度规定的希腊管理制度比较有用。在稳固政权后，阿森和彼得再次发起对拜占庭领土的进攻；1193 年，他们占领了阿卡地奥波利斯（Arcadiopolis）以及周边的色雷斯核心地区。

266

1196 年，阿森被谋杀，彼得占领特诺沃，但在第二年也遭遇了同样的命运。随后，他们的弟弟卡洛扬掌握权力，并加强了对拜占庭的攻击。与此同时，基辅罗斯的大公们在黑海北部的大草原对库曼人发动声势浩大的战役。为卡洛扬（他本人就娶了一名库曼公主）服务的许多库曼人立刻动身去保护他们自己的同胞。这些人的大批离去严重削弱了卡洛扬的军队实力，因此 1201 年，他被迫与拜占庭帝国签署和约，并退出色雷斯。尽管不得不撤军，但卡洛扬仍然成功地将领土扩张到莫拉瓦河（Morava）与多瑙河的交汇处。

1199 年，卡洛扬因希望获得教会对其统治的承认，开始与教宗英诺森三世商议希望得到王冠。当第四次十字军占领君士坦丁堡后，一名教宗使者抵达卡洛扬的王宫，为其加冕为王，并承认特诺沃的巴西尔大主教为保加利亚总主教。卡洛扬宣誓忠诚于罗马，但其行为却表现得像是教宗把他奉为皇帝，把他的主教提升为牧首的地位。教会与神圣教会的联合只是政治行为，对保加利亚教会的内部生活没有带来任何教义或管理上的变化。卡洛扬的国家缺乏核心制度，只是一些支持他的地方贵族组成的联合体，因为他们希望从他的扩张战争中获取利益，或者因为他们害怕如果拒绝参战而招致的报复。

简而言之，我们看到，巴西尔二世在保加利亚建立起拜占庭的统治，但是他的继任者并没有把这里吸纳到帝国的政治结构中来。保加利亚农民在当地拜占庭贵族手下遭受的苦难、收税官的横征暴敛、贪婪的税收政策以及破坏性的外族入侵，都使保加利亚人与他们的拜占庭统治者日渐疏远。1187 年，经过大量不成功的尝试，保加利亚人终于赢得独立，并创立了第二保加利亚帝国。

南部斯拉夫人

塞尔维亚人（1018—1196 年）

1018 年巴西尔二世征服保加利亚后，许多塞尔维亚公国也纳入拜占庭的统治之下。这包括：坐落于利姆河（Lim）与伊巴尔河（Ibar）之间的拉斯卡 [Raška，或拉齐亚（Rascia）]；坐落于斯库台湖 [Skadar，或斯库塔里（Scutari）] 及科托尔湾（Kotor）周边的杜克利亚 [或戴克里阿（Dioclea）]，后来称为泽塔；位于科托尔 [科塔罗（Cotarro）] 和拉古萨 [杜勃罗文克（Dubrovnik）] 之间的特雷比涅（Trebinje）或特拉弗尼亚（Travunia）；坐落于拉古萨和内莱特瓦河（Neretva）之间、后来成为胡姆（Hum）的扎胡姆利耶，以及坐落于内莱特瓦河上游、德里纳河（Drina）和萨瓦地区的波斯尼亚。显然，巴西尔二世在这些地方贵族祖潘们（Župans）承认拜占庭的宗主权后，仍然允许他们掌控权力。塞尔维亚人是拜占庭帝国在巴尔干半岛西部最重要但却最不顺从的臣民。

关于 11 世纪 30 年代之前拜占庭治下的塞尔维亚，在文献资料上找不到任何相关记载，直到那时一位名叫斯蒂芬·沃基斯拉夫（Stephen Vojislav）的人起义反抗君士坦丁堡，才见诸文字记载。皇帝派出军队进行攻击，将其抓获，把他在杜克利亚的领地交由都拉斯的军区"将军"管理。在 1039 年前后，沃基斯拉夫重新控制杜克利亚，三年后，沉重地打击并击溃了都拉斯的军区"将军"及其领导的拉斯卡、波斯尼亚和扎胡姆利耶（Zahumlje）的祖潘。由此一来，沃基斯拉夫就强化了自己领地的独立，并控制了邻近的特雷比涅与扎胡姆利耶。杜克利亚作为第一个摆脱拜占庭帝国统治的南部斯拉夫领土，在 12 世纪之前，成为塞尔维亚国家的领导力量。沃基斯拉夫死于 1043 年前后，他把国家分赠给五个儿子。然而，拜占庭帝国仍然试图重新控制杜克利亚，在这五个人中挑拨，引发他们之间的纠纷，而那些被沃基斯拉夫吞并的塞尔维亚领土，也想要摆脱他们的控制。到最后，五个兄弟联合起来反击他们共同的敌人，并且在 1046 年，米哈伊尔采用了国王的称号。

拜占庭帝国仍然是杜克利亚最强大的敌人。为了排除任何可能来

267

自拜占庭方面的进攻，为了不让他的兄弟们利用拜占庭的支持来反对
自己，米哈伊尔与皇帝君士坦丁九世·摩诺马赫达成和解。后者承认
国王的独立地位，而米哈伊尔则把他父亲沃基斯拉夫从都拉斯夺得的
拜占庭土地归还了一部分。之后，米哈伊尔着手巩固自己对塞尔维亚
领土的控制，增强了他的儿子们所拥有的权力。他把新征服的土地或
从他自己兄弟那里没收的土地封给儿子们，扩大了他们所拥有的土地
面积。

　　1072 年，斯科普里的乔治·沃伊切克（George Vojteh）起义反抗
君士坦丁堡，要求杜克利亚国王派兵支援。米哈伊尔无视与希腊人签
订的和约，派他的儿子君士坦丁·柏丁率军参战。暴动者奉柏丁为保
加利亚沙皇，但是柏丁的远大抱负在拜占庭人镇压起义后随之破灭。
柏丁被捕，并被囚禁了六年。

　　米哈伊尔还想削弱拜占庭教会在亚得里亚海南岸的影响力。当时
都拉斯的正教大主教区曾帮助杜克利亚实行基督教化，它与奥赫里德
教区以及斯普利特（Split）教区展开竞争，都想要直接管理塞尔维亚
教会。大约在 1066 年，应米哈伊尔的请求，教宗亚历山大二世据称
在巴尔〔Bar，安提巴里（Antibari）〕建立了杜克利亚的拉丁大主教
区。其辖区不但包括原先臣属拜占庭的都拉斯教区和拉丁的斯普利特
教区的教会，还涵盖了特雷比涅、波斯尼亚和拉斯卡。实际上，拉斯
卡和波斯尼亚仍然属于正教教会，虽然这个时候的海滨地区，拉丁教
会和拜占庭教会的影响仍然重叠。然而，巴尔大主教区的建立使杜克
利亚更靠近罗马；1077 年，教宗格列高利七世给米哈伊尔送去王冠，
米哈伊尔以宣誓效忠神圣教会作为回报。

　　但是米哈伊尔并没有完全放弃与拜占庭帝国的联系。1081 年，
当诺曼人攻击都拉斯时，他就派柏丁率军去帮助守城。从柏丁的角度
看，他介入这场冲突时的态度很尴尬，因为在一年多前他刚刚娶了一
名来自巴里的诺曼女人。在战争进行到关键时期，他却率军退却，因
此帮助诺曼人夺得了都拉斯。他的背叛行为必然会招致拜占庭帝国的
报复。

　　1082 年前后，米哈伊尔去世。柏丁继位后，很快就面临祖潘领
地的起义，该地是在他父亲时被合并到杜克利亚的。扎胡姆利耶被占
领。柏丁在他叔叔拉多斯拉夫（Radoslav）统治的泽塔镇压了起义，

当拉斯卡想要独立时，他又直接控制了那里以及波斯尼亚的一部分。他允许每个地区都保留自己的贵族，但又指定了许多杜克利亚的王室成员去统治。由此一来，在1084年前后，他任命武坎〔Vukan，乌尔坎（Vlkan）〕和马尔科（Marko）为拉斯卡的祖潘，这两人可能是他的弟弟佩特里斯拉夫（Petrislav）的儿子，而且米哈伊尔曾把拉斯卡封给他们。柏丁继续保持着与拉丁教会的亲密关系。1089年，对立教宗克雷芒三世重申控制巴尔大主教区的地位，并要求柏丁王国治下的所有教会都服从它的管理。总体上，海滨地区的教会仍然忠于罗马，而那些位于内陆的教会依然承认正教主教的管理。

1085年，拜占庭皇帝阿列克修斯一世·科穆宁在都拉斯击败了诺曼入侵者，并将帝国的控制权推进到亚得里亚海南岸。很快，拜占庭军队就抓获柏丁，并恢复帝国对杜克利亚的统治权。这导致杜克利亚进入一段无政府时期，国家也由于地方贵族祖潘们争夺继承权的斗争而四分五裂。波斯尼亚与杜克利亚决裂，更倾向于克罗地亚，并与其一起成为匈牙利国家的一部分。拉斯卡在武坎的领导下成功地实现了独立，并成为领导塞尔维亚人反对拜占庭的中坚力量。事实上，在12世纪，拉斯卡就是塞尔维亚的同义词。

武坎使用的称号为大祖潘，把首都设在拉斯（Ras）的城堡，拉斯卡也正是以此城堡而得名。在11世纪90年代，他推行一项针对拜占庭帝国的扩张政策，向东进军威胁尼什，向东南进军进入马其顿。1095年，拜占庭人进行报复，并强迫他把儿子乌罗什（Uroš）送往君士坦丁堡充当人质。但这并不能阻止武坎。他再次入侵马其顿。希腊人最终在1106年控制了局势，不过，武坎的经历却给他的继任者们留下一个很好的例子。他们将在未来的二百年中坚定地向马其顿进军，并和拜占庭政府在文化上建立起更加紧密的联系。

拉斯卡的统治者由君士坦丁堡任命或罢免。他们的起义被当作叛国行为而受到严厉的报复。1126年前后，乌罗什一世继他父亲武坎之后担任大祖潘，并坚持其独立。拜占庭人击败他，并把许多塞尔维亚人迁移到小亚细亚的尼科米底地区。四年后，为了加强反对帝国的力量，乌罗什一世与匈牙利结成同盟：他把女儿叶琳娜（Jelena）嫁给匈牙利国王"瞎子"贝拉二世（Béla Ⅱ, the Blind, 1131—1141年在位）。后者很看重他的妻子和妻弟贝洛斯（Beloš），并让他们来

269

帮助自己管理王国。贝拉去世后，他的儿子盖扎二世（Géza Ⅱ，1141—1162 年在位）即位，时年尚幼，贝洛斯因此担任摄政。

1149 年，当皇帝曼努埃尔一世·科穆宁（Manuel Ⅰ Komnenus）准备进攻意大利的诺曼人时，塞尔维亚人、诺曼人和匈牙利人签署协议，接着塞尔维亚人发动起义。继承父亲拉斯卡大祖潘之位的乌罗什二世，威胁皇帝设在都拉斯的补给据点。他还占领了杜克利亚和特雷比涅的许多地区。由于他给拉斯卡带来巨大破坏，因此帝国派来一支军队与他作战，并且又把许多塞尔维亚人迁移到拜占庭帝国的疆域内。1155 年，希腊人允许乌罗什二世保持其大祖潘之位，此后一个短暂的时期没有再任命，直到 1161 年，他的兄弟德萨（Desa）才再次得到委任。

曼努埃尔一世平息了许多拉斯卡起义军，但即便是替换掉不忠心的祖潘也无法完全消灭各地的起义。即使后来内马尼亚（Nemanja）王朝开始进行统治，也无法改变这种局势，这个王朝在 14 世纪后半期之前一直成功地统治着这里。大约在 1166 年，曼努埃尔在制伏了另一场塞尔维亚人的起义后，任命一位名叫提霍米尔（Tihomir）的人为大祖潘。提霍米尔与他的兄弟们一起分享权力，他们分别是斯蒂芬·内马尼亚、米洛斯拉夫（Miroslav）和斯特拉西米奇（Stracimir）。1171 年前后，提霍米尔被内马尼亚废黜，并在随后的战斗中阵亡，而他的三个兄弟则瓜分了拉斯卡。长期而言，内马尼亚的篡位开启了两个多世纪的光荣历史；但短期看，塞尔维亚人再次对拜占庭宗主权提出了挑战。1172 年，当内马尼亚被捕后，他被带到皇帝曼努埃尔面前，赤着脚，脖子上拴着绳子，被迫匍匐在曼努埃尔脚下。后来，在皇帝举行的君士坦丁堡凯旋仪式中，他又代表被征服的反叛者被示众，更加受到侮辱。在这场羞辱之后，内马尼亚回到拉斯卡，此后他一直维持着忠诚的封臣身份，直到 1180 年，当皇帝去世后，他立刻否认拜占庭帝国对他们的统治。内马尼亚充分利用拜占庭与诺曼人和匈牙利人的冲突，制定了一项扩张政策：他吞并马其顿北部地区以及科索沃（Kosovo）；夺取泽塔（此后泽塔一词主要指杜克利亚地区），并逼近达尔马提亚（Dalmatia）海岸，夺取了乌尔齐尼［Ulcinj，杜尔齐格诺（Dulcigno）］、巴尔和科托尔的各个城镇；在东部，他吞并了萨尔底迦［Sardica，现代索非亚（Sofia）］周边地区。

内马尼亚还支持保加利亚的起义者彼得和阿森，支持他们的独立要求。1189年，当他与西部皇帝弗雷德里克一世·巴巴罗萨在尼什会见时，还表达了对拜占庭皇位的浓厚兴趣，并试图与他联合攻击拜占庭帝国，但最终未能达成协议。

1190年，弗雷德里克一世越过博斯普鲁斯海峡后，皇帝伊萨克二世·安杰洛斯率军攻打内马尼亚，并在莫拉瓦河击败内马尼亚，迫使他签署和约。协议的条件表明拜占庭的胜利不是决定性的：皇帝承认拉斯卡独立，并允许内马尼亚继续控制他夺取的塞尔维亚和保加利亚的领土。伊萨克还与塞尔维亚人缔约婚盟：内马尼亚的儿子斯蒂芬娶伊萨克的侄女，也就是未来的皇帝阿列克修斯三世·安杰洛斯的女儿欧多西亚（Eudoxia）。数年后，后者封斯蒂芬为"至尊"（*sebas-tokrator*）贵族。有人认为，这份婚盟以及这个称号是拜占庭人承认了这样的事实，即拉斯卡已经发展壮大，已经成为巴尔干半岛上的自治国家。

塞尔维亚与拜占庭的联系，因拉斯主教区的存在而得到加强。巴西尔二世征服后，塞尔维亚人也被纳入奥赫里德的保加利亚大主教区的管辖范围，并且使用斯拉夫语的正教文本，学习拜占庭的宗教教义。然而，在12世纪期间，罗马教会通过亚得里亚海沿岸诸如巴尔、拉古萨和科托尔的拉丁教会对拉斯卡的教会加强了影响力。塞尔维亚教会的双重属性在内马尼亚身上得到最好的体现，他本人在故乡泽塔由一位拉丁主教施行洗礼，后来又在拉斯被正教主教洗礼。内马尼亚不仅宽容拉丁基督教教徒，还赞助罗马管理的教会。然而，到12世纪末，他皈依正教教会。他的幼子拉斯提克（Rastko）也跟他一样，因受到圣山上僧侣们的感召和教诲，在瓦托佩蒂（Vatopedi）的希腊修道院中出家为僧，并得到新的教名萨瓦。

内马尼亚的宗教倾向被他的儿子们进一步强化。1196年，他让位给次子"大贵族"斯蒂芬，也就是皇帝阿列克修斯三世的女婿。早些时候，他曾将不太重要的泽塔和特雷比涅地区交给他的长子武坎，武坎的妻子是教宗英诺森三世的亲戚，而他本人也更赞成拉丁派基督教的仪式。内马尼亚进入他自己建造的、以西米恩命名的斯图德尼卡（Studenica）修道院。很快，他就追随萨瓦去了圣山。阿列克修斯三世把齐兰达尔（Chilandar）那所废弃的修道院交给他，在那 271

里他和萨瓦建造了一座塞尔维亚的修道院，后来将成为中世纪塞尔维亚文化和精神的领导中心。内马尼亚于 1199 年 2 月 13 日去世，很快就被封圣。

简言之，我们看到的是：1018 年杜克利亚管辖着塞尔维亚的所有领土，但并没有摆脱拜占庭帝国获得独立。12 世纪初，拉斯卡取代杜克利亚，成为塞尔维亚社会生活中的重要地区。12 世纪下半期，斯蒂芬·内马尼亚终于实现了拉斯卡的独立，并建立了新王朝，该王朝在 1371 年之前一直统治着塞尔维亚。

克罗地亚人（1018—约 1200 年）

11 世纪初，克罗地亚人生活的地域大致可以限定在两个地区。潘诺尼亚的（Pannonian）克罗地亚人生活在介于北部的匈牙利、东部的波斯尼亚河（Bosna）河谷中心的波斯尼亚，以及南部的达尔马提亚沿岸的中间地带。达尔马提亚的克罗地亚人生活在达尔马提亚沿岸的众多城镇中，例如宁［Nin，诺纳（Nona）］、比沃格来德（Biograd）和希贝尼克（Sebenico，或 Sibenik）。然而，在这些地区，拜占庭人也控制着许多城镇，包括扎达尔［Zadar，扎拉（Zara）］、特洛［Trau，特罗吉尔（Trogir）］、斯普利特［斯帕拉托（Spalato）］和拉古萨（杜勃罗文克）。这些城镇构成了拜占庭的达尔马提亚军区。克罗地亚人和塞尔维亚人一起生活在波斯尼亚，接受克罗地亚国王的管辖。

在拜占庭人征服前，无论是潘诺尼亚克罗地亚，还是达尔马提亚克罗地亚的文献资料都非常少。1000 年，特尔皮米尔（Trpimir）王朝的斯维托斯拉夫（Svetoslav）国王，被他的两个兄弟克莱西米尔三世（Krešimir Ⅲ，1000—1030 年在位）和哥吉斯拉夫（Gojislav，1000—约 1020 年在位）废黜。因此他就安排他的儿子斯蒂耶潘（Stjepan）娶了威尼斯公爵的女儿，而这位威尼斯公爵刚刚被拜占庭人聘为帝国在达尔马提亚的代理人。斯蒂耶潘的这次结盟给他的两位叔叔造成极大的威胁，因为威尼斯人逐渐向克罗地亚沿海地区扩张。然而，1019 年，皇帝巴西尔二世在击败保加利亚的萨缪尔之后，直接控制了达尔马提亚。

克莱西米尔三世承认了拜占庭帝国的宗主权，巴西尔也允许他作

为皇帝的代理人统治克罗地亚，而所有文献也都没有再提到过哥吉斯
拉夫。1025 年皇帝去世后，拜占庭帝国的霸权开始变得脆弱，因为
此时君士坦丁堡由文职官员主政，他们不太关心达尔马提亚。克莱西
米尔三世宣布独立，却不得不把一些土地让给侄子斯蒂耶潘。1024
年，后者曾逃离战乱的威尼斯，跑到匈牙利寻求国王斯蒂芬一世的庇
护。国王占领了位于德拉瓦河（Drava）与萨瓦河之间的克罗地亚领
土斯拉沃尼亚（Slavonia），并把它封给斯蒂耶潘作为封地。

　　克莱西米尔三世的儿子兼继承人斯蒂耶潘一世（1030—1058 年
在位）将克罗地亚的疆域向西北扩张，并战胜了威尼斯人和希腊人。　272
他的儿子彼得·克莱西米尔四世（1058—1074 年在位）与拜占庭人
恢复友好关系。当拜占庭帝国同时受到来自小亚细亚的塞尔柱人、来
自亚得里亚海的意大利和威尼斯的诺曼人的双重威胁时，它不得不加
强对达尔马提亚军区的控制。1069 年，拜占庭帝国把除拉古萨之外
的沿海城市出让给克莱西米尔四世，但是保留了帝国名义上的宗主
权。克莱西米尔四世很重视这些拜占庭城镇的自治地位，并把克罗地
亚人聚居的城市比沃格来德设为他的首都。

　　关于潘诺尼亚地区克罗地亚的教会历史信息很少，那里的教会都
是拉丁派。而关于达尔马提亚地区克罗地亚教会的文献则比较多。虽
然拜占庭人在政治上控制着沿岸城镇，但那里的教会仍然被罗马教宗
管辖。权力最大的神职人员是斯普利特大主教，但不清楚他能对生活
在沿岸地区的克罗地亚人行使多大的权力。从 9 世纪初开始，阿奎莱
亚宗主教作为法兰克人的代表，在达尔马提亚北部和中部的斯拉夫人
中传教。他传教的中心在宁，这里是扎达尔北部的主要居住区，大约
在 850 年，教宗就在达尔马提亚克罗地亚人生活区中设立主教区。宁
主教认为应该使用斯拉夫语作为礼拜仪式用语，而斯普利特大主教则
主张使用拉丁语。

　　在克莱西米尔统治时期，用格拉哥里字母书写的斯拉夫语礼拜仪
式引起纷争。这种礼拜仪式在瓦内尔湾（Kvarner）群岛的达尔马提
亚北部地区特别流行。当教宗准备对教会进行大规模改革时，许多拜
占庭城镇的高级教士想要禁止使用斯拉夫语礼拜仪式，并且对教会仪
式进行标准化。1060 年，在斯普利特召开宗教会议，与会代表包括
所有达尔马提亚主教以及一位教宗代表，这次会议禁止神职人员留长

发、蓄长须，而这却是拜占庭教会神职人员的传统；会议还宣布想要成为主教的斯拉夫人必须学习拉丁语。三年后，教宗亚历山大二世再次重申了此次宗教会议的决议，但是这些规定在克罗地亚的下层民众中非常不受欢迎，他们认为这是对斯拉夫语礼拜仪式的压制。1064年，克尔克（Krk）岛爆发起义，支持斯拉夫语礼拜仪式的人们想要建立他们自己的主教区，但没有成功。大约三年后，另一场宗教会议将达尔马提亚沿岸分成两个大主教区：斯普利特大主教区管辖着采蒂纳河（Cetina，位于斯普利特南部）以北地区；杜克利亚大主教区管辖采蒂纳河以南到都拉斯（这里曾是拉古萨和巴尔争夺教区管辖权的地方）之间的地区。1075年，斯普利特再次召开宗教会议，重申这次教区重组计划；会议还重申了1060年反对使用格拉哥里字母以及要求使用拉丁语的法令。但是宗教会议的决议并没有实现预期目标。许多克罗地亚社区中一直坚持进行斯拉夫语礼拜仪式，在这些社区中，有的人宁愿选择斯拉夫语礼拜仪式，有的社区根本找不到懂拉丁语的教士。

273　　在克莱西米尔统治期间，克罗地亚由三个贵族领地"巴纳特"（banates）组成：斯拉沃尼亚、波斯尼亚和沿海地区，后者在1060年到1069年间由一位名叫戈齐格（Gojčo）的人统治。关于后两个地区的信息很少，但是斯拉沃尼亚由拥有自治权的首领"班"（ban）兹万尼米尔（Zvonimir）统治，他也是匈牙利国王贝拉一世的女婿。11世纪60年代末期，兹万尼米尔和克莱西米尔签署协议。前者接受克莱西米尔的宗主地位，而斯拉沃尼亚保留其自治地位，成为克罗地亚王国的一部分。克莱西米尔如果去世时没有继承人，就需由兹万尼米尔作为他的继承人。

克莱西米尔四世于1075年前后去世，兹万尼米尔在斯普利特附近加冕为国王。加冕仪式由教宗格列高利七世的代表主持，因为此前兹万尼米尔曾发誓效忠教宗。此后，由于国王选择了教宗，而他也成功地获得了政治上的独立，这些都在一定程度上损害了拜占庭帝国对克罗地亚的霸权。兹万尼米尔于1089年前后去世，他的儿子继位之后也很快去世。他也是特尔皮米尔王朝的最后一位君主，他的去世引发了一场内战，在内战中，许多原本拥有自治权却被兹万尼米尔收回的世袭贵族重新夺回了自己的传统权利。

匈牙利国王拉迪斯拉斯一世（Ladislas Ⅰ）宣称：由于他的妹妹海伦（Helen）是兹万尼米尔的遗孀，因此他拥有克罗地亚王国的继承权，并占领了潘诺尼亚地区克罗地亚的许多领土。1091 年，他建立了一个特别的克罗地亚贵族领地"巴纳特"［banate（banovina）］，位于德拉瓦河与萨格勒布（Zagreb）南部格沃兹山脉（Gvozd）之间，并交由他的侄子阿尔莫斯（Almos）统治。三年后，他还把这个贵族领地中的教会从斯普利特大主教区管辖下转到新成立的萨格勒布（又称阿格拉姆，Agram）主教区治下。后者隶属于匈牙利的埃斯泰尔戈姆［Esztergom，格兰（Gran）］大主教区。

一位来自克宁（Knin）地区的彼得（Peter，1093—1097 年在位）自立为王，占领了阿尔莫斯没有控制的达尔马提亚地区的克罗地亚，以及潘诺尼亚平原的克罗地亚。1095 年，他还试图将阿尔莫斯驱逐出其领地。国王科洛曼（Coloman，Kálmán）前来帮助阿尔莫斯，结果彼得在随后发生的冲突中阵亡，而他是最后一位独立的克罗地亚国王。科洛曼重新夺取潘诺尼亚地区的克罗地亚后，继续挺进达尔马提亚，占领了比沃格来德（Biograd）。1102 年，他重新确立了对克罗地亚地区的占领，但据说在抵达德拉瓦河时，他与当地贵族缔结一份协议，称为《协约》（Pacta Conventa）。该协议的具体条款不得而知。据称，贵族们推选科洛曼作为潘诺尼亚的克罗地亚以及达尔马提亚克罗地亚的国王。自此以后，克罗地亚与匈牙利尊奉同一位国王，但王国保持各自独立。匈牙利国王必须举行再次加冕礼才能成为克罗地亚国王。科洛曼承诺为克罗地亚提供庇护，但条件是当地贵族需为其提供军事服役。然而，他授予他们地方自治以及免除赋税的特权；他还允许他们保留自己的土地和行政管理权。这一点相当重要，因为像兹万尼米尔这样的国王曾剥夺了他们的这些权利。这样一来，虽然在一个匈牙利王朝的统治下，克罗地亚王国却得以继续存在。除 12 世纪后半期的短暂插曲外，克罗地亚再也没有被拜占庭人控制过。

如今，克罗地亚的领地被分为三个地区：克罗地亚、斯洛文尼亚和波斯尼亚。克罗地亚向西以亚得里亚海的瓦内尔湾（Gulf of Kvarner）、向南以内莱特瓦河、向东以弗尔巴斯河（Vrbas）、向北以萨瓦河以及库帕河（Kupa）为界；斯洛文尼亚大约位于萨瓦河与德拉瓦

274

河之间；波斯尼亚则位于弗尔巴斯河以东，大体上包含了波斯尼亚河河谷。

匈牙利对达尔马提亚的控制不时遭到威尼斯以及拜占庭帝国的挑战。1116年科洛曼去世后，威尼斯在拜占庭的支持下占领了扎达尔、斯普利特、特罗吉尔、比沃格来德以及周边地区。1117年和1124年，匈牙利人夺回沿岸地区控制权的努力均告失败，直到1158年，国王盖扎二世时才重新占领扎达尔，不过控制时间很短。1167年，皇帝曼努埃尔一世利用匈牙利国内冲突之机，重新占领拜占庭原来控制过的城镇，但这也是拜占庭人最后一次控制这个地区。1181年，就在曼努埃尔皇帝去世后的第二年，贝拉三世国王吓跑威尼斯人，重新控制了沿海城镇。匈牙利控制着这个地区，一直坚持到第四次十字军东征。

1102年以后的12世纪中绝大多数时间里，克罗地亚和斯拉沃尼亚都由国王任命的"班"统治。在国王埃默里克［Emeric，或称伊姆雷（Imre）］统治期间，他的弟弟安德鲁（Andrew）要求把克罗地亚当作其封地。国王同意了这一要求，于是，安德鲁于1198年成为克罗地亚和斯拉沃尼亚公爵。尽管安德鲁仍然是国王的封臣，需要向他提供武装部队，但他却是其封地的独立统治者。公爵有权铸造货币、任免主教、分封土地、仲裁贵族们的纠纷。他在萨格勒布、克宁和扎达尔都建有宫殿。

克罗地亚和斯拉沃尼亚被分成许多祖潘领地。在克罗地亚，祖潘属于当地贵族，而在斯拉沃尼亚，他们大都是匈牙利人，而且斯拉沃尼亚的政治结构反映出其更多地受匈牙利而非克罗地亚的影响。此外，斯拉沃尼亚教会隶属于匈牙利的卡洛乔（Kalocsa）大主教区，而克罗地亚教会则仍然隶属斯普利特大主教区。克罗地亚在被匈牙利控制时期，政治比较动荡，因为一些祖潘想要退出联盟，而那些波斯尼亚附近的祖潘则打算效忠于波斯尼亚的统治者。

当科洛曼于1102年吞并克罗地亚后，他也控制着波斯尼亚，但是在那之后的60年中，关于波斯尼亚的历史文献少之又少。1167年，当匈牙利人被曼努埃尔一世击败时，波斯尼亚也落入拜占庭帝国的控制之下。1180年皇帝去世后，贝拉三世将这里收归匈牙利，但是他对波斯尼亚大多数地区的控制都只是名义上的，而波斯尼亚的核

心地区实际上仍处于独立状态。12 世纪 80 年代和 90 年代，一位名
叫库林（Kulin）的"班"崛起，成为波斯尼亚最强大的统治者。虽
然匈牙利并没有实际控制他的领地，但库林对其领地周围的祖潘是不
会失去兴趣的。波斯尼亚的山地滋养了地方主义，而祖潘们也反对任
何形式的中央集权。1189 年，库林成功地与拉古萨商人签署合约，
那些商人建立商业机构，并在他的领地上开设银矿。库林还为在塞尔
维亚和达尔马提亚城镇（主要是斯普利特和特洛）受迫害而逃亡来
的鲍格米尔异端提供避难场所。

11—12 世纪，波斯尼亚人支持各种不同的基督教信仰。正教信
仰在东部靠近塞尔维亚和德里纳河地区占主流；拉丁派基督教在波斯
尼亚的西部、北部和中部地区比较盛行。12 世纪晚期，包括库林领
地上的拉丁基督徒被划归拉古萨大主教区管理。他们有一位主教，也
就是波斯尼亚主教，这位主教由当地选出，然后被派往拉古萨接受封
圣仪式。尽管拉丁基督徒隶属于罗马，但他们仍然继续使用斯拉夫语
举行宗教仪式，甚至 1060 年斯普利特宗教会议对这种行为进行谴责
后，他们也没有改变。此外，1192 年，当贝拉三世劝说教宗把波斯
尼亚的拉丁教会置于斯普利特的管辖时，他们就开始无视教宗的直接
命令，而依然保持与拉古萨大主教区的联系。1199 年，泽塔的武坎
向教宗告发库林为异端。他还说库林隐匿了来自达尔马提亚的鲍格米
尔异端，说有 1 万多名波斯尼亚人尊奉异端邪说。武坎的指控得到了
斯普利特大主教和匈牙利国王的证明。

教宗误以这些指控为真，召集匈牙利人对传说中的波斯尼亚异端
发动十字军攻击。库林表示自己是名虔诚的基督徒，并召开教会会议
以应对匈牙利的战争威胁。1203 年，波斯尼亚声称放弃一些错误行
为，承诺改革教会，并重申对教宗的忠诚。这些誓言以及其派遣的官
方教会代表亲自来到罗马拜访，减轻了教宗对此事的关注，不过这位
代表来自拉古萨而非斯普利特。库林口头承诺效忠匈牙利后，解除了
来自匈牙利的战争威胁。更重要的是，他保住了自己的教会与拉古萨
的关系，并继续维持着与拉古萨商人的商业往来。在此后的第二年，
库林去世了，尽管他向教宗做出了保证，但他死后，传说中的异端还
是活跃起来。

简言之，我们已经看到：11—12 世纪的克罗地亚从来没有实现 276

统一，没有形成一个强大的中央政府。他们生活在不同的区域：潘诺尼亚的克罗地亚、达尔马提亚的克罗地亚以及波斯尼亚，这些地方被许多不同的当地国王统治着，但更多时候是被拜占庭帝国的代理人威尼斯和匈牙利管理着。甚至在中央集权相对强大的时期，当地的贵族也享有一定程度的自治地位。

马丁·迪米尼克（Martin Dimnik）

郭云艳 译

陈志强 校

第 十 章

11—12 世纪的波兰

　　11 世纪，在奥得（Odra）河与维斯图拉（Vistula）河的河谷中
心地带，出现了一个强大的君主国，其疆域南至苏德特斯（Sudetes）
河以及喀尔巴阡（Carpathian）山脉，北至波罗的海；此时，整个地
区的基督教化在顺利推进，波兰已经可以将布拉格（Prague）的阿达
尔伯特·沃伊切克（Adalbert Vojtech）主教吹捧为圣徒，他是从波希
米亚被流放到那里的。此外，波兰的统治者还与西方帝国建立起良好
的关系，并结交当时的著名人物。就在 1000 年这一年，奥托三世访
问波兰，并将格涅兹诺［Gniezno，也称格纳森（Gnesen）］升格为大
主教区，这样，波兰的第一个教会大省区就出现了，并且能够直接接
受来自罗马教会或者教宗的直接指令。波兰的统治者皮亚斯特（Pi-
ast）王朝的"勇敢者"波列斯拉夫（Boleslav the Brave）大公由于支
持奥托三世的"罗马帝国复兴"计划，从而成功地获得奥托的信任，
并被抬举为帝国的"赞助者"。从这个名称来看，他获得了很好的机
会，能够代表当时四大基本地区——罗马、高卢、日耳曼和斯拉
夫——之一。但当奥托三世于 1002 年去世后，亨利二世统治日耳曼地
区，其政策发生了改变；另一方面，波列斯拉夫制订了扩张计划，要
向米尔斯科［Milsko，也称米尔兹（Milzi）］、吕济斯［Łużyce，也称卢
萨蒂亚（Lusatia）］以及波希米亚推进，从而导致波兰和德意志之间
爆发了冲突，这场漫长的战事共分 1003—1005 年、1007—1013 年和
1015—1017 年这三个阶段。最终双方于 1018 年在包岑［Budziszyn，
也称鲍岑（Bautzen）］签署和约，从而实现了和平。

除了曾在 1003—1004 年间短暂控制了波希米亚之外，"勇敢者"波列斯拉夫还筹划控制基辅鲁西尼亚（Ruthenia）的部分地区。首先，他在那里积极扩大并确立其本人的影响力；然后，他扶持自己的女婿斯维亚托波尔克王子与他弟弟"英明的"雅罗斯拉夫争夺大公之位。他两次派出远征军前往鲁西尼亚（1013 年和 1018 年），并派遣波美拉尼亚（Pomerania）的雷因伯恩（Reinbern）主教秘密出访鲁西尼亚，这些行动的唯一成果，是把 981 年丢掉的切尔文（Czerwien）地区的一些城堡夺了回来。然而，波列斯拉夫统治期间取得的最大成功在于 1025 年正式加冕。就在同一年，波列斯拉夫去世，留下三个儿子：贝兹普伦姆（Bezprym）、梅什科（Mieszko）和奥托（Otto）。他将王位传给梅什科，后者也就成为皮亚斯特家族的第二位名叫梅什科的统治者。梅什科受过良好的教育，并在其父当政期间就参与了国家政务。在迎娶了奥托三世的侄女莉切萨（Richeza）为妻后，他试图继续推行父亲波列斯拉夫的扩张事业。而且，他还通过这一婚姻获得了妻子家族的政治资源与支持。不过，梅什科很快就陷入德意志皇位之争，介入萨利安王朝的康拉德二世和萨利安的侄子小康拉德之间的冲突之中。梅什科二世支持小康拉德，有确实的证据表明，小康拉德的母亲玛蒂尔达曾给梅什科写信，还赠送给他一本《罗马弥撒经书》（*Ordo Romanus*）。于是梅什科分别在 1028 年和 1031 年两度进攻萨勒（Saale），目的是围魏救赵，牵制康拉德二世的注意力以便帮助小康拉德，而康拉德二世对波兰的两次还击都没能成功。

1031 年发生的政治灾难导致刚刚建立不久的皮亚斯特王朝陷入混乱。造成这场灾难的原因有很多，其中包括：鲁西尼亚的"英明的"雅罗斯拉夫和德意志的康拉德二世分别从东西两面对波兰开战；梅什科的兄弟们在国内争夺波兰政权，而他的妻子则携带两人的王冠远走德意志。结果，梅什科不得不向原本与他关系不太好的、控制着波希米亚的乌达尔里克（Udalric）寻求避难。据不太可靠的传言，他好像被捷克人阉割了。而波兰在这场灾难中，被德意志人占去了米尔斯科和吕济斯，被鲁西尼亚夺走切尔文，被波希米亚占领了摩拉维亚（Moravia）。最后，波美拉尼亚也脱离皮亚斯特王国而宣布独立。在波兰国内，梅什科的兄弟夺取王位后很快就被暗杀了；于是，梅什

278

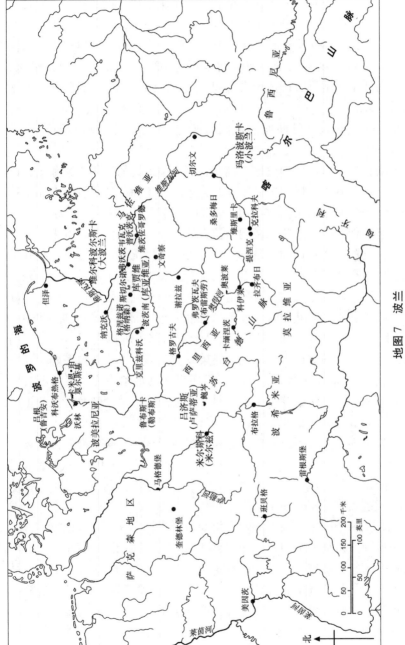

地图 7　波兰

科被送回来，条件是必须接受德意志皇帝康拉德二世的权威。而且德皇还把波兰分成几部分，分别由梅什科、他最小的弟弟奥托以及他们的一个远亲迪特里克（Dytryk）进行管理。但是不久奥托被暗杀，梅什科顺势重新统一王国，但时间很短。1034 年，梅什科也被暗杀，波兰再次陷入混乱，国内爆发大规模反抗压迫的起义，异教徒也不断骚乱。就在这个时候，一个不属于这个家族的名叫米埃克劳（Mieclaw）的人，可能通过起义夺取了马佐维亚（Mazovia）公爵之位。

　　梅什科去世后的历史比较模糊，因为中世纪的编年史家和史料记载者们都没有对这段历史做很好的记录。关于梅什科是否有个儿子就是文献中提到的卡兹缅兹〔Kazimierz，又称卡齐米尔（Casimir）〕，或者是否他还有一个叫作波列斯拉夫的儿子，种种说法均莫衷一是。

　　在这些语焉不详的记录中，最有可能的情况是：卡兹缅兹在其父亲去世后夺取了王位，但在随后的贵族起义中被迫逃离波兰。他先去了匈牙利，后到德意志，在那里他不仅受封得到采邑，还在骑士中赢得很高的名望。与此同时，波希米亚公爵布雷蒂斯拉夫一世（Bretis-lav Ⅰ）又在 1038 年或 1039 年对这个被内部纷争掏空了的国家发动攻击，他从格涅兹诺带走了他的兄弟及波兰第一大主教拉齐姆 – 高登提斯（Radzim-Gaudenty）、圣徒沃伊切克（阿达尔伯特）以及五具殉道者的遗骸，当然还掠走了许多财宝。他洗劫了整个波兰、抓获了许多俘虏，并吞并了西里西亚（Silesia）。不久之后，卡兹缅兹在一些德意志骑士的支持下返回屡遭蹂躏的祖国。这时，整个波兰被破坏最轻的城市就是克拉科夫（Cracow），于是他以该城为中心，开始重建他的国家。这一点也可以从当时人们对他的评价得到证实：人们称他为"重建者"（Odnowiciel）。

　　波兰这个国家的领土、教会组织以及军事权力基础都需要重建。为了得到鲁西尼亚的支持，卡兹缅兹迎娶了罗斯的"英明的"雅罗斯拉夫的妹妹多布隆奈佳（Dobronega），从而有足够的力量来争夺马佐维亚，最终这场争夺战持续了数年。直到 1047 年，他终于击败米埃克劳。他曾有机会恢复波兰对波美拉尼亚的控制，最终却只是昙花一现。1050 年，卡兹缅兹占领了西里西亚，但是这里早被德意志皇帝亨利三世看作波希米亚省的一部分，结果，在 1054 年奎德林堡

（Quedlinburg）会议上，卡兹缅兹只能无奈地接受皇帝的要求，放弃西里西亚，那个地区将直接听命于皇帝，而波兰却要向波希米亚缴纳年贡。在本尼狄克会修士们的帮助下，卡兹缅兹还重整教会秩序，在这些修士中，有一人名叫艾伦（Aaron），可能曾被任命为科隆（也称 Koln）主教，后来被任命为大主教，成为波兰的最高教会首领，其驻地设在克拉科夫。据说，本尼狄克会的大本营起初也在克拉科夫，卡兹缅兹去世后，他们搬到位于克拉科夫附近的提涅克（Tyniec），在那里常驻下来。在重建国家军队时，卡兹缅兹可能放弃了过时的德鲁兹那（*druzyna*）观念，取消原有的大量"贴身护卫"，有计划地建立了一个武士阶层，让他们拥有一定土地从而提供军事服务。财政制度并没有进行任何根本性的变革；仍然由经济独立的大庄园体系构成，这些大庄园中的一些设施产量很高并且提供专业化很强的服务。

此时没有迹象表明卡兹缅兹·奥德诺维奇勒（Kazimierz Odnowiciel）曾经试图为自己加冕。他于 1058 年去世后留下三子，即波列斯拉夫、瓦迪斯瓦夫·赫尔曼（Wladyslaw Herman）和梅什科。他的长子波列斯拉夫一般被称为"慷慨的"或"大胆的"（The Bold, Szczodry）波列斯拉夫，继承了父亲的权力，不过至少在最初的时候，他是和弟弟们一起分享权力的。最小的梅什科于 1065 年去世，瓦迪斯瓦夫·赫尔曼和马佐维亚联系很密切，似乎暗示出该省是给他的封地，当然这也是要归属其兄长的统治之下。

"大胆的"波列斯拉夫的统治长达 24 年。这期间发生的重要事件包括：波兰努力对抗来自德意志皇帝及其下属的波希米亚大公的政治威逼，虽然波列斯拉夫的姐姐嫁给了捷克大公弗拉蒂斯拉夫（Vratislav），但这种局面并没有得到改善。在压力之下，波列斯拉夫做出大胆决定，不再向西里西亚支付年贡。结果到 1068 年，波兰与波希米亚的冲突公开化，两地战争持续了多年。

当时发生了导致拉丁世界分裂的重大事件，教宗格列高利七世和德意志皇帝亨利四世发生纷争，在这个事件中，"大胆的"波列斯拉夫加入支持格列高利的阵营中，并成为相当重要的角色。他支持萨克森人反抗国王的起义，并促使他们将矛头转向隶属亨利四世阵营的捷克大公弗拉蒂斯拉夫。他还积极参与推翻匈牙利国王的斗争，而匈牙

281

利的纷争充分反映了欧洲的冲突。匈牙利的所罗门（Solomon）支持德意志，所以波列斯拉夫就反对他并支持其对手们，他们包括1060年的贝拉和1074年的盖扎；1077年，他还帮助盖扎的儿子弗拉迪斯拉夫（Vladislav）登上王位。在鲁西尼亚，此时已是俄罗斯大公伊扎斯拉夫妻子的基尔特鲁德是波列斯拉夫的姑妈，因此与皮亚斯特王朝走得比较近，当伊扎斯拉夫想要与西部教会和好时，波列斯拉夫非常热情地加以推动。他将格列高利的教会改革方案引入波兰，加强了波兰教会的组织管理。

"大胆的"波列斯拉夫对格列高利一派的支持，帮助他得到罗马教会授予的王权，原本这一称号在未来的220年内是不打算授予任何波兰统治者的。虽然他取得如此成功的业绩，却无法防止自己王国内部的冲突，毕竟亨利四世的阵营中一定有人支持波兰的反对派。波列斯拉夫的弟弟瓦迪斯瓦夫·赫尔曼很可能就反对他，至少在这种教会与政治的冲突的后半期，尤其是当他在1080年娶了弗拉蒂斯拉夫的女儿朱迪思（Judith），然后又在1089年娶了亨利四世的妹妹朱迪思·玛丽亚之后，瓦迪斯瓦夫就开始站到了哥哥的对立面。波兰国内的紧张局势是当时欧洲政局的反映，而国王与克拉科夫的斯坦尼斯瓦夫（Stanislaw）主教的冲突则进一步加剧了这种紧张局势。由于与波列斯拉夫所处时代最为接近的一位编年史家对此语焉不详，关于他们冲突的原因目前仍不甚清楚；100年后所形成一种说法显然带有偏见，认为冲突是由于国王残暴而主教试图阻止他引起的。无论事情起因究竟如何，结果是斯坦尼斯瓦夫主教被判肢解大刑处死。当时的格涅兹诺大主教可能也参与了审判。根据前面提到的那种带偏见的说法，主教可能是被国王亲手杀死在神坛上。这种死亡方式使其具有更加明显的殉道特征，也是斯坦尼斯瓦夫主教于1253年被封为圣徒的主要原因。

如果说在支持格列高利改革的人以及格列高利派的阵营中，本来有一些反对"大胆的"波列斯拉夫的人，那么对克拉科夫主教所施行的严厉处罚，就一定会引起更多的反对，因为这位主教一定有很好的家族和政治背景。而且这一事件可能直接导致了1079年爆发的起义，并迫使国王当时就带着其家眷逃离波兰。在逃亡途中，波列斯拉夫因无法解释的原因去世，他的儿子听从了不怀好意的人的劝说返回波兰，结果被谋杀。

与此同时，"大胆的"波列斯拉夫的弟弟瓦迪斯瓦夫·赫尔曼接管波兰的政权。虽然他的婚姻为他提供了各种可能，能够实行多种政治策略，但他一直没能像波列斯拉夫那样积极努力。重新夺回波美拉尼亚是他唯一关心的对外事务，甚至为这件事还采取了军事行动。对内政策主要掌控在他的宫廷大臣希耶齐克（Sieciech）手中，按照可能是与其同时代的编年史家的记载，这位宫廷大臣与瓦迪斯瓦夫·赫尔曼的妻子朱迪思·玛丽亚比与国王本人走得更近。当时人都谴责希耶齐克对其政敌的处罚太过严苛，那些人不是被迫到国外（主要是波希米亚）寻求避难，就是被驱逐出国。在这一背景下，瓦迪斯瓦夫·赫尔曼的家庭内部纷争就变得极为重要。

瓦迪斯瓦夫·赫尔曼的第一次婚姻记录模糊不清，不过却给他留下一个儿子叫作兹比格涅夫（Zbigniew）。兹比格涅夫娶了波希米亚的朱迪思，不久他们的儿子即后来被称为"歪嘴"（Krzywousty）的波列斯拉夫出生，然而就在这个时候，兹比格涅夫却被监视起来，并且很快被遣送出国。这是一种很普遍的做法，目的是为新娶的、家世更好的妻子所生之子扫清继承王位的障碍。然而，希耶齐克的政敌们则充分利用这个机会。兹比格涅夫成为他们最有利的工具，于是开始支持他。从1093年到1099年，围绕着王位展开了漫长的流血冲突，结果希耶齐克不得不退出政治舞台，国家被分裂，分别由国王和他的两个儿子统治。瓦迪斯瓦夫·赫尔曼保留了他最喜欢的省份马佐维亚，并对其两子享有宗主权；首都设在普沃茨克（Plock）。他的长孙兹比格涅夫得到维尔科波尔斯卡省（Wielkopolska，大波兰），包括波茨南（Poznan）、格涅兹诺，可能还包括库贾维[Kujawy，库亚维亚（Kuyavia）]。小儿子波列斯拉夫除得到克拉科夫、弗罗茨瓦夫[Wroclaw，布雷斯劳（Breslau）]以及桑多梅日（Sandomierz）等大城镇外，还拥有整个南部地区[马洛波斯卡（Malopolska）——小波兰——和西里西亚]。

1102年瓦迪斯瓦夫去世后，马佐维亚被兹比格涅夫得到，与此同时，脱离波列斯拉夫统治的三大城镇也归属兹比格涅夫。直到1106年前，整个波兰在事实上被分成两个公国，而且可能是各自独立继承。然而，两位统治者的旨趣很快就发生了冲突。据当时与

282

"歪嘴"波列斯拉夫宫廷有关的传言称,兹比格涅夫仍然与波美拉尼亚签有和平协定,因此努力防止波列斯拉夫执行其父亲想要为波兰收复波美拉尼亚的计划。他还试图想与波希米亚恢复外交正常化,而波列斯拉夫由于其领土与捷克直接接壤,故而对波希米亚一直怀有敌意。当然,针对兹比格涅夫罪状的指控毫无根据,然而导致两兄弟冲突的主要根源,在于他们不同的性情,以及不同的政治眼光和野心。喜好和平的兹比格涅夫和好斗的波列斯拉夫注定会发生冲突,特别是后者代表着传说中被波美拉尼亚的财富所吸引的新兴武士阶层的利益。

1106 年,"歪嘴"波列斯拉夫攻击他哥哥的领地,而兹比格涅夫被驱逐出维尔科波尔斯卡,且只能"作为一名骑士而非王子"待在马佐维亚。然而,在随后一年中,兹比格涅夫从马佐维亚被赶走,不得不离开波兰。他得到德意志国王亨利五世的支持,那是在 1109 年,亨利五世正准备向波兰派远征军。不过,"歪嘴"波列斯拉夫的军事素质、熟练地唤起爱国热情的能力、因娶了基辅大公之女兹比斯拉瓦(Zbyslawa)而与鲁西尼亚的盟友关系,还有为了牵制德意志而与匈牙利的短暂结盟,以攻击波希米亚,这些因素都为波兰提供了很好的备战支持。德意志远征军最终铩羽而归,造成这一结果的原因包括:具有决定意义的格罗古夫(Glogow)保卫战,德意志军队在弗罗茨瓦夫附近的普谢·波莱(Psie Pole)战役的重大失利,以及波列斯拉夫在首都克拉科夫处于亨利五世军队威胁时应对得当,仍坚持抵抗的态度。三年后,波列斯拉夫允许其兄长回国,但却在其抵达波兰时以他的行为太过铺张为借口,而弄瞎了他的眼睛,并最终导致其死亡。

尽管波列斯拉夫的母亲来自捷克的普热梅斯里德王朝(Przemyslids),但他与波希米亚的关系却很紧张。其原因在于:捷克试图控制西里西亚边境附近的城镇[拉齐布日(Racibórz)、科伊莱(Kozle)和卡缅涅茨(Kamieniec)];当波列斯拉夫与德意志人作战时,波希米亚仍然是德意志的诸侯;最后,波列斯拉夫还想介入波希米亚王位的争夺。波兰与波希米亚的冲突于 1114 年终于暂停,并在 1137 年签署和约。

在"歪嘴"波列斯拉夫的政策中,波美拉尼亚问题最为重要。在 1106 年前,他已经数次侵入该省,而当时兹比格涅夫一定试图阻止过。兹比格涅夫被废后，波列斯拉夫开始实施征服波美拉尼亚的计划。1113年，波列斯拉夫完全控制了边境上的城镇纳克沃（Naklo）和维茨佐哥罗德（Wyszogrod）；到1119年，他征服了但泽－波美拉尼亚［Gdansk-Pomerania，波默伦（Pommerellen）］，从而控制了西波美拉尼亚地区，并于1123年扩张到吕根［Rugen，鲁吉亚（Rugia）］。1121年，他强迫西波美拉尼亚的瓦尔齐斯拉瓦（Warcislaw）大公接受封臣地位；1124年，他才稍微放松了过于严厉的控制。"歪嘴"波列斯拉夫的另一项巨大成功是使波美拉尼亚第二次基督教化。10世纪晚期，波兰曾尝试过几次，均未坚持下来，而且1000年成立的科洛布热格［Kolobrzeg，科尔贝格（Kolberg）］主教区也消失了。1123年，隐士西班牙人贝尔纳（Bernard the Spaniard）的传教努力依然没有成功。在波列斯拉夫的赞助下，班贝格的奥托主教再次前往传教。他个人所取得的成功，激励他在1128年组织了一支新的传教远征队，完全由他领导。在"歪嘴"波列斯拉夫去世后取得的另一项成就是，他的教士阿达尔伯特·沃伊切克后来成为新成立的沃林（Wolin）主教区的首任主教，在12世纪后半期该主教区将驻地迁至卡米恩·珀莫尔斯基（Kamien Pomorski）。12世纪20年代在位于波美拉尼亚西部边界设立的鲁布斯卡［Lubusz，勒布斯（Lebus）］主教区，以及在与但泽－波美拉尼亚邻近地区建立或可能是重建的乌托克塔维克（Wtoctawek）主教区，大概都属于这次基督教化整个计划的一部分。所有这些主教区都隶属于格涅兹诺大主教区管辖。

284

　　波列斯拉夫在教会组织方面的另一项成就对于国家统一具有重要意义。正是在其统治时期，马格德堡大主教（后来被封圣的）克桑滕的诺伯特（Norbert of Xanten）再次要求将马格德堡教区划为波兰的教区省。为了教化德意志边境附近的斯拉夫人皈依基督教，马格德堡大主教区早在奥托一世时就已成立（968年）。这一计划未能取得预期成果，因为当时波兰在梅什科一世治理下已经成功地实现了这一目的，并通过波希米亚宫廷的调解，那些人分属雷根斯堡（Regensburg）主教区以及萨尔茨堡大主教区。前文还提到"勇敢者"波列斯拉夫（Boleslaw Chrobry）成功把握了一个机会，997年，布拉格的沃伊切赫主教在前往普鲁士（Prussia）的途中去世，并被罗马教会封为圣徒，"勇敢者"波列斯拉夫利用这一机会，和奥托三世建立了良好的关系，从而帮助波兰正式在格涅兹诺设立了它自己的大主教区。马格德堡想要至少保留他们对波茨南（Poznan）主教区的管理，而且还确实在一些文件中被记录下来。圣诺伯特最终得到教宗英诺森二世分别在1131年和1133年，通过波兰教会转给马格德堡的两份敕令。在"歪嘴"波列斯拉夫统治时期，有一篡位者要争夺匈牙利王权并与德意志政治利益发生冲突，他成功得到波列斯拉夫的支持。不过最终波列斯拉夫非常巧妙地中止了对他的支持，结果不仅为自己赢得了与罗马教会关系很好的皇帝洛塔尔的支持，还在其帮助下成功地促使英诺森二世下令收回教宗敕令。

"歪嘴"波列斯拉夫于1138年去世，留下五子：他与罗斯公主兹比斯拉瓦所生的瓦迪斯瓦夫；与德意志公主萨洛梅亚（Salomea）所生的被称为"卷毛的"（Kedzierzawy）波列斯拉夫、"长者"［面黄肌瘦的（the Stary）］梅什科、亨里克以及被称为"公正的"卡兹缅兹［即卡兹缅兹·斯普拉维德利威（Kazimierz Sprawiedliwy）］。为了使他们每个人都能得到适当的封地，且同时又能维持国家的完整，波列斯拉夫在其资政官们的建议下，制定了一套继承法令，而且总是与波兰的政治分裂搅在一起，这一直持续到14世纪早期。"歪嘴"波列斯拉夫的继承法令没有保存下来，我们不得不根据随后的历史传闻以及外国文献中提及的事件，重新建构其内容。然而，无论对其后的历史后果，还是从与之相关的斯拉夫亲属来看，人们不得不重构其内容，都显得极为重要。这一直都是最具争议性的历史课题。

这一法令有时还被错误地称为"旧约"，其与众不同之处在于它是一个公开的举措，并且由贵族们在公开集会上宣誓予以维护，而且它也已经得到罗马教会的核准。该法令可能写于约1133年，当时"歪嘴"波列斯拉夫只有一个儿子成年，两个还小，一个还是婴儿，甚至还有一个没有出生。因此他们也就不可能得到完全公平的待遇。法令规定大公（公国）享有最高权力，根据长子继承制原则，公国将由皮亚斯特王朝的长子继承。其余的王子分别占有自己的封地，但长子将负责整个波兰境内的最高公共权力，因此他们都要拥戴长子。大公控制的疆域，包括克拉科夫省以及附属波兰的但泽－波美拉尼亚，还拥有对西波美拉尼亚，以及从克拉科夫通往波美拉尼亚沿线数个城镇的管辖权，这些城镇中包括当时由波兰统治者任命大主教的格

285

涅兹诺大主教区。大公领地不实行继承制，也就意味着不能被分割，只能由王朝的长子继承。"歪嘴"波列斯拉夫去世后（1138年），每一个成年的儿子都得到自己应得的封地；长子瓦迪斯瓦夫得到西里西亚，"卷毛的"波列斯拉夫得到马佐维亚，"长者"梅什科得到维尔科波尔斯卡，可能还得到库贾维部分地区。根据在原有法令基础上的修正条款，亨里克还得到从克拉科夫省划出来的桑多梅日，但仅限于他在有生之年占有。这意味着：一旦他去世，这块地方就会归还到克拉科夫。波列斯拉夫的幼子卡兹缅兹在其父亲过世时还是婴儿，甚至有他还是遗腹子的说法，所以没有分到应得的封地。因此他仍然由其母亲监护，和母亲住在作为寡妇分得的领地上，这是从大公辖区分出来的、位于波兰中部的一个很大的省，其主要城镇有文奇察（Leczyca）和谢拉兹（Sieradz）。

这个继承秩序在"歪嘴"波列斯拉夫去世后不久即被家族冲突打破，起因在于最年长的王子，其母亲是俄罗斯人，而其他王子则都是德意志公主所生。瓦迪斯瓦夫的妻子是奥地利巴本贝格（Babenberg）家族的阿涅丝，她很不受欢迎。双方于1141年开始发生冲突，并最终演变成内战，后以1146年"歪嘴"波列斯拉夫的长子被流放告终。不过，无论是长子继承原则，还是与之相关联的用以保证波兰政治统一的"公国"体系都没有被废除。根据长子继承制原则，"歪嘴"波列斯拉夫的次子"卷毛的"波列斯拉夫接掌大公之位。而波兰教会领袖格涅兹诺大主教也支持小王子派的行动，因而他们的地位得以加强。而德意志皇帝康拉德三世则支持流亡的瓦迪斯瓦夫，并组织了一支远征军进攻波兰，但当波兰的小王子们表示效忠后，他就立刻从奥得河（1146年）撤军。当时的国际环境明显有利于小王子派。其时，整个欧洲都忙于准备前往圣地的十字军征战，而且还计划组织一支十字军针对欧洲的异教徒，例如抵制基督教的奥博德里茨人（Obodrits）和古普鲁士人（Prussians）这些异教徒。波兰的王子们支持这一计划。1147年，梅什科参加了一支进攻奥博德里茨异教徒的萨克森远征军，"卷毛的"波列斯拉夫与俄罗斯王子们一起参加了进攻古普鲁士人的远征军。但是这些行动的政治结局并不有利于波兰，因为波兰丢掉了在西波美拉尼亚的影响力。

不久，随着欧洲局势的改变，罗马教会转而支持流亡的瓦迪斯瓦

286

夫王子重新夺回大公之位。教宗的使者圭多来到波兰宣布将小王子们逐出教会，并下令停止该国的一切宗教活动。他还号召世俗权威的帝国皇帝来确保瓦迪斯瓦夫的权利，在教宗的支持下，皇帝弗雷德里克·巴巴罗萨进攻波兰，并抵达波茨南；在克里兹科沃（Krzysz-kowo），"卷毛的"波列斯拉夫向他发誓效忠，并承诺恢复其被流亡的兄长瓦迪斯瓦夫的地位。

　　"卷毛的"波列斯拉夫并没有完全履行这些承诺，而瓦迪斯瓦夫直到1159年去世都一直被叫作"流亡者"（Wygnaniec）。这样一来，问题就变成如何恢复他的三个儿子的地位。1163年，在皇帝的要求下，波列斯拉夫把他们接回来并安置在其父亲原来的封地西里西亚。很可能他们联合统辖这个地方。1166年，"歪嘴"波列斯拉夫的另一个儿子亨里克去世，其生前管理的桑多梅日没有继承人。他的领地就由波列斯拉夫的其余三个儿子分割。其中年纪最长且承继公爵之位的"卷毛的"波列斯拉夫将他弟弟领地的最大部分并入克拉科夫公国，因为这里是其权力的基础；年纪比较小的维尔科波尔斯卡公爵梅什科得到的部分，目前尚没有很明确的说法；最小的卡兹缅兹只得到一个小城堡维斯里卡（Wislica）。

　　"卷毛的"波列斯拉夫大公于1173年去世。克拉科夫政府的精英们想要让卡兹缅兹来接替他的位置，而不选择王朝中年纪最大的继承人梅什科，这样一来，毫无疑问要打破"歪嘴"波列斯拉夫法令规定的长子继承原则。梅什科成功地控制了局势，并占领克拉科夫。然而，由于不信任那里的居民，他把自己的官员带到那里。这就必然会引起麻烦。

　　约1177年，小儿子们发动起义，撼动了整个国家。"歪嘴"波列斯拉夫最小的儿子卡兹缅兹拿起武器反对他的哥哥"长者"梅什科大公，西里西亚的小王子梅什科·普拉托诺吉（Mieszko Platonogi）反对他的长兄"高个儿"波列斯拉夫（Boleslaw Wysoki），还有维尔科波尔斯卡的"长者"梅什科的儿子奥登（Odon）反对他自己的父亲。卡兹缅兹和西里西亚的大王子建立联盟，并一起与奥登缔盟。结果，大公梅什科不得不离开波兰，不过数年后又重新返回。卡兹缅兹接掌大公之位，为了赢得西里西亚小王子的支持，他把克拉科夫省的西部部分地区封给他；他的哥哥还把拉齐布日城堡给了他，这样，就形成一个新的公国，到 1201 年，奥波莱（Opole）又并入这个公国。它的统治者梅什科·普拉托诺吉因此在奥波莱和拉齐布日开启了一个皮亚斯特家族新的世系。"高个儿"波列斯拉夫则开启西里西亚的皮亚斯特家族支系。关于被流放的瓦迪斯瓦夫的第三个儿子康拉德的情况，史料并没有明确说明。他可能曾短暂治理过格罗古夫。

1180 年，被称为"公正的"卡兹缅兹在文奇察（波兰中部）召集大会。已知与会的至少包括格涅兹诺大主教在内的波兰所有主教。该会议认定卡兹缅兹为大公。随后教宗的任命也加以批准；卡兹缅兹可能也得到皇帝弗雷德里克·巴巴罗萨的承认。这至少表明卡兹缅兹正式承认皇帝对波兰的领主权。这样，长子继承原则就被打破了，但"公国"得以保留下来。当"长者"梅什科在 1181 年再次回来时，他已经不得不接受既定事实。12 世纪 90 年代，他三次策划重新夺回政权。1191 年，当克拉科夫的贵族因卡兹缅兹臣服于德意志帝国而起义反对他时，梅什科就趁机短暂地重新夺回政权。然而，1194 年卡兹缅兹去世后，梅什科到达克拉科夫后，却在与大公政府精英军队对峙时大败。约 1197 年，他与卡兹缅兹·斯普拉维德利威（Kazimierz Sprawiedliwy）的遗孀海伦娜联合，成功地夺回克拉科夫，此时海伦娜的儿子们莱谢克（Leszek）和康拉德尚未成年，她与宫廷大臣以及克拉科夫主教一起摄政。然而，梅什科再次被赶走并返回封地不久便去世了（1202 年）。

虽然"长者"梅什科坚定地执行其父亲的继承法令，但却是他本人导致该法被废止。当约 1197 年他再次回到克拉科夫时，却许诺让卡兹缅兹·斯普拉维德利威的儿子、当时年龄还小的莱谢克作为他的继承人。这就意味着他同意废除"长子继承制"，也承认了不可被继承的大公领地事实上成为卡兹缅兹·斯普拉维德利威世系可继承的领土。从而导致波兰的统一合法地被彻底分裂，虽然它事实上早已分裂，这些分裂的公国在后来的一个世纪中形成了一群独立的皮亚斯特公国。皮亚斯特家族认为，在波兰的"天然主人"之间仍存在王朝纽带和一个共同的教会组织，而这种王朝纽带则使他们把波兰看作是，而且似乎也确实是"波列斯拉夫的波兰"（"勇敢者"波列斯拉夫、"大胆的"波列斯拉夫，以及"歪嘴"波列斯拉夫）。

若总结这个时期的政治，可以注意到一件一直影响着波兰的事

件，这就是 1164 年"狮子"亨利首次吞并西波美拉尼亚，后来 1181
年弗雷德里克·巴巴罗萨再次占领那里。另一政治事件是卡兹缅兹·
斯普拉维德利威对哈利茨（Halicz）和弗拉基米尔鲁西尼亚的影响，
绵延后世数百年，这种影响力不断加强，并最终促成 14 世纪波兰正
式吞并鲁西尼亚的部分地区。

　　尽管 1138 年"歪嘴"波列斯拉夫去世后的波兰政局发展一直不
尽如人意，不过波兰的经济和文化却取得了很好的成就。以君主领地
内多产的以及丰富多样的服务业为基础的封闭经济体系，通过土地出
租这一新形式，得到进一步发展；此时波兰还出现了外国人在此定居
的现象：沃伦人、佛兰德人以及德意志人，主要居住在波兰西部。许
多文献都提到此时存在着许多大宗商贸协定，证明了经济的发展。货
币的地位有所提升，并且在"长者"梅什科统治期间，铸币厂发行
了大量带有希伯来铭文的货币。

　　经过短时期受到加洛林－奥托风格建筑影响后，罗马式建筑风格
逐渐被人们接受，并出现了一种石头装饰的新艺术形式。这种艺术作
品是外国艺术大师与本地工匠互相学习相互影响的产物。代表作品有
12 世纪后半期出现的格涅兹诺大教堂的青铜门，上面描绘了圣徒沃
伊切克（阿达尔伯特）。马格德堡也有类似的青铜门，原本是为普沃
茨克大主教绘制的，不过很不幸最终并没有完成，而是通过瑞典辗转
到鲁西尼亚，用来装饰大诺夫哥罗德的圣索菲亚教堂。维斯里卡神学
院教堂的奢华地板，就描绘着三个祈祷者的形象；弗罗茨瓦夫［"沙
子上的"（na Piasku）］的圣玛丽亚教堂、文奇察附近图马（Tuma）
神学院以及斯切尔诺（Strzelno）的诺伯丁（Norbertine）修女院教堂
的穹顶，都有这种装饰艺术；格涅兹诺大教堂装饰的雕像非常漂亮，
证明波兰在这个时期迅速吸收了西欧的艺术风格。

　　需要特别提及的还有，书写在这个时期变得更加普遍。在"勇
敢者"波列斯拉夫统治时期，至少出现了两篇关于圣徒阿达尔伯
特·沃伊切克的传记，奎尔福特的布鲁诺（Bruno of Querfurt）也撰
写了关于五位殉道者兄弟的传记；此外，年代记也一直在继续编写。
当然这些都是由外国人完成的。但是早在 11 世纪，梅什科二世的女
儿以及卡兹缅兹·奥德诺维奇勒（Kazimierz Odnowieciel）的妹妹基
尔特鲁德就撰写了一系列祈祷书，其中个别篇章还具有非常强烈的个

人色彩。在 12 世纪早期，一位来自西欧的匿名游客编写了波兰的第一本历史，为后世留下了"歪嘴"波列斯拉夫的生平及其当政时事件的记载。12 世纪中期，另一位叫作毛鲁斯的游客用诗歌的形式描绘了皮奥特尔·乌洛托维奇（Piotr Wlostowic）的事迹，皮奥特尔的儿子瓦迪斯瓦夫作为君主当时统治波兰，而他本人则是国家最大的财主和贵族。根据 1110 年的一份财产清单，克拉科夫大教堂有一个藏书相当丰富的图书馆。在其他教堂中也存有很多关于礼拜的书籍。文献越来越常见，尽管其中大多数都是捐献给教堂的书。12 世纪后半期或可能稍早些时候，出国游学的人多了起来。卡兹缅兹·斯普拉维德利威的名誉校长，后来成为克拉科夫主教的文岑蒂·卡德鲁贝克（Wincenty Kadlubek）就曾在一所最古老的大学中学习，他留下来的作品表明，他具有很高的智商和很好的学识。到 13 世纪，他编写了《波兰史》，后来成为波兰文化的主要代表性作品。

杰兹·维罗兹姆斯基

（Jerzy Wyrozumski）

郭云艳 译

陈志强 校

第 十 一 章

11—12世纪的斯堪的纳维亚[*]

290   11世纪，斯堪的纳维亚半岛的北部和中部地区被一个叫作拉普人（Lapps）的部族占据，不过他们称自己为萨米人（Saami）。从人种上看，他们和居住在丹麦以及半岛沿海和南部地区的斯堪的纳维亚人不同，不过经过数个世纪的交往和通婚，两个部族之间有了一定的同化。萨米人讲着某一类型的芬兰语，以渔猎为生。尽管他们过着与世隔绝的生活，但是许多萨米人仍然被迫向斯堪的纳维亚的其他人缴纳部分猎物，特别是皮毛。斯堪的纳维亚人虽然讲着各种不同的方言，但都属于一种日耳曼语，称为"古北欧语"（Old Nordic）。在11世纪初，他们主要在平原地带耕种，但200年后，斯堪的纳维亚许多地方的林地和牧场被开拓成可耕地，可耕地面积因此得到大幅度增长。

当时，斯堪的纳维亚人主要分成四大族群，即丹麦人（Danes）、哥得兰人（*Götar*）、斯维尔人（*Svear*）和挪威人［Norwegians，后者也被称为"诺曼人"（北方人，Northmen）；有时，外部人会用这个称呼来指代所有斯堪的纳维亚人］。这些称呼用于指代特定地区的居民。丹麦人居住在日德兰（Jutland）及其周边岛屿，但一般认为其领地包括现在瑞典西海岸和南部地区，这里长期都由丹麦人占据着。

----

* 最近关于斯堪的纳维亚历史的综合专门论述，是 Helle 在 2003 年的文章以及 Sawyer 在 1993 年和 2002 年的两篇文章。Roesdahl 和 Wilson 在 1992 年的索引目录包含斯堪的纳维亚这段时期历史的绝大多数内容；概述还附有一份最新的书目。关于冰岛的历史，参见 Thorsteinsson（1985）和 Byock（1988）；关于挪威的历史，参见 Andersen（1977）、Helle（1974）和 Krag（2000）。关于瑞典，参见 Sawyer（1991a）。

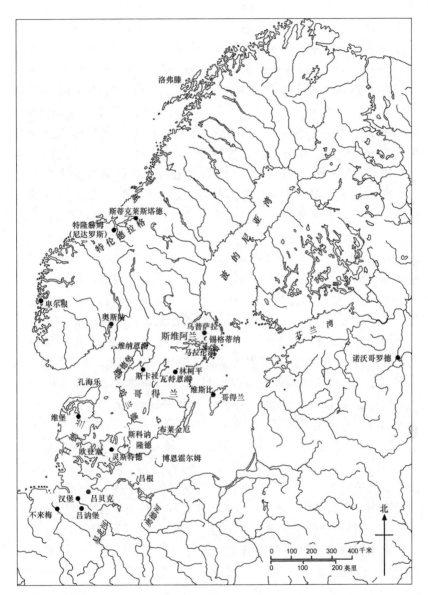

地图 8 斯堪的纳维亚

哥得兰人（古北欧语称为 *Gauti*，拉丁语称为 *Gothi*）生活在瑞典中南部平原，与丹麦人之间隔着森林。瓦特恩（Vättern）湖将哥得兰人分成东西两部分，[现代瑞典语为东哥得兰（Östgötar）和西哥得兰（Västgötar）]，后来中世纪的东哥得兰省（Östergötland）和西哥得兰省（Västergötland）都是从这里得名的。另一片更宽的条状森林将哥得兰人和斯维尔人（古北欧语称为 *Sviar*，拉丁语作 Suiones，Sueones）隔开，瑞典人生活在马拉伦（Mälaren）湖周边以及今天瑞典的东部沿岸。挪威人的名称源于斯堪的纳维亚半岛的大西洋海岸"北路"（North Way），但是该名称也用来指称那些生活在遥远的奥斯陆峡湾（Oslo Fjord）海岸，以及生活在汇入那条峡湾的支流周边的人们。广袤的森林将挪威人和哥得兰人以及斯维尔人分隔开来。

到 1200 年，在这些斯堪的纳维亚人生活着的地区中，绝大多数地区都被纳入三个中世纪王国管辖之下。丹麦王国是最早建立的国家。987 年，哈拉尔德·布鲁图斯（Harald Bluetooth）经起义自称为丹麦人的国王，他的儿子斯文·福克比尔德（Sven Forkbeard）继承了他的王位，到 11 世纪初，其统治着从日德兰岛到斯科讷（Skåne）的广大疆域。与中世纪的丹麦王国在其极盛时期的领土比较而言，也大不了多少；仅有的例外是不迟于 1150 年得到的哈兰德（Halland）、布莱金厄（Blekinge）和博恩霍尔姆（Bornholm）诸岛。斯堪的纳维亚半岛其他地区也都接受了斯文的宗主地位。

过去，曾经试图在西部沿海建立一个挪威王国，但最终失败；到 11 世纪的第一个十年，挪威被丹麦人统治。在 11 世纪期间，挪威王国才最终建立起来，到 1100 年，它从北方的洛弗滕（Lofoten）扩展到哥德堡（Göta Älv）河口。当时，挪威国王们控制着挪威内陆的许多地区，但是直到 13 世纪初，才最终完成王国的领土统一。

瑞典王国将哥得兰人和斯维尔人统一起来。这是一个缓慢的过程。第一个统治者是"瑞典人与哥得兰人的国王"（*rex Sweorum et Gothorum*）卡尔·斯威克尔森（Karl Sverkersson）——他是在 1164 年关于设立乌普萨拉（Uppsala）大主教区的教宗诏令中被正式册封的——但是真正能够在王国绝大多数地区封授土地和特权，并在哥得兰（Götaland）和斯维阿兰（Svealand）地区铸造发行货币的第一个瑞典国王是克努特·埃里克松（Knut Eriksson），他统治长达近30年，于1195年或1196年去世。并没有可靠证据表明12世纪前曾存在过一个哥得兰王国，但是斯维尔王权被证明源于一种古老制度，与乌普萨拉地方的异教仪式有紧密关系，而乌普萨拉是马拉伦北部著名的祭祀中心。在11世纪和12世纪，包括卡尔·斯威克尔森和克努特·埃里克松在内的斯维尔国王都是哥得兰人。斯维尔人似乎愿意接受一名外来者来担任国王，而不是从自己人当中推选一个。斯维尔人选择一名哥得兰人当国王的意愿，成为建立中世纪王国的关键因素。然而，统一的过程受到阻扰，一个是隔开两个民族的森林这一物理障碍，一个是宗教分歧；在11世纪的大多数时间里，在乌普萨拉仍然继续公开举行异教仪式。

　　最早撰写历史的是12、13世纪斯堪的纳维亚的历史学家们，他 293 们认为丹麦国王自无法追忆的年代就已存在，而挪威和瑞典王国则是近些年的产物，是由许多小王国统一而成。可能还存在许多未被记载的小王国，但是在11世纪第一个十年当中，在可靠记录中唯一提及的斯堪的纳维亚王国就是丹麦和斯维尔。而且这两个王国极为不同。近年来，由丹麦国王及其代理人直接控制的领土被夸大了，他的先辈们从8世纪或更早些时候开始，控制的只有斯堪的纳维亚南部地区。与之相对的是，斯维尔的君主则大多数活动在仪式盛典上。实际权力掌控在斯维尔酋长们手中，他们的财富依赖于他们从生活在波的尼亚（Bothnia）湾、芬兰和俄罗斯北部居民那里得到的贡赋，特别是毛皮。数个世纪以来，北方的毛皮在欧洲一直有很大的需求，9—10世纪以后，伊斯兰世界的需求开始增长。由于在被卖出之前，这些毛皮的价值很小，因此商人需要受到激励，需要能够保证和平的市场。看起来，斯维尔人想要通过选出一位国王来获得这种安定状态，而国王的职责是与神灵沟通而非军事的。

　　与斯文·福克比尔德同时代的斯维尔国王是奥洛夫（Olof），奥洛夫在995年前后继承了其父埃里克（Erik）的王位。他是基督徒，因此无法扮演斯维尔国王的传统角色。他可能只在锡格蒂纳（Sigtuna）周边斯维尔人生活的地区直接行使权力，这是个中心城市，埃里克大约在975年在此建立王室，这里也成为逐渐向整个地区基督教式新王国扩张的基地。[1] 无论埃里克与奥洛夫取得了怎样的成功，他们的权力都比同时代的丹麦国王小得多。这一点可以从当时两个王国皈依基督教的过程得到明确印证。在丹麦，哈拉尔德·布鲁图斯大约在 965 年皈依基督教并接受洗礼，到 10 世纪末，丹麦的基督教化已经得到很好的推进；不再公开举行异教仪式，异教的葬礼方式也被废弃。相对地，尽管 11 世纪的斯维尔国王和斯维尔人中绝大多数是基督徒，但是在乌普萨拉，异教仪式继续存在，一直持续到 1080 年前后。到 1060 年，丹麦的教会组织业已完成之际，瑞典却只在西哥得兰省有一个主教区。这要归因于奥洛夫，他虽身为国王，却没有足够的力量在马拉尔（Malar）地区建立主教区。事实上，他在西哥得兰省之所以能这么做，是因为有迹象表明其本人就是来自那个地区。

在斯堪的纳维亚的绝大多数地区，权力并没有掌握在那些统治着界线明确地区的个人手中，而是在一些各自掌握一定人手的领主和酋长之间分享或争夺。9 世纪到达冰岛的挪威移民带去的政府就具有这种特征。200 年后，斯堪的纳维亚殖民地的权力仍然分散在 30 多个称为"约伊"（goðar，单数为 goði）的酋长手里，而这一名称还出现在丹麦菲英岛（Fyn）上三处 10 世纪的如尼文（runic）铭文中。"约伊"是一位领主，而不是土地，他与其他约伊在各自扈从的支持下，参与会议从而共同行使权力。随着屡次征服，约伊的数量逐渐减少；同时由于通婚联盟，彼此之间也变得更加和平，这也促成其权力的地方化。到 13 世纪，一位约伊主宰的地区叫作"里奇"（ríki）[2]。斯堪的纳维亚可能也出现了许多小王国，不过当时的资料中并未提及，但在一些地区，这种古老的多领主共治的传统结构一直持续到 13 世纪，就跟冰岛的情况一样。

斯堪的纳维亚与冰岛一样，那里的人们聚居在一起，形成数量众多的社区，他们在社区中，通过定期召开的公民大会来约束自己的行为，这些公民大会的社会宗教与政治法律意味并重。特别是在内陆地区的某些社区被一些天然屏障包围起来，其中最为有效的莫过于森

---

[1]　Tesch (1990); Malmer, Ros and Tesch (1991).
[2]　Sigurosson (1999).

林。而在一些沿海地区或者丹麦和瑞典中部相对开放的平原地区，那里生活着的绝大多数斯堪的纳维亚人所形成的社区并不与世隔绝。然而，在11世纪早期，仍然有很多社区相当独立，即使他们已经被新出现的王国吞并，却仍能保留其处理自身事务的权利。在所有这三个斯堪的纳维亚王国中，这些社区公民大会在经过一定的重组之后，就成为王室政府四处扩张的主要行政单位。

这些公民大会由社区中的自由人参加，但是事实上，他们往往由数位领导人主导。在这些领导人之间的竞争，导致其中一些人被其他不太走运的弱势者尊为霸主。据当时的一位诗人称，10世纪晚期有一位拉德的哈康（Hákon of Lade），曾是16个"贾尔"（jarls）的霸主，现在特隆赫姆郊区就以他命名，而"贾尔"一词后来的解释是"独裁藩王"。③哈康本人也是"进贡的统治者"，因为他还要尊奉丹麦国王哈拉尔德为主人。

丹麦在挪威的统治权于995年被奥拉夫·特里格维逊（Olav Tryggvason）打破，这位挪威冒险家试图恢复挪威王国的独立，并取得了最初的成功，这在很大程度上要归功于"进贡的统治者"哈康的去世，但是奥拉夫的成功非常短命。999年，在与斯文·福克比尔德的一场战役中，他战败被杀，而斯文·福克比尔德则恢复了丹麦人对挪威海岸的控制权，他委任哈康的两个儿子埃里克和斯文作为当地"进贡的统治者"。斯文·福克比尔德还被许多哥得兰人以及一些斯维尔人首领尊奉为王。

丹麦国王哈拉尔德与斯文在斯堪的纳维亚的领土扩张取得了成功，不过这一行为却不被所有人欢迎，拒绝臣服的人遭到驱逐和流放，称为维京人。有些成功的维京人，比如奥拉夫·特里格维逊，就威胁到丹麦人的统治。为了应对这些威胁，斯文侵入英格兰，劫掠战利品、索要贡赋，以供养其附庸和战士，从而稳固了他的统治。斯文对英格兰的入侵在1013年达到其王国征服史的顶峰。在斯文·福克比尔德统治的绝大多数时间里，他都是斯堪的纳维亚最有权威的统治者。并享有许多特权。他不仅能够享有斯堪的纳维亚半岛上土地最肥沃、人口最稠密地区的资源，还控制着通往波罗的海的入口，因此能

295

③　Einarr Helgason, *Vellekla*, str. 37；Jonsson（1912 –15），I，Ap. 131，B P. 124.

够获取从大陆经由那条海路与西欧之间繁忙商道上的巨大收益。很长时间以来，丹麦人都能从这条交通要道上获益，不过丹麦王国在 10 世纪后半期扩张到厄勒海峡（Öresund）后，和他们的先辈们相比，哈拉尔德和斯文能够更为有效地加以控制。这种状况激起其他族群的反抗，10 世纪关于丹麦人和斯维尔人关系的最为重要的信息是：斯维尔国王埃里克娶波兰统治者梅什科之女为妻，从而与他建立同盟，来对抗丹麦人。完成于 11 世纪 70 年代的《汉堡主教言行录》（Gesta Hammaburgensis Ecclesiae Pontificum），由不来梅的亚当（Adam of Bremen）撰写，是关于当时斯堪的纳维亚的主要史料，其中提到斯文被打败并被长期流放。这些都过分夸大了。无论瑞典和波兰的同盟取得了多大的成功，局势很快被扭转，斯文取得成功后，娶了埃里克的波兰遗孀，并在她生了两个儿子哈拉尔德和克努特，以及一个女儿艾斯特里德（Estrid）之后，又休了她。到 10 世纪末，埃里克的儿子奥洛夫已经向斯文臣服，并在斯文与奥拉夫·特里格维逊的战争中支持斯文。奥洛夫的臣服还可从其绰号中看出，他被叫作"纳贡的"奥洛夫（Skotkonungœr，现代瑞典语为 Skötkonung）。这件事最早被记录在 13 世纪的文献中，但很可能发生在更早的时候，根据斯诺里·斯蒂德吕松（Snorri Sturluson）的记载，"进贡国王"在他看来就等同于"贾尔"。④

　　1014 年斯文去世，他的帝国随之分崩离析。他的儿子克努特因参与过英格兰战争，被军队选为国王，但是当英国人拒绝接受他后，他不得不返回丹麦。他原本希望丹麦人会选他做国王，因为他有英国匠人制作的带有国王头衔的硬币。⑤ 然而，丹麦人选了哈拉尔德为王。1015 年，克努特返回英国，到 1016 年，他重新征服那里。于是他在英国担任国王，直到他的兄弟去世后，可能是在 1019 年，他被丹麦人选为国王。

　　那时，另一位叫作奥拉夫·哈拉德森（Olav Haraldsson）的维京冒险家被尊为挪威人的国王，他再次反抗丹麦人的统治。直到 1028 年，克努特才最终把奥拉夫赶走，使其流亡异乡，由此一来，克努特

296

---

④　Sawyer (1991b)，pp. 27 – 40.
⑤　Blackburn (1990)．

也能够更贴切地使用从其父亲那里继承来的挪威王权。他原本计划恢复过去的传统，选择一名当地进贡统治者（贾尔）。当时最理想的人选是拉德的哈康的孙子哈康，这位哈康曾向哈拉尔德·布鲁图斯表示臣服，但是 1029 年他却突然溺亡。奥拉夫·哈拉德森乘机从俄罗斯的逃亡地返回，但是当他在斯维阿兰从特隆赫姆·弗约德（Trondheim Fjord）登陆上岸时，却遭遇敌人，于 1030 年 7 月 29 日在斯蒂克莱斯塔德（Stiklestad）战役中被杀。于是，克努特做了一个错误的决定，任命他自己的儿子斯文为挪威国王，并由孩子的英国母亲艾尔吉芙（Ælfgifu）监护。这个决定特别不受欢迎，因为艾尔吉芙的短暂统治留下的全是痛苦、不公、苛政的记忆。不久，挪威人发动起义，驱逐了斯文和他的母亲，这好像还发生在 1035 年克努特去世之前。奥拉夫·哈拉德森被尊奉为殉难者，挪威人从他流亡的俄罗斯把他的小儿子马格努斯带回来，并尊为国王。

斯文的去世也给斯维尔人摆脱丹麦控制的机会。"纳贡的"奥洛夫通过若干举措来表现其独立。他迎娶克努特宿敌奥拉夫·哈拉德森的女儿，以及基辅大公雅罗斯拉夫的女儿。这些结盟行动很明显直接指向丹麦。有一点，俄罗斯人的兴趣和斯维尔人一样，他们想要打破丹麦人对从波罗的海通往西欧商路的控制，也正基于此，1028 年，雅罗斯拉夫为奥拉夫·哈拉德森提供了避难地。"纳贡的"奥洛夫在教会事务上进一步挑衅克努特，他邀请汉堡 – 不来梅大主教昂万（Unwan）向瑞典派遣一名主教，而当时克努特并不接受这位大主教的权威。

1022 年"纳贡的"奥洛夫去世，他的儿子和继承者阿努恩德（Anund）继续敌视丹麦，1026 年，他和奥拉夫·哈拉德森共同攻击丹麦而没有成功。尽管斯维尔的这两位国王拒绝向克努特臣服，仍然有一些斯维尔人和哥得兰人愿意接受克努特作为他们的领主，因此，克努特在 1027 年宣称自己是部分斯维尔人（*partes Suanorum*）的国王。[6]

1035 年，克努特在英格兰去世，他的儿子哈萨克努特（Harthaknut）继任为丹麦国王。而在英格兰，有一个很有影响力的群体，包

---

⑥　Sawyer（1989）.

括其母亲艾玛在内，都认为他是克努特在英格兰的合法继承人。然
而，由于哈萨克努特担心挪威人的入侵而无法离开丹麦，结果正是在
他缺席期间，克努特的另一个儿子，艾尔吉芙所生的哈拉尔德顺利成
为英格兰国王。直到 1040 年哈拉尔德去世，哈萨克努特才像他父亲
一样成为英格兰国王。两年后，哈萨克努特去世，挪威国王马格努斯
成为丹麦国王；不过有些证据表明马格努斯占领丹麦时，哈萨克努特
仍在世。英国人担心马格努斯会继续进攻并效法克努特重建一个北海
帝国，但是预料中对英格兰的入侵并没有发生。马格努斯对丹麦的占
领遭到斯文·艾斯特里德森 (Sven Estridsen) 的反抗，斯文是在哈萨
克努特去世后，丹麦王室家族中最年长的男性成员。他是克努特的侄
子，在克努特当政的最后几年被流放到瑞典。他的父亲乌尔夫 (Ulf)
失去克努特的欢心；据有些资料记载，他是被国王下令所杀。斯文驱
赶马格努斯的努力没有取得什么效果；只不过在 1047 年马格努斯去
世前短暂地夺回对斯科讷的控制。于是，他的名字出现在隆德
(Lund) 发行的货币上，但不是作为国王；当时马格努斯继续在欧登
塞 (Odense) 以及丹麦西部，发行其为丹麦国王的货币。[7] 直到马格
努斯去世，斯文才被丹麦人接受，称丹麦国王。

在马格努斯生命中的最后两年中，他与同父异母的兄弟哈拉尔德
共享挪威王权，后者被称为"艰难统治者"哈德拉达 (Hardrada)。
哈拉尔德曾在瓦兰吉亚近卫军中为拜占庭皇帝服役十多年，在 1045
年回到挪威。1047 年他正式成为挪威唯一的国王。他也想要重建一
个北海帝国，但是无法将斯文从丹麦赶走，而其本人也于 1066 年征
服英格兰时，在斯坦福德桥被杀。不过，他成功地将挪威王国扩张到
包括布虎斯兰 (Bohuslän) 在内的地方，并在哥德堡的孔海乐
(Konghelle) 建立了一个新的王权中心，哥德堡当时构成了挪威与丹
麦王国的分界线。

到 11 世纪末，挪威和丹麦都接受共同的法则，即只有王室成员
才能成为国王。斯文·艾斯特里德森之后的所有丹麦国王都是他的子
孙，而他本人正是斯文·福克比尔德的孙子。有说法称世系原则在挪
威要出现得更早，所有挪威国王都是"金发"哈拉尔德的后裔。然

---

⑦ Becker (1981).

而，这不过是种想象。⑧ 哈拉尔德王朝在 970 年他的孙子去世后就结束了，无论是奥拉夫·特里格维逊还是奥拉夫·哈拉德森都不是他的后裔。中世纪挪威王朝的创建者是哈拉尔德·哈德拉达。

王位限定在王室成员中继承的原则并没有消除挑选王位继承人的需要。通常这是由有威望的人担任，有时还会发生冲突，但是成功赢得提名的人必须经由公共公民大会来确认。有时不同的公民大会可能选出不同的候选人，有很多时候会通过协议和竞争选出联合国王。这里不存在长子继承权，国王的所有儿子都有权要求继承王位。1074年，斯文·艾斯特里德森去世后，他众多儿子中的一些就认为他们应该联合执政。当然最终没有出现联合统治，而是由其中的五个轮流继任。到了下一代，斯文的两个小儿子埃里克和尼埃尔斯（Niels）的儿子们之间展开了更为暴力的争夺。有一段时间，出现过三个国王，不过 1157 年，埃里克的孙子瓦尔德马尔（Valdemar）取得成功，从而结束了纷争。他在一定时间内恢复了稳定，后来其王位又轮流让他的两个法定继承人克努特（1182—1202 年）和瓦尔德马尔二世（1202—1241 年）来继承。

挪威比丹麦要大很多，而其统一时间又很短。哈拉尔德·哈德拉达之后采取的常用规则是由最后一个国王的儿子们联合统治。在 1130 年"十字军"国王西古德（Sigurd）去世之前，他们好像是在相对和平的气氛中共治的。1130 年后，爆发了内战，并一直持续到 1208 年，中间只有短暂的停歇。在 12 世纪 60 年代，埃尔林·斯卡克（Erling Skakke）领导的小集团一时占了上风。他的妻子是西古德国王的女儿，他们的小儿子马格努斯在 1161 年被推选为国王。两年后，曾有人试图规范继承规则，但这些规则并没有得到尊重，在未来的 60 年中，仍然由不同的公民大会来推选国王。

马格努斯受到许多人的挑战，他们自称是前任国王们的儿子，不过其中绝大多数都被马格努斯的父亲击退了。影响最大的挑战者是 1177 年从法罗群岛（Faeroes）回来的斯维里（Sverri），他自称是一位挪威国王的儿子。很快，他在特伦德拉格（Tröndelag）被尊为国王，并在 1184 年击败并杀死了埃尔林和马格努斯。然而，许多挪威

⑧　Krag（1989）.

人并没有承认他担任他们的国王，而且尼达罗斯（Nidaros）大主教厄斯泰因（Øystein）也拒绝为其加冕。1194 年，奥斯陆的尼古拉主教接受这一请求，为其加冕，但是不久之后尼古拉就加入反对他的阵营当中，成为一个新反对派的首领。1202 年斯维里去世后，两个集团之间的冲突仍在继续，直到 1217 年，斯维里的孙子哈康才被整个挪威接受为国王。

瑞典是最后建立起来的王国，直到 12 世纪后半期，瑞典国王都来自同一王室家族。在那之前，斯维尔人选举或确认数位来自非王室家族的人担任国王，其中包括 1132 年到 1156 年担任国王的斯弗克（Sverker），他被刺而亡，还有他的继任者埃里克，后者在 1160 年遇刺身亡。100 年来，所有瑞典国王都是这两位国王的后代，并且他们两人都是哥得兰人。斯弗克来自西哥得兰省，埃里克来自东哥得兰省。

1164 年，乌普萨拉省的大主教区成立，包括哥得兰的斯卡拉（Skara）教区和林柯平（Linköping）教区以及斯维阿兰的三个教区，从而使哥得兰人与斯维尔人之间的联系更加紧密。乌普萨拉大主教或教宗使节召集举行的省级会议，是瑞典的第一个全民会议。挪威同样如此，尼达罗斯大主教区成立于 1152 年或 1153 年。这个省就是挪威王国的前身，在其鼎盛期增加了另外五个挪威教区，其中包括冰岛、格陵兰，以及其他挪威殖民地所建立的教区。然而，直到 100 年前，冰岛与格陵兰才并入挪威王国。

教会为各王国统一所做出的贡献表现在许多方面。教士均受过教育，隶属于某一个国际组织，该组织以成文法律为基础，并拥有相对完备的机构对其进行增补。对于教会的教士和教会组织来说，除了鼓励国王们作为立法者外，他们最大的兴趣在于强调国王是法律的支持者这一事实。

到 10 世纪，挪威负责法律事务的特别公民大会开始制定或修改法律。关于早期发展的历史，现在比较模糊，但到 13 世纪，有四个这样的公民大会。在斯堪的纳维亚的其他地方也有类似的公民大会。有些在诸如维堡（Viborg）或欧登塞（Odense）这类前基督教时代的公民大会地点开会，后来这些地方就变成了主教辖区。这种立法会议的创立是王国形成史上的重要阶段。它们制定的法律受国王们和教会人士的影响，但是国王的统治需经立法会议确认，并且需要尊重现存的权利。因此，每个王国的不同省份之间的法律存在巨大的差异，在12—14世纪之间，才出现了书面文本的法律。直到13世纪，斯堪的纳维亚半岛的国王们才开始在整个王国内发布法令。

目前已知，最早的省级法律记载保存在12世纪的一份文本当中，是关于挪威西部古拉丁省（Gulating）的法律。它反映出当时的权贵们充当了王室代理人的角色，负责征招兵役，负责看护王室庄园，追捕罪犯以及选出代表参加每年一次的法律会议。当然也有专门条款防止这些人滥用权力介入司法。教士们，特别是主教们也是重要的王室代理人。他们的影响力主要表现在，把非婚生子排除在王位继承人之外以限制潜在的王位争夺者。这一条只能缓慢推行——在挪威直到13世纪40年代才真正实行，而且甚至到了那个时候非婚生子仍然没有完全被排除在王位继承人之外。教会人士和国王们都青睐世袭继承权，但只有挪威以立法确立了世袭继承权。在丹麦和瑞典，由于权贵们势力很强，他们因此在绝大多数场合一直享有推选国王的权利。教会人士还试图通过举行加冕礼来强化国王的地位，以打击那些对要求继承王位的潜在竞争者。当时肯定一直存在国王的就职典礼，但是我们对12世纪教会实行加冕礼之前的情况知之甚少，这种加冕礼是模仿德意志于10世纪采用的典礼模式。在斯堪的纳维亚，第一位加冕的国王是1163年或1164年的马格努斯·厄灵森（Magnus Erlingsson）。他的竞争者以及继承人斯维里也想要通过加冕礼来维持王位，但他和他的支持者们坚持认为他受上帝的直接恩赐而成为国王，而非由教会来充当中间人。这种观点在挪威颇为流行，并在《国王之鉴》（King's Mirror）一书中得以充分表达，这篇关于王权的文章写于13世纪50年代，反映出一种几乎可以称为专制集权的政治理念，即国王作为上帝的代表拥有神圣的权利，他是世袭的而非民选的。在瓦尔德马尔一世的提议下，1170年举行了首位丹麦人的加冕礼，瓦尔德马尔一世的态度和斯维里非常相似。他委任他的长子为国王并在灵斯特德（Ringsted）举行加冕仪式。在瑞典，第一个有记载的加冕礼于1210年举行，由于王位竞争者的存在使这次教会举行的加冕礼非常有意义。

教会与王室的互动还表现在确认王室圣徒的行动中。到1200年，

300

每个王国至少拥有一位圣徒。尼达罗斯有奥拉夫·哈拉德森；斯文·艾斯特里德森的儿子克努特也是圣徒，他于 1086 年在欧登塞被杀；还有瓦尔德马尔一世的父亲克努特·拉瓦尔德（Knut Lavard），他在 1134 年被另一个争夺王位者谋杀，而他正是在 1170 年灵斯特德举行的加冕礼上被封圣的。在瑞典，1160 年在乌普萨拉被刺杀的埃里克很快被视为殉难者，但他的封圣过程却很缓慢。

　　尽管国王们和教会人士努力维持安定，但在 11—12 世纪，斯堪的纳维亚半岛的大多数地区仍然频繁爆发暴力冲突。部分原因在于国王们不够富有或强大，从而不足以对其竞争者或反抗的权贵们实施震慑或致命打击。到 11 世纪末，斯堪的纳维亚的统治者们已经不再寄希望于从俄罗斯、拜占庭帝国或英格兰那里劫掠财富。他们被迫依靠本国资源，以及从相互作战或者从生活在波罗的海周边居民那里抢劫战利品或征收贡赋。重要的是，这段稳定时期与成功地扩张本国疆域的国王们所处的时代相吻合。这样，当哈拉尔德·哈德拉达去世后，挪威享有一段时期的和平；他的儿子兼继承人奥拉夫被称为"和平的"（Kyrre）。这可能部分归因于许多权贵和哈拉尔德一起死在英格兰，而另一原因在于哈拉尔德的继承者及其继承者们都在扩张王国。到 12 世纪末，挪威国王们能够从整个海岸地区获得好处，其中北部的边界至少也要到达洛弗滕，而南方能到哥德堡。北极地区也极有价值，因为当时西欧对北极产品的需求量越来越大，这一点将在后文详细说明。与之类似的还有瓦尔德马尔一世和其子克努特在丹麦取得的成功，很大程度上是由于他们征服了斯拉夫地区。1169 年，瓦尔德马尔征服吕根，1185 年，波美拉尼亚人的大公向克努特表示臣服，克努特充分利用了 1197 年发生的关于皇位继承的纷争。丹麦人曾经在一段时间内主宰了西波罗的海，甚至 1158 年在"狮子"亨利支持下建立的吕贝克（Lübeck）也于 1201 年承认克努特的霸权，并表示臣服。一年后，他的兄弟瓦尔德马尔二世向弗雷德里克二世皇帝表示臣服，作为回报，1214 年，通过《黄金诏书》（"Golden Bull"），他被授权统治丹麦原先得到的领土，从易北河（Elbe）到奥德河（Oder）之间的所有地方；于是他改称"丹麦人和斯拉夫人之王"。国王们并不只是这一领土扩张的唯一受益者。土地收益以及赋税中的相当一部分分给了教会、世俗的支持者或者表示臣服的地方统治者。

军事上的冒险可以得到一定回报，但这种收益很不确定；在中世纪早期，王权的更稳定基础是王室的地产。除了征服之外，王室土地还可以通过数种方式加以扩张：确定联姻；在冒犯国王之后为重获国王欢心而缴纳土地，或者没收起义者财产。国王们还可以收回没有明确继承人的领地。

即使在中世纪早期，国王们也不是单纯依赖王室土地的产出。当王室成员在各地巡游时，一条普遍认同的义务是各地需要提供王室所需的食物和物品。结果，最早的一项税收到 13 世纪就变成了一项固定的贡赋，而不管国王是否在各地巡游都必须缴纳，虽然当国王真的到达时，还需要再额外缴纳一份贡赋。另一项需要履行的义务是，针对遭遇入侵时需要的防御任务来确定。在 12 世纪之前，应对外来敌人的防御职能是由包括国王本人的雇佣兵在内的王室军队承担的，国王的雇佣兵中有一些是他们自己的扈从，还有一些是盟友或进贡统治者提供的战士。当有防御任务时，所有有能力的人都被召集来参战或者以别的方式帮助作战，还需要准备和运输粮食及物资。12 世纪，在适合骑士作战的丹麦和瑞典，骑士在争夺权力的斗争中开始发挥决定性作用。当时，国王与权贵们雇用职业武士来为其征战，这些人主要是日耳曼人。到 12 世纪末，绝大多数人不再需要提供军事服务，但是必须缴纳赋税。即使在挪威，在没有被召集征战时，人们仍然需要缴纳赋税，那里的地理环境即便并非不适于骑士作战，骑兵的行动也很困难，而且 14 世纪王室军队仍然由本地服兵役的人员构成。

11—12 世纪，城镇征收的通行费和租金越来越成为王室财政的主要来源。在 11 世纪初，斯堪的纳维亚只有 10 座城镇，其中 7 座还是刚刚建立的；200 年后已经出现了 27 个城镇（丹麦有 15 座、挪威有 8 座、瑞典有 4 座）。这些城镇中包括挪威的所有中世纪城镇以及丹麦的绝大多数城镇。瑞典的城市化进程非常缓慢。正是王权为这些城镇的发展提供了可能。国王们能为商人、匠人提供其所需最好的保护，而国王们也能赋予他们特权，从而推动刚刚开始发展的城市社区走向繁荣。11 世纪的国王们在一些城镇中建立教区，并在其他城镇中捐助教会。有些王室成员居住在某些城镇中，而按国王之命制作货币的铸币厂，则主要位于城镇。事实上，城镇的居民大多是王室的租客，需要向王室代理人缴纳租金，而这些代理人还负责征收过路费以及其他费用。

城市的扩张反映出来的不仅是王权的增强，还包括经济变化。斯堪的纳维亚半岛从整体上讲主要是自给自足的；一个地区的需求可以由另一地区的产品来满足，其间商品的交换则通过到处游走的商人、季节性的市集或后来出现的城镇市场来完成。然而，仍然有商品需要进口。来自佛兰德和英格兰的织物比斯堪的纳维亚的产品质量要好，12 世纪挪威人由于自己制造的织物无法满足需求，就从英格兰进口。许多教会饰品，比如十字架、圣像以及祭坛上的镶嵌物，也都需要从国外运来。这些进口商品要用斯堪的纳维亚的产品来交换。数世纪以来，斯堪的纳维亚一直出口毛皮。其中一部分来自斯堪的纳维亚当地，但早在 8 世纪，斯维尔人就已经从芬兰、俄罗斯北部收缴贡赋，从而得到大量毛皮转卖到西欧或卖给穆斯林商人。到 11 世纪，绝大多数流入西欧市场的毛皮都来自俄罗斯，而斯堪的纳维亚人已经不能和早些年一样在俄罗斯地区横行了；当时俄罗斯人已经开始越来越有效地控制自己的领地，特别是诺夫哥罗德花费大力气来垄断毛皮市场，尤其是加强对盛产毛皮的卡累利阿（Karelia）的控制。想要得到大宗高质量毛皮的商人必须从诺夫哥罗德那里购买。他们直接把商品带到英格兰、佛兰德或者法国，或者直接卖给斯拉夫人以及后来的德意志人，这时有一条波罗的海西部的商路，可以从吕贝克这样的城镇中转，沿着路况较好的商路到达德意志。结果，马拉伦湖周边商路的重要性降低了，相应的则是哥得兰岛兴起。早些时候，在哥得兰岛沿岸地区有一些小商站，但是 11 世纪后，其中的维斯比（Visby）很快发展成北欧的主要城镇。来自斯堪的纳维亚许多地方、西欧以及来波罗的海城镇的各色商人都聚集于此。12 世纪，波罗的海的商贸主要控制在斯堪的纳维亚人手中，但是德意志人分享到越来越多的份额，到 1225 年，维斯比的德意志人已经非常强大，以至于分管哥得兰的林柯平主教赋予他们特别的权利。

斯堪的纳维亚人在毛皮商贸中所享受的份额在缩减，但他们还有别的商品，主要是猎鹰以及海象牙，其中大部分来自格陵兰，因此他们所提供的货物要优于其他地区的货物。还有一些带有些许异国情调的商品用于出口：马匹、木料、柏油、山羊皮和牛皮，来自冰岛的硫黄，以及从鱼、海豹和鲸鱼身上提取的灯油。这些和许多其他商品从斯堪的纳维亚各港口运出来，但是到 13 世纪末，可能更早一些时候，无论从数量还是价值上看，它们只占斯堪的纳维亚出口商品的一小部分，腌鱼的交易最为重要。

中世纪的欧洲对腌制食品的需求一直比较强烈，因为这种食物可以在冬季和夏季食用。尤其是在 11—12 世纪，由于西欧许多地方的城镇数量增加、规模扩大，导致这种需求变得更加急迫。腌制鱼有四种方法：熏、发酵、腌以及晒干。最便宜、最简便的方法就是晒干，而且最适合的时间是在冬季；夏季的时候鱼还没有晒干就变质了。挪威北部最为理想；那里的北极气候、强劲的风和丰富的鱼类资源，特别是在洛弗滕和更北地区沿岸海域有大量鳕鱼。洛弗滕是主要的生产中心，晒干的鳕鱼，也就是鳕鱼干从挪威北部的各个地方汇集在这里，等到春天一起运往南方的特隆赫姆，特隆赫姆很可能就是凭借这一交通在 11 世纪迅速发展起来的。11 世纪，英格兰、佛兰德、莱茵兰（Rhineland）以及其他地方都已经出现了许多大型城镇，在那里，鳕鱼干就像 1191 年时一样颇受欢迎，根据时人的描述，由于鳕鱼干贸易而发展成主要出口市场的卑尔根（Bergen），在 1191 年，"有来自世界各地的船只和人员；那里有冰岛人、格陵兰人、英格兰人、德意志人、丹麦人、瑞典人、哥得兰人以及多到无法列举的其他民族的人"。

13 世纪，斯堪的纳维亚还为西欧供应咸鲱鱼，这种鱼来自厄勒海峡，那里一到夏天就有很多鲱鱼搁浅在大片浅滩上。在 12 世纪末之前，鲱鱼的生产一直处于小规模状态，因为盐比较短缺，但就在 1200 年的前几年，吕贝克的商人开始从 45 英里之外的吕讷堡（Luneburg）盐矿获得大量供应，从而使制作和经营咸鲱鱼成为可能。欧洲各地商人乘船或者经由陆路来到这里，收购商品并出售自己带来的货物，使每年 8 月 15 日的斯科讷市集成为中世纪欧洲的主要市集之一。斯科讷市集所依赖的吕贝克控制的盐市贸易，是后来主导斯堪的纳维亚的商贸活动的重要因素。斯科讷市集还带来重大的政治变化，因为后来的一些挪威和瑞典的国王，以及一些北日耳曼大公，想要控制厄勒海峡及其通道，或者至少想要从该市集的巨大收益中分一杯羹，从而引发政治变动。

彼得·索耶（Peter Sawyer）

郭云艳 译

陈志强 校

第 十 二 章

11—12 世纪的匈牙利

11—12 世纪期间，作为拉丁基督教王国的一部分，匈牙利完成了王国的建立与巩固。这里位于三大文明的交会点：罗马基督教的、拜占庭的和游牧民族的，其发展也受到这三种文明的影响。在 10 世纪晚期，包括芬兰－乌戈尔（Finno-Ugric）部落以及突厥部落在内的匈牙利部落联盟，迁移到喀尔巴阡盆地，与当地的斯拉夫人混居在一起。其文化属于草原游牧民族。1000 年的时候，匈牙利尚未统一，绝大多数居民还是异教徒，而且不过也就是在此 50 多年前，匈牙利的酋长们才停止对邻国的入侵和劫掠。到 1200 年，匈牙利的社会经济结构发生剧烈变化，成为一个统一的强大的王国，且不乏扩张的野心，甚至最后还取得了一定的成功。到 12 世纪末，匈牙利才加入基督教王国的行列中来。促成其皈依基督教的两大主要因素是基督教化以及王权和政府的建立。与斯堪的纳维亚以及欧洲东、中部地区新出现的基督教国家一样，匈牙利的发展也具有类似的特征。

在 14 世纪早期之前，统治匈牙利的王朝是阿尔帕德（Árpád）家族，他们的第一个基督徒国王是斯蒂芬一世（Stephen I，伊斯特万 István，997—1038 年在位）。从最初开始，基督教化进程与王权联系在一起。斯蒂芬的父亲盖扎（Géza）曾邀请传教士前来说服匈牙利民众改信基督教，并通过分封一些王室成员来巩固其权力。斯蒂芬继续执行这些政策，将王室权力向东扩张，并在扩张后的领土上将教会和王权完全结合起来。斯蒂芬及其继承人统治期间，匈牙利的教士和王权之间的这种紧密联系非常明显：教会在政府会议和外交中起到非

305

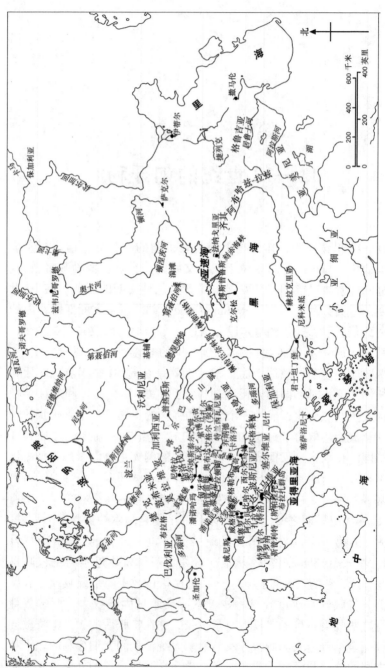

地图 9　匈牙利

常重要的作用。斯蒂芬于 1001 年举行的涂油礼上加冕称王。跟后来
的说法不同的是,他并不是由教宗来加冕的;因为教宗加冕的要求是
12 世纪新出现的政治现象(参见后文)。[①] 他娶的是巴伐利亚的吉泽
拉(Gisela),她是后来皇帝亨利二世的姐姐,这是阿尔帕德家族第
一个为维护自身安全以及建立政治盟友所缔结的政治联姻。斯蒂芬击
败了其他地方霸主 [997 年打败科潘尼(Koppány),1003 年击败特
兰西瓦尼亚(Transylvania)的古拉(Gyula),1027—1028 年击败阿
基托尼(Ajtony)],进而统一了王国。斯蒂芬国王还经常出兵攻击他
的邻居们,以防止他们支持那些反对他的匈牙利人;在 1015—1018
年德国与波兰的战争中,他支持德国,并且帮助拜占庭打击保加利亚
人(可能是在 1018 年)。他还加紧推动臣民皈依基督教,并发布严
格法律来确保臣民的顺服:"如果有人藐视基督教的习惯并以他愚蠢
的无知为乐,那么那人将受到主教们的审判……如果他顽固地进行反
抗,那么他将被处以七倍的上述惩罚。如果他继续抵抗……那么他将
被送交国王审判。"[②] 例如,普通人不过在弥撒期间有所怠慢,就会
被"处以笞刑,并被剃掉头发"[③]。教会成立后,也引入了教会的什
一税。王权强行推广基督教信仰的行动,还表现在这个时期的艺术
上。征服时期具有明显的匈牙利早期异教风格的随葬品,都被模仿加
洛林王朝和奥托王朝风格的物品所替代。

匈牙利的基督教化过程追随着 10 世纪的先例(包括罗马和拜占
庭)。当符合希腊仪式的修道士生活在匈牙利繁荣期间,来自西方
(特别是来自德意志)的传教士和教士则聚集在斯蒂芬的王廷周围,
而且罗马基督教也变成了最主要的宗教。匈牙利王国的东部地区起初
受拜占庭基督教的影响;地方权贵把接受拜占庭基督教当作反抗王室
权力的手段,就像以前支持异教一样。异教徒于 1046 年和 1061 年两
次发动起义,而异教徒的反抗一直存在。索博尔奇(Szabolcs)宗教
会议(1092 年)明确提及对那些在泉水旁边贡献祭品,或根据异教

---

① Gerics and Ladányi (1996), pp. 12 – 17; Váczy (1994), pp. 77 – 93.
② *The Laws of the Medieval Kingdom of Hungary*, i, p. 4. "*Si quis observatione christianitatis neglecta et negligentie stoliditate elatus … ab episcopo … iudicetur, si vero rebellitate instructus rennuerit sibi inpositum eque sufferre, iterum eodem iudicio restringatur et etiam usque septies. Tandem super omnia si resistens … invenitur, regali iudicio … tradatur.*"
③ *The Laws of the Medieval Kingdom of Hungary*, i, p. 5 … "*corripiantur flagellis et cesura capillorum*".

仪式要求把树木、泉水或者石头作为祭品等行为进行处罚，并且该宗教会议还针对那些在周日不敬神的信徒。④ 1105 年到 1116 年间，埃斯泰尔戈姆召开的宗教会议上，再次对仍然存在的异教仪式加以谴责。

斯蒂芬一世建立的主教区为匈牙利的教会组织奠定了基础。传统的教区有 10 个［维斯普雷姆（Veszprém）、杰尔（Györ）、埃斯泰尔戈姆、佩奇（Pécs）、艾格尔、特兰西瓦尼亚和（11 世纪被升为主教区的）卡洛乔、乔纳德（Csanád）、比哈尔（Bihar）和瓦茨（Vác）］，最后两个主教区是他的继承人建立的。

11 世纪晚期和 12 世纪期间，比哈尔的主教驻地迁到瓦拉德（Várad），并在萨格勒布（Zagreb）和尼特拉（Nitra）建立了新的主教区。斯蒂芬在埃斯泰尔戈姆建立了独立的匈牙利大主教区，从而避免整个王国沦为德意志帝国的一个教会省。到 11 世纪末，一个附属于大主教区或神学院的教会网络发展起来，其中包括副主教区、教堂、修道院和修士会在内。1055 年，在蒂豪尼（Tihany）修道院的拉丁文宪章中，有用匈牙利方言写成的句子，这在文献记录中首次出现。

斯蒂芬还为王国设立了一个负责监控疆域的机构。为了保护匈牙利，在边界附近留出一大片无人区，无人区后面是一排环形的防御工事，其中有卫兵（gyepü）驻防。斯蒂芬还借鉴德意志模式，制定了一套叫作"民团"（comitatus）的郡县制；最早设立的县主要分布在匈牙利西部。然而，与德意志的县制不同，县的管理者（ispán）由斯蒂芬委任，其后人无权世袭继承。他们不过是国王的代表；在整个 11—12 世纪，各地县长（ispánok）只是国王任命并派驻各县的政府官员。只有到 12 世纪末，才开始出现某一县长与某一县长期联系在一起的情况。县长负责在本县征收兵役、执行司法权，并负责征税。

各县均有国王的、教会的以及贵族们的地产。国王的权力就在于土地。在最初的两个世纪中，匈牙利国王就是最大的地主；其中贝拉三世（1172—1196 年）控制着整个国家（包括无人区）全部领土的

---

④ *The Laws of the Medieval Kingdom of Hungary*, i, p. 58. "Quicumque ritu gentilium iuxta puteos sacrificaverint, vel ad arbores et fontes et lapides oblationes obtulerint".

三分之二。因此，最初各县绝大多数土地都属于国王，这些土地都被组织起来作为城堡的财产（*várispánság*）。县和城堡庄园的中心就是城堡（用木材和泥土建成，从 10 世纪到 11 世纪之交的时候开始建立）。城堡主——和管理县区的县长——都代表国王作为庄园土地的管理者。被委派到城堡负责管理的官员也参与县级的政府管理。关于斯蒂芬二世设立的县或城堡的确切数目，现已不可考。而斯蒂芬的继任者把县和城堡的数量都加以扩充，到 12 世纪末，已经有 72 座城堡庄园；县的数量相对少一些，可能也有 45 个左右。两种类型的组织之间的差异变得越来越明显；到 13 世纪，城堡瓦解，而县则从王权的基础转变为贵族的司法组织。在整个这段时期里，王国的边界与教会的势力范围是相符的。但在 11 世纪末，城堡中负责忏悔事宜的教士们被赋予管理职能，并且副主教的数量也有很大发展。他们因此拥有与县官以及城堡主一样的职责范围。

　　国王们并没设立一个固定的"首都"，而是带着宫廷大臣在整个王国巡游，住在各地特设的王室中心。到 12 世纪末，拥有匈牙利最大的世俗和教会建筑群（包括王室宫殿和教会的大教堂）的埃斯泰尔戈姆，成为征税以及铸造货币的中心。费赫瓦（Fehérvár）是王朝举行各种仪式的中心，这里有国王举行加冕的场地以及许多王室墓地。涉及国王决策的会议和公民大会可以在费赫瓦和奥布达（Óbuda）两个地方举行。

　　斯蒂芬按照德意志的模式制定铸造货币的规则（整个这段时期铸造货币事务均由王室直接控制），同时还将拉丁文书写方式介绍到匈牙利。来自德意志皇家法庭的书记官被请到斯蒂芬的王宫，从而使斯蒂芬能够制定匈牙利的第一份宪章和第一份法律文书。一本关于优秀政府和管理的著作《管理宪章》（*Institutiones morum*）虽然署名为斯蒂芬的儿子埃默里克（伊姆雷），并且被归到斯蒂芬一世的名下，不过却是由宫廷中的一位教士执笔写成的，书的内容是关于政府管理理念的一些实例。乔纳德主教威尼斯人杰拉德写了一篇带注解的文章《关于三个孩子的歌》，这是匈牙利皈依基督教后最初几个世纪中留存下来唯一的理论书籍。

　　斯蒂芬一世的儿子没能长大成人，因此他在去世前，将王位指定给他的侄子彼得·奥尔塞奥罗（Peter Orseolo）。彼得的统治开始了一段漫长的战争。匈牙利没有一种固定的继承秩序，而是许多种继承制共存：长者继承制（继承人应该是王族中最年长的男性成员）、长子继承制（继承人为第一个婚生儿子）、能者继承制（最有能力的人来统治国家），以及选举制，只要其人隶属阿尔帕德王族，就可以对王位提出要求。事实上，争夺王位中最有实力的人完全可以根据自己的需求选择最适合的继承原则。宫廷中占据重要职位的贵族们根据各自的利益选择支持某个王位候选人，有时甚至故意挑起王位争夺战。尽管存在这样的争斗，王位制度仍很稳定，整个王国从来没有被分裂成若干独立的小国。彼得国王只统治了几年（1038—1041 年在位），就被不满其政策的世俗和教会精英们发动起义所废除，他们把斯蒂芬一世的另一个亲戚、可能是侄子的萨缪尔·阿巴（Samuel Aba）推上王位（1041—1044 年在位）。

彼得前往德意志寻求亨利三世国王的帮助。一直以来，德意志历任皇帝都想要直接控制匈牙利。斯蒂芬国王在 1030 年成功地抵挡住第一次攻击。从 11 世纪 40 年代开始，德意志皇帝们利用匈牙利王位争夺战的机会，支持某个王位候选人，甚至能从某个候选人那里得到将来效忠德皇的誓言。当彼得前来寻求帮助后，亨利三世就于 1042 年、1043 年和 1044 年三次派出军队攻打匈牙利以支持彼得·奥尔塞奥罗，反对萨缪尔·阿巴。在德皇的帮助下，彼得于 1044 年复位。但到 1046 年他又遇到挑战：这次是来自瓦祖尔（Vazul）的两个儿子，瓦祖尔是斯蒂芬国王的外甥，当时斯蒂芬曾经将他刺瞎以剥夺他的继承权，而他的儿子们则逃亡国外；此时，这两个人从基辅返回匈牙利，借助一次异教徒起义的时机，击败彼得并将他刺瞎。兄弟二人中信奉基督教的安德鲁一世（Endre 或 András，1046—1060 年在位）成为匈牙利国王，并镇压了异教徒的起义，而另一个仍为异教徒的利文特（Levente）却很快去世。

安德鲁一世从波兰召回他最小的弟弟贝拉，并将王国约三分之一部分划出一个公国（ducatus），交由贝拉统治。这个公国在 1047—1048 年至 1107 年之间一直存在，还在 1162—1163 年间曾短暂恢复过。它始终由王朝的某一王子管理，通常是统治者的幼弟。在建立之初，其疆域都是选择当时最忠诚于王权的地方，因此它多于王国附近。将这些地方划归公国管理有部分原因是为了加强控制。这一公国为那些竞争王位的候选人提供了挑战王位的基地，但是没有任何一位王子想把它变成一个独立的王国。从 11 世纪末开始，一种新出现的制度逐渐取代这种传统，王子们会从新征服的土地或那些独立管理的王国那里夺取权力，而后重新回来争夺王位。

由于彼得·奥尔塞奥罗曾在 1045 年宣誓效忠亨利三世，因此亨利决定巩固这种依附关系，在 1051—1052 年进攻匈牙利，不过没有取得成功。后来，安德鲁的兄弟贝拉一世（1060—1063 年在位）也要求夺取王位，尽管此前安德鲁已经指定他的儿子所罗门为继承人。贝拉在波兰统治者波列斯拉夫二世的帮助下攻打他的哥哥，而安德鲁也因伤病故。于是所罗门（1063—1074 年在位）在德意志皇帝亨利四世派出军队的帮助下宣布继承王位。可能就是在所罗门统治期间（即在 11 世纪中期到 12 世纪初这段时间），最古老的匈牙利的《历史》（gesta），即匈牙利的成文历史著作被编撰完成。后世作家在原有基础上添加了新内容，或根据当时当政的王族支系的需求做出修订，从而使其保留下来。

贝拉一世的儿子们起初逼迫所罗门退位，将位置让给他们的老大盖扎，然后又击败他。到 1074 年，所罗门向亨利四世宣誓效忠时，他仅仅只是名义上的国王。1079 年后，德意志和匈牙利的边界地区发生了数次小规模冲突，但是德皇已经放弃了直接将匈牙利吞并入帝国的想法。（唯一的且是最后的一次尝试是在 1108 年，当时亨利五世攻击匈牙利，帮助阿尔莫斯从他的哥哥所罗门那里夺取王国，不过这是非常短暂且不成功的尝试。）所罗门失败后，盖扎一世登基为王（1074—1077 年在位）；他去世后，拉迪斯拉斯一世（也称拉兹洛 László，1077—1095 年在位）成为匈牙利国王。盖扎一世和拉迪斯拉斯一世得到王位的同时，匈牙利王国已经有了一位加冕并行过涂油礼的国王，这就是所罗门，他先是被边缘化，被迫放弃王位（1081 年），然后被投入监狱，然而，他的存在就是不断提醒人们：贝拉一世的儿子们不是匈牙利的合法统治者。这兄弟两人通过各种实际活动和理论上的措施来扭转不利于自己的局势。当所罗门还是国王时，盖扎一世就为自己戴上拜占庭的王冠（可能就是其拜占庭妻子的王冠），这个王冠后来也成为匈牙利"神圣王冠"比较靠下的那个部分，该王冠至今依然存世。由于皇帝亨利四世支持所罗门，拉迪斯拉

310

斯就与士瓦本的鲁道夫结盟。除建立联盟关系外，拉迪斯拉斯还找到一些新办法来增强其神圣的合法性。这样一来就以匈牙利国王的"神圣世袭"为中心建立了一套理论体系。拉迪斯拉斯可能受到捷克和基辅的影响，将斯蒂芬一世奉为圣徒。在 1083 年（这一年所罗门得到许可走出监狱，并离开匈牙利），匈牙利举行宗教会议将殉难的主教杰拉德（在 1046 年异教徒起义中被杀）、斯蒂芬一世和他的儿子埃默里克以及两位隐士封为圣徒。按照顺序，在贝拉三世统治初年（1192 年），拉迪斯拉斯也被封为圣徒，与此同时，匈牙利还逐渐兴起了骑士文化，将过去的国王全部封为圣徒，成为匈牙利历任国王的惯例。

拉迪斯拉斯一世还制定了新的扩张政策。虽然此前历任匈牙利国王都曾经与邻国作战，但从 1091 年开始，匈牙利的目标变为通过征服来扩张王国的疆域。这一政策的结果还算可以；只有克罗地亚和波斯尼亚（1136—1137 年）多多少少算是被并入匈牙利王国，其中合并克罗地亚为它打开了通往亚得里亚海的通道（从 1091 年开始，虽然没有贯穿整个中世纪，但仍有很长时期进行直接统治）。由于教宗将克罗地亚认定为教宗国的封地，拒绝承认拉迪斯拉斯在克罗地亚的统治权，因此，拉迪斯拉斯站到亨利四世皇帝和对立教宗克雷芒三世一边。12 世纪匈牙利的扩张最大障碍的地方，是达尔马提亚和加利西亚。与此同时，匈牙利王国还必须抵御再次开始的游牧民族从东方发起的侵扰［佩彻涅格人、乌古兹人（Oguz），然后还有库曼人］。构成军队的成员主要有来自城堡和乡村的士兵，其中还有由定居在匈牙利王国境内的游牧民族组成的轻骑兵团。

拉迪斯拉斯去世前也没有男性继承人，于是盖扎的两个儿子在继承问题上达成妥协。科洛曼［也称卡尔曼（Kálmán），1095—1116年在位］登基为王，然后重新恢复拉迪斯拉斯统治时期废止的公国制度，由他的弟弟阿尔莫斯管理。阿尔莫斯再次重复以往的历史，试图驱逐科洛曼以夺取王位；因此，科洛曼于 1107 年废除了公国，并在 1115 年下令刺瞎阿尔莫斯和阿尔莫斯的儿子。

科洛曼继续推行拉迪斯拉斯一世的扩张政策。从他统治时期开始，匈牙利国王开始与拜占庭以及威尼斯一起争夺达尔马提亚沿海城市的控制权。1097 年，拜占庭皇帝任命威尼斯总督保卫达尔马提亚的海岸。1105年，科洛曼国王将达尔马提亚中部地区［包括扎达尔、 ³¹¹ 希贝尼克、特洛、斯普利特、布拉扎（Brazza）群岛、威格利亚岛（Veglia）、奥西洛岛（Osero）和阿尔贝岛（Arbe）］并入匈牙利。1115—1118年，威尼斯重新占领达尔马提亚，并通过1119年签署的和约将这一局面确定为既成事实。此后，威尼斯与匈牙利继续争夺达尔马提亚，而达尔马提亚的各个城市则根据政治需求选择它们所要归属的对象（1124年、1135—1136年匈牙利占上风；1125年威尼斯占上风）。1167年，达尔马提亚与克罗地亚、波斯尼亚和西尔米乌姆一起并入拜占庭帝国。1180—1181年，这些地区再次被匈牙利控制。

从1099年科洛曼国王开始，匈牙利的历任国王都介入罗斯诸公国的内战当中。科洛曼支持基辅的斯维亚托波尔克，反对罗斯的其他大公，不过以失败告终。1123年斯蒂芬二世支持沃利尼亚的雅罗斯拉夫，1127年支持兹韦尼哥罗德（Zvenigorod）的弗拉基米尔王子与普热梅希尔（Przemysl）王子。1128年，贝拉二世派军队前往切尔尼戈夫以支持普热梅希尔的王子们和基辅。1144年，盖扎二世帮助加利西亚与基辅的弗塞沃洛德作战，1148年到1152年又六次介入罗斯事务中，主要支持沃利尼亚与加利西亚作战。1188年是转折点，当时贝拉三世征服了加利西亚并让他的儿子安德鲁（后来的安德鲁二世）统治那里，但是很快，加利西亚人发动起义驱逐了匈牙利王子。科洛曼经常与其他邻国作战：例如，1107年他支持斯维亚托波尔克争夺波希米亚统治权，支持波兰的波列斯拉夫三世与兹比格涅夫竞争王位。其对外政策中最成功之处，在于1105—1106年将拉迪斯拉斯一世的女儿伊琳妮［也称皮洛思卡（Piroska）］嫁给拜占庭皇帝阿列克修斯的继承人约翰。

第一次十字军东征给科洛曼带来了新的问题。从斯蒂芬一世为朝圣者开辟一条经匈牙利王国前往东方的道路后，前往圣地的朝圣者大都从匈牙利经过。到第一次十字军出发的时候，大批军队也走这条路。当十字军士兵在1096年经过匈牙利时，隐士彼得、弗尔克马尔（Folkmar）和戈特沙尔克（Gottschalk）的军队开始在匈牙利劫掠，而弗隆海姆的埃米奇（Emich of Flonheim）拒不接受科洛曼不允许其从匈牙利经过的要求，包围了匈牙利西部边界的莫森堡（Moson）。科洛曼将他们分割成几支小股部队并逐一击败，但对十字军已有的不信任感却难以根除。由于布永（Bouillon）的戈弗雷的弟弟效忠于科洛曼，因此戈弗雷的军队得以借道匈牙利王国，但是这以后的十字军部队（1147 年德意志的康拉德三世以及法国路易七世的军队，还有 1189 年皇帝弗雷德里克·巴巴罗萨的军队）在经过匈牙利时与匈牙利政府的关系总是很紧张。

科洛曼统治期间进行的另一项工作就是为王权确定理论上的合法性。11 世纪，德意志皇帝们以及坚持认为斯蒂芬一世曾经将王国献给圣彼得大教堂的教宗格列高利七世，都声称对匈牙利拥有宗主权。很快，匈牙利在 11 世纪晚期写就的圣斯蒂芬《传记》中对此做出反击。其中说道，斯蒂芬将王国献给了曾帮助匈牙利抵抗德意志人进攻的圣母玛丽亚，作者据此来反驳皇帝以及教宗的要求。[⑤] 此外，斯蒂芬的洗礼是由布拉格主教圣阿达尔伯特完成的，而于 10 世纪 70 年代在匈牙利传教的传教士圣高伦（Sankt Gallen）的布鲁诺主教，可能还完成了统治者家族的受洗，并促成整个国家皈依基督教，而对巴伐利亚来的传教士则只字未提。哈特维奇（Hartvic）主教在他撰写的圣斯蒂芬的《传记》中详细阐述了匈牙利的王权制度，该书是由科洛曼国王在 12 世纪早期委托哈特维奇主教编写的，随后成为官方文本。哈特维奇为斯蒂芬的王权描绘了一个根源于教廷的故事，并根据这种神圣的观念，使教宗同意斯蒂芬的请求。此外，在这本《传记》中，教宗称斯蒂芬为"基督的使徒"，并明确表明他是"根据世俗的和宗教的双重法律"来统治匈牙利。[⑥]

这是对当时局势的一种辩解，在整个这段时期，匈牙利教会都处于王权控制之下。"格列高利的改革"仅仅影响到匈牙利王室的权利。国王们仍然主导宗教会议、任命主教并将他们派往不同的教区。近年来有研究对这一结论提出质疑，因为根据一份 12 世纪末到 13 世纪的文献，国王科洛曼在 1106 年放弃授职权，不过也有不同意见，认为这份文献反映的是教会建设，而非实际情况。[⑦] 12 世纪晚期的神职人员抱怨说，在匈牙利，连神父的长袍法衣都是国王指定的；只有

---

⑤ Scriptores rerum Hungaricarum, Ⅱ, p. 390.

⑥ Scriptores rerum Hungaricarum, Ⅱ, p. 414. "... ego sum apostolicus, ille vero merito Christi apostolus ... dispositioni eiusdem ... ecclesias simul cum populis utroque iure ordinandas relinquimus".

⑦ Szovak (1996), pp. 23–27.

得到国王的同意，教士才能向教宗提出请求。教会"自主"（ecclesia propria）的制度虽然还在实行，但国王和其他世俗贵族拥有任命主教的权利。总体上，"格列高利主义"的传播速度非常缓慢；神职人员免受世俗法律的制约，但是独身主义在 12 世纪并不普遍，甚至在高级教士中也不常见。

　　科洛曼去世后，他的儿子斯蒂芬二世（1116—1131 年在位）成为国王。因他去世时没有留下子嗣，因此阿尔莫斯的儿子贝拉二世（瞎子，1131—1141 年在位）加冕为王。为了报复他和他父亲都被刺瞎双眼的仇恨，他屠杀了很多贵族。还将波斯尼亚纳入匈牙利王国，并使匈牙利的利益在达尔马提亚以及罗斯的许多公国内得以延续。从 12 世纪 30 年代开始，科洛曼名义上的儿子鲍里斯［国王娶的第二任苏兹达尔的尤菲米亚（Euphemia）所生之子］，曾几次试图夺取匈牙利王位：1132 年他在波兰军队的支持下攻打匈牙利，1146 年在巴伐利亚—奥地利的帮助下再次攻打匈牙利，最后当他追随路易十世前往圣地作战、经过匈牙利时，他还鼓动自己的追随者发动起义。贝拉去世后，他的儿子盖扎二世（1141—1162 年在位）继承王位。匈牙利国王的宝座在 12 世纪中期再次引发冲突，因为许多人头脑中紧绷着一根弦，害怕拜占庭和德意志皇帝们的权力和野心。盖扎二世支持诺曼—法国联盟，但最后在 1159 年的冲突中，却选择支持教宗亚历山大三世。在 1127—1129 年和 1149—1155 年，匈牙利的目标是征服贝尔格莱德和尼什之间的区域，并通过支持塞尔维亚的起义者来削弱拜占庭帝国的力量。

　　到 12 世纪末，大地产成为匈牙利社会的基础，各种不同法律身份的人生活在王室、教会以及贵族的地产上。先前比较独立的边界地区到 12 世纪也被纳入县区体制中。斯蒂芬一世制定的法律仅仅区分自由人和非自由人，11 世纪期间在自由人当中分化出的不同社会阶层，很快也反映到法律术语中。许多贫穷的自由人生活在王室以及贵族的地产上；他们必须为土地的主人提供食物、各种不同的物品以及劳役，并且不能随意离开所依附的土地。拉迪斯拉斯一世在法律中已经明确区分了贵族和"普通的"自由人。在王室地产生活的人按照他们所提供的服务种类被分成不同的人群。有些王室庄园（udvarnok）地产被捐赠给诸如多莫斯（Domos）这样的教会组织，

313

因此成为属于佩奇瓦劳德（Pecsvarad）修道院的财产，而在登记这种类型地产时，把负责王室庄园家庭生活的人分成三类：自由士兵、负责特殊货物供应和提供服务的工作人员（udvarnokok），以及非自由人（包括农耕人员和其他劳动者）。其他人分属城堡主管辖。这些人中的精锐（iobagiones castri）者都是士兵，他们拥有土地、不缴税，而且还占据某个官职，而其余人则分别负责特殊的商品或服务，比如耕田、制造、制陶等，此外也包括军事服役、纳税，他们还可能与土地一起被捐赠出去。这些服务人员有一定的组织，总人数从数百人到数十人。大地产自给自足。教会地产上的家庭工作人员（familiae）也根据他们的工作内容划分不同的群体：幕僚官员和士兵们构成了最高阶层，手工匠人和劳动者的地位稍低。在贵族们的地产上区分不同人群的因素是法律地位：农奴（servi）直接听命于主人，与在其自己土地上耕种的自由人（libertini）完全不同，因为后者有权利享受自由。拉迪斯拉斯一世以及科洛曼制定的这些法律反映出新的发展，其中还有关于针对那些抵制新秩序者的处罚措施。

在这段时期，一直有外国人来到匈牙利定居，称为"外来者"（hospies）。直到 12 世纪中期，他们生活在皇家地产中的封闭世界中，后来也出现在贵族庄园里。从斯蒂芬一世统治时期开始，来自西方的移民包括教士、骑士、手工匠人、商人和农民等。犹太人也从斯拉夫地区和德意志来到这里，一般都是商人和农民。穆斯林从花剌子模（Khwarizm）以及伏尔加河流域的保加利亚来到这里；他们在匈牙利从事的职业有：商人、宫廷职员以及士兵。盖扎二世从东方招募穆斯林担任弓箭手。来自东方的游牧部落，特别是佩彻涅格人也住在王国境内，他们是很好的士兵和边境卫士。12 世纪期间，新迁移到匈牙利的人数大幅增加；人数最多的人群有沃伦人（Walloon）、法兰西人、意大利人、佛兰德人以及原先居住在德意志北部和南部的居民。"外来者"有一项特权，但是各种不同族群的外来移民都被当作王国的一部分。"匈牙利人"（Gens Ungarorum）在这个时期包括王国境内所有的人，无论其来自哪里。

11 世纪晚期和 12 世纪早期的文化和艺术，主要集中在教会文献中。学校都设立在教士的寝室里，它们提供一些训练，而教士们则将书写下来的文化传授给学生。在匈牙利最重要的本尼狄克修道院，即潘诺哈玛（Pannonhalma）修道院的图书馆中，有一份 11 世纪的八卷本书目，它表明在《圣经》之外，像伟大的格列高利教宗的《道德行为》（*Moralia in Job*）以及苏尔皮奇乌斯·塞维鲁（Sulpicius Severus）的《圣马丁传记》都有一定的影响。在世纪之交，建筑风格也发生了改变。教会建筑（宫廷和世俗建筑业同样如此）中早期受拜占庭影响的主题被罗马式艺术的人物形象取代，最为重要的例证是佩奇（Pecs）大教堂的雕像。12 世纪的建筑和雕像还包括一些由意大利大师完成的作品，与此同时，拜占庭式的礼拜用品、德意志南部、萨克森和佛兰德的建筑风格都一起保存下来。科洛曼的法律为精英分子的整套着装做了规定，其中有"毛皮斗篷""靴子""皮帽""丝制袜子和衬衫"以及饰针。⑧ 12 世纪期间，一些新确立的宗教团体也进入匈牙利：12 世纪早期传入了普雷蒙特利修会（Premonstratensians），12 世纪中期传入了西铎会、医院骑士团（Hospitallers）以及圣殿骑士团（Templars）；近年来，有些学者提出不同意见，认为盖扎二世建立了匈牙利的斯蒂法尼修会（Stephanietes）。⑨

盖扎二世死后，他的儿子斯蒂芬三世（1162—1172 年在位）加冕为王，但是拜占庭此时却对匈牙利内政加以干涉，并成功促成贝拉二世的儿子们即位，首先是拉迪斯拉斯一世（1162—1163 年），后来拉迪斯拉斯去世后，他的弟弟斯蒂芬四世（1163 年）继任为王。在这个时期，拜占庭模式及其影响一直十分强烈，不过有些时候更为突出。自 1162 年以后的数年间，拜占庭对匈牙利的干涉和影响达到最高峰，其目的就是要从战略上控制关键的边界地区。⑩ 后来，斯蒂芬三世成功地击败斯蒂芬四世，获得拜占庭皇帝曼努埃尔·科穆宁的支持。作为交换条件，斯蒂芬于 1163 年把他弟弟贝拉（未来的贝拉三世）送到拜占庭，让他在曼努埃尔的宫廷中长大。斯蒂芬还将达尔马提亚和西尔米乌姆献给拜占庭皇帝。

贝拉三世的统治（1172—1196 年在位）标志着中世纪匈牙利历　315史发展的最高峰。他最初和曼努埃尔的女儿订婚后，成为拜占庭皇位

---

⑧ *The Laws of the Medieval Kingdom of Hungary*, i, p. 31. "utatur pellicio ... caliga ... cappa ... calceo ... sericato ... camisia ... et serico ... fibulis".

⑨ Boroviczényi (1991 – 1992)；Puskely (1996), pp. 927 – 928.

⑩ Stephenson (1996).

的继承人，但当曼努埃尔后来又生了一个儿子后，贝拉原先拥有的继承权就丧失了。不久之后，其兄斯蒂芬三世去世，他返回匈牙利。按照传统，匈牙利国王需要由埃斯泰尔戈姆的大主教加冕，但是卢卡斯（Lucas）大主教拒绝为贝拉加冕，可能是因为他担心贝拉即位后会加强拜占庭在匈牙利的影响。后来在教宗的允许下，卡洛乔大主教施行了贝拉的加冕礼。即位后，贝拉继续推行其前任们的扩张政策。他从拜占庭那里重新夺回克罗地亚、达尔马提亚和西尔米乌姆，在 12 世纪 80 年代，他试图征服拜占庭控制下的贝尔格莱德南部地区。他还打算把其儿子立为加利西亚的统治者。

　　贝拉将王室法庭从王室教堂中分离出来进行重组，使其成为一个独立的实体。发布的宪章数目有所增加，除涉及皇室和教会事务外，也出现了涉及交易以及世俗民众权利的宪章。法庭中的工作人员都是高级教士，其中大多数人都曾在巴黎学习。在整个中世纪，生于国外的教士们一直占据着匈牙利王国的重要职位。从 12 世纪开始，匈牙利的教士们便在传授知识的国际中心学习，然后被指派到大主教区或者法庭工作。12 世纪晚期，特别是在 1200 年前后，教会的书写文化开始通过"公证处"（loca credibilia）影响世俗文化，这是一套教会机构，用来发布经过认证的宪章，并且也为这些文献提供妥善保管。这些都是为满足当地精英阶层的需求。与此同时，一位在王室法庭任职的未名作者完成了第一本《匈牙利历史》（Gesta Hungarorum），因此保留下来其原始文本（尽管有些学者将这份文献的时间定在 13 世纪晚期）。到 12 世纪末，关于匈牙利本尼狄克修道院《祈祷法规》（Codex Prayanus）的一份法律条文的内容，除了匈牙利的宗教会议记录，还包括教会教义和大量文献、最早的匈牙利方言写成的文献，还有一份悼词。早期的巴黎抒情体此时也出现在埃斯泰尔戈姆；重新修建的王室宫殿、大门（porta speciosa）以及镶嵌有大理石装饰的大教堂，都反映了当时最流行的艺术潮流。

　　弗赖辛（Freising）的奥托以及穆斯林的游客和地理学家们，都说 12 世纪中期的匈牙利拥有丰富的自然资源，尽管奥托同时也说过这个王国没有好习惯、野蛮和落后。到 12 世纪末，王国的人口数量已经达到 100 万至 220 万。银矿和盐矿的赋税帮助匈牙利国王成为欧洲最富有的君主。匈牙利与德意志、罗斯以及君士坦丁堡之间存在定期的商贸往来。家畜养殖和农业生产同等重要，此时的农业生产已经放弃了原先只能在开垦过的小块土地上种植的方法，而开始用轻犁垦殖。12 世纪的外来移民，特别是德意志农民，就是采用这种耕种方法在新土地上开荒种地。村庄（从 16 户到 65 户不等）都是些一部分埋在地下的木屋。城市的居民聚集在城堡周围，分成手工匠人区域和外来者区域。城市中有教会中心、世俗政府中心，如果该城位于商路要道还包括商业中心。这些城市大多数没有自治城市那样的城墙。少数例外的是来自法兰西和沃伦移民的社区，特别是费赫瓦和埃斯泰尔戈姆，它们在 1200 年之前就已经获得特许状以建造城墙。在 1195 年前后，贝拉下令制定了一套皇家税收项目表，表明当时已经出现了货币经济，而那种绝对依赖国王私人领地赋税的现象有所缓解。这一项目表包括每年货币交换的交易税收（新发行的货币与先前发行的货币可以按照一定的比率进行兑换）、消费税和庙会收入、食盐的制作和销售、城堡主三分之二的收入、来自各县的礼物以及税赋，像特兰西瓦尼亚的萨克森这样的特权族群，可以用实物缴纳税赋。[11]

这份税收单表明，贝拉三世国王是他那个时代最富有、最有权势的君主；按照这份税单计算出来的年税收数额足以超过英国和法国国王。这当然有所夸大，但是贝拉的强权与改革使匈牙利成为国际上很有影响力的强国。匈牙利的社会与经济结构也在本章所涉及的两个世纪中发生了急剧变化。作为一个国内还有许多地方豪强的国家、一个其领导人刚刚放弃游牧劫掠生活的国家、国内仍有大量异教徒的国家，匈牙利就是在这样的情况下发展成一个强大的基督教王国，大土地地产成为社会组织的基础，在这个社会中，货币经济开始形成，骑士和早期诗歌也已出现。贝拉离世结束了一个时代。在 13 世纪，王室权力和匈牙利社会已经迅速发生转变。

诺拉·柏伦德（Nora Berend）

郭云艳 译

陈志强 校

---

⑪ *Rerum Hungaricarum Monumenta Arpadiana*, p. 245.

第 十 三 章

1122—1198 年的罗马教廷

你应当视自己为公义的模范、圣洁的明镜、敬虔的典范、真
理的拥护者、信仰的捍卫者、万民的师傅、基督徒的向导、新郎
的朋友、引新娘到配偶身边的引导人、教士的按立者、人民的牧
人、愚人的教师、受压迫者的避难所、穷人的代言人、可怜人的
希望、孤儿的保护人、寡妇的审判官、盲人的眼、哑巴的舌、老
人的杖、恶人的报复者、坏人的恐怖、好人的光荣，对有能者是
杖，对暴君是槌，是君王之父，法律的缓和者、教会法的施行
者、地上的盐、世界之光、至高者的祭司、基督的代表，最后是
上帝的使臣，即"法老之神"。"在法老面前代替上帝。"①

这段颇具影响力的文字描述了教宗权威之属灵性、公正性和神授
性的基本原理，选自克莱沃的贝尔纳撰写的《劝思考书》（*De consid-
eratione*，1148/9—1152/3 年），这是贝尔纳写给他原先的学生、后来
成为教宗的尤金三世的一篇文章。作者特别采用了《旧约》的语言，
包括《所罗门之歌》中他喜欢的比喻：文中的"新娘"是贝尔纳最
经常用来比喻教会的形象；"新郎的朋友"（也就是基督的朋友）是
他对教宗的典型称呼。《旧约》中的先知和族长们也启发他构想出教
宗对教会和俗世事务进行干涉的突出形象，尤其表现为上述所列教宗

---

① 贝尔纳：《劝思考书》（Bernard of Clairvaux, "De consideratione" iv. 7. 23）。作者 Bernard 也被译
为伯尔拿，书名或为《论思考》《论慎思》，此处中译文采用章文新的译文，选自《中世纪灵修文学选
集》（第 3 版），香港：基督教文艺出版社 1999 年版。——译者注

称号中的最后一个，这种概念也将是中世纪晚期神学家和教会法专家
们的主流思想。作为"法老面前上帝的代表"（暗指《出埃及记》7：
1），教宗必须像摩西一样，运用其令人敬畏的权力反对那些试图阻
碍上帝子民沿正义之路前进的暴君。中世纪晚期的神学家和法学家把
贝尔纳列出的头衔看作教宗确定的权利和特权，而贝尔纳本人则把它
们看作教宗的"职责"，也就是教宗必须始终积极劝诫并纠正基督教
世界人们的行为。[2]

　　贝尔纳将"基督的代表"这一头衔同教宗在世俗和精神世界的 318
普遍权威联系起来。他在解读圣彼得在水面行走的故事（《马太福
音》14：29）时评论说："海洋是现实世界，而轮船则是教会"，他
写道："彼得在水上以上帝的姿态行走，就把他自己定为基督唯一的
代表，他统治的不是一个民族，而应该是全人类。"[3] 贝尔纳作品的
超凡影响使这种解释成为"基督代表"（*vicarius Christi*）这一古代称
号的标准含义，同样地，它也保证其关于"双剑"的解释得以流传
下来。"双剑论"见于《路加福音》第 22 章第 38 节（Luke 22：
38）——"他们说，主阿，请看，这里有两把剑。耶稣说，够
了。"——自 9 世纪开始，这就被解读为意指世俗强权的"物质之
剑"和教会绝罚的"精神之剑"。贝尔纳给传统文本的解读和补充具
有决定性影响，他声称这两把剑均属于教宗，他是彼得的继任者，是
众使徒的君王。他在这篇给尤金三世的文章中写道：

　　　　（物质之剑）若不是属你的，那么当使徒们说："看阿，这
　　里有两把剑"，主就不会回答说："够了"；倒会回答说："太多
　　了。"所以有两把剑是属于教会的，一把是属灵的，一把是属世
　　的；一把是教会自身用的，一把是由别人用来捍卫教会。[4]

　　贝尔纳对于"双剑"的理解源于他头脑中充斥的都是教宗发起
十字军这一特定问题。"既然基督正在承受他曾经历过的苦难，那
就把两把剑都拔出来"，他于 1150 年告诫教宗尤金说，"两把剑都属

②　Rivière（1924），p. 278；Congar（1955），p. 85.
③　Bernard，"De consideratione" ii. 8. 16.
④　*Ibid.* iv. 3. 7. See Stickler（1951）；Kennan（1967）.

于彼得，一把需经他同意拔出，另一把则在必要时由他亲手拔出"⑤。

　　物质之剑属于教会——世俗权力遵循教宗之令，这一主张暗含着教宗权威的普世性，但贝尔纳从未在著作中对之进行阐述。整个 12世纪，学者们都在讨论"双剑"的寓意，讨论从 11 世纪末格列高利担任教宗时开始的教宗罢免国王的先例。贝恩里德的保罗（Paul of Bernried）于 1128 年撰写了格列高利七世的传记，在保罗看来，格列高利教宗宣称的政治权威仍然是罗马教廷最重要的内容：罗马教会是"一切信仰的首领和主人……纠正世人面前强权者的行为就是她（罗马教会）的特权。"⑥ 格列高利这种关于罗马教宗"纠正"义务的观点，是受到了《旧约》中先知行为的启发，其主张是：教宗必须监督世俗君主们的行为，惩戒不顺从的君主，撤换那些不"合适"（*idoneus*）的君主。格列高利的这种观点反映在克莱沃的贝尔纳关于教宗的观点中，即"对有能者是杖，对暴君是槌"和"在法老面前代替上帝"。这种观点也同样反映在圣维克托的休撰写的关于圣事的文章（约 1134 年）中，而且还时常被中世纪末期的教宗派信徒引用，作为教宗对世俗事务具有至高权力的辩护。

　　　因为精神生活比世俗生活更有价值，精神比肉体更有价值，所以精神权力要比世俗或俗世权力更为尊荣。因为精神权力必须要建立世俗权力，以便使它得以存在，并需判断它是否已经衰退了。⑦

　　12 世纪最有影响力的教会法书籍是波伦亚的大师格拉先（Master Gratian of Bologna）编写的《教会法汇要》（约 1140 年），但它却几乎没有涉及教宗和世俗权力的关系。在格拉先的作品中贯穿着辩证法精神，他提到的"权力"既支持也反对格列高利关于教宗对世俗事务至高权力的观点。就此问题，这位教会法专家愿意给出的唯一个人观点是："世界是由君王和神职人员这两种人统治的。君王们在世俗事务上做主，神父们则在圣事上当家。"⑧ 在这里，格拉先并没有采

　　⑤ Bernard, "Epistola" 256. 1.

　　⑥ Paul of Bernried, "Vita Gregorii VII papae" c. 61, p. 507.

　　⑦ Hugh of St-Victor, "De sacramentis Christiane fidei" ii. 2. 4, p. 418. See Kempf (1963), p. 33; Ullmann (1970), pp. 440 – 441.

　　⑧ Gratian, "Decretum" c. 2 q. 7 *dictum Gratiani post* c. 41. See Kempf (1963), p. 27.

纳格列高利关于两种权力关系的观点，而是接受格列高利教宗派所反对的那种传统观点，也就是教宗格拉修一世于 494 年写给皇帝阿纳斯塔修斯一世（Anastasius Ⅰ）的信中所表达的教义，即精神权力和世俗权力都是神授的，任何一方都无须服从于另一方的权威。⑨ 然而，在《教会法汇要》的其他部分中，格拉先却在一个标题下引用了格列高利的材料，该文恰恰阐释了格列高利七世关于宗教权力至高论的观点："教士当为君王之父、之师。"⑩ 因此，12 世纪下半期对《教令集》进行注释的法学专家们，也就是"教会法学家"，根据他们先师的文章，就两种权力的关系问题，既可以得出"格拉修"派观点，也能总结出"格列高利"派观点。

在格拉先作品出版后不久，有两篇知名教会法学者的作品就《教会法汇要》中格列高利的材料做出详尽说明。波伦亚的大师罗兰［Master Roland，虽然证据不太充分，却总是被当成是罗兰·邦迪奈利（Roland Bandinelli）］，也就是未来的教宗亚历山大三世，对他的研究揭示出格列高利七世关于罢免国王的一些声明，而这些声明在格拉先所引用的材料中只是笼统提及而没有明确介绍。罗兰根据他的发现得出了结论："教宗可以转让王权，可以罢免皇帝。"⑪ 波伦亚的鲁菲努斯［Rufinus，后来成为阿西西（Assisi）主教以及索伦托大主教］，在他的《教会法总结》（*Summa decretorum*，1157—1159 年）中这样写道：

320

至高的主教，作为被赐福的彼得的代表，享有世俗王国的权利。但是必须谨记：享权威之权利是一回事，享管理之权利是另一回事……管理的权利就像是（主教所雇用的）管家的职能，有管理之职但无命令之权：无论他向他人下达何种命令，他所施用的是主教（雇用他的人）的权威。至高主教享有世俗帝国权力之权利，其意为：一、授职仪式上，他需行使权力以确认皇帝为世俗王国之君主；二、倘皇帝和其他世俗君主滥用他们的权力，他就可以其独有之权力，对他们施以惩罚，并在他们赎罪之

⑨ Gelasius Ⅰ, *Epistola* 12（JL 632）, ed. A. Thiel, *Epistulae Romanorum pontificum genuinae*, i（Braunsberg, 1868）, p. 350. See Ullmann（1981）, pp. 198–212.

⑩ Gratian, "Decretum" d. 96 c. 9–10（对格列高利七世的注释, *Register* Ⅷ. 21）.

⑪ Roland, "Stroma ex decretorum corpore carptum" d. 96 c. 10, pp. 11–12. See Kempf（1963）, p. 34; Noonan（1977）.

后加以赦免。事实上，世俗君主因［教宗］而拥有统治世人之权力，又不依［教宗］而掌控管理的事务。[12]

在教宗主持皇帝加冕礼的这项长期公认的权利基础上，在格列高利关于教宗有纠正世俗君主错误的观点的基础上，鲁菲努斯将教宗的"权威"扩张到"世俗帝国"。他使用醒目的类比，将世俗统治者比作管家，称其为教宗的代理人，并因"教宗"而得以统治他的臣民。这位教会法学家对"权威权利"和"管理权利"的区分，与克莱沃的贝尔纳用《圣经》语言表述的观点一致：物质之剑是"需经［教宗］同意拔出"，但是不一样的是，施行绝罚令的精神之剑，不能由教宗亲手拔出。

然而，12 世纪晚期的教会法学家们似乎更倾向于"格拉修"关于两种权力关系的观点。杰出的教会法学家图尔奈（Tournai）的斯蒂芬在他的《概论》（*Summa*，约 1170 年）中，把教宗划归到"精神帝国"（*imperium spirituale*），却没有声明教宗任命世俗君主以及监督他们政府的权力。按照传统，教宗通过皇帝加冕礼为新的帝王祝圣，但帝王的权力并非由他创立，帝王是"选举而生的国王，涂油而成的皇帝"[13]。教会法学家比西尼亚诺的西蒙（Simon of Bisignano）在他于 1177 年到 1179 年完成的《概论》中，引用了一位早期的导师——"枢机主教阿尔伯特［有时候被说成是莫拉（Morra）的阿尔伯特，即后来的教宗格列高利八世］"的观点："皇帝并不是从教宗那里得到剑的权力。"西蒙还阐明了自己关于"双剑论"的观点，其与格拉修派观点类似：皇帝从上帝那里得到"剑的权力"，而且"在世俗事务中要比教宗重要"[14]。当比萨的于格西奥大师（Master Huguccio）在他的《概论》中重新阐述格拉修的观点时（约 1190 年），他已经能够代表当时许多教会法学家的观点了。"教会以及帝国的这两种权力是由上帝赋予的；两者互不依赖，皇帝也非因教宗而掌握统治之剑。皇帝掌握处理世俗事务的权力，教宗掌握管理精神事务的权

⑫ Rufinus, *Summa Decretorum* d. 22 c. 1, p. 47. See Benson (1968), pp. 74 – 75.

⑬ Stephen of Tournai, *Summa* d. 22 c. 1, p. 32.

⑭ Gloss of "Albertus", quoted by Pacaut (1956), pp. 355 – 356. Simon of Bisignano, *Summa* d. 96 c. 6, quoted by Pacaut (1956), p. 356.

力，他们分别从上帝获取权力，而权力也彼此独立。"[15]

　　格列高利的政治主张中至少有一个方面在 12 世纪的教宗职权上留下了永久的印记。因格列高利派对"君士坦丁馈赠"的高度关注，引申出"复制帝国"的说法，这种说法继而影响到教宗的礼仪生活。那个虚构的捐赠赋予教宗"各种不同的皇帝佩戴饰物和显示皇帝威严的每一种仪仗"，并且允许他"在仪式中使用三重冠（*phrygium*）来复制皇帝的权力"[16]。圣德尼修道院院长叙热在 1131 年 3 月召开的会议上见证了这样的仪式，当时教宗英诺森二世的随从人员"以罗马的方式做好准备，周遭围绕着伟大、令人钦佩的光辉，庄重地将三重冠戴在［教宗头上］，三重冠是像头盔一样的皇帝配饰，围有一圈小金圈，随从人员引领着教宗登上一匹覆盖着毯子的白马"[17]。在这件事情上，英诺森二世为了铭记他与德意志国王也就是未来的皇帝洛塔尔三世的首次会晤，恢复了曾记录在"君士坦丁捐赠"中的一个仪式：国王承担着教宗侍从官（*stratoris officium*）的职责，就像传说中君士坦丁为西尔维斯特一世所做的那样。在修道院院长苏格尔看来，洛塔尔表现得"仿佛英诺森就是他的主人一样"[18]。据推测，正是这个仪式中暗含有教宗对皇帝的领主权的意义，使弗雷德里克·巴巴罗萨在 1155 年 6 月颇感烦恼，因为他受邀担任教宗阿德里安四世的侍从官。只不过当他花了一天的时间查阅"古老记录"，并征询那些年岁足够大到能记起 1131 年仪式的诸侯们的建议后，弗雷德里克同意参加该仪式。[19]

　　教宗的"复制帝国"激起克莱沃的贝尔纳那次对尤金三世著名的指责，他对 12 世纪中期的教宗职权同基督教早期的教会状况进行了比较。"彼得从没有进行镶满珠宝、身穿丝绸的游行，没有头戴金冠，没有骑过白马，没有骑士拱卫，更没有让喧哗的仆人环绕左右……从这些方面看，你不是彼得的继承人，而是君士坦丁的继承人。"[20] 贝尔纳

322

---

[15] Huguccio, *Summa* d. 96 c. 6, quoted by Pacaut (1956), p. 365. See Watt (1965), pp. 23–25.

[16] *Constitutum Constantini* c. 14, p. 88; c. 16, pp. 92–93.

[17] Suger of St-Denis, *Vita Ludovici grossi regis* c. 32, p. 262. See Klewitz (1939), p. 56; Stroll (1987), p. 122.

[18] Suger, *Vita Ludovici* c. 32, p. 262. Cf. *Constitutum Constantini* c. 16, p. 92.

[19] Boso of S. Pudenziana, "Vita Hadriani, Ⅳ", ii, pp. 391–392.

[20] Bernard, "De consideratione" iv. 3. 6.

亲历了发生在 1130 年到 1138 年的教会分裂末期英诺森二世的胜利回归，而这些年中，在英诺森二世与其对手阿纳克莱特斯二世（Ana-cletus Ⅱ）斗争的刺激下，"复制帝国"的想法得到强化，贝尔纳的评论可能也是对这种变化的一种回应。"教会选了你，并把你封圣，让你成为凯撒以及整个世界的统治者"，1137 年，枢机主教圣克罗齐的杰拉德〔Gerard of S. Croce，也是后来的教宗卢修斯二世（Lucius Ⅱ）〕这样对英诺森说。[21] 人们一般认为，正是英诺森在拉特兰宫的入口处安放了那两个饰有斑岩面板的宝座，作为教宗皇权的象征，这在《罗马弥撒经书》（Ordines Romani，约 1188 年）中提到过。他当然明白斑岩的象征意义，也明了紫色石头与罗马皇帝的联系，因为他是首位为自己选择斑岩来建造墓穴的教宗〔传说中哈德良（Hadrian）皇帝用的就是这种石棺〕。他的做法后来也得到阿德里安四世、卢修斯三世和乌尔班三世的效仿。[22] 在拉特兰宫中的圣尼古拉祈祷室，英诺森二世曾主持洛塔尔三世皇帝的加冕礼，而这个祈祷室中那幅颇具争议的壁画，就是在 12 世纪 30 年代教宗帝王化的背景下绘成的。德意志人在 1155 年弗雷德里克·巴巴罗萨要求移除它以后描述这幅壁画时，强调该画的封建主题和有倾向性的铭文。这幅画绘制的是英诺森"坐在教宗宝座上，皇帝洛塔尔在他面前双手叠放，正弯腰接受皇冠"；而铭文写道："国王……成为教宗的封臣，接受他所给予的皇冠。"[23] 格列高利七世的政治观点中最为激进的就是：皇帝作为教宗的封臣，应该根据封建土地保有期来持有他的帝国。[24]

　　格列高利关于教宗对帝国至高无上权力的教义，在尤金三世和阿德里安四世召开的教宗长老会上得到明确阐述——尤金三世宣称：基督"把天堂的钥匙、俗世帝国和圣事帝国的权力都给了圣彼得"[25]。在本书涵盖的范围中，这个教义的最后一次正式出现是在 1157 年 10 月皇帝在贝桑松召开的会议上。会上，皇帝弗雷德里克一世和他的诸侯都因阿德里安四世的来信以及前来送信的教宗使节的措辞而感到愤

㉑ Gerard of S. Croce, panegyric in Schramm（1968 – 71），iv, p. 183 n. 26. See Stroll（1987），p. 124.

㉒ Deér（1959），pp. 144 – 153.

㉓ Chronica regia Coloniensis, p. 93. Rahewin, Gesta Friderici imperatoris iii. 10, p. 141. See Ladner（1935）；Kempf（1963），pp. 23 – 25；Frugoni（1967）；Heinemeyer（1969）.

㉔ Gregory Ⅶ, Register ix. 3. See Robinson（1990），pp. 410 – 411.

㉕ Eugenius Ⅱ, JL 9149, col. 1285a.

怒。教宗在信中称，他将帝国恩赐给弗雷德里克，从该信的德语译文 [323]
中，帝国首相理解到的意思是弗雷德里克"从领主教宗那里得到作
为采邑的皇冠"。教宗使节的评说又将因译文而起的愤怒情绪激化
了，使节称："如果不是从教宗那儿，那么他是从谁的手中得到帝国
的呢？"[26] 后来，阿德里安不得不对他的信件补充解释其非封建性以
安抚皇帝："在我们之间，恩赐指的不是采邑，而是一种善意。"[27] 在
帝国和教廷因 1159 年教宗亚历山大三世的选举而发生的长达 18 年的
冲突期间，教宗的长老院（curia）中关于教宗对世俗事务至高无上
地位的言论消失了。格列高利派的观点可能得到亚历山大三世支持者
的吹捧，例如诗人沙蒂永的瓦尔特（Walter of Châtillon）宣称"凯撒
因抚慰心灵者而获俗世权力"[28]，索尔兹伯里的约翰则主张遵照格列
高利七世对亨利四世的前例继续行事[29]，但格列高利派的观点却没有
被亚历山大的长老会议所用。教宗将他的敌人弗雷德里克·巴巴罗萨
逐出教会，并斥其为暴君，但是他却没宣称他自己能够罢免其职务或
有权纠正其世俗事务。由于他的生存需仰赖西西里人、法兰西人和英
格兰国王在财政和政治上提供的援助，亚历山大三世承受不起因宣称
教宗高于世俗统治者的优越性，而导致与他们关系疏远。同样，在
1159 年到 1177 年教会分裂的 20 年中，教宗长老会议因财政破产和
疲于战争，一直没有试着主张教宗对世俗事务的至高权力。

在教宗对"俗世帝国"拥有权威的观点经历由盛转衰时，教会
关于教宗至高无上的格列高利派观点被 12 世纪的神学家和教会法学
家们十分热情地加以推动和巩固。未来将有着巨大影响力的克莱沃的
贝尔纳在《劝思考书》中再次做出贡献，在文中，他告诉尤金三世：
"在世上无人堪与他比肩"，而且"由所有教会组成的、遍布整个世
界的教会"都由他来看护。[30] "世界上所有教会的全部权力均授予使
徒教会，是其独一无二的特权"，贝尔纳在 1135 年这样写道。到该世

㉖　Rahewin, *Gesta Friderici imperatoris* iii. 10, pp. 141, 140. 引发纷争的信件是阿德里安四世撰写
的，JL 10304；Rahewin, *Gesta Friderici imperatoris* iii. 9, pp. 139 – 140。见 Ullmann (1954) and (1955),
pp. 243 – 244；Heinemeyer (1969)；Munz (1969), pp. 140 – 145。

㉗　Adrian Ⅳ, JL 10386；Rahewin, *Gesta Friderici imperatoris* iii. 22, pp. 156 – 157.

㉘　Walter of Châtillon, "Carmina" ii, p. 560.

㉙　John of Salisbury, *Letters* 236, 239, 240, 242, 272 – 274, 298, pp. 446, 454, 458, 474, 553, 572,
574, 690. 见 Reuter (1984), pp. 416 – 418。

㉚　Bernard, "De consideratione" ii. 2. 4；ii. 8. 16. See *NCMH*, iv, Part 1, ch. 11.

纪末，他对"全部权力"（*plenitudo potestatis*）这一古老术语的解读
由主教法庭采纳，作为教宗对各个等级教会拥有至高无上权力的标准
表达。[31] 作为"真理的宣告者"和"信仰的守卫者"[32]，教宗凭借其
"所有教会的独一无二的君主"[33] 的身份，来保持教义的纯洁，来实
现某具体教会以及整个教会的改革。1140 年 6 月，彼得·阿贝拉尔
（Peter Abelard）的敌人向教宗长老会议提出呼吁，要求维持对"异
端者"的谴责。[34] 在 1142 年、1151 年和 1156 年，神学家赖谢斯伯格
的格尔霍奇（Gerhoch of Reichersberg）把他号召进行教会改革的著作
提交到教会法庭，[35] 同样，克来沃修道院院长马尔西（Marcy）的亨
利也呼吁教会法庭，要求保护教会抵御来自法国南部异端的侵袭。[36]

　　卡立斯特二世曾宣称："人们认识到，为了扩大宗教信仰，为了
使我们的机构能够确定所有正确的事务，以及所有关于灵魂拯救的事
务，我们已经改进了使徒主教区的管理。"这一关于推动和规范宗教
生活之教宗义务的论述，出现在为保护西铎"新修道院"而列出的
教宗恩典中。[37] 1119 年卡立斯特二世对西铎修道院的恩典显示出 12
世纪时教廷主要关注的是它与修道院改革的关系。这份恩典进一步确
认了"一些关于遵从圣本狄克规范的地方分会，其他一些有关西
铎会修会——西铎会章程（*Carta Caritatis*）——的必要问题"，以及
保证了规范一致性的原始规章。[38] 教廷进行干预是为了确保西铎会的
隐修制度能真正表达出规范的内容，正确遵从本尼狄克修会守则。
"最重要的是"，英诺森二世在 1131 年为欧塞尔修道主义赐下恩典
时，这样说，"我们命令根据圣奥古斯丁规则制定的教会法规应该在
该教会中永远保持"[39]。

　　12 世纪早期的"新修道主义"——沙特勒斯修道院（Chartreuse）、西铎修道院、丰特弗劳特修道院（Fontevrault）和萨维尼修道

[31]　Bernard，"Epistola" 131. 见 *NCMH*，iv，Part 1，ch. 11。

[32]　Bernard，"De consideratione" iv. 7. 23.

[33]　Rufinus of Assisi，"Sermo habitus in Lateranensi concilio"，p. 117.

[34]　Bernard，"Epistola" 188. See Little（1973）；Zerbi（1975）．

[35]　Classen（1960），pp. 181 – 184，234 – 237.

[36]　Henry of Marcy，abbot of Clairvaux，"Epistola" 11.

[37]　Calixtus Ⅱ，JL 6795，col. 1147b.

[38]　Calixtus Ⅱ，JL 6795，col. 1147c. See Lefèvre（1954）．

[39]　Innocent Ⅱ，JL 7486，col 101c. See Dubois（1968），pp. 285 – 286.

院（Savigny）的苦修生活、圣殿骑士团和医院骑士团、阿维尼翁（A-vignon）的圣鲁夫（St Ruf）修会、巴黎的普雷蒙特（Prémontré）、阿鲁埃热（Arrouaise）和圣维克托修会——是地方主动改革的产物，宣称要恢复古代的宗教生活。教宗的职责不是开创礼规而是证明其正确性。教宗以恩赐圣彼得的保护的形式，表达了对这些试验的认可，并确认它们真实体现了他们所宣称的给其带来鼓舞的古代法规。教宗的这种恩赐是教廷权力合法化的一个重要表现。12 世纪的教宗大法官清楚地意识到这点，给每一份恩赐提供一个令人印象深刻的"重要训令"（primacy arenga），该训令提醒接受者铭记赐予者那独一无二的权威。[40] 325 "神圣的罗马教会，因上帝而拥有统治所有教会的最高权力"，宣告阿德里安四世的"重要训令"，"像一位勤勉的母亲一样时刻警醒地关照每个教会：所有教会都必须向她求助，就像求助于它们的大脑和出身，都要受她的权威保护，由她哺育，并解决他们所受的困扰"[41]。

整个 12 世纪，教宗的一系列干涉行动表明：教宗们一边准备纠正偏离规范的行为，一边开始确认修道院的权利。关于教宗对大多数修道院的政策，已经在 1123 年的第一届拉特兰公会上得到阐明："僧侣们服从主教时要极尽谦卑，而且在所有事情上都要表现出应有的顺从和虔诚的臣服。"[42] 该宗教会议还重申了卡尔西顿宗教会议的决议，约束那些因授职权纷争而引发的修道士要求自由的趋势。卡立斯特二世和宗教会议上的主教们严厉谴责那些不顺从的修道士，说他们"贪得无厌地想要获得主教们的权利"，而且还"通过相当卑鄙下流的手段力求摧毁主教们的权利"[43]。那些受到恩赐的修道院不再受它们所在教区主教的管辖，而是直接听命于罗马教会，这将被理解为："教宗不仅仅要纠正（修士）个人的行为，而且还要关照和处理整个修道院。"[44] 有一次展示此类纠正（correctio）权力的事件值得关注，1126 年，洪诺留二世以不服从为由解除了两名亲格列高利派的修道

㊵ Fichtenau (1957), pp. 101 – 112.

㊶ Adrian Ⅳ, *Papsturkunden in England*, iii, p. 234.

㊷ Concilium Lateranense i, c. 16.

㊸ *Chronica monasterii Casinensis* iv. 78, p. 542. Cf. Council of Chalcedon, c. 4, 8. 见 *NCMH*, iv, Part 1, ch. 9。

㊹ Alexander Ⅲ, JL 12631, *Acta pontificum Romanorum inedita*, iii, p. 242. 见 Maccarrone (1980), pp. 59 – 60。

院首领的职务。克吕尼修道院院长庞斯陷入其修道院内部的派系斗争中；卡西诺山的欧德里修斯二世（Oderisius Ⅱ）则可能因教宗的个人私怨而成为受害者。㊺ 1137 年，英诺森二世要求卡西诺山的修道士们宣誓忠诚与服从，修道士们回应说这违反他们的礼规。㊻ 尤金三世［属西铎派，曾任罗马的三泉（Trefontane）修道院院长］要求弗勒里修道院的克吕尼派修道士进行改革。㊼ 他惩罚了不顺从的博姆莱梅谢尔（Baumes-Les-Messiers）修道院（1147 年），降低其地位，使其
326 沦为一座克吕尼派小修道院。㊽ 亚历山大三世罢免了克吕尼修道院院长休三世，因为后者支持皇帝弗雷德里克一世和对立教宗，同时，亚历山大三世还中止修道士的自由选举权（1161 年）。㊾ 卢修斯三世、乌尔班三世、克雷芒三世以及西莱斯廷三世（Celestine Ⅲ）都干涉格朗蒙修道会（Grandmont）的修道礼规，以结束因做杂役的僧侣发动的叛乱而引起的教会分裂（1185—1188 年）。㊿

12 世纪，教宗的权力也经常不得不依赖各宗教团体成员提供的实际帮助，其依赖程度丝毫不逊于 11 世纪末期格列高利派的教宗。英诺森二世在 12 世纪 30 年代的教会分裂中之所以能够取得胜利，很大程度上要归功于克莱沃的贝尔纳的努力，以及新宗教团体的其他代表，诸如可敬的彼得（Peter the Venerable）、克桑腾的诺伯特和赖谢斯伯格的格尔霍奇的努力。(51) 如果说英诺森二世“虽被驱逐出罗马城，但却得到全世界的支持”(52)，那么正是贝尔纳不屈不挠的游说才帮助他得到这种支持。(53) 贝尔纳介入充满争议的主教选举，并努力达成对彼得·阿贝拉尔和拉波雷热的吉尔贝（Gilbert of la Porree）学说的谴责，而且还鼓吹并发起第二次十字军东征，他在这些事件当中的

㊺ Tellenbach (1963); Hoffmann (1971); Zerbi (1972); Cowdrey (1978), pp. 181 – 268.

㊻ *Chronicon monasterii Casinensis* iv. 108, p. 572. 见 Schmale (1961b), p. 172。

㊼ Eugenius Ⅲ, JL 9632, *Epistolae pontificum Romanorum ineditae*, p. 110.

㊽ Eugenius Ⅲ, JL 9061, col. 1227bc. 修道院未能遵从教宗的特使。该判决还得到阿德里安四世的确认，见 JL 10053, cols. 1415c – 1417c。

㊾ Alexander Ⅲ, JL 10660, 10661, cols. 112ad, 113a – 114c. 见 Maccarrone (1980), pp. 85 – 86。

㊿ Foreville-Rousset de Pina (1953), pp. 303 – 304.

(51) Klewitz (1957), pp. 210 – 211, 254 – 255; Classen (1960), pp. 81 – 82; Schmale (1961b), pp. 56 – 57, 77 – 80, 253 – 279; Schmale (1961a); Reuter (1983); Stroll (1987), pp. 169 – 178.

(52) Bernard, “Epistola” 124 c. 2.

(53) *Ibid.* 124 – 126.

地位，都证明了他一直延续着在长老会议中的影响。(54) 在 1159 年到 1177 年的教会分裂中，亚历山大三世受到西铎修士会的帮助，因为他们帮他得到法国和英国的外交承认。(55) 亚历山大还要感激圣殿骑士团，他们为陷入财政危机的教宗长老会议提供贷款，还帮助管理教宗的财政。(56) 在 12 世纪的最后 25 年中，贯彻教宗政策的核心人物是马尔西的亨利，他是克莱沃修道院的院长，正是他组织镇压了法国南部的异端，还在法国和英国之间斡旋，并为发动第三次十字军东征布道宣传。(57)

教宗在这个世纪中始终从宗教团体招募成员来补充长老会，为教宗服务并提供建议。12 世纪的八名西铎会枢机主教，全是前克莱沃修道院的修士，是贝尔纳影响的结果。(58) 普通的宗教团体，位于卢卡（Lucca）的圣弗雷迪阿诺（S. Frediano）修道院和位于波伦亚的雷诺（Rheno）的圣玛丽亚修道院，在 12 世纪分别出了五名枢机主教。(59) 1124 年到 1159 年间的各位教宗自身就是 1100 年前后出现的各种新宗教团体的代表，唯一的两个例外是出身世俗书记员的西莱斯廷二世和阿纳斯塔修斯四世。(60) 到 12 世纪中期，教宗的职位“已经进入一个新时代，此时律师们压倒性地占据了长老会议的职位”(61)。1159 年到 1198 年间的教宗原本都是世俗书记员，仅有格列高利八世 327

(54) Constable (1953), pp. 244 - 247, and (1957); Häring (1965), (1966a) and (1967). 也见 above p. 324 n. 34。

(55) Preiss (1934), pp. 28 - 36; Mahn (1945), pp. 142 - 147. 由于西铎会支持亚历山大，导致在皇帝辖区内的修道院遭受迫害，关于这一问题，见 Reuters (1976)。

(56) Jordan (1933 - 4), p. 77; Geisthardt (1936), pp. 78 - 79.

(57) Congar (1958), pp. 45 - 55.

(58) Jacqueline (1953), p. 29; 亦见 Zenker (1964), pp. 21, 40, 55, 96, 133, 148, 184。

(59) S. Frediano in Lucca: Zenker (1964), pp. 41, 129 - 31, 132, 144; Pfaff (1955), p. 89. 亦见 Schmidt (1972), pp. 199 - 221. S. Maria in Rheno, Bologna: Brixius (1912), pp. 65 - 66; Zenker (1964), pp. 41, 107, 112, 142, 149。

(60) 洪诺留二世原是波伦亚的雷诺（Rheno）的圣玛丽亚修道院（S. Maria）的教士［见 Schmale (1961b), p. 140; Hüls (1977), p. 106］。英诺森二世（Innocent Ⅱ）可能是拉特兰圣约翰教堂（St John Lateran）的教士［见 Schmale (1961b), pp. 39 - 40］；亦见 Maleczek 的观点［Maleczek (1981), p. 33］。卢修斯二世（Lucius Ⅱ）原是卢卡（Lucca）的圣弗雷迪阿诺修道院（S. Frediano）的教士［见 Zenker (1964), p. 129］。尤金三世原是克莱沃修道院（Clairvaux）的修士，并且还是贝尔纳的学生［见 Zenker (1964), pp. 185 - 186］。阿德里安四世原是阿维尼翁（Avignon）的圣鲁夫修道院（St Ruf）的教士［见 Zenker (1964), p. 36］。Classen 对此表示异议，认为来自阿维尼翁的圣鲁夫修道院的是阿纳斯塔修斯四世（Anastasius Ⅳ）［见 Classen (1968), pp. 36 - 63］。

(61) Classen (1968), pp. 38 - 39.

是个例外。[62] 1187 年 10 月，枢机主教们试图选一位修士来担任教宗，但他们选定的候选人是马尔西的亨利，此时他是克莱沃修道院的院长兼阿尔巴诺的枢机主教，他婉拒了这一荣誉。[63] 12 世纪晚期教宗的权力与修道院的改革之间关系十分紧密，与 11 世纪晚期的情况一样。作为教宗的代理人，宗教团体在许多重要历史时刻都很积极，例如 1159 年到 1177 年间的教会分裂、号召十字军东征的布道、对异端的镇压等，而这些做法都与古代的教会法规，以及在确定授职权纷争中修士地位时所遵循规范的原则相背离。教宗与宗教团体的关系不断提醒人们，教会的法律"就是其主人教宗的心思，他可以随心所欲地进行解读"："制定、解读和废除教规都在他的权限之内。"[64] 在必要（necessitas）的情况下，或者为了有利于改革的进行，教宗会调整现存的制度以适应教会面临的不断变化的环境。

关于 1122 年到 1198 年间教宗对普世教会以及基督徒社会的改革计划，只要阅读这一时期"普世会议"制定的教会法规，就可了解。教宗长老会首先使用"普世会议"（concilium generale）这一术语，是用来描述 1119 年卡立斯特二世召集的兰斯会议和他在 1123 年召集的第一次拉特兰公会。后来，这一术语［或者同义的"大宗教会议"（concilium magnum 或 synodus plenaria）］被长老会用来指称英诺森二世召集的兰斯会议（1131 年）、比萨会议（1135 年）以及第二次拉特兰公会（1139 年），还有尤金三世召集的兰斯会议（1148 年）和亚历山大三世召集的第三次拉特兰公会（1179 年）。[65] 在后来的历史中，教宗再也没有召集如此之多的"普世会议"。这些教宗召开的会

328

---

　　[62] 格列高利八世原是拉昂（Laon）的圣马丁修道院（St Martin）的教士［见 Kehr（1924），p. 250］。亚历山大三世（Alexaner Ⅲ）曾被认为原是一名正式教士［见 Zenker（1964），pp. 86，210n］；但 Noonan 有不同观点，他对亚历山大的早期生涯进行了很详细的梳理［见 Noonan（1977）］。卢修斯三世（Lucius Ⅲ）因其担任教宗期间与西铎会团体关系密切，曾被看作前西铎会修士［见 Brixius（1912），p. 43；Pfaff（1981），p. 173］；但也有不同观点［见 Wenck（1926），pp. 421 - 2；Zenker（1964），p. 23］。

　　[63] 见 Peter of Blois 致坎特伯雷大主教 Baldwin 的信，Epistolae Cantuarienses，pp. 107 - 108。见 Wenck（1926），pp. 428 -429。

　　[64] Peter the Chanter，"Verbum abbreviatum" c. 53. 见 NCMH，iv，Part 1，ch. 11。

　　[65] 比如 Calixtus Ⅱ，JL 6977，6995，7028，7031，7034，7037，7056，7075，7144，7147；Innocent Ⅱ，JL 8007，8016，8017；Alexander Ⅲ，JL 13070，13097 - 13099。"普世会议"（concilium generale）并没有被长老会用来指称卡立斯特二世（Calixtus Ⅱ）主持的图卢兹会议（1119 年）或英诺森二世主持的克莱蒙（1130 年）会议，这两次会议与会人员只是来自法国南部的主教和修道院长。在一些叙述性的文献中，普世会议用来指亚历山大三世主持的图尔（Tours，1163）会议，该会的与会代表来源的广泛与 12 世纪的普世会议水平相当，但在官方的教宗文献中却没有这样的提法，见 Schmale（1974），pp. 37 -38。

议之所以被称为"普世",是因为与会的教士来自基督教世界的各个领域,也是因为会议通过的敕令适用于整个教会。⑥⑥ 根据长老会的官方说法,教宗召集"各个地区的教会人员"来参加会议,"他们的与会和建议有助于制定正确的决议"⑥⑦。会议决议的措辞同样表明会议是集体磋商和共同制定决议的特征:"根据我们的兄弟们提出的建议,经神圣会议同意,我们做出判决。"⑥⑧ 然而,在实际过程中,越来越复杂的会议程序,以及由专家们(viri periti)参加的初步调查和讨论,意味着大多数与会者的作用仅仅是赞成由长老会事前准备好的决定。⑥⑨ 12 世纪的"普世会议"主要是来展示罗马教会的独有权力,即"召集一次全体会议来制定新教规、去除旧教规"。⑦⑩

1123 年的第一次拉特兰公会见证了格列高利改革计划的最后表述,而该计划在过去的 50 年中占据了教宗的全部心神。会议通过的禁止世俗授职权的法令也是最后一次出现在教宗会议上,同样的还有要求按教规选举主教的法令。⑦① 1123 年以后,我们熟悉的格列高利关于禁止教士结婚的法令得以继续。英诺森二世召集的兰斯会议(1131 年)和第二次拉特兰公会(1139 年)颁布的法令,都具有明显的格列高利派特征。"紧跟我们的前辈——罗马教宗格列高利七世、乌尔班和帕斯卡尔的脚步,我们要求:任何教士都不得让别人以为他有妻子或妾室。"⑦② 然而,到 12 世纪中叶,重申这项禁令对于当时的一些人来说毫无意义。当 1148 年的兰斯会议重申该禁令时,"它对于一些人来说是一个无效而又荒唐的法令;因为有谁会不知道这是非法的呢?"⑦③ 不过,此后的历次会议仍认为有必要要求教士独身,否则将遭到失去圣职的惩罚。⑦④

与此同时,在格列高利教宗取得的成就基础上,英诺森二世召集

---

⑥⑥ "普世"在主教们的笔下是"公教"的同义词,例如 Isidore of Seville, *De ecclesiasticis officiis* i. 3, *PL* 83, col. 740a: "Catholica autem ideo dicitur, quia per universum mundum est constituta, vel quoniam catholica, hoc est, generalis in ea doctrina est." 见 Fuhrmann (1961), pp. 682 – 683。

⑥⑦ Alexander Ⅲ, JL 13097, col. 1184d.

⑥⑧ Concilium Lateranense Ⅲ c. 1.

⑥⑨ Schmale (1974), p. 29. See also *NCMH*, iv, Part 1, ch. 11.

⑦⑩ Rufinus of Assisi, "Sermo habitus in Lateranensi concilio", p. 119.

⑦① Concilium Lateranense Ⅰ, c. 1, 3.

⑦② Council of Rheims (1131) c. 5; Concilium Lateranense Ⅱ c. 7.

⑦③ John of Salisbury, *Historia pontificalis* c. 3, p. 8.

⑦④ 比如 Concilium Lateranense Ⅲ (1179) c. 11; Concilium Lateranense Ⅳ (1215) c. 14。

的五次会议——1130 年的克莱蒙会议、1131 年的兰斯会议、1132 年的皮亚琴察会议、1135 年的比萨会议和 1139 年的第二次拉特兰公会——提出的改革计划，强调了一个新的重点，并在尤金三世和亚历山大三世召集的会议上进一步细化。新的改革计划想当然地认为，格列高利派为保护教会远离世俗权力侵袭的战斗已经获得胜利。该计划是在 12 世纪 30 年代的教会分裂中发展起来的，其目的是要加强教士财产的尊严和神圣性，将基督徒的行为准则强加于俗人身上。教士只能从有资格的候选人中招募，也就是年纪成熟的"睿智和虔诚的人"。（第三次拉特兰公会还强调另一种品质："文学修养。"）⑦⑤ 无论是教士还是僧侣都不允许遵循"邪恶和可憎的习俗"，也就是不能"为了获取俗世金钱之利而学习世俗的法律和医学"，"以免他们忽视了对灵魂的救赎"⑦⑥。各级教士必须在着装风格上与普通信徒相区分。"教士和主教……都不能多此一举地将衣服剪短或染色，也不能剪短头发从而冒犯观者，因为对于观者来说，教士和主教应该是模范和榜样。"⑦⑦ 亚历山大三世主持的第三次拉特兰公会（1179 年）还在上述要求之外增加了禁止兼职的法令。若有教士被贪婪所驱使，"要求获得教会中各种不同的尊位和掌管许多教区教堂来违反神圣教规的规定"，那么他们就会失去圣职，他们的资助人也将失去觐见的权利。⑦⑧

　　第三次拉特兰公会还就精神和世俗领域的界限这一颇具争议的问题制定规则。"任何教士都不得投身某一君主或俗人门下负责世俗司法管理，也就是不得成为最高法官。"在俗世法庭任职的教士违反了使徒的教诲，"凡在军中当兵的，不将世务缠身"（《提摩太后书》2：4）。他们"忽略了教士之职，投身于世界大风暴之中，以取悦世上有权有势之人"⑦⑨。教士在世俗议会（curiales）中任职是很普遍的现象，而且这也是教士晋升的重要条件，这种行为在 12 世纪晚期得到

---

⑦⑤　Council of Clermont（1130）c. 11；Rheims（1131）c. 8, 15；Pisa（1135）c. 9；Concilium Lateranense Ⅱ（1139）c. 10, 16. Cf. Concilium Lateranense Ⅲ（1179）c. 3.

⑦⑥　Council of Clermont（1130）c. 5；Rheims（1131）c. 6；Concilium Lateranense Ⅱ（1139）c. 9；见 Kuttner（1964）pp. 237－46；Somerville（1976），pp. 105－44。

⑦⑦　Council of Clermont（1130）c. 2；Rheims（1131）c. 2；Concilium Lateranense Ⅱ（1139）c. 4. 关于 1148 年兰斯宗教会议中对这一议题的反对声音，见 John of Salisbury, *Historia pontificalis* c. 3, p. 8。

⑦⑧　Concilium Lateranense Ⅲ c. 13. 见 Baldwin（1970），p. 119。

⑦⑨　Concilium Lateranense Ⅲ c. 12.

极力辩护。⑧ 亚历山大三世自己就曾宽恕了尚福勒里的休（Hugh of Champfleury），后者在 1159 年被选为苏瓦松主教后还继续担任法王路易七世的司法官。⑧ 英国国王亨利二世在得知"美因茨大主教接受德意志国王的首席大臣的称号，并且科隆大主教也接受了皇帝在意大利设置的首席大臣一职后"，也希望为他服务的托马斯·贝克特（Thomas Becket）在担任大臣的同时，也兼任坎特伯雷大主教，以便"提升王国的利益与教会的和平"。1162 年，贝克特在成为大主教后辞去大臣之位，也是造成大主教与国王间冲突的主要因素。⑧ 第三次拉特兰公会又唤醒了人们关于世俗政府施行的包括杀人在内的司法审判的记忆，还有一点，即根据古代教会法规定，与这些"流血审判"有关联的教士不得主持圣礼。⑧

12 世纪的改革计划强调的重点是：教士的人身和财产都是神圣不可侵犯的。那些因"魔鬼的鼓动"而用世俗的暴力之手犯下亵渎神灵之罪的人，其罪行十恶不赦，以至于只有教宗才能对其进行严厉惩罚。⑧ 英诺森二世主持的历次会议都对"化体的权利"（ius spolii）加以谴责。"任何人不得占有已故主教的财物，它们需由执事和教士保有，以备他们所在之教会和继任者所需。"⑧ 第三次拉特兰公会谴责世俗统治者对教会财产征收税赋（超过规范的常规义务）。因为这些王侯比不信神的法老还要糟糕，后者至少还"给其神官及他们的财产留下了古代的那种自由，愿意从公共资源中分一部分养料给他们"（《出埃及记》1：18-12）。会议决定把那些向教会征税的君主开除教籍，"除非主教和教士认为出现了足够严重的紧急情况，以至

331

⑧ 对于教士在世俗法庭中任职进行辩护最著名的是布鲁瓦的彼得（Peter of Blois，"Epistola" 150），见 Southern（1953），pp. 212-213。但是也可见布鲁瓦的彼得的一封书信，信中他对导致他在世俗政府中任职的野心感到懊悔："Epistola" 14。也见 Baldwin（1970），pp. 178-179。

⑧ Alexander Ⅲ，JL 10711，10743，cols. 137c-138c，162ab（致苏瓦松主教休）。教宗希望尚福勒里的休（Hugh of Champfleury）能运用他在法国宫廷的影响力，让路易七世在教会分裂中支持亚历山大一派。见 Foreville and Rousset de Pina（1953），p. 69。

⑧ Ralph of Diceto，"Ex ymaginibus historiarum" 1162，1，p. 308。参见 Smalley（1973），p. 119；Barlow（1986），p. 67。

⑧ Gratian，"Decretum" C. 23 q. 8 c. 30；cf. D. 50 c. 8；John of Salisbury，Policraticus vii. 20，ii，pp. 182-90。见 Baldwin（1970），p. 178；Smalley（1973），pp. 100-101。

⑧ Council of Rheims（1131）c. 13；Pisa（1135）c. 12；Concilium Lateranense Ⅱ（1139）c. 15. 见 Kuttner（1935），pp. 68-69。关于这项特权（privilegium canonis），见 NCMH，iv，Part 1，ch. 11。

⑧ Council of Clermont（1130）c. 3；Rheims（1131）c. 3；Concilium Lateranense Ⅱ（1139）c. 5. 这次会议制定的法规还将 451 年查尔西顿宗教会议决议第 22 条中关于主教的"化体的权利"（ius spolii）扩展到所有人（presbyteri vel clerici）。

于他们在未受强迫的情况下（普通信徒的资源不足）认为教会应该
提供赞助以缓解一时之需"[86]。这条法令是第一次对这一主题做出的
会议法规，该主题将在下个世纪对王权（regnum）和神权（sacerdoti-
um）的关系产生重大的影响，它承认教会的财产在必要情况下要缴
纳世俗的税赋。然而，它却将决定世俗政权所声称的紧急情况是否属
实的判断权交给了教会人员。[87]

关于世俗社会，12 世纪的改革计划还谴责高利贷，试图约束战
争以及军事统治阶级的战争和交战比武。长期以来，教会法一直关注
高利贷问题，但其重点是放高利贷的教士。他们要受到停职或降级的
处罚。[88] 1139 年，第二次拉特兰公会转而要清除普通信徒间的高利贷
行为。会议谴责"放高利贷者贪得无厌，这些人可憎、无耻，是被
新约和旧约的经文抛弃之人"。放高利贷者得不到"基督教会的任何
抚慰"；"只要他们活着，就会被视为臭名昭著，除非他们悔悟，否
则就不得举行基督徒的葬礼"。[89] 40 年后，第三次拉特兰公会提到
"高利贷的罪行已经几乎深深根植于每个地区，许多人都从事高利贷
而放弃其他生意，好像它是合法的"。会议还通过一项特别裁定，判
决教士若给一名"被证明是放高利贷者"举行基督徒的葬礼，就会
被暂停职务。[90]

12 世纪 30 年代的教宗会议第一次提出禁止"那些可憎的集市或
者节日，因为骑士们惯于在这些场合聚众集会，举办一些展示他们力
量和鲁莽的搏击赛，而且在这些集会和比赛中常常有人死亡以及灵魂
遭遇危险"[91]。这些"节日"指的是比武赛，这是一种贵族的消遣活
动，在 12 世纪末之前影响很大，以至于法国的某些地区在秋末时节
每两个礼拜就会举办一次。[92] 尤金三世和亚历山大三世，意识到这些

332

[86] Concilium Lateranense Ⅲ c. 19. 这条决议特别关注的是 rectores et consules civitatum 的需要，也就是意大利城市共和国的需要。见 Baldwin（1970），p. 218。
[87] 第四次拉特兰公会（1215 年）第 46 条进一步增加了当地教士在同意缴纳税赋之前的额外条件。"Romanum prius consulant pontificem, cuius interest communibus utilitatibus providere"（COD, p. 255）. 关于当时人在学院中围绕世俗赋税的争论，见 Baldwin（1970），pp. 218 - 220。
[88] Gratian，"Decretum" D. 47 c. 1 - 5. 见 McLaughlin（1940），pp. 1 - 22；Baldwin（1970），pp. 296 - 311。
[89] Concilium Lateranense Ⅱ c. 13. 见 McLaughlin（1940），p. 4。
[90] Concilium Lateranense Ⅲ c. 25.
[91] Council of Clermont（1130）c. 9；Rheims（1131）c. 21；Concilium Lateranense Ⅱ c. 14.
[92] Baldwin（1970），pp. 224 - 226；Keen（1984），pp. 84, 94, 96；Barker（1986），pp. 70 - 71, 73 - 74.

比武大赛严重影响到十字军的招募，于是重申了英诺森二世关于在比武赛中死去的人不得举行基督教葬礼的敕令。[93] 为了尽量减少战争中的人员伤亡，第二次拉特兰公会禁止在战争中对基督徒使用十字弓和战弩。[94] 特别要指出的是，12 世纪 30 年代召开的数次会议还下令严厉惩罚了"最为邪恶、最具破坏力和最为恐怖的纵火罪"："这种灾难和毁灭性的破坏超过所有其他劫难。"那些把纵火当作战争或复仇手段的人没有资格接受基督教的葬礼。悔罪的纵火者可以通过在耶路撒冷或者西班牙从事一整年的圣战来赎还他们的罪行。[95]

最后，1179 年的第三次拉特兰公会将某些臭名昭著的"雇佣兵"组织驱逐出教会，这些人是职业武士，他们一般受雇于王公，但当他们找不到雇主时，就开始抢劫。会议指斥他们为异教徒，因为"他们对基督徒做出这样残酷的事，说明他们既不尊教会也不敬修道院，既不扶助孤寡，也不爱护老幼，无论年龄或性别，只是将一切都损毁至废墟，就像异教徒一样"。那些雇用他们的人会受到教会的公开指责，并同他们所雇用的人一起受到严厉惩罚。那些拿起武器反抗这些"异教者"的老实人，则被承诺可以得到参加圣战的荣耀。[96] 因此，12 世纪的教宗会议，扩展了教会对世俗行为的监督范围。格列高利改革所涉及的首要问题是防止普通信徒对神职体系（sacerdotium）的侵害。12 世纪的改革计划强调教士与世俗社会的分离和特权地位，制定了一系列具体要求（通常被忽略），要求普通信徒遵循基督教社会的价值。

此外，这些年中，教宗会议还提升了教宗保护公教信仰远离异端侵害的地位，克莱沃的贝尔纳将这一角色形象地描述为"信仰的守卫者、国家的导师"。[97] 在 1130—1138 年以及 1159—1177 年发生的两次教会分裂期间，这一形象对于合法性受到对手挑战的两位教宗来说十分重要。作为冲突中的胜利者，英诺森二世和亚历山大三世把自己

333

---

[93] Council of Rheims (1148) c. 12；Concilium Lateranense III c. 20.

[94] Concilium Lateranense II c. 29. See Fournier (1916)，pp. 471 – 479. 十字弓的杀伤力深深地印在 12 世纪学院中的卫道士们的头脑当中，见 Baldwin (1970)，pp. 223 – 224。

[95] Council of Clermont (1130) c. 31；Rheims (1131) c. 17；Concilium Lateranense II c. 18.

[96] Concilium Lateranense III c. 27. 关于"the Brabancons, Aragonese, Navarese, Basques, Cottereaux 以及 Triaverdini"等人的身份，见 Boussard (1945 – 6)，pp. 189 – 224；Baldwin (1970)，pp. 220 – 223；Hehl (1980)，pp. 245 – 246。

[97] Bernard, "De consideratione" iv. 7. 23.

描绘为战胜异端和教会分裂的胜利者。英诺森二世受对手阿纳克莱特斯二世的同盟者的逼迫离开罗马后，利用其教宗会议来证明他自己所倡导事业的合法性，宣传他的改革计划。当他确保能够得到法王路易六世及其王国的支持后，就在克莱蒙召集会议（1130 年 11 月 18 日）。来自里昂、布尔日、维埃纳、阿尔勒、塔朗泰斯（Tarentaise）、纳尔榜、欧什（Auch）和塔拉戈纳（Tarragona）等省份的教会人员出席了会议，证明英诺森派信徒的数量在快速增长。[98] 1131 年 10 月 18 日到 26 日召开的兰斯会议，出席者包括众多来自法兰西、德意志、英格兰和西班牙的主教。在会上，不仅为未来的法王路易七世举行了加冕礼，还迎来了德王洛塔尔三世的使者，后者承诺派兵讨伐对立教宗。[99] 1135 年 5 月召开的比萨会议，同样表明英诺森的主张广受欢迎。出席那次会议的有来自意大利、德意志、法兰西、英格兰、西班牙和匈牙利王国的 126 位大主教和主教，见证了对立教宗及其支持者被逐出教会的决定。[100] 第二次拉特兰公会（1139 年 4 月 3—8 日）庆祝英诺森在教会分裂中取得的胜利。[101] 教宗亲自布道，开启了此次"普世会议"的主题：公教教会的统一只能由罗马教宗来保证。"罗马是世界的头脑"，只有这里的主教才能"凭借其智慧给所有陷入困惑者发布指令"[102]。该会议乘势宣布由对立教宗阿纳克莱特斯二世及"其他分裂主义者和异教徒"施行的授神职仪式非法，他们的所有行动均无效。[103]

　　同样，亚历山大三世所召集会议的主题也是保卫公教统一、反对教会分裂。他于 1163 年 5 月 19 日召集图尔会议，会议的开幕式由利雪主教阿尔努尔夫做布道，其主题是关于教会的统一和自由。[104] 该会议仅承认亚历山大三世当选的合法性，并将其对手对立教宗"维克托四世逐出教会"[105]。在这些议程中，来自法兰西、意大利、西西里、

[98]　Mansi 21, cols. 437 – 440. 见 Foreville (1965), p. 75。
[99]　Mansi 21, cols. 453 – 472. 见 Foreville (1965), p. 75; Somerville (1975), pp. 122 – 130。
[100]　Mansi 21, cols. 485 – 488 (here wrongly dated 1134). 见 Foreville (1965), p. 77; Somerville (1970), pp. 98 – 114。
[101]　关于此次会议的日期，见 Foreville (1965), p. 78, 这与 COD, p. 195 的记载不同。
[102]　*Chronicon Mauriniacensis monasterii* iii.
[103]　Concilium Lateranense II c. 30.
[104]　Arnulf of Lisieux, *Sermo*, Mansi 21, cols. 1167 – 75.
[105]　Council of Tours, *ibid.*, col. 1179. 见 Somerville (1977), pp. 14 – 18。

西班牙、英格兰、爱尔兰、苏格兰和耶路撒冷拉丁王国的 124 位大主教和主教以及超过 400 位其他教会人员，同时还有来自中欧地区的高级教士来信表示支持，展示出亚历山大派的力量。就像英诺森二世在 1130 年到 1135 年召开的数次会议一样，图尔会议在残酷的教会派系斗争中是一次宣传活动。亚历山大取得胜利之后召开的教宗会议，也就是第三次拉特兰公会（1179 年 3 月 5—19 日），如同此前的历次会议一样，宣布"异端首领"举行的加冕礼无效，而这一异端首领就是历次教会分裂所出现的对立教宗。[106] 此次会议的开幕布道由阿西西城受人尊敬的教会法学者鲁菲努斯主教来发布，其主题（与第二次拉特兰公会一样）是罗马的至高地位。"神圣的罗马教会，因为她是所有主教之位的最高点，是所有教会之母和所有人的主人，最有资格获得所有教会中独一无二的君主地位。"[107]

教宗作为"信仰守卫者"的角色来源于圣经《路加福音》（Luke 22：32），这也是圣彼得至高地位的传统"出处"之一。比如，1141 年英诺森二世在宣布谴责彼得·阿贝拉尔的声明时，就引用了这一文本："我们虽然微不足道，却得以坐在圣彼得的座位之上，而上帝曾对彼得说，'你回头以后，要坚固你的弟兄'，因此我们谴责……所有涉及彼得的说教及其作者。"[108] 同样的"权威论据"为格拉先的观点提供了出发点，他指出：罗马教会是正统教义的保证人。耶稣"证明了他曾特别为［彼得的］信仰祈祷，并下令加强其他［传道者］的力量"。因此，罗马教会永远不会犯错："在罗马教宗的辖区内，公教的信仰一直被保护着，未受一丝损伤。"作为至高无上的判决者，教宗能够解决教义的问题并谴责异端。[109] 因此，教会法专家于格西奥就将解决"信仰问题"（quaestio fidei）置于教宗决断的"主要事务"（maiores causae）当中。[110]

12 世纪期间，教宗会议越来越关注被怀疑为异端的人以及可疑的神学家。早在 1119 年，卡立斯特二世主持的图卢兹会议就提到不具名的异端，"他们以信仰为托词，谴责寓意为上帝的身体和血的圣

---

[106] III Lateran (1179) c. 2. （这些对立教宗是：维克托四世、帕斯卡尔三世和卡立斯特三世）。

[107] Rufinus, "Sermo habitus in Lateranensi concilio", p. 118.

[108] Innocent II, JL 8148, col. 517a.

[109] Gratian, "Decretum", d. 21 ante c. 1; c. 24 q. 1. c. 11. See Tierney (1972), pp. 33 – 34.

[110] Huguccio, Summa ad d. 17 c. 3, quoted by Watt (1965), p. 84.

礼，谴责孩子的洗礼，谴责神职和其他教会制度，还谴责合法婚姻的契约"："我们斥其为异端，并将其从上帝的教会中驱逐。"[111] 这条法令在第二次拉特兰公会中几乎一字不差地被重申。[112] 1135 年，游方传道士洛桑（Lausanne）的亨利，被阿尔勒大主教带到英诺森二世的比萨会议上，因其臭名昭著的异端邪说而受到谴责，并被罚到克莱沃成为一名僧侣。[113] 第二次拉特兰公会调查了改革者阿诺德（Arnold）的案件，阿诺德是布雷西亚律修会的副院长。他因发起反布雷西亚主教的抗议而获罪，被剥夺职位。[114]

　　1148 年，尤金三世在兰斯召开的会议特别关注异端问题，这可能反映出教宗的导师克莱沃的贝尔纳的焦虑。事实上，正是贝尔纳将反对普瓦蒂埃主教拉波雷热的吉尔贝的案件，提交为会议议题，使后者遭到与会成员的审讯。由于枢机主教和高级执事们怀疑贝尔纳的动机，从而将吉尔伯特从被谴责的声讨中解救出来，而且他们还决定普瓦蒂埃主教应免于遭受与彼得·阿贝拉尔同样的命运。[115] 布列塔尼的异端信徒埃昂·德·雷托伊勒（Eon de l'Etoile）被带上来，最终与会代表定论说他疯了，并判他监禁。然而，和埃昂一起被抓住的追随者们却被交给世俗的管理者，并被判处火刑。对比 1148 年埃昂派信徒与 1135 年可怕的异端洛桑的亨利的命运，可以发现：到 12 世纪中期，教会管理方因忧虑异端的传播，开始使用更为严苛的措施加以惩处。[116] 兰斯会议同样敏锐地意识到在法国南部的异端问题，发布教令（没有指定异端派别）："任何人不得继续维护居住在加斯科涅、普罗旺斯及其他地区的异端首领或其追随者，任何人不得为他们提供避难所。"[117]

---

⑪　Council of Toulouse c. 3.

⑫　Concilium Lateranense Ⅱ c. 23.

⑬　Godfrey of Auxerre, *Epistola*, *RHGF*, xv, p. 599；*Gesta pontificum Cenomannensium* 1134, *RHGF*, xii, p. 554. See Grundmann (1961), p. 45；Moore (1977), pp. 90, 253 – 254.

⑭　John of Salisbury, *Historia pontificalis* c. 31, pp. 63 – 64；Odo of Freising, *Gesta Friderici imperatoris* ii. 28, pp. 133 – 134. 见 Foreville (1965)，pp. 85 – 87；Moore (1977), pp. 116 – 117。

⑮　John of Salisbury, *Historia pontificalis* c. 8 – 11, pp. 15 – 25. See Häring (1966a), pp. 39 – 59, (1966b), pp. 3 – 83, and (1967), pp. 93 – 117.

⑯　*Continuatio Chronici Sigeberti* 1148, *MGH*, vi, pp. 389, 390；William of Newburgh, *Historia rerum anglicarum*, pp. 60 – 64. 见 Moore (1977), pp. 69 – 71。Moore 认为（第 254 页）：埃昂派（Eonites）攻击教会的人员和财产并且拒绝表示悔过的决定注定了他们的命运。

⑰　Council of Rheims c. 18. 见 Moore (1977), p. 256。

"与采用教会的严苛律法处决无辜人的生命相比，赦免有罪的人以及本应谴责的人，要更为稳妥也不那么极端。"这是 1162 年亚历山大三世对一群佛兰德市民所做出的判决，这些人在被兰斯大主教和他的兄弟即法国国王指为异端后，把该案件提交到教宗面前：这也是已知的第一个这样的案例。[118]五个月后，也就是 1163 年 5 月，亚历山大三世在图尔会议上，换了一种口吻宣称，"最近出现在图卢兹地区并逐渐像瘟疫一样穿过加斯科涅和其他省份蔓延到邻近地区的可恶异端，已经影响了许多人"。异端信徒被禁止举行集会（*conventicula*）。他们还遭到社会和经济制裁，"以便他们会因生活的不适而后悔错误的生活方式"[119]。1179 年的第三次拉特兰公会对一些异端派别及为他们提供掩护和保护的人发出绝罚令，这些异端包括"卡塔尔派"（Cathars）、"帕塔里阿派"（Patarines）、"普布里卡尼派"（Publicani），以及其他派别。[120]会上还收到从法国南部返回的教宗使团提交的一份关于那里异端派别的卷宗，使者是圣格里索格诺（S. Grisogono）的枢机主教彼得和克莱沃修道院院长马尔西的亨利。马尔西的亨利是最坚决要求召集会议的教宗的顾问之一，他认为会议的主要职能是根除异端。他提醒教宗注意法国南部的"异端纷争在公开反对信仰"。亚历山大三世必须"挥舞祭司非尼哈（Phineas）之剑"对抗那些拥抱伪神之人（《民数记》25：1－8）。在取得对分裂的对立教宗的胜利后，亚历山大必须"同样地将异端安葬"。[121]

第三次拉特兰公会也遇到新兴的瓦尔多派（Waldensians）的宗教运动。瓦尔多派同里昂大主教发生纠纷后，转而寻求教宗对他们生活方式的认可（就像 1162 年佛来芒人向亚历山大提请的呼吁一样）。拉昂的编年史家认为他们的领袖是自己来参加会议的："教宗拥抱了瓦尔多，同意了他甘愿贫穷的誓言。"一位参与调查瓦尔多派的专家委员会成员提交了一份报告，建议要更为冷静地回应。委员会嘲笑这

336

---

⑱　Alexander Ⅲ, JL 10797, col. 187 cd（致兰斯大主教亨利）．见 Grundmann（1961），pp. 55－56。教宗的论述似乎在回应格拉修的文章（Gratian，"Decretum" c. 23 q. 4 c. 10），见 Walther（1976），p. 122。

⑲　Council of Tours c. 4. 关于像癌症一样的异端，见 Moore（1976）。

⑳　Concilium Lateranense Ⅲ c. 27.

㉑　Henry of Marcy，"Epistola" 11（to Alexander Ⅲ）．

些白痴和文盲（*idiotae et illiterati*）缺乏神学训练，并禁止他们布道。⑫ 亚历山大三世召集的会议也和英诺森二世和尤金三世的会议一样，忙于在各学院中搜寻学院派的异端。在图尔会议和第三次拉特兰公会上，教宗的专家们（*viriperiti*）对 12 世纪中期巴黎学院中最有影响力的导师彼得·伦巴第（Peter Lombard）的学说进行调查。教宗派来的专家们建议第三次拉特兰公会对彼得·伦巴第的"基督虚无论"加以谴责，但被枢机主教和与会高级教士中彼得的支持者阻止，这也是宗教会议上反对教宗意志的一个稀有案例。⑬

337　　12 世纪的教宗会议逐步发展制定出针对异端的具体措施的法律框架，这些都收录在 1215 年第四次拉特兰公会的法令"绝罚"中。这一过程开始于 1119 年卡立斯特二世在图卢兹召开的会议，该会议要求需用"外部力量对异端加以压制"⑭。1139 年的第二次拉特兰公会也在法令中使用同样的措辞来反对异端。⑮ 亚历山大三世主持的历次会议，面临法国南部异端一触即发的危险，不得不特别关注将要采用的具体措施。1162 年的蒙彼利埃（Montpellier）会议认为，受异端影响地区的基督教官方应劝告当地的世俗君主"使用世俗的司法权来处理异端"。该会议还威胁要对不遵守该劝告的君主做出严厉的惩罚。⑯ 1163 年的图尔会议发布法令，世俗权力必须剥夺异端者的土地。⑰ 第三次拉特兰公会要求忠诚的信徒"为使其罪孽赦免……需拿起武器保护基督徒"免受异端侵害。"把［异端］的财产充公，让君主自由地将这些人贬为奴隶。"凡对这一呼吁做出反应的忠实之人，将与"那些到圣墓旅行之人"拥有同等地位。⑱ 1184 年 11 月 4 日，卢修斯三世在维罗纳召开的宗教会议上起草了实践准则，即《废止法令》（*Ad abolendam*），对世俗权力在根除异端时的地位加以确认。

⑫　*Chronicon universale anonymi Laudunensis*, p. 29. 没有其他资料提到瓦尔多（Waldes）出席了该会议。会议委托了专家来审查的只是两名比较著名的瓦尔多派成员，"Valdesii, qui sua videbantur in secta precipui"，这句话没有提及瓦尔多的出现：Walter Map, *De nugis curialium* i. 31, p. 60。见 Grundmann（1961），pp. 57–61；Moore（1977），p. 229。
⑬　这些专家的报告：John of Cornwall, "Eulogium ad Alexandrum Papam tertium"。见 de Ghellinck（1948），pp. 260–261；Foreville（1965），p. 145；Somerville（1977），pp. 56, 60–61, 98。
⑭　Concil of Toulouse c. 3.
⑮　Concilium Lateranense Ⅱ c. 23.
⑯　Council of Montpellier (1162) c. 4. 见 Somerville（1977），p. 54。
⑰　Council of Tours c. 4. 见 Somerville（1977），pp. 50, 53。
⑱　Concilium Lateranense Ⅲ c. 27.

这是第一份将异端视为一个普遍问题而非单个地区现象的教宗文献。该文献的发布是"为了废除这个时代世上绝大多数地区开始增多的各种不同异端的邪恶",而且该文献的开篇部分还包含一份当时教会长老会所知的异端名单:"卡塔尔派和帕塔里阿派,还有那些以假名欺瞒于世的卑微者(Humiliati)或里昂的穷人[瓦尔多派]、帕萨吉恩派(Passagians)、约瑟芬派(Josephines)、阿诺德派(Arnoldists)。"该法令还对所有否认教会圣礼以及非法宣称有权进行布道的人处以绝罚令。[129] 此项法令由教宗和皇帝弗雷德里克一世联合发布,象征着教会在消除对其权力造成威胁时要仰仗世俗权力提供的帮助。

338

此项法令的基础是"正义的迫害"教义,是由格拉先从 11 世纪晚期格列高利的《教令汇编》中整理出来的。

> 若依据杰罗姆(Jerome)的论述,教会不能迫害任何人;不过,事实上对它的理解一定不会是教会不迫害任何人,而更确切地应该理解为,她从不无端地迫害任何人。因为并非每次迫害都应该受到指责;相反,我们对异端的迫害是合理的,就像基督在肉体上迫害那些被他赶出圣殿的人一样。(《马太福音》21:12)[130]

教会法大师罗兰给这一声明(dictum)加上了一句,即"为了匡正以及正义而杀掉邪恶之人是为上帝效力"[131]。于格西奥大师也强调如果动机是"热爱匡正以及正义"的话,教会就可以进行迫害。[132] 格拉先认为,这种"正义的迫害"必须在神权(sacerdotium)的指导下,由世俗权力来实施。"然而,尽管教士自己不能拿起武器,但是,他们却得到授权来说服那些拥有这种职能的人,并有权命令他们中的任何一人拿起武器。"[133] 世俗君主拥有神授的职责,保护教会不

---

[129] Lucius Ⅲ, JL 15109, cols. 1297c – 1300a. 见 Grundmann (1961), pp. 67 – 69; Walther (1976), pp. 124 – 126; Moore (1977), pp. 257 – 258。

[130] Gratian, "Decretum" c. 23 q. 4 dictum ante c. 37. See Walther (1976), pp. 113 – 118. 关于格列高利教义中的"正义的迫害",见 Erdmann (1935), pp. 212 – 249。

[131] Roland, Summa ad c. 23 q. 5, p. 93.

[132] Huguccio, Summa ad dictum Gratiani ante c. 1, c. 23 q. 3, quoted by Walther (1976), p. 127 n. 90.

[133] Gratian, "Decretum", c. 23 q. 8. dictum post c. 18.

受敌人的侵犯：如果他们没能帮助她，就必须被逐出教会。[134] 鲁菲努
斯是第一位从这些论述中总结出采用军事手段干涉异端的教会法专家
（1157—1159 年），该想法最终构成了第三次拉特兰公会制定的法令
中的一部分："对异端需要使用武器来逼迫他们重归公教信仰。"[135] 教
会法专家们从格拉先的观点中得出推论，当信仰需要捍卫时，世俗君
主就应被视为教会的仆人。于格西奥总结道："世俗（君主）就是为
这样的目的而设立的，无论教会是否有能力凭借自己的力量实现目
标，世俗君主都应该像仆人一样去执行，这样教会就可以通过他们得
到保护、权力以及和平。""如果她愿意借用世俗的一臂之力，那么她
所寻求帮助之人就有义务服从并保卫她。"[136]

于格西奥是首位使用"世俗武器"（*seculare brachium*）一词来描
述与教会合作的世俗权力的作者之一。正如我们所见，对于这两种权
力的关系，于格西奥采纳了"格拉先派"而不是"格列高利派"的
观点。"教会以及帝国的这两种权力是由上帝赋予的；两者互不依
339　赖，皇帝也非因教宗而掌握统治之剑。"[137] 不过，于格西奥认为，当
教会与公教信仰处于危险时，世俗君主有义务"像教会的仆人一样"
服从教会当局。他特别指出两种世俗力量需义不容辞地提供帮助的境
况：当教会的权威受到有罪教士的破坏以及教会受到异教徒的威胁
时。在前一种情况中，如果教士"完全不知悔改并且教会无法进行
约束，那么，在教会的允许下，世俗法官可以拘捕并惩处（他
们）"[138]。在后一种情况中，"要注意君主被看作教会的保卫者……如
果经过敦促，君主们仍拒绝提供帮助的话，他们就会被逐出教会"[139]。
教会法学家的这种概念是世俗君主有义务在教会的命令下参与对异端
的"正义迫害"之战，它也完善了 12 世纪的拉丁基督教世界是一个
强制社会的设想。这个社会的成员资格取决于对罗马教会所定义的正
统宗教的忠诚。"罗马教会的信仰已经摧毁了每一个异端。"因此

[134]　*Ibid.* , c. 24 q. 1 c. 11, 14 ; c. 23 q. 5 c. 18 – 45.

[135]　Rufinus, *Summa decretorum ad dictum Gratiani ante* c. 23 q. 1, p. 403.

[136]　Huguccio, *Summa ad* d. 96 c. 16, quoted by Watt（1965）, p. 31 n. 43. See Stickler（1947）, pp. 1 –
44.

[137]　Huguccio, *Summa ad* d. 96 c. 6；见前文第 321 页及注 15。

[138]　Huguccio, *Summa ad* c. 11 q. 1. c. 18, quoted by Watt（1965）, p. 31 n. 45.

[139]　Huguccio, *Summa ad* d. 63 c. 22, quoted by Stickler（1947）, p. 217. See Hehl（1980）, p. 232.

"不允许想罗马教会所想之外或讲授罗马教会所讲之外的东西"⑭⑩。在12 世纪教会法专家的这个强制社会里，正统的标准就是服从罗马教会和她的主教。

　　教宗作为公教正统性唯一保证人的身份给予他宣布圣战的权力，圣战的对象不仅包括基督教界内部的异端，也包括外部的异教徒（*pagani*）。发起十字军东征（如我们所见）是教宗毋庸置疑的权力，这一点使克莱沃的贝尔纳受到启发，从而提出教宗拥有"两把剑"：对肉体进行惩罚的世俗的"物质之剑"和逐出教会的"精神之剑"。贝尔纳在劝说尤金三世发起十字军东征时说：拔出两把剑……你不做，谁来做呢？两把剑都是彼得的，一把是经他许可拔出剑鞘；另一把则被握在他的手中，只待必要之时。⑭⑪ 12 世纪的教会法专家在圣战问题上主要关注的是，强调教士本人绝对不能直接卷入冲突之中。"教会不允许她的仆从使用武器，而允许其他人使用武器。"⑭⑫ 于格西奥总结道，对于"海外（Outremer）以及西班牙的教士来说，参加战斗并携带上帝的十字架是合法的，这样一来，上帝就可以保护基督徒，并令异教徒恐惧"。这些教士被允许在受到攻击时保卫自己，但是，如果他们杀死了袭击者，他们必须被免除职务："因为宁愿承受死亡，也不要为躲避而造成死亡。"⑭⑬

　　12 世纪的教会法专家提出疑问：教宗作为一名被禁止使用武器的教会人士，是否能够授权他人采取武力。大师格拉先提供的证据是亚历山大二世的一封书信的"权力"，该信是亚历山大二世写给到西班牙参战者的，因为西班牙的穆斯林"迫害基督徒并把他们从自己的城市和住所中赶出去"⑭⑭。教会法专家根据这种"权力"得出结论：战争出于自卫的事实证明了教宗圣战的正当性。⑭⑮ 因此，谨慎的于格西奥在为抗击萨拉丁（Saladin）的战争做辩护的依据是："他（萨拉丁）现在控制着基督徒俘虏，玷污着基督死去的圣地，并从那

340

---

⑭⑩　Gratian, "Decretum" ad c. 24 q. 1. c. 10 – 15.

⑭⑪　Bernard, "Epistola" 256. 1. 见前文第 318 页（译文第 347 页——译者注）。

⑭⑫　*Summa Parisiensis* ad c. 23 q. 8. c. 7, p. 184. 这篇不知名的教会法专家所做的"总结"可能最早是在 1160 年前后被编录整理的。

⑭⑬　Huguccio, *Summa* ad d. 50 c. 5, quoted by Hehl (1980), p. 237; ad d. 50 c. 60, *ibid.*, p. 236.

⑭⑭　Gratian, "Decretum", c. 23 q. 8 c. 11（亚历山大二世，JL 4528）. 格拉先（Gratian）还举出利奥四世（Leo Ⅳ）在 849 年远征穆斯林海盗的历史事件来进行佐证：c. 23 q. 8 c. 7 and *dictum post* c. 20。

⑭⑮　比如 *Summa Parisiensis* ad d. 45 c. 3, p. 40。

里拿走贡金。"⑭ 然而，他的同行、教会法专家克雷莫纳的希卡尔杜斯（Sicardus），却准备既赞颂进攻性的圣战，也赞颂防御性的圣战："教宗和其他以教宗之名的高级教士可以要求君主并敦促其他人采取防御性和进攻性措施，以抗击威胁到神圣信仰、教会以及我们故土安宁的敌人。"⑭ 希卡尔杜斯观点的基础是 12 世纪教宗关于十字军东征问题的颇为自信的声明。到 12 世纪末，大部分有识之士接受了发动"圣战是使徒彼得和教会的一般权力"⑭。

西莱斯廷三世在 1193 年宣布，使徒教会"认识到自己的责任"，发动了一场十字军东征。⑭ 此时，在 12 世纪晚期的教宗长老会看来，布道号召组织十字军是一种"责任"，因为十字军运动在教会的赎罪体系中已经变得非常重要。正如布卢瓦的彼得在其呼吁十字军东征（1188/1189 年）的论文中阐述的那样：世俗之人非常需要教宗发起的圣战，因为圣战为他们的罪孽提供了独特的"赎罪方法"和"精神良药"。⑮ 这就是克莱沃的贝尔纳在 1146—1147 年组织第二次十字军东征时，所宣传的关于十字军的观点。"（十字军）仅仅只是一次寻求解救的机会，一次经过慎重思考、只有上帝才能想出来的机会，是上帝用来召唤拯救那些被惩罚的凶犯、强盗、通奸犯、违背誓言者以及犯有其他罪行者的方法，就好像他们是正义的人；除了这些，十字军还能是什么呢？"⑮ 十字军的这种观念对教宗会议立法工作的影响非常明显，这些会议将参加十字军看作对纵火罪的一种赎罪形式（12 世纪罗马教廷认为纵火是所能想象到的最恶劣的罪行），具体说，就是罪犯用"一整年的时间在耶路撒冷或西班牙为上帝服务"⑮。十字军的重要意义在于精神上的报酬，这也是只有教宗才能够授予十字军战士的荣誉。克莱沃的贝尔纳解释道："举起十字架，这是全面宽恕你们真心忏悔并坦诚所有罪孽的机会，它是由至尊的罗马教宗提供

341

　　⑭ Huguccio, *Summa ad* c. 7 q. 1. c. 47, quoted by Hehl (1980), p. 237.

　　⑭ Sicardus of Cremona, *Summa ad* c. 23 q. 8, quoted by Hehl (1980), p. 247. 希卡尔杜斯（Sicardus）引用第三次拉特兰公会的第 27 条（Concilium Lateranense Ⅲ c. 27）来证明其观点。

　　⑭ Peter of Blois, "De Hierosolymitana peregrinatione", col. 1061a.

　　⑭ Celestine Ⅲ, JL 16944, col. 971a.

　　⑮ Peter of Blois, "De Hierosolymitana peregrinatione", col. 1065c.

　　⑮ Bernard, "Epistola" 363.

　　⑮ Concilium Lateranense Ⅱ (1139) c. 18. Cf. Council of Clermont (1130) c. 13, Rheims (1131) c. 17, Rheims (1148) c. 15. 见前文第 332 页（译文第 363 页——译者注）。

给你们的，上帝说，'凡你在地上所释放的，在天上也要释放'（《马太福音》16：19），而罗马教宗就是这段话所说对象的代理人。"⑬

1123 年，第一次拉特兰公会用下列话语解释赋予十字军战士的精神报酬："对于那些到耶路撒冷去保卫基督徒和战胜异教暴政的人，我们同意免除他们的罪孽。"⑭ 尤金三世在其 1145 年 12 月 1 日关于十字军的诏令《十字军教令》（*Quantum praedecessores*）中也使用了类似的措辞，诏令承诺：

> 根据（乌尔班二世的）法令可以减免罪孽和免罪……因此，任何人出于虔诚而踏上并完成如此神圣的征途，或在征途中死去，都可以得到奖赏，即他以一颗悔过和卑微之心所承认的所有罪行都会得到宽恕，还可以从赋予世间一切善行的上帝那里得到永久的回报之果。⑮

第一次拉特兰公会和尤金三世都把赋予十字军战士的精神酬劳定为"免除罪过"（*remission peccatorum*）：也就是完全免除针对罪过的所有神圣的世俗处罚。⑯ 在授予这种奖赏时，两者都提到了乌尔班二世的先例。实际上，现在保留下来的为数不多的关于乌尔班二世授予十字军战士奖赏的声明，不仅仅是"免除罪过"，而且还包括减免惩罚，这也是更为常规的教会关于悔罪的做法："对于他们真实且彻底忏悔的罪行，我们宽恕他们免于惩罚。"⑰ 然而，12 世纪早期记录第一次十字军东征的编年史家们，相当肯定地提到十字军战士得到的承诺是"立即免除罪过"⑱。这些编年史家的（反映了十字军战士观点的）证据已经表明："广为流行的圣战宣传立即远远超越了乌尔班二世所使用的比较有限的表述"，而且教宗长老会随后也采纳了这种

342

---

⑬　Bernard, "Epistola" 458.

⑭　Concilium Lateranense Ⅰ c. 10. Cf. Calixtus Ⅱ, JL 7116, col. 1305c.

⑮　Eugenius Ⅲ, JL 8876, in Caspar and Rassow (1924), pp. 304 - 305.

⑯　Paulus (1922), p. 199; Poschmann (1930), pp. 225 - 227; Constable (1953), pp. 249 - 252.

⑰　Urban Ⅱ, JL 5670, *PL* 151, col. 483d. Cf. Somerville (1972), p. 74. 见 Brundage (1969), pp. 139 - 158; Mayer (1972), pp. 25 - 40; Riley-Smith (1977), pp. 57 - 62, and (1986), pp. 27 - 30.

⑱　Fulcher of Chartres, *Historia Hierosolymitana* i. 3, p. 324. Cf. Balderic of Dol, "Historia Ierosolimitana", i. 4, pp. 14 - 15; Guibert of Nogent, *Dei gesta per Francos* ii. 4, p. 138.

"通俗的"赋予十字军战士精神奖赏的说法。[159]

　　尤金三世当然知道这种说法。"我们从早些时候那些作家的记述中了解到",尤金三世的十字军教令声称,"我们还从他们的《事迹》中发现:我们的前辈、罗马教宗们是多么努力来争取东方教会的解放"[160]。在此,尤金三世表明他对乌尔班二世所发起十字军东征的了解不是来自教宗的诏令,而是来自第一次十字军东征编年史家们的作品。他关于"免除和赦免罪过"的承诺很可能就是受到编年史家们对乌尔班二世给予十字军战士的承诺之解释的影响。克莱沃的贝尔纳作为尤金发动第二次十字军的官方宣传员,这样向世俗信徒解释《十字军教令》的要点:"举起十字架的同时,你所真心悔过的罪就能够获得宽恕。"[161]贝尔纳宣称:参加十字军是世俗信徒获得"大量救赎的时刻"和"充满特赦的时刻"。[162]这种新奇的文字被历史学家刻意强调。[163]而"特赦"一词意为教会免除对世俗罪孽的处罚,并得到教会精神上的保证,在未来它将会是一段漫长和颇具争议的历史。

　　然而,在第二次十字军东征时期,特赦(indulgentia)一词无疑还没有获得13世纪晚期博拿文图拉(Bonaventura)和托马斯·阿奎那(Thomas Aquinas)的作品所赋予的专业含义:经院派的神学家尚未开始发展特赦的教条。[164]由于13世纪的神学家缺乏精确的术语意识,尤金三世的长老会可能认为十字军教令中的"免除和赦免罪过"、贝尔纳征募新兵宣传中的"特赦"以及1095年的减免惩罚的承诺,这三者之间并没有什么不同。这正是1169年7月29日亚历山大三世关于十字军的诏令所传达出的印象,该诏令回顾了前辈们的承诺。"我们履行各位前辈神职领袖所做出的免除惩罚的承诺,他们是我们的前辈、充满幸福回忆的教父们——乌尔班和尤金所确定的,所以……那些接受惩罚并留在圣地两年、对它进行保护的人……将会万分喜悦,因为免除惩罚的奖赏赋予了他。"[165]赋予十字军战士的精神

---

[159]　Mayer (1972), p. 33.

[160]　Eugenius III, JL 8876, in Caspar and Rassow (1924), p. 302.

[161]　Bernard, "Epistola" 363. 见 Constable (1953), p. 247。

[162]　Bernard, "Epistola" 363.

[163]　E. g. Gottlob (1906), p. 105:特赦的超自然功效是在第二次十字军东征之际被首次强调。

[164]　这种发展始于圣维克托(约1150年)。见 Gottlob (1906), pp. 270 – 88; Anciaux (1949), pp. 295 – 302。

[165]　Alexander III, JL 11637, cols. 600d – 601a.

奖赏严格遵循教会的悔罪原则，亚历山大三世所承诺的，仅仅是乌尔 343
班二世和尤金三世曾做过的减免惩罚的保证。

1169 年的这封信见证了 12 世纪晚期教宗长老会所使用的更为复
杂和谨慎的规则。1165 年亚历山大三世第一封关于十字军的信件不
过是尤金三世的十字军教令的重述。[166] 他在 1181 年最后一封关于十
字军的信中列举了不同级别的精神奖赏。服役两年的十字军战士获得
"免除他们以一颗懊悔和卑微之心忏悔的所有罪行"；"服役一年的战
士得以赦免一半他所背负的惩罚和罪过"[167]。令人误解的术语"特赦"
和"免除罪过"再次出现，但是中心含义却非常清楚：服务一年的
战士得到免除一半的处罚，服务两年的战士得到免除所有的处罚。格
列高利八世于 1187 年 10 月 29 日发动第三次十字军东征的诏令（Au-
dita tremendi）中的要点相同。因"为赎其罪过以及因虔诚信仰而踏
上征途的"十字军战士得到保证，"他们所真正忏悔的罪过，本应受
到的处罚，一定会被赦免"[168]。西莱斯廷三世于 1195 年 7 月 25 日发
布的诏令，即 12 世纪最后一次圣战的法令，结合了亚历山大三世
1169 年的诏令与格列高利八世 1187 年诏令的内容。"我们免除了那
些罪赎，也就是我们的前辈在他们的时代建立起来的、那些由祭司们
判定的罪赎，由此一来，那些……为赎其罪过以及因虔诚信仰而踏上
征途的人，将被免除所有罪过并得到永生。"[169] 12 世纪最后三分之一
的时间里，教宗许诺变得更为详细，在"减免（赦免）处罚"的问
题上有些许变动，表明长老会愈加谨慎，甚至可以说其不确定性不断
增强，反映出各学派对特赦教义的具体细化。

教廷不仅提供了精神奖赏作为十字军的存在理由（raison d'
être），而且还提供能使十字军东征付诸实施的培训和组织结构。首
先，教宗关于十字军誓约（votum crucis）的立法使被十字军宣传激起
的短暂世俗狂热转变成一种参加远征的奉献。在没有系统阐述宣誓
前，教会法专家认为誓约（诸如献身宗教生活的誓约等）仅属于私
人道德范畴。誓约是一种自愿的义务（votum voluntarium），是个人将

[166] Alexander III, JL 11218, cols. 384b–386c.
[167] Alexander III, JL 14360, col. 1296ab. Cf. JL 11637, 601a.
[168] Gregory VIII, JL 16019, col. 1542c.
[169] Celestine III, JL 17270, col. 1109c.

344 自身救赎与完成对上帝的承诺联系起来的认可。然而，教廷关于誓约的立法使十字军战士的誓约，变成了一种公共范畴的义务，由法律强制约束其在今生和末世实施。[170] 1123 年的第一次拉特兰公会便利用这种禁令的约束力，来对付那些不太情愿的十字军战士。

> 我们以使徒的权威发布命令：那些为远征耶路撒冷和西班牙而将十字架置于战袍之上、而后又抛弃它们的人，需重新拾起十字架，并在此次复活节和来年的复活节之间完成这次远征。否则，从那时起，我们将拒绝他们进入教堂，将禁止在他们的所有土地上设置教士，唯有婴儿洗礼和为死者忏悔例外。[171]

亚历山大三世和西莱斯廷三世也颁布了类似的法令。[172] 同时，参加十字军的正规仪式（在仪式中，宣誓者接受一个象征着誓言的布制十字架）强调誓约的庄重。[173] 例如，1177 年，教宗的特使向亚历山大三世描述香槟伯爵亨利发誓参加十字军时的典礼，"以最虔诚的姿态，从您的特使手中接受了给予生命的十字军标志"。

教宗还通过授予世俗特权来推进十字军的行动，激励十字军战士离开家乡。1123 年第一次拉特兰公会总结了乌尔班二世的措施，将"（十字军战士的）房子、家眷和所有财产接管过来，置于圣彼得和罗马教会的保护之下"[174]。1145 年，尤金三世也确认了这种保护，而他所采用的说法，将被亚历山大三世和格列高利八世重复使用。"我们颁布教令，（十字军战士）的妻儿以及他们的财产和领地，将会一直处于我们神圣教会以及上帝教会中的大主教、主教和其他高级教士的保护之下。"[175] 尤金三世的《十字军教令》也授予十字军战士以此前在教宗关于十字军的文件中没有提到过的财政和司法特权。教宗对

---

[170] 可能正是由于在第一次十字军东征时誓约（*votum crulis*）的形成，才激起 12 世纪的教规学者和理论家们制定关于誓言的条理清楚的教义。见 Brundage（1968）and（1969），pp. 33 – 37。

[171] Concilium Lateranense I c. 10. Noth［Noth（1966），p. 138］把这看成是第一份教宗关于强化誓约（*votum crulis*）惩罚的正式描述，不过，他的观点遭到 Brundage 的驳斥［Brundage（1971）pp. 334 – 343］。

[172] Alexander Ⅲ, JL 14077, Mansi 21, col. 1098; Celestine Ⅲ, JL 17307, col. 1135BD.

[173] Brundage（1966），pp. 289 – 310.

[174] Concilium Lateranense I c. 10.

[175] Eugenius Ⅲ, JL 8876, in Caspar and Rassow（1924），p. 304. Cf. Alexander Ⅲ, JL 11218, 11637, 14360, cols. 385d, 601b, 1295d; Gregory Ⅷ, JL 16019, col. 1542c.

十字军战士远征的财政资助造成的影响是剥夺了第三方的权利。首先，"那些欠他人债务并以一颗虔诚的心开始这次神圣旅行的人，不用偿付过去这段时间的利息"⁽¹⁷⁶⁾。其次，"如果他们的亲属或者他们采邑所属领主不能或不肯借钱给他们，在给予警告之后，他们可以自由且无须任何申请即将土地或其他财务抵押给教会或教士，或其他任何虔诚之人"⁽¹⁷⁷⁾。教廷对世俗事务的这种颇具创新性的干涉使十字军战士可以抵押他们的家传土地或采邑，而使本来按照惯例对十字军战士的土地拥有权利的他们的亲属或封建领主失去了应有的权利。最后，《十字军教令》推迟了所有涉及参战十字军战士利益的司法程序。⁽¹⁷⁸⁾所有这些世俗特权都在后来的十字军诏令中得到确认，将十字军战士变成与其余世俗之辈截然不同的精英。⁽¹⁷⁹⁾事实上，尤金三世甚至设想十字军战士主张司法管辖权（*Privilegium fori*），即在教会法庭而非世俗法庭接受审判的权利。⁽¹⁸⁰⁾然而，对于这种特权，他的继任者们却渴望减少，而非进一步增加。⁽¹⁸¹⁾

　　当世俗君主参加十字军踏上东征旅途后，教宗将他们的土地置于圣彼得的保护之下。例如，在法、德两国的国王参加第二次十字军东征期间，尤金三世要保证两个王国的安全。这位教宗的传记作者记述道：教宗在圣德尼修道院"将十字架标志放到国王身上……并在他的请求之下，把王国纳入自己的控制和势力之下"⁽¹⁸²⁾。圣德尼修道院的院长叙热被路易七世任命为代理人，代他摄政，同时也得到教宗的认可，作为不在家的十字军战士利益的保卫者。[这就是后来教宗设立的职位"十字军守卫者"（*Conservator crucesignatorum*）。]苏格尔的

345

---

⑰　Eugenius Ⅲ, JL 8876, in Caspar and Rassow (1924), p. 304.

⑰　*Ibid.*

⑱　十字军战士在司法程序中的推迟权力在 12 世纪晚期英国关于世俗法律的论文中有了一个专业术语，叫作"缺席允准"，见 Glanvill' or *Tractatus de legibus et consuetudinibus regni Anglie* ii. 29, pp. 16 - 17：在这里，"essonium de esse in peregrinatione"被限定到一年。

⑲　Alexander Ⅲ, JL 11218, 11637, 14360, cols. 386ab, 601bc, 1295d - 1296a; Gregory Ⅷ, JL 16019, col. 1542d.

⑳　Eugenius Ⅲ, JL 9166, ed. S. Loewenfeld, *Archives de l'Orient latin* 2 (1884), p. 253 [由于一件涉及封号与财产的案子，蓬蒂厄（Ponthieu）伯爵威廉二世此时应该出现在教会法庭]; JL 8959, *Epistolae pontificum Romanorum ineditae*, pp. 103 - 104 [那些在内战中丧失领地的英国男爵们，不能主张司法管辖权（*privilegium fori*），因为他们抱怨的对象已经先于他们拿起了十字架]。

㉑　E. g. Alexander Ⅲ, JL 14002, *Decretales Gregorii* Ⅸ iv. 17. 7. See Brundage (1969), p. 171.

㉒　Boso, "Vita Eugenii Ⅲ", ii, p. 387. Cf. Eugenius Ⅲ, JL 9345, col. 1394d. See Fried (1980), pp. 110 - 111.

传记作者着重强调这位院长在两个方面的权力。"新的统治者立即佩带上两把剑，一把是物质的且来自王室，另一把是精神的且来自教会，但是两者都来自上帝，由教宗委托给他。"[183] 德意志王国被委托给国王康拉德三世年仅 10 岁的儿子亨利，但该王国同样得到教宗的保护。尤金三世下达的敕令明确指出：这位年轻的国王"在他父亲参加十字军后，在圣彼得的保护下，他的荣誉不能受到损伤，也不能减少"[184]。当香槟伯爵亨利一世在 1179 年参加十字军出发前往东方时，克莱沃修道院的院长亨利代表伯爵向亚历山大三世正式提出请求，教宗应对伯爵的土地进行"加固和守卫，从而使任何想趁伯爵不在搞阴谋破坏的人都必然会激起您的愤怒"[185]。在教宗保护参战国王领地的事例中，最具争议的是英王理查德一世的案子。当 1193—1194 年这位十字军战士在返乡途中，被其对手德皇亨利六世囚禁在德意志时，西莱斯廷三世遭到来自理查德支持者的强大压力，要求他运用教会的力量来帮助理查德获释。[186] 教宗最终被说服，以教宗要保护十字军战士的财产为由，将理查德的弟弟、阴谋反对参战君主的约翰逐出教会。因为离开家乡前往东方的国王"将他的王国置于教宗的保护之下"[187]。然而，西莱斯廷三世本人政治地位的不确定性，使其放弃了将皇帝亨利六世逐出教会的决定：他转而选择谴责"（皇帝）封臣的放肆无礼"[188]。

前往东方征战的十字军战士享有的特殊身份和世俗特权，同样也适用于那些在西班牙与穆斯林作战的人。在 1123 年卡立斯特二世的一封书信中，教廷第一次向参加西班牙远征的骑士们承诺："我们给予东方教会保卫者的免罪恩惠也同样赋予你们。"[189] 1123 年的第一

---

[183] William of St-Denis, "Vita Sugerii abbatis" iii. 2. See Grabois (1964a).

[184] Eugenius III, JL 9214, col. 1321a. See Fried (1980), pp. 111 – 112.

[185] Henru of Clairvaux, "Epistola" 1. Cf. Alexander III, JL 13445, 关于摄政的香槟女伯爵玛丽（Marie）以及现存唯一关于 12 世纪财产保护的私人信件（*Epistolae pontificum Romanorum ineditae*, p. 179），见 Fried (1980), pp. 115 – 116。

[186] Peter of Blois, "Epistolae" 144 – 6（代表太后埃莉诺的利益）；*ibid*. 64, *PL* 207, cols. 187a – 190a［代表大主教鲁昂的瓦尔特（Walter of Rouen）的利益］。

[187] Celestine III, JL 16765, col. 899c. See Foreville (1943), p. 355; Brundage (1963), pp. 448 – 452; Gillingham (1978), pp. 217 – 240; Fried (1980), pp. 117 – 118.

[188] Celestine III, JL 17226, col. 1089c. 教宗把奥地利公爵利奥波德（Leopold）驱逐出教，因为后者抓捕了理查德一世，然后又将理查德转交给亨利四世。见下文第 383 页（译文第 420 页——译者注）。

[189] Calixtus II, JL 7116, col. 1305c. See Fletcher (1984), pp. 297 – 298.

次拉特兰公会，和 1139 年的第二次拉特兰公会，将西班牙的战争等同于海外的战争：两者都是十字军。[⑩] 西班牙的教会政治家强调这两种圣战之间的联系。"就像基督的骑士以及神圣教会忠实的孩子们通过奋斗、以血的代价打开了通往耶路撒冷的道路一样"，教宗特使、孔波斯特拉大主教迭戈·赫尔米雷斯在 1124 年声称："我们也要成为基督的骑士，征服上帝的敌人——罪恶的魔鬼萨拉森人，我们也要在基督的帮助之下打开一条同样通往圣墓的道路，这条路穿越西班牙的领土，比另一条要更短、更省力。"[⑪] 事实上，在 1147—1148 年，这两支十字军产生了交集。一支由益格鲁 - 佛兰德 - 日耳曼人组成的准备前往巴勒斯坦，参加第二次十字军东征的海上远征队，被说服参加了 1147 年 10 月征服里斯本的战斗。与此同时，"热那亚人在上帝通过罗马教会发出的劝诫和召集下"，前去帮助被困于托尔托萨的巴塞罗那伯爵拉蒙·贝伦格尔四世。[⑫] 为保卫耶路撒冷的十字军王国而建立的军事宗教团体——圣殿骑士团和医院骑士团，在西班牙积聚起大量地产，而且也参与到抵御穆斯林的战斗之中。西班牙的国王们，尤其是阿拉贡国王阿方索一世，希望他们在"再征服"战争中扮演主要角色。[⑬] 这一角色最终被来自西班牙卡拉特拉瓦（Calatrava）和圣地亚哥的新骑士团承担，他们的成立"代表着抗击穆斯林战争的制度化"[⑭]。亚历山大三世授予这些新团体以合法地位，并分别在 1164 年和 1175 年认可了这些新团体的教规，将他们置于教廷的保护之下。[⑮]

在我们所述时代的诸位教宗之中，只有西莱斯廷三世始终如一地对西班牙的圣战感兴趣。当他还是罗马的科斯美汀圣母堂（S. Maria

---

⑩　Concilium Lateranense I c. 10；Concilium Lateranense II c. 18.

⑪　孔波斯特拉（Compostela）大主教迭戈·赫尔米雷斯（Diego Gelmírez）在 1124 年教宗特使在孔波斯特拉召集的会议上如此说，*Historia Compostellana* ii. 78. See Villey（1942），p. 199；Fletcher（1984），pp. 298 - 299。

⑫　Caffaro di Caschifellone，"Annales Ianuenses"1147，p. 36. 见 Constable（1953），pp. 227 - 233；O'Callaghan（1975），pp. 230 - 232。

⑬　阿拉贡的阿方索一世（Afonso I of Aragon）将他的王国捐赠给圣墓的骑士团，即医院骑士团和圣殿骑士团（1131 年）。他去世后（1134 年），他的意愿被其子民无视，但英诺森二世一直坚持这一主张。见 Forey（1973），pp. 17 - 20；Lourie（1975），pp. 635 - 651；O'Callaghan（1975），pp. 222 - 226。

⑭　Lomax（1978），p. 109.

⑮　Alexander III，JL 11064，12504，cols. 310c - 312a，1024d - 1030c. 见 O'Callaghan（1959），(1960) and (1962).

in Cosmedin）的枢机执事海厄森斯（Hyacinth）时，就担任长老院中
负责西班牙事务的专员，承担了两次漫长的出使任务（1154—1155
年和1172—1175年）。他于1155年在巴利亚多利德（Valladolid）举
行的特使会议上呼吁组织反对萨拉森人的远征军，并且做出与当年乌
尔班二世许给十字军战士同样的特赦。[196] 1172年，他曾与卡斯蒂尔国
王阿方索八世一起努力，组织起一支远征军。[197] 1193年，作为教宗，
他发布了一道诏令，号召前去西班牙进行圣战，为参加西班牙圣战的
十字军战士提供与"那些前往圣墓的人"同样的精神褒奖和世俗特
权。[198] 西莱斯廷三世还禁止西班牙骑士参与东方的十字军，从而推动
西班牙圣战的开展。[199] 在他的权威感召下，那些来自波尔多（Bor-
deaux）本来宣誓前往耶路撒冷作战的十字军骑士，得以改为去西班
牙作战。[200] 西莱斯廷的特使的经历，使他清楚西班牙的圣战运动遭到
了基督教统治者的敌人多么强大的阻挠。因此，成为教宗后，他考虑
的主要任务之一，就是迫使西班牙有些勉强的国王和公侯们联合起
来，一起反对穆斯林。1195年，他要求基督徒内部要保持和平，并
威胁将那些对参与圣战的邻国开战的西班牙王侯逐出教会。[201] 当1196
年莱昂国王阿方索九世与阿尔莫哈德人结盟后，西莱斯廷就将他逐出
教会，声称如果阿方索利用穆斯林军队，"那么使徒教会就会以其权
威，免除他的王国治下各封臣对他的效忠和臣属地位"[202]。

在西莱斯廷三世成为教宗之前，西班牙君主在教宗记录中的形象
主要是财政资助的来源。伊比利亚半岛上的许多基督徒君王每年要向
使徒教会缴纳献金（census），巴塞罗那伯爵从贝伦格尔·拉蒙二世开
始缴纳这种贡赋，也就是在1090年，他成为罗马教会的封臣，把其城
市塔拉戈纳献给教会。[203] 可是，12世纪的教廷文件中并没有提及这一
封建关系。阿德里安四世在1158年曾记录伯爵拉蒙·贝伦格尔四世
本人和他的土地，都处于"圣彼得和我们的保护之下"，因为他参与

348

[196] Erdmann (1928), p. 55, appendix v; Säbekow (1931), pp. 48–51.
[197] Säbekow (1931), pp. 53–55.
[198] *Papsturkunden in Spanien*, ii, p. 200.
[199] Villey (1942), p. 200.
[200] Celestine III, JL 17539, *Neues Archiv* 6 (1880), p. 369.
[201] Celestine III, JL 17265, *ibid.*, p. 369.
[202] Celestine III, JL 17433, *Regesta pontificum Romanorum*, ii, p. 626.
[203] Jordan (1933–1934), p. 79, Fried (1980), pp. 87–101.

镇压野蛮之人和野蛮民族，即狂暴的萨拉森人。巴塞罗那伯爵现在拥有了十字军战士的身份。[204] 阿拉贡国王每年向圣彼得支付 500 曼库斯（*mancusi*）的年贡（*tributum*），而且他的每位封臣还额外支付一定数量的曼库斯（*mancusus*）。支付如此丰厚的年贡，并不是因为他是教宗的封臣，而是因为他享受圣彼得的保护。[205] 他的地位类似于教宗赐予圣彼得保护（*patrocinium*）的修道院。[206]（因此，教廷对阿拉贡事务很感兴趣，例如英诺森二世就很关注国王阿方索一世的遗嘱。）[207]

葡萄牙的阿方索一世·亨里克斯（Afonso Ⅰ Henriques）得到一个与阿拉贡国王相似的身份，用卢修斯二世在 1144 年颁授特权时的话说，就是他"将上帝委托（给他）的土地献给圣彼得……并将（他的）人民和土地都置于圣彼得的保护之下"。[208] 阿方索·亨里克斯在 1139 年 7 月 25 日打败穆斯林后，接受了"葡萄牙国王"的称号（*rex Portugalensium*）。他接受国王的称号以及向圣彼得寻求保护都是为了保证葡萄牙伯爵领地能够脱离莱昂王国获取独立。教廷最初并不在意这个国王的头衔：卢修斯二世在颁布的特权诏令中称阿方索·亨里克斯为"公爵"（*Portugalensium dux*）。然而，1179 年，亚历山大三世称赞他是"基督徒敌人的勇猛无畏的摧毁者以及基督教信仰的有力保护者"。鉴于阿方索一世已经得到国王的称号，于是教宗宣布他的王国"处于圣彼得的管辖之下"。[209] 这种教宗管理上的改变的实际意义在于，作为公爵的阿方索一世·亨里克斯需每年支付四盎司黄金作为献金，而作为国王，他支付的献金是以前的四倍，而且他还赠送给教宗 1000 枚金币作为礼物。[210]

葡萄牙的案例，具有 12 世纪西部基督教世界边缘地带，与教廷之

₃₄₉

---

[204] Adrian Ⅳ, JL 10419, col. 1570cd.

[205] 从 1068 年到罗马去朝圣开始的纳瓦拉国王桑乔·拉米雷斯与阿拉贡之间的关系，见 Fried（1980），pp. 63 – 87。"*mancusus*"一种阿拉伯金币，学者认为它就相当于使用得更频繁的 *marabotinus*。对比一下，应该注意到享受圣彼得保护的修道院所缴纳的年均献金是 2 *marabotini*，见 Jordan（1933 – 1934），p. 72；Pfaff（1956），p. 7。教宗封臣西西里王国每年缴纳的献金（*census*）在 1139 年相当于 1200 *marabotini*，在 1156 年涨到大约 2000 *marabotini*：见后文第 367 页。

[206] Tellenbach（1950），p. 53.

[207] *Papsturkunden in Spanien*，Ⅰ，p. 318（no. 50）. See Kehr（1928），pp. 46 – 47；Lourie（1975）；Fried（1980），pp. 189 – 190.

[208] Lucius Ⅱ, JL 8590, cols. 860d – 861a.

[209] Alexander Ⅲ, JL 13420, col. 1237b, 1237d. See Erdmann（1928），pp. 29 – 32, 49 – 50；O'Callaghan（1975），pp. 226 – 227, 241；Fried（1980），pp. 125, 140 – 142.

[210] Erdmann（1928），p. 49；Jordan（1933 – 4），p. 80.

间关系的典型特征。世俗统治者渴望教宗利用独一无二的权威使他们的政治野心合法化，他们愿意为获得教廷的支持，以向圣彼得寻求保护的形式支付大量钱财。同时，教宗也希望在边缘地带推行教会改革，使教宗特使能够进入该地进而促进当地教会结构的重组。教宗对斯堪的纳维亚的干涉就清楚说明了这种互利互惠的关系。代表性的事件是枢机主教阿尔巴诺的尼古拉（后来的阿德里安四世）在 1152—1153 年的率团出使。根据其传记作者的记载，他给"王国带来了和平，给野蛮人带来了法律，给修道院带来了宁静，给教会带来了秩序，给教士带来了约束，带来的子民既合上帝的意，又愿为善行献身"[211]。他到达挪威后，调解各王朝间的宿怨，又加强国王茵格（Inge）的权威。他主持召开的特使会议改善了教会的经济状况，提升了教士的社会地位。更重要的是他将圣奥拉夫（St. Olaf）的祭祀中心尼达罗斯（特隆赫姆）定为挪威教会的都主教区。[212] 枢机主教尼古拉还试图为瑞典王国的教会设立都主教区，但未能成功，因为当时生活在瑞典的哥特人和瑞典人互相敌对，任何一个地点都无法得到双方的认可。成为教宗后，阿德里安四世继续推进在瑞典建立都主教区的事宜，授权隆德大主教"在得到国王、主教以及当地各公侯的同意后，指定一座城市作为都主教区"[213]。最后，王国的居民同意选址乌普萨拉，1164 年，亚历山大三世回应他们的申请，正式授予该地都主教区的地位。[214]

350　教宗之所以要建议设立独立的都主教区，是因为在这样一个远离罗马且"皈依时间还不很长"的地方，需要一位有权威的人物，他能够"更频繁、更有效地关注信仰的拯救问题"[215]。然而，新的教会中心还具有不能丢给斯堪的纳维亚诸位国王的政治意义。挪威因王朝的纷争而分裂，瑞典则陷于哥特人及瑞典人的争斗，所以在这两个国家设立的都主教区是极有价值的统一和政治稳定的象征。[216] 作为回报，挪威和瑞典的国王们也愿意每年缴纳献金，以保持与罗马教会更

---

[211] Boso, "Vita Hadriani", ii, p. 388.
[212] Seegrün (1967), pp. 146 – 170.
[213] Adrian Ⅳ, JL 10454, in Seegrün (1967), pp. 174 – 175.
[214] Alexander Ⅲ, JL 11047 – 8, cols. 301c – 303d.
[215] Adrian Ⅳ, JL 10454, in Seegrün (1967), p. 174.
[216] Seegrün (1967), p. 203: "对于斯堪的纳维亚的国王来说，教宗的政策乃至大体上与教宗的联系都意味着他们的权力得到加强。"

紧密的联系。这项支出（与 11 世纪早期丹麦王国所缴纳的费用类似）似乎要追溯到阿尔巴诺的尼古拉担任特使时期。[217] 就瑞典而言，至少教宗长老会把缴纳的献金，直接与圣彼得的保护结合在一起。"很肯定地说，我们要求这项献金"，阿纳斯塔修斯四世写道，"与其说是为了我们自己的利益，不如说是为了拯救你们的灵魂，因为我们希望通过你们发自内心的奉献来获得圣彼得的庇护"[218]。

　　然而，不仅仅是斯堪的纳维亚的国王们想要与罗马建立紧密联系。这里的教会人员也意识到教宗的恩赐能推动其教堂有所成就，或者保护其免受世俗的干扰。斯堪的纳维亚最重要的教廷拥护者是隆德的埃斯基尔（Eskil），他是克莱沃的贝尔纳的朋友，曾将西铎会修道生活引入丹麦和瑞典。1157 年，埃斯基尔到罗马寻求教宗的保护，以对抗他的敌人丹麦国王斯维恩及其支持者，同时也是国王亲属的大主教不来梅的哈特维格。阿德里安四世为了保护埃斯基尔免受哈特维格把隆德置于不来梅管辖治下的影响，封其门徒埃斯基尔为教宗特使，并授予隆德有凌驾于瑞典和挪威所有教会之上的地位。[219] 哈特维格的计划，得到他的领主皇帝弗雷德里克一世的支持（弗雷德里克曾帮助其封臣斯文获得丹麦王位）。因此，教宗支持埃斯基尔的事件使 12 世纪 50 年代晚期的教宗与皇帝的关系进一步恶化。

　　另一位同样热情欢迎教宗权威的是伊思腾·厄棱德森（Eysten Erlendsson），他于 1161 年被亚历山大三世委任为尼达罗斯大主教。大主教伊思腾在 1163 年帮助国王马格努斯·厄灵森成功当选，并首次要求国王即位时主教区也要参与其中，从而主持了挪威国王的第一次祝圣和加冕礼。在加冕礼上，他得到了国王的誓言，此时，国王只是个男孩，他宣誓效忠并服从罗马教会。马格努斯还宣誓要遵从枢机主教阿尔巴诺的尼古拉的改革法令，每年向教廷缴纳献金，并向挪威的教会表示"应有的尊敬和顺从"。这种颠覆传统的国王承诺，显然模仿了都主教向教宗的宣誓模式。[220] 在获得了大多数人的支持后，国王马格努斯在大主教伊思腾的影响下，确认主教们在国王选举中的作

351

[217] *Ibid.*, pp. 154–155, 167, 169–170. See *NCMH*, iv, Part 1, ch. 11.

[218] Anastasius Ⅳ, JL 9938, col. 1088b.

[219] Seegrün（1967）, pp. 171–177.

[220] Holtzmann（1938）, pp. 376–377. 见 Seegrün（1967）, pp. 154, 187–199。

用并解除了世俗权力对主教选举的控制。冒险家斯维里·西古尔德森 (Sverri Sigurdsson) 在 1180 年击败马格努斯，篡夺了王位，随后试图恢复对主教选举和教会财产的控制。大主教伊思腾的继任者埃里克·伊瓦尔森（Eric Ivarsson）被驱逐流放，于是他向罗马申诉要回击这种篡权行为，和对教会权力的打压。1193 年，西莱斯廷三世判决将国王和他的支持者逐出教会，从而引发了王权与神权之间的长期斗争，直到 1198 年教宗向挪威下达了禁令。㉑

对于教宗外交来说，边缘地带的最大挑战是英格兰王国。据 1192 年编制的教廷赋税记录《不动产登记册》（Liber Censuum）记载，在西方所有为教宗年收入做出贡献的王国中，英格兰的贡献最大。其数目甚至超过了教宗的属国西西里王国。㉒ 英格兰捐款中最重要的部分是"彼得税"（Peter's pence），这是各教区的教会每年捐赠的虔诚供奉。国王在征收这些彼得税中起重要作用，而且负责把它护送到教宗长老会。"在英格兰王国，如果国王没有下令，没有人会向我们支付一分一厘的钱"，1165 年，伦敦的吉尔伯特·弗利奥特（Gilbert Foliot）主教这样对教宗说。因为"按照古老的习俗，这笔钱是由国王定期下令征收的"㉓。所以国王就可以控制这笔钱向教宗施压。这是国王亨利一世的策略，他要保护盎格鲁－诺曼国王们的传统习俗不受教廷格列高利派的改革法令的影响，也就是辖区内的教会事务要控制在自己手中。㉔ 目前尚没有关于 12 世纪 20 年代到 60 年代国王操纵彼得税的证据；但是，在 1166—1169 年间，有证据表明国王亨利二世延续其祖父的做法。为了维持亨利一世时的"惯例"，亨利二世在与穷困且四面楚歌的亚历山大三世谈判时曾以扣留彼得税要挟。㉕ 12 世纪

352

㉑ Innocent III, *Register* i. 382 (Potthast 386), *PL* 214, cols. 362a–363a. 见 Foreville and Rousset de Pina (1953), pp. 265–267。

㉒ Pfaff (1953), p. 114.

㉓ Gilbert Foliot, bishop of London, *Letter* 155, p. 206. 这项支出在《贡赋册》第一卷第 226 页（*Liber censuum*, i, p. 226）中被描述为"denarius beati Petri"，教会法庭也称其为"census beati Petri"和"eleemosyna beati Petri"：Paschal II, JL 5883, 6450, *PL* 163, cols. 81a, 377c。见 Jordan (1933–4), pp. 77–8; Lunt (1939), pp. 3–34, 并见 *NCMH*, iv, Part 1, ch. 11。

㉔ Eadmer, *Historia novorum* iii, p. 132. 见 Lunt (1939), pp. 36–37, 47。

㉕ Gilbert Foliot, *Letter* 177, p. 250 (1166/7)；（国王关于教会的宪法）1169, *Councils and Synods*, p. 936；见 Knowles, Duggan and Brooke (1972), pp. 757–71. Cf. William fitz Stephen, *Vita sancti Thomae* c. 65, *Materials*, iii, p. 74; EdwardGrim, *Vita sancti Thomae* c. 56, *ibid.*, ii, p. 406. See Lunt (1939), pp. 49–50。

的教廷既想要保护英国教会的自由，又需要维持与英王的友好关系，因此在平衡这两者之间颇费心力，其程度远超其他国家。

12 世纪的英国诸王在处理与教廷间事务时，均采用国王亨利一世的做法，他们作为他的子孙，曾骄傲地宣称要成为"自己领地的国王、教宗特使、牧首、皇帝和一切他想成为的人"[㉖]。帕斯卡尔二世指责亨利一世无视教廷的权利，因为他罔顾教会法中关于较重大的教会案件（maiores causae）必须提交罗马裁定的原则。"你在处理主教事务时没有咨询我们……你们剥夺了受审者向神圣教会申诉的权利。"[㉗] 事实上，在亨利一世统治期间，有四起重大案件使英国的教会人士向教宗长老会提出申诉：关于反对主教由国王授职的教宗法令的纷争；关于坎特伯雷大主教要成为英格兰王国乃至整个不列颠首席主教的要求；约克大主教要成为苏格兰都主教的要求；兰达夫（Llandaff）主教起诉邻居赫里福德主教和圣戴维兹（St Davids）主教的侵犯事件。甚至一些地位较低的神职人员也开始向罗马起诉英格兰教会法庭所做出的裁决。[㉘] 国王亨利一世意识到，由于格列高利派教宗的洞察力和能量，在西方基督教世界中教宗长老会已经成为生活中躲不开的部分。此时，罗马表现出的吸引力，就像吸引其他地区的教徒一样也吸引着英国的教徒，这些人为了维护自己的权利都向罗马提出申诉以获取教宗的支持。亨利一世自己也看出了寻求圣彼得对其王权承认的价值。1119 年，当他在日索尔会晤卡立斯特二世时，要求教宗授予其"他父亲在英格兰和诺曼底所拥有的一切权利"[㉙]。

亨利一世似乎已经做出决定，不是要将教宗的权力排斥在其领地之外，而是教宗权力的存在必须接受国王的条件并得到国王认可。因此，在 1119 年与教宗的会谈时，他特别指出教宗派使节到英格兰的做法违背了国王的"传统"。他反对教宗派使节的态度得到坎特伯雷教会的支持，因为坎特伯雷大主教要求成为教宗派驻英格兰王国的永

353

㉖　John of Salisbury, *Letter* 275, p. 580. 见 Deér（1964），pp. 168 – 181。

㉗　Paschal Ⅱ, JL 6453：Eadmer, *Historia novorum* v, p. 233. See Brett（1975），pp. 36 – 37. 关于 *maiores causae*，见 *NCMH*, iv, Part 1, ch. 11。

㉘　Brett（1975），pp. 50 – 57.

㉙　Eadmer, *Historia novorum* v, p. 258. Cf. hugh the Chanter, *History of the Church of York*, pp. 126 – 132.

久代表。㉙ 然而，1124 年教宗使节同时也是圣格里索格诺的枢机神父克雷马（Crema）的约翰访问诺曼底，1125 年他"还几乎走遍了整个英格兰，甚至冒着风险几乎成功抵达苏格兰，并且在伦敦主持了一次宗教会议……以及一些在两位威廉统治时期从来没有做过的事情"。这次使节行动与其他事件不同，既没有遭到国王的反对，也没有受到坎特伯雷大主教科尔贝（Corbeil）的威廉的反对，而且它还表明了教宗的权威对于他们二者来说是何等重要。首先，克雷马的约翰废除了亨利一世的侄子也是对手的威廉·克里托与安茹伯爵之女的婚姻，安茹伯爵是亨利在法国的主要敌人。因此教宗使节为亨利掌控诺曼底解除了一个相当严重的威胁。㉛ 其次，克雷马的约翰在教宗授意下，调查了坎特伯雷大主教颇具争议的诉求，也就是要拥有对约克的大主教司法权。科尔贝的威廉相信，在英国人的会议中（会上约克大主教的支持者占少数）调查此事，就是在证明其要求的合法性。㉒ 1126 年，洪诺留二世进一步安抚亨利一世国王：授权坎特伯雷大主教威廉为"英格兰和苏格兰的"使节。㉓ 这是教宗对拒绝坎特伯雷大主教要求主管整个约克的诉求所做出的补偿。坎特伯雷与约克间的争议在整个 12 世纪都没有停息，教廷就不停地利用同样的折中办法，先后把坎特伯雷的狄奥博尔德大主教（1150 年即位）及其继任者委任为教宗使节，这些继任者包括理查德（1174 年）、鲍德温（1185 年）和胡伯尔·瓦尔特（Hubert Walter，1195 年）。㉔

斯蒂芬国王的统治，为教宗干预英国的教会和王国事务提供了不同寻常的机会。第一，英国王位的继承纷争最后求助于教宗的裁决；第二，英国教会中的决定性人物热衷于追求教宗权威。温彻斯特主教布卢瓦的亨利是斯蒂芬国王的弟弟，在 1139 年到 1143 年间凭借与英诺森二世的友情，成为教宗在英国的特使。㉕ 一些英国的评论家把他

354

㉙ Southern (1963), pp. 130 – 142; Brett (1975), pp. 35 – 41.
㉛ Hugh the Chanter, *History of the Church of York*, p. 204. 参见 Orderic Vitalis, *Historia aecclesiastica* xi. 37 (vi, pp. 164 – 6) (the divorce of William Clito)。见 Tillmann (1926), p. 28; Schieffer (1935), pp. 215 – 216, 225; Brett (1975), p. 45。
㉒ Nicholl (1964), pp. 93 – 5; Brett (1975), pp. 45 – 47.
㉓ Honorius II, JL 7284, *Councils and Synods*, p. 743. 见 Tillmann (1926), pp. 30 – 33; Dueball (1929), pp. 99 – 100; Nicholl (1964), pp. 96 – 97; Bethell (1968), pp. 156 – 157。
㉔ Tillmann (1926), pp. 33 – 36; Saltman (1956), pp. 30 – 31; Cheney (1967), pp. 119 – 122; *Councils and Synods*, pp. 820, 966, 1022, 1042.
㉕ Tillmann (1926), pp. 41 – 50; Voss (1932), pp. 22 – 38, 41 – 53; Knowles (1951), pp. 33 – 37.

描述成教会暴君，说他牺牲了英国的"传统"以换取罗马的影响。"在温彻斯特的亨利主教担任特使、将其邪恶残酷地渗透进来之后，英格兰才开始出现（向罗马）申诉的现象。"[㊱] 亨利本人当然与教宗的权利有关[㊲]，而且也不是不愿意在对待坎特伯雷时利用成为特使后所享有的优先权。不管怎样，他召开的特使会议显示出他心里想着的就是教会改革，并且下定决心反对国王、力求保护教会的自由。[㊳]

斯蒂芬与温彻斯特的亨利都是国王亨利一世的侄子，当 1135 年亨利一世去世时，正是温彻斯特的亨利起到决定性作用，他与教会协商从而得到教会对他哥哥继承王位的支持。斯蒂芬僭取英国王位得到英国教会以及教廷的支持，拥有了合法性，因此，1136 年在他颁布的宪章开篇，新的国王就宣告了教会的自由。国王对教会自由的承诺是对教会支持他荣登王位的回报。"我，斯蒂芬，受上帝的恩惠，得教士及臣民的许可，由坎特伯雷大主教威廉和罗马教会特使封为神圣，随后经由神圣罗马教会的教宗的首肯，被选为英格兰之王……保证神圣的教会自由并给予应有的尊敬。"[㊴] 此后的 20 年中，教宗长老会还要持续关注英国王位的继承问题。在 1139 年的第二次拉特兰公会期间，亨利一世指定的王位继承人、他的女儿玛蒂尔达对斯蒂芬僭取王位提出质疑，并按照继承原则提出她自己对英国王位的要求。英诺森二世坚持原先的选择，继续支持斯蒂芬。"他不顾一些枢机主教，特别是圣马可（S. Marco）的枢机神父圭多的意见，接受斯蒂芬国王的礼物，并且在一封亲切的信中确认斯蒂芬作为英格兰国王和诺曼底公爵的地位。"[㊵] 然而，斯蒂芬在称号得到确认后不久，就开始疏远教会，试图恢复其前辈们对所辖教区的控制。当枢机主教圭多成功地成为教宗西莱斯廷二世时，"他给坎特伯雷大主教狄奥博尔德写信，禁止在英国进行一切有关王位的革新，因为这是法律问题，王位

㊱　Henry of Huntingdon, *Historia Anglorum* x. 31, p. 757.

㊲　例如，温彻斯特的亨利关注彼得税的征收事务，因此当时彼得便士似乎已经脱离了国王的控制，见 Brooke (1931), p. 182 n. 1; Voss (1932), p. 49; Lunt (1939), pp. 41 - 42。

㊳　*Councils and Synods*, pp. 781 - 810; Schnith (1976), pp. 103 - 115.

㊴　*Councils and Synods*, p. 764. 见 Davis (1967), pp. 18 - 20; Cronne (1970), pp. 30, 87, 125 - 126。

㊵　John of Salisbury, *Historia pontificalis* c. 42, p. 84. 参见 Gilbert Foliot, *Letters*, pp. 60 - 66; Peter the Venerable, *Letters*, ii, 2, pp. 252 - 256。见 Davis (1967), p. 18; Cronne (1970), pp. 89 - 90; Chibnall (1991), pp. 75 - 76。

的转移是法律所不允许的。他的继任者教宗卢修斯二世和尤金三世都
355 重申了这项禁令"⑪。在实际操作中，这种禁止一切革新的教令，意
味着国王斯蒂芬不能按计划把他的儿子加冕为国王。教宗政策的改
变，使国王斯蒂芬的竞争者玛蒂尔达的儿子成为国王亨利二世。

亨利二世统治的最初五年，正好是英国对教宗长老会影响最强的
时期，当时恰逢英国籍的教宗阿德里安四世在位。[当他还是枢机主
教阿尔巴诺的尼古拉时，他就是第二位被晋升为枢机主教的英国人，
第一位是神学家罗伯特·普伦（Robert Pullen），被委任为圣马蒂诺
与西尔韦斯特罗（SS. Martino e Silvestro）的枢机神父，并于 1145 年
到 1146 年在教廷大臣办公室任要职。]⑫ 阿德里安四世对于家乡的依
恋最重要的表现是对圣阿尔班（St Alban）的崇拜。⑬ 他还在许多方
面促使亨利二世增强了在这个岛国和大陆上进行领地扩张的野心。教
宗支持亨利的计划：把布列塔尼设为独立于图尔大主教区的独立教
会，并给予多尔（Dol）教会一系列特权，这些都与其前任们的政策
相悖。⑭ 在英格兰的事务上，阿德里安成功实现了对两位彼此竞争的
大主教的共同支持。他重新肯定了坎特伯雷的狄奥博尔德所享有的特
使地位，尽管他觉得有义务对这位大主教提出指责，因为后者与亨利
二世一起阴谋阻止英国教会人员向罗马提出申诉。⑮ 而对于约克大主
教罗杰，阿德里安授予他统辖苏格兰主教的都主教地位，并且在条款
上所做出的让步，比以往任何一位教宗都要明显。⑯ 阿德里安四世对
亨利二世的这种明显让步，被英国于 1156 年派往教廷的特使索尔兹
伯里的约翰记录下来，后者还是大主教狄奥博尔德家族的神职人员：
"在我的要求下，（阿德里安）做出了让步，把爱尔兰作为世袭财产
赋予杰出的英王亨利二世。"索尔兹伯里的约翰把这份赠予和以前的

⑪ John of Salisbury, *Historia pontificalis* c. 42, pp. 85 – 86.
⑫ Poole (1934), pp. 287 – 291; Zenker (1964), pp. 89 – 92; Smalley (1973), pp. 41 – 42.
⑬ Poole (1934), pp. 291 – 297; Sayers (1971b), pp. 58 – 60. 关于布雷克斯皮克（Breakspear）家族与圣阿尔班修道院间的联系，见 Southern (1970)，pp. 234, 249。尼古拉·布雷克斯皮克本打算担任教宗之后采用阿德里安一世的尊号，因为后者被认为对圣阿尔班（St Alban）表达了足够的敬重，见 *Councils and Synods*, p. 830。
⑭ Adrian IV, JL 10063 – 10065, 10102 – 10103, 10362, 10367, 10504. See Foreville and Rousset de Pina (1953), p. 36; Warren (1973), p. 561.
⑮ Adrian IV, JL 10128, *Historia monasterii sancti Augustini Cantuariensis*, pp. 411 – 413.
⑯ Adrian IV, JL 10000, cols. 1391c – 1392a. See Somerville (1982), pp. 40 – 42, 47 – 48, and also *NCMH*, IV, Part 1, ch. 11.

一份声明联系起来，即"据说根据'君士坦丁馈赠'，按照古老的权
利，所有岛屿都属于罗马教会"[247]。这是 12 世纪中唯一一次引用"君
士坦丁馈赠"（该文件对于格列高利派教宗很重要）来支持教宗对领
地的裁判权。[248]

　　考虑到亚历山大三世需要为其在 1159 年到 1177 年与皇帝弗雷德
里克一世的政教分裂中寻求盟友，因此亨利二世是希望这位阿德里安
四世的继任者能像其前任一样乐于助人。1161 年，亨利二世要求将
忏悔者爱德华封为圣徒，教宗亚历山大这才明白，亨利把这看作他在
政教分裂中支持教宗的恰当回报。[249]亨利有意让英国的主教参加亚历
山大的图尔会议（1163 年），这一想法得到教宗的回应，并向国王许
诺："不会把新的做法引入他的王国，其王权的尊严不容忽视。"[250]一
年后，亨利与坎特伯雷的新任大主教托马斯·贝克特在如何处罚犯重
罪的神职人员时产生分歧，于是国王寻求罗马教宗的支持。亨利二世
请求教宗承认其王国的"习惯法"，就像他的祖父在 1119 年会见卡
立斯特二世时的做法一样。然而，与亨利一世不同，亨利二世把这些
"习惯法"以文字的形式记录下来。当大主教将一份《克拉伦登宪
章》（Constitutions of Clarendon）的复件拿给教宗长老会时，他这样
描绘这份宪章："这就是英国国王的习惯法，它与教会的规定与法令
相悖，甚至与世俗君主的法律相悖，若依此习惯法，贝克特本人就必
须被流放。"[251]于是，亚历山大三世不得不谴责了亨利二世的 16 条
"祖先习惯法"中的 10 条。[252]

　　亚历山大的处境很不妙，国王向他寻求支持，他本人也需要得到
国王的支持；但国王的对手同时也向他寻求支持，而且此人又是公开

---

[247]　John of Salisbury, *Metalogicon* iv. 42, pp. 217 – 218. Giraldus Cambrensis, *Expugnatio Hibernica* ii. 5, pp. 144 – 146（and also *De rebus a se gestis*, *Opera*, v, pp. 317 – 318, and *De instructione principum*, *ibid.*, vii, pp. 196 – 197），preserved a papal letter recording this grant：Adrian IV, JL 10056（*Laudabiliter*）. The authenticity of this letter was questioned by Scheffer-Boichorst（1903），pp. 132 – 157, and Bémont（1925），pp. 41 – 53, and defended by Sheehy（1965），pp. 15 – 16；Watt（1970），pp. 35 – 40；Warren（1973），pp. 194 – 197.

[248]　"君士坦丁馈赠"被引用来支持乌尔班二世的领土要求，见 JL 5449, *PL* 151, cols. 330d – 331a. See Laehr（1926），p. 34, and also *NCMH*, iv, Part 1, ch. 9。

[249]　Gilbert Foliot, *Letter* 133, p. 177. See Kemp（1948），pp. 82 – 83。

[250]　Alexander III, JL 10834, *Materials*, v, p. 33. 见 Somerville（1977），pp. 8 – 9。

[251]　Roger of Pontigny, *Vita sancti Thomae* c. 60, *Materials*, iv, p. 62. 见 Warren（1973），pp. 490 – 491；Barlow（1986），pp. 122 – 3；*Councils and Synods*, pp. 894, 915。

[252]　Constitutions of Clarendon（1164），*Councils and Synods*, p. 877. 教宗绝罚令的习惯法有（nos. 1, 3 – 5, 7 – 10, 12, 15）：*ibid.*, pp. 878 – 883。

倡导英国教会自由的领军人物。贝克特的支持者担心亨利二世成功利
用教宗目前的困窘状况。据称，亨利二世为了免去贝克特的职位，已
经许诺每年缴纳的彼得税增加 1000 磅白银。[23] 亨利曾威胁说要终止
对亚历山大的顺从，并转而承认皇帝支持的对立派教宗。亚历山大无
法忽视国王的这种"可怕威胁"，而且也意识到他可以"在贝克特事
357　件和英国教会的问题上稍微疏忽一些"[24]。托马斯·贝克特曾经是亨
利二世的内阁大臣，当时是国王权利的有力维护者，当其成为坎特伯
雷的圣奥古斯丁（St Augustine）的继任者后，又转而热衷于维护其
恩主的权利。[25] 当他招致国王的仇视并面临威胁时，他（像隆德的埃
斯基尔和尼达罗斯的埃里克·伊瓦尔森一样）转而热烈推崇教宗的
权威，在自己的问题上寻求教宗的保护。贝克特这种明显的机会主义
行为，使其名望在他被谋杀（1170 年）后不久增添了含糊不清的
色彩。

　　有人说他是王国的叛徒，也有人说他是殉道者，因为他守护
了教会。巴黎的神学大师们也围绕着这一问题展开讨论。大师罗
杰认为他该死，虽然不该是这样的死法，将这位被神赐福的人的
坚定视为顽固。而大师彼得的看法与之相反，他认为贝克特是位
殉道者，值得上帝褒扬，因为他是为教会的自由而被杀害。[26]

　　在处理贝克特死后事宜时，教宗特使要求国王"发誓弃绝其在
任期间所启用的所有损害教会利益的习惯法"（1172 年）。[27] 亨利二
世则认为"几乎没有或完全没有"这样的习惯法。[28] 教宗没有具体分

㉓　William Fitzstephan, *Vita sancti Thomae* c. 65, *Materials*, iii, pp. 73 – 74.

㉔　Alexander Ⅲ, JL 11397, col. 483b; JL, 11832, col. 699c（to Thomas Becket）. 见 Barlow (1986),
pp. 143 – 144, 177 – 178。

㉕　Brooke (1931), pp. 192 – 195; Knowles (1963), pp. 98 – 128, and (1970), pp. 165 – 171; Small-
ey (1973), pp. 115 – 121; Warren (1973), pp. 450 – 451; Barlow (1986), pp. 88 – 98。

㉖　Caesarius of Heisterbach, *Dialogus miraculorum* Ⅷ. 69, ed. Strange, ii, p. 139. Caesarius 用贝克特坟
墓的神迹来解释这一纷争。"Magister Rugerus" 可能是指诺曼人 Master Roger, 也就是鲁昂的教士, 见
Baldwin (1967)。

㉗　狄奥都因（Theoduin）是圣维塔雷修道院（S. Vitale）的枢机神父, 阿尔伯特（Albert）是圣洛
伦佐修道院（S. Lorenzo）的枢机神父, 也即未来的格列高利八世, 信是写给桑斯大主教的, *Councils
and Synods*, p. 954。

㉘　亨利二世, 致主教 Bartholomew of Exeter, *ibid.*, p. 955。

辨哪些法条不合适，《克拉伦登宪章》中也没有注明。教宗使节们明确要求国王应该"允许与教会有关的案件能够自由地上诉到教宗面前，由他来处理，并遵守他的裁决"㉕。这也正是阿德里安四世曾经向亨利二世提出的要求。如果与罗马的沟通渠道保持畅通的话，亚历山大三世就会慷慨地对待国王。在介入爱尔兰问题时，他称赞亨利"是教会的忠诚的儿子"㉖。在 1173 年危险的叛乱中他支持了国王。㉗他还允许国王将帮助他迫害贝克特的王室侍从，安排到空缺的主教职位上。㉘亨利二世继续（像他的祖父一样）坚持原来的做法，即他的领地与教宗之间的联系需得到他的明确认可。1175 年，圣安杰洛的枢机执事休·皮埃勒昂（Hugh Pierleone）作为使节，应国王之邀来到英格兰，1186 年，圣塞尔吉奥·巴齐奥（SS. Sergio e Baccho）的枢机执事奥克塔维安，也以同样的身份来到英格兰。㉙然而，在 1176 年，西里欧山（Celio Monte）的圣斯特凡诺（S. Stefano）的枢机神父维维安（Vivian）来到英格兰，被任命为驻苏格兰和爱尔兰的代表，但由于他"未经国王允许"，结果被亨利二世扣押。直到这位使节发誓"他不会做出任何冒犯国王及其王国的事"，才被允许继续他的使命。㉚亨利二世的继任者，理查德一世一直阻止 1189 年被任命为特使的阿纳尼（Anagni）的约翰，也就是圣马可的枢机神父前来英格兰。新任国王禁止教宗使节参加他的加冕礼，唯恐教廷把特使的出席作为今后提出新要求的依据。㉛英国的教会人士同样对罗马的改革持有疑虑。1179 年，主教们坚持他们中只有四个人会参加第三次拉特兰公会（表面上是出于经济原因）。㉜1184 年，当卢修斯三世要求英

㉕　Theoduin and Albert, letter, *ibid.* , p. 954.

㉖　Alexander Ⅲ, JL 12163, col. 885a (to the kings and princes of Ireland).

㉗　亨利二世的儿子，小亨利国王，想要赢得教宗对他的支持，把自己当作倡导教会自由的代表人物，并且揭发了他父亲对主教的任命：*RHGF*, xvi, pp. 643 - 648. 参见亨利二世致亚历山大三世的信：*ibid.* , pp. 649 - 650. See Foreville and Rousset de Pina (1953), pp. 119 - 120; Warren (1973), pp. 312, 536。

㉘　Foreville (1943), p. 380; Mayr - Harting (1965); Duggan (1966), pp. 1 - 21; Warren (1973), pp. 534 - 536.

㉙　Ralph of Diceto, "Ex ymaginibus historiarum" 1, pp. 402 - 3; Roger of Howden (?), *Gesta regis Henrici Ⅱ*, ii, pp. 3 - 4. 见 Tillmann (1926), pp. 74, 80 - 81。

㉚　Roger of Howden (?), *Gesta regis Henrici Ⅱ*, i, p. 118. 见 Tillmann (1926), p. 77; Warren (1973), p. 537。

㉛　*Epistolae Cantuarienses* 315, p. 300. 见 Tillmann (1926), p. 84; Cheney (1956), p. 93。

㉜　Roger of Howden, *Chronica* 1179, ii, p. 171. 见 Cheney (1956), p. 92。

国教会给予他们资金支持时，主教们就提醒国王：这"可能会被转变成惯例，不利于王国"[265]。

不管怎么说，有明确的证据表明英国教会与教宗长老会之间的关系在12世纪下半叶得到加强。在教会生活的许多方面，来自罗马的援助已经变得必不可少。寻求圣彼得的保护比以往任何时候都热切。例如，在1159年到1197年间圣阿尔班修道院收到了100封来自罗马教宗的信件，与这座修道院在12世纪中叶之前所受到的教宗礼遇相比，这个数目是过去的总数的五倍之多。[268]越来越多的诉讼案件由英国的教会人士带到了罗马的长老会。其中最著名的就是"坎特伯雷案"，坎特伯雷教会的修道士们企图阻止大主教鲍德温捐资在哈克金顿（Hackington）修建一座非主教大教堂，后来又反对继任大主教胡伯尔·瓦尔特在兰贝斯（Lambeth）捐资修建非主教大教堂。这件事持续了15年。[269]英国教会的资料异常丰富，它们表明：许多教会人员都担任着代表法官（即受教宗委派来代表教宗长老会调查当地案件的当地法官）。[270]这些受委托案件引起各种各样的法律问题，使得代表法官们与教宗保持频繁的通信，因为这些问题只有教宗才能给出权威的裁定。教宗对于此类咨询（consultationes）的回复占据了自亚历山大三世担任教宗后发布的教宗法令（decretales epistolae）的大部分。教宗的信件反过来又成为经院学者为教会法学校和教会法庭编写教令集的原始材料。在编写教令集的人员当中，英国的经院学者人数最多、时间也最早（从12世纪70年代早期开始），这就解释了大部分教令（一半左右）都涉及英国的教会人士的原因。[271]英国的知识分子在尊重教宗的法律权威方面做出巨大贡献，而12世纪晚期经院思想的显著特征就是教宗的法律权威。

至于法兰西王国，在12世纪的大部分时间里，教宗都享受着与之比较轻松的关系。正是这段时期打下了法国与教宗的联盟基础，这

[265]　Roger of Howden（?），*Gesta regis Henrici II*，i，p. 311. 见 Lunt（1939），pp. 175 – 176。

[268]　Cheney（1956），p. 85.

[269]　这些被《坎特伯雷书信集》（*Epistolae Cantuarienses*）中的 571 封信件记录下来，见 Cheney（1956），pp. 3 – 4，73 – 74，85，90 – 92；Mayr – Harting（1965），pp. 45 – 46；Cheney（1976），pp. 5 – 8，208 – 220。

[270]　Morey（1937），pp. 44 – 78；Cheney（1941），pp. 180 – 181；Morey and Brooke（1965），p. 243；Sayers（1971a），pp. 9 – 10. 见 *NCMH*，iv，Part 1，ch. 11。

[271]　Brooke（1931），pp. 212 – 214；Holtzmann（1945），pp. 16，34；Duggan（1963），pp. 66 – 117。

点对于 13 世纪和 14 世纪非常重要。有些教宗在成为教宗之前就与法国有联系。勃艮第人卡立斯特二世，维埃纳的圭多的前任大主教，曾是帕斯卡尔二世委任的常驻法国东部和勃艮第地区的永久特使。[272] 在那里，"他作为特使，无论走到哪里，都会发现几乎所有知名人士都是他的子侄，或亲属，或下属"[273]。英诺森二世还是圣安杰洛的枢机执事格列高利时，曾经两次以特使的身份到访法国［两次都与特拉斯泰韦勒的圣玛丽亚的枢机神父彼得·皮埃勒昂（Peter Pierleone）同行，而此人也是后来他在 1130 年颇具争议的教宗选举中的竞争对手］。[274] 西莱斯廷二世，也就是卡斯泰洛（Castello）的圭多，曾经在巴黎的学校学习。他是彼得·阿贝拉尔的学生，是他那一代人中最有学问的人之一，而且是第一位具有大师（magister）头衔、被晋升到枢机主教级别的教士（1128 年）。[275] 未来的西莱斯廷三世，也就是海厄森斯·博博（Hyacinth Bobo），也是阿贝拉尔的学生，还曾经在长老会上与其对手抗辩为阿贝拉尔辩护。[276] 还有三位教宗也是在法国开始的教职生涯：尤金三世（曾经是克莱沃的修士），阿德里安四世（阿维尼翁的圣鲁夫的常驻教士）和格列高利八世［拉昂的圣马丹（St-Martin）的常驻教士］。[277]

　　教宗长老会中的许多重要人物差不多都与法国有关。教廷大臣海默里克（Haimeric）是勃艮第人[278]，他的继任罗伯特·普伦曾在巴黎的学校教授神学。[279] 枢机主教阿尔巴诺的马修是法国人，在任驻法国特使时曾不知疲倦地为英诺森二世的事业奔走，此前还是圣马丹—德尚修道院院长[280]，他们那里的一名修士伊马尔（Imar）后来成为图斯库兰的枢机主教。[281] 12 世纪中叶曾到最多地方担任教宗特使的枢机主 [360]

[272] Schieffer (1935), pp. 195 – 198.
[273] Hugh the Chanter, *History of the Church of York*, p. 118.
[274] Schieffer (1935), pp. 214 – 215.
[275] Zenker (1964), pp. 83 – 84; Luscombe (1969), pp. 20 – 2; Classen (1974), p. 433, and (1983), pp. 129 – 130.
[276] Zenker (1964), pp. 162 – 163; Classen (1974), p. 433, and (1983), pp. 130, 133, 150. Cardinal Hyacinth of S. Maria in Cosmedin 在 1162 年也是派驻法国的特使，见 Janssen (1961), pp. 80 – 81。
[277] Zenker (1964), pp. 36, 185 – 186; Kehr (1924), p. 250.
[278] Schmale (1961b), pp. 97 – 98. Poole (1934), pp. 287 – 291; Smalley (1973), pp. 40 – 41.
[279] Poole (1934), pp. 287 – 291; Smalley (1973), pp. 40 – 41.
[280] Berlière (1901); Janssen (1961), pp. 15 – 18, 30 – 34; Zenker (1964), pp. 32 – 34.
[281] 他随后进入克吕尼修道院，见 Zenker (1964), p. 44。

教奥斯蒂亚的阿尔贝里克，也来自圣马丹—德尚修道院。[282] 在英诺森二世担任教宗期间，枢机主教学院中有九名法国人，其中八人直接与英诺森在法国最重要的支持者克莱沃的贝尔纳有关。[283] 教宗的名誉侍从圣苏珊娜（S. Susanna）的枢机神父约尔丹，原是兰斯附近的蒙特迪约（Le Mont-Dieu）的一名加尔都西会修士（Carthusain）。[284] 在第三次拉特兰公会召开前夕，亚历山大三世曾让其法国事务专家提供一份合适的名单，以便从法国招募新的成员，这位专家就是特使彼得，同时也是圣格里索格诺的枢机神父，在进入枢机主教团之前曾是莫城（Meaux）主教，后来一直担任布尔日大主教直到去世。教宗倡议的结果是枢机主教团中增添了两名来自法国的修道院院长，一位是克莱沃的亨利（阿尔巴诺的枢机主教），另一位是苏瓦松的圣克雷品的贝尔纳（Bernered of St – Crépin），也就是帕莱斯特里纳的枢机主教。[285]这些提拔确保了教宗长老会能够继续推行法国修道士倡导的改革和法国学派的影响。

　　从卡立斯特二世到亚历山大三世，召开的总共 12 次教宗会议中有七次在法国境内举行。其中三次在兰斯（1119 年、1131 年和 1148年）。之所以会选择这座城市，部分原因是兰斯大主教享有兰斯伯爵的职位和收入，能够负担得起接待教宗长老们的费用；另一部分原因是这里靠近德意志帝国的领土，为来自帝国的主教们参加会议提供了便利。[286] 最为重要的是，当罗马处于极度危险的境遇时，法国为教宗长老们提供了避难场所。卡立斯特二世在克吕尼修道院被枢机主教们选为教宗（1119 年 2 月 2 日），而这些枢机主教就是陪着格拉修二世一起流亡法国的人。[287] 卡立斯特在法国继续停留了 11 个月，也是在

361

[282]　他被委任为英格兰、苏格兰、十字军的安条克公国以及法国的特使，见 Tillmann（1926），pp. 38 – 40；Janssen（1961），pp. 39 – 40；Zenker（1964），pp. 15 – 20。

[283]　枢机主教有：Drogo, Alberic of Ostia, Stephen of Palestrina, Imar of Tusculum, 以及枢机神父有：Baldwin of S. Maria in Trastevere, Ivo of S. Lorenzo in Damaso（Master Ivo of Chartres）, Chrysogonus of S. Prassede, Luke of SS. Giovanni e Paolo。见 Zenker（1964），pp. 13 – 14, 19 – 20, 40 – 41, 45, 55, 78 – 79, 117, 136。

[284]　Zenker（1964），pp. 104 – 106. See also Jacqueline（1953），pp. 31 – 32.

[285]　Peter of S. Grisogono, *Epistola*（to Alexander Ⅲ），*PL* 200, cols. 1370d – 1372a. On Peter's career see Pacaut（1955），pp. 835 – 837；Janssen（1961），pp. 61 – 69, 92 – 93, 104；Zenker（1964），pp. 162, 165 – 166.

[286]　Graböis（1964b），p. 9.

[287]　Meyer von Knonau（1909），pp. 108 – 109；Robinson（1990），pp. 63 – 65.

那里，他在 1119 年主持了他的前两次宗教会议（图卢兹和兰斯）。[288]
1130 年英诺森二世在教会分裂后的第七个月逃到法国，这个目的地
也许是出于他的主要顾问勃艮第人海默里克和生于兰斯的阿尔巴诺的
马修的建议。当英诺森在 1130 年 9 月到达法国时，他们还不清楚国
王路易六世对于他们的要求持何种态度，于是教宗暂居克吕尼修道
院。当圣德尼修道院院长叙热来通知说，在埃唐普（Etampes）举行
的国王会议已经承认了他的身份后，英诺森就进入了卡佩国王的管辖
范围。[289] 他在法国停留了 17 个月，并分别在 1130 年 11 月和 1131 年
10 月在克莱蒙和兰斯召集了会议，这两次会议代表着他事业的顶
峰。[290] 尤金三世为逃避罗马的政治旋涡来到法国，并在那里于 1147—
1148 年停留了 9 个月。除了两周在香槟外，他一直留在卡佩王朝的
势力范围内，并且在 1148 年 3 月主持了他的兰斯会议。[291] 在法国逗
留时间最长的是亚历山大三世，于 1162—1165 年，历时 3 年 5 个月。
起初，他住在蒙彼利埃的一个叫作梅尔戈伊（Melgueil）的乡村，这
里是罗马教会的一位封臣的领地，教宗可以征收封建税赋。[292] 1163 年
5 月，在位于卡佩王朝与金雀花王朝交界区的图尔召开宗教会议后，
他又来到卡佩王朝的腹地，在桑斯安顿下来，此后教宗长老会从
1163 年 10 月到 1165 年 4 月一直驻在那里。[293]

因此，在教宗文件和教宗支持者的文字材料中，能发现对卡佩王
朝诸王的赞美之词。英诺森二世"选择最高贵的法国人的王国作为
安全，且得到了证明的避难场所，是除上帝之外会对本人和教会予以
保护的地方"，圣德尼的叙热这样写道。[294] 亚历山大三世赞扬国王路
易七世"在效仿其祖先方面是值得称赞的"，遭受迫害的教宗"可以
在他那里享有长久和平的天堂和适时的庇护"。[295] 实际上，1128 年克
莱沃的贝尔纳曾在教宗面前指责国王路易六世是"新的希律王"，

[288] *Regesta pontificum Romanorum*, i, pp. 782 – 793；Graböis (1964b), p. 7.

[289] Suger of St-Denis, *Vita Ludovici grossi regis* c. 32, pp. 258 – 260. 见 Graböis (1981), p. 600。

[290] *Regesta pontificum Romanorum*, i, pp. 844 – 854；Graböis (1964b), p. 7.

[291] *Regesta pontificum Romanorum*, ii, pp. 40 – 57；Gleber (1936), pp. 83 – 102；Graböis (1964b), p. 8.

[292] 这里从 1085 年起就成为罗马教会的臣属公国，见 Pacaut (1953), p. 18；Fried (1980), pp. 72 – 73, 130。关于亚历山大三世 1162 年 5 月在蒙彼利埃举行的宗教会议，见 Somerville (1977), p. 7。

[293] *Regesta pontificum Romanorum*, ii, pp. 157 – 195；Pacaut (1953), pp. 18 – 23.

[294] Suger, *Vita Ludovici grossi regis* c. 32, p. 258.

[295] Alexander Ⅲ, JL 10644, col. 100bc.

362 因为他主张在审判权上王权高于教会。[294] 然而，洪诺留二世谴责了贝尔纳攻击国王的行为，并在与路易六世的通信中向国王保证自己对他抱有父亲般的感情。[295] 在主持兰斯宗教会议时，英诺森二世当着路易六世的面，为年轻的路易七世施了涂油礼，使其成为国王，从而明显表露出他将自己的事业与路易六世及其王朝的事业结合起来的用心。加冕礼对于卡佩王朝和教宗国都是一场庆典，教宗就像在所有的盛大和神圣的节日一样，身着象征身份的盛装，头戴弗里吉亚饰带（*phrygium*）。[296]

事实上，路易七世的统治以他和英诺森二世的争吵开始。1137 年，由于路易七世支持的大臣卡杜尔克（Cadurc）未能当选布尔日大主教，因此他拒绝承认成功当选的彼得·德·拉·沙特尔（Peter de la Chatre）。而英诺森二世却坚决支持彼得，而且还禁止国王领土举行礼拜和圣礼，因为彼得是教廷大臣枢机主教海默里克的侄子。[297] 这种禁令只有等到英诺森由更有智谋的西莱斯廷二世接任之后，才得以解除。[298] 后来，路易七世率军参加第二次十字军的举动才改善了教宗与国王的关系。具体说来，起初在 1147 年 3 月 30 日，路易欢迎尤金三世来第戎，他还"抚摸了罗马教宗的脚，含着泪水行了吻足礼"[299]。当他离开前往东方后，国王"就把王国交到教宗和神圣教会的保护之下"[300]。虽然他的十字军行程无功而返，但却拥有了基督信仰忠诚拥护者的声名，"每做一件事的开头和结束时都首先考虑上帝的意志"。"像国王一样宽宏，像王子一样勇敢，像骑士一样富有朝气"，他的十字军中有一位历史学家这样写道，"他的诚实赢得人们的拥护，他的虔诚赢得上帝的青睐"[301]，在此之外，他又获得教会自由捍卫者的名声。此后，他以一种巧妙的方式对法国教会的事务施加影

---

[294] Bernard, "Epistola" 49. 路易六世反对巴黎的斯蒂芬主教想要改造巴黎圣母院中小教堂的计划，结果与桑斯大主教和图尔大主教发生分歧，见 Luchaire (1890), pp. clxxv – clxxviii。

[295] 洪诺留二世的指责内容包含在教廷大臣 Haimeric 的一封信中（未能保存下来）。其内容可以从贝尔纳的 "Epistola" 51 中找到，见 Vacandard (1920), i, pp. i. 277 – 281。

[296] *Chronicon Mauriniacensis monasterii* ii. See Klewitz (1941), p. 105; Schramm (1960), p. 120.

[297] *Chronicon Mauriniacensis monasterii* iii. See Pacaut (1957), pp. 94 – 99, and (1964), pp. 42 – 43, 68.

[298] Pacaut (1957), pp. 99 – 100, and (1964), pp. 68 – 69.

[299] *Chronicon de Ludovico Francorum rege*, *fragmentum*, RHGF, xii, p. 91.

[300] Eugenius, JL 9345, col. 1394d.

[301] Odo of Deuil, *De profectione Ludovici Ⅶ in orientem* vii, p. 142.

响：再没有出现布尔日那样的冲突对抗。[304] 在 1159 年到 1177 年的政教分裂中，他冒着很大风险支持亚历山大三世，而后又在英国的托马斯·贝克特与亨利二世的分歧中支持前者，从而塑造了其神圣国王的形象。1161 年，亚历山大三世把路易七世与皇帝弗雷德里克一世的行为作对比，这时皇帝还没有完成其保护罗马教宗的传统义务。"弗雷德里克，他的职位要求他成为教会的支持者和保护者，而他却粗暴地反对教会；而您，最虔诚的基督君主，却爱教会，以她为荣，并以 363 最忠诚的情感崇敬她。"[305]

卡佩国王的窘迫境遇使他时常向其领地内的教会寻求资金支持。当被要求庇护流亡的教宗长老会，并切断支付给罗马的常规赋税和教会财产时，国王所提供的物质支持的形式是容许流亡教宗与他一起分享法国教会的财产。[306] 传统上，教宗有权利要求任何教会为其提供接待 [后来称为 "教士管理" (procuratio canonica)]，但是该权利只能身在当地才可享用。[307] 教宗长老会还临时向法国教会提出两点要求：施舍和 "饮食供应"。施舍或称 "救济"，是教宗长老会在紧急时候向那些原本与教宗联系不多的教会提出接待的要求。至于 "教宗饮食供应"，是指教宗要求国王或者一位主教赋予教宗长老会的某一名成员以法国圣俸教士之职，而此人既可以得到圣俸的工资，还可以继续在教宗长老会供职。教宗在法国流亡时期制定的紧急措施，后来成为教宗财政体系固定的组成部分，成为此后中世纪晚期需要向教廷提供接待服务的理由。[308]

即使克雷芒三世在 1188 年缔结协议后回到了罗马，教宗们继续坚持分裂时期教宗长老会所制定的财政措施，这也就解释了为什么教宗长老会在 12 世纪 90 年代避免与新任法王菲利普二世发生冲突。菲利普二世从两个方面对抗教廷：他威胁到参加十字军不在国内的英王理查德一世在法国的财产；他经由法国的主教和贵族们组成的委员会，使自己获得颇具争议的离婚判决。西莱斯廷三世保持克制，没有

[304] Pacaut（1957），pp. 103 – 104，147 – 148.

[305] Alexander Ⅲ，JL 10644，col. 100bc.

[306] Pacaut（1964），pp. 91 – 117.

[307] Berlière（1919），pp. 510 – 511；Bruhl（1974），pp. 426 – 427.

[308] Lunt（1934），p. 77；Graböis（1964b），pp. 15 – 17.

立即对这位卡佩国王采取措施，这种做法还影响到其继任者英诺森三世。[309] 西莱斯廷曾在巴黎的学校学习，在他任职教宗长老会的漫长经历中，遇到两位流亡法国的教宗，因此，西莱斯廷的天然倾向就是安抚法国国王。[310] 教廷的脆弱和皇帝亨利四世的日益强大，都在时刻提醒教宗长老会与法王保持良好关系的价值。

　　12 世纪直接影响到教廷安全的政治关系是：第一，与罗马城中教宗子民的关系；第二，与教宗的传统保护者也就是西部皇帝的关系；第三，与教宗的封国，即南意大利和西西里的诺曼王公的关系。这三种关系错综复杂，有时还威胁到教廷的独立。由于教宗顾问们的意见不一，因此在决定如何应对这些威胁时所遇到的困难就经常变得更加严重。从 12 世纪初开始，枢机主教们十分乐观，声称他们有权成为教宗的顾问，而且在关键时候教宗们显然都会谨慎听取这些教友的建议。[311] 从枢机主教团内部的历史资料获得的信息表明：在渴望影响教宗决策的枢机主教中间存在不同派系。教宗们似乎有时会利用自己委任枢机主教的权力来控制这种派别之争，并且起用那些他们认为与自己意见相近的人担任枢机主教。这也许就是卢修斯二世、克雷芒三世和西莱斯廷三世任教宗期间，会委任他们的亲信加入枢机主教团的原因。[312]

　　尤其是 12 世纪三次大规模的委任枢机主教的行动，可以理解为教宗试图在枢机主教团中引入可靠的支持者。首先，在 1121 年 9 月致命流行病发生之后，卡立斯特二世不得不招募 16 名枢机主教。在那些可以确定下来由他任命的人当中，就有来自意大利北部和法国的人。[313] 这就促使人们思考教宗这样做是想要与已有的、来自罗马和南意大利的枢机主教相抗衡，后者是他从其前任教宗帕斯卡尔二世那里继承下来的，与他的意见不一致。[314] 其次，在 1130 年教会分裂时，枢机主教团中支持英诺森二世的人不足一半，在他任期之内委任了50 名。可以确定由他任命的名单中包括四名罗马人、七名北意大利

──────────

[309] Baldwin (1986), pp. 83–87, 88–89.
[310] Pfaff (1961), pp. 124–125.
[311] 见 *NCMH*, iv, Part 1, ch. 11。
[312] Zenker (1964), pp. 41, 132; Pfaff (1955), pp. 86, 91, 92.
[313] Hüls (1977), pp. 142–143, 162, 164, 193, 220, 236, 238.
[314] Klewitz (1957), pp. 372–412; Schmale (1961b), pp. 31–57, 79–80.

人，一名洛林人和九名法国人。英诺森的任命大多在法国或托斯卡纳地区流亡期间发布，所以被认为是对卡立斯特二世任期内出现的这种趋势的有意强化。[315] 再者，1187 年克雷芒三世继承的枢机主教团人员极少，好像只有 18 名枢机主教，人数太少以至于无法正常行使枢机主教的职责。1188—1190 年间，克雷芒委任了大约 30 名枢机主教，其中大部分（和他一样）都是罗马人，而且还有一些来自主宰罗马的大家族——马拉布兰科（the Malabranca）、德·帕帕（de Papa）、伯伯讷-奥尔西尼（Bobone-Orsini）、孔蒂-波利（Conti-Poli）、肯齐（Cenci）、皮埃勒昂、克雷森蒂等家族（Crescentii）。克雷芒三世在教宗任期内与罗马城实现和平，结束了长达 45 年的冲突，而他通过委任枢机主教团的成员来巩固这一和平。[316] 关于每位枢机主教的资料，并不足以使我们信心十足地说明神圣枢机主教团政治的各个方面。然而，大致可以确信的是，教宗们利用自己的任命权组建起一个顺从的枢机主教团，以便在遇到威胁自身的危险时，能够一致对外。

说到罗马城，在 12 世纪早期，城中的豪门贵族野心勃勃，威胁到教廷的独立。虽然 12 世纪罗马城中，各家族没有哪一个像 10 世纪和 11 世纪早期时的贵族那样，强大到能够以"贵族教廷"的形式来主宰教廷。但危险在于，枢机主教团内部的派系斗争，会促使枢机主教们利用与罗马城的贵族结盟来掌控教宗的决策。1124 年和 1130 年的教宗选举就是在罗马的两大家族——弗兰吉帕尼和皮埃勒昂进行权力斗争的背景下发生的。1124 年 12 月 16 日洪诺留二世的当选是教廷大臣海默里克领导的枢机主教派谋划的结果，他利用弗兰吉帕尼家族的力量达到自己的目的。[317] 洪诺留二世去世后，海默里克在枢机主教团中的对手们，在特拉斯泰韦勒的圣玛丽亚的枢机神父彼得·皮埃勒昂的领导下，依靠后者的皮埃勒昂家族的支持，挫败了海默里克第

365

⑮ Zenker (1964), pp. 13–14, 19–20, 40–41, 45, 55, 78–79, 117, 136, 202; Tillmann (1972), pp. 336–344; Maleczek (1981), p. 57.

⑯ Wenck (1926), pp. 440–441; Pfaff (1955), pp. 84–93, and (1980), pp. 269, 280.

⑰ Klewitz (1957), pp. 243–247; Schmale (1961b), pp. 120–123; Stroll (1987), pp. 11–12, 82, 140–141, 156–157; Robinson (1990), pp. 65–69. 见后文 p. 373。

二次操控教宗选举的企图。[318] 后来，枢机主教彼得·皮埃勒昂成为对立教宗阿纳克莱特斯二世，其统治使他的家族在短期内控制了罗马城。在 12 世纪 40 年代中期，他们参与罗马市民自治的要求，以试图重新获得城中的影响力。当罗马人建立公社后，"他们选择皮埃勒昂家族的重要人物贵族约尔丹作为行政长官。为了伤害教宗，他们摧毁肯修斯·弗兰吉帕（Cencius Frangipane）家族的宫殿，因为这个家族总是在教会需要时能够提供帮助"[319]。

　　1143—1188 年间，教宗们发现：作为敌对势力，罗马城市共和国比罗马大家族更可怕。罗马城市共和国的发展，与其他城市如伦巴第和托斯卡纳的共和国发展类似，它们摆脱了主教和封建领主的统治，成立了自治的城市共和国，并把管辖权扩张到周边的村镇（contado）。1143 年，罗马人决定征服拉丁姆（Latium）地区，把它作为罗马下辖的周围村镇；当英诺森二世反对他们这种扩张野心时，他们就起义反对教宗，拒绝教宗对这座城市实施世俗统治的要求。他们控制卡比托山（Capitol），成立元老院，其成员享有行政和司法管理权，并对外宣战和签署条约。[320] 在以后的 45 年中，教宗和共和国之间不时地发生冲突（在 1159—1177 年教会分裂期间冲突激化，当时罗马人站在皇帝一边）[321]，表明教宗没有能力废除元老院。尤金三世最早意识到教宗必须与罗马人和解。1145 年，他在"元老院成员应该通过（教宗的）权威来享有他们的职位"的基础上讲和。[322] 这种妥协，也是克雷芒三世与元老院在 1188 年 5 月 31 日签订和约的基础，该和约使教宗能够再次平安地生活在罗马。每年元老院议员必须向教宗宣誓效忠；而作为回报，教宗则必须放弃对罗马共和国领土扩张野心的抵制。[323]

　　在 12 世纪的大部分时间里，罗马人对教宗的敌意使他更加依赖

[318] Klewitz (1957), pp. 209-229; Schmale (1961b), pp. 145-161; Stroll (1987), pp. 82-90; Robinson (1990), pp. 69-75. 也见下文原书第 373 页。

[319] John of Salisbury, *Historia pontificalis* c. 27, p. 59. 见 Palumbo (1942), pp. 198, 291。

[320] Halphen (1907), pp. 53-57; Rota (1953), pp. 41-63; Partner (1972), pp. 178-181; Benson (1982), pp. 340-359.

[321] Petersohn (1974), pp. 308-316.

[322] Odo of Freising, *Chronica* vii. 34, p. 367. See Rota (1953), pp. 93-101; Partner (1972), p. 182.

[323] Treaty of 1188, *Liber censuum*, i, pp. 373-374. 见 Petersohn (1974), pp. 289-337; Pfaff (1980), pp. 263-265。

别人，有时是其传统保卫者——皇帝，有时是新得到的保护者——南
意大利和西西里的诺曼人。教宗与诺曼君主之间的关系是封君与封臣
的关系：诺曼君主宣誓"效忠受上帝恩宠的彼得、神圣的罗马教会
和我的教宗陛下"[324]。南意大利是唯一一块教宗在圣彼得这一教会财
产之外拥有的地区，教宗在这里对封建宗主权的要求具有直接实践意
义。与教宗的这种封建关系使 11 世纪诺曼公国的建立合法化。这种
关系后来在 12 世纪又使教宗卷入西西里的单一诺曼王国的建立。在
我们所讲述的时代的开始阶段，卡立斯特二世和洪诺留二世与阿普利
亚的威廉公爵（1111—1127 年）关系密切，威廉是一位忠诚的封臣
和虔诚的君主，他发行的钱币上有圣彼得的头像。[325] 教宗还插手阿普
利亚事务，帮助公爵取消叛乱的封臣身份；为了维护和平，教宗们接
受阿普利亚地区的伯爵和男爵们的效忠宣誓。他们还设法保护威廉免
受其贪婪的亲戚和封臣，也就是西西里伯爵罗杰二世（1105—1154
年）的侵扰，此前，罗杰二世经过四年征战强行夺走公爵的领土卡
拉布里亚。[326] 1127 年，威廉去世，没有留下子嗣，而阿普利亚公国的
继承人正是这位罗杰，对于此人，教宗长老会常常徒劳无益地谴责他
对西西里教会的残暴行径。

　　考虑到一位如此冷漠无情的君主继任后的前景，长老会又强制推
行其对封建关系的相当过时的解释。只有经教宗许可，南意大利的采
邑才能由各诺曼封臣掌控：它不是世袭继承，只有得到教宗授权才能
合法得到采邑。[327] 支撑这种理论的基础是关于"合适"（idoneitas）的
政治观念（继承于格列高利教宗）：世俗政权只能由一位"适合神圣
教会荣誉的"统治者来实施。[328] 当罗杰二世再次强调其继承要求时，
洪诺留二世就将他逐出教会，"因为他攫取公爵称号，且未经罗马教
宗同意，他无权如此"[329]。洪诺留二世和英诺森二世曾分别在 1127—
1128 年和 1137—1139 年与罗杰的对手结盟，将他逐出意大利半岛。

367

[324] Oath of William II of Sicily: MGH Constitutiones i, p. 592. 参见 oath of Tancred: ibid., pp. 592 - 593。

[325] Deér (1972), p. 45.

[326] Kehr (1934), p. 26; Deér (1972), pp. 162 - 163.

[327] Deér (1972), pp. 51 - 106, 126 - 163.

[328] Gregory VII, Register ix. 3, MGH Epp. sel. ii, p. 575. 见 Robinson (1990), pp. 312 - 316。

[329] Romuald of Salerno, "Annales" 1127, p. 418.

当他们二人试图在南意大利推行关于教宗的权利概念时，都被罗杰击败。[30] 过去教宗分化和统治诺曼君主的传统的政治策略，在罗杰二世成功地将诺曼各公国统一到其管理之下后，就显得无关紧要了。英诺森二世在 1139 年被迫将罗杰的成就合法化，承认他是"西西里王国、阿普利亚公国和卡普亚公国"的法定主人。[31] 然而，即使在失败的时刻，教宗长老会仍坚持将"合适"观念作为衡量世俗统治者资格的标准：称罗杰应该得到国王的身份，因为他"谨言慎行、公正而且适合统治民众"[32]。随后的 17 年中，诺曼人进一步扩张并蚕食圣彼得的教会财产，阿德里安四世被迫在 1156 年签订《贝内文托宗教协定》，承认罗杰之子威廉一世（1154—1166 年）为整个意大利半岛南部的统治者，并任其从教廷夺走相当可观的收入和司法管辖权。[33]

然而，教宗在 1156 年的失败开启了教宗和西西里王国之间长达 30 年的和睦协作。在 1159 年到 1177 年教廷与帝国的冲突中，亚历山大三世的生存部分依靠威廉一世及其继承人威廉二世（1166—1189 年）的军事和财政援助。因此，在枢机主教博索撰写的亚历山大传记中，是这样歌颂诺曼国王的：威廉一世是"罗马教会忠诚和虔敬的儿子"；威廉二世也享有与他父亲一样的"忠诚和虔敬"。[34] 这种和谐关系以威廉二世的早逝宣告终结。1189 年和 1127 年一样，由于统治者去世时没有留下子嗣，一位相当不"合适"的继承人的继承权威胁到教廷。要求享有继承权的人是威廉的姑妈，也就是德意志国王和未来的皇帝亨利六世的妻子康斯坦丝。面对"西西里王国与帝国结盟"（*unio regni ad imperium*）的可怕前景，教宗长老会再次求助"合适"（*idoneitas*）原则。与当初洪诺留二世和英诺森二世的做法一样，教宗克雷芒三世和西莱斯廷三世以宗主国要自己选择封臣为由反制康斯坦丝的继承要求。教宗拒绝了康斯坦丝，将西西里王国授予她非婚生的侄子坦克雷德。[35] 教宗的策略因坦克雷德的早逝以及亨

[30] Deér (1972), pp. 175–230.
[31] Innocent II, JL 8043, col. 479b. See Kehr (1934), p. 42；Deér (1972), pp. 223–230.
[32] Innocent II, JL 8043, cols. 478c–479d.
[33] Concordat of Benevento, *MGH Constitutiones* i, pp. 588–591（nos. 413–4）. 见 Kehr (1934), p. 46；Deér (1972), pp. 247–253, 258–259。另见下文原书第 378 页。
[34] Boso, "Vita Alexandri III", ii, p. 414. See Chalandon (1907), pp. 301, 375.
[35] Chalandon (1907), pp. 121–123；Kehr (1934), pp. 51–52；Deér (1972), pp. 260–261.

利六世于 1194 年征服西西里而遭遇挫败，亨利六世也最终成功实现了"西西里王国与帝国的联合"[⑳]。

按照传统，保护教宗和圣彼得的教会财产是皇帝的首要职责："我们的主人皇帝，因其高贵的职责，是神圣罗马教会的守护者和特殊的保护人。"[㉝] 与教廷缔结《沃尔姆斯政教协约》（Concordat of Worms）的亨利五世（1106—1125 年在位）显然未能履行这一职能。他的继任者洛塔尔三世（1125—1137 年在位）是 12 世纪唯一履行其保护者职责，且令教廷满意的皇帝。洛塔尔本人在 1133 年举行皇帝加冕礼的前夕，用教廷惯用的语言来描述皇帝的职责。既然上帝指定他为神圣罗马教会的守护者和保卫者，他就有义务"为庇护教会而更加心甘情愿地工作"[㉘]。枢机主教博索把他描绘成"最伟大的基督徒皇帝，为上帝和基督教的信仰而狂热，像是公教的守护者"。卡西诺山的编年史家用格列高利的"合适"概念来描述他：洛塔尔"有益于帝国的荣耀，且最适合于帝国的荣耀"[㉙]。洛塔尔的继任者康拉德三世（1138—1152 年在位）也被勉励来担当同样的角色——例如，克莱沃的贝尔纳曾提醒他保卫教会是他作为守护者（advocatus）的职责[㊵]——但是占据其任期大部分时间的德意志内战使他无法履行这一职责。（康拉德三世是自 10 世纪中期以来首位未能在罗马加冕的德王。）康拉德的侄子和继承人弗雷德里克一世·巴巴罗萨（1152—1190 年在位），被证实恰恰是另一种人，与教廷非常需要的罗马教会的守护者（advocatus）、赞助人（patronus）和保护人（defensor）完全相反。"从教宗阿德里安在位时期开始，也就是从他在 1155 年获得皇帝的尊号开始，他就像暴君一样，压迫并严重伤害着神圣罗马教会。"[㊶] 1159—1177 年教宗与皇帝之间的冲突迫使教宗在整个基督教世界中寻求帮助：从西西里国王到意大利北部及中部的各个城市，以及短暂地从拜占庭帝国、从法国教会和王国那里寻求帮助。

369

㉚ Chalandon（1907），pp. 443－491；Robinson（1990），pp. 395－397，515－516.

㉝ Alexander Ⅲ，JL 10597；Boso，"Vita Alexandri Ⅲ"，ii，p. 401. See Ullmann（1970），pp. 121，198，217，223.

㉘ Lothar Ⅲ，Encyclica，MGH Constitutiones i，p. 167.

㉙ Boso，"Vita Innocentii Ⅱ" ii，p. 383. Chronica monasterii Casinensis iv. 87，p. 548.

㊵ Bernard，"Epistola" 244 c. 3.

㊶ Alexander Ⅲ，JL 10627－8，cols. 89bc，91ab.

这个时期的教宗历史始于教廷与帝国的和平承诺，却终止于教宗与斯陶芬诸位皇帝弗雷德里克一世和亨利六世，长达 40 年之久的冲突或不稳定的休战关系。1122 年 9 月签订的《沃尔姆斯政教协约》终结了"引起 50 多年动乱的王权与教权间关于授职权的长期争吵"，马姆斯伯里的威廉（William of Malmesbury）在 1125 年如是说。[342]（大约在 1162 年），也就是教廷与帝国冲突后期，赖谢斯伯格的格尔霍奇在准备著述时，使人们回忆起"强烈的暴风雨过后……和平到来"时的幸福时光。"就这样，因上帝的仁慈，自格列高利七世以来就似乎因授职权之争而分裂的教会，终于统一起来。"[343] 从教宗的角度看，《沃尔姆斯政教协约》并非完美的解决方案。就像卡立斯特二世在 1123 年的第一次拉特兰公会上，对批评他的人所解释的那样：这只是一种妥协，教廷被迫如此，"但她不是赞同而是忍耐"，"为了恢复和平"。[344] 1122 年教宗赐下的特权只是暂时的权宜之计，"为了和平只是向亨利五世让步，而没有向他的继承人让步"，此后还要与未来更令人满意的皇帝再进行谈判。[345]

在 12 世纪的第二个 25 年中，担任教宗的是洪诺留二世和英诺森二世，他们在当枢机主教时曾负责《沃尔姆斯政教协约》的谈判，在成为教宗后，他们抓住机会以协约未能预料到的方式，插手德意志教会事务。洪诺留的特使支持普雷蒙特修道院院长诺伯特当选马格德堡大主教，驳回一位国王亲戚的要求。[346] 英诺森打算利用《沃尔姆斯政教协约》中核心内容的模棱两可做文章。教宗的特权允许皇帝在当选主教尚未被其都主教祝圣之前将权柄（regalia，与主教有关的所有权和行政管理权）授予他。这是否意味着如果扣留候选人的权柄，皇帝会否决该选举？那么反过来，这种在皇帝特权前让步的"自由祝圣"，是否意味着当皇帝拒绝给予当选主教权柄时，都主教可以直接为其祝圣呢？[347] 1132 年，英诺森采纳后一种解释，为特里尔的当选

[342]　William of Malmesbury, *De gestis regum Anglorum* v. 435（i, p. 780）. 见 Schieffer（1981），p. 3 n. 7。

[343]　Gerhoch of Reichersberg, "Commentarius aureus in psalmos", 33. 见 Classen（1960），p. 27 n. 5。

[344]　Gerhoch of Reichersberg, "Libellus de ordine donorum Sancti Spiritus", p. 280. 见 Benson（1968），pp. 229 – 230；Wilks（1971），pp. 77 – 79；Classen（1973），pp. 413 – 422。

[345]　Odo of Freising, *Chronica* vii. 16, p. 331.

[346]　Hauck（1952），pp. 126 – 133.

[347]　Concordat of Worms, *MGH Constitutiones* i, pp. 159 – 160（imperial privilege）161（papal privilege）.

大主教祝圣，而后者未曾得到皇帝授予的权柄。这样的做法后来被萨尔茨堡大主教康拉德效仿，将神职授予雷根斯堡的当选主教。[48] 可能正是为了回击这些做法，洛塔尔三世在 1133 年 6 月自己的皇帝加冕礼上提出关于自己在主教选举中享有何种权利的问题。他从英诺森（在教会分裂中需要依赖皇帝的帮助击败对手）那里获得一项特权，承认"其应得的和教会法规定的惯例"，也就是教宗与皇帝关于授职权问题的最后一份协议。[49]

1133 年的教宗特权消除了前一年英诺森曾利用过的《沃尔姆斯政教协约》中的模棱两可之处。当选主教或当选修道院院长"在从（洛塔尔）那里得到相关权柄并向他表达应有的尊重之前，不得擅自篡权或夺取权柄"[50]。因此，历史学家弗赖辛的奥托在 1156 年描述德意志国王在有争议的主教选举中的权利时，理直气壮地把否决权归于皇帝。"任命主教是属于君主的权力，该人选由贵族建议，由君主选出，而且未经国王亲手通过君权之杖授予其权柄之前，任何当选者都不得祝圣。"[51] 奥托描述的是斯陶芬王朝历任国王——他自己的姐夫国王康拉德三世和他的外甥弗雷德里克一世——的做法，他们坚持遵守 1122 年教宗对皇帝的所有让步，要求高级教士向他们效忠，而这却是虔诚的洛塔尔三世所放弃的仪式。[52] 与他们同时代的神学家赖谢斯伯格的格尔霍奇，仍然希望能够对该协约进行修订，按照第一次拉特兰公会卡立斯特二世的批评者们所希望的那样："我们希望在不远的将来，（效忠）之恶能从我们之中消除。"[53]

这些希望因弗雷德里克·巴巴罗萨获得了对德意志教会的牢固的领主权而落空。事实上，弗雷德里克致力于将德意志惯例也应用到其管辖下的意大利王国的主教身上，从而大幅扩张《沃尔姆斯政教协约》出让的皇权。[54] 到 12 世纪末，德意志教会人士广为接受的是皇帝版而非教宗版的《沃尔姆斯政教协约》。1186 年，好斗的乌尔班三

[48] Hauck（1952），pp. 149 – 152.

[49] Innocent II，JL 7632，*MGH Constitutiones* i，p. 168.

[50] *Ibid.*，pp. 168 – 169. 见 Benson（1968），pp. 256 – 263。

[51] Odo of Freising，*Gesta Friderici imperatoris* ii. 6，pp. 85 – 86.

[52] Classen（1973），p. 433.

[53] Gerhoch，"Libellus de ordine donorum Sancti Spiritus"，p. 280.

[54] Benson（1968），pp. 284 – 291；Classen（1973），pp. 436 – 437，442 – 443.

世干涉富有争议的特里尔大主教的选举，为弗雷德里克一世反对的候选人弗尔马尔（Folmar）祝圣。这是要显示教宗对德意志教会的权威，也是故意挑起与皇帝的冲突。教宗的行为激起德意志主教的谴责，他们声称"以前最严谨的记录，也未见哪位前辈教宗对哪位前辈（皇帝）做过这种事情"[63]。大家已经忘记了1132年，英诺森二世对该协约重新解释的努力。乌尔班三世的继任者谨慎地放弃了对弗尔马尔的支持，而特里尔争议的解决，使皇帝对德意志教会的统治更加稳固。[64]

371

12世纪的教宗继续全神贯注于授职权纷争结束时遗留下的第二个未解问题：托斯卡纳女伯爵玛蒂尔达的领地。她是格列高利派教宗的忠诚和精力充沛的支持者，曾想把她在托斯卡纳广袤的自主领地遗赠给圣彼得。这样一份遗产是位于托斯卡纳的第二宗"圣彼得的教会财产"，预示着教宗权力和财力的极大增加。然而，1115年，玛蒂尔达去世时，她的亲戚皇帝亨利五世声称是该遗产继承人，夺走了这些土地，使教宗不能拥有该地的继承权。[65] 在洛塔尔三世统治早期，当洛塔尔的对手、对立国王斯陶芬的康拉德，企图夺走玛蒂尔达的土地作为反对洛塔尔战争的基地时，皇帝和教宗两人的利益都受到威胁。[66] 这一共同危险促使洛塔尔和英诺森二世对托斯卡纳遗产的继承问题妥协。1133年6月8日，在洛塔尔加冕的两天之后，英诺森将玛蒂尔达的土地封授给他，作为回报，教宗每年得到100镑银子的献金，如果皇帝死亡，该领地将归还给罗马教会。这块采邑后来被再次授予洛塔尔的女婿、巴伐利亚公爵"骄傲的"亨利，后者还被要求向圣彼得和英诺森表示尊崇和效忠。[67] 这份协议对12世纪中期教宗财政的稳定具有重要贡献。[68]

在1159年到1177年的教会分裂，以及与皇帝弗雷德里克·巴巴罗萨的战争期间，流亡中的教宗再次失去对玛蒂尔达领地的控制。

㉝ 马格德堡大主教维克曼（Wichman）致乌尔班三世的书信（*MGH Constitutiones* i, p. 445）；见美因茨大主教阿达尔博特（Adalbert）与其副主教的通信，*ibid.*, p. 447；见 Hauck (1952), pp. 319 – 321。

㉞ Zerbi (1955), pp. 22 – 28；Pfaff (1980), pp. 275 – 276。

㉟ Overmann (1895), pp. 143 – 144；Servatius (1979), pp. 100 – 104。

㊱ Bernhardi (1879), pp. 206 – 207, 481 – 485。

㊲ Innocent Ⅱ, JL 7633, *MGH Constitutiones* i, pp. 169 – 170。

㊳ Overmann (1895), p. 51；Pfaff (1927), pp. 4 – 5；Jordan (1933 – 4), p. 70。

1176 年 5 月 29 日，当皇帝在莱尼亚诺（Legnano）战役中被教宗的盟友、伦巴第各城市共和国击败后，最初的和平谈判中就提到了恢复12 世纪中期的繁荣景象。1176 年 11 月，皇帝的谈判代表在阿纳尼做出让步，同意归还教宗的财产和玛蒂尔达领地。然而，紧接着 1177 年 7 月在威尼斯的和平谈判中，皇帝利用教宗及其同盟的厌战情绪，最终做出的让步远远不及其代表在阿纳尼曾做出的允诺。作为接受亚历山大建议并与教宗盟友达成和平的回报，弗雷德里克成功地得到玛蒂尔达领地 15 年的收入。[60] 威尼斯和约并没有解决玛蒂尔达领地的所有权问题，后来在 1184 年由卢修斯三世和弗雷德里克一世在维罗纳继续讨论。教宗拒绝了皇帝满意的解决方案，即教宗应放弃对该遗产的所有继承要求，作为回报，帝国每年从意大利得到的收入中拿出十分之一给教宗，九分之一给枢机主教团。[62] 只是到 12 世纪末，也就是根据 1197 年亨利六世所立的遗嘱（假如这份文件是真实的），教廷才得到收回托斯卡纳遗产的承诺。[63]

皇帝亨利六世很难对付，但 1197 年他的早逝消除了对教廷独立的一系列威胁，并给予教宗史无前例的行动自由。在过去的四分之三世纪中，教廷致力于寻求依靠联盟来维护其独立，并确保其对罗马和圣彼得教会财产的控制权。1122—1156 年，教宗与皇帝结盟，此时皇帝是唯一能保护其不受西西里诺曼统治者侵犯的力量；1156—1197 年间，他又与包括西西里国王在内的皇帝的众多敌人联盟，这也是教宗抵挡斯陶芬王朝对教会独立的威胁的唯一手段。不幸的是，对教宗统治的稳定性来说，长老会的成员在采纳这些策略时却很少能意见一致。在 12 世纪的历史中，派系斗争是枢机主教团的重要特征，似乎都与教廷在决定其政治策略时所面临的困难选择关系密切。

与皇帝联盟的策略是枢机主教团正处于调整之际制定的。就在1121 年，也就是签署《沃尔姆斯政教协约》的前一年，卡立斯特二世前往罗卡·尼塞佛罗（Rocca Niceforo）要塞与西西里的罗杰二世

⑥⓪ Pact of Anagni c. 3, 6, *MGH Constitutiones* i, p. 350. 见 Kehr (1888)；Leyser (1982), pp. 259 –261。
⑥② Frederick I, letter to Lucius III, *MGH Constitutiones* i, pp. 420 –421. 见 Pfaff (1981), pp. 164 –165。
⑥③ Henry VI, "Testament", *MGH Constitutiones* i, pp. 530 –531. 这份文献因被《英诺森三世》（*Gesta Innocentii III*）引用而得以保存下来，关于其真实性的评估，见 Pfaff (1964)。

谈判，后者侵占了其堂兄阿普利亚的威廉的公国。就在罗杰支吾搪塞之际，教宗的随从感染了疫病，导致许多枢机主教去世，教宗本人也几乎因此丧命。正是这场灾难迫使卡立斯特在 1121—1123 年重新任命 16 名枢机主教来重组枢机主教团。由于他任命的人都有法国和意大利北部的背景，所以历史学家认为他是为了反制当时已占主教团大部分的罗马人和南意大利人的影响。[364] 卡立斯特的继任者洪诺留二世对几位新枢机主教的任命也得到了类似解释。[365] 卡立斯特任命的人当中最重要的是圣玛丽亚·诺瓦（S. Maria Nuova）的枢机执事海默里克，他自 1123 年到 1141 年起就担任教廷大臣一职，在任职期间，他成为长老会中能左右政策走向的人物。海默里克被认为是枢机主教团中某个派系的领袖，该派系主要由 1121 年以后任命的"新"枢机主教组成。正是他在卡立斯特去世后的组织策划，促成奥斯蒂亚的枢机主教朗伯特（Lambert）成功当选为教宗洪诺留二世（1124 年 12 月 16 日）。这次选举依靠的是弗兰吉帕尼家族的武装力量，而且此前枢机主教团中的另一些成员已经选举圣阿纳斯塔西亚（S. Anastasia）枢机主教狄奥博尔德为教宗，并已经为他披上教宗的紫色披风。[366]

1130 年的教宗选举纷争几乎可以说是海默里克大胆行动的结果。就在洪诺留二世去世前不久，枢机主教团担心城市动荡不安，将这次选举继任者的行动委托给由八名枢机主教组成的选举委员会，这其中就包括海默里克。当洪诺留去世并匆忙下葬后，海默里克不顾当时委员会中有两名委员缺席，加紧推动他属意的候选人，同时也是选举委员会成员的圣安杰洛的枢机执事格列高利成功当选。格列高利在 2 月 14 日凌晨就任，称英诺森二世。当枢机主教团的大部分成员听闻此事后，认为海默里克的行为不合法，就又进行了一次选举。他们推选的教宗称阿纳克莱特斯二世，是来自特拉斯泰韦勒的圣玛丽亚的枢机神父彼得·皮埃勒昂，同时也是皮埃勒昂家族的成员，该家族是海默里克的盟友弗兰吉帕尼家族的竞争对手。[367] 皮埃勒昂家族的势力使阿

---

[364] Klewitz (1957), pp. 209–259; Schmale (1961b), pp. 31–57, 79–80; Deér (1972), pp. 172–174; Hüls (1977), pp. 142–143, 162, 164, 193, 220, 236, 238.

[365] Schmale (1961b), pp. 52–56; Zenker (1964), pp. 83–84, 157; Hüls (1977), pp. 96–97, 239, 243.

[366] Klewitz (1957), pp. 243–247; Schmale (1961b), pp. 120–123.

[367] Schmale (1961b), pp. 145–161; Pellegrini (1968), pp. 265–302; Stroll (1987), pp. 82–90.

纳克莱特斯的支持者成功地让他们的教宗登上宝座，控制了罗马城，并驱逐了英诺森二世及其追随者。然而，到了仲夏，流亡的英诺森二世却得到许多颇有影响力的改革派团体的承认，其中最著名的有克莱沃的贝尔纳和西铎会。到 1130 年底，英诺森二世已经被法国和德意志的国王及教会承认。"尽管他被赶出了罗马，可是他得到了全世界的支持"，他的主要辩护者贝尔纳这样写道。"难道不是所有的君主都知道他才是上帝真正的选择吗?"[368] 然而，因为有西西里的罗杰二世的支持，阿纳克莱特斯二世仍然继续控制罗马直到 1138 年去世。从西西里伯爵罗杰一世在位时开始，皮埃勒昂家族就与西西里的诺曼王朝关系密切。如今，以 1130 年 9 月 27 日教宗发放的特权为标志，这种联盟发展至顶点，该特权授予伯爵罗杰二世统治西西里、阿普利亚和卡拉布里亚的国王之位。教宗创造这个新王国的特权得到九名皮埃勒昂家族成员的签名同意，其中只有一位不是该家族成员。[369]

历史学家们对于 1130 年的教会分裂以及导致分裂产生的枢机主教团内部的分化提供了互相矛盾的解释。弗兰吉帕尼和皮埃勒昂两大家族对罗马控制权的争夺、海默里克要主导教宗长老会的决心、枢机主教中决定教廷改革目标的两个派系的斗争：这些各种各样的问题都能从发生在 1130 年 2 月的事件中探寻出来。[370] 尤其是海默里克和彼得·皮埃勒昂分别被认为是枢机主教团中两个党派的领袖，而且关于教宗应采取何种政策，他们所持的观点完全相反。1130 年，就像之前在 1124 年所做的那样，海默里克通过将支持卡立斯特政策的候选人选为教宗，从而保证该政策的连续性。英诺森二世是新近加入枢机主教团的成员选出的候选人，而他的竞争对手则是原有的枢机主教们，这一事实说明：彼得·皮埃勒昂代表着主教团中保守派的利益。[371] 那么是什么样的政策分歧使他们彼此对立呢? 有一条线索可循，首先，海默里克在 1124 年和 1130 年确定的教宗人选的身份——

374

⑧ Bernard, "Epistola" 124. See Graböis (1981); Reuter (1983); Stroll (1987), pp. 91 –101, 169 –178.

⑨ Deér (1959), pp. 121 –122, and (1972), pp. 212 –214.

⑩ 关于这些讨论的综述，见 Schmale (1961b), pp. 1 – 6, 29 – 31; Palumbo (1963); Maleczek (1981), pp. 28 –30; Stroll (1987), pp. 1 –9, 179 –181。

⑪ Klewitz (1957), pp. 211, 213 –221; Schmale (1961b), pp. 34 –79; Hüls (1977), pp. 150 –152, 186 –187, 206 –207, 221 –222, 227.

两位枢机主教都曾在 1122 年负责授职权问题的谈判；其次，强硬的格列高利派对 1123 年第一次拉特兰公会所做决议的反对。1130 年枢机主教团的分裂也许源于卡立斯特二世招募新的枢机主教，以抗衡那些对放弃格列高利改革政策心怀怨恨的老江湖们。该政策的一个核心内容就是与南意大利的诺曼人保持友好，这种友好关系因西西里的罗杰二世在 12 世纪 20 年代的侵略扩张而越来越受威胁。海默里克可能非常希望终止与诺曼人的联盟，而彼得·皮埃勒昂则希望能继续下去。[372]

　　另一个重要线索可能是海默里克与克莱沃的贝尔纳的友谊。关于教会分裂最有争议的解释，是将枢机主教团的分裂归结于 1100 年前后出现的"新心灵"运动：西铎会、正规教士会和普雷蒙特利修会等新修会的新心灵主张。据此观点，英诺森的支持者主要是来自法国和北部意大利的"新"枢机主教，而上述地区受到"新心灵"运动的巨大影响；阿纳克莱特斯的拥护者主要是罗马和南意大利的"旧"枢机主教，遵循较早时期的本尼狄克修道主义和格列高利派主张。[373] 然而，对分裂前夕主教团的情况所做的最新分析显示：是海默里克在 1130 年 2 月 13—14 日采取的行动造成了两极分化，在那之前，枢机主教内部并没有类似性质的党派，海默里克的做法使那些支持他的人和对其行为表示反感的人公开决裂。海默里克和他的亲密追随者可能有一个非常明显的目标：要么让海默里克在长老会中的影响永远持续下去，要么继续那些他曾在 1123 年到 1130 年为之效力的教宗们的政策。但是，为了反制海默里克的人选而推选了阿纳克莱特斯二世的那些枢机主教，并没有如此明确的目标。选举阿纳克莱特斯的人来自不同的利益集团，包括反对《沃尔姆斯政教协约》的老派格列高利派拥趸、坚决支持与诺曼人联盟的人，以及那些只是对教廷大臣海默里克的跋扈行为心怀怨恨的枢机主教。

　　1130 年之后两个对立教宗长老会之间尖锐的政策分歧已然显现，但这可能只是偶然发生，并非基本政策不同造成。经过两次选举后，两位教宗每人领导一半左右的枢机主教，于是重新任命枢机主教，而人员的选择却明显不同。可以确定身份的新枢机主教中由阿纳克莱特

　　[372] Chottorow (1972), pp. 30 – 40.
　　[373] Klewitz (1957), pp. 210 – 211, 255; Schmale (1961b), pp. 43, 56 – 57, 124 – 144, 272 – 279. 见 Tellenbach (1963) 的评论; Classen (1968); Maleczek (1981)。

斯任命的人是罗马教会的副执事，而英诺森任命的大多从意大利北部
和法国选出。这一点可以说明：阿纳克莱特斯派实行的是"保守的"
补充政策，英诺森派的政策则是"改革的"，而更可能的是两位教宗
的任命都受迫于局势。罗马教会中比较次一级的教士选择与阿纳克莱
特斯一起留在罗马，这样一来，他们就能够在后者的长老会中继续发
挥专长。而英诺森只能从其他地方招募人员，他主要是从其生活最久
的流亡地寻找合适的人选。[574] 阿纳克莱特斯在教宗任期中致力于进一
步加强教廷在南意大利的利益，以及进一步推动教宗与诺曼人的联
盟。因此，他奉行的是"格列高利派"政策；但这也可能与其说是
他保守主义的结果，不如说是他过于依靠西西里的罗杰二世的结果。
英诺森二世的政策则是由"新心灵"支持者的朋友圈决定的——克
莱沃的贝尔纳、克吕尼的可敬的彼得、马格德堡大主教诺伯特、拉文
纳大主教瓦尔特、赖谢斯伯格的格尔霍奇——也是靠着这些人的影
响，英诺森二世才最终得到罗马以及罗杰二世领地以外地区的广泛承
认。[575] 这也意味着英诺森本人就是"新心灵"运动的拥护者，或也可
能是这位被驱逐的教宗寻求一切可能的帮助，而贝尔纳的朋友圈包括
了西方基督教世界中最有效力的宣传者。[576]

　　英诺森二世重建的教宗长老会的政治策略聚焦于与皇帝的合作。
德意志的洛塔尔三世就是很好的合作对象，他曾于 1133 年 6 月 4 日
由英诺森在罗马的拉特兰大教堂加冕为帝，此时也在英诺森的朋友圈
里受到尊崇，被认为是"一位敬畏上帝的皇帝，一位精力充沛的军
事首领，武功赫赫，言行谨慎，对上帝的敌人毫不留情，对朋友公
平，对敌人凶猛"[577]。在教宗长老会中，他长期被作为君主的典范而
铭记，正是他在 1136—1137 年率领的意大利远征军打败了教宗的敌
人罗杰二世，并将他赶出意大利半岛。[578] 教宗在描述这些事件时小心
回避了一个事实，那就是这场胜利旋即暴露出教宗和皇帝在对待阿普
利亚公国时，各自权利方面的尖锐分歧。教宗的观点是：洛塔尔作为

376

　　[574]　Elze（1950），p. 166；Zenker（1964），p. 202；Tillmann（1972），pp. 336 – 344；Maleczek（1981），
p. 57.

　　[575]　Klewitz（1957），pp. 210 – 211，254 – 255；Schmale（1961b），pp. 56 – 57，77 – 80，253 – 279.

　　[576]　Reuter（1983）；Stroll（1987），pp. 169 – 178.

　　[577]　"Vita Norberti archiepiscopi Magdeburgensis" c. 21，p. 702.

　　[578]　例子见 Innocent Ⅲ，*Registrum de negotio imperii* c. 32，*PL* 216，col. 1035c。

罗马教会的拥护者介入这一事件本身，就证明了圣彼得领土权利的正当性。而皇帝的想法是"阿普利亚和西西里应隶属（洛塔尔的）帝国管辖"⑦。英诺森希望将阿普利亚授予伯爵阿里费的雷纳夫（Rainulf of Alife，罗杰二世手下一名野心勃勃的封臣），以此展现他更为赞同的关于"合适"（*idoneitas*）的教宗政治观念，而非更适宜认定世俗职位资格的世袭权利。然而，洛塔尔下定决心在阿普利亚安排一位新公爵，以便展示他对该公国的司法管辖权。"由于他们两人都在旅行途中，都无法找到别的文件或证据，这种分歧就无法得到解决……结果他们一起把阿普利亚公国授予雷纳夫伯爵，教宗在精神领域的高处掌握着他的标准，皇帝则从世俗角度遵循他的原则。"⑧然而，虽存在这些纷争，洛塔尔在英诺森反对罗杰二世的战争中仍然不可或缺。当 1137 年皇帝去世后，英诺森亲自率领所有反对罗杰的人组成联军对抗这位西西里国王，但他本人却于 1139 年 7 月 22 日在加路西亚（Galluccio）被打败并被囚禁起来。在教会分裂中取胜的一方却被迫颁布一份特权，其内容是罗杰的盟友阿纳克莱特斯二世在九年前曾许诺让出的所有特权。⑧

新任德意志国王康拉德三世因忙于与韦尔夫家族的战争，滞留在德意志，无力效仿他的前辈。虽然克莱沃的贝尔纳极力劝说他履行"教会拥护者"的职责，但都徒劳无功。⑧同时，在加卢乔战役之后
377 的 15 年里，教宗长老会无力阻挡罗杰二世对圣彼得教产的南部和东部地区的侵犯。让教宗的不幸雪上加霜的是 1143 年的罗马革命，这场革命创造了一个对教宗统治充满敌意的城市共和国。正是罗马城中的不安全感促使 11 世纪的教廷与诺曼人商谈结盟。罗马城市共和国的产生似乎迫使英诺森二世的继任者寻求西西里国王的保护。然而，在 12 世纪 40 年代与罗杰二世商谈建立永久和平，被证明是不可能完成的任务，"因为枢机主教们坚决反对"⑧。12 世纪 30 年代期间，枢机主教团中的这种对抗一直存在。西莱斯廷二世（1143—1144 年在位）、卢修斯二世（1144—1145 年在位）和阿纳斯塔修斯四世

⑦ Romuald of Salerno, "Annales" 1136, p. 421；参见 p. 422。见 Deér (1972), pp. 42–43。
⑧ Romuald, "Annales" 1137, p. 422.
⑧ Innocent Ⅱ, JL 8043, cols. 478c–479d. 见 Deér (1972), pp. 224–230。
⑧ Bernard, "Epistola" 244 c. 3. 参见 *ibid.* 183。
⑧ Romuald of Salerno, "Annales" 1143, p. 424.

（1153—1154 年在位）在 1130 年都曾是选举英诺森为教宗以及支持海默里克的人。事实上，卢修斯二世就是此前在耶路撒冷（Gerusalemme）担任圣克罗齐枢机神父的杰拉德，曾作为德意志事务专家为洪诺留二世和英诺森二世效力，而且是与洛塔尔三世联盟的缔结者，曾在 1125 年到 1136 年间六次出使德意志。[384] 当他成为教宗之后，卢修斯"寄给国王康拉德一封措辞谦恭的信……号召他保卫罗马教会"[385]。尤金三世（1145—1153 年在位）是 12 世纪第二个 25 年中唯一一位此前不属于海默里克派枢机主教的教宗；但是来自他的导师克莱沃的贝尔纳的影响，也许还有长老会中增强的反诺曼人情绪，使在他担任教宗期间仍然长期保持着渴望对皇帝的结盟。在新任德意志国王弗雷德里克一世登基后的第一年，尤金就达成了这个目标。根据 1153 年 3 月 23 日签署的《康斯坦茨条约》（the treaty of Constance），教宗为弗雷德里克举行皇帝加冕礼，作为回报，弗雷德里克要着手恢复圣彼得的世俗权力，保护教宗的"荣誉"（honor），不经教宗同意不得与罗马人以及西西里国王和谈。尤金则保证提升帝国的"荣誉"，并将弗雷德里克国王的敌人驱逐出教。[386]

　　在阿德里安四世担任教宗期间（1154—1159 年在位），教宗与皇帝的联盟被抛弃。起初，新任教宗在罗马人和西西里新任国王威廉一世的步步紧逼下，继续采纳前辈们的策略。阿德里安延长了《康斯坦茨条约》的有效期，并在罗马为弗雷德里克·巴巴罗萨举行皇帝加冕礼（1155 年 6 月）。为了向教宗示好，弗雷德里克抓捕了罗马城市共和国的领袖布雷西亚的阿诺德，此人不断鼓吹改革并批评教廷，后来被皇帝转交给罗马的地方长官，并被处以死刑。然后皇帝返回德意志，没有采取进一步行动来对付教宗在罗马和西西里王国的敌人。[387] 教宗与皇帝的不和，部分原因是弗雷德里克没有履行 1155 年《康斯坦茨条约》中的条款，部分原因是阿德里安为保护自己采取了一些措施，而这些措施又使他自己违反了其中的条款。教宗本人与反对西西里国王威廉一世的诺曼人叛军中的主要人物结盟，而威廉一世

378

---

[384]　Bachmann（1913），pp. 10 - 49.

[385]　Odo of Freising, Chronica vii. 31, p. 358.

[386]　《康斯坦茨条约》，MGH Constitutiones i, pp. 201 - 203。见 Maccarrone（1959），pp. 50 - 51，79 - 80；Rassow（1961），pp. 60 - 65；Munz（1969），pp. 64 - 65；Engels（1987）。

[387]　Ullmann（1955），pp. 239 - 242；Munz（1969），pp. 78 - 88.

则得到拜占庭皇帝曼努埃尔一世·科穆宁军队的支持。受到围攻的威廉一世向教宗提供慷慨的条件以换取和平：表示臣服与效忠，赔偿最近对教宗遗产的侵犯，帮助反抗罗马人，西西里教会脱离王室的控制。根据阿德里安的传记作者枢机主教博索的说法，教宗倾向于接受这些条件，但是"教会的大部分兄弟"表示反对。[88] 因此，教宗被迫拒绝了西西里人的提议，对威廉宣战，结果却被打败并被迫按照国王的条件讲和。1156 年 6 月 18 日签订的《贝内文托宗教协定》完全按照西西里国王的利益来解决教宗与西西里国王的领土争端。[89] 教宗阿德里安艰难地按照一种新的策略来抵制其大部分枢机主教的意志，因为这些枢机主教依然坚持《康斯坦茨条约》。枢机主教博索称，教宗"派遣教会兄弟中的大部分前往坎帕尼亚"，由此一来，枢机主教中与他同样认为需要与西西里联盟的少数人就能够对协定内容进行商谈了。[90]

教宗政策在 1156 年 6 月的这种转变，直接导致了 1159 年 9 月 4—7 日教宗选举的争议，当时亚历山大三世和"维克托四世"分别由彼此竞争的枢机主教团的成员选出。选举"维克托四世"的主教认为《贝内文托宗教协定》和亚历山大的当选是主教团中"西西里党"谋划的结果，而这位"西西里党"的领导人就是阿德里安四世的教廷大臣，圣马可的枢机主教罗兰（此人即后来的亚历山大三世）。

自从教宗阿德里安陛下和西西里的威廉在贝内文托确立彼此友好关系以来，因它不符合上帝的教会与帝国应有的荣誉，枢机主教中产生了巨大的分歧与不和（不是没有原因的）。我们……绝不能同意这种友谊……但是其他人，被金钱和许多承诺蒙蔽，坚定地与西西里站在一边，高兴地保卫着条约……而且吸引许多其他人来一同犯错。[91]

379　　　根据 1160 年皇帝发布的一篇宣言：

---

[88]　Boso, "Vita Hadriani IV", ii, p. 394. See Rowe (1969), pp. 9 – 12.

[89]　Concordat of Benevento, *MGH Constitutiones* i, pp. 588 – 591. 见 Clementi (1968), pp. 192 – 197; Deér (1972), pp. 247 – 253。

[90]　Boso, "Vita Hadriani IV", ii, p. 395.

[91]　Letter of the cardinals of "Victor IV" in Rahewin, *Gesta Friderici imperatoris* iv. 62, p. 241.

在教宗阿德里安的有生之年，教廷大臣罗兰和一些枢机主教……与西西里的威廉以及帝国的其他敌人，例如来自米兰、布雷西亚和皮亚琴察的人共谋，他们彼此发誓：当教宗去世后，除了他们共同商定的人选，其他任何人都不可以成为教宗，因为他们担心阿德里安教宗去世后（他们的）邪恶派系也许会被铲除。[592]

这篇宣言在此处提到阿德里安四世、他的大臣以及 12 名其他枢机主教 1159 年 7 月在阿纳尼与伦巴第各城的使者会面，当时，这些城市正在抵制弗雷德里克强制推行的皇帝控制。[593] 与枢机主教团中这个“西西里党”相抗衡的是一群支持皇帝的主教，其首领是长老会中的两名德意志事务专家，一位是圣塞西利亚（S. Cecilia）的枢机神父奥克塔维安，另一位是他的亲戚特拉斯泰韦勒的圣玛丽亚的枢机神父克雷马的圭多。两个人都注定会依次成为弗雷德里克·巴巴罗萨支持的对立教宗：“维克托四世（1159—1164 年在位）”和“帕斯卡尔四世（1164—1168 年在位）”。[594] 枢机主教之间的分裂由于皇帝 1157 年 10 月在贝桑松举行集会时的突发“事变”而加剧，致使该事件产生的原因是教宗的一封来信，信中似乎将高贵的皇帝说成是教宗“颁授”的“封臣”（beneficium）。虽然“西西里党”将这一事件作为皇帝敌视罗马教会的证据，但他们在主教团中的反对者却“支持皇帝派，并将原因归于被派往贝桑松集会的教宗特使的粗心大意和缺乏经验”，当时被派过去的两位特使分别是教廷大臣兼枢机主教罗兰和圣克雷芒的枢机神父贝尔纳。[595]

1159 年 9 月 1 日阿德里安四世去世，随后举行的选举中，原本在 1156 年只有 13 名成员的“西西里派”枢机主教，似乎又争取到十名枢机主教站在他们一边。他们的对手枢机主教奥克塔维安（也即维克托四世）起初有九名枢机主教追随他，但是支持者很快减少

㊒ Rahewin, *Gesta Friderici imperatoris* iv. 79, p. 263.

㊓ 在阿纳尼的 13 名枢机主教可以从两次教宗发布的特权诏令中辨别出来：Adrian Ⅳ, JL 10577, 10579, cols. 1636, 1637。见 Madertoner (1978)，pp. 37 – 47。

㊔ Zenker (1964)，pp. 56 – 59, 66 – 70；Madertoner (1978)，pp. 90 – 108, 111 – 114.

㊕ Rahewin, *Gesta Friderici imperatoris* iii. 16, p. 147. 关于贝桑松（Besançon）发生的“突发事件”，见上文 pp. 322 – 323 and nn. 26 – 27。

到五名。支持奥克塔维安的选举者在一支武装军团的保护下，用武力阻止罗兰－亚历山大三世就任教宗之位。[396] 弗雷德里克·巴巴罗萨的特使维特斯巴赫（Wittelsbach）的奥托来到罗马，确保该城支持"维克托四世"，并迫使亚历山大流亡。[397] 1160 年 2 月 5—11 日，弗雷德里克召开了帕维亚宗教会议，这次会议承认了"维克托四世"的尊号，在会议过程中也没有听取对亚历山大声明的详细辩护，然而，皇帝在会议上做出的解决教宗分裂的决议，却无法说服帝国疆域之外的任何人。[398] 在决定支持对立教宗的四个月后，法国的路易七世和英国的亨利二世突然在博韦会议上正式承认了亚历山大三世。[399] 整个基督教世界对亚历山大的广泛接受，留给皇帝一个艰难的外交和军事任务：打破法国和英国的国王们对亚历山大的敬服，打败教宗在意大利的盟友伦巴第诸城和西西里国王。为了这一目标，弗雷德里克花费了18 年的时间，却终归枉然。

同时，处于流亡之中且缺少教廷常规财力资源的亚历山大三世，敏锐地意识到他能否生存，依赖于皇帝的对手们是否取得胜利，他要不惜一切代价来保证这些人对教宗事业的忠诚。因此，在 1159—1177 年的教会分裂期间，教宗政府最重要的机构是教宗的公使馆。流落在外的罗马教廷和动荡不定的政治现实，逐渐使制定具体政策的任务落入担任特使的枢机主教们手中。对亚历山大事业的存续问题，贡献最大的可能有五位特使，他们参与谈判并维持长老会与伦巴第同盟之间的联盟，而所谓的伦巴第同盟的建立就是为了摧毁 1158 年弗雷德里克推行的管理体系。位于温科利（Vincoli）的圣皮耶罗（S. Pietro）的枢机主教威廉、位于塞西里（Carcere）的圣尼古拉（S. Nicola）的枢机执事奥多和位于维拉布罗（Velabro）的圣乔治（S. Giorgio）的枢机执事曼弗雷德（Manfred），以及米兰大主教加尔丹（Galdin）和圣埃斯特奇奥（S. Eustachio）枢机执事希尔德布兰德，受到委托来"巩固并保护主教团的统一"，保持长老会与伦巴第诸城之间的通信

---

[396] Madertoner (1978), pp. 48 – 52, 120 – 128.

[397] *Ibid.*, pp. 131 – 141.

[398] Council of Pavia, *MGH Constitutiones* i, pp. 260 – 263. 见 Madertoner (1978), pp. 142 – 182。

[399] Barlow (1936); Cheney (1969), pp. 474 – 497.

联络畅通无阻。[400]

枢机主教博索写道：1159—1177 年教会冲突的结束，见证了"皇帝弗雷德里克拜倒在教宗亚历山大的脚下，分裂的罪恶被神圣的力量全部消灭"。[401] 事实上，威尼斯和谈迫使弗雷德里克违背他于1165 年在维尔茨堡皇帝大会上所做的永不承认亚历山大教宗身份的誓言。[402] 然而，他依然是德意志教会的主人，曾在分裂时支持皇帝的德意志主教们都没有受到惩罚。此外，冲突已造成教宗长老会破产。正是这种贫穷和厌战情绪迫使教廷与皇帝缔结和约，而关于教宗对圣彼得教财和玛蒂尔达领地的所有权的这些重要问题却被遗留下来，悬而未决。维护与皇帝之间得来不易的和平是教宗亚历山大三世任期最后几年中的迫切任务，而在 1181 年他去世后，安抚弗雷德里克一世的政策继续推行。1181—1198 年间，在亚历山大的五位继任者之中，只有一位不是原亚历山大派枢机主教团体的成员，该团体曾是亚历山大极为倚重且关系紧密的顾问团（根据枢机主教博索的观点）。这个例外之人是乌尔班三世（1185—1187 年在位）——前米兰大主教胡伯尔·克里维里（Hubert Crivelli）。乌尔班三世是皇帝的劲敌，其短暂的教宗任期经历了教廷与弗雷德里克·巴巴罗萨之间冲突的再次爆发。乌尔班试图复兴伦巴第同盟，并且提出德意志教会自由的问题，极力要在德意志王国的基督教诸侯中播撒纠纷的种子。[403]

乌尔班教宗在教会分裂期间曾是被流放的坎特伯雷大主教托马斯·贝克特的朋友圈中的一员，他为教会自由采取的这一好战立场与其前任和继任者的策略形成鲜明对比。卢修斯三世（1181—1185 年在位）是前"西西里党"成员，原奥斯蒂亚的枢机主教胡巴尔德（Hubald），曾是亚历山大的长老会中最有影响力的人。[404] 在 1184 年召开的维罗纳会议上，他试图与皇帝谈判解决所有在 1177 年未能解决的问题，而最终他至少成功地让皇帝赞成再一次发动十字军东征以

381

[400] Alexander Ⅲ, JL 12737, col. 1082b. 见 Dunken (1931), pp. 70 – 71, 79 – 80, 83 – 84, 110 – 111, 166, 168 – 171; Pacaut (1955), pp. 832 – 835。

[401] Boso, "Vita Alexandri Ⅲ" ii, p. 445.

[402] Peace of Venice, *MGH Constitutiones* i, pp. 360 – 364. 维尔茨堡集会上的誓言，见 *MGH Constitutiones* i, pp. 314 – 321。见 Hauck (1952), pp. 276 – 282。

[403] Wenck (1926), pp. 425 – 427; Hauck (1952), pp. 319 – 322; Pfaff (1981), pp. 175 – 176.

[404] Zenker (1964), pp. 22 – 25, 153; Pfaff (1981), pp. 173 – 174.

及采取新措施抵制异端的蔓延。^⑤ 卢修斯除了与弗雷德里克·巴巴罗萨达成和解外别无选择。由于教宗长老会与罗马元老院再次爆发冲突，卢修斯被驱逐出罗马，并发现曾让亚历山大获得胜利的联盟已经瓦解。1183 年，皇帝在康斯坦茨与伦巴第诸城达成永久和平的谈判，并安排他的儿子亨利六世迎娶西西里公主康斯坦丝，而这位康斯坦丝就是罗杰二世的女儿，也就是威廉二世的姑姑。^⑥ 好战的乌尔班三世的继任者是格列高利八世（1187 年），此人曾是亚历山大三世的教廷大臣，著名的弗雷德里克的支持者。^⑦ 他当选后立即结束了乌尔班三世引起的与皇帝之间的冲突。在其短暂的教宗任期内，格列高利八世所追求的是教会改革以及发起一次新的十字军东征，对于这两个目标来说，与帝国达成和平都是先决条件。当格列高利的十字军招募计划由继任的克雷芒三世实现时，弗雷德里克·巴巴罗萨是第一位发誓参加第三次十字军东征的君主。1188 年 3 月 27 日，皇帝在美因茨召集了一次"基督议会"（*curia Christi*），并在会议上举起十字架，当时一起来到美因茨的还有教宗特使，也就是十字军东征的官方宣传者，阿尔巴诺的枢机主教亨利。^⑧

克雷芒三世（1187—1191 年在位）担任教宗的时候正逢长老会以及教廷政治环境都发生重大转变的时期。1188 年 5 月 31 日，克雷芒与罗马元老院签订条约，经过 45 年与城市共和国断断续续的冲突之后，教宗终于恢复了对罗马的领主权。^⑨ 在 1188 年 3 月到 1190 年 10 月间，他大概任命了 30 位枢机主教，其中大部分都与罗马的名门望族有关。^⑩ 正是这个时期主教团成员的剧烈变动，导致 1189 年 11 月 18 日教宗的封臣、西西里的威廉二世去世后，教宗长老会陷入混乱。由于威廉国王过早离世且没有留下子嗣，他的姑姑享有的继承权便威胁到教廷，因为他的姑姑康斯坦丝是刚刚在 1190 年 6 月继承其父之位成为德意志国王的亨利六世的妻子。在这个世纪余下的时间

⑤ Foreville and Rousset de Pina (1953), pp. 191-192; Pfaff (1981), pp. 164-165.
⑥ Peace of Constance, *MGH Constitutiones*, i, pp. 408-418. 关于教廷和亨利六世与康斯坦斯的结婚，见 Baaken (1972)。
⑦ Robert of Auxerre, "Chronicon", p. 252; Gervase of Canterbury, *Chronica* 1187, p. 388.
⑧ Friedländer (1928), p. 39; Congar (1958), pp. 49-50.
⑨ *Liber censuum*, i, pp. 373-374. 参见上文原书第 366 页。
⑩ 参见上文原书第 364 页及注释 316。

里，教宗长老会完全被"西西里王国与帝国的联合"这一问题缠住，还要忙于制订防止西西里王国落入亨利六世之手的计划。[411] 然而，枢机主教并没有在精神上团结一致应对这一问题。随后发生的事件证明克雷芒三世在扩大主教团时招募进来的枢机主教们对西西里继任者和对亨利六世的态度很不一致，而且就像 12 世纪 20 年代和 50 年代一样针锋相对。例如，他招募进来的新成员中不仅有其主要支持者圣塞西利亚的枢机神父彼得，还有阿尔巴诺的枢机主教阿尔比努斯（Albinus），此人是莱切（Lecce）伯爵坦克雷德的密友，而坦克雷德是威廉二世的非婚生表兄弟，是由起义反对康斯坦丝王后的西西里人选出来的国王。[412]

　　这些分歧似乎在克雷芒三世及其继任者西莱斯廷四世（1191—1197 年在位）不断摇摆的教宗政策中反映出来。据说，克雷芒曾认为莱切的坦克雷德对西西里王位的继承权要优先于康斯坦丝[413]；但他也曾许诺为亨利六世皇帝加冕，并在他到达意大利时以极高的礼遇接待他。[414] 西莱斯廷三世在 1191 年 4 月 15 日履行其前任曾许下的皇帝加冕礼；但是他又在 1192 年春承认坦克雷德为西西里国王。（承认坦克雷德的决定，是在圣塞西利亚的枢机主教彼得和皇帝的其他支持者缺席长老会时做出的。）[415] 西莱斯廷支持德意志境内反对亨利六世的各个诸侯[416]；但是他在 1193 年春英王理查德一世被德皇监禁的事件中却没采取强硬措施来对抗皇帝。亨利六世扣留理查德要求换取赎金，而不顾理查德当时身为十字军战士还处于教宗的特殊保护之下，就是要请教宗把他逐出教会。然而，当教宗与枢机主教们讨论如何应对此案时，大部分人——包括皇帝的支持者和担心与皇帝的争执加剧的温和派——都反对将皇帝逐出教会。[417] 长老会的这种瘫痪状态因亨利六世在 1197 年 9 月 28 日的突然死亡而结束。在西莱斯廷三世教宗任期的最后三个月里，一系列有目的的活动揭示出长老会中支持皇帝

383

---

[411] 参见上文原书第 368 页。
[412] Friedländer (1928), pp. 119 - 123; Pfaff (1974a), p. 360.
[413] Richard of S. Germano, "Chronica regni Siciliae" 1190, p. 324; Arnold of Lübeck, "Chronica" V. 5, p. 182.
[414] Pfaff (1980), p. 278.
[415] Pfaff (1966), pp. 342 - 344.
[416] Zerbi (1955), pp. 98 - 99.
[417] Pfaff (1966), pp. 347 - 350; Gillingham (1978), pp. 217 - 240. 参见上文原书第 346 页。

的人已失去影响力。此时，已故皇帝的对手们决定好好利用没有皇帝的机会，从而享受到主教团中大多数人的支持。[⑬] 当1198 年1 月8 日西莱斯廷去世时，教廷意外地遇到一个比 12 世纪的任何时期都更有利的政治局面，这就是英诺森三世接受的幸运遗产。

I. S. 罗宾逊（I. S. Robinson）

赵康英、郭云艳 译

陈志强 校

---

⑬　Wenck（1926），p. 464；Pfaff（1974b）.

第 十 四 章

1125—1197 年的西部帝国

1122 年，教宗卡立斯特二世和皇帝亨利五世在沃尔姆斯达成和解，意在结束自 11 世纪 70 年代以来一直困扰西部帝国的宗教、政治、军事冲突，这一系列冲突事件被有后见之明的人称为"授职权战争"。教廷元老会议由此将注意力转向宗教改革计划，1123 年，第一次拉特兰宗教会议召开。皇帝从其被革除教籍的父亲亨利四世那里继承的麻烦中解脱出来，《沃尔姆斯和解协议》（*pax*）在引言中也敦促各地领主协助皇帝维持帝国统治的权威和尊严。但是，鉴于强硬的敌对势力存在，特别是萨克森和王朝宫廷之间因为授职权战争产生的敌意，这些意图究竟能产生怎样的结果，还是有疑问的。无论如何，亨利五世自 1105 年以来，一直为之奋斗的王室权威的恢复，在 1125 年遭到质疑，因为颇为年轻的皇帝于 1125 年 5 月在乌得勒支英年早逝。他与诺曼底的玛蒂尔达的婚姻中也没有子嗣，因此帝国的各位领主有必要开始选举一位新国王。

12 世纪的国王选举程序

1125 年初夏，德意志的主教和世俗领主们聚集在施派耶尔（Speyer）参加亨利五世的葬礼，他们向帝国的其他领主发出信函，邀请他们于同年 8 月前往美因茨，选举新国王。在一份保留至今的致班贝格主教奥托一世的信中，他们请求他为那位能够将教会和帝国从此前困扰着他们的对抗中解放出来的候选人祈祷。如此直率地批评前此两位皇帝的信件毫无疑问是出自美因茨大主教阿达尔伯特一世的手笔，其官邸传统上被视为德意志国王选举中领导意见的发出地。作为国王的内阁成员和近臣，阿达尔伯特就是亨利五世提拔到美因茨大主教位置上的，但是后来他们就各自的权利和大主教区及国王的财产问题发生了争吵，大主教被逮捕并被监禁。他被释放后，继续给亨利五世制造麻烦，在致信班贝格主教的信中所用的那种表述语气可能就是要警告士瓦本的弗雷德里克二世公爵，公爵是已故皇帝的侄子和血缘最近的男性亲戚，因此信心十足地希望当选为新国王。正是这位弗雷德里克公爵曾作为皇帝派驻莱茵河地区的代表，在与大主教阿达尔伯特发生冲突时，甚至将大主教围困在其教堂城堡内。

编年史家奥拉的埃克哈德（Ekkehard of Aura）报道说，亨利五世在其乌得勒支的临终病榻上，"尽其所能留下了关于王国的建议，委托弗雷德里克作为继承人保护其财产和王后"[1]。在他打算安排士瓦本公爵作为西部帝国皇帝继承者的计划中，皇帝能够希望的最好结果是弗雷德里克在选举中胜出。但是，一代人之后，公爵年轻的异母兄弟、弗赖辛主教奥托解释说，"罗马帝国法律的精髓在于，国王不是通过血缘纽带传承的，而是领主选举确定的结果"[2]。弗雷德里克二世公爵无疑具有非常充分的继承理由，他以前与大主教阿达尔伯特的冲突，本来也没有妨碍他赢得王位选举的胜利，然而，1125 年选举的主要史料——《洛塔尔选举记》（Narratio de electione Lotharii）和弗赖辛的奥托的《编年史》（Chronica）或称《双城史》（History of the Two Cities）却指出，奥地利（Austria）侯爵利奥波德三世（Margrave Leopold III）这位以其圣洁而闻名的人，却被提名为折中候选人。如同士瓦本公爵一样，这位侯爵通过他和亨利五世寡居的妹妹士瓦本的阿涅丝联姻，成为前任国王的近亲，而阿涅丝还是弗雷德里克二世公爵的母亲。利奥波德三世如果当选，就能够极大地满足班贝格主教的愿望，他希望一位平和且对教会友好的人当选。

还有一位候选人也能被大部分最有影响的选举人所接受，他就是帝国内更具可怕政治野心的萨克森的洛塔尔公爵，当然也有理由不选

[1] Ekkehard, "Chronicon universale" for 1125.
[2] Otto of Freising and Rahewin, *Gesta Friderici*, I.

择他。这位公爵的高超手腕已经揭示出他是美因茨主教区在萨克森和图林根（Thuringia）产业的真正威胁。另一位领主也身份高贵，对选举有很大的影响力，这就是科隆大主教弗雷德里克一世，他十分担心洛塔尔公爵的权力会侵蚀其在威斯特伐利亚（Westphalia）的副主教区。所以，科隆大主教也提名佛兰德"好人"查理伯爵（Charles the Good）为候选人。结果，美因茨大主教做出让步，同意若萨克森公爵当选将是淘汰士瓦本的弗雷德里克最保险的办法，于是，由 40 位领主构成的选举团中的大多数人都选他为国王，称洛塔尔三世。尽管大主教阿达尔伯特成功地剥夺了其主要敌人当选德意志国王和帝国皇帝的机会，《洛塔尔选举记》（*Narratio*）的作者却对选举公告更感兴趣，它宣称这个选举结果取决于上帝的意志而非政治计谋。像这样解释 12 世纪的政治说辞还是能被认真看待的，因为帝国被认为是在上天的特殊保护之下。例如 1157 年，皇帝弗雷德里克一世·巴巴罗萨打算发布一篇文告，他要在其中呼吁这样的原则，意在反对教廷声称的对帝国官员所拥有的权力，仿佛这些是教宗的采邑一样：

> 由于通过领主们选举，王国和帝国都是我们唯一得自于上帝的，我主在其子耶稣基督牺牲奉献自己时就用两把剑统治这个世界，由于使徒彼得教导人世："敬畏上帝，荣耀君王。"因此无论谁说朕接受皇帝的皇冠就像是从领主教宗那里得到了圣禄（*pro beneficio*）一样，他的说法都与神的教诲和彼得的信条相抵触，因此犯了说谎的大罪。[3]

当 1137 年底洛塔尔三世去世时，1125 年的艰难选举局面再次出现。这位萨克森皇帝没有儿子，只是由他的女婿巴伐利亚公爵"骄傲的"亨利负责保管帝国的徽章，而这位亨利也信心十足地想要赢得皇帝的选举。然而，由弗赖辛主教奥托执笔的两份报告指出：就"骄傲的"亨利是否合适做候选人的问题，他遭到更多质疑，比 1125 年士瓦本的弗雷德里克二世还要糟糕。由于美因茨教区此时主教空缺，科隆新任大主教尚未举行授职权典礼，因此特里尔大主教阿尔贝

388

---

③ *MGH Diplomata*, Frederik Ⅰ, no. 186, p. 315. 译本见 Mierow、Emery（1953），pp. 185－186。

罗（Albero）自然成为重要的选侯，他在 1138 年 3 月于科布伦茨（Coblenz）匆忙召集的选举大会上，让弗雷德里克公爵的弟弟当选为国王，称康拉德三世。包括杰出的改革者、萨尔茨堡大主教康拉德一世在内的几位选侯都反对这一选举结果，但新国王还是成功地在同年 5 月于班贝格召开的帝国会议上直面这些反对者。萨克森和巴伐利亚的领主们可能是听从了洛塔尔三世的遗孀皇后丽琴扎（Richenza）的劝告，为了和平，接受了康拉德三世。不久后，"骄傲的"亨利公爵也交出了帝国徽章，士瓦本家族还要求继承亨利五世的王国，并最终得到满足。

尽管 1125 年和 1138 年的选举局面紧张，但它们还都算不上是宪政危机，因为它们显示出领主们通过选举确定新国王的程序运行有序。如果康拉德三世在科布伦茨的当选被萨克森家族和巴伐利亚家族判定为暗箱操作，那么士瓦本家族和其他选侯就会认为，1125 年由大主教阿达尔伯特一世在美因茨主持的选举大会也有问题。由于他们都有子嗣，新的斯陶芬王朝得以重新按照其萨利安王朝和奥托王朝前辈的做法行事，继承人的选择都在现任国王生前进行。康拉德三世的儿子亨利·贝伦加尔（Henry Berengar，1150 年去世）就是在其父王 1147 年出发进行第二次十字军征战前夕被选为王的；弗雷德里克一世·巴巴罗萨之子亨利六世则是在 1169 年他还只有三岁时被选为国王的；后者的幼子弗雷德里克二世于 1196 年当选。

1152 年康拉德三世去世时留下了一个儿子，就是生于 1144 年或 1145 年的罗滕堡（Rothenburg）的弗雷德里克，但当选为王的却是国王的侄子，也就是从 1147 年起就成为士瓦本公爵的弗雷德里克·巴巴罗萨。根据弗赖辛的奥托的记载，康拉德三世曾"判定，如果他的继承人是其兄弟的儿子，那么这样做无论对其家族还是对国家来说都更为有利，因为他有许多明显的美德"④。由于这段文字出现在用来美化其兄长这个儿子的声誉的自传中，人们认为它或多或少有些可疑。另一方面，康拉德在亨利·贝伦加尔英年早逝之后，也没有为弗雷德里克·卢森堡当选而四处活动，以便给其他领主施加压力。弗赖辛的奥托主教煞有介事地指出，由于新国王的母亲就是"骄傲的"

---

④　Odo of Freising and Rahewin, *Gesta Friderici*, Ⅰ, 71. 译文见 Mierow、Emery (1953)，p. 111。

亨利的妹妹，1152 年聚集起来参选的领主们"预见到，如果帝国最伟大的人物为了自己的私利而进行如此惨烈、如此长久的争斗，如果能借此良机并在上帝的帮助下最终得以平息的话，那就是国家之大幸"⑤。事实上，大领主间的区域对抗问题远比这位主教描写的复杂得多，但是他在预言弗雷德里克·巴巴罗萨将与"狮子"亨利公爵达成富有成效的和解协议这一点上却是正确的，1156 年巴巴罗萨就与他的这位大表哥、同时也是"骄傲的"亨利的继承人达成协议。

尽管 1125 年和 1138 年的选举为各派系提供了展示自己的机会，甚至可能是滥用权力的机会，但国王们似乎并不担心这样的选举程序。当亨利六世于 1196 年提出废除这项制度，转而施行世袭皇帝制时，他的主要动机似乎就是一种类似于末世学说的看法，即作为承自萨利安王朝和加洛林王朝的纯正血统，斯陶芬王朝就是命里注定统治罗马帝国的纯正皇帝家族，直到人类历史的结束。血统的传承原本应灵活地融入帝国法律明确的规定中。不止一份史料揭示出，德意志君主们本来有可能毫不迟疑地接受这个建议，因为他们对法国和其他王国的世袭继承权利耳熟能详。但是正当选侯们在考虑这一建议时，皇帝却匆匆启程前往西西里岛，为发动新的十字军征战做准备，因此他决定为其年轻的儿子安排一场传统的选举。

390

在选举仪式上，国王们都接受"罗马人国王"（*Romanorum rex*）的称号，因而他们的一项重要任务就是"进军罗马"（*expeditio Romana*），以便从教宗的手中接受皇冠。但是正像弗雷德里克·巴巴罗萨在 1157 年和 1158 年与教廷元老会议及其代表团发生争执期间痛苦地指出的那样，教宗并不会这样简单地把皇冠（*imperium*）授予德意志国王。在德意志进行的选举可以算作通往帝位的选举，还要外加上德意志、意大利和勃艮第等国国王的选举，但习惯做法是只有到罗马举行了皇帝加冕礼后，才能正式采用皇帝称号。然而，国王的称号通常也包括形容词形式的皇帝称号奥古斯都（*augustus*），意指他晋升到最高头衔只是个时间问题。这个称号被康拉德三世的法庭改为"国王和永远的皇帝"（*rex et simper augustus*）。⑥ 康拉德三世一直没

---

⑤ Odo of Freising and Rahewin, *Gesta Friderici*, Ⅱ, 2. 译文见 Mierow、Emery（1953），p. 116。

⑥ *MGH Diplomata*, Conrad Ⅲ, no. 184, p. 332, 1147.

能成为加冕的皇帝，但是在其与君士坦丁堡宫廷的通信中，其幕僚千方百计地给他加上了"罗马人的皇帝奥古斯都"的尊号。

帝国的含义和皇帝统治的意图

当弗赖辛的奥托主教把洛塔尔三世写成是自奥古斯都以来统治帝国的第 92 位皇帝时，他的意图是竖立起罗马皇帝统治的令人肃然起敬的里程碑，从而自然而然地将皇帝谱系推导到德意志诸王身上。12世纪，"皇帝"（imperium）的概念在以下几个方面被重新定义。皇帝（imperium）的统治包括皇帝本人在其三个王国里行使的统辖管理权和司法审判权。以德意志为例，当洛塔尔三世、康拉德三世和弗雷德里克·巴巴罗萨分别确认拥有明希斯明斯特（Münchsmünster）、福尔肯罗达（Volkenroda）、维索布伦（Wessobrunn）几座修道院的权利时，相继使用"我们皇帝的权威""我们皇帝的威严"和"皇帝的权威"等词。[7] 如果"皇权"（imperium）指国王的保护性法律权力的话，那么这种权限的专制统治功能就被 12 世纪罗马法的研究者们再度突出出来，这些波伦亚的法学家建议，"皇权"原则上只受神法和自然法的限制。然而，一封 1158 年致教宗的信指出，弗雷德里克·巴巴罗萨非常谨慎地请求相应行使专制权利，至少在德意志："有两种事物是我们在管理帝国时应当遵循的，皇帝们的神圣法律和我们前辈先祖的优良传统。我们既不渴望也不能超越这些界限；我们不接受任何与它们不一致的东西。"[8] 弗赖辛的奥托主教的秘书拉赫温（Rahewin），也就是这位主教撰写弗雷德里克·巴巴罗萨传记一书的续写作家，根据他的说法，这位皇帝不断思考的是把皇权打造成司法保护权威的问题。当 1158 年这位统治者在莱茵河下游巡游时，他：

> 不让岁月在无聊闲暇中溜走，想着那些逝去的日子，那时他

---

⑦　Ibid. , *MGH Diplomata*, Lothar Ⅲ, no. 54, p. 86, 1133, has "imperii nostril auctoritate"; Conrad Ⅲ, no. 33, p. 54, 1139, has "nostra imperiali auctoritate"; Frederick Ⅰ, no. 125, p. 210, 1155, has "imperiali auctoritate" and "imperatoria auctoritate".

⑧　*MGH Diplomata*, Constitutiones Ⅰ, no. 167, p. 233.

没有做些对帝国有益的事情，例如维护各民族中的法律和正义。
这就是为什么他要如此努力地不断奋斗，使阿尔卑斯山北侧帝国
如此强大的原因，以及通过伟大的判断使如此强盛的各民族精神
安定，没有战乱，以及……现在人们不认为他是这个王国的统治
者，而是一个家庭、一个国家的父亲和管家。⑨

皇帝（*imperium*）是一种职务，被赋予的是耶稣基督在最后的晚
餐时提到的两柄剑中的一柄所拥有的权力，这种权力在中世纪也被解
释成保护教会所必需的。当 1170 年弗雷德里克·巴巴罗萨在一封信
中阐释这样的观点时，具有讽刺意味的是，当时在亚历山大三世治下
的教廷还说他是迫害者，"皇帝陛下的职责在于，依据现存法律和教
会法规定，保持帝国事务中的和平与公正，首先保护上帝的教会，我
们希望教会的代祷和祈祷能够有利于帝国，并增加对我主的信心"⑩。
尽管 12 世纪的教宗把皇帝亨利四世和亨利五世视为教会的敌人，但
是他们仍然接受皇帝对宗教的保护，其中也包括对罗马教廷所在地的
特别保护，只不过教宗和皇帝宫廷对这种保护的范围和界限有不同的
理解。当 1122 年亨利五世和教宗卡立斯特二世达成和平协议、结束
了教宗选举和授职权问题的争执，以及教会在德意志和意大利的产业
问题争端后，皇帝之剑的保护职责又适度恢复了。由于出现了诸如西
西里的罗杰二世、1143 年和 1155 年的罗马城市共和国这样的敌人，
教廷急于得到洛塔尔三世、康拉德三世和弗雷德里克·巴巴罗萨先后
提供的军事保护。1149 年，康拉德三世在安抚教宗尤金三世时，声
称他一直担忧着教宗的人身安全和罗马教会的安全，"因为朕是上帝
委任的保护人"⑪。

在 1153 年由教宗的代表团和弗雷德里克·巴巴罗萨在康斯坦茨
草拟的协定中，后者表示自己将忠实地保护和捍卫"教宗的荣誉和
圣彼得的世俗财产，充当神圣罗马教会全心全意的、最特别的拥护
者"⑫。但是当教宗和皇帝的目的不能保持一致时，皇帝的这些保护和

---

⑨　Odo of Freising and Rahewin, *Gesta Friderici*, Ⅰ, 17. 译本见 Mierow、Emery（1953），p. 189。
⑩　*MGH Diplomata*, Frederick Ⅰ, no. 568, p. 39.
⑪　*Ibid.*, Conrad Ⅲ, no. 216, p. 386.
⑫　*Ibid.*, Frederick Ⅰ, no. 51, p. 86.

捍卫就开始变得有些危险了。例如 1159 年，弗雷德里克·巴巴罗萨就清楚地表明，教廷内发生的分裂应该由他亲自于 1160 年在帕维亚主持召开的宗教会议加以解决。他通知教宗亚历山大三世说："由于朕有义务保护朕之帝国内所有教会，朕应该做好更充分的准备，保护最神圣的罗马教会，因为关爱和保护罗马教会被公认为是上天神意特别委任给朕的职责。"⑬ 然而，聚集在帕维亚的主教们宣布废黜亚历山大三世，并推选后者的对头、更坚定支持皇帝实施反西西里外交政策的维克托四世为教宗，取代了亚历山大三世。因此，许多教会人士对皇帝保护教会有什么好处持保留态度，这一点毫不奇怪。只有等到 13 世纪，当教宗拥有了"强大的权力"（plenitude potestatis），也就是在世俗人看来是真正强大的权力时，他才可能设法避开德意志皇帝本人及其代表们以神圣教廷和圣彼得遗产保护人身份前来施加的保护。

帝国（Imperium）还表示被称为罗马帝国的地理空间，偶尔会被皇室法庭不准确地称为"德意志帝国"，就是因为它反映了实际的统治状况。康拉德的一封信提到，法国、西班牙、英国和丹麦都是这一地理空间上的帝国的邻居，弗赖辛的奥托主教也是以这样的理解方式提到法国、英国和匈牙利。弗雷德里克·巴巴罗萨在 1155 年写给比萨人的一封有趣的信中，赞扬他们从陆地和海洋阻击了亚洲和非洲各民族，因此保卫了"欧洲的边界，在这里我们的帝国占据了它的疆域和空间"⑭。很多文献更经常地把帝国当作上帝委任的一种令各民族服从的人世间的权威，一种在历史上从东方古代帝国转移给罗马人的权力。12 世纪的历史编纂对这种思想现象及其经典的文献证据特别感兴趣，其文字主要来自《丹尼尔之书》（Book of Daniel）。学术上的观点认为：罗马帝国代表了第四帝国，也就是政治历史完结前这类帝国中的最后一个。根据多伊茨（Deutz）修道院院长鲁佩特（Rupert，死于 1129 年）的说法，帝国此后就只属于耶稣基督。弗赖辛的奥托主教很满意的是：德意志国王们将是罗马帝国的保护人，直到世界末日，而奥托大帝于 962 年在罗马接受"皇帝和奥古斯都"的称号就是最终确定的行动，"这样，罗马帝国就移交给了德

---

⑬　*Ibid.*, Frederick Ⅰ, no. 285, p. 97.
⑭　*Ibid.*, Frederick Ⅰ, no. 119, p. 201.

意志人"⑮。这个罗马帝国（*imperium*）作为最后的世界帝国，来管
理和统治其他基督教王国（如果不是整个世界的话）。1137 年，斯塔
波罗的维巴尔德（Wibald of Stablo）在写给洛塔尔三世的信中表述了
这样一种思想："正像在满天群星之中，太阳显然在天空最高处统治
着一切那样，罗马皇帝因此毫无争议地凌驾于人世间的所有权力
之上。"⑯

　　拥有罗马城就获得了象征性统治世界的权力，因此德意志的领主
们于 1157 年收到了皇帝巴巴罗萨皇帝发来的信件，他说："朕依靠上
帝和有远见的仁慈掌握了对这座城市和整个世界的统治。"⑰ 次年，
教宗的代表团顺从地尊称皇帝为"圣城和世界的主人和皇帝"。⑱ "世
界的主人"并非皇室所专有的头衔，但它在文学作品中非常流行。
布拉格的文森特（Vincent）称弗雷德里克·巴巴罗萨为"我主皇帝、
人间各地的主人"⑲，而作为随侍皇帝的帝国大法官的科隆大主教、
以"大诗人"（Archipoeta）闻名的达瑟尔的雷纳德（Rainald of Das-
sel）这样颂扬皇帝：⑳

　　　　问候世界的主人，万岁，我们的凯撒，
　　　　为了万有的良善，他的羁绊就是光明，
　　　　地上所有君主的君主，凯撒弗雷德里克……

　　亨利六世的赞颂者埃博利的彼得（Peter of Eboli）在其《奥古斯
都荣誉书》（*Liber ad honorem Augusti*）中将这位皇帝说成是世界的主
人和世界的君主，而大法官则借鉴了其颂扬文风，来宣布帝国凌驾于
整个基督教世界的所有主权、民族和王国之上的至高地位。例如，
1174 年的一份外交文件就把弗雷德里克·巴巴罗萨的仁慈和皇帝权
威抬高到所有民族和王国之上。另一个结果是把其他国王的地位下降
到小国君主（*reguli*），不过这个有贬义的称呼从来也没正式使用过。

⑮　Odo of Freising, *Chronica sive Historia*, Ⅵ, 22.
⑯　*Codex epistolae Wibaldi*, no. 12, p. 92.
⑰　*MGH Diplomata*, Frederick Ⅰ, no. 163, p. 280.
⑱　Odo of Freising and Rahewin, *Gesta Friderici*, Ⅲ, 25.
⑲　Vincent of Prague, "Annales", 1163 (actually 1162).
⑳　Archipoeta, *Carmina* vii.

然而，索尔兹伯里的约翰报道说，法王路易七世对于被科隆大主教称呼为"小国君主"一事感到愤怒，前斯陶芬作家、《科隆君王编年史》（*Chronica regia Coloniensis*）的作者，在教廷分裂期间，就蔑称那些支持亚历山大三世的君主为地方和民族的小国王。

一封来自与帝国保持友好的英格兰国王亨利二世的信件，就包括了那些看起来坦率承认弗雷德里克·巴巴罗萨拥有假定的世界权威的话："我们将我们的王国以及所有隶属我们管辖的地区置于您脚下，置于您的权能之下，所有事物的管理都要与您首肯的相一致，您在所有方面的皇帝意志都将实现。"[21] 这样的表述属于习俗上采用的正式外交辞令，尽管亨利二世时期中有一位叫鲁昂的斯蒂芬的大臣确实认为皇帝就是查理大帝的继承人，因此卡佩王朝是将权力篡夺给了法国君主。索尔兹伯里的约翰讨厌德意志幻想的世界统治权。在帕维亚会议期间，他以愤怒的口气致信萨雷（Sarre）的拉尔夫：

> 谁任命这个德意志人成为各国的法官？谁给了那些残酷无情、刚愎自用的人以权力去确立他们自己选择的君主凌驾于其他人类子孙头上？真的，他们疯狂的行为常常企图这样做；但是依靠上帝的意愿，这个企图不堪一击，并陷入混乱，他们要为他们自己的不公正而脸红。[22]

索尔兹伯里的约翰并没有为最后的这种说法提供任何证据。

12 世纪的这些德意志统治者除了得到丹麦和英格兰国王、波兰、波美拉尼亚和西里西亚公国、佛兰德伯国的效忠外，他们是否真的具体计划要把皇帝的权威变为一种扩大到德意志、勃艮第和意大利王国边界以外去的现实制度呢？在与教廷的联盟中，洛塔尔三世、康拉德三世和弗雷德里克·巴巴罗萨确实先后策划了征服 1130 年宣布独立的那个新兴的西西里王国，但是还不清楚假如征服这个雷尼奥（Regno）家族后会是什么样子。当他们于 1137 年侵入南部时，洛塔尔三

---

[21]　Odo of Freising and Rahewin, *Gesta Friderici*, Ⅲ, 8. 译本见 Mierow、Emery (1953)，p. 179。

[22]　Letter 12.4 (1160) ed. and trans. in *The Letters of John of Salisbury*, Ⅰ: *The Early Letters* (1153–1161), ed. Millor, Butler and Brooke, pp. 206–208.

世和教宗英诺森二世都避免在这个问题上发生冲突。他们一起为阿里
费的雷纳夫伯爵封授了阿普利亚公爵爵位，这就意味着皇帝和教宗对
西西里各地具有联合领主权，为此，自 1059 年以后，西西里就一直
时断时续地向教宗表示效忠。但是当 1189 年西西里的威廉二世去世
后，争端再起。亨利六世认为自己是妻子西西里的康斯坦丝的继承
人，因此也是西西里的合适继承人，因为她是西西里王室最后的合法
成员。但是，雷尼奥家族的贵族们选举国王的私生子莱切的坦克雷德
伯爵为王，1192 年，教宗也承认他为国王。1191 年，亨利六世不断
声称，无论是依据古代的帝国权利还是他配偶应享有的继承权，都应
该把西西里并入帝国。而 1194 年他真的控制了这个王国后，却回避
以该王国的名义向教宗表示效忠。他公开拒绝承认西西里作为教宗封
臣的地位，但仍不清楚他是否真的认为西西里已经是西部帝国的第四
个王国了，而他确实把西西里首府巴勒莫设计为帝国的城镇，同时也
是王室的城镇。

　　西部帝国朝廷对东罗马帝国这个争夺世界统治权的对手的态度，
一直在公开联盟和暗中为敌之间犹豫。尽管西部帝国承认东部的科穆
宁诸帝是真正的帝国皇帝，但是其宫廷官员却十分谨慎地拒绝把罗马
的称号给予东部帝国，意在曲折地表达其君主只是希腊人的国王或者
君士坦丁堡的皇帝。即便世界统治权的各种说法并没能帮助弗雷德里
克·巴巴罗萨解决他极力要处理的 1159 年到 1178 年间的教廷分裂问
题，那么它也确实加强了他渴望控制第三次十字军军事指挥权的愿
望。而亨利六世要把夺取世界统治权的野心变成现实的努力，肯定受
到了诸如豪登的罗杰（Roger of Howden）和尼基塔斯·侯尼雅迪斯
（Niketas Choniates）等一些外国观察者的怀疑。但是没有人知道到底
皇帝准备于 1196 年和 1197 年发动的十字军征伐，是否在一定程度上
打算占领君士坦丁堡。这显然是关于 1204 年第四次十字军征伐要取
得什么目标的战略选择。德意志编年史家、见闻广博的修道士圣布拉
辛（St Blasien）的奥托认为，亨利六世确实打算利用拜占庭城市里
的卧底，将其纳入自己的西部帝国。亨利六世接受来自新独立的塞浦
路斯（Cyprus）王国和奇里乞亚人控制下的亚美尼亚王国的效忠，就
能够说明其努力都指向了这个方向，因为这些省份直到此前不久还都
属于东罗马帝国的领土。无论亨利六世的计划是什么，它们都随着他

395

于 1197 年的去世而破灭。

自从 11 世纪 30 年代以来，西部帝国在地理上是由三个王国构成的：德意志，为了保持与罗马人之王称号一致有时又称为"罗马王国"；意大利，有时称为"伦巴第王国"，该称号来自奥托大帝征服时代；勃艮第，该地区南部濒临地中海部分有时被称为"普罗旺斯王国"㉓。德意志王国的选举也确认了他的其他两个王位的称号，据记载，某些意大利贵族于 1152 年前往法兰克福观察弗雷德里克·巴巴罗萨的选举。1085 年，国王的称号曾被授予一个波希米亚公国出身的人，而 1158 年，皇帝又将国王的荣誉再次授予弗拉迪斯拉夫二世。但波希米亚直到 1212 年以前并不算真正具有独立权的王国。人们通常认为，无论西部帝国还是其法定的各王国都没有首都，按照现代管理学的术语，这个说法是相当准确的判断。然而，在 12 世纪人的意识中，帝国当然拥有首都，它们都是与涂油礼和加冕礼授予的神

396 圣统治权相一致的地方。康拉德三世、弗雷德里克·巴巴罗萨和亨利六世的金印都篆刻着"大地之首罗马统治全世界的君王"（ROMA CAPVT MVNDI REGIT ORBIS FRENA ROTVNDI）这样的铭文㉔，1159年，弗雷德里克·巴巴罗萨把罗马这座城市说成是"我们帝国之首"。㉕他宣称，1159 年教廷的分裂威胁到他对这座都城的控制权："虽然我受神的委任，成为罗马的皇帝，并接受这一称号，但如果控制罗马城市的权力被从我的手中剥夺，那么我就只是表面上的君王，承担着完全空洞并无意义的虚名。"㉖

于是，这位皇帝开始着手改变，扩大了某些都城与皇权的正规联合。1165 年 12 月和 1166 年 1 月查理大帝封圣节期间，巴巴罗萨宣布亚琛为圣城和诸城之首，"德意志王国之首和驻地"，诸王之地，这个"王室驻地，是罗马皇帝们最初加冕"的地方，光辉普照，在尊

㉓　*MGH Diplomata*, Conrad Ⅲ, no. 4, p. 7, 1138, and no. 50, p. 84, 1140 中就有"罗马帝国"（Romanum regnum）这样的称号用来称德意志；*MGH Diplomata*, Lothar Ⅲ, no. 103, p. 167, 1136, 则有 cum in regno Longobardiae fuerimus 的称号；*MGH Diplomata*, Conrad Ⅲ, no. 132, p. 240, 1145 有 in toto regno nostro Provincie 的称号。

㉔　Haussherr（1977）的作品，nos. 29, 31, 34, pp. 21–25, 见 *MGH Diplomata*, Conrad Ⅲ, p. 241, n. Ⅰ（1145）。这一铭文见康拉德玺印，*MGH Diplomata*, Conrad Ⅱ, p. XXVI。

㉕　*Ibid.*, Frederick Ⅰ, no. 285, p. 97 中有 status urbis, quae caput imperii nostril est。

㉖　Odo of Freising and Rahewin, *Gesta Friderici*, Ⅳ, 35. 译本由 Mierow 和 Emery 完成（1953, p. 271）。

严和荣誉上都超过其他地方。㉗ 按照皇帝意识形态的理论术语，亚琛就被视为德意志的首都，在其他王国，有些城市也是以同样的方式确定为首都。在意大利，1159 年，皇帝已经确定蒙察（Monza）为"伦巴第首府和王国首都"，以取代米兰和帕维亚，并于 1163 年在那里建立了一座宫殿。他宣称，"我们的前辈按照惯例在这里［蒙察］按王国法律加冕"㉘，但这是刻意的误导。其动机可能是要使曾在那里举行的加冕礼合法化，也就是 1128 年其叔康拉德三世作为对立国王时的加冕礼。1164 年，阿尔勒也是以同样的方式被宣布为普罗旺斯的首府和皇帝的主要驻地，1166 年，维埃纳被宣布为勃艮第王国的首都。

法律和司法的运用

当洛塔尔三世的皇帝证书上记载"罗马帝国的权威"和康拉德三世的皇帝证书上记载"我们权力的权威"时㉙，是什么方法和资源允许德意志统治者们得到这一权威？国王最重要的职责是确立正义。 397
1129 年洛塔尔三世谈到，全赖上帝恩典将他提升到国王职位，以便为教会和全体民众伸张正义，1141 年康拉德三世也以同样的口气表达了同样的思想。他作为上帝任命的国王要对所有错误的行为做出审判和提供公平正义，并保护所有人的权利。12 世纪帝国的统治者们，把这些古老的套语和程序作为严肃的宗教义务。康拉德三世的一份公文引用《诗篇》（Psalm）第 98 章作为开篇语，"王的荣耀是像大卫王所做的那样推进审判"㉚。若都算起来，西部帝国的疆域就太庞大了，这个王廷无法在这些不同地区行使巡回法庭的监督活动和终审法庭的判决活动。巡回王室本身就是最高法庭，其司法程序简单而快捷。例如 1151 年，我们掌握的一份文献是关于科隆的当选大主教阿

㉗ *MGH Diplomata*, Frederick I, no. 502, p. 433 中有 que caput et sedes regni Theutonic est, and no. 503, p. 434 中有 pro sede regali, in qua primo imperatores Romanorum coronantur。

㉘ *Ibid.*, no. 253, p. 53, 1159 中有 que caput Lombardiae et sedes regni illius esse dignoscitur, in qua etiam nostril antecessors de iure regni coronary consueverant. Peyer（1951），p. 457。

㉙ *MGH Diplomata*, Lothar III, no. 57, p. 90, 1134 中有 auctoritate Romani imperii, *MGH Diplomata*, Conrad III, no. 79, p. 141, 1142 中有 auctoritatis nostre potestate。

㉚ *Ibid.*, no. 56, p. 94 – 95, 1141.（《圣经》原文并无此句。——译者注）

诺德二世的记录，他曾将一个案子呈送到国王面前，询问有关发还其前任时期被剥夺的教会地产问题。国王像往常一样，召集各路领主帮他一起商讨这个案子，推敲其中的问题，做出判决。

理想的情况下，王室法庭掌控的法律，是上天的意志，是神在聆听时发现并通过裁决或判决（sententiae）时记录下来的。但是，这些并没有编纂为可以用来作为指导的法典。而地方法庭，即公爵、伯爵和教会法官的法庭，有时候参考巴伐利亚、法兰克尼亚（Franconia）或萨克森等地的习惯法。而在加洛林帝国时代保存古代地方法典以后，这些习俗的任何细节就再没有记载过，直到艾克·冯·雷普戈（Eike von Repgow）的《萨克森明镜》（Sachsenspiegel）在 13 世纪问世时为止。12 世纪撰文记述德意志法律实践的作家乌尔斯贝格的布尔夏德法官（Provost Burchard of Ursberg）抱怨说，最大的不便就是缺少成文法典。但是，之所以没有广泛意识到成文法典的必要性，其中一个原因在于，许多德意志领主都在为各自的家庭、庄园、农村、城镇和扈从起草和施行他们的规则。12 世纪期间著名的例子包括班贝格主教奥托二世为其巴伐利亚的庄园主起草的法规、科隆大主教雷纳德为其内阁大批随行的侍从官（ministeriales）起草的规则、扎灵根（Zähringen's）公爵为布赖斯高地区弗赖堡（Freiburg im Breisgau）等兴建于 1120 年的城市起草的规定、斯特拉斯堡主教（Strasbourg）为其大教堂所在地的城市起草并于 1130 年或 1131 年颁布的规定、希尔德斯海姆主教（Hildesheim）为那些移居到其教区的农村移民制定的法规。

12 世纪期间，在德意志，法律的概念被解释为三种不同类型的法律行为：研究罗马法、设立人们称为"土地之友"的维持《和平法令》（pax），以及施行封建法规（feodalis ius）。自 11 世纪开始，帝国公文就已引用查士丁尼（Justinian）法典，这种做法在科尔韦（Corvey）修道院院长斯塔波罗的维巴尔德主持的康拉德三世的内阁中，得到进一步加强。弗雷德里克一世·巴巴罗萨请波伦亚的律师们进入其意大利宫廷，就促使 1158 年在龙卡利亚（Roncaglia）颁布的法规增加了权力主义的气质。皇帝的这两项法令，即关于宣誓的"誓约法"（Sacramenta puberum）和关于学生特权的"习俗法"（Habita），都作为实用法规（authentica）大胆而"专断"地插入

398

《罗马民法大全》中。弗赖辛的奥托主教明确地讲到，当他于 1157
年将其《双城史》一书的抄本送给皇帝时，国王们的原则就是高于
法律的，1182 年颁布的《施派耶尔城宪章》有一段引自查士丁尼法
律的文字就排在以下这段文字之后：正像它全赖皇帝"制定了法律
一样，因此得以仁慈地为我们阐明了尚不清楚的事情"。[31]

　　皇帝按照"法律引导"（leges condere）这一观念制定法律的重要
典型案例，应该是弗雷德里克一世·巴巴罗萨于 1177 年在奥西莫
（Osimo）颁布的法律，该法禁止抢劫沉船和遭遇海难的人。它是意
大利律师们的作品，但是 1196 年亨利六世关于同一主题所颁布的法
律显然是其法官草拟的。巴巴罗萨于 1186 年和 1188 年在纽伦堡
（Nuremberg）颁布的打击纵火犯的法令，也带有利用皇帝权威制定法
律的特征，但是今天的法律学者们在宣誓结盟加强和平［即人们所
知道的"土地之友"（Landfrieden）］是否应该算作公认的习惯法或
是新制定的法律问题上，意见并不一致。最初的帝国"土地之友"
见于亨利四世在 1103 年于美因茨颁布的法令，但目前仅有一份关于
宣誓誓言的报告残留下来。至于亨利五世的"土地之友"（1119 年、
1122 年、1125 年）、洛塔尔三世的（1125 年、1135 年）和康拉德三
世的（1147 年）的文本都已经毁坏佚失了。弗雷德里克一世·巴巴
罗萨于 1152 年颁布的"土地之友"法令目前保存下来了，共有 20
条规定，在德意志领主们中间流传，给人留下的印象是正在制定中的
法典。在其前言中论证了该法的合法性：和平是由国王权威宣布的，
以便维护上帝和人类的法律，保卫教会，确保每个人的权益，并平定
帝国未定的国家。另一方面，他于 1179 年颁布的"土地之友"法只
是一个局限在莱茵河 – 法兰克尼亚（Rhenish Franconia）地区的组织
法。波赫尔德（Pöhlde）编年史报告说，当皇帝于 1169 年寻访瓦尔
豪森（Wallhausen）时，他重新签署《和平法令》（pax），但是人们
不知道这个法律究竟是萨克森地方的"土地之友"法，还是整个帝
国的法律。

　　尽管维护和平协会法作为对争斗行为的一种限制，运行得不是太
好，但是它们对 12 世纪德意志的司法实践产生了重要影响，因为国

---

[31]　*MGH Diplomata*, Frederick Ⅰ, no. 827, p. 34.

王在维护法律和秩序时，卷入各地王公及其法庭的事务之中。例如在反对纵火的法律中（1186 年或 1188 年），它明确宣布，公爵、侯爵、巴拉丁伯爵、土地伯爵和其他伯爵必须在各自的辖区内公正地处理纵火行为。但是，乌尔斯贝格的布尔夏德在谈到这份法律条文时宣称，"皇帝在纽伦堡召集领主们开会，他安排了各地区的和平，并下令把它写成文字，德意志人直到今天还称为'和平之书'（fridebrief），他们没有使用任何其他的法律；然而，他们后来并没有正确地遵守它们，从而成为一个野蛮和不守规矩的民族"[32]。

王室法庭没有打算取代各地更古老的习俗，因为各地的习俗可以有效防止犯罪，在"土地之友"之前就已存在的最具特色和典型意义的地方习俗就保存在弗赖辛的奥托主教的报告中，他报告了弗雷德里克一世·巴巴罗萨于 1155 年对沃尔姆斯的到访。美因茨大主教阿诺德和巴拉丁伯爵斯塔勒克的赫尔曼（Hermann of Stahleck）被押上法庭，为他们在交战期间蹂躏土地的行为接受审判：

> 此时，古老的习惯在法兰克人和士瓦本人中已经具有了法律地位，只要一名贵族、官僚（ministerialis）或地主（colonus），被发现他犯有这类罪行，在他被判决死刑之前，都必须牵着条狗带着马鞍游街……从一个乡村游走到另一个乡村，以此羞辱他。皇帝知道了这个习俗后，就强迫王国的大领主巴拉丁伯爵和其他 10 名作为他同伙的伯爵与他一起，牵着好多狗进行了长达一德意志里的游街。[33]

关于 12 世纪帝国的法律和司法实践的研究，由于它们对政治的影响，成为一个复杂的课题。然而，对罗马法的新兴趣、对"土地之友"认识的需要、德意志国王作为包括所有主教在内的附庸领主们的总领主的地位，都给人造成了深刻的印象，其统治者作为古老习俗的保护者和新法律的制定者，这一传统都没有本质变化。如同洛塔尔三世于 1132 年颁发的一份公文中明确记载，"习俗经过长期使用也

---

[32] Burchard of Ursberg, *Chronicon* for 1186.

[33] Odo of Freising and Rahewin, *Gesta Friderici*, II, 48. 译本由 Mierow 和 Emery 完成（1953，p. 163）。

变得具有法律的特征了"。㉞

王室官邸

随同王室巡回朝廷一起巡回的，还有在王室教堂和王室官邸任职的教士职员。在巡回往来途中，颁发的大量特权以及往来的信函和其他成文文件的写作，成为中世纪帝国国王政府的杰出成就，例如从《德意志历史文献》（*Monumenta Germaniae Historica*）丛书中收入的多卷公文就可以看出。大法官法庭在正常时期归大法官（*cancellarius*）管理，大法官则正式服从美因茨大主教，王室的小教堂也作为大法官法庭，并且视为王宫的一部分，而王室法庭同时兼作司法法庭，后者是 12 世纪帝国政府的主要机构。1125 年洛塔尔三世裁减亨利五世的王室小教堂和王室官邸的人数，任命新人作为王室教士和书记人员，大部分是萨克森人。他同意美因茨大主教阿达尔伯特一世的建议不再任命大法官，这样一来，大主教可能就自己享用原来正常情况下给予这个职位的薪俸，作为其支持洛塔尔当选国王的酬劳。这个不同寻常的安排，在朝廷制定文书和其他文件的实际工作中，还是带来了些许不同。1138 年，康拉德三世刚刚当选国王就重新恢复了萨利安王朝的传统，任命科隆大教堂的郊区威德（Wied）的阿诺德为其大法官。1151 年，后者升任科隆大主教以后，国王就任命为自己服务时间最长的教士索伦霍芬（Selehofen）的阿诺德为大法官。他后来继续负责指导弗雷德里克一世·巴巴罗萨的书记官们，直到 1153 年升任美因茨大主教。

人们能够感觉到，大法官、王室教士和书记官们在帝国事务核心层中发挥广泛的巨大影响。斯塔波罗的维巴尔德被康拉德三世提拔，成为其最有创见的书记官。他提出的建议受到朝廷的重视，1146 年，他被任命为科尔韦修道院院长，从而出人头地。他还受命担任赴法国和意大利的特使，后来继续在弗雷德里克·巴巴罗萨的大法官法庭任职；12 世纪 50 年代，他两度作为使节面见拜占庭皇帝。正是由于斯塔波罗的维巴尔德对较早时期宪章的改写以及在新公文的表达方式方

400

㉞ *MGH Diplomata*, Lothar Ⅲ, no. 41, p. 68.

面的创新，才为 1156 年的新任大法官达瑟尔的雷纳德绚丽多彩的成就铺好了道路。他作为巴巴罗萨九大法官中的第三位，1159 年受任科隆教区主教以为奖赏。他雇用维尔茨堡的亨利担任王室官邸中的首席书记官，这个职位是维巴尔德于 1150 年设立的，可能是一次精心交易的结果。亨利也被委任为赴法国、意大利和拜占庭的特使。作家拉赫温认为，他有能力判断其作品文学的价值，因此能够在后来成为弗赖辛的奥托主教所撰"巴巴罗萨传记"的续写者。其他有名的大法官包括布齐的克里斯提安（Christian of Buch）和海恩贝格（Heinsberg）的菲利普，前者熟知多种语言并于 1165 年被提升为美因茨大主教；后者于 1167 年被任命为科隆主教。亨利六世能干的大法官奎尔福特的康拉德和达瑟尔的雷纳德一样，也是萨克森人。1194 年，他成为希尔德斯海姆主教，后来又被任命为维尔茨堡主教。1202 年，他在维尔茨堡被刺杀。

　　现今，王室官邸保留下来的主要成果是向德意志和意大利的教会教堂和城镇封授和颁发的各种权利、财产和皇帝保护令，以及委任证书及其抄本，它们虽经历几个世纪却保存良好，原因在于有教会和城市档案馆的保存。还有大量信件也被保存下来了，它们多是发布给世俗领主、教会人士或侍从官（ministeriales）的训令，作为随时使用的特殊用途文件，或者用来及时终止某些不端行为。王室官邸被认为可能颁发了比残存史料要多得多的训令，这种意见认为，不是因为它们没有被很好地保存，而是因为它们不像颁授特权的证书那样具有更高价值。由于王室官邸要随朝廷巡视，因此其办公用物一定比较节俭。我们确实没有任何王室宪章的正式注册的线索。但是，当康拉德三世于 1145 年在亚琛过圣诞节时，他通知维埃纳大主教维埃纳城属于国王，这份通知"保存在我们帝国的档案中"[35]。因此，在亚琛王宫中很可能有许多箱子或房间，还有其他参考书供统治者查阅古文献和文字证据。王室官邸肯定采用许多从形式到内容风格各异的文本模式。例如科尔韦修道院院长、斯塔波罗的维巴尔德就保留着他自己记录的文书，以及现今人们所知的《维巴尔德主教法典》（Codex epistolae Wibaldi）的其他资料，它是 12 世纪帝国公文史的一种主要史料。

---

　　[35]　*MGH Diplomata*，Conrad Ⅲ，no. 145, p. 265 中就有 "quod in archivis imperii nostril continetur"。

另一种非正式使用的信函集就是 1125 年在班贝格起草的《乌达尔里克法典》（*Codex Udalrici*），主要用于说教。该法典是从教科书修订加工成的范本集，证明了皇帝书记官和某些教会文字官员的通信往来。

康拉德三世雇用的最有天赋的教士之一是位意大利人——维泰博（Viterbo）的戈弗雷，他还是孩子时就被送往班贝格的教会学校。作为巴巴罗萨整个统治时期宫中影响力极大的人物，他可能还充当亨利六世的宫廷教师，而亨利与其父亲不一样，他很有教养。戈弗雷是一位专写帝国事务的学富五车、极富想象力的作家，他留下了有关他作为帝国书记官、教士和特使经历的典雅叙述，也许有些夸张。他抱怨说，几乎找不到时间和地方进行他自己的写作，这样的抱怨几乎充斥着《回忆》（*Monumenta*）的一整卷，此书是《描述》（*Scriptores*）丛书的一部。他如此抱怨是因为，他不得不

> 在帝国宫殿的阴暗角落里，或在行进途中的马背上，在树下或森林中，甚至在围攻城堡期间，在不断战斗的危险中，只要时间允许，一直在撰写。我不是在修道院的寂静或其他那些宁静之地，而是在持续不断的动荡和众多事件的混乱中，在战争和像打仗一样的环境中，在如此巨大的宫廷喧嚣中写这本书。我作为一名教士，每天的全部时间和所有时光都在书桌上和谈判中忙碌，起草信件、安排每日的新住所、照顾我自己和我的皇帝的起居，还身负极为重要的使命：两次出使意大利，三次出使普罗旺斯，一次出使西班牙，多次出使法兰西，四次从德意志到罗马的往返。宫廷里我这个年龄的人中，没有任何其他人像我一样被要求工作到竭尽全力毫无休息。所有这些工作越是复杂多样，其紧急和匆忙得越是不可思议，我在如此巨大的嘈杂和喧嚣中就越能胜任这份工作。㊱

人们也只能赞同他了。

㊱　Godfrey of Viterbo, "Memoria seculorum", p. 105. 译本见 Bumke（1991），pp. 460–461。

财政和帝国国库

尽管有资料涉及 12 世纪帝国的国库或称卡麦拉（*camera*）及其官员，但非常难弄清楚的是：是否存在常设的国库，抑或卡麦拉只是国王手头现金的代名词，这些国库官员是否就是税收官。现存的 12 世纪德意志国库文件也不能确认出任何东西。帝国宫廷肯定是携带非常坚固的箱柜（其样品从 13 世纪以后即保存下来）进行巡回，它们用来放置皇帝徽章、圣物和其他诸如金印和现金等贵重物品。据说建立在距离莱茵河不远的特里菲尔斯（Trifels）岩石上的一座坚固小城堡，就是用作王室国库的收藏地。有人已经描述过亨利五世的城堡最坚固，王室的珠宝不止一次送到那里保存。亨利六世还把特里菲尔斯城堡用作关押英格兰国王理查德一世及其他囚犯的场所。很多史料都谈到，德意志人对于西西里王室国库的富有感到万分惊讶，这是德意志在 1194 年占领雷尼奥家族期间夺取并运回特里菲尔斯城堡保存的。其中有些宝物，例如比较著名的西西里的罗杰二世那件深红色的金斗篷，至今仍可以在维也纳萨兹卡梅尔（*Schatzkammer*）博物馆中看到。但是就像亚琛档案一样，特里菲尔斯国库虽然有可能作为帝国政府初期的国库，但在史料中却显得模模糊糊。

自从 11 世纪 70 年代王室被驱逐出萨克森地区，王朝就逐渐地主要依靠其在德意志南部的地产，包括阿尔萨斯和莱茵河中游地区，根据弗赖辛的奥托主教的说法，"这个王国主要的力量在此地"[37]。王室克服了巨大困难使其地位恢复到授职权战争之前的强盛，成为领地范围较大的地主。1125 年亨利五世去世时，士瓦本的弗雷德里克二世公爵尽其所能地侵占萨利安王朝的土地，已经达到其代理人能够控制的土地上限，并宣称这才像亨利五世的侄子应该享有的遗产。洛塔尔三世及其盟友们花了几年时间作战，迫使公爵及其兄弟，也就是对立国王康拉德把这些领地还给王室。1138 年康拉德三世继位后，据说他作为国王拥有的土地，还比不过韦尔夫家族在士瓦本和萨克森地区的众多遗产。弗雷德里克·巴巴罗萨统治之初也有同样的劣势，因为

---

[37] Odo of Freising and Rahewin, *Gesta Friderici*, I, 12.

他放弃了士瓦本公爵称号，并将他于 1147 年从其父那里继承的土地分两次（1152 年和 1153 年）让给了他的表兄卢森堡的弗雷德里克公爵。而后，这位皇帝通过 1156 年与勃艮第的比阿特丽斯的婚姻，将她的大片领地合并到斯陶芬王朝。1167 年的罗马战争中，相当多德意志领主死于疟疾，以至于这位皇帝能够启动一项遗产和恢复遗产的宏大计划，为他及其儿子们占有很多土地。

我们知道国库的部分钱财都委托给侍从官保管，他还被赐了一座 403 城堡用来保存这些钱财，但是有关 12 世纪国库管理的专门资料却很少保存下来。最重要的材料是一份题为"用于罗马人国王生计的庄园"（*Iste sunt curie que pertinent ad mensam Regis Romanorum*）的德意志和意大利王室庄园名单，[38] 其中性质全然不同的部分可以追溯到 1125—1133 年，或者 1138—1155 年，或者 1169—1191 年，这些时期均有罗马国王在位。其中，萨克森、洛泰林吉亚（即洛林）、法兰克尼亚（Franconia）到北部巴伐利亚等地的各庄园用实物缴纳赋税，伦巴第的各庄园用现金缴纳，这些都在计划内，不过，尽管有大量学术文章研究它，但我们还是不知道这份名单是为哪位国王准备的，或者是为了什么目的选择出这些庄园和收入放在最重要的位置。

王室巡回宫廷和王室宫殿

德意志的王庭并无固定驻地，但是王室巡回宫廷（*iter*）在帝国各省和地区巡游，这本身就是一种服务于多种目的的管理方法。它是一种在各个地区展示王室法权的手段，例如我们在弗雷德里克一世·巴巴罗萨于 1155 年对沃尔姆斯的访问，以及他于 1158 年对莱茵河下游地区的访问两个案例中所见到的那样。它使诸侯领主们的集会处于王室严厉的监督下，并通过他们要履行的"建议"（*consilium*）义务或提出建议来参与到重要时刻的政治和司法问题中。1178 年和 1181 年之间取消"狮子"亨利的萨克森和巴伐利亚公爵头衔，就是这位国王召开这类宫廷会议的工作结果。1178 年 11 月在施派耶尔法庭上，国王未能使这位公爵与其对手科隆大主教菲利普各自为首的敌对

---

③⑧　Brühl and Kölzer（1979），p. 53.

两派和解。1179 年 1 月，在沃尔姆斯召开的巡回宫廷要求这位公爵应讯对其破坏和平的指控。1179 年 6 月，马格德堡巡回宫廷就其拒绝应讯而剥夺他的公权，同年 8 月召开的卡伊纳（Kayna）巡回宫廷则继续指控他这个顽固而不服法令的封臣。1180 年 1 月的维尔茨堡巡回宫廷剥夺了他的采邑，4 月的盖尔恩豪森（Gelnhausen）巡回宫廷和 9 月的阿尔滕堡（Altenburg）巡回宫廷就将这些采邑分配给了他的几个对手。1180 年和 1181 年对他开战后，这位公爵最终于 1181 年 11 月在埃尔福特（Erfurt）巡回宫廷上向皇帝屈服投降，并被送去流放。

王室巡回宫廷也在属于国库的多个城堡和宫殿之间巡游，虽然在理论上精心设计的巡游路线能够使王廷从其领地成功收取献金，不过此时已不再适用。巡回宫廷是一个让王室朝廷享受古代权利的精明办法，由此王室可以接受帝国的大主教教会和某些修道院的款待，款待国王是帝国教会所承担的提供服务（servitia）义务的组成部分，以作为它接受"世俗权利"的回报。这些权利建立在法律论证之上，教会的大部分世俗权利最终还属于国王，是国王为了教会和帝国双方互惠而封授或委托给高级教士们的。洛塔尔三世、康拉德三世和弗雷德里克·巴巴罗萨遵照其萨利安王朝前辈祖先们的做法，通常在教士城镇和王室修道院居住更多时间，而在他们自己的宫殿和城堡居住的时间更少。至于说在他们自己的城堡居住，洛塔尔三世更偏爱住在萨克森的戈斯拉尔和亚琛的皇帝宫殿，康拉德三世更喜欢纽伦堡和法兰克福，可能是因为当他还是对立国王时这里的居民就很喜欢他，弗雷德里克·巴巴罗萨则喜欢所有这四个地方，经常造访萨克森边疆的阿尔滕堡、法兰克尼亚的盖尔恩豪森、莱茵河西岸的凯泽斯劳滕（Kaiserslautern）、阿尔萨斯的哈格纳乌（Hagenau）和士瓦本的乌尔姆（Ulm）。

虽然亨利六世花更多的时间造访沃尔姆斯和维尔茨堡的主教城市而很少回他自己的任何宫殿，但是在其统治时期，王室驻地在召集巡回宫廷方面却第一次比在修道院和主教城市更频繁。这不仅反映出康拉德三世和弗雷德里克·巴巴罗萨启动的庞大宫廷建筑计划逐渐取得成就，而且反映出国库自 12 世纪 60 年代晚期变得明显充盈，从而使亨利六世在经济上很少依赖教会的款待。没有人会怀疑这对主教是一种解脱，因为王室的随从队伍庞大。一份可靠的资料表明：当某座主教城市成为王室巡回宫廷全体会议的地点时，王室官员就要征用主教大部分岁入用于长达两周的会议开销。

王室宫廷还被设计用来发挥意识形态的功能，通过在朝廷上头戴王冠展示统治者的权力和荣耀，活动时间通常与教会的重大节日相吻合。例如在 1158 年，弗雷德里克·巴巴罗萨就戴上了王冠，他说："朕主要是在圣诞节、复活节和圣灵降临节才戴上王冠和荣耀的光环。"㊴ 这类仪式就是服务于展示统治者神圣人格的明确目的：他在耶稣基督"最高的王和祭祀"（*summus rex et sacerdos*）的明确保护下，像弗赖辛的奥托在有关弗雷德里克·巴巴罗萨于 1152 年在亚琛第一次加冕和接受涂油礼时这样描述他的。这个主教把这一点发挥到了极致，他解释说，为明斯特（Münster）主教即另一位弗雷德里克施行圣餐礼的主教就是为国王封圣的同一主教，这样"在同一座教堂的同一个日子里，见证了唯一两个人的祝圣活动，根据《新旧约全书》，他们被神圣地涂油，神圣地呼唤上帝的涂油礼"㊵。此后国王着装的节日都承载着政治、宗教和心理方面的信息。例如，巴巴罗萨在伦巴第征战的关键时刻，遭遇到顽强抵抗，他发誓在对侮辱其国王尊严权威的行为受到惩罚以前，将不戴王冠。相反地，据沃尔姆斯年代纪作家说，1182 年在美因茨举行的圣灵降临节国王着装典礼仪式，是确切地为庆祝推翻"狮子"亨利的长期战争取得的胜利成果。1178 年夏，这位皇帝旅行者在从意大利返回经过普罗旺斯和勃艮第途中，趁机举行了新的加冕典礼；弗雷德里克·巴巴罗萨在阿尔勒加冕，而皇后比阿特丽斯则在维埃纳加冕。

现代学术界对于后来发展出的这类加冕仪式的制度分类还没有达成一致意见，就是最初在亚琛加冕为德意志国王和在罗马加冕为帝国皇帝举行的仪式，对它们进行精确的分类可能也不适宜。1186 年在米兰非常罕见地进行了三次加冕，就是为了提升帝国的荣耀，因为这场仪式结合了当时宫廷的野心和那个时代里宗教和等级制的重要性。伴随相当响亮地唱诗（sang-froid），皇帝于 1162 年亲临米兰庆贺其子亨利六世与西西里的康斯坦丝的婚礼，在此，他与百姓同乐。在圣安布罗乔（San Ambrogio）举办婚礼后，他们三人都分别加冕，巴巴罗

405

㊴　*MGH Diplomata*, Frederick Ⅰ, no. 201, p. 337.
㊵　Otto of Freising and Rahewin, *Gesta Friderici*, Ⅱ, 3.

萨由维埃纳大主教加冕，亨利六世由阿奎莱亚宗主教加冕，而康斯坦丝则由德意志主教加冕；主要史料报道说，"从那天开始，他［亨利六世］就被称为凯撒"[41]。由于教廷元老会之前拒绝他为其儿子举行皇帝加冕礼的要求，因此这是自从巴巴罗萨的父亲奥托二世于 967 年在其祖父在世时举行皇帝加冕以后，第一次筹划这样的安排，目前最似是而非的解释认为，1186 年的加冕就是作为替代的仪式而设计和施行的。

尽管帝国各主教城市对于王室巡回宫廷的意义相当重要，但是巡回的方式在 12 世纪还是根据那些城堡、宫殿和城镇距离王室国库的远近来设计制定。12 世纪罗马元老会议的国王名单中提到的古代地产，如尼姆维艮（Nimwegen）、英格尔海姆（Ingelheim）、法兰克福和凯泽斯劳滕，康拉德三世和弗雷德里克·巴巴罗萨在这些地方开始进行王室宫殿重建。拉赫温保存了对其中一项工程的描述，非常有价值，其设计特别展示出王朝的荣耀和帝国的尊严：

> 在凯泽斯劳滕，他［弗雷德里克一世］用红色的岩石建造了一所宫殿，并极为奢华地进行装饰。他以相当坚固的城墙围住宫殿的一面，另一面则挖了一个像湖一样的钓鱼池，且装饰着各类鱼虫动物，极为赏心悦目。紧邻的花园设有表演舞台，还驯养鹿。所有这一切和人们难以用语言表达的王室的富有，使每个观看它的人极为惊讶，留下了深刻印象。[42]

弗雷德里克·巴巴罗萨和亨利六世在阿尔萨斯时还非常频繁地造访了另一个属于斯陶芬家族的驻地。它附近的一个城市是 12 世纪初建造的，皇帝于 1164 年授予这个城市专有的特权。维泰博的戈弗雷记载了这个城堡奢华的壁画和黄金装饰的房间，以及装饰城墙的那些塔楼。很显然，该城堡包括了一个收藏颇丰的图书馆。新建筑规划的富丽堂皇之处还能从众多王家教堂、大厅、拱廊和残留的雕像中想象出来，它们仍残存在塔盖尔恩豪森、纽伦堡、艾格尔（Eger）、法兰

---

[41] Ralph of Diceto, "Ex ymaginibus historiarum" for 1186.
[42] Odo of Freising and Rahewin, *Gesta Friderici*, Ⅳ, 86. 译本见 Bumke（1991），p. 125。

克福、温普芬（Wimpfen）等地。我们从今天残存的文字和铭文可以了解到一些有关建造宫殿对提升皇帝声望的信息。弗雷德里克·巴巴罗萨修缮了他在莱茵河小岛上的凯撒斯维特宫殿后，于 1184 年在入口处留下了一段铭文，称恢复了正义与和平，宫廷在此召开的会议即是旨在维持和平。在他离开德意志参加第三次十字军征战后，皇帝写信回来致亨利六世，提醒后者不要忘记完成在尼姆维艮和凯撒斯维特的修缮工程，因为它们都是其先祖加洛林王室和萨利安王室的驻地，故此强调他们自己的王室所具有的极为重要的奠基意义。大动土木、兴建王宫等事实说明，在 12 世纪最后三分之一时间里帝国王朝的兴盛，而这一现象显然又是由于 1167 年以后王室获得了许多新的财产，包括构成国库的繁茂森林、收益丰厚的管理权力、数百处庄园、一批城镇和修道院，根据吕贝克的阿诺德记载，还有多达 350 个城堡。

国王与战争

国王的各种资源、王室宫廷与教会的关系，以及巡回宫廷不间断的审理程序等，维系着统治者最紧迫的任务，即发动战争。正如科尔韦修道院院长斯塔波罗的维巴尔德在 1149 年提醒希尔德斯海姆主教的那样，作为宣誓的封臣，教会的义务不仅包括参加王室宫廷和款待巡回宫廷及其会议，而且要帮助国王进行军事远征。国王在西部帝国疆域内进行的远征或武装作战本身就是其最终的管理手段。作家拉赫温引用《第二国王书》，认为 1158 年显然存在国王进行战争的合适时机，巴巴罗萨因此策划进行第二次意大利战争。他还想当然地以为应该借此机会召集主教们商议，他们中的一位，即弗赖辛的奥托，就写信给皇帝，主张为了帝国的荣耀应该惩罚米兰人。12 世纪期间，"荣耀"（honor）一词常被皇室宫廷用来指称皇帝权威和属于国王的特殊权利。它还被用来证明战争的合法性，正像弗雷德里克·巴巴罗萨在谈到 1157 年对波兰的军事远征时，对科尔韦修道院院长斯塔波罗的维巴尔德所说，是"为了罗马帝国的光荣和荣誉"[43]。在德意志

407

---

[43] *MGH Diplomata*, Frederick Ⅰ, no. 181, p. 304 有这样的话 "quantave gloria et honore Romanum imperium"。

内部，有时也以同样的理由证明战争或远征（*guerra*）的合理性。1166 年，皇帝就"为了帝国的荣誉"，联合巴伐利亚的伯爵利奥波德和普莱恩（Plain）的亨利进攻萨尔茨堡的亚历山大教区（Alexandrine see），他补充道，"我们的荣誉就依赖于这场战争"[44]。战争的资金主要由国王的武装扈从、世俗领主和教会提供，尽管 12 世纪期间皇帝进行的几场战争都使用了雇佣兵，但德意志的各大城市也提供了一些兵团。军事扈从一般是由封臣提供的，都是由其主人封授的骑士。这就是为什么洛塔尔三世于 1136 年禁止未经同意擅自转让采邑，因为这样做的后果是"朕的封臣领主们很难能够使其骑士对以朕的名义进行战争取得的胜利有所贡献，因为他们都很缺乏采邑"[45]。1154 年和 1158 年，弗雷德里克·巴巴罗萨又重申了同样的禁令。

尽管许多国王的修道院和诸如康斯坦茨、不来梅和库尔（Chur）这样少数的主教区被免除了军事服役义务，但是帝国宫廷通常希望所有教会和世俗君主做好准备，随时提供军队作战，当需要的时候还要亲自参战，并按照惯例为此进行宣誓。德意志的军事义务并没有特别列出需要提供的骑士数量，但是那些接近宫廷的有野心的封臣领主愿意向他们提供一定数量的骑士。例如 1161 年，科隆大主教雷纳德、卢森堡公爵弗雷德里克、莱茵河的巴拉丁伯爵康拉德和图林根伯爵路易二世提供了超过 1100 名骑士，以便加强围困米兰的军队。许多主教为了资助帝国战争的高额经费而承受严重的财政压力。除了下令保留采邑用于适当的目的外，还要求保留其他几种资源，显示出在德意志进军意大利的大规模军事活动背后的组织规模：如 1158 年关于军队和军营行为的规定；1160 年前后在赖谢瑙修道院颁布的一道法令假称为查理大帝发布，其中相当详细地解释了军事义务、人员和装备；还有德意志不同地区关于骑士侍从官的军事行为的规定。在伦巴第进行的多次战役和反对西西里王国的战争中，以及德意志参与的第二次和第三次十字军征战的军队，都遭到了失败。显然，12 世纪的德意志军队是可怕而强大且令人十分担忧的军事机器，不止一位作家谈到了它们的残暴无情和强大无比，尽管作家们的言语当中有些是从

408

[44] *Ibid.*, no. 508, p. 442.
[45] *Ibid.*, Lothar Ⅲ, no. 105, p. 170.

罗马人描写日耳曼蛮族的古典时代用语中借用来的。

萨克森地区"事实上的"独立及其向东扩张

萨克森摆脱王权获得实质性独立是授职权战争的一个后果，那场战争最后以 1115 年亨利五世进攻萨克森而在韦尔夫索尔兹（Welfesholz）遭遇失败而告终。虽然国王没有完全失去对萨克森及其周围地区的政治控制和物质占有，但是萨克森贵族早在 1073 年即为独立而奋斗的自治权在 12 世纪的德意志政治史上已经成为现实。1125 年，萨克森的洛塔尔公爵就成为这个势力集团的最高代表，他本人也当选为国王。当 1138 年洛塔尔三世的女婿、"骄傲的"亨利未能确保继承王位时，萨克森的优势地位就表现得昙花一现了。但是，此时萨克森已抓住了对其发展极为重要的社会机遇。通过战争和殖民、狂热传教和外交，西部帝国的萨克森边界在 12、13 世纪极大地向东推进了。这里，我们需要考虑这对德意志北部的政治意义和影响。

在 12 世纪的第二、第三个十年间，萨克森不再忙于应付授职权战争，因此它也有可能利用公爵领地以及人口高度密集的尼德兰（Netherlands）地区的资源，重新尝试通过占领和移民定居的方式来加强对邻近的斯拉夫地区的控制。作为萨克森公爵和皇帝的洛塔尔三世，及其孙子"狮子"亨利公爵，均手段老到，精于选择具有军事和组织天才能力的军事指挥官和教士，以便吞并和占有斯拉夫地区。洛塔尔的成就在于 1110 年将绍恩堡（Schauenburg）强大的萨克森诸王朝稳固在荷尔斯泰因（Holstein），并于 1134 年在后来称为勃兰登堡（Brandenburg）的北部边地的巴棱斯特德（Ballenstedt）立足，1123 年则进入了梅森各低地的韦廷（Wettin），1136 年占领卢萨蒂亚，取得巨大的成就，将这些广阔的领土作为德意志王国的省份合并进来。从 12 世纪的最初几年开始，来自尼德兰各低地地区和威斯特伐利亚的大批移民早已经准备移居东方，但是实际上，易北河两岸地区的德意志化还是件相对缓慢的事情，这部分是因为斯拉夫人的抵抗，部分是因为萨克森各王公的竞争。

在 1143 年或 1144 年，绍恩堡和荷尔斯泰因的阿道夫伯爵在河口

409

上建立吕贝克港口，该港口的极端重要性在于，它是德意志自 983 年斯拉夫人兴起期间丧失土地以来，第一次获得了波罗的海的出海口。但是这个定居点在 1147 年遭到奥博德里特斯家族的大公尼科洛特（Niklot, prince of the Obodrites）的进攻，惨遭平毁，1159 年，"狮子"亨利又重新建立该定居点。与此同时，不来梅大主教又在奥尔登堡（Oldenburg）、拉策堡（Ratzeburg）和梅克伦堡（Mecklenburg）重建曾于 11 世纪被斯拉夫人摧毁的教区，尽管他的死对头"狮子"亨利坚持认为，他作为萨克森公爵，拥有对教会的授职权和保护权。1154 年，这一点得到了王室宫廷的承认。此后没有多久，奥尔登堡教区就被转给了吕贝克，而梅克伦堡则转给了施维林（Schwerin）。以下两个事件确保了德意志在东方建立权威的未来。第一件是斯拉夫人的各位君主自己决定承认皇帝的宗主权。第二件是大批德意志移民蜂拥定居在此地，他们的功能也得到其教会领主的司法章程的印证，另外荷尔斯泰因地区博绍（Bosau）教区教士赫尔莫德（Helmold）完成的移民定居编年史中也提供了有力证明。赫尔莫德作品的公正性一直遭人诟病，但是其描述的征服与殖民化的图景却有理由被认为是可靠的，因为它并不是重构这段历史的唯一史料：

> 鉴于这里的土地没有居民，他［荷尔斯泰因伯爵阿道夫二世］便派遣使者到各地，主要是到佛兰德和荷兰，到乌得勒支、威斯特伐利亚和弗里西亚等地，宣称无论谁，如果身处缺少耕地的窘境，都可以带家携口来到这里，接受极佳的土地，这里有面积可观的大块耕地，富饶宜于种植庄稼，渔猎资源丰富，草场适于放牧……大批人数众多的不同民族群起响应号召，他们携带家眷和用具涌入瓦格里阿（Wagria），涌向阿道夫伯爵，他们将会获得他允诺给他们的土地。[46]

荷尔斯泰因、施托尔曼（Stormarn）和瓦格里阿地区最初的移民定居之后，紧接着是"狮子"亨利的冒险，即文德家族（the Wend-ish）的 1147 年十字军东征，其安排恰好与进军耶路撒冷的第二次十

---

[46] Helmold of Bosau, *Chronica Slavorum* cap. LVII. 译文见 Tschan（1935），p. 168。

字军征战相一致。从军事角度看，萨克森人做得并不好，但是斯拉夫领袖们在此后几年里逐渐认识到，萨克森权力逐渐增强，而基督教信仰和德意志移民，将必须符合他们本民族的利益。正是由于这些原因，1150 年去世的勃兰登堡的普里比斯拉夫（Pribislav）任命侯爵"狗熊"阿尔伯特（Margrave Albert the Bear）为其继承人，而哈弗尔贝格（Havelberg）和勃兰登堡两个重建的教区很快便被来自尼德兰的垦殖移民所占据。根据赫尔莫德有些夸张表述的作品，

> 勃兰登堡主教辖区以及同样的哈弗尔贝格主教区，因外来人（例如尼德兰人）的到来而得到极大加强，因为教堂数量增加，什一税的收入也大幅度增加……斯拉夫人在各地遭到打压和驱逐。一支强大且人数众多的民族从海洋沿岸来到这里，并占据了斯拉夫人的土地。他们建起了城市和教堂，财富迅速增加超出了所有人的意料。[47]

1163 年，皮亚斯特的两位君主，即弗罗茨瓦夫的波列斯拉夫和拉齐布日的梅什科被任命为西里西亚公爵，作为西部帝国的附属国，同时还仍然保持其波兰公爵的封臣身份。西里西亚早就皈依了基督教，并未遭遇德意志入侵的威胁，但是此时，这个领地却对德意志移民敞开了大门，最终在 13 世纪被合并到帝国中。"狮子"亨利在 1158 年发动了另一场长期的军事征服行动后，又在奥博德里特斯各地任命了一批伯爵，如在施维林地区任命了哈根的贡泽林（Gunzelin of Hagen），在梅克伦堡任命了斯库登（Schooten）的亨利。尽管斯拉夫人对此进行了进一步的抵抗，但 1167 年大公还是恢复了奥伯德里特君主普里比斯拉夫附属国国王的地位，让他与前此任命的其他领主一起统治。

波美拉尼亚最初接受基督教的时间，可以上溯到 12 世纪 20 年代班贝格的奥托一世主教作为主要传教士的那个时期。12 世纪 40 年代建立的沃林主教区作为直属教宗、享有豁免权的教区，在 1174 年被移交给了卡敏（Kammin）教区。12 世纪 60 年代，波美拉尼亚君主、

㊼ Helmold of Bosau, *Chronica Slavorum* cap. LXXXIX. 译文见 Tschan（1935），pp. 235 – 236。

斯德丁的博吉斯拉夫（Bogislav of Stettin）向"狮子"亨利称臣，1181 年亨利下台后，该地公爵称号就被授予皇帝直属封臣的特殊地位。这样，波美拉尼亚就向德意志移民开放了边疆。总之，对于在 12 世纪 60 年代末之前殖民扩张的成就，赫尔莫德宣称，

> 从丹麦王国边界的艾德河（Eider）开始，掠过波罗的海和易北河之间，伸延到一块极为广阔的土地，直到施维林，这个地区一度匪徒埋伏遍地，人们惊恐不安，几近荒芜，但是现在却在上帝的帮助下，如人们看到的，全都成为萨克森的一个殖民区。这里兴建了城市和乡村，建设起教堂，基督教神职人员的数量极大增加。[48]

萨克森人在易北河以东广大地区的征服、传教和移民活动，遭到新兴的丹麦王国的挑战，因为丹麦国王是"狮子"亨利争夺波罗的海南岸地区统治权的死敌，他们还不时地发动占领荷尔斯泰因、梅克伦堡和波美拉尼亚的攻击。直到 1227 年丹麦人在博恩赫沃德（Bornhöved）战役中吃了败仗，其对西部帝国领土内的利益争夺才告一段落。

411
12 世纪重现帝国荣耀

从萨利安王朝历史看，12 世纪西部帝国的统治者们继承了一整套机构、方法和资源来支撑其政府和权力：教会的服务和帝国国库的财富、上帝保佑的法律尊严、具有多重功能类似内阁的朝廷、司法资源、军事指挥中心以及领主和主教们开会的地方等。尽管这些机构遭到授职权战争的破坏，但是依然能够保持良好的工作状态。英格兰的亨利一世曾建议亨利五世，将盎格鲁－诺曼式规范的王室税收体制引入德意志，认为这样做将是有益的，但是来自西部帝国内部的史料却对德意志的制度没有抱怨，并没有觉得作为巡回王权制导致的管理制度相对较弱这一点有什么坏处。相反，他们认为，统治者本身的素质

---

[48] Helmold of Bosau, *Chronica Slavorum* cap. CX. 译文见 Tschan（1935），p. 281。

可能足以解决 12 世纪出现的那些问题了：在与教宗敌对的多年混乱后，恢复了帝国的声威和荣耀，伴随而来的是和平、法治和宗教的"改革"。在康拉德三世于 1150 年致教宗尤金三世的信中，他希望："基督教民众生活在和平和对上帝的敬畏中，罗马帝国立基于其真正的尊严活力之上"⑲，这些想法在国王公文中一而再再而三地加以强调。

弗赖辛的奥托主教虽然不太喜欢萨克森家族，而且在书中也这样记载，但是他认为，洛塔尔三世是一位具有足够优良素质的统治者："假如他没有英年早逝，他就一定会是那位凭借其能力和活力恢复皇冠的古代尊严之人。"⑳ 萨克森史料也记录了对他有较高评价的讣告，希尔德斯海姆编年史因为他在平时和战时的服务，称他为"国父"（pater patriae）。弗雷德里克一世·巴巴罗萨和亨利六世的大法官法庭润饰国王采取行动的睿智，把它说成是帝国复兴的需要，而康拉德三世的宫廷在这样说的时候却是发自真心的看法。康拉德三世并不是各种颂扬文献的主题，例如贡特尔（Gunther）在其《颂歌》（Ligurinus）中歌颂巴巴罗萨，或者像埃博利的彼得在其《奥古斯都荣耀颂》（Liber ad honorem Augusti）中歌颂亨利六世那样。康拉德三世的同母异父弟弟弗赖辛的奥托在其《双城史》中，对直到 1146 年的统治做出了极为重要的悲观描述，主要是因为康拉德将巴伐利亚公爵头衔赠给了他的其他兄弟们，即奥地利的诸位侯爵，由此还引发了战争，给弗赖辛教区和巴伐利亚其他地区造成了破坏。另一方面，一直到其统治末期仍然担任王室教士的维泰博的戈弗雷，则称康拉德三世具有国王的传统和品性：睿智狡诈，外表优雅和尚武勇猛；更有甚者，来自萨克森的史料也如是说，而这个地区对国王充满敌意。

科尔韦修道院院长斯塔波罗的维巴尔德就在 1152 年弗雷德里克一世·巴巴罗萨当选之后写信给教宗，按照阿谀颂扬的传统，称这位统治者，从开始到现在"都有着明察秋毫的能力，随时理解下情，战时福星高照，急于应对困难和光荣的使命，同时宽容冒犯者，和蔼可亲又慷慨大方，讲他的母语时口才雄辩，典雅华丽。我主上帝赋予

412

---

⑲ *MGH Diplomata*, Conrad Ⅲ, no. 222, p. 395, 1150 中就有 "et populus christianus in pace et timore dei vivere et imperium Romanum in pristine dignitatis robur revormari" 这样的话。

⑳ Odo of Freising, *Chronica sive Historia*, vii, 20. 译本见 Mierow（1996），p. 428。

他所有优良品质，以至于他能够在国土上执行审判和司法"⑤。所有这些说辞可能是这位修道院院长对《圣经》和古典学问的模仿，但是弗赖辛的奥托主教也对他的这位侄子的能力深表赞许。这里，他放弃了惯常的清醒，在描述巴巴罗萨时使用《圣经》关于基督幼年时期的故事的话："这孩子将来怎么样呢？"（见《路加福音》1：66）然而，并不喜欢士瓦本家族人的博绍的赫尔莫德，对巴巴罗萨印象深刻，也使用《圣经》的段落来颂扬他说："他的王座凌驾于几天前还排在他前面的众王王座之上；他的智慧和毅力高于地上所有居民。"⑫除了其德意志的歌颂者，如贡特尔和拉赫温外，这位皇帝还给维泰博的戈弗雷以外的其他意大利人留下了深刻印象。洛迪（Lodi）的奥托·莫雷纳（Otto Morena）以及其作品的续写作者都写下了关于赞美巴巴罗萨在伦巴第战争活动的史书，意大利北部的匿名作家就同一题材撰写了长达 3343 行的英雄史诗《卡尔曼》（Carmen）。毫无疑问，这些意大利人都有各自憎恨米兰人的动机，后者也是皇帝在伦巴第的主要敌人。第三次十字军征战激发了新一轮颂扬弗雷德里克·巴巴罗萨的吹捧文学。亨利六世的主要吹捧者是意大利人，如维特伯的戈弗雷和埃博利的彼得，虽然有一些德意志编年史作家也对他试图履行在其各王国内实现和平和正义的帝王职责的过人精力感到惊讶。

洛塔尔三世、康拉德三世和地区的竞争问题

12 世纪的政治语言在用古典术语把帝国描述为一具身体，其中皇帝就是大脑，领主们则是受支配的躯干。1166 年，科隆大主教雷纳德的公文文辞中即宣称，没有任何东西能比皇帝召集和关爱其封臣领主（fideles）那样更适宜、更光荣的了，这些封臣就像头脑支配下的躯干，正是头脑使躯干的价值得到适当的体现和指示。实际上，要使桀骜不羁的成员顺从王室确实是个艰难的任务。洛塔尔三世在位时

---

⑤ MGH Constitutiones I, no. 138, p. 193, has "fuit antehac ingenio acer, consilio promptus, bello felix, rerum arduarum et gloriae appetens, iniuriae omnino impatiens, affabilis et liberalis, et splendide disertus iuxta gentile idioma linguae suae. Augeat in eo Devs omnium virtutum nutrimenta, ut faciat iudicium et iusticiam in terra."

⑫ Helmold of Bosau, Chronica Slavorum cap. LXXII. 译文见 Tschan (1935), p. 197。

的许多精力就用于与士瓦本的弗雷德里克二世及其兄弟的军事对抗，他们在莱茵河流域、法兰克尼亚和巴伐利亚等地区，同样在他们士瓦本本土都得到了广泛支持。1125 年，弗雷德里克公爵落选后，被迫向洛塔尔三世效忠，但是由于该年年底他感到确实无法接受来自雷根斯堡的皇帝的统治，于是就否认了亨利五世遗产中"狮子"亨利的那份地产。这对斯陶芬兄弟都认为，萨利安王朝的领地根据世袭权都是他们的，但是迪希邦登堡（Disibodenberg）编年史却揭示出，雷根斯堡朝廷判决说，王室的财产应该归属于统治政权而非个人，因此必须归属洛塔尔三世的政府权力（regiminis ditio），而不是单独按照一种新的原则来分配。但当这位士瓦本大公拒绝接受这一点时，他竟被宣布违法并被开除教籍，而后战争就开始了。此时，公爵的兄弟康拉德因为参加 12 世纪 20 年代期间威尼斯人的十字军征战而缺席会议。当他于 1127 年从东方回来时，他又被斯陶芬王朝一小帮支持者在纽伦堡召集的会议宣布为对立派国王。我们不知道为什么作为大哥的士瓦本的弗雷德里克不能主张自己对王权的要求。很可能是他拒绝了1125 年的选举、其对洛塔尔三世的誓言和其被开除教籍的身份使他不如其兄弟更有合法性。据说这位公爵在某个时间进行的冒险活动使他失去了一只眼睛，如果这是发生在 1126 年或 1127 年的话，那么他显然缺少了身体完美这个按照基督形象标准作为未来君王和圣主（rex et sacerdos）的条件，这个缺陷也可能成为其接受王权的障碍。

　　斯陶芬兄弟一旦足够强大，便在德意志南部得到了给予他们的实际支持。1128 年，康拉德三世前往意大利，以确保参加由米兰大主教加冕的典礼，还试图获得 1115 年已经转交给亨利五世使用的玛蒂尔达领地的所有权。在德意志，美因茨大主教阿达尔伯特和维尔茨堡主教埃姆布里克（Embrico）仍然能够为洛塔尔三世掌控他们的教堂城堡，但是萨利安王朝在施派耶尔和纽伦堡的军事要塞已经倒向了斯陶芬王朝。为了进一步加强在德意志南部的地位，洛塔尔三世于1127 年将自己的女儿和继承人基尔特鲁德嫁给巴伐利亚公爵"骄傲的"亨利。这位公爵的主要驻地是雷根斯堡，所以就从侧后方包围了纽伦堡。但是，他的主要动机可能就是要在德意志为这位最尊贵的女继承人寻找与她最为相配的人选。作为韦尔夫家族的首领和巴伐利亚大公伍尔夫希尔德·毕隆（Wulfhild Billung）的儿子，他在士瓦本和萨克森领土上确实非常富有，他还拥有国王在巴伐利亚的大片土地。但是，"骄傲的"亨利的妹妹却嫁给了士瓦本的弗雷德里克二世，这样一来，比较合乎情理的解释就是：洛塔尔三世可能有意识地通过基尔特鲁德的婚姻寻求与斯陶芬王朝和解的可能办法。弗赖辛的奥托主教报告说，这次和解是在 1129 年提出的，但亨利公爵和弗雷德里克的实际会面是在茨维法尔腾（Zwiefalten）修道院举行的，双方都保持了克制。1142 年，基尔特鲁德的第二次婚姻，是嫁给康拉德三世异母兄弟奥地利的侯爵亨利二世·贾索米尔格特（Henry Ⅱ Jasomirgott），公开显示出婚姻的动机就是希望达成这样的和解，正如我们将看到的。

　　这样，洛塔尔三世的萨克森宫廷就希望通过传统方式扩大其影响：缔结联姻、主教们提供服务，以及开展与其他公国的良好关系。上洛林公爵西蒙一世是洛塔尔三世的异母兄弟，而在勃艮第，扎灵根的康拉德公爵于 1127 年被任命为帝国的教区长。当图林根的路易一世于 1131 年被加封为土地伯爵时，美因茨大主教阿达尔伯特与国王之间的关系就受到了损害，因为大主教感到这次封授对其在黑森（Hesse）和图林根的土地产业是个威胁。但是洛塔尔三世精于判断，他认为这个封臣领主将会效忠于他的统治。如我们已经看到的，他挑选有能力的侯爵，从事巩固萨克森在斯拉夫领土上新扩张占领的领地。在马格德堡大主教、克桑滕的诺伯特的影响下，国王在 1130 年教廷分裂会议上同意接受英诺森二世作为教宗，于 1131 年在列日王室巡回宫廷上接受了他。教宗非常感激并认可了这两位萨克森派马格德堡大主教和不来梅大主教，分别管辖波兰和斯堪的纳维亚教会的要求，这些权力要求可以上溯到 10 世纪。这不会带来任何问题，只是使人回忆起奥托王朝和萨利安王朝历史上的尊严，大多是虚构出来的，也继续为整个 12 世纪的德意志宫廷、主教和世俗贵族的政治愿望蒙上虚幻的色彩。

　　虽然对立国王康拉德对洛塔尔三世国王称号的挑战几乎无望解决，但是洛塔尔仍然能够离开德意志去意大利，于 1132 年进行所谓的"远征罗马"（expedition Romana），并于 1133 年在罗马被加冕为皇帝。而斯陶芬兄弟最终向皇帝屈服，尽管关于他们拥有继承王位和萨利安王朝地产权的合法性始终没有一个令人完全满意的说明。当双方达成协议时，一切都结束了。士瓦本的弗雷德里克当时还是鳏夫，迎娶其最大的敌人美因茨大主教阿达尔伯特的侄女，也就是萨尔布吕肯的阿涅丝。1135 年，康拉德放弃其对王权的要求，向洛塔尔三世屈服。1136 年，皇帝任命他为司令同往意大利，进行第二次意大利战争，意图击溃新兴的西西里王国。1137 年末，洛塔尔三世在远征归途中去世。鉴于他在 1106 年到 1125 年担任萨克森公爵期间，曾竭尽全力、千方百计地维护萨克森作为王室所能发挥的几乎所有形式的权力，因此对比之下，到 1135 年之前，他已经迫使整个德意志都承认了他的王权，这就显得更为突出了。但是，这还不足以保证其女婿　　415 能够继承皇位。一份行文温和中庸的资料记载，让布卢的西格伯特（Sigebert of Gembloux）的继承者认为，"国王洛塔尔去世后，德意志王国的领主们不想接受任何非王室后裔的人的统治，从而最终选定康拉德作为国王的继承人"[53]。这不是 1125 年阻止他们选举洛塔尔的顾虑。然而，康拉德三世作为萨利安王朝继承人的合法性加强了他处理问题的手段，这一点尤其是由于他的另一位评论者、茨维法尔腾修道院院长伯特霍尔德的说法特别可靠而得到证实。他写道，"骄傲的"亨利"作为当时王国中所有君主中实力最强大的领主，他过分轻率地认为自己在王位继承中稳操胜券，但实际上他因为自己的自大傲慢而开罪了所有人"[54]。

虽然"骄傲的"亨利承认了康拉德三世的国王称号，但是新国王认为这位公爵却是其统治的威胁。一种可靠的解释是由一份敌视康拉德三世的史料提供的，博绍教区教士赫尔莫德写道："当国王康拉德登上这个王国的王位时，他极力任命'狗熊'阿尔伯特为［萨克森的］公爵，认为任何领主拥有两个公爵领地都是不合适的。而当时［骄傲的］亨利就在主张自己占有巴伐利亚和萨克森两个公爵领地的权力。因此，这两位领主，同时也是两姐妹的儿子，就继续他们之间的内战，整个萨克森都遭到涂炭。"[55] 像"骄傲的"亨利一样，"狗熊"阿尔伯特侯爵也是萨克森末代公爵毕隆的孙子，一旦洛塔尔三世逝世，具有同等条件的阿尔伯特本人也提出获得萨克森公爵称号

㊿　Sigebert of Gembloux, "Continuatio" for 1138.
54　Berthold of Zwiefalten, "Chronicon" cap. 35.
55　Helmold of Bosau, *Chronica Slavorum* cap. LIV. 译文见 Tschan（1935），p. 163。

的要求，且更为有利。赫尔莫德并没有觉得康拉德三世担忧"骄傲的"亨利要求两个公爵称号有什么不合理的地方，他一再做出解释却没有对"狮子"亨利的事情做评论，后者作为"骄傲的"亨利的继承人，早在12世纪40年代就提出对两个公爵领地的要求，但遭到拒绝，未能获得巴伐利亚。当然，一个君主占有两个公爵领地的事情还是有先例的，但是康拉德三世和博绍教士赫尔莫德可能都不知道这些事情。这位国王做出的比较过分的决策，即设法没收了"骄傲的"亨利同时具有的两个公爵领地。可能他就是急于向这个人复仇，这个家伙在1134年焚毁了斯陶芬家族的一个重要驻地乌尔姆。1139年，国王任命其异母兄弟奥地利侯爵利奥波德四世为巴伐利亚公爵，利奥波德去世后，他又于1143年任命其另一个兄弟侯爵亨利二世·贾索米尔格特接替后者。

　　康拉德三世十分幸运，1139年末，"骄傲的"亨利去世了，但是萨克森贵族们支持其子"狮子"亨利对萨克森公爵称号的要求，认为他比"狗熊"阿尔伯特更合适。1142年5月，国王答应了这个要求。"狮子"亨利被承认为萨克森公爵，而这个男孩儿的母亲也顺从地嫁给了亨利二世·贾索米尔格特，这样，后者就在1143年初被萨克森党人接受为巴伐利亚下一任公爵。正像洛塔尔三世能够于1135年处理了自己的死对头一样，假如萨克森的基尔特鲁德没有于1143年4月生小孩的时候难产而死的话，那么1142年和1143年的处理结果是可以维持下去的。"狮子"亨利在其士瓦本的叔叔韦尔夫六世的支持下，决定反对承认其继父拥有的巴伐利亚公爵的头衔，战争就此持续下去，直到第二次十字军战争提供了另一个解决问题的机会。康拉德三世、亨利二世·贾索米尔格特公爵和韦尔夫六世都同意离开德意志，前往耶路撒冷；"狮子"亨利将暂时搁置他对巴伐利亚的要求，而在萨克森边疆地区发动文德十字军；国王的儿子亨利·贝伦加尔被选作下一位罗马人国王。尽管第二次十字军战争失败了，但是它却提升了帝国的地位，因为由于帝国此前处于一位被革除教籍的国王统治下而无法参加第一次十字军征战。它并没有解决德意志内讧的难题，因为康拉德三世如果从十字军征途回来后，可能还是无法接受萨克森和巴伐利亚两个公国的合并，而"狮子"亨利则坚持其权益，当1152年康拉德去世时，这个问题的解决也并未向前迈进一步。

弗雷德里克一世·巴巴罗萨与帝国的好运

虽然"狮子"亨利获取巴伐利亚领地的要求让弗雷德里克一世·巴巴罗萨这位新国王还是花了一些时间才解决，但是国王先前拥有士瓦本公爵称号（1147—1152/3 年），这一点为其协商寻找解决方案提供了线索。早在 1098 年，当国王承认在士瓦本的三大公爵的权力时，就可能将这些公爵领地分开以满足竞争该地的要求。康拉德三世可能并不愿意把这种解决方法用于巴伐利亚，因为他非常不喜欢"狮子"亨利那种骄傲狂妄的性格，但是到了 1156 年，巴巴罗萨却接受了 1098 年关于巴伐利亚的士瓦本解决方案。"狮子"亨利被加封为公爵，亨利·贾索米尔格特则被封为奥地利公爵，另外一位巴伐利亚领主达豪（Dachau）的康拉德伯爵被承认为亚得里亚海沿岸的梅拉尼亚（Merania）公爵。考虑到自从授职权战争以后德意志一直进行的地方斗争冲突的惨烈和破坏性，人们就会毫不惊讶弗赖辛主教奥托的兴奋，他目睹了协议的达成，说巴巴罗萨"这位君主高度评价这个协议，超过了他所取得的任何成就：事实上虽然没有经过流血冲突，但是他却能够使王国的领主们如此紧密而有力地与他自己保持友善关系"⑤。

由于在授职权战争中德意志各大公国领地的完整性遭到十分严重的破坏，因此，国王设立更多的公爵、侯爵和土地伯爵，从而成功地安置了各位领主。洛塔尔三世已经任命了新的土地伯爵和侯爵，并认可了维尔茨堡主教埃姆布里克对东法兰克尼亚公爵领地的主权要求。而后，康拉德三世于 1151 年就封授科隆大主教掌控莱茵河和默兹河（Meuse）之间广袤地区的公爵地位。除 1156 年分割了巴伐利亚，巴巴罗萨还于同年任命其异母兄弟康拉德为莱茵河地区的巴拉丁伯爵，于 1168 年委任维尔茨堡主教赫洛德（Herold）为法兰克尼亚公爵。1180 年"狮子"亨利倒台后，紧接着又封授了更多公爵，这个时期，王室宫廷认为主教和高级世俗侯爵是"帝国秩序"的捍卫者，因为帝国的这些领主是直接臣属国王的封臣（Reichsfürstenstand）。就像皇帝

417

---

⑤ Odo of Freising and Rahewin, *Gesta Friderici*, Ⅱ, 49. 译本见 Mierow and Emery (1953), p. 164。

于 1177 年写给萨尔茨堡教会的信中谈到这个话题时所说，他想要将
这些君主封臣聚集在自己周围，并从他们的忠告或建议中获益，如同
教宗得到枢机主教们的服务一样。但是，我们必须说，"与国王保持
直接封臣关系"在现代学术界是个有争议的问题。"帝国封臣领主"
（princeps imperii）这个称号早在 1177 年以前很久就已经是通行的用
法，它和 1122 年沃尔姆斯确定的《和平法令》（pax）暗示出，德意
志主教区有时就像某些直属国王的教会封臣领主。

　　弗雷德里克一世·巴巴罗萨非常欣赏"狮子"亨利，正如我们
看到的，1154 年他就确认了后者在新近收复的萨克森殖民地的三个
主教区的授职权。此后，这位萨克森公爵对王室宫廷政策提供了可靠
的支持，直到 1176 年，尽管其傲慢自大的处世方式使萨克森和莱茵
河流域的主教和贵族们对之相当憎恨。王室的这一政策基本上是扩大
国王的权益，也就是国王与教宗于 1153 年在康斯坦茨达成的协议中，
按照习惯写入的"皇帝的荣誉"（honor imperii）。1154—1178 年间，
巴巴罗萨对意大利发动了五次军事远征，旨在强化这一"荣誉"。虽
然相当多的德意志君主对这些战争投入了他们大量的时间和资源，皇
帝在重新强化其对意大利控制方面的成就却十分有限。弗雷德里
克·巴巴罗萨统治时期，其意大利事务的突出成就可以通过 12 世纪
50 年代在德意志采取的一系列措施得到部分证明。但是，1160 年举
行帕维亚宗教会议后，这也成为问题，因为当时教宗亚历山大三世开
除了皇帝的教籍，萨尔茨堡大主教区公开批评与会的教宗维克托四
世；美因茨大主教康拉德因为支持亚历山大的事业而被驱逐出其教
区；扎灵根的伯特霍尔德四世公爵写信给法兰西国王，抱怨皇帝摧毁
了教会和法律。然而，科隆大主教雷纳德作为宫廷主要的顾问却信心
十足地认为，亚历山大三世将被蔑视，与英格兰的亨利二世谈判结盟
将可以达到目的。在德意志，皇帝的事业因为 1165 年查理大帝被封
为圣人而得到认可，并且由于教会和贵族举行了效忠宣誓而得到
加强。

418　　　尽管皇帝于 1167 年围攻罗马遭到失败，12 世纪 60 年代后期仍
然是皇帝取得一系列胜利的时期。1168 年，他迫使"狮子"亨利和
其他萨克森领主间达成和解；1169 年，他通过使亨利六世当选并
加冕为国王而确保了王朝的未来，后者是勃艮第的比阿特丽斯为他

所生的 11 个或 12 个孩子中的第五个孩子。罗马城下的战败灾难反倒成了有利于帝国皇室的好事，因为皇帝得以确保获得许多贵族家族的丰厚遗产，因为他们的继承人都在战争中的疾患瘟疫中丧生：例如从其叔叔韦尔夫六世手中收回了士瓦本的大片领地；从其表兄士瓦本的弗雷德里克四世公爵手中收回了爵位头衔和土地；从奥格斯堡教区收回了法庭；从班贝格主教手中收回了苏尔茨巴赫（Sulzbach）伯爵控制的大片采邑；从普富伦多夫与布雷根茨（Pfullendorf and Bregenz）的鲁道夫伯爵手中收回了地产；等等，这里只是列出了最突出的例子。1174 年，皇帝再度出征向南进军伦巴第各城市和亚历山大三世，但是这次远征意大利，也就是他的第五次出征，由于他在 1176 年莱尼亚诺战役中失利，因此仍以失败告终。然而，巴巴罗萨此后的谈判，以及与教宗在 1177 年达成的和解都是迅速达成的，这说明皇帝准备妥协和解，甚至是在莱尼亚诺失利以前他就有此想法。亚历山大三世在帝国军队的陪同下返回罗马，组织召开第三次拉特兰宗教会议，皇帝则返回帝国处理"狮子"亨利的问题，后者当时因其残酷无情、勇武好战，遭到德意志北部大多数主教和世俗领主的一致反对。

　　40 年前，即 1138—1139 年，正是王室宫廷策划要将"骄傲的"亨利驱逐出萨克森和巴伐利亚的时候，而如今萨克森人自己在策划驱逐他的儿子。尽管蒙斯的吉斯勒贝尔（Gislebert of Mons）把"狮子"亨利说成是"所有公爵中最强大的，而且是从未有过的最傲慢最残酷的"人[57]，但是这位公爵对弗雷德里克·巴巴罗萨的统治却构不成任何威胁，以前皇帝还支持他与其敌人斗争。后来的史料确实表明，弗雷德里克·巴巴罗萨就因为这位公爵在 1176 年拒绝为皇帝进攻意大利的军队提供进一步的援助而决定抛弃他，而且这位公爵还憎恨韦尔夫六世在韦尔夫家族士瓦本领地的继承问题上偏爱皇帝而不青睐自己。在 1198 年至 1214 年间韦尔夫家族与斯陶芬王朝冲突对抗的影响下，这样的想法显然是合理的，因此编年史家们从历史中找寻巴巴罗萨抛弃这个公爵的原因。然而，这一事实也是清晰无误的，1179 年，皇帝被迫改变其对"狮子"亨利的态度，被迫接受"狮子"亨利是

㊲　Gislebert of Mons, *Chronicon Hanoniense* cap. XLVIII.

和平破坏者的意见。这位公爵被宣布为违法，因为他拒绝应讯，在1180年便被剥夺了所有采邑。在盖尔恩豪森公布的瓜分萨克森采邑的处理决定，是了解"狮子"亨利被废黜细节的法律根据之唯一史料。他对教会和贵族的压迫违反了土地法（*Landrecht*），加上其蔑视法庭的行为在王廷上反复被提及，这些都造成了指控他谋反叛乱的印象。但是，指控他犯有违法罪而采取的主要司法程序都是指封建法，最终导致没收其公爵领地，这些都是他从皇帝的封授得来的。

　　1181年这位公爵屈服了以后，他又合法地从其祖父那里继承了全部萨克森领地，从1184年他返回布伦瑞克（Brunswick）的那一天起，他一直是一名可怕的领主。而对国王而言，他没有从"狮子"亨利的失败中得到任何东西，因为正像皇帝在1181年对吕贝克主教所说的，他并没有为"狮子"亨利的蒙羞承担任何个人责任，他还尽可能地挽救了其表兄。但是，弗雷德里克·巴巴罗萨在12世纪50年代扩展其推行的和解政策，他在"狮子"亨利权威垮台之际封授了更多的公爵称号：例如"狗熊"阿尔伯特之子、安哈尔特（Anhalt）的伯恩哈德（Bernhard）伯爵成为萨克森公爵；科隆大主教菲利普成为威斯特伐利亚公爵；维特斯巴赫的巴拉丁伯爵奥托成为巴伐利亚公爵；斯蒂里亚（Styria）的奥塔卡尔侯爵（Otakar）被晋升为公爵，以及斯德丁的博吉斯拉夫成为波美拉尼亚公爵。除了大主教外，所有这些领主都曾是"狮子"亨利的封臣。公爵的倒台就是因为他于12世纪70年代后期与萨克森和莱茵河地区君主们发生军事冲突，而帝国宫廷并没有从中插手。直到"狮子"亨利第二个活下来的儿子奥托四世于1198年被少数君主选为国王为止，这可能证明韦尔夫家族虽然像我们看到的那样富有而强大，却代表着挑战斯陶芬王朝统治的鲜明体制。

　　尽管教会和皇帝于1177年在威尼斯发誓保证和平，但是巴巴罗萨统治的最后岁月以及在亨利六世统治期间，却不时因为与教宗就他们各自在意大利的权利和资源发生的争吵而破坏。不过，寻求帝国荣誉和荣耀的诉求似乎还是表现得十分清楚，王廷对此的高度关注贯穿于整个12世纪。在德意志，巴巴罗萨于1179年、1186年和1188年先后公布了新的保持和平法案，如同我们所看到的，1183年他和亨利六世又在康斯坦丝成功地与伦巴第各城市达成了协议，而谈判是从

1177 年开始的，后者最终同意接受皇帝的君主权并缴纳贡赋，他们自己的事务则由他们自己的议会进行管理。1184 年，在美因茨召开了重要的集会庆祝亨利六世及其兄弟士瓦本公爵弗雷德里克六世受封骑士，正如我们看到的，1186 年前者与西西里的康斯坦丝举行的婚礼，作为加强诺曼人、教廷和帝国友好和平关系的外交计划的一部分。

1187 年，耶路撒冷失陷于萨拉丁，教宗再度发动十字军东征。1188 年，皇帝因此在美因茨召集德意志领主们来参加名为"耶稣基督议事庭"（curia Ihesu Christi）的会议，高举十字架并宣布他自己为第三次十字军征战的世俗领袖。领主们虽然与皇帝宫廷争执不休，但还是忠实地服从了。亨利六世被任命为帝国摄政，而"狮子"亨利因为没有准备参与远征而被迫同意再度流亡。虽然这次十字军远征很危险，但它却使巴巴罗萨的声望达到顶点，激发起新一轮歌颂他光荣和忠诚的文学回忆。他永远也到不了圣地了，他最后一次看到它还是在他以年轻公爵的身份参加第二次十字军征战的时候。当他指挥其部队进入小亚细亚时，于 1190 年 6 月坠入萨勒夫河（Saleph），溺水而亡。

亨利六世统治时期皇帝的命运

在某些方面，这位新的天才统治者享有残忍无情的坏名声。有好几份怀有敌意的史料说，亨利六世策划了 1192 年刺杀卢万的阿尔伯特，后者是教宗确定的列日主教选侯，目的在于使他自己的候选人赫希施塔登（Hochstaden）的洛塔尔确保当选。然而认真仔细考证史料就会发现，并没有确凿证据证明皇帝卷入这个事件当中，教宗并没有采取什么行动起诉这次谋杀。亨利六世是一位集帝国特权和其本家族利益于一身的颇有能力的捍卫者，这一点没有太大的疑问。他对教廷元老会议一直评价很低，他的代表则占有圣彼得遗产和玛蒂尔达领土最好的部分，教宗一直坚持声称这是教宗自己的领地。亨利六世的权势如此强大，以至于他能够监禁英格兰王，迫使后者向其表示效忠，并得到大笔赎金从而用来支付征服西西里的费用，而全然不顾作为十字军骑士的理查德一世尚处于教宗个人保护下这个事实。当西西里的威廉二世于 1189 年意外去世后，当地贵族选举莱斯的坦克雷德为国王时，如我们所看到的，亨利六世以其妻子的继承权而宣布对西西里王位的权利。1191 年，德意志入侵遭到了失败，但是 1194 年，这个王国便被占领，亨利六世在巴勒莫加冕为王。

当因列日的选举纷争引发德意志地方势力对其反对后，他的那些教会、世俗封臣以及他自己的兄弟都为他提供了很好的服务，这些人的指挥官分别在士瓦本、托斯卡纳和勃艮第等地，他最有能力的两位将领是皇帝侍从官——卡尔登（Kalden）的亨利元帅和安韦勒的马克沃德（Seneschal Markward of Anweiler）将军，他们都得到了意大利公爵领地作为奖赏。皇帝还终于完成了其父于 1195 年希望占有梅森侯爵领地来扩大王室国库土地的努力，虽然这次吞并只是暂时的。自10 世纪以来，王室从未占有过这么广阔的领土，12 世纪的德意志城乡经济的崛起使拥有这类产业的地主收益大增，远远超过了以前。

亨利六世可能还计划把西西里王国合并进帝国，1195 年，他在德意志封自己为"上帝恩典的皇帝，罗马人和西西里及阿普利亚王国永远的奥古斯都"[58]。如我们已经看到的，他显然希望废除国王选举而实行世袭制帝国，他于 1197—1198 年策划十字军东征时，很可能想要在进军耶路撒冷的途中征服拜占庭帝国，以便使一位罗马皇帝能够同时统治东、西两个帝国。皇帝宫廷继续使用皇帝本人能够阅读的语言，宣称要实现罗马帝国的荣耀与光荣，这是他和其前辈们致力于捍卫保护并促进改善的。但是，斯陶芬王朝的稳固统治却由于亨利六世于 1197 年 9 月的意外死亡而中断，当年他 32 岁。在德意志，一小部分非常有势力的领主，在野心勃勃的科隆大主教阿道夫一世鼓动下，夺取了美因茨大主教区所享有的对国王选举发表具有主导性意见的权力，在 1196 年拒绝选举弗雷德里克二世继承王位，而将王位转给萨克森公爵伯恩哈德四世，后来又转给扎灵根的伯特霍尔德五世公爵，后者接着谨慎地婉言谢绝，这才转给了"狮子"亨利还活着的第二个儿子，也就是布伦瑞克的奥托，这位普瓦图伯爵接受了王位。但是，大多数有势力的领主已经决定选举亨利六世的弟弟士瓦本的菲利普公爵为王，以取代幼年的弗雷德里克二世，他因去西西里而缺席

㊳　*MGH Constitutiones* I, no. 367, p. 516.

会议，正像科隆编年史家记载的："德意志的领主们围绕着帝国的问题爆发了激烈的战争和极度可怕的争执。"[59] 这就证实了布拉格的文森特关于亨利六世的那段悲惨的文字："皇帝一死，帝国的正义与和平也毁灭了。"[60]

本杰明·阿诺德（Benjamin Arnold）

陈志强 译校

---

[59] *Chronica regia Coloniensis* for 1198.

[60] Gerlac of Milevsko, "Chronicon" for 1198.

第十五章（上）
12 世纪的意大利北部和中部

洛塔尔二世和康拉德三世时期的
意大利王国和教廷

422 1125 年，萨利安王朝终结，根据德意志诸位主教和教宗洪诺留二世的意愿，萨克森公爵苏普林堡的洛塔尔登基。然而，来自士瓦本的斯陶芬家族的康拉德在德意志被选为对立国王，1128 年，这位康拉德又被卷入意大利事务，因为他想要在那里寻找支持他反对洛塔尔的力量，并且成功地由米兰大主教安塞姆为其举行了庄严的加冕礼，这位安塞姆大主教因教会事务与洪诺留二世不和。作为士瓦本家族的一员，康拉德认为：根据亲属关系，他原是亨利五世拥有的自主领地的继承人。当年亨利作为卡诺萨的玛蒂尔达的继承人在意大利占有了一块土地，如今，康拉德对此也提出继承要求，该要求注定要与罗马教会发生冲突，因为在 1111 年玛蒂尔达与亨利五世达成继承协议之前，她曾许诺将这份财产捐赠给罗马教会。在这些年中，康拉德无论是在意大利加冕，还是对玛蒂尔达之地产提出的领土要求，都未能增强自己的力量；1130 年，他返回德意志，在那里继续与洛塔尔进行毫无胜算的争斗。

同年，洪诺留二世去世，教会在英诺森二世和阿纳克莱特斯二世之间分裂了。这一分裂一方面反映出枢机主教们的不和，虽然他们在这时都倾向于支持改革派教宗的主张；另一方面还反映出当时罗马两大最强家族之间的不和，即支持英诺森的弗兰吉帕尼家族和支持阿纳克利特斯的皮埃勒昂家族。在罗马城，阿纳克利特斯占了上风，英诺森遂避居法国，后者的决定有部分原因在于克莱沃的贝尔纳尔的强力劝说，而且法国召开的宗教会议也公开对他表示支持。此时，洛塔尔克服自己的优柔寡断，南下意大利以支持教宗英诺森。他在伦巴第停留期间，该地区分裂为两大块，反对他的是米兰和克雷马，效忠于他的是帕维亚、克雷莫纳、皮亚琴察以及其他城市。在英诺森的陪同下，洛塔尔强行攻入罗马，并于1133年加冕为皇帝，这时，罗马城的大部分地区仍处于阿纳克利特斯的控制之下，因为后者得到西西里和阿普利亚的诺曼人罗杰二世的支持。洛塔尔和英诺森之间的协议，也涉及原玛蒂尔达拥有的自主领地：皇帝承认罗马教会对这些财产的权利，但他享有该地的使用权，并且得到玛蒂尔达诸封臣的承认，代价是每年向教廷缴纳一定的收益。

在洛塔尔返回德意志后的数年里，托斯卡纳侯爵领地和玛蒂尔达自主领地由皇帝指派的代表管理，直到1136年，洛塔尔应教宗英诺森的请求，为应对罗杰二世政权的威胁再次进入意大利。他亲自担任法官和仲裁者来裁决伦巴第各城市之间的争端，并做出对已经与英诺森二世和解的克雷莫纳和米兰不利的判决。在波河流域中部的龙卡格里亚举行的帝国议会上，他颁布了一道封建法令，以规范附庸诸侯和领主之间的关系，强调这些领主对诸侯的权利以及对帝国的义务。在如此行使了作为拥有显赫权势的北意大利国王的权力之后，他组织了针对罗杰二世的远征，此次远征得到教宗的同意，由他亲自指挥，与他共同指挥的是其女婿巴伐利亚公爵，即来自势力强大的韦尔夫家族的骄傲的亨利。意大利王国对罗杰二世王国的入侵发生在1137年，但教廷和帝国却就南部意大利和卡西诺山修道院的法律问题产生分歧。最让英诺森二世担心的是骄傲的亨利在德意志和意大利的权力；亨利是萨克森和巴伐利亚两地的公爵，还被赋予了托斯卡纳侯爵领地和玛蒂尔达自主领地的使用权。

对南意大利地区的远征被中断。洛塔尔返回德意志，于1137年末去世，在那之前，他指定骄傲的亨利为其继承人。然而，教宗担心亨利的势力过于强大，他联合德意志的选帝侯，选择了士瓦本的康拉德，数年前，后者曾经当过德意志和意大利的对立国王。随后，康拉德三世与亨利关系破裂，后者被正式剥夺德意志的公爵领地，然而，亨利的猝死使康拉德得以巩固其在德意志的地位，并且由于他继承了弗兰科尼亚的亨利五世的遗产以及玛蒂尔达自主领地，因此能够再次称意大利国王。然而，他还不能有效地控制王国。国王将托斯卡纳侯爵领地委托阿泰莫的乌尔里克（Ulric of Attemo）来管理，但并不成功，因为乌尔里克我行我素，他忽而与当地的这座自治城市结盟，忽而与另一座自治城市结盟。同样，被委托给巴登侯爵赫尔曼（Herman）的维罗纳侯爵领地的情况也不好。虽然康拉德三世曾认真考虑过要在意大利发动一场战役以得到皇位，或者作为拜占庭帝国的盟友对抗西西里的罗杰二世，但由于他深陷德意志的事务，自从继洛塔尔之后登上德意志王位后，就再没有去过意大利。1147 年到 1148 年间，在东方对抗穆斯林的十字军征伐艰苦并失利，迫使他无法顾及欧洲政治舞台。他返回德意志后，曾准备远征意大利，但计划还没来得及实施，死亡就在 1152 年 2 月降临到他的头上。

如果说德意志人在洛塔尔三世之后对意大利王国的控制迅速衰落的话，那么其控制力在理论上隶属教宗的区域里情形就更为突出了，包括费拉拉、拉文纳和拉齐奥地区。各种政治力量纷纷行动起来，从阿尔卑斯山到与南方诺曼王国接壤的边境，涌现出无数贵族小政权和自治城市。

米兰城通过对伦巴第地区往来交通的控制，确立起自己的霸权，不仅表现在经济和商业上，还深入军事和政治领域。它发动战争向北攻击位于湖区的科莫，向南攻击王国的旧都、靠近蒂塞诺河和波河交汇处的帕维亚，尤其是在东南部向强大的克雷莫纳发起进攻，表明其在该地区的势力范围。到此时，其所在的地区，从阿尔卑斯山脚的湖区延伸到波河中游，被分割成若干共和国。该地区每座城市的政府都实行执政官制度，它们高于那些实行王朝制度的乡村贵族领地，无论后者是教区的、修道院的领地还是教士的领地，而这些领地散布于乡村各地，又管理着那些以公社形式组织起来的农村社会。城市政府经常会与当地主教所残存的俗权进行合作。而米兰对周边自治城市的霸权，随着其活动领域的不断扩大，建立起更为广泛的地区协作，尽管有时其霸权会遭到强烈反抗，就像洛迪一样。

在伦巴第东部，从贝加摩到曼图亚，也就是米兰控制的区域和维罗纳侯爵领地之间的地区，市镇对于城市及周边乡村地区的自治统治与主教们享有的俗权并存。布雷西亚的情形极为突出，该城的市政府与主教间的政治竞争因布雷西亚的阿诺德的布道而愈加复杂，后者要起义反抗教会当局。在布雷西亚和曼图亚等地，伯爵们的权力随着女伯爵玛蒂尔达的死亡而终结；而贝加摩地区，伯爵们的权力变成领地的权力，与吉赛尔贝蒂尼（Giselbertini）家族诸伯爵的各支系承袭的领地一起运作。

同样，在维罗纳侯爵领地，侯爵们的权势也逐渐式微，而城市、强大的教会以及承袭自诸伯爵的各个贵族世家的权力在增强。维琴察（Vicenza）、帕多瓦（Padua）和特雷维索（Treviso）的各位伯爵，以及维罗纳地区的圣博尼法乔（San Bonifacio）诸伯爵和甘道玢吉（Gandolfingi）诸伯爵，均呈现出贵族王朝的特征，这种贵族王朝在这些曾有过公共生活传统的古老地区的特定区域盛行一时。在帕多瓦领地的南部和邻近费拉拉的地区，埃斯特（Este）家族的领地不断发展。这个家族隶属伟大的奥博藤吉侯爵家族，是其在东部的一个独立分支。埃斯特家族虽源自利古里亚，但凭借世袭的领地以及司法权，其力量主要集中在亚平宁山脉西北。各级教会实体在被其紧密控制的区域也保有完整的司法和军事力量：特别是维罗纳境内的主教区、司教座圣堂参事会和圣芝诺修道院、维琴察主教区、帕多瓦的主教区和司教座圣堂参事会、拥有一套特别强大的封臣和官僚机构的特雷维索主教区，以及柏卢诺（Belluno）主教区。与此同时，身处这些十分醒目的领地采邑中间，城市的自治权却在教会以及世俗的两个方面都有所增强，而且还与那些领地采邑以及下层贵族们交织在一起，虽然也经常与他们发生冲突。维罗纳凭借其出众的经济实力脱颖而出，因为那里存在一个富有的商人阶层，他们与军人阶层协力经营该城。

在威尼托的北部和东部，特伦托和阿奎莱亚的教会领地在由封臣和官僚组成的机构的支持下，维系着各自在特伦蒂诺和弗留利地区的地位，事实上，它们进一步巩固了自己的地位。特伦托主教区一直处于德意志君主的控制下，而阿奎莱亚主教区则处于德意志和教宗的双重控制下。在威尼斯潟湖区，威尼斯城由享有终身统治权的总督和富商巨贾实行完全独立的统治，它与拜占庭帝国结盟，抵挡南部诺曼王国对它的觊觎，并垄断了亚得里亚海和欧洲之间的贸易，它还强化了其在伊斯特里亚和达尔马提亚沿海地区的政治地位，同时保卫自己免受匈牙利王国向达尔马提亚进行的渗透，防止它干涉亚得里亚海西岸意大利沿海城市的生活。

在主要受米兰控制的地区以西，相当于今皮德蒙特，即从蒂塞诺河一直到阿尔卑斯山西部的区域，存在一种政治组织，其在架构上与伦巴第东部及维罗纳侯爵领地的政治组织类似，也具有一种类似的发展趋势，即从以城市为主的地区发展成以领地为基础、具有封建架构的公国。在波河以北，诺瓦拉和韦切利以及——更小一些的——伊夫雷亚（Ivrea）地区的自治城市，以城市为基础，与主教们的强大领地比邻共存。在诺瓦拉的辖区内，比安德拉泰（Biandrate）家族的诸位伯爵十分活跃，而伊夫雷亚辖区内活跃着卡纳维塞（Canavese）伯爵家族的各个支系。最初，他们的祖上曾在公共事务中占有一定的职426 位，但如今他们之所以活跃，在很大程度上是因为他们在乡村有属于自己的城堡和封臣。在波河流域，都灵城以允许城中主教可在城里行使俗权的代价，实现了城市的自治。同样，在波河以南，欣欣向荣、正致力于拓展与法国的商业联系的阿斯蒂城（Asti），也与主教控制的大片领地共存。从 1135 年起，阿斯蒂城受到大肆扩张的费拉拉侯爵威廉五世的威胁，这位侯爵是庞大的阿勒拉米奇（Aleramici）家族众多成员中最引人注目的一位。10 世纪，阿勒拉米奇家族就已在利古里亚海岸拥有一个侯爵领地，以萨沃纳为起点一直延伸到波河，但是该侯爵领地后来被分割成数个侯国，后者的命运不断变迁、各有不同。

1091 年，女伯爵阿德莱德去世后，都灵侯爵领地迅即瓦解，于是阿勒拉米奇家族的势力也渗入这里。从这时开始，该家族的一支便在这里建立领地，后来被称为萨卢佐（Saluzzo）侯国。在阿尔卑斯山的这一侧，都灵的阿德莱德和她丈夫——勃艮第的莫列讷伯爵奥多——掌握的地方只剩下奥斯塔和苏萨河谷，后来他们这一支被称为萨伏依。从皮德蒙特平原和利古里亚海岸，横穿利古里亚阿尔卑斯山和利古里亚亚平宁的山区地带，在奥柏坦加侯爵领地，从西到东坐落着一串阿勒拉米奇家族的侯国。但是在沿海地区，阿尔本加、萨瓦那和热那亚的自治城市享有极大的自由，尽管有时它们内部也会发生冲突。这些冲突源自热那亚，它原属于奥博坦加侯爵领地，却企图控制整个海岸地区的城市和那些大多拥有伯爵或侯爵头衔的贵族。热那亚需要构建一个安全的腹地来支撑其经济活动以及海上的贸易扩张，这一扩张又进而因科西嘉的控制权问题引发与比萨的冲突。热那亚所在教区被提升为大主教区，其自身的威望和影响也随之提升，相应的，米兰教区则随着教权与皇权的分裂以及英诺森二世和米兰大主教的冲突而日益萎缩。

这样，在整个意大利西北地区，主教和贵族们的领地以及城市共和国之间的关系变得清晰起来：大家族主宰荒芜、经济落后的地区，城市则控制平原和海岸地区。波河中游的南部地区以及埃米利亚大道沿线地区也出现了同样的情况，这一带的城市皮亚琴察、帕尔玛、里奇奥和摩德纳（Modena）坚持自己的自治政府，而不顾乡村地区主教们履行的俗权以及贵族政权。乡村的贵族人数有限，至少在里奇奥和摩德纳地区，原先隶属女伯爵玛蒂尔达的众多封臣和附庸，此时转投了德意志诸国以及教宗。在托斯卡纳－埃米利亚境内亚平宁山脉的各大峡谷，以及延伸向大海和平原的地区，奥博藤吉家族的诸多分支居统治地位，他们中最重要的是马拉斯皮纳（the Malaspina）这一支。

在托斯卡纳侯爵领地也存在类似的复杂状况，而且也与经济发展的程度有关。比萨自1092年起就是大主教的驻地，是第勒尼安海岸首屈一指的自治城市，这里的教士和俗人形成了一个复杂的关系网。它与北部曾作为托斯卡纳侯爵领地首府的卢卡发生冲突，还与热那亚人争夺科西嘉岛；其势力也渗入撒丁岛，利用第勒尼安海作为基地，将其商业和军事活动扩展到地中海的大部，甚至配合十字军，将其活动范围延伸到东方。而在内陆地区，掌控着托斯卡纳地区的经济和政治霸权的是佛罗伦萨共和国，对于其他自治城市来说，如比萨、卢卡和皮斯托亚（Pistoia），以至较远的锡耶纳（Siena）和主教控制的城市阿雷佐，佛罗伦萨不断在盟友和敌人之间交替变换身份。同时，像其他自治城市一样，佛罗伦萨也处在与诸多贵族王朝的竞争之中。这些贵族世家扎根在无论是环境还是人口都很艰难、荒凉的地区，从亚平宁山脉的山坡延伸到各个城市之间的过渡地带。在罗马涅亚平宁山脉以及卡森提诺地区，圭迪（Guidi）诸伯爵的领地由许多小贵族继承，从北到南依次是：马热洛（Mugello）的乌巴尔蒂尼家族（Ubaldini）、普拉托（Prato）的阿尔贝蒂诸伯爵（Alberti）、上巴尔达诺

427

（the upper Valdarno）的乌贝尔蒂尼家族（Ubertini）、锡耶纳境内的贝拉尔登希家族（Berardenghi）、阿尔登赫斯齐家族（Ardengheschi）和希亚棱吉家族（Scialenghi），以及最后托斯卡纳南部势力强大的阿尔多布兰德斯齐（Aldobrandeschi）诸伯爵。

甚至那些理论上隶属教宗的领地也是形形色色的多种政治实体并存的局面，这些政治实体大都实行自治，彼此间相互竞争。波伦亚作为法律研究的中心，在经济和文化全面发展的过程中，伯爵们的权力不断弱化，城市的自治政府从中受益，并沿埃米利亚大道进行扩张，结果与西部的摩德纳、东部的伊莫拉（Imola）发生冲突，甚至与皇帝洛塔尔爆发冲突。波伦亚将著名的诺南托拉（Nonantola）修道院，以及已故女伯爵玛蒂尔达的一些附庸封臣纳入自己的政治势力之下。再往北，费拉拉城的自治在玛蒂尔达死后得以巩固，它还与城中的主教进行合作；但因拉文纳大主教以及教宗——尽管这两者之间也存在分歧——均声称对费拉拉的整个辖区以及罗马涅享有最大的世俗权力，费拉拉城的自治政府也就与它们起了冲突。拉文纳城的自治政府处在城中军事贵族的霸权之下，这些家族中有一些可以追溯到其祖先在古代与行政机构间的联系，并拥有公爵的称号。因此，在大多数情
428 形下，拉文纳自治政府与权力占优的大主教积极合作，同时又通过法律和武力手段，在罗马涅其他城市的活动中占据着最富活力的部分。这些贵族世家大都拥有伯爵的头衔，在罗马涅及其周边乡村的主教辖区和自治城市中享有独立的地位，与此类似的贵族世家也出现在安科纳侯爵领地和斯波莱托公国。在那里，侯爵领地和公国是帝国体系中的组成部分，但考虑到它们面临着当地贵族和城市的权力交错，其职权范围相当有限。

在拉齐奥，1130—1139年的教会分裂危及改革派教宗逐渐收回这里的政治权力的努力，这种努力针对的是从斯波莱托公国的边界地区一直到泰拉奇纳（Terracina）一带的贵族世家和自治城市。随着教会分裂的结束，政权收回的努力得以继续，这一点在蒂沃利事件上清晰地呈现出来，这座城市于1143年臣服于英诺森二世。但对于教宗所辖区域来说，最严重的问题在罗马城，因为就在这个时期，罗马人认为英诺森二世绥靖蒂沃利，提出的要求不够严厉，感觉受到欺骗，于是也起兵反抗教宗，组建自己的元老院。从1147年起，在尤金三

世担任教宗期间，这座城市的政治活动因布雷西亚的阿诺德的参与，而具有了宗教色彩。那些写给渴求得到皇冠的德意志国王康拉德三世的冠冕堂皇的书信，见证了罗马人的极度自负，他们以为自己掌握了这座城市的普世价值。但是国王的行动很谨慎，罗马自治政府被迫与尤金达成和解。罗马的这些发展是整个意大利中部和北部正朝着有利于城市国家的方向变化之最有力的证明。

从巴巴罗萨时代到《科斯坦萨和平协定》

1152 年，康拉德三世去世后，他的侄子士瓦本的弗雷德里克被选举继承王位。从其母亲的世袭算起来，他也是韦尔夫家族的后裔，因此他的身份能够调和争夺王位的两大家族的纷争。弗雷德里克即位后的行动之一就是把托斯卡纳侯爵领地、斯波莱托公国及原玛蒂尔达女伯爵的自主领地，划给他的舅舅韦尔夫六世。这意味着韦尔夫家族在王室的庇护下获得了意大利中部的政治统治权。同时，罗马人和尤金三世都吁请国王立即驾临意大利，双方争着承诺帮他登上帝位；伦巴第也吁求国王驾临，因为米兰人的霸权限制了其他城市的独立，导致更多冲突，其中洛迪的情况最为严重。德意志君主的王权和帝权在经过多次缺席及诸多波折后，此时似乎不过是意大利地方势力政治游戏中的一个因素，它们都竭力在斗争中利用帝国这一筹码。而且由于米兰在这场紧锣密鼓的游戏中崛起，成为意大利北部的关注焦点和组织中心，而那些反对势力，面对米兰的霸权，在新国王身上看到了切入点，围绕着它，就可以实现各自的利益，因为新国王对自己在德意志享有的尊贵信心十足，认为自己已成功地平衡了各派贵族的力量。

在这些本质上具有离心倾向的力量中，有一些贵族世家的活动空间相当大。首先要提的是蒙费拉（Montferrat）的阿勒拉米卡家族（Aleramica）的侯爵们和比安德拉泰的诸位伯爵。蒙费拉侯爵威廉五世是巴巴罗萨的近亲，而比安德拉泰的格威多伯爵是他的内弟，1154年国王首访意大利时，他们就一直陪伴国王左右。他们怂恿国王反对基耶里（Chieri）和阿斯蒂这两座城市，因为它们反对比安德拉泰和蒙费拉家族在此地的扩张，结果它们的公权被帝国剥夺，并被摧毁。随后，国王正式把阿斯蒂以及附近的安侬（Annone）要塞的权利和

429

权力授予威廉，安侬要塞就位于威廉一直以来希望掌控的地区的中心。至于格威多伯爵，他甚至早在弗雷德雷克南下意大利之前、还在德意志时就已得到确认书，获得皮德蒙特（Piedmont）北部地区的大量领地，特别是塞西亚河（Sesia）和蒂塞诺河（Ticino）之间的土地，他还享有领地收益的税收以及管理公共事务的权利。还应该提到的是，如果说威廉侯爵所活动的区域，在地理上位于强大的米兰背后，因而其政治和军事行动更加自由，且能够支持国王的反米兰政策；那么格威多伯爵的活动范围则靠近米兰辖区，且大部分地区就在米兰治下。因此，他一方面效忠于国王，另一方面也要向这座城市伟大的首脑表示尊重，后者是伦巴第各种行动背后的主要决定力量，结果他只能在两者之间维持着不稳定的平衡。可以说，格威多的处境是当时社会情况最为清晰的反映：意大利王国内较为发达的地区发现自己在经济和政治上均处于这种不确定的状态。它们被迫在两种态度间为难：一方面，要维护地区利益，这是古代城市中心的魅力所在，其依仗的是被加强、被更新了的基本结构，以及对城市真正作为地区杠杆这一功能的充分了解；另一方面，它们又要接受一位君王的完全相反的诉求，这个君王对于特点鲜明的意大利文化来说极为陌生，但他又拥有国王的名号，甚至有希望成为皇帝，被其王国中最尊贵的贵族代表所簇拥，得到与他共进退的武装力量的支持；这位君王先是献身于德意志，而后又在帕维亚和罗马委身于意大利，被奉为合法的、至高无上的确保臣民正义的保护者。

430　　1154 年末，意大利王国在龙卡格里亚举行的帝国议会上，弗雷德里克仿效 1136 年洛塔尔三世的做法，颁布了一条封建法令。该法令规定：非法转给封臣的采邑要返还给领主，世袭传承的规则需要严格遵守。这是一次尝试，试图整合国王在各地的流动力量，它希望通过一套包括贵族、教士及其封臣在内的层层效忠的等级制度，来恢复王国各地所施行的这套政治军事组织的效力。城市问题似乎同样是根本性问题，但在王室政策中，这一问题被区别看待，其根本原因在于，要普遍屈服和遵从贵族等级制度，且城市之间也要保持平衡。另一方面，在罗马的加冕礼迫在眉睫，1155 年，新任教宗阿德里安四世按照两年前在科斯坦萨签署的协议举行了这场加冕礼。这份协议是由弗雷德里克和尤金三世各自的代表签署，约定相互保护，抗衡诺曼人和拜占庭人在意大利的扩张威胁，还要抗衡侵略性十足的罗马及其长老院。该协议最著名的受害者是布雷西亚的阿诺德，他落入弗雷德里克之手，被移交给阿德里安四世的代表，之后被处死。

当弗雷德里克第一次进入意大利时，可供他调遣的军事力量比较薄弱，虽然这并没阻碍他对基耶里、阿斯蒂、托尔托纳和斯波莱托等城市进行报复，将它们摧毁，但却使他无法对诺曼人控制的南方地区采取行动。正因为此，当皇帝返回德意志后，1156年，阿德里安四世与西西里的威廉一世签署了《贝内文托契约》。1158年，在教宗的调停下，西西里国王威廉和拜占庭皇帝曼努埃尔·科穆宁重修旧好。这就是这位德意志人缺席引起的变化，同样，他的缺席还导致米兰再次控制了洛迪，并与帕维亚作战，帮助托尔托纳重建，防止蒙费拉的威廉阻挠阿斯蒂的发展，而不顾国王曾于1154年发布了有利于威廉的法令。1158年夏，巴巴罗萨第二次进入意大利，这次远征所率领的军队远远超过了四年前，随后意大利许多城市的大领主们纷纷派遣部队增援，使其军力进一步壮大。经过长达一个月的围城后，米兰表示屈服。在接下来的龙卡格里亚议会上，在波伦亚最杰出的律师们的帮助下，起草了一份关于国王权利的清单。这份清单包括：对城市和省区的地方长官的任命权，对道路、水域、港口、市场、货币的征税权，为供应国王及其军队来往意大利的费用而进行的摊派，以及收取违反法律的罚金权。君主的所有这些权利均不可侵犯，因此，除了那些在国王确认的宪章中明确允许的内容以外，丝毫没有考虑意大利由来已久的传统。

这可不仅仅是理论上的权利，当弗雷德里克对多座城市的事务进行干涉时，它们被完全突显出来：他左右着城市治安官（*podestà*）的选择，要求其既要负责自治政府的管理，又要忠于帝国。然而，当皇帝力求全面控制整个意大利北部的政治生活时，却被迫在与领主关系以及与城市的关系等方面做出许多让步，给予那些能提供有效支持的政治实体以特权。这就是1159年初阿斯蒂城的情形。阿斯蒂城以积极有效的行动，具体地表现出蒙费拉侯爵因皇帝的恩宠而膨胀的野心、与其实际上政治军事能力之间不匹配导致的矛盾，于是，该城重获皇帝的恩宠，得到大量周边村庄的民事管辖权。到这个时候，即便弗雷德里克·巴巴罗萨也已明白：波河流域最有价值的是哪些城市，同它们达成谅解至关重要。然而，由于米兰始终拒不接受加之于它的严苛条件，帝国与这座城市及其联盟的战争再次爆发，一直持续到1162年春米兰被摧毁。这些事件发生在复杂的背景之下，即从1159年开始的教会分裂。随着米兰的失败，弗雷德里克在意大利北部的权力达到顶峰。但是，他却无力采取一套能够凝聚意大利王国这些已具一定实力的王公的政策，这一点很明显，反映在与各城市谈判时的条件范围，总是取决于皇权的利益。尤为突出的例子是对坐落于第勒尼安海岸的热那亚和比萨所做出的巨大让步，当时，弗雷德里克想用它们的海军来进攻西西里王国，后者是他称霸意大利的主要障碍。

　　实际上，弗雷德里克·巴巴罗萨发现自己在同一时间需要面临太多的问题。此时，教会分裂有了新发展，西欧各地对亚历山大三世的支持导致巴巴罗萨在1162年夏推迟了对诺曼人的远征，离开意大利，前往勃艮第王国。他派遣的谋臣中最有威严、最有活力的达瑟尔的雷纳德前往意大利。此前已被选为科隆大主教的雷纳德，此后在意大利中部扩大了帝国直接控制的领域：他剥夺了韦尔夫六世及其子韦尔夫七世对托斯卡纳侯爵领地和斯波莱托公国的统治权；将这两个地区以及安科纳侯爵领地和罗马涅等地的地方领主和城市聚拢到他自己身边，同时还大量起用德意志官员。当1163年秋皇帝第三次回到意大利时，对这些帝国官员的不满已弥漫整个意大利北部，直到1164年春，威尼托各城市发动起义，它们在维罗纳组织起联盟，紧紧团结在一起，还因威尼斯的支持而大受鼓舞。皇帝的武装镇压没有成效，于是返回德意志去寻求增援。

　　然而，在德意志，弗雷德里克发现自己同时被卷入当地的以及欧洲的麻烦当中。此外，因教会分裂的一系列事件而渲染起的宗教氛围，诱使他去筹划各种纪念查理大帝的庆典，宣布查理为圣徒，其目的很明显，是为了获得帝国对整个基督教世界的统治权。1166年秋，当他第四次回到意大利时，满脑子想的都是教会分裂的问题。经过数月的政治和军事准备之后，他出发前往安科纳，该城是拜占庭皇帝曼努埃尔·科穆宁的同盟，因此弗雷德里克遭到了反抗；随后，他又前往罗马，并在那里迫使亚历山大三世出逃。与此同时，伦巴第联盟于1167年正式成立，它模仿1164年的维罗纳联盟，并由后者发展而来。弗雷德里克的南下行动使波河流域的大规模起义成为可能。米兰城已经重建，在此背景下，伦巴第蓬勃发展，又回归到地区政治发展的轨道上来。许多年来，米兰的对手们一直试图通过用自己的力量配合巴巴罗萨的行动来制约米兰的发展。然而，所有地区都因德意志官员的腐败而不再对帝国抱有幻想，他们的这一选择归于失败。

因为军队中暴发疫病，弗雷德里克对意大利中部的远征以失败告终。1168 年，他返回德意志。与此同时，从威尼托到西埃米利亚和皮德蒙特东部的伦巴第联盟，发展成各自由城市组成的誓约联盟——不久，奥比佐·马拉斯皮纳（Obizzo Malaspina）侯爵也加入其中。该联盟与亚历山大三世结盟，并将在皮德蒙特东部为抵抗蒙费拉侯爵而建立的一座新城命名为亚历山大以示尊崇。于是，亚历山大教宗尽其所能地配合，通过禁令和逐出教会来威胁任何想要退出联盟或违抗总督们命令的成员。实际上，该联盟不仅是一个军事同盟，而且也是一个由诸多总督控制的联合体（societas）。它的目标是希望帝国承认该联盟成员的政治、行政和司法现状，这些是各个成员根据悠久的传统而实现的，并且于 1158 年在龙卡格里亚颁布新法令之前，一直以武力维持着。如此一来，弗雷德里克依据意大利法学家们经研究而更新了的罗马法之授权、进而声称拥有的权力，即帝国所拥有的决定性且不可剥夺的统治权就遭到了挑战。

德意志内部以及中欧的麻烦迫使弗雷德里克在国内滞留了六年。1174 年，他第五次出征意大利，结果是：对亚历山大的一次不成功的围城，与起义的城市之间不成功的谈判，以及 1176 年在莱尼亚诺——位于米兰和蒂塞诺之间——发生的著名战役。战败后的皇帝再度开始谈判；而且由于各城市并不希望放弃亚历山大三世的目标，因此，皇帝于 1177 年在威尼斯与亚历山大正式会面，并结束了教廷的分裂，至少就他而言结束了分裂。于是，帝国与伦巴第联盟在雷诺河（Reno）附近协商讨论停战，一直到 1183 年终于签署《科斯坦萨和平协定》。在漫长的等待中，联盟出现了解体的迹象，弗雷德里克也表现出了听天由命的缓和迹象。

这份和平协定证实了对立双方的关系所发生的深刻变化。一项由皇帝颁赐的永久特权被正式提交出来，皇帝也以这种方式确认了自己的地位，即权力合法性的来源。然而，在实际执行中，脱胎于习俗的权利却被那些规则所冲淡，即那些确保统治者在政治和司法层面的绝对控制权的规则。而传统习俗的权利意味着：城市政府的广泛自治权，以及城市的一般管辖权也延伸至周边的乡村，有时甚至扩展到更广大的地区。城市自行选择执政官来担任城市政府首脑的权利得以确认，但前提是这些执政官需要得到君主或其代表的授权，需要宣誓向其效忠，除了那些按照惯例要求皇帝臣属于主教世俗权力的城市。条约规定，在司法过程中，因不服市镇机关做出的判决而提请的上诉，若其比较重要，则应当呈报给皇帝，只是皇帝将实际的审判职能委托给他在该城或主教区辖区内指定的代表，而该代表有义务遵从该城市的法律和习俗来通过决议。城市建造防御工事、缔结条约的权利得到认可，同时还确定了它们有义务帮助帝国保留并恢复帝国在伦巴第的权利与财产，并为君主驾临伦巴第地区提供资金。皇帝作为封建等级制度之首的地位得到确认，并特别指出所有市民均有义务效忠帝国。

从科斯坦萨达成的协定可以大致了解意大利王国即将开始的和平状况，这是弗雷德里克与伦巴第之间经过长达数十年的紧张与对抗，以及数年来为实现安定和平而进行的令人厌恶的谈判后终于实现的。其基础是帝国对封建领主和城市共和国一视同仁。尤其要解释清楚的是：享有某种程度的政治和司法独立，且合法建立的封建领地，在一定程度上起源于伯爵或侯爵所行使的职能，一个多世纪以来，这些职能由王国的世家大族、由其个别的支系或其封臣行使，有部分由自主领地行使。早在巴巴罗萨之前，已经出现了一种自主性趋势，这些自主领地通过向一位主宰一方领地的领主或直接向帝国承担封臣义务的方式，转变成封建领土。后来，弗雷德里克的法庭有意区分领主名下拥有自主权利的部分，以及可适用司法权的部分，因为一般认为这些司法权适用的部分具有公共性质，只有经由统治者以封建授权的方式直接或间接的授予，它们才具有合法性，才可以继承。这样，贵族的整个政治社会都倾向发展成以君主为顶点的封建等级制度，这套制度早在 1037 年由康拉德二世在意大利颁布的采邑诏书中就已提出，后来又分别在 1136 年由洛塔尔三世、1154 年由弗雷德里克努力加以巩固。然而，从此以后，意大利王国的贵族社会变得更受限制、更受约束，事实上经常被吸收到城市共和国的范畴之中。这种情况的发生不仅仅是源于这些城市国家自然的经济发展和领土扩张，而且在一定程度上它还是通过"伦巴第"广泛建立起来的军事团结实现的，这样做是为了应对巴巴罗萨顽固推行的中央集权化。这就是自治城市与独立领地之间建立起对等关系的根本意义。

事实上，"效忠"和"忠诚"这两个术语已经不再具有严格意义上的封建价值，除非它们与侍从或封臣关系同时出现。在促成1183年和平的谈判中，皇帝在授权仪式中的授权，以及执政官和市民宣誓效忠都很重要，这揭示出：其目的是要规定一种牢固的司法对等关系。对于城市来说，它代表着对稳固自治权的保证；对于处于从属等级结构的帝国来说，它也是一种保证。这一切自然需要依赖于《科斯坦萨和平协定》所主张的力量，来均衡能真正发挥功能的可能性，该协定在签署它的各个城市中所具有的政治分量和地位有着显著差别。这种均衡作为意大利新局势的支点，需要皇帝的流动法庭与恢复了伦巴第核心地位的米兰进行合作。无论如何，意大利中部的问题仍悬而未决，因为《科斯坦萨和平协定》针对的只是弗雷德里克和伦巴第联盟各成员间的关系。

巴巴罗萨的衰落和亨利六世时代

在意大利中部，自从1163年达瑟尔的雷纳德在帝国和贵族与城市之间建立直接联系以来，帝国的机构一直相当稳定地维持着，最重要的是，这种稳定是通过皇帝派驻托斯卡纳的使者、美因茨选侯、大主教克里斯提安（Christian）来实现的。显然这是一种相对的稳定，因为教会分裂不断激起的骚乱在意大利中部比别处更为剧烈。德意志的一小支核心部队长期驻扎在托斯卡纳的许多要塞，由帝国委任的城堡主和伯爵负责指挥，皇帝可以将他们调离。因此，不能把这些人与那些构成地区贵族的封建的以及世家传统的伯爵与领主混为一谈，他们还被授予了一般自治权，不过，他们也与那些较大的修道院团体一样，经常与皇权联系起来。最重要的德意志军事中心在圣米尼亚托（San Miniato），位于比萨和佛罗伦萨之间的阿诺河附近。通常，帝国施行政治控制的这套体系得到强大的比萨共和国的支持。与托斯卡纳的其他城市不同，比萨经常能从皇帝那里获得慷慨的许可，包括行动的自由和领土扩张的自由。虽然比萨和帝国也曾起过冲突，但大都发生在热那亚和比萨的冲突将帝国卷入的情况下，比如1164年在撒丁

435

岛问题上，当时，帝国需要这两个共和国提供舰队支援，由于热那亚
与比萨在第勒尼安海有着竞争关系，于是热那亚诱使皇帝把撒丁岛的
统治权和主权授予当地的一个家族。结果，帝国发现自己与比萨产生
了冲突，于是，皇帝最后撤回了授权，承认比萨对该岛的主权。无论
如何，这更符合撒丁岛的真实状况，尽管热那亚后来还要对其争夺该
岛，并导致帝国的进一步干预。

　　和托斯卡纳的情况类似，这些年——12 世纪 60 年代和 70 年
代——在理论上隶属教宗的周边地区，帝国也在强力彰显着自己的存
在。在罗马涅，帝国与大主教以及个别城市的关系比较密切。在皇帝
的提议下，安科纳侯爵领地整个地区都成为侯爵辖区。斯波莱托公国
的情况有些类似，皇帝的使者最终正式获得公爵称号。在拉齐奥，巴
巴罗萨及其代表们的活动也呈现出贵族和平民保护者的特点，这种情
况也扩展到罗马城，当然引起了剧烈的冲突。1177 年皇帝与亚历山
大三世签署的和约，就激起教宗对皇帝持续不断干预行为的抗议，但
并没有在政治和领土层面取得显著的成效，除了罗马城外，因为帝国
已经宣布放弃罗马城，而罗马城则忽而臣服于教宗，忽而不断尝试城
市自治和领土扩张，在两种状态间犹豫不定。

　　《科斯坦萨和平协定》签署后的数年间，意大利中部的这些多样
性发展并未中断，因此这意味着帝国政治策略的重大调整仅适用于意
大利北部。1184 年，时隔六年后，弗雷德里克第六次也是最后一次
访问意大利，在伦巴第与米兰展开密切合作。1185 年初，他参加了
伦巴第联盟在皮亚琴察召开的总督会议。虽然联盟此时已然衰落，但
仍是伦巴第自治的象征，这就是皇帝数十年来与之进行长期艰巨斗争
的地区自治。会议后，米兰城对从马焦湖（Maggiore）和蒂塞诺河到
爱达盆地的伯爵领地进行司法管辖的权利被正式确认。作为交换，米
兰人承诺支持帝国的一些权利，特别是帝国对女伯爵玛蒂尔达的原自
主领地，以及 1152 年巴巴罗萨曾授予韦尔夫六世的领地的权利；对
于后者，教宗也提出领土要求，此前，韦尔夫已经宣布放弃了这里。
1186 年初，米兰举行了两大庆祝活动：一是亨利六世与阿尔塔维拉
（Altavilla）的康斯坦丝的婚礼，由此亨利有望继承西西里王国；二
是阿奎莱亚牧首为亨利举行的庄严的意大利国王加冕礼。事实上，在
伦巴第的首府举行的这两场仪式，目的是将斯陶芬家族及其在意大利

的命运与米兰霸权之间的政治联系神圣化，米兰的霸权涵盖从阿尔卑斯山到亚平宁山脉的地区，此时业已恢复后得到进一步巩固。同样，在 6 月间，德意志军队联合米兰和其他伦巴第城市对克雷莫纳发起的进攻，标志着它们之间的军事合作；克雷莫纳曾是巴巴罗萨最忠诚的属地，差不多一直是米兰难以对付的对手。

与意大利北部的这种状况相对的是，德意志人在意大利中部却非常活跃。这个时候，主角换成了勇敢而坚韧的意大利新国王亨利六世。他的父亲继续徒劳地劝诱教宗把皇冠加在这位德意志和意大利的统治者头上，因为这将为亨利未来继任基督教世界最高政治领袖提供更大的安全保障。当弗雷德里克对克雷莫纳采取行动时，亨利则在托斯卡纳率军反对锡耶纳城的扩张，并支持锡耶纳领地内的世家贵族的自治要求。这与弗雷德里克刚刚做出的一个决定相一致：剥夺除比萨和皮斯托亚之外的托斯卡纳诸城对所征服土地的公共管辖权。

1186 年夏，此时锡耶纳已经投降，皇帝正在返回德意志的途中，亨利六世将其政治军事行动从托斯卡纳地区扩展到此前隶属教宗的土地，并与罗马贵族进行谈判。这一行动与他坚定奉行的理念一致，即皇帝负有最高责任，甚至适用于隶属教宗的那些地区；但该行动也源于教宗乌尔班三世和帝国在许多神学问题上的分歧。当乌尔班三世去世且穆斯林攻占耶路撒冷的消息传来时，教宗和帝国在筹备第三次十字军东征的倡议下联合起来，这也使亨利六世得以离开意大利回到德意志与他父亲会合。1188 年 3 月，在美因茨举行的帝国议会上，巴巴罗萨接受了十字军的十字架。于是，亨利六世作为摄政负责整个帝国的管理。

1189 年秋，西西里国王威廉二世去世，距离巴巴罗萨在东方意外身亡尚有数月，亨利以妻子康斯坦丝的名义，同时也为了恢复他所声称"帝国的古老权利"，要求继承西西里王国。这一要求基于他的一贯诉求，更具体地说，他依据的概念是：意大利王国要延续过去伦巴第人以及法兰克人的传统，扩展到整个半岛。因此，征服南方似乎是德意志人统治意大利后顺理成章的部分，这也将帝国的野心引向地中海。在由此产生的庞大政治背景下，对意大利中部和北部地区的掌控就具有决定性的重要意义，无论在领土层面还是思想意识层面上，它们都是德意志王国的军事力量与士瓦本政权新获得的地中海地区之

437

间不可或缺的桥梁。1194 年，在亨利六世征服南方的目标得以实现时，在连接欧洲北方与南方的这个古老的意大利链条中，热那亚和比萨的舰队轮流充当着支撑轴的作用。事实上，要想利用这个支撑轴并非易事，尽管这些力量都很强大，却因这两个非常活跃的海上共和国之间的竞争而分裂，它们的竞争不仅限于第勒尼安海，还延伸到东方，这种分裂又因每个共和国内部的倾轧而加剧。亨利不得不再次确认巴巴罗萨曾授予这两座城市在托斯卡纳和第勒尼安群岛的特权，关于它们在即将被征服的王国中的商业和政治机构，他也慷慨地做出自相矛盾的许诺。后来，这些承诺并没有兑现，令这两座城市极度失望。这预示着在维系德意志人对意大利中部和北部地区的控制时，帝国扩张所造成的种种困难，而当帝国又将米兰这支力量视为其新的进攻目标时，这种困难也进一步加剧。

实际上，从 1190 年开始，当巴巴罗萨在东方的死讯传来，而亨利刚刚准备返回意大利要求加冕为皇帝时，伦巴第和托斯卡纳的问题就再度成为德意志王国的首要问题。面对着城市共和国错综复杂的竞争，国王放弃了《科斯坦萨和平协定》后巴巴罗萨所持的立场。亨利不再承认米兰的霸权，在意大利中部也不再以帝国的利益与其合作，相反，在通往罗马的沿途各地，他在政治上尝试采用一种更自由的方式，为其远征寻求支持和财政援助。他支持皮亚琴察对抗帕尔马，将特权授予科莫、克雷莫纳和波伦亚，与比萨签订协议，努力为罗马城获得托斯科拉（Tuscolo）的领地。1191 年，亨利在罗马加冕，而后发动南征，却遭遇失败，随后又将重心转回伦巴第，其行动具有明显的反米兰特色，并转而与克雷莫纳结盟。结果，当地的城市各就各位，分成两大对立阵营：一个是按照伦巴第联盟的传统紧紧围绕在米兰周围，另一个是由克雷莫纳、帕尔马、帕维亚、洛迪、科莫、贝加莫以及和威廉五世的儿子兼继承人蒙费拉的卜尼法斯侯爵共同结成的联盟。当亨利六世逗留于德意志时，这两大阵营的斗争的结果是 1193 年米兰一方获胜。次年，皇帝返回意大利后，双方实现短暂的休战，然而这次休战以及他对意大利南方的征服都没有改变他对米兰的偏见，1195 年夏，这些偏见终于激起米兰的公然反叛，此时米兰仍是伦巴第最重要的城市，而且它还与刚刚在西西里被皇帝欺骗的热那亚达成谅解。

在意大利中部，德意志人的控制更为成功，1195 年春，当斯陶芬家族强大且忠诚的仆臣安韦勒的马克沃德被擢升为拉文纳兼罗马涅的公爵时，局势得到进一步巩固。不仅如此，马克沃德还获封安科纳公爵和阿布鲁佐伯爵。同样，托斯卡纳公国和女伯爵玛蒂尔达的自主领地被分封给菲利普，此人是亨利六世的弟弟，他精力充沛，其政治活动延伸到佩鲁贾和拉齐奥，影响远及罗马。德意志军队占领的战略要地被牢牢控制着，并且为了平衡城市共和国的发展势头，贵族和教会领地也得到优待。考虑到当时贵族的自治领地和城市的繁荣社会，无论在经济发展还是社会发展方面，都存在着各种不同的形式，因此这一平衡极难实现。无论如何，亨利六世的帝国持续时间并不长久，不足以给意大利中部这些城市共和国的扩张势头带来任何严重的打击。1197 年 9 月 28 日，亨利皇帝去世，这件事不仅终结了其调整和扩张帝国，以及进行十字军东征的宏大计划，也把意大利的城市从外部的束缚中解放出来，使罗马教会再次重建其在该地区主导地位的努力成为可能。

所谓的亨利六世遗嘱，事实上是他作为君主在面临死亡时所表达的意愿，已经代表着一种妥协，即因帝国在意大利中部激烈的行动而引发的局势与长期受挫的教宗野心之间的妥协。遗嘱记录的内容包括：放弃女伯爵玛蒂尔达的自主领地继承权；承认拉文纳国和安科纳侯爵领地对罗马教会的依附关系，不过这些地区仍然掌握在安韦勒的马克沃德手中。该遗嘱也预示着未来在教宗西莱斯廷三世任期末以及英诺森三世任期时，教宗们将提出的领土要求，他们希望得到所有对罗马教会的领土安全来说必不可少的地区。于是，1198 年，教宗利用亨利六世死讯传出后多地爆发的反德意志起义，明确表露出在整个意大利中部地区继承帝国权利的意图。但是，这个计划只在非常有限的范围内取得了成功。主要是在拉齐奥以及斯波莱托公国，这也仅仅是由于教宗对当地自治权表现出的尊重、签订的协议以及对某些要塞的控制。安韦勒的马克沃德试图继续经营罗马涅和马尔凯（Marche），但到了秋天，他离开该地去了西西里王国。然而，在罗马涅，教宗与拉文纳大主教合作，而且这两个地区的大部分城市都承认了教宗的统治权，尽管这种承认在本质上只是流于形式。马尔凯的城市组成了紧密的联盟，而罗马涅的城市甚至开始蚕食女伯爵玛蒂尔达的自主领地。托斯卡纳地区并不承认教宗的权利，在那里，政治控制权还握在一个强大的城市联盟手中，而佛罗伦萨正逐渐在该联盟中崭露头角。依附于该联盟的还有：沃尔特拉大主教以及圭迪、阿尔贝蒂和阿尔多布兰德斯齐的伯爵们，只有比萨共和国傲然地独立于外。

1198 年，德意志同时选出士瓦本的菲利普和布伦瑞克的奥托两位国王，这导致帝国无法在意大利采取任何有效的行动。在伦巴第，伦巴第联盟得以复兴，联盟仍以米兰为核心，其势力从韦切利扩展到维罗纳，继续与克雷莫纳及其同盟发生冲突。在城市共和国所在的所有意大利地区，每座城市的独立政府都在继续改善其内部结构，在此过程中，执政官们常常大权旁落，或被治安官（podestà）替代，延续了巴巴罗萨时期已经确立起来的模式。因此，这些城市都迫切需要一种像治安官一样强大的单一权威，因为这些城市的经济和社会发展正在削弱那些大家族的影响力，这些大家族在 12 世纪曾垄断了权力且彼此竞争。对于所谓的执政官贵族们来说，这是危机的时刻。新型的、充满活力的社会组织登上政治舞台，它们的发展引起了那些因传统的政治优势而被奉为贵族的人与那些深受欢迎的人之间的竞争。各个城市的这种持续发展与乡间事务的发展是同步的，虽然士瓦本王朝在政治上更喜欢打破权力的集中，屡次建议在最具活力的城市之间，以及城市和乡村贵族之间保持平衡。事实上，那些主要的城市从来没有停止将这些贵族及其领地和城堡纳入自己统辖之下的努力，这一点在亨利六世去世时已清晰地显现出来。

在此过程中，最为明显的例外发生在波河流域的上下游地区。萨伏依家族在 1131 年成功地扩张到苏萨河流域，并接近都灵，但被都灵主教击退，后者已联合了该城的自治政府以及德意志皇帝。尽管萨伏伊家族内有着广泛的、复杂的政治活动，但皮德蒙特的利益仍完整无损，这是其未来开始扩张的序曲。与此同时，在诸多侯爵领地中，蒙费拉侯爵卜尼法斯对领地的控制权得到巩固。他是亨利六世的忠实盟友，参与了后者的许多行动，但在皮德蒙特沿波河和塔纳罗（Tan-aro）河的地区，他固执地与阿斯蒂、亚历山德里亚和韦切利这些城市共和国为敌，即便是在皇帝过世后，他也能谨慎地顺应伦巴第联盟的优势地位，有能力应对那三座城市的发展势头。事实上，强大的伦巴第联盟控制的地区并不安宁，其内部纷扰不断，外部受到克雷莫纳及其联盟的骚扰。在该地区以南，马拉斯皮纳家族从奥博藤吉家族的各种侯爵领地中脱颖而出，极大地加强了其位于热那亚和皮亚琴察两共和国之间的亚平宁山区的要塞防御，就像受费拉拉影响更深的埃斯特家族一样，而埃斯特家族终将成为其权力的核心。

在伦巴第联盟以东，帝国的威胁消退后，威尼托腹地的城市共和国也做出了反应，它们完全控制了各个乡村地区的统治权，并将各统治家族纳入城市的生活中来。同时，威尼斯通过加强城市管理以及限制总督和自治政府各机构的权力，强化了其作为贵族和商人共和国的特色。它巩固了其对潟湖、伊斯特里亚海岸和达尔马提亚群岛的控制权，并在德意志帝国授予的商业特权的支持下，将其影响深入整个内陆地区以及海上，甚至危及拜占庭帝国的生存。潟湖北部地区的弗留利是一个教会领有的公国，仍然处在阿奎莱亚牧首的掌控之下。它在加强习惯法的基础上，逐渐发展成一个法治的政体，但它也遭到一些强大邻居的政治干涉，例如在这个问题上比较同情该教会领地的戈里齐亚（Gorizia）诸伯爵，以及特雷维索和威尼斯。在威尼托以北地区，高贵的特伦托主教像公爵一样尊贵，坚持维系其封建结构和豁免权，但又完全缺乏统一性，在司法管辖权上它在意大利王国和德意志王国间摇摆不定。

从阿尔卑斯山到南部王国的边境地区，弗雷德里克一世和亨利六世推行的帝国政策遭到失败，12世纪末，在那些最变幻不定的政治活动中心，这一失败以一种华丽的方式自行解决。然而，这并不是混乱的无政府状态，因为这里没有哪个地区没有建立组织，只是一直处于社会和地区的冲突之中，争夺最强的经济主动权或军事实体，在不断的讨价还价之中，力求跻身于多变的权力等级中。在这些难以计数的政治实体中，每一个实体都能看到对制度秩序的不断巩固，而这种制度秩序与各种不同社会组织的起伏变化紧密联系在一起，并且无论是在占主导地位的城市，还是在贵族世家以及教士们的宫廷，它都伴随着无比强大的文化发展和城市发展。

441

乔万尼·塔巴科（Giovanni Tabacco）

赵康英、郭云艳 译

陈志强 校

第十五章（下）

12 世纪诺曼人统治下的西西里

　　诺曼人向意大利南部地区的移民，以及最终在 11 世纪完成的征服，极大地改变了当地的社会结构和政治结构，尤其是穆斯林征服西西里后的社会结构和政治结构。唯一没有做到的是整个地区尚未统一。事实上，到 1100 年前后，由征服者建立起来的各个大公国早已分崩离析，政权、法律和秩序的维系已经变得越来越困难。1127—1130 年间，在西西里伯爵罗杰二世的统治下，意大利南部和西西里岛被统一起来；在 1130 年，一个新的西西里王国正式诞生：这一切使分崩离析的局面迅速扭转。然而这个过程绝非一帆风顺，事实上，1130 年的加冕礼将开启意大利南部大陆上将近十年的内战，但到最后它也促成了整个地区自查士丁尼时代以来的首次统一。1130 年创立的这个王国尽管几经变迁，但却一直延续到 1860 年。强势中央政府的强权以及该政府所面临的各种挑战，构成了 12 世纪意大利南部历史的主线。

1127 年前的权力及其挑战

　　特勒色（Telese）修道院院长亚历山大是与罗杰二世同时代的传记作家，他记录道：1127 年，"如果上帝没有保护吉斯卡尔家族的那位使得公爵权力迅速复兴的后裔，那么整个国家……必将急速走向灭亡"①。

---

①　"Nisi Deus guiscardine pertinens prosapie reliquisset semen, per quod cito ducatus recuperaretur monarchia, omnis pene siquidem terra ... precipituim riutura periret", Alexander Telesinus, *Ystoria Rogerii regis Siciliae* lib. i c. 1, p. 6.

鉴于亚历山大撰写的是一部宣传作品，是为罗杰占领大陆树碑立传，以及为男主人公不断采取强硬手段迫使新领地臣服的做法歌功颂德，那么他这样的观点也就不足为奇了。这里要考察的问题是：到 1127 [443] 年，诺曼人究竟在多大程度上终结了意大利南部的权力分裂。由于当时的史家几乎没有留下记载，所以这个时期资料的缺乏对客观评价该问题毫无帮助。关于 1127 年之前的大多数时期，人们必须依据特许状等资料以及当地非常粗略的年代记来考察，而年代记的编者们对他们所记录的市镇以外的地区几乎毫无兴趣。现存资料充分证明：虽然特勒色的亚历山大的说法无疑有些夸大，但当时中央机构遇到的问题确实非常严重。

在阿普利亚公国和卡普亚大公国，统治者的实际控制仅限于他们名义上领地中的一部分。1090 年以后，除少数情况外，卡普亚大公的权力仅适用于其领地南部，也就是卡普亚周围的平原地带。实际上，该大公国东部和北部地区的贵族——加埃塔诸公爵、阿奎诺诸伯爵、丰迪（Fondi）诸伯爵、博亚诺（Boiano）诸伯爵和卡加佐诸伯爵——均保持事实上的独立，不受大公控制。因此，他们的特许状已不再按照卡普亚大公的即位年号来纪年。实际上，大公的堂弟卡加佐的罗伯特伯爵（卒于 1116 年前后）曾经吹嘘自己的地位，说他曾在仿自大公书房风格的办公室里，用那种表示大公沐浴神恩的格式，来起草公文。[②] 当大公插手大公国北部的事务时，例如针对 1105 年加埃塔城周围事实上已升级为内战的乱局，他的干预方法就像是参与了乱局中的一方，而不像是超然的统治者。即使在大公控制的核心区域，他也面临诸多问题，因为 11 世纪 90 年代的卡普亚城就不时地遭遇叛乱。

阿普利亚公国的情况与此大体类似。罗杰·博尔萨（1085—1111 年）和威廉（1111—1127 年）两位公爵失去了对卡普亚海岸地区的控制权，还发现阿普利亚内陆地区和卡拉布里亚北部地区越来越难以管理。在 11 世纪 80 年代到 90 年代，罗杰公爵在其叔叔——西西里伯爵罗杰一世的军事援助下，维系住对卡拉布里亚北部地区的控制。为了回报这一援助，他不得不割让土地，其中就包括巴勒莫城的

---

② Loud (1981), pp. 200 – 204.

一半归属权。这份权利是 1072 年罗杰的父亲罗伯特·吉斯卡尔占领该城时就控制在手中的。1088 年，阿马尔菲公开起义反抗公爵，1096 年到 1100 年再次爆发起义。③ 然而，罗杰·博尔萨并非等闲之辈，他竭尽全力维护公爵应有的权力与威望。他保持住对西海岸萨勒诺大公国的控制权，也从未放弃对阿普利亚的权利。1098 年，他与西西里伯爵罗杰一起帮助卡普亚大公理查德二世收复首都，因此成功地得到大公的效忠誓言，这也是他父亲从未取得的成就。一个很好的问题是：这个成就带给他的除了威望还有什么呢？但至少公爵和大公的关系要比 11 世纪 70 年代和 80 年代更为缓和。1116 年，卡普亚的罗伯特一世（1106—1120 年）现身萨勒诺，可能参加了公爵举行的一次宫廷会议；1119 年，在一份特许状中，威廉公爵称大公为"我们最热爱的亲人和贵族"④。1100 年，罗杰公爵恢复了对阿马尔菲的控制，从此以后，这个重要的港口在承认公爵管辖权时，看上去是不再有丝毫勉强了。1101 年，罗杰提供了一支军队，帮助教宗帕斯卡尔二世收复了之前脱离教宗控制的贝内文托。

如此说来，罗杰公爵在某种程度上还算是很有能力的统治者。他同父异母的哥哥博希蒙德参加了第一次十字军东征，一直待在叙利亚，还参加对抗拜占庭帝国的战斗，因此，博希蒙德的缺席消除了对罗杰政权唯一的、也是最危险的威胁。但是，罗杰和他的儿子都未能加强对阿普利亚海岸地区诸贵族和城市的管理，事实上，甚至连最高领主权都无法维持。孔韦尔萨诺、坎尼和圣安吉洛山（Monte Sant'Angelo）等地的伯爵们，以及位于再往北一些的卡皮塔纳塔/阿布鲁兹（Capitanata/Abruzzi）边界地区的洛里泰洛诸伯爵都保持独立。洛里泰洛的罗伯特傲慢地自称"伯爵中的伯爵"（*comes comitum*），以突显自己的地位。阿普利亚沿海地区的伯爵们颁布的公文经常将拜占庭皇帝奉为最高领主，倒不是因为与拜占庭帝国有利益关联，而是因为他们离得够远，对伯爵们事实上的独立无力加以干预。⑤ 罗杰公爵必然不愿意接受这样的局面，不时地介入阿普利亚。

---

③ 关于这个日期，见 Schwarz（1978），pp. 250 – 253。

④ Loud（1987），pp. 166 – 167，176 – 177. *Normannische Herzogs-und Königsurkunden aus Unteritalien und Sizilien*，pp. 28 – 29 no. 16.

⑤ Chalandon（1907），i，p. 208；Cahen（1940），p. 98.

1100 年，他围攻并占领了卡诺萨，1104 年，攻克了圣安吉洛山；在其统治最后几年的某个时候，他把自己的私生子威廉推上卢切拉（Lucera）领主的位置，此前该位置属于圣安吉洛山诸伯爵。罗杰公爵在阿普利亚南部的影响，一直得到其表兄大总管理查德的帮助，后者还是莫托拉（Mottola，在塔兰托以西）的领主，一直是罗杰忠诚的盟友。⑥ 但是，虽然罗杰公爵的权威在其统治后期本可以有所提高，但他却倾其全力干涉阿普利亚的事务，因此始终未能有效地加强统治。他活动的中心以及实际上的首府是位于西海岸的萨勒诺。1111 年，当他去世后，被葬在萨勒诺大教堂，16 年后，他的儿子也葬在此地，只是他父亲和叔叔们的陵寝却安放在阿普利亚的韦诺萨。这一变化表明了公爵的利益在地理层面上的转移。

威廉公爵年幼时，公爵的权威被进一步削弱，正如博希蒙德的领主权在其儿子（也叫博希蒙德）年幼时被削弱一样；小博希蒙德在其父亲去世继位时年仅三岁，当时距罗杰公爵去世仅数个星期。再者，意大利南部许多重镇掀起的独立运动，也进一步削弱了中央权力。11 世纪 90 年代，在卡普亚、加埃塔、阿马尔菲和贝内文托等地，就已经出现了叛乱的苗头。从 1115 年开始，由于亲诺曼派与反诺曼派之间的冲突，巴里城内局势动荡，并且从大约 1118 年开始，该城已经不再承认博希蒙德的遗孀康斯坦丝的统治（以儿子的名义）了。巴里的新统治者格里莫阿德·阿尔菲兰尼特斯（Grimoald *Alfe-ranites*）出身城市贵族，到 1123 年，他把自己描述为"受命于上帝和圣尼古拉（该城的守护神）的君王"⑦。1127 年，威廉公爵去世后，萨勒诺、特罗亚和阿普利亚的许多其他城市纷纷起义，1128 年，贝内文托的居民在教宗的统治下越来越躁动，他们杀掉城中教宗委任的教士，建立了城市自治政府。

12 世纪的第二个十年里发生在贝内文托地区的问题，形象地说明了意大利南部日益动荡的局势。该城不仅内部因派系斗争而四分五裂，外部受到周围诺曼贵族的威胁，而且从 1118 年起，该城周边成

445

⑥ 关于他不断确认公爵统治的内容，见 *Codice diplomatico Barese*，pp. 102 – 103 no. 57 (1110)，以及 Cava dei Tirreni, Archivio dell'abbazia di S. Trinità, Arm. Mag. E. 39 (1115)。

⑦ "Grimoaldus Alfaranites gratia dei et beati Nicolai princeps"，*Codice diplomatico Barese*，pp. 121 – 122 no. 69.

为阿里亚诺（Ariano）的约尔丹伯爵和卡加佐的雷纳夫伯爵之间激烈争斗的舞台，这两位野心勃勃的贵族都想要扩大自己的领地与权力，想要主宰贝内文托这一方土地（*Terra Beneventana*）。阿普利亚公爵恰恰因其缺席而格外引人注目。

　　随着世俗权力的衰弱，教宗试图填补这个缺口。教宗帕斯卡尔效仿乌尔班二世的先例，于 1115 年在特罗亚宣告"上帝的和平"（Truce of God），而后 1120 年卡立斯特二世也在特罗亚的一次会议上做出同样的宣告，威廉公爵就出席了这次会议。但是教宗清楚地认识到真实的情况，明白意大利南部的权力已经分裂。1118 年，当教宗格拉修二世接受了威廉公爵的效忠（也许还有卡普亚大公的效忠）时，他还接受了许多其他贵族的效忠（尽管不确定他们究竟是谁）。1120 年，教宗卡立斯特同样接受了威廉公爵以及其他三位伯爵的效忠，并举行了授封仪式（显然这种仪式是一种创新），三位伯爵是洛里泰洛的罗伯特、阿里亚诺的约尔丹以及卡加佐的雷纳夫。这是史无前例的一大进步，因为在此之前，在那些领地的统治者当中，只有阿普利亚诸公爵和卡普亚诸大公是教宗的封臣。[8] 教宗想要做的不是削弱他们的统治，而是要确认其统治不再有效。1121 年秋天，教宗卡立斯特再次被迫介入意大利南部事务，并试图保护威廉公爵在卡拉布里亚北部的领地，使其免受来自西西里伯爵罗杰的侵犯。

446　　　相对于威胁到意大利南部平静生活的分裂局势，西西里完全是个例外。1101 年罗杰一世去世时，尽管他的两个儿子都还年幼（其小儿子罗杰二世直到 1112 年才达到法定成人年龄），但在其遗孀伯爵夫人阿德莱德的摄政下，一直维持着政府的强大的控制力。我们不了解他们年幼时期的详细情况，但后来的一份特许状中提到一条令人好奇的信息，即西西里的贵族与卡拉布里亚的贵族似乎有些龃龉。[9] 如果真是这样的话，那些问题已经解决。成年后的罗杰二世推行的是强有力的、有效的政策，尤其是他管辖范围内的教会：根据 1098 年教宗乌尔班二世授予其父的特权，教宗承诺未经伯爵允

---

⑧　D'Alessandro (1978), pp. 169–173；Loud (1985), pp. 106–107.

⑨　*Diplomi greci ed arabi di Sicilia*, pp. 532–535. 在 Matthew (1992)，pp. 20–21 中，作者对 1101 年之后伯爵如何真正地统治西西里表示质疑，但他的观点大多是推测的。然而，这个问题需要更为全面的探究。

许不在西西里岛任命代表，当这一代表缺席时，由伯爵代理其职能。
事实上，他在教会事务中推行的政策是如此霸道，以至于1117年教
宗帕斯卡尔二世曾表示强烈抗议。与此同时，罗杰还从海上对北非海
岸地区发动一系列攻击，并从1121年起，在表兄威廉公爵的资助下，
努力巩固他在卡拉布里亚的统治。罗杰二世相当迅速地实现了这些目
标，虽然与其最开始的选择相比，实现的方式没有那么直截了当。此
前，罗杰二世曾向威廉公爵提供大量的军事和经济援助，从而使公爵
有能力剥夺反叛的阿里亚诺伯爵的大部分土地；作为回报，公爵将他
和他父亲拥有的一半巴勒莫和墨西拿的领地让渡给罗杰伯爵，同时让
渡的还有从罗伯特·吉斯卡尔继承下来的一半卡拉布里亚（似乎是
北部地区）。因此，到1127年，西西里的罗杰已经是整个卡拉布里亚
以及西西里地区毫无争议的统治者，拥有强大的军事力量和海军、大
量的财政储备，成为意大利南部毫无争议的最强大的、唯一有权力的
统治者。

罗杰二世治下意大利南部的统一

　　1127年7月，阿普利亚的威廉公爵去世，死后没有留下子嗣；
于是，罗杰二世作为与其关系最近的继承人，立即对公国提出继承要
求。他花了一年的时间最终成为公爵，又用了11年的时间使其在整
个意大利南部的统治无人可以挑战。在此前的40多年时间里，该地
区政治上的分裂大体解释了为什么这一过程会如此漫长、如此纷扰；
不过，从1130年起，意大利南部的命运越来越多地牵涉进整个基督
教世界中更广泛的政治与教会竞争之中。

　　1127—1128年间，罗杰遭到来自四个不同方面的反对。第一，
阿普利亚贵族当中比较有权势的一些人，他们害怕罗杰的统治会剥夺
他们从公爵统治以来所享受到的实际独立权。第二，许多城镇同样渴
望继续保持或确保其自治权，这其中包括卡皮塔纳塔的重要城市特罗
亚，甚至包括萨勒诺，当地的居民承认罗杰统治的唯一条件是罗杰把
位于小镇最高处的城堡交给他们管理。第三，卡普亚领主罗伯特二世
显然不喜欢新公爵的统治，因为后者的统治给其大公国的独立造成了
潜在威胁，而且他还得到其表兄以及名义封臣卡加佐的雷纳夫伯爵的

447

支持，虽然后者娶的是西西里的罗杰的妹妹。[10] 第四，教宗洪诺留二世也反对他。

　　就 1127—1128 年间意大利南部反抗罗杰二世的联盟力量而言，如果说教宗不能算是背后的激发力量，那么他也是将其统一起来的力量。他对此事的干涉，在一定程度上源于前些年罗马教会对意大利南部事务越来越多的介入，尤其是在 1122 年与西部帝国缔约之后。由于教宗们在罗马的地位不再受到威胁，也不再需要意大利南部的军事援助，因此，便能够对南部的统治者们采取更加强硬的立场。还有一种观点认为，教宗在 1127—1128 年间反对罗杰的继承要求，是源于教廷无论如何也不愿意将作为教宗采邑的公国当作一份世袭财产看待。因此，罗杰以血统以及被指定继承人的身份提出的继承要求就损害到教宗的宗主权利。[11] 这种说法并不完全可信，还有一些其他的、更为直接的原因促使教宗不希望看到阿普利亚与西西里的统一。毫无疑问，罗杰的成功将会导致教宗在意大利南部不断增强的影响力受到严重削弱，卡普亚大公国将不再像过去那样充当制衡新公爵的有效力量，至少一定程度上在罗伯特·吉斯卡尔时期卡普亚大公国曾经起着这样的作用。此外，罗杰二世在其辖区内对教会的高压政策已经令教廷相当恼火，也使后者对他即将在公爵领地实施的统治心生恐惧。1117 年，帕斯卡尔二世就曾对伯爵干涉教会的行为表示不满。罗穆亚尔德（Romuald）的编年史（虽然该书在将近 50 余年后才编撰完成，但使用了这个时期的许多年代纪资料）记录着：由于伯爵不允许西西里的主教们前往罗马，因此在阿普利亚的继承问题爆发之前，洪诺留就已经将伯爵开除教籍。[12]

448　　　　然而，无论在 1127—1128 年还是后来，反对罗杰二世的势力仅仅是一个松散的联合，成员的不团结和私欲成为其致命的缺陷。1128年，当一场重要的军事冲突迫在眉睫时，先是资金耗尽的卡普亚军队擅自离去，紧接着阿普利亚的许多贵族也背弃了教宗。失去了盟友的教宗被迫与罗杰缔结和约。1128 年 8 月，在贝内文托城外，洪诺留

---

　　[10] 现代学者习惯性地称其为"阿里费伯爵"，但在现存由他签署的少量特许状中称其为"卡加佐及许多其他领地的伯爵"，见 Le Pergamene dell' archivio vescovile di Caiazzo, pp. 46–48 no. 7, pp. 57–59 no. 13, pp. 463–468 nos. i–iii。

　　[11] Deér (1972), pp. 175–202。

　　[12] Romuald of Salerno, Chronicon sive Annales, pp. 214–215. 关于这部作品，见 Matthew (1981)。

将阿普利亚公爵的称号授予罗杰。1129年夏，新任公爵粉碎了阿普利亚所有残余的抵抗力量。9月，在梅尔菲举行的一次阿普利亚贵族会议上，罗杰宣布实现领地内的全面和平，禁止私自发动战争，并且要求所有与会者宣誓遵守，"从此刻起，从今往后，要保持和平，维护公正，协助维持和平"[13]。不久，卡普亚大公同意向罗杰称臣（虽然前一年，在罗杰与教宗签署的协议中，还表示要保护卡普亚的独立）。

因此，从1129年秋开始，意大利南部地区至少在法律意义上实现了统一。然而实际上，该地区又继续打了十年的仗才开始统一起来。而事实上的统一还需要另一个十年来进行巩固，这一情况证明意大利南部大陆上那些反对中央政权的势力是多么根深蒂固。1130年，西西里君主制度的建立对这一进程并没有实际影响，只是将意大利南部的内部冲突卷入整个基督教世界更广泛的冲突当中。如果没有1130年的教会分裂，罗杰公爵是否还会苦觅王位，人们不得而知。但是教会分裂并没有引起意大利南部的内部冲突，它只是加剧了这场冲突。

1130年9月，教宗阿纳克莱特斯二世在一份诏书中，将西西里王国的王位授予罗杰，这是罗杰承认阿纳克莱特斯为合法教宗，并支持他与对手英诺森二世对抗的回报（虽然没有明确声明），这两位教宗都是在那年2月枢机主教团分裂后被选举上任的。与此同时，在萨勒诺举行的一场由贵族和教士参加的、精心操纵的集会上，与会者联名签署一项提议，表面理由是西西里岛曾由国王统治（从历史上看是错误的），所以应该继续沿袭该制。[14] 1130年圣诞节，罗杰在巴勒莫大教堂正式加冕称王。

罗杰的加冕使其卷入教会的分裂当中，虽然教会的分裂在1138年阿纳克莱特斯死后以有利于英诺森的方式最终得以解决，但罗杰却以最具争议的方式损害到西部皇帝对意大利南部地区的统治要求，或至少是宗主权的要求，由此，他招致德意志皇帝洛塔尔三世的敌意， 449

---

[13] "ab ipsa hora, et in antea, justitiam et pacem tenerent, et adiuvarent tenere", Alexander Telesinus, *Ystoria Rogerii regis Siciliae* i. 21, p. 18. 罗杰二世可能遵循着他父亲时的做法，后者在11世纪90年代实现了土地和平，见 Jamison (1913), p. 239; Cahen (1940), p. 107。

[14] 关于这个方面，在 Alexander Telesinus, *Ystoria Rogerii regis Siciliae* ii. 1 - 2, pp. 32 - 35, 作者直接忽略了。

后来在洛塔尔继承者们的努力下，这种敌对最终以 1177 年《威尼斯条约》的缔结告一段落。国王的身份也有助于专制思想的发展，这种思想源于罗马法，而罗马法恰恰是 12 世纪西西里政府的特色所在。但国王的身份对于镇压意大利南部大陆上 1132 年爆发的叛乱几乎或完全没有实质性帮助，这场叛乱持续了七年才被平息。造成这一结果的最重要因素在于，国王当时控制的位于卡拉布里亚和西西里的领地所提供的财政和军事力量（他还使用了西西里的穆斯林军队），以及叛乱者内部的不团结。

如果把 1127—1129 年的战役看作统一后的西西里王国巩固过程的第一个阶段，那么其后还有三个阶段。起初，在 1132—1134 年间，国王及其将军们通过 1132 年夏和 1133 年夏的两场战役消灭了阿普利亚的抵抗势力，尽管在 1132 年 7 月因诺切拉（Nocera）的惨败而遭遇挫折，但却于 1134 年秋成功地迫使卡普亚大公国臣服。当时，大公身在比萨城，正四处寻求援助，因此并没有投降，但他在大公国内的主要盟友卡加佐城的雷纳夫以及其邻居那不勒斯的塞尔吉乌斯七世公爵却投降了。在阿普利亚抵抗斗争的领导人中，巴里的格里莫阿德、安德里亚的戈弗雷伯爵和孔韦尔萨诺的坦克雷德被捕，并被监禁在西西里；坦克雷德的哥哥格拉维纳（Gravina）的亚历山大则流亡到拜占庭帝国。

1134—1135 年冬，国王患了重病，1135 年初，一条关于国王死讯的谣言重新引发了卡普亚大公国的叛乱，领头人还是雷纳夫伯爵。但国王任命的大陆指挥官迅速行动，很快收复了几乎整个大公国，将叛军围困在那不勒斯，并将他们继续封锁了 18 个月。之所以这次行动未能终结意大利南部的内乱，是由于反叛者得到外来的支援，首先是比萨的舰队在卡普亚的罗伯特的保护下为那不勒斯提供补给，其次，洛塔尔皇帝于 1137 年侵入意大利南部，冲突因此进入最后阶段。

洛塔尔的军队在阿普利亚一路推进，直至巴里城，到 1137 年 5 月最终占领该城，然后进入卢卡尼亚。一段时间以来，这次入侵似乎已经终结了罗杰国王在大陆上的统治，特别是当第二支德意志军队在国王的女婿、巴伐利亚的亨利公爵的率领下，横扫卡普亚大公国，并帮助罗伯特大公复位之后。实际上，入侵者造成的影响极为短暂。几处关键的要塞依然由忠于罗杰国王的驻军驻守，到 9 月，德意志军队开始撤离，将他们在当地的盟友留下来应对国王派的反击。洛塔尔和教宗英诺森已经任命雷纳夫伯爵为阿普利亚公爵，许多自 1133 年起就由罗杰国王控制的阿普利亚城镇，依然愿意在德军撤退后支持他。但是，尽管国王于 1137 年 10 月在里根纳诺再次失利，他却仍然保有优势，到 1137—1138 年间，叛军开始节节败退。1139 年 4 月，雷纳夫去世，主要的反对派失去了领导人；7 月，教宗英诺森被捕，于是此时毫无争议的教宗承认了罗杰的国王身份。包括卡普亚的罗伯特在内的剩余叛乱分子逃亡到国外；那不勒斯、特罗亚和巴里（后者经过短暂的围攻）纷纷投降，结束了最后的残余叛乱。

450

　　在这次漫长而残酷的冲突中，国王对反对势力的态度也有了显著的变化。起初，他总是富有同情心，甚至对彻头彻尾的反叛者也心存怜悯，而且为了使反对他的贵族和城镇臣服，他已经准备好在需要的情况下，通过谈判答应对他们有利的条件。一个很好的例子是 1132 年 6 月与巴里城签署的协议。国王的代表们发誓尊重城内的教堂及其大主教区的权利，对居民此前的反叛行为也不予报复，尊重他们的财产权、现有的司法权以及财政豁免权，不将新的军事义务强加于他们身上，既不挟持人质，也不在城内修建城堡。[⑮] 结果到最后，再次爆发的起义使条约的条款变得更加严苛，当 1139 年 10 月巴里城第四次也是最后一次投降后，国王下令将亲王亚昆图斯（Prince Jacquintus，接任被监禁的格里莫阿德）和其他 12 名显贵处以绞刑，其余人或被断肢，或被监禁。然而，至少国王最初确实是想宽大处理，不仅仅是为了避免引发不必要的抵抗。在阿普利亚，1133 年的战役是分水岭。国王经过慎重考虑，决定镇压一些仍在反抗的城市以及反叛领导人以儆效尤，那些城镇被国王的军队无情地洗劫，许多领导人被绞死。据特勒色的亚历山大记载：他"是如此愤怒，几乎不愿放过任何反对他的伯爵、权贵，甚至是带头背叛他的骑士"[⑯]。但是对于卡普亚大公国，当 1134 年卡加佐的雷纳夫、博亚诺伯爵休以及那不勒斯的塞尔吉乌斯表示投降之后，国王仍然愿意妥协。他已经准备好了，但却未能与罗伯特大公达成协议，是大公拒绝缔约。然而，面对 1135 年

---

　⑮　*Rogerii II regis diplomata Latina*, pp. 54 – 56 no. 20. Martin (1980), pp. 88 – 93.

　⑯　"tantoque mentis erupit furore, ut non comiti, non magnati, non etiam militi, qui ita periurantes in eum colla erexerant, penitus parceret", Alexander Telesinus, *Ystoria Rogerii regis Siciliae* ii. 37, p. 41.

再次爆发的叛乱，他不再妥协。阿韦尔萨是大公国中仅次于卡普亚的最为重要的城镇，它遭到相当残酷的破坏，居民因此流离失所。罗杰的第三个儿子安甫苏斯（Anfusus）被任命为新的大公。同时，罗杰也派遣王室官员前去管理大公国事务，不过其中有两个人本就是卡普亚人，他们先前背离大公支持国王，而且此时仍然忠于国王，他们是阿根提亚的艾莫（Aymo of Argentia），此人被委任为大公国最高法官，成为两个最高法官中的一个，另一位是内侍约瑟林（Joscelin）。1139 年后，大公国的新行政安排作为一个整体成为大陆上地方行政效仿的典型。[17]

　　巩固王权的另一重要内容是大规模重组阿普利亚和卡普亚，将叛乱贵族的领地划转给忠于国王的人。1134 年，卡加佐的雷纳夫和博亚诺的休两位伯爵不得不交出部分土地来换取国王的宽赦，随后，从伯爵休那里没收的财产及伯爵称号被授予一位保王派，即理查德之子罗伯特。1139 年后，卡加佐和阿利亚诺两位伯爵被镇压，他们的领地都落入国王手中。[18] 除此之外，通常会委任新伯爵取代那些被关押或被流放的前伯爵，例如博亚诺（Boiano）、孔韦尔萨诺（Conversano）、马诺佩罗（Manopello）以及（晚些时候的）安德里亚等伯爵领地。这些新任职者往往是国王的亲属，或者来自卡拉布里亚和西西里岛上这些国王的世袭领地。1135 年，国王把孔韦尔萨诺伯爵领地赐给他的姐夫亚当（Adam），后来很快又赐给了（大概因为亚当的死）另一位姐夫巴松维尔（Bassonville）的罗贝尔。同样，1140 年国王把位于边境的马诺佩罗伯爵领地赐给一位卡拉布里亚的贵族——塔尔西亚（Tarsia）的博希蒙德。此时，国王仍然控制着战略中心，例如圣阿加塔·迪·普格利亚（S. Agata di Puglia），这里是 1133 年从前公爵的总管霍尔（Hoel）之子理查德那里没收来的，由于理查德并没有公开反对国王，因此在这种情况下，作为补偿，他会得到其他地区的土地。1140 年后，这一过程持续了数年。只在很少的情况下，流亡的反叛者努力地实现了与国王的和解，其土地和称号也被恢复，例

---

　　[17]　见 Jamison（1913），特别是第 279—280、306—307 页，该书仍然是比较基本的参考书目，不过近年来学者对其做出了一些修正，例如 Caravale（1966），特别是第 222—239 页。约瑟林（Joscelin）是 1130 年以前的亲王的总管。
　　[18]　在 Catalogus Baronum 中出现的新任阿里费（Alife）伯爵马尔吉留斯（Malgerius），只有前任伯爵雷纳夫（Rainulf）财产的一部分，从任何方面看都不是雷纳夫的继承人。

如博亚诺的休，他在12世纪40年代初期重新收回他的伯爵领地（原本代替他的理查德之子罗贝尔则改封到奇维塔特伯爵领地）。[19] 安德里亚伯爵领地直到1147年前后才得以恢复，而洛里泰洛伯爵领地的恢复要到1154年，当时，这里被封给巴松维尔的罗贝尔二世，后者还同时负责管理孔韦尔萨诺。事实上，1142年前后，在大规模重组大陆各省份的防御力量时，国王设立了大量新伯爵领地。1140年后，伯爵们的主要职能体现在军事方面。[20] 但是，贵族内部的变化源于12世纪30年代中期对国王的反抗。

从1139年起，大陆各省份一直保持和平。尽管1139年签署了 452《米尼亚诺和约》（the treaty of Mignano），但王国与教廷的关系仍然没有完全稳定下来。不仅仅是由于教宗英诺森二世承认罗杰的国王身份是出于暴力的威胁——至少一些枢机主教对此非常不满，而且尚有许多问题悬而未决，尤其是西西里主教架构的重组，虽然阿纳克莱特斯曾经批准过，但当英诺森最后从教会分裂中胜出后，该计划只能中途夭折。最重要的是，在12世纪40年代早期，罗杰国王的儿子们将西西里王国在阿布鲁兹地区的边界线向北扩张到教宗的领地，到1144年，他们已经扩张到从桑格罗河（Sangro）以北直到佩斯卡拉（Pescara）的整个地区［当时人称为马尔西亚（Marsia）］。因此，不必奇怪的是，他们与教宗即便还没有完全一刀两断，也是一直处于紧张之中，直到1156年才最终解决。

扩展王国的北部疆域是12世纪40年代国王执行的全面侵略外交政策的组成部分。北非的黎波里塔尼亚和突尼斯的穆斯林城市强烈依赖西西里出产的谷物，如今，罗杰国王又将事实上的保护国关系变成了直接统治。1146年，西西里远征军占领的黎波里，1148年占领马赫迪耶（Mahdia）、斯法克斯（Sfax）和苏泽（Sousa），由此控制了地中海中部的"海峡"，从而能够控制或者封锁整个地区贸易。这样做的主要动机当然主要是为了经济，但占领北非还可以保护西西里海岸，使其免受信奉伊斯兰教的海盗的侵袭，防止外部势力渗透影响岛

⑲ 自此以后，伯爵休及其继任被称为莫利塞（Molise）诸伯爵，这一称号来自他的家族名称。他的复位可能发生在1142年之前，见 Jamison（1929），p. 53。
⑳ 见 Cuozzo（1989），特别是 pp. 105 – 120。

上的大量穆斯林居民。㉑ 很难说清他们于 1147 年对拜占庭帝国发动进攻的目的。拜占庭编年史家约翰·金纳莫斯（John Kinnamos）认为，由于曼努埃尔皇帝在 12 世纪 40 年代中期举行的外交谈判中拒绝承认罗杰的国王身份，才导致后者对拜占庭帝国的进攻。㉒ 1147 年，科孚（Corfu）岛被攻占，如此一来，西西里人就拥有了一个基地，从而可以沿着艾格纳提亚大道对拜占庭帝国的欧洲省份发动进攻，正如 11 世纪 80 年代罗伯特·吉斯卡尔曾经做过的那样（事实上，他把控制科孚当作进攻的必要准备阵地）。除此之外，科孚岛还使西西里人控制了亚得里亚海出海口的两岸。这一胜利，连同他们控制的地中海"海峡"一起，确保西西里人有可能控制住意大利北部海上城市的贸易活动，从而阻止这些城市为德意志皇帝提供海上援助，因为没有这些海上城市的援助，任何对西西里王国的进攻都不太可能成功。㉓ 西西里人从海上对拜占庭帝国发动的攻击表现为侵袭底比斯、科林斯，甚至进入博斯普鲁斯海峡，这些行动可能主要是劫掠性的，其目的在于展示西西里舰队的实力，以此挫败敌人的士气，打破与对手的平衡。还可能是因为外交谈判破裂后，罗杰国王抢先采取行动，想在拜占庭人进攻阿普利亚之前先发制人，因为拜占庭人从未放弃他们对阿普利亚的主权要求。

如此庞大的战略考量无疑是重要的，因为，尽管西西里王国内部仍然和平，但是在罗杰国王统治的最后几年，王国却受到外部敌人的极大威胁。德意志的康拉德三世参加第二次十字军东征后，西西里的最大威胁一度消除，但 1147 年康拉德和曼努埃尔·科穆宁达成反罗杰同盟后，使西西里王国陷入艰难的境地；此外，在康拉德宫廷有流亡的卡普亚的罗伯特大公，以及在曼努埃尔宫廷有格拉维纳的亚历山大伯爵，这些西西里的流亡者不可能让国王感到任何的喜悦。于是他采取了两项重要的反制措施。1150 年，在王国与教廷辖区的边境地区的凯普拉诺（Ceprano），国王会见教宗尤金，双方缔结一项协议，至少在一段时间内，国王与教宗恢复了友好关系。其次，大约在同一

㉑　Abulafia（1985）提供了一份最有价值的讨论。

㉒　John Kinnamos, *Deeds of John and Manuel Komnenus*, p. 75.

㉓　不可否认的是，1148 年，威尼斯人之所以帮助拜占庭皇帝对抗西西里，可能恰恰是因为他们想要打破西西里人对亚得里亚海入口处的控制。但后来（在 1155—1156 年）他们同样反对试图控制亚得里亚海入口处两岸的拜占庭人，见 Abulafia（1984），p. 198。

时间，在应对可能的入侵威胁时，一份有关王国军事力量的登记簿被整理出来，反映出12世纪40年代进行的采邑重组，以及军事义务的情况。这份登记簿的主要部分在一份名为"贵族名录"的文献中被保存下来，主要涵盖阿普利亚以及萨勒诺大公国与卡普亚大公国的情况。[24]

1154—1168 年的不稳定时期

在威廉一世统治时期（1154—1166年）和他的儿子威廉二世统治早期（1166—1189年），社会的特点是内部不稳定以及外部威胁。据称是雨果·法勒坎杜斯（Hugo Falcandus）编撰的《历史》（History）是同时代留下的最为详细的编年史，它将这些年的问题主要归因于国王的无能、懒散和疑心（实际上近乎偏执狂）。威廉一世非常懒散，不积极主持政务，而是任由大臣巴里的麦奥（Maio）像斯文加利（Svengale）那样操纵自己；因此，法勒坎杜斯认为，王国内的起义主要针对的是麦奥，直到1160年11月麦奥被谋杀。此后，害怕国王报复的恐惧一直持续，其影响与导致国内危机延续数月的其他因素一样严重。[25] 威廉二世少时期的统治就被派系争斗搞得四分五裂，还有另一位权势过大的重臣佩舍的斯蒂芬也同样不受欢迎。

威廉一世死后的名声一定很坏，甚至同时代的另一位比抱有偏见的法勒坎杜斯更为公平的作家，在讲到他的死亡时，也称他是"国人憎恨且恐惧多于热爱的、非常积极敛财但分配却非常吝啬的"人。[26] 他传给子孙后代的是"坏王威廉"的名声，尽管这个绰号是数个世纪之后创造出来的。但有人会指出，这些年影响西西里王国的许多问题实际上是罗杰二世时代遗留下来的，也就是指王国创立时的那

454

㉔ *Catalogus Baronum*. 关于其目的，参见 Jamison（1971），特别是 pp. 3 – 7。它是否涵盖了卡拉布里亚和西西里，仍难以确定。

㉕ *La Historia o Liber de regno Sicilie di Ugo Falcando*. 所谓的作者名为"Hugo Falcandus"，实际上来自文艺复兴时期一位编辑的误读，见 Jamison（1957），pp. 191 – 196。然而，这位不知名的作者几乎可以肯定是王室成员，但所有试图确定其身份的努力都没有得到公认，见 Loud and Wiedemann（1998），pp. 28 – 42。

㉖ "regno suo odibilis et plus formidini quam amari, in congreganda pecunia multum sollicitus, in expedenda non adeo largus", Romuald of Salerno, *Chronicon sive Annales*, p. 253.

种形势下遗留的。罗杰国王给他的继承者留下了严重而未解决的困难。[27] 西西里王国面临着东部、西部两个帝国以及罗马教宗（再次）的敌视；因为罗杰与教宗的协议草草签署，其时效并不足以延续到1151年复活节，那时威廉加冕为国王与共治者，这一行为没有得到教宗的认可。再者，1155—1156年的事件表明：这个统一的王国仍然十分脆弱。在12世纪40年代征服了卡普亚大公国以及阿布鲁兹边境地区，绝大多数贵族都起而造反。国王控制下的阿普利亚各镇仍桀骜不驯。例如，巴里的市民摧毁了城中可恨的国王城堡。罗杰国王遗留下的问题还包括那些流亡者，他们分别向两个帝国求助，尤其是努力寻求西部皇帝弗雷德里克·巴巴罗萨的支持。据法勒坎杜斯记载：罗杰国王"不遗余力地给予十分严格的公平正义，因为对于一个新建立的王国来说，这非常必要"[28]。但是他的粗暴统治无论有多么必要，还是在他死后引发强烈反弹。

引发西西里王国大陆地区叛乱的原因有：1155年春，弗雷德里克·巴巴罗萨为举行皇帝加冕礼进军罗马；与此同时，国王的表兄罗伯特叛变，仅仅在一年前他才刚刚被封为洛里泰洛伯爵。罗伯特的反叛可能是源于嫉妒处于政府核心的麦奥的影响力。如果我们相信法勒坎杜斯的记载，那么国王也是非常怀疑其亲属的，宁愿以最大的恶意来想象他们。[29] 伯爵在卡普亚遭遇到的追捕（约1155年5月）是一个非常拙劣的行动，它是促使伯爵背叛的最后一根稻草。不久之后，对国王的另一位表兄阿普利亚总管——波利卡斯特罗的西蒙伯爵——的拘捕，也给西西里岛带来严重后果。

然而，1155—1156年的叛乱之所以如此严重，在很大程度上要归咎于西西里政府无法左右的两个因素：1155年秋，一支强大的拜占庭远征军抵达阿普利亚；同一时期国王患病，这不仅使他在数月内失去行动力，关于其死亡的谣言还激发了大陆上的叛乱，就像1134—1135年罗杰国王生病引发的谣言一样。国王康复之后，由于西西里岛东南部发生的叛乱，使他还需在岛上滞留一段时间。当国王

455

---

[27] Enzensberger (1980), pp. 386 – 396; Loud (1999a).

[28] "postremo sic iustitie rigorem ut novo regno perneccessarium studuit exercere", *La Historia o Liber de regno Sicilie*, p. 6 [English translation, Loud and Wiedemann (1998), p. 58].

[29] *La Historia o Liber de regno Sicilie*, pp. 12 – 13, Loud and Wiedemann (1998), pp. 64 – 65.

不在大陆时，大陆上的起义蓬勃发展，然而一旦他接掌大陆事宜，叛乱旋即瓦解。

西西里的叛乱本身就是一种新的变化——在困扰威廉一世政府的各种问题中，这个变化令国王及其大臣们备受责骂。起义中心在布泰拉，就是波利卡斯特罗的西蒙伯爵在西西里领地的中心（*caput*），他遭到拘禁。反叛者宣称他们忠于国王，但反对麦奥，指控后者为叛徒。③⓪ 政府发现，必须释放西蒙伯爵并接受宽厚的条件，以换取布泰拉投降。然而，一旦西西里的叛乱平息，国王在大陆上恢复权威就相对容易了，虽然在国王滞留西西里期间，拜占庭军队及其当地的盟军已经占领了阿普利亚绝大多数的海岸城镇，罗伯特大公及其表兄鲁泊卡尼亚（Rupecanina）的安德鲁也在教宗的支持下，收复了卡普亚大公国的大部分领土。不过包括那不勒斯、阿马尔菲和萨勒诺在内的许多重要城镇仍然忠于国王，或者说这些地方的驻军有足够的力量平息了其叛乱；而在其他一些城镇，最突出的是布林迪西（Brindisi），即使城市已被占领或发生了起义，国王的军队仍坚持驻守城堡。再者，正如在12世纪30年代，国王的对手们分成不同派别，各自追求自己的利益，而不是有效地联合起来反对国王。而巴巴罗萨几乎没有或完全没有提供有效的支持，在加冕仪式后迅速撤回意大利北部。拜占庭人很快就使洛里泰洛的罗伯特与其他起义的贵族疏远。1156年5月，当国王军队在布林迪西郊外遭遇拜占庭军队时，阿普利亚起义军背弃了希腊人，临阵脱逃。于是，拜占庭军队因寡不敌众而遭遇毁灭性的大败。卡普亚叛军未战即败，大公被俘后眼睛被刺瞎。此前一直负隅顽抗的教宗阿德里安四世，在得知国王取得布林迪西大胜之后，仅三周即放弃抵抗，与国王在贝内文托签署和约。

1155—1156年间，罗杰国王委任的大多数伯爵仍然保持忠诚。例如，1155年9月，安德里亚的理查德在与拜占庭军队的战斗中阵亡。仅有洛里泰洛、奇维塔特、普林奇帕托（Principato）和阿韦利诺的几位伯爵参与起义，其中阿韦利诺伯爵后来因出卖了流亡的卡普亚大公而被赦免。③① 国王的陆军主力抵达大陆后迅速取得了胜利，这

456

---

　　③⓪　*La Historia o Liber de regno Sicilie*, pp. 18 – 19, Loud and Wiedemann (1998), pp. 71 – 72. 法勒坎杜斯声称，根据大量详细的（但也未必是）细节，麦奥（Maio）阴谋刺杀国王。不过他的描述饱受质疑。

　　③①　*La Historia o Liber de regno Sicilie*, p. 22, Loud and Wiedemann (1998), pp. 74 – 75.

证明该政权的基本实力。紧接着，政府采取有效行动消除了来自外部敌人的威胁。在新王即位的第一年，王国与威尼斯缔结和约，并在1156年与热那亚缔约。与教宗签署的《贝内文托条约》几乎消除了此前阻碍与教廷协商的所有障碍，包括认可国王在西西里岛的准教宗使节权，以及他对有争议的阿布鲁兹边境地区的统治权。1158年初，国王也与拜占庭帝国缔结和约。这样，西西里王国的国际形势比罗杰国王死时安全多了。然而，尽管在1156年叛乱之后，国王进行了残酷的镇压（包括故意大面积摧毁反叛城市巴里），但其内部问题依然存在。从某种程度上说，这是那些流亡者不断施加压力的结果。1158年，鲁泊卡尼亚的安德鲁潜入卡普亚大公国，他和洛里泰洛的罗伯特一起利用西西里的内部问题，于1161年再次发动入侵。但是从根本上说，1160—1161年发生的西西里君主制危机，本质上是西西里岛上围绕王室宫廷而形成的派系斗争的结果。

对于作家法勒坎杜斯的夸张和诋毁（到目前为止，其作品是这些事件最详细的史料来源），我们显然要谨慎对待，尽管如此，正如这位史家所言，非常明确的是，问题的根源在于巴里的麦奥在宫廷享有的超高地位。这不是法勒坎杜斯虚构出来的，我们从《贝内文托条约》中可以看到，麦奥被称为国王的"朋友"（*familiarissimus*）。㉜从1158年初开始，阿普利亚和泰拉迪拉沃罗省的两位总管（国王在大陆上任命的总督）就是麦奥的弟弟斯蒂芬和妹夫总管西蒙（后者于1156年夏就职）。其潜在的对手，如波利卡斯特罗的西蒙以及首相阿斯莱廷，也遭受羞辱且被监禁起来。此外，麦奥的唯我独尊还表现在行政管理中官僚阶层占据优势，这些官员作为一个整体完全超越了贵族阶级，因此备受诟病。对贵族们的威胁还来自威廉国王的猜忌，国王还怀疑那些与他有血缘关系的人，例如他父亲的私生子西蒙和他的外甥坦克雷德都遭到了监禁。

457

1160年11月，麦奥被一群以一名西西里贵族为首的阴谋者杀害，此贵族曾是麦奥的门徒，名叫马修·博奈鲁斯（Matthew Bonellus）。麦奥是如此不受欢迎，以至于国王本人都不敢为他报仇，不过，这群人却害怕国王报复，于是当条件成熟时，就参与到1161年

㉜　William I of Sicily, *Guillelmi I regis diplomata*, p. 34 no. 12. Loud and Wiedemann (1998), p. 249.

3 月的未遂政变之中。[33] 王宫地牢中的囚犯在国王的亲属西蒙和坦克雷德的带领下越狱了，他们占领王宫，拘捕国王，想要用国王的长子罗杰取代国王本人，罗杰此时还只是一名大约 12 岁的孩子。然而，他们人数太少，不足以抵抗要求释放国王的巴勒莫人，而与其同谋政变的西西里东部的盟友也没有来得及赶到首都增援他们。政变被迅速镇压，布泰拉又一次成为西西里叛乱的中心，因此遭到摧毁。政变的领导者或被流放或被处决，而后，国王又迅速镇压了大陆的起义，再一次驱逐了洛里泰洛的罗伯特和他的同伙。

尽管 1161 年的未遂政变很快被镇压，流亡者对大陆的入侵也被轻松击退，但这些事件还是对国王的统治造成严重威胁。不仅国王本人时刻处于被暗杀的极度危险之中（他的儿子罗杰就是在巴勒莫战斗中被一支流箭射死的），而且他曾经对麦奥的过分依赖以及他向麦奥的家人和朋友授予官职的做法，也使他疏远了大多数贵族，其中包括许多在 1155—1156 年叛乱期间忠于王室的伯爵。此外，西西里王国的这些内部难题使其无力保护北非殖民地免遭摩洛哥阿尔莫哈德人（Almohads）的进攻，后者代表伊斯兰教在 1158 年重新占领的黎波里，1160 年收回马赫迪耶。[34] 在 1161 年的未遂政变期间，西西里的基督徒与穆斯林的关系恶化，在西西里岛东部，来自巴勒莫的基督徒和来自意大利北部的移民，趁中央权力一时松懈之机，大肆屠杀他们的穆斯林邻居。叛乱者的失败并没有确保王国的安全。德意志帝国仍然虎视眈眈，在 1163—1164 年间，巴巴罗萨与比萨和热那亚谈判协商，以确保攻击西西里王国时他们提供海上支援。王国的北部边境仍然易受流亡者的攻击。1163 年 10 月，教宗亚历山大三世让其盟友法国国王告诫威廉一世，"因为他的敌人们正厉兵秣马，准备全力以赴攻入其国土，并不断骚扰以使其精疲力竭"。[35]

从编年史家们没有记录此时的事件来看，威廉一世执政后期王国内部似乎还很平静。[36] 但 1166 年 5 月，他突然去世，而其在世最年长的儿子威廉还是个孩子，还没有过第 13 个生日。于是，在后来的

[33]　Romuald of Salerno, *Chronicon sive Annales*, p. 246.

[34]　Abulafia (1985), pp. 41–44.

[35]　*PL* 200, col. 269.

[36]　这种沉默不仅仅出现在这两位编年史家身上，1161—1166 年间威廉一世颁布的宪章中仅有三份流传下来，见 Enzensberger (1981), pp. 111–112。

几年中，男孩的母亲玛格丽特王后任摄政管理王国。这时，王国整体上比较安稳，这是因为摄政实行安抚政策，她释放政治犯，召回流亡者并取消对 1161 年叛乱后大陆上许多城镇的罚金；而宫廷内部依然因派系斗争而四分五裂。王国的外部形势也没有一刻安宁，尤其严重的威胁是 1167 年向罗马进军的巴巴罗萨。法勒坎杜斯记载道，阿普利亚和泰拉迪拉沃罗省的总管格拉维纳伯爵吉尔伯特，可能在数月前，就因其对手们散布的关于皇帝打算入侵王国的谣言（虚构的）而被迫离开巴勒莫的王廷，迅速赶往大陆。他的任务是不仅要招募军队，还要确保大陆各城镇继续保持忠诚，这显然不是想当然的。[37]

在威廉一世执政后期，政府由三位"重臣"（familiares）组成的三执政负责，他们是：萨勒诺的马修，前王室书记员以及麦奥的门徒；理查德·帕尔梅尔（Palmer），叙拉古的当选主教，他还是英国移民；还有一位高级财政官员，从伊斯兰教改宗皈依的酋长彼得［Caid（Qa'id）］；他们的职位根据国王的意愿来确定。［在西西里的文化背景中，familiaris 一词应译成"重臣"（minister），而不仅是廷臣（courtier）或宠臣（favourite）。］但是后来，玛格丽特王后更欣赏彼得，远超其他两位，由此引发了一系列激烈的派系斗争，以至于数月后他为了自己的安全而逃往北非。从那以后，王廷在两位"核心重臣"之间分为两个派系，其中一方是马修与一群主教（此前大多被排斥在中心权力之外）的联盟；另一方是理查德主教，他得到强大的格拉维纳伯爵的支持。为了避开这场争斗，王后首先求助于王室总管曼德拉（Mandra）的理查德（他被授予莫利塞郡的无主领地），然后又邀请她的表兄佩舍的斯蒂芬到王廷来，并马上任命他为首相和巴勒莫大主教。虽然他卓越的才能使王廷官员和贵族都与其疏离，但是至少在初期，他的统治颇受民众欢迎。部分原因在于他试图控制官员们滥用权力，部分原因在于他赐给其盟友及其家庭成员（大多数是外人）大量恩惠。据法勒坎杜斯记载："王廷的权贵们……看到王廷的所有物质财富都被首相及其朋友占据，只剩下少数赐给他们。"[38]但是，斯蒂芬的问题本质上与麦奥一样。权力转移到一个集所有权力

459

　　㊲　La Historia o Liber de regno Sicilie, p. 101, Loud and Wiedemann (1998), p. 149.
　　㊳　La Historia o Liber de regno Sicilie, p. 118, Loud and Wiedemann (1998), p. 169.

于一身的大臣身上，不可避免地会引起怨愤，当斯蒂芬意识到自己受到威胁时，就拘捕了其可能的敌人（包括莫利塞的理查德和萨勒诺的马修），结果，这种不满情绪变得更加尖锐。1168年春，由于斯蒂芬手下的一位官员过度压榨，致使墨西拿爆发大规模起义，并导致了一场政变。斯蒂芬被迫流亡到圣地，他抵达那里不久就去世了。他的主要盟友格拉维纳的吉尔伯特也被流放，并且被剥夺了财产。政变后建立的管理委员会吸收了王国内的三方主要力量：主教、王廷官员和贵族。为了确保王国的持续稳定，委员会于1169年将威廉一世时期被流放的最杰出的洛里泰洛的罗伯特伯爵召回，并使其恢复原职。

这种和解政策看起来取得了完全的成功。但是，政府的管理很快就又被限制到三位"重臣"组成的小团体手中，后来成为四人，他们是：巴勒莫的新任大主教瓦尔特、萨勒诺的马修和一位其他地方的主教（约从1184年起是两位），但是这个集团内部的任何竞争都控制在一定范围内，没有破坏王国的稳定。[39] 当1167年巴巴罗萨从罗马撤军后，外部威胁也减少了很多。实际上，威廉二世的统治在后人看来，是一段令人难忘的稳定和杰出的统治时期；一位13世纪的编年史家（预见到其死后的混乱）回忆道："在他有生之年，再也没见过像这个王国一样的和平与公正，这种情况前无古人，后无来者。"[40]

政府结构

像法勒坎杜斯一样，西西里以外的观察家们也倾向于将国王视为专制君主，不过这种结论差不多就像其政府形式一样与1130年获得王位时含混不清的背景有关，也许因为有这样的背景，因此国王统治的合法性遭到怀疑。当然，这一指控主要来自德意志帝国的作家们，该帝国在12世纪一直要求拥有意大利南部的主权。[41] 西西里国王对大陆的统治仍然是一个漫长且艰巨的任务，必须采取强硬措施才能产生效力。但是，他们还需要创立一套行之有效的管理架构，既能巩固

460

㊴ 关于详情，见 Takayama（1989），特别是 pp. 365–368。

㊵ "Tanta Pax et iustitia extitit, eo vivente, in regno suo, quanta non recordatur fuisse ante eum nec actenus post eum", *Chronicon Ignoti monachi Cisterciensis sanctae Mariae de Ferraria*, p. 32.

㊶ 这里参见 Wieruszowski（1963）。

他们对在大陆上新获得领地的统治，又能管理、开发其祖辈留下的土地，即卡拉布里亚和西西里，以便获取财富从而稳固其统治，而恰恰因为这一管理架构，他们得以声名远扬。

在卡拉布里亚和西西里，自前诺曼时代起，当地就拥有相当好的行政管理传统。拜占庭和阿拉伯在这两地的政府管理明显比同时代的西方更为复杂、更为官僚化，而诺曼征服者们继续雇用当地官员、沿用现有的登记，尤其是地籍调查。早在 1087 年，罗杰一世伯爵的特许状就"根据萨拉森人的旧边界"㊷ 拨出一笔款项。到 1127 年，伯爵法庭发布的特许状几乎全部用希腊文写成（这个时期仅有七份伯爵特许状使用拉丁文），不过，行政公文，特别是农奴清单（*plateae*），也可以用阿拉伯文书写，几乎可以肯定的是，阿拉伯文的土地调查报告会定期修订。然而，这个时期西西里和卡拉布里亚的大部分官员都是希腊人，例如罗杰二世统治时期先后两任首相就是希腊人，即克里斯托杜勒斯和安条克（Antioch）的乔治。

随着罗杰将统治地区扩张至阿普利亚和卡普亚地区，行政管理系统也有一定的发展。从 1127 年起，法庭用拉丁语发布了更多行政文件，这些文件主要发往大陆，不过法庭的拉丁语部分到 12 世纪 50 年代才占据主导，当时处于巴里的麦奥治理时期，而他本人就曾是法官。另外，还需要为这些新获省区建立一套适当的行政架构，以便将其牢牢地控制在国王的统治之下。这些省区多种多样，尤其是 1127 年以前阿普利亚的四分五裂，意味着这一管理机构大多得重新（*de novo*）设立。"罗穆亚尔德"史家记载：1140 年，罗杰国王"为维护和平并贯彻实施新签署的法律，设立了财政大臣和最高司法官"㊸。编年史家记录的年代并不准确，因为财政大臣和最高司法官的第一次就职是在 1135 年占领卡普亚大公国以后，而早在 1136 年阿普利亚就出现了国王设立的最高司法官（*justificatores*，最高司法官的早期职务名），不过，还需要数年国王任命的官员才可以推广到整个大陆（毕竟对国王的抵抗直到 1139 年才结束）。同样地，罗杰国王于 1140 年在阿里亚诺的一次御前议会上颁布了一些法律，特别涉及货币的发

461

㊷ "secundum antiquas divisiones Saracenorum", *Diplomi della cattedrale di Messina*, pp. 2 – 3 no. 2.

㊸ "pro conservanda pace camerarios et iusticiarios per totam terram instituit, leges a se noviter condidatos promulgavit", Romuald of Salerno, *Chronicon sive Annales*, p. 236.

行；目前尚不清楚留存至今的两份详细阐述罗杰国王的不同版本法规的文件是否与那次会议相关，不过，该法规的大概颁布日期应该在12世纪40年代以后。[44]

这些被认为是罗杰国王颁布的法律来自罗马法，事实上常常是逐字逐句地引用，它反映出该法律对王权的极度推崇。但是，该法典（如果可以称为法典的话）早期版本的前言称：治下不同民族的习俗和法律都应被保留，除非它们直接有悖于国王的法律。因此，在大多数情况下，伦巴第人（即意大利土著）、希腊人、穆斯林和法兰西人仍然受着地方习惯法的约束，由他们自己的本地法官（尤其是城镇中）或拥有司法权的本地贵族来管理。国王的最高司法官负责处理严重的刑事案件（特别是与公共秩序有关的案件）和重大财产纠纷（主要是那些涉及采邑的案件，以及那些因"不公正"而被王室法庭从其他法院转移过来、涉及财产的案件），因此他们负责上诉法庭。提交这些案件通常是因下层的压力，不满判决的原告来到王室法庭要求授权由最高司法官进行某一案件的审判。

大陆上的司法官来自下层贵族，间或来自骑士阶层，而且其任期相当长。他们通常是任职地区的地主。从一开始，似乎司法管辖权都确定了具体地区，虽然在12世纪70年代的资料里并没有出现表明领地归属的头衔（如"巴里地区最高司法官"等）。通常每次上诉法庭会有两位最高司法官共同行使权力。长期担任最高法官可以获得相当丰厚的回报，例如，奥利亚（Ollia）的亨利就是阿普利亚北部加加诺山区在1141—1153年间的最高法官之一；他的儿子杰弗里于1155年被封为莱西纳的伯爵领地，这块土地是其前任伯爵没收来的。

财政大臣主要负责管理大陆上的王室土地和王国赋税，并监察下级官员，如地方市政官及港口监理（portulani）。他们也负责处理一些在13世纪被称作"民事纠纷"[45]（civil issues）的法律案件。同时，他们还能对地方法官行使监督权，实际上，财政大臣和最高法官的司法职能之间并没有严格区别，只是后者负责处理更重要的案件。在卡

462

44　Ménager（1969）非常反对关于"阿里亚诺巡回法庭"的观点，但他的观点是这两部法典都不能归结到罗马统治时期，同样引起很多争议。现在见Houben（2001），pp. 135 – 147。

45　12世纪民法与刑法在表述上究竟存在多大差异仍存有争议；见Caravale（1966），pp. 263 – 264以及持相反观点的Jamison（1913），pp. 322 – 330，但在实践中，廷臣间的司法竞争范围还是比较清晰的。

拉布里亚和西西里（这两个地区的最高法官职位自威廉一世统治初期就已存在），有时最高法官似乎只负责行政职能，而在阿普利亚和卡普亚，最高法官则只行使法律职责。然而，大陆上许多地区的最高法官还行使王室执政官的职能，负责征兵、组织军队。随着时间的推移，各种官员的权限无疑会越来越接近，因此有些职能会出现重叠。此外，最高司法官的司法审判权没有扩展至大陆上伯爵们的领地，在这些地方，伯爵本人就行使着司法审判权，承担着国王委任的司法官员的职能。然而，重要的是，伯爵们这么做不是在行使其财产权，而是作为国王委派的官员，行使最高法官的职责。事实上，有一些事例表明：某些伯爵称自己为"伯爵及法官"。另外，"伯爵领地"经常是一些非常零散的土地的集合体，区域单位并不相连（安德里亚伯爵领地就是这样的例子）。此外，在西西里王国，即使对最享受优待的教会，其法律豁免权也不适用于上诉至国王的诉讼案件，这些案件包括暴力犯罪或叛国罪，属于国王的特权，只有国王委任的官员才能审判。同样，1144 年进行了一项针对王国全境特权的调查。后来，这些特权只有经过国王认可才能生效。

在罗杰二世统治时期，对大陆的全面监察权至少在名义上属于国王的儿子们，即阿普利亚公爵和卡普亚大公，不过，实际上他们的职责主要在军事方面，没有证据表明他们参与任何与行政和司法有关的事务。在 12 世纪 40 年代，国王本人仍频繁地巡视大陆，王室大臣塞尔比的罗伯特（Robert of Selby，死于 1151 年）似乎也积极参与大陆的行政管理，不过并非连续不断地参与。在巴里的麦奥执政时期，即从 1155—1156 年起，设立了更多系统的组织机构对大陆的行政管理进行监察，并指挥其防务，由"阿普利亚和泰拉迪拉沃罗省（即卡普亚公国）的两位总管"全面负责，在卡拉布里亚也派驻了与此类似的官员。两个地区都设首席财政官监督财政事务和其他财务官的行政情况。麦奥去世后，大陆上的这些总管（1170 年后还包括首席司法官）无一例外地由伯爵担任。12 世纪 70 年代，卡塞塔的罗伯特（Robert of Caserta，死于 1183 年）在阿普利亚和泰拉迪拉沃罗省任职，而格拉维纳的理查德和国王表兄莱切的坦克雷德（自 1176 年）先后成为他的同僚。卡坦扎罗（Catanzaro）的休伯爵从 1163 年起担任卡拉布里亚的首席司法官，后来这一职位由格拉维纳的理查德

（死于1177/1178年）接任。12世纪80年代，坦克雷德和安德里亚的罗杰伯爵共同管理阿普利亚和泰拉迪拉沃罗省。

西西里的行政管理与大陆地区不同，是直接由王庭负责，尽管据说从大约1154年开始就在岛上委派司法官员。首席行政办公室的阿拉伯语名字是迪万（diwan），那里的许多官员其实是改变宗教信仰的原穆斯林（法勒坎杜斯断定他们只是名义上改变信仰而已）。从1145年前后开始，西西里中央行政机构进行了一次实质性重组，成立了两个独立的部门：行政总府和财务机关，阿拉伯名称为"王室迪万"（ad-diwan al-maʿmur）和"书记迪万"（diwan at-tahqiq al-ma'mur，拉丁文为 Duana de Secretis），前者是总理行政与财政事务的机构，还管理王室土地，后者是地政衙门，负责保存采邑领地、边界和土地转让的详细资料。这两个机构的职能区分清晰，但实际工作中两个机构之间也会有大规模的人员互动。12世纪40年代的行政重组不仅仅是对已有行政体系的简单发展，还可能是效仿了埃及法蒂玛王朝，因为西西里政府在12世纪30年代和40年代，特别是安条克的乔治主政期间，与该王朝保持着密切的关系。[46]

在巴里的麦奥主政时期，王室法庭的司法行为变得更加专业化，在其下永久设置了三名首席大法官。作为西西里上诉法庭，王室法院正式开庭时，三名大法官至少要有一位列席，处理的案件涉及王室官员、司法不公、司法判决执行失败（有时也处理大陆的判决执行问题），并进行政治审讯，比如1168年莫利塞的理查德伯爵案。12世纪60年代，其中一位大法官是名叫塔伦提努斯（Tarentinus）的希腊人。[47]

此后，约在1168年，巴里的麦奥进行了影响最大的行政改革，大陆上的财政管理受到中央政府更严密的监督，废除了两个财政总长的职位，设置了行政总府的分支机构，并取名为"贵族迪万"（Duana Baronum），总部设在萨勒诺。它的职能权限仅适用于阿普利亚和卡普亚，卡拉布里亚的财政大臣此后便直接受巴勒莫的迪万（diwan）统辖。贵族迪万像书记迪万（Duana de Secretis）一样负责登记

---

[46]　Johns（1993），pp. 138–139, 145–147. 关于总的政府管理，见 Takayama（1985）and（1993）。关于意大利大陆的政府情况，最基本的资料，见 Jamison（1913）。

[47]　此处见 Jamison（1967）。

464 采邑，随着它的设立，"贵族名录"也开始在 1168 年前后进行修订，以更新政府保存的关于大陆省区的地主以及军事义务的目录，这时王国仍然面临严重（可能有所缓解）的外部威胁。

中央政府的大部分官员在罗杰二世去世之前主要是希腊裔和阿拉伯裔。巴里的麦奥的崛起使拉丁影响增强。此后，国王颁布的特许状的大部分内容开始用拉丁文书写，在那以前被排除在管理权之外的拉丁主教们也在 1166 年之后占据了"重臣"班底中的大多数。但是改变宗教信仰的原穆斯林仍然扮演着重要角色，特别是 12 世纪 60 年代任"重臣"的酋长彼得以及王宫的财政总长酋长理查德，后者在威廉二世统治时期一直负责书记迪万的运行。如果有什么区别的话，那就是拉丁影响的增强是以希腊裔曾有的地位为代价，希腊裔官员曾在罗杰国王治下占据最重要的地位。虽然如此，希腊裔仍然掌握着一些重要职位，其中最突出的是：法律专家塔伦提努斯法官、从 1174 年起在贵族迪万中担任一名长官的尤金（后来成为坦克雷德德意志王政府中的首相），以及在 12 世纪 80 年代末期担任海军舰队司令的布林迪西的马格里图斯（Margaritus）。

因此，到威廉二世时，西西里王国已经拥有了一套复杂成熟的行政体系，由巴勒莫的"重臣"全面负责运行。国王即使长大成人后，也并不像其祖父一样经常出行，他大部分时间都待在巴勒莫，偶尔视察大陆地区。此时的政府结构已逐渐完备，完全允许国王的这种治国方式。此外，当时的评论家都提到西西里国王拥有的巨额财富，这些财富是由国王拥有的土地规模决定的，特别是由在西西里岛上的领地以及该岛地处地中海商路中心的位置决定的，同时也是高效运作的政府体系的结果，因为该体系使国王能有效利用其领地。关于西西里王室的已知文献相对较少（威廉一世执政时期仅有 66 件，而其子在位时期有 240 件），它们无法反映政府活动的规模，不过，从威廉二世时期开始，训令（即行政指令）的数量不断增加，无疑标志着中央政府行政活动的增强。[48] 西西里国王并不是独裁君主，但他的确统治

⑱　如今威廉一世发布的特许状仅有 35 份完整保存下来；在已知的威廉二世发布的 240 份（其中 103 份为委托颁布）中有 156 份（55 份为委托颁布）保存下来，见 Enzensberger (1981), pp. 111－113。在已知由国王坦克雷德（Tancred）颁布的 72 份特许状中，现存仅 35 份。Brühl 还认为，现存罗杰二世颁布的拉丁文特许状中有 166 份，但可能只占他颁布的特许状总数的百分之十，见 Brühl (1978)。

着一个强大的、中央集权的王国。

国王、教宗和教会

严格意义上说，西西里王国是个教宗采邑，从1059年起与阿普
利亚公国和卡普亚大公国一起成为教宗封地。罗杰二世的国王称号由
罗马教宗阿纳克莱特斯在1130年授予；1139年，他向英诺森二世行
效忠礼，1156年，威廉一世向教宗阿德里安四世行同样的效忠礼。
作为这份采邑的回报，两位国王都同意每年缴纳献金（census）。但
实际上这一"封建"关系无足轻重，也不能增强教宗在王国内的
权威。

必须承认，1139—1156年间，国王和教宗间的关系并不稳固。
但与其说这源于双方对臣属关系的理解差异，不如说是由于教廷许多
人员都不喜欢这个王国，因为该王国建立时所依循的诏书是由对立教
宗阿纳克莱特斯颁布的，1139年英诺森二世也是迫于压力才承认它；
此外，双方许多尚未解决的关于领土和教会事务的争端也导致双方关
系不稳。罗杰国王的儿子们于12世纪40年代征服了马尔西亚，将教
宗的领土团团包围起来，对罗马城的安全和交通构成了潜在威胁。国
王对教会的控制也侵犯了教会自由。教宗阿纳克莱特斯在罗杰国王授
权下于1130—1131年间在西西里岛上进行的教会结构重组，当然为
他在教会分裂中的对手所不容。博学的英国历史评论家索尔兹伯里的
约翰认为：由于这些纷争，罗马教宗禁止西西里王国为当选主教举行
祝圣仪式。[49] 但直至12世纪40年代双方的关系也从未完全破裂，例
如，在卢修斯二世（1144—1145年在位）短暂的教宗任期内，双方
关系有所缓和，1148年，罗杰派出军队帮助尤金三世镇压罗马人反
叛，1150年，教宗和国王在凯普拉诺会谈使双方关系正常化，教宗
还同意西西里的当选主教可以举行祝圣仪式。当然，还不到一年，双
方关系就又一次破裂，因为国王未征求教宗意见便加冕其子为共治国
王（征询教宗意见几乎是教宗作为有一定重要地位的最高领袖的唯
一证明），教宗阿德里安四世参与了1155—1156年对西西里王国的攻

---

[49] John of Salisbury, *Historia pontificalis*, pp. 65 - 66.

击。但 1156 年 6 月，《贝内文托条约》的签署宣告了这段对立期的
终结。包括马尔西亚地区在内的西西里王国得到完全承认，国王凭借
1098 年乌尔班二世授予罗杰一世的特权而要求享有的教会特权也得
到认可（罗杰一世的特权包括向罗马及其使团上诉的控制权，但该
特权只限于西西里岛，不包括大陆地区）。国王对整个王国内主教拥
有的否决权也被默许。[50] 只有西西里主教区的地位仍未得到解决，事
实上，直到 1166 年，亚历山大三世才同意墨西拿成为都主教区，该
地的主教们可以在利帕里和切法卢（Cefalù）为主教区举行祝圣——
早在 1131 年罗杰和阿纳克莱特斯就打算这样做。

　　实际上，1156 年在本内文托不仅几乎解决了所有问题，在那之
后双方还进行了友好的协作。教宗偶尔才会行使向意大利南部大陆地
区派遣使者的权利，仅有的一些证据表明，这种使者实际上几乎什么
也没做。国王控制着向一些西西里主教区派遣城镇议员（curiales）
的权利，还掌控着大陆一些重要地区如萨勒诺和卡普亚等大主教区的
关键职务的任命权。但是，尽管在选出新一届主教或修道院院长之前
需得到国王允许，但在大多数情况下，高级神职者都由教会的选举人
推举。事实上，考虑到王国内主教职位的数量是如此众多（大约共
144 个），以及其中许多人的生活是如此贫穷，国王丝毫不想加以干
涉，除了很少的一些富庶或具有重要战略意义的主教区外。

　　1156 年后，国王和教宗间的友好关系因其政治联盟而得到巩固。
随着 1159 年的教会分裂及皇帝支持的对立教宗的存在，西西里国王
成为罗马教宗的主要世俗盟友，西西里王国为教宗提供外交、财政支
持，并在教宗国受到威胁时提供军事援助——威廉一世于 1165 年就
曾出兵攻打美因茨的基督徒军队。实际上，教宗离开罗马流亡了近十
年，教宗领土的管理也废弃崩溃，因此西西里国王每年缴纳的献金就
成为亚历山大三世的重要收入，而此前教宗于 1156 年对国王马尔西
亚地区的认可，使国王增加献金作为回报。另外，从 1167 年 8 月至
1171 年 2 月的三年半时间里，亚历山大居住在教宗领有的飞地贝内
文托，这里被西西里王国的领地包围着，因此教宗就直接得到西西里
国王的保护。

---

[50] Loud and Wiedemann (1998)，pp. 248 - 252，收录了关于这份和约的英译版。

在这种情况下，教宗愿意容忍这位西西里君主对其领土内的教会进行控制，也就不足为奇了——国王对教会的控制大多是善意的，并且由于这种控制重申了法律和秩序，因此有利于地方教士，这比1127年之前普遍的混乱状况要更受欢迎。罗杰国王的一项法律明确规定："我们要捍卫和保护所有委托我们来保护的神圣教会的财产和领地不受侵犯。"[51] 西西里岛上的主教区和大陆上的许多重要教区的收入有很多直接来自国家税收的补贴，而不是他们自己的辖区，这一事实使西西里的教士们默许了国王的管理。[52] 相对来说，臣属关系就不是很重要了，这可以从以下事例看出，即国王的效忠誓言直到1188年才再度重申——之所以重申更多是教宗克雷芒三世想为后世立个榜样，而不是要直接干预王国的事务，因为威廉二世结婚后一直没有子嗣，而他指定的女继承人又嫁给了德意志帝国的继承人。

威廉二世统治晚期，教宗对意大利南部教会日常事务的干涉似乎更多起来，而且教宗永远不可能完全甘心听任西西里国王对教会的干涉——就在1192年，教宗西莱斯廷三世利用德王坦克雷德因王位继承权的争议而需外界支持的时机，重新商定《贝内文托条约》的条款，削弱了国王的权力。但在威廉二世统治时，国王对教会事务的控制还是不可撼动的。

经济、人口统计和社会结构

当时人认为西西里国王拥有的大量财富，一部分来自销售税和贸易关税，但大部分来自蓬勃发展的农业经济。[53] 尽管意大利南部有些地区是贫瘠的山地，但其他地区，尤其坎帕尼亚、阿普利亚沿海平原以及西西里岛（得益于灌溉），是非常适合农业发展的肥沃地区。在12世纪，人口不断增长，有些在此之前人烟稀少的地区，例如巴里和加加诺山之间的阿普利亚平原，被开垦出来用作耕地。西西里王国成为主要的食品出口地，尤其是谷物，主要销往意大利北部和北非地

---

[51]　"sacrarum ecclesiarum res omnes et possessiones ... custodia collocatas atque commis-sas ... defendimus et inviolatas custodimus". Assize 2 of the Vatican MS, ed. F. Brandileone, Diretto romano nelle legge normanne, p. 96.

[52]　通常王室赋税中的十分之一来自主教区。见 Kamp（1980），pp. 104 – 105, 118。

[53]　此处见 Abulafia（1983），其后的发展见 Martin（1987），（1992）and（2002）。

区，同时，该王国还是意大利北部和利凡特之间重要的贸易中转站。农业的发展表现在多方面，例如阿普利亚中部地区的橄榄种植业不断扩大（到 12 世纪末，橄榄已经成为该地区的主要作物及主要出口商品）。蔬菜的种植也被引入阿普利亚，在坎帕尼亚还出现了谷物新品种，树木的培植得到推广，以前的野生品种开始进行人工栽培。

王国对外贸易的发展，由于同意大利北部的商业共和国政权签署的协议而受到推动，譬如 1156 年同热那亚的协议，尽管该协议包含政治因素，也就是要使弗雷德里克·巴巴罗萨在可能发动入侵时失去海上援军。这些贸易使统治者直接受益，不仅是因为贸易税——在贸易税方面，北部意大利人享有优惠待遇——而且还因为很多出口产品来自广袤的国王领地，尤其是西西里岛。王室拥有的大片盐湖也带来了相当丰厚的利润，尽管这个时候还不像后来弗雷德里克二世统治时期正式实行的王室垄断。然而，西西里周边海域大规模的金枪鱼捕捞业以及采矿权归国王所有。和北非的贸易顺差解释了黄金的进口，西西里的统治者就是用这些黄金来制造金币"塔里"（tari，源自伊斯兰金币第那尔）作为其主要货币。西西里是西欧唯一在 12 世纪发行金币的王国。讲述 1194 年亨利六世接管西西里王国的德意志编年史家们，在论及大量贵金属、珠宝、纺织品和战利品时充满惊叹。[54] 不过，只有一些生丝是由卡拉布里亚生产，并在西西里纺织加工的，其他贵重物品都是进口的。

然而，贸易的增长给西西里王国各城镇带来的利益，并不一定有统治者的利润那么多。王国给意大利北方人提供的特权优惠使本地商人蒙受损失，后者一直没能真正恢复。而且，中世纪早期意大利南部的主要商镇阿马尔菲于 1134 年遭比萨舰队劫掠而受到重创；作为亚得里亚海沿岸地区主要港口的巴里，于 1156 年被威廉一世摧毁并一度废弃。国王也不愿意将更多的法律特权或自治权让渡给城镇，因此，城镇的商业利益服从于统治者的政治利益和经济目的。

外部贸易的扩张对墨西拿的发展起着很重要的作用，这里成为王国的主要贸易港口。到 12 世纪末，热那亚和比萨的商人已经在墨西拿建立了商业殖民地。在穆斯林统治时，墨西拿相对来说还不是很重

---

[54] Loud (1999b)，p. 818.

要；到 12 世纪 80 年代，用西班牙穆斯林朝圣者伊本·居巴尔（Ibn Jubayr）的话来说，这里已经是"异教徒商人的集市，世界各地船舶的中心……充斥着十字架的崇拜者"[55]。但是，墨西拿的发展也是西西里人口平衡发生重要变化的一部分。移民使岛上基督徒的数量猛增，到 1200 年前后，在前一个世纪，还占居民三分之二的穆斯林已经成为少数。还有一些移民是来自卡拉布里亚的希腊人，不过此类迁徙活动的规模完全无法确定。在 1190 年参加第三次十字军东征的英国编年史家们眼中，墨西拿就是一座希腊重镇。该市的特许状直到 1200 年前后仍几乎全部用希腊文书写，一个世纪以后，西西里东部地区的一些行政文件仍并用希腊文和拉丁文书写。但是，1130 年后，西西里岛上不再修建希腊修道院，之前建立的许多希腊修道院此后也被废弃或改为拉丁式，这意味着希腊裔人口的数量在当时达到最高值。移民中的多数是伦巴第人（意大利土著），他们来自意大利的南部和北部地区。西西里岛东南部是北方人的殖民区，受罗杰国王的舅舅帕泰尔诺的亨利伯爵庇护。法勒坎杜斯认为布泰拉、皮亚扎·亚美利那（Piazza Armerina）和维兹尼（Vizzini）都是"意大利北方人的城镇"［与伦巴第人（*Longobardi*）或意大利南方人相对——*oppida Lombardorum*］；他还记录道，1168 年，这些伦巴第人提供了 2 万人来帮助大臣佩舍的斯蒂芬平息墨西拿的叛乱。[56] 这个数字可能有些夸大，但移民的规模无疑非常庞大。此时，巴勒莫已经成为一座规模很大的基督教城市，在这里以及岛上东南部以外的其他地区，居民主要来自王国辖下的大陆地区。例如，在罗杰二世统治晚期，许多巴里当地人居住在巴勒莫[57]，到 12 世纪末，在像切法卢这样的城镇中，拉丁人已占据压倒性多数。

在西西里西部内陆地区，包括 12 世纪 70 年代威廉二世赐予其新建的蒙雷阿莱（Monreale）修道院的大片国王私人领地，居民仍然几乎全部是阿拉伯裔，而且大多是穆斯林。但这时的穆斯林已经开始感觉到威胁。有一位杰出的、出身阿拉伯裔的王室官员名叫马赫迪耶的

----

[55] Ibn Jubayr, *The Travels*, p. 338.

[56] *La Historia o Liber de regno Sicilie*, pp. 70, 155, Loud and Wiedemann (1998), pp. 121, 208.

[57] *Codice diplomatico Barese*, pp. 170 – 173 no. 100 (1146), p. 183 no. 107, pp. 185 – 186 no. 109 (both 1154).

菲利普，从穆斯林皈依为基督徒，但在1153年，他却因重新信仰伊斯兰教而被处死。1161年，反对威廉一世的未遂政变就反映出基督徒对穆斯林的攻击，这种攻击在1189年威廉二世去世后再次发生。尽管表面上穆斯林生活富足，但不安的情绪仍笼罩着他们，至少生活在西西里西部城镇中的穆斯林是这样，伊本·居巴尔在讲述他于1184年去西西里岛游历的经历时，生动地传达出这一点。他听说：穆斯林承受着相当大的压力，被要求改信基督教（这是否反映出威廉二世政府中教士力量的增强呢？），许多穆斯林想要移居到其他伊斯兰教国家去。[58] 我们不能确定西西里岛内陆的乡村穆斯林是否也感受到了同样的压力。一些带有签名的证据表明：西西里岛西部的居民中有一些阿拉伯裔的基督徒，同样的例证还可以在12世纪80年代蒙雷阿莱平原（*plateae*）的农奴名单中找到——在科莱奥内（Corleone），这类居民几乎占了人口总数的20%。[59] 但在蒙雷阿莱地区穆斯林仍然占多数，在阿格里真托地区同样如此。1189年的巴勒莫暴动是西西里岛西部地区穆斯林叛乱的导火索，他们的叛乱断断续续持续了30多年，直到弗雷德里克二世将其镇压，幸存的穆斯林被迁移至他在阿普利亚北部卢切拉的军事殖民地。

因此，到12世纪末，拉丁因素开始在王国占统治地位，与罗杰二世统治早期的情况相比，有了巨大的改变。移民和缓慢的文化渗透不断地削弱着西西里的穆斯林社会，卡拉布里亚的希腊裔同样受到影响，只是程度略低。然而，这种变化过程不应被过度夸大。1100年以后，希腊人显然不再遭受公开的压力，甚至有证据表明他们在诺曼征服后的早期也没有遭受什么压力。此外，至少上层阶级所受到的拉丁影响还不均匀。萨勒诺的罗穆亚尔德记述说：罗杰国王吸引并奖励"那些高尚的、睿智的人士，无论其来自本地还是外地"[60]，教会和国家的统治阶层如果一直紧张的话，也会不断地吸收高层移民。罗杰二世政府中就有来自盎格鲁-诺曼王国的人，如大臣塞尔比的罗伯特，还有1157年起任叙拉古主教、后来担任墨西拿大主教的"重臣"理

---

[58]　Ibn Jubayr, *The Travels*, pp. 348 – 349, 357 – 360.

[59]　Metcalfe (2002), pp. 309 – 316.

[60]　Romuald of Salerno, *Chronicon sive Annales*, p. 234, cf. *La Historia o Liber de regno Sicilie*, p. 6, Loud and Wiedemann (1998), pp. 58, 220.

查德·帕尔梅尔，以及孔扎（Conza）大主教米德尔塞克斯的赫伯特（Herbert of Middlesex）。[61] 12世纪60年代的世俗贵族包括玛格丽特皇后的两位西班牙亲属，即格拉维纳的吉尔伯特伯爵和蒙特卡格里奥索的亨利，以及一位法国移民卡坦扎罗伯爵休·洛皮努斯（Hugh Lopinus）。

更重要的是，大陆上的上层阶级混合了11世纪诺曼征服者的后代和本土的伦巴第人。大型城镇仍在伦巴第人的掌控之下，伦巴第贵族在许多地区仍很有权势，尤其是边界地区和萨勒诺大公国。不可否认的是，随着时间的流逝，伦巴第人和诺曼人之间在政治上的差异越来越小。然而，在意大利南部，制度和法律上这种差别仍然留有痕迹。比如，诺曼人引入了采邑封地和效忠仪式。但直到12世纪40年代罗杰国王统治时，才开始从上而下地建立起常见的军事义务制度；即使这个时候，大部分人因为享有采邑而承担义务，仍有一些人像他们的祖先在伦巴第君主们统治时那样承担着个人义务，而不考虑财产因素。诺曼人和伦巴第人在遗产管理、婚姻、妇女地位方面的习俗上也不尽相同。遗产分割在伦巴第后裔中仍是标准做法，而诺曼人和法国后裔则实行长子继承制。在伦巴第法律中，妇女的法律地位较低，她们要办理任何法律事务均需要男性监护人的同意；而在法国或罗马法治下的妇女则可以更加自由地维护自己的利益。

因此，西西里王国在12世纪后期被接纳为欧洲政治舞台的成员时，拥有一套行之有效的管理体系，它也实现了统一，但还远远没有达到实质上的统一。反映出这个位于地中海十字路口的社会之世界性，及其成分的多元性，它在11世纪被诺曼人征服，又在1130年后被一位伟大的统治者用铁腕捏合在一起。但1189年后这个统一的王国受到了威胁，并最终没有抵抗住德意志帝国新一轮的攻击。

西西里、地中海及西罗马帝国

后世的作家们将威廉二世统治时代视为和平、繁荣的黄金年代，

61　然而，巴勒莫大主教瓦尔特（Walter，1168—1190年）及其兄弟、后来继任大主教的阿格里真托主教巴塞洛缪（Bartholomew，1171—1191年，1199年去世）应该都不是英国人，见 Loewenthal（1972）。

他们的这种怀旧情绪是因后来发生的事件而形成。1189 年 11 月 17 日，威廉去世，年仅 36 岁，没有留下子嗣。结果，王国陷于长达五年的冲突，而后被德意志的亨利六世征服。当 1197 年 32 岁的亨利同样早逝后，整个国家再次陷入 20 多年的断断续续的无政府状态之中。但这些情况并非不可避免，也说明不了西西里王国在本质上有什么缺陷。

　　威廉二世统治末期，王国内部和平安定，只是开始实行越来越野心勃勃的外交政策。在 1177 年威尼斯召开的和平会议上，西西里王国和德意志帝国签订了 15 年的休战协议，而威廉二世的特使宣称：国王希望同所有基督教统治者和平共存，共同攻打十字架的敌人。⑫西西里舰队于 1174 年袭击了穆斯林的亚历山大，1182 年又攻打了巴利阿里群岛（Balearic Islands）。1185 年，该舰队又针对拜占庭帝国发动全面袭击，此时的拜占庭帝国在无能的、不受民众欢迎的统治者安德罗尼卡·科穆宁治下几近崩溃。最后，这次袭击虽然占领了塞萨洛尼卡，却还是以失败告终。但是，它确实表明了威廉二世成为西方基督教世界领袖之一的决心。也因为这一点，当萨拉丁占领耶路撒冷后，威廉立刻派海军援助十字军国家。西西里国王的高级地位通过两次外交联姻得以巩固，一是 1176 年国王本人和英王亨利二世之女乔安娜（Joanna）联姻；二是 1186 年他姑姑康斯坦丝和德意志帝国继承人亨利联姻，康斯坦丝是罗杰二世的女儿，1154 年在她父亲去世后不久才出生（原文此处有误，威廉二世生于 1155 年，应该是康斯坦丝比其侄子大一岁。——译者注）。

　　弗雷德里克·巴巴罗萨早在 1173 年就提议同西西里联姻，不过因教宗反对，该提议胎死腹中。但这次缔结联姻的计划表明，德意志帝国这个自 1130 年罗杰二世加冕以来西西里的主要外敌，至少承认了西西里王国的合法性，由此也不难理解为什么威廉二世会允许该联姻。这次联姻的代价是确认康斯坦丝为没有留下子嗣的国王的指定继承人。但这一举动的意义不应被高估。因为在 1186 年威廉仍然年轻，其妻子只有 20 岁；他不可能此时就放弃未来生育子嗣的希望，一旦有了孩子，康斯坦丝的继承权就自动失效。然而，因国王英年早逝，

---

⑫　Romuald of Salerno, *Chronicon sive Annales*, p. 290. 参见 Houben（1992），especially pp. 124 – 128。

确实是后继无人。

国王的去世导致王国的分裂。亨利与康斯坦丝对王位的继承要求得到许多重要的支持者，其中包括巴勒莫的大主教瓦尔特，以及阿普利亚地区的两位大法官之一安德里亚伯爵罗杰。但以"重臣"萨勒诺的马修为首的许多廷臣迅速选出他们自己的候选人，即另一位大法官，威廉二世的表兄莱切的坦克雷德伯爵（他也是 1185 年指挥军队占领塞萨洛尼卡的司令）。坦克雷德于 1190 年 1 月 18 日加冕为王，这一举动得到了教宗的公开支持，因为他急切地想阻止西西里和德意志帝国的联合。

尽管受到穆斯林起义的阻挠，坦克雷德还是抢先控制了西西里和卡拉布里亚。然而，他却面对大陆贵族的普遍反对，首先便是卡普亚大公国和阿布鲁兹地区，还有反对程度略轻的阿普利亚。不过，坦克雷德也有很多优势。亨利六世忙于应对德意志国内事务，这使西西里国王有时间建立自己的统治。大部分高级教士（除了卡普亚大公国的教士）和重要城镇均支持坦克雷德，各城镇由于获得了特权和金融优惠而更为忠心。坦克雷德的妻兄阿克拉的理查德伯爵是大陆一位优秀军事指挥官，他的支持使坦克雷德很快控制了萨勒诺大公国。此外，阿普利亚和卡普亚的 28 个伯爵领地中有 9 个伯爵之位空悬，它们由王廷官员直接管辖，于是在 1189 年，这些地区为国王在大陆省区尤其是在阿普利亚提供了立足之地，也为奖赏可能的支持者提供了奖品。1190 年 11 月，坦克雷德在国内的主要对手安德里亚的罗杰被捕，随即被处死。当亨利六世终于在 1191 年春率兵进攻西西里王国时，他的陆军包围了那不勒斯，不仅无功而返，还染上了瘟疫，而他从比萨和热那亚招募的海军则因到达太晚没有起到援兵的作用，也无法与西西里舰队匹敌。

德意志军队的撤退使坦克雷德巩固了统治。到 1193 年，只有边境上的阿布鲁兹地区仍在坚持抵抗。大陆地区曾反对他的那些伯爵要么转而支持他（比如莫利塞伯爵、卡里诺拉伯爵、卡塞塔伯爵），要么被流放［比如特里卡里科（Tricarico）、格拉维纳、丰迪和普林奇帕托的多位伯爵］。即使阿布鲁兹仍然麻烦不断，还将成为德意志军队进攻王国的基地，但是坦克雷德的地位仍相对稳固。在 1194 年德意志人发动第二次入侵战争之前，王国的防御已经崩溃，主要原因有二：其一，坦克雷德于 1194 年 2 月去世，留下一个小男孩（威廉三世）继承王位，其支持者也似乎对王国的前途失去了信心。其二，亨利六世从英王理查德那里得到的赎金，使他能够再发起一次更有组织、协作更密切的军事进攻。这一次德军没有将时间耗在长时间围城战中，绕过了可能进行抵抗的地区，舰队也及时抵达战场。坦克雷德昔日的支持者立即臣服，例如战略重镇那不勒斯。9 月，墨西拿向比萨和热那亚的舰队投降；11 月，巴勒莫投降，坦克雷德的妻子放弃抵抗；1194 年圣诞节，亨利二世加冕称西西里国王。

亨利加冕后，立即逮捕了他昔日的对手，不幸的威廉三世以及许多显赫贵族和朝廷官员，包括萨勒诺的马修的儿子们、埃米尔尤金以及海军上将布林迪西的马格里图斯，他们都被送往德意志的监狱。尽管他做出如此残忍的举动，但大概也正因为此，大陆地区的抵抗一直到 1196 年阿克拉（Acerra）的理查德伯爵被捕并被处死后才最终被平息。1197 年夏，西西里的另一次叛乱遭到残酷镇压。尽管支持亨利的一些意大利南方人也得到了优待，例如特罗亚的瓦尔特主教被任命为首相，但新政权的主要受益者还是德意志指挥官们，如卢泽林哈德（Lutzelinhard）的康拉德成为莫利塞伯爵，施维斯彭特的迭珀尔德（Diepold of Schweinspunt）成为阿克拉伯爵。坦克雷德政府被视为非法，它的一些举措失去了法律效力，如 1192 年在格拉维纳岛对教宗做出的让步。但如果亨利把自己看作西西里征服者，并凭借其帝号之权实行统治的话，那么康斯坦丝就代表了王室家族的延续。1195 年 10 月，她给教宗写信，抱怨国王享有的教会权利遭到各种不同的侵犯，其中包括教宗在大陆各省区委任的一位总代表，她说："在我父亲罗杰国王以及其他国王、也就是我的哥哥和侄子统治之下，罗马教会绝不会试图做此类事情。"[63] 1197 年 9 月，亨利突然离世，康斯坦丝尽最大努力驱逐王国中存在的德意志人物。1198 年 11 月在她去世后，小国王仍然年幼，王国成为敌对的地方贵族、德意志冒险家、比萨人和热那亚人掠夺的对象，穆斯林不断反叛，教宗干涉其内政；

[63] "sub domino patre nostro rege Rogerio . . . et deinceps sub aliis regibus, fratre et nepote nostro . . . numquam in regno talia per sanctam Romanam ecclesiam fuerint attentata", *Constantiae imperatricis et reginae Siciliae diplomata*, pp. 12 – 13 no. 3. Loud (2002), pp. 180 – 181.

恰恰是威廉二世时代的朝廷官员成为维护王国稳定和秩序的主要力量，在13世纪初的年月里，他们竭力保护王朝度过了困难时期。[64]正是在他们的努力下，弗雷德里克二世最终建立了自己的王朝。

G. A. 罗德（G. A. Loud）

赵康英、郭云艳 译

陈志强 校

---

[64] Jamison（1957），pp. 146 - 174，作者认为尤金是这一过渡政府中的关键人物，直到约1202年尤金去世，不过这一说法仍存争议。关于过渡时期的法庭，见 Schaller（1957），pp. 207 - 215。

第十六章

12 世纪的西班牙

　　莱昂的阿方索六世于 1109 年 6 月的最后一天去世，这使得一位女性在西班牙的历史上第一次登上了"全西班牙"（all Spain）的王位。大约三周后，乌拉卡女王描述了其王权管辖的范围。那年夏季，"全西班牙"的领土西起大西洋，东至埃布罗河，北边一线自科英布拉经托莱多到梅迪纳切利和萨拉戈萨王国的边界［即前一个世纪从科尔多瓦的哈里发国家分离出来的众多正式独立的"分裂小国"（ta'ifa）的最北边］，越过边界便是阿拉贡王国和巴塞罗那伯爵领地。有关比利牛斯山脉到中央山脉之间地区的这种描述，在 10 年内将不再适用，在 60 年内就根本无法辨认了。到那时，该半岛北部将由葡萄牙、莱昂、卡斯蒂尔、纳瓦拉和阿拉贡五个王国占据，一直维系到 12 世纪末或更久，而本章结束时，还将发生眼花缭乱的变化。12 世纪西班牙的历史就是建立在不断变动的基础上。

　　这就是乌拉卡独立统治（1109—1126 年）的真实情况，她在其父亲去世后采取的诸般事务中的第一件就是嫁给"斗士"阿拉贡的阿方索（1104—1134 年在位）。根据萨阿贡（Sahagún）的编年史记载，她在"葡萄收获酿酒的季节"完成此举就是履行阿方索六世在临终前做出的安排。但是这桩婚姻既不合适也没有得到教会法律的认可。在教宗看来，他们血亲关系太近，而这对新人在所有方面都不相合。他们举行婚礼的当天晚上，下起了冰雹，极端仇视阿拉贡人的编年史家，极为兴奋地记述了这件事。（举行婚礼的地点，除了极为靠近蒙松的杜埃罗河一带葡萄生长最茂盛的地区外，还是在宗教方

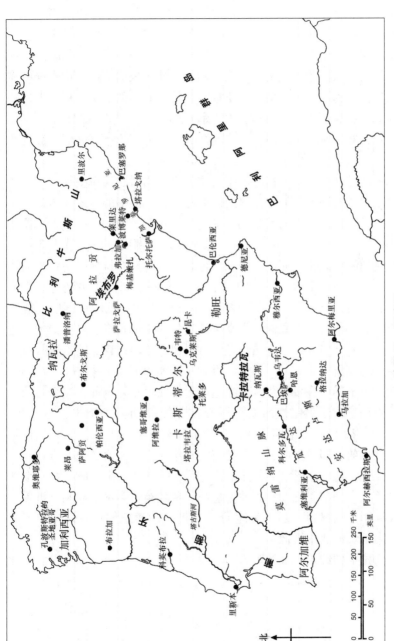

地图 11　西班牙

面毫无重要性的地方，因此是加倍倒霉的地方。)① 而且非常肯定，
477 此后的倒霉事接踵而至。结婚不到一年，这对夫妻就发生了争吵，而
沿米诺河（Miño）、杜埃罗河以及埃布罗河流域周围地区的居民发现
自己与同一信仰的居民发生相当激烈的争斗，根据前面那位作家的描
述，其程度远远超过该地区处于穆斯林统治时期的情况。乌拉卡的婚
姻是 12 世纪这个王朝一系列联姻活动迈出的第一步，很明显它有可
能走向灾难，而这一点从一开始就被初涉这段历史的历史家注意
到了。

　　我们对乌拉卡统治情况的了解主要来自当时的两份史料：一个是
上面提到过的萨阿贡的莱昂修道院的编年史，该书的西班牙语译本一
直保存了很长时间，而且还可能做过大篇幅修改；另一个是《孔波
斯特拉史》（*Historia Compostellana*），它是一部由一位演员为即将上
演的戏剧而特意委托完成的作品，他就是孔波斯特拉的圣地亚哥的迭
戈·吉勒米莱斯主教（后来的大主教），他一直毫无理由地充满感情
地回忆着阿拉贡人。② 我们并没有有利于阿方索一派的证据以便能够
改变看法。事实上，我们非常缺乏从这位国王的角度撰写的记述，他
是位热情的基督徒，这种热情甚至促使他于 1131 年任命"圣殿骑士
团"作为其继承人之一。③ 我们得到了非常多特许状材料作为补充，
但是，由于其中许多都是人为编造或者修改过了，因此，这个时期的
统治史仍是缺乏确定性而模糊不清。整个 12 世纪的历史也是如此。
确实，与 12 世纪下半期相比，乌拉卡和阿方索七世统治的时代还是
有些材料的。即便如此，那些拥有丰富编年史的国家的史家肯定要说
西班牙史料比较缺乏。④ 他们会从上百篇特许状中徒劳地寻找一个微
不足道的小细节。例如，若他们想找一些像英格兰国王亨利二世手持
缝衣针图像的材料，是不可能的。12 世纪的西班牙君主们流传下的
都是很难看的两维图像。

　　乌拉卡的统治完全被阿方索六世当初为维系王朝继承而做的多次

---

① Reilly（1982），p. 59.
② "Crónicas anonimas de Sahagún"；*Historia Compostellana*.
③ García Larragueta（1957），Ⅱ，p. 16："qui ad defendendum Christianitatis nomen ibi vigilant".
④ Alonso（1947），pp. 119–125，137–148；Linehan（1993），chs. 7–9. 关于以后的事件结果，我
主要得益于 Soldevila（1962）、Valdeavellano（1968）和 Serrao（1979）的作品，但我不认为有必要反复
做出参考书注释，无论是这些书还是 Bishko（1975）的书都可以在后面的参考书目中找到。

失败的尝试蒙上了阴影，而这过程大部分是由涉及其中的各种各样的人决定的，这些人就是被这位极端无能的君主给裹挟进来的，他多次结婚以弥补未能生下男性继承人来继承自己的王位。乌拉卡的第一任丈夫是阿穆斯（Amous）的勃艮第人雷蒙，他在担任加莱西亚伯爵时，就已在边远的西北地区有自己的首府，就是在这里，他（在其兄弟维埃纳的居伊大主教的帮助下）确保其被保护人迭戈·赫尔米雷斯于1100年当选孔波斯特拉主教。他于1107年9月去世，使27岁的乌拉卡成了一个带着1岁幼子阿方索·莱姆德斯（Alfonso Raimúndez）的寡妇，这个孩子就是未来的国王阿方索七世。早在 1097年，雷蒙伯爵就策划由他自己继承阿方索六世的王位：他在克吕尼修道院院长休的帮助下，于同年与其表兄勃艮第公爵领地的亨利起草了"继承法案"，亨利是阿方索六世私生女特里萨的丈夫，这个法案允许亨利从王国中分出一部分占为己有。1109年，亨利作为因乌拉卡与阿拉贡联姻受到极大震动那些利益攸关者群体中的一个，被强制安排为葡萄牙伯爵，该领地位于米诺河与塔古斯河之间。⑤

　　按照乌拉卡与阿方索联姻时确定的条件（1109年12月），乌拉卡及其本次婚姻的所有孩子在阿方索先去世的情况下都将有权继承阿拉贡王国。如果乌拉卡先于国王去世，则他和孩子就有权获得乌拉卡的领地，而且当阿方索去世后，这些土地还要归还给阿方索·莱姆德斯。这一解决方案埋下了祸根；由阿方索·莱姆德斯的保护人特拉瓦（Traba）伯爵佩德罗·弗洛伊拉斯（Pedro Froilaz）领导的加莱西亚首先开始抵制。而这一解决方案毫无效力，因为夫妻俩没有子嗣。鉴于乌拉卡后来与拉腊（Lara）伯爵佩德罗·冈萨雷斯（Pedro Gonzalez）生下了两个私生子，那么阿方索很可能不是阳痿就是性冷淡。而且，这对夫妻之间不断升级的相互敌视并没有因为阿拉贡王室需要参与抵抗萨拉戈萨的穆斯林君主入侵王国而有所缓和。葡萄牙伯爵亨利，以特里萨的名义，于1110年到1112年5月他去世的这段时间里，一直制造麻烦，一会儿支持国王，一会儿支持王后，在他们之间来回变换态度。但是，情况很快就好转了，1111年末，乌拉卡恢复了阿方索·莱姆德斯的权利，他是合法性的象征人物，到了1112年

⑤ Reilly（1982），pp. 3–62.

年中，国王和王后的婚姻结束了。⑥ 埃布罗两岸地区实现基督教世界统一的机会，在 15 世纪 70 年代之前始终没有出现。

乌拉卡在其统治的剩下时间里致力于恢复阿方索六世留给她的权利。1117 年 2 月，在教宗代表枢机主教圣阿纳斯塔西亚的博索主持下召开的布尔戈斯宗教会议上，再次重申了近亲婚姻的教会法规，该法规规定即便双方在 1109 年不了解该法律，现在也要按照该法规办理。在这次会上，还达成了另一份协议，规定双方都要按法规和平分手而不得纠缠另一方的领地，亦即阿方索的卡斯蒂尔和乌拉卡的维兹卡亚和里奥哈。然而，王后不仅要对付她以前的丈夫，而且还要对付其他人，其中包括：她同父异母的妹妹，也就是她父亲的私生女特里萨；还有迭戈·赫尔米雷斯，他于 1120 年晋升为都主教级别；最麻烦的是她的儿子阿方索·莱姆德斯，他的叔叔维埃纳的居伊于 1119 年当选为教宗卡立斯特二世，从而形成了比圣地亚哥高级教士权势更大的联盟。在 1120—1121 年，枢机主教博索返回西班牙，他带着强制性指令，要求乌拉卡放弃大主教之位，并向他归还城堡及大片的"荣誉"领地，否则就将判处她被开除教籍，她的王国也将遭受禁令，被全面禁止参加和举行宗教仪式。到这个时候，"斗士"阿方索关注的焦点大致已经转移到他自己的王国，并关注阿尔莫拉维德王朝侵入埃布罗河谷的问题上来。在这里，他得到加斯科涅人和诺曼人，特别是伯爵贝恩的加斯顿五世（Gaston V of Béarn）和莫尔塔涅伯爵罗特鲁有条件的支持，他们的人数于 1118 年格拉修二世在图卢兹会议上颁布十字军特赦令后大为增加。1118 年 12 月攻陷萨拉戈萨是自收复托莱多以来基督教军队取得的最大成就，而这要归因于这些跨越比利牛斯山脉的武士，特别是贝阿恩伯爵及其他于 1099 年在耶路撒冷围城战争中获得的武士。⑦

在耶路撒冷，穆斯林守城者惨遭屠杀。而在萨拉戈萨，他们被允许或者离开或者留下，但要纳贡。"斗士"阿方索的统治过度扩张。这位在萨拉戈萨取得胜利的君王，野心扩大到"分裂小国"（ta'ifa）的所有部分，一直扩张到西边的图德拉和卡拉塔尤（Calatayud），向

⑥　*Ibid.*, pp. 63–86.
⑦　*Ibid.*, pp. 87–204；Lacarra（1971），pp. 59–68.

东到莱里达。1125—1126 年间，在更南部的穆扎拉布基督教徒的劝说下，他亲率大军挺进到格拉纳达，在卢塞纳（Lucena）附近击溃塞维利亚总督的军队，而后随军带着数千基督教家庭返回萨拉戈萨，将他们安置在其新近占领的埃布罗河流域。但是为了能够承担起这突如其来的人口迁徙，他被迫到处刻意节省开支，在 1122—1123 年，阿方索放弃了对托莱多的控制，这座城市是他从 1111 年以后就不时进行统治的地方，他这一放弃使莱昂人得以利用阿尔莫拉维德王朝的弱点，对锡古恩萨（Sigüenza）发动进攻，最终使这座城市于 1124 年初落入他们之手。特别重要的是，他不是与乌拉卡而是与阿方索·莱姆德斯签署达成了从托莱多撤军的协议。这位女王自 1117 年以后的政治主动性非常高，一直受到褒奖⑧，因为她使其儿子和她的关系得到缓解，并委托他作为其在跨杜埃罗河和托莱多统治权的摄政代理君主。这种看法可能有些夸张：从不太完整的证据中可以推理得出的结论显然是，影响阿方索·莱姆德斯做决定的，既不是他母亲的丈夫，也不是圣地亚哥的大主教，而是他自己。1126 年 3 月 8 日，乌拉卡死于难产，这个孩子是她通奸的结果。她当时 46 岁。

阿方索·莱姆德斯继承了她的王位，称为阿方索七世（1126—1157 年在位），根据同时代编年史《阿方索皇帝编年史》（*Chronica Adefonsi Imperatoris*）的记载，他在位时间很长，严格地推行其制定的政策。⑨甚至早在其母亲在世时，阿方索就已经使用国王的头衔了。他第一次明确使用国王称号是在 1117 年，也就是在他进入托莱多以后不久⑩；如果确实是这样，那么这对莱昂王朝绝不是偶然的，因为这座城市曾是西哥特人的首都。长期以来，历史学家们对莱昂国王们于 10 世纪 10 年代以后使用帝国名称的问题争论不休。对阿方索六世来说，所谓帝国就是与托莱多合为一体。但是在阿方索七世看来，尽管他将自己托付给这座城市，并最终葬于此地，但所谓帝国应该是指别的什么东西：不是引发对往昔历史的回忆，而是承认现实的政治状况。1135 年圣灵降临节时，他不是在托莱多而是在莱昂举行了他的皇帝加冕大典，因此也就昭示了这个事实，"纳瓦拉国王加西亚、萨拉森人

480

⑧ Reilly（1982），pp. 173 – 180, 360.
⑨ 有关此次围城战的最新研究请见 Recuero Astray（1979）。
⑩ Reilly（1982），p. 126；García Gallo（1945），p. 227 n. 94.

（Saracens）之王扎法多拉［Zafadola，卢埃达（Rueda）的统治者阿布·贾法尔·艾哈迈德·伊本·赫德（Abu Ja'far Ahmad ibn Hud）］、巴塞罗那伯爵拉蒙（贝伦格尔四世）、图卢兹伯爵阿方斯（Alphonse），以及许多加斯科涅和法国的伯爵和公爵都完全彻底地向他表示臣服"⑪。12 世纪的比利牛斯半岛君主们常被西班牙后代子孙简单地称呼为"皇帝"，他们拥有这个皇帝的头衔就是要表示其在比利牛斯山脉两侧和西班牙宗教分界线两侧的封建权力范围。尽管 1135 年阿方索·莱姆德斯进入该城时，只是其继承王位的第九年，但在其 31 年的统治时间里，它可能被当作全部统治的核心事件来看待。

在其统治的这头九年期间，阿方索七世忙于修复此前 17 年造成的破坏。1126 年他登基时，甚至其祖先的首府城市莱昂都表示反对。在东边，在布尔戈斯和更远的地方，存在阿拉贡人的边防军队。但是他在恢复莱昂的秩序以后，第一个行动却是去西边找葡萄牙女伯爵特里萨商讨问题。这位国王与她和她的情人"达成和平……直到某个特定的时间"（usque ad destinatum tempus）。⑫ 他也与其他君主达成和约。但是，如果万一有意外的话，那么这些协议又能有什么价值呢？一旦国王消失，他的宝剑的价值也就不过像是用来切割黄油的餐刀一样。我们跟着编年史家的笔锋将视线转向东，因为对这些岁月的历史我们完全依赖这位编年史家。卡里翁和布尔戈斯的当地人向（"莱昂的"）国王发出了友好的信号，"因为他就是他们的天赐主子"。（I, p. 8）管理布尔戈斯的阿拉贡人不愿意投降，于是这个地方的基督教士和犹太人就把他驱逐出城，并把他献给了阿方索。当阿拉贡国王听说这个消息后，大为震怒。但是"斗士"很清楚，游戏已经开始，编年史一改平铺直叙的语调，突然提高了调门来记述该事件。信使们被匆匆派往加莱西亚、阿斯图里亚、莱昂和卡斯蒂尔，以召集大军，而阿拉贡国王不得不向无法避免的事态低头，他温顺地待在塔玛拉（Támara），请求给他 40 天的时间来撤走全部军队。（I, pp. 9, 10）

然而，其他来源的证据表明，显然这位编年史家关于《塔玛拉和约》的描述并不完全可靠，事实上，阿拉贡的使者远远不是空手

⑪ *Chronica Adefonsi imperatoris*, bk I, ch70.
⑫ *Ibid.*, bk I, ch. 5. i. 5.

而归，而是带回阿方索七世的意见，也就是他同意接受阿方索一世割
让的维兹卡亚、阿拉瓦和吉普斯科阿领地，这些领地都是 1076 年阿
方索六世在桑乔四世·加尔塞斯被刺后，卡斯蒂尔－莱昂和阿拉贡王
国瓜分纳瓦拉王国时吞并的。而且，阿方索一世也根本没有向阿方索
七世割让位于里奥哈和卡斯蒂尔东部的土地。然而，《塔玛拉和约》
却将莱昂人的影响扩展到这些地区，而在 1109 年前它在这些地方一
直没有影响。1127 年，莱昂人对这些地区的影响进一步增强，当时
阿方索七世迎娶贝伦格拉（Berenguela）为妻子，她是巴塞罗那伯爵
拉蒙·贝伦格尔三世的女儿；《编年史》（Crónica）的作家描述她是
小巧而可爱的新娘。[13]

　　在此前的半个世纪中，阿拉贡一直在埃布罗河谷流域进行殖民开
发，而纳瓦拉王国只是作为阿拉贡王国的一个辖区，处于停滞僵化的
状态。后来的发展对该地区的未来意义深远。纳瓦拉处于比较强大的
基督教邻国的包围之中，因此也就失去了对穆斯林领土进行殖民的机
会；它的扩张必定会损害卡斯蒂尔和阿拉贡这两个王国的利益，而这
两个王国总是在谋划灭掉它；若要绕过这两个王国，那就只能以加斯
科涅为入侵目标。相反，巴塞罗那伯爵领地却一直在发展。拉蒙·贝
伦格尔三世（1096—1131 年在位）先是巩固了具有历史意义的 9 世
纪核心地区的控制，又吞并了贝萨卢（Besalú，1111 年）和塞当亚
（Cerdanya，1117 年）两个地区，同时在 1113 年，他又通过联姻得到
了普罗旺斯伯爵头衔，将加泰罗尼亚的影响扩大到比利牛斯山脉另一
侧，从而增加了与图卢兹地区几位伯爵正面冲突的可能性。1114—
1115 年间，他在比萨人和热那亚人的配合下，领导了一次打击阿尔
莫拉维德王朝统治的马略尔卡（Majorca）的远征，取得了短暂的胜
利。拉蒙·贝伦格尔拥有整个西班牙基督教世界都无与伦比的繁华商
贸中心巴塞罗那城。然而，至少从形式上，他的统治权还是受到历史
的限制，特别是受到法兰克历史的限制：因为从教会司法管辖看，他
的领地都要服从纳尔榜教区的管辖。他与那些来自北方的、寻觅土地
的十字军结成盟友，其地理位置上的优势带给他一定的补偿，因为与
其他基督教领袖相比，这里能够从陆地和海上对伊斯兰地区发动攻

---

[13] "puellam paruulam, totam pulchram et decoram nimis"（ibid., bk Ⅰ, ch. 12）.

击。就是在穆斯林巡逻部队被驱逐的情况下，在 1096 年拉蒙·贝伦格尔统治的第一年，塔拉戈纳教区这座古代的都主教区被重新收复，而作为收复托莱多的司法管辖变动的结果，乌尔班二世也宣布恢复其司法管辖权。但是，这个结果的真正实现和该地方的重建还要依赖大主教奥莱圭尔（Oleguer）和诺曼人罗伯特·比尔代（Robert Burdet）两人的共同努力，后者在结束为阿拉贡王服役后，于 1128 年被奥莱圭尔委任为"塔拉戈纳亲王"。大主教和这位武士之间达成的协议惠及后者的子孙，其条款规定非常有利：罗伯特·比尔代将获得该地 90% 的收益。塔拉戈纳协议的制定证明了，12 世纪的西班牙北方地区能够为冒险家们提供非常多的机会。同样，双方继承人之间的紧张关系持续恶化，直到 1171 年，大主教雨果·德·塞尔维洛（Hugo de Cervelló）于教堂中被比尔代的一个儿子刺杀，双方的矛盾达到白热化程度，这也充分表明：在欧洲某一个角落，将残留的（这里指的是伯爵的）全部权力作为增值物全部转移给下一代人时，必然会产生种种困难，即使这个地方的人们也曾经彼此帮助过。[14] 在 12 世纪 70 年代的英格兰，只有国王有权处死一名大主教。但西班牙则完全不同，在这里，《刑法》（*costa del crime*）早已确立了自己的地方法规，当时就像此时一样，都是由混乱的北方乌合之众控制着。我们稍后还会考察他们在比利牛斯半岛其他地方的胡作非为。

同时，关于他们活动的范围，阿拉贡国王和莱昂国王都圈定了他们能够在其中采取行动的领地范围。1130 年，阿拉贡国王阿方索一世在贝阿恩的加斯顿的协助下，包围了巴约纳（Bayonne），后者是他的臣属，他就是依靠其娴熟的技巧控制着萨拉戈萨，而这个时候，后者恰巧与阿基坦的威廉公爵发生口角。三年后，他在埃布罗河流域发动了战争，溯河而上一直打到托尔托萨[15]，同时，阿方索七世也进攻到加的斯（Cadiz）。如果天气晴朗，从加的斯可以看到非洲近在咫尺，但是在 12 世纪 30 年代初期，这样向南去的远征还不可能。阿尔莫拉维德人曾经于 1086 年在扎拉卡（Zalaca）彻底击败阿方索六世，直到最近的 1118 年才被打败，被驱逐出萨拉戈萨，此时他们受到其

⑭ Soldevila（1962），pp. 136 – 138；*La documentación pontificia hasta Inocencio* Ⅲ，no. 32；Villanueva（1815），pp. 155 – 60；Defourneaux（1949），pp. 224 – 230.

⑮ Lacarra（1971），pp. 102 – 124.

内部的压力。1121年的某天，伊本·图马特（Ibn Tumart）在摩洛哥宣布自己为"救世主"马赫迪（Mahdi）。他是来自这些地区的一名柏柏尔人，严格遵守极端禁欲主义，他拒绝阿尔莫拉维德信条，认为它太过刻板，而且它在解释《古兰经》时也太过拟人化，而他本人倾向于更符合穆斯林公众通识的先知文本解释。他的追随者们称为"穆瓦希德"（al-Muwahhidun），意为"一神论者"，被翻译为"阿尔莫哈德"（Almohad）。[16] 带着近乎狂热的热情，他们四处追捕异端的阿尔莫拉维德派，其疯狂暴怒的顶点出现在1147年马拉喀什对异端残暴血腥的屠杀［更不要说（a fortiori）对那些愚昧无知的基督教信徒了］，阿方索七世在1133年渡海跨越海峡时，肯定不了解这些，但是他很快就会了解的。

次年，基督教各王国在距离自家很近的地方遭遇到危机。1134年7月，阿拉贡国王阿方索一世在弗拉加（Fraga）与阿尔莫拉维德人作战，并在最后一仗中失败，他于两个月后去世，没有子嗣。尽管他与乌拉卡的婚姻足以解释他缺乏生儿育女的兴趣，但是阿方索一世没有子嗣的问题仍令历史家们着迷，并继续异乎寻常地去胡猜乱想。然而，这件事只能看作其遗嘱的后果而不能看作其原因，因为阿方索早就任命"圣殿骑士团""圣约翰骑士团"和"圣墓"为其继承人。[17] 关于这个问题的推测也是漫无边际。他的遗嘱是不是个狡诈的阴谋？企图通过受惠于骑士团而让教宗卷入其中，以让自己赢得喘息空间，同时也把阿方索七世逼入绝境？或者这位阿拉贡国王真的以为其遗嘱将能生效？[18]

无论他的意图是什么，事情还是按照其自身的进程发展。在阿拉贡，已故国王的弟弟被召请来履行继承王朝的责任。这位弟弟拉米罗是位僧侣；他曾任修道院院长，还有一两次至少在三个教区成为主教候选人。关于他是神甫还是教堂执事的意见并不一致。但是拉米罗二世（他一度被这样称呼）执意与普瓦蒂埃的阿涅丝结为夫妻，她是位意志坚定的妇人，并很快为他生了个女儿。孩子的名字叫佩特隆尼拉（Petronilla），其母奶水不足，喂不饱她，这个女婴便被许配给巴

483

⑯　Le Tourneau（1969），pp. 25 – 41；Lomax（1989），pp. 38 – 40.

⑰　Garciá Larragueta（1975），Ⅱ，no. 10.

⑱　Lourie（1975）；Forey（1980 – 1981）；Lourie（1984 – 1985）.

塞罗那的新伯爵拉蒙·贝伦格尔四世（1131—1144 年在位）。事情的
这种奇异结果，象征着王朝对人性的胜利，标志着阿拉贡王权（Co-
rona de Aragon）的建立。同时，纳瓦拉抓住机会摆脱阿拉贡人的监
护托管。在这场大混乱中，纳瓦拉王室的一名私生子加西亚·拉米雷
斯（1134—1150 年在位）在潘普洛纳自立为王。阿拉贡王国和巴塞
罗那伯国联合起来，而纳瓦拉王国则东山再起。也就是在几个月内，
西班牙北部的政治版图变得面目全非，难以辨认。[19]

　　萨拉戈萨的居民担心弗拉加城的灾难在本城再度上演，因此欢迎
阿方索七世于 1134 年 12 月入驻该城，僧侣出身的国王拉米罗将王位
"让给"他，由他和他的子孙永远控制。不久后，巴塞罗那伯爵和图
卢兹的阿方斯伯爵来到莱昂，答应向阿方索七世臣服，并"请他接
受他们成为他的骑士"，拉蒙·贝伦格尔还从他那里"名义上"接受
了萨拉戈萨。纳瓦拉新国王也同样成为阿方索的封臣。这位莱昂国王
拥有的大群武士分布得如此广泛，来自加斯科涅、法兰西和普瓦图的
大批贵族子弟从他那里接受金钱采邑，其人数如此众多，以至于当时
的编年史家认为，能够把他的统治说成从大西洋到罗恩河流域。[20] 正
是这种新的声望使阿方索七世于 1135 年 5 月宣布加冕为皇帝，这个
日子恰好是收复托莱多后的 50 年零一天。

484　　阿方索的编年史家或许希望人们也这样看待此事。但是事实上，
就半岛的权力格局而言，阿方索七世从阿拉贡的阿方索去世中得到的
好处远没有预期的那样多，实际上还出现了严重的背离。他的这部编
年史企图通过颠倒事件顺序来掩盖真相。因此，拉蒙·贝伦格尔四世
从莱昂国王那里得到萨拉戈萨的事件，不像《编年史》所记载的那
样发生在 1134—1135 年，而是在 1137 年，这就意味着关于王朝继承
问题的替补解决方案失败了，该方案计划将佩特隆尼拉许配给阿方索
七世的继承人桑乔王子，这次婚姻如果真的成功，那么它肯定会使西
班牙中世纪的历史走向完全不同。可以肯定，"阿拉贡王权"就可能
不会出现。如果不与巴塞罗那伯爵领地联合，那么阿拉贡王国就有可
能与卡斯蒂尔－莱昂合并。纳瓦拉王国的命运本来已经确定，而加西

---

⑲　Soldevila（1962），pp. 147–169；Lacarra（1972），Ⅰ，pp. 330–333.
⑳　*Chronica Adefonsi imperatoris*，bk Ⅰ，chs. 64, 67；Bonnassie（1980），pp. 38–39.

亚·拉米雷斯（他早已与皇帝闹崩）很清楚地意识到这一点后，就与控制葡萄牙的阿方索·亨里克斯联合起来。[21]

然而，莱昂人的霸权是基于当时的政治条件，因为在是否遵从阿方索一世遗嘱的条款方面，阿拉贡人坚持不退让，而教宗也坚持要求履行。阿拉贡王国是教宗的采邑，英诺森二世还坚持主张骑士团的继承权不能被剥夺。阿方索一世遗嘱提出的方案难以操作，又与法律和习俗不合。于是，拉蒙·贝伦格尔就被选中，因为他的父亲是以圣殿骑士的身份去世的，因此能够避开僵局[22]，而直到 1158 年，教宗阿德里安四世才接受补偿条款，正式承认巴塞罗那伯爵的称号。[23] 伯爵本人在 1137 年的时候［此后他称自己为君主（*princeps*）而不是国王］就成为东北地区的主宰了。

阿拉贡朝王位继承危机的解决并不是这些年来阿方索七世遭到的唯一挫折，虽然他的编年史家自豪地吹嘘其统治远达大西洋。实际上，他想要跨越埃布罗河、在河对岸寻找一个立足点的阴谋遭遇挫折时，后来打算实际控制古老的葡萄牙伯爵领地的计划也很快失败。[24]

野心勃勃的亨利伯爵于 1112 年去世，只留下了其遗孀带着个大约五岁的孩子，尽管乌拉卡忙于其他事情，但是这份政治遗产既脆弱又危险，因为它正虚位以待。而特里萨拥有一切争夺权位的优势，而且还得到年龄尚小的阿方索·莱姆德斯的保护人佩德罗·弗洛伊拉斯伯爵以及圣地亚哥主教迭戈·赫尔米雷斯（至少是一度）的支持。然而，后者于 1120 年晋升为都主教职位，这不可避免地影响了他对葡萄牙事务的态度，促使他与布拉加（Braga）教区发生争执，就是因为布拉加教区的声誉遭到玷污，因为其大主教莫里斯·布尔丁（Maurice Bourdin）成为亨利五世皇帝支持的对立派教宗格列高利八世（1118—1121 年在位）。[25] 但是，宗教的合作已经受到损坏，否则特里萨还是能够坚持住的。佩德罗·弗洛伊拉斯曾派其子费尔南多·佩雷斯（Fernando Peres）前来担任她的军事顾问。但是，他们的关系却朝着另一个方向发展，到 1121 年她与"费尔南多伯爵"开始采

485

---

[21] Valdeavellano (1968)，Ⅱ，p. 438.

[22] 那种认为他本人就是其中一员的意见一再出现，其实没有任何证据。

[23] Forey (1973)，pp. 17–21.

[24] Serrao (1979)，Ⅰ，pp. 77–86；Livermore (1966)，pp. 46–49.

[25] David (1947)，pp. 489–499；Fletcher (1984)，pp. 197–206；Vones (1980)，pp. 365–427.

取共同外交行动时，普遍认为他为她服务主要还不是战略性的行为，尽管她的情人（或者丈夫）与加莱西亚人的联系有利于特里萨，但是他的影响在米诺河南部地区遭到广泛的反对。

至 1126—1127 年，阿方索七世第一次作为国王访问她时，他的这位姨妈不仅自称王后[26]，而且反对她的人则聚集在年轻的阿方索·亨里克斯周围，到 1128 年夏季，阿方索·亨里克斯在圣马梅德（São Mamede）突袭战役中取得了对其母亲的胜利[27]，并把她及其配偶驱逐到加莱西亚，后来（可能是 1130 年?）她死在那里。

下个十年对于葡萄牙王国的崛起非常关键。阿方索·亨里克斯不得不警惕周围的一切。韦里西穆·塞尔劳（J. Veríssimo Serrão）认为有必要维持"两面政策"以满足需要，保持对边界的密切监视，同时不放松对家门口势力发展的警惕。[28] 但是，这也低估了国王所面临难题的严重程度。阿方索·亨里克斯要守护三个方面的边界：在米诺河以北的加莱西亚地区，效忠阿方索七世的费尔南多·佩雷斯此时异常活跃；在东部则有阿方索七世本人；在南部，他不得不通过策划对阿尔莫拉维德王朝疆域的袭击，以获得的好处来向基督教政治社区证明自己的价值。直到 1136 年，西边的大海是他唯一靠得住的。但是，就在那一年，哈奥·佩库里阿（João Peculiar）晋升为大主教区（他曾为此一再游说）主教，使他又多了一位盟友。哈奥·佩库里阿在此后的 37 年中一直作为布拉加教区的大主教，帮助这位王子控制着王国闯过无数次危机。然而，他也受到肆无忌惮的造谣中伤，甚至指控他把神圣的国王主子踩在脚下，并徒手阉割教士，他直截了当的行事作风也遭到不公正的非议，然而，他是仅次于阿方索·亨利克斯本人对葡萄牙王国的生存贡献最大的人。也只有他能够成功地对抗阿方索七世千方百计企图从"西班牙的"（Hispania's）教会历史中挑起的争议，当莱昂人的军事和外交努力失败后，他设法巧妙地避开了托莱多主教的欺诈。[29]

直到 1140 年，他们做到了这一点。1137 年 7 月，阿方索·亨里

---

[26] 她是阿方索六世的女儿，*Chronica Adefonsi imperatoris*，bk Ⅰ，ch. 5. 如此记载。
[27] 6 月 24 日或者 7 月 24 日；权威说法不同。要注意的是，后面这个日子是在 Santiago 节前夕。
[28] Serrão (1979)，Ⅰ，p. 81.
[29] Erdmann (1928)，pp. 54 – 55；Ferreira (1928)，pp. 284 – 319.

克斯通过图伊（Tuy）协议重新承认了阿方索七世的权力。但是 1140年 4 月，他又开始称呼自己为王（*rex*）。[30] 正像情况表明的一样，三年后，皇帝也接受了这个事实。作为对其表弟重新承认其在加莱西亚权力的回报，阿方索七世默认接受了这个新王国的存在，此后阿方索·亨里克斯将其王国委托给罗马教会，宣布自己成为教宗的臣属。这一事态发展的罕见奇特性质使历史学家们感到迷惑。它为什么发生在 1140 年？为什么此后很快又中断了？1140 年，阿方索·亨里克斯已经在科英布拉稳坐王位达十年之久，而在 1135 年，他缺席阿方索七世的皇帝加冕典礼就表现得比较明显了。但是后代子孙可能对他仅仅缺席此次活动感到还不满意。人们需要一场军事胜利，一场盛大的展示，一次葡萄牙的科瓦东加（Covadonga）以及一个建国的神话。[31]

大约在 1300 年，人们都认为阿方索一世获得国王头衔是他在"埃里希"（Erich）战胜摩尔人的结果。后来，这个故事被润色美化，说在奥里克（Ourique）战役中（1139 年 7 月 25 日），基督真神亲临战场，帮助他将由不少于五名摩尔国王率领的"无数军队"击退。然而，关于这次"科瓦东加"还是有些关于奥里克的未解难题。其发生的日期就是个问题，圣地亚哥斋日这个日期表明，他们一起努力将这一具有神秘色彩的时间与庇护卡斯蒂尔 - 莱昂的圣徒联系到一起。另外一个问题是这场遭遇战的规模，最早提到这场战役的记录者判断，它充其量不过是边境摩擦一类的冲突，在那些年，基督教军队经常沿着边界地区定期发动袭击。最后一个问题是，编年史家们记载的战事地点是在"奥里克"（*Oric*）还是"乌里克"（*Ouric*）：现代的奥里克位于阿兰提祖河下游（Lower Alentejo），距离阿尔加维（Algarve）海岸只有 50 英里远，离当时那些北方人聚集的地方还远着呢。而在其他可能被判定为战役发生地的地点中，还有人提出可能是当时正被阿方索七世围困的奥里利安城堡［*Aurelia*，托莱多附近的科尔梅纳尔·德·奥雷哈（Colmenar de Oreja）］！[32]

比奥里克传奇更有意义的是，以一种极具特色的历史编纂传统记录下来的与当时比较接近的文献，与圣克鲁斯·德·科英布拉（San-

30　Feige (1978), p. 245.

31　见 *NCMH*，II，ch. II，pp. 272 – 289。

32　Herculano (n. d.)，II，note XVI；Lindley Cintra (1957).

ta Cruz de Coimbra）的奥古斯丁修会的记载相呼应。此修会在 1130
年创立，哈奥·佩库里阿是其创始人之一，1139 年 6 月，它又从阿
方索·亨里克斯那里接受了大片土地馈赠。此后，它给年轻的王国提
供了大量坚定不移的意识形态支持、历史起源根据和独立国家观念，
它提供的服务类似于里波尔的修道士们报答巴塞罗那各位伯爵的一
样[33]，这种好处是当时的莱昂和卡斯蒂尔国王们都未曾享受过的。根
据同一世纪末完成的所谓《阿方索一世编年史》，阿方索·亨里克斯
的统治不是开始于 1139—1140 年，而是 1128 年，是他击败了特里萨
和她的"外国"同盟军的那一年。[34]

　　经过 17 周的围攻后，里斯本于 1147 年 10 月被占领，这就使新
王国的声誉最终确立起来。一位英国参战者欢欣鼓舞地描述了征服里
斯本这件事，他隶属于一支由北方人组成的大军，此时正在前往圣地
（耶路撒冷）参加第二次十字军东征的途中，他们的舰队停泊在奥波
尔托港（Oporto）进行补给。在这里，他们聆听了当地主教佩德罗·
皮托埃斯（Pedro Pitões）博学的长篇演说。但是，他的听众们对其
关于战争正义性符合教会法的讨论和唤起他们基督徒同情心的呼吁无
动于衷。说服他们留下并参战的原因是国王手谕中允诺的物质利益，
以及能激励他们采取军事行动的对敌人的愤慨，因为敌人毫无道理地
袭击他们外出捕鱼的一伙同伴。[35] 塔古斯山谷地区此时安全了。圣塔
伦在同年早些时候投降了，辛特拉和帕尔梅拉（Palmela）很快也表
示降服。

　　阿尔莫拉维德人的内乱也有利于这些成功，他们的军队没有能力
从基督徒手中收复托莱多或萨拉戈萨，而越来越严重的宗教腐败引起
南部地区从阿尔加维到科尔多瓦和巴伦西亚许多城市发生一系列起义
暴动（1144—1145 年），他们大多是受阿布·卡辛（Abu-l-Qasim）
的煽动，此人是苏菲派（sufi）政客和"马赫迪"伊本·图马特的继
承者。1146 年，阿布·卡辛说服阿尔莫哈德人哈里发阿卜杜勒·穆
明（'Abd al-Mu'min）派遣大军跨越海峡，而这位哈里发在此前刚刚
发动攻击夷平马格里布（Maghreb）的阿尔莫拉维德王朝酋长国

---

[33] Mattoso（1986），Ⅱ，pp. 205 – 206；Bisson（1984a），pp. 462 – 465.

[34] Blöcker-Walter（1966），p. 152.

[35] *De expugnatione Lyxbonensi*，p. 141；Hehl（1980），p. 259.

(amirate)，这样在 1147 年初，他们就控制了塞维利亚。但是，安达卢西亚的"分裂小国"诸王本身还没有做好摆脱阿尔莫拉维德人的控制，以便屈服于新主人的准备，因此便兴起了势力强大的反阿尔莫哈德人的运动，这场运动的主导思想来自穆罕默德·伊本·马尔丹尼什（Muhammed ibn Mardanish），他是巴伦西亚、穆尔西亚和利凡特的统治者。基督徒们都称呼伊本·马尔丹尼什为洛波王（Lobo），他宣称自己是纯粹的阿拉伯后裔，但是其生活方式却是明显的西班牙风格，所以人们推测他那奇怪的名字可能是罗马名字马丁内斯（Martínez）的变音，他的统治原则就是独立自治：简言之，他就是穆斯林的熙德（Cid）。伊本·马尔丹尼什倾向于从北方地区基督徒中招募士兵，因此于 1147 年与阿方索七世、纳瓦拉的加西亚·拉米雷斯和拉蒙·贝伦格尔四世结盟，以便围攻阿尔梅里亚这座穆斯林在西班牙的主要港口城市，它还是连接非洲和东方的枢纽。[36]

　　阿尔梅里亚于 1147 年 10 月 17 日被占领，恰好是在里斯本投降前六天。这是件天大的好事，吸引了来自西班牙各地基督教地区、蒙彼利埃的威廉、比萨和热那亚的各路军队，以及加泰罗尼亚海军，在《阿方索七世编年史》附录的（未完成的）"阿尔梅里亚赋"中，用拉丁六步格诗庆祝这个胜利。[37] 该编年史家把阿方索七世称为"以实玛利人的雷霆"（Ⅱ，p. 107），卡斯蒂尔历史家巴尔德阿韦利亚诺（Valdeavellano）描述征服阿尔梅里亚是"他（阿方索七世）最辉煌的业绩"[38]。事实上，发动这场战争的最初想法，似乎来源于巴塞罗那伯爵领地和意大利人，因阿尔梅里亚长期以来就为地中海海盗提供了避风港。1147 年秋季，皇帝的统治还有十年，而这个时期的材料非常缺乏：恰恰在这个时候，皇帝的编年史是空白。在某种程度上，这些年是绝望且没有前途的岁月。阿尔莫哈德人在南方不断强化其势力；1157 年，他们收复了阿尔梅里亚。葡萄牙成功取得国王之位具有决定性意义，标志着莱昂人在半岛霸权的终结。还有迹象表明，阿方索七世尚存希望，要补偿其遭受的政治损失，并通过回忆历史和其他传统，维系最终统一半岛的可能性。正是在此期间，人们发现他千

488

方百计地控制托莱多的基督教大主教，以便达到其世俗的目的，他还采用了某些弗雷德里克·巴巴罗萨的皇帝服饰。[39] 但是这些新的努力都无果而终。

阿尔梅里亚的命运，可以用来解释为什么这些努力无果而终。正像 13 世纪的一位主教编年史家所说（尽管尚不清楚这究竟是仅仅特指阿尔梅里亚，还是整个地区），阿方索七世更善于攻城略地，而不擅长巩固领地。这位皇帝在统治期间有很多向南扩张的丰功伟绩，以及成功的围攻战。但是他被过度吹嘘了，其交通线路太过漫长。他夺取的地方很快就重新丧失了。其军事行动的范围超出了其资源能够承受的范围，其权力必然衰落。因此到阿方索的统治末年，他派驻巴埃萨（Baeza）的中尉（*tenente*）曼里克·德·拉腊（Manrique de Lara）就被授权以皇帝的名义颁布公文。[40]

相比之下，拉蒙·贝伦格尔四世的情况就特别突出。被他重新收复的地方仍然存在需要再度收复的问题，例如 1148—1149 年他占领了托尔托萨、莱里达、弗拉加、梅基嫩扎（Mequinenza），尽管这些地方距离阿方索七世当时积极经营的乌克莱斯和科尔多瓦还要往北，却需要再次征服。因此，这两位君主于 1151 年 1 月签署的《图德棱条约》（Tudellen）具有极为重要的意义。从表面上看，这份条约确认了莱昂诸王对整个半岛的传统权力。当时正在密切关注加西亚·拉米雷斯去世后纳瓦拉王国分裂局势的皇帝和“阿拉贡大公”，及时抓住进一步重新收复利凡特的机会。而巴伦西亚、德尼亚、穆尔西亚等地区都将由拉蒙·贝伦格尔负责管辖。与古老的期待一致的是，这些地区都由他作为皇帝的封臣进行控制。但是他将拥有它们，半岛划分的原则只得被放弃了。[41] 90 年后，另一位很有建设性的好古者同样想要无视数个世纪以来这一不可避免的结果，以西哥特议会为依据主张托莱多要对巴伦西亚行使宗教管辖权。[42] 在这个时候，西班牙正统主义本身就证明了该进程的绝望无助。1157 年 8 月，阿方索七世一去

[39] Linehan (1993), ch. 9.
[40] "Felix siquidem in acquirendo, sed minus discretus in retiendo": "Chronique latine inedite", c. 5; Sanchez Belda (1951).
[41] *Coleccion de documentos ineditos del archive de la corona de Aragon*, p. 168; Soldevila (1962), pp. 186–187; Lacarra (1976), pp. 209–210.
[42] Linehan (1993), pp. 344–348.

世，其王国就被他的两个儿子分割了。13 世纪，人们哀悼并指责阿方索七世王国的解体，13 世纪40 年代的一本主教编年史把该王国的解体归于人性的罪恶。事实上，它是非常符合传统的王朝继承法规的类似原则，1035 年纳瓦拉国王桑乔三世去世时，事情就是按照该原则发展的，1065 年费尔南多一世去世时，卡斯蒂尔王国也是照此传给了他的大儿子桑乔（因为尽管卡斯蒂尔只是个小王国，但却由王室家族的主要领地构成），而其小儿子费尔南多就只能继承莱昂。[43]

　　阿方索七世去世后，给拉蒙·贝伦格尔四世留下了半岛最高以及最有效力统治者的位置，尽管他本人一直忙于普罗旺斯事务。在不足30 年以前，他的父亲曾听蒙特卡达（Montcada）伯爵贝伦格尔·拉蒙一世说，"尽管我从你那得到很多，但是我连个屁都不领情"。经过四代以后，伯爵吉列姆三世（Guillem Ⅲ）于 1227 年对当时的阿拉贡国王说，"我欠你的东西很多……你给的血缘，你给的巴塞罗那伯爵之名，这都构成了我们的血缘关系"。但是到1157 年，也就是不到三分之一世纪的时间，双方的关系就发生了多一半的变化。经过一个多世纪，其世袭领地恰好位于巴塞罗那以北的蒙特卡达领主，已经拥有了巴塞罗那总管的头衔，而且还不时地与那些封他们为总管的伯爵发生争执，要设法获得这一职位的世袭资格。这样他们使各个家族具有了不同特征，拥有了拉蒙·贝伦格尔一直在争夺的利益，他们自11 世纪70 年代就已获得并继承了王朝和权益，各自都保持了教宗格列高利七世及其臣属们允许的军队。[44] 到了 1150 年前后，拉蒙·贝伦格尔已控制了他们。他在这个时候颁布的王权法典《巴塞罗那习惯法》（Usatges of Barcelona），不仅使他最终拥有了对伯爵—君主们的管辖权，而且宣示了他对所有在其管辖权内人们拥有必要的权利，这个法典颁行的日期据说是在拉蒙·贝伦格尔一世（1076 年去世）统治时期，但它直到1166 年才在卡斯蒂尔生效。1151—1152 年，他根据该法对巴塞罗那及其周边地区进行了一次农民土地权和义务的调查，最近有的历史学家把它说成是加泰罗尼亚事实上的"末日审判"。阿拉贡似乎没有进行类似的调查。而卡斯蒂尔将在 200 年以后

490

[43]　"Chronique latine inédite", c. 7（"permittente Deo propter peccata hominaum"）；Lacarra（1976）.
[44]　Shideler（1983），pp. 38, 155；Freedman（1983），pp. 45 – 67.

完成《贝希特里阿之书》（*Libros de las Behetrías*）时才经历了这样的调查。[45]

　　1157 年，阿方索七世王国的分裂指明了 12 世纪西班牙的一个关键事实，即阿方索统治时最为人赞赏的事件——加冕为皇帝——已经渐趋晦暗了。该半岛的生存情况，正如一位现代历史学家描述的，真的是"挤满了国王"。阿拉贡、纳瓦拉、葡萄牙都在 1139 年以后有了国王，莱昂则在 1157 年以后也像卡斯蒂尔一样有了自己的国王；这些国王首先致力于半岛的统一事业，都毫不犹豫地签署文件记载各自的儿子们成为"王子"或者"类似的国王"（就像 12 世纪 50 年代桑乔三世和阿方索七世那样），或者留下遗嘱说在他们去世后让子女分割继承的王国，这也符合家族传统，就像 1157 年阿方索七世所做的那样。在"国王"和"统治"之间不存在任何近似的联系。根据这个"分割原则"，国王"不是王国的而是地区的"国王，这个"地区"的范围是可以依据相关的概述进行量度测量的，也就是国王宪章确定的条款，其中包括国王当时宣称实际控制的全部疆域，即理论上的统治范围。[46]

　　皇帝的去世从侧面为我们提供了观察 12 世纪中期半岛情况的机会，进而可以大体描述其"空间范围"，以及前文概括描述过的支撑和维护其政治结构的人类活动。

　　西班牙基督教世界是由两种兼容并存但完全不同的制度发挥的力量所左右，形成了两种维度的复杂性，使得对半岛的描述异常艰难。《阿方索七世编年史》作家就遇到了这样的困难，一是他在其作品第一卷描述皇帝东征西讨的活动时，二是在第二卷叙述了皇帝对半岛穆斯林分别发动进攻时。而这个重新征服的过程则是由比半岛宗教古老得多的千万年地质学特征的变动决定的。[47] 无法翻越的山脉山系分隔着北方基督教收复区域和其他地区间的相互联系：当时就像今天一样，对于奥维耶多和巴塞罗那来说，与科尔多瓦和巴伦西亚的来往比它们彼此之间的交通更方便。刚刚到达梅塞塔中央高地的北方人遭遇

　　[45]　Bisson（1986），pp. 31 – 35；Soldevila（1962），pp. 170 – 197；*Usatges de Barcelona*；I，Bisson（1984b）p. 25，II，pp. 3 – 29.

　　[46]　Maravell（1964），pp. 359, 366（"pululación de reyes en un mismo ámbito"），p. 369.

　　[47]　Vicens Vices（1967），pp. 22 – 24.

到恶劣气候的打击，更糟糕的是，广阔的边境地带缺乏安定和庇护，因为往来于边境的军队和抢劫团伙还烧毁庄稼葡萄园。尽管卡斯蒂尔人嘲笑愚弄那些在1212年纳瓦斯（Las Navas）战役之前返回家乡的法国人[48]，但是迫使这些法国人离开的酷热天气证明它是穆斯林在此前数个世纪中最可靠的盟友，而且这种酷热天气对于基督教统治者招募到的外国募兵来说，就像看到敌军中的骆驼一样陌生，关于这一点，编年史家经常提到。[49]

先于外国武士到来的是外国香客。早在一个多世纪以前，孔波斯特拉的圣地亚哥就已经吸引了来自遥远地区的基督徒；到1105年，最早的记载是关于英国的香客，约克郡人理查德·茂勒维尔（Richard Mauleverer）就已经抵达了那里。尽管12世纪中期到过这里的另一位英国人认为这个地方不值一提，但1154年法王路易七世到访圣地亚哥并使其声名鹊起，声誉大震。这个变化首先还要归功于迭戈·赫尔米雷斯，在他任教宗期间（1100—1140年在位），该教区升格为都主教区，宏伟的罗马式大教堂及其极为复杂的附属建筑群也大体完工。[50]

为香客编写的旅行指南，由当时人撰写的《雅各之书》［*Jacobus*，即所谓的《圣雅各之书》（*Liber Sancti Jacobi*）］的第五卷和最后一卷组成，其中描述了从法国出发的香客所走的四条主要路线，首先，从聚集地蓬特拉雷纳出发，经过埃斯特里亚、罗格罗尼奥、布尔戈斯（从巴约纳出发的也到这里）、萨阿贡、莱昂、阿斯托加、彭费拉达（Ponferrada），而后进入加莱西亚。这本指南充满了生活必备和旅行者途经地区将要碰上的居民的基本信息，例如面包（最好的面包是埃斯特里亚式，但是当时埃斯特里亚隶属法国）、河流（污染最严重的是纳瓦拉部分地区，越往西越安全）、鱼和肉（到处都很糟糕），而居民的信息包括：讲一口可怕语言的巴斯克野蛮人；特别不友好的纳瓦拉人，因为他们的名字就透露出其来源的邪恶［纳瓦拉语：不真诚（*Nauarrus*：*non verus*）］，他们吃东西像猪而说话像狗；

[48]　见后文原书第507页。

[49]　*Chronica Adefonsi imperatoris*, bk Ⅱ, chs. 23, 27, 33, 52, 73, 92.

[50]　Vázquez de Parga, Lacarra and Uría Ríu (1948 – 1949), Ⅰ, pp. 51, 64; Fletcher (1984), p. 96; Miret y Sans (1912). 根据围攻里斯本的编年史家记载，正是奥维埃多（Oviedo）拥有"整个西班牙最珍贵的圣物"：*De expugnatine Lyxbonensi*, pp. 63 – 65。

还有卡斯蒂尔人，他们狡诈，诡计层出不穷就像所生活的土地一样富足；旅程的最后还会遇到脾气暴躁、喜欢争辩的加莱西亚人。[51]

一般说来，《雅各之书》不是一本旅行指南，它能够在大约 1170 年以后才广泛流传可能多少有些意外。[52] 即便如此（无论其中的不满只是反映出作者个人的偏见还是普遍看法），该书的问世可能仍然大大降低了外国人到西班牙旅行的热情。尽管如此，他们还是前来旅行，无论南北，西班牙沿途的城乡各地都欢迎他们的到来。西班牙基督教世界主要的经济大动脉（campino francés）提供着对半岛最有用、也是其最需要的东西：人。11 世纪半岛北部基督教君主们通过他们从南部穆斯林收取的保护费（parias），得以为朝觐旅程提供安全保证，他们修桥补路，清剿盗贼，保障安全和市民法（fueros），免除香客的过路费，劝说男人和女人们前来祈祷、停留、贸易和作战。尽管 12 世纪的西班牙人没有得到保护费，但他们仍继续提供这样的保障。[53]

他们仿效前辈的技巧。法国人在同胞主教罗德斯的彼得（Peter of Rodez，1083—1115 年）担任教宗期间大量涌向潘普洛纳这座主教城市，该城是从朗塞瓦尔（Roncesvalles）之路来访的最重要的城市，到来的法国人不断增多。1129 年，阿拉贡的阿方索一世批准"法兰克人"（totos francos）中那些定居在伊鲁纳的圣萨图尔尼诺（San Saturnino de Iruña）的居民享有市民法，而比利牛斯山的哈卡人，早在 1063 年就曾从阿方索一世的父亲桑乔·拉米雷斯那里获得了这种权利。[54] 其结果是促使非常有利于商业贸易的"市场"（burgo）发展起来，无论在人身还是在司法管辖权方面都与原有的城市分离开来，在这里，允许法兰克人（franci）选择他们自己的法官（alcaldus），也允许他们垄断与过往香客的贸易，当地的纳瓦拉人则被排斥在外。于是，一座双重城市建立起来，但也为即将到来的争斗搭建了温床，这种斗争在 15 世纪将进入白热化。埃斯特里亚也出现了同样的族群分离状况，这座由法国人组成的新城建于 1090 年，是在从原有朝拜

　　[51] *Libri sancti Jacobi*, pp. 349–360; Vazquez de Parga, Lacarra and Uria Riu (1948–1949), I, pp. 202–215; Defourneaux (1949), pp. 102–106.

　　[52] Hohlar (1972), pp. 55, 69.

　　[53] Valdeavellano (1969), pp. 103–106; Gautier Dalché (1979), pp. 67–85.

　　[54] The *fuero* granted to Jaca was adopted further afield than Pamplona；细节见 *Fueros de Navarra*。

路线分化出来的香客之路上发展起来的，1187 年，桑乔六世扩大法国人享有的市民法的适用范围，颁授给城市里的其他居民，从而使分裂激化得以缓和。[55] 与此同期，《伪图尔平传》（*Pseudo-Turpin*）将发现圣地亚哥墓地的功绩归于查理大帝，并传播这样的故事，说他建立孔波斯特拉教堂，颁布要求"所有贵族、君主、包括西班牙的以及加莱西亚的基督徒国王"都需服从其主教，还说这位法兰克皇帝对整个半岛的征服不是一次而是三次，每一次，只要他一离开，让当地人自己管理，愚蠢的当地人就都抛弃其初衷。这部书是伪造的关于兰斯大主教图尔平（根据《罗兰之歌》，他是朗塞瓦尔的牺牲者之一）的回忆录。[56]《伪图尔平传》采取《雅各之书》第四卷的写作形式，该形式似乎来源于教授巴黎小学生语法的课本，大约完成于 12 世纪中期。但恰好就是在此之前，这种厌恶法国的情绪即通过言语和行动表露了出来。所谓的《地区史》（*Historia Silense*）的莱昂籍作者在对历史记录进行整理后坚持认为：没有任何外国人来帮助西班牙的基督教世界，尤其是查理大帝，他"以法兰克人的行事方式"被黄金所腐蚀，并在朗塞瓦尔这个地方被纳瓦拉人打得大败。[57] 与此同时，还存在一种完全相反的传说，说卡皮奥的贝尔纳多（Bernardo of Carpio）这位"抵抗查理大帝"的领袖在朗塞瓦尔打败过皇帝。[58]

　　然而在萨阿贡，有一份当时记录下来的名单，关于 1085 年那些响应阿方索六世的号召前来的外国定居者，他们"来自外国，来自我自己的祖国、来自其他各个地区"，其中有加斯科涅人、布列塔尼人、德意志人、英格兰人、勃艮第人、诺曼人、普罗旺斯人和伦巴第人，而在乌拉卡统治时期（1110—1116 年）爆发的内战期间出现的暴力活动并没有指向外国人，相反是他们和当地人一起组织的，他们的共同目标是反对国王将他们置于修道院院长的司法权之下，还建立了自己的组织"评议会"（*concejo*），向阿拉贡的阿方索国王请求援助。阿方索

493

---

　　[55]　Valdeavellano (1969)，pp. 136 – 140；Defourneaux (1949)，p. 250.

　　[56]　*Libri sancti Jacobi*，pp. 306，325 – 326（Santiago as "sedes secunda" after Rome，St James having been *maior* amongst the apostles after St Peter，"et in celis primatum super eos tenet"）；Defourneaux (1949)，pp. 82 – 90.

　　[57]　Hohler (1972)，pp. 33 – 40；*Historia Silense*，pp. 129 – 130.

　　[58]　Défourneaus (1949)，pp. 302 – 316. Bernardo of Carpio 似乎在该世纪下半期已经创立起来了。在 *Historia Silense* 中没有提到过他，而确定该书年代为 1110 年到 1120 年显然也太早了：Canal Sánchez-Pagin (1980)，pp. 101 – 102；Linehan (1993)，ch. 5。

的兄弟拉米罗洗劫了这座皇家修道院，拉米罗还是未来阿拉贡王朝的救星和继承者。在 12 世纪 10 年代的混乱环境中，这类不满情绪更容易产生。在 1116—1117 年的圣地亚哥，乌拉卡挑唆主教迭戈·赫尔米雷斯的敌人反对他，反倒自食其果，使自己陷入危险之中。[59]

在朝拜之路尽头夺取权力的那些人结成了兄弟会，这表明沿着整条路进行殖民和贸易的力量的潜能是相当大的，尽管所谓"日耳曼人"（germanitas，一位反感他们的当时人如此称呼）实际上大部分是由加莱西亚人构成的，却在一些现代社会历史学家中激起极大的热情。[60] 它还表明需要继续维持对这些武装的控制，并确保把他们派往真正需要他们的地方去。对社会混乱的担忧始终没有消除。阿方索七世的编年史家讲述了萨拉曼卡"贵族"的故事，他们决定袭击巴达霍斯，以便"使自己名声大震，而不要让别的什么君主或者大公享有这份荣誉"，结果却遭到了毁灭性的失败。[61] 只是在他们苦修赎罪磨炼自己，向教会支付什一税和刚刚采摘的水果，并向皇帝的指挥官表示臣服后，上帝才再度恩赐给他们胜利和好处（Ⅱ，p. 29）。编年史中的这则故事具有非常明显的道德说教特征。不同派别间的相互协调、互相帮助的行动继续维系着这些边境武士的法规，他们各方之间的关系仍然有效不变。这些武士曾经不得不进行赎罪苦修的罪孽，就是那种不愿意屈服的社会罪行。

尽管并不是所有香客之路沿途的城镇都被排斥在相关商贸之外[62]，但在杜埃罗河以南（即埃斯特雷马杜拉）和中央山脉［（cordillera central），即特兰希尔拉（Transierra）］山系以外的更远地区，那些山民大多是军事性的。塔古斯河的托莱多位于从里斯本到托尔托萨最南端：原始而险恶的山区一直是（现在还是）野熊和野猪出没的地区，就像阿方索六世于 1107 年形容塞哥维亚地区一样。近年来，一系列开拓性研究，几乎完全改变了我们关于这个地区在 1085 年以后的重新安排和各军事家族的作用的看法，这些家族由

---

[59] Défourneaux (1949), pp. 232–238；Fletcher (1984), pp. 185–189.

[60] Pastor de Togneri (1973), pp. 13ff.

[61] "Eamus et nos in terram Badalioz et faciamus nobis nomen grande et non demus nomen glorie nostre ullo principi aut duci." "谁是你们的领袖？"摩尔国王问他们，在听到说他们都是领袖时，他认为他们都疯了；Chronica Adefonsi imperatoris, bk Ⅱ, chs. 27–28。

[62] Gautier Dalché (1979), p. 74.

国家组织安置在具有战略意义的地点，建筑防护城墙，而每座城市都附有一片开阔土地，沿塔古斯河顺流而下。就以阿维拉为例，它有许多要塞防护的大教堂，并显示出这些组织群体既坚持其各自身份认同，又参与完成共同任务活动的能力。阿拉伯地理学家伊德里斯（al-Idrisi）将这座城市描述成一群小村庄的集合体。在这些地方周围，还蓄养着牲畜，当敌人邻近时，就把它们赶入围墙内。在这时，农村实行坚壁清野，迫使从南方来的袭击者只能在此停留一天或者带着随身所需的粮草辎重。[63] 在任何时候，基督徒能够重新征服得到的实际范围，都取决于绵羊能够安全吃草的草地范围。农业生产也应该不存在问题：但是棵棵直立的庄稼会引诱敌人纵火焚烧。动物可以移动，葡萄园却无法挪动。[64] 由于同样的原因，边界地带的修道院发展都不兴盛，不如更早时候在更北部地区的发展，也不如它们后来在加泰罗尼亚地区受波博莱特（Poblet）修道院僧侣们推动（1150—1153 年建立）而继续得到的发展。在加莱西亚出现了隐居的西铎会修道士，填补了加莱西亚内陆修道院的空白。在卡斯蒂尔，他们发挥着不同的作用，他们守卫的不是与伊斯兰教地区相邻的基督教防线（那里也活跃着他们的骑士兄弟），而是守卫着与基督教邻居的防线。12 世纪 70 年代，阿方索八世因此下令布叶多（Bujedo）、埃雷拉（Herrera）、里奥塞科（Rioseco）和贝纳维德斯（Benavides）的骑士团迁居边境地区。[65]

　　接受了这一任务的骑士们从半岛其他地区或者更远的战场会集于此，说服他们这样做的条件包括让他们享有市民法（*fuero*），阿方索六世于 1076 年就向塞普尔维达颁授了市民法，这部法典后来的适用范围极广，从阿拉贡的莫雷利亚（Morella，于 1233 年获得）到巴达霍斯南部的塞古拉·德·莱昂（Segura de Leon，于 1274 年获得）。塞普尔维达为所有新来者提供豁免权：即便是杀人犯，只 495

---

⑥③　Barrios Garcia（1983 – 1984）；Portela（1985），pp. 94 – 115；Powers（1988），pp. 93 – 205；García de Cortazar（1990），pp. 55 – 121；*Chronica Adefonsi imperatioris*，bk Ⅱ，chs. 47，84.

⑥④　Garcia de Cortazar（1990），pp. 62 – 63.

⑥⑤　McCrank（1983）；Pallares Méndez and Portela Silva（1971），pp. 69ff；Alvárez Palenzuela（1978），pp. 83，90 – 91，103，121 – 132；Moxó（1979），pp. 269ff.

要越过杜埃罗河也能确保其享有避难权。[66] 狡诈凶狠的戈麦斯·努奈斯（Gomez Nunez）伯爵在阿方索七世的王国"因为没有立足容留之地"，而前往克吕尼修道院的圣堂寻求庇护，他在途中本来还打算穿过络绎不绝的前往边防作战的骑士们的人流，他们都是为了完全相同的目的踌躇满志地向南方进发，他们到达后建立的功绩残暴无情，见证了其来源的险恶粗野。[67] 这里，最受推崇的品格就是彪悍（strenuitas），而最受鄙视的行为就是败于对手，根据《阿方索七世编年史》的记载，莫拉（Mora）的丢失就是由于"忽视"对武器装备的保养，也是其一系列以屠杀和洗劫为目的而对敌人采取的鲁莽冒失行动所必然受到的严厉惩罚。[68] 这里的规定就是永远保持警惕：在普拉森西亚（Plasencia），当战事爆发时，市民们的首要任务是保护城墙的安全。无论入侵战还是守卫战都是城市里非贵族军队（caballería villana）的事情，为了实现胜利，他们定期发动远征，深入穆斯林领土进行攻击。[69]

教士们常常和他们一起行动。他们中的许多人也是外国人，例如，1101—1109 年间，隶属主教奥斯马的彼得的人均来自布尔日，再如与这位主教同时代的巴伦西亚的杰罗姆，他在《熙德之歌》中解释说，他是"因为急于去杀一两个摩尔人"而从法国来到这里的边境，此后便弄不清杀了多少人。13 世纪初期的一份主教手册中有一封扎莫拉主教的信，该信是在战事即将打响时主教向莱昂国王的致意问候。[70] 他们的宗教目的与众不同，比如帕伦西亚的拉蒙（Ramon of Palencia）主教，据说这位加泰罗尼亚僧侣将其教堂的全部财产转卖，放弃了主教官邸任其破败坍塌，而前往边界线附近的茅草屋隐居生活，我们完全无法判断他这样做的目的。例如，阿方索七世编年史家的态度更是不冷不热。尽管他也可能是个主教，但是他因为其著作的主人公（阿方索七世）和阿方索·亨里克斯之间订立的条约"有

---

[66] Sáez (1953), pp. 46 ("Et si aliquis homo de Sepuluega occiderit alium de Castella et fugier usque ad Dueto, nullus homo persequatur eum", c. 13), 190, 200.

[67] *Chronica Adefonsi imperatoris*, bk Ⅰ, ch. 87 ("quia nuxquam erat ei locus ad habitandum").

[68] *Ibid.*, bk Ⅱ, chs. 46 – 49.

[69] *Ibid.*, bk Ⅱ, chs. 2, 18；Blocker – Walter (1966), p. 151；Linehan (1993)；Lourie (1966), p. 59；Powers (1988), p. I.

[70] Linehan (1993), ch. 8.

利于基督徒"，而把它说成"特别有用"。[71] 使十字军战士们自己决定
在1147年同意改变路线前往里斯本的，不是基督教世界；吸引他们
的是关于战利品的附属细则。按照同年他们为了募集到阿尔梅里亚战
役的志愿军的条款，"莱昂和托莱多的"所有为这一事业拨出神赐的
和现世的两柄宝剑的主教，都要确认：从半岛这一端到另一端就是所
涉及的"两种生活"的报答。[72]

在当时，一方面存在着促使西班牙君主们颁授给地方市民法
(*fueros*) 的环境，例如塞普尔维达 (Sepúlveda) 的市民法——几乎
没有什么钱、人也很少，还有在理论上至少属于他们权限之下的大量
领地，另一方面还存在一种影响深远的精神，在这种精神的鼓舞下，
里斯本和阿尔梅里亚的武士们想要承担作为基督徒的义务，这两种情
况结合起来，形成了达成共识的条件，而这些条件被研究12世纪欧
洲其他地区的历史学家们描述为"封建"，尽管对其在佛朗哥将军在
世时的西班牙同行来说，这个封建主义的概念似乎在理论上完全行不
通，而且因为它太过欧洲化（也就是太过陌生）而不被接受。然而，
自从20世纪70年代中期以后，封建主义突然受到大力推崇，因为它
提供了这样的解释，认为中世纪的西班牙非常类似于欧洲的一般模
式，也应符合马克思主义的理论。因此，近年来，关于这个问题的历
史研究非常不稳定，而且要比12世纪的文献证据本身更加混乱。例
如，《罗德里戈传》(*Historia Roderici*，该文件的完成最晚不会超过12
世纪40年代）的描述就比较明确，阿方索六世颁授给熙德及其继承
人的土地可永久性占有。阿方索七世的情况也提供了进一步佐证，在
他统治的最后数年中，他向地位更低的民众颁授土地。[73]

卡斯蒂尔的桑乔三世的统治仅仅一年（1157—1158年），其间最
值得铭记的事件是建立西班牙第一个军事骑士团，其创建者是菲特罗
(Fitero) 修道院的院长西铎会修士雷蒙多 (Raimundo)。卡拉特拉瓦

---

[71] *Chronica Adefonsi imperatoris*, bk Ⅱ, ch. 87 ("quia bona Christianis, utilis uisa est").

[72] "Mercedem uite spondent cunctis ruriusque. / Argenti dona promittunt cumque corona/ Quicquid
habent Mauri rursus promittitur auri": *Prefatio de Almeria*, lines 43 – 45.

[73] "Insuper autem talem dedit absolutionem et concessionem in suo regno sigillo scriptam et confirmatam,
quod omnem terram uel castellan, que ipsimet [*sic*] posset adquirere a Sarracenis in terra Sarracenorum, iure he-
reditario prorsus essent sua, non solum sua uerum etiam filiorum suorum et filiarum Suarum et tocius sue genera-
tionis": "Historia Roderici", c. 26. Cf. Smith (1983), pp. 57 – 58; *Los cartularios de Toledo*, p. 81; Linehan
(1993), ch. 7.

是一座通向安达卢西亚必经之路的军事要塞，阿方索七世在 1147 年才完全收复它，此时他将这里的监护权委托给圣殿骑士团，但是在阿方索七世去世后，骑士团由于无法为其提供必要的防卫，只得将它归还给桑乔三世。雷蒙多领导的骑士团遵守西铎法规，但是 1164 年卡拉特拉瓦的托钵僧也被接纳参加了这个骑士团，于是其严苛的方式做出调整，以便使他们能够从事军事行动。1170 年，莱昂的费尔南多二世为了同样的目的建立起圣地亚哥骑士团，其不同之处在于，他的骑士是普通的俗人修士，可以结婚。随着阿尔莫哈德人的威胁越来越严重，他们负担起在塔古斯河和莫雷纳山脉之间广大地区进行防卫以及重新殖民的重任。1166 年后不久，在葡萄牙创立了埃武拉〔Évora，后来称阿维斯（Avis）〕骑士团。然而，在阿拉贡，圣殿骑士团和医院骑士团仍占主导地位。[74]

　　桑乔三世于 1158 年 8 月英年早逝，留给卡斯蒂尔一个三岁大的君主阿方索八世，按照桑乔遗嘱的安排，卡斯特罗（Castro）的古提埃拉·费尔南德斯（Gutierre Fernández）担任指导教师，直到孩子 15 岁。古提埃拉的辅佐权立即遭到拉腊家族的反对，他们于 1160—1161 年获得了这个孩子国王的监护权，却成为纳瓦拉的桑乔六世国王和阿方索的叔叔莱昂的费尔南多二世入侵卡斯蒂尔的借口。1085年后，托莱多曾成功抵抗了穆斯林的武装入侵，到 1162 年，由于卡斯特罗的费尔南多·罗德里戈斯被安插为托莱多总督，该城落入莱昂人的控制之下。同年 8 月，拉蒙·贝伦格尔四世去世，留下了一个同样叫阿方索的小继承人，即四岁大的阿方索二世，这使原本已经危如累卵的半岛基督教世界陷入更危险的境地。这种情况一直维持到1170 年，此时除了两位少年国王引起的不便外，还有葡萄牙的阿方索摔断了腿，但这肯定不能归罪于莱昂的费尔南多的诡计。阿方索一世是在巴达霍斯的城门附近的混战（mêlée）中伤了腿，从此后再也不能骑马，牵连其中、使他陷入困境的不是十字军的敌人，而是阿方索一世的女婿，这个莱昂人为了保护其在西南部地区的利益，与阿尔莫哈德人的哈里发阿布·雅库布·优素福（Abu Ya'qub Yusuf,

---

74　Lomax（1978），pp. 107－111.

1163—1184 年在位）签署了和约。[75]

　　1162 年 9 月，费尔南多二世在获得了"西班牙王"或"西班牙人之王"的称号后，将阿拉贡的阿方索纳入其保护之下，次年 7 月，他又设法成功地抓到了其侄子卡斯蒂尔的阿方索本人。与此同时，伊本·马尔丹尼什自 1159 年以后便将统治权从巴伦西亚 - 穆尔西亚地区一直扩展到遥远的哈恩（Jaén）、乌韦达（Ubeda）和巴埃萨（Baeza）地区，这个时候也被格拉纳达以外的阿尔莫哈德人军队打得大败（1162 年），当同样的败绩于穆尔西亚再度降临到他身上时（1165 年 10 月），阿拉贡和纳瓦拉国王就联合将其驱逐。[76] 1166 年后，阿拉贡人忙于收复普罗旺斯伯爵领地，这个地区于 1131 年被拉蒙·贝伦格尔三世年轻的儿子贝伦格尔·拉蒙控制，基督教军队在西南地区的胜利要归功于杰勒多·瑟姆·帕沃尔（Geraldo sem Pavor，"无畏者"），这位葡萄牙熙德总是被人描绘成遭到国王的驱逐，并在阿尔莫哈德王朝治下的塞维利亚终老其生，而他在特鲁希略（Trujillo）、埃武拉（Évora）、卡塞雷斯（Cáceres）和蒙坦切斯（Montánchez）的英勇业绩（1165—1166 年）都足以使他被后人铭记，被尊为葡萄牙的"红花侠"（Scarlet Pimpernel）。[77]

　　不是在 1169 年就是在次年，阿方索八世年满 15 岁，开始亲政，这个成年仪式以两件意义重大的事件为标志：一是 1170 年在萨阿贡与阿拉贡的阿方索二世建立和平友好的联盟关系，1174 年，后者与他的姑姑卡斯蒂尔的桑查结婚强化了这一关系；二是他迎娶了英格兰国王亨利二世的女儿埃莉诺。他是如何设法从其险恶的童年生活中幸存下来的尚不清楚：我们对这个时期卡斯蒂尔历史的了解也就比通常所知道的多一点，没有一本编年史能为我们解惑。但是，显然 1166 年是一个转折点，托莱多城及其大主教卡斯特勒莫鲁姆的约翰（John of Castellmorum，1152—1166 年在位）发挥了重要作用。在 3 月举行的塞哥维亚宗教会议上，"国王阿方索治下王国的所有主教"在大主教率领下，援引教会法惩罚条款，确定所有在王国内享有任何国王所赐"荣耀"的人都必须向国王效忠，成为其封臣，并宣布所有未能

498

　㊄　Valdeavellano (1968), pp. 561–562.
　㊅　Lacarra (1952).
　㊆　Cabestany (1960), pp. 63–73; Lopes (1941), pp. 93–94.

这样做的人也都要承担保护王国免遭攻击的同等义务。这年秋天，托莱多再度被收复，从莱昂入侵者的手中解放了该城。正如1085年该城市的穆扎拉布（Mozarabs）所发挥的重要作用一样，这次是在他们的政治领袖（*alguacil*）埃斯特班·伊兰（Esteban Illán）的领导下。然而，在这次事件中，他们得到了应得的报偿。80年来，他们一直被排斥在领导层外，无论是政府还是教会。担任大主教的法国人解除了贸易禁令，其在任期期间见证了所谓托莱多翻译家流派的形成，而穆扎拉布就是其中的重要组成部分。到了1164年，他们成员中多明戈·阿尔珀里辰（Domingo Alpolichen）被任命为托莱多城市的大神甫。此后不久，阿方索八世将穆扎拉布们所享有的市民法（*fuero*）颁授给其所有公民，以便统一托莱多法律，从而使这种和解政策也得到进一步发展。[⑦]

无论通过什么方法，到12世纪60年代末，卡斯蒂尔人的士气已经得到极大的恢复，足以应对1171年从南方入侵的哈里发优素福，也足以应对后者在次年与莱昂国王和卡斯特罗的费尔南多·罗德里戈斯结盟，以及由于伊本·马尔丹尼什去世其王国投向阿尔莫哈德人的事件，从而消弭了类似五年前发生的那场似乎不可避免的灾祸。尽管优素福的军队向北挺进深入塔拉韦拉这样遥远的地方，迫使卡斯蒂尔和葡萄牙于1173年订立和约，但是其军队在前一年围攻韦特（Huete）遭到的失败，已经证明了卡斯蒂尔人化解危机的实力及其军事骑士团日益增强的战斗力。而且，在哈里发撤回到突尼斯的一年后，也就是1177年，阿方索八世占领了昆卡。这是阿方索统治生涯中的第一次重大胜利，为了感谢阿拉贡的阿方索所提供的极大支持，作为对方在围城时提供帮助的回报，他解除了后者的效忠义务，这种义务是阿拉贡诸王自1136年以后一直要向萨拉戈萨王国履行的。卡斯蒂尔的这次免除效忠义务认可了半岛的新现实。然而，按照加泰罗尼亚历史家索尔德维拉（Soldevila）的判断，承认这个现实付出的代价太过高昂。严格地按照封建法规条款行事损害了阿拉贡国王在该地区的利益，因为各地区也追求各自的合法要求。同样的免除义务也表

⑦ Linehan (1980), pp. 34–36; Hernández (1985), pp. 79–82; d'Alverny (1982), pp. 445–446; Garcia Gallo (1975), pp. 361–362, 438–445, 480; Linehan (1993), ch. 9.

现在《卡索拉条约》（Cazola）（1179 年 3 月）中，该协议条款重申《图德棱条约》（Tudellen）的规定，但是有两点重要的变动。在卡索拉，卡斯蒂尔放弃了其要求阿拉贡势力范围内新征服地区效忠的权利，阿拉贡则将穆尔西亚王国割让给卡斯蒂尔。[79] 在同一场合，两国君主还达成了盟约，确立起友好关系，以共同对抗所有其他统治者，不论是摩尔人还是基督教君主。两个月后，亚历山大三世通过《明证诏书》（*Manifestis probatum*，1179 年 5 月 23 日发布），批准承认了葡萄牙的阿方索的占领，承认了其国王称号和其继承人的权利。[80]

而这些事件产生的正式影响是与过往历史的割裂，自 12 世纪 70 年代末以来，历史提供了各种不同的发展轨迹。其中一个轨迹就是卡斯蒂尔国王拒绝认同与其祖父阿方索七世有关的莱昂血统，因此也就断绝了他与西班牙的西哥特君主们的联系，反过来，他们倾向于将自己的谱系与 10 世纪捍卫卡斯蒂尔摆脱莱昂独立的勇士努诺·拉苏拉（Nuño Rasura）联系起来。[81] 另一个轨迹是卡斯蒂尔王廷所采用的称呼用语。1168 年后，国王逐渐重获权威，阿方索八世开始正式采用尊号。在 12 世纪 70 年代，主要使用"陛下"（*regia maiestas*）这个称号，它具有罗马时代君王的含义，是模仿当时日耳曼语的用法。然而，1180 年后，称号的使用突然发生了变化。阿拉贡王国宫廷最终放弃了使用法国国王统治年号标定文献的方法时，在卡斯蒂尔，代之以基督教的编年方法。阿方索八世夺取昆卡，以及阿拉贡和葡萄牙两个王国也在不同意义上实现了自决后，这位卡斯蒂尔君主扮演起捍卫基督教世界的新角色，他还在 1172 年发行金币"马拉维迪斯"（*maravedís*）以取代被停止使用的阿尔莫拉维德王朝货币第纳尔（dinars），与此同时，阿方索八世的形象成为"天主教世界的君主"。[82]

半岛南部及更广阔地区的形势有利于卡斯蒂尔国王，为他提供了得以展示其高贵地位的舞台。到 1182 年，他已能够攻击科尔多瓦，500

---

[79] 索尔德维拉（Soldevila）对比了加泰罗尼亚高傲的、基督教的、西班牙和葡萄牙的现实主义与卡斯蒂尔狂妄的民族现实主义之间的区别，后者从来不遵守其作为莱昂臣属国的条款。阿拉贡人牺牲其在穆尔西亚的权益以换取声明放弃纯粹有名无实的领主权，他将此说成是"灾难性的"（*funesta*）：（1962），pp. 208 –211。

[80] Lacarra（1972），Ⅱ，pp. 74 –78；Feige（1978），pp. 300 –312.

[81] *Cronica general de Espana*, pp. liii – lv.

[82] Linehan（1993），ch. 9.

并残暴地蹂躏了从马拉加到阿尔赫西拉斯的沿海地区。1184 年 7 月，优素福死于围攻圣塔伦战役所受的重伤。次年，死亡同样带走了葡萄牙的阿方索一世和卡斯特罗的费尔南多·罗德里戈斯，其中，费尔南多·罗德里戈斯的儿子佩德罗·费尔南德斯向阿方索投降，承认后者以特鲁希略为中心的领主权，而这座城市正是费尔南多·罗德里戈斯的父亲曾在此擒住哈里发的地方。卡斯蒂尔，以及阿方索在那里建立的圣地亚哥骑士团也因此以牺牲莱昂为代价，获得了广袤的领地和在西南地区进攻安达卢西亚的桥头堡，这具有重要的战略意义。1188 年 1 月，莱昂的费尔南多二世也从舞台上消失了，留下了卡斯蒂尔国王成为半岛的最高统治者，哈丁（Hattin）战役中耶路撒冷的拉丁王国遭受灾难性失败，其后果之一在于基督教欧洲在四处搜寻实力强大的军事领导人。这些年月中，有两个重要的发展证实了阿方索的杰出。一个是他于 1187 年在"卡斯蒂尔首都"建立了王朝的先贤寺，就像一个世纪前圣伊西多罗（San Isidoro）教堂所做的那样：譬如设在布尔戈斯的西铎会拉斯韦尔加斯（Las Huelgas）修女院，后来他还选择这里作为自己的墓地，而没有与其父亲和祖父一起葬在托莱多。另一个是半岛其他君主非正式地承认其霸权，不言而喻地表现在他们缔结了一系列反对他的联盟，特别是葡萄牙的桑乔一世和莱昂的阿方索九世、阿拉贡的阿方索于 1191 年 5 月达成的《韦斯卡协议》（Pact of Huesca），使反对他的力量达到顶峰，两个月后，纳瓦拉的桑乔也加入了这个联盟。

　　12 世纪 80 年代后期这段时间也因为一系列预料之中的新动向而显得十分重要，现代学术界一直认为这些动向非常关键。莱昂的费尔南多二世在晚年与他的老情人哈罗的乌拉卡·洛佩斯（Urraca López of Haro）正式结婚，而他在 1183 年还向这位夫人交纳贡金，以报偿她"以自己的肉体、自己的城堡和属下"给他提供的良好服务。[83] 费尔南多的继承人是阿方索九世，是他早先与葡萄牙的乌拉卡非法结合生下的孩子，因此后者有了一位与他争夺继承权的狡诈的继母。这位年仅 17 岁的青年处境十分险恶，在其统治的第一个夏季，这就表现在 1188 年 7 月发生的两件事情上，它们将决定其后统治政策的走向。

---

[83]　González（1944），I，p. 35.

在 7 月 4—28 日间的某一天举行的卡里翁元老大会（curia）上，当时还享有欧洲统治霸权的阿方索八世充分表现了自己，他为弗雷德里克·巴巴罗萨之子、霍亨斯陶芬王朝的康拉德授封骑士，并安排他与卡斯蒂尔年仅八岁的女继承人贝伦格拉缔结良缘。几天前，在同样的场合，莱昂国王也被他封授骑士，并以封臣的身份与其卡斯蒂尔表妹结婚。[84] 随着时间的推移，这个表示臣服的行动所包含的对阿方索九世的轻蔑侮辱越来越深。1196 年他与阿尔莫哈德人达成的联盟也与此有关，尽管他于 1197 年在圣地亚哥大教堂祭坛前重新受封骑士，以此消除污点，但是内心残存和累积的不满情绪，最终还是导致他公开拒绝参加 1212 年爆发的托洛萨的纳瓦斯（las Navas de Tolosa）战役。大概也就是在此前或此后不久[85]，他在莱昂召开了其王国自己的元老院（curia）大会。

1188 年召开的莱昂元老院会议作为一次特别重要的会议非常有名，因为它被认为是"欧洲中世纪历史上，君主第一次承认和接受其王权被主教们、贵族们和各城市'好人们'直接并完全地分享"。"毫无疑问，（据说）这个会议做出的决定"依然"是努力为这个国家建立一种新的政治制度"。这一点"清楚地表现出来"，例如仅就"国王在任何情况下都听从其主教、贵族和智者们的建议，就和平与战争问题"做出决定即可以证明。而且，这里并不是简单的"好人们"；他们都是选举出来的"好人们"：如同可能就是在这个场合下颁布的法令中所说的那样："每座城市市民们的选择"（*cum electis civibus ex singulis civitatibus*）。[86] 事实上，"1188 年各项法令"的可靠性仍存有巨大疑问。它们后来出现的那些版本根本没有标注日期，把这些法令说成是 1188 年莱昂会议颁布的唯一权威意见，只是 19 世纪自由派的穆诺吉·罗梅洛（Muñoz y Romero）先入为主的推测，他认为这个场合适于颁布这些法令。所谓《莱昂大宪章》（Leonese Magna Carta）的证明材料，以及阿方索九世仅就战与和问题"与主教们、

501

---

[84] Rassow（1950）；Procter（1980），p. 75；Martinez Diez（1988），p. 142.

[85] "Chronique latine inedite"，c. 14；Palacios Martín（1988），p. 171. 关于莱昂元老院大会召开的准确时间是在卡里翁元老大会之前还是之后的问题没有统一的意见。Gonzalez（1944），Ⅱ，no. 12，O'Callaghan（1989），p. 17，Pérez-Prendes（1988），p. 514，认为是在 4 月。认为在 7 月的有关理由是 Estepa Díez（1988），p. 28 提出的，似乎可能性更大。

[86] Marongiu（1968），pp. 32, 62. O'Callaghan（1975），p. 242；*Córtes de León y de Castilla*，Ⅰ，p. 39.

贵族们和良民们按照国王需要的计划（*per quorum consilium debeo regi c.3*）商议"后，方做重大决定的证明材料，显然无法给人留下深刻印象。[87]

然而，在阿方索九世举行的贝纳文特（Benavente）元老院会议（1202年）和莱昂元老院会议（1208年）上出现了"评议会"（*concejos*）的代表，因此历史学家们把他们吹嘘成是"议会"（Cortes）（虽然他们缺席1194年的莱昂大会）[88]，在卡里翁召开的卡斯蒂尔元老院会议，如果不是阿方索八世统治期间最后一次，也一定是倒数第二次的类似会议，但历史学家们不顾现有史料记载的史实，也不顾1200年以前在纳瓦拉、葡萄牙和阿拉贡王国并没有出现"第三等级"的史实，后者只是在这个世纪最后几年才被越来越多地许可参与公共事务管理。某些历史学家认为，正是由于这些年半岛地区接受罗马法，才为这种发展变化提供了"理论上的合法性"。[89] 这真是匪夷所思。头脑清晰的"评议会"老手并不需要自以为聪明的外国法学家来教授他们"关系到所有人的事务应得到所有人的赞成"（*quod omnes tangit ab omnibus debet approbari*）。而国王与其继母也不需要纠缠争斗，因为代表们向他提出的议案，无论如何也不会形成如罗马法思想意识的那种最引人注意的特点。[90]

然而，聪明睿智的外国法学家确实是阿方索八世时期卡斯蒂尔的一道风景线。在此后的一个世纪里，托莱多大主教罗德里戈记载说，他们从法国和意大利大批涌到这里，"各个领域的大师们"都是被国王提供的优厚条件（*magna stipendia*）吸引到这里。[91] 他们的目的地是帕伦西亚，此地大教堂的宗教团体中自11世纪30年代重建这座教堂起就有一支加泰罗尼亚部队，从12世纪70年代末，大量意大利人就非常明显地来到这里。尽管人们很难想象还有比在这个时候、这个地点建立学术机构更不合适的主意，但是，据说阿方索于1177年在

---

[87]　Arvizu (1988), p. 48；Pérez-Prendes (1988), pp. 512–513；Estepa Diez (1988), p. 28.

[88]　Estepa Díez (1988), pp. 82–103.

[89]　O'Callaghan (1989), p. 15.

[90]　例如在12世纪10年代，萨阿贡和圣地亚哥的市民们还不需要查士丁尼来教导他们以法律约束自己，而在1185年（或者之前不久）Vic就出现反对者，在这个城市里，Pere of Cardona（见下段）曾经非常活跃，而后便来到卡斯蒂尔，他发现《查士丁尼法典》反对他们这些自由民（1983），pp. 86–87。

[91]　Rodrigo of Toledo, *Historia de rebvs Hispanie*, bk viii, ch. 34.

圣地亚哥骑士团的乌克莱斯要塞建立了一所学校（*studium*）。㉜ 在国王的随从中肯定有罗马法学家。其中一位是加泰罗尼亚人卡尔多纳的佩雷（Pere of Cardona），他是蒙彼利埃的杰出人物，从1178年到1181—1182年间成为阿方索幕僚中的佼佼者，当时卢修斯三世任命他为枢机主教，从而帮他晋升为托莱多教区领袖。还有一位突出人物是阿尔德里克斯（Ardericus），这位米兰人于1178—1189年被任命为锡古恩萨主教，并于1184年辗转来到帕伦西亚（1206年去世）。另一位重要人物是乌戈利诺·达·塞索（Ugolino da Sesso），他是大量神秘文章的作者，生于里奇奥–埃米利亚。㉝ 大批相当于克雷莫纳的杰拉德水平的科学家涌向托莱多㉞，而法学家们则涌向了帕伦西亚。年轻的古斯曼的多明戈（Domingo of Guzman）也于1185年到1195年间来到这里学习星象和神学，正是在帕伦西亚的这十年里，阿方索八世在半岛上建立起第一所学校，根据图伊的卢卡斯提供的证据，其建立的日期，大约是在1208年到1214年间。㉟

卡斯蒂尔第一所大学的建立可能代表着一种企图，要垄断日渐增多的、老于世故的教士中的天才，这无疑又促使莱昂的阿方索九世在其统治后期，于萨拉曼卡建立了与之竞争的学术机构。大学和宫廷之间相互联系不断加强，其证据可以从王室档案馆中一系列法规和协议的发展演变中发现，因为这类文书的书写使用的是当地语言［1206年与莱昂订立的《卡布雷洛斯条约》（Cabreros）首次使用］。㊱ 由这种发展变化反映出来的民族区别的观念愈加强烈，到1200年，葡萄牙已经习惯于把半岛其他地区的居民称为"外国人"，这一变化更证明了这种观念的发展。㊲ 503

与此同时，阿方索二世于1196年4月去世，享年39岁，其长达34年的统治期间，延续了他父亲推行的加强内部团结统一政策。阿方索于1173年在封达雷拉（Fondarella）颁布"上帝和平与休战"法

㉜ Beltrán de Heredia（1935），p. 216.
㉝ García（1985），p. 49；Linehan（1933），ch. 9；Maffei（1990）.
㉞ D'Alverny（1982），pp. 452–454.
㉟ Maffei（1990），pp. 18–20；Lucas of Tuy, *Chronicon mundi*, p. 109；Beltrán de Heredia（1970），pp. 37–53.
㊱ Rico（1985），pp. 6–15；Wright（1982），p. 283.
㊲ Mattoso（1986），Ⅱ, p. 205.

令，为了"朕全部疆域之公共事业"，该法令适用范围远至莱里达和
托尔托萨，并自11世纪20年代起就一直在加泰罗尼亚全境施行，为
了法律和秩序，增补了封臣协议的担保人。他们还设立助理教士作为
世俗的和平法官来辅助教区主教，在巴塞罗那主教卡尔德斯的拉蒙
（Ramón of Caldes）指导下严密地管辖着执行长官，这些都收录于
1194年完成的《采邑大典》（*Liber feudorum maior*）中。⑱ 但是，这
种进步既不持续也不连贯。在12世纪70年代中期，"老加泰罗尼
亚"的军事精英们被剥夺了曾经在南方与摩尔人作战时享有在战场
解除臣属义务的权利，而且阿方索在普罗旺斯和纳瓦拉却没有为他们
提供什么好处，而取消战场解除臣属义务就为他们的失败制造了说
辞，也为他们提供了一个急于恢复前代人扩张政策的象征，其代表性
人物是虚假的"斗士"阿方索，他们继续推进了共同反对在其领土内
实施"伯爵—国王和平法"的斗争。他们于1188年在赫罗纳（Gero-
na）抗议反对封达雷拉颁布的法规，认为它将违背并破坏《习惯法》
（*Usatges*），这迫使阿方索放弃了这些规定，于1192年重新颁授战场解
除臣属义务的方法，但是却采取了修改后的方式，颁授给"良民和城
镇居民"，同时也颁授给加泰罗尼亚军事组织。⑲ 然而紧张局面依旧存
在。《采邑大典》完成的那年，也发生了塔拉戈纳大主教维拉德穆斯
（Vilademuls）的贝伦格尔被砍杀这样影响很大的事件，这次行动是特
别刻意安排的，以至于让这位濒死之人还能够在遭受重击的间隙写下
最后的意愿和遗嘱。他是阿方索统治期间被杀害的第二位教会高级教
士，但是1171年的杀人凶手是位移民，而这次杀人凶手则是当地人，
即蒙特卡达的吉列姆·拉蒙一世伯爵。无论如何，基督教世界为此爆
发出一片惊愕和愤怒之声，教宗西莱斯廷三世坚持认为，加泰罗尼亚
社会显然需要采取措施，消除已经成为当地严重问题的暴力本性。⑩

次年，发生了一系列事件，要促成1212年将要出现的机会，使
卡斯蒂尔国王成为半岛最高的君主和基督教世界的捍卫者。外国观察
家们对第三次十字军倍感失望之余，对基督教世界在其西部前线发生
的分裂也越来越焦虑。正如1147年葡萄牙利用12世纪80年代后期

504

⑱　Soldevila（1962），pp. 198–216；Bisson（1977），pp. 297–298，and（1986），I，pp. 78–121.
⑲　Bisson（1986），pp. 52–57.
⑩　Villanueva（1851），pp. 169，305–308；Shideler（1983），pp. 124–126.

出现的十字军狂热获得好处一样，一支北方人舰队帮助他们夺取了阿尔加维地区的西尔维斯（Silves，1189年9月），并帮助桑乔一世获得了统治期间的首次胜利，据当时史料记载他是位经常忧心忡忡的国王。[101] 但是哈里发雅库布于1191年不仅收复了西尔维斯，而且夺取了阿尔卡策多萨尔（Alcacer do Sal）、帕尔梅拉和阿尔玛达（Almada），只给基督徒留下了埃武拉作为他们在阿兰提祖河的唯一据点。同时，1190年结成了反卡斯蒂尔联盟。在1194年之前一直没有出现裂痕，这得益于纳瓦拉的桑乔六世的去世和西莱斯廷三世代表枢机主教圣安吉洛山的格列高利的努力。但是1194年4月卡斯蒂尔和莱昂两国签署了《托尔德乌莫斯条约》（Tordehumos），条约规定，如果阿方索九世去世时没有子嗣，那么其王国将与卡斯蒂尔合并，阿方索九世将同意返还给他一些有争议的领地[102]，它未能为基督教反对阿尔莫哈德人提供合作的基础，而后紧接着便于1195年7月发生了灾难，阿方索八世及其军队在阿拉科斯（Alarcos）惨遭败绩，这是基督徒们自1086年以来遭受的最惨重的灾难。

阿拉科斯失利揭示出，在面临重大敌人时西班牙基督教分裂的严重程度。这位卡斯蒂尔国王没有等待莱昂人和纳瓦拉人军团［后者是在桑乔七世（1194—1234年）统率下］的到来，就贸然决定单独与敌人进行决战，他仅有葡萄牙人一支象征性军队的援助。这支基督徒军队被歼灭后，只有阿方索和其他20人幸免于难，哈罗的迭戈·洛佩兹（Diego López）在阿拉科斯的城堡投降，该城堡被支持雅库布的卡斯特罗的佩德罗·费尔南德斯占领。哈罗和拉腊两大家族之间的对立就是发生在中世纪卡斯蒂尔的蒙塔古（Montagues）和卡普雷特（Capulets）两大家族的对抗，其斗争的有害结果从来也没有如此清晰地得到证明。下一代西班牙作家们在分析研究这次失败各自的责任时，总是念念不忘这些分裂争斗。[103]

---

[101] "Narratio de itinere navali"；"Chronique latine inedite"，c. 2.

[102] González（1944），II，no. 79.

[103] 因此，莱昂人 Lucas of Tuy 就指责卡斯蒂尔人骄傲自大，不能耐心等待援兵，断言阿方索九世已经到达了托莱多。（*Chronicon mundi*，p. 108），而卡斯蒂尔人 Rodrigo of Toledo 认为，莱昂人和纳瓦拉人国王们的援助都是虚伪的（"cum uenire simulassent"：Rodrigo of Toledo，*Historia de rebus Hispanie*，bk vii，ch. 30），在战役发生的同时，他们只是抵达卡斯蒂尔边界：前引书，p. 252. Huici Miranda（1956），pp. 137–169。

当基督教欧洲对此瞠目结舌之际，吟游诗人皮埃尔·维达尔（Peire Vidal）严厉指责西班牙国王们只寻求各自的利益未能防卫西班牙。阿拉贡的阿方索千方百计努力建立有效的防御联盟，该联盟活动的高潮是阿格雷达（Agreda）和塔拉索纳（Tarazona）于 1196 年 3 月举行的晚宴，在晚宴上，按照传统，他和卡斯蒂尔、纳瓦拉的国王们，分别与各自王国的人坐在一起，但却吃来自同一张桌子的饭（中古时期欧洲贵族习惯在大长条桌上聚餐。——译者注），尽管如此，莱昂和纳瓦拉更愿意以牺牲阿方索八世为代价而与哈里发合作。[104] 西莱斯廷三世对此非常担心，这种担心最终导致教廷在 1196 年 4 月承认了纳瓦尔的王位，但教宗干涉此事的影响完全被三天后阿拉贡的阿方索的去世所抵消。1197 年，卡斯蒂尔 – 莱昂王室间确立了联姻同盟，事态因此从灾难朝着愚蠢发展，即便是考虑到当时比利牛斯山南部就这些问题已经出现了缓解的迹象，这一联姻仍然非常不明智。

尽管阿方索九世和阿方索八世的长女贝伦格拉公主并不是叔侄关系（教廷的主教法庭似乎这么认为），后者的霍亨斯陶芬家世背景在其弟弟费尔南多出生时就已经断绝，但是他们都是一个共同曾祖父的后裔，其关系显然处在禁婚范围中。除此之外，这次婚姻具有赋予它的所有含义。而且他们结婚的时间（1197 年 10 月某日）也特别巧，当时阿方索八世已经同意与纳瓦拉国王而不是与阿尔莫哈德人签署和约。在英格兰，豪登的罗杰听闻了西莱斯廷三世居然同意这次婚姻是合理合法（*pro bono pacis*）的，他还听说阿方索九世向西莱斯廷的继承者和枢机主教提供了 2 万银马克和每年 200 名将士来"保护基督教抵抗异教徒"，条件是他们允许贝伦格拉和他在一起，直到为他生下一名继承人，"或者一起待三年时间"。[105]

但是，治病的药方比疾病本身造成的麻烦还要糟糕，因为不幸的是，西莱斯廷三世的继任教宗是英诺森三世，与他就权宜之计所进行的争论就像硬币一样完全不起任何作用。由于他们厚颜无耻地说这里还存在比乱伦更糟的事情（例如：穆斯林、异端、犹太人、

---

[104]　Avalle (1960), pp. 70, 325.

[105]　"Vel saltem per tres annos"：Roger of Howden, *Chronica*, III, p. 90；IV, p. 79.

街头教士等，由于教宗强加于莱昂王国的禁令，所有这些很是普遍），由托莱多大主教率领的至少包括一位法学家的代表团于 1199 年 5 月，遭到了教宗严厉的斥责，其严厉的程度足以促使西班牙主教请求教廷长老会（curia）留给他们更长的宽限，最好延迟到下个世纪。⑩ 就在同一年，阿拉贡新国王佩德罗二世同意与卡斯蒂尔的阿方索一起瓜分纳瓦拉王国后（1198 年 5 月达成《卡拉塔尤协议》），宣布他打算与纳瓦拉国王的妹妹结婚，教宗对此严加禁止；同时，莱昂国王入侵葡萄牙，且蒙基督教上帝的恩典，雅库布哈里发于 1199 年 1 月去世。此时，阿方索八世在法国人而不是在阿拉贡人的帮助下，占领了阿拉瓦和吉普斯科阿的巴斯克诸省，而桑乔七世则得到了英格兰的约翰的支持，给纳瓦拉以打击，这是它自 1134 年重建王国以来遭受过的最沉重的打击。1204 年春季，阿方索九世屈服于教宗的压力，这位当时已经有四个孩子（包括未来的国王费尔南多三世在内）的父亲不得不与贝伦格拉分开，并恢复了与卡斯蒂尔的敌对状态。⑩

　　尽管阿方索八世在 1204 年 12 月的遗嘱中承认，他夺取纳瓦拉领土是不公正的，但是直到 1207 年（《瓜达拉哈拉条约》）以前，双方的敌对状态都没有消除，即便到这个时候，他仍然没有归还他新近占领的地区。但在此前一年，他与莱昂达成了新协议，1209 年 2 月，纳瓦拉和阿拉贡两国君主在蒙特阿古多（Monteagudo）也实现了和解。这似乎是阿拉科斯以北地区第一次形成的基督教反阿尔莫哈德联盟，而卡斯蒂尔的费尔南多王子则为战争忧心忡忡，1210 年 2 月，英诺森三世指示托莱多大主教罗德里戈·希门尼斯·德·拉达（Rodrigo Jiménez of Rada）及其副主教前去劝说阿方索八世，希望他仿效阿拉贡国王的榜样，举兵对敌作战。⑩ 据我们掌握的以他名义发出的信件显示，大主教也确实照办了，该文件编在 13 世纪 40 年代在其督导下完成的《西班牙纪事》（De rebus Hispanie）一书中。1218 年，大主教的追随者、卡斯蒂尔的宰相迭戈·加西亚向其表达了敬意，就像阿拉伯作家伊本·巴沙姆（Ibn Bassam）一度向熙德表达的敬意一

506

⑩　Innocent Ⅲ, *Register*, pp. 130 – 131; Linehan (1993), ch. 8.
⑩　Lacarra (1972), Ⅱ, pp. 93 – 98.
⑩　*La documentacion pontificia hasta Inocencio Ⅲ*, no. 416.

样：一位叫作罗德里戈的人曾给另一位同名的西班牙人造成的损害（711 年），此时由另一位也叫罗德里戈的人修复。⑩ 罗德里戈这位纳瓦拉土著，早先曾参与半岛的外交活动，1209 年在他被任命担任大主教教区职务时，突然成为即将发生的冲突的主角。

事情的发展非常迅速。1211 年 5 月，阿方索八世挥兵向南挺进直达地中海沿岸、巴伦西亚南边的哈蒂瓦，同时，阿拉贡国王成功地向北包围了摩尔人的多个城堡。6 月，阿尔莫哈德人开始大举反攻。由哈里发穆罕默德·纳西尔［Muhammad al-Nasir，史称"米拉马莫林"（Miramamolín）］统率的庞大军队挺进萨尔瓦铁拉（Salvatierra），这是卡拉特拉瓦高地骑士团的巨变，位于距离阿拉科斯不远的拉曼查（La Mancha）地区。正如哈里发对这个据点的描述，作为"卡斯蒂尔国王的右手"的萨尔瓦铁拉，似乎是所有据点中最坚固的。其重要意义更多在于其战略重要性，9 月该据点沦陷于敌人之手，紧跟着是阿方索的继承人费尔南多王子于 10 月去世，给整个欧洲带来巨大震动，托莱多大主教前往法国（有些历史学家认为他还去了意大利和德意志，这似乎不太可能），其他各路使节纷纷从葡萄牙被派遣前往君士坦丁堡，据说去招募军队来卡斯蒂尔，准备参加 1212 年的五旬节战役。英诺森三世致信法国和普罗旺斯各地教会，慷慨地提供赦免权鼓励参战，特别针对莱昂国王颁布严厉的禁令，并在罗马举行庄严盛大的游行以配合托莱多举行的集会。⑩

1212 年 6 月，大批志愿者跨越比利牛斯山准备战斗：据阿方索估算，有超过 2000 名骑士及其随从，总共 1 万人，还有多达 5 万名步兵。但是他们中的大多数很快就开了小差，原因是军旅生活异常艰苦和酷热，这位国王这样告诉教宗："真的，天气真是'有点热'。"他还暗示，他已经应阿拉贡国王和"翻越山岭者"（transmontani）的要求，默许生活在卡拉特拉瓦的摩尔人投降，这样摩尔人就能为他提供丰厚的战利品，而不是将这里夷为平地。

⑩ Alonso (1943), p. 181; Menendez Pidal (1969), pp. 413, 573.
⑩ La documentacion pontificia hasta Inocencio Ⅲ, nos. 465, 470 – 472; Goñi Gaztambide (1958), pp. 110 – 130. 阿方索在战役后致英诺森三世的信函只是提及法兰克的使节（ad partes Francie），见 González (1960)，Ⅲ，p. 567. 这些使节中的一位是他的医生阿纳尔达斯大师（Master Arnaldus），（见"Chronique latine inédite"，c. 21），他派遣后者前往普瓦图和加斯科涅。难道阿纳尔达斯是国王精心挑选的一位外交使节吗？

（事实上，真实情况可能恰好相反，那些外国人对未来没有任何牵挂，因此坚持教宗"所有地区"实行禁令的指示，而国王考虑到重建的花费和未来，更倾向于接受投降。）⑪ 无论如何，成千上万的志愿者最后只剩下了150人，连同教宗的特使阿诺德·阿茂利（Arnaud Amaury，纳尔榜的大主教和西铎修道院前院长）。在这个节骨眼儿上，卡斯蒂尔人施加压力，迫使阿拉贡的佩德罗等待纳瓦拉的桑乔到来。阿方索特别强调这支部队人数非常少，只是他"最要好的朋友和亲友"，他们带着自己的臣下（cum potentate suo）前来助阵，"以帮助和捍卫天主教信仰"。他还有所克制，没有提葡萄牙新君主阿方索二世，因为后者肥胖的身体根本无法进行这类远征，也没有提到莱昂的阿方索九世，因为对阿方索而言，他这个缺乏经验的葡萄牙邻居，只能让他分心，使他更加担忧。

　　基督徒们向南进军越过莫雷纳山脉，迎面碰上了在托洛萨的纳瓦斯扎营的敌军，挡住了前往（后来称为）德斯佩纳佩洛斯（Despeñaperros）隘口的道路。除非发生奇迹，否则没有路可以进兵。然而，奇迹确实发生了。"某位乡野粗人"前来指路，告诉他们有一条当地人都不知道的小路，这才使基督徒们能够到达那个地点，7月16日星期一，他们正是从这里对哈里发及其军队发动了毁灭性的致命一击，后来人们确证那个村民就是马德里的保护神圣伊西多罗。⑫

　　阿方索的女儿贝伦格拉告诉她的妹妹布兰卡（Blanca，即卡斯蒂尔的布兰奇，后来成为法王路易八世的妻子），基督徒以前还从来没有在遭遇战中击败过哈里发。法国人曾经在哪里取得过这样的胜利吗？胜利的消息通过大主教阿诺德提交给西铎派总团长的一篇报告，迅速传遍各地，第一时间传到遥远的萨尔瓦铁拉。克雷莫纳主教记载，西班牙不仅拯救了自己，"也拯救了罗马，更确切地说是拯救了整个欧洲"。而当他说到西班牙时，他解释说确实是指卡斯蒂尔。⑬

　　后人会同意这种说法，纳瓦斯大捷确实是"摩尔人和基督徒之间进行的最伟大的战役"⑭。当时，卡斯蒂尔境内由这次胜利激发

508

⑪　González（1960），Ⅲ，p. 568；Huici Miranda（1956），p. 246.

⑫　González（1960），Ⅲ，p. 569 – 571；Huici Miranda（1956），pp. 219 – 327，Lomax（1978），pp. 124 – 128.

⑬　González（1960），Ⅲ，p. 572 – 574；Linehan（1971），p. 5；Lomax（1988），pp. 39 – 41.

⑭　Gibbon（1972），p. 179.

起来的喜悦和欢乐，弥漫和反复荡漾在圣典学家和编年史家的作品中。只有查理大帝享有过如此多的赞誉！法国人一直在说，说了很多。但是，这次是西班牙人取得了丰功伟绩，正如圣典学者文岑蒂乌斯·西斯潘努斯（Vincentius Hispanus）在一个注释中敏锐指出的那样。图伊的卢卡斯在战后提出，是西班牙的（Spanish）国王在为信仰而战。[115] 可能在纳瓦斯战役前他就是这样坚持的。例如，有一个很有意思的可能，《熙德之歌》这首诗歌在某种意义上是阿方索派的一种宣传，它旨在激发卡斯蒂尔采取行动，就好像是为纳瓦斯战役发布的"一则募兵广告"，它甚至可能是这位国王委托专人所作，他曾经将最好的法学家和神学家吸引到帕伦西亚，因为这些人是用金钱可以买到的。[116] 这首用当地语言撰写的诗歌确实表现出一个完全不同于早期拉丁人生活的熙德，而在那种拉丁生活方式下，11世纪后半期的武士形象作为雇佣兵，在与穆斯林合作方面，丝毫不比西班牙的基督徒国王更勉强，这种情况直到13世纪初才发生了改变。而此时在宣传中的熙德，已成为一名再生的基督教十字军骑士、伊斯兰教难以对付的敌人，以及卡斯蒂尔的化身。在这种联系中，近年来学术界的注意力都集中到1207年5月这一时间点上，因为根据那部无与伦比的手抄本，这首史诗在这个时候由皮尔·阿巴特（Per Abbat）写下来；学术界还关注皮尔·阿巴特与王室宫廷和大主教罗德里戈之间关系的性质；以及虚构的各次托莱多议会之间的关系，正是在这些会议上，这位诗歌中的英雄最终澄清了1207年那个议会的事实。[117]

　　众说纷纭的《熙德之歌》和平庸的《阿方索七世编年史》（"它似乎有些用处"）之间明显的差异，大抵能够说明半岛上的"十字军意识形态"为何没有出现在12世纪初，而是出现在更晚些时候。[118] 无论这种狂热得意的情绪是否准确地反映出普遍存在的状况，它都不可能具有决定性。毫无疑问，对入侵之敌的情绪之强烈，至少部分是

509

---

[115]　"Facto ut ispanus, non autem uerbis, ut francigena"：Post（1964），p. 485；"Pugnant Hispani Reges pro fide"：Lucas of Tuy，*Chronicon mundi*，p. 113.

[116]　Smith（1983），pp. 97ff.

[117]　Duggan（1089）；Hernandez（1988）；Michael（1991），Linehan（1992），ch. 10.

[118]　Above，no. 71 Cf. Fletcher（1987），pp. 42－46. 阿尔梅里亚这首诗歌的风格可能显示出其他的结论，如果就像普遍认为的那样，这首诗歌确实属于12世纪40年代后期的作品。

由距离前线的远近决定的，例如，在内地就比在萨尔瓦铁拉更容易维持"多种信仰共存"（convivencia）的局面。这样，在纳瓦拉的图德拉，富有的穆德哈尔（Mudejar）社区继续享有极大特权，该特权是在1118年由"斗士"阿方索很偶然地授予该社区的。原因是基督教的自私自利，正像1185年阿维拉的报告所说，在皈依基督教过程中出现了拒绝穆斯林受洗的现象。[19] 目前尚无清晰的迹象表明"多种信仰共存"在这些年有所减弱。在最高层面上，各位教宗继续严厉斥责阿方索九世之流自愿与敌人结盟的行为。但是，正是纳瓦斯战役中的这位基督教英雄，支持赞同卡拉特拉瓦有步骤地投降；而且正是在其位于拉斯韦尔加斯（Las Huelgas）的基地，修女们都在犹太医生和穆德哈尔用人的安排管理之下生活，后者还有他们自己的清真寺；正是他于1205年因为冒犯了基督教教堂的自由，并且公开赞美犹太教堂和清真寺而受到英诺森三世的申斥。[20] 同样，尽管据说阿方索六世把其军队1086年在萨格拉哈斯的失利归罪于将士们洗澡太勤，但是在各大城市公共浴池的混合共浴中，清洁者、虔诚者、穆斯林、犹太人和基督徒仍使用同一洗浴设施，且某种程度上在同一池水中洗浴，这种情况在13世纪全国各地都十分普遍。尽管严厉实行种族隔离、性别分隔的制度，但是至少在这里"某种程度的混合洗浴还是可以公开进行的"。[21] 这个"为战争而组织的社会"尚未完全忘记如何休闲。

彼得·林奈班（Peter Lineban）

陈志强 译校

---

⑲ García-Arenal (1984), pp. 15–16; *Documentos medievales de la cathedral de Avila*, pp. 22, 24.

⑳ Torres Balbás (1954), pp. 78–79; *La documentacion pontificia hasta Inocenio* III, no. 312.

㉑ Powers (1979), p. 665, 注意到阿拉贡人更为宽松，他们的庇护权（*fueros*）是以特鲁埃尔（Teruel）而不是卡斯蒂尔各地的规定为基础，后者的法规被昆卡（Cuenca）所模仿；Dillard (1984), pp. 151–152. 参见 Lucas of Tuy, *Chronicon mundi*, p. 102, ［关于以后其他世纪，见 Afonso X, *Las siete partidas*, pp. 673, "我们禁止任何犹太人与任何基督教徒共浴"（*de banarse en bano en uno*）］。

第十七章（上）

从路易六世到菲利普二世的
法兰克王国：王权和政府

510 自 1108 年菲利普一世去世到 1223 年菲利普（二世）·奥古斯都去世，卡佩王朝在强化其统治法国的王权方面稳步推进。这个世俗王权的兴起脱胎于 12 世纪后半叶，到 1190 年第三次十字军战争后，王权迅速加强。早年登基加上天生长寿造就了法国国王们长久的统治（例如 1108—1137 年在位的路易六世、1137—1180 年在位的路易七世和 1179—1223 年在位的菲利普·奥古斯都），然而这些君主长时间在位对推进政府变革却没有什么帮助。更值得注意的是因军事战争形成的标记。第二次十字军（1147—1149 年）和第三次十字军（1190—1191 年）征战，把各位君主从他们的领地上带走，也促成了各地在国王缺席的情况下开展行政管理改革。1191 年菲利普·奥古斯都回国后，政府变革的节奏加快，标志着这一重大变革的事件有1202—1203 年征服诺曼底和 1214 年的布汶（Bouvines）大捷。

从路易六世登基到第二次十字军征战
（1108—1147 年）

历史不过就是由史料组合而形成的。随着中世纪各国政府开始出现各自的文献，这些成文史料就成为撰写它们政府机构的凭据和见证。路易六世从第一代卡佩君主那里继承了宪章和编年史这两类原始材料。国王宪章被编制出来以便向某些特定团体昭示国王的活动。它们是由在王宫中效力的教士们或者受雇于文件保护机构的那些文书书写在羊皮纸上，并通过封蜡印章加以确认。由于王室很少花气力去复制这些文件，它们的保存就完全依赖于其保存的状况或文件保护人是否复制它们，而大多数保护者都是修道院和教会。王室活动变革的一个良好征兆是这些王室宪章数量的快速增长，从菲利普一世时期每年5.7件上升到路易六世时期每年14件，进而在路易七世时达到每年19.1件，最终提高到菲利普·奥古斯都在位时的每年28.1件。[①] 而当时编写编年史的作家大多是修道士或教士们，例如诺曼人奥德里克·维塔利斯（Orderic Vitalis）或佛兰德人布鲁日的加尔贝（Galbert of Bruges），他们的视野局限于他们生活的省区或那些吸引其注意力的事件。然而，几乎没有编年史家注意到法国国王，只有当他侵扰到他们有限的世界时才会提及。卡佩王朝在巴黎以北的圣德尼王室修道院，还是有他们自己的著史人，那里的修道士们在路易六世统治时期开始编纂一部简明编年史《法兰西人民事迹史》（Gesta gentis Francorum）。在随后的国王统治期间，路易六世和路易七世的心腹顾问、那位权势隆盛的修道院院长叙热写了《路易六世传》（Life of Louis VI）。这本修辞考究的作品，既不是完全的人物传记也不是统治史，而是记载了这个国王的活动，充满了象征性且多神圣化的形象描写。因此，无论是现存的王室宪章，还是圣德尼修道院的编年史，都只提供了对卡佩朝诸王带有浓厚教会色彩的观察。

12世纪前半叶期间，法国北方大贵族们开始强化其公侯国的权利。这一点可在布卢瓦伯爵和安茹伯爵领地上看到，而在佛兰德和盎格鲁－诺曼人的领地就看得更清楚了，尤其是盎格鲁－诺曼王国的亨利一世异常强大。路易六世和路易七世也做着同样的努力，力图开拓土地和人力两大基本资源。路易六世从其父王那里继承了王室领地，包括大量土地、税收和收益颇丰的权益，我们主要是通过这些宪章了解到它们的范围。其范围有限，以巴黎和奥尔良为中心，但是向东北

---

① 这些统计数字是根据 Recueil des actes de Philippe ler 和 Recueil des actes de Philippe Auguste 这两本书，以及分别负责整理路易六世和路易七世宪章的责任主编 Jean Dufour 和 Michel Nortier 比较适当合理的估计中计算出来的。菲力普·奥古斯都每年28.1件这个数字，是以1179年到1203年注册登记完成前为基础。（参见 Baldwin 1986年的文章第403页）如果这些保留在登记中的宪章也包括在内的话，这一数字就一下子提高到每年41.1件。平均数字（从5.7件增加到28.1件）可以进行统计学上的比较，是因为它们基本上是从同样的史料汇编中得出的。

伸延到拉昂，向西南扩展到桑斯。和这些王室领地交织在一起的是那些拥有城堡并控制周边地区的地方领主。这些城堡主相当强大，以至于国王要平安地从巴黎前往奥尔良都是件困难的事。叙热描写了许多路易与强大的城堡主们作战的情况，包括诸如马尔勒（Marle）的托马斯和勒皮泽（Le Puiset）的休，他们围困并征服了蒙泰居（Montaigu）、梦莱利（Montlhéry）和勒皮泽那些麻烦不断的城堡。尽管路易六世在这些行动中屡遭挫折，但是到他去世时还是成功地保持了王室大部分领地的和平，这件事情后来由他的儿子最终完成。

512 　为了管理王室领地并征集岁收，菲利普一世设立了地方行政官吏，称为"巴黎市长"（prévôts），后来的两位路易国王都保留了这个官职，不仅用作领地管家而且当作护卫城堡并主持司法的王室官员。由于王室领地面积较小，几天工夫就能走上一遍，因此国王巡行监督视察各地"行政长官"，征集岁收。政府到郊区行使职权比让郊区的人到政府汇报工作要容易些。卡佩王朝如同所有中世纪早期其他王朝一样是流动性的王朝，乘坐行李大车，蹒跚游走于巴黎和奥尔良这几个主要中心区、分散的城堡、修道院和王朝驻地之间。人们从王室宪章中就可以弄清随同国王出行的人员。菲利普一世统治时期，这些文件就包括了一长串见证人的名单，他们构成了国王的随从人员，但是在路易六世时，这类宪章发生了变化。各种见证人逐渐被五大王室官员所取代，到12世纪中期，他们就成为联合签署国王文件的唯一人选。这些署姓官员让我们想起加洛林王朝的官员，他们以其在宫中的职责命名：负责日常事务的大管家、管理酒饮的主管、照料寝宫的管家、负责马匹的官员、监管教堂的大臣，最后还有书记官。他们在国王宪章中的独特地位表明：其宫内职务正在让位于王室顾问和政府官员等官职，因为法国的大贵族很少上朝，少有例外。王室官员多从王室领地上的大城堡家族中招募，其中罗什福尔-梦莱利家族（Rochefort-Montlhérys）、加兰家族（Garlandes）、桑利家族（Senlis）三大家族相互争斗，争夺官职垄断权，并力图使之成为世袭职位。当加兰家族最终胜出控制了三大官职，加兰的斯蒂芬同时担任大管家和寝宫主管时，路易六世就于1127年强制解雇了他们，并让大管家和主管等主要官职空缺。此后，这种保留空缺官职就成为限制野心膨胀的官员的手段了。尽管这些正式成文的宪章仍然不能清晰反映国王随从的情况，但实际情况还是比较明显，路易六世和路易七世在中央政府巡视活动中越来越依赖于地位较低人员的服务。这类随从是由来自王室领地上各城堡和城镇的大臣、骑士和教士组成的。虽然他们大部分人在文件中只是列名，但有一位叫叙热这个奇怪名字的修士却经常出现在这群随从中。他很可能出身于一个小骑士家庭，后来得益于加兰家族的庇护。由于他担任修道院领地管理者时表现出来的突出才能，路易六世于 1122 年挑选他担任圣德尼修道院院长，因而他作为这座重要修道院的首脑进入王国大贵族之列。加兰家族失宠后，他旋即担负起主要顾问的职责，成为路易六世和路易七世两位国王的密友和近臣，同时也是卡佩王朝的历史编纂者。

路易六世和路易七世两位国王在部署领地和人员以加强权力方面，与当时的其他大贵族并没有什么区别。然而，卡佩王朝又和其他贵族（除当时还是英格兰国王的诺曼底公爵外）不同，因为他们也是国王，这一尊贵地位带来了难以计数的优势。卡佩家族自其最初崛起的罗贝尔时代起就要求他们家族对王权拥有的世袭权利。他们和其他领主都认识到，父系继承权能够保证其领地的完整性。依照传统，最重要的父系遗产都由长子继承，而其他子弟则获得次要领地，或与女性继承人联姻，或者担任教会职务。王权的世袭继承因为加洛林王室采取提前封王而得到加强，也就是在父王生前即确定或者加冕其长子为国王。路易六世早在 1100 年就受封为"被选之王"（*rex designatus*），其子菲利普则在 1129 年 13 岁时加冕。两年后当菲利普意外去世时，其次子路易（年方 11 岁）立即被加冕。1137 年路易六世去世时，叙热注意到法国王权的继承进行得相当顺利，这与德意志帝国和英格兰王权继承斗争的情况完全不同。卡佩王朝对法国王权的世袭通过其命名的方式静静地进行着。（来自基辅的）安娜王后无疑是从根据其罗斯家族中的马其顿传统选择了菲利普这个名字。而菲利普接着就为其长子路易六世取了加洛林的名字。此后直到 14 世纪，卡佩王朝国王为前两个儿子取名时，就采取菲利普－路易或路易－菲利普的惯例（除了一个例外）。如果同样的名字一再重复，那就意味着年长的哥哥去世了。

然而，王朝的变动总是突显出国王加冕礼上主教加冕的重要性。卡佩王朝的国王们遵循着 751 年加洛林王朝的先例，在 987 年，谨慎

513

地使自己得到兰斯大主教的加冕，此后，他们继续沿袭这一传统，几乎没有改动。路易六世是唯一一位在其父王去世时加冕的国王，然后旋即于1108年在奥尔良由桑斯大主教加冕。（当时，争夺王位的人都对兰斯教区虎视眈眈。）菲利普于1129年被加冕，他意外死亡后，路易七世于1131年也被加冕，这次加冕是在兰斯由教宗英诺森二世主持，举行了盛大的仪式。这些加冕仪式无疑一直遵循着1059年菲利普一世的加冕式（这次加冕式的报告保存至今）的原则，后者则是以10世纪的程序（*ordines*）为准。根据这一传统，国王保证在整个王国保护教会并维护正义与和平后，他就要得到神圣的涂油礼，并被授予国王的证章，包括王冠、宝剑、权杖和法棒（rod）。这样，国王就被奉为神人，他因此可以作为"得到上帝恩典的国王"（*rex Dei gratia*）进行统治，其名号和印章都写着这句话。

在加冕仪式上，教会人员为国王加冕，以换取其保护他们免遭敌人侵害。叙热在记载路易六世于1108年的加冕礼时，以及在他的全文叙述中都强调了这种交换。路易不像其父亲菲利普那样欺辱虐待教会，而是完全无愧于加冕礼，因为他在12岁时就通过保护圣德尼、兰斯和奥尔良教堂免受当地领主的侵扰来保护教会，他的儿子以同样的热情保护教会。如果说这两位路易国王都担负起保护教会的责任的话，那么他们也相应地得到了控制王室教会的权利。这些教会是由大教堂、修道院构成的，它们的世俗财产（*regalia*）在其权力真空期间，亦即老主教去世和其继任者尚未接任期间，都被国王所控制。进而，国王控制教产还意味着其继任者的选择权属于国王。例如，1122年，当圣德尼修道院的修道士们在未经国王同意的情况下就选择叙热为修道院院长时，就激怒了路易六世，尽管他们这个特殊的选择无疑是国王乐于接受的。1141年，路易七世陷入与布尔日教区的冲突中，因为当地高级教士们拒不接受王室大臣卡杜尔克担任大主教。王室控制的大教堂数量接近20座，修道院超过了30座。那些重要的由王室控制的教堂虽然大多集中在法兰西岛（位于桑斯省境内），还是有些坐落于兰斯和布尔日省区。国王的影响当时超过了王室实际控制的领地，例如向北一直到达图尔奈和阿拉斯（Arras），向东抵达兰斯和马恩河畔沙隆，向南则到达芒德（Mende）和勒皮（Le Puy）。王室控制的经院派教堂也为那些供职于王室幕僚的教士提供资助，例如图尔的圣马丁（St-Martin）、奥尔良的圣艾格南和桑利的圣弗拉姆宝（St-Frambaud）。

　　作为法兰西国王的卡佩诸王除了控制遥远的主教和修道院院长外，还声称对那些大贵族拥有宗主权利，他们的影响进一步扩大到国王领地以外。这类宗主权利意味着效忠和服从，但是其实际的效果还是依赖于国王强制施行的情况。例如，正是封主权使路易六世得以干涉南方的波旁（Bourbonnais）领主和奥弗涅伯爵的事务，但是在这两起事件中，路易都发现，要获得对这些大公的宗主权极为艰难，因为他们也在强化各自的权力。甚至王室的颂扬者叙热也无法掩饰卡佩王朝的国王面对大贵族封臣时表现出的软弱。在边界争端中，同样也是国王的诺曼底公爵亨利就拒绝服从法兰西国王。在随后引发的战争中，路易于 1119 年在布雷姆勒大败于遭遇战。亨利在这些敌对冲突的整个过程中，通常得到其侄子布卢瓦伯爵狄奥博尔德的支持，他还时不时地居中调停恢复路易的王室辖区内的和平安定。路易七世于 1142 年全面加剧了这类冲突，对布卢瓦和特鲁瓦 – 香槟发动全面入侵，但最终无功而返。在卡佩王朝与诺曼 – 香槟党的对抗冲突中，佛兰德伯爵和安茹伯爵通常是支持国王。1127 年，当佛兰德的"好人"查理伯爵遇刺身亡后，路易六世千方百计地干涉伯爵的继位事务，要求实行对佛兰德的封主权，但最终结果还是收效甚微。当亨利于 1127 年将其唯一的合法继承人玛蒂尔达嫁给了安茹的杰弗里伯爵为妻、后者进而于 1144 年以其妻子的名义征服了诺曼底时，诺曼底和安茹之间的联盟就对卡佩王朝的宗主权构成了新的挑战。在法王的领主权遭遇各方面抵制的情况下，阿基坦大公威廉十世将其唯一继承人埃莉诺送给路易六世监护，确实令人感到惊讶，而路易立即把她嫁给了他自己的继承人。这样，路易七世于 1137 年就不仅继承了其父亲的法国王位，而且继任为阿基坦公爵，尽管这个广袤而难以驯服的南方公国只是通过联姻而由法王独立管理，并且它从来也没有真正并入王室领地。

　　王权世袭继承、教会加冕、王室对教会的权利、对大贵族封臣的宗主权，这些就是法国国王的传统权利。然而，路易六世和路易七世的宪章还对那些逐渐集中崛起于法国北部城市的商业集团也颁布了新的政策，这些城市在 11 世纪初受到商业贸易复苏的刺激而繁荣起来。

城市居民为了使他们自己与受奴役的农村农民区分开来，设法寻求订立成文的城市法规，或者自由宪章，对其市政、商业和政治事务做出规定。为了加强这些特许权，他们有时订立宣誓同盟，被称为"公社"。虽然两位路易国王并非没有顾虑，但他们还是颁布了城市宪章，确定了税收，承认王室领地以外主教区辖下的公社，诸如拉昂、亚眠（Amiens）和兰斯，特别是当它们空缺时。然而，1137年，当路易成为法国国王和大公后，在路易领地中心地区的奥尔良和普瓦蒂埃所申请的这类特许状都遭到拒绝。在王室领地核心地区的巴黎，就从来没有批准过任何城市宪章。确认城市自由的特许状仍然成为卡佩王朝典型的措施，一方面设法强化王室领土的王权，另一方面将国王的影响扩大到王室领地以外。

路易七世于1137年继位后不久，叙热就在其《路易六世传》一书中，清晰地表达了卡佩王朝君主统治的观念。路易被多次描写成整个王国教会的保护者，忠实地履行加冕时的承诺。除了这种宗教职责，叙热还加入了对于宗主权的分析，它清楚地表现在包括两方面内容的封臣等级制度中，即封臣的等级和国王的至高地位。例如，当路易干涉奥弗涅事务时，他立即认可了从奥弗涅伯爵到阿基坦公爵并最终到国王这样逐级提升的臣属体系。当路易从圣德尼修道院获得了维克辛伯爵爵位时，他进而认识到，他不能臣服于修道院院长，因为他是国王，这就说明他最终具有对所有封臣的最高领主权。尽管这一个案很特殊，但叙热还是将圣德尼修道院当作说明王权理念的核心。这座修道院是法兰西国王们的传统墓地和保管王冠和玺印之地，因此这里成为整个王国特殊的圣地，它的圣徒也承担起保护者的重任。1124年，当亨利五世在英格兰国王亨利一世的协助下，率领大批从德意志各公侯国招募的军队，从东面威胁法国时，路易就高举从圣德尼修道院神坛上取来的圣德尼旗帜，匆忙奔赴兰斯迎击入侵。远在勃艮第、布列塔尼和阿基坦，以及法国北部地区的大贵族们纷纷聚集到这面圣徒的旗帜下，他们自觉自愿地展示武力并击溃了入侵。叙热总结说，这次战胜（神圣）罗马（帝国）皇帝和英格兰国王的胜利是法国古代和当代历史上最辉煌的事件。

除了重视城市居民和叙热描绘的理想计划外，路易六世和路易七世几乎没有采用其他新的政府管理制度。他们大多沿用第一代卡佩王朝诸王的制度，并给后继者遗留下王国多个领地、管理人员、王室对教会和各级领主的王室传统权利。这些因素维系着整个卡佩时代的统治基础，以后在此基础上发生的变革都没有抛弃这些基础。这就是中世纪改革的性质。

从第二次到第三次十字军征战
（1147—1190 年）

1146 年，路易七世宣布了一项计划，这是他长期保守的秘密。他在教宗尤金三世的催促下，决定举起十字架，和德意志皇帝康拉德以及其他贵族一起，出发前往圣地，他们都深受克莱沃修道院院长贝尔纳布道词的鼓舞。他遵循父亲的榜样，在圣德尼修道院神坛上接受了圣德尼的旗帜，于 1147 年离开王国，一直到 1149 年。国王的表兄韦尔芒杜瓦伯爵拉尔夫、兰斯大主教萨姆森（Samson）和老国王的亲信叙热被委任为摄政。后者也就是圣德尼修道院院长，又得到教廷的进一步认可，于是立即担负领导责任。尽管叙热不得不对付国王的兄弟德勒（Dreux）伯爵罗贝尔策划的宫廷阴谋，不得不处理国王控制的教会事务，但他还是表现出在管理方面极为杰出的能力，正像他在有关圣德尼修道院的论文《论管理》（De administratione）中刚刚论证的一样。他保留至今的那些信函使我们得以对司法和财政这两个政府主要管理方面产生初步印象。有一封信表明，叙热总是以各种借口到巴黎聆听国王宫廷里的司法案件。另一封信则表明王室的地方财政官要在财政部向这位摄政呈报他们的账目。叙热要亲自向国王保证，王室在司法、捐税、采邑收获和领地的收入都保持完好无损。路易特别关注的一件事情是，国库被转移到圣殿骑士的驻地，他们是一个军事组织的成员，像银行家一样将金钱直接送往海外。叙热所有的信件中都使用了"王国的王权"（corona regni）一词，用来表示当国王不在时可代替国王本人管理王国。1149 年，当路易回国重掌统治大权时，此前采用的所有管理措施则被彻底取消了。

此后半个世纪的文献资料仍然保持着像此前那个时代一样的性质。叙热开始记录路易七世的历史，最后由修道士圣日耳曼德普雷（St-Germain-des-Prés）以简洁的风格结尾。在圣德尼修道院，德伊

（Deuil）的奥多院长也书写了路易七世的历史，但是其注意力都集中在十字军的活动上。直到 1196 年，一位到圣德尼修道院出家的医生里戈尔（Rigord）重新恢复了叙热的写作传统，撰写了菲利普·奥古斯都头十年的统治史。但是，到了 12 世纪末，盎格鲁－诺曼编年史家豪登的罗杰，在英格兰亨利二世国王的一系列统治新政和扩张其欧洲领地的活动中，获得灵感，在他们的叙述中增加了卡佩王朝国王的政治活动。路易七世和年轻的菲利普·奥古斯都以路易六世为榜样，继续颁发特许状，而且更加频繁了。1172 年，王室大臣、苏瓦松主教尚弗勒里的休编辑了一本这位国王的私人信件集，但是由于这些信笺的内容更多的是私事，因此它们就很少涉及政府事务。

整个 12 世纪下半期，路易七世和年轻的菲利普·奥古斯都仍然沿袭着继承来的政府权力的基本框架。王室领地由地方行政长官（prévôts）管理，其数量不断增加，继续提供主要的岁收，除了 1180 年菲利普对犹太人动用其君主权，在全部辖区没收他们的财产，一时间大发横财。国王朝廷在王室各个领地间巡游，队伍通常由传统的骑兵军官和下级官员（familiares）组成，后者包括侍从瓦尔特、骑士维勒龙的亚当（Adam of Villeron）和教士巴尔贝多（Barbedor）和曼奈里乌斯大师（Master Mainerius）。这些不甚显眼的名字后来被确定都是御前顾问（consiliarii），他们继续构成了常设御前会议（consilium），负责日常国务。菲利普继位时，许多城市就匆忙地获得了这位新国王重新批准的城市特许状和特权。

当路易七世于 1149 年结束十字军远征回国时，其婚姻生活也陷入危机。不仅国王和王后因感情不和日益疏远，而且更为重要的是，埃莉诺未能为卡佩王朝生出必不可少的儿子（事实上，她生了两个女儿）。路易得到了离婚的批准，理由是血缘太近，而后便与西班牙公主康斯坦丝结婚，后者也生了一堆女儿。当 1160 年她去世后，路易便在几个月内娶了特鲁瓦－香槟伯爵家的阿德拉。尽管路易六世曾有过七个合法的儿子，但是卡佩王朝彰显出的旺盛的男性生殖力还是很快就陷入了危机。五年后，当王后终于生下一个男孩儿，整个巴黎都如释重负，兴高采烈地大肆欢庆，菲利普也因此得到了"上帝恩赐的"（Dieudonne）的绰号。1179 年，老国王突遭中风，卧床不起，他按照卡佩王朝的惯例，临终前在兰斯为这个 14 岁的男孩加冕，确

518

定为国王。次年，菲利普迎娶埃诺（Hainault）伯爵之女伊莎贝拉
（Isabella）为妻。和他父亲不一样，在其男性继承人路易于 1187 年
出生之前，他决不离开王国去参加十字军。当他真的离开王国时，其
子也没有被加冕。这样，卡佩王朝从此不再沿袭提前加冕小国王的传
统做法，这就清楚表明，卡佩王朝在经历了七代连续不断的国王后，
最终感到其世袭权利已经稳固无疑了。

除了自己的婚姻问题外，路易七世还感觉因十字军东征的失败而
亏欠法兰西。尽管经历了两代国王和许多贵族的努力，但是十字军远
征仍未达到什么目标。可能这就是上帝对国王违背了教会自由约定感
到不悦的证据，因为国王采取强制措施确定了国王控制的教区候选
人，就像在布尔日教区所做的那样。此后，路易很少刻意干预教会选
举。他的这一政策在其子于 1190 年颁布的法令中作了概述，该法令
称：空位的教区教士可以向国王申请许可以选举新主教，国王此时遵
循自由选举原则。这样的合作意味着选举产生的教会领袖"既愉悦
于上帝，也有利于王国"[2]。事实上，国王控制的教区和修道院对国
王这样的举措作了回报，他们选举出的候选人通常是国王喜欢的人。
路易得益于这种合作，开始颁布保护偏远省区特别是法国南部修道院
和教区的国王特许状。这些特许状并没有产生什么实际效果，但是它
们却美化了国王保护教会的形象。

尽管路易七世为了王朝延续的需要，于 1152 年与埃莉诺离婚，
但是这次离婚恰好发生在他对大贵族的宗主权最危险的时刻。当时，
形势变得愈加清楚，玛蒂尔达的盎格鲁－诺曼王国与杰弗里伯爵的安
茹王国将因为他们共同的儿子亨利而联合起来。这位年轻的安茹王子
旋即迎娶前法国王后、同时也是阿基坦的女继承人埃莉诺，并于
1154 年继承英国王位，成为亨利二世国王，这时他通过继承和联姻
成为控制法国西部半壁江山的领主。为了协助他统治这个幅员广阔的
联合体，他将自己的多个名号分给了几个儿子，即小亨利、理查德和
杰弗里。面对这面积大得可怕的领地，卡佩王朝唯一可以求助的是通
过间接而复杂的方式进行应付。作为最高宗主，卡佩王朝诸王只能要
求亨利及其几个儿子服从，因为他们在欧洲大陆拥有几个封地采邑，　519

---

② "qui Deo placeat et utilis sit regno", *Recueil des actes de Philippe Auguste*, Ⅰ, no. 345.

主要还是因为他们作为领主也需要各自封臣服从自己。另外，路易通过把两个由康斯坦丝所生的女儿嫁给年轻的亨利和理查德来加强这些封臣与封主的关系。而且，卡佩王朝还抓住时机，鼓动亨利的儿子们和封臣们反叛。例如，亨利七世支持 1172—1173 年间亨利的儿子们在埃莉诺煽动下的反叛，此时，埃莉诺对她第二任丈夫非常不满。菲利普·奥古斯都则千方百计挑动小亨利、理查德和杰弗里反对他们的父亲，但是，卡佩王朝从来没有真正威胁亨利的君主权。路易使用的更为有效的方法，是通过联姻结成反对这个盎格鲁－诺曼－安茹势力的新联盟。来自韦尔芒杜瓦的国王的表妹嫁给了佛兰德的继承人，同样重要的是，路易把埃莉诺给他生的两个女儿分别嫁给了布卢瓦伯爵和特鲁瓦－香槟伯爵这两兄弟，正如我们看到的，路易自己则迎娶了他们最小的妹妹阿德拉。这样，佛兰德就被中立起来，庞大而复杂的香槟从盎格鲁－诺曼王朝分割出来，割断了与该王朝的传统联系，而与卡佩王朝结成了紧密联盟。

卡佩王朝在大领主中采取的这些策略活动和联姻，也相应地加剧了中央朝廷人员构成的变动。在以前的朝廷中很少有大贵族，除了像圣德尼修道院院长和韦尔芒杜瓦伯爵这样少见的人物外。当路易越来越卷入召集十字军活动时，越来越多的大封臣也进入了他的朝廷，而且在其回国后仍然留在朝廷。布卢瓦伯爵狄奥博尔德成为王室大管家，博蒙特伯爵马修成为朝廷总管，苏瓦松主教休成为司法大臣。卡佩王朝中多位大领主和高级贵族与朝廷大臣、骑士和教士的混合，使它多少有些类似于盎格鲁－诺曼王朝那个庞大而混杂的朝廷。这些大贵族渗透进卡佩朝廷的情况，可以在 1179 年小菲利普·奥古斯都的加冕礼上清楚地观察到。这次盛大典礼是由兰斯大主教威廉主持的，他同时是特鲁瓦伯爵和布卢瓦伯爵，以及阿德拉王后的兄弟。佛兰德伯爵在游行队伍中托举着国王的宝剑，并在随后举行的盛大宴会上担当司仪。而国王小亨利则代表着盎格鲁－诺曼－安茹家族，他在几个兄弟的陪伴下，始终佩戴着菲利普的王冠。在王国中发挥重要作用的所有角色均出席了活动，并在国王宫廷中彼此竞争。

当来自圣德尼修道院的修道士、历史学家里戈尔考察菲利普统治头十年的情况时，他又谈到血缘高贵和神圣这两个传统的观念。由于菲利普的出生姗姗来迟，他不仅证明了他是上帝的恩典

（*Dieudonné*），而且证明了卡佩王朝世袭权利在经历了七代国王后已
经确定无疑。这次成功的即位也激起了人们对王朝起源的寻觅。里戈 520
尔是第一个讨论卡佩王朝在各王室之间世袭权利的人。当时有些宫廷
以外的人也提出过该王朝通过女方的世系血统加强与加洛林王朝的联
系，而里戈尔则无视这些理论，转而寻找更古老的特洛伊（Trojan）
起源的神秘传说。这种传说受到维吉尔（Virgil）的《埃涅阿斯纪》
（*Aeneid*）的启发，后者把罗马和各蛮族王国的起源都说成是从被火
焚烧了的特洛伊城中逃出来的特洛伊人的后裔。根据里戈尔改编的法
兰克版本，法兰奇奥（Francio）是特洛伊王普利阿姆（Priam）的孙
子，他的后人最终定居在法兰西，后来建立了墨洛温（Merovingians）
王朝，而后者又产生出加洛林王朝，最后产生出卡佩王朝。里戈尔忽
略了谱系上的中断现象，因此提出菲利普是古代特洛伊人的直接后
代。同样重要的是，菲利普在兰斯加冕仪式上得到神油涂抹祝圣而被
赋予的神圣理念。正像叙热曾经描写国王的祖父和父亲一样，里戈尔
把菲利普也说成是忠实履行其加冕诺言的国王，即保护教会免遭地方
领主们涂炭。而他对于教会的热情最充分地表现在，他于 1190 年高
举起光复圣地的十字架参加十字军。由于菲利普忠诚地捍卫教会，里
戈尔采用了教宗们自查理大帝时代就一直授予法兰克国王的传统头
衔。菲利普再度获得了法国"最忠实的基督教国王"（*christianissi-
mus*）这个称号。

自第三次十字军征战到征服诺曼底
（1190—1203 年）

由于被盎格鲁－诺曼－安茹王朝势力抢尽风头，菲利普·奥古斯
都很不情愿地负责召集第三次十字军征战。当他能够确认国王理查德
（他已经接替亨利二世继位）也将同时启程时，便从圣德尼修道院取
出圣旗，于 1190 年离开王国，开始其 18 个月的十字军征战行程，他
信心满满地将摄政权交给了兰斯大主教威廉和王太后阿德拉，他们俩
都来自香槟家族。在他们的引导下，他起草了貌似遗嘱的法令，作为
其离开王国期间颁行的临时措施，该法令确认了诸如国王选举之类的
更为古老的治理措施，但其中最重要的是宣布了司法和财政的新制

度。新的地方官被称为"巴伊"（*baillis*），他们曾一度出现在法令的抬头，如今在整个王国范围内被委以广泛的职责。他们将在两三队官员的协助下，每月定期举行巡回法庭，并将在法庭上聆听王国居民的司法申述，而后，他们要每年三次将其中的一些案子呈递给巴黎的法官。菲利普还下令，在三年一次的法庭会审期间，他在各地的收入也要同时被带到巴黎来，由教士们计算并造册登记下来。这些定期呈报的文献记录中有一份 1202—1203 年的财政账目保留了下来。我们从

521 这个文件中可以看到，"行政长官"（*prévôts*）确认王国的固定收入和开支，而"巴伊"（*baillis*）对司法收入和其他不定期财政收入负责。他们将其钱财存在圣殿骑士驻地，如同在路易七世时那样，圣殿骑士们既像银行家一样将钱财输送给十字军，也作为固定的王室国库。尽管 1190 年法令的其他条款在国王回国后都取消了，但是掌控司法的"巴伊"（*baillis*）和每三年一次在巴黎定期记账的账目部门，都被保留下来成为国王政府的固定机构。菲利普·奥古斯都的法令—遗嘱不像叙热早期经历的那样，而是引发了持久的变化。它开启了政府运行程序的重大转变。尽管国王仍然进行广泛的巡游，但行政长官（*prévôts*）和"巴伊"（*baillis*）三年一次的定期上访记录越来越吸引王国各地的代表来巴黎。为了增强改善巴黎城市的外观，菲利普下令铺设主要的广场和道路，并于 1190 年离开王国前下令在巴黎周围建筑城墙。这样，就在这一年，巴黎最终成为卡佩王朝具有向心力的都城。

　　包含在这些新制度中的还有新的王室文件。国王离开王国曾经一度推动形成了国王政府的第一批制度和档案，以及最早的定期财政账目专辑，但是菲利普回国后又增加了一个新的王室档案部门。在 1194 年的战斗中，他在弗雷特瓦勒（Freteval）遭遇了理查德精心设下的埋伏，使他丧失了包括金银财宝、国王印玺和文件的辎重。这些损失的性质和范围还没有被完全认识清楚，但有一点是清楚的，此后菲利普在巴黎建立了档案部门，为确保安全，这里保存收发的信函编成信集，即后来所知的《宪章宝库》（*Trésor des Chartes*）。曾经抄录过 1190 年法令的史家里戈尔同样了解这份信集的内容。这些成文资料同时也是新制度的成果和证据。这样一来，人们就可以首次通过国王随从团队从内部观察国王政府了，而不仅仅通过教会文献的渠道。

新的财政账目表明：在菲利普统治的前 20 年，国王领地迅速扩大，其重要原因在于佛兰德家族和益格鲁－诺曼－安茹家族的继承危机。国王的表亲韦尔芒杜瓦家族和佛兰德伯爵家族的联姻同盟，由于菲利普本人与埃诺的伊莎贝拉结婚而加强，她也是佛兰德家族的亲戚，并生下了他们的儿子路易。当佛兰德伯爵阿尔萨斯的菲利普行将就木而没有继承人时，一切都变得愈加清楚，这些联姻同盟将保证卡佩王朝取得重大收获。这位国王通过复杂的谈判，于 1185 年得到了亚眠、蒙迪迪耶（Montdidier）和鲁瓦（Roye），在没有子嗣的佛兰德伯爵于 1191 年去世后，佩罗讷（Péronne）和阿图瓦（Artois）伯爵领地也归属路易名下。1199 年，国王理查德去世时没有留下直系继承人，造成了益格鲁－诺曼－安茹家族陷入同样的继承难题。当理查德的弟弟约翰对继承权提出要求时，遭到他的侄子亚瑟（Arthur）的反对，菲利普·奥古斯都就趁机从前者那里获得诺曼人在埃武勒琴（Evrecin）的领地和在维克辛的几个领地，作为确认约翰继承权的要价筹码。这些新获得领地的价值也能够在财政账目中计算出来。国王领地上"行政长官"（Prévôtes，即以 prévôtes 为标题的账目集）的数量，从 1179 年的 41 个上升到 1190 年的 52 个，更增加到 1202—1203 年的 62 个，而领地收入的增加更突出：1190 年提高了 22%，1203 年提高了 50%。这样，到卡佩王朝征服诺曼底前夕，菲利普·奥古斯都的固定领地收入就增加了几乎四分之三。1196 年，里戈尔总结了王国持续扩张的重要意义，他因此将菲利普称为"奥古斯都"，因为他像凯撒一样，通过在韦尔芒杜瓦的扩张，大大扩展了（auge［bat］）"共和国"（respublica）的版图。③

　　新的朝廷资料还揭示出国王随从大臣人员的显著变化。菲利普·奥古斯都坚持要求其大贵族封臣必须随他参加十字军出征，不允许任何重要的贵族留在国内，以免引起动乱，他的父亲就曾因此被害惨了。正如他可能早就算计到的，这次严酷艰辛的远征要了其父辈那些贵族的老命。大量的贵族死掉了，包括佛兰德伯爵和布卢瓦伯爵，他们在 1191 年围攻阿克（Acre）时阵亡。这样，十字军征战就为年轻的国王提供了重新组织新班底的机会。尽管担任摄政的兰斯大主教威

522

---

③　Rigord, Gesta, in Oeuvres de Rigord et de Guillaume le Breton, i, p. 6.

廉在朝廷滞留任了十年，但是，没有任何大领主在国王宫廷中发挥重要作用。布卢瓦伯爵狄奥博尔德去世后，菲利普采取了空缺职位的策略，不再重新任命王室大管家，正像他在 1185 年不再任命大法官一样。由于这两个主要王室官职不再重新填补，其他官员的官衔等级地位因此被降低了。在任命这些空缺官职时，他沿袭了其祖父和父亲依靠地位不显赫者的政策。中央朝廷重新招募了几位总管，包括路易七世忠实的瓦尔特，此时由他的两个儿子乌尔索（Urso）和小瓦尔特辅助，招募了像鲁瓦的巴塞洛谬（Bartholomew）和亨利·克雷芒这样的骑士，以及像盖琳（Brother Guerin）和海马尔德（Brother Haimard）这样的教士。而在地方政府中则让至少 12 名新任"巴伊"（baillis）陪伴行政长官（prévôts）巡回王国各地。在这些大总管、骑士、教士和"巴伊"（baillis）的称号前都特意加上了明显的修饰词"国王的"。这些官员突出的特征是，出身不显赫、年轻和忠诚。例如鲁瓦的巴塞洛谬就来自韦尔芒杜瓦的下级骑士家庭，而盖琳的家世甚至还没有考证清楚。可能菲利普在许多随其远征的人中发现了他。唯一的例外是所有的"巴伊"（baillis）都挑选自王室骑士这个阶层。任何人都不能超出他们的出身被一下子提拔到男爵以上；只有盖琳通过选举担任桑利教区主教成为贵族。所有这些官员都比他们年轻的国王主子活得长久，除了亨利·克雷芒死于战争的重伤。只有一名"巴伊"（baillis）因为服役期间的不光彩行为被免职。

　　每份新出现的国王记录文献集都能够揭示这些官员的多种职责。盖琳首先在 1201—1202 年的王室法庭上现身，当时他开始为国王特许状作注，并写道："出自盖琳之手。"④ 此后，财政账目上也表明，他向王国各地广泛配发钱财。保存至今的一份诺曼底征服之后的司法卷轴中，我们看到他主持法莱斯地方的国库部门管理。很多档案和后来的信集也表明，他积极地参与司法判决、主持审理、执行命令并担当特使。他几乎出现在所有记录在案的国王宫廷重要会议上。由于他越来越为编年史家们所熟悉，他被说成是"国王之下万人之上"的人。⑤ 鲁瓦的巴塞洛谬发挥着与盖琳一样重要的作用，他的活动除了

---

④ "data ... per manum fratris Garini", Recueil des actes de Philippe Auguste, Ⅱ, no. 688（first instance）.

⑤ "secundus a rege", William the Breton, Gesta, in œuvres de Rigord et de Guillaume le Breton, Ⅰ, p. 256.

为教士保留的法庭审理外，几乎是重复其同事的活动，多种多样，频
繁忙碌，无处不在。菲利普就像路易七世一样，依靠出身并不显赫的
总管、骑士和教士，既让他们管理日常事务，也在御前会议上听取他
们的建议。然而，他的班底完全不同于其父亲和盎格鲁－诺曼－安茹
宫廷，规模不大，成分不混杂，也不是贵族和下等人的混合，而是仅
限于很少几个亲信，包括盖琳、巴塞洛谬、亨利·克雷芒和小瓦尔特
这些人。当编年史家们最先注意到他们时，他们正在 1214 年进军布
汶的军营中向国王提出建议，并在战斗中紧紧地伴随在国王身边。从
政府的文件可以看出，他们自 1195 年便工作在一起了。用一位王室
编年史家的话说："他们是些使国王能够对之敞开心扉，并在任何时
候都能向他们谈论私密想法的人。"⑥

　　除了在司法、财政、宫廷阁僚方面的新举措，以及新的文书管理
办法外，菲利普继续沿袭其前辈的传统旧制。国王结束十字军远征回
国后，已经是鳏寡老人，且疾病缠身，虚弱不堪，他不得不承认其家
族世袭的脆弱，特别是在其新生的儿子也难逃疾病的折磨以后。然
而，他一门心思想要再婚，要再添些儿子以加强王朝的继承能力。只
有这个长远的目标保持清晰，而要达到这个目标的办法却令人费解。
人们很难理解他为什么选择了丹麦公主英格堡（Ingeborg），因为她
的政治价值非常低，而他在 1193 年 8 月 14—15 日的新婚之夜，突然
对英格堡公主感到厌恶，这只能解释是他的个人神经质。菲利普像其
父亲休弃阿基坦的埃莉诺一样，借口血缘太近而实行分居，而后，他
找到了与自己情投意合的新娘阿涅丝，她来自安德西斯－梅阮尼恩
（Andechs－Meranien）的巴伐利亚贵族家庭。1201 年当她去世时，已
经为国王生了一个女儿和一个儿子。假如 1198 年不是新教宗英诺森
三世继位的话，菲利普找了一个又一个妻子的这件事可能就会像其父
亲一样取得成功，但这位教宗雄心勃勃，决意要在所有涉及婚姻的事
情上施行教会的管辖权。由于这位国王以血缘太近的借口明显站不住
脚，所以他不敢贸然将其婚姻计划呈报教宗判决。菲利普于 1200 年
有意发布了阻止教宗踏入其王国的禁令，故而以合法的计谋将教宗困

524

---

　　⑥ "His etenim solis re confidenter in omni / Enucleare animum secretaque vota solebat". William the
Breton, *Philippidos*, vv, 536－7, in *œuvres de Rigord et de Guillaume le Breton*, Ⅱ, p. 271.

住，直到阿涅丝去世以后，他已经得到教廷对其孩子合法性的认可，以此交换对教宗的外交特许。尽管他在法律上还维持着与英格堡的婚姻，但却非常固执地拒绝看望她，不过他仍然达到了靠其第二个儿子维持王朝世袭的目标。

教宗发布的一道重大禁令，威胁将于1200年关闭国王领地上所有教堂九个月，使菲利普和王室教会之间的关系异常紧张。主教和修道院院长们被迫在两个主子之间进行选择，一个是普世教会的精神领袖，另一个是他们世俗的保护人。教廷的记录和编年史显示，在大约25个国王控制的教会中有19个做出了决定，其中有13个（包括极有影响力的圣德尼修道院和圣日耳曼德普雷修道院）站在了国王一边，拒绝服从教宗。这个胜利促使菲利普重新恢复了卡佩王朝传统的教会自由和合作政策。1200年，当他从约翰国王那里接收了埃夫勒主教区时，他宣布当地可以自由选举主教，"就像其他法国教会的教会法团体一样有权选举出主教"⑦。由于当时埃夫勒主教区并没有主教空位，因此这个宣言就是在刻意显示法国的自由比以前诺曼公爵对教会的镇压好得多。另外，菲利普开始通过重新宣布其国王控制权来扩大教会的自由，而这一切恰好选在了1203年进攻诺曼底的军事行动前夕。这些自由特权被授予王国边界地区的朗格勒（Langres）和阿拉斯两个教区，并在此后六年间扩大到欧塞尔、纳韦尔、特鲁瓦和梅肯教区。自国王结束十字军东征回国以后，国王下辖教会中的教士团体就继续选举那些有可能获得国王欢心的候选人。1190年重新恢复的高级教士自由选举显然继续产生出"既愉悦于上帝"的教会领袖，同样重要的是他"也有利于王国"。

当时的编年史家除了关注英格堡这个家庭丑闻外，对卡佩王朝的政府事务普遍保持沉默。更确切地说，他们的注意力都被菲利普和盎格鲁－诺曼－安茹之间日益紧张的军事对立冲突所吸引。直到1194年以后，理查德才终于回到领地，因为他在圣地的事务尚未结清，而且在其归途经德意志的路上被俘，投入监狱。不用说，菲利普没有浪费延长理查德被关押时间的机会，并趁机频繁光顾他的领地。但是，

---

⑦　"sicut et alii canonici ecclesiarum Francie liberam habent eligendi sibi episcopum potestatem", *Recueil des actes de Philippe Auguste*, Ⅱ, no. 637.

到了 1198 年，理查德杰出的军事技巧使他全部收复了在法国的失地，而其令人交口称赞的慷慨大度也使他赢得了新盟友，其中包括佛兰德伯爵。在几乎持续不断的战争中，菲利普不仅像上一次那样丧失了辎重，而且还落入了佛兰德伯爵设下的陷阱，被理查德在日索尔羞辱一番。当盎格鲁－诺曼编年史家津津乐道这些失败的细节时，里戈尔设法减低其影响。然而，理查德的这一系列胜利却因为他在 1199 年意外死亡戛然而止。菲利普对抗这个可怕对手的唯一办法就是卡佩王朝的惯用伎俩，分化盎格鲁－诺曼－安茹家族成员，唆使一个成员反对其他人。当理查德不在国内时，菲利普挑唆理查德的弟弟约翰策划阴谋，在理查德去世后，他又支持约翰的侄子亚瑟争夺王位。1200 年，最终在勒古莱（Le Goulet）谈判签署的一份协议，确保菲利普承认约翰继承其兄弟的王位，作为交换，后者割让了埃武勒琴（Evrecin）和维克辛两块领地，支付一大笔钱，并接受卡佩王朝对约翰在欧洲大陆领地的宗主权。由于约翰正式成为自己的封臣，菲利普就只能等待约翰那反复无常的性格为其提供行动借口的时机。正是由于约翰的性格，不久后他便因为引诱并与近邻的昂古莱姆男爵的女继承人结婚，而激怒了阿基坦的吕西尼昂家族，因为她早就与一位吕西尼昂成员订婚了。当约翰拒不听取吕西尼昂家的申辩时，后者便向约翰的上级封主菲利普控告。1202 年，作为阿基坦公爵的约翰受到传唤但未能出席王室法庭，他因此被匆忙地宣判，因藐视封君未能履行封臣义务而被剥夺了领地。

由于菲利普早就获得了合法的宗主权，此时便要采取军事和财政措施来强制执行上述判决。1202—1203 年的财政账目也揭示出，当时正在筹集战争经费。除了"行政长官"（prévôts）和"巴伊"（baillis）的报告外，还有特别建立的战争国库长每三年提交的账目，他专门监管沿诺曼底边界一线的城堡群建筑。从这些账目中，可以观察到进行中的军事调动，特别是由大约 2300 名将士组成的军队，其中 250 名骑士就驻扎在塞纳河西岸，随时准备进攻诺曼底。与此同时，包括分散征集战争税的账目财政文件被称为"军士奖金"（prisee des sergents），这些税是对城市和修道院征收的。该税总额足以支付驻扎在诺曼底边界一线军队的军饷，这样，就使菲利普能够建立一支靠军饷支付的常备军，他们成为其军事武装力量的核心。除了这项战争税收外，据报道，"行政长官"（prévôts）和"巴伊"（baillis）的收入实际上远多于支出。这样，到 1203 年进攻诺曼底前夕，菲利普的财政状况极好，具备了发动进攻盎格鲁 – 诺曼 – 安茹人战争的条件。

526
从诺曼底征服到布汶战役及其后果
（1204—1233 年）

　　诺曼底很快便陷入 1203 年和 1204 年春夏季进行的两场战役。当约翰拒绝整军应战并于 1203 年 12 月不得不放弃这个公国时，理查德建造的重大军事要塞加亚尔堡（Château Gaillard）于 1204 年 3 月陷落，这时诺曼人发现进一步的抵抗是毫无希望的。在希农（Chinon）城堡和罗切斯（Loches）城堡这两座关键要塞于 1205 年春季失守后，卢瓦尔河谷就根本无法防守了。这一连串丢城失地令人惊讶，部分原因在于约翰的主动放弃，部分原因在于菲利普强大的财政实力。亨利二世在法国西北部建立的庞大领地联合体迅即瓦解，立即引发大贵族们新的较量角逐。此后十年，约翰像以前的理查德一样，重新敞开钱袋收买和扩大新的盟友，其中就包括布洛涅和佛兰德两个伯爵，以及其侄子布伦瑞克的奥托，后者当时正渴望获得德意志皇帝的王冠。到了 1214 年，约翰就已经策划了一个庞大的战略决策，打算收复失地，计划从两方面对菲利普发动攻势。如果这两道攻击能够协调完成，那么卡佩王朝的军队有可能被撕开并被全歼。约翰本人从西南方向进军，在这里菲利普的儿子路易于昂热（Angers）附近的拉罗什欧穆瓦讷（La Roche-aux-Moines）出兵迎击。尽管约翰很快退却了，但他还是在此关键时刻将卡佩王朝的军队分割开来。这样，菲利普·奥古斯都就不得不单独应对来自北面的同盟军，其中包括布洛涅伯爵奥托和佛兰德伯爵以及其他低地国家（Low Countries）的君主。1214 年 7 月 17 日星期日，两军在里尔（Lille）附近的布汶平原相遇。菲利普没等联军阵线完全扎稳便发动突袭，全军推进并取得大胜。奥托差点儿没能从溃败中脱身，而布洛涅伯爵奥托和佛兰德伯爵则混杂在大批战俘中被俘。在这次惨败之后，任何进一步收复盎格鲁 – 诺曼 – 安茹失地的努力都毫无意义了，约翰渡过海峡逃返英格兰，从此再没有回来。

尽管菲利普·奥古斯都在新征服的地区保留了现存的地方管理机构，但他还是对诺曼底和安茹、曼恩、图赖讷辖下的卢瓦尔河流域平原进行了新的行政划分。早在1202年，国王就宣布了其分划诺曼底的打算，并将它当作王室领地直接控制。地方的诺曼官员称为"子爵"（vicomtes）和"巴伊"（baillis）［相当于卡佩王朝的"行政长官"（prévôts）和"巴伊"（baillis）］，这些官员由招聘自王室领地的官员取代，而他们还要继续每年两次向负责监控他们财政和司法事务的中央国库大臣述职汇报。国库则迁往巴黎附近的法莱斯，由两个来自国王大臣班底的代表（通常是盖琳和小瓦尔特）负责管理。在卢瓦尔河流域平原，菲利普沿用当地总管为班底的政府机构，这些官员都由安茹的大总管管辖。早在征服以前，国王便批准了前安茹大总管莱罗什（Les Roches）的威廉担任该职务。显然，国王尚未准备好将卢瓦尔河流域合并到王室领地来，因为他承诺给予这位大总管主管地方政府的不寻常的权力。这些新征服的领地毫无疑问增加了卡佩王朝的收入，不过可能没有历史学家先前估计的那样多。新发现的1221年的财政账目表明，诺曼底和卢瓦尔河平原将菲利普的正常收入提高了70%，这一增长在同等规模的案例中只有1200年前吞并的领地可以相比。

获得的新领地也使政府的新文件一下子增多起来。新发现的1221年的账目不像1202—1203年的账目那样用来监督和掌控"行政长官"（prévôts）和"巴伊"（baillis）的财政工作，而是按照大类全面总结收入支出和计算收支平衡。因此，这是政府第一次拥有与其财政地位相符的预算。菲利普从诺曼国库开始进一步沿袭了保留上诉卷轴卷宗的传统，这类卷宗或者是聆听案子的简短记录。现存这类来自法莱斯国库的卷宗（从1207年开始）保存了下来，构成了最早的卡佩王朝司法文集。但是，这个时期出现的最重要的文件集是注册登记。1204年、1212年和1220年分别编纂的司法文集一本接着一本，非常有可能是在盖琳指导下由王室阁僚撰写的。其中超过一半是特许状和信函，不仅有汇集在档案部门接收来的资料，还包括国王颁发的特许状。这样，卡佩王朝君主就首度保留下至少是部分的王室文档记录，因此可以与同时代的英格兰和教廷的登记注册记录相媲美。另外，这些注册登记还包括大量的各种调查、清册、账目和各式各样涉及领地、树林、财政、采邑等清单。总之，它们就是用作政府日常事务常用信息的便利手册，在国王经常性的外出期间供朝廷方便地携带。

就在菲利普攻占诺曼底的卡昂城以后不久，他便在其 1204 年的登记文件中收录了亨利二世于 1172 年对夺取诺曼底公国辖下采邑的调查结果。以此为起点，卡佩王朝的国王们就一直强调其作为宗主对王国内大贵族和王室领地各级小封臣的权利。这些权利包括传统的忠诚、效忠、婚嫁、战争，特别是骑士服役等传统义务，但这些权利规定模糊，也少有记录。这样，菲利普就从盎格鲁－诺曼君主那里学会了调查登记并记录其领地上的封臣的具体办法。1207 年和 1220 年，诺曼式调查仍在继续，并记录在案，此后又将调查扩大到王室领地的其他地区。这些造册登记活动作为记录和监管推行国王宗主权的努力，对菲利普规范其所有封臣义务并写成文字规定的计划助益匪浅。例如，早在 1180 年，亨利二世为其领地效忠的事例就记录在特许状里，正像 1196 年佛兰德新任伯爵所做的一样。这些特许状被小心地保管在注册登记官或档案官那里。强制施行这些义务的惯常做法是要求封臣发誓保证履行其义务。菲利普的注册登记记录中就有超过 80 份这类宣誓清单。然后，最后的强制手段是在国王宫廷上进行判决。直到卡佩王朝能够召集大封臣开会并进行判决以前，其对大贵族的宗主权只是停留在理论上。转折点出现在 1202 年传唤和谴责作为阿基坦公爵的约翰那次事件。自 1194 年以后，约翰作为封臣的义务就被十分仔细地记录在案，并一直保存在王室档案部门。当菲利普·奥古斯都能够通过执行剥夺约翰采邑的判决时，其辖制各大领主的宗主权才真正实现了意义非凡的强化。

作为布汶之战的成果，菲利普统治的最后十年体现出胜利带来的理想结果：和平、繁荣和重新表达王朝理念。这个时期进行的两场战争都是由路易指挥的，从而在法国卢瓦尔河以北地区消弭了战祸。英格兰曾于 1216—1217 年发动过远征，但无功而返，1215 年和 1219 年在法国南部地区进行的镇压异端的十字军征战，也没有取得最终的结果。这些战争显然没有对王室的财政造成什么不利影响，因为 1221 年的财政预算显示，国库仍然保留着三分之一的年收入盈余，这些剩

余的金钱将继续留给下一任国王。而且，菲利普本人于 1222 年立的
遗嘱也遗留下一大笔钱财，大约相当于王室年度收入的四倍。这位国
王非常富有（也许还缺乏很多细节）也得到了一位目击者的证实，
他记载了 1223 年参加菲利普葬礼时，从王室官员那里听来的传闻。

　　布汶之战的胜利激发了一名参战者，名叫布列塔尼人威廉的王室
教士的灵感，他续写里戈尔的散文编年史，一直延续到自己生活的时
代，并把这部分内容变为第二部作品，书名为《菲利普传》（*philip-
pidos*）。后面这本书仿照沙蒂永的瓦尔特的史诗《亚历山大传》（*Al-
exandreis*），将满怀激情的赞美诗歌献给国王，说他像亚历山大一样
承担着马其顿的美名。菲利普在这两本书里，完全不再被称为"奥
古斯都"这个带有强烈罗马色彩的名字，而是被冠以"伟大的"
（*magnanimus*）这个众所周知的、马其顿伟大征服者的绰号。尽管布
列塔尼人威廉承担起叙热和里戈尔两人的任务，但他并非是圣德尼修
道院的修道士，而是享有国王及其大臣盖琳直接庇护权的王室教士。
他的作品因此被人们视为卡佩王朝第一部"官方"史籍。威廉在记
载战争的同时，说明了三个对卡佩王朝观念极为重要的基本思想。首
先，他认为征服包括强大的佛兰德伯爵和平息布洛涅伯爵叛乱在内的
五大伯爵，就保证了国王对所有大领主们的宗主权。贯穿威廉记载始
终的是，所有的大贵族都老老实实地效忠国王。当约翰最终于 1202
年被传唤到国王宫廷时，威廉直言不讳地说他接受菲利普最终的司法
判决。其次，布汶的胜利代表了法国卡佩王朝对战罗马皇帝的胜利。
1124 年的胜利使人想到，看似简单的圣德尼的丝绸旗帜能再度战胜
惊恐万状的鹰，而鹰是罗马统治世界野心的象征。威廉为了证明法兰
克人就是法兰奇人的后裔（*franci*），也就是摆脱罗马统治的自由，还
重新谈起特洛伊起源这个最初的神话传说，也就是把法兰克诸王看作
同罗马王完全一样，都是来源于古代特洛伊那个共同祖先。也是由于
这个原因，只有前罗马时代的亚历山大，而不是凯撒（更不是奥古
斯都），才是更接近菲利普的原型。最后，威廉在大战前曾清楚地听
到国王的长篇演讲，他对自己的将士们说，奥托的军队遭到教廷的绝
罚（excommunication）开除教籍，而他自己的军队虽然处境更差，但
是却与上帝合为一体，为保护教士而战。于是，威廉再次转向宗教神
圣的话题，也就是在每次加冕礼上反复重申的说法，即捍卫教会自由

529

是卡佩王朝的责任。1223 年菲利普的去世给布列塔尼人威廉提供了最后一次重提这个传统话题的机会。这位国王不仅是"上帝恩典"（*christianissimus*）派来保护教会的国王，而且他本人就是一位圣人。威廉还说，菲利普的去世应验了吉祥的预兆，当前往圣德尼修道院的游行队伍行进时曾出现了神迹，而这个说法得到很多人的证实，这位国王是被其保护神直接引导升天了。尽管在菲利普死后人们一再努力证明其神圣，但他生前婚姻上的丑闻和明显的人生缺陷，却摆在眼前而无法对其封圣追认，不过，卡佩王朝只要再等上两代人就可以拥有一位值得信赖可靠的圣人了，他就是路易九世。

约翰·W. 鲍德温（John W. Baldwin）

陈志强 译校

第十七章（下）

从路易六世到菲利普二世的
法兰克王国：领主权

领主权是一种统治制度，在这种制度下，领主或主人（拉丁语
为 *dominus*）为了自己的利益行使各项权力，这些权力源于王权，即
具有公共性质的权力。领主权伴随着的是王国领土的碎片化以及几乎
很明显的权力崩溃，而这种权力也得到弥补，一方面是一种普遍的、
传统的隶属法兰克王国（*regnum Francorum*）的概念；另一方面在司
法上，它也处于以国王为至高权力的封建关系体制内。从这个角度观
察，领主在拉丁语中不应该是"主子"（*dominus*），而应该是"上
司"（*senior*），而其封臣应称为"臣仆"（*vassi*）。

领主权与公侯国

领主权的形成造成了王国领土的分裂，进而产生出大的公侯国、
男爵领地或城堡领地，也就是那些由城堡衍生出的地方生活单位。在
菲利普·奥古斯都被命名为《采邑录》（*Scripta de feodis*）的登记册
中，有一章为这一等级制度提供了证据：大主教、主教、大修道院院
长、公爵和伯爵等都位列王公之中；其后是男爵、城堡主、封臣或下
级封臣（*arrière-vassaux*），最后是近年来才建立的公社类别。后面这
些公社必须看作一种特殊类型。在王国的北方地区，12 世纪建立了
大约 30 个公社。它们全都得益于领主权向以市长和城主（*jurés*）为
代表的城市公社的让渡，而这种让渡常常是不完全的让渡。其他不存

在谋反叛乱经历的城镇则从他们领主那里获得了自由，而这种自由有时具有比这些公社更广泛的权利，甚至村庄，譬如博蒙特－恩－阿尔格内（Beaumont-en-Argonne），也承担起管理自己事务的全权。然而，大量的定居点还是满足于拥有司法和经济特权，而把管理它们的任务留给了它们的领主。在巴黎，市民们很快认识到，自己获取权力的通道要比向领主要求行使权力更有价值。因此，在城镇和乡村存在非常广泛的制度形式，其中城市共和国是特别突出的典型例子，13 世纪初在法国边界和佛兰德郡的图尔奈地区是唯一享有这种地位的地区。

531

　　除了这些集体领主权外，首先吸引人们注意力的是被称为"公社"的教俗公侯国。简单化和分层化的缓慢过程使一个由 12 位拥有"圣骑士"贵族（pairs，或"十二武士"）头衔的杰出君主组成的群体分离出来。这一头衔的颁授似乎可以上溯到 1179 年菲利普·奥古斯都加冕的年代，当时就是要恢复到加洛林时代的传统，即由六位教会贵族〔兰斯大主教和博韦主教、努瓦永（Noyon）主教、拉昂主教、第二比利时（Belgica Secunda）的马恩河畔沙隆主教，以及第一里昂（Lugdunensis prima）的朗格勒主教也即里昂大主教的副手〕和六位世俗贵族（勃艮第公爵、阿基坦公爵、诺曼底公爵、佛兰德伯爵、图卢兹伯爵和特鲁瓦伯爵，后者就是未来的香槟伯爵）组成。

　　教会内的"圣骑士"贵族（十二贵族）通常是从 26 位与国王有直接封属关系的高级教士中遴选出来。他们掌管的教区都坐落于巴黎东北地区蜿蜒曲折的边界地带，将卡佩王朝领地与安茹人的诺曼底、佛兰德人的亚眠和韦尔芒杜瓦领地，以及帝国的洛林和勃艮第领地分隔开来。王国的大封建领主们在一个多世纪的时间里把对外关系当作考虑的重点，在这样的一个王国中，国王青睐那些能为他争取机会来干涉巴黎盆地以外事务的主教们，这对他非常有利。

　　教会领主权无一例外都是随着免税特权的扩张，在城镇和乡村的一个庞大世俗权力基础上逐渐形成的，此外在免税权之上还要加上与市场和铸币权有关的经济特许权。当 10 世纪的内战使主教们相继获得了城门的钥匙和城墙要塞的防卫职责时，事情就变得清晰了，他们中最强大的领主就和许多世俗大领主一样了。在马恩河畔沙隆，主教行使权力的范围在半径八里格（一里格约等于三英里），也就是在这个城镇周围 20 公里内。到 12 世纪末，隶属于大主教司法管辖权的兰

斯周围地区，分别建起五座城堡要塞，即科尔维尔（Courville）、科
尔米西（Cormicy）、贝森内维勒（Bétheneville）、塞普索尔（Sept-
Saulx）和绍米奇（Chaumuzy）。

同一时期，有些高级教士开始宣称他们掌控所在城市的"委员
会"（comitatus）也就毫不奇怪了。主教们在国王的支持下，确实成
功地从 1015 年的博韦、1023 年的兰斯和大约 1065 年的马恩河畔沙
隆各地的城市中（城中城，intra muros），清除了作为世俗伯爵们权
力的最后残余，国王也同样鼓励 1161 年的芒德、1169 年的勒皮和
1171 年的朗格勒各地进行同样的权力转换。格列高利改革的一个结
果是，按照高级教士的身份来强制区分世俗的和教会的封主，即主教
和领主之间越来越清晰的划分，首先要通过选举和教职任命获得宗教
职位，其次要通过册封仪式获得司法权和行政权。这种区分使高级教
士更容易产生对国王的封建依附性，但是在实际生活中却很难维持，
要保持两种职位之间的平衡是非常困难的。博韦主教要像德勒的菲利
普一样，忘却那些在布汶战役中手持狼牙棒英勇战斗的回忆，而要保
持教士的思维。13 世纪期间，主教的宅邸都改建为教区主教的宫殿。
而兰斯主教、拉昂主教和朗格勒主教都称自己为公爵，努瓦永主教、
博韦主教和沙隆主教也很快都自称为伯爵了！

世俗的圣骑士贵族（十二武士）都有古老的来源。阿基坦公爵
和勃艮第公爵以前都属于加洛林各王国。他们在 10 世纪就由于其所
在边界地区获得解放已经建立起封建契约，这些地区早就演变为封建
依附关系了。此后，公爵领地就局限于几个伯爵领地，例如阿基坦公
国的普瓦蒂埃伯爵领地就是如此。卢瓦尔河以北地区，法兰克公国
（ducatus Franciae）经历了同样的变革。卡佩家族只掌控着巴黎和奥
尔良之间的巴黎盆地核心地带，朝布尔日、桑斯和拉昂方向延伸，而
其封臣都非常集中地居住在布卢瓦、图尔和昂热诸城。这两个地区被
以前的法兰克和诺曼底所分隔，其中，法兰克（Francia）即佛兰德
地区（该地经历了重要的领土变动，而后被菲利普·奥古斯都的征
服战争驱赶回讲德语的地区），诺曼底显然被置于鲁昂教会辖下，这
里的七位主教确实是由该地公爵管辖，而且公爵还取得了对布列塔尼
征服战争的胜利。

一方面是领地合并，另一方面是领地分裂。但是公侯国的形成还

存在第三种途径，香槟的情况就是明证：因为当1152年布卢瓦家族的东部领地获得自治后，它还没有名分。周边的郡县、教会和领地一点一点地、逐渐汇聚成一个有凝聚力且结构完整的整体，这是一个缓慢的过程，是一支世系坚持不懈努力实现的结果，而该世系不属于当时存在的任何一种政治架构［王国（regnum）、公国（ducatus）、侯国（marca）］和任何一种教会架构。香槟是在当时有利的环境下新近形成的国家。其成功的标志是特鲁瓦伯爵加入"十二武士"行列，人们公认他得益于两桩联姻，即"开明的"亨利伯爵娶了路易七世和阿基坦的埃莉诺之女玛丽（Marie），路易七世娶了亨利的妹妹阿德拉。

最后，还有奥克西唐尼亚地区（Occitanian），也就是图卢兹伯爵领地及其大批封建属国，以及一直延伸到凯尔西（Quercy）地区和鲁埃格（Rouergue）伯国的地区，它们源于以前的戈蒂亚或纳尔榜公国的解体。它之所以能进入"十二武士"的序列，是因为国王希望确认其对该庞大封建采邑的权力，从而消除金雀花王朝（Plantagenets）对该地的威胁，同时也为抵挡来自阿拉贡王朝的影响：1180年以后，整个加泰罗尼亚地区出现了越来越明显地脱离法兰西王国的倾向。

在大的教俗公侯国之后，《采邑录》（Scripta de feodis）这部册录文献，提到了直接源自加洛林时期的各类领地，譬如布洛涅、居涅（Guines）、德勒、克雷芒－昂－博韦、布里恩、鲁西、茹瓦尼（Joigny）、索恩河畔沙隆（Chalon-sur-Saône）和富瓦（Foix）等地，还有一类男爵领地，它们是由几座城堡聚合而成：如吕西尼昂、库西（Coucy）、波旁（Bourbon）、博热（Beaujeu）等。最后是更低级的领地，都是些单个城堡，比如茹安维勒（Joinville）或维格诺里（Vignory），以及12世纪50年代前后城堡主不知所终和驻堡"军士"（milites）消失不见的城堡，这些城堡主是由一群乡村领主组成的，他们住在护城河围起来的居住点以及有防御工事的农庄宅院里，13世纪这种庄园的数量急剧增加，伴随着司法体系（或称ban）更加严重的解体，这种现象导致封建领主权力实际内容的形成。

毫无疑问，领主权有着领地基础，即土地经营所依赖的体系，该基础不属于其官员或其收益，而是用当时人的话说属于上层的、司法（ban）上的领主权，换句话说，是源自挪用公共权力的司法领主权。

在最高层面上，这一领主权适用于所有教会：安茹帝国有27名主教，而香槟（特鲁瓦）地区只有一个主教区。格列高利改革消除了最明显的弊端。掠夺权衰落并最终消亡了，如果君主过度拖延某教区主教的空位期，以便收取该地收益的话，那么就不再能够强制安插自己的亲信候选人，并被迫同意授予"自由选择权"（licentia eligendi）以推动选举程序。同样的规定也适用于各修道院，它们长期被视为仅仅只是产业，并脱离了其占有者的控制（ditio），以便通过他们的保护（tuitio）获得好处。

命令、禁令和惩罚，这是司法管辖权的定义范畴，执行最高刑罚判决、传唤封建主或建造城防要塞（这种垄断行为通常很少有人注意）、维持秩序、在所有公共地点和主要道路维系和平、制作和回笼货币、向其领地上的居民征收人头税（chevage）、临时税〔永业税、婚姻税或称结婚税（remoal）〕、特种税〔附加税（aide）和租税（taille）〕等都在其权力范围内：这些都是集中在大领主手中的王权之特殊权利，它们在下级领主那里分布得并不均等。另外，还有经济性质的各种权利，它们主要是从市场和市集、货物集散、修桥补路、商贸权威机构和钱币兑换掌控、河水和磨坊的开发利用中生成的，当然还不要忘记（最重要的教会领主权）从教区各教堂及其活动中获取的收益。

534

领主特别是大领主经常从一个城堡到另一个城堡巡视，有若干幕僚在其身边辅佐，其中首先是总管，他负责监管宴会和在大厅里召集喧嚣的集会，在管家和餐饮管理员的帮助下督察领地收成的储藏，在军事将领协助下指挥军队、负责调集骑兵和筹集粮草，巡查城堡防务，当其主人不在的时候，主持法庭审理。而就内廷大臣而言，他作为领主的私人宅邸（camera）和领地财务库房的看守人，直接管理贸易和通行税的收入，并将其司法管辖扩展到商人行会。最后还有一位教士，他既是公证人，也是王室教堂的教士，他掌管着总理的职务，负责为文件加盖印玺，随着法庭越来越多地使用成文立法文件，其作用也越来越大。在教会领主的领地上，司法和管辖权委托给了主教的世俗代理人（vidame）。

由于公侯国面积很大，它们大多划分为更小的管理单位，称为"次级领地"（prévôtés）。次级领地的行政长官（prévôt）在巡官、幕僚、代理人和森林官等官员的协助下，负责司法审理，整训部队兵役，征收领地收益。存在某些次级领主家族，但是这种领取薪酬的官职仍然是可以撤销收回的。在 12 世纪末，出现了一种以特别委任的形式出现的官职，称为"巴伊"（baillis，执行官），负责法律事务，而把领地官吏的次要权利留给行政长官。

我们还是把概括性的话题留在后面，现在要分析一下特殊的案例，特别是那些大公侯国，它们的历史命运在某种程度上与其组织能力有关联。

教会领主权

自 1193 年努瓦永主教宣布建立掌控其领地的"委员会"（comitatus），以及博韦的律修士于 1212 年宣布了同样的主教权利，到他们成为其同人特鲁瓦的教会圣骑士领主之下的下级领主，其间有很长的路要走。正是这位追随格列高利改革的伯爵，争取确立了免税权益，不仅适用于高级教士和律修士，而且适用于大量修道院中的人士，以便确保他们享有某种程度的自治，使一些社团、街道或者少数郊区近邻真正获得免税，并使教会职务担任者及其家庭（familia）和管家也获免人头税，即便他们已经涉足贸易活动。这样，诺南圣母院（Notre-Dame-aux-Nonnains）女修道院院长得以负责四户人家，即三
535 户烘炉（用于烤制面包）及一个法庭的刑事司法审理。主教是市镇（bourg）这样的小世界的主宰；其幕僚不在领地"负责人"（potestas）的管辖范围，侍从也是如此，除非他们明目张胆地渎职、玩忽职守；但整个城镇在任何情况下，伯爵始终控制着执行权（exercitus），也就是征召将士和惩罚各种罪犯的权利。

在领地的另一端有座兰斯城，是最重要、最繁华的教会领主城市。大主教统辖着这座拥有上万居民的城市，其城内面积有 60 公顷，该城市的快速发展可以从城外的城郊面貌反映出来。从 1160 年以后，导致领地司法管辖划界的配额制和定居制政策主要是由三大领主掌控着：大主教、大教堂主教和圣雷米修道院院长，大主教的司法管辖权最为广泛。它囊括整个城防要塞围着的城市和拉库蒂尔（La Couture）、勒贾尔德（Le Jard）和威尼塞（Venise）三个工匠区域。律

修士们虽然局限在他们的教堂内，其权力也扩展到威斯勒（Vesle）小城区，而圣雷米修道院院长则稍后开始在其 10 世纪建造的院墙周围组织许多家庭聚拢，他们将在 13 世纪成倍增加。大主教垄断着铸币和与巴黎货币的兑换率，作为其拥有准王权特权的表现形式。他可以向所有人、所有司法管辖区发出军事援助的请求。他还拥有死刑犯的行刑权，同样地，他有权征缴除圣雷米修道院区域外的所有通行税，而在修道院地区，他与修道院院长共同分享收益。

兰斯城的居民成分颇为复杂，他们由利益各不相同的人群构成：不同教阶的教士、负责守卫各个城门的受封骑士，以及城里的市民（bourgeois），后者大多就是主教的家眷（familia），为主教提供幕僚、税收官和管家，他们自己尽可能融入地方法庭和地方管理机构中；但这些居民曾经历了 50 年左右的动荡，其程度比得上 12 世纪期间塞纳河和默兹河之间各城镇普遍发生的公社革命。1182 年，其大主教香槟的威廉决定授予其辖区的民众以所谓的"威廉特许状"（Wilhelmine Charter），由此，他不仅批准了与人头税（chevage）和永久管业有关的税收，而且将"管委会"（échevins）的年度选举交给城市市民，只给自己保留了任命他们并接受效忠的权利。另外，这些"管委会"认为自己享有除了谋杀、偷盗和背叛以外的大量司法审判权。尽管这个特许状并没有承认城镇居民作为一个城市群体的存在，但是此后这座城市就拥有了它在处理问题时的真正代表，圣雷米修道院院长在其辖区内一直拒绝承认这种特权，同样，在更遥远一些的沙卢瓦（Châlons）城，主教也不认可这种权利。

在农村地区也出现了类似的发展，1182 年，博蒙特－恩－阿尔格内农庄获得批准，得到特许状。在这份文献中，威廉授予由农民社区选举出来的庄头和"村委会"（jurés）所有涉及司法、税收和防务的各项权力。这个颁授自治的特许状似乎相当令人羡慕，以至于它在 13 世纪不胫而走，广为扩散，人们公认它造成了洛林地区超过 500 个村庄出现了要求领主们进行重大改革的呼声。尽管如此，1197 年，大主教还是将所有世俗权力移交给"巴伊"（bailli）的最高司法权力部门。

没有必要在这里绞尽脑汁去进一步探求威廉政策的独创性和灵活性。它与拉昂主教罗祖瓦（Rozoy）的罗杰极端暴力的行径形成了鲜明的对照，就在同一时期，后者血腥镇压了拉昂诺瓦（Laonnois）地区各农村公社的权利诉求。香槟的威廉担任兰斯大主教的任期也标志着封建领主特权发展的最高峰及其衰落的开始，这一衰落过程在 13 世纪由于国王权力的侵蚀而加速。

世俗公侯国

在这一部分，鉴于促使各个世俗公侯国具有共同特征的普遍发展已经清晰，我将更强调它们之间的区别，而少强调其相同点。

特鲁瓦的香槟伯爵

香槟于 1152 年就已经成为布卢瓦家族产业〔布卢瓦、沙特尔、沙托丹（Châteaudun）、桑塞尔（Sancerre）等地区〕的主要采邑，正如人们早已看到的那样，它是从不同的领主封授的领地的集合体，举例来说包括：国王、勃艮第公爵、皇帝、兰斯大主教、朗格勒主教和圣德尼修道院院长，它形成了一个统一体，足以抗衡路易七世于 1142—1143 年间分解它的企图。

香槟伯国的稳固，首先在于该伯国领地集中分布在香槟中部和南部地区。12 世纪中期，这里有 15 个由世俗官员管理的次级领地，同时有 20 个由世系的受封城堡主守卫的主要要塞。在更高一级上，伯爵能够依赖其高级幕僚，其中总管地位最高。大约在 1100 年，该国依照英格兰模式构建起来，法庭最初只有一名书记官，由谙熟法律的教士或王室教堂教士担任。1150 年以后，它迅速发展。尽管特鲁瓦教会（即主教区）力求摆脱"管委会"权力的控制——1170 年前后，它在法国国王的支持下成功做到了这一点——尽管各修道院只隶属于法国君主的保护，但是"开明的"亨利（1152—1181 年）还是通过建立一些机构对此进行了修补，具体说，他在奥布河畔巴尔（Bar-sur-Aube）、塞扎讷（Sézanne）和普罗万（Provins）修建了大型的世俗大学教堂，这些学校为他输送管理人才，他还在其特鲁瓦宫殿里建造了圣埃蒂安（St-Etienne）小教堂，以及收藏档案图书的博物馆，还有他自己的坟墓。

多亏了香槟伯爵比其所有封臣的收入都要丰厚（如同在佛兰德

地区一样），使他能够利用诸如岁收这样的手段强制其封臣服从。
1170 年前后，采邑注册登记簿开始编制，并收藏于圣埃蒂安，同样，
"管委会"的特许权登记大账本也在 13 世纪初编制出来。在"开明
的"亨利和兰斯大主教威廉签署友好协议的影响下，隶属于亨利的
封建依附关系在香槟北部地区非常广泛地存在。

　　从领地建立最初，伯爵们就公开出现在与洛林和帝国交界的边境
地区。"开明的"亨利作为狄奥博尔德二世和卡林西亚的玛蒂尔达的
儿子，与弗雷德里克·巴巴罗萨保持着非常密切的关系，后来在勃艮
第公国也非常活跃。他与后者建立了更紧密的关系，而这一关系于
1162 年在圣让 - 德 - 洛斯涅（St-Jean-de-Losne）对路易七世产生了
非常强烈的影响。这种活跃的边疆政策只是强化了香槟领地向东方扩
张的倾向。

　　但是，这个时期最本质的特征还是可以在经济起飞中看到，这
在分配中比在生产中表现得更为明显，这种现象与君主们特别是狄
奥博尔德二世（1107—1152 年）推行的经济自由政策密切相关。
他通过在香槟的普罗万建立第二集市，确定了在地理空间和纵向时
间上的交易网，通过在几个精心选择的中心，强制确定了国际贸易
（特别是布匹销售）的中心，通过与佛兰德人达成协议等措施，这
就为世界经济发展的一个中心的崛起做好了充分准备，正如布罗代
尔（F. Braudel）所指出的那样，香槟集市是法兰西王国闻名于中
古时代的唯一亮点。在公侯国的范围内取得如此成功还是有可能
的，其疆域范围从塞纳河上的蒙特罗（Montereau）边境地区到默
兹河上的沃库勒尔（Vaucouleurs），依靠国内秩序稳定这一"使军人
疲软"（"softened the warviors"，叙热语）却有利于商人的和平政策，
通过创立集市巡察警卫制度——1174 年发布监视通告——以及通过
向公侯国边界以外扩大发放"管委会"安全通行证，伯爵对通往其
拥有集市的城镇的所有大道商路安全进行监管，对在这些道路途中受
伤的商贾承担全部责任。这一政策的效果极为迅速，引人关注。它可
以被概括为，从地中海到北海的跨西欧商业集散高潮的突然出现，从
阿格里帕（Agrippa）经过兰斯和马恩河畔沙隆的旧商路的衰落废弃，
以及奥布河畔巴尔、拉尼（Lagny）、普罗万和特鲁瓦四大转口贸易
城镇的快速发展，还有后两个城市作为纺织品生产中心的迅猛崛起。

香槟和布里（Brie）伯国就是围绕在这个新商路轴心的周围构建发展的，它也使国际贸易偏离卡佩王朝领地；国王对香槟和诺曼底的竞争态势所做的反应，就是继续保持塞纳河交通垄断权，控制与巴黎商贾的联系。

最后，这种成功的发展的预兆是建立了具有排他性的货币流通地区。当马恩河（Marne）以北地区通行兰斯、沙隆和巴黎的货币德尼厄尔（*deniers*），并在 12 世纪期间都保持相同的币值时，马恩河以南地区则是普罗万的货币德尼厄尔（*denier*）通行的区域，特鲁瓦的货币与此通行，还有 1158 年以后由莫城主教铸造的硬币。大约就是在这个时期，普罗万的货币开始压倒沙隆的货币，渗透进拉昂诺瓦（Laonnois）和博韦的王室货币区，并侵入洛林的货币区。其流通极为强势，以至于在意大利，罗马长老院也仿造它的形制。

佛兰德伯国

香槟伯国阻遏了卡佩王朝向东的扩张，而佛兰德则拦截住其向北的发展。该公侯国同样出现了内部的不稳定结构，在里尔和圣奥梅尔（St-Omer）一线以北聚集着一大片领地，而在以南讲法语的地区则丢弃了采邑（fief，如布洛涅）和准采邑［rear-fief，如圣波尔（St-Pol）］的活动范围。它同样类似于香槟伯国，拥有一块伸延到帝国疆域里的领地，范围相当大，以至于 1125 年"好人"查理伯爵能够被提议成为皇帝亨利五世的继承人，到 1185 年，阿尔萨斯的菲利普因与菲利普·奥古斯都开战后，就毫不犹豫地向亨利六世皇帝表示顺服，以便保全全部领地。佛兰德伯国这种极端热情的态度，似乎同样受到"开明的"亨利的推崇，他也于 1162 年在圣让－德－洛斯涅（St-Jean-de-Losne）向皇帝宣誓效忠。

1163 年，由于阿尔萨斯的菲利普与韦尔芒杜瓦、亚眠和瓦卢瓦的女继承人结婚，佛兰德伯国领地得到扩大。它的疆域因此从斯海尔德（Scheldt）河口一直伸延到马恩河两岸。作为国王菲利普·奥古斯都的宫廷教师，这位伯爵将自己的侄女埃诺的伊莎贝拉嫁给了自己的学生，他答应将阿图瓦给她作为嫁妆。由于佛兰德南部领地的直接继承人一直不在当地，再加上他的这个承诺，这个领地不久就丧失了，因此佛兰德伯国重又退回到讲佛兰德语民众占主体的更狭小的领

地范围内。这次领地丧失事件并不为阿尔萨斯的菲利普的继承人们所
接受，因为该领地上还有大城市阿拉斯，他们鲁莽地使自己陷入那个
在 1214 年在布汶被法国国王歼灭的联盟当中。

佛兰德伯国的爵位继承遵循着男性长子继承制的原则。因此，直
系男性继承人的缺失就不可避免地产生严重的问题。12 世纪初，该
国的伯爵们在其他方面与国王保持非常密切的关系，他们还是国王的
亲戚，为了强制维持公共秩序而大开杀戒，执行死刑和绞刑。难以驾
驭的封臣们被迫屈服，但是却于 1127 年做出了反抗，"好人"查理
遭到刺杀。由于后者曾经非常倚重所管辖的城镇的支持，这些市镇通
过根特（Ghent）市民和布鲁日市民之口所要求参与选举他的继承
人；这样，1128 年当他们拒绝了青睐阿尔萨斯的蒂埃里的威廉·克
里托时，就提出参与选举是参加集会的教士、贵族和市民的权利，在
选择其他继承人以前，他们应该有权评判和罢免伯爵。在布鲁日的加
尔贝有关这些事件的全部记载中，一种关于民族国家主权的原则正在
初露端倪。阿尔萨斯王朝（1128—1191 年）非常清楚这一点，并千
方百计地压制这类要求，但是菲利普却不得不让步，允许佛兰德的
"委员会"（échevins）参与最重要的审议活动。

佛兰德伯国的特征是有稳定的中央机构，特别是有一个无限司法
权力的伯国法庭，12 世纪下半叶，该法庭设法为自身保留了最高审
判权。正如卡佩王朝的政府官员一样，伯国也一直保持着许多高级官
吏：大总管、管家、财务官、主管，特别是总理。总理是由布鲁日城
堡中的圣多纳提安（St-Donatien）教堂的行政长官发展而来，他成为
领地政府的首脑，自 1084 年前以来，他就是伯国的印玺保管人。每
年，他都要安排公证员起草"账目总揽"（Gros Brief），这些账目由
40 个城堡的收账人提供，而这些账目中历史最悠久的可以上溯到
1187 年。财务登记注册也像大法官法庭一样历史悠久，设立于 12 世
纪末，作为"雷讷赫"法庭（Rennenghe）的一部分，其中工作人员
是高级别的"雷讷"（Renneurs），记账员则始终由首相管辖。在这个
方面佛兰德可以与盎格鲁－诺曼政府的管理相媲美，后者从非常早的
时代就设立了富有经验的中央财务系统。

地方机构只是在城堡的唯一架构——一度包括军事、行政、司法
和领地——中发挥作用，城堡主得到采邑作为酬劳，但城堡本身不是

采邑。1130 年前后，城堡法庭判决城镇委员会（*échevinages*）与城堡分离，同时写在特许状（*Keures*）里的刑事法法规也在某种程度上保持了符合伯爵（特别是阿尔萨斯的菲利普）意愿的同步发展。鉴于城堡出现了世袭永续的发展趋势，1170 年前后，伯爵设立了"巴伊"（*baillis*），委托他们监管采邑，并有权处理司法和公共安全秩序事务。他委任他们，并向他们支付报酬，调度他们，或者罢免他们。除了其他职责外，他们必须主持城堡封建法庭，设法降低公侯国法庭的负担。在 12 世纪末，战争和城防——公共安全的必然结果——成为君主的专有事务。

阿尔萨斯家族的各位伯爵受强大的社会趋势的影响，积极参与地区经济发展，他们凭借权利开垦未开发的土地、沼泽、泥潭和沙丘。540 菲利普还在沿海地区兴建格雷弗利内斯（Gravelines）港（1163 年）、尼乌波特（Nieuwpoort）港、达默（Damme）港（1180 年）、比尔弗里特（Biervliet）港、敦刻尔克（Dunkirk）港和马尔迪克（Mardijk）港等众多口岸，而他的兄弟布洛涅的马修则为加莱（Calais）港打好了基础。在首相艾尔的罗贝尔（Robert of Aire，他于 1174 年去世）执政的头几年，政策如火如荼地进行。其目标是抽干内陆本土的积水，特别是排干格雷弗利内斯附近的阿埃（Aa）沼泽地。为了该地区卫生健康进行的公共引水服务工程也开始动工。在其他地方，伯爵已经挖掘煤炭以便节省木材。他还保护森林覆盖的地区，控制树林砍伐。从 12 世纪 30 年代以后，在伊普尔（Ypres）、布鲁日、托尔豪特（Torhout）、里尔和梅西讷（Messines）等城镇设立了六个集市。这位君主就像香槟伯爵一样，非常清楚他的优势在于他置身于极为富庶的环境。

勃艮第公国

并非所有公侯都有同样的身体条件或精力。在勃艮第，公爵退守由欧坦（Autun）、博纳（Beaune）和第戎占主要地位的领地核心地区，周围则环绕着采邑土地，并通过联姻和以城堡为纽带的封臣主仆关系强化自己的地位。在这个区域之外，就是纳韦尔、欧塞尔、东奈（Tonnerre）、特鲁瓦、沙隆和梅肯各个伯国，恰好通过互不伤害、互不侵略条约实现重新崛起。公爵对许多修道院的保护一直维持着，但

是主教区在摆脱了这种保护后已经变成由国王管辖。正是由于朗格勒
领地的扩张，公爵于 1137 年吞并了第戎，于 1162—1192 年间吞并了
塞纳河畔的沙蒂永。

公爵休三世起初是对沙隆伯爵于 1166 年和梅肯伯爵于 1172 年向
国王宣誓效忠深感不满，而后对国王与维埃诺瓦（Viennois）的女继
承人结婚愤愤不平，于是采取了积极的边疆政策，使得他自己与弗雷
德里克·巴巴罗萨的关系更密切。菲利普·奥古斯都在佛兰德伯爵的
援助下，以费尔奇（Vergy，1183—1186 年）领主的申诉为借口进行
残酷的战争，结果迫使休三世接受了更严厉的效忠义务。休三世被捕
入狱，但在皇帝干预下又被释放，他因此正式承认自己是法王的
封臣。

随着强大的家族传承和小儿子们担任主教教职，公爵在主教区设
立一个公爵法庭，其成员是永久任职的官职和初级法官，由一名普通
教士来管理，该公国虽然没有佛兰德或诺曼底公侯国那样更为精细的
国家架构，但仍然崭露头角，发展突出。而且，休三世模仿其叔叔
"开明的"亨利，于 1184 年前在第戎建立了一座宫廷礼拜堂，以便
为自己充实更多更有能力的管理者。

在每个城堡里，一名"司法和军事主管"（*prévôt de justice et
d'armes*）与其属下官员一起掌控着领地的工作。12 世纪末，设立了
"大总管"（*grands prévôts*），他负责领导几位"总管"。第戎城市发
展的明证在于建筑起新的宽广的城墙。1185 年，该城市公社按照莫
城和苏瓦松两个城市的模式取得了特许状。一位市长和选举产生的
"市政官"（*prudhommes*）以公爵的名义执行司法权，而公爵成功地
恢复了城市快速发展的政策。

大领地的集中

我们刚刚考察过的这些公侯国都像卡佩王朝一样实力强大而领地
紧凑。在这个方面，它们不同于庞大的领地集中，后者是 12 世纪非
常典型的现象，不过均有特例。

尝试拼凑大领地遭到失败的案例是盎格鲁 – 诺曼 – 布卢瓦 – 香槟
帝国。布卢瓦的狄奥博尔德二世因为其母亲的缘故，是英王亨利一世

［"博克莱尔"（Beauclerk）］年纪最大的外甥，他原本可以在1135年继承王位的。诺曼贵族一度接受他为王位继承者，这时他们了解到在海峡另一侧的英格兰大领主们都支持他的弟弟斯蒂芬，并在威斯敏斯特宣布后者为国王。诺曼贵族们为了保护其在英格兰的利益，放弃了他们推举的候选人。长子继承制的法规就这样遭到了嘲弄。狄奥博尔德退却了，让他的弟弟占据了他的王位，但是当王后、亨利一世的女儿玛蒂尔达和她的丈夫安茹伯爵杰弗里出面提出他们年幼的儿子金雀花王朝缔造者亨利二世的继承权时，他也没有出手相助，后者于1154年继承了斯蒂芬的王位。

　　另一个由庞大而松散的领地构成的公侯国失败的例证，是阿基坦与国王领地的合并，其代表人物是埃莉诺和路易七世。1137年在波尔多举行婚礼的这次联姻被宣布无效，这使女公爵埃莉诺重获自由身，于是她于1152年再度与金雀花王朝亨利二世结婚。这样就促使历史学家们称为"安茹帝国"的领地出现。这个帝国包括：安茹伯爵祖传的领地（安茹、图赖讷、曼恩）、通过1144年诺曼征服扩张的领地，还有通过1152年联姻合并的阿基坦和加斯科涅地区，以及通过亨利于1154年继承王位而获得的英格兰。这个领地拼凑出来的公侯国非常脆弱。亨利二世就于1169—1170年在其儿子们中间划分了公国。小亨利（亨利·菲茨·亨利，Henry Fitz Henry）是长子，于1170年在威斯敏斯特和1172年在温切斯特两度加冕，他统治着英格兰、安茹和诺曼底；第二部分是理查德从其母亲那里继承来的阿基坦，该领地隶属于法王权力的直接控制下；第三部分是杰弗里通过联姻得到的领地，他将成为布列塔尼公爵，该领地隶属于诺曼权力控制下；最后是"无地王"约翰（John "Lackland"）所享有的名义——
542 他没有领地。小亨利的去世使理查德继承了整个帝国，并继承了诺曼底和阿基坦两个"圣骑士"贵族头衔。

诺曼底公国

　　在这个幅员广阔的帝国中，诺曼底是其核心。1106年，"博克莱尔"亨利一世使它成功复兴，他竭尽全力恢复了他父亲建立的"宪政和法治"（*Consuetudines et justicie*）。他使自己表现得像个公共权力的掌控者、和平的保证人、森林和河流的主宰者、公路和道路的守护

人，他还拥有铸造货币和建筑城堡的垄断权。公国各地到处都有他派
出的"司法—行政巡按使"（*juges enquêteurs*），调查各种违法行为。
他们的"法官"（assises）取消各种私人司法权。无论贵族还是自由
人都必须出现在法庭上。任何人只要愿意，都能够将自己置于这位君
主的保护下。这样，1135 年以后，公爵的权威就在独立于传统公民
大会框架的法律方面恢复了其全盛状态。

地方统治管理是由 22 位"子爵"（*vicomtes*）维持的，他们的任
命可以撤销，随时变更，并从公国的岁入中支付其酬劳。12 世纪中
期，随着金雀花王朝推行"巴伊"（*baillis*）制度，子爵们的作用逐
渐废弃，而"巴伊"（*baillis*）的活动权限范围与以前的公国划分区
域并不吻合。到了 1172 年，他们的人数达到了 28 位，并对封建主的
封臣发号施令。其他地方的相关封授领地的封建领主们监管着树林、
市场和监狱。在更高层次上，越来越专业的公爵法庭在国王—公爵缺
席的情况下负责司法事务。自 1176 年以后，这位高级官员就成为一
种行政管理和司法审理事务的总务长官。12 世纪下半叶做出了第一
批财政预算。财政收入都集中在位于卡昂的国库。财政开支只能由公
爵文书批示。所有这些活动都记载于羊皮卷轴上，最古老的羊皮纸文
献可以上溯到 1180 年。

在诺曼底，封建等级制度从此倾向于涵盖普通民众。它使公爵与
他的那些主要佃户头、领取骑士酬劳的有头衔的封臣，以及封臣的封
臣（*vavasseurs*）等贵族联系起来，强制地保持着他们所有人对诺曼
底领主（*dominus Normanniae*）的效忠，包括家仆封臣。诸如 1172 年
颁布的这类"封臣条例"（*Enquêtes*）确定了各级封臣应对封主履行
的服役义务、提供的援助和救济，而封主则始终是封臣中孤儿们的监
护人。1181 年，"军事阶层法"（Assise of Arms）首先在英格兰而后
可能在欧洲大陆推行，它规定，任何拥有价值 100 "安茹里弗"（*li-
vres angevines*）动产的封臣都应该装备骑士的武器盔甲和坐骑；拥有
40、30 或 25 "安茹里弗"动产的封臣都必须穿无袖上衣（即封臣外
套），装备长矛、刀剑或弓箭。亨利二世还一度用支付出征税
（*l'écuage*）取代封臣军事义务，要求"巴伊"（*baillis*）贵族必须承
担，这笔税收就使他能够招募雇佣兵和支付骑士军饷。当然，这位君
主能够随时征用任何城堡。

543 　　自 11 世纪末，该公国统治管理的国王风格越来越明显。从 1087 年以后，法王的名字开始从日常颁发的特许状条文中被删除。1176 年以后，英格兰国王在诺曼底颁布总条例，该法适用于他所有的领地。

阿基坦公国

　　与诺曼底这个崛起于前纽斯特利亚（Neustria）废墟上的牢固的领地核心相比，庞大的阿基坦公国自 11 世纪下半叶就因为合并了加斯科涅地区而大增，之后总是在各个方向极力对外扩张。大约在 1100 年，威廉九世凭借其妻子的权利设法夺取了图卢兹伯国（comté of Toulouse）及其封建附庸。他仅仅维系到 1119 年就遭到失败。轮到金雀花家族的亨利二世时，他于 1159 年将其视线投向地中海沿岸地区。1167 年，他取得了某些成功，在 1170 年，宣布对布尔日省区所有教区的领地拥有主权。这个霸权梦想的背景是，追忆和光复 9 世纪和 10 世纪的阿基坦公国（regnum Aquitaniae），它除了已有领地外，还囊括了贝里（Berry）、奥弗涅、维莱伊（Velay）、阿尔比（Albigeois）和图卢兹等总计 15 个富庶的伯国。

　　虽然这些公爵能够建立伟大功业以实现扩张，但却屈服于各种无政府势力，他们难以控制一块边界模糊的领土。而加洛林帝国框架的瓦解为建立整个关系体系铺平了道路，这个体系多多少少是在暂时的"便利"（convenientiae）基础上联系在一起的。公爵的封建领主权则是变化不定的，因为它常常被委托给了多种层次且不稳定的城堡主，他们保持着事实上的独立。所有这些情况又由于教会特权和公共稳定秩序的崩坏而进一步恶化。

　　公爵只能利用他自己的资源，基本上是从普瓦图和加斯科涅两地得到这些资源，在那里，地方主教管理着他的领地和城堡（通常是世袭制的），保卫着他的城镇。多亏了他非常富有，得以修缮城堡要塞，支付雇佣军军饷，并争取封臣的忠诚。他因此开始重振其辉煌，首先是在夏朗德（Charente）地区。他成功地化解了许多争端，使之有利于自己，他还摧毁了几个强大的领主［如沙特莱隆（Châtelaillon）家族］，并且建立起拉罗歇尔城（La Rochelle），以此纪念他的胜利。他总是非常清楚自己在封建等级体系中的地位。叙热记述了那段有名的故事，当时公爵正在调解路易六世和奥弗涅伯爵之间的争端，他答应会让后者出庭国王法庭，条件是要路易承认自己是公爵的封臣。这种政策早自 1137 年就产生了效果。当时，威廉十世将没有分割的公爵领地呈交给了路易七世国王，毫无疑问是和他的女儿埃莉诺一起呈交的。

而路易则立即推进其祖辈的政策，进一步强化更广泛的中央集权统治和更牢固的封建纽带联系。公爵法庭是按照法国模式运行的，其主要官员后来成为大法官，1147 年他将包括阿基坦部分地区和加斯科涅的整个公爵领地都纳入他的权力管辖之下。第二次十字军战争给朗松（Rancon）的杰弗里提供了占据副摄政官位置的机会。

在埃莉诺的第二任丈夫亨利二世统治时期，又在阿基坦强制推行盎格鲁－诺曼模式的统治。自 1156 年以来，设立了好几位总管来管辖超过 11 位公爵管家。到 1174 年就有六位负责征收捐税、主持司法审理、指挥军队。事实上，动荡骚乱时期需要对民众进行更有效的控制。在理查德统治时期，再度设立了大总管，但是公爵只在普瓦蒂埃现身——这位公爵手指上戴着圣女瓦莱里的指环，以示此地归属其公国——以此防止大总管重新获得那么高的声望。1180—1216 年间，这个地区最终被分裂为两个"领地范围"（sénéchaussees）：一个是普瓦图，另一个是加斯科涅和佩里戈尔（Périgord）；这也可以被视为大分裂的预兆，因为菲利普·奥古斯都很快就夺取了前者，而将后者——未来的吉耶纳（Guyenne）留给了金雀花王朝。

在公国的其他地方，封建化迅速发展，促进了一个真正的公侯领地的形成。这位君主在其封臣中出现继承争端时亲自干预相关事务，越来越强调法律的力量。他要求封臣效忠，为了得到效忠宣誓，甚至于 1139 年和 1181 年分别没收了——至少暂时没收了——利摩日（Limoges）领地和俄昂古莱姆（Angoulême）领地。这种政策导致在 21 年的时间里爆发了六次起义，特别是在 1173—1183 年间。由于起义者相互难以协调行动——加斯科涅人完全不了解阿基坦人，而阿基坦人对加斯科涅人也一无所知——起义最终失败了。他们的城堡或被夷为平地，或者丧失了城防的作用成为封建采邑。贵族本身遭到沉重打击，他们极力向封主靠拢来加强与上级领主的紧密关系。而高级领主们从这种局势中获得好处，在那些以前并不了解封臣效忠宣誓的地方也强制实行效忠式。当菲利普·奥古斯都征服普瓦图地区后，那些将他与其下级封臣分隔开的居间（公爵）领地就纷纷瓦解了。此后，拉马什（La Marche）伯爵和图阿尔（Thouars）或利摩日子爵（vi-comtes）就变成为国王的直接封臣了。

图卢兹和地中海沿岸地区

　　11 世纪末，圣吉尔的雷蒙努力进行领地合并，使由图卢兹、凯尔西和鲁埃格三地构成的图卢兹公国囊括了广阔的领土，它们原本是从哥特人进军部队解散分离形成的。阿尔比（Albi）和卡尔卡松（Carcassonne）子爵领地被合并到图卢兹和凯尔西领地中，而纳尔榜、贝济耶（Béziers）和热沃当（Gévaudan）领地则合并到鲁埃格领地中。此外，1125 年，普罗旺斯侯爵将这块伯爵领地扩大到伊泽尔河（Isère）和迪朗斯河（Durance）之间地区，使其领地深入维莱伊谷地。图卢兹伯爵在边界线两侧都扎下根来，如果他愿意就可以干涉帝国事务。

545　　　　正如我们刚刚提到的那样，这个公侯国的核心区很明显偏离中心位置，在地中海沿海各个属地和极为邻近它的那些土地以西：这种很不稳定的领地核心区状况我们在其他地方都已经看到了，如香槟和佛兰德。某些大家族比普瓦图子爵或昂古莱姆诸伯爵更强大，他们占据着朗格多克（Languedoc）子爵领地，其中最强大的要数阿尔比、卡尔卡松和贝济耶的特伦卡维尔（Trencavels）家族。在这个目睹了罗马习惯法再次以成文方式复生的地区，这里的自主地成为封授领地的障碍，这里的封建义务基于誓言而非效忠仪式，这里的城堡即便是作为采邑也不那么容易臣服于领主，这里的君主在富有且势力强大的贵族面前毫无实力可言，这里的贵族拥有铸币权、司法管辖权和经济特权。最通用的货币是由梅尔戈伊伯爵制造的那些钱币，他自 1085 年以后便成为教宗的直接封臣了。

　　教会领主权因格列高利改革而强化，它还构成了另一个对抗子爵的区域：在纳尔榜，子爵和大主教分享权力；1160 年前后，在路易七世的支持下，子爵或伯爵头衔被转移给阿尔比、洛代沃（Lodeve）和芒德各地主教。图卢兹的雷蒙的权力较弱，这一点可以进一步从伯爵们深陷于十字军这个事实突现出来。

　　他们的成功也应该得到重视。他们成功地实行了长子继承制，而下级领主还继续在其儿子们中间分割其动产。伯爵法庭最终垄断了司法申诉权，由首相操作运行，他就像 12 世纪末的法庭主席一样。在地方层面上，领主统治管理工作委托给了管家（*bayles*）和司法官员（*viguiers*）来监管。最后，伯爵——由于担忧城市公社的独立，他于1144 年建立了蒙托邦（Montauban）"新城"（*ville neuve*）——设法平息图卢兹城里市民的情绪。他还准许这个城市于 1152 年建立领事馆，使市民们与城市管理当局于 1189 年保持更密切的联系。尽管公爵们遭遇到来自邻国巴塞罗那和"卡塔尔"异端发展的威胁，但他们的成就仍具有积极意义。

加泰罗尼亚

　　由于塞当亚（Cerdanya）和贝萨卢以及 1172 年的鲁西永（Roussillon）的继承人们未能履行封臣义务，因此作为巴塞罗那和赫罗纳的主人，巴塞罗那伯爵便占有了所有的伯国，也就是 12 世纪初教宗恢复的新塔拉戈纳教区的各个部分，此外还包括阿姆普利阿斯（Ampurias）和豪特－帕拉尔斯（Haut-Pallars）。就是在这个时候（准确地说是在 1178 年），文献中出现了"加泰罗尼亚"这个名字，用来指称那块实现了宗教、习俗和货币统一的领地。这个古老的加泰罗尼亚地区通过"收复失地运动"（*Reconquista*），逐渐增加了新的领地，即埃布罗河谷地区，还有 1148 年攻陷的托尔托萨和 1149 年夺取的莱里达两地。反对穆斯林的战争需要军政府，它有利于稳固和扩张封建关系，并［以"团结的名义"（*solidantia*）］显示封臣对君主的忠诚。巴塞罗那大教堂的执事卡尔德斯（Caldes）的拉蒙对档案按照血统和城堡进行分类，其重要的成就在于促进了编写《采邑大典》（*Liber feodorum major*）工作的完成。

　　与这种努力构建封建组织机构的尝试同时出现了管理系统的强化，在地方层面上出现了司法法官（*viguiers*）和领地管理官（*bayles*），与图卢兹出现的情况一样。而在中央管理层面上，朝廷建制还不完善，还没有能力制定财政预算，但是像大总管这样的高级官吏，逐渐让位于更有能力的骑士官员和在俗教士，他们中的一些人组成了机密政务委员会。这些官员总是设法使他们的行为以文献认定的权威

546

为基础。1150 年前后，他们编纂了《巴塞罗那习惯法》（*Usages of Barcelona*），以便在伯国的公共安全、城防建设、货币铸造和刑事审判等各项事务中，更稳定地实现国王的特殊权力，正如我们已经看到的那样，设法从封建宗主权中剥离国家权力，迫使狂妄不羁的封建贵族服从君主的法令。关于《巴塞罗那习惯法》，人们错误地把它说成是加泰罗尼亚权力的奠基者拉蒙·贝伦格尔一世于 1060 年前后完成的。

这种变化应该联系到巴塞罗那伯爵与阿拉贡王位女继承人的婚姻，以及 1152 年阿方索一世的出生，后者将同时成为伯爵和国王。对加泰罗尼亚这个称谓的官方认可意味着，年轻的君主将继承祖传的家业，1180 年，塔拉戈纳政务委员会决定取消所有文件中有关法国国王的年号。这样就引发了争论：新近征服的穆斯林领土到底属不属于从卡佩国王那里接收来的领地。

面对伯爵—国王们权力的强化，贵族们援引他们的自治权来源于加洛林时代，千方百计进行抵抗。阿方索一世及其儿子佩德罗二世用了 25 年时间才迫使他们屈服。1173 年颁布了封达雷拉法令。以前的教区和平逐渐转变为国王和平，地方法官（*viguiers*）和主教们被迫依法行事。同时，引入了新的税种，即支持反对穆斯林战争的"战争税"（*bovatage*）。大贵族对此强烈不满，以至于佩德罗二世不得不在 1205 年被迫接受了恢复古代习俗的大特许状条款。他比稍后的英格兰国王"无地王"约翰更幸运，没有被迫公布这些条款。他娴熟地回避转移到其他问题上去。为了反对贵族们，他在全体官员出席的朝廷上设置了城镇代表。尤其重要的是，他在其领地疆域范围以外，推行好大喜功的冒险政策，向北扩张，逼近以前的纳尔榜省教区（塔拉戈纳省就是从这个省划分出去的），这个地区和他们讲着同样的语言，很容易让他以牺牲图卢兹伯国为代价将其封建领地扩张到这里。

该国伯爵们推行这种扩张政策，能够为其家族更年轻成员们提供帮助，他们占据着帝国治下普罗旺斯的领地，还对热沃当、米约（Millau）和卡尔拉德斯（Carlades）的一半地区提出要求。伯爵在这种支持之外，于 1150 年致力于稳固卡尔卡松、拉泽斯（Razes）和劳拉盖斯（Lauragais）的特伦卡维尔家族（Trencavel）的忠诚，但是 1163 年，图卢兹伯爵迫使卡尔卡松、纳尔榜和蒙彼利埃三地重新屈

服于他的权威，使局势发生逆转。他的加泰罗尼亚对手也于 1170 年
在贝恩、1175 年在比戈尔（Bigorre）、1179 年在贝济耶对他发动反
击；而且，佩德罗二世还与蒙彼利埃的女继承人结婚。尽管图卢兹于
1197 年在尼姆（Nîmes）采取主动攻势，但是科曼日（Comminges）
和富瓦伯爵们却于 1213 年滑向了巴塞罗那一边。

　　在这样一个竞争较量的背景下，"卡塔尔"教派不断获得发展。
境遇越来越糟糕的下级贵族拒绝缴付教会要求的什一税，遂转而支持
异端教派。蒙福尔的西蒙领导的十字军进攻这些唱反调的人。1213
年 9 月 12 日，他们在米雷（Muret）歼灭了佩德罗二世的军队，此
前，佩德罗二世早就决定援助图卢兹人，以便维持领地的现状（*sta-
tus quo*）。不久之后，北方贵族们就迫使南方接受了法国国王的法律。

文化和政治生活：君主想象出来的世界

　　还有最后一个要考察的公侯国，即卡佩家族的国家。在 13 世纪
初之前，卡佩家族的辖区无论是面积规模，还是资源条件，与其他公
侯国相比都没有什么区别，但其君主却是王国内所有其他领主中的最
高领主，是王国内所有居民事实上的最高君主。我们无须在此纠缠，
因为在别处已经讨论过。它本应作为小领主权的案例进行分析。本来
应该考察这些同种类型的结构在地方层面上的功用，它们的共同特征
本来也应该加以讨论，并根据资料归纳整理，而不是为它们真实的或
虚构出来的祖先（譬如居涅人的祖先是一名丹麦冒险家）而自豪，
或者要感谢诸如巴佐什（Bazoches）的居伊这些作为随从的教士们，
从而有技巧地将祖先联系到与香槟伯爵一样的世系，以及经由母系将
祖先联系到查理大帝，甚至追溯到克洛维（Clovis）。小领主们纷纷
把祖先嫁接到王室血统上，从而将整个贵族阶层描绘成一个由众侄子
（外甥）组成的庞大社会。不幸的是，这里没有足够的篇幅来讨论这
个话题。

　　在 12 世纪的法国，公侯国的崛起紧跟、伴随，甚或优先于王国　　548
的崛起。12 世纪是国王与各级君主势均力敌的时期。欧洲各地有更
多的土地得到垦殖，出现了更多定居点，城镇发展，商贸活跃，生产
骤增，建筑使人民生活的环境焕然一新。同样，欧洲各地君主们也都

尽力推行更好的统治管理，以便从人口增长和经济发展中获得好处。诞生于奥克西唐尼亚地区的宫廷文化迅速向北发展，在卢瓦尔河和默兹河之间的地区繁盛起来。宫廷诗歌、英雄史诗（chanson de geste）和布列塔尼的浪漫小说在普瓦蒂埃和特鲁瓦深受欢迎，甚至比在巴黎还受推崇：特鲁瓦的克雷蒂安（Chrétien）成为香槟的玛丽和佛兰德的菲利普的座上宾。更有甚者，有些君主在历史和传说中寻找根据，以便能够提升声望或稳固统治。由于《源于查理大帝的世系》（Reditus ad stirpem Caroli）一书，卡佩王朝将原本由布洛涅伯爵和埃诺伯爵保留着的关于查理大帝的回忆录窃为己有。金雀花王朝的亨利二世要求瓦斯以及圣莫尔的本尼狄克美化其母亲的诺曼祖先，作为对诺曼人的回应，女公爵布列塔尼的康斯坦丝把自己的儿子称为亚瑟，以便把他与布列塔尼人（不列颠人）联系起来。至于加泰罗尼亚的伯爵王（count–king），则以《巴塞罗那诸伯爵行传》（Gesta comitum Barcinonum）来凸显其反法兰克的立场。

这样一个多面的社会，常常自我分化，相互对立，但是这个社会中的各个成员也有着共同的想象空间。查理大帝总是由12位"圣骑士"（peers）相伴，而亚瑟王则由众骑士相随。消除等级秩序的"圆桌"代表着12世纪贵族的政治理想。正是在这种语境下，国王作为平等众人中的首席（primus inter pares），其作用就在于激励英勇忠诚，并使之服从调遣。然而，如果所有那些希望成为珀西瓦尔（Percevals）和高文（Gawains）（他们是亚瑟王的圆桌骑士——译者注）的人，以为亚瑟王将长期幽禁于这种魔幻迷离的环境中的话，那么就犯了大错。13世纪初，法国的圣骑士无疑受到了德意志事务的影响，想要建立一种"贵族帝国"（Reichsfürstenstand），但其努力未能成功，从1216年起，他们这些人都被迫向宫廷派来的官员敞开大门。1226年，路易八世毫不犹豫地拒绝了佛兰德女公爵的要求，她要求只接受其圣骑士的评判。1214年的布汶大捷最终终结了贵族想要实现平等主义的美梦，虽然没有人真正理解这一点。

迈克尔·布尔（Michel Bur）

陈志强 译校

第 十 八 章

1137—1204 年的英格兰与安茹领地

　　1138 年 11 月的一个夜晚，在诺曼底边境地区图克（Touques）的一座城堡的房子中，安茹的杰弗里伯爵和他的骑士们举办盛宴。毫无疑问，这是让人振奋的胜利。自从斯蒂芬国王一年前离开公国后，这也是杰弗里伯爵的第一个机会，终于在曼恩－诺曼底边境地区靠自己的力量成功占领了其妻子的财产之外的第一座重要城镇。但在此时狂欢还有些太早。附近博讷维尔（Bonneville）的城堡主先听凭他们狂欢，并秘密地让"穷人家的男孩们和普通妇女"散布到整个城镇的各个角落，计划放火将安茹人赶出去。总共设有 46 处着火点。大量的浓烟和火焰使交战双方都无法战斗。杰弗里和一些骑士在一个地方公墓中避难，度过了那个恐怖的夜晚。① 那时，和他一起等待天亮的人们不会想到，仅仅在六年后，他们的领主将成为诺曼底的主人；他们也不会想到，其领主的儿子，当时还是孩子的安茹的亨利，会在某天将英格兰王国和诺曼底公国重新统一起来，把它们纳入更大的安茹王国中来。

　　通往未来的道路不在于这位伯爵在诺曼底公国另外数场战役，以及最后在图克河上的博讷维尔（Bonneville-sur-Touques）的大溃败，而在于格洛斯特伯爵罗伯特的战略思想和努力，后者在盎格鲁－诺曼王国的贵族领主中是最强大、无疑也是最有能力的成员。他以其名望、经验以及参与战争来支持其同父异母姐妹、皇后、安茹伯爵夫人玛蒂尔达及其丈夫争夺诺曼底公国和英格兰王国，他给安茹人的事业

---

　　① Orderic Vitalis, *Historia aecclesiastica*, vi, pp. 526 – 528.

带来的不仅仅是希望，而是机会。

罗伯特伯爵带给安茹人的有形资产是英格兰的布里斯托尔城市和堡垒、威尔士的格拉摩根郡，以及在英格兰西南及其他地区的大量城堡和财产，另外还有诺曼底的巴约和卡昂，以及盎格鲁－诺曼王室与威尔士的盟友和封臣之间的关系网。国王亨利一世当初制订的计划是让和他同名的外孙作为他的继承人，如果必要，可以由玛蒂尔达和杰弗里摄政，但这一计划中最突出的弱点是：他没有给这对夫妻留下一座英国的城堡和市镇，以作为可能发生继承权战争中的行动基地，这就导致玛蒂尔达和杰弗里不得不依靠像罗伯特这样的大贵族，尤其是在不列颠。

当 1137 年 11 月斯蒂芬离开诺曼底后，罗伯特伯爵选择继续留在诺曼底，并且在 1138 年 5 月正式解除了对国王的效忠关系，他这么做的真实原因可能永远没人弄得清楚。当然，他承认他的外甥、还是孩子的亨利是盎格鲁－诺曼统治者的唯一合法继承人，尽管斯蒂芬已经举行了涂油礼，但是亨利太小了根本无法进行统治，他母亲的性别成为她统治的严重障碍，即使只是临时的摄政也会麻烦重重，而她丈夫来自诺曼人的宿敌安茹王朝，这一点就导致杰弗里被完全排除在继承人之外。即便罗伯特考虑到未来，他也得在当下生活。他与玛蒂尔达和杰弗里的家族联系一直饱受争议。斯蒂芬的佛兰德雇佣兵队长伊普尔的威廉，至少有一次曾设计谋害罗伯特伯爵的性命。而这位伯爵在王室中的影响，已经由于博蒙特那帮人无所不用其极的暗中破坏而逐渐衰退，其中最著名的是国王的心腹默郎伯爵瓦勒兰。最后，伯爵在他还能自由行动的时候做出这样的决定，既是为帮助他的姐妹，也是为了帮助他自己。

1138 年 6 月，杰弗里伯爵入侵诺曼底。此时由于玛蒂尔达的弟弟控制着巴约和卡昂，而且斯蒂芬在英格兰还要处理国内起义以及苏格兰对英格兰的入侵，因此一定是基于这一背景，他们才产生了最终夺取诺曼底的想法，但事实并非如此。默郎伯爵瓦勒兰以及伊普尔的威廉从英格兰渡过海峡，在韦尔芒杜瓦的拉尔夫伯爵的支持下，在法国军队的帮助下，阻止了安茹人的进攻。罗伯特伯爵被迫躲在卡昂的坚固城防里，在那里待了数月而无法采取行动，而杰弗里伯爵在图克河上博讷维尔的大灾难之后躲在阿根坦的避难所。在英格兰，安茹派人士的处境没有丝毫改善。

1138 年冬，皇后玛蒂尔达的舅舅，苏格兰的大卫王侵入英格兰北部，抵达泰恩（Tyne）河岸；对于斯蒂芬国王来说，苏格兰的入侵是严重挑衅其王权和保护北方边疆的能力，因此予以坚决回击，将大卫的军队赶回苏格兰。4 月，大卫再次率领大军越过边境，声称支持其外甥女对英国王位的继承权，并且利用之前没有最终确定诺森伯里亚（Northumbria）及其周边地区归属权的情况，重新提出苏格兰对这些地方的所有权。斯蒂芬无法亲自应对人生中的这第二次威胁。无论是出于偶然还是蓄意，英格兰内部许多地方爆发了起义，包括威尔士边境地区、英国西南部，以及罗伯特伯爵的支持者和城堡所在地的肯特（Kent）。仅举几个例子，布里斯托尔、赫里福德和施鲁斯伯里这些关键地区都被起义者控制。关键的战略要塞多佛尔（Dover），也被罗伯特伯爵派驻的城堡主沃尔切林·马米诺特（Walchelin Maminot）控制。斯蒂芬将军队主要集中在边境地区和布里斯托尔。他的妻子、王后玛蒂尔达率领的布洛涅舰队前往多佛尔。北方的贵族们在约克大主教瑟斯坦（Thurstan）的指导下，不得不先稳固住自己的防线。如果说他们确有一个整体战略的话，那么安茹人的目标似乎就是将王室军队分散到英格兰的各个地区，使其尽可能地稀疏，从而防止他抽调足够的兵力支援诺曼底，因为杰弗里伯爵正率军侵入诺曼底公国的核心地带，玛蒂尔达的另一位同父异母兄弟邓斯坦维尔（Dunstanville）的雷金纳德和雷德福斯（Redvers）的鲍德温，以及来自格洛斯特的盟友曼德维尔的斯蒂芬，正在科唐坦肆虐。而罗伯特伯爵本人则谨慎地留在卡昂。

这一战略以失败告终。就像我们看到的那样，默郎伯爵瓦勒兰和其他一些人被派往诺曼底，促使局势发生实质上的逆转。在英格兰，斯蒂芬起初打算先平定布里斯托尔，但发现这里的城防极为坚固，而且有伯爵控制下的呈弧形分布的外围城堡的保护，使包围它的军队受到威胁。于是，国王就集中力量夺取赫里福德，这次攻坚战历时五周。当第二次再来攻打布里斯托尔时，又像第一次一样未能取得什么战果。在取得对该地区小规模城堡的一系列胜利后，斯蒂芬包围了施鲁斯伯里，在几乎不到一周的时间里便占领了该城及城堡。这已经到了 8 月底。大约在这个时候，多佛尔港已向王后玛蒂尔达投降，在数天之内，苏格兰人也在诺萨勒顿（Northallerton）附近的斯坦达德

（Standard）战役中被北方的贵族们彻底击败。到这时，英格兰的主要战斗已经结束。至 11 月，安茹人在诺曼底的进军也陷入停滞。

如果说安茹人在 1138 年的复仇战并没有成功地占领任何领土，那么它毕竟撼动了盎格鲁－撒克逊世界的基础，将斯蒂芬王权的弱点以及现存政治局势的许多危险突显出来。尽管国王在这一年取得一系列胜利，夺取或重新夺取了各城镇和城堡，赶走了入侵者，但安茹派领导人仍然未被捕获，且难以捕获。付出了所有代价，进行了所有艰苦战斗，但最终什么也没有改变。冲突一定还会继续，而斯蒂芬很可能已经将前任亨利一世留下来的国库耗尽。诺曼底不受斯蒂芬乃至任何人的控制，这时诺曼底的贵族们忙于彼此攻击，其激烈程度不亚于与安茹人的战争。在英格兰和威尔士，斯蒂芬未能有条不紊地包围或攻陷反叛者最大的堡垒——其中以布里斯托尔和沃灵福德（Wallingford）为代表，这意味着内战还将无休无止地继续下去。事实也的确如此。

1139 年 9 月 30 日，罗伯特伯爵和玛蒂尔达率领一队骑士在朴茨茅斯（Portsmouth）港上岸，并且安全抵达阿伦德尔城堡。斯蒂芬已经注意到他们的到来，也已经下令沿着南部海岸日夜监视所有海港。当罗伯特成功躲过监视抵达城堡时，斯蒂芬无疑会大为恼怒，而当罗伯特率领军队抵达阿伦德尔后，他会更加震怒，因为他被告知：罗伯特伯爵已经趁夜带领 12 名骑士离开了，并穿越英格兰南部地区与其在布里斯托尔的属下会合。这是因为斯蒂芬在得知他们登陆后的第一时间就下令守卫封锁所有道路，甚至有传言称，作为教宗代表的温切斯特主教布卢瓦的亨利，明明已经抓住了伯爵，却最终让他平安离开。这个故事可能是臆造的，虽然这位主教完全有足够的理由怨恨他的哥哥，因为斯蒂芬刚刚与博蒙特人合谋，取消了亨利参选坎特伯雷大主教的资格，并在博蒙特人的建议下，抓捕了三名教廷长老会（curial）主教，还剥夺了他们的城堡。在安茹人成功地登陆英格兰得到必要落脚地的问题上，王室内部的纷争起了不小的作用。皇后玛蒂尔达（在她的第一任丈夫去世后，她还继续使用这一尊号，而不太用次级的伯爵夫人的称号）此时来到英格兰，要求她对英国王位的继承权，她是英国王位的合法继承人，因为亨利一世在世时，贵族们曾在许多场合向她宣誓效忠。同样重要的还有，罗伯特伯爵作为安茹派中盎格鲁－诺曼人的天然军事领袖，已经平安抵达布里斯托尔，促使格洛斯特的米勒斯（Miles）以及布赖恩·菲茨伯爵（Brian fitz Count）这些大贵族转投到安茹派阵营当中。

阿伦德尔城堡有两位出自王室的女主人：皇后及其保护人前王后，也就是亨利一世的遗孀阿德丽萨。阿德丽萨的第二任丈夫阿尔比尼（Albini）的威廉，作为国王的总管（pincerna）对国王非常忠诚，此时也住在城堡中，但阿伦德尔的事务由阿德丽萨做主，因为这是她继承自亡夫的遗产。对于斯蒂芬来说，如果对这里展开旷日持久的围城，会带来很多麻烦：此时他驻扎在城外，已经无法阻止逃出去的罗伯特伯爵去重新集结部下。而公共舆论也不能被忽视，如果国王无情地发起攻击，抓走这两位出身高贵的夫人，那么公共舆论就会立即背他而去。毕竟在数月前，他才通过抓捕一些主教，来震慑那些不属于博蒙特系的教士与朝臣。另一方面，如果斯蒂芬发动攻击却无法拿下这座城堡，那么他的声望就会陷入尴尬且难以恢复，因为他竟然被一个女人指挥的守军击败。此外，军事威胁主要来自罗伯特，而不是玛蒂尔达。斯蒂芬抓到她以后能做什么呢？把她遣送回诺曼底，或监禁她？斯蒂芬从来不是一个会想得很深的人，所以他的弟弟温切斯特主教亨利给他解决了问题，建议他最好将玛蒂尔达毫发无伤地送到罗伯特伯爵那里；这样一来就能更好地控制，而攻打一个地方也相对容易一些。因此，玛蒂尔达皇后被博蒙特人默郎伯爵瓦勒兰以及亨利主教一起护送至布里斯托尔。对于这一不同寻常事件的结果，当时的历史学家奥德里克·维塔利斯对这一骑士行为表达了自己强烈的不满："国王把自己表现得很诚实，干脆说很愚蠢，但凡有头脑的人都必然会强烈谴责他，因为他没有考虑到自己的安危和王国的安全。"[②] 关于英国王位的争夺几乎无法结束了，然而，在 1139 年的最后几个月中，一场终结游戏的确已经展开。

但无论是国王还是安茹人，在不断的围城和追逐当中，都没有强大到能够对另一方形成压倒性的优势。就像马姆斯伯里的威廉一样，许多人一定感到严重的不安和焦虑，因为城堡无法预知将会发生什么或者谁能保护他们。用威廉的话说，"整个英格兰有许多城堡，每个

555

---

② *Ibid.*, vi, p. 534.

都在保护自己的辖区，或更确切地说，在劫掠自己的辖区"。③ 随着终结游戏的进行，一个谁也想不到的人提出了一个调解倡议，这个人就是斯蒂芬国王的弟弟、教宗的代表、温切斯特主教亨利。不知通过什么方法，亨利于 1140 年 5 月在巴斯（Bath）安排了一场会面，双方是作为皇后代表的格洛斯特伯爵罗伯特，以及谈判经验丰富的斯蒂芬的王后玛蒂尔达。和亨利主教一起与会的还有坎特伯雷大主教贝克（Bec）的狄奥博尔德，使教会成为寻求解决这场影响广泛的内战的主要中间人。讨论的细节并没有流传下来，尽管他们一定曾承诺让亨利主教于 9 月动身前往法国，以征询其长兄布卢瓦的狄奥博尔德以及法兰西国王的意见，前者是布卢瓦伯爵，是家族的首领；法兰西国王路易七世在诺曼底和英格兰的纷争问题上，也有自己明显的政治利益，这种利益此时与家族的关切紧密联系在一起，因为他的妹妹刚刚嫁给斯蒂芬的儿子兼继承人尤斯塔斯。11 月底，亨利主教返回英格兰，带着一份解决方案的提议，具体内容仍然没有流传下来，皇后和她的支持者对此表示接受，但斯蒂芬国王不愿意。这份提议很可能和后来的发展差不了多少：斯蒂芬在有生之年将继续担任国王，而玛蒂尔达和杰弗里的儿子亨利将继承其祖父留给他的王国。很明显，如果不经过一场战争，斯蒂芬不打算做出任何让步。他空守着一腔愿望，尽管他本想能两度交上好运。正如当时一位学者所警告的那样："任何人……都不要依靠命运持续不断的青睐，既不要假设好运永固，也不要以为他的席位能长期安放在她旋转的轮盘上。"④ 1141 年 2 月 2 日星期日，斯蒂芬国王在林肯被安茹人抓获。

林肯战役在盎格鲁－诺曼王国的历史上也很罕见，就像坦什布雷一样，敌对双方的军队在每一次相遇时都要冒着巨大危险。这场战役的发生完全是偶然的，是因国王与他的两个兄弟切斯特伯爵拉诺尔夫和鲁马尔（Roumare）的威廉之间的争吵引起，起因是他们对于国王在任免方面的处置不当而心烦意乱。就像内战期间许多其他贵族一样，他们只想追求自己的利益，在这个事件中，他们控制着从柴郡（Cheshire）越过林肯通往东部沿岸地区的大片领地。就在 1140 年圣

---

③ William of Malmesbury, *Historia novella*, ch. 483.
④ Henry of Huntingdon, *Historia Anglorum*, pp. 266 – 267.

诞节前夕，两兄弟欺骗了国王派驻在林肯的守卫，控制了它的城堡，并以此为据点，占领了这座市镇和周边地区。当林肯主教和镇民们的求助信送达国王那里时，斯蒂芬国王不顾冬季的寒冷反应迅速地来到这里。1 月 6 日夜晚，他出其不意地进入林肯，拉诺尔夫的几名骑士在外面寻欢作乐返回城堡时被捕。拉诺尔夫伯爵却不知道通过什么方法逃脱了，而把他的妻子和兄弟留在那里，他的妻子就是格洛斯特的罗伯特的女儿。切斯特伯爵此前从没有赞同皇后对英国王位的权利，现在却派使者去找他的岳父格洛斯特的罗伯特，声称如果罗伯特愿意帮助解救处于危险的被囚之人，其中还包括他的女儿，那么拉诺尔夫就会支持皇后的诉求。格洛斯特伯爵虽然有些愤恨，因为这个女婿到这个时候还要保持中立，但他还是暂时放下愤恨，抓住这个机会，集合自己的封臣、威尔士的盟友以及那些被斯蒂芬剥夺继承权的人，组织起庞大的军队。他从格洛斯特绕道前往林肯，并在路上与从切斯特赶来的拉诺尔夫会合，这时拉诺尔夫指挥着另一支威尔士军队。安茹军队在 2 月 2 日清晨抵达林肯近郊。出人意料的是，国王带来的人中有许多人反对冒险去进行战斗，他们建议国王撤退到较为安全的地方以集结大军，而留下一小股分遣队在林肯城外尽力保护自己。斯蒂芬不愿意听从任何关于撤退的建议。而提出建议的人遭到年轻骑士们的嘲笑，说他们是"害怕战争的小男孩"[5]。关于斯蒂芬在决定战争时的想法我们只能猜测。安茹伯爵杰弗里躲在诺曼底，到目前为止，罗伯特伯爵一直避免任何直接的接触。因为这场内战，整个王国已经遭受越来越多的磨难，而对国王斯蒂芬来说，现在如果逃跑就会被人比作他的父亲，他的父亲曾经在第一次十字军战争中从安条克逃跑，后来在耻辱中辞世。在这个时刻，布卢瓦家族的历史影响了斯蒂芬的判断。他留了下来，进行战斗，而后被俘虏。国王没有预料到的是许多原本支持他的大贵族背叛了自己，其中包括六名伯爵，竟然在战斗开始之际放弃了战场。斯蒂芬先是被带到格洛斯特与皇后举行会晤，而后被关在格洛斯特伯爵位于布里斯托尔的城堡中两个星期。

　　命运的轮盘在 1141 年剩下的时间里继续疯狂旋转着。国王被捕终究没能终结这场角逐。在这个有赖于速度的过程中，皇后派的行动过

---

　　⑤　John of Hexham in Simeon of Durham, *Opera omnia*, ii, p. 307.

于缓慢。到夏季，玛蒂尔达自己对政治局势的处理不善，使自己丧失了伦敦人和温切斯特主教亨利的支持，亨利再次发挥了自己作为权力破坏者的合适角色，为玛蒂尔达在威斯敏斯特的加冕铺平了道路。6月24日，玛蒂尔达因一场大规模起义而被迫逃离伦敦，此时她还未成为女王。而另一位玛蒂尔达，即斯蒂芬的王后，在一支忠诚的军队的支持下，于同一天顺利地进入伦敦。出于报复，安茹人决定搜出温切斯特主教。此时，主教再次改变了立场，他和嫂子达成共识：要运用所有可能的手段帮助他哥哥恢复王位。当皇后的军队包围了温切斯特的主教宅邸时，王后玛蒂尔达及其庞大的军队以及一大群伦敦人一起前来解救。由于城市的许多地方被焚毁，安茹军队的供给逐渐减少，他们决定在被彻底包围之前撤退。结果，撤退变成了溃败。皇后安全逃脱，但格洛斯特伯爵罗伯特却在保护皇后的过程中被捕。由于伯爵被囚禁在罗切斯特（Rochester）城堡，而安茹派的许多成员分散在各地，相距遥远，安茹人因此不得不同意唯一可行的解决方案：用国王交换伯爵。这场交换发生在11月的第一个星期。由于温切斯特的溃败，此前林肯战役中取得的胜利似乎都化为乌有，但事实上并不完全如此。

斯蒂芬国王在林肯被俘的消息传到诺曼底后，引起巨大的震动。原先看似不可实现的事情现在发生了。安茹伯爵杰弗里攻破了诺曼人的防线。他对诺曼底进行的残酷无情又略显缓慢的征服，为安茹派赢得了最终的胜利。3月，当杰弗里要求所有城堡的贵族投降时，有一群人聚集在莫尔塔涅，提出另一个建议，请布卢瓦的狄奥博尔德伯爵作为他们的公爵。布卢瓦伯爵不仅拒绝了这项提议，他反过来还自己提出一份方案给杰弗里。他将放弃一切关于盎格鲁－诺曼王国的继承权，交换条件是：释放斯蒂芬，并恢复他在图尔的私人地产和小块收益。安茹王室很聪明地沉默以对。这个时候，斯蒂芬的盟友、法兰西国王路易七世也没能及时提供帮助。对于安茹人可能建立一个统一的盎格鲁－诺曼王国的前景，法王路易七世并不担忧，他在1141年春率领军队到南部，要求得到妻子对图卢兹的所有权。包括利雪和法莱斯在内的诺曼底各个城镇倍感绝望，开始投降。到秋天，甚至默郎伯爵瓦勒兰也加入安茹派阵营。通过这些胜利，杰弗里伯爵控制了整个诺曼底中部。

1142年夏，当杰弗里盘算着如何巩固和扩大其战果时，格洛斯特的罗伯特伯爵抵达诺曼底，催促他率领一支大军前往英格兰，以对付恢复元气的斯蒂芬的军队。斯蒂芬在林肯事件之后，已经不再信任各大贵族，虽然其中大多数伯爵都是他亲自封授的，而现在围绕在他身边的是一支新的王室部队，由依附于他的人组成，不太可能根据他们自己领地的私利来权衡每一个举措。由于在英格兰的安茹派发现，仅凭他们自己的力量是没有希望战胜这支更精练、更顽强的王室军队，他们担心自己的事业能否实现，而事实上，是担心自己的领地能否保得住。现在比任何时候都需要杰弗里来帮忙保住其妻子和孩子们在英国的遗产。伯爵的看法却很不一样。他从没去过英格兰。不认识那里的居民，也不熟悉那里的地理情况。对他来说，征服诺曼底已经近在眼前，为什么要将未来作为赌注压在海峡对岸呢？此外，如果他离开，谁能保卫安茹，或者谁能为安茹人夺得诺曼底呢？深思熟虑之后，杰弗里让罗伯特前去攻占诺曼底的西部地区。可能这就是伯爵自始至终的想法。格洛斯特伯爵亲自来到杰弗里伯爵的前锋部队中，他在盎格鲁－诺曼社会中的名望和他的军事才干，都将有利于取得更进一步的胜利。战斗的主要目标是斯蒂芬国王的莫尔坦县。先是坦什布雷陷落，然后莫尔坦被攻占，紧接着还有勒泰约勒（Le Teilleul）、彭托尔森（Pontorson）和塞朗斯（Cerences）也都失守。仍在诺曼底西部坚守的诺曼贵族们都铭记着此前的教训：投降——没有人能拯救他们；即使斯蒂芬国王也没有力量保住诺曼底——还是投降。最终他们纷纷投降。随着 1143 年秋瑟堡（Cherbourg）的陷落，整个诺曼底西部以及塞纳河南部都在杰弗里控制之下。

　　与此同时，由于罗伯特伯爵不在，英格兰的局势进一步恶化，迫使他不得不在 1142 年 11 月返回，当时诺曼底西部的战斗正进行到一半。由于被留下来保护皇后的骑士对她极为失望，她被围困在牛津堡，有马上就要被斯蒂芬俘虏的危险。命运之神再次介入。就在圣诞节之前的数日之内，玛蒂尔达奇迹般地靠自己逃离这个陷阱，在黑暗中穿越积雪和寒冰，步行了 5—6 英里，来到阿宾登，然后和她的小股护卫一起骑马逃往安全的沃灵福德堡，后来罗伯特伯爵在那里找到她。尽管当时尚看不清事情原委，但这次事件是皇后一系列不寻常的、几近失败冒险当中的最后一次，并至少让与其同时代的《斯蒂芬言行录》（*Gesta Stephani*）的作者感到极为震惊：

　　　我不知道这件事在此后的岁月中是否提高了皇后的伟大声誉，或者这是上帝的旨意……但是我从没听说过有哪位女性能够如此幸运，能够从那么多致命的敌人、从那么严重危险的威胁中获救；事实是：她从阿伦德尔城堡毫发无伤地穿过敌军，在伦敦人的包围下成功逃脱而竟然没有划破一点皮儿……穿着令人惊奇的华丽服饰，从温切斯特的大溃败中独自成功脱身，她的所有扈从大多被砍头，然而，她却逃离了被围的牛津……还又安全、又健康。⑥

　　　罗伯特带着皇后从沃灵福德堡前往德维泽斯（Devizes）城堡这个更加安全的地方，她一直待在那里，直到 1148 年终于离开英格兰。和他们一起的还有她的长子、当时只有 9 岁的小男孩亨利。

559　　　格洛斯特伯爵将亨利而不是杰弗里伯爵带回英格兰的做法，意义深远。因为这代表着未来，他是他的外公亨利一世留下的盎格鲁－诺曼领地的真正继承人，而且可能是唯一能让英格兰的安茹派重拾希望的男性、个体乃至象征。亨利和他舅舅的扈从待在布里斯托尔，直到 1144 年 4 月他父亲攻陷鲁昂后不久召他回诺曼底，参加他父亲的公爵受封仪式。当杰弗里伯爵夺得整个公国的统治权并着手重整秩序时，诺曼人与之合作是因为他们此时已经明白：以盎格鲁－诺曼人的标准来抚养的亨利，一旦成年就会被授封为公爵。对于这一点，法兰西国王路易七世可能也很清楚，他承认杰弗里的爵位［以换取诺曼人控制的维克辛（Vexin）］，并帮助公爵镇压诺曼人最后的抵抗行动。

　　　在 1144 年以及后来，盎格鲁－诺曼世界之外发生了一些不利于安茹人成功的事件，似乎比以往任何时候都要严重一些。在英格兰，安茹人实现自己诉求的一大障碍，一直以来都是教宗对斯蒂芬王位的确认，他是神圣且行过涂油礼的。这是 1136 年教宗英诺森二世确认的，后来皇后玛蒂尔达声称斯蒂芬违背誓言且未经教廷主教投票认可或至少达成最终裁定，是个篡位者，要求教宗废黜他，而英诺森二世无视她的申诉，反而在 1139 年再次确认了他的身份。当英诺森二世去世后，1143 年秋，西莱斯廷二世当选为教宗是对安茹人的恩赐。

⑥　*Gesta Stephani*, p. 144.

西莱斯廷还是枢机主教时，就听说过 1139 年的纷争，并且同情皇后的立场，此后与皇后建立起非常好的私人友谊。尽管西莱斯廷的任期仅仅持续了几个月（1143 年 9 月到 1144 年 3 月），但这段时间已经足够影响到此后英国王位的继承。1144 年初，当坎特伯雷大主教狄奥博尔德因其他事务来到罗马时，教宗西莱斯廷直截了当地告诉他：关于王位的任何新安排都是不能允许的，因为英国王位的交接是有争议的，并没有尘埃落定。这是个值得利用的机会。从 12 世纪 40 年代中期以后，教会内外的许多人都逐渐将年轻的金雀花王朝的亨利视为诺曼底的继承人，同时也是英格兰合情合理的继承人。

　　1147 年，14 岁的亨利已经长大成为一名英勇的战士，他在任何其他人、包括他父母都不了解的情况下，召集了一群喜欢冒险的人远征英格兰。然而，这次组织的队伍中有强大的西铎会修士，在杰弗里和玛蒂尔达看来，他们的领导人克莱沃的贝尔纳对他们的未来更加重要。西铎会与诺曼底的萨维尼修道院及其在英格兰的分支机构建立了联系，这一点无疑提升了贝尔纳对盎格鲁－诺曼事务的兴趣。当他们在诺曼底与萨维尼人进行最后的谈判期间，在场的贝尔纳的弟弟尼瓦尔多（Nivard）曾建议贝尔纳亲自参与行动，后来在格洛斯特的罗伯特于南威尔士建立的马尔盖姆（Margam）修道院举行的就职典礼上，他再次提出该项建议。尼瓦尔多还与玛蒂尔达商议安排他的行程。与此同时，杰弗里在巴黎接见贝尔纳。当时在巴黎的还有坎特伯雷大主教狄奥博尔德，及贝尔纳的被保护人教宗尤金三世。同来的还有最著名的西铎会修道院院长和英格兰大主教，当时正逢国王路易七世参加第二次十字军征战离开巴黎之际，杰弗里就趁机努力说服这三位，希望他们在英国王位继承问题上支持安茹派的立场，至少他要尝试一下。当然，玛蒂尔达和罗伯特从自己的角度出发，也本应该对尼瓦尔多说明一下安茹人的意图，以及双方合作会带来怎样的利益。

　　1147 年 10 月，格洛斯特的罗伯特突然离世，不久，在 1148 年 1月皇后也离开了英格兰，面对这种双重打击，幸好有与西铎会的合作，才帮助安茹派幸存了下来。虽然斯蒂芬从这两起事件中也可能获得了一定的利益，但随后因与贝尔纳和教宗的冲突而导致这些利益损失殆尽，引起冲突的原因是约克教区的总主教选举问题，以及英国主教们是否参加兰斯宗教会议。斯蒂芬的兄弟也就是温切斯特主教几乎没起

560

什么作用，因为他被暂时中止职务，被召回罗马等待对他在战争中所起作用的决定。在兰斯之战后不久，泰鲁阿讷（Thérouanne）主教在杰弗里公爵的催促下前往英格兰，谴责斯蒂芬为篡位者。这时舞台正在准备。在罗马，尤金三世再次召集枢机主教来听取他们对英国王位继承问题的看法。这时，命运之神再次介入。十字军在东方惨败的消息传到罗马；在巨大的悲痛情绪下，教廷长老会（curia）无法展开深入讨论。这件案子遂无果而终。然而，斯蒂芬与教会交恶的真正损失，在于他的儿子尤斯塔斯加冕为共治国王的机会被错过了。只要他的涂油礼没有举行，只要安茹派仍然在英格兰保有自己的据点，改朝换代的希望就仍然存在。1148 年 10 月，皇后玛蒂尔达、杰弗里公爵以及他们的三个儿子聚集到鲁昂，详细制订下一步的行动计划。[7]

这项计划逐步推进，首先亨利前往英格兰，在那里他将由他的叔叔苏格兰国王授封为骑士，接受安茹派支持者们的效忠，然后返回诺曼底正式授封为诺曼底公爵，所有这些在 1150 年 3 月正式完成。这次行动使许多事情变得简单了。当 16 岁的亨利成年以后，他带着无限活力和年轻人特有的兴奋，来到他要继承的土地上，使这里的安茹派人士倍感鼓舞。玛蒂尔达已经习惯不和她的丈夫在一起而分居生活，这次她待在鲁昂的诺曼人中，给她的长子做顾问，并帮他管理公国。杰弗里完成了自己的诺言，给了诺曼人一位他们能够称为是自己人的公爵，此后，他的注意力转回到安茹，致力于维持那里的和平；安茹的和平一直很难实现，而此时尤其不同寻常，起因是他的弟弟埃利亚斯（Elias），虽然寿命不长，却麻烦不断，这次又起义反抗其兄。而最重要的是，斯蒂芬现在要面对的不再是一位想统治男人世界的女人，也不是想要征服盎格鲁－诺曼世界的外来的安茹人，而是亨利，诺曼底的公爵、与亨利一世同名的外孙。无论斯蒂芬还是尤斯塔斯，都意识到这一变化的利害关系，所以在 1149 年，当亨利在英格兰时，他们绝望地四处抓捕这位刚刚成为骑士的年轻人。

不过，政局仍在变化。尽管教宗尤金在尤斯塔斯的涂油礼继续坚持原有的态度，但路易七世在结束十字军征战后回到国内，答应继续与斯蒂芬保持同盟关系。法兰西国王与杰弗里伯爵在对待他们的封臣

⑦ Chibnall (1991), p. 153.

普瓦图的管家吉劳德·博尔莱（Giraud Berlai）的问题上，出现了分歧。在整个 1150 年，英国人、诺曼人以及安茹人纷纷派出使者来到巴黎，每一方都希望得到路易的支持。修道院院长叙热，也就是路易的总资政去世了，他原本比较支持安茹人；此外，杰弗里又包围了吉劳德（Giraud）在蒙特勒伊－贝莱（Montreuil-Bellay）的城堡，这两件事导致法兰西国王在 1151 年和他妹夫尤斯塔斯联合起来进攻诺曼底。安茹人的事业暂时遇到了危险。路易还没有承认亨利作为诺曼底公爵的身份。如果诺曼底被占领，很可能尤斯塔斯会要求成为诺曼底公爵。无论如何，攻击诺曼底也能迫使亨利离开英格兰，这是一条好计谋。

　　在危机发生期间，杰弗里伯爵一直留在安茹，以确保对蒙特勒伊－贝莱长达三年的围城最终能有一个胜利的结果（这是对同时代人带来深刻震撼的业绩），在那之后，他才率领安茹军队前往诺曼底和儿子会合。在法国人的阵营中，一想到要与诺曼底－安茹联合军队作战，几乎没有人会感到舒服，至少路易七世本人没有这样的打算，他感觉非常糟糕，遂撤回巴黎。在 1151 年 8 月漫长的空闲时间里，尤斯塔斯的利益就这样被牺牲掉了。杰弗里、亨利与路易七世在克莱沃的贝尔纳的主持下，举行和平谈判。结果是，杰弗里为之前残酷对待博尔莱（Berlai）家族的行为做出补偿，而路易接受亨利作为诺曼底公爵向他行效忠礼，代价是公爵同意将诺曼的维克辛让给法王。诺曼－安茹人的军队外交娴熟，好运连连，还得到西铎会的有力支持，已经取得了胜利。这对父子终于可以毫无压力地将注意力投向英格兰，帮助那里的安茹派，而不用担心诺曼底或安茹的安全了。

　　一方面，无论尤斯塔斯对他姐夫的翻脸感到多么沮丧，我们现在是无法了解了；另一方面，诺曼人兴高采烈。在和平条约签署之后没几天，就在 9 月 14 日，他们在利雪（Lisienx）召开军事会议，准备入侵英格兰。对于杰弗里伯爵来说，在过去的 1139 年、1142 年和 1149 年，他每次都很明智地选择留在后方，而这一次在 1151 年的远征中，他却打算离开诺曼底和安茹，到英格兰为他儿子继承英王王位的权力而战。图克河上的博讷维尔的羞辱已经成为遥远的过去。征服诺曼底，赢得西铎会和教宗的支持，包围蒙特勒伊－贝莱，使法王颜面扫地，都已经完成了。正是耐心和深谋远虑促成了他的成功。这时，意想不到的变故发生了。杰弗里因小病而猝然离世。刹住命运车轮的车闸再次被松开。如此一来，刚刚18岁的亨利公爵又成为安茹、曼恩和图赖讷的伯爵。入侵英国的计划不得不暂时搁置，因为他需要先控制好父亲留下的属地。宝贵的时机就此丧失了。

　　即使亨利仍然身在大陆，斯蒂芬在英格兰的处境却越来越绝望。近来，当年参与内战的双方贵族都在"等待和观望"。他们彼此私下签署协议，以限制战争规模，保护自己的领土利益。例如，格洛斯特的儿子兼继承人迎娶了博蒙特人莱斯特伯爵罗伯特的女儿，这样，英格兰王国的贵族中两大主要对立家族在一定程度上结合在一起。留给斯蒂芬对安茹派采取行动的空间逐渐缩小。此时，贵族们心中的想法大体一致，即斯蒂芬是合法的国王，而亨利则是合法的继承人，而不是尤斯塔斯，这一点也和教会的立场一致。斯蒂芬从没有试着让这些贵族向作为自己继承人的尤斯塔斯表示忠诚，或者行效忠礼，这表明他并没有像亨利一世当年为确保继承计划那样做好铺垫。毕竟，斯蒂芬能够即位是非常偶然的。斯蒂芬只剩下一种资源，即军队。由于在其儿子的涂油礼问题上，再次遭到教宗尤金的拒绝，国王斯蒂芬在1152年3月将英格兰所有主教召集到伦敦，要求他们祝祈并承认尤斯塔斯的涂油礼。主教们拒绝了他的要求。他们说，因为斯蒂芬就是通过伪证得到王位的，那么他的儿子更无权继承。这话是尤金说的，但却是安茹人的心声，很早以前就深植于心了。斯蒂芬为此感到非常沮丧和愤怒，就把这些主教监禁起来，但狄奥博尔德大主教却逃回大陆。当意识到已经没有希望通过高压实现英国教会的统一后，国王释放了其他人。

　　另一方面，亨利经历了一个具有决定性的很好的春天。3月，路易七世和妻子阿基坦的埃莉诺离婚，并愚蠢地让前王后单独离开并前往普瓦图。5月，"不知是偶然还是阴谋"，埃莉诺嫁给了亨利，此前，她曾在1151年8月在巴黎见过他。⑧ 这些事让其他人极为震惊，因为仅仅数月亨利就成为几乎整个法兰西西部的主人。在婚礼之后的数个星期内，亨利就在巴弗勒尔（Barfleur）集结军队，准备进军英格兰。

⑧　Robert of Torigny, *Chronica*, p. 165.

然而，路易七世对他前妻的再婚反应激烈，导致在 1152 年夏季亨利无法实施远征英格兰的计划。反而不得不保卫他已有的产业，其中甚至还包括诺曼底和安茹。路易想要毁掉他的封臣、没收其领地，并为这一目的组建了一个同盟，打算将没收的土地在这些同盟中平分。这一联盟的成员有布洛涅伯爵尤斯塔斯，此人抱着重燃的希望迅速从英格兰赶回来；香槟伯爵亨利，也是路易和埃莉诺长女的未婚夫，在那对夫妻离婚前，他被宣布为合法继承人，并且阿基坦的一部分将由他继承；路易的兄弟佩舍伯爵罗贝尔，以及亨利公爵的兄弟安茹伯爵杰弗里。托里戈尼（Torigny）的罗伯特介绍了此次战争的详细进程，并高度评价了公爵高超的防守技巧，甚至是其对手也不得不佩服他。[9] 亨利仅用两个多月的时间，就在 9 月初抵挡住诺曼底所遭受的攻击，并摧毁了他弟弟在安茹的起义。亨利为保卫其安茹疆域与盟军展开了长期战斗，而这只是各种类似胜利的开始。1152 年不仅给他带来了庞大的资源，而且还确立了他个人的威望。这位是注定会成为国王的人。他终于在 1153 年 1 月勇敢地进入冬日的大海，向着英格兰驶去——新的终结游戏正式开启。

在 1 月一个寒风刺骨的清晨，亨利公爵和斯蒂芬国王率领着各自的军队，淋着冬日的阴雨，在马姆斯伯里隔着埃文（Avon）河迎面而遇。雨雪疯狂地打在双方士兵的身上。公爵和国王都决心打一场决定性的战争，然而使这场全面战争未能展开的并非不利的天气条件。两个阵营的贵族们以及教会人士都想要和平，不想打一场破坏力严重的战争。斯蒂芬已不再信任为他服役的封臣们，于是同意签署和平条约，并撤回伦敦。在接下来的六个月内，双方似乎都有意避开对方以免发生战争。斯蒂芬仍然拥有像伦敦这样的大城市的忠诚，从这些地方他能得到金钱和人力的支持。亨利到处游说，给教会和贵族们许诺各种报酬和利益妥协。那些一直支持他们的人则得到了回报，比如布里斯托尔的菲茨·哈丁家族，而失败的压力则抛给了国王派人士。当中部地区的主要贵族博蒙特家族的莱斯特的罗伯特伯爵公开宣布支持公爵时，国王的力量遭到沉重打击。在 7 月底或 8 月初，亨利终于率领军队抵达沃灵福德，将这里的安茹派解救出来，他们自布赖恩·菲

---

⑨ *Ibid.*, pp. 165 – 166, 169.

茨伯爵去世后就一直被围困着，对此，斯蒂芬不得不做出回应。然而，他们在沃灵福德的相遇，最终达成和解，以与马姆斯伯里遭遇战一样的方式结束：对阵双方的军队都拒绝作战。

564　　　经过整整一年的幕后协商，和平协议终于可以正式签署。参与制定和约条款的人包括坎特伯雷大主教狄奥博尔德、温切斯特的亨利主教以及其他一些人。和约的基本原则可追溯到12世纪40年代初：斯蒂芬的有生之年将继续担任国王，而他死后将由亨利继承。尤斯塔斯认为自己遭到背叛，在毁灭性的愤怒之下离开其父亲的王宫，前往东盎格里亚。1153年8月17日，尤斯塔斯的猝死打消了斯蒂芬的所有犹豫，最终决定签署和约。他最关心的是如何保障并扩大他的幼子、还是个孩子的威廉的继承权。在11月的最初几个星期内，斯蒂芬和亨利在温切斯特会面，并将亨利正式定为其继承人。威廉则得到足够的回报：继承他母亲（已于1152年5月去世）在英格兰的广袤领地、当年亨利一世封给他父亲的盎格鲁－诺曼地产、通过婚约可以继承的瓦伦伯爵的横跨海峡的土地，以及英格兰其他一些重要产业、城镇和城堡。如果威廉不能继承王位，那么他将是最重要的贵族，而且可以像他的哥哥在布洛涅那样享有独立统治的权力。通过这些安排，斯蒂芬尽全力在现有条件下保证其家族的荣耀以及未来的权力。国王和公爵从温切斯特一起前往伦敦，于伦敦的圣诞节假期内，在威斯敏斯特筹备缔结了一份正式和约。

　　　1154年初，没有人能够轻易预言这份和约能持续多长时间，或者英格兰的内战是否真正终结了。来自各方面的力量联合起来以结束战争，而不是来自教廷施压的延续战争，通过安茹人娴熟的手段将这一点转达表述出来。然而，在1153年夏天，和尤斯塔斯伯爵一起去世的还有，曾阻止他加冕的克莱沃的贝尔纳和教宗尤金三世。安茹人的胜利如果想要继续保持下去，就必须依靠斯蒂芬的继续合作以及大贵族们的意愿。当佛兰德的雇佣兵阴谋刺杀他的计划被揭露后，4月，亨利急忙离开英格兰返回欧洲大陆，而这个时候没有人能够预见到斯蒂芬会在几个月后的10月去世，虽然他已经60岁了；这样一来，在和约签署后不到一年时间里，亨利公爵就在1154年12月19日毫无悬念地成为英格兰国王。此时再回头看，人们会发现1151年到1154年的历史异乎寻常。它们所催生出的安茹王国就是在12世纪

40 年代以原先的盎格鲁－诺曼王国为中心的国家，真不可想象，这个国家还包括法兰西中部和南部的大片领地。然而，对于年轻的国王亨利二世来说，他还需要四年多时间来稳固这片庞大的领地。而且由于他的出现，这些地区未来的历史也将发生改变。

1155 年秋，温切斯特主教布卢瓦的亨利自愿被流放到克吕尼，明确标志着亨利二世在英格兰的统治不会再遭遇其他抵抗行动，其前提是国王有条不紊地果断行动，将那些在他加冕后依然藐视他的少数贵族们的权力逐渐分解。若有些什么的话，那就是亨利二世统治初年面临的最严重挑战来自大陆，而非英格兰；而且制造麻烦的是他的弟弟杰弗里。1155 年 12 月，杰弗里在安茹发动起义，要求亨利履行父亲的遗嘱：如果亨利得到英格兰，那么他就应该将图赖讷、安茹和曼恩交给杰弗里作为他接管的遗产，而这些地方在 1151 年包括一些具有重要战略意义的城堡，例如希农、卢丹（Loudun）和米尔博（Mirebeau）。[10]

一听到起义的消息，亨利二世就从多佛尔出发，于 1156 年 1 月抵达布洛涅海滨地区的维桑（Wissant），并在 2 月 2 日到达鲁昂。在接下来的数个星期里，他在诺曼的首府召开了家庭会议以讨论如何解决这场纷争。一些直接或间接有关的安茹家族成员聚集到这里：亨利二世、他的幼弟威廉、他的母亲玛蒂尔达、他的姑姑佛兰德女伯爵希比拉（Sibylla），以及杰弗里。亨利事前得到教宗和卡佩王朝同意他保有这些领地的许可，从而使杰弗里陷入外交孤立中。事实上，就在会议召开前的那个星期，他还以诺曼底、安茹和阿基坦领主的身份向路易七世行了效忠礼，并在数月前向教廷派出使者，请求时任教宗的英国人阿德里安四世允许他违背不执行父亲遗嘱的誓言，因为那是他在被监禁时发下的誓言。可能是由于这种孤立，或者以皇后玛蒂尔达为代表的家族成员的许诺，将杰弗里从坚固的安茹堡垒中召唤了出来，来参加鲁昂会议。无论具体情况如何，最终无法达成一个和平解决冲突的方案。当杰弗里离开鲁昂前往安茹时，亨利也尾随而至。

还没到 1156 年夏天，亨利就最终迫使他的兄弟投降。在同年年

565

---

⑩ William of Newburgh, *Historia rerum Anglicarum*, i, pp. 112–114; Hollister and Keefe (1973); and Keefe (1974). Compare Le Patourel (1984); Flanagan (1989), pp. 273–276; and Chibnall (1991), p. 155 n. 65.

底，杰弗里宣布放弃对他们父亲留给他的土地遗产的要求，而只能得到年金和一座城堡（卢丹）的所有权，后来，亨利还帮助他成为南特的新任伯爵，从而将安茹王朝的权力覆盖到卢瓦尔河，并延伸到布列塔尼。安茹被牢牢地控制在自己手里后，亨利和埃莉诺一起来到阿基坦，在那里，曾支持他弟弟起义的图阿尔（Thouars）子爵受到亨利的惩罚。如果这个时候亨利控制着安茹财产所有权仍然存有疑问的话，那么不久之后，杰弗里于1158年的突然去世也让这些怀疑烟消云散了。到这个时候，英格兰、诺曼底、安茹、阿基坦都已在亨利的控制之下，而25岁的亨利也成为西方基督教世界中最强大的王公了。

566　　　　亨利二世的领地庞大，包括不同的居民和疆界，但是他却能够取得显著的成功，这部分原因在于国王无穷无尽的精力和实用主义的手段。他的精力表现在总是到处巡视，而其实用主义则表现在他对顾问们的选择。从12世纪50年代晚期到12世纪60年代，国王最有影响力的顾问大约有10个人，其中包括他的叔叔康沃尔（Cornwall）的雷金纳德伯爵、他的母亲皇后玛蒂尔达、其祖母王后阿德丽萨的丈夫阿伦德尔伯爵欧比尼（Aubigny）的威廉、高等法院的法官莱斯特伯爵罗伯特和露西（Lucy）的理查德，国王的弟弟、皇后之子威廉（William fitz Empress）、英国首相托马斯·贝克特、诺曼底的主管胡默特（Hummet）的理查德、坎特伯雷大主教狄奥博尔德、约克大主教罗杰以及鲁昂大主教罗特鲁。这些人几乎同属于上一代人，曾经因内战而分裂，如今和他们的国王一起和谐共事。在这些人当中，唯一令人失望的是贝克特。当亨利二世意识到将他信任的总理改任为英格兰总主教是个错误时，为时已晚。这成为非常沉痛的教训。

　　1163年7月，在伍德斯托克（Woodstock）会议上，亨利二世被贝克特彻底激怒了，因为国王打算将支付给各郡长官的赞助费改成王室税收时，贝克特进行了抨击。亨利二世怒不可遏，大喊道："上帝也看到了，它就应该改成王室赋税，并纳入王室卷册中：你的反对行为是不适当的，没有人会违背你的意愿反对你的人。"贝克特对此回应说："以您刚刚发誓的、尊敬的上帝之名，我的国王，从我的领地或教会的任何产业都不会上缴一分钱给您。"[11] 瓦伦（W. L. Warren）

---

[11]　Edward Grimm, "Vita S. Thomae", pp. 373－374.

把这次冲突看作"贝克特单方面的独立宣言"。[12] 如果确实是这样的话，那么大主教就是在玩非常危险的游戏。他在 1163 年的行为，以及随后数年中他与亨利二世的纷争不断升级，部分原因在于他将贝克的安塞姆作为偶像，而贝克的安塞姆曾是坎特伯雷大主教，并挑衅过国王威廉二世和亨利一世。大约就在伍德斯托克会议召开的一个月之前，贝克特还在图尔会议上四处游说希望能为安塞姆封圣，虽然没有成功。有一本关于安塞姆的传记，虽然现在已经遗失了，但当初这本传记正是由索尔兹伯里的约翰编写的，他支持这一封圣。正如萨瑟恩（R. W. Southern）评论的那样："亨利二世本应该从贝克特对安塞姆不恰当的尊崇中意识到不祥的征兆。"[13]

当亨利将贝克特推到坎特伯雷主教区任职时，他原本指望会有一位兰弗朗克，也就是索尔兹伯里的罗杰。结果，他得到的却是一个复活了的安塞姆以及对安塞姆行为的拙劣模仿。贝克特和安塞姆不同，他是一名无能的政治家，敢于违抗国王，却经常错判形势，还无望地企图离间国王与其最亲近阁僚之间的关系。其错判形势的做法有：1163 年，贝克特试图恢复当年安塞姆曾经历过、后来被废止的大主教的终身制，到 1164 年 1 月随着亨利二世的弟弟、皇后之子威廉的去世到达顶点，以大主教本人于 1170 年被威廉原先的一位随员刺杀而告终。这是对城堡、私有领地以及政治影响力的争夺，是两个人——托马斯·贝克特与皇后之子威廉——被命运用死亡联系在一起的故事，他们两人的死亡也给亨利二世统治的后半段留下深刻的印记。 567

在 1163 年伍德斯托克会议召开之前，贝克特就向国王申请要求恢复坎特伯雷主教区曾拥有的一些领地管辖权。他向亨利本人要求归还罗切斯特的肯特城堡、萨尔特伍德（Saltwood）、海瑟（Hythe）以及罗斯（Ros）的威廉的领地，还要求赫特福德伯爵克莱尔的理查德效忠于汤布里奇（Tonbridge）城堡及城镇。根据《教宗行录》（*Actus pontificum*）的记载，亨利及其朝臣对这些要求感到非常愤怒。[14] 贝克特同时代的传记作家威廉·菲茨·斯蒂芬做出如下评论：他与赫特福

---

⑫　Warren（1973），p. 459.

⑬　Southern（1966），p. 337.

⑭　Gervase of Canterbury, *Historical Works*, ii, p. 391.

德伯爵的冲突严重损伤了大主教在王廷中的立足点，因为几乎所有英国贵族都与克莱尔有某种程度的关联。[15]

然而，这些要求并非没有法律基础。坎特伯雷对海瑟、萨尔特伍德以及汤布里奇的领主权可以追溯到 11 世纪。另一项权利要求的依据还要更晚近些。1127 年，亨利一世国王授予坎特伯雷永久控制罗切斯特的权利，而斯蒂芬国王在 1136 年又将罗斯的地产以类似的方式授予坎特伯雷。如果能成功地实现这些要求，托马斯·贝克特作为坎特伯雷大主教，将成为肯特的主导性力量。一旦掌握了罗切斯特、汤布里奇、萨尔特伍德以及海瑟等城堡的所有权，那么大主教就能拥有那些巨大的地产权利和独立性，而这些将能使其得到作为英国教会首脑所享受到的神权和独立性。从其结果看，贝克特的行动非常轻率，不过其动机却很自然。这位前首相大人曾帮助他的君王收复了四处分散的地产，他不过是打算重复这一过程以建立自己的王国。在伍德斯托克的会晤后，王室法官们在聆听了这些要求并审慎研究之后，毫无疑问都有些激愤，最终否定了他的要求。亨利既不打算将克莱尔和罗斯家族让渡过去，也不会用城堡和骑士服役来回应他的挑衅。如果从他的角度来讲，他真的这么做简直是太愚蠢了。

在伍德斯托克会议之后，关于教会与国家关系的问题更是成为一种测试：大主教在未经国王允许的情况下将封臣逐出教会的权利、国王在世俗法庭上处罚犯错教士的权利。1163 年秋，因受到贝克特行为以及潜在麻烦的警示，亨利迫使英国所有主教承认在处理教会与国家有关事务时的一些惯例。不出所料，贝克特拒绝接受任何可能削弱教会特权的规则。此时亨利使出了撒手锏，将艾伊（Eye）与伯克汉普斯特德（Berkhampstead）这两处的城堡和贵族封地从贝克特领地分离出来，不再隶属于大主教，这两处原本是贝克特担任首相大臣时的封地。如此一来，贝克特就只剩下坎特伯雷一块领地了。

国王的行动给贝克特造成巨大的损失，他几乎立刻就以同样的方式予以回击。贝克特利用职务之便毁掉了亨利为他弟弟、皇后之子威廉谋划的婚姻。1159 年，斯蒂芬的儿子布卢瓦的威廉去世后，亨利计划让他的弟弟娶威廉的遗孀瓦伦的伊莎贝拉。贝克特就以血亲太近

---

⑮ William fitz Stephen, *Vita sarcti Thomae Cantuariensis*, in *Materials*, p. 43.

为由禁止缔结这桩婚姻，而这也正好属于他的管辖范围，因为那两个人确实是关系较远的表兄妹。从这时开始，贝克特进行了报复。亨利选择了伯克汉普斯特德，作为举办圣诞节仪式的地点，从而控制整个游戏和斗争。也许正是在这里，就在大主教为自己享乐修建起来的房间中，亨利计划召开克拉伦登会议，在这次会议上迫使主教们同意其制定的规则。

倍感愤怒的威廉返回诺曼底征询其母亲皇后玛蒂尔达的意见，并寻求安慰。我们现在不知道她说了怎样的话来安慰小儿子。但就在克拉伦登决议制定两天后，威廉于 1164 年 1 月 30 日去世。亨利听到弟弟的死讯后非常震怒。不仅如此，他将罪责直接推向贝克特。⑯ 现在的纷争已经不仅仅是关于城堡或教会独立的问题，而是涉及了私仇。在随后的数年中，去世王子的侍从们逐渐将仇恨集中到大主教身上。他们也进行了报复。1170 年，刺杀贝克特的凶手中有一名叫理查德·勒·布莱特（Richard le Bret），当他将剑刺向大主教时，大喊着："以我的主人威廉、国王弟弟的名义，受死吧！"⑰

亨利运用他所有的外交技巧和资源使自己和刺杀贝克特的人划清界限、拉开距离。当他解决好这一问题后，就立刻修复与教宗和愤怒的教士们之间的关系。就在这些微妙的谈判正在进行时，国王却悄然地从风暴中心消失了，他首先去了布列塔尼，然后又介入爱尔兰事务当中。然而，这段不安定的时期导致一个亨利始终无力解决的新问题浮出水面：他的王后埃莉诺以及他们的儿子们的不满情绪。1167 年皇后玛蒂尔达去世后，这个家族就失去了有经验的声音，她在世时就通过提出明智的劝告，防止发生家族危机。现在，曾经是亨利取得成功的条件，变成了囚禁他的牢笼。

埃莉诺王后为亨利二世生了八个孩子，除了一个夭折外，其他七个都顺利地长大成人。1179 年，他们的四个儿子和三个女儿中年龄最大的 15 岁，最小的 3 岁。长女玛蒂尔达嫁给了萨克森公爵"狮子"亨利，他是德意志最强大的领主之一。她的妹妹埃莉诺则与卡斯蒂尔国王阿方索订婚。长子亨利娶的是法王路易七世与第二任妻子

---

⑯ Stephen of Rouen, "Draco Normannicus" ii, p. 676.

⑰ William fitz Stephen, *Vita sancti Thomae Cantuariensis*, in *Materials*, p. 142.

卡斯蒂尔的康斯坦丝所生的女儿玛格丽特；次子理查德与玛格丽特同母异父的姐姐艾丽丝（Alice）订婚；他们的弟弟杰弗里则与布列塔尼的女继承人康斯坦丝订婚，而亨利二世也以康斯坦丝的名义来管理她父亲留下来的公国；此时，他们最小的两个孩子，乔安娜和约翰还没有安排好。而法王路易七世则结了两次婚，并育有四个女儿，到此时，终于在娶了第三任妻子布卢瓦的阿德拉后，生了一个男孩继承人菲利普；需要注意的是：阿德拉的两个哥哥——香槟伯爵和布卢瓦伯爵，在 12 世纪 60 年代早期已经分别娶了路易七世与埃莉诺生的两个女儿。法兰西国王可能已经充分预料到：当他的儿子以及唯一继承人统治整个王国时，王国内最有权势的贵族正是他的姐夫。当然，这只是路易七世自己的期望，希望安茹领地在下一代成员间能够人人分享。根据 1169 年的《蒙米赖条约》，亨利二世同意制定以下方案：正式指定他的儿子亨利为继承人，他将继承英格兰、诺曼底和安茹，而杰弗里继承布列塔尼，理查德继承其母亲阿基坦的领地。还是在1170 年，就在托马斯·贝克特被刺杀的几个月之前，亨利二世生了一场大病，当时他正好在诺曼底与曼恩边境处距离达敦方特（Dom-front）很近的一座小城堡中，这时他在立下的遗嘱中重申了上述提到的继承方案。更重要的是，在那年夏天，他已经谋划好他的儿子亨利的涂油礼，以及作为英格兰共治国王的名号，用这种方式具体规定英国王位的继承人，以杜绝出现第二个斯蒂芬。但是涂油礼上有两个人缺席：一个是坎特伯雷大主教，其权利就是为英格兰国王加冕；另一个是小亨利的妻子玛格丽特，她当时本来应该加冕为王后的。毫无疑问，亨利二世预测到涂油礼对路易七世和贝克特的影响，希望法兰西国王能够说服大主教放弃原先的对立立场，能够重返英格兰，通过第二次加冕、其中还包括对法兰西公主的加冕以挽回双方的体面。亨利的打算实现了一部分。贝克特确实返回来了，但结局却是悲惨的。亨利二世自食恶果，给了路易七世利用他的儿子们来对付他自己的机会。

　　1172 年 5 月，亨利二世在爱尔兰盘桓数月后，返回诺曼底，在那里，教宗的使者正等着他，以宣布教廷关于他在托马斯·贝克特被杀事件中是否犯有共谋罪问题的决议。一旦和教会达成和解，他就打算满足路易七世的愿望，为小亨利再举办一次加冕礼，玛格丽特则作为他的王后。这次仪式于 8 月在温切斯特举行。稍早些时候，于夏季曾在普瓦蒂埃和利摩日举办了另一场仪式，王后埃莉诺到场出席，理查德被正式授封为阿基坦公爵。所以，1169 年制定出来的继承方案正在逐步实现，尽管亨利二世在这个时期还不打算放弃任何权力；若有不同之处，那就是他打算维持其"家族在政治和领土扩张"的传统道路。[18] 从 1171 年开始，亨利二世就努力促成他们家与莫列讷伯爵亨伯特（Humbert）结亲。莫列讷伯爵的领地控制着西阿尔卑斯山的所有关口。由于亨伯特只有两个女儿，没有儿子，亨利二世打算用 5000 马克的聘礼来保证他的小儿子约翰能娶到伯爵的继承人，不管是谁最后成为继承人，约翰都会与继承人订婚。1173 年 2 月初，双方在蒙费拉举行会晤，并正式签署协约。2 月末，国王又去了利摩日，在纳瓦拉和阿拉贡国王的监礼下，图卢兹的雷蒙伯爵依次向亨利二世和小亨利以及理查德行效忠礼。这是一场盛大的仪式，完全消解了数个月前教宗使者斥责他造成的羞辱。年轻的国王目睹了这个场面。当他的父亲在亨伯特伯爵的要求下，同意将安茹的希农、卢丹和米尔博城堡交给五岁的约翰以缔结婚约时，他的愤怒爆发了。路易七世已经跟他的女婿说过：他虽然两次加冕，但实际上却没有得到任何领土。年轻的亨利现在要求他父亲此时就将他应得的遗产中的一块土地交给他，可以是英格兰，也可以是诺曼底或安茹。毕竟还有几天他就满 18 岁了，当年亨利二世 18 岁时，他的父亲杰弗里伯爵刚刚解放了诺曼底。小亨利的这一要求马上遭到拒绝。很难想象接下来相继发生的事情。亨利二世发现，埃莉诺正与他的儿子们阴谋反对他。而且，在这阴谋后面，主使者则是他的老对手，法兰西国王。

　　在随后两年爆发的内战中，亨利二世再次证明自己是最幸运、最有能量的君王。法兰西国王、苏格兰国王、布洛涅伯爵、佛兰德伯爵、德勒伯爵和布卢瓦伯爵排着队来反对他，他的妻子和儿子们也发动了起义，还有在整个安茹境内由无数贵族支持的起义，但是，面对这样的局面，亨利二世仍然取得了胜利。而且是从远距离遥控取得的胜利。1173 年夏，布洛涅伯爵被石弩击中死亡，导致他哥哥佛兰德伯爵深入诺曼境内的战役不得不终止，而埃莉诺在离开普瓦图前去与

⑱　Gillingham（1984a），p. 62.

儿子们会合的途中被俘并被囚禁，也导致她无法参战。类似的还有：
1173 年秋，国王的属下擒获了莱斯特伯爵；1174 年夏，苏格兰国王
被俘，这些胜利击碎了英格兰起义者本应得到的支持。每一次进行这
样的战斗，亨利都身处别的地方。他从远处有效地调度人马和资源，
信任他的属下，将任务分配下去，并在适当的时机亲自介入。安茹领
571　地的疆域大小从来不是他们防御的重要因素。重要的是亨利所信赖的
那些政府工作人员和贵族们的绝对能力：他们在管理方面的能力、做
出的防御、对交通线——包括海路和陆路的控制、教会人士和城镇居
民的忠诚、用来支付雇佣兵费用的可支配财产，以及亨利二世自己在
防守和快速决断方面的才能。即便如此，导致内战爆发的各种问题依
然存在。

　　首先，亨利与埃莉诺之间的疏离与不和还没有解决。无论她起义
的动机是什么——或者因为她丈夫与罗萨蒙德·克里福德（Rosam-
und Clifford）的事情而生气、想要摆脱丈夫的影响而掌握政治实权，
或者担心阿基坦将永久成为英格兰国王的封臣，这些动机都有可
能——毕竟亨利将内战归咎于她，并永远不再信任她，永远不会原谅
她。1175 年，当一位教宗使节访问英格兰或因其他事务来到英格兰
时，他与这位使节说起要废除他们的婚姻。在解除婚姻后，他还计划
把埃莉诺送到丰特弗劳特（Fontevrault）修女院幽禁起来。1176 年
末，小亨利、理查德和杰弗里激烈地反对父亲的意图。甚至亨利最信
任的顾问之一、鲁昂大主教罗特鲁也不愿意批准这一离婚打算。家族
和王廷的意见先放到一边，仅仅教宗亚历山大三世对该申请的反对就
终结了他的打算。亨利的对应措施是决定继续监禁埃莉诺，经常公开
展示因她的起义给他带来的伤害。其次，亨利无力，或者说是不愿
意，去考虑其长子合理的要求。1174 年后，理查德在成为阿基坦公
爵后拥有一定程度的自由，而杰弗里在与布列塔尼的康斯坦丝结婚后
（1181 年），布列塔尼也享受到类似的自由，而亨利三世，就像这位
小国王有时所声称的那样，他从来没有一块自己能够控制的土地。
1183 年，小亨利去世，时年 28 岁，当时他再次起义反抗父亲，要求
得到诺曼底，但也是最后一次，同样被父亲回绝了。

　　小国王的去世远远未能化解纷争，反而使安茹领地陷入另一场继
承危机中。而对于法兰西王国来说，继承问题却很容易解决。当

1179 年路易七世已无法胜任国王一职时，他的独子菲利普继承了王位，时年仅 15 岁。亨利二世总是受到命运女神的眷顾，他有很多儿子。到 12 世纪 80 年代，这些儿子对父亲的敌意以及彼此之间的敌意，已经成为安茹政治中的常态。即使亨利放弃一块或更多领地给他们，也没有证据表明理查德、杰弗里和约翰可以长期共存、和平共处。在亨利指定理查德作为英格兰、诺曼底和安茹的继承人之前，他想把阿基坦交给约翰。理查德觉得放弃其在公国中的实权而去继承其大哥那空白无用的遗产，没有实际价值，于是犹犹豫豫没有接受。无论如何，亨利本可以明确宣布理查德作为他的继承人。然而，将阿基坦、安茹、诺曼底和英格兰长期统一起来的计划，本来就会威胁到法兰西君主，可能会导致战争，当然也本来就会引起杰弗里和约翰的憎恨。约翰曾被许诺可以得到莫尔坦的伯爵领地和康沃尔以及格洛斯特的伯爵领地。杰弗里则因其妻子的原因成为里士满伯爵，而且还想要得到诺曼底。如果把理查德定为英格兰和诺曼底的继承人，而没有给其他两个儿子足够的补偿，就会引起麻烦。如果不让理查德作为继承人，也会引起麻烦。除了这些，还有理查德与菲利普国王同母异父姐姐的婚约问题。法兰西国王好几次施压要求履行婚约。艾丽丝从 1169 年就来到安茹宫廷，而迟迟没有举行婚礼引得谣言四起。然而，除了关于亨利自己爱上艾丽丝的谣言外，亨利还有充分的理由想要取消这个婚约。他不想让理查德和他的哥哥小亨利一样也与卡佩家联姻。然而，如果想让理查德远离菲利普，结果就会导致杰弗里与菲利普走到一起。在 1186 年 8 月举办的巴黎骑士比武大会上，杰弗里因意外事故身亡，而在那之前，他还吹嘘要和法兰西国王一起捣毁诺曼底。尽管杰弗里的去世使争夺继承权的较量中少了一位竞争者，但当 1186 年结束时，继承问题仍然没有解决。

572

　　杰弗里退出安茹王朝的政治舞台，对菲利普国王关闭了一扇门，而另一扇门又向他打开。他要求得到杰弗里两个女儿中长女的监护权，想要通过她控制整个布列塔尼公国。亨利二世当然不愿意以任何方式放弃安茹王朝对布列塔尼的领主权，特别是他得知杰弗里的遗孀康斯坦丝此时刚刚怀有身孕（1187 年 3 月，她生下一个男孩，叫作亚瑟）。布列塔尼的未来再次变得扑朔迷离。英格兰国王利用中世纪政治中最常用的策略——拖延——来阻止菲利普。1186 年 10 月初，一支由他最信任的顾问朝臣们组成的使团被派往法国宫廷，其中包括：埃塞克斯伯爵曼德维尔的威廉、欧马勒（Aumale）伯爵、英国大法官格兰维尔（Glanville）的拉诺尔夫，以及曾担任过副首相的鲁昂大主教库唐斯的瓦尔特，他们的目的是要就这个问题与法兰西国王达成协议，这次商谈持续到 1 月中旬。当他们回到英格兰并宣布自己成功完成使命时，威廉和瓦尔特又被派了回去，去商谈条约的附加条款，争取拖延到复活节，因为康斯坦丝此时就要生产了。使团遭到冷漠的对待。威廉伯爵还负责上诺曼底地区的安全防御工作；此时，他的一位亲属，在日索尔做警察的维尔（Vere）的亨利，发现法国人正在邻近地区修建城堡，这个亨利还袭击了一些工人并杀死了一位显赫贵族的儿子。菲利普对此极为震怒，下令逮捕法兰西境内所有英格兰国王的属臣。作为报复，在诺曼底一侧边境地区的所有法国人也遭到逮捕。尽管所有被抓的人很快就被释放了，然而形势却一直紧张。

亨利想打一场全面战争。12 月，格兰维尔的拉诺尔夫前往威尔士招募雇佣兵，以便在诺曼底开战。在 1173—1174 年的内战中，威尔士雇佣兵造成巨大影响，亨利一直很依赖他们。1187 年 1 月，菲利普进攻日索尔地区，而亨利则开始召集军队进行大量的军需和人员转运，从英格兰调往大陆。其中一支队伍在冬季跨越海洋、从苏塞克斯的肖汉姆（Shoreham）前往迪耶普（Dieppe）的路上迷失在大海上，一同损失的还有国王的部分财产。到 2 月底，亨利从多佛尔前往维桑，在那里他遇到了等候他的佛兰德伯爵和布卢瓦伯爵，并在他们的护卫下到达诺曼底。看起来，法国贵族们并不想打这场菲利普国王很想进行的战争。4 月，两位国王举行会晤，但未能达成丝毫和解。于是，亨利将他的军队分成四个纵队：一队由他亲自指挥，其余三支分别由曼德维尔的威廉伯爵、他的儿子理查德和约翰，以及其私生子杰弗里（从 1182 年起就担任英格兰首相）负责指挥。理查德和约翰率领军队进入贝里，到 1 月他们被菲利普的军队包围在沙托鲁（Chateâurox）。听说这一消息后，亨利带领一支大军前来为他们解围。菲利普被擒，其威信也岌岌可危。这是他第一次公开攻击安茹王朝。他的父亲曾尝试过无数次，打算击败其安茹对手，却都犹犹豫豫无果而终。菲利普决定发动一场孤注一掷的战争来毁灭一切，而亨利表现得同样坚定。

双方军队每天早上都在安德尔（Indre）河两岸列队对峙，一直到午夜，而双方军队中的每个人都清楚地意识到这种孤注一掷战争的危险，希望寻找到解决途径。此时，谣言满天飞。据说，来自香槟伯爵领地的军队已经被英国人收买，在法国人当中引起很大的恐慌。而亨利发觉理查德在佛兰德伯爵的说服下有所动摇，正准备与菲利普秘密会晤，对此他非常担心。不管怎样，理查德成功地说服亨利同意签署和约，并立刻与菲利普一起返回巴黎。军队因和平的到来感到兴奋。而亨利却很警醒，派信使召回理查德，他此前就做过类似的事情。

亨利和理查德及时实现和解，虽然继承问题仍然是他们之间的巨大分歧。菲利普在诺曼底边境地区集结大量军队，不断地施压威胁，除了别的理由外，特别要求如果亨利不履行理查德与艾丽丝的婚约，他就要侵入诺曼底。此时的国际环境使这个问题更加复杂。1187 年夏，有消息传来：十字军在圣地的哈丁战役中惨败，这一消息震惊了西方人，并使他们大为沮丧。同年 10 月，萨拉丁占领耶路撒冷，使重新组织一支十字军的需要变得极为迫切。在 1188 年 1 月 21 日的一次会议上，英格兰国王、法兰西国王以及一大群法国贵族，其中也包括理查德，一同举起了十字架，参与到十字军当中。1188 年 1 月底在勒芒会议上，他们宣布实行著名的萨拉丁什一税［什一税（Saladin Tithe），是为十字军筹资而征收的一种附加税。——译者注］。当亨利二世准备去英格兰查看萨拉丁什一税的征收情况时，理查德被滞留下来，他需要前往阿基坦镇压起义。在那之后，他和图卢兹伯爵爆发了激烈的战争。由于理查德在这场战争中取得胜利，促使菲利普国王入侵贝里，希望以此吸引理查德的注意力并解救图卢兹。这场战斗又将亨利二世从英格兰吸引过来。7 月，他率领一支由威尔士人和英格兰人组成的大军在诺曼底登陆。整个安茹与法国接壤的地区都爆发了战斗：城镇被焚烧，村庄被毁掉。由于无法预料战争何时才能结束，十字军出征的压力又始终存在，直到佛兰德伯爵、布卢瓦伯爵和其他一些伯爵都拒绝再进行任何敌对行动，双方才在 11 月达成一份初步和平协议。当两位国王举行会晤商谈和约细节时，菲利普要求为理查德与艾丽丝完婚，并且还要求理查德作为亨利的继承人，要让英格兰贵族以及安茹领地的其他贵族都向理查德宣誓效忠。更重要的是，理查德就当着他们两个人的面，质问他的父亲是否要立他为继承人。亨利落入年轻的法兰西国王的陷阱，因此一言不发。而理查德却做出惊人之举，他在菲利普面前下跪，并以诺曼底、安茹和阿基坦的名义效忠于法王。亨利一直致力于避免的事情终于发生了。

这几乎已经没有协商的余地了。在各种和约达成的过程中，第一份和约耗费了整个圣诞节，第二份和约又花费了整个3月，然后复活节又过去了，在理查德确保自己得到继承权之前，什么事都无法促使他开始十字军东征，但任何事都无法促使亨利公开承认理查德作为他的继承人。菲利普国王是其中的关键，他的兴趣是尽可能在安茹家族中制造麻烦，如果能给他姐姐做出一个更好的安排，他的优势就能够被扭转。1189年5月的最后一周，亨利与菲利普在曼恩与布卢瓦边境上的拉费特－贝尔纳（La Ferte-Bernard）举行会晤，其间他提出一项解决维克辛长期冲突的方案，即让艾丽丝嫁给约翰，以此来测试菲利普对理查德的影响力。这一提议也引起理查德的担心，他害怕安茹领地中最大的一部分转给他的弟弟。而在这表象的背后，亨利已经在准备战争了。他从威尔士人中征召雇佣兵，军队已经从英格兰运送过来，在诺曼底的阿朗松（Alençon）已经集结起一支部队。会晤后，菲利普和理查德并没有离开那里，反而蹂躏当地的城堡并前往勒芒，结果阴差阳错地抓住了亨利。6月12日，由于勒芒城起火，亨利不得不弃城逃命，结果恰恰在逃亡的途中被理查德抓住。非常难以理解的是，他为什么在距离安全的阿朗松只有数小时路程的时候要停下，他的军队就停在那里等他，他反而要去安茹，前往200英里外的希农。数月以来，国王的身体越来越差，而即将到来的夏季高温使其病情急剧恶化。由于无力阻止安茹防线的不断崩溃，亨利在佛兰德伯爵以及勃艮第伯爵的说服下被迫做出决定。7月4日，看上去就病得不轻的亨利二世在阿宰勒里多（Azai-le-Rideau）附近，当着菲利普和理查德的面，请人把各项条件读给他听。他在原来关于艾丽丝的婚姻和认定理查德为继承人的条件之外，又加上了2万英镑的补偿金，还把一些重要城堡割让给菲利普，另外在其他所有事情上也都附加了让菲利普满意的条件。亨利对此全部接受，但却挑衅般地对理查德耳语："上帝眷顾，在我死之前还能报复你。"[19] 亨利二世此时已经非常

---

⑲ Gerald of Wales, *Opera*, viii, p. 296.

虚弱，难以骑马返回希农，他乘着轿子回到那里，两天后去世。随着亨利的去世，家族内部的冲突也得以终结，安茹领地原封不动地传到了下一代。具有讽刺意味的是，凭借菲利普的全力运作，理查德很谨慎地一步步扩大自己的权力，他的权力已经相当于其父亲曾有的权力，可能还要更大些。

亨利二世去世并被安葬在丰特弗劳特修道院的消息传到英格兰后，被囚禁在英格兰的王后埃莉诺立刻被释放。此时已经是 68 岁高龄的王后重新开始其政治生命，并且充满能量和智慧。埃莉诺很像之前的皇后玛蒂尔达，她也参与到儿子的政治事务中。1190 年 7 月，理查德出发踏上十字军战争的征途，此前，他已经精心安排了对安茹王朝领地的管理，并秘密为他自己与纳瓦拉王室签署了一份婚约。埃莉诺秘密地参与到这两个行动中来，此外参与策划的人还有理查德的未婚妻，也就是纳瓦拉的贝伦加利亚（Berengaria），1191 年冬，理查德在前往圣地途中，在墨西拿与其未婚妻见面。1191 年 10 月，贝伦加利亚返回诺曼底，在那里，她的地位和聪明很快找到了用武之地。她知道如何玩转命运之轮，可能比此前安茹王朝的任何一位成员都要擅长。

在理查德离开的这段时间里，诺曼底和安茹在大陆的领地都保持稳定，而英国政局却逐渐混乱起来。英格兰的城堡以及朝廷官府官员分成两派，贵族、教士与王室官员对立起来，但没有哪一派能够占据明显的优势。打破这种平衡的是隆尚（Longchamp）的威廉傲慢无礼的行为，这个威廉是首席大法官，任伊利（Ely）主教并曾担任教宗使者。理查德听到很多对这位大法官行为的抱怨，于是派鲁昂大主教瓦尔特与王后埃莉诺一起从墨西拿回去，并带着一封授权信，如果事态需要，那么就由他来接管政府。在回去的路上也有危险，因为不驯服的英国贵族找到国王的弟弟约翰，推举他做他们的首领。约翰的资源也颇具实力。除了诺曼底的莫尔坦伯爵领地，他还有两块英国伯爵领地、七个重要的贵族封号、对七个伯爵领地的封君权，以及至少两块王室林地的收益。如果理查德也遭遇不幸，他自然相信自己就能成为安茹王朝各领地的继承人，尽管在理查德国王与西西里的坦克雷德签署的协议中，国王曾指定他们四岁的小外甥布列塔尼的亚瑟作为他的继承人。在理查德有了自己亲生的真正继承人之前，从亨利一世去

576

世后一直困扰着格鲁－诺曼社会并引发内战的那些因素始终存在。尽管约翰在大主教瓦尔特的帮助下在 1191 年 10 月成功地将隆尚的威廉从其职位上赶走，并为自己赢得了更有利的政治地位，但他却更没有把握了。当法国的菲利普国王提前从十字军远征军中归来后，对于理查德与贝伦加利亚的婚姻非常生气，于是建议约翰娶了艾丽丝，并夺走其哥哥的财产，于是约翰没怎么思量就出发前往北安普顿。只是当埃莉诺于 1192 年 2 月回到英国后才阻止了他，没有让他到大陆上与菲利普搅在一起。她在温莎（Windsor）、牛津、伦敦和温切斯特召开一系列会议，会上法官和贵族们都同意：如果约翰要离开英格兰，就没收他在英格兰的土地和赋税。

　　由于缺少了约翰，菲利普对诺曼底边界线的攻击没有取得什么结果。这在很大程度上归功于该公国的防卫力量以及诺曼底的管家威廉·菲茨·拉杜尔夫（William fitz Radulf）的应对措施，还有就是法国国王的封臣们不愿意攻打一位正在进行圣地征战的十字军将士的领地。与此同时，图卢兹伯爵对加斯科涅的攻击被贝伦加利亚的哥哥纳瓦拉的桑乔击退，证明理查德此次结盟很有效。在英格兰，埃莉诺把首相隆尚的威廉请了回来，并试图劝说大主教鲁昂的瓦尔特以及贵族们与他达成和解。然而，她却没有能力实现这一目标。贵族们与约翰联合起来反对首相，而首相本人也在埃莉诺的默许下，再次遭到流放。隆尚的威廉花费了一段时间一直试图请教宗介入他的案件中来，并支持他将鲁昂大主教以及那些逼他离职的贵族们开除教籍。而教宗使者在前来调解的途中被阻挡在诺曼底边境地区，他们立即将诺曼底总管开除教籍，并停止诺曼底的一切宗教活动。这些惩罚措施拖延了好几个月之后才得以解除。这时传来了令人震惊的消息，理查德国王在完成十字军任务回国的途中在德意志被捕入狱，伴随着这一消息，最困难的一年就此过去。

　　1193 年 1 月，约翰出现在巴黎，并代表其兄领地的名义向菲利普行效忠礼，再次许诺要娶艾丽丝（尽管他已经娶了他的表妹格洛斯特的伊莎贝尔），然后带着理查德的死讯回到英格兰。没有人会上当。埃莉诺和瓦尔特大主教迅速采取行动，运用外交和武力手段进行反击，旨在救出理查德并保护他的领地。约翰在英格兰的各个城堡遭到围困，此时除了他自己的侍从外几乎没有争取到其他人的支持。英吉利海峡的各个港口都被关闭，一支由佛兰德雇佣军组成的先遣军队正在追捕他，从而根除了他被解救的所有希望。菲利普对诺曼底的攻击在鲁昂城下陷入泥潭止步不前，就像他的父亲路易七世在 20 年前的遭遇一样。而在整个英格兰、诺曼底、安茹和阿基坦，人们一直在筹措资金，以筹集用来赎回理查德的大笔赎金。如果有什么值得说的，那就是 1193 年的事件证明，安茹王朝的各领地对理查德保持忠诚，安茹人的防御体系依然稳固，国王留下的看守政府，包括埃莉诺在内的代表们依然有能力。

577

　　1194 年 2 月，理查德在被捕一年六个星期又三天之后，在美因茨被释放。埃莉诺去那里把他接回来，而约翰和菲利普又碰到一起，最后一次尝试拿下诺曼底，还劫掠了埃夫勒、纽伯格（Neubourg）和沃德勒依（Vaudreuil）地区。随着理查德归来的日子越来越近，他们二人也愈加紧张，只得退回巴黎。3 月 13 日，理查德国王登陆英格兰，在一个月内王国就实现了和平。到 5 月，理查德回到欧洲大陆，此后再也没有回到英格兰。他把王国的管理权交给了胡伯尔·瓦尔特（Hubert Walter），瓦尔特是亨利二世时的大法官格兰维尔的拉诺尔夫的亲戚和徒弟。胡伯尔曾在 1189 年被提拔为索尔兹伯里主教，并伴随理查德一起踏上十字军东征之路。1193年在国王的坚持下，他被调任为坎特伯雷大主教，后来又从鲁昂的瓦尔特大主教那里接管了司法工作。自亨利一世时代的索尔兹伯里的罗杰之后，他是整个英格兰王国最符合国王意愿和最有能力的主教兼管理者。事实上，亨利二世曾对贝克特抱有过的希望，理查德都在胡伯尔身上得到了，他表现出的忠诚也给他自己和他的教区带来了回报，这就是贝克特曾在 1163 年争取的肯特领地使用期：包括罗切斯特、萨尔特伍德、海瑟、汤布里奇以及罗斯的贵族领地。随着英格兰实现和平，以及掌控在有能力的管理者手中，理查德的注意力因此都集中在清除法国人在诺曼底的落脚点。为了这个目的，他在此后五年的时间里，将精兵和相当多的财产都投入到与法兰西国王的战争中。

　　在理查德统治的最后数月中，过去安茹人的政治中出现的各种变数都在重新浮现。1198 年 12 月，新任教宗英诺森三世急欲再次组织十字军东征，力图劝说法兰西西部的两位敌对国王和解。只要菲利普国王仍然据有诺曼底的领地，特别是日索尔城堡，理查德就拒绝任何和解，而菲利普国王是在理查德被德意志皇帝囚禁期间夺走这个领地的。与日索尔一起被掳走的还有维克辛的管辖权，这里扼守着法国与诺曼底边境上用来防卫通往鲁昂和上诺曼底的重要关口，另一侧就是法国王室的领地。维克辛长期以来一直是诺曼底公爵与法国卡佩王朝诸王争夺并爆发冲突的地方，亨利一世和路易六世都曾争夺过这里的控制权。金雀花的杰弗里伯爵曾于1141年代表这块领地向路易七世宣誓效忠，以换取国王承认他的诺曼底公爵身份。亨利二世也于1151年被迫做过类似的事情。1160年，当路易七世的女儿玛格丽特嫁给小亨利时，这个地区就是她的嫁妆。他们早早地举办婚礼，随后亨利二世就占领了维克辛，这让路易七世大为吃惊。路易觉得这是对自己的背叛，一直坚持不懈试图收回女儿的嫁妆。小亨利去世后，亨利二世允许维克辛算在艾丽丝的嫁妆份额中，以避免菲利普以此为借口发动战争。1193年，日索尔城领主瓦斯克伊（Vascoeuil）的吉尔贝代表本城投靠菲利普，使菲利普不费一兵一卒就得到该城。这一损失迫使理查德耗费巨资于1196—1198年修建了加亚尔堡（Château-Gaillard）。1195年，艾丽丝嫁给了蓬蒂厄的威廉，从而幸运地不用继续在维克辛的纷争中充当人质新娘。然而，根据1198年和约规定，日索尔应作为菲利普的儿子路易（八世）的结婚礼物，他娶的是理查德的外甥女、卡斯蒂尔的埃莉诺的女儿。如果这样，那么这个引起百年冲突的麻烦之源就可能一直影响到下一代。这就是安茹人的宿命。无论安茹王朝积聚起多么强大的力量，无论他们多少次、多么聪明地击败敌人，冲突从来没有得到过彻底解决。除去亨利二世于1174年胜利后的那几年之外，他们从来没有安享过和平。也许理查德本来能够改变这一状况，但1199年4月6日在保卫莎吕–萨布罗勒（Chalus-Chabrol）时，他却被十字弩箭击中身亡。他去世时年仅41岁，与他结婚七年的妻子贝伦加利亚还没有生育子女。

　　埃莉诺从她养老的丰特弗劳特修女院被叫到理查德的病床前，在理查德去世前数小时与他见面。她同意了他关于英格兰和安茹领地的分配方案。这些要完整地交给约翰，此前他们兄弟已经完全和解了。继承本身并不那么简单。一听说理查德去世的消息，布列塔尼的康斯坦丝就将她与杰弗里（约翰的三哥）的儿子、12岁的亚瑟委托给菲利普国王照顾，而自己则亲自带领布列塔尼大军，以亚瑟的名义要求得到曼恩、安茹以及图赖讷的所有权。当布列塔尼人攻占昂热后，当地贵族就宣布尊亚瑟为他们的伯爵。就在一支法国军队前来支援布列塔尼军队时，约翰正在从丰特弗劳特举办的理查德葬礼上返回诺曼底的路上，因此他刚刚来得及阻止诺曼底的陷落。他在诺曼底很安全，因为在公国起领导作用的贵族们，无法接受一名布列塔尼人（即使只是个孩子）作为他们的公爵，因此他们就于 4 月 25 日在鲁昂正式尊奉约翰为公爵。此后，约翰率领诺曼军队进入曼恩，摧毁了勒芒的城堡和城墙，以作为不支持他的惩罚。他觉得有必要对这座城市采取这样残酷的行动，而这里却是亨利二世最喜爱的地方，也是金雀花的杰弗里伯爵的埋骨之地，再加上昂热所宣布的支持亚瑟的做法，一切都表明：安茹王朝与其祖辈已经有了很大不同。

　　英国人也和诺曼人一样，甚至难以想象一个布列塔尼人做国王的情景，尽管据说胡伯尔·瓦尔特最初曾支持亚瑟而不支持约翰。[20] 事实上，在最终决定同意约翰加冕之前，英格兰的贵族们曾在北安普敦（Northampton）举行了漫长的会议进行辩论，就在约翰回到英格兰两天后，他于 5 月 27 日在威斯敏斯特举行了加冕礼。与此同时，埃莉诺也在她自己的领地普瓦图和阿基坦进行政治巡视，从露丹（loudon）前往普瓦蒂埃，然后再去桑特（Saintes）和波尔多。明智的老妇人清楚地意识到这个时刻的危急，授予沿途经过的城市和市镇自由特许状，让市镇居民能够负责自己的防务和组织军队。[21] 7 月中旬，她在图尔会见了菲利普国王，并以其领地的名义向他表示效忠。面对这位前夫的儿子，面对这个给安茹人的财产带来那么多损害，而且还将做更多的法王，埃莉诺低头亲吻他的手那一刻，她涌上心头的感受并没有相关记录留下来。但最重要的是她的效忠保护了阿基坦。从菲利普的角度来说，他可能会稍感轻松，因为不用亲自去攻打阿基坦了。

　　1199 年 9 月，安茹王朝的产业出现了一些好的变化。菲利普国

---

[20]　*Histoire de Guillaume le Mareschal*, iii, pp. 159 – 160.
[21]　Pernoud（1967），p. 250.

王和他的盟友安茹总管的纷争，导致康斯坦丝和亚瑟寻求与约翰和解。数月后，因菲利普对其第二任妻子的做法及其影响，教宗与他发生了冲突，由于担心教宗下令停止法国境内的一切宗教活动，菲利普于是被迫承认约翰为理查德的继承人。针对这一重要的身份认可，约翰于1200年5月通过《勒古莱协议》将诺曼底的维克辛割让给菲利普，不过其中许多地区和大量边境上的城堡当时已经在法国控制之下了。后来，一场隆重的婚礼又给这份协议增加了分量，这就是埃莉诺刚刚从西班牙接回来的外孙女卡斯蒂尔的布兰奇和年轻的卡佩王子路易的婚礼。数月后，约翰在宣布他与格洛斯特女公爵的婚礼无效后，也举行了婚礼。他的新任妻子是昂古莱姆伯爵领地的女继承人伊莎贝尔。虽然这场联姻本来应该加强约翰与其母亲领地阿基坦公国的封建关系，但它却导致与阿基坦的强大的吕西尼昂家族的疏远，因为家族的一个成员曾与伊莎贝尔订婚。1202年，他们向菲利普提出申诉，要求公平处理，因为菲利普身为约翰的领主，这件事就为他提供了其长期以来希望找到的开战借口。他于4月召唤约翰前来巴黎，当约翰未能应召现身时，法国国王就宣布没收约翰在欧洲大陆上的所有封地。在随后爆发的战争当中，布列塔尼的亚瑟围攻其祖母埃莉诺，但亚瑟在米尔博被约翰俘虏。这是安茹王朝历史上所有事件导致的最不幸的结局。对于安茹人来说，家族内部的争斗并不少见，事实上这已经成为惯例。但没有人能够接受接下来发生的事情。亚瑟在被羁押期间遭到谋杀，而且所有人都认为约翰应为此负责。对亚瑟死因的怀疑让布列塔尼人和法国人为攻击约翰领地的行为找到了道德上的制高点。更糟糕的是，诺曼底和其他地方的贵族们开始背弃约翰，他们代表各自的城堡向菲利普投降。约翰担心遭到背叛，于1203年12月离开诺曼底撤回英格兰。

580 　　约翰就像1137年斯蒂芬离开诺曼底一样，再也没有回来过。安茹王朝失去诺曼底的标志性事件是1204年3月加亚尔堡的投降，此前，菲利普已经包围了这个城市五个多月。然而，也有观点认为，真正终结性的事件是6月鲁昂的投降，就像1144年金雀花的杰弗里伯爵征服这个公国一样。埃莉诺是少数几名还可以号召直接征服诺曼底的人，但她在4月已经去世，和她的丈夫亨利二世以及儿子理查德一起葬在丰特弗劳特修道院的教堂。杰弗里伯爵长眠于勒芒，皇后之子威廉和小国王亨利则葬在鲁昂，皇后玛蒂尔达葬在贝克－赫罗因（Bec-Hellouin）。他们的世界发生了什么事情呢？生在一个内战的时代，他们已经被继承权纷争以及家族内部的斗争搞得四分五裂，命运的车轮又回到了原点。

托马斯·K. 基佛（Thomas K. Keefe）

郭云艳 译

陈志强 校

第 十 九 章

12 世纪的苏格兰、威尔士与爱尔兰

581　　本章要考察的是三个地区的发展，一个重要的命题是：给英国带来深刻影响的诺曼征服及其对 12 世纪以及之后造成的持续影响。在从阿基坦战役到坦什布雷战役的 40 年中，诺曼征服者和殖民者蜂拥来到英格兰，但这还不足以促使他们富有洞察力地想到占领苏格兰南部地区，而且他们对爱尔兰也没有一丁点儿兴趣。1066 年，威塞克斯和麦西亚（Mercia）之间以及威尔士王国与公国之间，已经有了非常紧密的交往历史，时而友好，时而对立。即使诺曼诸王想要置身于威尔士事务之外，他们的亲密追随者们的侵略及贪婪的行为也会驱使这些国王介入进去，仅仅是为了防止在他们的西部产生一个危险的独立政权。1100 年前，在威尔士北部和中部的扩张政策推行得比较成功，只是在南部的进展范围比较小，这意味着：即将到来的征服者们和威尔士王公们一样，都不可避免地卷入欧洲西北部的政治格局当中，这里一般被看作盎格鲁－诺曼的一部分。此外，威廉公爵得到英国王位后，自动继承了英国的一项传统：英格兰人对苏格兰国王们某种程度上的领主传统，这至少可以追溯到 10 世纪。爱尔兰的事务又有不同，尽管征服者威廉于 1081 年曾在圣戴维（St. David）短暂停留，且没有要求爱尔兰国王和商业市镇缴纳贡赋，但事实上担任坎特伯雷大主教的兰弗朗克和安塞姆都声称对爱尔兰主教们拥有管理权，而且在威尔士的诺曼人，例如蒙哥马利的阿尔努尔夫、彭布罗克（Pembroke）的领主等人，还不时地冒险介入爱尔兰事务，他们时刻关注爱尔兰，仿佛爱尔兰是英格兰国王政策中最重要的一部分，这种状况一直持续到12世纪70年代。

在本章所要考察的三个地区的社会组织、语言和习俗或者宗教生活中，有些内容将不涉及，也就是说，这三个地区对诺曼征服者建立起来的政治和军事依赖性逐渐变化，威尔士逐渐被更加紧密地纳入英格兰的政治野心中；苏格兰稍微次之，而爱尔兰则完全没有被纳入。尽管诺曼人一开始闪电般地攻入威尔士，还有盎格鲁－诺曼居民打造出来的威尔士和英格兰无法摆脱的关联，但是修建城堡和殖民化的整个过程从长期看却遭到挫败，特别是在斯蒂芬统治时期。在盎格鲁－诺曼人的压迫和入侵下，并没有什么迹象或标志能够显示威尔士语言、威尔士法律和习俗或者威尔士社会组织的基本方式受到严重影响，甚至受到的威胁也并不严重。我们只有从教会的结构、人员和外部关系看出主教多了些来自英格兰和大陆影响的痕迹。而苏格兰的情况更为复杂。由于威尔士在很大程度上从政治上被分割成若干小区域，因此它在文化和社会方面与英格兰出现了同质化。而苏格兰从政治上讲仍然是明确的实体，是一个拥有三四百年历史的王国。这个王国自1266年一直没能最终确定其地理疆域（除了两个世纪后增加的重要的北部群岛），而其包含的地区在语言、法律、社会组织上都有各自不同的内容，尽管在总体文化上并没有明显差别。苏格兰东南部，特别是洛锡安（Lothian）、特威河谷（Tweeddale）和泰维奥特河谷（Teviotdale），还有中南部一些地区，其中比较重要的有克莱德河谷（Clydesdale）、安嫩河谷（Annandale）和埃斯克河谷（Eskdale），它们在社会组织方面有许多共同点，都是原始的田园经济，和今天属于英格兰北部地区的坎伯兰（Cumberland）、威斯特摩兰（Westmorland）、诺森伯兰（Northumberland）和达勒姆郡（County Durham）有些类似。当英国王室、封建贵族和教会教士对这片北部地区的控制更加严密后，它们与苏格兰南部地区的共同特征在某种程度上也逐渐消失了。但与此同时（主要是12世纪），后征服时代的英国政府、社会秩序，特别是军事封建主义带来的新特征，在数位强势国王的有意推动下，被引入苏格兰。结果，我们就遇到这种自相矛盾的局面：大约1200年，苏格兰在许多重要领域与英格兰的差别比威尔士与英格兰的差别还要小，而威尔士王公们对英格兰国王的依附却更加严重。与苏格兰和威尔士相比，爱尔兰似乎从一个极端走向了另一个极端。直到 1171 年，爱尔兰诸王以及由被称为"东方人"（Ostmen）的北欧人或讲北欧语（Norse-speaking）的斯堪的纳维亚人建立的商业社团，才在很有限的范围内与爱尔兰海东岸的新生政治力量发生接触，但是绝对没有从属于对方。但在亨利征服之后，大部分爱尔兰地区突然成为安茹王朝的一个省，在名义上，英格兰国王对这里的控制比威尔士的其他地区还要严密。然而，除了都柏林（Dublin）、沃特福德（Waterford）和利默里克（Limerick）这些原本就不是典型爱尔兰社会组织形式的市镇，这个岛屿整体上还是和威尔士一样，是一个相对单一的社会。除了盎格鲁－诺曼人移民潮涌入——在 1171 年以后，更准确的说法应该是"英格兰人"——居民、贵族、骑士、绅士、自耕的但又有依附性的佃农，以及极为重要的商人、手工匠人和教士，也就是社会上的大部分居民仍然首先忠诚于各种级别的国王们，这些国王的权力和名望巩固了爱尔兰古老的以亲缘为基础的社会特征。传统习俗的力量以及爱尔兰法律的自治特性、由世袭等级的"法官"（breamhan）进行管理，几乎能够不受国王的管辖，这些使爱尔兰社会比威尔士社会更不易受外部因素的影响，尽管必须承认两个地区在制度上有许多相似之处。

　　长期以来，历史学家们在总结和解释威尔士、爱尔兰以及苏格兰北部地区之间的共同特征时，都将他们归为"凯尔特人"（Celtic）。这么做是基于一个基本事实，即这里的居民使用着同一种或差不多的凯尔特方言——爱尔兰语及其苏格兰衍生语（12 世纪变成了明显不同的苏格兰盖尔语），与之关系紧密的盖尔语中的马恩岛语以及坎布里亚语（一直到 1100 年后仍在使用）和威尔士语——而且还有着类似的社会习俗和组织形式、法律概念和实践，用于表达这些概念的语言几乎都是同一个凯尔特词语。然而，笼统意义上的"凯尔特"一词，使用时应特别谨慎并区别对待。首先，一种特定语言或话语并不一定表示使用者在社会习俗方面有任何特别的特征。其次，有人隐晦地提出这样的看法：凯尔特的亲缘社会中，婚礼、继承和土地拥有的特征比较类似，然而，实际上这些特征在远古时就已经稳定下来，在整个中世纪都不会改变。为了解释清楚在凯尔特的亲缘体系下，关于威尔士、爱尔兰和苏格兰的历史特征，最终还是要用凯尔特亲缘体系来解释威尔士、爱尔兰和苏格兰社会中的共同特性，实际上这是低估

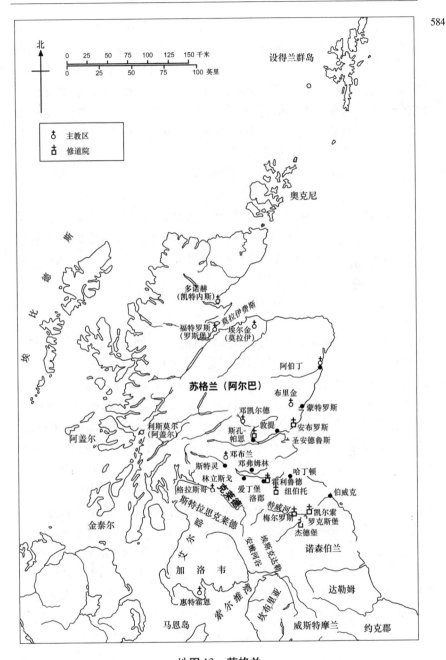

地图 13　苏格兰

了这些特征，而它们是北欧许多蛮族部落中常见的现象，例如：宗亲关系的重要性，关于荣誉和人的价格［赎罪赔偿金（wergild）］的概念，或养子习俗。借用梅特兰（F. W. Maitland）的著名论断，"在使用凯尔特一词时，我们必须小心谨慎"。通过对比诺曼征服的英格兰和爱尔兰、威尔士和苏格兰——特别是前两者，有一点可以肯定并得到证实，即这是一个社会制度和法律都相当保守的社会。

苏格兰

12 世纪统治苏格兰的国王总共有五位，而最后三位的统治时间跨越了 1124—1214 年。和英格兰一样，长时间的统治能保持政治稳定，特别是这五位统治者都来自不同的两代人。第一代有三兄弟，分别是：埃德加（1097—1107 年）、亚历山大一世（1107—1124 年）和大卫一世（1124—1153 年），随后是大卫的两名最大的孙子，马尔科姆四世（1153—1165 年）和"狮子"威廉一世（1165—1214 年）。他们所属的王朝可以追溯到塞纳尔加布兰（Cenél nGabráin），即大约8 世纪之前统治苏格兰的达尔里阿达（Dalriada）王国的国王。其可以确定的祖先是肯尼思·马克·阿尔平（Kenneth Mac Alpin，858 年去世）。无论真实与否，后人坚信他本应该继承达尔里阿达王国以及阿尔巴（Alba）地区［福斯－克莱德运河（the Forth-Clyde isthmus）以北以及阿盖尔（Argyll）东部地区］古老的皮克特（Picts）王国的王位。因此，12 世纪各个国王因为他的关系，得到本土化的、因传统而形成的声望和尊崇，而不用依靠他们所掌控的军事力量。

正是因为这个王室家族的存在，整个苏格兰王国才能保持这样的统一。阿尔巴和阿盖尔大陆非常相似：语言上使用的都是盖尔语，文化上也主要是盖尔式的，地理上按照古老的习惯分成各个部分，由省督们统治（实质上就是各省的总督，然而有一些类似国王的权力），教会也提供辅助服务；在教会领域，尽管 8—11 世纪期间，大陆以及英国教会对它的影响不断加深，但仍然具有很强的爱尔兰教会的特征，在教士以及信众（和爱尔兰一样）的社会组织中也渗透着强烈的亲缘关系。1100 年之前，只有两个重要领域有迹象表明和传统有根本不同——都可以归结到大陆和英格兰的影响。根据古老的王位继承习俗，要选择一位成年旁系亲属——兄弟或堂兄弟——而非儿子来继承王位，这种传统在 1097 年一场起义失败后发生了改变，起义军支持马尔科姆三世的弟弟多纳德·班（Donald Bán）继承王位，但被镇压，王位由马尔科姆的第四子埃德加继承。本地人对此事的敏感程度在埃德加的两个兄弟依次继任王位后有所缓解，但 1153 年当大卫的长孙马尔科姆四世即位后，继承制度又转回到父子相继的序列上来。尽管他的盖尔名字（最后一位出生时父亲是苏格兰国王的孩子）以及他的兄弟继承了他的王位这一事实，再次安抚了保守的贵族们，但即使这些贵族在"狮子"威廉当国王时期，对其要求继承王位的平辈兄弟们也只是给予半心半意的支持，但是在 13 世纪仍然能看到对这种古老习俗的微弱向往。

　　在 1100 年之前已经显现的第二个重要变化是军事封建主义的出现，也就是说，以特权为条件分封土地（第一次分封由国王进行），这些特权通常是司法权和修建城堡的权利，作为回报，封臣需要为战争训练马匹以及筹集盔甲和武器的费用，以便需要时提供军事服役。在马尔科姆三世和埃德加统治时期，封建君主对于骑士服役的需求还比较轻，且主要限于洛锡安地区。但这一改变已成定局，在亚历山大一世统治时期速度加快，到大卫一世统治时，军事封建制已经成为苏格兰南部大部分地区的主要特征。在大约 1120—1170 年间，这种方式导致大批地产出现，尽管在亚历山大二世统治之前，封建化背后的动力并没有消失，但重点已经转向小的采邑（教区或村庄大小），并向北部地区的福斯扩展，至少已经扩展到了莫拉伊费斯（Moray-firth）。

　　军事封建制在发展过程中的分布不均，突显出苏格兰的地理分布至少在 13 世纪之前仍然对社会和政治产生着重要影响。苏格兰东南部仍然带有早期作为伯尔尼西亚（Bernicia）一部分或者诺森伯里亚北部地区的痕迹。从安嫩河谷（Annandale）向东到伯威克郡（Berwickshire），流行的语言是最北部地区的英语，这种方言在洛锡安中部和东部地区的影响很深，但从 10 世纪中期开始，它受到盖尔语的轻微挑战。国王拥有的土地范围最广，在他之下是当地的贵族阶层，他们承担着一定的义务和权利（即"受封采邑的领主"，thegns 或 thanes），他们控制着一些半自由或自由的农民，农民们需要向领主

586

们提供一些不太繁重的服务，这包括临时劳役——主要是在丰收时节提供季节性的食物和宴请，还要不时地缴纳一些钱币作为租金。在这数量非常可观的"农夫"阶层之下，是更加贫穷的佃农，其中有自由度并不总是较低的"农场劳动者"（cottars）以及放牧的佃农［即牧羊人（gresmen）］，他们的名称让我们联想到苏格兰东南部浓郁的田园风光。

在洛锡安和宽广的河道体系以西，12世纪的苏格兰王国还控制着许多地方，这其中包括克莱德（Clyde）河谷——在政治上这里曾是斯特拉思克莱德（Strathclyde）古老的坎布里亚（Cumbric）王国的重要部分，而在1150年到1170年已经被国王彻底封建化了；艾尔郡（Ayrshire）沿海地区——这个地区北部的坎宁安（Cunningham）和凯尔（Kyle）在1165年前不是国王领地，就是封建封地；还有极为特别的加洛韦地区，它包括艾尔郡最南端的卡里克（Carrick）地区以及通往索尔维湾（Solway Firth），特别是布拉德诺赫（Bladnoch）、克里（Cree）、迪河（Dee）和尼特河（Nith）的河谷。1162年之前，加洛韦地区被统治本地的王朝确立为王国，仅保留对苏格兰国王非常少的服从。12世纪加洛韦盛行的盖尔语（Gaelic）文化与这一事实并不冲突，因为在整个爱尔兰以及至少在苏格兰西部沿海地区，都存在这种国王权位的多样性。苏格兰国王还需要花费许多年、发起数次军事行动、无数次失败的封建化试验，以及承认加洛韦人的自治，才能使加洛韦在政治上再次顺服，尽管从没真正建立起封建关系。确切地说，这整个过程是在马尔科姆四世时期进行的，一直到1235年都未能完成。

其余那些现在属于苏格兰的地区，如奥克尼（Orkney）北部诸岛和设得兰（Shetland）群岛从9世纪初就是挪威移民的集中居住地，直到1468—1469年，才成为苏格兰王国的一部分。西部群岛和大陆最西端地区［包括中世纪人们称为"金泰尔岛"（Isle of Kintyre）的地方］共同构成了一块复杂的地带，其文化相互碰撞、相互影响，在政治上则是苏格兰统治者和挪威统治者相互争夺的对象。埃德加和马格努斯·巴莱勒格斯（Magnus "Barelegs"，即光腿的马格努斯）缔结的一份和约规定，西部群岛［包括马恩岛（Man），但可能克莱德湾（Firth of Clyde）的群岛被排除在外］归挪威，而大陆沿海地区接受苏格兰人的统治。尽管这份和约并非不能实行［该和约到1266年签署了《珀斯条约》（Perth）后才被取缔］，但却很难让双方满意，因为西部掌握实权的领主们（在爱尔兰语中就相当于"国王"）会跨越地区边境占领大陆和岛屿上的土地。因此，许多当地领主特别是阿盖尔的索莫莱德（Somerled）"国王"的强大家族就利用快速帆船的优势，占领了许多岛屿和诸如洛恩（Lorn）和科瓦尔（Cowal）等地区，其中岛屿在名义上属于遥远的挪威国王，而洛恩和科瓦尔这些地区则在名义上属于苏格兰国王。大卫一世能够在西部地区行使一定的国王权力，甚至可以在紧急时刻从这里征召军队。马尔科姆四世曾在1164年击退来自西部高地人和岛民的入侵，不过索莫莱德在那场战争中被杀死。在"狮子"威廉漫长的统治生涯中，西部保持了相对的和平，但几乎没有疑问的是，针对威廉统治下王朝内部的各次起义，特别是1187年和1212年，都从这些岛屿和西部的海疆地区得到过军事支持。

　　无论是在地理上和文化上的千差万别，还是难以消除的各地分离主义，都无法掩盖贯穿整个12世纪的政治和民族国家统一大潮。根据国王的命令，封建主义被引入该地，并从约1120—1220年迅速推广开来，而且竟然几乎没有遭到抵制。由大卫一世和他的孙子们推动的苏格兰封建主义，虽然只有部分的社会功能，但却奠定了占统治地位的"地主"阶层以及苏格兰土地法的基础，前者是国王的直接封臣或重要封君们的封臣，他们在18世纪之前一直是苏格兰行使决定性权力的人群；而后者直到今天仍然带有"封建"的特征。国王还鼓励使用"苏格兰王国"（regnum Scotorum）的概念，因为苏格兰王国所暗含的疆域范围要比阿尔巴或"苏格兰"（Scotia）广阔得多，还包括了洛锡安、斯特拉思克莱德和加洛韦，并且在1157年以后还向南从索尔维湾扩张到约克郡（Yorkshire）北部的斯坦莫尔（Stainmore）。有的时候（例如12世纪30年代晚期、1163年、1174—1189年，以及1209—1212年），苏格兰和英格兰国王的关系遭遇挑战，因为英国统治者总想要重新恢复当年征服者威廉及其子孙们曾经对苏格兰君主享有的那种霸权。在亨利一世统治时期，大卫一世克制自己不争取独立，而只关注教会的自治——他无法容忍主教们听命于约克大主教或坎特伯雷大主教。在斯蒂芬的就职典礼上，大卫拒绝以他王国的名义向任何人表示效忠，而是允许他的儿子亨利以诺森伯兰伯爵和亨廷登（Huntingdon）勋爵之名宣誓效忠。亨利二世于1163年原打算迫使马尔科姆四世在一定程度上屈服于他，但直到11年后，苏格兰国王"狮子"威廉听了错误的建议支持小国王的起义，结果遭遇失败，被英国人抓获，此后，根据《法莱斯条约》，苏格兰国王及其所统治的苏格兰和其他领地被迫成为英格兰国王的臣属。这种明确的臣属关系一直持续到1189年，当亨利二世去世后，苏格兰的威廉从理查德一世那里得到解脱，将苏格兰王国的地位恢复到马尔科姆四世时期的状态。这之后，双方一直和睦相处，直到1199年，当约翰承继他哥哥的王位后，情况发生了变化；在威廉统治的最后15年中，苏格兰和英格兰两个王国之间充满了怀疑和不信任，而且约翰还两次（1209年和1212年）发动战争想要恢复亨利时期的霸权。尽管看起来有些矛盾，但在"狮子"威廉的漫长统治中，苏格兰王国曾正式臣属于英格兰国王，或者说至少感受到英格兰国王的侵略政策的威胁，同时也见证了苏格兰国王对偏远高地和加洛韦地区的控制得到加强。亨利二世和约翰对待威廉采用的铁腕手段，可能在事实上反而激起了其封臣们的同情，而且可以肯定的是，苏格兰王国致力于当地人民对国王要特别的忠诚，到12世纪末正式成为现实。

　　12世纪末，苏格兰的居民可能有35万人，主要生产方式为牧羊和捕鱼。除了极为贫困的家庭，几乎所有人家都拥有牛、猪等牲畜，而像加洛韦的领主、福斯以北的伯爵们或者圣安德鲁和格拉斯哥（Glasgow）的主教们这些大财主拥有的畜群总数均有数百头。他们也养绵羊，随着整个12世纪佛兰德羊毛市场的发展，羊毛的价值逐渐超过羊肉，苏格兰人饲养的绵羊数量也在稳步上升。还有奶牛和母羊，可以得到牛奶、羊奶，并制作黄油和奶酪。山羊非常常见，因为山羊奶很受欢迎，山羊皮的价值也比较高。根据皮克特雕刻来判断，早在诺曼冒险家骑着他们训练有素的战马进入苏格兰之前，人们已经很熟悉马匹了，但是和绵羊一样，马匹的数量也是在1100年到1200年才开始迅速增加的，著名的以出产多功能用途马匹的克莱德河谷，现在可以明确追溯到这个时期。至于捕鱼业，在当时的文献中经常出现的鱼类有大马哈鱼、鲱鱼和鳗鱼。这个时期的鲱鱼是集中在入海口的鱼类（之后的数个世纪同样如此），在12世纪50年代之前，甚至

589

有渔民从遥远的低地国家来到福斯湾捕鱼。这种田园式的生活，以及沿海地区和内陆众多河流和湖泊地区居民的捕鱼行为，一起构成了苏格兰人的主要食物来源，人们很自然地一起去捕猎。土地大多数在海拔 400—500 米，不是崎岖不平就是偏远荒僻，以至于无法作为夏季牧场（季节性转移放牧），在苏格兰这是非常常见的生产生活方式。然而，这些地区的夏季居民是数量庞大的马鹿群，这些动物通常在低洼丛林中过冬，与后世相比当时的数量相当庞大。尽管在晚期的苏格兰法律中，按照《查士丁尼法典》的模式，野生动物被看作"无主之物"，然而在中世纪猎捕马鹿实际上是令人艳羡的王室特权，这种特权受到保护，并且只有少数高级贵族能够享受到。伯爵们和一些主教很喜欢这种狩猎特权，这其中包括世袭的管家（斯图瓦特家族）和督察或者安嫩河谷的领主［这是布鲁斯（Bruce）家族在苏格兰的分支的首领］。一些地方被规定为森林用地，在这里狩猎要受到限制，只能从允许通行的道路进去，沿途可能会设置指示牌，这些地方包括山地的大片森林以及苏格兰南部和中部地区茂密的树林，尤其是集中在"高地沿线"的那些森林。这种保护野外狩猎的行为带来的必然结果是，禁止砍伐树木、破坏灌木，而且还禁止捕捉猎鹰和其他可以用于捕猎的鸟类。对于国王和贵族们来说，狩猎无疑只是一项运动，但是鹿肉很可能已经成为他们餐桌上的重要食材，当然不要天真地以为没有特权的普通民众特别是偏远山区的民众，会坚持不去捕捉大马哈鱼或野鹿。狐狸、野猫、野猪以及狼也是被狩猎的对象，在 16 世纪或 17 世纪，捕猎野猪和狼的行为尤其普遍。

在高地以及低地地区，游牧生活占据主导，但谷物种植也很重要。在苏格兰比较平坦或比较低的地区，并且在东部滨海地区以及北部的斯通黑文（Stonehaven）地区，严格意义的农业生产可以追溯到极为古老的年代。12 世纪期间，这个地区引入了牛拉犁的耕作方式，同时耙的应用也更加广泛。在这段时期里，克莱德河谷、艾尔郡沿海地带以及莫拉伊费斯海岸附近适合耕种的大量小块土地上，或者出现了可耕地面积的迅速扩张，或是开始耕种。洛锡安和特威河谷地区测量土地的常规单位相当于 104 英亩的"犁"（ploughgate，*carucata*），也相当于八个 13 英亩的"牛耕"（oxgangs，*bovatae*）。英格兰最北部地区也采用这种计量方法，表明这可能源于盎格鲁人。无论其根源在

590 哪里，这种方法强调的是在乡村经济中保持耕犁以及由八头牛组成的犁耕编队在耕作中至关重要的地位。福斯和克莱德北部以及更早些时候在遥远的西南地区，适合居住的土地一般被分类为"达沃赫"（davochs，"桶"，盖尔语中的 *dabhach*，"vat"，"tub"），从词源学上来讲，这意味着生产工具主要是锹而非犁，或者说它可能表示征收谷物作为租金或税金。再反过来说，谷物非常重要，但重点却不在耕犁。无论土地和气候是否允许，都会把作物播种下去，但是在更适合耕种的苏格兰南部和东部地区，种植谷物可得到的农业收入要多一些，而在北部和西部则比较少。有时在洛锡安东部和格里的喀斯（Carse of Gowrie）地区，也会种一些小麦，但当地流行的作物还是裸麦（可能是在冬季播种）以及春季播种的燕麦和大麦，在现代之前最受欢迎的还是北方的六棱大麦。13 世纪前，没有种植豌豆或豆类的记录，但是偶尔会种些亚麻。一位典型的南方农民、农夫或纳税人，会拥有一份 26 英亩可耕种的"地产"（相当于两牛耕，two ox-gangs），同时，在每个定居点都有共用牧场和干草场，农民可分得一定份额。在年成好的时候，这份财产可以让一个地位稍高的农民家庭过上相当不错的生活，但在这些农户之下，还有大量佃农和无地家庭，他们主要靠提供长期或季节性的劳役来维持生计。在苏格兰北部，要识别一个典型的农户家庭会更加困难，然而，比较肯定的是农户一般拥有牛或猪，还有少量农田。尽管在苏格兰南部并非不存在这种绝对意义上的劳役，但显然阿尔巴的农民和他们在南部的同伴们相比，其行动的自由受到更加严格的限制。

　　尽管 12 世纪的苏格兰乡村社会在很大程度上自给自足，但是他们仍然需要出售一些剩余产品，还要从苏格兰其他地区购买一些东西，或者直接从英格兰、爱尔兰以及欧洲大陆进口。贵族们需要质地精美的布料、珠宝、武器和葡萄酒，而这些都是苏格兰本土无法制作的。在饥荒年份，普通人还需要从国外购买谷物。商贸活动一定在很早时期就已出现，但 12 世纪见证了苏格兰商业活动的两个革新，它们带来了革命性的商业兴盛和繁华。12 世纪的苏格兰国王们——可能是从埃德加和亚历山大一世开始，到大卫一世时发展成熟——设立了苏格兰最早的、明显带有特权色彩的商贸社团或"市镇"。早期的市镇绝大多数位于或靠近东部沿海——伯威克（Berwick）、罗克斯堡

（Roxburgh）、哈丁顿（Haddington）、爱丁堡（Edinburgh）、林立斯戈（Linlithgow）、斯特灵（Stirling）、邓弗姆林（Dunfermline）、帕思、敦提（Dundee）、蒙特罗斯（Montrose）和阿伯丁（Aberdeen）。接着，大卫一世在1136年前后第一次发行了苏格兰银币，完全按照英格兰国王的货币制作，不过是换成了苏格兰国王的名号和头像。即使这样，这些新货币仍然无法满足需要，这些货币的发行开创了一个新的时代，在这个时代里，尽管从当时欧洲大陆的角度看，苏格兰经济仍很落后，但毕竟它已经完全进入货币贸易时代。这些小型商业中心的居民在精心限制的区域内遵循着"先到先得"的商业特权，这些商业中心联合起来，国家还定期发行与英格兰人铸造的货币同等币值的流通物，可以毫不夸张地说，这些都促使苏格兰经济繁荣起来。越来越多的低地羊群出产的羊毛被销往佛兰德，来自高地的牛皮和鹿皮销往德意志和法兰西，产自泰河（Tay）和迪河地区的珍珠则主要被（大陆的）珠宝商买走。商业中心［"市集"（burghs）是英语单词"市集"（boroughs）的苏格兰版］吸引了来自英格兰、低地地区、德意志以及苏格兰内陆地区的移民。即使是高地地区也进入城镇的发展中，因为尽管这些新出现的市镇严格来说没有哪个属于高地范围的，诸如因弗内斯（Inverness）、福里斯（Forres）、埃尔金（Elgin）、帕斯、斯特灵和邓巴顿（Dumbarton）都位于一条无形的边界上，充当着高地产品和外国产品之间的交换中心。到1200年，已经有30多个市镇建立起来，其中绝大多数由国王建立，这些城市商业中心每星期，或每一旬，抑或每半年开集一次，形成了国家社会经济组织结构的一体化特征。

市集的影响体现在政治、管理以及经济方面。通常，在一座王室城堡旁边会有一个市集，因为城堡是郡长的驻地，郡长作为国王以及政府的代表管理这个地区——其中包括市集和城堡——这样的地区叫作郡长辖区或郡。面积较小、年代比较久远的地区一般称为郡，由采邑领主或郡长负责管理，在苏格兰，这些郡一直持续到20世纪，而大卫一世还按照诺曼人在英格兰的做法设置了权力更大、更广泛的郡长。到1200年，苏格兰王国政府所辖的地理与英国的模式非常接近，也可能只是表象，在整个苏格兰南部和东部以及北部的因弗内斯地区，都充斥着这样的郡长辖区或"县"，不过这些县的设置与英国县制的相似只是表面上的。迄今为止，加洛韦和高地还没有设置"郡县"，但是司法管理中的王室权力和国王的地位并不绝对依靠郡长。大卫一世的郡长和他们的继任者主要从新的封建贵族也就是男爵阶层中选出。而国王还要从这些人中，特别是从老贵族中——伯爵和各省领主——任命最高行政长官，即最高司法官。通常，福斯北部地区（苏格特）和南部地区（洛锡安）都会设置一名最高司法官，但是后来加洛韦设置的第三位最高司法官可能在12世纪90年代曾短暂出现过。

592　　　　在苏格兰，国王并不会年复一年地通过税收、军役、狩猎特权或司法判决来严密控制他的臣民，这与12世纪的英格兰形成了鲜明对比。但与英国人相比，苏格兰王国政府在中央集权和官员设置上并不逊色。苏格兰王国政府中的重要官员，按照英国的盎格鲁－诺曼王朝以及法国的卡佩王朝的组织模式，特别是管理者、警官和侍从官（marischal），很快就填满了王国内的各个公职岗位，其行事方法也更多受到各地方，而不只是国王的影响（这种现象始于13世纪），这也不是同时发生的。12世纪期间，苏格兰除在政府和社会方面经历了深远变革外，教会领域也发生了影响深刻的改革。1100年，几位苏格兰教士获得主教资格，不过苏格兰并没有主教领地制度。福斯以北的地区有些修道院保持着完全的爱尔兰风格，特别是一支称为"上帝委托人"（celide，culdees）的社团，这些人遵奉着禁欲制度，是根据8—9世纪爱尔兰修道院改革后实行的。还有一些被错误归类的教士（Clerici），他们好像是被划归到教职序列，隶属于教会和祷告室，并和这些教会和祷告室一起散落在各处需要精神抚慰的世俗社区，而不是像在西欧基督教世界其他地区绝大多数人认为的那样属于教区管理。在福斯南部，一种特别的诺森伯里亚现象较为流行，这是一些半教区性质的教会——其中一些在盎格鲁－撒克逊的词汇中相当于古老的大教区——在这些教会中执役的主们由某些家族世袭；他们的圣职一般是直接承继自其父亲，并且还能够将其传给他们指定的子孙。在这些有些内向型的、被精细组织起来的教会看来，教宗不过是一个模糊的形象，只是象征性地向其致以敬意。到1200年，自觉形成的苏格兰教会（ecclesia Scoticana）已经包括了11个教区，从1192年开始，主持教区的所有主教都必须前往教宗长老会（curia），以得到正式任命。这种忠诚也按照固定的界限传递到教区的所有居民中。教区中的居民群构成了"乡间基督徒教区"，在最大的两个教区——圣安德鲁斯（St Andrews）和格拉斯哥教区中，多个乡间基督徒教区构成这两大副主教区。此时，结婚禁令还没有下达到低阶教士，他们的一些物品也可以作为遗产传给孩子，但是这种局面很快就结束了。副主教区主教的候选人应当从教士中选出，而国王则通过征收什一税——居民种植的作物（谷物、干草等）和家养牲畜每年新增收入的百分之十——来提高教区体系的有效性。到大卫一世统治中期，主教们和信徒们已经严格遵守教宗的命令了；到12世纪60年代，苏格兰主教们被任命为教宗使节；1192年，西莱斯廷三世下达诏令《基督与万民之轭》（*Cum universi-Christi*），整个苏格兰教会（除了加洛韦教区，它自古以来就被归属到约克教区）被单独封为罗马教会的"特别女儿"，这样一来，在教宗和苏格兰主教们之间就不存在作为联结双方的中介教会机构了。

593

尽管这些变化很引人注目——而且总的来说这就相当于将原本孤立的苏格兰基督教纳入由教宗主导的西部天主教世界中来——但是在公众心目中，这些变化的重要性还要略次于本尼狄克修道院修道生活及其他形式的大陆修道院制度。这绝对是国王的功劳，他受到的影响来自玛格丽特王后，她在11世纪80年代期间，最早将本尼狄克派僧侣从坎特伯雷大教堂修道院带入苏格兰。她在邓弗姆林建立的教堂虽然在1128年变成了一座修道院，但对于玛格丽特的儿子们——亚历山大一世，特别是大卫一世——建立起的宗教社会来说，更多的是一种鼓舞，而不是范例。他们更倾向于最近"改革后"制定的修会秩序，例如奥古斯丁修会、蒂龙修会（Tironesnsian）和西铎修会，而且到马尔科姆四世统治时期（1165年），国王和一些来自与英格兰接壤地区到莫拉伊费斯的大贵族，相继建立了20多座修道院。僧侣们和律修士们经常需要大量教会地产，而且还需要在地产管理和开垦方面采用先进的管理经验。修道院的地产企业在可耕地开垦、捕鱼以及盐和煤的开采上都做得有声有色。但梅尔罗斯（Melrose）西铎修会和纽伯托（Newbattle）西铎修会、凯尔索（Kelso）蒂龙修会，以及杰德堡（Jedburgh）和霍利鲁德（Holyrood）的奥古斯丁修会，更擅长饲养和看护羊群，这些地区出产的羊毛品质很高，在佛兰德市场上可以卖出好价钱。

几乎不用怀疑，由于整个 12 世纪苏格兰的王位继承问题很幸运地经历了一段相当长的、没有任何争议的时期，这给当地带来了一段和平稳定期。诺曼人对英格兰的征服给苏格兰带来的冲击和紧张，由于苏格兰国王们的抗衡，并没有造成很大影响，而比较深远的影响在于：诺曼人征服之前就已存在的、苏格兰与英格兰之间的差异性，此时被苏格兰国王们很轻易地用来当作进行激进变革的理由，并且开始坚定地走向建立统一的苏格兰王国的道路。无论看上去有多么奇怪，"狮子"威廉在神圣的氛围中去世了。35 年后，他的曾祖母玛格丽特被封圣，从而为 12 世纪苏格兰君主们在宗教领域的功绩盖棺定论。

威尔士

在许多基础领域，威尔士都与苏格兰很相像。由男性血缘关系构成的无数亲缘部族组成了统治阶层，在这个阶层中完全适用"自由的"和"高贵的"词汇。这些自由的亲缘部族成员和他们的奴隶、依附农或农奴，分散居住在低地平原的有限几个地区 [安格尔西岛（Anglesey）、格拉摩根和西南半岛的其他地区]，以及威尔士其他地区的丘陵和多山地区的众多山谷中。威尔士社会的基本单元，亦即典型的居民区是"农场"（*tref*），通常坐落于较低或隐蔽的地方，包括一个固定的定居核心区、牛棚、一个磨坊，可能还会有一间小教堂，在这里，人们和牲畜可以一起度过寒冬，此外，农场附近还有一块青草坡地，通常到夏季的时候，妇女、孩子和老人会在那里忙活，让农场里的牛、羊、猪可以充分享用山坡上生长季节很短暂的青草。河谷中的定居区称为"老农场"（*hendref*，冬居地），而山坡上的居住点从居民结构来看应该是临时性的，被称为"夏居地"（*hafod* 或 *hafo-ty*）。更大一级的社会单元是管理这些自由以及非自由"农场"（*tref*）的"庄园"（*maenol* 或 *maenor*），一个庄园（*maenol*）包含 12 个农场（*trefi*），而 12 个庄园（*maenolau*）则组成一个坎特雷夫 [*cantref*，英语化的单词写作坎特雷德（cantred）]，这是威尔士绝大部分地区王

594

595

594

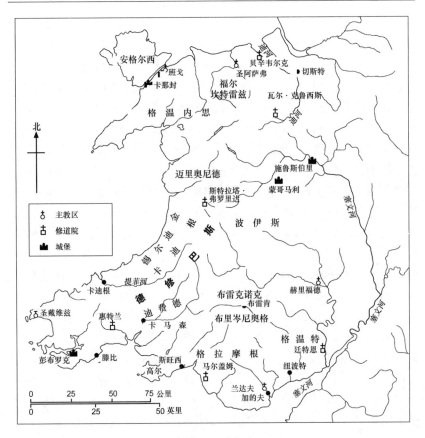

地图 14 威尔士

室或王公政府治下的标准区划。然而，在12世纪，威尔士并没有形成一个独立的王国，而且事实上，也永远没能建立起独立的王国。毕竟威尔士不过是在5—6世纪期间盎格鲁－撒克逊人入侵时的布立吞人（Brittonic）居民所在各个地区中最大的一块而已（其他的是英国和苏格兰的坎布里亚和康沃尔），当时入侵者没能把他们驱逐掉和排挤走。威尔士人也深刻地意识到，必需和其他一些部落共同组建起那些布立吞人（Britons）最后的国家，以保留和传承基督教传统，以及比入侵者野蛮文化更早存在且憎恨撒森（Saeson）或撒克逊人的罗马文化。但事实上，除了保留下来的罗马城墙、市镇和道路的遗址外，在威尔士，并没有真正的罗马文化保存下来。

可以想象，在一两个地方［例如中世纪市镇东部的老卡马森（Carmarthen）］，罗马市镇的遗址还继续作为商贸或季节性集市的场所。但总的说来，威尔士社会结构与这些自然形成的城市社区是相悖的。这些定居点可以正式称为市集，生活在那里的镇民享受着商贸特权，还享有城堡或者可能是防御工事抑或石头围墙的保护，而在威尔士，这种市集一直到11世纪末期才开始出现。他们是"英国"入侵者和殖民者的产物，很长时间里都遭到威尔士人怀疑甚至憎恨，即使在和平期间他们同样享受到商贸带来的实惠，但仍不改他们的看法。在此背景下，新来的盎格鲁－诺曼封臣们，例如布拉奥塞（Braose）、菲茨·哈默家族、博蒙特或克莱尔，都在威尔士南部地区精心规划出市镇的位置，例如在阿斯克河（Usk）河畔的布雷肯（Brecon）和纽波特（Newport）、塔夫河（Taff）的加的夫（Cardiff）、托河（Tawe）的斯旺西（Swansea）、陶伊河（Tywi），以及（可能在）滕比（Tenby）的卡马森。尽管12世纪期间，威尔士的市镇在很长一段时期内都很小，主要针对内部市场并且以防御为主，但不能过于低估它们。

威尔士人使用的是普通凯尔特语族中的凯尔特语（Celtic），并以此为基础完成了文化上的统一；他们是以部落为单位组织起来的游牧民族，承认若干好战王族的最高统治权，这些王族每个都有权对一个"国"（*gwlad*）委派一名国王或大公，"国"（*gwlad*）这个词很难做出明确的定义，但说到著名的、历史悠久的一些地区就能很好理解了，例如蒙恩（Mon，安格尔西岛）、格温内思（Gwynedd）、波伊斯（Powys）、布里岑尼奥格［Brycheiniog，即布雷克诺克（Brecknock）］、摩根尼（Morgannwg，即格拉摩根）、锡尔迪金［Ceredigion，即卡迪根（Cardigan）］和迪费德（Dyfed）。这些地理区域反映出，威尔士是由被许多河谷和狭长的潮汐海湾隔开的大型山脉断层、高原和山脊构成的。一名强大到能够指挥北方的"国"（*gwlad*）或一群"国"（*gwladoedd*）的统治者——例如，最东部的安格尔西岛、格温内思和"四个坎特雷德"——几乎没有想要在威尔士南部地区建立永久的统治，而且他们此前与那里的联系也非常有限。反过来，一位好战的王公能在德修巴斯（Deheubarth，南部）夺得权力，但却很少会打北方的主意。对于南北方的王公们来说，他们最想要得到中部地区的迈里奥尼德（Meirionydd）、锡尔迪金或波伊斯，

596

争夺这些地区的斗争非常激烈。

与苏格兰相比，英格兰的诺曼入侵对威尔士的冲击更大一些。经过长达十年的黑斯廷斯战役，骁勇善战的诺曼人在威尔士确立了强大的统治权，并在威尔士与英格兰之间不太确定的边境线上建造了很多大城堡，有些就在威尔士境内。到1102年，当初征服者威廉建立起的三座起缓冲作用的州（buffer-states）缩减到一个：赫里福德和施鲁斯伯里被取消，只剩下切斯特作为英国国王入侵的主要堡垒；而此前这三个州的主要功能，一是为了防御威尔士人的进攻，一是为了当作诺曼人向威尔士进军的跳板。向威尔士进军的南部大军，主要集中在格温特（Gwent）和格拉摩根，在伯爵之下进行统治的贵族和封臣数量相对较少，而且只是随着外国人的定居有条不紊且不动声色地向前推进。在西部，罗伯特·菲茨·海默占领了格拉摩根，内夫马尔奇（Neufmarche）的贝尔纳占领了布里岑尼奥格，克莱尔的吉尔伯特·菲茨·理查德占领了锡尔迪金。1102年，蒙哥马利家族的尊严扫地且被剥夺地位和财产后，他们在威尔士中心区的少数追随者退守到城堡中，集中到塞文河（Severn）和迪河上游的威尔士坎特雷德地区。从切斯特出发，阿弗朗什的休（1101年去世）继续其侄子里兹兰（Rhuddlan）的罗伯特前期征服的脚步，在西至班戈（Bangor）和卡那封（Caernarfon）的地方建造城堡。12世纪初，看起来威尔士已经稳稳当当地成为打算彻底征服这里的诺曼人的囊中之物。

结果却非如此。从某种意义上来说，12世纪可以称得上是威尔士的英雄时代，从文化和民族认同上来说，12世纪毫无疑问是威尔士人取得重要进展的时期。至少，在这一百年当中，有三位威尔士统治者，即格鲁菲兹·阿普·塞南（Gruffydd ap Cynan）和他的儿子、在威尔士北部的欧文（欧文·格温内思），以及在威尔士南部的赖斯·阿普·格鲁菲兹（Rys ap Gruffydd，通常称为赖斯领主），他们取得了与英格兰国王们和盎格鲁－诺曼征服者首领平等对话的地位。虽然他们的王位并没有得到与亨利一世或亨利二世一样的认同，甚至也不如这个时期苏格兰国王们的地位；但他们在格温内思和德修巴斯建立起的统治权，为13世纪创造出伟业的卢埃林·阿普·约沃思（Llywelyn ab Iorwerth，大帝）以及卢埃林·阿普·格鲁菲兹（Llywelyn ap Gruffydd）指出了方向。至少他们澄清了一点，在没有实质上的兵力投入的前提下，若不投入大量精力和资源，英国人征服威尔士的计划就不会取得成功。

尽管亨利一世投入大量时间和精力，以控制他父亲时开始出现的边境领主以及威尔士大公们，但他所取得的结果也仅仅是不太安稳的和平。1102 年，贝勒梅或蒙哥马利家族的陷落在威尔士中部（波伊斯）造成了危险的权力真空，部分由当地统治家族崛起而形成的短命统治者来填补，部分由新任命的能干的诺曼管理者理查德·贝尔梅斯来充任，理查德实际上就相当于中部边境地区（Middle March）的州长，而不是听起来十分诡异的被任命为伦敦主教。在威尔士南部地区，英格兰人的权力贯彻得更加有效，部分是因为来自盎格鲁－诺曼的、佛兰德以及布列塔尼的冒险家们一直不断地施加压力，部分是由于亨利一世很谨慎地委任像温莎的杰拉德这样颇有军事才能的人充任关键职位，在这些职位中，有 11 世纪晚期由蒙哥马利的阿尔努尔夫最先设置的彭布罗克城堡的守卫。在西部沿海地区，英格兰国王于1110 年将锡尔迪金的"国"（gwlad）封给克莱尔的吉尔伯特·菲茨·理查德，后者又继续将下属的大区（坎特雷德）分封给追随他的"诺曼人"，这些诺曼人为了能在充满敌意的环境中生存，纷纷建造了自己的城堡。吉尔伯特本人就在兰巴达恩［Llanbadarn，位于阿伯里斯特维斯（Aberystwyth）南部的坦尼卡斯特尔（Tanycastell）］和提菲河（Teifi）入海口的丁·吉兰特（Din Geraint，卡迪根）建立了最早的丛林风格的堡垒。1117 年，其子理查德接替了他的位置，在亨利一世去世之前，小理查德一直控制锡尔迪金；而亨利一世本人的死亡也与威尔士人在 1094 年开始的成功的起义不无关系。

即使英武如亨利一世般的国王也无法对威尔士骚乱状况保持冷静，每次骚乱都长达数月。1114 年，亨利发现必须向威尔士北部派出远征军了，因为威尔士的古老王族罗德里·冒尔（Rhodri Mawr，卒于878 年）的一名后裔格鲁菲兹·阿普·塞南正在谋划建立一个王国，他也可与 11 世纪同名的格鲁菲兹·阿普·卢埃林（Gruffydd ap Llywelyn）相媲美。英王亲自率军从波伊斯进发，切斯特伯爵和苏格兰的亚历山大一世（此时作为亨利的封臣出现）率军从北部的海岸线进发。尽管双方并没有发生正面冲突，但威尔士统治者仍然首先投降，格鲁菲兹被迫支付一笔重金罚款以恢复亨利一世要求的和平。

七年后，亨利再次入侵威尔士中部，并征服了马勒杜德·阿普·布雷丁（Maredudd ap Bleddyn），对于后者，英王施以严惩，向他征收一万头牛。格鲁菲兹凭借与英王的这种脆弱的和平关系，并利用附近威尔士王公们的纷争和竞争，在他1137年去世时，成功地为其继承者们留下了相当大的格温内思王国，特别是他的长子欧文（Owain）获益颇多，欧文一般被称为欧文·格温内思（以区分于当时波伊斯另一位同名的王公）。

　　当亨利一世去世的消息传来时，英格兰人（到1135年，已经没有必要特别称为"诺曼人"或"盎格鲁－诺曼人"了）对威尔士突然发生之事似乎毫无准备。在1136年的新年，来自布里岑尼奥格的一位本地王公大败在高尔（Gower）的英格兰人。这成为一场范围广泛的起义信号。德修巴斯的统治者格鲁菲兹·阿普·赖斯向格温内思寻求帮助，以攻击南部的外来入侵者。锡尔迪金的领主理查德·菲茨·吉尔伯特遭伏身亡，格温内思的军队推翻了理查德的领主权，并荡平了他与其支持者的城堡。在这一胜利的鼓舞下，几乎所有"国"（gwlad）的威尔士人都参加了起义。10月，卡迪根北部的克鲁格·默尔（Crug Mawr）也加入进来，并发挥了决定性的作用。一支装备精良的英格兰军队在威尔士南部集结，由温莎的杰拉德的儿子们统领，欧文·格温内思领导的一支当地杂牌军一路烧杀劫掠。斯蒂芬以及受他委托来恢复英格兰国王权威的将军们，笨拙地四处搜查，反而给威尔士人提供机会以巩固胜果。格鲁菲兹·阿普·赖斯于1137年去世，当时他的儿子们都还年幼。欧文·格温内思将锡尔迪金纳入北方势力范围后，也夺取了主动权。从南到北，代表驻扎在威尔士边境上的英格兰居民的边境领主们都被迫后退，丢失了不少城堡和土地。英格兰内战的爆发直到1139年底才停下来，并没有如想象的那样使问题更为复杂。绝大多数边境领主都与最强者共同进退，这个人就是格洛斯特的罗伯特伯爵，他是皇后玛蒂尔达的异母兄弟，也是她最重要的支持者。在12世纪40年代晚期，英格兰人在威尔士的影响还得到些许恢复，特别是中路军以及迪费德（卡马森周围）的军队。但是总的说来，在欧文·格温内思的庇护下，威尔士大部分地区还是支持有所恢复的威尔士人自己的权力——除了格拉摩根和东南部地区——这种情况一直维持到亨利二世统治初期。

598

在某些方面，1136 年弥漫在威尔士统治阶层中的独立情绪也在教士中盛行。12 世纪 40 年代，威尔士最古老的、也是西南部最主要的大教堂圣戴维教堂被教宗升格为大主教区，从而与坎特伯雷和约克成为地位平等的教区，这一敕令很激动人心，并广为传播。虽然贝尔纳主教（1115—1148 年）争取德米提安（Demetian）大主教职位的努力失败了，但到 12 世纪末，温莎的杰拉德的直系继承人威尔士的杰拉德［也被叫作"坎布里亚的杰拉尔杜"（Giraldus Cambrensis）］成功夺回了这一职位。威尔士人成功地成为班戈主教区、兰达夫主教区的主教，但位于威尔士东北部新设立的圣阿萨弗（St Asaph）主教区看来仍然处于英格兰人的影响范围。当民族复兴发展到最鼎盛阶段时，西铎修会也在威尔士扎下根来。尽管一些西铎会修道院一直由英格兰远征军控制，例如早在 1131 年由洛莫纳（L'Aumone）建立起的廷特恩（Tintern）修道院，或者贝辛韦尔克（Basingwerk）修道院［也是 1131 年建立的，原本为萨维奈克（Savignac）］，但是许多其他西铎会修道院，特别是克莱沃的子机构惠特兰修道院（Whitland，1140 年）建立起的众多的分修道院，很快就与威尔士文化相结合，与其独立计划联系起来。惠特兰系列修道院是整个威尔士中影响最大的连锁修道院，其分支坐落在库姆·希尔（Cwm Hir）、斯特拉塔·弗罗里达（Strata Florida）、斯特拉塔·马尔塞拉（Strata Marcella）、兰塔纳姆（Llantarnam）、阿伯康威（Aberconwy）和瓦尔·克鲁西斯（Valle Crucis），而马尔盖姆修道院（Margam，1147 年）则是惠特兰的姐妹修道院。

12 世纪后半期见证了威尔士北部霸权的建立，这种局面一直持续到 13 世纪晚期独立的威尔士统治最终被推翻。1170—1197 年，南部的赖斯·阿普·格鲁菲兹（领主赖斯）的突出地位与这一局面相悖。然而，赖斯的权力具有极强的个人色彩，而且主要依赖亨利二世对他的信任。在他去世后，英国远征军首领又开始筹划占领格温特、格拉摩根、高尔和彭布罗克。只要威尔士的民族期望产生出一个焦点，就立即可以在格温内思，特别是格鲁菲达普·塞南王朝那里看到。

北部的威尔士政权是在"无政府"时期建立起来的，同时也借助于英王的优柔寡断，以及切斯特伯爵更看重英格兰事务而非威尔士边境的有利环境。由于安茹的亨利牢牢控制了局势，欧文·格温内思被迫采取不同策略。可以确定的是，英王于1157年派出讨伐欧文的远征行动非常不合时宜，但欧文仍然谨小慎微地屈服，向英王表示效忠，而且更甚者，他还放弃了对蒂吉因［Tegeingl，也称弗林特（Flint）］的控制权。亨利于1163年再次试图在威尔士确立英格兰的权威，这时他剑指威尔士东部和南部。1155年前，迪费德的格鲁菲兹·阿普·赖斯家族只留下一名直系子孙，这就是赖斯，而且他也成功地将其势力范围扩展到威尔士南部，并从布里斯托尔海峡联通了多维伊河（Dovey）。但他已于1158年向英国人表示臣服，并把包括克莱尔家族要求收回的锡尔迪金及其他领地献给了英格兰人。1163年，亨利从威尔士南部向锡尔迪金进军，赖斯·阿普·格鲁菲兹被迫在锡尔迪金投降，并被当作亨利的俘虏带回英格兰。7月，他在伍德斯托克向亨利表示效忠，和他一起的还有欧文·格温内思以及苏格兰的马尔科姆四世。亨利与托马斯·贝克特的纷争不断为威尔士人提供了摆脱安茹人控制的机会。1165年，格温内思和德修巴斯联合起义，倾全力反抗英格兰国王和占领军首领。亨利二世的军队于8月初进入威尔士，到达塞文河谷以北，并继续向西进入波维恩（Berwyn）地区。当地气候非常恶劣，重装骑兵的马匹和装备较轻的步兵都难以通过沼泽地，在泥水中挣扎，而且食物严重短缺。国王被迫带其军队撤退到施鲁斯伯里，而且再也没有想要尝试以武力迫使威尔士人屈服。

　　欧文·格温内思在1170年去世之前，执行的政策颇具政治家风范，他承认安茹的领主权，但却保持一定距离，不进行任何针对英王或其他占领军领主的挑衅行为，因为他们过于敏感。直到12世纪末，人们才能够完整了解他的功绩，那时他的孙子卢埃林·阿普·约沃思（卢埃林大帝）成功地控制了由欧文建立起来的、疆域扩大了很多的格温内思国家，而且这个国家与曾经出现过的威尔士王国极为接近。然而，在欧文去世后的近30年中，威尔士本土的统治权却转移到南方。在12世纪60年代晚期，赖斯·阿普·格鲁菲兹极为机敏地充分利用爱尔兰局势为自己谋取最大利益。伦斯特（Leinster）国王向亨利二世请求军事援助，以打击他们的爱尔兰敌人，结果为威尔士南部的众多边境领主提供了到海峡对岸去碰运气的机会。他们希望能从爱尔兰有所收获，以弥补自斯蒂芬统治以来，他们在威尔士遭到的土地损失。而

600

亨利二世本人也乐意重点支持在威尔士南部地区对他非常忠诚的赖斯。1171 年秋，在前往爱尔兰的途中，亨利再次确认，赖斯拥有 1165 年他收复的威尔士中最广袤的土地（特别是锡尔迪金）。当他于 1172 年返回不列颠时，又任命赖斯为"南威尔士最高司法官"，正式让他管理德修巴斯的所有地位较低的王公。领主赖斯也回报了英王的支持，在 1173—1174 年的大规模起义中忠诚地支持国王。1176 年圣诞节时的威尔士相对比较平静，这时，赖斯在新建成的阿伯蒂非（Aberteifi，也称卡迪根）城堡中举行"艺术节"（*eisteddfod*），在这场盛会中，赖斯不仅从威尔士，还从英格兰、苏格兰和爱尔兰邀请了许多诗人、歌手和音乐家。赖斯的威权在未来 20 多年中还将继续，但在最后几年中，他却困扰于其几个儿子间的纷争，而且与英王的关系也变得不太友好。然而，值得一提的是，毫不逊色于苏格兰的威尔士，在 12 世纪见证了一个重要的历史发展潮流，以及在一些重要阶段还存在的逆流。从 1066 年以来，来自大陆（特别是诺曼底地区）的个人和家庭，到不列颠夺取了王权、领主权和土地。从 1169 年开始，他们在爱尔兰复制这一进程。苏格兰强大的封建关系构成的王国不断发展，深深地改变了这一过程。而在威尔士，一些本土统治者的杰出能力，以及民族感情和强烈而明确的文化复兴，一起发挥作用，多多少少使"诺曼人"的扩张势头受阻。结果是被占领的威尔士和本土的威尔士（*pura Wallia*）形成了两个地区，这成为威尔士一直持续到今天的特征。

爱尔兰

在爱尔兰的历史上，12 世纪一定属于被征服的时代，这是个重要的转折点。英格兰的冒险家们，主要是那些来自诺曼底、佛兰德、布列塔尼或大陆其他地区的人，施展其军事技能和才华，在爱尔兰南部夺取了一些王国和商镇。这些个人行为给他们的君主亨利二世提供了机会，没有丝毫耽搁便在爱尔兰确立了他自己的霸权。这一行为接着又促成了爱尔兰的领主于 1185 年成为安茹人，而名义上的领主则由亨利二世最小的儿子约翰担任，在原则上其所辖之地包括整个爱尔兰岛。安茹人或（应称为）英格兰人对爱尔兰的征服，并没有干扰到爱尔兰社会从 11 世纪最后 25 年开始进行，并持续到整个 12 世纪的再调整进程。爱尔兰岛的与世隔绝不能被过分夸大。在维京时代，这个岛屿就遭到来自斯堪的纳维亚的劫掠匪徒团伙一次又一次洗劫。在历史长河中，经过人们仔细选择，一些重要河流的入海口处建立起沿海城市，如都柏林、威克斯福德（Wexford）、沃特福德、科克（Cork）和利默里克。"东方人"特别是丹麦人和挪威人逐渐定居下来，这些人时而作为商人、时而成为海盗，他们能够在爱尔兰建立起一些规模不大、风格含混的小商镇。这些"东方人"社区表现出重要的外国影响因素，并提供了一条通道，国外的思想、商品、时尚以及个人都能在这个以社会保守势力著称的国家找到暂时的立足之地。602

　　爱尔兰位于欧洲基督教世界的西北端，在许多方面都得益于自然的馈赠。适合放牧牛羊的肥美草场、易做燃料的丰富煤层、大量橡树以及其他可供林中放猪的树林、许多游猎场所（虽然这里也经常有狼、狐狸出没）、湖泊与河流中游动的大量大马哈鱼和鲑鱼，还有各地都存在的适合烧制陶器的大片土壤——所有这些，再加上刚好能维持生存的居民人口，这些带来的是完全由内部自给自足且富庶的经济。人们公认，这里气候温和且雨量充沛，当然，也难免会遇到折腾人畜的各种疾病的光顾。尽管像酒、上等布匹和宝石等奢侈品需依赖进口，但爱尔兰拥有的资源足以在绝大多数时期供养居民过上简单、健康的生活。人口生育水平也比较高，当地流行一夫多妻制，使得无论男女、子孙都比较多。事实上，对爱尔兰人的统治制度不能过分夸大，这时由武士组成的贵族阶层在文化上和观念上仍未摆脱旧石器时代的影响，这里的生活太过舒适，人们仍热衷于战时的部落联盟，并互相争夺牛群、奴隶和名望。

　　直到11世纪中期，通过与教会特别是与教会组织有关的事务，爱尔兰才开始接受来自外部的影响。爱尔兰贵族们作为朝圣者前往罗马，爱尔兰教士则与坎特伯雷和伍斯特这样的大教堂进行交流。更重要的是，坎特伯雷和都柏林建立起来的主教区保持着联系，都柏林主教区是由曾经作为朝圣者前往罗马的"东方人"国王们建立起来的。1074年，征服者威廉任命的大主教兰弗朗克委任一名叫作帕特里克（Patrick）的神父担任都柏林主教。他的两位继任者也都是英格兰本尼狄克修会的修道士，其中第二位也是由大主教安塞姆委任的。很明显，就不列颠和爱尔兰而言，因坎特伯雷大教堂牢牢控制着"所有不列颠"的宗教最高权力，它也就比后征服时代的英格兰君主们更自觉、更顽强地成为霸权主义者。而想要获取苏格兰教会最高权力的约克大教堂在其所追求的领域中，表现出的霸权主义色彩丝毫不逊色于坎特伯雷。对于爱尔兰的主教们以及其他神职人员来说，由于他们个人大都与教宗以及西部的、包括英格兰在内的基督教世界有关，因而他们的难题在于，他们都急切希望自己的教会能够进行激进的改革和重组，但同时又不想为英格兰大主教主宰爱尔兰宗教事务铺平道路。

可以说，兰弗朗克和安塞姆都强烈要求爱尔兰地位较高的国王们进行改革，他们分别游说的是来自明斯特王族的图瓦德尔巴赫·瓦·布莱恩（Toirdelbach Ua Bria，也称 Turlough）和他的儿子穆叶凯尔塔奇（Muirchertach）。正是穆叶凯尔塔奇首次召集宗教会议，以讨论爱尔兰教会按照格列高利教规进行改革的章程，后来这样的宗教会议连续举行了数次。这次会议于 1101 年在卡舍尔（Cashel）举行，国王穆叶凯尔塔奇还特意隆重地把这座古老的王室驻地转送给教会，并免除一切世俗税赋。"明斯特的首席主教"马奥里苏·瓦·海因米勒（Maolısu Ua hAinmire）公开以教宗使者的身份主持这次会议。会议议程包括：使神职人员摆脱世俗权力辖制；神职人员的独身与特权；古老修道院的非部落化；会议还对爱尔兰婚俗中的不道德和明显的非基督教的因素进行攻击，例如允许男女同居、换妻制和随便离婚，当然这种批判非常不成功。卡舍尔宗教会议取得的戏剧性结果是塞拉奇（Cellach）决议：阿尔马（Armagh）修道院的世袭继承人（coarb，圣帕特里克的"继承人"）将要从 1105—1106 年起得到委任且接任圣职，成为教士和主教。由于阿尔马修道院与圣帕特里克的传统联系，它很长时间以来就在爱尔兰教会中享有超然地位。因此，此次会议对该修道院的世袭领导人进行的改革具有极为重要的意义。

当明斯特的瓦·布莱恩（Ua Briain）王朝于世纪之交将利默里克设为其首府时，"东方人"和纯粹爱尔兰的血统融合起来。一个新主教区刚刚建立，其首任主教是名叫吉拉·艾斯普伊克（Gilla Espuic，英语为吉尔伯特）的爱尔兰人，他全身心地投入改革事业中。在将近四分之一的世纪期间，他一直作为教宗的使者，并撰写了关于教会秩序的论文。他与安塞姆交好，但并没有让其教会隶属于坎特伯雷。1111 年，在他的授意下，整个爱尔兰的神职人员，无论南北，都在卡舍尔附近的莱斯布莱赛（Rathbreasail）集会，制定了法令，从而开启了爱尔兰教会自下而上的重建进程。在传统意义上，爱尔兰被分成两个区域，北方（"Conn's Half"，*Leth Cuinn*）和南方（"Mogh's Half"，*Leth Moga*），其想象中的界线大约是从戈尔韦（Galway）湾穿过都柏林。阿尔马毫无疑问是北部省区的首席教会，南方地区则以卡舍尔为首。阿尔马下辖的主教区除本区外还有 12 个，卡舍尔下辖 10 个。由于都柏林主教区与坎特伯雷的紧密关系，它的地位有些超然。显然，25 个主教区［在克朗麦克诺伊斯（Clonmacnoise）主教区设立后，很快就成为 26 个了］的数量有些多，然而这个数字还是表明，与更早些时候的总数相比，此时出现了急剧缩减。1129 年，阿尔马的塞拉奇大主教去世，并没有由他自己嫡传的尤希奈齐（Ui Sinaich）家族成员接任，虽然该家族早在 996 年就垄断教会了，反而是由学识出众的修道士和教授马奥勒·曼多克·瓦·默尔盖尔［Maol Maodoc Ua Morgair，也称圣马拉奇（Malachy）］接任，这位主教也大力支持改革事业。马拉奇直到 1148 年去世，在他生前将近 20 年时间里，都始终通过以身作则和谆谆教诲掌控着爱尔兰教会，并开始在阿尔马采用礼拜音乐、定期忏悔、坚信礼，以及把婚礼纳入宗教圣事清单中来。在 1129 年之前，作为当郡（Down）和科农（Connor）的主教，马拉奇已经将古老的班戈修道院改造成奥古斯丁律修士之家；1140 年，他前往罗马朝觐，途经克莱沃，并与圣贝尔纳成为好友。正是由于马拉奇的这次远行，将西铎会教规引入爱尔兰，对爱尔兰教会改革的成功具有极为重要的意义。1142 年，位于德罗赫达（Drogheda）附近的梅利方（Mellifont）兴建了一所修道院，此后直到 1230 年前，爱尔兰一共兴建了不少于 21 所西铎会修道院，而梅利方修道院是其中第一所，其余的分布在爱尔兰各地，主要有米斯（Meath）、伦斯特和明斯特，以及乌尔斯特（Ulster）和康纳赫特（Connacht）。在 13 世纪之前，这个教团是推动教会改革的重要力量。梅利方教堂于 1157 年被封圣，在当时它已经成为爱尔兰最大的教堂，成为宗教改革与革新的标志。然而，马拉奇对改革的热情并没有限制在西铎会的发展上。他抓住奥古斯丁式的生活方式与爱尔兰社会的关联之处，在他亲自主持下，古老的教堂被转变为奥古斯丁教义的追随者，而且还创建了新学院，因此在英格兰人入侵之前，这里已经出现了六座奥古

604

斯丁派修道院。所有这些改革行为都将外国的影响引入爱尔兰，并给教会和神职人员指出了一条更亲近罗马的方向，不过几乎还未扩展到普通信徒。有个例子能够很好地印证这种外来的影响，德意志南部的爱尔兰修道院（*Schottenklöster*）有些爱尔兰修道士决定返回祖国，并将本尼狄克会修道院的理念带回去。这样一来，在12世纪30年代，来自维尔茨堡的修道士们就在卡舍尔建造了一所修道院。

就在马拉奇去世后不久，即1151—1152年，教会改革运动发展到顶点，这当然与马拉奇的推动有关。那一年，教宗的使者、枢机主教约翰·帕帕罗（John Paparo）应国王和教士们的邀请来到爱尔兰，召集了盛大的宗教会议，会议在凯尔斯（Kells）的米斯以及可能还有梅利方举行。会议发布了关于教规改革的详细计划，主要针对的就是买卖圣职、婚姻法和非法性行为以及什一税的缴纳等问题，而什一税则是建立有效的教区体系的先决条件。但是凯尔斯宗教会议被人们记住的主要原因是它建立了省区和教区制度，这一制度一直沿用到16世纪以后。枢机主教帕帕罗带来了至少四条披带（披带织物上的条纹象征着大主教区的权力）。而阿尔马、蒂厄姆（Tuam）和都柏林将要设置大主教，其中阿尔马负责乌尔斯特和米斯，而且他还是整个爱尔兰的大主教；蒂厄姆负责康纳赫特；都柏林负责康纳赫特，不过在都柏林设置大主教与阿尔马有些利益冲突。凯尔斯宗教会议一共批准了大约37个主教区。尽管在后来的半个世纪中，也对主教区的格局进行了调整，但爱尔兰教会的主教辖区结构仍然大致保持着此次宗教会议确定下来的模式。蒂厄姆的当选是考虑了康纳赫特的瓦·康克拜尔（Ua Conchobair）王朝的权势；而都柏林地位的晋升则是对"东方人"的城市和伦斯特王室地位重要性的认可，而且1162年洛坎·瓦·图阿沙伊勒［Lorcan Ua Tuathail，即圣伦斯·奥图尔（St Laurence O'Toole)］被封为第二任大主教，保守的爱尔兰神职人员也变得更易于接受这一变化，因为这位大主教被称为"马拉奇派高级主教"，他碰巧是国王伦斯特的妻弟。

一小部分高级教士就足以操纵整个爱尔兰教会进行改革，向格列高利派靠近，尤其是神职人员摆脱社会世俗因素的束缚，教会也从世俗的控制中解脱出来，并且建立起有秩序的教会领导层。但在爱尔兰世俗社会统治层中却没有进行类似的、具有重要意义的变革。在诺曼人征服英格兰的那个世纪中，爱尔兰武士贵族仍然没有受到外界因素的影响。在爱尔兰（如同威尔士），庞大的阶层完全由血缘关系维系的自由人或贵族世系构成，彼此争夺土地、权力和声望。有人估计，在 12 世纪的爱尔兰，大约有170—180 名贵族可以得到"王"（*righ*）的称号。在大多数情况下，这顶多意味着，有这一称号的人可以被认定为他所在世系的首领，并且是建立在一定基础之上的，即建立在一个能够代表更古老时期的"部落"（*tuath*）的地区中，他在政治权力角逐中要做到最好。他们自己的血缘家族不一定要垄断这个地区，但是每个国王都需担负起保护他自己家族利益的责任，如果一个血缘家族扩张了，那么一位国王的孙子以及重孙子们就会尽全力将其他家族的人挤走，因为这些不属于本族的人可能争夺土地，即使这些人原本依附于他们的家族。一名军事上非常成功的国王如果恰恰也是一个急于扩张的宗族首领，那么他就能从他的邻居或远离家乡的地方夺取新领土；事实上，所有权势强大的国王们都希望能够进行伟大的"战争"或进行劫掠，他们还经常穿越数英里以深入对手领地劫掠牛、猪和奴隶。

支撑着统治秩序的是数目不详的下层社会，包括拥有一定土地的农民、听从领主意志的农奴以及完全没有自由的奴隶，奴隶通常是从布里斯托尔这样的市场购买来的。爱尔兰社会分层如此精细，包括世袭的国王阶层、神职人员阶层、法官阶层、有学识的诗人和历史学家阶层，当然还有世袭的农奴阶层，他们永远依附于一座修道院或王室。一般认为，这些食品"提供者"（*biataigh*）中有些人相当富裕，他们拥有自己的犁队，除去不可避免要提供一定的食物和被迫提供的服务外，他们所承担的劳动强度并不大。但农民的主要任务一定是饲养牛、猪和绵羊，这也是爱尔兰食物生产中的主要食品。在 14 世纪之前，一直存在食品提供者，但他们在英格兰入侵者从威尔士和英格兰迁入一个农民阶层之前，早已难见踪迹，而那些农民的作用就是扩大米斯以及伦斯特和明斯特低地的大面积可耕地的种植范围。

位于这基础较浅但很广泛的国王金字塔顶峰的是六七位统治者，他们的家族在古代爱尔兰的势力分化中占得先机。由于像这样的势力在过去只有乌尔斯特、康纳赫特、米斯、伦斯特和明斯特五个，因此这种地区王室家族也就只有五个，后世一般称他们为"五大王族血脉"。但是由于分裂和竞争的关系，在乌尔斯特和明斯特就出现了两个家族对主导权的不断争夺，另外，还有一些王族占领的王国比原有的地区范围要小，比如布雷夫讷［Breifne，包括利特里姆（Leitrim）和卡瓦的西北］、埃尔基亚拉［Airgialla，包括莫内根（Monaghan）和阿尔马］，或蒂尔·康奈尔［Tir Conaill，包括多内加尔（Donegal）］，这些家族一旦有机会，就要争取更高一级的王权。这些位于爱尔兰社会顶端的王族间的关系稳定且不断发生变化，可以称得上是其显著特征。12 世纪初，明斯特的瓦·布莱恩（或奥布莱恩，O'Brian）家族的国王们，在一定程度上享受着整个爱尔兰境内的最高权力，其中的两位图瓦德尔巴赫（1086 年）和他的儿子穆叶凯尔塔奇长期控制着最高王权。当 1116 年穆叶凯尔塔奇丢掉王权后，奥涅尔（Ui Neill，或 O'Neills）家族北部支系的首领便控制了埃里奇（Aileach，位于多内加尔北）、多莫纳尔·麦克洛赫莱恩（Domnall MacLochlainn），并一度成为最高国王，不过历时很短；到 1122 年，康纳赫特的国王图瓦德尔巴赫·瓦·康克拜尔［Toirdelbach Ua Conchobair，也称奥康纳（O'Connor）］在劫掠位于自己领地南北两边的邻居后迅速崛起，其不同寻常之处在于，他在长达 34 年的时间里，其最高王权没有受到挑战。在他之后的十年里，最高王权转向北部的韦·洛赫莱恩（Ui Lochlainn）王朝，具体指穆叶凯尔塔奇·麦克洛赫莱恩（Muirchertach MacLochlainn）。在英格兰人入侵前夕，穆叶凯尔塔奇力量衰微，并且由于他自己的背叛和残暴，最终被杀死，然后瓦·康克拜尔的首领鲁埃德里［Ruaidri，或罗伊（Rory）］获取最高王权，但是却遭到"不断的挑战"。

　　最高王权本质上只是一种声望，这一位置并没有给担任最高国王的人带来任何实质权力，只有在需要防卫的时候才会体现出来，如果需要做出事关整个爱尔兰岛的决议（包括抵抗外来攻击的防御安排），就需要由最高国王来召集大家进行商议。大"东道主"掌控最高国王的权力；这是源于古老的扣押人质习俗，通常情况下，有可能威胁最高国王权威的国王们的儿子或其他亲属，要被最高国王控制作为人质。坚持不妥协的统治者可能会被弄瞎，或者被以其他方式致残，有时这种酷刑还会施加到时任国王的兄弟或子侄身上。传统上，最高国王们需要举办著名的泰尔提乌（Táiltiu）市集［米斯的泰尔敦（Teltown）］，这是整个爱尔兰的大集会，届时，将会交换适合巡游诗人演唱的诗歌和歌曲，会发布重要的法令，也会产生一些非正式婚姻。

麦克洛赫莱恩晋升为最高国王（1161年巩固下来）加强了他的盟友伦斯特国王迪亚梅德·麦克默查达［Diarmaid MacMurchada，即德默特·麦克默罗（Dermot Macmurrough）］的地位。他们又扶植迪亚梅德的妻弟——圣徒洛坎·瓦·图阿沙伊勒——为都柏林的大主教，此地正位于他们之间。而都柏林在它孱弱的国王治理下，尊迪亚梅德为"上王"，而麦克洛赫莱恩的地位更高。伦斯特周围颇有学识的人积极收集整理传说中保存下来的古代武士故事，在这些故事的刺激下，迪亚梅德想要提升其亲属和辖地的地位。他成功袭击了诸如沃特福德之类的"东方人"港口和竞争者，但是却臣服于北伦斯特的国王们。当意识到他的强敌是康纳赫特的国王们，及其附庸即布雷夫讷的统治者时，他就与麦克洛赫莱恩结盟：1152年，布雷夫讷国王的美貌妻子德沃尔圭拉（Dervorguilla）安排迪亚梅德带她离开本土，以他的情妇身份前往伦斯特，这是对她丈夫蒂格尔曼·瓦·鲁埃尔［Tighernan Ua Ruairc，即奥鲁尔克（O'Rourke）］尊严的严重羞辱。

穆叶凯尔塔奇·麦克洛赫莱恩在乌莱伊德（Ulaidh 或 Ulidia，乌尔斯特的东北）以及埃尔基亚拉等北部地区低一级的统治者中激起严重的不满和仇恨，结果他于1166年被推翻，并在战斗中阵亡。现在，康纳赫特开始走运了，尽管德沃尔圭拉早已返回了瓦·鲁埃尔身边，蒂格尔曼还是抓住机遇，在米斯国王迪亚梅德·瓦·麦勒塞赫莱恩［Diarmaid Ua Maelsechlainn，即奥麦拉格林（O'Melaghlin）］的支持下，对伦斯特发起武力攻击。当迪亚梅德·麦克默查达在弗恩斯（Ferns）的主要落脚点被破坏后，绝望地发现他在整个爱尔兰已经找不到一个盟友了，于是逃往布里斯托尔，在那里他得到市长罗伯特·菲茨·哈丁的帮助。伦斯特国王最终在加斯科涅遇到亨利二世，并向他宣誓效忠，还请求英格兰国王帮助他恢复权力。在亨利二世统治初期，当教宗阿德里安四世在著名的诏令《祝祷书》（*laudabiliter*）中授权英格兰人征服爱尔兰且出具一枚具有象征意义的翡翠戒指时，他就一直存有征服爱尔兰的想法。然而，1166年，亨利只是给他的封臣们写了信，邀请他们一起商讨迪亚梅德的求援诉求。在逃离爱尔兰一年后，迪亚梅德带着一小股来自彭布罗克郡的佛兰德冒险家返回爱尔兰。但是他与彭布罗克伯爵、即克莱尔的吉尔伯特之子理查德［人称"强弓"（Strongbow）］已经完成了重大交易，协议内容包括：伯爵将率领军队占领伦斯特，交换条件是迪亚梅德的女儿奥伊费［Aoife，即夏娃（Eva）］嫁给理查德为妻，并且因为奥伊费的关系，理查德将获得继承伦斯特王国的权利——这一要求与爱尔兰法律相悖。

608

迪亚梅德又花了一年的时间来筹划他的反攻计划。1169 年 5 月，"诺曼"封臣们派出的大军从南威尔士出发，在普伦德加斯特的莫里斯（Maurice of Prendergast）以及斯蒂芬之子罗伯特的率领下，驶往沃特福德与威克斯福德之间的班诺湾（Bannow），并迅速占领威克斯福德。他们为迪亚梅德夺回了伦斯特的大部分领地，但也不得不与瓦·康克拜尔的大军相遇。瓦·康克拜尔渴望建立自己的霸权，也想要保卫爱尔兰，抵制外国人危险的入侵。当伦斯特完全被迪亚梅德控制后，爱尔兰最高国王要求迪亚梅德承诺不再领外国军队进入爱尔兰，并将现有的外国军队全部遣返。在 1170 年春天之前，局势暂时稳定下来；而 1170 年春，吉拉德之子莫里斯（斯蒂芬之子罗伯特的异母兄弟）和卡鲁（Carew）的雷蒙·勒·格罗斯（Raymond le Gros）带着增援，作为"强弓"吉尔伯特的先锋部队来到爱尔兰。8 月，伯爵亲自率领一支由骑士、武装步兵和弓箭手组成的庞大部队在沃特福德附近登陆，并闪电般地占领了沃特福德城，紧接着迎娶迪亚梅德国王的女儿。英格兰人对爱尔兰的征服就是从这些事件开始的，尽管其征服之路还很漫长。入侵者把都柏林当作最终目标。这不仅仅是因为该城是当时爱尔兰的主要商镇，还在于它具有一些作为首都的特征；而且还注意到，没有都柏林人民的忠诚和支持，就没有人能够自立为最高国王。于是"强弓"吉尔伯特和迪亚梅德（想要夺得最高王权）避开鲁埃德里·瓦·康克拜尔（Ruaidri Ua Conchobair）率领的散乱、没有纪律的新兵，包围了都柏林。1170 年 9 月 21 日，围城部队突然发起攻击，致使都柏林陷落，在随后到来的夏季里，当一支庞大的军队在都柏林以西扎下营寨后，局势发生了变化，这支军队是康纳赫特国王从爱尔兰岛上各个地方征召而来的，他们在等待斯堪的纳维亚人从海上攻击英国防线，后者集结于小岛为的是他们这些"东方人"亲属的事业。"强弓"吉尔伯特的骑士们和弓箭手们克服重重困难，和爱尔兰守军展开了激烈战斗，伤亡严重，而且还摧毁了纪律更为严格、装备更为精良的北欧军队。取得这些胜利后，彭布罗克伯爵和他的追随者们实际上占领了爱尔兰，当然不是为了1171年5月已经去世的迪亚梅德，也不是为了他们自己，而是为了献给他们的领主亨利二世。

1171年10月17日，国王率领一支包括500名骑兵在内的4000人部队跨海来到沃特福德。没有一支爱尔兰的本土部队能够抵挡这支军队，但亨利的目标是要得到众人对其统治权的支持。在明斯特的两位国王，即德蒙的麦卡锡（MacCarthy of Desmond）和托蒙德（Thomond）的瓦·布莱恩（奥布莱恩）的带领下，许多国王和低一级的首领表示臣服。"强弓"吉尔伯特也很谨慎地把所有战利品奉献出来。他得到的奖赏是伦斯特，但它是作为封地而非王国分封给他，可以供养100名骑士来为其服务，而且不包括"东方人"的那些城市，如都柏林、威克斯福德和沃特福德，这些城市和它们的腹地一起成为亨利国王的领地。米斯封给拉齐（Lacy）的休，并准许供养50名骑士，同时还担任司法官的职务。亨利没有采取措施迫使爱尔兰最高国王瓦·康克拜尔以及西北部的统治者埃里奇的瓦·涅尔（Ua Neill）和蒂尔·康奈尔（多内加尔）臣服。1175年，瓦·康克拜尔同意接受《温莎协议》，该协议规定他控制的康纳赫特需要每年缴纳贡赋，这样一来就明确了他所处的臣属地位。对于那些尚未臣服英王的爱尔兰国王，瓦·康克拜尔拥有不太明确的领主权，而且还要负责收缴这些人定期缴纳的贡赋。

亨利二世在爱尔兰度过了1171—1172年的冬季，他是在圣马丁节（11月11日）那天进驻都柏林的，住在颇具爱尔兰风格的"宫殿"里，宫殿用篱笆编成围墙，用茅草覆盖屋顶。他对爱尔兰诸王很是慷慨大方，反而怀疑那些在他之前来到爱尔兰的自由冒险家。在因暴风气候耽搁些时日后，亨利最终于1172年4月17日返回不列颠。他的功绩中影响最深远的是对教会改革运动所做的决议，该决议改变了教会改革的方向。当亨利还在爱尔兰时，卡舍尔召集了一次宗教会议。会议重申并确认了此前数次宗教会议制定的改革措施，但是其结论却意味深长，它保证教会按照英国模式来组织爱尔兰的宗教生活。从1181年开始，都柏林大主教总是由英国人担任，而且阿尔马的最高权力无法被废黜，但都柏林主教区在教会中的地位却越来越高，逐渐与都柏林在安茹王国政府中所拥有的世俗地位一样。教宗亚历山大二世发来一系列措辞严厉的信件，加强了《祝祷书》（Laudabiliter）的效力，强化了教会对亨利征服爱尔兰的支持。

从爱尔兰被征服一直到 12 世纪末，确切地说，一直到国王约翰统治结束（1216 年），此期间主导爱尔兰历史的是三条线索。第一，安茹王朝的君主想要以都柏林为基地、按照英格兰（而非大陆的）模式来建立爱尔兰政府。1177 年，亨利二世的幼子约翰成为"爱尔兰之主"。拉齐的休作为司法官，代其管理，米斯辅佐左右；此时米斯已经成为拥有 100 名骑士服役的封臣。1185 年，约翰亲自前来视察其领地，并任命库尔西（Courcy）的约翰取代拉齐的休，还给他的下属分封了许多土地。在约翰继理查德一世之后登上王位后，爱尔兰更难以摆脱被纳入英国模式的命运。他在都柏林建起城堡，作为政府总部，王室宫廷以及财政金融制度也得以确立，同时，按照英国法律制定的法律也开始发挥效力，常被称为"爱尔兰条例"。第二条线索与第一条联系紧密，是国王对定居于此的英国贵族们的怀疑和猜忌，相应地，他对他们出台的政策也很矛盾：一方面通过分封土地鼓励他们；另一方面又通过没收财产或公开支持爱尔兰本土贵族反对他们，而爱尔兰统治者原本就把他们视为外来势力。当然，尽管有《温莎协议》，但英格兰人的征服进程仍然坚定不移。在英王的默许下，明斯特的德蒙的麦卡锡和托蒙德的瓦·布莱恩被取代了。在东部的乌尔斯特，库尔西的约翰率领的自由骑士们从 1177 年开始，便以惊人的速度将原有的本土权力结构冲击得七零八落，到 1205 年，约翰本人已有丰厚收益，而且有迹象显示他自己也慢慢变成了一名完全本土化的统治者。为了消除这些海盗式征服（库尔西的约翰只是其中最大、最有戏剧性的一个）带来的麻烦，国王委任了一些非定居的官员、司法官、郡长和其他一些长官，这些人都愿意与这些定居下来的藩属势力进行抗衡。该政策的不足之处在于，那些在爱尔兰长期生活的官员最终变成了定居者，并且很快转而维护定居者的利益。最后一个也是最为长久的主导这个时期爱尔兰历史的线索，是由爱尔兰人特别是原统治家族中的幸存者带来的。12 世纪 70 年代初，各部落的爱尔兰国王还没有认识到安茹霸权的实质。身着锁子甲的外国人是能够被接纳和交流的，而且英王还可以保护爱尔兰国王们免受进一步的侵犯。当 1176 年"强弓"吉尔伯特去世后，他们的理想破灭了：乌尔斯特被蹂躏，外来者占领了明斯特大部，而伦斯特以及米斯的那些地势较低、非常肥沃的土地被一块块地分封出去。甚至康纳赫特也遭到攻击，尽管这里——几乎是第一次——曾击败并击退过英格兰国王。1199 年，鲁埃德里·瓦·康克拜尔去世，安葬在蒂厄姆附近的孔（Cong）修道院，按照他父亲图瓦德尔巴赫·瓦·康克拜尔的命令，爱尔兰最优秀的工匠布拉坦（Bratan）的儿子米里萨（Maelisa）为鲁埃德里的墓碑制作装饰，雕上了最漂亮的"孔"十字架。（cross of cong 这种十字架是中心饰有心形装饰的十字架。——译者注）在鲁埃德里去世的时候，爱尔兰原本享受着极高特权、生活舒适的武士贵族只在康纳赫特、蒂尔·康奈尔和蒂龙（Tyrone）的一部分地区〔塞纳尔·欧盖恩（Cenel Eoghan）〕保留下一些痕迹。在其他地区，最高权力都被外国人掌握，这些人还把他们自己的封臣从英格兰和威尔士带过来，更有甚者，他们还在伦斯特和米斯把自己的农民带了过来。建立在亲缘关系基础上的爱尔兰部落仍旧生活在伦斯特、明斯特和乌尔斯特东部，但其处境十分窘迫，主要生活在丘陵山地或者贫瘠的地区。金雀花王朝治下的英格兰此时在爱尔兰所取得的成功，和当初在威尔士一样，不过是在同一个地区导致两个社会、两种文化的并存而已。

杰弗里·巴洛（Geoffrey Barrow）

郭云艳 译

陈志强 校

第 二 十 章

1118—1204 年的拜占庭帝国

　　从阿列克修斯一世去世到君士坦丁堡拉丁帝国建立之间的这段时期，共有八位皇帝在东罗马帝国首都进行统治。他们的统治非常成功。在约翰二世（1118—1143 年在位）和曼努埃尔一世（1143—1180 年在位）治下，拜占庭帝国一直保持着富庶、对外扩张的态势，内部结构和对外影响力也很稳定，在由十字军、突厥人以及意大利商人构成的持续变动的地中海世界中，这些正是维持其传统帝国身份的必要条件。但是，曼努埃尔的儿子阿列克修斯二世（1180—1183 年在位）的摄政团却将阿列克修斯一世创建的政治制度中的弱点暴露出来。统治皇族中的其他分支成员通过一系列篡权叛乱控制了政权，而篡位者的安全也在叛乱中被破坏，反叛还招致外国干涉、外省起义以及各种政变阴谋。在安德罗尼卡一世（1183—1185 年在位）、伊萨克二世（1185—1195 年在位）、阿列克修斯三世（1195—1203 年在位）、阿列克修斯四世（1203—1204 年在位）和阿列克修斯五世（1204 年在位）统治时期，曾经在此前 100 年中作为国家权力基础的结构特征反而成为不利条件。帝国在国际事务中的结交对象和婚约盟友、极度富庶的声名、过度集中于君士坦丁堡的人口与资源、"皇室血统"的特权地位、政府和宗教界精英们在文化上的自信，这些因素在强有力的君王领导下，会使帝国变得强大且富有活力；但一旦失去控制，这些特征和由其带来的反作用力结合起来，就成为第四次十字军政战制造灾难的条件。

　　自第一次十字军政战首次到达东方以来，拜占庭帝国与西方的关

612

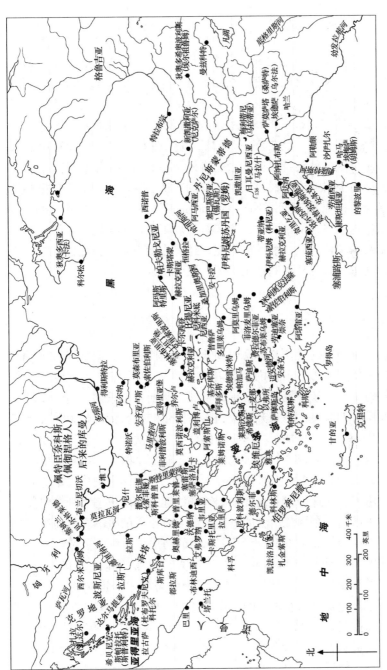

地图 16 12 世纪的拜占庭帝国

系一直在发展，但第四次十字军的到来却将它推到最恶化的地步；十字军对君士坦丁堡的武力征服和洗劫反映出过去积淀下来的仇恨，并将之进一步加深，而且大家普遍持有的观点中都含有一种概念，即它确实证明两种文化之间一直存在的不相容性。然而，第四次十字军还表明，拉丁欧洲人在东方发现的充满机遇的世界中，拜占庭帝国处于非常核心的地位，拉丁欧洲的统治者们就要极力利用这一地位来获利。接触更多，疏离就更多；1182 年发生在君士坦丁堡针对拉丁人的大屠杀反映的就是拜占庭社会的排外情绪，这种情绪也是整个社会和文化层面上对西方移民及其价值观的叛逆。这个时期的主要史料是尼基塔斯·侯尼雅迪斯（Niketas Choniates）的《历史》（*History*），它描绘出这一事件的两面性：既有君士坦丁堡市民对拉丁人的强烈反感，也有个别西方领袖们的理想化，还有作者对自己所处社会的不认同，行文中反映出拜占庭帝国上下一致的指责声。

史　料

　　侯尼雅迪斯的《历史》叙述的时间范围是从 1118 年到 1206 年。作者是其所记述历史事件的亲历者，大约从 1175 年开始，他就逐渐靠近权力中心，亲眼见证了时局的发展，起初，他只是一名学生以及为政府服务的职员，后来升职成为参与制定和执行帝国政策的政府官员。这样的身份，再加上其语言的感染力、层次性、准确度以及很高的道德教益，人们很容易透过他的眼睛了解那个时代。近年的研究愈发确定，侯尼雅迪斯具有很高的文学素养，在他那个时代也是优秀的文学评论家，而这种素养也使他能够熟练地运用历史事实来构建他所描绘的画面：一个因统治者的过度荒淫及其臣民的堕落腐化而遭到神意惩罚的社会。关于 1118 年到 1176 年的历史，还可以参考约翰·金纳莫斯的《历史》（*History*），约翰本人对皇帝约翰二世有些不满，却极为推崇曼努埃尔一世，也曾供职于曼努埃尔一世政府。除此以外，关于该时期之前及之后的拜占庭帝国历史，则要借助于其他资料来补充和校正，这些材料包括文学作品、法律文件、档案以及碑刻。对比这些资料，可以大致了解和判断导致 12 世纪看起来如此不同的原因。从大量拉丁编年史家的记录、从皇帝们华丽的仪式祝词、从保存了大量帝国和教会判决的教会法文集，都可以看出这个时候比先前的几个世纪要富庶得多。尽管小亚细亚和马其顿地区的其他修道院档案中也保存了一些资料，但帕特莫斯和阿索斯圣山保存的文献是最丰富的，复制这些文献就耗费了相当长的时间，还有威尼斯、比萨和热那亚的档案则提供了大量的证据，描述了这些城市的商人在君士坦丁堡以及帝国境内其他市场的活动情况。

约翰二世

阿列克修斯一世给他的继承者留下了一个运行良好的社会秩序。在疆域方面，帝国还比较小，特别是在东方，比 11 世纪早期的帝国要小，但是得益于阿列克修斯的改革以及长期有效的管理，拜占庭帝国再次成为颇有影响力的财政和军事强国，而且阿列克修斯颇有争议的家族政策还给拜占庭帝国带来一种全新的结构性凝聚力。在粉碎了无数次针对阿列克修斯的反叛阴谋后，科穆宁家族的统治得以巩固，不仅皇帝必须从这个家族中选出，还与杜卡斯家族合作，成为一个新的豪门贵族中心，他们的财富、地位和军事指挥权都仰仗与皇帝的亲属关系，同时也反映到不同等级的称号上，所有这些称号都源于皇帝。皇帝的亲属处于绝对的主导地位，而且联姻范围极广，以至于这是拜占庭帝国历史上第一次没有出现能够对统治王朝形成威胁的反对派的时期。反过来，家族内部的争权夺利则撼动了整个家族。这套制度的弱点在于皇室家族的每个成员都可以分享和要求继承权，而且没有任何严格的优先继承原则。这样一来，尽管阿列克修斯的长子约翰二世早在 1092 年就加冕为共治皇帝，但还是不得不与他母亲伊琳妮进行艰苦的争斗，因为后者要剥夺他的继承权，支持他的姐姐安娜和姐夫尼基弗鲁斯·布里恩尼厄斯（Nikephoros Bryennios）即位。最终，约翰凭借着在家族内外自己的忠实拥趸，在阿列克修斯还躺在灵床上时便先发制人，才确保了皇位；即位后，他又立即将支持者纷纷安插到关键职位上，才抵挡住安娜在他即位不到一年的时间内发动的政变。这样一来，为了获得并维持其权力，皇帝不得不创立自己的团队。其团队成员为他提供了很好的服务，特别是约翰·阿克苏齐（John Axouch），这是一名和他一起长大的突厥战俘，得到他的特别

614

信任，被委任为武装部队的最高指挥官。但是皇帝对这位约翰的宠信不断加强，激起了宫廷内部反对势力的增长。不过此时安娜和尼基弗鲁斯已不再构成威胁；尼基弗鲁斯于 1138 年去世前一直忠于皇帝，安娜则通过撰写他父亲史诗般的传记《阿列克修斯传》（the *Alexiad*）来慰藉自己的苦闷。然而，他们的存在就像磁石一样吸引着对约翰不满的人，这其中就有约翰的弟弟"至尊"（"尊敬的皇族成员"，*se-bastokrator*）伊萨克，他在父亲去世后先支持约翰，但 1130 年以后，他又想争夺皇位。阴谋暴露后，他带着儿子逃亡到帝国的东部邻国，辗转于不同的王宫，直到 1138 年与皇帝和解。但是他的儿子却在 1141 年投降突厥人，而伊萨克一直是重要的政治疑犯，他的另一个儿子安德罗尼卡后来也继续受到猜忌。

约翰在君士坦丁堡的权力基础非常稳定，因此，他能够年复一年地率兵在外征战，但是没完没了的战争也表明：他需要保持军队的忠诚，需要证明自己能担负起这份遗产，事实上，他对外征战的时间远远超过了他的前任皇帝们，也包括他的父亲。与阿列克修斯统治时绝大多数情况下都要应对紧急事件的情形不同，他很少受迫于紧急事件，也并没有明确地受制于此前存在的领土扩张战略。当然，在约翰从他父亲手中接过政权时，关于收复失地的呼声正值高潮。第一次十字军东征源于拜占庭人想要推翻占领小亚细亚和叙利亚北部的突厥人，在阿列克修斯一世统治的最后 20 年中，他做出了巨大的军事和外交努力，想要得到被十字军士兵占据的安条克及其他领地的所有权。然而，就在那 20 年中，拜占庭帝国也学会了拱卫阿列克修斯在十字军到来之前确立起的东部边界线，学会了与新兴的突厥王国、丹尼斯蒙蒂德王朝（Danishmendid）的埃米尔以及塞尔柱素丹并生共存，这些国家都坐落于拜占庭帝国丢掉的安纳托利亚中东部地区。拜占庭帝国控制着沿海地区的平原与河谷，尤其对于君士坦丁堡的统治集团来说，这些地方也是小亚细亚最有价值的土地；许多军事豪族的家乡安纳托利亚高原和美索不达米亚北部的边疆地区也丢掉了，而这一损失极大地推动了军事贵族整合到科穆宁王朝政权中来。如此一来，阿列克修斯的继承人就不得不在完成未竟事业和巩固已有成绩之间寻找平衡。约翰在两个方面都想取得成功，而且还矢志不渝地坚持。他们宣传的价值观是想要达到的最终结果，可能也是他们最重要的目标。

约翰即位当年就夺取了迈安德河谷（Meander）的劳迪塞亚镇（Laodicea），并修筑了防御工事；次年，攻占安纳托利亚高原东部的索佐伯利斯（Sozopolis）后派兵驻守。一方面，这可能是收复战争的序曲，战争是对卢姆（Rum）的塞尔柱索丹国进行的；另一方面，这两个地方都位于通往阿特里亚（Attaleia）的陆路交通线上，约翰后来对这里的兴趣表明他曾打算建立远征安条克的交通线。然而，如果安条克是他的目标，约翰却没有同时恢复阿列克修斯在统治末期特别是 1119 年血池之战（Field of Blood）后结成的王朝联盟，这确实很奇怪，因为联盟条约的条件之一就是为帝国提供保护，而这也是约翰能获得的最理想的机会。尚没有证据表明约翰想要像威尼斯那样利用拉丁东方的危机参与十字军行动。事实上，约翰起初拒绝延长他父亲与威尼斯人签订的协议，即使当一支威尼斯舰队在 1122 年前往巴勒斯坦的途中经过拜占庭海域时，他也没有改变主意，这表明新任皇帝针对拉丁世界的政策是慎重的孤立主义。只有当 1125 年威尼斯舰队在回程时劫掠了希俄斯（Chios）、萨摩斯（Samos）和莫顿（Modon）等岛屿时，约翰才同意续约。1126 年，条约续签成功，又新增两条威尼斯人提出的要求。

与此同时，由于佩彻涅格人的入侵引起极大惊恐，他还被迫将注意力从亚洲转回欧洲，不过，约翰在 1122 年采取了坚定的军事行动，击退了佩彻涅格人。此后的五年没有关于战争的记载，在此期间，约翰忙于外交事务，既包括与威尼斯人的关系，也包括与匈牙利人的交往，他的妻子就来自统治匈牙利的阿尔帕德王朝。1125 年，他邀请皇后的亲属阿尔莫斯到拜占庭帝国避难，以躲避匈牙利国王斯蒂芬二世的追捕。斯蒂芬对拜占庭帝国支持其政敌的行为感到愤怒，也可能是从拜占庭人与威尼斯的和睦关系中感到威胁，因为威尼斯与匈牙利就达尔马提亚沿海地区存有领土争议。在随后的两年时间中，斯蒂芬一方面入侵拜占庭帝国的边境要塞，另一方面挑动塞尔维亚人起义，而约翰的回击则是两次率领大军远征多瑙河地区以恢复当地的秩序。

1130 年，约翰返回到小亚细亚战场，此时他已经找到了新目标，即北部边境地区，因为拜占庭帝国在比西尼亚（Bithynia）和黑海沿岸的势力范围不断遭到侵蚀，其中有来自侵略性很强的丹尼斯蒙蒂德王朝的突厥酋长国，也有控制着许多沿海地区的希腊大财主的背叛。经过六年时间，皇帝率领远征军进入帕夫勒戈尼亚。拜占庭的各种文献着重描绘了对卡斯塔蒙的两次成功围城，以及对恒格拉（Gangra）的围城，对此，人们将它看作一场再征服战争。但是成功夺取的这些和其他地区在皇帝离开后马上又被夺走，因此很难相信约翰本人是否真的很现实地考虑留下适当的驻防军来防御以达到控制该地的目的。总之，约翰的目的很明显是想展现一下武力，打击突厥游牧部族以报复他们过去对拜占庭疆域的劫掠，另外也是为了打压那些在君士坦丁堡以及随侍皇帝的队伍中摇摆不定的人。因为约翰对丹尼斯蒙蒂德王朝的第一场战斗就被他弟弟伊萨克的政变阴谋打断，而且伊萨克在1130年也逃往丹尼斯蒙蒂德王朝辖地以躲避追捕。一两年后，约翰在另一个战场上再次退兵，以处理又一起想要将伊萨克推上皇位的阴谋。在这种情况下，也就不难理解皇帝取得成功后会全力展开宣传，他还在君士坦丁堡举行凯旋式来庆祝对卡斯塔蒙的占领，而且凯旋式上还伴有颂歌和演讲（1133年）。这些庆祝活动为大力宣扬荣耀皇帝的成就定下了基调，而这些成就也成为拜占庭帝国在12世纪余下年份中的主要特征。

　　伊萨克流亡在外，先是到了梅利蒂尼，后来先后辗转亚美尼亚、奇里乞亚、科尼亚（Iconium）和耶路撒冷，这也就能够解释约翰为什么在1135年后制订了更加庞大的计划，要深入东方进行政治军事干涉。此时，为他提供机会的是安条克的博希蒙德二世的遗孀艾丽丝，她提议将女儿康斯坦丝嫁给约翰的小儿子曼努埃尔。这是艾丽丝绝望中的选择，而且注定会失败，因为她曾经将女儿许配给普瓦蒂埃的雷蒙，但此时她却想要阻挡康斯坦丝与雷蒙结婚；但艾丽丝向拜占庭帝国伸出的橄榄枝却促使约翰将安条克作为其战略核心，把这里当作处理与帝国东邻的穆斯林和基督徒关系的关键。1136年，雷蒙终于娶到了康斯坦丝，同时也为约翰提供了发动军事行动的借口，以实现拜占庭帝国对奇里乞亚和安条克的领土要求。1137年，一支拜占庭远征军成功地从亚美尼亚的鲁佩尼德（Rupenid）大公利奥和拉丁人手中收复奇里乞亚，前者控制着山区，后者掌握着平原地区的城镇以及阿达纳（Adana）、莫普苏埃斯提亚（Mopsuestia）和塔尔苏斯（Tarsus）。约翰还迫使安条克新任大公答应以下条件：成为皇帝的封臣；允许皇帝约翰本人自由进出安条克；一旦从穆斯林手中重新夺回叙利亚的内陆城市阿勒颇（Aleppo）、沙伊扎尔（Shaizar）、胡姆斯（Homs）和哈马（Hama），就必须将这些地方转交给皇帝以作为授权的回报。后来夺取这些城市的战争遭到失败，因此皇帝想要以此为借口占领安条克的希望也就落空了。但总的说来，帝国军队的表现以及所有当地统治者表现出的顺从，成功地展现了帝国和皇帝的权势。根据侯尼雅迪斯的记载，在帝国权势的影响下，流亡在外的约翰的弟弟伊萨克寻求和解，因为"缺少金钱且看到了约翰皇帝被广为传颂的战斗威力后，他意识到没有人能够与约翰的野心相抗衡"[1]。在此后的数年中，约翰返回小亚细亚，加强比西尼亚边疆地区的防御；进攻新凯撒利亚（Neokaisareia），因为丹尼斯蒙蒂德王朝从这里威胁到帝国的黑海沿岸东部地区；而且此举还巩固和扩张了帝国在小亚细亚西部边境南部地区的控制。进行这几次行动的地区恰恰是约翰当年发动第一场战争的发生地，而最近几次行动显然是他将要在 1142 年末发动对叙利亚远征的序曲。他在奇里乞亚度过了整个冬季，准备在春天进攻安条克，然后再进一步攻击耶路撒冷。

　　1143 年 2 月，皇帝因狩猎途中发生意外去世，原定的进攻计划也被取消，这次远征计划原本野心勃勃，旨在收复前伊斯兰时代的帝国领土，而且还是自 10 世纪以来历任拜占庭帝国统治者从未筹划过的庞大计划。约翰最终弥补了阿列克修斯未能亲自领导第一次十字军征战的遗憾。事后看来，我们也许会问，如果约翰活着，历史的进程是否会大不一样？他不断进行的战争和训练使拜占庭帝国野战军成为一支超级强大的军队，具有无可匹敌的攻坚战力，但是他也将这一能力推至极限。在帝国境外行动时，他们总会发生一些问题，而且他们很少守卫已获得的领土。除中世纪战争中总是遇到的后勤补给限制外，还有一个根本问题，即皇帝在帝国原先的疆土上常常是不受欢迎的，甚至在被突厥人控制的小亚细亚的希腊人中也不受欢迎。此外，约翰以海军建设为代价换取了陆军的发展。然而，奇里乞亚自 1138 年起就一直由帝国控制。如果约翰成功地实现了目标，将安条克和奇里乞亚与塞浦路斯和阿特里亚连接起来，并把这些地区作为一个王国

618

---

[1]　Niketas Choniates, *Historia*, p. 32.

留给儿子曼努埃尔，那么将给帝国和十字军国家带来丰厚的利益；最起码，如果帝国在 1143 年仍然留在叙利亚，那么皇帝就有可能将当地的基督徒联合起来，就有可能阻挡住赞吉（Zengi）率领的伊斯兰教军队对十字军的反击，从而推迟甚至避免埃德萨的陷落以及第二次十字军征战的召集。

拜占庭帝国重拾对十字军国家的兴趣带来长期影响，因为它导致拜占庭帝国再次与西欧发生接触。在约翰统治的前半期，他放弃了阿列克修斯曾执行的积极主动的西方政策。但在 1135 年事情发生了变化，当年约翰恢复了帝国对安条克的管理，并想要安排好后方以应对西西里的罗杰二世的干涉，后者也对安条克公国兴趣浓厚。约翰恢复了帝国与比萨的协议，并与德意志皇帝洛塔尔和康拉德商讨建立联盟事宜，还就教会统一问题给教宗英诺森二世写了封和解信。有一个行动对未来极为重要，那就是约翰与康拉德三世签署盟约后，为进一步巩固盟友，还为康拉德的妻妹贝尔塔与约翰的小儿子曼努埃尔订了婚，结成更加稳妥的联姻关系。曼努埃尔当时不仅正值婚龄，而且约翰还曾打算让他娶安条克的女继承人，让他担任筹划中的安条克、奇里乞亚、塞浦路斯和阿特里亚王国的国王。

在约翰皇帝的统治下，除其兄弟姐妹们在国内制造的各起阴谋外，帝国内部在表面上太平无事。总的说来，也可以这样理解，文字档案的稀少一般都表明文字记载对这段历史没有过多涉及或者说没有必要涉及。与边境一样，国内主要是巩固前任在统治的最后十年间确定下来的内部结构。约翰最重要的政策调整是在财政大臣普扎的约翰（John of Poutza）建议下削减了舰队的预算。虽然他从家族外部寻求支持者，但约翰依然维护科穆宁和杜卡斯两大家族的统治权，继续与其他贵族联姻以巩固他们的联系。在教会方面，按照拜占庭帝国的标准，他是一位相当不错的不干涉主义者，表面上是因为教会事务经过阿列克修斯统治时期后，纷争业已尘埃落定。而实际上，他在教会领域留下来的名声主要是通过他对教会和修道院的慷慨捐赠获得的，最重要的是他建立了全能者基督（Christ Pantokrator）修道院。该修道院的建设合同，以及教会建筑为此提供了最好的证明，包括大都会修道院的外观图景、组织管理、产业财富及其附属建筑，甚至还包括一所医院。

曼努埃尔一世

在约翰皇帝统治的大部分时间里，他成功地防止了他的孩子们经历自己曾遭遇到的兄弟姐妹争权夺利乃至分化对立的局面。然而就在他去世前的几个月，他的安排被打乱了，因为他的长子兼长期担任共治皇帝的阿列克修斯因病去世，紧接着他的次子安德罗尼卡也去世了。这就导致在病床上的约翰陷入两难境地，究竟是选在君士坦丁堡较为年长的儿子伊萨克，还是和他一起在奇里乞亚的幼子曼努埃尔，无论怎样选择都会招来怨恨。拜占庭帝国的文献中留下许多假托约翰之口、关于他为何选择曼努埃尔的理由，但是也很难反驳提尔（Tyre）的威廉的观点，他认为约翰之所以选择曼努埃尔是为了保证帝国军队安全返回国内。曼努埃尔的行动非常及时，成功地阻止了伊萨克利用身处首都的优势进行任何行动的可能。因此，曼努埃尔回到君士坦丁堡并且没有争议地加冕为皇帝。作为胜利者，曼努埃尔有条件命令或委托宣传机构将他的就任说成是及时适当且不可避免的。然而，伊萨克有理由心怀不满，而且同情支持他的人还包括其父的得力助手约翰·阿克苏齐。伊萨克并不是唯一觊觎他弟弟皇位的人：他们的姐夫凯撒约翰·罗杰在一群诺曼流亡者的支持下阴谋发动政变；众所周知，他们的叔叔伊萨克也在等待时机。甚至明显无害的女性亲属、曼努埃尔的姑姑安娜，以及他的寡嫂伊琳妮（Eirene）也被当成是政治嫌疑犯。总的说来，曼努埃尔即位时的环境使他背负着巨大的压力，因此他想要复制父亲的功绩、防止帝国陷入危机，以便证明自己。

当务之急是妥善处理约翰临终之前未竟的对外事业，并争取体面的结局。因此也就不奇怪曼努埃尔皇帝会率军对叙利亚再次进行远征，并很高兴地派遣军队和舰队去劫掠安条克领地。这一战事以及1144 年赞吉占领埃德萨，共同迫使安条克的雷蒙来到君士坦丁堡表示听命于皇帝，而曼努埃尔也承诺为安条克大公提供援助。另一件事情是与德意志人的联盟问题。曼努埃尔与苏尔茨巴赫的贝尔塔的婚约已经顺利签署，而且她在没人知道曼努埃尔能当皇帝之前就已经来到君士坦丁堡。很可能曼努埃尔已经从康拉德三世那里得到一定的许诺，因此他才推迟婚期，与西西里的罗杰二世互换使节，还要特别注意的是这位罗杰正是拜占庭－德意志联盟所防备的对象。1146 年，曼努埃尔迎娶了贝尔塔，此时她取了一个希腊名字伊琳妮，显然皇帝已经从康拉德那里得到口头许诺，很可能康拉德保证曼努埃尔在东方的自由行动，但更可能的是将入侵南部意大利后征服到的领土分给曼努埃尔一部分。

这些协议帮助曼努埃尔能够实现他在即位之初未能立即履行的承诺和追求的前景。反过来，他又利用这些协议保证安全，将注意力转向突厥人，因为对突厥人的战争是他父亲约翰的标志性军功，而曼努埃尔发动战争的目标明确且更强调军事胜利。1146 年，他率领远征军到达科尼亚，表面上是为报奇里乞亚的一边疆要塞陷落之仇。然而，这一战事实际上是展现皇帝的勇猛，表明他能够领导军队直逼素丹首都，然后还在撤退时进行了英雄般的殿后战斗。这种毫无必要的英雄主义在批评者眼中只不过是曼努埃尔那青年英雄主义的特别证明罢了。当然，它也可能是要强调拉丁人和皇帝参与圣战的热情。但是它并没有给十字军国家带来任何实质性帮助，而援兵的真正到来又暴露出曼努埃尔的不足：他在面对埃德萨的陷落，及其在拉丁基督教范围内造成的不良影响时，没有做出适当的战略应对。事实上，拜占庭帝国方面的文献并没有提到激起第二次十字军东征热潮的事件，表明它们严重低估了埃德萨陷落的重要影响。

即使第二次十字军东征按照曼努埃尔原先预想的那样，只是路易七世的远征，那也可能会是一场重要的军事和政治危机。路易的军队、他本身的国王地位避免了他向皇帝做任何效忠的要求，还有他及其随从与拉丁东方贵族们之间的联系，都足以阻挠拜占庭帝国的领土要求与十字军目标之间形成任何共同之处。由于康拉德三世出乎意料地率领同样数目庞大的军队参战，再加上他的尊贵身份，使事情变得更为棘手，因此出现的问题也数倍于先前所预料到的。康拉德的到来使拜占庭与德意志的关系变得紧张起来，几乎发展到盟约破裂的地步，因为它意味着德意志皇帝选择的是曼努埃尔最不想要的结果，而他最需要的是德意志皇帝帮他对付西西里的罗杰二世的威胁。罗杰则利用当时的局势，夺取了科孚岛，还入侵希腊大陆，因为那里的防务因十字军的到来而刚刚做了调整。这让拜占庭人很警醒地想起了早些

时候诺曼人对伊庇鲁斯（Epiros）的入侵，因此曼努埃尔做出与 1082
年的阿列克修斯一世同样的选择，向威尼斯海军求助，作为报酬，他
延长了给予威尼斯人的商业特权，并扩大了威尼斯人在君士坦丁堡的
居住范围。

　　在此背景下，自然可以理解曼努埃尔的举动，他尽可能快地安排
十字军士兵渡过博斯普鲁斯海峡前往小亚细亚，而在小亚细亚，他还
与科尼亚素丹签署条约，虽然该条约导致当地居民饱受突厥人的蹂
躏。突厥人造成的损失如此巨大，甚至刚刚抵达叙利亚和巴勒斯坦的
将士们得不到丝毫补给，使曼努埃尔在很长时间里一直被认为是要蓄
意破坏第二次十字军东征。然而，这却最终促成康拉德三世与曼努埃
尔续订了盟约，因为 1147 年 12 月，康拉德在以弗所（Ephesus）病
倒，接受了曼努埃尔的邀请来到君士坦丁堡养病直至康复。然后，曼
努埃尔又为康拉德提供船只和费用，帮助其继续前往巴勒斯坦，并招
募了一支新的军队随行。1148 年末，康拉德返回欧洲途中，两位君
主在塞萨洛尼卡会晤，一致同意联合进攻并分割意大利半岛南部和西
西里。划归拜占庭帝国的部分就算作贝尔塔－伊琳妮的嫁妆。这份盟
约又通过曼努埃尔的侄女狄奥多拉与康拉德的堂弟巴本贝格的亨利订
婚来加以巩固。

　　与德意志人成功续签盟约，决定着曼努埃尔统治后期外交政策的
主要方向。在后来的 12 年中，他一直维持着与霍亨斯陶芬家族的合
作关系，也希望这一盟约能帮他获得意大利的新领土。尽管不断遇到
挫折以及其他纷扰，尽管康拉德三世去世、弗雷德里克·巴巴罗萨即
位（1152 年）后两大帝国的利益分歧逐渐加大，但曼努埃尔一直致
力于这一目标。当曼努埃尔在 1149 年从西西里人手中夺回科孚岛后，
他立刻开始着手对意大利的战争。不过，入侵计划不断受挫，先是因
为坏天气，后是因为罗杰二世运用外交手段在巴尔干半岛挑起战争。
结果，曼努埃尔的注意力在 1150 年到 1155 年转向巴尔干半岛，关注
与拉斯卡的塞尔维亚祖潘们（Župans）以及匈牙利国王盖扎二世的
战争，并将全部精力都投入于此，而且他的主要声望也来源于此。然
而，海上战争仍然继续，当罗杰二世于 1154 年去世后，新即位的威
廉一世还很年轻，他的统治也不太稳定且不受欢迎，曼努埃尔利用这
一时机重启 1149 年的入侵计划。这场战争缺少了德意志人的参与，

而且还在 1156 年以拜占庭军队在布林迪西的惨败告终，弗雷德里克也因此与拜占庭帝国断绝关系，理由是曼努埃尔主动干涉他的罗马帝国复兴计划。然而，在这段时期，拜占庭帝国在意大利的代理人却大获成功，他们与许多叛逃的诺曼领主合作，接受了整个阿普利亚地区许多城镇的降服。曼努埃尔的行动却并没有表现得很沮丧，似乎与德意志的结盟，或拜占庭收复意大利的前景都没有被这场失败击溃。他的代理人在 1157 年返回西西里，继续散布对威廉一世的不满情绪，而曼努埃尔则继续寻求与弗雷德里克·巴巴罗萨的结盟，尽管后者在 1158 年刚刚与威廉签署和约。1160 年，两位皇帝还互派使节商讨针对西西里的联合行动，拜占庭帝国要求在意大利半岛上分享一块领地。

　　曼努埃尔的基本且一贯目标就是获得阿普利亚沿海城镇，因为那里居住着希腊人，在 1071 年之前隶属帝国的隆戈巴蒂亚（Longobardia）行省，而且控制住那里就能够避免再次发生诸如罗伯特·吉斯卡尔、博希蒙德和罗杰二世那样的入侵。除此之外，拜占庭在意大利的领土目标非常灵活，到 1160 年，曼努埃尔似乎已经放弃了帝国对卡拉布里亚和那不勒斯的领土要求，并用这次让步换得控制彭塔波利斯地区的权力，这里就是安科纳（Ancona）及其周边地区。安科纳是 1155—1156 年拜占庭帝国的行动基地，为了这一目的，它早在 1149 年就被选中。因此，1148 年康拉德与曼努埃尔签署的和约中特意将这里划归拜占庭帝国的势力范围。拜占庭帝国对这里提出领土要求的理由是，彭塔波利斯曾属于前拉文纳督主教区的一部分。由于阿普利亚的沿海城镇被西西里国王控制，因此，安科纳是唯一能够替代威尼斯的门户城市，成为拜占庭帝国代理人、使节、军队和供给品可以抵达的门户，由此前往帝国在意大利的属地和德意志各盟国，而威尼斯坚决反对任何与其竞争拜占庭帝国代理人地位的所有对手。一旦阿普利亚的沿海城镇也被纳入拜占庭帝国治下，控制了彭塔波利斯就可能使曼努埃尔几乎控制整个意大利东海岸。

　　1160 年，曼努埃尔因与弗雷德里克·巴巴罗萨谈判破裂，不得不寻找新的对象以替代德意志盟友，因此与德意志的联盟关系已经逐渐变得紧张。弗雷德里克的激进帝国主义使他无法接受与希腊帝国分享意大利的提议。事实上，他计划收回帝国的权利，当他于 1158 年在龙卡利亚长期滞留时就已开始这一计划,各种迹象都表明他在提高实力,已经威胁到意大利的权力平衡,使霍亨斯陶芬帝国成为拜占庭西部边陲的最大危险。与此同时,弗雷德里克与教宗阿德里安四世的争论,以及他拒绝承认亚历山大三世,被教会选举为阿德里安的继承人,就使得他成为曼努埃尔与其他拉丁基督教国家特别是十字军国家之间麻烦的难点。最重要的是,当 1159 年曼努埃尔的德意志妻子贝尔塔 – 伊琳妮去世后,两位皇帝的亲戚关系也就此终结。

曼努埃尔从 1161 年开始寻找新的盟友,这其中有教宗亚历山大三世,以及所有愿意支持他反对弗雷德里克和对立派教宗的那些势力,而这个对立派教宗正是弗雷德里克于 1160 年在帕维亚召开的宗教会议选出的。这样一来,拜占庭帝国与亚历山大教宗在欧洲的主要支持者法王路易七世的关系开始变得融洽,这也是自第二次十字军东征以来两位统治者的首次和解。然而,曼努埃尔外交政策的主要目的在于,与意大利半岛上所有担心弗雷德里克扩张主义威胁的人建立友好关系,例如教宗亚历山大。而这些人的首领就是西西里国王,因此曼努埃尔与西西里国王两次签署协议,还打算将他的女儿嫁给西西里的威廉二世,后者在 1166 年继承父亲威廉一世的王位。此外,曼努埃尔还大肆花钱,在意大利的所有城镇和贵族圈中营造潜在的支持者人脉。拜占庭帝国的金钱资助重建米兰的城墙,推翻了弗雷德里克在1162 年恢复的秩序。至于教宗本人,曼努埃尔不仅提供物质上的支持,还提出统一希腊和罗马教会,并举行了数次会谈。作为回报,教宗向曼努埃尔暗示他将考虑承认曼努埃尔为唯一的罗马帝国皇帝。 623

这个野心像是曼努埃尔原先目标的无限放大,但不大可能发生重大的政治变革,只不过能够把弗雷德里克·巴巴罗萨排挤出意大利之外,并将曼努埃尔奉为基督教世界的第二位统治者。若要让教宗接受这一想法,一定要保证维持意大利的现状(*statusquo*):北方的城市共和国继续存在,中部地区的领地仍属教宗,南部还是西西里王国。这离曼努埃尔与霍亨斯陶芬家族曾得到的领地许诺相差甚远。1160 年以后,曼努埃尔在外交方面比较隐秘的目标,可能是迫使弗雷德里克·巴巴罗萨与他重修盟约。对于重修盟约的乐观期待使曼努埃尔在1170—1172 年与西西里的威廉二世缔结婚约,因为他认为这是弗雷德里克开出的更优厚的条件。但这一提议并未实现,两大帝国再次爆发"冷战"，不过这一插曲表明曼努埃尔追求的首先是参与西方基督教世界最高权力的争夺，这将保证他的帝国在协商好的地区内获得安全。与教宗的盟约内容和与霍亨斯陶芬的盟约内容相同，意大利都是争议的焦点，而安科纳仍然是拜占庭帝国通往意大利的门户。

1177 年，弗雷德里克·巴巴罗萨和亚历山大三世在没有知会曼努埃尔的情况下，就他们之间的分歧和意大利事务达成协议，签署了《威尼斯和约》，从而也将曼努埃尔的希望完全扑灭，无论是获得意大利的领土还是西部帝国的皇冠都成为泡影。然而，他的对外政策并没有到此为止，同样，他庞大的野心也没有到此为止，他时刻挂念的就是要将收复失地的帝国计划与拉丁基督教世界的权力结构联系起来，而这个权力结构是在第二次十字军东征时建立起来的，而且当时拜占庭帝国被排除在外。在 1180 年曼努埃尔去世之前，他的野心差一点就要实现。虽然他没有与弗雷德里克·巴巴罗萨保持合作关系，但他维持住了与亚历山大三世的友好关系，他的女儿嫁给了蒙费拉的雷涅尔，后者来自意大利西北部的显赫的贵族家族，而且他的儿子还与法王的女儿订了婚。

曼努埃尔并没有因此忽视帝国其他边境地区的安全和扩张，他的目标是要与最有活力的强权合作，这也最终决定着他的行动。十字军国家为他提供了理想的机会，加强了他在西方人眼中的声望。第二次十字军东征的灾难，使他们在面对赞吉的继承者努尔·丁（Nur al-Din）时变得更加脆弱，而此时努尔·丁在击退十字军的进攻后已经夺取了大马士革，迫使西方国王们在决定是否参与前往圣地的远征行动时更加谨慎。虽然他们要对拉丁移民的困窘生活负责，但国内的诸多问题以及彼此间的竞争使他们滞留欧洲，而那些由封臣们率领的武装朝圣者也不能很好地满足大量十字军的需求。在此背景下，身在海外的各位君主逐渐转向拜占庭帝国，寻求军事上和财政上的帮助，只有拜占庭帝国皇帝对此大喜过望，以至于不能不大规模招募十字军。

第二次十字军之后不久，拉丁东方的北部各个公国即遭遇了大危机，1149 年埃德萨的雷蒙战死，1150 年埃德萨的约瑟林二世被捕。曼努埃尔从约瑟林的妻子那里购买了埃德萨地区其余的城镇，还试图说服雷蒙的遗孀康斯坦丝嫁给他刚刚丧偶的姐夫约翰·罗杰，后者有一半的诺曼血统，且身兼恺撒一职。然而，这些城镇很快就被穆斯林占领，康斯坦丝也拒绝了约翰·罗杰，选择了沙蒂永的雷纳德，后者是位刚刚从法国到达东方的冒险家。对于曼努埃尔来说，无论是这次失败，还是后来雷纳德和奇里乞亚的亚美尼亚大公托罗斯（Thoros）联合入侵拜占庭帝国辖下的塞浦路斯，他都无法立即做出回应，因为当时他正忙于西西里的战事。只有当西西里事务暂告一段落后，皇帝才亲自率兵介入东方事务。此外，尽管 1158—1159 年他对奇里乞亚和叙利亚的远征从表面上看与其父亲策划的那些事情非常相似，但却完全不是那些事情的重演。紧接着他便与耶路撒冷国王鲍德温二世缔结了联姻：1157 年鲍德温打破十字军的旧例，从拜占庭帝国皇室中求得一位未婚妻。如此一来，无论是拜占庭帝国再次提起的对奇里乞亚和安条克的主权要求，还是对雷纳德和托罗斯的羞辱，都表现为身在海外的最高统治者们之间的合作，这也被看作拉丁移民接受拜占庭帝国物质援助所付出的例行回报，是当地所有基督教政权发动针对努尔·丁的联合军事进攻必不可少的序曲。尽管曼努埃尔因君士坦丁堡发生政变突然而离开东方，导致这次行动被中断，但他仍然与十字军国家保持着紧密的合作。1100 年贝尔塔－伊琳妮去世后，他先后打算从的黎波里以及安条克寻找一位新娘。最后，他在 1161 年迎娶了雷蒙和康斯坦丝的女儿，也就是安条克的玛丽亚，15 年后，玛丽亚的弟弟安条克大公博希蒙德三世又接受了一位科穆宁家族的女儿作为新娘，双方的联系得到巩固。1163 年，鲍德温三世去世后，拜占庭帝国与耶路撒冷的联系暂时中断，但当国王的兄弟兼继承人阿马尔里克（Amalric）即位后，他认为拜占庭人的帮助必不可少，就在 1167 年商讨与另一位皇室成员联姻。1168 年，双方缔结盟约，拜占庭帝国派遣一支舰队和阿马尔里克合作，在 1169 年入侵埃及，国王则在 1171 年来到君士坦丁堡缔结一份新协议。然而，随后关于继续联合入侵埃及的计划因 1174 年阿马尔里克的去世而中断，但计划于 1176—1177 年再次被提上日程，随后一支拜占庭舰队被派往巴勒斯坦。

这些冒险行动在军事方面没有取得任何成果，但它们证明帝国能够调动庞大的资源采取攻势，同时还能为其拉丁盟友提供防御支持，因此无疑能够帮助抵御努尔·丁和萨拉丁召集的反十字军联盟。曼努埃尔还非常慷慨地为拉丁东方的王公们提供津贴，把在战争中被俘的

625

骑士赎回来，从而增强了拉丁移民的信心。作为回报，皇帝只要求承认他的主权以及签署一份长期协议，允许在安条克委任一名希腊大主教。

一方面，尽管曼努埃尔对拉丁人控制的叙利亚进行了大量投入，但在1159年之后却并没有再次前往那里。另一方面，1161年匈牙利在国王盖扎二世去世后陷入继承纠纷，曼努埃尔不止一次地前往多瑙河边境地区。匈牙利王国位于德意志帝国和拜占庭帝国之间，紧邻拜占庭帝国的属国塞尔维亚，鉴于曼努埃尔与弗雷德里克·巴巴罗萨的利益冲突日趋严重，且匈牙利的战略地位极为重要，因此曼努埃尔对这里兴趣大幅提升，要确保它被控制在亲拜占庭帝国的人手中。曼努埃尔因为母亲与匈牙利王室有亲属关系，在历史上，拜占庭帝国也对匈牙利王国边境上的一些地区拥有主权，这些因素都导致曼努埃尔介入匈牙利事务中来。尽管开始时曼努埃尔未能成功地扶植他最早选中的斯蒂芬四世，但是1162—1167年的数次战争确保了他后来支持的贝拉三世成功夺取王位，并且贝拉三世还将一些祖产割让给帝国，这包括达尔马提亚中部的沿海地区以及多瑙河中游南部地区，后者也就是人们所称的弗兰戈霍里昂（Frangochorion）地区，其中还包括原罗马帝国时期边境首府西尔米乌姆。贝拉三世从1164年就生活在君士坦丁堡，还与曼努埃尔的女儿玛丽亚订婚，在1169年皇帝的儿子阿列克修斯出生之前，他一直被看作皇位的继承人。贝拉三世的哥哥斯蒂芬三世在1172年去世后，他控制了匈牙利王权，并在曼努埃尔生前一直对拜占庭帝国保持忠诚。

在拜占庭帝国另一侧的小亚细亚边境地区，曼努埃尔倾向于采用类似的政策，即设法将当地的主要政权科尼亚素丹国纳入拜占庭帝国的轨道上来，从而维持并巩固既定现状。经过1159—1160年的数次征战，曼努埃尔于1161年在君士坦丁堡接待了素丹基里克·阿尔斯兰（Kilic Arslan）。两位统治者签署的和约约定，皇帝举行仪式将素丹认为养子，并为他提供资金以支持他与突厥敌人作战；作为回报，所有从敌人那里夺回的重要城市都要交给皇帝，而且素丹承诺不侵扰拜占庭帝国的疆土。基里克·阿尔斯兰借助这份和约将小亚细亚的突厥人所在地区统一起来，但他却没有履行承诺。不过，这份和约给安纳托利亚西部地区带来了长达14年的和平，并给权力逐步提升的努

尔·丁造成了一位颇具威胁的、信奉伊斯兰教的对手，这对十字军国
家也有利。1174 年努尔·丁去世后，伊斯兰世界的权力格局发生变
化，曼努埃尔也调整了政策，遂与基里克·阿尔斯兰发生利益冲突，
于是 1175 年他在安纳托利亚高原修建堡垒，以控制通往东方的道路，
之后便发动了一场大规模远征，并在 1176 年攻占了素丹首都科尼亚。
从这场战争相关的宣传也可以清楚地看出，这不仅仅是一场报复行
动，还是一场圣战，目的是要将小亚细亚纳入帝国统治之下，并为朝
圣者打开通往巴勒斯坦的道路。总体上看，自第二次十字军东征失
败，且导致小亚细亚边疆地区遭受损失以来，曼努埃尔一直致力于补
救，1176 年的大规模远征正是这种努力达到极致的表现。这也是自
第一次十字军东征开始且导致许多事态脱离帝国掌控后，第一件由拜
占庭帝国领导并完成的事件。同样，曼努埃尔致力于实现的目标是接
管十字军运动，以及推翻突厥人对小亚细亚长达一个世纪的统治，而
拜占庭军队在米利奥克法隆（Myriokephalon）遭受的重创对曼努埃尔
的计划造成毁灭性的挫败。然而，拜占庭帝国的军队、财政和边境尚
未受到损伤；其在巴尔干半岛的权势以及在东欧的影响正处于最高
峰。法国的路易七世倾心于拜占庭帝国的坚定信心，促使他把自己的
女儿阿涅丝许配给年轻的阿列克修斯二世。如果曼努埃尔没有在这场
战役失败后的第四年去世，谁也不知道未来可能会发生什么。

曼努埃尔的战功、对外政策以及奢侈的仪式和辞藻华丽的宣传，
让人们回想起当年的君士坦丁和查士丁尼。这种印象以及他在司法领
域和对教会教义的规定，让侯尼雅迪斯确信并且让现代学者们也都认
可：曼努埃尔在做着不切实际的梦，想要恢复古代罗马帝国的荣光。
若仔细观察隐藏在这华丽的、仪式性的形象背后的事物，人们就会发
现，曼努埃尔的罗马帝国主义更在意自身安全而非领土扩张。事实
上，曼努埃尔在不同时期有着不同的目标：消灭西西里的诺曼王国以
及卢姆的塞尔柱素丹国这两个重要邻国，而且这两者都是拜占庭帝国
耗资帮助建成的。然而，他并没有始终如一地朝着这一目标前进，而
是通过建立联盟，在联盟框架内来实现目标。1160 年以后，他的帝
国主义有些偏离传统，当时他被迫寻找新的对象来代替德意志盟友。
这种偏离（即先前曾出现过先例）表现为，他没有按照当时的惯用
做法，通过挑动邻国互相敌对或动摇其政权来削弱它们，而是打算建

立一圈可以依赖的卫星王国，当这些卫星王国遭遇危险时，帝国帮助它们进行抵抗，而当帝国有需要时，它们则提供支持。拜占庭帝国周边的耶路撒冷王国、匈牙利王国、素丹国以及西西里王国都或多或少地扮演了这样的角色。

627　　总体上看，曼努埃尔寻找盟友和可信赖伙伴的努力要明显强于对领土的扩张。正如我们看到的那样，他希望与德意志结盟从而控制意大利的亚得里亚沿海地区，从匈牙利那里得到弗兰戈霍里昂和达尔马提亚海滨地区。此外，除去曼努埃尔在晚些时候以十字军的名义重新征服的小亚细亚，他的主要目标是埃及沿海地区，在曼努埃尔与阿马尔里克于 1168 年签署的协议以及他们后来续订的条约中曾提到，这里将归属拜占庭帝国所有。这很难说是一项恢复查士丁尼帝国的计划。而且，这些地区也不仅仅是随机挑选出来的。包括亚历山大和达米埃塔（Damietta）在内的埃及沿海地区是地中海最受欢迎的商业目的地。掌握意大利东部沿海及弗兰戈霍里昂沿海地区可以使帝国控制亚得里亚海，从而控制从威尼斯通往东部市场的通道，威尼斯是当时地中海的主要商业城市。若实现这些目标，拜占庭帝国就能够主宰整个东地中海地区的商业，从而重新与意大利滨海共和国进行谈判，商讨条约细则。事实上，这就是曼努埃尔的目的，一方面可以从曼努埃尔对拜占庭帝国海军的巨大投入看出来，另一方面也可以从他的威尼斯政策演变中看出来，这一变化与他在处理拜占庭帝国的教会事务时采取的不太宽容的路线方针相适应，而教会也是享受经济特权的另一重要受益者。1148 年，在第二次十字军东征引起的危机期间，他又扩大了威尼斯商人在整个帝国内所享受到的特权，但在 1171 年，他下令逮捕威尼斯人并没收其货物。比萨人和热那亚人在一定程度上填补了威尼斯人留下的空白，但并不享受免除 10% 销售税这样的特权。比萨人也没有能够将条款谈到当年像阿列克修斯一世时签订的协议条款那种程度，当年整块金银的出口完全免税，而进口其他货物则减税 6%。起初，在 1155 年，热那亚人也遵循同样的免税比例，到 1169 年，就不得不接受对 6% 免税权更加严格的限制。

　　根据对 11 世纪和 12 世纪的拜占庭帝国历史的最新研究，我们知道，曼努埃尔的权势让人印象深刻，他的野心比一般认为的要温和一些。然而，他的成就仍然无法满足其抱负，他对西西里以及突厥人的军事失败影响深远，可能比他在匈牙利的成功影响更深。拜占庭帝国在他去世后迅速衰落，从侯尼雅迪斯开始，历史学家们一直努力从曼努埃尔的统治和政策中寻找帝国衰落的根源。现代研究者还从科穆宁王朝的政权中寻找其结构性的弱点。

曼努埃尔一世的遗产和继承者（1180—1204 年）

　　侯尼雅迪斯认为拜占庭帝国及其统治者因行为不虔诚而招致上帝的不满，他还把这种罪孽的开端归结于曼努埃尔统治时期，归结到皇帝对占星学的痴迷、对受欢迎以及有才干的贵族的嫉恨、劳民伤财的远征、任人唯亲和重用外国人，以及对教会事务的指手画脚。事后来看，曼努埃尔统治时已经能看到一些端倪，后来拜占庭帝国的皇帝们都不得不应对这些造成灾难性影响的问题。但是在寻找曼努埃尔统治时已有的蛛丝马迹时，侯尼雅迪斯难免会附和那些在曼努埃尔生前就已浮出水面的批评。曼努埃尔在意大利和小亚细亚的军事失利，他和第一任妻子以及第二次婚姻前八年未能生出一位男性继承人的现实，都导致种种猜测，说他的统治方式触怒了上帝，这种猜测显然受到皇室其他男性成员的推波助澜，其中最突出的是曼努埃尔的堂弟安德罗尼卡，人们怀疑他想要夺取皇位。曼努埃尔当年即位时遭遇的不安稳状态在他统治时一直贯穿始终，而在他有生之年整个帝国的结构却很稳定。他统治时期大量的宫廷骈文描绘出的帝国形象看起来太过自信，以至于很难让人相信。

628

　　总的说来，拜占庭帝国的形象受到外国人以及本国臣民的尊敬。曼努埃尔皇帝控制着他的臣民、资源、政策以及与其历任前任皇帝和皇室成员有关的一切。没有被他控制的是所有统治者都无法控制的：他儿子继位时年纪过于幼小。1180 年后的拜占庭帝国危机遵循着一条非常明显的路线，即君主专制的国家被少数人拖入混乱的故事。

　　然而，拜占庭帝国过去曾经历过无数次危机，既没有分裂也没有被外国人征服。在科穆宁王朝统治下的帝国内部结构中，是否有一些情况需要我们来研究，以解释这场发生在 1180—1204 年的危机？

　　30 年前的主流观点认为，尽管科穆宁王朝的皇帝们通过他们强有力的军事领导暂时解救了帝国，但他们的皇室成员享有的优先继承权破坏了国家系统的效能，而原先的国家系统能够使拜占庭在"帝国时代"保持优势地位。对此，乔治·奥斯特罗格尔斯基做出了准确的阐述：

> 在结构上，如今的拜占庭帝国与拜占庭中古时期僵硬的中央集权制已经发生了很大的变化。科穆宁时代见证了外省的封建化进程以及封建因素的迅速增长，这也是 10 世纪的皇帝们曾坚决抵制的，而这种封建因素在未来将出现的新国家中会成为柱石……当帝国的坚实基础、防御力量、帝国的经济和财政力量大幅削弱时，它曾坚决抵制这种趋势。这也就解释了为什么科穆宁王朝的成功无法持久，而且紧接着拜占庭国家就陷入崩溃。②

629　　　近年来，一种新的看法逐渐代替了上述观点：科穆宁皇帝们颁发出的特权和免税权本身并没有将国家权力下放，也没有削弱或耗损国家机器和战争机器。科穆宁帝国具备前工业时代一个发达国家所应有的一切组织机构：常备陆军和海军、正规的货币赋税以及一套复杂的官僚体系。武装军队的表现一般，赋税沉重、不公正，官僚常常缺乏效率且贪污成风，但是在君主强有力的领导下，这些组织都在正常运转。此外，在丧失小亚细亚的领土以及颁发了那么多免税权后，支撑这些组织工作的资源基础并没有受到明显损坏。更甚者，所有文字和实物证据反映出的迹象都表明，在整个 12 世纪，农业生产和商业都有所发展，而且政府也和贵族、修道院以及意大利商人一起从中获得利益。

关于 12 世纪晚期拜占庭帝国的富庶，最能够直接证明的是一位盎格鲁－诺曼作家威尔士的杰拉德的观察和记录，他说：德意志和英格兰君主征集到的税收，根本无法和"被拉丁人"摧毁之前的西西里王国和希腊帝国的税收相提并论；仅巴勒莫（比君士坦丁堡小得多的一座城市）一地的年收入就超过整个英格兰的收入。③ 这段描述中比较有趣的一点是，他将拜占庭和西西里一起称为被来自北欧征服

---

② Ostrogorsky（1968），pp. 374－375.
③ Gerald of Wales, "De principis instructione", iii, pp. 316－317.

者摧毁掉的富庶国度。杰拉德还回忆了法国的路易七世对欧洲各君主的评价，这段评价瓦尔特·马普（Walter Map）也曾提起过，不过有些许不同，[④] 路易曾把自己仅仅保证自给自足的经济状况与其他王国的庞大资源进行对比：德意志国王有许多军士但没什么钱；西西里和希腊的统治者有很多金子和丝绸，但他们手下尽是一些夸夸其谈而不能做事的人；英格兰国王这两方面都不错。对于 12 世纪的欧洲国家来说，大家普遍认为，强大的财政或强大的战争机器两者不一定要互相匹配，而且事实也是如此。

拜占庭帝国的问题在于，他们属于富庶、软弱的地中海社会，而这里妨碍了钱很少但胃口很大的欧洲北部的武士贵族们，因此拜占庭帝国就需要在这样的形势下谋求生存之道。求生之道在于有效地利用富有的资源来管理、整合各种关系，以维持帝国的统一，并能够自主应对可能到来的侵略者。这些关系都内含在科穆宁王朝统治的拜占庭帝国的三大特征中：帝国深深卷入拉丁西方的事务中；权力和资源集中到君士坦丁堡；帝国的政治体系更看重家族、世袭和裙带关系。这些特征在 1081 年前不是尚未发生就是还未显现，直到 12 世纪末，当帝国权力分崩离析时，这三种特征也逐个显现出来。

拜占庭帝国与西方

630

拜占庭帝国之所以主动介入西方事务，一部分原因在于他们长期以来对意大利半岛的兴趣，另一部分原因在于他们想利用西方军事力量来恢复帝国在亚洲的影响力。第一次十字军到来后建立起来的拜占庭帝国和西方的关系，在 12 世纪得到巩固和加强：帝国在东部的利益与西方人联系起来；帝国在东方基督徒中的传统地位也要以拉丁西方人的权力为基础。第二次十字军进一步证实了一个事实，拜占庭帝国要想取得胜利，甚至说要想生存，就需要在西欧的十字军运动发起之前为居住在叙利亚的拉丁人提供保护；还需要作为局内人参与到西方基督教世界的权力政治中来，而这一点直到 12 世纪 30 年代约翰二世才意识到。在第二次十字军运动开启后的 30 年中，曼努埃尔运用

---

④　Walter Map, *De nugis curialium*, p. 451.

一切力量使帝国越来越介入西方事务，变得无法摆脱、不可逆转。他如此积极地从各个层面建立起与拉丁人的联系，这种联系的迅速扩展恰恰是西方人对东地中海世界的商业和宗教兴趣大幅增加的反应。无论拜占庭帝国采取何种政策，它都必然会受到影响。

　　然而，曼努埃尔去世后的局势发展，以及阿列克修斯二世政权的被推翻，都似乎回到了约翰二世早年奉行孤立主义的时期。在安德罗尼卡一世、伊萨克二世、阿列克修斯三世治下，拜占庭帝国在十字军运动十分活跃时曾短暂地脱离这种关系，而且也不再寻求与一个或多个主要的西方政权建立高级别欧洲国际协定。在一定程度上，这是对曼努埃尔庞大的亲拉丁战略的反弹，因为此前在安条克的玛丽亚政权的推动下，一直推行过度亲拉丁人政策；当拉丁人特别是比萨人和热那亚人在君士坦丁堡被屠杀后，这项政策仍在继续推进，1182 年，安德罗尼卡·科穆宁夺取政权，同时他还将曼努埃尔家庭中与西方有关的人全部清除，包括曼努埃尔的遗孀安条克的玛丽亚、曼努埃尔的女儿玛丽亚和她的丈夫蒙费拉的雷涅尔，以及年幼的阿列克修斯二世。这位安德罗尼卡没有杀死阿列克修斯的未婚妻——当时仍是个孩子的法国人阿涅丝，而是强迫她嫁给自己，他的年纪似乎比曼努埃尔还要大，可以肯定阿涅丝绝对不会像对待家人一样对他。也因为这一点，当拜占庭帝国遭受西西里国王入侵威胁时，唯一愿意与他合作的西方政权只有威尼斯了，此前在 1182 年的大屠杀中，威尼斯商人并没有被波及，反而很高兴地趁机填补了比萨人和热那亚人留下的空白。因为有这样的背景，安德罗尼卡才会认为，与日渐增强的萨拉丁政权建立联盟能够更好地维护帝国在东方的利益，而不愿意选择被包围着的各位东方拉丁大公，因为这些大公肯定不会忘记安德罗尼卡1166—1167 年在安条克和耶路撒冷的无耻的性冒险活动（安德罗尼卡是科穆宁王朝末代皇帝，人品恶劣、性情残暴、道德败坏，登基前曾在中东地区活动，到处寻花问柳。——译者注）。

　　更重要的是，1185 年后即位的伊萨克二世·安杰洛斯并没有对政府做出调整，而他本人原本有许多理由不继续延续前任偏离了正常帝国政治秩序的残暴统治。伊萨克并不是一名反西方的皇帝。在他即位不久，就迎娶了匈牙利国王贝拉三世的女儿玛格丽特为第二任妻子，还邀请被谋杀的雷涅尔的兄弟，即蒙费拉的康拉德前来君士坦丁堡，这位康拉德在镇压君士坦丁堡大起义（1187 年）中出力甚多。然而，尽管康拉德得到了此前雷涅尔曾得到的恺撒封号，也成功地与皇帝的妹妹缔结婚约，但他仍觉不满，于是返回叙利亚，在那里他参与抵御萨拉丁的提尔防守战，并成为耶路撒冷国王的候选人。伊萨克与萨拉丁续约的行为可能击碎了康拉德的幻想；可以确定的是萨拉丁占领了圣地，以及随后激起的第三次十字军东征热潮，使伊萨克下定决心与萨拉丁结盟，他希望通过这一联盟能使拜占庭帝国在巴勒斯坦分得一些土地，并且占领所有大主教区和圣地，作为阻碍十字军继续东进的报酬。在伊萨克与威尼斯签订的协议内容中也能看出他与萨拉丁的和睦程度，而同样没有参加第三次十字军东征的威尼斯人，准备从巴勒斯坦海岸地区夺取原先被比萨人和热那亚所享有的利益，这个地区先后被拜占庭人或穆斯林占据。在这两个联盟中，人们可以发现伊萨克的精神导师、生于威尼斯的僧侣多西塞奥斯（Dositheos）的影响，正是后者的保驾护航才帮助伊萨克执掌皇权，而他也得到了丰厚的回报，先是担任耶路撒冷大主教，后来成为君士坦丁堡牧首。

　　与拉丁西方脱离关系——并不是完全脱离，因为他还让威尼斯商人在拜占庭社会中享有了比 1171 年前更多的特权——似乎更符合"民族"利益，尤其是从日渐强势的希腊人以及东正教角度来看，这要比曼努埃尔耗资甚巨与那些对帝国没有好感的人结盟，似乎更有利于帝国自身的发展。事实上，脱离过程始于其中一位盟友，也就是曼努埃尔的妹夫博希蒙德三世，他早在安德罗尼卡篡夺皇位之前就已经抛弃了来自科穆宁家族的妻子。然而，拜占庭帝国却为他的退出付出了高昂的代价。在 12 世纪 80 年代到 90 年代，爱琴海的商船和沿海居民便遭到海盗的恐怖袭击，而这些海盗主要来自在 1182 年大屠杀中受损最重的比萨和热那亚。1185 年，西西里人入侵，先是占领都拉斯，然后向东袭击塞萨洛尼卡，如果安德罗尼卡在西方有非常坚定的盟友，或者至少采取积极的外交政策，本可以避免这次失败。由于伊萨克二世没有预料到第三次十字军东征的到来，也由于他选择与萨拉丁结盟而没有支持十字军，所以他为塞浦路斯岛寻求补偿的要求就失去了合理的立场。至于塞浦路斯问题，是英格兰的理查德一世引发的，他于 1191 年从在塞浦路斯岛上自立为帝的伊萨克·科穆宁手中夺取该岛，理查德考虑的是，塞浦路斯是为十字军提供补给的极为重

632

要的中转站，绝不能将它留给一个不友好的政权。1189—1190 年，弗雷德里克·巴巴罗萨从陆路前往巴勒斯坦，途经拜占庭帝国时，伊萨克二世与他发生了极具破坏性的冲突。这种打击，与其说是德意志军队给拜占庭军队带来的屈辱性失败，或他们以菲利普波利斯（Philippopolis）为基地对马其顿和色雷斯等地有计划地劫掠，不如说是伊萨克的无能与弗雷德里克的能力之间的直接对比，伊萨克不但误以为那是一支要前往君士坦丁堡的十字军，而且还无力阻止他们的前进，假如伊萨克执意阻挠十字军的前进，那么弗雷德里克则完全有能力威胁君士坦丁堡。这种对比直接展现到尼基塔斯·侯尼雅迪斯眼前，当时他正好在菲利普波利斯任职，而且还要特别感谢塞尔维亚人和弗拉赫人，当时他们正在进行反抗拜占庭政权的起义，因此就加入德意志士兵的行动中来。这件事的重要性也没有影响到弗雷德里克的儿子亨利六世，当时他正按照父亲的要求到意大利征集金钱和船只，准备进攻君士坦丁堡。弗雷德里克在奇里乞亚被淹死后，亨利顺利地成为皇帝，他继续推进弗雷德里克未竟的事业，要将十字军行动的目标置于日程表上的重要位置，此外他还要求继承西西里的王权，因为 1189 年西西里的威廉二世去世后没有子嗣，而亨利娶的是威廉的姑姑康斯坦丝。来自亨利六世的威胁刺激伊萨克二世采取外交行动。1192 年，他与比萨和热那亚商讨与这两国商业条约的续约事宜，因为亨利需要依赖这两个共和国提供攻打西西里时使用的船只。他还把女儿伊琳妮嫁给阿普利亚的罗杰，后者是此时占据西西里王位与亨利进行抗衡的莱切的坦克雷德的儿子。但是伊琳妮一年后就守了寡，1194 年，当亨利六世武力攻占西西里王国后，她也被俘虏。亨利六世把她当作入侵拜占庭帝国的一个工具，将她嫁给了他的弟弟士瓦本的菲利普。

并不能肯定霍亨斯陶芬王朝亨利六世是否真的打算武力进攻拜占庭帝国，但是他发出这样的威胁，先威胁伊萨克二世，后来又威胁阿列克修斯三世，是为了争取和敲诈更多的金钱和船只，以便为其即将开始的十字军东征做准备。相应地，阿列克修斯开始征收一项极为沉重的捐税（alamanikon）来缴纳年贡。1197 年亨利的猝死最终拯救了阿列克修斯三世。这一事件表明，无论拜占庭帝国如何想要避开十字军运动，十字军运动本身是不会让它独善其身的。拜占庭帝国虽然放弃了主导权，但仍需缴纳十字军的花费。虽然西部的帝国和教廷在其他许多方面是无法和解的仇敌，但在这一点上他们却罕见地意见一致。教宗英诺森三世在给阿列克修斯三世的信中多次强调这一点：阿列克修斯应该学习曼努埃尔，因为曼努埃尔投身于拯救圣地及教会统一事业中，其成就应该成为皇帝们学习的典范。

　　拜占庭帝国仍然倾向于孤立主义，假如 1198 年开始召集的第四次十字军东征，能按其最初指定的直接进攻埃及的路线行进，那么帝国就有可能找到一个恰当的位置来充当中立地区的政权。十字军看上去似乎打算完全绕过拜占庭，征服埃及不仅可以解圣地之围，还可以保证十字军移民在物质上的自给自足。但是十字军的领导者们没有将其战略意图对大多数士兵详细地说清楚。在威尼斯集合的军队数量远远少于威尼斯人的预计，其所造的船只也多有剩余。因此，绕道拜占庭就成为不可避免的选择，事实上，这也是促使十字军前进的唯一选择，因为有人觊觎拜占庭帝国的皇位，为了得到那貌似有理的皇位继承权，他请求十字军的帮助，而且当然也承诺付出丰厚的报酬。这位篡位者就是被废黜的伊萨克二世的儿子阿列克修斯，他从君士坦丁堡监狱逃脱后，跑去寻求他的姐姐伊琳妮和第二任姐夫士瓦本的菲利普的庇护；承诺的内容一定出自菲利普的授意，而且也大致依据当年亨利六世提出的要求，根据这个承诺，拜占庭帝国要服从罗马教会，要为德意志军队的每名士兵提供 20 万银马克以及物资补给，还要派遣 1 万名士兵参加埃及远征军，以及在他有生之年还要负担拉丁人在东方防守战中 500 名骑士的费用。就像伊萨克二世后来说的那样："这是一个庞大的负担，我不知道如何来完成"⑤，特别是因为拜占庭帝国在征服埃及后的利益分成中没有任何份额。无论十字军的首领们是否清楚这一保证太过美好而根本不可能实现，但还有一些别的原因引得他们转向君士坦丁堡。对于蒙费拉的卜尼法斯来说，他希望借机提起对拜占庭帝国皇位的继承权，因为他的哥哥们雷涅尔和康拉德曾得到承诺但最终受骗；而威尼斯总督恩里克·丹多洛（Enrico Dandolo）则不仅想要收回建造船只的费用，而且还想要恢复伊萨克二世的皇位以提高他们在君士坦丁堡的商业地位，因为伊萨克二世比阿列克修斯

⑤　Geoffrey of Villehardouin, *La conquête de Constantinople*, i, §189, p. 192.

三世更为友好，而后者虽然在 1198 年曾批准了威尼斯人的特权，但其本人倾向于支持热那亚和比萨。对于来自法国北部的十字军来说，能够激起他们兴趣的是，回想当年曼努埃尔皇帝对他们的祖先是多么慷慨。

如此一来，第四次十字军的转向就成为主流趋势。然而，现在拜占庭帝国不得不承诺比原先答应的回报更多的好处，而且拜占庭帝国本身的积弱并不能切实为十字军运动提供帮助。拜占庭帝国和十字军都需要面对的问题在于，十字军在 1203 年来到君士坦丁堡，并不是应当政皇帝的邀请，而是应一位争夺皇位者的邀请，后者要求得到的却是正在急剧减少的权力和资源。1197 年，阿列克修斯三世刚刚筹措一笔资金摆脱了亨利六世。1203 年，阿列克修斯四世能够控制的资源变得更少，很难实现他做出的承诺，因为阿列克修斯三世在逃离君士坦丁堡时已经搬空了国库，而且他和控制外省的支持者们都否认君士坦丁堡皇帝的权力，他们所控制的省份也就不再向首都缴纳赋税了。阿列克修斯四世在君士坦丁堡四处搜刮金银，征用教会的贵重物品，与十字军交易，这些都犯了众怒；反过来，由于他未能继续供给十字军钱款，遂与十字军的关系进一步疏远。当阿列克修斯四世在一场由阿列克修斯·杜卡斯·穆尔祖夫罗斯（Alexios Doukas Mourtzouphlos）发动的宫廷政变中被推翻和杀死后，十字军终于避免了与他们扶植起来的代理人进行战争的尴尬，也给他们提供了借口来攻打君士坦丁堡，理由是惩罚背叛者和弑君者。阿列克修斯五世组织全面防御，但这无法阻止威尼斯人的船队洗劫了金角湾（Golden Horn）附近较低的海面城墙；当十字军进入君士坦丁堡后，防御也就宣告崩溃。到这个时候，十字军可以大肆侵占君士坦丁堡的财富了，他们建立了拉丁政权，还在地图上分割了拜占庭帝国。然而，要把这种分配变成现实是比较困难的，最终他们只控制了 12 世纪帝国的一小部分。第四次十字军从没有到达埃及，而君士坦丁堡的拉丁帝国也没有收获利益，反而不断衰弱。

君士坦丁堡与外省

拜占庭帝国是中世纪中央集权最严密的国家之一，而且在

1081—1180年，这种中央集权达到鼎盛阶段，因为在这段时期，安纳托利亚的中部和东部地区陷落了，迫使帝国军事精英以及官僚精英空前关注帝国首都。领土的收缩加重了拜占庭帝国原有的贵族发展倾向，即用财产而非领地来衡量贵族，贵族们攫取并掌控的是官职而非领土。事实上，科穆宁王朝的中央集权架构与领土范围有一定的联系，帝国远征军在没有盟友支持的条件下从君士坦丁堡能够机动到达的范围本质上就是其领土的范围，在这个范围内即使皇帝离开君士坦丁堡也能保证安全。根据这一标准，多瑙河流域以及亚得里亚海属于位于君士坦丁堡的帝国政府能够控制的区域，南意大利、科尼亚和埃及不在此范围，而达尔马提亚、奇里乞亚和叙利亚则是帝国过度扩张的地区。因此，帝国控制的地区就是一位可靠的、机动的、能打仗的皇帝从君士坦丁堡向外能够控制的区域。这一疆域大体上与希腊语文化以及东正教教会的覆盖范围相当。不涵盖在这一疆域的重要地区包括：一是巴尔干半岛，这里的斯拉夫人、弗拉赫人和阿尔巴尼亚人占大多数，还有一支数量庞大、拒绝融入帝国的亚美尼亚人；二是11世纪晚期帝国丢掉的南意大利和小亚细亚地区，那里居住着数量众多讲希腊语的东正教徒。从另一角度看，拜占庭帝国或“罗马人”的帝国所指的国家，就是要有足以维持大量常备陆军和海军的疆域、频繁的国际外交以及一个超级巨大的首都。边境以外还有一片区域形成了帝国的保护区域，有时还为帝国在意大利和叙利亚的行动提供基地，这类地区在巴尔干半岛上比较宽敞，而在小亚细亚比较狭窄。在这里，帝国直接控制的只是少数几个关键城堡，而当地的资源要么尚未开发（为了坚壁清野）、未进行征税（换取当地人对帝国政府的忠诚），要么被用来支付地区防御和外交的费用（最典型的代表是塞浦路斯）。这些地区包围着的区域主要有爱琴海、黑海南部沿岸，这里也是科穆宁帝国的核心，主要负责维持君士坦丁堡的安全、繁荣和居民安定。

　　君士坦丁堡的吸引力不仅是因为它是行政首都，还因为它在新罗马的“统治城市”的地位，这里拥有无与伦比的圣物、闪闪发光的财宝、古代城市的纪念碑和宏伟的建筑，它还是一个人口在20万—40万的庞大都会，而且在11—12世纪期间，虽然整个帝国的疆域面积已经有所收缩，但首都仍然在稳步发展。到12世纪晚期，无论从哪个角度看，"统治城市"和外省就相当于一座大都会与其卫星城，卫星城中的居民大多是文化上略逊一筹的二等公民。帝国重要农业用地的所有权大多集中在君士坦丁堡。在与君士坦丁堡相对的"外省地区"，充斥着异端教徒，他们大都无视律法，不遵从教规，奉行的宗教仪式还带有异教色彩，讲着糟糕的希腊语，在腐化残暴的官吏面前束手无策。然而，这种不平衡关系有赖于供应的效率，依赖于外省居民为首都提供金钱、食物、人力和原材料的能力。同时，首都对来自外省制造品的需求也逐渐上升，特别是底比斯的丝绸和塞萨洛尼卡的战刀。很显然，君士坦丁堡并不是唯一一座市民社会不断扩张的城市。而且，尽管文献资料并不完整，但很明显，若没有地方贵族"统治者"（archontes）的合作与参与，各地税收就很难收缴，军事防卫也很难组织起来。在边境地区的城市中，例如都拉斯、费拉德尔菲亚（Philadelphia）或特拉布宗（Trebizond），贵族们对首都的忠诚是保证拒敌于国门之外的关键因素。同样，在被突厥人控制的小亚细亚，当地贵族的态度也是导致帝国收复计划失败的关键。曼努埃尔一世把普洛尼亚制度向前推进了一大步，将大量国家土地和税收有条件地分配给骑兵作为薪俸，这样也必然为各个级别的官员创造了机会。如此一来，随着君士坦丁堡越来越妄自尊大、以自我为中心、排挤"外地人"，它对"外地人"的需要也比"外地人"对它的需要更加突出。这种情况可能在 1180 年前就已存在，但是在中世纪首次出现的时间却在此后数年，即中央政府越来越无力为外省提供保护，无法阻止入侵者和强盗对当地的侵害。1180 年到 1204 年这段时期还见证了君士坦丁堡市民从 1082 年后作为一支政治力量的再次崛起，他们推翻政权，组织反政府、反拉丁人的暴动，以抵制政府为支付给亨利六世以及第四次十字军所要的钱款而征收的赋税。

在曼努埃尔的继承者们的统治下，科穆宁帝国各省区逐渐脱离了皇帝的控制或成为反对君士坦丁堡政府的基地。这一过程预料之中地开始于帝国控制时间比较短或不太稳定的边境地区，而且当地政府大都控制在地方当权者手中。曼努埃尔去世不久，匈牙利的贝拉三世就夺取了拜占庭帝国的达尔马提亚和西尔米乌姆地区，他认为这里应是他的祖产。紧接着脱离拜占庭帝国的是拉斯卡的塞尔维亚人、奇里乞亚的亚美尼亚人，他们各自的大公斯蒂芬·内马尼亚和鲁彭二世

（Roupen Ⅱ）一直不愿意充当皇帝的封臣。在这个过程中，鲁彭占据了拜占庭帝国位于奇里乞亚的最后几座城市，抓获了那里的总督伊萨克·科穆宁，等到安德罗尼卡一世缴纳了赎金以后才将他释放，安德罗尼卡之所以这么快就付钱，无疑是因为他与鲁彭和安条克的博希蒙德三世合谋，打算在塞浦路斯自立为王（1185 年），在塞浦路斯，安德罗尼卡的独立统治，一直坚持到被理查德一世和第三次十字军东征队伍驱逐为止。至少在最开始的时候，伊萨克得到了地方贵族的支持。安德罗尼卡的篡位也激起了位于小亚细亚西北部的两个主要城市尼西亚和普鲁萨（Prousa）的起义，而 1185 年西西里军队轻易夺取都拉斯，以及进一步推进威胁到塞萨洛尼卡也激起了对他统治的不满。

　　然而，最严重、危害最大的离心行动并不是"暴君"安德罗尼卡激起的，而是伊萨克二世·安杰洛斯，也就是将帝国从安德罗尼卡的暴政中解救出来的那位皇帝。具体事件是由彼得和阿桑（Asan）两兄弟组织发动的弗拉赫人起义，后来他们的兄弟约翰继续领导起义。随着起义运动的不断扩张，逐渐发展为与塞尔维亚人和亚美尼亚人一样的独立运动。和那些民族一样，彼得与阿桑发动的起义主要发生在位于山区的边境地区，并借助第三次十字军东征军队的影响，最终成立了具有民族性的王国，其国王还得到教宗的加冕。然而，他们之间也有不同，彼得和阿桑的起义军中包括弗拉赫人和保加利亚人，而其创建的王国则是对 10 世纪保加利亚第一帝国的刻意复辟。和其前辈帝国一样，这个新成立的保加利亚王国也不是一个小国家，尤其紧邻拜占庭帝国的腹地，强烈影响到君士坦丁堡和爱琴海北部的农业地区。此外，其发源地所在的拜占庭帝国边境地区，在过去大约一个世纪中一直相当安稳，这里原先并没有一个在政治上反抗拜占庭帝国的当地王朝，而且还通过多瑙河下游城市与邻近的游牧部落库曼人进行商业交易。起义主要是由于帝国政府的过度自满，这种自满最早表现在伊萨克二世时期，当时这里的官员从弗拉赫人那里捕捉牲畜以满足皇帝婚宴所需，而伊萨克二世不仅未能阻止事件的发生，也没有对该行为进行处罚，甚至也没有对其所造成的损害进行补偿；其次，这种自满还表现在他粗暴地拒绝了彼得和阿桑希望得到一个适当的带薪圣职的要求；再者，这种自满还表现为他没有很快地遏制住起义者的军事优势，也没有攻克他们在山区的堡垒和他们的库曼盟友。如此一

637

来，彼得和阿桑就成为无视中央政府的地方强权。在这件事情上，他们可能和在费拉德尔菲亚的一位希腊大财主狄奥多勒·芒加法斯（Theodore Mangaphas）有一些共同性，后者曾利用他与突厥边境的邻近关系宣布脱离伊萨克二世而独立。后来芒加法斯被伊萨克制服，但在第四次十字军东征期间，他又再度反叛，利用君士坦丁堡政权更迭之机掌握被地方贵族控制着的政权，成为"小王朝"之一。直到这时，许多其他外省的起义者也或多或少地无视皇帝权力而实现了事实上的独立。

我们很难归纳这些人的出身和目的。有些是来自科穆宁家族的贵族，最终还是回归权力中心。其他人，诸如伊万科（Ivanko）、多布罗米尔·克里索斯（Dobromir Chrysos）是弗拉基-保加利亚人起义的副产品。还有一位斯皮里登纳科斯人（Spyridonakes）也要求独立，他是一位塞浦路斯移民，曾在皇室财政部任职，后来被任命为罗多彼（Rhodope）山区的斯莫雷纳（Smolena）的官员。1204 年统治着阿特里亚的阿尔多布兰第努斯（Aldobrandinus），原先可能是一个比萨海盗。其他人则都是来自外省的"统治者"（*archontes*），是在招募士兵和军事防御方面成绩显著的当地官员。这其中包括短暂崛起的地方贵族，他们形成于继承拜占庭帝国的那些国家形成之前，包括东部边疆的主要权力中心费拉德尔菲亚的狄奥多勒·芒加法斯政权，以及为帝国提供舰队的伯罗奔尼撒半岛东部沿海城镇的利奥·斯古罗斯（Leo Sgouros）和利奥·哈马雷托斯（Leo Chamaretos）政权。

无论这些人各自有着怎样的出身和目的，他们都坚信，与中央政府对抗得到的利益远远大于服从所得，而且他们还能得到各自省区的支持。令人惊讶的是，他们所代表的这种趋势在 1203 年竟然得到认可，皇帝阿列克修斯三世也加入了他们的行列。阿列克修斯三世放弃在君士坦丁堡坚守抵御十字军，反而决定把首都留给阿列克修斯四世，而在色雷斯的莫西诺波利斯（Mosynopolis）建立了自己的王宫，他在那里得到了一直到塞萨洛尼卡的内陆富庶地区的资源。

科穆宁家族制

科穆宁帝国最显著或者说最重要的特征是将国家认同与科穆宁王

朝联系起来，也是过去常常被称为科穆宁封建主义的要素。在某些方面，曼努埃尔政权看起来比阿列克修斯或约翰政权的封建因素要少一些，尽管他更喜欢西方的骑士文化，更喜欢与西方骑士为伍。侯尼雅迪斯描述道：曼努埃尔成年后，"其统治益发独裁，没有把他的臣民当作自由民，而是他继承下来隶属于他的奴隶"，⑥ 他宠信太监，让人们想起科穆宁王朝之前的时代，他还努力控制特权和免税权的发放数量。不过，他针对的对象主要是教会和意大利海上共和国，他削减了他们的特权。而且其他证据表明，他至少和他的父亲和祖父一样极为纵容自己的庞大家族，而且他还非常谨慎地维持着以血缘关系为标准的严格的等级制度。起初，当他选择匈牙利的贝拉－阿列克修斯作为他未来的女婿兼继承人时，曾创设了一个新封号"专制君主"（despotes）；这一封号因阿列克修斯二世的出生而失效，但却被后来的皇帝重新使用，在与皇帝关系最近的家庭成员所享有的三个封号中，这是地位最高的，［其余两个为至尊（sebastokrator）和恺撒］，这一封号还带有准皇帝性的地位，允许封号持有者佩戴类似皇帝的徽章，并且在各种仪式场合与皇帝坐在一起。曼努埃尔还对皇室宗亲们的封号进行了少许改革。在科穆宁王朝初年，所有低于恺撒的皇亲外戚被授予各种不同的封号"显贵"（sebastos）。然而，曼努埃尔统治时期的仪式名单中，皇帝的侄子和堂兄弟们就位于掌控皇位的家族旁支，但除去他们作为亲戚这一身份，别的封号一概全无，唯一的例外是皇帝最看重的侄子，被封为"首尊"（protosebastos）以及首席将军（protovestiarios）。"显贵"（sebastoi）之下的封号就要低一级，而且他们中被封为驸马（gambroi）的人都是皇帝的堂姐妹以及侄女们的丈夫，这些人的级别要高于有些关系远到连名字都叫不出的亲戚。不仅皇亲们的级别要根据与皇帝的关系远近来仔细区分，要根据与之有关系的亲属的资历进行区别，而且皇亲们因与皇帝的关系而形成的称呼开始取代封号。

639

　　曼努埃尔统治时期，皇族除继续加强内部联系外，还向下从军事领域向官僚队伍扩张，并且向外与外国人建立联系。随着科穆宁贵族成员的不断增加，其中大多数人掌握了文官职位，而其他人则与最杰

---

⑥　Niketas Choniates, *Historia*, p. 60.

出的文官家族联姻，例如卡玛特罗斯（Kamateroi）此时已经与杜卡斯家族联姻，并且正逐步建立起他们在教会和官僚机构中的支配地位。阿列克修斯一世和约翰二世的婚姻外交使科穆宁家族与罗斯、高加索、匈牙利和德意志的统治王朝建立起婚姻联系。曼努埃尔还将君士坦丁堡皇族的联姻联络成倍地扩张，与奥地利、耶路撒冷、安条克、托斯卡纳、皮德蒙特、法国北部和朗格多克的王室以及大公建立联系。他还与英格兰的亨利二世以及西西里的威廉二世商讨联姻事宜。这可能是拜占庭帝国距离国际"王室家族"中心最近的一次，他们甚至借助收养孩子将科尼亚素丹拉入科穆宁大家族中来。曼努埃尔希望看到家族内外紧密联系起来，这一点也通过别的事情表现出来，例如他干涉教会婚姻法中关于血缘太近的亲属不能结婚的规定，他还处罚那些出身普通官员家庭却想把女儿嫁给贵族的人，理由是他们想要污损科穆宁家族新娘的血统。

1180 年，拜占庭帝国的政治生活前所未有地被这些皇亲贵族控制起来。这套体制的未来以从未有过的方式与庞大皇族的凝聚力联系起来。一个世纪以来，皇帝作为皇族领袖一直控制着这种凝聚力，但当皇帝 11 岁时，它就要所有科穆宁家族的贵族都对皇帝阿列克修斯二世保持忠诚。曼努埃尔尽其所能地创建了一个对国家和家庭有责任心的集体体制，他设置了摄政会议，可能是以他的顾问当中的核心人员为基础，包括他的遗孀、牧首和许多亲属。那些亲属很可能是根据尊贵程度来选择的，尽管侯尼雅迪斯指出他们在摄政会议中都是平等的。同时，他还得到素丹、安条克大公、耶路撒冷国王以及其他"王室"外部成员的保证，保证他们将会保护阿列克修斯的继承权。

事后来看，有一点确定无疑，而且当时的人们似乎也有所感觉，这种做法注定要失败。科穆宁家族从阿列克修斯一世时期就很容易结成帮派，随着一代代子孙的繁衍，家族内以户为单位的家庭数量成倍增长，整个家族的团结也不可避免地被削弱，而作为这一亲族（genos）核心的皇帝家庭（oikos）则不得不与他们分享帝国的有限资源，这个帝国一直被看作科穆宁家族的祖产。约翰和曼努埃尔的即位并非没有遭到别人的挑战，而且尽管曼努埃尔击退了反抗他的对手塞瓦托王（sebastokrators）伊萨克、他的兄弟和叔叔，但后来他叔叔的儿子安德罗尼卡继续反抗他，而他兄弟的支持者则转而支持阿列克修斯·

阿克苏齐，阿克苏齐就是曼努埃尔死去的兄弟的女婿。1167 年，阿克苏齐发动阴谋叛乱，不过很快被击溃，但安德罗尼卡从 1154 年起就成为最让曼努埃尔烦心的对手，甚至在被关进监狱时也麻烦不断，他曾于 1159 年和 1164 年两次从监狱中逃出，1167 年到 1180 年在帝国东部各邻国间流亡，那也是他成年后享受到的短暂的自由时光。他在曼努埃尔统治末期，返回君士坦丁堡并恢复名誉后，就像此前他的岳父那样，也被流放到帝国黑海沿岸一个相对舒适的地方。但是这次离开君士坦丁堡的行动一直被掌控在安德罗尼卡手中，而且给了他一个省作为权力基地，在那里，他招募支持者，使自己摆脱阴谋策划分裂阿列克修斯二世摄政议会的嫌疑，还表现出对抚养这个男孩和公共利益漠不关心的样子。根据侯尼雅迪斯的描述，有的人贪恋寡居的皇后，通过各种途径引诱她；有的人贪恋金钱，侵吞公共资产以满足他们日渐增长的开销；还有些人贪图权势。[7] 他还在另一处换了种说法来描述这些行为："他那些高贵的监护人当中，有的人就像蜜蜂一样一次次地前往外省，像蜜蜂酿蜜一样把钱存起来；而另外一些人则像山羊一样啃食着他们早就渴望收割的帝国的嫩苗；而其他人则躺在肮脏的利益上变得像肥猪一样。"[8] 这里，侯尼雅迪斯对牟利手段的强调很有意义，特别是不同来源之间隐含着的区别，例如，常常被滥用的来自各省的赋税，以及来自商业利润、可能还包括君士坦丁堡卖淫业的肮脏收益。它反映出有些人搜刮金钱以维持贵族的生活方式，而且这些也不断被用来刺激某些人的政治忠诚。

　　安德罗尼卡的孤立状态反而使他处于一个非常有利的位置，他充分利用这一优势，摆出姿态来捍卫阿列克修斯二世这个被监护人遭到忽略的利益，从而赢得了君士坦丁堡其他许多贵族的支持，这些人中也包括曼努埃尔的女儿玛丽亚，她憎恨在摄政议会中居主导地位的首席塞瓦托（protosebastos）阿列克修斯，这位阿列克修斯是曼努埃尔的外甥，因为与寡居的皇后是情人关系而能成为皇帝的监护人。当玛丽亚和这位首席塞瓦托的矛盾最终演变成武装冲突时，安德罗尼卡的介入就势在必行了。

---

⑦　Ibid., pp. 223 – 224.
⑧　Ibid., pp. 227 – 228.

641　　　　如果安德罗尼卡掌权后信守他做出的承诺，组建一个围绕着阿列克修斯二世的真正的摄政政府，那么他就有可能将科穆宁贵族们团结到一起。他的行政改革计划本身非常好，如果他能够公正而慷慨地对待那些与他地位相同的贵族，那么他本来是可以赢得支持的。但是他建立的却是一个恐怖政府，要消灭所有可能威胁其摄政权的人，甚至包括皇帝的姐姐和母亲，他还杀死阿列克修斯二世，打算让他自己的儿子约翰继承皇位，从而激起小亚细亚声势浩大的叛乱，他这样做实际上是将科穆宁大家族中大家一致认同的唯一核心清除掉了，使自己不得不依靠为了个人私益而与他绑在一起的小派别。他的恐怖统治一直持续，那些侥幸逃脱的人避往国外，逃往那些曾与曼努埃尔和阿列克修斯二世有联系或协议的统治者那里。因此，素丹、安条克大公和大主教、耶路撒冷国王、教宗、弗雷德里克·巴巴罗萨、蒙费拉侯爵、匈牙利国王，以及最重要的西西里国王，都应逃难者的要求前来进行干涉。在曼努埃尔的侄孙捧杯者（*pinkernes*）阿列克修斯·科穆宁的坚持下，西西里的威廉二世在 1185 年派兵侵入都拉斯和塞萨洛尼卡。远征军宣称的目标是要推翻安德罗尼卡，恢复年轻的阿列克修斯二世的皇位：假称阿列克修斯的名义虽然不太方便，但却是必然结果——后来的皇帝们同样如此——因为事实上安德罗尼卡已经将阿列克修斯二世的尸体沉入博斯普鲁斯海峡。因此，西西里人的入侵不仅使人想起当初罗伯特·吉斯卡尔、博希蒙德和罗杰二世的入侵；还为第四次十字军东征的转向提供了先例，结果拜占庭帝国不仅被大肆破坏，还受到严重羞辱，"王室"之外的势力也进入科穆宁家族的政治生活之中。

　　　　安德罗尼卡本来有可能成功地击退西西里人的入侵，就像他成功地平息每一次有组织反对他的阴谋一样，但无法预料到的是，其手下极为勤奋地逮捕潜在的阴谋者，导致更多的人奋起反抗他。当其重要亲信前去追捕一名被莫名怀疑的嫌犯时，那名嫌犯将这个亲信杀死，为了躲避死刑，他唯一的选择就是逃往圣索菲亚大教堂寻求避难。人们纷纷聚集到那里，当时安德罗尼卡可能是因为局势比较安全，恰恰不在首都，更重要的是圣索菲亚大教堂是为皇帝加冕的地方，因此就产生了连锁效应。伊萨克·安杰洛斯因为在正确的时间处于正确的地点，就被拥立为皇帝，这也对他的统治生涯带来决定性影响。为他摇

旗呐喊的人四处宣称且他本人也坚信，他的即位是天意决定的，他是
上帝从天堂派下来终结暴政的天使，因此他的整个统治是由上帝决定
的，并被上帝祝福和保护的。他认为他的权力完美无缺且不能遭到任
何批评指责，而且还不时地沾沾自喜、得意扬扬，但却非常不合时
宜。而其他重要人物对此并不认同。他奇迹般地登基并不足以使首都
之外的各路诸侯信服，这其中包括塞浦路斯的伊萨克·科穆宁、保加
利亚的彼得和阿桑、费拉德尔菲亚的狄奥多勒·芒加法斯，以及尼科
米底附近的塔尔西亚的巴西尔·乔扎斯（Basil Chotzas），他们都忠诚
于君士坦丁堡，还阻止了两位年轻人假冒阿列克修斯二世之名发动叛
乱。在伊萨克·安杰洛斯的家族内部，由于他既没有资历也没有军事
能力，因此一直未能实现和解，他的叔叔约翰以及他的侄子君士坦丁
都对他提出了挑战。科穆宁家族作为一个整体并没有应急性反应，因
为按照曼努埃尔推行的亲缘等级来衡量，他们中的许多人并不能提出
更有利的皇位要求，伊萨克是阿列克修斯一世小女儿的后代，而其他
人可以从父系追溯祖先，其中有些人可以追溯到约翰二世。对于有些
人来说，伊萨克的成功只能激发他们想要模仿这种成功的途径，于是
不时地在圣索菲亚大教堂周边现身、希望哪天也被立为皇帝。最早这
样做的是阿列克修斯·布拉纳斯（Alexios Branas），也就是阻击西西
里人入侵的将军。这次尝试失败后，他受命率军去镇压弗拉赫人的起
义，从而获得机会发动政变。而他的起义之所以能够造成巨大威胁，
是因为他既有科穆宁家族的血统，又有军事才能，而且还在哈德良堡
的军事贵族中拥有雄厚的家族支持。最终，君士坦丁堡市民对皇帝的
忠诚，以及蒙费拉的康拉德的大胆突围拯救了伊萨克。

　　伊萨克二世当政的十年间，至少爆发了 17 次起义，在整个 11 世
纪到 12 世纪中期，这个数字仅次于阿列克修斯一世在 39 年统治生涯
中遭遇的 21 次阴谋叛乱的数字。毫无疑问，伊萨克的得救又使他看
到了自己的幸运，但此起彼伏的反对浪潮动摇了其统治的稳定性，使
他完全不可能再将重要的军事指挥任务委派给威胁其统治的贵族指挥
官。这对于彼得和阿桑的起义走向可能有着决定性影响。由于缺少来
自科穆宁家族贵族们的支持，反而促使伊萨克过度宠信他的首席大
臣——他的舅舅——非出身科穆宁家族的狄奥多勒·卡斯塔蒙尼特
（Theodore Kastamonites），后来又继续宠信狄奥多勒的继任者君士坦

642

丁·美索不达米特斯（Constantine Mesopotamites）。这又促使科穆宁大家族下的五大世系即帕列奥列格（Palaiologos）、布拉纳斯、康塔库泽诺斯（Kantakouzenos）、拉乌尔（Raoul）和佩特拉利法斯（Petraliphas）的成员在 1195 年发动政变，推举伊萨克的哥哥阿列克修斯三世取而代之。

我们看到，过去兄弟姐妹之间的竞争曾经威胁到科穆宁家族体系，但是最终被控制住，这次起义的爆发和成功决定了 12 世纪整个家族体系的命运。侯尼雅迪斯把这种兄弟阋墙的行为看作道德沦丧的主要表现，而这最终导致君士坦丁堡的陷落。⑨ 伊萨克二世被罢黜后，他的儿子阿列克修斯逃往西方，正好为第四次十字军征战绕行君士坦丁堡提供了借口。随着科穆宁家族体系下贵族们的东山再起，体系内外两股力量不幸融合到一起。侯尼雅迪斯在回顾了安德罗尼卡及其父亲当政的时代后，发现了一个特征：

> 罗马帝国的权力轰然崩塌，土地和城市被瓜分，并且最后它也烟消云散。如果一定要为这场灾难找个主要理由，那么它就是科穆宁家族成员的起义和篡权。因为，这些人与仇视罗马人的人生活在一起，他们就是这个国家的祸根，即使待在家里，他们也无所作为、一无是处，无法胜任任何想要承担的事务。⑩

然而，除去未来的报应，阿列克修斯三世几乎没有遭到来自科穆宁家族的反对。1200—1201 年，他的堂弟米哈伊尔·安杰洛斯和曼努埃尔·卡米泽斯（Manuel Kamytzes）在外省发动了起义，在首都君士坦丁堡，阿列克修斯·阿克苏齐的儿子"大胖子"约翰·科穆宁曾占领皇宫，不过仅历时一天。但除此以外，由于阿列克修斯与卡玛特罗斯家族的联姻，从而得到官僚及教会的大力支持，而且扶植他上台的科穆宁庞大家族联合体，对他领导的自由放任的政权感到非常满意，而且也很满意他将科穆宁改成安杰洛斯。1204 年之后，这五大家族都愈加繁荣；其中有四个家族在 1261 年重建的帕列奥列格帝

---

⑨　*Ibid.*, pp. 453–454, 532.
⑩　*Ibid.*, p. 529.

国中地位显赫，而帕列奥列格家族之所以能够在未来的统治权中领先，是由于阿列克修斯三世将他的女儿伊琳妮嫁给了阿列克修斯·帕列奥列格。

阿列克修斯三世的另一个女儿安娜嫁给了狄奥多勒·拉斯克里斯（Theodore Laskaris），后者奠定了后来尼西亚帝国的基础，而尼西亚帝国则是 1204 年出现的三个主要的希腊人国家中最成功的一个，这些希腊人国家都努力继承拜占庭帝国。伊萨克二世和阿列克修斯三世的堂弟们建立了西方式的国家，曾造就了塞萨洛尼卡帝国短暂的辉煌，后来发展为希腊西北部的伊庇鲁斯专制国家。特拉布宗帝国一直延续到 1461 年，其统治王朝自称大科穆宁（Grand Komnenoi），是安德罗尼卡一世的后人。

在曼努埃尔一世继承者们的统治下，以君士坦丁堡为中心的科穆宁家族体系按照其内在的逻辑走向毁灭。1204 年后，这套体系在 12 世纪当朝的最后几个统治家族当政期间，重新分布到外省，从而确保了此后拜占庭帝国能够继续存在两个半世纪，而且原先导致分裂的潜在因素也被荡涤一清。

保罗·马格达里诺（Paul Magdalino）

郭云艳 译

陈志强 校

第二十一章

1098—1205 年的拉丁东方

644　　第一次十字军东征，随着 1099 年 7 月 15 日征服耶路撒冷而宣告结束，其结果是建立了耶路撒冷的拉丁王国。这里将成为最大、最重要的十字军国家，而其他十字军国家在十字军还行进在途中时也已经建立。从 1097 年秋到 1098 年 3 月，布洛涅的鲍德温占领了幼发拉底河的东、西两岸，并最终攻占埃德萨，在那里建立起埃德萨伯爵领地，对东北部的其他十字军国家起到保护作用。拉丁人统治的主要人口是亚美尼亚人。1098 年 6 月，经过漫长而艰苦的攻城战，十字军攻克安条克，战斗中的领导人之一塔兰托的博希蒙德一世成功地在十字军继续进兵前，使其他十字军领袖承认了他对安条克的所有权。普罗旺斯人试图遏止这个诺曼人的野心，但未能成功。无论是鲍德温还是博希蒙德都参与了此后的十字军战争，但没有人切实遵守了他们向拜占庭皇帝发出的誓言，即把征服到的原拜占庭领土归还给拜占庭帝国。此时，博希蒙德建立了安条克公国，统治阶层是明显与众不同的诺曼人，他们管理的居民中有穆斯林和希腊人。1099 年圣诞节，耶路撒冷大主教正式将公国授予博希蒙德，使他的统治拥有了合

645　法性。

　　当十字军抵达古老的巴勒斯坦首府拉姆拉（Ramla）时，他们直接任命了一位拉丁主教，丝毫没有让希腊教会参与管理的打算。事后看来，这将成为巴勒斯坦拉丁教会的起点。经过将近六个星期的围城，耶路撒冷被攻陷并遭洗劫，市民被屠杀，血流成河。8 月 12 日，埃及军队在阿什卡隆（Ascalon）附近被击溃，耶路撒冷取得的成功

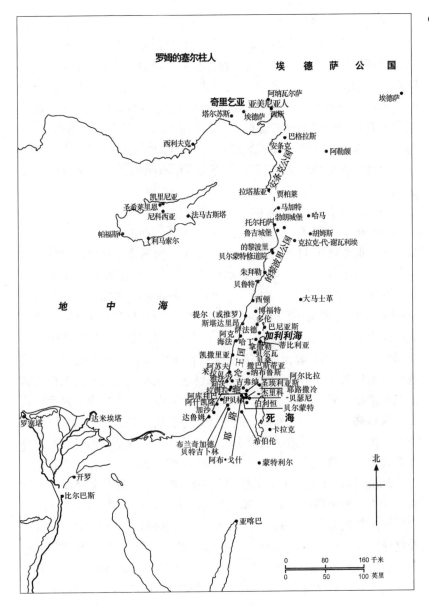

地图17　拉丁东方

得到巩固。此时距离布永的戈弗雷从洛林出发已过去三年。然而，对胜利果实的管理却要更加困难。当图卢兹的雷蒙因对方缺乏诚意、拒绝了请他统治耶路撒冷的邀请后，下洛林公爵布荣的戈弗雷被军队推举来管理耶路撒冷，不过他拒绝称王，但继续沿用公爵的封号。在耶路撒冷，他是事实上而非名义上的国王。国家与教会的关系仍未明确，不仅仅是因为戈弗雷的地位含糊不清，也主要是因为耶路撒冷教区大主教尚未得到完满的安排。原来的希腊大主教在塞浦路斯去世，而刚刚到耶路撒冷教会就职的颇有才干的佛兰德人绍克（Chocques）的阿尔努尔夫却由于强烈反对教会法而没有被封圣，后来也很快被免职。

　　1099 年 9 月，大多数十字军骑士返回了家乡。图卢兹的雷蒙被戈弗雷赶出了耶路撒冷，后来又离开巴勒斯坦西南部，去了叙利亚和黎巴嫩。戈弗雷于 1100 年 7 月 18 日去世，统治耶路撒冷的时间仅有一年。他留下的遗产没有引发太多权力争斗，反而需要继任者努力控制耶路撒冷、贾法（Jaffa）、利达（Lydda）、拉姆拉、伯利恒（Bethlehem）和希伯伦（Hebron）。这些城市就像是在敌对的穆斯林人海洋中的几个孤岛。然而，当博希蒙德的外甥坦克雷德将加利利（Galilee）的大部分领土纳入基督徒统治下以后，戈弗雷就说服他将这些土地作为戈弗雷国王封给他的采邑进行统辖。王国内的人口结构完全无法让人满意，而且几乎一直没有得到改善。人口中占最大比重的是穆斯林和叙利亚基督徒，虽然城市中叙利亚基督徒的数量高于穆斯林，但在广大乡村地区完全不可能判断两者的数量，而且穆斯林和犹太人被完全禁止进入耶路撒冷。"叙利亚基督徒"一词，即苏里亚尼（Suriani），在关于十字军的文献中经常出现，但意义模糊，不同时期和不同地区指代不同事物。总的说来，它指的是所有"不遵从罗马律法"的基督徒。在大多数场合下，这种说法就足够了，因为在这样的国家中最深刻的社会矛盾是法兰克人（也就是十字军士兵及其后代）和非法兰克人之间的矛盾。只有我们试图明确区分它们时才会发现其意义含混。由于人口来源广泛，因此这一词语指的是使用阿拉伯语以及大多遵从叙利亚礼拜仪式的东方基督徒，更特别的是，他们从北向南按照占主导地位的信条形成了如下大致的地理分布：北方是异端一性派的雅各派；（Monophysites 是产生于 5 世纪的

基教教派，451 年被斥为异端，该教派内部形成不同派别。——译者
注）黎巴嫩地区是异端（1181 年前）基督单一意志说的马龙派
（Maroites）；南方是与罗马决裂了的希腊东正教信徒。这些人之上是
信奉天主教信条的欧洲统治阶层，称为拉丁人或法兰克人，其中包括
教士、贵族和自由民，总体数量仍然很少，但这些成员（Staatsvolk）
虽然所占比例不同，却垄断了所有政治权利。

　　更糟糕的是，法兰克人不均匀地散居在各个地区。他们大都集中
住在城市；事实上，贵族们大都不会生活在他们分封到的领地上，地
产一般由本土的管理人员负责。与过去公认的观点不同，最近的研究
表明，生活在乡村地区的法兰克人并没有与当地的叙利亚基督徒完全
隔绝，而是与叙利亚基督徒生活在同一村庄，这些叙利亚基督徒在十
字军到来之前就生活在这里。在加利利也就是约旦河与死海的东部沙
漠边缘地带，法兰克人非常稀少，以至于迫切需要移民。鉴于这里的
法兰克人少得都无法满足防御需求，因此至少在春季到夏季的航行季
节保证来自欧洲的供给线畅通就成为至关重要的任务。这就要求控制
沿海地区。戈弗雷清楚地意识到这一问题，为了得到比萨海军的支
持，他忍受着前比萨大主教戴姆伯特（Daimbert）治下的教会施加的
无情压迫，最终不得不做出让步，并在胜利后被迫将一个公国转让给
大主教。

　　戈弗雷去世后，那些来自洛林和法国北部的封臣立即阻止对这些
产业进行分割，并成功地从埃德萨邀请戈弗雷的兄弟鲍德温前来统
治。1100 年圣诞节，鲍德温加冕称王，也成为第一任耶路撒冷国王。
他隆重举行的仪式，与三次婚姻反映出的不体面的婚姻生活形成鲜明
对比。作为一名不懈努力的战士，他用铁腕统治着他的封臣，并成为
耶路撒冷拉丁王国的真正奠基人。他按照前格列高利时代的方法处理
教会事务，自己控制教会税收，并蛮横地对待一些主教。但是他又积
极支持绍克的阿努夫，后者在 1112 年后成为恪守教规的主教，并致
力于改革耶路撒冷教会。1101 年，他把诺曼人坦克雷德赶出加利利，
从而加强了王国的洛林—法国北部特征。到 1110 年他夺取贝鲁特
（Beirut）和西顿（Sidon）时，就已经征服了沿海大多数城镇。在这
两个城市中，穆斯林居民第一次可以进行选择：究竟是移居他乡还是
继续留在法兰克人的统治之下，这是对先前清洗政策的重大变化，当

时也是必然结果。特别重要的是 1104 年他攻占阿克。这场胜利给王国带来了第一座安全的港口，并且这座城市也很快发展为王国的经济中心；到 1120 年，城市已经变得拥挤而出现了郊区。到 1105 年，国王鲍德温一世通过在拉姆拉附近进行的一系列战事，成功地阻止了想要收复这里的埃及军队，消除了威胁。

加利利海东岸地区的战斗拖拖拉拉，在 1108—1110 年才终结，当时鲍德温在大马士革（Damascus）设立了一片无人区，并对外约旦北部、豪兰（Jaulan）和比卡（Biqa）的黎巴嫩平原实行共管，从这些地区的农民手中征缴到的税收双方平分。此后虽然不时会发生暴力冲突，但这种状况一直持续到 1187 年，而且双方都不认为此事得到了最终解决。1110—1113 年，鲍德温成功地抵抗住了一个庞大的穆斯林联盟对其王国造成的严重威胁。而由于他的主要对手们纷纷去世，他也成功脱险。这件事给他带来了机会，他于 1115—1116 年，首次深入外约旦南部地区，并在那里建起伟大的蒙特里尔（Montreal）城堡。

648　　为了取得这些惊人的成功所付出的代价也是巨大的。鲍德温仿照过去戈弗雷的做法，制定政策收买了一支海军以提供所需的必要支持，当时只有意大利的海上共和国愿意提供这种服务，而相应的回报不仅要使意大利人享有免税或大幅减税的优惠，还要拥有一块属于他们自己的领地，这样的领地至少从 1124 年开始就享受越来越强的自治权，不受王国干涉，在这里，他们享有除某些刑事犯罪之外的领事司法权，因为刑事犯罪通常都是留给国王审判的重要事务。

1113 年，鲍德温迎娶了罗杰二世的母亲阿达拉西亚（Adalasia），不但与西西里缔结了非常有价值的婚姻，她还带来了急需的金钱。但婚约中却提到罗杰可以继承耶路撒冷王位，其先决条件是鲍德温夫妇没有孩子，而且鲍德温本人也没有任何子女。1117 年，教会和他的封臣们举证了一件之前被忽略的事实，即鲍德温的前妻仍然在世，且尚未正式离婚，从而迫使他不能接受阿达拉西亚，也就解除了他与西西里人的结盟。这是国王在政治上变得脆弱的最早征兆。次年，封臣们迫使他放弃对埃及的战争，不过他拒绝按照他们的意愿行事。在回来的路上，鲍德温因旧伤复发去世。

他的亲戚鲍德温二世继任。但起初有些贵族坚决反对，并想要让鲍德温一世的弟弟布洛涅的尤斯塔斯三世即位，双方险些爆发内战。不过，国家在完成政治扩张后，内部也得到了巩固。国王很快与教会在 1120 年的纳布鲁斯（Nablus）宗教会议上达成和解，将原先被国王和贵族控制着的教会什一税归还给教会。

国王关注的主要是叙利亚北部。他曾在 1100 年后被任命为埃德萨伯爵。而法兰克人因一系列不幸事件被削弱。安条克的博希蒙德一世在 1100 年到 1103 年被穆斯林囚禁，他的侄子坦克雷德代他摄政。后者当政期间，确保了安条克人在奇里乞亚的地位，并在 1108 年永久性地占领了拉塔基亚港。1103 年博希蒙德被释放后，北部的法兰克人联合起来想要切断阿勒颇与美索不达米亚的塞尔柱人基地的联系，但迫于 1104 年法兰克人在巴里克河（Balikh）战败而中止，那场战役粉碎了法兰克人不败的神话，并导致埃德萨的鲍德温被穆斯林俘虏。埃德萨也脱离安条克的控制独立了一段时期，当 1105 年博希蒙德前往欧洲寻求支持以对抗拜占庭从北方对其国家造成的越来越大的压力时，坦克雷德再次成为安条克的摄政。但他所率领的十字军队伍进攻亚得里亚海岸的都拉斯时，却被对手完败，并签署了一份极具羞辱性的条约，虽然这份条约并没有得到切实执行，但博希蒙德也不敢再次出现在安条克，并逐渐被人遗忘，于 1111 年在家乡阿普利亚去世。

1108 年，埃德萨的鲍德温重获自由，坦克雷德犹豫良久才将埃德萨归还给他。此时，不同的宗教信仰竟然结盟作战，坦克雷德和阿勒颇合兵对抗埃德萨和摩苏尔（Mosul），十字军也很快加入纷繁复杂的叙利亚—美索不达米亚政治舞台上来。大家要求耶路撒冷国王鲍德温一世充当东方法兰克人的仲裁者。他应邀到来并驻扎在的黎波里城外，这座城市自 1103 年就被围城，起初围城的领导人是图卢兹的雷蒙，但他于 1105 年去世，遗留下的是继承权之争。1109 年，鲍德温一世制定了一份妥协方案，暂时将老伯爵的黎巴嫩领地分成两部分，分别由安条克和耶路撒冷监管。然而没多久，某些继承人相继去世或被谋杀，这个地区也再次归于统一，并成为耶路撒冷国王的附庸，尽管它没有正式并入王国，而且还不时地切断与王国的联系。1109 年，安条克被纳入坦克雷德的统治之下，并保证它能够摆脱耶路撒冷实现独立。尽管博希蒙德一世重新返回，但加利利为坦克雷德

649

提供了另一种选择，坦克雷德最后不得不放弃对埃德萨的要求。于是进一步收紧对的黎波里的封锁，这座城市也被迫在 1109 年 7 月投降。这标志着最后一个十字军国家——的黎波里国的建立，建国者为普罗旺斯人。

　　1109 年事件的解决最重要的意义在于，开创了耶路撒冷国王作为整个拉丁东方最高权威的先例。当国王鲍德温一世与大马士革和摩苏尔作战（1110—1113 年）时，他就像代表自己的王国那样充当了整个北部地区的代表。更巧合的是，当 1115 年安条克和埃德萨在阿勒颇和大马士革的帮助下，于塔尔·丹尼斯（Tall Danith）击败塞尔柱人时，他并不在场，而这场战争也意味着塞尔柱素丹收复叙利亚努力的失败。

　　与其他耶路撒冷国王相比，鲍德温二世在安条克事务中投入了巨大的精力。坦克雷德在 1112 年去世前一直作为摄政王正式统治安条克。他的继任者罗杰只是在形式上作为博希蒙德二世的摄政王，当时年幼的小博希蒙德之父博希蒙德一世身在阿普利亚。就在鲍德温二世即将成为国王，并将原有的埃德萨领地交给当初拥立他为国王的科特尼（Courtenay）的约瑟林一世时，他却不得不应安条克的罗杰之邀北上，因为这位罗杰极为愚蠢地在鲍德温抵达之前就与穆斯林开战。罗杰的军队也在 1119 年被消灭，后来那个地方被称为"血池"，而他也被杀死。鲍德温二世不得不承担起安条克的摄政之职，而且在 1126 年博希蒙德二世抵达之前一直无法脱身。总的说来，他在北方做得很好，但也付出了沉重的代价。从一开始，耶路撒冷就不欢迎这个摄政王。各地诸侯们不得不与阿勒颇进行无休止的战争，但由于这份摄政协议，又被排除在北方领地的分封之外。早在 1120 年，国王就对北方发动了战争，艰难地夺取了"真十字架"。1123 年 4 月，他被阿勒颇人抓获，直到 1124 年夏季才重获完全的自由。1125 年，他离开北方。在他被俘期间，他在安条克的权力被大主教取代，而在耶路撒冷则由三人摄政委员会暂时代理。耶路撒冷并没有发生现实危机，表明君主制度相当稳固，但事实上，当地居民更愿意让摄政委员会来统治，而不青睐永远缺席的国王。

　　摄政委员会取得了不俗的成绩，1124 年 7 月，他们在威尼斯海军的支持下攻克了重要的港口城镇提尔（Tyre）。但是，换取威尼斯人提供的不可或缺的帮助，却需要以重大的让步为条件。除了通常需要赋予的特权外，威尼斯人还设立了自己的法庭，以便处理与威尼斯人相关的所有案件，只有威尼斯人为原告并涉及其他人的案件才继续由国王负责。威尼斯还占有了市郊（contado）的三分之一。由此树立了一个意大利人成功的标准，其他意大利海上共和国将它作为衡量自己是否成功的标志。但是这些特权严重损害了王国的司法权，事实上，损害甚至影响王国的政治及统一。

1126 年，鲍德温二世最终交出了他在北方的摄政权，不过当1130 年博希蒙德二世在战场上去世且只留下一名尚在襁褓的女儿康斯坦丝时，他又恢复了摄政权。由于 1129 年远征大马士革的军队遭到惨败，因此鲍德温统治的最后几年，虽然不断受到内部起义的困扰，但他与穆斯林战争的前线却平安无事。这时，圣殿骑士团经过十年朝不保夕的经历之后，终于得到教会的承认，虽然还需要再过十年才能完成组织框架的建立。圣殿骑士团未来的竞争对手医院骑士团的创建时间更早，可以追溯到前十字军时代耶路撒冷的阿玛菲坦（Amalfitan）客栈。从一开始，圣殿骑士团的成员就是武士，而医院骑士团从未放弃他们的慈善功能，1136 年以后才开始承担圣地的军事义务，到 1154 年，他们完成了组织架构。这两个组织的出现促使他们迅速从欧洲征集到大笔赋税，并为王国的战斗力量提供了非常重要的补充，不仅人员数量增加，也对许多大型城堡加强了维护。

1131 年，国王去世。由于没有儿子继承王位，最后形成了他的长女梅丽森德，以及在 1129 年和她结婚的安茹伯爵福尔克联合执政的制度。

福尔克如今承担起对北方的保护责任，就像先前的两位鲍德温承担的使命一样。福尔克不得不一而再，再而三地拒绝鲍德温的另一个女儿、如今是寡妇的安条克王国的王后艾丽丝，因为后者想要牺牲自己的女儿康斯坦丝以便成为统治者。在一连串阴谋中，艾丽丝不只是为了寻找盟友或调情对象，她找到的人还包括埃德萨、的黎波里、耶路撒冷等地的大主教，还有比较危险的拜占庭帝国的甚至摩苏尔的主教。这些麻烦严重削弱了安条克的实力，以至于奇里乞亚先是被亚美尼亚人占领，后来又被拜占庭军队占领。1136 年，福尔克安排普瓦

651

蒂埃的雷蒙娶了康斯坦丝，并成为安条克大公。

由于拜占庭人想把安条克重新纳入拜占庭帝国治下，因此给十字军带来巨大困难。当皇帝约翰·科穆宁于 1137 年来到安条克城外时，大公雷蒙和国王福尔克都不得不接受安条克成为拜占庭封地的条件。他们希望拜占庭人能够提供具有决定性的帮助来抗击伊马德·丁·赞吉（Imad al-Din Zengi），后者在 1127—1128 年统一了摩苏尔和阿勒颇，成为十字军的劲敌。但是期待中的援助并没有到来。在 1138 年前，皇帝约翰一直没有进入安条克，到 1138 年，由于他的军队依然在遥远的东方征战，结果他被民众暴动推翻了。而赞吉此时想要夺取安条克。为此，大马士革和耶路撒冷在 1139 年结盟，这次结盟直到 1154 年也成为耶路撒冷的主要外交政策。无论局势变得如何紧张，这种结盟关系一直得以维持。1140 年，福尔克征服了班亚斯（Banyas）。这里控制着约旦河的源头，还有上加利利地区的肥沃土地，当地还是穆斯林进入耶路撒冷王国北部地区的重要通道。同年，罗马教宗的使节罢免了安条克主教拉尔夫的职务，后者是最后一位梦想在东方建立一个独立拉丁教会的主教。在西南部，福尔克在埃及设于阿什卡隆的前哨要塞周围修建了一圈城堡，从而控制了这里；而这些城堡大多是他统治时期为控制外约旦地区而建的。1142 年，皇帝约翰·科穆宁再次进兵奇里乞亚和叙利亚。这一次他甚至打算武装一批"朝圣者"前往耶路撒冷。该计划令福尔克极为惊恐，他艰难地劝阻了皇帝。1143 年 4 月皇帝猝然离世，从而拯救了安条克，而当年 11 月，福尔克也与世长辞。

福尔克的小儿子鲍德温三世继任，他的母亲担任摄政。此时，最紧迫的问题仍然来自北方。自 1109 年以来，的黎波里地区基本平安无事，唯一的例外是 1098 年普罗旺斯人和诺曼人发生冲突，最后在 1112 年的黎波里和安条克的和解下解决。早在福尔克统治早期，的黎波里人就想要摆脱耶路撒冷的霸权。但是位于奥隆特斯河（Orontes）上游的一个小酋长国，此时成功地加入赞吉治下，有鉴于此，的黎波里的各位伯爵都在犹豫是否攻占那里。为了保卫东部边疆，他们设立了两支重要的相对独立的边境军队：一是医院骑士团，于 1144 年将胡姆斯附近的克拉克-代-舍瓦里耶城堡（Crak des Chevaliers）交给了他们，在后者的治理下，势力大幅扩张；二是圣殿骑士团，他们于 1152 年控制了托尔托萨大部分地区，随着时间推移还控制了强大的勃朗城堡（Chastel Blanc）。这两支边疆军队都遭遇了阿萨辛派的叙利亚分支，阿萨辛派是一支危险的什叶派教派，形成于 1132 年到 1141 年的托尔托萨东部山区，极难控制。虽然医院骑士团给这个教派带来了真正的威胁，但到 1173 年圣殿骑士团却愿意接受一笔年贡并为这些人提供保护。1152 年发生了阿萨辛派政治刺杀史上最引人注目的事件，的黎波里伯爵雷蒙二世被刺杀，这也是阿萨辛派首次袭击法兰克人。

　　埃德萨的命运更富戏剧性。来自科特尼家族的伯爵约瑟林一世精力充沛，他于 1101 年来到东方，30 年后去世，把领地留给了与其同名的儿子，后者是一个懒惰的放荡子（*débauché*），他沉迷于奢侈品，并不断设计阴谋陷害安条克的雷蒙，因为后者从 1140 年开始就成为他的领主。幼发拉底河东岸地区由于经常受到突厥人蹂躏，而成为赤贫之地。在其首府埃德萨，粮食和武器的存量已经降到最低限。法兰克人在人口中所占比例比其他十字军国家都要少，城市安保由亚美尼亚雇佣兵负责，但他们却经常领不到军饷。当赞吉于 1144 年末包围埃德萨时，一切都已难以挽回。1143 年拜占庭皇帝去世后，拜占庭军队撤离叙利亚。此时，安条克不得不专心自保，安条克大公也没有心情援助埃德萨。耶路撒冷在国王福尔克去世后，在政治处于动荡期。梅丽森德王后的确曾派遣援军，但尚未抵达，埃德萨就已经在 1144 年圣诞节陷落了，这件事在欧洲激起了第二次十字军东征的热潮。而其他地区的陷落也不过是个时间问题。

　　1146 年赞吉去世后，十字军尝试重新夺回埃德萨，战争只持续了数天，导致该城被劫掠焚烧，城中的基督徒被奴役和杀害。这次打击之后，埃德萨再也没能恢复过来，也就不再是吸引法兰克人的目标了。从设立的新首府向西，约瑟林二世控制了幼发拉底河沿岸，直到 1150 年被捕为止，他再也未能重获自由。这个地区当时已经完全对来自安纳托利亚发动进攻的塞尔柱人敞开大门。在安条克，雷蒙大公刚刚于 1149 年被杀害，耶路撒冷还陷于激烈的内斗，这两个地区都只能退却而无力做任何事。结果，经鲍德温三世认可，埃德萨伯爵夫人于 1150 年将幼发拉底河西岸剩余的六座堡垒卖给了拜占庭帝国，此后不到一年的时间，这些堡垒就失陷于穆斯林。埃德萨作为第一次十字军曾经创立的国家，是第一个拉丁人统治不足半个世纪就陷落的地方。

1146 年赞吉被谋杀后，他的权力分由他的两个儿子接管，其中努尔·丁接管了阿勒颇。对于法兰克人来说，后者将成为比他父亲更恐怖的对手。与赞吉不同，努尔·丁并不忙于美索不达米亚事务，而是集中力量与大马士革和法兰克人争战。在洗劫埃德萨后，他又于1147—1148 年夺取了安条克奥隆特斯河东岸的大部分领土，迫使安条克公国大幅收缩，成为揳进奥隆特斯河与美索不达尼亚地区的一个小长条地区。1148 年第二次十字军征战的到来使努尔·丁解除了对大马士革的包围。由于此前法王路易七世和安条克的雷蒙已生嫌隙，安条克公国对十字军的态度十分冷淡，而的黎波里也由于其他原因同样态度冷淡。努尔·丁紧随着十字军的到来再次发动攻击。1149 年 6月，他与法兰克人在奥隆特斯河东岸的因阿布（Inab）开战，赢得了最伟大的一场胜利。雷蒙大公阵亡。安条克政府交由雷蒙的遗孀康斯坦丝统治，但事实上被大主教利摩日的艾默里（Aimery）掌控，这位大主教在长达 53 年的任期里，一直是安条克政治的幕后操纵者。安条克公国仅剩的奥隆特斯河东岸地区也已经失守，在奥隆特斯河西部，也就是那场战役的直接影响地区也失去了控制。然而，这场战役也使努尔·丁成为逊尼派伊斯兰信徒以及进攻法兰克人圣战的领导者。穆斯林的宣传支撑着他的宗教和政治目标，收复耶路撒冷被列入政治计划。

在南部，耶路撒冷王国因内部争斗而分裂，这恰好满足了国王鲍德温三世的需要，他刚刚因支持北部十字军国家的战争而得到军事统帅的名望，远征外约旦的佩特拉（Petra）也取得了成功。战场是唯一一个他母亲无法与之相比的领域，而在其他所有领域她都略胜一筹。

目前尚不清楚 1131 年福尔克统治期间他们夫妻联合统治是怎样经历初期的困难而步入正轨的。1134 年后，福尔克颁发的特许状都得到王后梅丽森德的确认，但并不确定这能在多大程度上反映他们在政府中的权责。比较肯定的是，耶路撒冷大主教威廉（1130—1145年在任）能够直接影响王国政府，这一点要比在他前后的其他大主教更为突出。联合使节们能够证明这一点。从耶路撒冷法庭的运行中可以发现一个独一无二的例子，威廉和国王共同在一份国王特许状上盖章，而且更重要的是，有一份以他的名义颁布的特许状是国王下达的命令并涉及国王事务。福尔克去世后，梅丽森德的时代来临了。其儿子国王鲍德温三世年纪尚幼，因此 1145 年之前梅丽森德一直担任摄政。当鲍德温成年后，梅丽森德继续统治，仿若什么也没有发生，因为作为共治君主，她从福尔克时代开始享有王国的一部分（具体领地不确定），而且整个王国也仍然属于她。但对于王国来说，这就意味着麻烦。

1149 年，耶路撒冷王国的首相、颇有才干的英国人拉尔夫被迫辞职，后来又在竞聘提尔大主教的争夺中失败。在后来的数年中，这对母子一直未能就首相人选达成共识，王国事务也沦为书记员们通过各自教士互相竞争交易的对象。这对母子之间的裂痕导致整个王国的分裂，使国家崩溃。梅丽森德得到教会的支持。她控制了耶路撒冷和犹地亚（Judaea）以及撒马利亚（Samaria）和加利利。除了王朝宫廷外，她成功地将王室官员都换成自己人。国王只能逐渐地以提尔和阿卡周围的王室辖区为自己的权力基地。他还成功地获得北方的贝鲁特和托伦（Toron）领主们的效忠，其中托伦领主还作为城堡管家为他控制着南方的希伯伦。

危机爆发初期，第二次十字军东征给鲍德温三世带来了机会，使他能够对抗自己的母亲。鉴于与大马士革的结盟是保证耶路撒冷和平发展的必要因素，因此他突然决定包围大马士革的计划以及后来的行动就让历史学家感到非常困惑。关于这一决定的原因，也许能够从耶路撒冷的权力争斗中找到。从文献中可以得到一些证据，有迹象表明，鲍德温有意征服大马士革，而后将这里封给贝鲁特领主，这样可以改变权力平衡，使权力天平倾向他自己。由于耶路撒冷贵族们的背叛告密，对大马士革的围城不得不放弃，在这些贵族中，加利利的埃里南德（Elinand）作为加利利地区的领主以及梅丽森德的支持者，无疑会受到国王计划的双重影响，因此他也是对此事负主要责任的人。

从 1150 年开始，双方看似要进行最后的胜负对决。国王必须倚仗那些被剥夺财产以及心怀不满者的支持。而王太后则设立只效忠于她的、属于她自己的封臣，这些人在 1150 年拒绝响应国王的号召前去其军中服役，并声称他们是王国中隶属梅丽森德的那部分人。这就

654

等同于王国的分裂，但在第二次十字军东征后，梅丽森德的地位开始下滑。加利利改变了立场。为了弥补这一损失，她于 1151 年封小儿子阿马尔里克为贾法伯爵。但是在 1150 年或 1151 年，她却犯了一个严重的错误，安排王室总管、同时也是没有土地的新来者马纳塞斯（Manasses）与一位富孀结婚。这一做法得罪了所有古老家族，特别是该寡妇的儿子们，也就是权力正在迅速上升的伊贝林（Ibelin）家族。鲍德温三世于 1152 年复活节采取行动。他请求大主教在他母亲未出席的情况下为他加冕。结果和预料的一样，他遭到大主教的拒绝，但是国王仍戴着王冠在首都巡游一圈。这就是宣战。虽然王国被立即正式分为两部分，但并没有实际效力，经过三个星期的内战，国王将其母亲逐出权力中心，并贬退了不受欢迎的马纳塞斯，后者不得不返回欧洲。梅丽森德（死于 1162 年）保留了位于撒马利亚的领地，这里也是王国留给她的最后部分产业，她还被迫保证不干涉政事。她偶尔从隐居的纳布鲁斯出来参加教会捐助活动，甚至还在国王离开时对政治发表一些意见。除此之外，联合统治已彻底结束。1156年，前任首相拉尔夫复职，并被升为伯利恒主教。在梅丽森德的支持者中，只有最杰出的人才会重新受到国王任用。其他人不是永远不受重用就是长期靠边站。

鲍德温三世在保住统治权力后，开始着手谋求政治上的成功。1153 年，经过将近七个月的围城，他终于攻陷阿什卡隆，这也是穆斯林在沿海地区的最后一座堡垒。在漫长的围城期间，正赶上顺着季风而大批涌来的朝圣者上岸，于是大量朝圣者被征召入伍，为此国王几乎陷入破产的境地。现在他已经强大到足以修复与其弟阿马尔里克的关系，虽然后者坚决支持梅丽森德，但鲍德温颇有风度，封他弟弟为贾法－阿什卡隆伯爵（1154 年）。

在阿什卡隆取得的惊人成绩似乎使人们忘记了他在北部的事务中没有取得什么成果。1149 年，由于曾在 1139 年主持大马士革与耶路撒冷结盟而凸显才干的突厥指挥官乌努尔（Unur）去世，大马士革开始从内部衰弱。1150 年以后，阿勒颇的努尔·丁也逐渐加强了对大马士革的压迫，而且其政府中负责宣传的人员还否认与法兰克人签署过和约。1150 年，国王想为安条克最后一位大公的遗孀康斯坦丝再找一位丈夫，以便加强该城的防御。尽管他提出的人选的名声都不错，却都遭到大公夫人的拒绝，事实上，她拒绝接受再婚的提议。后来的事件发展表明，这仅仅只是托词，实际上是因为从 1150 年开始，国王及其母亲一直未能就合适人选达成共识，从而陷入政治僵局。就在梅丽森德失败后的一年里，康斯坦丝就有了动作，嫁给了一位刚刚来自勃艮第的鲁莽冒险家沙蒂永的雷纳德，他丢掉了在法国的祖产，当时身无分文，正在阿什卡隆做雇佣兵。她的这一决定让她的诸侯极为震惊，显然其再嫁的决定在事前得到了国王的允许。后来由于他不可否认的英勇，布卢瓦的彼得还在他死后为其行宣福礼，而且这么做时他也未能最终完成功业。雷纳德自称家世显赫，其祖先可以追溯到高卢—罗马时期的元老院家族，这一点为他增色不少，但鲍德温三世实在不该同意这桩婚姻。从这时开始，雷纳德无论去到哪里都会引起无止境的麻烦。他刚到安条克就职，就极为残忍地将大主教艾默里流放，从而摆脱了大主教对他的政治影响，这一流放一直到 1159 年。

在 1154 年大马士革人对努尔·丁敞开了大门之后，王国确实非常需要将士。而且，耶路撒冷也失去了 1139 年盟约带来的相对安全的环境。但由于阿勒颇和大马士革现在联合起来反对安条克和耶路撒冷，由于皇帝弗雷德里克·巴巴罗萨忙于意大利事务，由于英格兰和法国无休止地纠缠不清它们的利益冲突，因此此时唯一有能力对法兰克人提供支持的力量是拜占庭帝国。与别的国家缔结盟约需要熟练的外交技能，而这正是雷纳德缺少的。万幸的是，国王鲍德温三世非常有经验。1157 年，他开始与拜占庭帝国协商，想要抵消雷纳德在前些年造成的极坏影响，那个时候，雷纳德与一位亚美尼亚王子合作，656 洗劫了富庶的拜占庭岛屿塞浦路斯。1158 年，耶路撒冷和拜占庭帝国缔结新盟约，鲍德温迎娶一位拜占庭公主。作为政治条件，双方同意皇帝曼努埃尔·科穆宁派兵帮助耶路撒冷王国对抗努尔·丁，而鲍德温则勉强同意雷纳德对拜占庭帝国俯首称臣。1158 年，曼努埃尔带着一支训练有素的军队进入叙利亚。雷纳德很快表态，承认皇帝的宗主权，并承诺在城里安置一位希腊大主教，不过一时之间，曼努埃尔还顾不上他。

1159 年，曼努埃尔与努尔·丁缔结停战协议，确立起叙利亚北部的势力均衡，并一直持续到 1176 年，就在那一年的米利奥克法隆战役后，拜占庭帝国在安纳托利亚乃至奇里乞亚和叙利亚的影响才宣告终结。在拜占庭帝国影响安条克期间，拜占庭人并未直接建立政府，而是由安条克公国在拜占庭帝国的强烈影响下进行管理。然而，拜占庭控制下的和平（pax Byzantina）意味着法兰克人能够从中得到安全。努尔·丁明白曼努埃尔有能力也愿意在需要的时候为了利益介入进来。反过来，努尔·丁之所以能够休养生息，是因为他确信法兰克人不愿意对他在大马士革和阿勒颇的基地展开大规模的战争。

在这十年当中，法兰克人的战争重点在埃及。在北部地区不时爆发的众多小型冲突中，雷纳德大公不幸被俘（1161 年，而不是1160 年），其后的 16 年一直被囚于阿勒颇。没有人想要自找麻烦把他赎回来。当他最终被释放时，就变成了比原先更加暴力的反穆斯林分子。由于他的被捕，安条克爆发了统治危机，康斯坦丝和由鲍德温三世支持的大主教艾默里都要求统治权。为了加强自己的地位，康斯坦丝将女儿玛丽亚嫁给了皇帝曼努埃尔，结果反而引起众多指责，认为她在邀请拜占庭军队进驻安条克。此时，她自己的诸侯把她驱逐出去，并将她与普瓦蒂埃的雷蒙所生的儿子博希蒙德三世（1163—1201 年）奉为大公。但是，博希蒙德很快于 1164 年被穆斯林俘获，虽然 1165 年获得释放，但却无力承担把他赎回的巨额赎金，这必须得到拜占庭的帮助。作为交换条件，他不得不在安条克安排一位希腊主教，这也是自 1100 年以来第一位驻扎在安条克的希腊主教，而这位主教却在 1170 年大地震中因教堂崩塌而死亡，那场地震还把的黎波里变成了死城。也因为这一事件，安条克又重新恢复了拉丁主教。

1163 年，鲍德温三世去世，没有留下继承人，而他的遗孀也很快与一名拜占庭冒险家私奔。因此，鲍德温的弟弟阿马尔里克继承王位，然而，他只有和妻子离婚才能当国王，因为他的妻子原本嫁给了他的一名重要封臣，后来被阿马尔里克拐走。阿马尔里克留下的记载，以他在立法方面的成绩最为突出，虽然此前鲍德温二世和鲍德温三世都在这方面做出过不俗成绩。在这个领域里，他一方面颁布《效忠国王法令》（Assise sur la ligece，下文第 672 页论及），被人们铭记，另一方面还设立了处理商业和海事案件的特别法庭。

与拜占庭帝国的条约依然是阿马尔里克外交政策的支柱，虽然他不断地对该条约进行约束限制。但恰恰是因为这份条约的影响以及该条约对其北翼提供的保护，他才能够雄心勃勃地制订征服埃及的计划。自从征服阿什卡隆后，通往埃及的大门就已经被打开，而且由于埃及此时处于最后的法蒂玛哈里发的统治之下，政治上已经衰弱，被彼此竞争的维齐尔们以及腐败的科普特贵族牢牢地控制着，这个机会给十字军带来巨大的诱惑。而且，这是一个商业和农业生产都非常发达的富庶地区，1168 年，法兰克人深信，每年埃及给比尔巴斯（Bilbais）城及其郊区的拨款，可以用来支付医院骑士团每年十万金币的薪俸。1156 年后，国王鲍德温三世决定走强硬路线，打算通过对造船材料的禁运来打击法蒂玛海军，并且在 1159 年与拜占庭皇帝商讨征服埃及事宜。

但真正攻打埃及的是阿马尔里克。他分别在 1163 年、1164 年、1167 年、1168 年和 1169 年入侵埃及。这样富于侵略性的政策，再加上埃及国内已然非常衰弱，因此努尔·丁必然会关注这个地区，于是他派兵前往埃及。1164 年，他不顾拜占庭控制下的和平，发兵进攻安条克和的黎波里，战争耗时很短但极具威胁，最终俘虏了这两座城市的统治者，从而给阿马尔里克造成了巨大压力。的黎波里的雷蒙三世（1152—1187 年）被关在监狱中长达十年，在此期间，阿马尔里克作为摄政管理他的国家。更糟糕的是，当时努尔·丁还收复了班亚斯。这给法兰克人造成沉重且影响深远的打击，迫使阿马尔里克不得不离开埃及。1167 年，他不得不回到埃及，因为努尔·丁派遣另一支军队前往埃及对他在埃及的势力造成重大威胁。他及其埃及盟友击退了叙利亚军队的威胁，并在开罗设立一支法兰克人的驻防军，以负责征收每年数额巨大的税金，用来支付给耶路撒冷。

但阿马尔里克对这一结果并不满意。1167 年战役之后，他计划在拜占庭人的帮助下征服埃及，并通过娶曼努埃尔皇帝的侄女来加强与拜占庭帝国的结盟。1168 年，双方正式缔结征服埃及的盟约。拜占庭帝国负责派遣海军封锁尼罗河三角洲，从而提供不可或缺的海上支持。但负责战争的军事统领最终说服国王，不等拜占庭军队到达就发起攻击。此时，叙利亚和埃及已结成共同战线。努尔·丁的库尔德将军希尔库赫（Shirkuh）自立为埃及新任维齐尔，1169 年去世后，他的侄子萨拉丁继承他的职位，成为埃及在六年时间里的第五任维齐尔。萨拉丁来自为努尔·丁服役的一个库尔德军人家庭，将成为伟大的阿尤布王朝（Ayyubids）的创建者。虽然他在 1171 年就废除了法蒂玛王朝的什叶派哈里发，但他还需要在努尔·丁的宗主权之下耐心等待时机，等待属于以他为埃及之主的时代。

　　1169 年，萨拉丁击退了阿马尔里克对埃及的最后一次进攻，当时，阿马尔里克在拜占庭舰队的积极支持下，攻击达米埃塔。为了此次共同行动，阿马尔里克和拜占庭帝国达成了协议，规定如果征服了埃及，那么耶路撒冷王国将得到包括开罗、比尔巴斯在内的内陆地区以及港口城市罗塞塔（Rosetta），其余部分归拜占庭帝国。当拜占庭帝国派出由 200 艘战船组成的舰队后，阿马尔里克却改了主意，并与达米埃塔达成秘密交易，埃及人全部疏散。对于 12 世纪剩下的年份来说，这意味着法兰克人对埃及入侵的终结。尽管阿马尔里克的埃及政策在初期曾取得了一定的成功，但最终却以灾难性的失败告终。支撑这场战争耗资甚巨，因为若要召集诸侯们到境外参战，就需要用现金支付报酬：1164 年的战争是由埃及盟友支付的，他们每天都需要支付大笔金钱（per diems）；为了支持 1167 年的战争，待在家里的诸侯需要交纳百分之十的重税；到 1168 年，国王在埃及向所有参战者许下了极为慷慨的承诺；而到 1169 年，拜占庭帝国则充当了付款人。除去 1167 年收取了短暂的年贡外，法兰克人期待中的收益不但没有实现，甚至还不足以填补他们自己的开销。

　　1171 年，阿马尔里克访问君士坦丁堡，受到极为奢侈隆重的接待，但这可能掩盖了国王接受封臣地位的事实，他将像拜占庭皇帝的儿子一样成为封臣。这是拜占庭皇帝在耶路撒冷的影响力逐渐增强的结果。与以前相比，希腊教会可以更加自由地公开行动。自 1099 年以来，这是第一位希腊牧首能够在耶路撒冷生活长达 11 个月（1177—1178 年）。此外，由拜占庭皇帝曼努埃尔出资，希腊的画家和镶嵌画艺术家们还为一些教堂进行装饰，这其中不仅有像耶路撒冷附近的阿布·戈什（Abu Ghosh）教堂这样的小型十字军教堂，还包括伯利恒主诞堂（the Nativity）以及耶路撒冷圣墓堂（the Holy Sepulchre）的主圣坛。十字军还为耶路撒冷圣墓堂设置了唱诗班，虽然唱诗班早在国王福尔克时期就已准备完成，但却一直推迟到 1149 年

7 月 15 日才正式登台，以向征服耶路撒冷 50 周年献礼。他们还在伯利恒树立起一座双语纪念碑以纪念曼努埃尔。教堂里画着皇帝的肖像，还制作了一幅镶嵌画，展现 381 年宗教会议的场景，并用希腊语讲述了圣灵的出处，不过没有提到后来被西方加入宗教会议教条中的"和子"（*filioque*）说的内容。看起来伯利恒的主教兼司铎拉尔夫确实如提尔的威廉所判断的那样：十分世故。

　　虽然不断向欧洲求助，但欧洲的援军最终也没有到来。而在开罗的萨拉丁也没有无所事事。1170 年，他重新占领加沙（Gaza），把拉丁人赶出红海的阿夸巴（Aqaba）海峡，从而重新打开了埃及通往麦加（Mecca）的陆上通道，并从南部威胁到法兰克人控制的外约旦。萨拉丁在埃及的政治力量稳步提升。在埃及恢复逊尼派信仰后，他被逊尼派教徒看作伊斯兰正统教派的领军者。这导致他与远在叙利亚的主人努尔·丁从 1171 年以后日渐疏远。1174 年，努尔·丁和阿马尔里克先后去世，从而使萨拉丁避免了陷入困境。1175 年，他得到哈里发的正式认可，成为埃及以及叙利亚绝大多数地区的主人。

　　很多年后，萨拉丁逐渐成为给十字军国家带来最大灾难的人，正是因为在这个领域取得的巨大成功，他的声名流传了数个世纪，不过并非所有人都尊崇他。数百年后，伊斯兰世界几乎把他遗忘了，当 1898 年德意志皇帝威廉二世在大马士革的一场晚宴中盛赞萨拉丁时，人们才再次发现了他的威名。威廉还重修了萨拉丁的陵墓，陵墓上有用木头雕刻的普鲁士之鹰，看起来像要展翅飞向天空。　　659

　　尽管萨拉丁没有忽略对法兰克人的战争，但他也没有和法兰克人缔结和约，以争取时间巩固提升自己在伊斯兰世界的影响力。结果在 1177 年，他惨败给法兰克人，不过这样一来，反而使耶路撒冷王国的很多人误以为这就是他的真正实力。事实上，1183 年后，这位统治着从阿勒颇直到开罗广大地区的人物，就像握着钳子一样掌控着法兰克人。

　　萨拉丁的崛起加速了法兰克人的衰落。国王阿马尔里克死后，他的小儿子鲍德温四世继承了王位，但新任国王却饱受麻风病的折磨。在不知不觉中，他的双腿瘫痪无法行走，不得不放弃骑马改乘轿子。此时，他刚刚 21 岁，却像一具行尸走肉。慢慢地，他看不见东西了，脸也毁了容，在公共场合都要戴着面纱。得了麻风病的国王基本上丧失了履行职责的能力，而且由于他无法结婚、没有子嗣，他身后的继承问题，就成为东方乃至整个欧洲关注的焦点。摄政制度远远无法防止国家在那些贪婪的、意见相左的党派手中迅速陷入四分五裂的境地。鲍德温四世统治之初受制于他父亲生前的宠臣，即王室总管普朗西（Plancy）的米勒斯，后者建立了一套非法政权，并切断了国王与贵族间的正常联系。似乎正是这些贵族杀死了米勒斯。他的罪名是阴谋推翻国王自立，但这也是那个时候每个掌握权势的人都想要做的，这其中就包括 1184 年新任的黎波里伯爵的雷蒙三世。

　　1174 年，雷蒙被穆斯林释放，此后他不仅重新夺回了公国，还娶了加利利的女继承人，这桩婚姻也让他成为耶路撒冷王国内最大的贵族。在他统治的两个时期（1174—1176 年和 1184—1186 年），一直与安条克的博希蒙德三世保持着紧密的合作关系，他小心谨慎地推行着旨在结盟而非打仗的政策。当时，王国内不同党派争权夺利，而他正是其中一派的领导者，关于王国内的派系斗争，有一种观点认为在 1187 年之前的十年间这些派系斗争，导致王国四分五裂，尽管最近的研究对此表示质疑，不过我仍然坚持这种观点。雷蒙代表的是古老贵族家族的利益，得到编年史家提尔的威廉的支持，这位威廉自 1165 年完成在欧洲的研究事务回到这里后，就与王室过从甚密。国王阿马尔里克曾让他来教导自己的儿子，并委托他编纂关于十字军国家的著名史书。1174 年，雷蒙任命他为宫廷总管，1175 年，委任他为提尔大主教。在 1180 年前，他是国王对外政策的首席资政，一直倡导与拜占庭人结盟。

　　今天通常被称为"宫廷党"的反对派实际上混杂了很多人。其中最显赫的是国王的母亲科特尼的阿涅丝。1163 年，她被驱逐出王室，并与孩子们分离，1175 年，又重回宫廷。1176 年国王成年后，雷蒙的摄政权被正式终止，阿涅丝就成为对国王影响最大的人，并巧妙地建立了一伙奸党，他们毫无廉耻地中饱私囊养肥自己。1176 年，她从穆斯林手中赎回其弟约瑟林三世，后者在 1164 年被穆斯林抓走。这个名义上的埃德萨伯爵被委任来负责国王的财政管理。

　　与此同时，沙蒂永的雷纳德在经过 16 年的监禁之后重获自由。他拥有大公头衔，却没有公国，而且也无法再返回安条克。他在安条克的生活是依靠与康斯坦丝大公夫人的婚姻，但此时她已经下台，是在 1164 年被儿子博希蒙德三世推翻的。1177 年，雷纳德接受了与米伊的斯蒂法妮（Stephanie of Milly）的婚姻，后者也是当地最富有的女继承人之一。这使他成为外约旦之主。两名来自普瓦蒂埃的兄弟，即吕西尼昂的艾默里和居伊也和别人一样野心勃勃。1181 年，艾默里在托伦的汉弗莱二世之后成为国王的总管，此前汉弗莱二世从 1152 年起开始担任国王的总管，而且他还是一名优秀的战士，于 1179 年去世。正是阿涅丝安排了艾默里的这次任职，而且，1180 年也是她帮助她喜欢的凯撒里亚（Caesarea）大主教埃拉克琉斯（Eraclius）成功当选耶路撒冷大主教。埃拉克琉斯可能不是最理想的候选人，但与中世纪时他那声名狼藉的名声相比，他本人要好得多。

这次的输家是提尔的威廉。从 1180 年开始，他逐渐失去了原先的影响力。他眼睁睁地看着别人取代自己出现在重要的外交场合，他那个依靠拜占庭帝国的战略，在皇帝曼努埃尔·科穆宁去世的两年后崩溃了，因为在 1182 年，作为对安条克的玛丽亚政权的报复，君士坦丁堡的拉丁人遭到屠杀。一年后，威廉辞去首相职务。1184 年，在强烈的悲观情绪的折磨下，他打算结束编年史书的编纂工作，但在他人艰难的劝说下，同意继续写下去，希望未来能像他希望的那样"在上帝的帮助下变得更加幸福"（*utinam fausta feliciaque*），不过他的希望最终还是落空了。1186 年 9 月，威廉去世，此时他只多写了一章，但是至少他的死亡使他免于见证 9 个月后耶路撒冷王国的彻底崩溃。当威廉还在雷蒙身边时，大多数教士就都转向了"宫廷党"；1186 年，他们又得到圣殿骑士团的依附和追随。

国王的身体状况不断恶化，引发对继承权的激烈争夺。由于没有子嗣，与他关系最近的继承人是他的姐姐希贝尔，然后是他的异母姐姐伊萨贝拉。这就导致她们的婚姻成为首要事件。希贝尔在 1176 年嫁给了蒙费拉侯爵，但一年后侯爵就去世了，留给她一个孩子，也就是后来的鲍德温五世。1176 年前为她选择丈夫的各种计划都以失败告终；1176 年后也遭遇同样的命运。她的出生源于非法的结合，并由教会公开给予了合法身份，但最迟从 1183 年开始又出现了对她合法身份的质疑。这种质疑很脆弱，因为对她的种种质疑同样可以适用于她在位的兄弟。如果她无权继承的话，那么国王就不应该承继王位。1180 年，安条克大公以及的黎波里伯爵从北方赶过来，显然是与国王商讨希贝尔的再婚问题。这时，病痛已经使鲍德温四世感到极度绝望，他十分执着于王位，怀疑每个人都想要取代他。他很快把希贝尔嫁给了吕西尼昂的居伊，使居伊成为贾法－阿什卡隆伯爵，这个领地也是希贝尔的嫁妆。

他很快就会后悔做出这一选择，因为这是"宫廷党"的胜利。国王去世以后，王国交给了希贝尔和居伊。他们和阿涅丝党人控制了王室领地以及贾法－阿什卡隆、外约旦、希伯伦等领地，此外还有1183年前后交给阿涅丝的北方的托伦。西顿在1183年后保持中立。只有的黎波里的雷蒙三世治下的加利利、伊贝林家族众多成员控制的伊贝林和纳布鲁斯，似乎还有凯撒里亚，可能会提出不同意见。事实上，雷蒙给国王和宫廷带来巨大的恐慌，以至于在1182他被正式禁止进入王国境内。1183年，鲍德温四世事实上辞去王位，委任吕西尼昂的居伊为摄政，条件是他承诺不会正式取代国王。鲍德温只保留了耶路撒冷和一笔可观的以现金支付的年金。但就在同一年，国王突然因为某种原因改变了想法。他解除了摄政的权力，并亲自进行统治，尽管他已经越来越无力进行统治。科特尼的阿涅丝为了防止雷蒙成为摄政，便做出最后的尝试，她提出一个想法，在经过激烈的辩论后付诸行动。国王将继续统治，这也意味着"宫廷党"能够继续掌权。继承问题通过鲍德温五世的加冕得到"解决"，这个六岁的小男孩，在其前任仍然在世的时候就被加冕。大家希望这能将居伊排除在王位之外，这也是鲍德温四世能够接受的办法。

但国王还是不满意。1184年，他想解除希贝尔与居伊的婚姻，从而完全消除居伊所带来的威胁。这引起居伊的坚决反抗。国王就没收了他的伯爵领地，并任命雷蒙为王国的摄政，尽管后者要求的条件非常苛刻。1185年老国王去世后，摄政权继续有效，但1186年夏末，小国王也突然猝死。雷蒙想要推举希贝尔的异母妹妹伊萨贝拉作为女王，但她丈夫却转到居伊的阵营，并在1186年9月"宫廷党"发动了声势浩大的军事政变。科特尼的约瑟林三世控制了王室在阿卡和贝鲁特的领地，还不允许雷蒙参加鲍德温五世的葬礼。为了阻止居伊成为国王，希贝尔迫于大主教和沙蒂永的雷纳德的压力而与居伊离婚。她同意的条件是她加冕为耶路撒冷女王后，完全自由地选择自己的丈夫人选，当她得到王冠后，她做了惊世骇俗的举动，竟然选择了刚刚离婚了的居伊。结果，大家不得不为居伊加冕。

因雷蒙和居伊的对抗，耶路撒冷王国几乎爆发内战，居伊对支持他的约瑟林三世，无疑还有其他人给予了丰厚的报酬。此时，安条克的博希蒙德三世和的黎波里的雷蒙三世一起就北部地区与穆斯林达成休战协议，而雷蒙在加利利甚至接受来自萨拉丁的武力支援。沙蒂永的雷纳德终于如愿得到了外约旦。虽然法兰克人与穆斯林在总的局面上处于休战状态，但雷纳德还是在 1179 年、1182 年和 1186 年数次与穆斯林商队发生冲突，并且都被穆斯林商队击败，一直没有做出赔偿。雷纳德对穆斯林商队的攻击是有计划的、系统性的，之所以这么做，其目的可能是要夺走国王在那里拥有的最后一项权力，即对和平的穆斯林商队进行征税的权力。当居伊对此行为抱怨时，雷纳德则回答说：与居伊在其王国内当国王的权力一样，他在自己的领地内也是神圣的（*sires de sa terre*），而且耶路撒冷王国与伊斯兰世界的停战协定与他没有关系。他这么做也代表正式宣布自己在事实上的独立。1183 年，他对红海地区发动了一场大规模的海上进攻，震惊了伊斯兰世界，从那时开始，他的目标就转向了萨拉丁。对此，萨拉丁也积极准备应战。1187 年，雷纳德伏击了另一支穆斯林商队，为他营造出计划中的"战争状态"（*casus belli*）。萨拉丁也侵入该地。双方调集了所有军队。但中世纪打仗一直有很大风险。的黎波里的雷蒙与国王和解后，强烈建议切断流向加利利的干净水源。圣殿骑士团的团长改变了国王的想法，可能是因为国王将打开庞大的国库，在这件事情上，耶路撒冷国王与英格兰国王亨利二世的想法不同，亨利二世原打算冻结东方的账户从而把财宝储存起来，而且只有经过他本人的命令才能动用，因此，耶路撒冷国王打开国库的举动使他受到谴责，并且指责其成功就是为了证明自己的行为。在 1187 年 7 月 3 日到 4 日，法兰克军队在加利利湖附近的哈丁山区被切割成几块，遭遇惨败，进而影响到十字军国家。真十字架的遗物再次丢失，再也没能找回。国王被俘虏。士兵要么被杀，要么被俘。大多数圣殿骑士团成员被俘后又被杀死，萨拉丁亲自砍下沙蒂永的雷纳德的头颅。在几个月时间里，萨拉丁占领了这个地区的其余领地。阿卡很快陷落了，随后耶路撒冷在 10 月陷落。外约旦的众多宏伟城堡也在 1188 年和 1189 年先后投降。这也终结了法兰克人在那里的统治，数年后，一支由德意志

663

人组成的朝圣团于 1217 年在蒙特里尔还遇到一位法国寡妇，她为他们指点了去往西奈（Sinai）的道路。1190 年，位于黎巴嫩（Lebanon）的博福特（Beaufort）宣布投降。

1188 年是北部地区命运转折的关键时刻。的黎波里和当地承担军事使命的城堡仍在坚守。安条克周边的城堡都已陷落，不过安条克城却用大笔金钱换取了停战协定。就在一年前，雷蒙三世在的黎波里去世，没有留下子嗣，不过他安排安条克君主的一位儿子继承王位。然而安条克也面临诸多问题，问题的根源在于位于奇里乞亚的下亚美尼亚地区在莱昂二世（1187—1219 年）治下崛起。1191 年，当地局势愈加紧张，并且在 1194 年达到顶峰，当时博希蒙德三世被莱昂俘虏。然而，由于安条克市民的坚决抵抗，亚美尼亚人想要占领安条克的努力以失败告终。博希蒙德不得不解除与奇里乞亚原本就已相当松散的封建领主关系，而耶路撒冷王国为了它的利益也介入进来。1198 年，下亚美尼亚的莱昂利用德意志帝国的政治局势，向皇帝表示效忠，并由美因茨大主教加冕为国王。1201 年，博希蒙德三世去世，引起的黎波里和下亚美尼亚地区围绕着继承权的激烈战争，持续时间长达 15 年，最终安条克在 1219 年被的黎波里吞并。

1187 年，耶路撒冷的拉丁王国仅剩下港口城市提尔。刚刚抵达那里的蒙费拉的康拉德组织起英勇的防御，他还按照意大利模式建立起新的城市社区。康拉德从到达之初就想要得到王位。而萨拉丁也无法从他手中夺取提尔，结果后者犯了一个严重错误，没有将阿卡的主要港口夷为平地。当国王居伊于 1188 年被释放后，非常坚定地下决心并鼓起十足的勇气，在 1189 年 8 月发兵包围阿卡。他的实力不足，无法完成围城任务，更严重的是他几乎得不到提尔的帮助，因为康拉德拒绝承认他的国王身份。这两个彼此竞争的对手把耶路撒冷王国仅剩的领地弄丢了，该领地面积空前庞大，而且还是他们送给对手的。不过，从欧洲前来增援的人越来越多，使得居伊能够一直保持着围城态势，直到第三次十字军的英法联军抵达，终于在 1191 年 7 月迫使阿卡城投降。

十字军拯救了这个地区。1192 年 9 月，控制了安条克和的黎波里的英格兰的理查德一世，与萨拉丁签署停战协定，根据协定，理查德一世对这里进行重组，不过规模较小，且不包括耶路撒冷。在 10

月，理查德准备离开东方返回欧洲之前，他还解决了由谁来统治拉丁王国的问题，或者他以为自己解决了这一问题。在此之前，他支持吕西尼昂的居伊，反对依靠法国人的康拉德。而到这个时候，他却放弃了居伊，不过作为补偿他让居伊成为塞浦路斯的统治者。事实上，王国的法律比较有利于康拉德，因为希贝尔王后已经去世，而康拉德在1190 年娶了她的异母妹妹伊萨贝拉。但就在康拉德准备加冕前，他于 1192 年 4 月遭到两名阿萨辛派杀手刺杀身亡。

　　数天之后，他的遗孀嫁给了香槟的亨利，即特鲁瓦伯爵领地的伯爵，他统治了五年，但一直没有加冕。1193 年，萨拉丁去世，亨利得以短暂休息，他的政府设在阿卡，该城此时被他设为首都。因为不仅耶路撒冷失陷了，甚至拿撒勒（Nazareth）以及作为自然边界线的约旦河沿岸也被穆斯林占领了。沿海地区，从北边的提尔到南边的贾法，都是穆斯林占据的地方。耶路撒冷王国的名称得以保留，但它与的黎波里地区的联系因穆斯林占据了西顿和贝鲁特而切断，穆斯林占据的拉塔基亚港将这里与安条克公国分割开来。原有的贵族大都在哈丁被杀死，幸存者因失去了穆斯林所占土地上的采邑而贫困不堪。有些人移民去了拉丁人控制的塞浦路斯，1204 年以后，他们又去了被法兰克人占领的希腊地区那些十字军新国家。虽然不断有新来者加入，但其未来属于从 1115 年之前就来到此地的伊贝林家族。

　　香槟的亨利是位很有能力的统治者，筹划着重建王国。他不时地采用一些高压手段，例如他在 1194 年关押了圣墓堂的律修士，理由是他们未经他认可就选出大主教，而没有让他从两个候选人中挑选一个，因为这种习惯做法已经在 1191 年被教宗西莱斯廷三世正式禁止。很快，亨利被迫释放了这些人。因为他也有自己的麻烦，起因是比萨人为了吕西尼昂的居伊而制造了许多阴谋。比萨人是居伊的天然盟友，因为无论是居伊还是康拉德都曾在阿卡问题上向他们做出巨大的让步，把阿卡老城两侧包括整个港口在内的滨水地区都交给了他们。他们还想要占领约瑟林的大部分领地，不过未能成功（具体情况参见原文第 669 页）。这些土地足以使他们加冕成为诸侯。比萨人还一度将他们散落在阿卡王室领地内的土地一并交由他们自己的领事法庭负责，如今又将这种权利扩展到除封建土地保有期之外的所有事务，并且由比萨人而非国王进行征税。这一政策很了不起（grandeur），

664

但却严重挑战了统治者的地位。为此，亨利国王直接给他们提供两个
选择：如果他们想要保有各自的特权，那就将阿卡城的王室领地内的
土地交出来，或者像别人一样接受国王的条件从而保有这些土地。如
此一来，他就把比萨人的影响再度压缩回原先的规模；无论如何，重
新收复阿卡后，这座城市的滨海地区并没有转让给比萨人。但是亨利
却反应过度，不仅将比萨人驱逐出大陆，还逮捕了居伊的兄弟，即王
庭总管艾默里。结果，当他需要海军支持的时候，不得不在 1194 年
重新迎回比萨人，因为当时在地中海东部长期驻扎的意大利城市共和
国只有比萨。

　　吕西尼昂的艾默里选择到塞浦路斯他哥哥那里，并在 1194 年继
承了其兄的王位。面对讲希腊语、信奉正教的民众，居伊不计后果地
665 将土地分封给愿意从大陆前往塞浦路斯以寻找第二落脚点的所有骑
士。1197 年，艾默里向皇帝亨利六世行效忠礼，成为塞浦路斯首任
国王，并开始逐渐减少对骑士的分封比例，确保塞浦路斯国王们在财
富方面保持着对其他封臣的优势。此时，塞浦路斯的第一位首相以及
尼科西亚（Nicosia）大主教利达的阿兰为国王提供了有力的支持，
使得国王能够在塞浦路斯重组拉丁教会，而且必须承认的是，他们确
实抢劫了原来的希腊教会。宗教礼仪上的分歧始终无法解决，关于等
级制度的管理和税收的分配，也要等到 13 世纪来解决。

　　1197 年，香槟的亨利去世。当时正逢皇帝亨利六世率领十字军
东征时期。在德皇的压迫下，亨利的遗孀伊萨贝拉被迫接受了塞浦路
斯的艾默里国王，后者也因此成为耶路撒冷国王。耶路撒冷并不是德
意志帝国的采邑，但是艾默里的出现开始了霍亨斯陶芬家族对东方的
长期影响。德意志皇帝影响东方政治的主要工具是 1198 年在阿卡正
式成立的条顿骑士团，他们起源于第三次十字军征战时的德意志人的
野战医院，更早些时候，可以追溯到 12 世纪耶路撒冷的德意志医院。
当初选择艾默里作为王国的最大贵族，是希望能将塞浦路斯王国和耶
路撒冷王国合并起来，但艾默里却将两个国王严格区分开，只是完全
通过自己将两者联系起来。这样一来，他就保证了塞浦路斯的财产不
会为了大陆的利益而被耗光。1197 年，他占领贝鲁特，从而重新打
开了通往的黎波里的道路。1198 年，他重新恢复了因德意志十字军
的到来而被中断的与穆斯林的停战协议，当他在 1204 年再次签署停

战协议时，条款已经变得对他极为有利，基督徒从穆斯林手中得到西顿和拉姆拉的一半以及整个贾法，这些都是 1197 年曾丢掉的土地。

过去都认为，在 1187 年的大灾难中，《圣墓堂书信集》（*Lettres de Sépulcre*）也丢失了，这其中收集的是 1099 年以来颁布的国王法令，这些法令被整理收集起来作为私人宪章保存在圣墓堂，艾默里为了补上这些文件，就颁布了一套关于封建法律的法典汇编，称《国王之书》（*Livre au Roi*）。《国王之书》的文本保留了下来，从其内容可以看出，国王想要对一些 12 世纪那些强势君主的权力进行限制的意图。但是最近的研究证明，《圣墓堂书信集》并不存在，它只是 13世纪的封建法学家们杜撰出来的。《国王之书》并不是想要国王和封臣们的关系更加和睦。事实上也不是如此，由于赋税短缺，国王削减了支付给封臣的金钱报酬，他为了达到这一目的，甚至还从封臣中选出两位委员来帮助他完成此事。不过，所有这些都被一件刺杀国王的惊人计划所掩盖。1198 年，四名德意志骑士想尽一切办法刺杀国王，而国王也堪堪逃过一劫，花了相当长的时间恢复健康。尽管此前耶路撒冷国王的性命也数度受到威胁，但这却是唯一一次由基督徒筹划的刺杀行动。艾默里将罪犯锁定为蒂比利亚（Tiberias）的拉尔夫，后者曾在 1197 年与他争夺王位。他从德意志人的剑下逃脱，却因于 1205 年 4 月 1 日在伦特（Lent）吃了太多变质的鱼而去世，他的王后也很快随他而去。在国王们占主导地位的一个世纪之后，即将到来的是贵族们主导时局的世纪。

当然，封建贵族在 12 世纪也非常重要，在北部的十字军国家中关于封建社会的信息很少，以至于关于这方面的讨论必须限定在耶路撒冷王国，而且由于不太了解相关的地理和知识，讨论还必须限定于拉丁政府（Staatsvolk），排除掉穆斯林和叙利亚基督徒的因素，也不考虑人数较少的、与罗马分裂的东方各教会，以及人数更少的犹太人。

大体而言，除去意大利人在港口城市享有的特别豁免权，拉丁王国还包括王室领地、封臣领地和教会领地。教会产业散落在王室领地和封臣领地之间，有的提供很少的服务，有的不提供服务或不用缴纳税金。到 13 世纪，教会领地的存在成为严重的问题，但也很难就此断定在 12 世纪这种状况也造成了领主们的贫困，并且如果国王们贫困的话——他们经常如此——那也不能肯定就是因为把王室领地转让给教会所导致的。大地主们转让土地通常是因为他们需要现金，也是因为国王们即使穷困也要比他们的封臣富有。我们还可以经常看到这样的情况，封建领主们把土地转让给宗教机构，可以解决荒地问题，而且还能达到经济利益的最大化。虽然领主们因此会损失一定的税收，但王国获得了居民，从而也减轻了十字军国家所面临的最紧迫问题：人力短缺。此外，无论是处于世俗中的教会还是正规的教会，都要在需要的时候承担起提供一定数量步兵的义务，耶路撒冷大主教及其全体成员就需要负担 500 名步兵。当然，他们对国王或领主们原先承担的军事义务已经被完全免除，但他们还是会将各自的战斗力量以及他们建造和扩大的城堡提供给国王或领主，以增加他们的实力，而且还经常不要任何直接的金钱回报。在 1168 年对埃及的战斗中，医院骑士团拿出了一份非常高额的账单，而且当时人人如此，这是因为在王国以外进行的军事服役需要直接支付报酬，不过国王并没有签署所有账单。12 世纪，在拉丁人的耶路撒冷王国边防驻军中，只有位于加利利的萨法德（Safad）圣堂城堡一侧的大量驻防军由王国的军事指挥官负责，而比耶路撒冷王国面积小很多的的黎波里地区却要负担两支边防驻军的开销。边境上有些城堡非常坚固［例如贝尔瓦堡（Belvoir）］，并没有大量军队驻扎。

　　无论谁当国王，其所辖的王室领地都是各领地中最大的。至少 13 世纪的封建法律是这样规定的，国王可以按喜好在领地内做任何事，可以将王室领地免费转让给教会，可以自愿在领地内设置一些免除义务的领地或采邑，可以减轻或完全免除封臣们的义务，可以任意分封诸侯，但他们坚持的原则是一定分封出去的土地不能比自己保有的土地多。反过来，未经领主同意，他无法对领主领地做任何事，也没有能力强迫领主拿出钱来进行捐赠或设立次级封臣。关于这种封建原则在实践中是否如此严格，我们只能猜测，不过看起来国王似乎在克制自己不去干涉领主在领地上的事务，除非是有些次级领主遭受到不公正待遇后上诉到他的案前。关于王室领地的资料非常少，因为在领地内，国王大量使用金钱支付采邑的方式。为了证明这种做法的广泛度，我们需要已经遗失的王室《密档》（secrete），也就是国王的国库记录。随着时间的推移，国王的领地在规模以及税收方面发生了很大的波动。1153 年之前，王国一直在扩张，领地也在扩张。但是世纪之初时的扩张速度明显比中期的扩张速度快。领地的增加也得益于一些人起义失败后其领地被没收，不过，尽管没有"世袭继承权"（Leihezwang）来防止国王采取这样的行动，这种被没收的采邑还是迟早要被用来交给各家族成员或诸侯。国王经常利用诸侯的财政困难，例如，约 1166 年，他中断了一名负债累累的贝鲁特领主的所有贷款，最终，那位领主被迫将领主权卖给国王，以换取用交付采邑的金钱。国王还允许他娶了外约旦非常富有的女继承人，但当她去世后，他才发现已经失去了领主权，只是给了他一座小小的布兰奇堡（Blanchegarde）作为补偿，非常不上算。1180 年，外约旦的继承人托伦的汉弗莱四世不得不将托伦交给国王，这份财产是上一年他迎娶国王的女儿时获得的嫁妆，保有时间还不足一年。

但是这些通过征服、没收以及经营得到的收益却被国王的各种开销抵消掉了，他要供养他的封臣和雇佣军，要回报他的支持者，要为王室家族成员安排财产。最后一项的开销极为庞大，且毫无节制。阿卡和提尔这样重要的王国经济中心，也不得不在 1129—1131 年被转给了国王的女婿安茹的福尔克。贾法–阿什卡隆起初是国王鲍德温三世的弟弟阿马尔里克的封地，后来给了国王鲍德温四世的妹妹希贝尔。这个地区只有大约在 1108—1134 年、1191—1193 年和 1197 年才作为采邑真正分封给诸侯，而在 1151 年、1154—1163 年和 1176—1186 年都是作为封地存在的。居民大多为撒马利亚人的纳布鲁斯在 1152—1162 年封给了王后梅丽森德，从 1167 年或 1174—1187 年又封给了王后玛丽亚·科穆宁。

国王都是通过一些子爵，来管理和使用他的领地以及其中的城镇，这些子爵作为重要的国王代理人，承担着司法、管理以及财政的职能。国王鲍德温一世起初只有一名负责整个王国事务的子爵，后来随着王国的扩张，一个人难以应对各种事务，因此在 1115 年进行了一次重要的行政改革，将王国分成若干子爵区（耶路撒冷和犹地亚、纳布鲁斯和撒马利亚、阿卡以及后来的提尔）。这一职位的设置非常成功，因此许多领主也开始设置自己的子爵。

自 1115 年后，国王的子爵们被限定在他们负责的领域，他们的职位安排也不合理，不是很适于帮助国王统治王国，并且会与国王领地的管理发生冲突。国王会召集委员会，在会上征集贵族们的建议，然后亲自负责政府管理。他与这些贵族以及主教们进行讨论，制定政府政策，而且还和他们一起列席高级法官审理涉及国王领地的封建事务。这个团体在 12 世纪叫作国王元老院（curia regis），后来被称为"最高宫廷"（Haute Cour）。在诸侯们的宫廷中也有与之相当的人员设置，不过数量少一些。在履行政府的职能方面，国王需要庞大的宫廷官员来帮助。由于这些职务待遇不错，且政治影响力大，因此大都由拥有土地的贵族充任，虽然国王本人可能更愿意任命一些自己喜欢且并非出自这些特权阶级的人。国王的宫廷大总管（或首相）是特例，因为他必须是一名博学的主教。起初，他确实负责起草国王的各种章程，但随着时间的推移，他从这些日常事务中脱身出来，只保留了正式指导朝廷内阁的职能，以及持有和控制国王印玺的职能。到 12 世纪后半期，他是国王外交政策的重要资政，而且从早期开始，这一职位就相当自然地成为通往主教的跳板。王国的军事建设由国王的治安官和军事指挥官负责；大管家负责国王的财政事务以及子爵们的薪俸发放，还设有一个叫作秘密国库（secrete）的独立机构。国库中设置的职位比宫廷的要多，不过，如果与英国财政部相比，这些职务的设置还是非常粗放的。凡是能够负担起这项开支的大领主们，也会模仿王廷的设置，安排他们各自的管理机构。

除去大多数教会领地、军事指挥官的产业和自治的意大利社区，这个王国为了实际管理的需要，已经完全实现了封建化。当然，这一过程的源头是国王。在最初的岁月里，他时不时地将新征服的城镇和周边地区当作采邑整个分封出去（如 1100—1101 年的海法、1110 年的西顿和贝鲁特）。1100 年，坦克雷德从戈弗雷得到蒂比利亚和贝桑（Bethsan），其中蒂比利亚发展成一个非常大的采邑，即加利利公国。但大多数领地最初都是国王领地中的一座城镇［如 1099 年的蒂比利亚、1100 年的希伯伦和贾法、1101 年的阿苏夫（Arsuf）和凯撒里亚、1099—1102 年的拉姆拉、约 1105 年的托伦、1117 年的斯堪达里昂（Scandalion）、约 1142 年的伊贝林和布兰奇堡、1150 年前的米拉贝尔（Mirabel）］。外约旦是唯一没有一座城镇或城堡作为核心城市的领地，它从 1115 年之后开始缓慢扩张。

有时那些被当作采邑的城镇从一开始就是领主的领地。参考国王
去世的年份，可知海法、西顿和贝鲁特的诸侯领地从 1118 年开始形
成。也是从那个时候开始，一些城主也提升了地位，成为领主（如
1100 年的蒂比利亚、1110 年的凯撒里亚、1108—1110 年的贾法以及
1115 年前后的托伦）。到 1131 年，王国的两大主教领地之一，也就
是拿撒勒大主教区（于 1121 年前）已被纳入诸侯领地的分布图中，
而贝桑则是在 1129 年前获得晋升，不过具体情形并不为人所知。到
1143 年，拉姆拉以及利达主教（从 1099 年开始就成为统治者的封
臣）的教会领地也变成了正式领地。这两处都是紧随着 1134 年贾法
伯爵休二世起义失败后于 1138 年设置的。到下一任统治者的统治末
年，也就是 1163 年，又出现了三个新领地（即 1148 年前设置的斯堪
达里昂、1162 年之前的米拉贝尔、1163 年前后最晚不超过 1168 年设
置的阿苏夫）。1174 年前，伊贝林（1163—1167 年）和布兰奇堡
（1174 年）已经得到诸侯地位。最后一个成为封地的城镇是希伯伦
（于 1177 年，最早不会早于 1161 年，此问题一直存有争议）。此外，
还需要提到一些准诸侯领地，这些地区事实上是领地，或者仅仅是名
义上的领地，但在法律上不是，例如纳布鲁斯，1177 年以后已经不
再作为前王后的嫁妆，还有约瑟林的诸侯领地实际上也是大杂烩，其
中的土地，还包括赋税、监护权以及其他权力，这些都是国王鲍德温
四世的叔叔兼总管科特尼的约瑟林三世从 1179 年开始就为自己从国
王领地中攫取到的。

这些描述存在一定程度的误导。不过，它仍然能够表明，绝大多
数大领主都可以追溯到王国初创时期，但并不是说有些领地发展得非
常缓慢，也不能说其他领地在脱离王室领地或变成王室领地时，便重
新得到或失去它们的地位。对于这个问题，必须有足够的例证来加以
证明。例如，贾法在大约 1107 年前一直是国王的城堡领地。在
1108—1110 年，它成为勒皮泽家族治下的领地，一直持续到 1134
年，当时国王没收了该领地。此后，它一直是国王的领地，直到
1151 年，又成为国王的兄弟阿马尔里克的封地。1152 年，该地在内
战中失守，于 1154 年重新夺回，还吞并了阿什卡隆，事实上，勒皮
泽家族早在 12 世纪 20 年代就对阿什卡隆提出过统治要求。当阿马尔
里克在 1163 年成为国王后，贾法－阿斯卡隆便重新成为国王领地，

并于 1176 年再次成为国王妹妹的封地。当她在 1186 年成为女王时，这两个地区再次成为国王领地，随后在 1191 年变成采邑，1193 年成为国王的领地，当 1197 年它陷落于穆斯林时，便再次沦为采邑。这种曲折的经历在 13 世纪还将继续。这些地位上的变化在伯爵封臣中产生了不小的影响，特别是在开始成为国王城堡的拉姆拉。拉姆拉是贾法伯爵的采邑，但在 1120 年拥有了非官方的准诸侯领地地位。当 1134 年该地变成国王领地后，拉姆拉的领地地位就得到了官方的承认，但在 12 世纪 50 年代再度丧失，当时拥有该地的是一名伯爵。这位伯爵就是拉姆拉的休，虽然他刚刚成为伯爵时也使用过自己的伯爵印章，但大多数时间却一直使用他祖父的印章，他还声称没有自己的印章。当伯爵成为国王后，拉姆拉再次拥有了诸侯封地的地位。

670

诸侯领地发展的例子中最引人注目的是外约旦的逐步扩张。经过 1100 年到 1115 年的战斗，亚博河（Yabbok）北部地区也被纳入加利利公国，前任子爵皮塞鲁斯（Pisellus）被任命为亚博河南部地区的领主。同一年（1115 年），国王继续向南推进，修建了坚固的蒙特里尔［或沙乌巴克（Shaubak）］城堡，这里一直到 12 世纪 30 年代初才纳入外约旦领地中；大约在这个时期，法兰克人的统治才扩展到佩特拉和阿夸巴。但这些最南端的地区在 1161 年之前一直都是国王领地，1161 年，佩特拉南部地区成为领主封地的一部分，而且经过将近半个世纪，已经最终将面积扩张到最大范围，从亚博河一直延伸到红海。

从理论上说，这张封建领地分布图在 1187 年大多数领地被取缔之前是不会变化的。其中只有一些需要重新补充上，但它们一直在分布图上存在着。一份关于 1239 年穆斯林占据土地的文献详细列出了外约旦的每任领主，这些人都已经是最后被免职的那些法兰克领主的第四代子孙了，尽管外约旦也从来没有再次被纳入王国辖下。直到最近，人们才相信在 1130 年前后，除去最严重的封建诸侯起义外，封建领主无论大小，其任期都受到保护。事实上，如果我们用中世纪的思维、用"谱系"（lignages）一词来考虑严格植根于领主权和采邑的家族，就会发现这是真实的。的确是这样，1150 年前，原先那种采邑封地不仅可以由直系亲属继承，而且也可以由旁系继承的制度已经发生改变，但是"古老封地"却能成功地保卫自己。另一项关于禁止个人积攒封地的法律也取消了。这是为了所有封地持有者的利益，但更特别的是为了保护小贵族们的利益，这些人通过精心安排的婚姻，全身心地投入获取更多封建领地的活动中，它们被掌控在地位逐渐提高、富有且强大的小家族手中。很明显，要夺走这些家族的产业非常困难。我们相信国王鲍德温二世曾颁布了一项法律，该法律规定当犯有 12 项罪状时，国王可以不通过同级贵族协商就没收违法犯罪者的采邑，但这一观点被成功地推翻了。实际上恰恰相反，法律规定的处罚是国王只有在一位封臣被其同级贵族宣布有罪之后才能被国王罢免。

13 世纪，采邑封地的继承严格按照"优先继承制"（*plus dreit heir aparant*）理论来执行，也就是最后一位拥有采邑者的最近亲属继承原则，这一理论也适用于东方，他们同样需要履行应有的义务。但这一理论在 12 世纪似乎并不是很严格地实行，更多的是保护家族而非个人的利益。对于后者来说，命运的车轮旋转得非常快，国王与封臣之间的冲突，远比我们从编年史家记载的文献中了解到的多得多。 671 这些人的崛起不仅仅是他们手中所握长剑的运气，而且也在于国王的保护，在于为国王提供忠诚的服务，在于精心选择的婚姻，当然婚姻也需要经国王的同意。但是当国王更换以后，他们会突然失去一切，因为新国王大都需要安排他自己的委托人。

当然，这些变化也需要举例证明。1134 年，贾法的休二世发动起义期间，来自布里塞巴雷（Brisebarre）家族的首任贝鲁特领主被流放，他的兄弟居伊接任，后者是国王福尔克的忠实追随者。福尔克去世后不久，在王后梅丽森德作为摄政当政期间，他被迫将领主权转给他的弟弟瓦尔特，后者刚刚在 1144 年从流放地返回。但是居伊再次选择支持国王，成为国王党的成员，当 1145 年国王鲍德温三世夺回其绝大多数权力后，居伊也重新杀回政坛。1147 年，他重新夺回封地。后来，他一直保有贝鲁特直到去世，而瓦尔特作为圣殿骑士团的成员开创了辉煌的业绩。关于贝鲁特领主的家世，有说法认为他们是在居伊和瓦尔特的后代之间不断变化，相比而言，关于贝鲁特领主的家族是重建的观点则更为可信。

贾法伯爵休二世的垮台极为惊心动魄。他曾经在 1120 年前成功地继承了贾法领地，在 1123 年又娶了艾玛，也就是凯撒里亚－西顿的尤斯塔斯一世（Eustace Ⅰ）的遗孀。如此一来，除去他自己的贾法领地，他还管辖着属于艾玛的杰里科（Jericho）绿洲，还以艾玛的两个小儿子的名义管理凯撒里亚和西顿的领地。他控制着沿海地区的大片领地，从贾法向南直到海法、从提尔向北可达贝鲁特。1128 年，尤斯塔斯的儿子瓦尔特成年，休不得不将凯撒里亚交还给他，但他在1134 年垮台之前还是一直控制着西顿。就在国王福尔克即位后不久，凯撒里亚的瓦尔特对西顿提出了继承要求，但没有取得成功。福尔克决定与休断绝关系。事实上，休对其积攒起来的采邑封地并没有优先继承权，因此他实际上面临着潜在的威胁。作为女王梅丽森德的第二个侄子，休憎恨福尔克，并在福尔克统治初期抵制福尔克取消与梅丽森德共同统治的努力，因为共同统治能够保证梅丽森德在政府和王国中拥有一定的影响力。由于福尔克把原先忠于鲍德温二世的官员全部换成了他自己的人，而且其中许多都是暴发户，结果就引起对此感到不安的贵族们的强烈不满，而休自然成为这些人的首领。最重要的是，休虽然来自夏尔特兰（Chartrain）家族，但却是由诺曼人抚养长大的，因为他生于阿普利亚，并在那里成长。事实上，他恰恰是福尔克最想消灭的对手——诺曼党人的首领。

在这场斗争当中，福尔克国王找到一个心甘情愿的工具，这就是觊觎西顿且心怀不满的凯撒里亚的瓦尔特。1134 年，在福尔克的煽动下，他在国王宫廷上站起来并指控继父休阴谋刺杀国王。随后举行了司法辩论，但休并没有出席，反而在阿什卡隆招募穆斯林来帮助自己。这是公开的反叛行为。于是休被他自己的封臣所抛弃，那些人都转投国王麾下。休的封地被剥夺，并在三年内不准踏入王国境内。最终他去了阿普利亚，再也没有回来。梅丽森德和福尔克政府合作，在较量中福尔克落于下风。但在一些领域福尔克却是赢家。诺曼党被取缔，封臣们都被制服。国王不仅没收了贾法的领地，还得到了杰里科以及西顿，而瓦尔特并没有得到西顿，反而是一名来自别的家族的贵族于 1147 年成为那里的领主。

1161 年，这位新任领主杰拉德一度被驱逐出王国，因为他随意剥夺了一位封臣的采邑。对此，国王以武力（manu militari）介入该事件，并重申该贵族拥有的次级封臣（rear-vassal）地位，后来下一任国王阿马尔里克还根据这次意外事件，颁布了《效忠国王法令》

（*Assie sur la liagece*），规定国王为所有封臣以及次级封臣的君王领主，从而将所有次级封臣（rear-vassal）与国王直接联系起来。这么做的本意是为了提高国王的权力，使他能够直接干涉领主的事务，并通过最高王廷（*Haute Cour*）为他提供对抗贵族们的力量，这种支持来自于此时能够表达自己意愿的数量众多的次级封臣们。如果这是其目的的话，那么这项计划就是失败的。《效忠国王法令》确实改变了封臣的地位。就在 1161 年，国王在将他的一个封臣转封为诸侯时，特别提到后者还需要效忠国王。这么做既保住了这个人的社会地位，而且在实际操作中，他也成为君主的封臣。在《效忠国王法令》将次级封臣提高到与大领主同等地位后，这种复杂的解决方法就不再那么必要了。然而，不同等级封臣间的平等纯粹是虚构的。小小的次级封臣只拥有很少的、每年 300—1000 金币不等用金钱支付的采邑，根本无法与大领主们相对抗，而且他们都没有足够的财力来参加国王的宫廷会议。通过《效忠国王法令》，国王并没有得到预想的权力。这项法令确实在 1174 年之后避免了君权的持续衰落，而且我们再也没有听说过国王为了自己的利益与大贵族对抗的事。相反在 13 世纪，《效忠国王法令》成为贵族们用来反抗专制君主或摄政的《大宪章》（*Magna Carta*）。虽然类似的事件在 12 世纪晚期就已经出现，但这部分内容仍然要留到下一章讨论。

除去法兰克贵族和骑士，在东方还生活着法兰克城关市民（*bourgeois*），这是一个相对庞大的阶层，包括所有非贵族的法兰克人。他们中间就包括居住在小定居点以及郊区庄园中的法兰克农民，但大多数人最多的还是生活在城镇中、从事各种手工行业以及商业的市民。其中有些市民也会担任国王的小官吏或一座市镇或乡村的长官，抑或担任城关市民法庭（*Cour des Bourgeois*）的陪审员，负责对涉及城关市民的各种民事和刑事案件，以及针对非法兰克人实行流血惩罚时进行表态。小的商业案件一般由特别法庭审理，该法庭成员中叙利亚基督徒比法兰克人多。但是大多数案件还是要转交城关市民法庭，这也是一些案值较低的案件进行上诉的特别法庭。随着职能广泛的城关市民法庭完全由法兰克人担任，陪审员因而就成为很有影响力的一群人，这一职位经常在同一家族中轮换。国王或各自的领主通过子爵来维持其影响力，子爵们的主要职责就是主持这些城关市民法庭。也因为这一点，难免会有一些城关市民的人士从陪审员升为子爵。但是陪审员只是地方名人（notables）而非老道的政客。城关市民作为一个社会阶层，其政治影响力并没有多大。在 13 世纪，有一项法律因未经城关市民的同意而通过，故而被认为是违宪的，然而重要的事实在于，12 世纪期间，这项法律是可以签发通过的。

城关市民也可以租用土地，这些土地是非封建性的，一般来自国王或国王的一位封臣抑或教会机构。这些土地中大多而非全部集中在城里，一般称为遗产（héritages）或城关市民租用地（tenures en bour-geoisie）。这些都是世袭产业，大多为房地产，对于这些地产，租户们需要服从城关市民法庭的管理，还要支付一种租金（cens），并向其他市民提供服务，关于这些服务，我们知之甚少，只知道包括在紧急时期提供步兵的义务。与被严格禁止买卖的采邑不同，遗产可以被自由买卖或分割。这就使城关市民比贵族们更具吸引力，不过这主要是 13 世纪才出现的现象。城关市民属于拉丁统治阶层，即使贫穷，也要比那些富有的叙利亚基督徒的社会地位高，并拥有法律上的特权，甚至是移民过来的农民在人身上也是自由的，因此比他们在欧洲的同伴要好得多。但是作为一个政治阶层，他们在 12 世纪并没有形成自我意识。他们没有组成将会成为城市自治核心的手工业行会，在 13 世纪之前他们也没有要求颁布关于他们自身的法典，但他们还是喜欢生活在有限自治的基本政治和社会框架下，这正是城关市民法庭通过口口相传的习惯法营造出来的社会。因此也就不用惊奇会出现这样的情况：在意大利和法国如此强大的城市社会，从来没有在拉丁东方发挥过重要作用，除非在对社区进行必要的保护时这类组织才会临时组建起来。即便在临时组建期间，它们依然由贵族们主导，并且人们只能在 12 世纪末才能发现它们的蛛丝马迹。在 13 世纪，阿卡不仅作为首都，而且经常被升格为国家，当时的城关市民表现出更强大的政治存在感。但是在 12 世纪，他们无论对国王还是对贵族们而言，都没有抗衡的力量。

1174 年以前，贵族们看起来似乎无法与国王抗衡。只有仔细回顾，我们才能注意到一些迹象，从 1143 年开始，一个非常小的贵族家族群体逐渐开始抑制君主的权力，不过起初让人难以察觉。1174 年之后，他们逐渐将王国变成他们谱系自我服务的百货商店。这些贵族都非常有才干，后来在各地还产生了一些特别出色的封建律师。但是他们也是以自我为中心的。十字军国家有伟大的国王和伟大的贵族，但它们从来没有一位蒙福尔的西蒙。随着 12 世纪逐渐过渡到 13 世纪，十字军建立的国家不仅被包围、陷于险境，而且还从内部出现了病变。

汉斯·厄伯哈德·梅耶（Hans Eberhard Mayer）

郭云艳 译

陈志强 校

第二十二章

阿拔斯、法蒂玛和塞尔柱王朝

法蒂玛帝国

675　　公元 1000 年时正值伊斯兰教什叶派的中期，号称什叶派第七伊玛目的哈基姆·比·阿穆尔·阿拉（al-Hakim bi amr Allah）哈里发当政，这位"根据真主指令统治万王者"在王城卡西拉（al-Qahira）宫殿将他的老师兼摄政王、白人太监巴尔贾万（Barjawan）刺杀，这座城市的名称意为"胜利"，现在的开罗（Cairo）也由此命名。从那以后，他直到 1021 年去世，都致力于将帝国恢复成政教一统的穆斯林社会，并且需要由真正的领导人来管理，这些人是穆罕默德、穆罕默德的堂弟和被选定的继承人阿里（'Ali），以及穆罕默德的女儿法蒂玛等人的后裔，故而是神圣的，被任命为伊玛目或信仰的最高领袖，并且作为忠诚的指挥官，命中注定会成为哈里发，或者说是真主和先知的代言人。10 世纪期间，他的法蒂玛王朝先是在北非，然后在埃及和叙利亚崛起，而仍然处于原先阿拔斯王朝哈里发统治下的阿拉伯帝国，终于在其严苛的税收重压下分崩离析。[①] 阿拔斯王族仍然居住在巴格达，但他们也仅仅是伊斯兰世界名义上的统治者，不过是按照传统这样认定一下，原先各省的独立王公们再也不听从其命令。而且在巴格达，他们还需要寻求伊朗西部和伊拉克布夷王朝（Buyid 或

---

① Kennedy (1986), pp. 187–199.

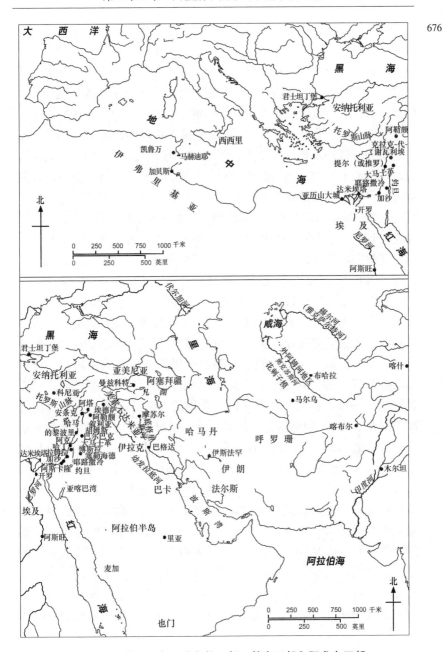

地图 18　法蒂玛王朝、塞尔柱王朝、赞吉王朝和阿尤布王朝

Buwayhid）的保护。和法蒂玛王朝一样，布夷王朝也属于什叶派，也是第四任哈里发阿里的信徒，这一点与此前的阿拔斯王朝不同，阿拔斯王朝自我宣称为先知穆罕默德的叔父的后代。由于布夷王朝也是什叶派，对于法蒂玛王朝自认为是帝国信仰的真正继承人这一说法，他们并不承认，而且他们信奉什叶派中的十二隐遁伊玛目，他们已经于874年隐遁为"勇士"（*ghayba*）或隐秘于超然的秘境中。不过，布夷王朝和法蒂玛王朝一致认为，近东和中东作为伊斯兰世界的心脏，要由君主们来管理，他们的政治和宗教权力能够完全或部分地取代先前统治伊斯兰世界的权力。

677

尽管什叶派占据上风，但其胜利并不稳固。什叶派本身不过是一群在政治上追随阿里或"阿里德斯"（'Alids）或"阿拉维斯"（'Alawis）而形成的宗教教义的信徒，他们只尊奉阿里的后裔，而他作为先知最亲近的人应该有权进行统治。而且在作为信仰核心的伊玛目问题上，还形成了七伊玛目和十二伊玛目的分歧，并导致分裂。法蒂玛王朝从革命到建立帝国的过程惊心动魄，令人印象深刻，因此就给各种各样的什叶派信徒充分的权利，使他们超越其所宣称的伊斯兰世界的真理，转而信仰从阿里的幼子侯赛因那里传承下来的伊玛目，这一脉的传承到了第七伊玛目穆罕默德·伊本·伊斯玛仪时期，转入到隐遁阶段（*satr*），直到910年才以法蒂玛的马赫迪（救世主）身份再次出现在北非。[2] 但是这套理论遭到十二伊玛目派的反对，他们不承认穆罕默德·伊本·伊斯玛仪的伊玛目身份，此外，许多阿里派信徒也表示反对，他们直接质疑法蒂玛家族的血统。如此一来，什叶派再次分裂，既发生在因互不妥协的信仰纷争之间，也发生在众多要求代表真主统治世间的人之间[3]，他们的反对者不仅包括因阿里派要求统治权而受到威胁的当政君主，比如阿拔斯王朝，还蔓延到伊斯兰世界边缘地带的其他王朝，主要有西班牙的倭马亚王朝和伊朗东部的伽色尼（Ghnaznavids）王朝。信徒中绝大部分人并不强烈反对什叶派对权力的要求，引起他们强烈反对的是什叶派还要求沙里亚律法（Shari'a）或伊斯兰法的权力。鉴于绝大多数伊斯兰教法学家

---

② Brett (1994a).
③ 关于什叶派的十二伊玛目支派，见 Momen (1985)；什叶派的七伊玛目支派，见 Daftary (1990)。

认为：在世世代代的学生和老师们之间传承下来的准则，是要遵照伊斯兰教教规，或者说是依照先知的行为标准，因此什叶派不得不将他们所选择的伊玛目当作确保遵循过去先知传统的唯一保证。以法蒂玛王朝为例，发布命令的是真主选定的伊玛目，贯彻执行的也是作为君主的他，因此在什叶派和大多数逊尼派之间的矛盾冲突就不仅在教义层面上，还包括政治层面上，逊尼派将统治者仅仅看作法律的执行者。④ 法蒂玛王朝的马赫迪主义将问题变得更加尖锐，他们相信马赫迪带着救世的使命来到人间，重新恢复过去被忽略的、迷失的信仰，并帮助他们在北非和埃及建立了王朝，重新夺回权力。布夷王朝并没有要求宗教上的权力，他们更加温和，只是在外族入侵者进入阿拉伯帝国范围内后为自己寻找一处容身之地。尽管如此，战斗却非常激烈；什叶派取得了政治上的成功，而在更长远建设帝国方面的障碍却难以逾越，甚至可以说是最终无法克服。哈基姆本人的经历将证明这一点。

到哈基姆当政时，法蒂玛王朝原先打算通过征服、重组旧有的阿拉伯帝国的任何期望，实际上已被放弃，因为王朝已经面临阿拔斯帝国在 10 世纪崩溃时的各种问题。他们在埃及和叙利亚的国家仍然沿袭 10 世纪 30 年代到 40 年代从阿拔斯统治下脱离出来的伊赫希德（Ikhshidid）帝国的管理，因此其发展也遭到同样的限制。在哈基姆的父亲阿齐兹（Aziz）统治时期，也就是 975—996 年，王朝在北非伊弗里基亚（Ifriqiya）的边境地区，也就是阿尔及利亚东部和的黎波里塔尼亚（Tripolitania）所在的突尼斯地区，已经成为齐里德（Zirid）总督治下的世袭君主国，虽然他们还打着哈里发的旗号，但已经不再听从王朝的命令。早在 969 年，法蒂玛王朝打算重新掌控他们征服埃及时的根据地的努力就已失败了；到阿齐兹时期，又计划吞并叙利亚，因为这里是向伊拉克进军以彻底根除阿拔斯王朝残余政权的重要基地，但同样以失败告终。到 996 年阿齐兹去世的时候，法蒂玛王朝实际控制的区域，包括前伊赫希德王朝在叙利亚南部和中部的行省，包括首府大马士革，但是哈姆丹（Hamdanids）王朝控制下的

678

---

④ 逊尼派司法体系中法律与政府的关系，与什叶派有明显差别，关于这一点，见 Coulson (1964), ch. 9, pp. 120 – 134, 106 – 107。

阿勒颇拒绝服从法蒂玛王朝，不仅仅是因为这里曾在拜占庭帝国支持下保持独立，还因为他们控制着安条克，而安条克是在 969 年法蒂玛人成功进军到尼罗河谷时，他们趁机占领的。两大帝国之间的敌对状态，曾经为阿齐兹创造了机会，使其以伊斯兰教代言人的神威号召发动一场针对异教徒的圣战，但收效甚微。[⑤] 同时，叙利亚沙漠被控制在三个强大的、好战的阿拉伯部落手中——北方的吉拉波（Kilab）部落、中部的卡勒卜（Kalb）部落和南方的塔伊（Tayy）部落——它们在过去的一百年中，一直威胁着法蒂玛王朝的安全。在他们到达埃及后这最近的 30 年中，法蒂玛人的无能不仅体现在无法通过武力手段改变伊斯兰世界的政治生态，还体现在无法通过迫害或说服解决信徒中间的信仰分裂问题。当 10 世纪初的革命气氛逐渐淡去时，法蒂玛王朝的号召（da'wa）已经将反对者集中在伊斯马伊的少数派上，那些人的革命要求不是有限的就是局部的。尽管他们有很高的威望，且以阿里为形象的信仰还很受欢迎，伊拉克和叙利亚也普遍倾向于什叶派，并在星期五礼拜仪式中把他们当作哈里发来颂扬，但法蒂玛王朝还是无法赢得广大信众追随自己，以将他们的要求扩张到整个伊斯兰世界，或者说无法推动他们的帝国事业。因此，这就是哈基姆统治的帝国与阿拔斯人所失去的帝国之间的差别。

679　　　　一直以来，这个帝国对外宣称带有法蒂玛伊玛目的神圣使命，即将整个伊斯兰世界团结到同一信仰中来。这个有争议的同一信仰包括埃及和叙利亚的国家［或称"杜拉"（Dawla）］，并且由法蒂玛伊玛目以哈里发之职或作为真主在人间的代表来进行统治和管理，只是出于礼节才将其国家称为"杜拉"，因为他在这里只能算是统治而非管理。反映这一状况的主要例证有齐里德王朝治下的伊弗里基亚，还有卡勒比家族（Kalbids）治下的西西里以及圣地汉志（Hijaz），而法蒂玛的哈里发只是汉志的保护者和提供谷物食品的赞助者。尽管阿齐兹在 995 年夺取阿勒颇的努力以失败告终，但这座城市中以什叶派信徒为大多数，因此，它在 1002 年成为法蒂玛王朝的一个据点，哈姆丹人在这一年被其军队统帅卢卢（Lu'lu'）率军驱逐，1008 年卢卢之子

***

⑤　995 年，巴西尔二世（Basil Ⅱ）毫无预兆地入侵叙利亚以解法蒂玛人对阿勒颇的围城，阿齐兹遂召集信徒发动圣战，却将大军集结在开罗郊外数个星期，一直等到拜占庭皇帝在季末自己退兵，见 Maqrizi, *Itti'az*, Ⅰ, pp. 287 – 288。

马尔万（Marwan）继承了父亲的权势。与此同时，在同一信仰之外的是被称为未被收复的杜拉，也就是伊斯兰世界的其余部分，在那些地区，伊玛目—哈里发既不能统治也无法管理，但如果想要完成王朝的使命，那么伊玛目—哈里发就必须为了真主的利益而去收复那些地区。因此，征服战争从来没有停止，但很有代表性的却是，外交方面更多地采用与其他王朝之间友好以及互相承认的措施，例如在底格里斯河上游山区梅亚法里金（Mayyafariqin）地区的库尔德人的马尔万王朝；又如伊拉克北部的阿拉伯贝都因乌凯尔部落（'Uqaylids）。在这种外交政策背后的是宣传运动，需要系统进行推广维持王朝的事业，并推动当地革命，无论是以暴力形式还是游说，最终要使该国拥有一位亲法蒂玛派的王公，从而进入文明化的伊斯兰世界（Dawla by courtesy）的内圈中来。一方面，这种宣传由伊斯马伊的信仰决定，这种信仰范围包含了远至印度与中亚的整个伊斯兰世界，并激励着传教行动的广泛进行；另一方面，也由那些像布夷王朝一样有可能改变信仰的大公们决定。哈基姆统治的最大成就在于改变了宣传的内容，将伊玛目在伊弗里基亚所致力于并由埃及总卡迪（qadi）所追随的个人使命，变成在总"传教士"［达伊（da'i）］指导下对"传教士们"（du'at，da'i 的复数形式）进行教育和训练的学院。[6] 与此同时，这种教育又激起统治管理中的严重纷争。

哈基姆的统治及其后果

哈基姆的统治只剩下纷争不断。当哈基姆残暴地夺得政权后，他的一半注意力留给其帝国使命，一半注意力放在日常生活中的仆人、大臣以及军队上，这些人在他年幼时曾经争夺过摄政统治权，并以他的名义威胁政权。这种威胁随着法蒂玛政权的演变而出现相应的变化，按照韦伯（Weber）的说法，王朝是从伊弗里基亚的"教长式"家族政府，向更庞大的埃及哈里发"世系"模式演变。事实上，法蒂玛王朝给韦伯提供了一个非常重要的例证，一方面证明了"神授能力的常规化"，也就是君主的君权神授成为制度化；另一方面也证

680

---

⑥ Assaad（1974）.

明了"世系化",也就是君主的权威由此移交给他的仆人们,这有损其统治能力。[7] 这个政权在埃及的演变非常戏剧化,原因在于政府需要展示自身当时的力量和权威,从而超越对手。基于这一考虑,政府中心设在大都市福斯塔特(Fustat)郊外新建的宏伟新城卡西拉,而普通市民却大都住在福斯塔特,政府需要举行的所有隆重庆典以及仪式都在福斯塔特举行。[8] 政府依赖埃及的财政机关,而在整个管理机构中,书记员的工作却主要由科普特基督徒担任。然而,科普特人的地位逐渐受到威胁,特别是在阿拔斯国家(ʿAbbasid Dawla)崩溃后[9],来自伊拉克的家族进入埃及谋职,他们世代担任书记员。此外,犹太人也加入这一行列,其中改信伊斯兰教的雅库布·伊本·基里斯(Yaʿqub ibn Killis)还成为法蒂玛王朝的第一任维齐尔,(wazir,vezir,维齐尔,又称维齐,相当于宰相,在伊斯兰各国宫廷中统管行政事务。——译者注)这一职位被称为从统治者肩上卸下政府"重担"的重要仆人。[10] 阿齐兹对他的这一任命意义重大,标志着法蒂玛王朝与原先伊弗里基亚时期由哈里发个人色彩极重的政府,朝着由大批不同于王室成员的政府工作人员主导的政府过渡,其主导者不再是君主,而是大臣。与此同时,这些人唯一的重要任务就是好好地供养军队;因为经过叙利亚战争,军队已经不再是仅由柏柏尔骑兵构成的,而成为以突厥人为主的多兵种军队,其中包括柏柏尔骑兵、苏丹黑人以及戴兰人(Daylami,也就是伊朗人)组成的步兵,还有王宫中奴隶组成的卫兵。马格里布(Maghariba)的库塔马部(Kutama)柏柏尔人或者说是西方人,非常嫉妒突厥的马沙利卡人(Mashariqa)或称东方人,因为他们曾帮助法蒂玛王朝夺取了北非的权力,并被授予"王朝之友"(awliyaʾ)的尊号,但在哈基姆年幼时的权力斗争中落了下风,当库塔马人试图控制政府时,他们被击败。哈基姆除掉摄政的巴尔贾万后,就把正在发展中的文官力量和军队将士控制在自己手中。

不清楚他究竟是如何这样做的,使他在历史上赢得了疯子的恶

⑦ Turner (1974), pp. 75–92.
⑧ 关于卡西拉(al-Qahira)及其仪式典礼,见 Lane-Poole (1906), pp. 118–134;Raymond (1993), pp. 53–65;Canard (1951, repr. 1973), and (1952, repr. 1973);Sanders (1989) and (1994)。
⑨ Ashtor (1972), repr. (1978).
⑩ Lev (1981).

名。关于他是疯子的说法主要源于其医生的意见，这一点基督徒编年
史家亚希亚·伊本·萨义德·安塔基（Yahya ibn Saʿia al-Antaki）有
相关记述[11]，此外他的许多残忍行为以及明显的怪癖都佐证了这一提
法。[12] 拉讷-普尔（Lane-Poole）还将关于他的怪兽恐怖传奇，用玩
笑的语言详细阐述了一番。[13] 但在当时，是不能对哈基姆进行客观的
精神病诊断的，其所谓的症状也非常不清楚。如果试着解释他的行
为，就会发现他其实是一个具有准确的政治和经济敏感性的人，对于
其君权神授的地位，他时而相信，时而不相信。[14] 相反，他非常与众
不同的行为以及过激举动一直被认为是和疯子一样，而他的疯狂也被
当作正常的理性行为受到刺激后的反应。[15] 比安奎斯（Bianquis）把
他说成是一位恐怖的暴君，因稍许怀疑就处死其维齐尔，而且一直担
心军队的代表（*wasita*）或"中间人"会反叛，这些人还经常兼任维
齐尔一职。[16] 但是很明显，哈基姆还要管理宗教领域的事务，在这方
面，哈基姆表现得像一位理想的统治者。将整个王朝关于伊玛目信条
的三个阶段彻底展现开，就会发现哈基姆的政策在这个领域有持续
性，并且非常理性，不会引起任何对他心理问题的怀疑。

　　某些特征还是始终如一的，如法律规定永远禁止喝葡萄酒和啤
酒，禁止在公共浴场赤身裸体，禁止妇女离开住宅房间，禁止包括棋
类在内的一切休闲游戏，禁止吃《古兰经》中提到的有壳水产品以
及无鳞鱼类，禁止吃黄麻叶（*mulukhiyya*）这种蔬菜，并且要处死所
有的狗。文官们被指控贪污，首先被波及的是市场监督员（*muhta-
sib*）伊本·阿比·纳贾德（Ibn Abi Najda），然后是总卡迪侯赛因。[17]
由于利用职务敛财是系统性和不可避免的[18]，官场的所有官员都战战

---

⑪　Yahya ibn Saʿid al-Antaki, "The Byzantine-Arab Chronicle".

⑫　关于这一列表，见《伊斯兰教大百科全书（1954—　）》（s. v. "al-Hakim bi-amr Allah", art. Canard）。

⑬　Lane-Poole（1914），pp. 123–134. 阿里·马克里齐的《历史》（*Khitat*）由刘易斯（Lewis）做了全译本，见 Lewis（1974），i, pp. 46–59。

⑭　Vatikiotis（1957）；Shaban（1976），pp. 206–210。

⑮　Bianquis（1978）。

⑯　*Ibid.*.

⑰　Al-Maqrizi, *Ittiʿaz* ii, p. 59. 关于马克里齐（al-Maqrizi）的《历史》是根据现在已失传的当时人撰写的文献资料，例如 13 世纪受窝囊气的作家伊本·木亚萨尔（Ibn Muyassaras）以及非埃及作者伊本·阿提尔（Ibn al-Athir），这本《历史》也是关于这个王朝历史的主要参考资料。

⑱　Bianquis（1992）。

兢兢。哈基姆或出于整顿吏治的热情，或担心其臣属作乱，经常施行死刑或砍手砍脚的惩罚，因此所有官员都不得不在这些重压之下屈服。受害者中包括哈基姆的祖父伟大的穆伊兹·里丁·阿拉（Mu'izz li-Din Allah）统治时期的高官的后裔们，这些高官曾是与穆伊兹·里丁·阿拉一起，将王朝从位于伊斯兰世界边缘地带的伊弗里基亚带到中心城市开罗的战友，这其中有负责伊玛目教义解释说明的大伊玛目努尔曼（qadi al-Nu'man）[19]，还有969年征服埃及的扎乌哈尔·斯科拉比（Jawhar al-Siqlabi）。在哈基姆统治中期，一些著名的法理世家和将军世家、皇室贵族以及他们的子孙都被处死了。像基督徒法赫德·伊本·易卜拉欣（Fahd ibn Ibrahim）这样的维齐尔们也丢了性命；其他获得官职的野心家却幸存下来，例如伊拉基·扎尔扎里（Iraqi al-Jarjara'I），他的双手都被砍掉了，但却在1021年哈基姆去世后，成为政府中的领袖人物。从这一点看，该政权的演变很好地阐释了韦伯关于世系社会的描述，"就个体而言，很容易造成天翻地覆、极不稳定的状态；但其社会结构却非常稳定"，在这一社会中，其统治者"还自认为是正义的、要为其臣民谋求福祉"，把君主看作正义之源。[20]

然而，哈基姆的统治制度并不是一成不变的。哈基姆初掌政权后在第一个七年里，加强了由穆伊兹和大伊玛目努尔曼建立起来的法蒂玛式的伊玛目信仰，并下令诅咒阿里之前的三任哈里发，阿布·巴克尔（Abu Bakr）、乌玛尔（'Umar）和奥斯曼（'Uthman），称他们为篡位者，并要坚定伊斯玛仪的信仰形式。这一举动只是象征性的，是为了使更多人尊敬这一真正的信仰，而不是为了实现整个伊斯兰世界的信徒都改信法蒂玛主义，不是要将沙里亚律法那单一而全面的教条，在各种不同的伊斯兰教法学校中通用——毕竟对于任何政府来说，这是一个远超出其能力的任务。然而，作为哈里发或者说是信仰的指挥官，哈基姆强制基督徒和犹太人身着颜色鲜艳的衣服，使他们安守各自的身份。但是1005—1006年，来自西部沙漠的贝都因首领阿布·拉科娃（Abu Rakwa）想要争夺王位，发动了马赫迪起义，这一颇具

---

[19] 努尔曼的遭遇影响力非常大，见 *Da' a'im al-islam* 或 "*Pillars of Islam*"，参见 Poonawala (1977)；Daftary（1990），pp. 249 – 253；Gottheil（1906）。

[20] Turner（1974），pp. 80 – 81。

启示性的事件带给哈基姆的是真主的考验和最终的成功，之后他取消了对基督徒和犹太人着装的限令。但是对非穆斯林的歧视却发展为积极的迫害，迫害行动达到高潮的标志是 1009—1011 年摧毁了耶路撒冷的圣墓堂。另外，对阿里之前三位前任哈里发的谴责行为也被禁止，逊尼派信徒和伊斯马伊信徒被置于同等地位，共同构成了优秀的穆斯林，他们都在真主派往人间的代表、以哈里发之职行事的伊玛目领导下。对科普特人的迫害迫使许多人选择逃亡，其他人则选择皈依伊斯兰教，而这一迫害再次激发了起义，这一次的首领是巴勒斯坦的塔伊部贝都因人，以麦加的圣族后裔（*sharif*）——也就是阿里的长子哈桑的后裔之名发动起义；这第二个七年以发生的另一变化作为分界线，当时哈基姆的侄子阿卜杜勒·拉赫曼·伊本·伊亚斯（Abd al-Rahman ibn Ilyas）被选为"穆斯林的表率"（Wali ' Ahd al-Mus-limin），但不是伊玛目的继承人。将王位传给侄子而不是儿子的做法强调的是统治者在世俗和宗教两方面权力的分离，与王朝的整个原则相悖；从穆罕默德·伊本·伊斯马伊勒开始，他的继承者也不仅仅只是穆斯林社会的领导者，还是具有宗教领导职能的伊玛目，但哈基姆认为他自己是这一世系中的第九位也是最后一位伊玛目。[21] 哈基姆统治的最后七年，选择了隐居苦行的生活，这也成为最具争议的一段历史。对犹太人和基督徒的迫害政策被废止了，但是极端主义者波斯裔的伊斯马伊派信徒哈姆扎（Hamza）和达拉兹（al-Darazi），要求宣布哈基姆为圣人。这种亵渎神明的言论激起信徒的强烈不满，福斯塔特的起义者焚烧了城市中的许多建筑。豪德格森（Hodgson）认为哈基姆支持这种做法，而阿萨德（Assaad）则认为哈基姆没有支持，并邀请伊斯兰教法学家基尔马尼（al-Kirmani）来解释，称这位伊玛目的行为可能有些难以理解，却完全符合王朝的教义规定。[22] 事实上，这段时期的文献资料比较短缺，可能是被官方毁掉了[23]；哈基姆于1021 年在沙漠中神秘失踪；王位很快被传给他的儿子，而不是他指

683

---

[21]　Makarem（1970）.

[22]　Hodgson（1962）；Assaad（1974）.

[23]　Bianquis（1978）. 基督徒的作家叶海亚·伊本·萨义德·安塔基（Yahya Ibn Saʿid al-Antaki）在 1014 年完成他的埃及部分的历史，可能与这段时期一致，但是与七年后一位同时代的宫廷历史编年史家穆萨比希（al-Musabbihi）的记述不同，他是后世编年史作者的主要来源，但在后世的文本中却找不到相关记录。

定的侄子，其子还被授予扎希尔·利扎兹·丁·阿拉（al-Zahir al-Za-hir li-I'zaz Din Allah）的尊称，意为"为加强真主之宗教而存在的君主"，这一尊称是对伊玛目教义的肯定与重申，该教义是由哈基姆的祖父穆伊兹在大伊玛目努尔曼的著作中首次提出的。

　　其结果是双重的。开罗政府被一群高级官员与控制了宫廷的贵妇人联合组成的政治集团所控制，起初哈基姆的妹妹希特·穆尔克（Sitt al-Mulk）掌权，她去世后，太后鲁奇亚（Ruqiyya）接掌权力，直到1027年，政治集团的首领、伊拉克来的移民阿里·伊本·艾哈迈德·扎尔扎里（'Ali ibn Ahmad al-Jarjara'i）成为维齐尔。从那之后直到扎尔扎里于1045年去世，这段时期都是由"断手的"扎尔扎里（Jarjara'I al-aqta'）掌控权力，他口述后由书记员记录在案，他作为控制了公务官员和军队将士——那些掌握笔和剑的人——的政治集团的首领进行统治。这个政治集团盘根错节，以至于无论是1036年扎希尔过世，还是当新任哈里发、尚且年幼的穆斯坦绥尔的母亲拉沙德（Rasad）纠集一支反对派军队出现时，他们都能够幸存下来。在叙利亚，扎尔扎里的盟友、突厥将军阿努什蒂京·迪兹比利（Anush-takin al-Dizbiri）和他们的另一个盟友、指挥泛约旦地区塔伊部落的伊本·贾拉尔（Ibn Jarrah），他们一起于1029年在巴勒斯坦北部的乌库瓦纳（Uqhuwana）战役中，击败了曾于1023年占领过阿勒颇的阿拉伯贝都因吉拉波部落的米尔达西德人（Mirdasids），并在1038年进一步把这座城市并入大马士革行省。在签署和约的漫长过程中，[24]法蒂玛王朝与君士坦丁堡之间的关系得以恢复，并在1036年或1038年签订了和约；到1048年，拜占庭人在得到允许后在耶路撒冷重建圣墓堂，这一点在哈基姆统治末期就已经放松了限制。尽管可能也是由于在哈基姆前期统治时期，其"个性变化太快、太不稳定"，给人留下的印象太深，以至于他的问题性格给政府造成了这样的影响，政府的官员非常受用君主不加干涉的政治果实。伊玛目—哈里发的权力和机构仍然很稳定，但却被其勾结起来的臣属有效地抑制住了，这也正是哈基姆最担心的事情。这一变化的结果是，保守的政府满足于巩固王朝在埃及和叙利亚的地位，而缺乏热情去实现王朝在世界范围内

684

㉔　Canard（1961）.

为自己设定的最终目标。

如果"杜拉"（国家）落入来自王室和政治派别精英之外的大臣们手中，"达瓦"（*da'wa*）即王朝的帝国使命理论就不能总结成更宽泛宏大的综合思想，从而给整个伊斯兰世界带来无法忽视的挑战。教义方面的不确定性在哈基姆被哈姆扎和达拉兹尊为神圣时达到顶点，而且与哈基姆登基之初埃及对伊斯马伊信仰的热情相比，此时教义的不确定性可能将原有的热情降低了一些。然而，它最终只是终结而非毁灭其前辈们在教义方面取得的成就。[25] 伊朗人祈祷（*du'at*）时祝祷哈基姆的神圣性，是法蒂玛王朝在宗教极端主义方面（*ghuluww*）的最后一种表现，这种宗教极端主义曾经是王朝起源的基础，期待末世的到来，届时马赫迪降临人间，对一切善恶进行揭露与审判。[26] 哈基姆去世后，哈姆扎和达拉兹的追随者被赶出埃及，经过 20 年在伊斯兰世界东部地区劝导人们改信伊斯马伊信仰的传教，他们被当地尊称为黎巴嫩山的德鲁兹人（Druzes）以及哈夫兰人（Hawran），他们确信哈基姆永生不灭并将最终重回人间。[27] 而在埃及，哈基姆创建的宗教机构已经变为伊朗人基尔马尼的工具，他以此反驳这种精神错乱的危险思想。基尔马尼这么做，并不是简单地重新确认伊玛目作为穆罕默德的继承人，并拥有在《古兰经》和先知制定的教规中规定的神圣律法的最高权力。他促使人们最终放弃在法蒂玛早期文本中的"宗教极端主义"（*ghuluww*），及其经常涉及的相关数字的神秘内容[28]，并用能够被充分理解的新柏拉图哲学来取代原有的神秘主义，在新的体系中，当时的伊玛目提出了积极的知识分子或永恒的伊玛目具有启示功能的原则。因此，伊玛目不仅是对最终审判、扎希尔或伊斯兰公开教义唯一拥有权力的人，他还是巴丁也就是《古兰经》中隐匿意义的最高权威，现在按照理性的解释，伊玛目是唯一能对真主指令做出确实可信的知识指导的人。一系列庞大的理论总结（*summum theologicum*）就这样呈现到所有穆斯林面前，法蒂玛王朝的伊玛目形象到 13 世纪时，就已深深地印刻在

㉕　Walker（1993）.

㉖　Daftary（1990），pp. 64 – 65；Brett（1994a）.

㉗　Daftary（1990），pp. 195 – 200；Hodgson（1962）；Bryer（1975 – 1976）.

㉘　Halm（1978）.

穆斯林的意识中。法蒂玛王朝有着不断增加的强大的知识分子基础，他们通过巴伯的教学，通过伊玛目向世界宣讲的通道大门而得到培养与教育，并得到整个伊斯兰世界中伊斯马伊信仰的推动，而不管当地政权由哪些人掌握。

阿拔斯王朝的回应

685　　　和法蒂玛王朝一样，布夷王朝之所以能在 10 世纪掌握政权，所依靠的力量是一支来自山地的部落军，具体说来，他们是从戴兰推进到里海南岸的。与来自东阿尔及利亚的卡比利亚（Kabylia）山脉中的库塔马人一样，戴兰人属于被阿拉伯人征服的各族群中的一部分，但是在很大程度上又独立于周围的阿拉伯人，对他们来说，伊斯兰教要么是一种外来的宗教，要么是一件用来反对征服者的武器。从 9 世纪开始，他们被纳入帝国的政治生活中来，当什叶派于整个 10 世纪期间在近东和中东争夺霸权时，他们就是什叶派革命中的重要战斗力量。很长时间以来，戴兰人支持主张军事斗争的阿里派的夺权运动，但是布夷王朝却不属于阿里派。起初，他们只是雇佣兵，控制着伊朗南部的法尔斯（Fars）省、中部的拉伊（Rayy）省和伊斯法罕（Isfahan）省，还有伊拉克的中部和南部地区。因此，与法蒂玛人不同，他们建立起来的是肯尼迪（Kennedy）所说的那种家族联邦制，中心位于法尔斯省及其首府希拉兹（Shiraz）。他们并没有自称哈里发或伊玛目，而是采用古老的波斯尊号"众王之王"（Shahanshah）。这一称号表明其独立于当时的伊斯兰政权，进而，他们又对十二伊玛目派予以庇护，使这种独立性在一定程度上有所巩固。而他们之所以庇护十二伊玛目派，是因为他们所信奉的隐匿伊玛目对其政权不构成威胁，但又能使他们与当时的合法政府阿拔斯王朝以及法蒂玛王朝保持距离：阿拔斯王朝以伊马德·杜拉（'Imad al-Dawla）、鲁克恩·杜拉（Rukn al-Dawla）、穆伊兹·杜拉（Mu'izz al-Dawla）、阿杜德·杜拉（'Adud al-Dawla）等名义进行统治，意为阿拔斯国家的栋梁与柱石；而法蒂玛王朝则意欲向全世界拓展其势力范围。这一点通过巴格达发生的事件得到最好的说明，他们在那里遭到突厥军团以及阿拔斯哈里发的镇压，前者曾在

974 年将他们驱除出巴格达城，后者认为他们与逊尼派有联系、想要独立。到 10 世纪末，他们在巴格达挑起的宗教教派纷争已经发展到白热化，扩展到了整个伊斯兰世界。[29]

　　尽管在各自家族内部就拉伊、希拉兹以及巴格达等地的继承问题也不可避免地出现纷争，但布夷人对伊朗西部的控制一直延续到 11 世纪中叶。拉伊的布夷人还与位于西北方的家乡戴兰保持紧密联系，甚至帮助与其有亲缘关系的卡克瓦伊人（Kakuyids）在哈马丹（Hamadan）建立了戴兰王朝。此外，他们在西部还依赖哈桑努伊德（Hasanuyid）领导的来自扎格罗斯（Zagros）的库尔德骑兵。而希拉兹的布夷人则没那么高兴，他们所依靠的是戴兰步兵中被驱逐的部队，这些人还与突厥骑兵有冲突，突厥骑兵则是 9 世纪阿拔斯人从中亚招募来的。突厥骑兵是一支享有终身供养机制的武士团体，他们把男孩当作奴隶送出去，作为"青年奴隶"（ghilman，单数形式为 ghulam）在其指挥官的战斗部队中训练成长。[30] 针对如何支付这支部队费用的问题，布夷人找到的解决办法是"伊克塔"（土地佣金，iq-taʿ）制，人们经常不太严谨地称为"采邑"，就是对一些特殊的武士或武士部队授予特定的赋税，作为对他们军事服役的回报。埃及的法蒂玛王朝中央权力高度集中，在这样的国家里，这种方法仅仅只是财政的一种工具，来确保向行动中的部队支付合适的军饷[31]；但在像伊朗这样财政建设不是非常完备的地方，士兵们就可能被允许自己来征收这些赋税。布夷人越来越多地使用这种权力转移的方式，当然也承受着所有可能产生的风险。[32] 然而，中央政府仍然主要控制在能干的维齐尔手中，通常这些维齐尔都是波斯人，他们拥有足够的政治和管理手腕来处理王朝和军队中的纷争，能够使国家在很长时间内保持相对和平和繁荣，而各地方的事务则主要由各地方负责。[33] 在当时人看来，这样一个国家的基本要义是"统治之刺"（shawka），即使臣民

686

　　㉙　Kennedy（1986），pp. 212 – 236.
　　㉚　Ibid. ，pp. 206 – 211.
　　㉛　Brett（1995a）.
　　㉜　Cahen（1953）；Ibid. ，在《伊斯兰大百科全书》1954 年以后的部分，s. v. "Iktaʿ"；Lambton（1965）；Al-Duri（1969）；Sato（1982）。
　　㉝　Kennedy（1986），pp. 236 – 249.

感到害怕和担忧其合法营生的那种恐怖力量，[34] 或者就像阿拔斯哈里发马蒙（Ma'mum）说的谚语那样："最好的生活就是拥有一间什么都有的房子、一位美丽的妻子、足够多的财产，别人不知道我、我也不知道别人。"[35] 他们将阿拉伯之外的宫廷王室、文人大臣以及波斯复兴等因素结合起来，与此同时，还鼓励发展文学和科学，这些都推动了迈兹（Mez）所说的"伊斯兰文艺复兴"的出现[36]，正因为这一点，伊朗才能在什叶派世纪中处于中心地位。

983 年，伟大的阿杜德·杜拉去世，伊拉克的这个省才从它原先的法尔斯政府中独立出来，位于伊拉克的布夷人的第三王朝，则完全是另一番经历。998 年，阿杜德·杜拉的最后一位子孙巴哈·杜拉（Baha'al-Dawla），即被称为"国家光辉"的君主在希拉兹登基后，伊拉克的大部分地区都被阿拉伯半岛来的贝都因人控制，巴格达之北部被乌凯尔部落占据；南部在马兹亚德人（Mazyadids）手里，库尔德的安纳兹德人（'Annazids）控制东方。这些部落王朝都是在布夷王朝的庇护下崛起的，并在布夷王朝争论由谁继承阿杜德·杜拉之位时，攫取了权力。他们的辖区并不是像附庸地区那样的管理单位，其城市就像摩苏尔一样，要交纳保护费。[37] 当巴哈·杜拉于 1002 年重新占领巴格达后，建立了强大的政权，所控制的区域也不仅仅限于这座城市。这个强有力的政权在巴哈·杜拉过世时没有遭受很大的损失，但当 1016 年其总督被刺杀后便宣告终结，巴格达也成为各方争夺的牺牲品，什叶派和逊尼派的冲突演变成大规模战争和无休止的劫掠，导致巴格达城的大部分地区沦为无人区。城里的布夷政权因贫困而变得软弱无力；突厥人推翻了希拉兹的统治，随后巴格达的布夷王子贾莱·杜拉（Jalal al-Dawla）进行统治，但突厥人却代表着另一个政治派别。此时，残存在巴格达的阿拔斯王朝不仅没有彻底灭亡，反而带领逊尼派走向发展的繁荣之路，这要得益于卡迪尔（991—1031年）和卡伊姆（al-Qa'im, 1031—1075 年）这两位哈里发的长寿和能力。过去布夷王朝因支持十二隐遁伊玛目，而对法蒂玛人的要求避而

---

[34]　Mottahedeh (1980), pp. 175–190.

[35]　引自 Von Crunebaum (1955), p. 26.

[36]　Mez (1937).

[37]　Kennedy (1986), pp. 210, 253–254, 292–302.

远之，而此时的阿拔斯人赢得了巴格达什叶派的支持，并由什叶派起草，由卡迪尔哈里发在1011年亲自发布一道檄文，谴责法蒂玛人为骗子[38]，该檄文称法蒂玛人根本不是阿里的后裔，这一攻击直指法蒂玛人的要害，引起巨大的恐慌。因为法蒂玛人的血统并不十分清楚，他们自称阿里继承人的说法更多的是一种信仰而不是众所周知的事实。[39] 这些做法为阿拔斯人恢复自己的地位做好了准备，后来，他们也发展出一套新的、更具理论性的哈里发制度。这要归功于阿拔斯的法学家兼发言人马瓦尔迪（al-Mawardi，1058年去世），他为卡迪尔的继承人卡伊姆编纂了《管理艺术》（*Ahkam al-sultaniyya*）一书。

马瓦尔迪倡导的理论是关于哈里发的一套特别的逊尼派理论，主张继任哈里发之位的人选要通过选举决定，而不是像什叶派那样由前任伊玛目指定；另外，统治者的主要责任是来加强而不是批准教规。它一直是逊尼派律法学校法律体系中包含的规则，这是首次在文本中得到明确阐述，或者说是正式得到王朝政府的承认，正式认可哈里发是代表先知、作为统率民众的部分能力，而不是代表真主来管理世界。现在只剩下法蒂玛人还在坚持最初伊斯兰教关于正统哈里发这一称呼。[40] 按照马瓦尔迪的论述，哈里发政府的官员们在本质上还是8、9世纪光荣时代世系国家时期的那些人，不过现在是遵照律法建立理想的政府，这些人也清洗掉了过去的罪孽而变得圣洁。[41] 具有讽刺意味的是，过去按照这种方式进行统治的帝国难以为继，现在却变成哈里发行使其权威而非权力的正当理由，名义上是为维护真理以对抗谬误的教义，并通过把权力委托给实际掌权的人，从而给他们正统的地位。这种做法过去也出现过，先前是阿拔斯人为了防止帝国的整体崩溃而实行的，后来法蒂玛人也用这种方法来建立他们自己的帝国，这种做法也就上升为新成立的政府神圣化的一项原则。然而，它使阿拔斯人能够令人信服地举起意识形态战争的大旗，来对抗在法蒂玛阵营中的敌人，还帮助他们应对保护者布夷人。在11世纪的前半期，普世的哈里发仅仅不过是种想象，但这一想象很有影响，并且影响到

688

---

[38] *Ibid.*，pp. 241–242；Daftary（1990），pp. 109ff.

[39] Mamour（1934）；Brett（1994a）.

[40] 见 Crone and Hinds（1986）.

[41] 英文关于伊本·哈勒敦（Ibn khaldun）的文献，*The Muqaddimah*，I，pp. 448–465，II，pp. 3–73。

未来。[42]

当帝国仍然以肥沃的新月地带作为根据地时，阿拔斯人无力保护阿勒颇留在哈姆丹王朝并处于米尔达西德人的管理下，导致它陷入法蒂玛人在叙利亚的影响圈中，但是在 1010 年却成功地防止伊拉克的乌凯尔部落改变效忠对象，即从巴格达转向开罗。另外，在布夷王朝辖区的东面，卡迪尔还找到一个强有力的盟友，这就是位于喀布尔南部伽色尼（Ghazna）的马茂德（Mahmud），马茂德在 998 年到 1030 年去世之前，在伊朗东部建立起一个庞大的新帝国，它从阿姆河和咸海直到印度洋以及印度河，最后还在 1029 年吞并了拉伊的布夷公国。马茂德是突厥人，他的父亲曾作为"青年奴隶"为布哈拉（Bukhara）的萨曼人（Samanid）服务，当时萨曼人从 9 世纪末开始遵阿拔斯之命统治伊朗东部，但当卡迪尔在巴格达继任哈里发后，他们却拒绝承认他的地位；于是马茂德就以卡迪尔的名义占领了萨曼人的绝大多数领地。很快，马茂德就被封为"信仰统领者的朋友"（Wali Amir al-Mu'minin），以及"国家主管及社区保护者"（Yamin al-Dawla wa Amin al-Milla）。这些称号反映出巴格达哈里发对帝国灭亡后政府结构的重新考量，他们对维齐尔这一职位做出调整，从前他是从君主肩上"接过权力重担"的代理人[43]，现在则从原先的首相身份变成一位王公，其"统治之刺"（shawka）的说法为他自己所专有。对于马茂德来说，这些称号意味着正统性，以及哈里发对其通过武力所获权力的认可，他的征服行动以及不断扩大的权限都具备合法性，当然代价就是对异端派别和起义的异教徒进行残酷镇压。被镇压的异教徒代表就是印度河流域的印度王公们，异端代表就是伊朗西部的布夷王朝的什叶派，以及在马茂德自己辖区内还秉承法蒂玛哈里发的目标的伊斯马伊派。[44]

与法蒂玛和布夷人建立的国家不同，马茂德的帝国一直进行着不间断的征服，他用被征服地区的战利品、贡赋和税收收益来支付庞大的突厥职业军队佣金，而不是按照布夷王朝的方式采用"伊克塔"

㊷　Gibb (1962), pp. 141–150, 151–165; Rosenthal (1962), pp. 27–37; Kennedy (1986), pp. 241–243.

㊸　见前文，at n. 8; and Goitein (1942) and (1961), both repr. in (1966)。

㊹　关于马茂德和他的王朝，见 Bosworth (1963) and (1975), ch. 5。

（*iqta's*）的做法。他的政府中，数量庞大的书记官都跟着素丹及其耗
资甚巨的战斗部队一起移动，这样一来，这支庞大队伍的主要功能就
是从这个庞大王国的每个地区征收金钱，同时也能让各地区的官员处
于定期监视之下。当 1029 年拉伊的布夷王朝终于垮掉之后，他们的
政府机构仍然保留，但却是为其新主人缴纳严苛的财税。在伽色尼人
看来，对异端伊斯马伊派的征服还能带来另外一份颇具吸引力的收
益，那就是他们所在的城市都位于旁遮普地区富庶的木尔坦（Mul-
tan），50 多年前，该城居民皈依伊斯马伊信仰（约 958 年），此后这
里便逐渐发展为开罗在印度的卫星城，但是他们与法蒂玛的穆伊兹的
通信记录却反映出，无论是伊玛目还是在信德以及印度河谷的伊玛目
的信众们，都忽略了木尔坦的存在。⑤ 在伽色尼人的压力下，木尔坦
的伊斯马伊派王子达乌德·伊本·纳斯尔（Da'ud ibn Nasr）起初需
要朝贡，后来于 1010 年被推翻，城中的伊斯马伊派被看作肮脏的异
端而被屠杀。另外，伊斯马伊派的遭遇还起到宣传的作用。事实上，
无论怎样做都很难将印度和马茂德帝国内的伊斯马伊派彻底根除，在
其任内对伊斯马伊派的大规模迫害，为他在帝国内外赢得了广泛的名
声。更让人侧目的是，1012—1013 年埃及法蒂玛王朝的哈基姆派遣
达伊·塔哈提（*da'I* al-Taharti）前来向素丹示好，但塔哈提却被当作
骗子而受审判，并被处死；再后来，他自己的维齐尔哈萨纳克
（Hasanak）因在去麦加朝觐时接受了一件来自开罗的荣誉之袍，而
被马茂德的儿子马苏德（Mas'ud）处死。⑥ 然而，除去这些极为引人
注目的偶发事件以及添油加醋的描绘，迫害本身主要针对的是当地的
宗教狂热分子，而相比于伽色尼王朝迫害异端的响亮名声，这样的迫
害行动只能算是零散的、间歇性的，根本不可能将他们迫害的对象完
全肃清。不过，马茂德的态度为伽色尼王朝赢得很高的声望，成为保
护逊尼派伊斯兰教以及哈里发事业的军事代表。到他的儿子马苏德统
治时，原先制定的关于帝国向布夷王朝的领地扩张征服计划，得到进
一步发展，此时他公开声称要解放巴格达，目的是要打通经由沙漠前
往圣地朝圣的道路，同时这条道路也为攻打开罗做好了准备。⑦ 这样

---

⑤　Stern（1949）and（1955），both in（1983）.

⑥　Bosworth（1963），pp. 51 – 54，182 – 183，187，199 – 200.

⑦　Bosworth（1962）and（1975），p. 189.

就为 11 世纪中期不断涌入的塞尔柱突厥人树立了谋求发展晋升的模式。

塞尔柱人的到来

什叶派时代开始于山地部落军队对近东和中东的征服，他们来自原先阿拉伯帝国中部山区，结束于来自疆界之外的游牧部落对其领土的入侵。伊斯兰教的扩张要求——宗教、生活方式以及文明——不仅限于帝国内的居民，更主要的是针对未被阿拉伯征服地区的居民，因此，也成了帝国辉煌的扩张过程，建立的属地也遍地开花。阿拉伯军队在帝国境外征战扩张，又极尽说词将其教义信条阐释为国家宗教，以此将征服地区的领土紧密联系起来。阿拉伯人的扩张大多局限于"一条贫瘠的地带"，沿着这条征服之路形成了长长的商贸和旅游路线，这一路线为帝国建立起紧密的文化和经济联系。"贫瘠地带"是豪德格森首先提出的说法，指的是从大西洋到中亚，以及印度北部的带状沙漠地带，其间分布着海洋、山脉与河谷，它们形成了一些被大片沙漠分割出的丰饶绿洲。[48] 布罗代尔认为，阿拉伯帝国与地中海的关系比较紧密[49]，沙杜里（Chaudhuri）认为，他们与印度洋关系紧密[50]，而隆巴德（M. Lombard）则把这一时期的历史称为"伊斯兰的黄金时代"，其最繁荣时期从 8 世纪中叶一直持续到 11 世纪中期。[51] 对于阿拉伯所征服的这片土地，豪德格森的看法比较悲观，认为这里贫瘠，无论是对农业还是工业生产的投入都很有限，从而造成后来经济基础的贫弱[52]；但是隆巴德却不同意这种观点，他对阿拉伯人在东、西方向上的扩张都持比较乐观的看法，认为两个方向都有消费需求。[53] 无论是豪德格森还是隆巴德都认同其商贸地位，这里商贸活动集中的大城市，与欧洲的城市相比，数量虽少，但规模更大、涉及商品更加广泛，例如，它们所经营的商品不是仅仅来自这一贫瘠地带的

690

[48] Hodgson (1974), *passim*.
[49] Braudel (1972), i, pp. 168–230.
[50] Chaudhuri (1985), chs. 1 and 2.
[51] Lombard (1975).
[52] Hodgson (1974), ii, pp. 136–138.
[53] Lombard (1975), pp. 161–204.

伊斯兰世界，而是来自外面的世界，包括北方的欧洲、南方炎热的非洲以及东方的印度和中国。这一市场经济带来的结果是将近东和中东的文明建设成为已知世界的中央文明。

这一贫瘠地带上的游牧部族包括柏柏尔人、阿拉伯贝都因人以及突厥人，他们此前在这一文明世界的边缘地带兴盛一时，此时也逐渐以不同方式融入进来。来自撒哈拉西部和中部的柏柏尔人，是跨越沙漠与苏丹的西部和中部地区进行重要的黄金和奴隶贸易的中间人。阿拉伯和埃及的贝都因人，一方面要么是与定居的农业居民共存合作，要么是融入他们的生活；另一方面，他们要么掠夺那些大城市或者较大的国家，要么与它们的统治者联盟合作，有些像伊拉克的乌凯尔部落和阿勒颇的米尔达西德部落则发展成小王朝。中亚的突厥人与南部的伊朗人之间也保持类似的关系，沿着锡尔河（Jaxartes 或 Sir Darya）建立起了联系，通过向"青年奴隶"军队中输送突厥男孩奴隶进行交易，后来这种交易被镀了一层金，即从中国来的丝绸和瓷器以及来自西伯利亚和俄罗斯的毛皮，经由这条商路进口到伊斯兰世界。有一种历史记忆被隐藏起来，这就是关于马上游牧部落从中亚大草原侵入欧洲劫掠的威胁，其中最具代表性的是匈奴人；这个民族曾迫使中国人修筑万里长城；他们与伊朗人的战争成为书写传奇的主要来源，在伽色尼的马茂德统治时期被菲尔道西（Firdausi）改编成波斯时代的《列王纪》（Shah-nama），后来又被当作索赫拉布（Sohrab）和鲁斯塔姆（Rustam）的传奇故事，引入英国文学中。11 世纪期间，就在菲尔道西编写他的经典之作时，突厥人已经到了伊斯兰世界的边缘地带，包括卡尔鲁克（Qarluq）和乌古斯（Oghuz 或 Ghuzz），他们改信伊斯兰教并继续向穆斯林领地前进，因此入侵威胁再次出现。

到 10 世纪末，随着伽色尼的马茂德夺取了阿姆河（Oxus）南岸萨曼人的大部分领土，卡尔鲁克军队攻占了该王朝位于外阿姆河地区（Transoxania）的祖传之地，并在布哈拉建立起自己的喀喇汗王朝（Qarakhanid），其势力范围向东到达费尔干纳（Farghana）或新疆的喀什噶尔（Kashghar，叶城）。[54] 卡尔鲁克的西部边界到达咸海和伏尔加河、乌古斯河，在他们的大汗（yabghu）的统治下，居民被分

---

[54] 参见 Bosworth（1967），pp. 111－114, and（1968），pp. 5－7.

成异教徒和伊斯兰信徒两大阵营，这就给人数较少的主要派别带来了机会，将他们对对手的攻击说成是"勇士们"（*ghazis*）对不信神者的战斗。这些人都是著名酋长塞尔柱的子孙，而这个部落名字也由他而来，这时都参与到与外阿姆河地区的喀喇汗王朝的战争中来，并最终被迫南迁，跨过阿姆河进入伽色尼人的呼罗珊（Khurasan）地区。1030 年马茂德去世，他的儿子马苏德即位，但在此后极为特别的十年中，他们和追随他们的游牧部落太难以驾驭，以至于无法指挥他们参与战争，他们蹂躏了整个地区。在战争中，笨重的伽色尼军队逐渐丧失了以往的战斗力，无法再像过去那样习惯性地取得胜利以及享受曾经的赋税。1040 年，他们被引诱到沙漠中，这里是流动的塞尔柱大军在丹丹坎（Dandanqan）战役中经过的地方。残暴且不受欢迎的伽色尼政权最终在伊朗崩溃，而取得胜利的塞尔柱兄弟们，即图格里尔（Tughril）、察吉里（Chaghri）和穆萨·雅博古（Musa Yabghu）则分割了伊朗。

图格里尔可能是诸兄弟中最大的一位，不然就是其领导者，他将东方留给察吉里和穆萨后，便与其同母异父兄弟易卜拉欣·伊纳尔（Ibrahim Inal）于 1041—1043 年向西去征服老迈的拉伊的布夷王国。不过，他们在那里被原先从呼罗珊战争中逃往西方的散兵游勇占了先，结果只能勉强借帮助哈马丹的戴兰部卡克瓦伊人从马苏德手中夺回王国的机会为自己谋求利益，这些散兵游勇为他们的羊群寻找草场，并尽可能地劫掠抢夺，塞尔柱人胜利后，他们的牧场范围稳步扩展，因为他们离开家乡向伊朗北部牧场迁徙的通道被打开，并且从那里继续向西前往安纳托利亚。这些人被称为突厥人或土库曼人，他们很早以前就已经到达阿塞拜疆，并在 11 世纪 40 年代迁移到亚美尼亚、伊拉克北部和叙利亚南部地区，1044 年，摩苏尔遭劫掠。随着图格里尔进入拉伊，易卜拉欣·伊纳尔占领哈马丹，他们也就与塞尔柱原先的霸权和管制渐行渐远。在新的塞尔柱帝国不断扩张下，近东和中东的居民中间出现一种重要的新成分。㉟

图格里尔可能是沿着土库曼人西进的道路迁徙，就像他在领导他们一样。他前进的目标不过是他沿袭马苏德的说法，支持阿拔斯并且

㉟ Bosworth (1975), pp. 187–195, and (1968), pp. 16–23, 23–53 *passim*.

反对法蒂玛，这样一来，就将这次规模浩大的移民潮变成一个坚定地
向伊斯兰世界及其核心地带进发的帝国。无论塞尔柱人向外扩张之初
是出于什么目的而高举起伊斯兰教旗号，他们如果要与外阿姆河地区
这样一个伊斯兰国家作战，其先决条件就是要有明确的信仰，尤其是
在争夺呼罗珊的斗争中，明确的信仰立场是取得胜利的先决条件。此
外，他们自己并没有一个信仰根据或者宗教领袖，因此就很有必要不
仅要打出逊尼派的旗号，还要尊奉阿拔斯。因此，丹丹坎的胜利喜讯
就直接从战场呈送到巴格达。很明显，塞尔柱人已经意识到借助这个
名义得到权力的可能性，并且进一步将夺取伽色尼人的称号确定为目
标，毫无疑问，这一点是受到原先在伽色尼帝国服务的呼罗珊大臣们
的影响。㊶　在选定西方作为自己的属地时，图格里尔已经把自己看作
领导塞尔柱人建立一个逊尼派帝国的实践者。

　　不过，这一目标并不妨碍他与法尔斯的最后一个布夷王朝强权统
治者联姻结盟，这个人就是阿布·哈利贾尔·伊玛德·阿丁（Abu
Kalijar'Imad al-Din，1024—1048），自从 1012 年巴哈·杜拉去世后，
巴格达的布夷政权就陷入混乱，经过长期的纷争，阿丁最终取得胜
利。事实上，11 世纪 40 年代并不是一个急剧变化的时代；塞尔柱人
和伊朗西部的土库曼人在山区遇到大量居民和许多小王朝，他们不得
不和这些人打交道。而土库曼人与塞尔柱领导者之间日渐形成的裂
痕，以及在领导者内部不断出现的裂痕，都阻碍了帝国扩张事业的发
展。这些分裂分子主要是那些在哈马丹围绕着图格里尔的搭档易卜拉
欣·伊纳尔的人，他们支持土库曼人，反对塞尔柱人的控制，因此鼓
动而且还不时带着他们的人向西前往安纳托利亚。图格里尔的权力应
该在稳步增强，但速度还是太慢了，而且在这个时期，其权力的增强
还主要得益于 1048 年阿布·哈利贾尔在希拉兹去世后因继承权而引
发的纷争。当时阻碍土库曼人入侵法尔斯的障碍已经扫除；与此同 693
时，图格里尔还在 1049—1050 年获得了阿米德（Amid）的马尔万
[Marwanids，或迪亚巴哈尔（Diyarbakr）] 的承认，并在 1050—1051
年将伊斯法罕残存的卡克瓦伊（Kakuyid）城确立为自己的首都，继
续干涉希拉兹的继承纷争，直到 1055 年，布夷王国确立了新统治者

㊶　Bosworth（1968），pp. 45 – 46.

弗拉德－苏顿（Fulad-Sutun），这与他直接吞并已经差不了多少了。这样一来，通往巴格达的道路就被打通，此时巴格达由阿布·哈利贾尔的另一个儿子马利克（al-Malik）控制，管理混乱。这时因巴格达城的控制权而产生纠纷，一方是突厥将军巴萨斯里（al-Basasiri），另一方是维齐尔伊本·穆斯里马（Ibn al-Muslima），后者在 1045 年由阿拔斯的哈里发卡伊姆委任，此后逐渐变得更加独立。1055 年，图格里尔集结大军发起远征，他们仿效伽色尼的马苏德的方式，将视野从巴格达投放到前往麦加的朝圣路上，并发起一场针对埃及法蒂玛王朝的战争。12 月，他列队进入巴格达城，实现了建立一个新王朝的目标，他们受到哈里发官员们的迎接，不过哈里发卡伊姆本人并没有到场。

班努·希拉尔（Banu Hilal）的出现

贝都因阿拉伯人的所有部落统称为班努·希拉尔，在 11 世纪中期进入北非，和塞尔柱人一起参与到开罗与巴格达的冲突中，影响非常大，以至于有一种普遍的说法称他们是 1051 年被法蒂玛统治者们从埃及派去惩罚伊弗里基亚的齐里德人，因为那些人背弃了原有的信仰而转投阿拔斯人。然而，这是植根于法蒂玛王朝历史记述中的传说[57]，反映出的是模糊不清的事实。班努·希拉尔属于被伊本·哈勒敦（Ibn Khaldun）称为“第四时代的阿拉伯人”，也就是遭到属于第三时代的阿拉伯征服者遗弃在沙漠中的那部分人，当阿拉伯帝国的创建者已经被他们创造的文明吞没后，这些人仍作为古老的民族和价值观的代表出现在当时的社会中。[58] 他们并不是来自外部阿拉伯旧帝国的那些严格意义上的部落居民，不过是体验了极度荒凉之地的居民，适应了极为艰苦的生活，他们很可能就来自定居点和城镇，虽然那里的生活吸引他们，但却遭到城市的排斥。[59] 在阿拉伯中心地区，从阿拔斯帝国最辉煌时开始，他们就使从伊拉克通往麦加和麦地那的沙漠通道无法通行，直到伽色尼人和塞尔柱人为建国的目标重新打通这条

[57]　Brett（1982）．

[58]　Cheddadi（1986），pp. 135 – 136，419 – 424．

[59]　Ibn Khaldum，*The Muqaddimah*，I，pp. 250 – 252，306 – 308，II，pp. 279 – 280．

道路，才使得朝觐成为可能。在肥沃的新月地带的边缘地区，他们曾经在 10 世纪初打着支持法蒂玛马赫迪的旗号起义，但之后再起义则是为了建立像乌凯尔部落和米尔达西德部落这样的贝都因小王朝。在埃及，他们沿着尼罗河两岸向南、朝阿斯旺地区扩散，并向西游荡，进入撒哈拉当地柏柏尔游牧部族的地盘。据伊本·哈克尔（Ibn Hawqal）记载，10 世纪后半叶，班努·希拉尔经常出现在哈尔加（Kharga）和达赫莱（Dakhla）西边的绿洲地区。[60] 但到 11 世纪，像昔兰尼加（Cyrenaica）的班努·库拉（Banu Qurra）这样的贝都因部落已经参与到阿布·拉科娃反抗哈基姆的起义当中，进而控制了巴卡（Barqa）。1037—1038 年，祖格巴（Zughba）的希拉里部落（Hilali）杀死了的黎波里的柏柏尔大公萨义德·伊本·哈兹伦（Saʿid ibn Khazrun），十年后又与伊弗里基亚的齐里德素丹穆伊兹·伊本·巴蒂斯（Muʿizz ibn Badis）结盟。[61] 他们就以在撒哈拉北部新成立的游牧武士部落为单位，进入北非法蒂玛王朝的政治生活，而这时政治局势非常紧张，他们给开罗造成的麻烦，远比此时在东方正在向西推进的塞尔柱人带来的麻烦更严重。

在开罗，原先有关埃及和叙利亚祈祷仪式事务与涉及法蒂玛帝国提法之间的争议，渐渐平复。11 世纪 40 年代是法蒂玛政权忙于争夺维齐尔职务的十年，1045 年，扎尔扎里去世后，新任太后拉沙德凭借自己在希特·穆尔克和鲁奇亚得到的巨额财富，在政府中招揽了一群追随者。而早在仍是婴儿的伊玛目—哈里发穆斯坦绥尔于 1036 年即位时，维齐尔这位能力卓著的政治家就开始应对来自这位新太后的攻击，其追随者一起反对老迈的首相。与此同时，扎尔扎里自己的力量也有所削弱，因为他不再信任叙利亚的盟友迪兹比利。1041 年，他借口迪兹比利是背叛者，以此说辞出兵，亲率军团在大马士革将迪兹比利流放到阿勒颇，最终使迪兹比利客死他乡。很快，阿勒颇就被米尔达西德人重新占领；而且巴勒斯坦的贾拉希德人（Jarrahids）再次发动起义；大马士革新任总督纳西尔·杜拉·伊本·哈姆丹（Nasir al-Dawla ibn Hamdan）虽然是古老的哈姆丹王朝后裔，却无力挽回

---

[60]　Ibn Hawqal, *Surat al-ard*, ed. Kramers, p. 155; trans. Kramers and Wiet, p. 153.

[61]　Brett（1974–1975）.

局面。在埃及，太后的小团队中为首的是伊朗裔的犹太商人阿布·萨德·图斯塔里（Abu Saʿd al-Tustari），早在前任哈里发扎希尔在位时，他就已经是王后的情夫了，现在担任她的产业总管。当扎尔扎里去世后，他的副手们就成为继任的唯一人选；但是之后的第一任维齐尔安巴里（al-Anbari）几乎即刻被罢免，而他的同事、后来才皈依伊斯兰教的犹太人法拉希（al-Fallahi）则在当时势头正盛的图斯塔里的推荐下继任维齐尔。安巴里被投入监狱后又被处死；但 1047 年，新任维齐尔奋起抗议对他的监视，并默许突厥士兵们在大街上谋杀了图斯塔里。因为这个原因，他自己也被辞退，并被投入监狱直到最后被处死；图斯塔里的弟弟阿布·纳什尔（Abu Nasr）负责管理哈里发的"私人钱包"（khizanat al-khass），而负责太后地产的大管家则另外找了一个完全不同的人，这就是来自巴勒斯坦的伊斯马伊学者亚祖里（al-Yazuri）。维齐尔的职位仍然控制在扎尔扎里党人手中，此次担任这一职务的是扎尔扎里的侄子阿布·巴拉卡特·扎尔扎拉（Abu'i-Barakat al-Jarjara），他大肆逮捕、驱逐和没收官员财产，就是为了使自己免于遭受其两位前任的命运。他还试图通过任命自己的总卡迪（qadi）和总达伊（daʿi）以便将亚祖里赶出政治舞台；但是亚祖里任命自己的儿子代表自己来管理太后的产业，从而继续影响政局。[22]

这种紧张局势一直持续到 1049 年才解决，那一年他们的远征军在阿勒颇遭遇灾难性的溃败，而阿布·巴拉卡特对此要负主要责任，他也因此被罢免。1050 年，亚祖里被任命为维齐尔，从而最终完成了权力从一派向另一派的转移。然而，他的地位并不像扎尔扎里时代那样稳固，因为扎尔扎里的追随者们仍然分布在官员队伍和军队中间，他们嫉妒亚祖里的晋升，更想取代其职位。不过亚祖里拥有宫廷的信任，能够在国内外顺畅地行使职权，首先在叙利亚，其主要军事盟友纳西尔·杜拉与米尔达西德人实现和解。他与拜占庭帝国的联盟也得以重建，与此同时，还向南部的努比亚地区派遣远征军，要求当

---

[22] 除马克里齐（al-Maqrizi'）的《历史》（Ituʾaz）外，关于这个时期埃及历史的主要资料按照年代顺序，有伊本·塞拉菲（Ibn al-Sayrafi）的《印迹》（Al-Ishara，到 1130 年）；伊本·木亚沙尔（Ibn Muyassar）的《埃及纪事》（Akhbar Misr，13 世纪晚期）；以及马克里齐（al-Maqrizi）的《历史》（Khitat，15 世纪初）；还有伊本·阿提尔（Ibn al-Athir）的《历史》（Kitab，13 世纪初）。

地部落缴纳"盟约"费（*baqt* 或"pact"），以此重新确立了法蒂玛王朝与当地基督教王国之间的和平友好关系。⑥此时，从也门传来了好消息，达伊·苏莱伊（*da'i* al-Sulayhi）于 1038 年取得了战场上的胜利，还将喜报当作礼物呈报回来。⑥然而，西部局势却更加危急。

　　从 11 世纪初开始，伊弗里基亚的齐里德人的地位就在道义上和实质上遭到损害。他们在阿尔及利亚的西部行省已经被与其同源的哈姆德人（Hammadids）占领，而的黎波里也被班努·哈兹伦（Banu Khazrun）夺取，后者是一支活动于西阿尔及利亚的扎纳塔部（Zana-ta）柏柏尔游牧部落，他们借助法蒂玛王朝和西欧科尔多瓦倭马亚王朝之间长达百年的战争而得到武装，迅速崛起。齐里德人对突尼斯南部绿洲的控制，不仅受到来自扎纳塔移民的威胁，还要面对来自杰尔巴（Djerba）、贾巴尔·纳夫沙（Jabal Nafusa）和杰里德（Djerid）的柏柏尔人的侵扰，这些人当中人数最多的是伊巴迪斯派（Ibadis），他们既反对什叶派，也不赞成逊尼派。而在凯鲁万（Qayrawan）这座古老的阿拉伯首都，王公大臣们生活在萨布拉（Sabra）的法蒂玛古老宫殿中，却要应对一群不服统治的人民。臣民们抱怨的可能是经济生活艰难，因为法蒂玛时期的繁荣已经消失了，特别是此时突尼斯已经开始兴盛起来。⑥但是他们的处境很尴尬，因为要面对来自两方面的反对力量，一方面是以法蒂玛伊玛目名义统治的王朝，另一方面是马立克（Malikite）学校的逊尼派教法学家（*ulama*），这些法理学家把凯鲁万变成了逊尼派学者的主要基地。在他们对伊斯马伊信仰的学术进行攻击之后，还蕴藏着军事上的威胁，不仅仅是威胁发动起义，而是要进行革命。在 1016 年或 1017 年，随着年轻的穆伊兹·伊本·巴蒂斯素丹即位，当时也正处于哈基姆统治的最后阶段，整个伊弗里基亚的人民都皈依了伊斯马伊信仰，并屠杀对手以保卫政权。穆伊兹的漫长统治最终变成一场缓慢的、针对逊尼派的镇压运动，其中素丹与这些比较有名的法理学家结盟，希望孤立和消灭更为激进的信

696

　　⑥　Al-Maqrizi, *Itti'az*, ii, p. 222. 关于在穆斯林时期，"盟约"（*baqt*）作为埃及人与努比亚关系的基础这一问题，参见《剑桥非洲史》［*Cambridge History of Africa* (1978), ii, pp. 505 – 506, 565 – 567, and *passim*；Hasan (1967), pp. 20 – 28, 90 – 93.］

　　⑥　*Ibid.*.

　　⑥　Brett (1969).

徒。到 11 世纪 30 年代和 40 年代，这一政权开始整装待发，一面与哈姆德人作战，一面与扎纳塔人作战。然而，当巴勒莫的卡勒比德王朝衰弱后，穆伊兹卷入西西里穆斯林的纷争，显然是想吞并该岛；其努力并没有取得成功，伊弗里基亚人被驱逐，可能是被西西里人驱逐，也可能是在 1038—1040 年被拜占庭将军乔治·马尼亚科斯驱逐。伊弗里基亚人尽管没有取得成功，但这一未明事件还是预示着他们打算进行更大的尝试，以便在国内外获取主动权，从而恢复王朝的荣耀。[66]

1048 年，穆伊兹正式放弃与伊玛目—哈里发的联盟转向阿拔斯。齐里德的编年史家伊本·沙拉夫（Ibn Sharaf）[67] 所记载的时间，也得到当时所铸钱币的印证，在伊斯兰教纪元 441 年，也就是 1049—1050 年，齐里德的货币从法蒂玛式的金第纳尔（dinar）变成一种带有《古兰经》铭文的货币——上面刻着"舍伊斯兰教而寻求别的宗教的人，他所寻求的宗教，绝不被接受，他在后世，是亏折的"——这是将法蒂玛及其追随者指斥为异端。[68] 与巴格达的外交联系可以追溯到 1045 年阿拔斯政府委任伊本·穆斯里马担任维齐尔一职；那之后，新任维齐尔派遣曾经在伽色尼的马茂德手下做过事的波斯人达里米（al-Darimi），作为阿拔斯政府的使者于 1047—1048 年前往凯鲁万。[69] 1051 年，第二次派出的使臣在安条克被拜占庭人抓获，然后被送往开罗，他准备带给穆伊兹的阿拔斯政府的标志，在那里被公开烧毁。[70] 这也是亚祖里对其对手在北非推广逊尼教义、努力在西部建立一个与法蒂玛政府竞争的逊尼派帝国的所作所为做出的必要反应。的黎波里的班努·哈兹伦以及巴卡的班努·库拉也都宣称支持巴格达和穆伊兹。在其埃米尔贾巴拉·伊本·穆克哈塔（Jabbara ibn Mukhtar）的带领下，这支曾经于 11 世纪初由阿布·拉科娃率领起义反抗法蒂玛政府的班努·库拉人，于 1052 年再次袭击亚历山大，结果以失败告终。

697

[66] 关于详尽的参考文献，见 Idris (1962)；Amari (1937 – 1939)．
[67] 按照伊本·伊德哈里（Ibnʿ Idhari）的记载，见 *Al-Bayan al-muqhrib*, pp. 277 – 279.
[68] Hazard (1952), pp. 52 – 55, 90 – 93. 《古兰经》，马坚译，中国社会科学出版社 1996 年版，第 85 页。——译者注
[69] Idris (1962), pp. 191 – 192.
[70] Brett (1982), p. 49.

　　然而，穆伊兹的野心却给国家带来更严重的不幸。从 1048 年前后作为素丹与开罗决裂的开端，他就与祖格巴和里亚哈（Riyah）的希拉里贝都因部落结盟，用土地换取他们的军事支援。换出去的土地可能就是加贝斯（Gabes）和的黎波里之间的贾法拉（Jaffara）平原，这里在第二次世界大战时期，以玛丽斯（Mareth）为中心成为德军军事封锁的重要战略长廊，而在 11 世纪，这里受到来自杰尔巴的柏柏尔人以及贾巴尔·纳夫沙的威胁。然而，这种试图平定当地局势的努力却失败了，因为阿拉伯人要向加贝斯南部前进以攫取更多土地。1052 年，穆伊兹率领庞大的远征军要争夺南部地区的控制权，但却在距离凯鲁万两三天路程的山地地区遭遇这两个阿拉伯部落的埋伏，这被称为海达兰（Haydaran）战役。穆伊兹丢弃所有辎重，逃回首都，但是很快首都也被刚刚洗劫城郊的阿拉伯人包围。而后里亚哈和祖格巴在此时向开罗请求仲裁，结果这样一场本来可以避免的灾难就发生了，又在埃及随后数年的介入下无力回天。当各个部落因此受到鼓励要重新包围凯鲁万时，亚祖里的使者阿明·杜拉·瓦·马季努哈·哈桑·伊本·阿里·伊本·穆尔辛（Amin al-Dawla wa Makinuha Hasan ibn 'Ali ibn Mulhim）[21] 来到加贝斯，一方面来接管伊弗里基亚的各个城镇，另一方面也是来接收曾脱离开罗控制的东阿尔及利亚的哈姆德人的归顺，最终他带着阿拉伯人分得的一半战利品返回开罗。[22] 这个可以追溯到拜占庭控制非洲时期的伊弗里基亚的古老国家，最终分崩离析了。1057 年，穆伊兹放弃了内陆的凯鲁万城，迁到城防更加严密的海边堡垒马赫迪耶，而原先繁华的大都会则人去楼空。一些教法学家仍然留下来坚持马立克学派传统，但许多人后来还是离开了，前往包括摩洛哥在内的其他地区。在希吉马萨（Sijilmasa），他们将逊尼派帝国的教义火种传给阿尔莫拉维德人。这次逊尼派的军事行动由西撒哈拉的桑哈扎柏柏尔人部落来执行，领导者是从凯鲁万的马立克学院来的一位传达神旨的学者，这一行动也成为逊尼派事业在西撒哈拉的开端，最终成功地在沙漠及以北地区扎下根来。就在穆伊兹逃往马赫迪耶的那一年，希吉马萨的阿尔莫拉维德

　　㉑ 这些情况记录在最基本的文献资料——法蒂玛政府的通信当中：Brett（1982），pp. 51 - 52，但是马金·杜拉（Makin al-dawla）却被记录在史书当中。

　　㉒ Brett（1974 - 1975）and（1982）.

人，在原先颇具侵略性的逊尼式货币上重新刻印成第纳尔，而在马赫迪耶当地，齐里德人也重新转向支持与法蒂玛的结盟，因此也重新铸造了法蒂玛式的货币。[73] 阿尔莫拉维德人继续在伊斯兰世界西部以逊尼派穆斯林的名义建设自己的帝国，在随后的一个世纪中，这个隶属于阿尔莫哈德统治下的国家占领了伊弗里基亚。

698　　　　阿尔莫拉维德人以什叶派时代的宗教和政治纷争的方式，招致古老的阿拉伯帝国的第三次大规模入侵，使游牧部落卷入伊斯兰世界中。在北非，他们向各部落宣扬伊斯兰信仰，以这支新近顺服真主的队伍来与真主的敌人对抗，他的敌人就是在 150 年前帮助法蒂玛人夺取伊弗里基亚政权的人，也是 100 年后达到极盛之际被阿尔莫哈德人推翻该帝国的人。[74] 与塞尔柱或班努·希拉尔都不一样，他们形成的是一个特别的宗教和种族社会，但却和塞尔柱人一样，尽管建立了帝国，没有因这些游牧民族的到来而改变所到之处的居民构成。另一方面，虽然有很多因素能够帮助班努·希拉尔建国，但他们并没有能够建立帝国，这其中既有法蒂玛政府表现出的对其领导人的支持，例如把突尼斯装扮成伊弗里基亚之主（Sahib Ifriqiya）的里亚希德·穆尼斯·伊本·叶海亚（Riyahid Mu'nis ibn Yahya）就得到法蒂玛的支持，还有贝都人在军事上占尽优势，他们在好战的、将在未来 100 年中控制这块区域的王公们中作战。从当地居民的贝都因化和阿拉伯化进程来看，在过去几个世纪中已经将土著的柏柏尔人变成了少数民族，因此，班努·希拉尔未能成功地建立帝国是非常严重的事情，更有甚者，他们还缺少一名宗教领袖。[75] 事实上，即使在他们最危急的时候，班努·希拉尔仍然属于国家框架体系中的游牧民族。

法蒂玛帝国的危机

具有讽刺意味的是，1057 年，齐里德人重回法蒂玛阵营，而且以齐里德国家的疆域分崩离析为代价，这些都是亚祖里的功绩，但他却无法亲眼见证。早在 1058 年，他就被逮捕并以叛国罪处死。自从

---

[73] Launois (1964); Idris (1962), pp. 225–226.

[74] Brett (1983) and (1994b).

[75] Brett and Fentress (1995), ch. 4.

图格里尔·贝格（Tughril Beg）于 1055 年末进入巴格达后，在随后的两年时间里，法蒂玛王国的国内外事务陷入双重危机，好像就是要对帝国内外事务进行报复一样。造成危机的因素早在数年之前就已出现，从巴格达的局势开始，巴格达逊尼派和什叶派的冲突伴随着阿拔斯的维齐尔伊本·穆斯里马和突厥军事指挥官巴萨斯里之间的敌对，而且巴萨斯里在布夷政权衰落之后，转而支持埃及。而在埃及当地，亚祖里还要面对发生在 1052 年和 1054—1055 年因饥荒而引起的社会不满情绪。问题不仅仅是财政中没有足够的谷物预算；困难的是将谷仓里的谷物投放到市场，因为投机倒把者不只是商人，还有包括哈里发以降的众多贵族大地主。1024—1025 年，扎尔扎里被任命为维齐尔，当时发生的最近一次严重饥荒也曾引起骚乱，因为他和他的手下没有对饥荒采取任何救助行动，很可能是为了规避对其支持者的攻击。[76] 然而，亚祖里却这么做了，甚至还建议哈里发减少有害的公共行动开支，并且确保所有谷物都能通过赋税直接收拢到国家谷仓中，进而能够发放到市场上；[77] 但是他的做法无法得到任何一位同僚的支持。于是他立刻做了另一个选择，向拜占庭帝国寻求帮助；但是 1055 年 1 月皇帝君士坦丁九世去世了，上了年纪的皇后狄奥多拉因担心正向亚美尼亚和东安纳托利亚等地推进的塞尔柱人，转而攻击拜占庭帝国，因此拒绝了亚祖里的请求。结果，埃及就无法为汉志（Hijaz）提供朝圣者们需要的粮食。而且就在同一时期，皇后还下令君士坦丁堡在清真寺中做礼拜的信徒必须按照阿拔斯教条礼拜，而不允许按照法蒂玛教条礼拜，于是埃及向拜占庭帝国宣战，派出刚刚出使伊弗里基亚归来的马金·杜拉·伊本·穆尔辛（Makin al-Dawla ibn Mulhim）率领大军，前去攻打安条克和阿勒颇，在阿勒颇的米尔达西德人已经与土库曼人结成同盟。当图格里尔·贝格最终抵达巴格达时，叙利亚的法蒂玛人已经做好了战斗准备。

巴萨斯里被塞尔柱人驱逐出巴格达后，前往幼发拉底河的拉巴（Rahba），并向开罗寻求帮助。就在这个关键问题上，亚祖里背后起作用的是最后一位法蒂玛教义学家、著名的伊朗人达伊·穆阿亚德·

⑦⑥　Bianquis（1980）.

⑦⑦　Al-Maqrizi, *Itti' az*, ii, pp. 224 – 226; *idem, Traité des famines*, pp. 18 – 22.

699

非·丁·什拉兹（*da'i* al-Mu'ayyad fi'l-Din al-Shirazi），他和他的前任基尔马尼一样，都来自法尔斯的布夷王国。在 11 世纪 30 年代和 40 年代，他曾在阿布·哈利贾尔的宫廷待了十年，在阐述说明伊斯马伊信仰时也持同情的立场，直到 1046—1047 年，迫于阿拔斯的压力被迫流亡开罗。在开罗，由于亚祖里被任命为主达伊，结果什拉兹自然落选了，后来当亚祖里成为维齐尔之后，又将这一职位授予大伊玛目努尔曼的后裔。但到 1052 年，什拉兹开始管理"领事馆"（*diwan al-insha'*），负责与外交有关的事务。什拉兹成功地说服亚祖里接受巴萨斯里的请求，而他本人也当然负责处理与此事相关的、组织和支助叙利亚北部和伊拉克的阿拉伯部落联盟事宜。1057 年，当马金·杜拉得到由亚祖里之子率领的援军支持、继续进攻安条克和阿勒颇时，巴萨斯里在摩苏尔南部的辛贾尔（Sinjar）击败塞尔柱人，并一度占领了摩苏尔城。1058 年，此前的种种努力终于初见成效。年初，马金·杜拉攻占阿勒颇，并将被扎尔扎里流放的迪兹比利的遗体送回开罗举行隆重的葬礼。到年底，当图格里尔·贝格因易卜拉欣·伊纳尔的起义困扰而离开巴格达时，马金·杜拉趁机占领了这座城市，并宣称法蒂玛政府对该城的宗主权。巴萨斯里的宿敌，也就是阿拔斯的维齐尔伊本·穆斯里马被残忍地处死，但是阿拔斯哈里发本人却被乌凯尔大公库拉伊什（Quraysh）保护起来。最后，只是把哈里发的徽章送回开罗，1059 年，穆斯坦绥尔在开罗亲自迎接他们凯旋。对于法蒂玛政府来说，他们一直以来都通过革命，而不只是用征服手段来为伊玛目赢得整个世界，这场战役无疑是最辉煌的胜利，特别是在也门的达伊·苏莱伊即将取得全面胜利的时候。虽然也门战役是一份献礼，但巴萨斯里领导的联盟却只是无组织的联盟，是后来的伊拉克布夷人的一群混乱的军事联合而已。当图格里尔·贝格在年底终于打败易卜拉欣·伊纳尔等人返回巴格达后，巴萨斯里就被赶出巴格达，并在 1060 年 1 月的战斗中阵亡。[78] 按照埃及史学家伊本·木亚沙尔（Ibn Muyassar）的说法，这整个时期不过是"埃及帝国最后的幸福时光"。[79]

---

[78] 关于什拉兹（al-Shirazi）的生平，见 *Diwan*, pp. 259–260; Sirat al-Mu'ayyad, p. 56; "The Sira"; 关于巴萨斯里（al-Basasiri）的生平，见 *Encyclopaedia of Islam* (1954–), s. v. art. Canard。

[79] Ibn Muyassar, *Akhbar Misr*, p. 21.

　　开向危机的列车在巴萨斯里到达巴格达之前就已经启动。无论穆斯坦绥尔原本希望从巴萨斯里攻占阿拔斯的这座城池中达到什么目的，但从 1058 年春天开始，埃及对巴萨斯里军事进攻的支持就已经被切断。到 2 月底，由于反对派指控亚祖里将埃及的所有财富都用于征服巴格达，指控他激怒塞尔柱人从而危及王国的利益，结果亚祖里因此身陷囹圄。这些指控完全是歪曲的、恶毒的，甚至指责他与图格里尔·贝格勾结背叛国家，还计划逃往巴格达。最终哈里发下令逮捕并处死维齐尔亚祖里。此后，维齐尔一职暂由亚祖里的亲信巴比利（al-Babili）担任，直到太后的另一位宠臣、亚祖里阵营中的马格里比（al-Maghribi）被任命为维齐尔；然而，此时损害已经造成，难以挽回。新任维齐尔要从伊拉克冲突中脱身出来，当时纳西尔·杜拉·哈姆达尼也返回大马士革以控制叙利亚；但是政府已经因前任维齐尔被处决而危机重重。1060 年，马格里比也遭遇到此前 1049 年前任维齐尔阿布·巴拉卡特完全一样的境况，这一年他派遣纳西尔·杜拉率领一支远征军前去收复不停起义的阿勒颇城，结果招致灾难。但是这一次，政府中并没有一个反对派别，能够像十多年前亚祖里取代扎尔扎里派那样担起领导职责，于是政府就崩溃了。

　　在后来的数年中，维齐尔一职经历了走马灯式的更迭，每任的任期都不足几个月或几个星期，因为候选人都无法获得其同僚或宫廷的支持，失去了信任。这些人事变更总体上并不像哈基姆时代那样伴随着流血事件；从巴比利开始，许多人都担任过三四次。但是，扎尔扎里建立起来的有利于文职人员的政治体系，已经被各种阴谋陷阱破坏殆尽。在埃及的这个世袭制国家经历着第二次严重危机之际，君主不但没有加强控制，反而更倚重那些被马可里兹（Maqrizi）轻蔑地称为“那些人”（rijal）的一群人，按照马可里兹的描述，这些人用言语和诉状挑唆哈里发疏远政府官员。结果，维齐尔一职彻底失去价值，而国家的税收也有计划地流向这些新人们的口袋。马可里兹曾在 15 世纪投身于建立诚实政府的活动，也可能是为了获得更好的影响，在为大公们撰写史鉴书籍之际，将具有传奇色彩的这些缺点作为一条历史证据来看待⑧；虽然他的信息完全来自法蒂玛帝国资料这一点毋

701

---

⑧　例如 Ibn Khaldun, *The Muqaddimah*, ii, pp. 104–106.

庸置疑，但插入其史书中的分析却带有个人倾向，这一点也得到专家的承认。[81] 由于缺乏政治方向，军队分成两个种族派别，一方是突厥的"青年奴隶"，另一方是黑人"奴隶"（'abid al-shira'）。这是途经努比亚（Nubia）或苏丹中部的泛撒哈拉奴隶贸易的产物，黑人太后拉沙德（Rasad）征召了大量黑人作为弓箭手和持矛士兵，让他们来对抗那些曾杀掉她情人图斯塔里的突厥士兵。[82] 在 1063 年的游行过程中，两个派别大打出手；尽管他们分开了，但敌对情绪仍然存在。

1067 年，事件发展到了白热化程度时，开罗的突厥人洗劫了国库和宫廷，他们把劫掠来的财宝作为报酬；而黑人被驱逐出去，后来逃到上埃及流域当起了强盗；纳西尔·杜拉却前往开罗准备武力夺取维齐尔一职。这场"冲突"（fitna）持续了七八年，与之伴随的还有遍及全国的长期饥馑（shidda），这场饥荒与其说是因尼罗河水变少，不如说是因政府、法律和秩序的崩溃造成的。当土地歉收时，无论哪种谷物的征税和市场销售都崩溃了。当纳西尔·杜拉和突厥人在开罗为控制首都而爆发冲突时，包括阿拉伯人和柏柏尔人在内的游牧部落则毁坏了尼罗河三角洲和河谷地区。在经过数次围城和供应中断后，这座大都市遭遇严重打击。有一个故事说哈里发坐在空荡荡的宫殿中的一块席子上，接受别人怜悯才得到一些食物，这个故事可能是一种惯用的写作手法，和另一个具有同样象征意义的传说很接近，在那个传说中，哈里发因无力采取行动保证市场的谷物供应而陷入深深的绝望中；这个时候的市场情况是这样的：一位妇女用价值 1000 第纳尔的钻石项链换了一袋面粉，但是她在回家的路上就被抢劫了，而那袋面粉仅仅够做一块蛋糕。[83] 然而，现存的信息至少有部分来自当时见证者的描述。[84] 就像十年前的凯鲁万一样，人们逃离这座城市，有的前往叙利亚，而留下的人则开始吃家狗等动物，甚至有明确证据表现开始人吃人。毫无疑问，王朝收集的财宝已经四散分离，其中包括阿拔斯徽章在内的很多东西流入巴格达。比安奎斯在说到 1024—1025

702

---

[81] Al-Maqrizi, *Ittiʿaz*, ii, pp. 262 – 263; *idem*, *Traité des famines*, pp. 24 – 26.
[82] 见上文原文第 694 页。
[83] Al-Maqrizi, *Ittiʿaz*, ii, pp. 298 – 299; *idem*, *Traité des famines*, pp. 25 – 27.
[84] Ibn Muyassar, *Akhbar Misr*, Introduction, pp. dh, d, t.

年时，提到一个关于饥荒的极端例子，用财宝换食物已经达到乞求的地步⑧；有一则关于在这一分配制度下经济不稳定因素的评论，其结论不同之处在于，认为在这种环境下有可能出现饥荒；饥荒还影响到郊区，引发瘟疫，导致人口急剧减少，给国家造成的影响一直持续到下个世纪。

在政治层面上，1070—1071 年的法蒂玛王朝几乎面临灭亡，当时纳西尔·杜拉从亚历山大给塞尔柱素丹阿尔普·阿尔斯兰写信，邀请他派遣军队来收回埃及，纳入其盟友阿拔斯治下，当时阿尔普·阿尔斯兰已经到了阿勒颇，计划重启塞尔柱人对开罗的攻势。自从 1060 年法蒂玛王朝崩溃以来，其在叙利亚的影响已经消失殆尽，尽管有一些法蒂玛将军仍在顽强地坚持着，他们包括最初的阿拉伯人马金·杜拉，而后是库塔马柏柏尔人海达拉·伊本·曼祖（Haydara ibn Man-zu），不过最著名的是亚美尼亚人白德尔·贾迈利。他们面临的最大难题主要集中在大马士革周围，虽然 1063 年白德尔·贾迈利被任命为总督，但也不过是挑起了市民和他们这些贵族之间的冲突而已，最终他被迫于 1064 年和 1068 年离开该城，这都是因为他的敌人纳西尔·杜拉与他的对手和贝都因人一起制造的阴谋，而贝都因人则利用这种越来越严重的混乱来重新界定疆界。白德尔·贾迈利退至沿海的阿克城，而此时叙利亚首府已经被两股敌对势力的冲突所破坏，对立双方中的一方是纪律松弛的法蒂玛军队，他们在伊本·曼祖之子的率领下与市民及其"义勇军"（abdath）一起行动，另一方是阿拉伯的卡勒卜部落；结果，伟大的倭马亚大清真寺于 1069 年被烧毁。1062年，阿克和蒂比利亚被马金·杜拉稳稳地控制在手里，向北到西顿，向南至凯撒里亚；到白德尔·贾迈利治下，这里成为法蒂玛统治在叙利亚仅剩的堡垒。然而，在阿克和西顿之间的提尔仍然处于卡迪伊本·阿比·阿齐勒（Ibn Abi ʿAqil）的统治之下，他成功地抵挡住了白德尔·贾迈利于 1070 年发起的围城攻势。再往北去的黎波里城可能在当地卡迪伊本·阿玛尔（Ibn ʿAmmar）治下实现了独立。在南方，巴勒斯坦的法蒂玛首府拉姆拉成为纳西尔·杜拉的基地，他召集贝都因的塔伊部落和卡勒卜部落组成联盟，希望将叙利亚重新收归他

---

⑧　见上文注释76。

自己的控制之下。法蒂玛的统治在阿勒颇仅剩下一点点痕迹，即使这样，仍然遭到米尔达西德王朝大公们的抵制，他们保留着以穆斯坦绥尔的名义进行礼拜五祈祷的规矩，但更多的是出于对什叶派信徒的尊敬，而不是服从开罗的命令。[86]

703　　　尽管叙利亚政权和埃及一样崩溃了，但是法蒂玛帝国这场持续数年的危机在整个 11 世纪 60 年代显现出来，而此时无论是塞尔柱人还是土库曼人都尚未到来。图格里尔·贝格死于 1063 年，其侄子阿尔普·阿尔斯兰继承为素丹，他或者被称为在阿拔斯以哈里发名义统治世界的人。图格里尔自称"东方和西方的国王"，表现出他作为一名伟大的新家族帝国的首领，非常满意自己创下的功绩。针对异端和异教徒的战争为他赢得了巴格达的信任，但这并不是一件立刻就能完成的任务，而只是一种姿态，不过是当它与帝国政策相符时才会用到。而他们的政策并不一定是进行征服。塞尔柱人和他们前面的伽色尼人不同，后者进行系统的征服活动，是为了用劫掠物和报酬来维持其职业军队的需求。同时，他们和后来的蒙古人也不同，蒙古人的家族帝国是以控制生活在各地草原上的部落为基础的。易卜拉欣·伊纳尔总是不安生，他和西方敢于冒险的土库曼酋长们之间的冲突表明，塞尔柱人的大素丹开始拒绝进行没完没了的扩张战争，以维护其统治。在图格里尔的继承人阿尔普·阿尔斯兰的统治下，帝国的特征变得更加明显。土库曼人和"青年奴隶"之间的差别越来越突出，特别是在塞尔柱大公们的卫兵当中；那些大公们的反叛帮助他们巩固了在东方的领地；与此同时，同为武士的素丹本人又愿意与外阿姆河地区的喀喇汗人、阿富汗的伽色尼人、印度，以及在安纳托利亚的拜占庭帝国保持和平协议。这里是统治难度最大的地区，当地土库曼人的渗透迫使拜占庭皇帝罗曼诺斯·狄奥根尼斯越过高山到达幼发拉底河流域作战，以保卫自己的边境城市安条克、埃德萨以及马拉蒂亚（Malatya）的安全。拜占庭军队经过他能够掌控的亚美尼亚和高加索地区的战役后，他们的命运就脱离了皇帝的控制，1071 年阿尔普·阿尔斯兰想要重新夺取法蒂玛统治下的叙利亚和埃及，他出征阿勒颇，却突然向北在亚美尼亚的曼兹科特与拜占庭皇帝所率的大军相遇，并取得辉煌

---

[86]　这一模糊不清的复杂故事被记录在比安奎斯（Bianquis）的书中，(1986), pp. 527 – 652.

的胜利。这场战役导致古老的罗马帝国在小亚细亚地区的历史性崩溃，以及东地中海地区的历史、地理的巨大变局；但这并不是素丹的策略，反而促使土库曼人继续向西推进，向此时已完全对他们开放的安纳托利亚前进。阿尔普·阿尔斯兰本人继续向东与喀喇汗王朝交战，但却在次年死于战场；塞尔柱人对叙利亚的入侵再一次中止。

土库曼人和塞尔柱人不同。自 1065 年第一次出现在阿勒颇开始，他们就按照班努·希拉尔进入伊弗里基亚的方式挺进叙利亚，当地王公与他们的武士队伍结盟，以便对付土著贝都因人及其他国家。然而，他们仍然是武士，而不是以前游牧民族迁徙的先锋，到了一个人生地不熟的地区，就需服从于不同文化的不同政府。只有阿勒颇以外国家的北部边界地带，他们才能与包括米尔达西德人这些本族人在内的吉拉波当地居民争夺土地。再往南，他们于 1070 年受邀前去帮助提尔抵挡白德尔·贾迈利的进攻，但是白德尔·贾迈利好像在 1071 年曾邀请过他们将纳西尔·杜拉的兄弟赶出拉姆拉。[87] 他们的领导人阿特西兹（Atsiz）不仅夺得拉姆拉，还夺取了耶路撒冷，并且继续进军攻击大马士革，在大马士革，穆阿拉（Muʿalla）率领的法蒂玛军队一方面要与城里的居民斗争，另一方面还要抵挡土库曼人。因此数年后，阿特西兹在春天返回来洗劫了城外的绿洲，并于 1075 年和城里的居民建立同盟，共同将穆阿拉驱逐出去，他还在 1076 年进入大马士革。尽管他承认巴格达新任哈里发穆克塔迪的领袖地位，但他事实上却独立于新任的塞尔柱素丹马利克沙。

与此同时，埃及的危机已经得到解决。纳西尔·杜拉于 1073 年被开罗的突厥人谋杀，他们的指挥官达卡斯（Dakaz）或比尔杜库兹〔Bildukuz，也叫伊尔迪吉兹（Ildeguz）〕虽然管理着国家，但却失去了目标。此时穆斯坦绥尔派人去找阿克的白德尔·贾迈利，于是在 1074 年初，白德尔·贾迈利率军从海路到达开罗，花三年时间消灭了突厥人，并肃清了尼罗河三角洲和河谷地带的贝都因人和强盗。他离开叙利亚后，阿克被另一突厥冒险家占领，冲突（*fitna*）的结束也就意味着"饥馑"（*shidda*）的终结，此时社会秩序逐渐回归常态。但政权的特征已经不同了。白德尔·贾迈利履行着维齐尔的职责，却

704

---

⑧⑦ Cahen (1974), no. 1.

自称"军队最高指挥官"（amir amir al-juyush）。埃及的世袭国家也如同纳西尔·杜拉曾悲伤的说法，完成了从文官政府向武官政府的转变。

法蒂玛国家的重建

这场变革是永久性的，因为军方对埃及政府的控制一直延续到1517年奥斯曼征服，这种主导地位再也没有受到过文官们的挑战，只有法蒂玛王族在下个世纪中叶才对其带来一定威胁。白德尔本人原是基督徒，后皈依伊斯兰教，他就处于这样一个自相矛盾的地位，一方面绝对依靠哈里发以塑造自己的权威；另一方面又要依仗军队来保障自己的权力，后者能够使他不服从宫廷下达的死刑判决。正是在这种情况下，他称自己是君主国的大领主、军队最高指挥官、伊斯兰之剑、伊玛目胜利的给予者、幸运之星［阿布·纳伊姆（Abu Najm）]、穆斯坦绥尔的满月（白德尔·穆斯坦绥尔），并且负责任命王朝的所有官职，包括1078年什拉兹退休和去世后空出来的大总督达伊一职。至少，他非常正式地享有穆斯坦绥尔对他的信任，正是穆斯坦绥尔把他推荐给也门的信徒，让他成为国家的拯救者。[88] 法蒂玛帝国的防御是最优先考虑的事务，于是这个军事特点鲜明的政权，就把皇城卡西拉的古老砖墙用石头重新砌起来；还重建了三座宏伟的大门，分别是珠威拉城门（Bab Zawila）、富图赫城门（Bab al-Futuh）以及纳西尔城门（Bab al-nasr），这些都表明，城堡式防御工事已扩张至埃及，这是继哈里发时代庞大王宫建筑风格出现后，具有标志性的建筑样式，给伊斯兰世界的战争和社会都带来了改变。1077年，白德尔击退了阿特西兹对埃及的入侵，并在次年亲率大军包围了阿特西兹所在的大马士革，不过却被马利克沙的兄弟图图什（Tutush）击退。于是，该城成为图图什的首都，同时他的副手乌尔图克（Urtuq）则驻扎在耶路撒冷。然而，随着叙利亚最终落到塞尔柱人手中，新统治者没有南下，而是继续向北朝阿勒颇和拜占庭的安条克进军。他们在

705

---

[88] 见 al-Mustansir, *Al-sijillat*；在《书信集》（*The letters*）中有描述，letter nos. 14–16, 20–22, 32, 34。

1085 年占领阿勒颇和安条克，这就给白德尔提供了第二次进攻大马士革的机会。1089 年，他取得了不俗的战绩，收复了西顿、提尔、阿克和朱拜勒（Jubayl）等港口，由此为埃及重新占领了作为一个海洋帝国所必需的巴勒斯坦沿海地区，并且凭借强有力的法蒂玛舰队从海上巩固了对这块地区的控制，军队的开支则通过商贸税收来供给。但是白德尔最显赫的功绩还是在埃及本地。

由于有关白德尔担任维齐尔管理国家时期的史料较少，因此他对省区管理进行的改革内容就主要是从一些二手文献中获得。在 11 世纪后半期，不同时期的不同文献关于行政区的设置存在巨大差异，从 50 库拉（kuwar，单数形式为 kura）到 70 库拉不等。库拉（kuwar）是阿拉伯人从拜占庭人那里继承下来的行政省区的单位，相当于 26 阿玛尔（a'mal，单数形式为 amal，相当于"区"）。它们又被组合成五大省区：南部的库斯（Qus）省；首府在艾斯尤特（Asyut）或阿什穆纳伊（Ashmunayn）的中埃及省；东部三角洲地区的沙尔齐亚（Sharqiyya）省；西部三角洲地区的加尔比亚（al-Gharbiyya）省；以及亚历山大省。这是我们首次听到库斯省的提法，其总督负责努比亚边疆以及朝圣者经由尼罗河、穿越沙漠到达阿伊扎布（'Aydhab）的通道，它在 1079 年到 1080 年正式成立，可以成为白德尔统治的正式开端。显然，这五大省区是要将开罗的军事政权扩展到所有地方；阿玛尔（a'mal）的设立可能是弥补之前各库拉（kuwar）总督职权的不足，此前他们仅仅负责法律和秩序，而没有从农民那里征税，如管理金库的官员一样，征税本应是它们的财政权限。当库拉（kuwar）作为税收缴纳单位的特征再次明确后，征税显然就成为每个省的征税官（musharif）的责任，他们行动时都伴随着新阿玛尔（a'mal）总督派遣的卫兵。另外，实物税同样是纳税农民的义务，他们负责监测尼罗河洪水的水量以及土地的耕种情况。在这方面，白德尔又引入了一套新的制度。[89]

1076 年，埃及最终实现了安定，白德尔实行大赦，免除了三年的土地税（kharaj），以休养生息。由于他需要征税收入来支付军费，为了很好地应对这次免税带来的问题，他将需要纳税的农场作为伊克

706

---

[89]　Brett（1984），比较概括性的介绍，见 Rabie（1972）。

塔（iqta）分配给其将士们，经营时间可能长达 30 年，通过这种方法，土地也能够被重新纳入生产环节。由此一来，他就把布夷王朝曾采用的方案引入埃及，即指定某些特定的税收项目作为士兵的报酬，而不是从国库中分出这部分费用；不同之处在于，这里的"采邑"仍然是需纳税的农场，士兵们需要耕种这些农场并向国家纳税，超出的部分利润就是士兵们的报酬。虽然在这之后的 100 年中，这个制度还是出现了问题需要调整、制定一项紧急措施，但是它却一直沿用下来，在中世纪晚期成为马穆鲁克（Mamluk）军队的财政基础。⑨ 作为一项财政复苏计划，很显然它非常成功，到白德尔晚年，埃及的赋税已经恢复到 300 万第纳尔的正常水平。⑨ 从政治上说，它将政府中相当一部分利益分配给了军队。

白德尔则很努力地维系与皇族的关系，他将女儿嫁给了哈里发最小的儿子艾哈迈德（Ahmad），并将他自己的儿子阿法达尔指定为维齐尔继承人。这一安排仅仅只是一种想法，因为 1094 年白德尔去世后，穆斯坦绥尔立刻任命了另一位埃米尔，但却在军队的逼迫下不得不接受阿法达尔。八个月后，哈里发也离世了，这回轮到阿法达尔迅速认定艾哈迈德为其父亲的指定继承人，从而确保了艾哈迈德成功地继任哈里发，而不是被穆斯坦绥尔的长子尼扎尔（Nizar）夺走哈里发之位。尽管尼扎尔声称他自己才是指定的哈里发继承人，但却不得不逃往亚历山大，他在那里发动了起义，失败后被捕，然后在卡西拉辉煌的各个新城门之间被游街。艾哈迈德自称穆斯塔法·阿里（al-Musta'li），意为"高贵的"，而尼扎尔则自称穆斯塔法（al-Mustafa），意为"被选择的"，这就非常明显地揭示出，他与其前任在选择伊玛目问题上的关键作用不同，这样做，一方面保证了作为神圣导师的伊玛目的连贯性，另一方面又能避免王朝陷入争夺继承权的纷争，其他许多王朝经常出现这种情况：自从法蒂玛人到达埃及后，除了伊玛目外，王室所有男子都平静地降为庶人，而没有提出抗议。任命艾哈迈德与他继承穆斯塔法·阿里的合法性，自然成为法蒂玛信仰的一条内

---

　　⑨ Ibid., and Brett（1995a）. 证据来自巴德尔的儿子阿法达尔（al-Afdal）提供的时间：见下文。

　　⑨ Lane-Poole（1914），pp. 151 - 152；Maspero and Wiet（1919），pp. 192 - 193. 报告（见前引文）中提到的亚祖里（al-Yazuri）治下的 100 万第纳尔，白德尔之子阿法达尔治下的 500 万第纳尔的提法是相当谨慎的。

容；但却遭到伊朗的伊斯马伊派（Isma'ilis）的反对，并最终以尼扎尔的名义带着拥趸离开开罗走向分裂之路。对于阿法达尔来说，这件事是其生存并开始职业生涯的关键。艾哈迈德没有野心，在1101年去世后，维齐尔就成为他五岁幼子阿米尔（al-Amir）的摄政者。707 1110年，阿法达尔将驻地也就是政府所在地从卡西拉迁至新宫殿，即位于皇城和旧城福斯塔特之间的达尔·穆尔克（Dar al-Mulk），这里或称王国之家，以此强调他与哈里发之间的距离，同时又能完全以自己的名义进行统治。

　　阿法达尔作为伊玛目之剑，在十年的时间里积极谋求建立起来的荣光，却将他自己击倒了。事件的起因是这样的，1092年末，塞尔柱的大素丹马利克沙去世，国家很快因继承权纠纷陷入危机，而法蒂玛王朝却避免了穆斯坦绥尔去世时可能出现的危机。1093年，图图什离开大马士革，去为其家族争夺这一松散帝国的统治权而战斗，却于1095年在战场上阵亡；结果塞尔柱人控制的叙利亚就被其儿子们瓜分，里兹万（Ridwan）占领阿勒颇，杜卡克（Duqaq）占据大马士革，"青年奴隶"亚吉西岩（Yaghisiyan）占据安条克，伊尔-加齐（Ilghazi）和苏克曼·伊本·乌尔图克（Sukman ibn Urtuq）占领耶路撒冷。阿法达尔作为这个重建国家和军队的领导，及时地准备肃清这些分裂的小城市，渴望为他所代表的王朝重新征服那个地区，特别是自从第一次十字军东征队伍穿过安纳托利亚包围并攻占安条克，从而在1097—1098年导致突厥人陷入混乱后。他曾向法兰克人提出联盟的要求，但被拒绝。然而，他还是在1098年率军包围耶路撒冷，赶走了乌尔图克派的人，并在阿什卡隆庆祝其胜利，在这里，他将侯赛因的头颅放在神龛中保存起来，侯赛因是阿里的次子以及法蒂玛王室的祖先，于680年殉难，从而得到整个伊斯兰世界的尊崇。这一庆典预示着到12世纪后，法蒂玛人在努力将其信仰向所有穆斯林传道的过程中，更多地强调其作为阿里后代的身份，而非有争议的伊玛目制度。不过阿法达尔非常不走运，事实上十字军正向这座城市进发，他们从的黎波里途经沿海的法蒂玛城市，前往耶路撒冷推进的速度非常快，以至于他根本没有时间在耶路撒冷陷落之前，率领军队从埃及赶到这里。雪上加霜的是，他和他的东道主在阿什卡隆的辖区也受到十字军的猛烈攻击。阿法达尔很不体面地退回开罗，再也没有能亲自率

军进行征战。㉒

　　最初，第一次十字军是受拜占庭帝国的邀请来协助击退突厥人，是针对塞尔柱人的到来所做出的最后回应，他们所代表的也是布夷人和法蒂玛人的利益。在剧烈的冲突之后不久，十字军到达近东的战场，而后发现叙利亚是一片非常适合建筑城堡、设立城市和多样社区的地方，在他们的努力下，这里的城堡、城市和社区数量激增。十字军士兵们虽然彼此争吵并且与相邻的穆斯林有约定，但是许多年后，叙利亚人还是出现了类似于信奉基督教的普通基督徒的行为方式，而且帝国理念和意识形态再次掩盖了地方观念。然而，事情的最终走向早在世纪之初就已经被阿法达尔所预言，他在耶路撒冷的拉丁王国成立后的六年时间里，几乎每年都在发动战争，以打击这个成长中的政权。1101—1105 年的三次拉姆拉战役都是险胜，并没有达到目的，朗西曼（Runciman）认为，虽然埃及资源丰富、军队人数众多，但士兵素质差，且领导无方。㉓哈姆布林（Hamblin）把这几次遭遇战看作小股的、训练有素的部队为了解除法蒂玛帝国的沿海城市——例如 1104 年陷落的阿克——的压力而做的尝试。这些尝试最终失败，是因为将这些军队带出埃及以应对十字军的攻击，所耗时间太长，就像 1099 年的情况一样。有时因为所救城市已经陷落，有时因为要从海上对他们补给，因此他们的行动总是半途而废。㉔这样，班努·阿玛尔（Banu ʿAmmar）控制下的的黎波里一直坚持到 1109 年，西顿坚持到 1110 年，提尔坚持到了 1124 年，此后，埃及就退回到阿什卡隆防线后面持守势。但阿法达尔的行动只是序曲，大马士革的塞尔柱杜卡克大公不久也采取了类似行动，1104 年取代他的阿塔贝格·图格蒂京（atabeg Tughtigin）还在 1105 年拉姆拉的第三次战役中派出塞尔柱特遣队，这些都强烈表明，阿法达尔用六年时间进行的战争，事实上是针对异教徒的圣战，而阿法达尔则把自己当作整个伊斯兰教的代表，以及联合穆斯林前线的领导。他的失败有利于巩固拉丁王国，并切断了法蒂玛王朝与其叙利亚属地之间的联系，使之收缩成一个埃及的王朝；但是十字军的胜利不仅给哈里发也给整个伊斯兰征服带来

㉒　Runciman (1951 – 1954), i, pp. 229 – 230, 275ff; Brett (1995b).
㉓　Runciman (1951 – 1954), ii, pp. 74 – 80, 89 – 90.
㉔　Hamblin (1987), pp. 294 – 301.

了新的视角。⑳

　　战争最终失败的部分原因在于埃及的资源并没有那么丰富。1107—1108 年，战争结束了，当时正值白德尔·贾迈利制定的把纳税农场作为伊克塔（iqta's）分配给其士兵的制度到达的 30 年期限，在国库和下层民众的抱怨声中，开始重新评估伊克塔的价值，国库方面认为分配给上层人士的农场产出比重远远高于他们应得的数目，而下层民众抱怨农场产出太少，有的租户（muqta's）交得太少，有的租户交得太多。因此，就对农场重新分配，有的还进行拍卖，以便使其分类符合其实际产出，分配结果继续维持 30 年期限不变。看起来，有些土地经过大饥馑（shidda）之后成功地重新投入生产，而有的就没有耕种，因为农业人口仍然太少，以至于无法耕种尼罗河河谷和三角洲地区的所有土地，军队的投标率很低或者几乎没有，因此许多肥沃土地就控制在国库手中。阿法达尔（Afdali）的调查揭示出的情况原本可能会更糟，当负责再分配的官员马蒙·巴泰希（al-Ma'mun al-Bata'ihi）在 1121 年成为维齐尔时，他发现许多土地税并未缴纳，此外，一些纳税农户和农民还将大片土地非法地转为个人财产，并在夏季通过人工灌溉种植甘蔗等夏季作物。财政大臣在处置时倍感挫败，但可能是无力打破 30 年军事条约的租期，因此只能转而将纳税农场，包括浴场、桥梁等公共设施拍卖，以便在先前的合同到期前能够换取更高的出价。维齐尔除了禁止某些行为之外，毫无办法，同时还赦免了逃税漏税的人，条件是他们以后再补交这部分款项；重新开始耕种的土地将被免除三年的赋税。㉖农业税收缩减的这种不幸画面，还要加上阿克以及巴勒斯坦滨海地区的商业税损失。

　　阿法达尔（al-Afdal）在 1107—1108 年关注的是在政府中设立一个新的职位，称为"不同财政部门事务间的协调官"（diwan al-tahqiq），主持这一部门的是伊本·阿比·拉什·纳斯拉尼（Ibn Abi'l-Layth al-Nasrani），他是一名基督徒，却成为政府的核心成员。舰队仍然定期采取行动，以支援仅剩的叙利亚滨海地区，但这需要一笔巨

709

---

　　⑳　Brett（1995b）and Lambton（1981）.
　　㉖　Brett（1984）and（1995a）.

大的费用，而且还要为阿什卡隆的防线支付大笔金钱，埃及从这里发
动过数次战役，前去攻击拉丁王国。作为回应，鲍德温一世国王于
1118 年入侵埃及，并袭击了法拉玛（Farama）。但是阿法达尔的真正
危险不是来自耶路撒冷，而是来自内部。1121 年，上了年纪的维齐
尔在街上被谋杀。人们所怀疑的疑犯纷纷指向他的维齐尔或副手马
蒙·巴泰希，还有哈里发阿米尔，后者这时已经长大成人；另有在
1094 年打着尼扎尔的旗号分裂出去的伊朗伊斯马伊派。

阿萨辛派

　　巴泰希和哈里发阿米尔都从这位伟大人物被谋杀的事件中获益：
哈里发将从阿法达尔的居所——卡西拉外的达尔·穆尔克和城里的达
尔·维扎拉（Dar al-Wizara）——收归国库的大笔财富中为自己谋
利；巴泰希的好处是被任命为维齐尔，而维齐尔的所有封号都来自其
前任。这次政变，如果可以称为政变的话[97]，改变了政治舞台。哈里
发通过精心安排的公开的仪式，从退隐状态中走出来；而新任维齐尔
却打算利用这些仪式把自己树立成君主不可或缺的代理人，并继续控
制政府和军队。[98] 然而，具有讽刺意味的是，这些仪式的主题不再是
尊崇伊斯马伊，或作为伊斯马伊信仰伊玛目的仆人，事实上，巴泰希
却在禁止波斯和叙利亚的伊斯马伊信徒进入埃及，理由是他们可能会
暗杀其主人，因为他们被指控谋杀了阿法达尔。阿米尔本人更关心如
何弥补 1094 年穆斯塔法·阿里即位时所产生的分裂。作为伊玛目，
他自然会得到苏莱西德人（Sulayhids）统治下的也门伊斯马伊信徒的
支持，特别是统治也门的长寿女王赛义达·阿尔瓦（al-Sayyida Arwa，
1075—1138 年），她起初只是作为统治者的配偶出现，到后来却成为
伊玛目在该国的最高代表。自亚祖里和什拉兹在位时，他们与埃及的
关系就很好。也门王国的创始人阿里·苏拉伊（'Ali al-Sulayhi）完成
了国家的征服，在 1060 年占领红海沿岸平原的扎比德（Zabid），
1062 年占领亚丁（Aden）。随着埃及开始出现冲突（fitna）和饥荒

---

⑨⑦　Ladak（1971）．

⑨⑧　Sanders（1989），with ref. to *idem*（1994）．

（*shidda*），阿里本人开始打算占领麦加，但却在 1067 年被谋杀，结果关于一个伟大的阿拉伯帝国的梦想也就随之消散。争夺伊玛目之位的阿里派扎伊迪（'Alid Zaydi）伊玛目收复了北方的萨达（Sa'da），而在 1083 年于亚丁设置驻地的苏莱西德王室和祖莱伊德王朝（Zuray'ids）则成为法蒂玛王朝的一个省，因为他们和法蒂玛人一样处于最糟糕的时期，需要对方的支持。正是在赛义达作为"伊玛目之证"（*hujja*）时，凭借她的能力，领导了这个正处于危机且形势复杂的国家，坚定地支持穆斯塔法·阿里的继承权，并预见到伊斯马伊派学者将会形成的主要惯例，其根据分别是大伊玛目努尔曼关于伊玛目的公开教义（*zahir*）和法律的著作，以及穆阿亚德·非·丁·什拉兹关于伊玛目的"隐匿"宇宙论（*batin*）的著作。这些惯例规定保存的是 11 世纪法蒂玛的传教主张（da'wa）发展到顶峰时的教义，很明显，这与分裂出去的伊朗人的做法完全不同。为了劝说伊朗分裂者回归，他们说服这些人接受穆斯坦绥尔指定其父亲艾哈迈德为下任伊玛目，埃米尔只能徒劳地在公开分裂前呼吁大家好好谋划一场运动，使用分裂者自己发展得比较完善的信条，甚至是直接反对哈里发埃米尔本人的信条。[99]

　　伊朗世界中的伊斯马伊信仰兴盛起来，尽管伽色尼人和塞尔柱人的大维齐尔尼扎姆·穆尔克在为阿尔普·阿尔斯兰和马利克沙服务时，曾建立了一所学院（*madrasas*）来支持正统逊尼派学院的发展，并且该所学院为了表示尊崇，还将学院称为尼萨米亚，但第一所尼萨米亚学院却于 1067 年在巴格达成立。伊朗人什拉兹领导的法蒂玛传教主张（Da'wa）持续 20 多年，一直以塞尔柱人的首都伊斯法罕为基地，并在希拉兹和拉伊这些古老的布夷王朝首都设立代表处。大约在 1070 年，拉伊的哈桑·萨巴（Hasan-I Sabbah）公开放弃原先的十二伊玛目信仰，皈依了伊斯马伊信仰，不过，同样是在这个过去的 100 年中，布夷的统治者们终于下决心远离开罗，改信别的宗派。在伊本·阿塔什（Ibn 'Attash）的鼓动下，伊斯法罕的达伊于 1078 年去了埃及，并在 1081 年返回伊朗。1078 年著名的什拉兹去世，此后总达伊一职被完全没有资格的白德尔·贾迈利占据，这一事件很可能是

711

---

[99]　Stern（1950），and in（1984）.

个转折点，自此，伊朗的伊斯马伊信仰逐渐摆脱开罗的指导，而开始走上在哈桑领导下的组织和教义的独立之路。1090 年，他公开宣布其使命就是夺取阿拉木图（Alamut），该城位于里海南部的戴兰地区，是什叶派激进分子所尊崇的重要历史遗迹。东伊朗库西斯坦（Kuhistan）的伊斯马伊派则夺取了一些基地；当塞尔柱军队因 1092 年尼扎姆·穆尔克和马利克沙的去世而撤退时，哈桑的追随者继续夺取了拉玛萨尔（Lamasar）和戴兰的鲁德巴尔（Rudbar）地区的其他城市；吉德昆（Girdkuh）在厄尔布尔兹（Elburz）东部；随着塞尔柱人的继承权危机变得越来越糟糕、影响范围也越来越大，扎格罗斯南部地区的小据点也被占领。到 1100 年，伊本·阿塔什的儿子艾哈迈德已经控制了伊斯法罕外围的沙赫迪兹（Shahdiz）堡垒，当然他主要是继承其父亲的权威。

以这些小堡垒为据点，这支新兴的武装伊斯马伊派信徒开始通过暗杀来袭击塞尔柱人，特别是他们的部长大臣们，尽管他们不愿意组成一个廉价的联盟，或反对攻击一个或另一个王公的支持者，在西方历史学家笔下他们被称为“阿萨辛派”。这类恐怖主义在 1092 年非常出名，当时他们暗杀了塞尔柱大维齐尔尼扎姆·穆尔克，导致这一秘密罪恶组织出现严重危机，从而引起对伊斯马伊教派的大屠杀，在伊斯法罕和其他地方，无论是真的还是被错认的伊斯马伊信徒，一律遭到屠杀；它使这场运动名誉扫地，因为它是反突厥的，原本可以称为民族主义的；也可以说是反宗教统治，因为它们对逊尼派政府也持敌对态度；还可以说是社会主义的，因为它追求平等；但说到底，他们是一群期待通过革命来实现新的再分配制度且崇信千年盛世的人。当穆罕默德·塔帕尔（Muhammad Tapar）成功地于 1105 年继任塞尔柱素丹之位后，对伊斯马伊派进行了全面的有计划的打击，伊斯马伊派不得不退守放弃原先的暗杀行动，到 1107 年，沙赫迪兹被攻陷，艾哈迈德·阿塔什（Ahmad-I 'Attash）被杀，扎格罗斯的堡垒纷纷失守，向戴兰地区的进军最终在 1118 年包围了阿拉木图，不过没有取得成功。如果伊斯马伊派的革命就此结束，那么它就没有取得任何成果；但是在阿拉木图、吉德昆和库西斯坦，仍然存在哈桑·萨巴的伊斯马伊派独裁国家，他确定无疑是隐匿伊玛目尼扎尔的代表。指望他在有生之年放弃建立自己的政权和权威是绝不可能的。[100]

由于这一政权建立的基础是要取代法蒂玛传教主张（da'wa）的教义，因此它更加不可能取得任何效果；该教义包含着大量华丽的论据，希望证明无论是通过启示还是理性，天堂与人间的关键联系都必须经由绝对正确的伊玛目完成。哈桑提出的所有这些证明伊玛目绝对正确的证据都注定要失败，因为作为证据以及需要通过其可信度来使信徒信服的理论，它们必须拥有更高程度的绝对正确性。但从逻辑上讲，只有当伊玛目不存在的时候，他才可能被广泛接受，因为对于信徒来说，只要伊玛目不在现世，他的存在和身份才能够得到自证，因为信徒只相信他不知道的那些事情。在这一存在论基础上形成的"新教义"（da'wa jadida），完全不需要讲授古老的教条（ta'lim），而这一条却是法蒂玛伊玛目及其传教主张（da'wa）引领世人的义务。现在，教条（Ta'lim）意为命令，从其定义可知，它要求伊玛目或其在人间的代表的信徒们绝对接受和服从，不允许有任何异议——这一相当特殊的理论正是这一新派别所建立的理论基础，也是该派别得到绰号"命令派"（Ta'limiyya）的由来。另外，它还被称为巴提尼亚（Batiniyya），同样来自法蒂玛王朝的古老"隐匿"教义，现在进行了重新定义，笃信伊玛目为神圣指引的绝对来源。这两个称呼变成恐惧的别称，导致"菲达伊"（fida'iyyun）的服从和神秘色彩，"菲达伊"（fida'iyyun，fedayeen）意为"献祭者"，他们在公共场合进行刺杀，甚至不惜以生命为代价。但是"新教义"（da'wa jadida）的意义远远超越了哈桑·萨巴的信徒们所采取的革命行动，在加扎里（al-Ghazali）的著作中，它已上升到伊斯兰教教义的层面上，被称为是6世纪在希吉拉（Hijra）的伊斯兰复兴者（Mujaddid）。加扎里作为一名辩论家，于1091年受命在巴格达的尼萨米亚授课，驳斥其他异端，但他却在1095年放弃该职位，以便为了开始到处流浪进行苦行修炼。"新教义"（da'wa jadida）批评这种伊玛目的自证论，加扎里为了回应这种批评，举例《古兰经》和先知在向世人传播启示时也使用过自证理论，从而将《古兰经》圣书变成了这种神圣启示的永恒源泉，

712

---

[100] 关于哈桑·萨巴（Hasan-i Sabbah）和伊斯玛仪派（Nizari Isma'ilism），见 Hodgson（1955）and（1968）；Lewis（1967），pp. 324–434。

并且不需要证据即可自证。[101] 与"新教义"（*da'wa jadida*）一样，其著作代表了对伊斯兰教中希腊哲学传统的攻击，主张理性服从启示，用沉思取代形而上的探索。与"新教义"（*da'wa jadida*）不一样的是，它并没有废除苏纳（Sunna）中规定的教规职责，反而把它们看作精神纪律的必要组成部分。[102] 然而，它帮助逊尼派的定义从法理层面上升到可以定义信仰的理论层面，前者不但是逊尼派的基础，同时也是法蒂玛人攻击的对象。

713　　　尽管阿拉木图的伊斯马伊派于 1105 年在伊朗地区被迫转为守势，但他们在叙利亚的活动却持续了很长时间，因为他们得到当地伊斯马伊派的支持，并与塞尔柱的大公们相勾结。这种状况开始于 1103 年，这一年胡姆斯的埃米尔遭到谋杀，这个人是阿勒颇的里兹万的敌人，曾允许哈桑·萨巴的伊朗籍传教士在城里的大量什叶派信众中传教。如果伊斯马伊派的目标是革命的话，那么就会因这个地区如此多样的差异性而感到挫败。就像在伊朗，这些哈辛辛佣派（Hashishiyyun）或阿萨辛派的现实目标，和他们在叙利亚的目标一样[103]，是要夺回他们自己的城堡或堡垒，包括他们曾在 1106 年短暂占领的埃法米娅（Afamiya）。与此同时，他们还在叙利亚事务中充当多面角色，使得当地政治更加复杂，他们还努力防止东方摩苏尔的塞尔柱阿塔贝格（*atabegs*）的暗杀行动介入本地事务的可能，这些人中有 1113 年大马士革的马乌杜德（Mawdud），以及 1126 年摩苏尔当地的布素齐（Bursuqi）。1113 年，里兹万去世后，他们从阿勒颇被驱离，并且在 1124 年遭到彻底驱逐；然而，他们在图格蒂京治下的大马士革找到了容身之处，还在上约旦河谷的班亚斯建立了自己的生活据点，直到 1128 年图格蒂京去世后，他们再次从这两个地方被驱逐出去。1131 年，他们刺杀了图格蒂京的继承人布里（Buri），为自己报了一箭之仇，并终于在叙利亚北部有了自己的地盘，在 1132 年到 1141 年之间，他们还占领了从奥隆特斯河到海边的一些堡垒，其中最后夺得的也是最重要的堡垒就是迈斯亚夫（Masyaf）。在向山区退守的过程中，

---

[101]　al-Ghazali, *Al-Munqidh min al-dalal* (1939), p. 132; trans. Watt (1953), p. 60, *et passim*.

[102]　Watt (1953), pp. 86 – 152.

[103]　哈辛辛佣派（Hashishiyyun）一词究竟是否源于 *hashish*（意为"草地"或"大麻"）尚不确定，但并不表示吸食毒品：见 Lewis (1967), pp. 11 – 12；另外，它也是"刺杀"（"assassin", "assassination"）一词的词根。

他们使局势混乱的叙利亚雪上加霜，当时在北方，随着赞吉的阿塔贝格（atabegs）在 1128 年吞并了阿勒颇，以及在 1144 年征服了埃德萨，摩苏尔的威胁越来越严重，他的儿子努尔·丁又在 1154 年占领了大马士革。到他们最受推崇的达伊·锡南（da'i Sinan），也就是所谓"山里的老人"治理时期，便于 1162 年在迈斯亚夫设置了管理机构，而此时随着赞吉王朝霸权的确立，阿萨辛派已经沦为不太重要的地位。

　　锡南是作为新任统治者哈桑的代表从阿拉木图派遣来的，哈桑是在 1162 年继承并担任整个尼扎里社团的领袖。哈桑·萨巴于 1124 年去世，之后布祖尔古米德（Buzurgumid）继位，此人是邻近的拉玛萨尔城堡的指挥官，并不是神学家。在他和他的儿子穆罕默德（1138—1162 年）统治时期，伊斯马伊派的国家逐渐强大起来，并且定期攻击库西斯坦，侵扰鲁德巴尔，这成为叙利亚这个地区常态化的政治生活；由于阿拔斯的哈里发穆斯塔尔希德（al-Mustarshid），想利用塞尔柱家族因权力纷争而引起的分裂，在 1135 年遭到刺杀，当时的两位素丹分别是控制着伊朗和伊拉克西部的塞尔柱素丹马苏德，以及控制东方的大素丹桑贾尔（Sanjar），很有可能哈里发被刺是在他们的默许下进行的。然而，穆罕默德的儿子哈桑放弃了原先作为信仰保卫者这一谦卑角色，重新起用哈桑·萨巴作为现世"伊玛目之证"（hujja）的地位[104]，并以他本人的名义行使权力。1164 年，他公开宣布在仪式中要进行奇亚玛信仰（Qiyama）"起死回生"礼，它通过颠倒仪式的顺序规则，来象征将信仰从律法的束缚下解放出来，并打破在拉马丹（Ramadan）期间实行的斋戒。当信仰通过这种方式实现"新教义"（da'wa jadida）许诺的启蒙时，哈桑也被尊奉为"卡伊姆"（Qa'im），意为"现身的真神"（He Who Arises），这是马赫迪般的带有启示性的形象，从而与他所代言的伊玛目具有同等的影响力。他本人的名字既是一个信仰者，又是一个称号，叫作哈桑·阿拉·迪克里希·萨拉姆（'ala dhikrihi 'l-salam），意为"呼唤其名即和平"。1166 年，他由于这些渎神行为而被刺杀，但是他的儿子穆罕默德继续了他的事业，直到 1210 年去世。穆罕默德去世后，他们父子所推行的教义立刻被终止，可能是出于对信仰的虔诚，也可能是出于

714

---

　　[104]　Hodgson（1955），pp. 66 - 67.

逊尼派支持的"塔奇亚"（*taqiyya*），即"审慎的虚伪"，结果在很大程度上掩盖了阿拉木图派的宗教立场，这一派在贾莱·丁（Jalal al-Din，1210—1221）、阿拉·丁（'Ala al-Din，1221—1255）和投降蒙古人的鲁克恩·丁（Rukn al-Din）统治时期特别流行。然而，奇亚玛信仰（*Qiyama*）在伊斯马伊派国家陷落后却幸存下来，成为尼扎里伊斯马伊派的理论基础，同时这个派别坚持的还有世袭制的伊玛目。随着哈桑·阿拉·迪克里希·萨拉姆（'ala dhikrihi 'l-salam）于此时被正式认定为传承自尼扎尔支系的真正伊玛目，这种继承自穆罕默德和阿里的使徒式传承，与其重申的由父及子的原始传承原则出现了自相矛盾。

　　在叙利亚的复兴奇亚玛信仰（*Qiyama*）的推动下，"山里的老人"锡南于迈斯亚夫治理其国家长达30余年。作为当时政治舞台的突出特点，迈斯亚夫的政权是1260年蒙古人在艾因·加鲁特（'Ayn Jalut）相继击败赞吉王朝、阿尤布王朝以及拉丁人的重要因素之一，这也促成了马穆鲁克帝国的建立。和拉丁王国一样，它当时的独立让人难以忍受，故而也就无法长久，到1273年，它终被攻陷，而叙利亚这些尼扎里斯派（Nizaris）也只好尊奉伊朗的伊玛目，接受那里的精神指导了。这种指导只是宗教上的；奇亚玛信仰（*Qiyama*）与其前身"新教义"（*da'wa jadida*）不同，只是为小部分人而非多数人信奉。然而，它也不是完全彻底的不同。这样一来，第六个伊斯兰世纪就由加扎里而不是他那充满学识的对手哈桑·萨巴所开启，一方面有马格里布（Maghrib）的阿尔莫哈德革命，《古兰经》之光的加扎里教义取代了阿尔莫拉维德派的律法，而后者曾是5世纪中期逊尼派反对法蒂玛人的理论源泉；另一方面，以加扎里为先例，苏菲主义（Sufism）或称伊斯兰神秘主义迅速崛起，上升为伊斯兰教的主要教派之一，它是主张精神指导派的一种启蒙形式。"新教义"（*da'wa jadida*）在阿拉木图发动了一场能够与阿尔莫哈德马赫迪伊本·图马特的革命相媲美的革命运动，却以失败告终，不过却促使哈桑·萨巴的继承者转而信仰主张真神复活的教义，与加扎里本人以及大伊本·阿拉比（Ibn al-'Arabi）所追求的精神启发式的"主的好恶"相反。[105]　使尼扎里斯派别与众不

715

---

　　　⑩⑤　*Ibid.*，pp. 180－182，以及同作者（1968），pp. 463－466。

同的教义使他们成为他们那个时代特点最为鲜明的伊斯兰教派。

法蒂玛王朝的没落

对于在 1125 年最终夺得法蒂玛伊玛目和哈里发之位的阿米尔来说，这些信仰在理论上非常陌生；而在实践过程中，对于也门的伊玛目信众来说，它们也同样陌生。阿米尔特别强调他作为阿里继承人的哈里发之位而非伊玛目之位，为了宣传，他甚至背离了法蒂玛王朝的传统教义，走向一条完全相反的道路，以使其权力合法化。就在那一年，他逮捕了政府的维齐尔巴泰希，并因怀疑维齐尔意欲谋害其性命而将其处死，从而夺回掌控政权的权力，也就是自从一百多年前哈基姆去世后，法蒂玛君主放弃或者说丢掉的权力。这也是这个王朝隐忍力量的展现，证明王室在过去被其仆从控制期间不仅保留了基本力量，还有各种残余势力。此外，阿米尔继续推行阿法达尔与塞尔柱人的和解政策，向摩苏尔的阿塔贝格（*atabegs*）布素齐赠送礼物，就在这一年，他被阿萨辛派抓为人质，最终用达伊·巴拉姆（*da'i* Bahram）的人头赎回自身，当时尼扎里斯派被布里从大马士革和班亚斯驱逐出来。他在国内到处寻找能够胜任的维齐尔人选，最终选定基督徒阿布·纳贾尔（Abu Najah）担任这一职务为他充实国库，最终他又抛弃了纳贾尔，把后者交给了那些因税收政策而利益受损的各阶层民众。阿米尔被描绘成一名贪婪的暴君，而非重建帝制的政治家，但是在他去世之前，其地位丝毫没有受到撼动；他是在 1130 年被刺杀的，刺客很明显来自阿萨辛派，但也可能是他的侍从穆罕默德和巴尔哈什（Barghash）所为，因为这件事发生在他的儿子穆罕默德出生后不久。这促成了他的堂弟阿卜杜勒·马吉德（'Abd al-Majid）被提拔为"穆斯林的表率"（wali 'Ahd al-muslimin），这是比继承人稍微逊色一点的尊号，哈基姆曾经将这一尊号授予他的外甥伊本·伊亚斯（Ibn Ilyas）。婴儿穆罕默德则彻底消失了。在随后发生的混乱局势中，阿法达尔的儿子艾哈迈德·库塔法特（Ahmad al-Kutayfat，"小肩者"）作为军队中追随其父的党派首领，重新夺得维齐尔之位，最初他以阿卜杜勒·马吉德的名义，后来则以隐遁十二伊玛目穆罕默德·穆塔扎尔（Muhammad al-Muntazar）的名义统治国家，直到 1131

年被虔诚的亚美尼亚人亚尼斯（Yanis）刺杀。于是，阿卜杜勒·马吉德重新夺回政权，以伊玛目和哈里发的名义，自称哈菲兹·里丁·阿拉（*al-Hafiz li-Din Allah*）的尊号，意为"真主信条的执守者"。[⑩]

哈菲兹继任伊玛目的直接后果，就是导致也门传教主张（da'wa）的分裂，因为这些人只承认婴儿穆罕默德为阿米尔的继承人，而且几乎不会接受他的堂弟继任伊玛目这种不合规矩的继承行为。穆罕默德又被称为塔伊布（al-Tayyib），意为"善"，所有人都理所当然地认为他活了下来，并相信由他以隐秘（*satr*）的方式开启了一个新隐遁伊玛目的世系，在这个社团中，达伊（*da'is*）王朝是表达其立场的权威机构，从而成为这一伊玛目支系的代表。拒绝接受哈菲兹继承伊玛目的决定，使也门人能像伊朗人那样成为一支独立的教派，这也是赛义达在 1138 年去世前取得的最后一个成就，而这一年同时也终结了苏莱西德王朝及其对也门中部的控制权。这些附属的王朝，例如萨纳阿（Sana'a）和哈姆丹王朝，以及亚丁的祖莱伊德王朝，起初都坚定地效忠法蒂玛的哈菲兹及其继承者，后来当阿尤布人于 1174 年开始征服也门时，他们又效忠阿尤布人；尽管如此，埃及的大多数伊斯马伊派由于塔伊比派教义（Tayyibi *da'wa*）的宗教领导而放弃了对政治领袖的信任。与尼扎里斯派不同，塔伊比派（Tayyibis）保留了法蒂玛王朝强调遵从律法的习惯，同时继承的还有什拉兹的宇宙起源论，并且发展得更加详尽。这一新的教派还传播到印度，那里的伊斯马伊教派因苏莱西德传教团的游说活动促成了伽色尼王朝清洗运动，并使其在这个过程中得以恢复，最终将古吉拉特（Gujerat）发展成王朝主要的中心。

在埃及本土，军队的三位领导人以及哈里发本人在十年间相继暴死，导致缺乏一位领导人能够同时控制军队和宫廷，因此难以恢复昔日的平和竞争状态。然而，随着哈菲兹的继位以及新任君主在政府中起到非常积极的作用，这一平和竞争体制得以幸存。取得这一结果的原因很多：部分原因在于现任君主比以前更加需要其官僚们展开竞争；部分原因在于哈里发个人的能力。哈菲兹比阿米尔年长 20 岁，有决心和能力控制国家并进行管理，尽管他的儿子们和将军们都有自

---

　　⑩　Ladak（1971）and Stern（1951），and in（1984）.

己的野心。这样一来，国家就出现了两股势力，一方面在宫廷，哈里发由他的内廷护卫及数千名黑人步兵军团来守卫；另一方面在亚美尼亚人、突厥人和阿拉伯人，他们组成的陆军听命于白德尔·贾迈利设立的各省总督，这些总督彼此之间为了争夺维齐尔的职位而相互较量。军队内部的竞争有助于防止任何一位想要争夺最高权力的人取得明显的优势。在哈菲兹漫长的统治生涯中，他遭遇过三次严重危机：1134 年，在黑人士兵的要求下，他的儿子哈桑反叛起义并被处死；1137 年，加尔比亚、里兹万·伊本·瓦拉克什（Ridwan ibn al-Walakhshi）的总督发动了针对基督徒维齐尔巴拉姆的叛乱，促使里兹万自称马利克（Malik，意为"国王"），后者作为维齐尔统治了两年；1149 年，黑人军团内部发生了武装冲突，就在这一年的年中，哈里发去世了。尽管发生了这些事情，但他的政府却继续维持着，并且在推翻里兹万之后的十年间，他本人尚需通过埃米尔伊本·马沙尔（Ibn Masal）来进行统治，这个时期，他取得的成就有广泛影响。

随着哈里发从他继位时的负面形象中摆脱出来并赢得美名，对阿里以及阿里家族圣人的崇拜塑造也有所发展，将他继承阿米尔的行为比作阿里对先知的继承，而这要远远早于由父及子的伊玛目传承原则的确立。[107] 按照同样的方式，马蒙·巴泰希专为阿米尔设计的例行仪式继续存在，宫廷中还有颇为复杂的军事贵族阶层，当时的史家伊本·图瓦尔（Ibn al-Tuwayr）对此有过记述。[108] 此外，伊本·图瓦尔还提到政府的一些做法，那些事曾给哈菲兹的朋友、西西里国王罗杰二世留下非常深刻的印象，[109] 这些资料都保存在西奈半岛的圣卡特琳娜修道院中。[110] 而在这些表象之下，白德尔·贾迈利和阿法达尔建立起的伊克塔（iqta‘）制度很可能已做修订，时间大约是在 1107—1108 年人口调查之后的 30 年，当时巴泰希制定的契约可能已经过期。在马克组米（al-Makhzumi）的著作中可以找到证据，他也和伊本·图瓦尔一样，为了给新统治者萨拉丁的统治提供参考，将过去法蒂玛王朝的做法记述下来，其中也描述了法蒂玛的伊克塔（iqta‘）制度；马

717

---

[107]　Sanders（1992）；Williams（1983，1985）.

[108]　Quoted by al-Qalqashandi（d. 1418），trans. Lewis（1974），i，pp. 201 – 208.

[109]　Johns（1993）.

[110]　收录在 Fatimid Decrees.

克组米的著作涉及 1169 年萨拉丁到达埃及之前的那段时期。按照马克组米的说法，国库是按照确定的比例从士兵的伊克塔（*iqta'*）税收中拿出一部分，作为支付给他们的报酬，而不是像在阿法达尔政权时代那样，他们要纳税、只得到纳税后的剩余收益。然而，到 12 世纪中期，穆克塔（*muqta'*，即财产持有者）仍然是纳税的农民，他们有义务保证耕种土地并以其产品向国库纳税。为了解决在 1107—1108 年以及 1121—1122 年遇到的问题，中央政府的管控程度大为加强，关于这一点，马克组米在论及支付给驻守的阿拉伯武装和军队报酬时曾提到过。由于阿布·纳贾尔在阿米尔个人统治时期过度浪费，因此后来他们又进行了关于财政制度的一套更为有效的改革。整个埃及国家虽然处于无秩序的紧张状态，但还远远未到崩溃的地步，反而向着形成一个更加强有力的政府机构的方向前进。[⑪]

哈菲兹去世后，他的幼子扎菲尔（al-Zafir）继位，结果，无秩序状态发展到顶点，最终走向冲突（*fitna*），即内战，此时君主们只是傀儡，各省总督互相攻击争夺维齐尔之位。伊本·马沙尔作为哈菲兹颇有能力的副手，立即被清洗，并在亚历山大的库尔德人总督伊本·萨拉尔（Ibn al-Salar）的起义中被杀，这位总督仿照里兹万自称马利克（国王）。然而，三年后，伊本·萨拉尔在一场由哈里发和埃米尔阿拔斯·伊本·塔敏（'Abbas ibn Tamim）策划的阴谋中被害，阿拔斯本人又在 1154 年谋杀了哈里发扎菲尔，拥立只有五岁的法伊兹（al-Fa'iz）继任哈里发。不久之后，阿拔斯被塔拉伊布（Tala'i 'b）驱逐。此后，艾斯尤特（Asyut）或埃及中部的亚美尼亚总督卢兹克（Ruzzik）统治了七年，并在 1160 年害死法伊兹，选择其九岁的堂弟阿迪德（al-'Adid）取代后者。但到 1161 年，他自己也在王宫中被谋杀，他的儿子卢兹克继位，后者又在 1163 年被库斯也就是上埃及的阿拉伯总督沙瓦尔（Shawar）推翻，卢兹克也被处死。沙瓦尔很快遭到卢兹克的阿拉伯将军迪尔哈姆（Dirgham）的驱逐，逃亡到大马士革，寻求努尔·丁的帮助。如此一来，开罗的事务就不只是大马士革考虑的事务，耶路撒冷也参与进来，给法蒂玛王朝的存在带来了致命的威胁。

在哈菲兹统治的整个时期里，由于赞吉及其子努尔·丁在叙利亚

---

⑪ Brett (1995a).

北部的权力不断增强，应对拉丁诸国的穆斯林统一战线开始成形，而开罗却放弃了埃及与叙利亚联系的通道，任由叙利亚王公自由发展，只是满足于在阿什卡隆设置坚固的防线。然而，随着法兰克人从加沙对阿什卡隆形成威胁，伊本·萨拉尔才开始重新重视这里的防务。事实上，当1153年马利克被谋杀后，其后果之一就是阿什卡隆在鲍德温国王决定性的进攻中陷落。然而，这一胜利并没有伴以后续攻击。当塔拉伊布·卢兹克（Tala'I'ibn ruzzik）手下的将军迪尔哈姆在加沙取得胜利后，就再次写信给努尔·丁，当时努尔·丁已经在1154年占领大马士革，完成了在伊拉克和叙利亚建立赞吉帝国的任务。1160年，他收买法兰克人进攻埃及，许以每年纳贡的承诺，后来由于他没有按时纳贡，法兰克人就以此为借口，在新任国王阿马尔里克率领下于1163年进攻刚刚自立为马利克的迪尔哈姆。迪尔哈姆掘开堤坝，洪水淹没了包围法拉玛的阿马尔里克国王的军队，但是在次年，被他驱逐的对手沙瓦尔就带着由努尔·丁手下的库尔德将军希尔库赫率领的军队，从大马士革出发前来进攻埃及。迪尔哈姆向阿马尔里克求助，但求援的信息还没有发出去，他就被击败并被杀死。紧接着，沙瓦尔向耶路撒冷寻求帮助，以使自己摆脱其叙利亚盟友的控制，然而，阿马尔里克已经迫使希尔库赫退隐。1167年，又发生了一场同样不明所以的战斗，当时希尔库赫得到努尔·丁的允许，出发前去征服埃及，但是再一次被沙瓦尔召集到的法兰克人挫败。1168年，阿马尔里克又以侵略者的姿态出现，而正是希尔库赫逼迫耶路撒冷军队撤退。希尔库赫的胜利具有决定性意义。沙瓦尔被处死，希尔库赫继任。1169年3月当希尔库赫猝死后，他的侄子萨拉丁继任，称为马利克·纳西尔（al-Malik al-Nasir），意为"常胜国王"。而法兰克人和拜占庭舰队一起对埃及发起另一场进攻，但效果不大，且在年末被击退，使得新任维齐尔完全掌握了政权，尽管仍然存在一些不安全因素。

　　对于这样的结果，拉讷-普尔称为"争夺尼罗河的竞赛"，[112] 而 　719
竞争的目的，有部分原因出于战略考虑，因为无论是耶路撒冷还是大马士革都无法忍受对方完全控制埃及；还有部分原因出于经济考虑，

---

[112]　Lane-Poole（1914），p. 179.

因为埃及非常富庶，能够缓解巴勒斯坦和叙利亚各地对手们因资源所限带来的压力；部分原因在于个人，因为希尔库赫特别有野心建立他个人的军事和政治功绩。就萨拉丁而言，他必须成功，否则就是死亡，他一方面需要指挥他叔叔的军队，另一方面还要保持宫廷的中立，以瓦解黑人军团的力量，因为这些人桀骜不驯，不听从宫廷的命令，而且有能力阴谋政变。更重要的是出于他自身利益的考虑，他急需凌驾于军队和王朝之上。因此他正式结束了哈里发的虚名，原本自从阿法达尔被谋杀后，法蒂玛王朝仍以哈里发之名维系，此时，努尔·丁利用 1171 年 9 月阿迪德因病去世的契机，拒绝选定继承人，从而终结了哈里发的传承。不仅如此，他还以马利克或国王的权力，向巴格达的哈里发宣誓效忠。法蒂玛王室家族被习惯性地隔绝起来，孤立无援，而且刻意地使男性成员无法接触到任何妇女，确保这一世系灭亡。萨拉丁只用了两年半的时间，迅速积累权力、名望和财富，同时，他本人逐渐独立于大马士革的旧主努尔·丁。作为埃及的统治者，他能够招募到足够多的武士为其服役；通过伊克塔（iqta‘）的奖励维持住他们的忠诚；让他们像塞尔柱人那样为自己做事；为他及其家族建立了一个全新的帝国，这样，到 1174 年，他派出他的兄弟图兰沙阿（Turanshah）经由麦加前去征服也门。同年，努尔·丁去世，萨拉丁借此良机，最终占领大马士革，并建立起他自己的君主权和王朝。[13]

通过这种方式，萨拉丁在埃及的权势政治逻辑学就与法蒂玛国家的逻辑学结合在了一起，完成了 100 年前纳西尔·杜拉以及白德尔·贾迈利开始奋斗的事业，将军队的指挥官变为维齐尔，维齐尔或马利克变成素丹，他也就是一个全新的阿尤布王朝、杜拉（国家）或王国的独立创建人。虽然法蒂玛王朝的魅力已经耗尽，但他们的遗产仍然完好，于是成为萨拉丁及其家族在埃及、叙利亚和也门构成的宗法政权的基础，并最终成为马穆鲁克素丹帝国的制度基础。它是通过法蒂玛时期的伊克塔（iqta‘）制度完成的这个事业，这些需要纳税的农场之各项收益在士兵和国家之间按照各种不同的方式进行分配，直到最终确定下来：从分封给他的村民那里征收一些特别税收项目，以

---

⑬　见 Lyons and Jackson（1982），chs. 2－6.

分配给这些马穆鲁克的"骑士"（*faris*）[114]。萨拉丁取消了给原法蒂玛军队的伊克塔（*iqtaʻ*），将这些纳税土地转给他自己的追随者，由于征兵时审核不严，导致 1174 年发生了一场规模不大的亲法蒂玛叛乱；不过，这一事件也推动萨拉丁将原先由突厥和库尔德人构成的部队主体，逐渐转变为正规的埃及军队，最终他实现了这一目标。[115] 从更远的历史角度看来，马穆鲁克战士完成了这一变革，同时又在 1250 年建立了自己的君主权，他们才是法蒂玛王朝在这个世纪最后统治的真正继承人。

迈克尔·布莱特（Michael Brett）

郭云艳 译

陈志强 校

---

[114] 参见 Rabie（1972），pp. 41, 57, 64, 132.

[115] 参见 Gibb（1962），pp. 74–90.

第二十三章

赞吉王朝、阿尤布王朝和塞尔柱人

　　自从 1063 年尼扎姆·穆尔克被素丹阿尔普·阿尔斯兰（1063—1072 年在位）封为首相开始，他在整整 30 年中一直想尽各种办法，要把拼凑而成的塞尔柱政权重塑为一个中央集权的君主制国家。到 11 世纪 80 年代末，他已经取得了很不错的成绩，他的服务对象素丹（马利克沙，1072—1092 年在位）享有无人敢于挑战的权威，其统辖范围包括横跨从阿姆河到地中海的广大区域。在马利克沙与他的叔叔卡乌尔德（Qavurd）之间发生了争夺继承权的斗争之后，已经没有其他分裂势力能够严重威胁马利克沙的权力。尼扎姆·穆尔克建立了一套行政机构，可以使他非常有效地控制赋税和各种情报。很明显，他打算建立一套包括情报员和安保机构的网络渗透到整个政府中，尽管他还不清楚是否能够实现这一目标。无论如何，他把其亲戚和亲信尽可能地安插到每个地方，人们有足够的理由相信，甚至最为偏远地区的最具实权的官员都受到监视。①

　　当然，在 11 世纪的伊朗和伊拉克，尼扎姆·穆尔克只能利用他能使用的工具。例如，他本打算设立一项对领取薪俸的官员们征税的制度，但是财政现实迫使他不得不充分利用伊克塔（iqta‘）。即便如此，他仍然致力于对伊克塔（iqta‘）实行充分的管理，以限制持有者

---

　　① 对于他的计划（Siyasat-nameh），尼扎姆·穆尔克（Nizam al-Mulk）给我们留下一份极佳的说明。尼扎姆·穆尔克想出一套理想的秩序，但他对现存做法的直率批评为我们留下了很多他那个时代的现实。关于塞尔柱人的维齐尔制度，见 Horst（1964）；Klausner（1973）；Lambton（1968），esp. pp. 247 –268, and（1988），ch. 1.

对分配给他们的村庄所能够行使的权力范围。此时，塞尔柱的军事力量越来越依赖一支正规的"职业"军队——这支军队的成员按照姓名、所支付的固定军饷，以及（原则上）在需要的时候集结的地点等内容进行登记。在这些正规军队中，来自中亚的突厥奴隶组成的新兵（ghulam，mamluk）是核心力量，但是还有其他士兵，这些人包括来自各个部落和民族的奴隶，以及自由的雇佣兵。此外，王朝继续倚重半个世纪前就进入权力中心的土库曼人游牧部落，但是他们也越来越被看作一支附属机构。各部落酋长每年领受固定的奖金以确保他们对政权忠诚，当有特殊战事发生时，会征募他们的军队并额外支付薪俸。[②]

尼扎姆·穆尔克坚持不懈的工作，建立起一个非常完整的、管理效率极高的大型国家，这也是自两个世纪前阿拔斯的穆塔瓦基尔哈里发（847—861 年）去世后，伊斯兰世界最有效的管理。即便如此，他也仅仅能够勉强掩盖或减缓威胁整栋政治大厦的压力和裂纹。首先，他从来没有消除塞尔柱政体的联邦特性。与 900 年到 1500 年间出现的所有东部伊斯兰世界一样，塞尔柱人也认为，政治权力应该在统治家族中的所有领导成员之间分享。[③] 这种分享主要是通过从帝国分出一些封地来实现，统治家族中的每位成员都能或多或少地得到一份世系封地。这种类型的帝国当然不能算是统一的国家，而只是一种联邦，主要通过其创建者的领导力以及统治家族内部的团结来维系。最大、最富庶的封地要由家族中地位最高的王公控制。［在塞尔柱国家中，地位最高的王公被称为素丹穆阿扎姆（sultan Mu'azzam），意为"最高素丹"，其余的王公们则采用最普通的素丹称号马利克，或埃米尔。］地位最高王公的权威，部分依赖其封地所能提供的物质资源，但更重要的是需依赖于他在统治家族中的地位：如果一个人是其他王公的父亲，那他自然就是最高素丹；如果某个人仅是年长的哥哥抑或只是侄子，那么他必然需要面对许多反对力量。通常情况下，地位最高王公的权威比其同僚要高一些，但非常有限。他很少选定其他

---

②　对塞尔柱的财政制度、军事制度的主要研究，见 Lambton（1953），（1968），pp. 231 – 239，and（1988），chs. 3，4，6。亦见 Cahen（1953），该书虽然比较老旧，但仍然很有见地。关于伊克塔制度的起源，最新的研究见 Sato（1997），chs. 1，2。

③　这种主张最初由巴索尔德［Barthold（1968），p. 268］提出；更进一步的讨论，见 Humphreys（1977b），pp. 66 – 75；亦见 Bosworth（1995），pp. 939 – 940。

的封地王公，但是他在形式上却需要将土地分封给他们。他有权（可以肯定，这种权威并不总是强制推行的）命令各封地的王公在军事和政治上给予他支持，以对抗谋叛者或者共同的外敌。他几乎无权干涉各王公的内部事务，但是他极为充盈的财政以及强大的军事实力，使其在联邦事务中拥有相当高的霸权。

这种家族联邦制的问题在于，他们是基于传统习惯，其崛起也随意即兴，无一定之规。他们并不是根据任何正式的、成系统的原则或制度来分配。在尼扎姆·穆尔克著名的《统治之书》（*Siyasat-nameh*）中，他并没有精心创设上述这种政治组织形式。当时的编年史家们已经认识到了这一点，但也只是不经意地提及，他们从来没有详细叙述过。由于缺乏详细的原则和制度，因此造成许多问题。例如由于没有公认的继承规则，因此王位究竟应该传给家族中的最长者，抑或传给前任统治者的兄弟，或者他的儿子，一直没有定论。因此，每一次权位继承都意味着一场政治危机，经常导致一场大混战。总的说来，家族联邦制度的牢固，几乎完全依靠统治家族内部的忠诚与顺从，而这些往往会在一瞬间就消失掉。

即使尼扎姆·穆尔克和马利克沙将帝国统一起来，但分裂的种子已经埋下。④ 1078 年，马利克沙派他的弟弟图图什（Tutush）前去征服叙利亚，但是从一开始，后者的野心就很难抑制。马利克沙只能通过两次介入叙利亚事务（1083 年和 1086—1087 年）以及在阿勒颇另设一名独立总督，来约束图图什。在伊朗，马利克沙的叔叔卡乌尔德曾参与继承争夺战，但在失败后不久，也就是马利克沙统治之初即被杀死，即便如此，他在科曼（Kirman）的封地仍然在他的子孙中传承，没有受到干扰，当马利克沙去世后，这个地区又实现了自治。最糟糕的是，马利克沙有四个儿子，但他们的母亲各不相同，到 11 世纪 80 年代末，在各地宫廷以及不同后宫派系的操控下，围绕继承权的争夺一触即发。就在这个关键时期，马利克沙的首相尼扎姆·穆尔克于 1092 年被刺，并且不久马利克沙也在 37 岁的时候去世，结果国家不可避免地走向混乱。

---

④　关于马利克沙去世后塞尔柱帝国的情况，目前还没有详细的西方语言编写的著作；见 Bosworth (1968), pp. 102–157, 167–184, and (1995)。

马利克沙的一位遗孀把他的幼子马茂德推上王位，但他没有实力与其年长的哥哥们伯克－亚鲁克（Berk-Yaruk）、穆罕默德·塔帕尔争夺，很快就被撇在一边。此外，还有一位实力更强大的竞争者，那就是马利克沙的弟弟图图什，现在他已经是叙利亚毫无争议的主人，而且他还是经验丰富的政治家和军人，也有充分的理由继承哥哥的王位，因为他是塞尔柱世系中最尊贵家庭中年龄最长的男性。起初，图图什对美索不达米亚和阿塞拜疆的进攻非常顺利，但 1095 年在与伯克－亚鲁克所率军队的一场战斗中失利，此后关于继承权的争夺就只剩下马利克沙的儿子们了。伯克－亚鲁克（1094—1104 年在位）夺得了素丹·穆阿扎姆之位，但当伯克－亚鲁克因病去世后，他的兄弟穆罕默德·塔帕尔再次提出继位要求。最后，终于恢复了一段短暂的和平和稳定，穆罕默德·塔帕尔（1105—1118 年在位）在伊朗和伊拉克建立起他的最高权威。伯克－亚鲁克把呼罗珊封给他最小的异母兄弟桑贾尔作为封地，而穆罕默德也认为把他放在那里非常有用。桑贾尔今后会证明自己是一位有能力（而且极有忍耐力）的统治者，但在穆罕默德·塔帕尔活着期间，他一直满足于生活在对方的监控之下。

尽管穆罕默德·塔帕尔最终成功地在统治家族内部恢复了和平，但他所统治的帝国中的结构性裂缝仍然在不断加深。马利克沙和尼扎姆·穆尔克过去曾有效地抑制了伊克塔（iqtaʻ）持有者的范围和独立自治；实际上，他们把伊克塔（iqtaʻ）变成了财政管理的单位，在一定程度上受中央部门的监察和控制。然而，权力斗争中的紧张态势迫使无论是穆罕默德·塔帕尔，还是伯克－亚鲁克都不得不放松了对伊克塔（iqtaʻ）所涉的大片土地的管理，有时甚至是整个行省。在这些地方，伊克塔（iqtaʻ）的持有者（无论是名义上，还是实际上）都是总督本人。他本来只可以从行省中的部分土地分得其个人收益，但实际上控制了整个行省的一切权力（税收、司法、防卫以及公共安全）。针对这种伊克塔（iqtaʻ）总督制，素丹唯一有效的控制手段就是利用权力撤换总督；而后者在这样的命令面前却毫不妥协，通常需要一支强大的远征军队才能使命令得以贯彻。事实上，塞尔柱素丹们通常会到处巡视，因为他们会带着随从、高级官员以及一支战斗力很强的部队，从一个城市去到另一个城市。他们只有亲临现场、用武力

724

手段向这些官员展示自己的能力，才能巩固其权威，否则这些官员就会为所欲为。

穆罕默德·塔帕尔（很大程度上和他的继承者们）也越来越多地利用第二个工具，即在各行省中建立一个可见的塞尔柱实体。这就是阿塔贝格（atabeg）制度（字面的意思是"摄政王"，也就是"王室的守护人"）[5]，这种阿塔贝格（atabeg）制度是古代突厥人针对一个地区或某一民族设立的制度。由于王子年纪太小无法独立实施统治，就要给他安排一位守护者，以他的名义治理国家的同时，向他传授统治艺术。尽管可以在早期塞尔柱时期找到阿塔贝格（atabeg）的雏形，但这种制度直到 12 世纪才兴盛起来。素丹想要将他的一个儿子放在某个有争议地区当总督，从而在名义上保留他的权威，有时甚至会留一个婴儿在那儿；通过这种方法，素丹本人的存在就不仅仅是象征性的，还具有具体的实际意义。事情如其所愿政府的实际权力当然在阿塔贝格（atabeg）那里，到这个时候他已经正式成为素丹马穆鲁克中的一员。当然，一切都需要依赖阿塔贝格（atabeg）的忠诚和技巧；许多人都严格恪守他们的义务，但那些年幼的塞尔柱家庭成员
725 的死亡率非常之高，到了令人极度生疑的程度。到最后（即 12 世纪 20 年代），阿塔贝格（atabeg）的职位和称号变成了准世袭制，尽管这一称呼一直到 13 世纪中期都是按传统习惯来使用的。有时，它会特指某个城市的统治者，即使当时并没有塞尔柱王子居住在那儿，同样，它也会按照由父及子的方式进行世袭继承。到 12 世纪中叶，阿塔贝格（atabeg）的称号只意味着那些本来属于塞尔柱帝国、后来拥有自治权的地方统治者。

穆罕默德·塔帕尔是一位强有力的、受人尊敬的统治者，但和他的父亲一样，在 36 岁的时候就英年早逝，把帝国留给了五个年幼的儿子和已经成年的兄弟桑贾尔。这次没有任何理由能够剥夺桑贾尔的继承权，他在过去的 13 年中巩固了自己在呼罗珊的地位，也比他的侄子们更加年长、更有经验。事实上，他很快就成为素丹·穆阿扎姆，一直到 1157 年去世。伊拉克和伊朗西部仍然在穆罕默德·塔帕

---

⑤ 关于阿塔贝格（atabeg, Ar., spelling atabak），见 Cahen（1960a）；Lambton（1968），pp. 239 – 244。

尔的儿子们的掌控中——尽管他们现在要向桑贾尔称臣——在此后的30年中，他们还能决定这里的事务。在伊拉克和伊朗西部，年纪最长的马茂德（1118—1131年在位）最具权势，尽管他还必须面对他的四个兄弟接二连三的起义，他们要求自治权［或者说，由于他们还都是孩子，这些自治要求都来自控制他们的阿塔贝格（atabeg）们］。他也永远没办法在阿塞拜疆树立自己的权威，叙利亚和美索不达米亚也只是表面上向他称臣。他还必须面对一位过度自信的阿拔斯哈里发，因为哈里发不想再继续被一个明显已经衰弱的塞尔柱政权所控制。马茂德在这场竞争中表现得比较好，但在随后的十年中，风向却开始转变，一个虽然很小、声望却越来越高的哈里发国家，在整个伊斯兰世界中逐渐赢得重要的地位。对伊克塔（iqta's）制度的特许状以及给他弟弟们的封地、他们的摄政王（阿塔贝格们）、强大的埃米尔们，这些因素必须考虑，在设法维持可以依仗的政治支持时都不能忽视，但却不可避免地削弱了他对其疆域的控制，耗费了他的财政资源。

马茂德在他27岁时去世了，他的弟弟马苏德（1134—1152年在位）在伊拉克继任素丹。马苏德的统治时间很长，也不是没有取得成绩，但实际上，他统治期间的显著特征是以下趋势都得到了加强：素丹的权威和资源都被破坏，阿塔贝格（atabegs）和埃米尔们的势力不断上升，几乎已经与素丹平起平坐，只是在颇具能力和野心的哈里发穆克塔菲（al-Muqtafi，1136—1160年）的领导下，哈里发的自治权和声望有所复苏。马苏德去世后，他的继承人再也无力重新入主巴格达（自图格里尔·贝格在1055年占领该城以来，它一直是西塞尔柱国家的传统首都），塞尔柱素丹们所能够直接控制的地区越来越局限在伊朗西北部。事实上，塞尔柱素丹们现在已经沦落到该地区实力派阿塔贝格（atabegs）的控制之下。伊朗的最后一位塞尔柱素丹图格里尔三世（1176—1194年在位）努力争取使自己能够摆脱这些军阀的控制，而且他几乎就要取得成功了，但却在与逐渐兴起的花剌子模之王的战争中遭到失败。

马苏德去世后，塞尔柱政权在伊朗西部的衰落，还伴随着塞尔柱人在东方统治的崩溃。通过孜孜不倦地努力工作，桑贾尔维持住了在呼罗珊和外阿姆河地区的权威，但他的全部精力都投入北部和东部边

726

疆事务上，特别是在 1130 年以后，以至于他没有余力在整个帝国内履行最高素丹作为仲裁者和军事总指挥的传统角色。1141 年，当他的权威在东方遭到沉重打击时，其军队又在锡尔河中游一带的卡特万大草原（Qatvan Steppe）遭到惨败，当时这个地区在哈喇契丹人（Kara Khitay）的控制下，他们是从中国北部大草原迁徙而来的一支信奉异教的游牧部落。桑贾尔被迫撤离阿姆河的南部和西部地区——幸运的是，哈喇契丹人没有兴趣继续追击他。尽管遭到这次打击，桑贾尔在一定程度上仍有余力对他的其余领土重建权威。然而，他发现自己与呼罗珊土库曼人（Turcomans）的关系到了剑拔弩张的程度；土库曼人与塞尔柱人同源（古兹，Ghuzz 或 Oğuz），一直承认桑贾尔的君主地位，但在其处境困难的财政官员的不断挑唆下，桑贾尔多次发动战争以惩罚对方，要求他们定期缴纳赋税并接受监督。派遣这些远征部队的唯一后果就是刺激土库曼人在 1153 年爆发强烈的反抗战争。桑贾尔失败后被俘，接下来的两年时间是在屈辱的俘虏生涯中度过的。与此同时，土库曼人洗劫了呼罗珊全境所有城市和农业耕地。虽然桑贾尔在 1156 年成功越狱逃脱，但再也无法重建自己的政权，只能到处流浪，结果在 1157 年悲惨地死去。随着桑贾尔的去世，伊朗东部的塞尔柱素丹国就此消失。经过将近 20 年的混乱之后，这个地区并入一个新的帝国之中，这就是由先前塞尔柱帝国在花剌子模的总督们建立起来的国家，花剌子模新帝国位于咸海南部的肥沃平原。其建立更多的只是一时兴起，而非实质上的国家，后来在 1219—1220 年蒙古人的入侵中覆灭。

纵观塞尔柱帝国缓慢但必然分崩离析的过程，所有具有决定性的事件都发生在伊拉克、伊朗西北部和呼罗珊地区，事实上，自伊斯兰教兴起以来，在从尼罗河到阿姆河之间的广大地区，就一直是政治冲突和变迁的传统中心地区。在这个大舞台上，叙利亚——这个词涵盖了从加沙到安条克的东地中海沿岸，以及从阿夸巴湾到托罗斯（Taurus）山脉的幼发拉底河西部内陆草原的广大地区——扮演了一个非常次要的角色。尽管叙利亚是塞尔柱政治体制的内在组成部分，也是根据塞尔柱的规则参与权力斗争的地区，它仍然只是个次要的角色。叙利亚的边缘地位并不奇怪，因为当马利克沙去世后的混乱时代开始时，这里只是刚刚获得的新领土。它距离塞尔柱权力的主要中心城市——巴格达、伊斯法罕、拉伊、马尔乌（Marw）——太过偏远，以至于不值得为它进行征战。此外，它只是一个无论财力还是人力都不太充盈的狭长地带，无法成为一个强权政府的根据地。最后，它还分裂为难以数计的小城邦，彼此都嫉妒、恐惧周边的邻居，其中没有任何一个能对其他城邦确立起自己的霸权。不过，具有讽刺意味的是，当马苏德（1152 年）和桑贾尔（1157 年）相继去世、伟大的塞尔柱帝国不可避免地走向衰落时，叙利亚却开始成为东部伊斯兰世界的政治、经济和文化中心，自四个多世纪前倭马亚王朝崩溃后，它就再也没有享受过这样的荣耀。到 12 世纪末，这里已经和埃及一样成为一个帝国的核心地区，它东北至凡湖、南抵阿斯万（Aswan）和也门。尽管这里从来不是一个真正富庶的地区，但它却已开始享受到物质的繁荣。同是在 12 世纪后半期，它已经从一个沉睡着的边疆省份，转变成伊斯兰教及其知识分子向往的充满活力和影响力的中心。

促使叙利亚复兴的催化剂必定是 12 世纪初建立起的十字军国家。十字军至少从两个方面给叙利亚的政治生活重新注入活力——当然都是十字军无意为之。首先，他们创造了有利于圣战（jihad）思想活跃的意识形态环境——这种意识长期蛰伏在叙利亚等远离伊斯兰世界的边界地区。事实上，1099 年十字军对耶路撒冷的血腥征服，以及他们活动在叙利亚—巴勒斯坦带给每个穆斯林城市的威胁，几乎都能产生这种反应。随着 12 世纪叙利亚地区关于圣战思想的不断演化，它逐渐满足了穆斯林合作抵抗入侵者，乃至所有穆斯林联合起来赶走侵略者的需要。简而言之，针对十字军的圣战使政治上的扩张和巩固变得合法。从原则上看，十字军为当地统治者提供了一种可能：可以将他们与对手之间的斗争解释成并非出于私人的野心，而是出于捍卫伊斯兰教而必须从事的事业。所有这一切都需要一位统治者，这位统治者要知道如何描述、如何执行这一政策。结果，充分理解这一局势具有的重要意义，在形成了一套非常有利的关于统一和圣战的意识形态理论之前，就已经过去了数十年，然而直到 12 世纪 40 年代中期，关于这一意识形态的所有要素还是最终成形。⑥

十字军的第二个影响并非立竿见影，也没那么重要。十字军征服

---

⑥　关于反十字军运动的发展演变，斯文［Sivan（1968）］是唯一进行深入研究的文章。

了叙利亚的港口城市（影响最大的是 1124 年提尔城的陷落），把这些城市纳入意大利人从 11 世纪中期开始建立，并已经迅速扩张的地中海商业网中。像以前一样，大宗商贸活动经由君士坦丁堡和亚历山大向各地集散，但现在有相当一部分收益——可能最多能达到三分之一——直接流往阿克、提尔和安条克［安条克通过它的圣西蒙尼/苏维迪亚（Suwaydiyya）港口进行交易］等地。尽管存在政治壁垒，内陆城市，特别是大马士革和阿勒颇，也不可避免地纳入这一网络中，而且在整个 12 世纪到 13 世纪期间，其地位随着商业规模的扩大而不断提升。[⑦]

很难具体量化这些商贸活动对整体经济的影响，但不可否认的是，与 11 世纪相比，穆斯林居住的叙利亚到 12 世纪中期已经非常繁荣，而且它的繁荣发展一直在持续，直到 13 世纪 40 年代到 50 年代的混乱发生时为止。商贸增长给财政带来的直接影响显而易见；尽管中世纪绝大多数穆斯林政权（像他们的欧洲对手一样）主要以农业税收及税收等价物为主，而城市关税以及其他税收则是收益的重要组成部分。1200 年的穆斯林统治者只不过是比其前任们更有钱，能够更多地把这些钱投入军队、建设工程、宗教组织，甚至还包括一些基础设施（灌溉沟渠、驿站等）。就像在每个时代的历史中总有一些出人意料的事件一样，十字军促使其对手为政治和经济复兴上足了发条。地中海贸易的增长当然不是穆斯林叙利亚重建繁荣的唯一原因，但在这一过程中它的确是个重要因素。

前面所描绘的这个发展过程是慢慢呈现出的，因此当 1095 年图图什为了夺取其兄长马利克沙的遗产而被杀害的时候，没有人能预见到未来的这一发展。事实上，图图什的突然去世和当年马利克沙的去世一样引起类似的后果：他们的儿子们和官员们为争夺权力展开了一场无法控制的较量，尽管图图什身后的内讧要比他哥哥死后的斗争小很多。但是当穆罕默德·塔帕尔最终在伊拉克和伊朗这片广袤疆域上重新聚起政治凝聚力时，在叙利亚却没有这样的一位人物来完成这一使命。事实上，就在图图什去世的 20 年后，塞尔柱家族在叙利亚的

---

⑦　海德［Heyd（1885－1886）］、邵柏［Schaube（1906）］以及拉比波［Labib（1965）］仍然是这方面知识不可替代的著作。

世系已经断绝，他们的产业也被当地的军阀瓜分一空。

　　短短的一章内容根本不可能将 12 世纪 20 年代之前的叙利亚历史讲述清楚。图图什是一位铁腕领袖，但也仅仅是在马利克沙去世后，才终于将叙利亚包括的所有地区纳入他直接统治之下，包括从南部的耶路撒冷到北部的托罗斯山脉之间的所有地区。（拉塔基亚南部的主要港口城市，例如的黎波里、提尔、阿克、贾法和阿什卡隆，则从来没有归顺过塞尔柱人的统治。在名义上，它们仍然是法蒂玛王朝的领地，尽管的黎波里和提尔实际上已经完全自治。）很明显，他没有提出任何关于继承人的计划，但是按照公认的原则，他的领土应该由其家族成员继承，阿勒颇和大马士革分别落在他的两个儿子手里：13 岁的里兹万占领阿勒颇（1095—1113 年统治），比他小一点的异母兄弟杜卡克得到了大马士革（1095—1104 年统治）。[8]

　　向分裂的公国体制过渡进行得并不顺畅。起初，图图什较大的儿子里兹万想要直接控制他父亲的所有领土，失败后，他希望至少在那些地区能有较高的地位。尽管里兹万机敏顽强，但他的军事才能一般，而且资源不足，所以他的这些努力只是那种小规模辉煌胜利带来的妄想。他出于维护自己地位的需要，也担心（并不是毫无理由）其穆斯林邻居们想要夺取他的领地，里兹万将其主要精力投入到统一这些诸侯的行动中。

　　在他父亲生前，里兹万的生活曾经一度得到阿塔贝格（*atabeg*）贾纳哈·杜拉·侯赛因（Janah al-Dawla Husayn，胡姆斯总督）的指导，但是此时他无法忍受后者，很快就迫使贾纳哈·杜拉离开阿勒颇。在后来 18 年统治时期里，他把所有事务都控制在自己手中，其权威没有受到任何挑战。他可能是睚眦必报的、残忍的，但却知道如何寻找胜任的官员，在他统治的最后十年中，没有遇到任何严重的内部威胁。里兹万在一次打猎途中意外身亡后，王位毫无争议地传给了他的儿子阿尔普·阿尔斯兰（Alp Arslan）。不幸的是，阿尔普·阿尔斯兰有他父亲的坏脾气，却没有他父亲的能力。1114 年，阿尔普·阿尔斯兰被暗杀，并由其阿塔贝格（*atabeg*）——太监卢卢（Lu'lu'）

729

---

⑧　塞尔柱治下的大马士革，见 Mouton（1994）；Yared-Riachi（1997）。塞尔柱治下的阿勒颇，见 Eddé（1986）。更深入的研究，见 Cahen（1940），pp. 177–307；Elisséeff（1967），ii, pp. 277–332。

接任。卢卢同样无法胜任这一工作，在 1117 年被暗杀。在其后的十年间，阿勒颇成为走马灯式更换的统治者们手中的玩物，阿勒颇贵族们对找到一位很有能力的军事领导者感到绝望，就经常从安纳托利亚南部的突厥公国中邀请小军阀过来。这些人中，最有影响的莫过于马尔丁（Mardin）的伊尔 – 加齐（1119—1122 年在位），1119 年，他带着他那主要是临时从土库曼部落中雇佣来的军队，在萨尔玛达 ［Sarmada，拉丁名为阿格尔·桑古伊尼斯（Ager Sanguinis）］战役中对安条克的罗杰取得了一场决定性的胜利，这场胜利摧毁了安条克的军事力量，使其很多年都难以恢复，从而也将阿勒颇从日渐逼近的拉丁定居者征服运动中解救出来。1122 年，伊尔 – 加齐突然病逝，再次将阿勒颇丢给了不可预知的命运。只是到 1128 年 1 月，当新就职的摩苏尔阿塔贝格（atabeg）赞吉·安奎沙克（Zengi b. Aqsunqur）未受抵抗即占领阿勒颇后，这里的秩序才得以恢复。事实上，赞吉代表的是塞尔柱帝国的高级官员和总督，同时他也有足够的能力整合摩苏尔和阿勒颇的资源，这为他的权力提供了非常雄厚的基础，也为他的统治提供了条件，图图什去世后的 30 年中，没有哪位叙利亚统治者能享有这样的条件。

　　塞尔柱帝国在大马士革的历史比较简单，里兹万的异母兄弟杜卡克太过年轻，无法独立进行统治，但他有一位非常有能力且忠诚的阿塔贝格（atabeg）图格蒂京的支持，后者此前曾担任过图图什的马穆鲁克。1104 年，杜卡克在大约 20 岁时去世，王位传给他的幼子图图什二世，图格蒂京继续成为实际（de facto）统治者。图图什二世很快就去世了，他的继承人是杜卡克的幼弟叶塔什（Irtash），在之前的那些年里，他逃往美索不达米亚。1104 年后，图格蒂京独立统治，虽称阿塔贝格（atabeg），却并没有一位傀儡王子。⑨ 到 1116 年，巴格达的素丹穆罕默德正式授权图格蒂京，成为改称的世袭大公。他对

---

　　⑨ 杜卡克（Duqaq）的母亲萨夫瓦特·穆尔克（Safwat al-Mulk）被怀疑毒杀了他。［她也是图格蒂京（Tughtigin）的妻子；塞尔柱的统治者们经常让一位阿塔贝格（atabeg）迎娶他所护卫的王子的母亲，以巩固其忠诚］然而，对她的指控所提出的证据却没有多少说服力；可能某些编年史家将她萨夫瓦特·穆尔克与另一位同名的萨夫瓦特·穆尔克搞混了，后者是图格蒂京之子塔吉·穆鲁克·波利（Taj al-Muluk Bori）的妻子，而且可以肯定这位萨夫瓦特·穆尔克（Safwat al-Mulk）在 1135 年谋划了刺杀其子沙姆斯·穆鲁克·伊斯马伊勒（Shams al-Muluk Isma'il）的行动。图图什二世（Tutush Ⅱ）的暴亡也引发质疑，但现代之前的婴儿死亡率本就很高，但无论如何塞尔柱家族确实比较短命。

那里的治理一直持续到 1128 年过世之前，而作为一切事务的统治者，他总共在位 33 年。

塞尔柱人治下的叙利亚的其他重要城市——胡姆斯、哈马和安条克——继续由图图什任命（至少承认）的埃米尔们管理。原则上讲，这些人都要服从里兹万或杜卡克，但实际上他们的统治已有相当的独立性，有时甚至公开反抗他们的君主。耶路撒冷（这座城市的象征意义比起其战略或经济意义更重要）在 1098 年被法蒂玛维齐尔阿法达尔占领，阿法达尔当时正是充分利用塞尔柱内部混乱，从而将巴勒斯坦中部地区重新纳入埃及的势力范围。安条克的问题很快就得到了解决，虽然采用的方式让人很不愉快，因为 1098 年夏天十字军攻占了这座城市；一年后，耶路撒冷也遭遇到同样的命运。胡姆斯和哈马仍然在穆斯林手中；有时自治，有时被大马士革或阿勒颇控制，对于在叙利亚影响急剧降低的塞尔柱政权来说，他们至少还是帝国的组成部分。当然，由于这些地方已经成为法蒂玛王朝的势力范围，十字军对港口城市的不断攻占，并没有影响到塞尔柱的统治结构。

无论杜卡克和里兹万的个人品行如何，他们本来就无力应对这样一种更为复杂的局面。他们每个人都只有一小支军队：几乎可以肯定不超过 1000 人。这些正规军是由大公的私人马穆鲁克组成，还有一些则是根据自身实力能够负担的一定数量的自由雇佣军（通常是突厥人，有时也会有库尔德人）。新近的研究尚未弄清楚指挥这些军队的埃米尔是否还有他们各自的私人军队，因为埃米尔们的薪俸和收益都来自伊克塔（iqta‘），这些足以支付私人军队的费用。即使埃米尔有私人部队，人们也不知道具体数量，或者说不清楚私人军队占其所指挥军队的比重有多少。结果，里兹万和杜卡克在特殊情况下，不得不招募土库曼人或阿拉伯援军；这些人是很有经验的武士，但无论哪位大公都满足不了他们对佣金的需求，哪怕是一场很小的战斗，也无法保证他们能够顺畅地提供服务，反而在最危急的时刻他们会消失在草原上。阿勒颇和大马士革都有一定数量的城市义勇军，由城市中较为贫穷的社会阶层中招募来的年轻人（ahdabh）组成。这些义勇军在面临围城、保卫城市时非常有用，但在野战中却起不到什么作用。此外，在和平时期，他们经常会扰乱公共秩序，在城市围墙的范围里，他们非常善于挑战大公管辖和治理自己首都的能力。

731

　　若要好好控制义勇军，若要进行有效的管理，大公们事实上必须与城里的贵族们紧密合作，特别是一位叫作拉伊斯·巴拉德（ra'is al-balad，大体上就是"城市头人"的意思）的人物。[⑩] 这样一位头人有时会被大公们授予某种官职，而且他也经常承担一些行政和财政方面的工作。归根到底，他一定要出身于有影响的、地位稳固的地方贵族之家。就这点而言，他成为宫廷中所有世家大族利益的代言人。王宫也需要通过他来招募城市义勇军，并且还要负责督促他们谨守秩序。当时的实际情况表明，大公并不对他加以任命，不过他需要得到大公的确认而已。除了拉伊斯·巴拉德，地方贵族还担任某些领域内的官职，他们对宗教和法律等行政运作不可或缺：法官、清真寺官员、财税代理官，有时甚至包括大公的政府首脑（维齐尔）。12世纪，只要他们得到义勇军的支持，叙利亚的地方贵族们就能很轻易地挑战塞尔柱的大公们及其军队。这是12世纪之前的局势；在那之后，随着越来越多强势的大公有了别的选择，更多倚重（尽管不是绝对倚重）那些不属于地方贵族的圈外人、学者及政府人员，这些人作为参与大公巡回视察时的专业官员，实际上相当于统治者的个人随从。

　　最后，里兹万、杜卡克及其继承者们还必须应对十字军。仅凭自己的那些资源，叙利亚的大公们几乎无法守卫其领土。当然也没有希望在缺乏来自伊拉克的塞尔柱素丹的坚定支持下赶走十字军。然而，大塞尔柱素丹从来没有放弃他对叙利亚的宗主权要求。阿勒颇和大马士革的大公原则上要从属于伊拉克和伊朗的素丹。寻求素丹的军事援助会带来严重的政治危机。所幸的是，叙利亚对于大素丹来说只是边缘地区，他们的援助也是偶尔为之，甚至经常没什么兴趣。素丹们也从来没有派遣远征军到叙利亚。这很好理解，因为伯克－亚鲁克本身就问题缠身，而王位相对稳固的穆罕默德·塔帕尔也是如此。马茂德和马苏德对叙利亚事务更不关心。当他们确实需要干涉时，塞尔柱素丹们通常都会任命摩苏尔总督为全权代表。[⑪] 事实上，从1098

---

　　⑩　吉伯（H. A. R. Gibb）的研究比较早但很有价值，他翻译了伊本·卡兰尼斯（Ibn al-Qalanisi）的《续大马士革编年史》（*Dhayl ta'rikh Dimashq*），其引言很有价值。亦见 Ashtor-Strauss（1956），pp. 73–128；Cahen（1958–1959）；Havemann（1975）；Mouton（1994），pp. 231–237。

　　⑪　摩苏尔的历任总督，一直到曾吉，都是年幼的塞尔柱王子们的阿塔贝格（*atabeg*s），那些王子们则被封赐到该城。即便对他们的监视已经取消，总督们仍然保留着这一称号。因此，把总督们升为阿塔贝格逐渐成为摩苏尔的惯例。

年十字军包围安条克算起，即进入了十字军时代，其第一个50年到1146年赞吉去世，摩苏尔一直是穆斯林抵抗十字军政治上和军事上的基石。

里兹万对来自东方的远征军队持有非常犹疑的态度，1110年到1113年，他多次破坏摩苏尔阿塔贝格（atabegs）马乌杜德颇有远见的努力。在大马士革，杜卡克及其继承者图格蒂京打算合作，但这一想法从里兹万的角度看，更令人生疑。里兹万拥有的只是少得可怜的资源、小小的一块领地，周围强敌环伺，故而下定决心不惜任何代价保住自己的王位。因此，他一直努力结成一些不稳固的同盟，每一次结盟的对手在当时看都是最危险的。从这个角度而言，拉丁人控制的安条克也可以是结盟的对象。尽管身为一名逊尼派信徒，里兹万仍然愿意与尼扎里伊斯马伊（所谓的阿萨辛派）结盟以缓解过度的压力，而且我们发现早在1100年他们就在阿勒颇公开合作过。有两起刺杀行动有可能正是在他的授意下进行的，一起是1103年他的前任阿塔贝格（atabeg）贾纳哈·杜拉在阿勒颇被刺，另一起是1113年摩苏尔的马乌杜德在大马士革被刺。[12]

起初，十字军攻占埃德萨、安条克，特别是耶路撒冷时，都是一触即发式的战争。无论是大马士革，还是阿勒颇在事前都感觉不到任何迫在眉睫的危险。但是到1105年，随着埃及—大马士革联军驻扎在拉姆拉，以及里兹万的军队在阿塔（Artah）节节败退，定居下来的拉丁人便得到了稳固的落脚点。他们现在制定了一套系统的扩张战略，根据这一战略，他们要夺取加沙北岸的所有海港、约旦河西部的整个巴勒斯坦地区，以及泛约旦河南部地区。面对这样的扩张态势，大马士革和阿勒颇都感受到巨大的威胁，而且这种威胁将在十年之内成为现实。于是大马士革和阿勒颇经常被迫缴纳大笔贡赋，以牵制耶路撒冷和安条克的拉丁国家/王国。此外，无论是大马士革还是阿勒颇都被迫将自己最肥沃农田中的一部分赋税与其法兰克"邻居"分享，这一安排无疑损害了他们的财源。然而，阿勒颇比大马士革的困境要严重得多，这是一个非常小的国家，却要面对来自各个方面更加

733

---

⑫　巴格达的塞尔柱王庭指责图格蒂京（Tughtigin）谋划了此次谋杀，但埃利塞夫［Elisséeff（1967），ii，308－309］认为里德万（Ridwan）才是唯一从中获益的人。关于叙利亚的阿萨辛派（Assassins），见 Lewis（1967），pp. 97－124。

严重的军事威胁。事实上，在整个里兹万统治时期，以及 1113 年他过世后的 15 年混乱期间，阿勒颇及其属地的贫困不断加剧。里兹万臭名昭著的贪婪和暴虐起不到丝毫作用，必须承认此时他已走投无路。

与此相反，在图格蒂京（1104—1128 年在位）的保护下，大马士革进入一段适度的但却日渐繁荣的时期。可以确定，与里兹万相比，他面临的局面相对好一些。他只有一个强敌，尽管是非常恐怖的敌人——耶路撒冷王国。他的疆土从博斯拉（Bosra）向南到塞勒海德（Salkhad），向北到哈马，其中还包括哈夫兰和比卡（Biqaʿ）丰沃的麦田，而且大马士革也是中东最好的绿洲之一。每年需要缴纳的贡赋和分享的赋税确实是沉重的负担，但并没有损害其政权的财政安全。此外，一个长久且没有纷争的统治也是重要的因素，大马士革在图格蒂京的治理下享受了 30 年的安定，这与 11 世纪整个喧嚣的局势形成鲜明对比。最后，根据各方面的资料，他要比里兹万公正得多——1128 年，图格蒂京的去世使臣民们发自内心地悲痛和忧伤——而这一点必然有助于其公国经济生活的迅速恢复。

图格蒂京比较谨慎，更多关注的是如何保卫自己的公国，而不会想着如何扩张。同时，他还是一位严格的伊斯兰教逊尼派信徒，他尽其所能地保卫穆斯林的叙利亚免受十字军的侵占，并与法蒂玛王朝、摩苏尔的塞尔柱阿塔贝格（atabegs），甚至阿勒颇建立起广泛的同盟。然而，他明白自己的资源有限，机会也不多。尽管极为不情愿，当有穆斯林的竞争对手对他造成严重威胁时，他也会像里兹万一样，宁可与拉丁人结盟以对抗这些穆斯林。而且在很多时候，他能够在条件非常不利的情况下争取到和约，以便赎回被拉丁人掠走的财物，或者为自己赢得对付其他穆斯林对手的时间。由于这个原因，后来的史学家和现代学者曾相当轻视他，但事实上，他为 12 世纪晚期到 13 世纪的大马士革文化发展和政治活动奠定了坚实的基础。

1128 年是一分水岭：叙利亚的政治分裂局面得以终结，一支新崛起的穆斯林军事力量非常强大，不仅能够与拉丁人打成平手，甚至还可以取得胜利以换取长久的成果。这一年至少还见证了大马士革和阿勒颇命运的暂时变迁。随着图格蒂京的去世，大马士革公国逐渐衰落，在其后的 25 年中，逐渐在外交上被孤立，政治上被边缘化。反过来，赞吉掌权之后，不仅将阿勒颇发展为后来数十年间叙利亚的政治中心，还开启了一个新的百年，这期间见证了该城恢复了昔日的经济繁荣，以及文化和宗教生活方面的复兴。[13]

可以肯定的是，大马士革在这些年也并非一直没有出现有力的统治者。图格蒂京的儿子塔吉·穆鲁克·波利（Taj al-Muluk Böri，1128—1132 年在位）就很杰出，但不幸的是他寿命很短。他的儿子［其中有三个继承他的大马士革阿塔贝格（atabeg）之位］都不成材，但他的遗孀萨夫瓦特·穆尔克（Safwat al-Mulk）以及当时的埃米尔，也就是图格蒂京原先的马穆鲁克穆因·丁·乌努尔（Mu'in al-Din Unur），在 12 世纪 30 年代到 40 年代，成功地抵挡住十字军和赞吉的进攻，维护了大马士革的独立。当 1149 年乌努尔去世后，政府重新回到波利（Böri）的孙子穆吉尔·丁·乌瓦齐（Mujir al-Din Uvaq，1140—1154 年在位）手中，在阿勒颇他却很快被迫让位于日渐强盛的赞吉之子兼继承人努尔·丁·马茂德，于 1154 年 4 月和平占领大马士革。

赞吉控制了摩苏尔和阿勒颇，使他成为美索不达米亚和叙利亚北部最有权势的统治者。[14] 然而，他之所以能够得到这一机会，主要是因为他非同一般的长寿；他在位统治了 19 年，直到 1146 年被一名心怀不满的侍从刺杀。伊本·阿西尔（Ibn al-Athir，死于 1233 年）是赞吉帝国的皇家史官，他给予赞吉极高的评价，称他是领导抵抗十字军圣战的第一人，这一评价直到 20 世纪 50 年代才得到西方学者的认可。但从那时以后，赞吉就被贬低被忽略，被看作又一个争权夺利的军阀，只不过比其同时代人更能干、更聪明，或者更重要的是，比起同时代人更幸运，因为 1144 年，他获得了巨大胜利，夺回埃德萨，而这是由于当时埃德萨的统治者约瑟林二世恰巧带着绝大多数军队出外打仗不在城中。这一评价贬低了赞吉的功绩。在他近 20 年的统治中，建立了一套持久有效的政治制度，至少为其子努尔·丁·马茂德

---

⑬ 关于赞吉及其时代，见 Cahen（1940），pp. 347 – 373；Gibb（1969a）；Elisséeff（1967），ii, pp. 332 – 387；Mouton（1994），pp. 38 – 43；Yared-Riachi（1997），pp. 159 – 207。

⑭ 赞吉并非名义上的阿塔贝格：摩苏尔是素丹马茂德（Mahmud）幼子阿尔普·阿尔斯兰（Alp Arslan）的封地，而赞吉担任其监护人和教师。阿尔普·阿尔斯兰想要利用 1146 年曾吉的猝死以收回其封邑的所有权。然而，他失败了，其人也很快完全消失。阿尔普·阿尔斯兰是封在摩苏尔的最后一位塞尔柱王子；此后，曾吉的继承人将以他们自己的名义掌管这里。Elisséeff（1967），ii, pp. 391 – 394。

及其将军萨拉丁更加辉煌的政绩奠定了雄厚的基础。

　　尽管赞吉因控制着摩苏尔和阿勒颇这两个城市而拥有明显的军事和战略优势，但是他的治理工作却遇到非常困难的挑战。首先，摩苏尔和阿勒颇两地有相距 20 天的路程。其次，这两个主要城市分属于重叠的地理系统区域。摩苏尔总是需要与巴格达和伊朗西北部的塞尔柱大素丹打交道，后来交往的对象还包括恢复活力的阿拔斯哈里发国。阿勒颇则坐落在叙利亚中部，介于法兰克人占领的沿海地区和美索不达米亚上游地区的土库曼各个酋长国之间。最后，这两个城市都有各自的政治传统和嫉贤妒能的地方精英阶层。事实上，在后来的30 多年中，阿勒颇（不只是大公们，更关键的是贵族们）多次表现出因摩苏尔占上风而引起的恐慌。

　　赞吉通过各种途径克服了这些困难。首先，他采取塞尔柱素丹们的方式，经常在两个中心城市之间来回奔波，反而让人忽略其过于强大的总督实力。同样重要的因素还在于，他的高级政府官员都是从摩苏尔和塞尔柱领地西部地区招募来的，其中的核心成员都跟随他来回奔波；通过这种方式，其大法官法庭和财政机关都是由他所信赖的人负责，他了解这些人的才能，这些人的未来也直接依赖于他。另一方面，各大城镇的宗教官员，例如大清真寺的乡老、学者、阿訇，都是从那些以虔诚和学识著称的当地显贵中推选的。赞吉的军队尚需进一步研究，但很明显，他打算组建一支很有战斗力的队伍，而不像其前任们那样依赖美索不达米亚的土库曼部落。赞吉本人是突厥人，其父是一位马穆鲁克，在选用官员和普通士兵时，他自然倾向于和他同样出身的人：突厥裔的马穆鲁克及其后代。然而，在他统治的地域内，这样的马穆鲁克人数稀少且珍贵。为了弥补这一不足，他从生活在摩苏尔北部山区的库尔德人中大量招募士兵，此后赞吉帝国的继任者，以及阿尤布王朝都继续沿用这一政策，特别是阿尤布王朝的创建者起初就是赞吉军队中的库尔德军官。（库尔德人早在穆斯林到达之前就居住在那个地区，所以他们被征召来是作为自由雇佣兵而非马穆鲁克，但就其军事技能和所需花费而言，这只是一个没有任何差别的等级而已。）在努尔·丁和萨拉丁时代，库尔德人组成一支独立军团，是按照其成员所属部落组织起来的，但是目前尚不清楚这种做法是否在赞吉时代就已确立了。

公国的地理特征迫使赞吉在距离很远的两线作战。无论是原先作为塞尔柱埃米尔这一身份，还是其矢志向伊拉克北部扩张的决心，都驱使他积极投身于塞尔柱大素丹的政局当中。事实上，伊拉克是其统治前半期的主要关注点。然而，到1136年，虽然他一直忙于伊拉克事务，但却几乎没有取得任何成果；同样地，无论是马苏德素丹还是其他任何塞尔柱大公都有力量或意愿威胁赞吉自己的领地。这样一来，他就将统治后半段的主要精力放在叙利亚。在这里，他有两大目标，一是接纳或赶走叙利亚北部的拉丁人，从而确保自己在阿勒颇的安全；二是夺取大马士革的控制权。在他所处的时代，几乎没有人能看出这两个目标之间有任何联系。与拉丁人作战本身当然是值得称赞的，但争夺大马士革只不过是筹建帝国的一个步骤。

无论赞吉与拉丁人的战斗有多么零散和利己，但毫无疑问，这些战斗非常有效。1135年，他征服了马阿拉特·努曼（Ma'arrat al-Nu'man），这一胜利不仅将这座重镇重新纳入穆斯林的统治之下，而且对胡姆斯和哈马的西部边界防御体系意义非凡。1137年，赞吉对巴林（Barin）采取了铁桶式的围城，并夺取那个地区，甚至几乎俘虏了耶路撒冷的福尔克国王。尽管他没有直接与拜占庭皇帝约翰二世·科穆宁于1138年率领的远征军相遇，但他却一直秘密跟踪着他们，直到约翰迫于外部压力撤军为止。这次远征是阿勒颇遭受的最后一次来自基督教世界的严重威胁。1144年，赞吉对埃德萨的征服无疑有好运的成分，而不是出于精心的谋划和长期的安排，但与其众多前任形成鲜明对比的是，他抓住了眼前的战机。埃德萨不是穆斯林对法兰克人的第一场胜利，但却是第一场取得永久成果的胜利。此后摩苏尔和阿勒颇之间的通道畅通无阻，法兰克人在幼发拉底河的地位开始发生决定性的动摇。但我们也不应该过分夸大，因为其他十字军王国仍完好无损，在未来的十多年时间里，仍然很强大，赞吉的胜利标志着地区间力量平衡的转变。

赞吉对大马士革的谋划得到的是两难的结果。最终，他成功控制了哈马、胡姆斯和巴尔巴克（Baalbak），但是也激起大马士革居民坚定而成功的抵抗。他在叙利亚的一系列征服活动改变了阿勒颇和大马士革之间的政治军事力量对比。另外，他数次背叛大马士革的波利政权，因此将叙利亚穆斯林走向统一的脚步延缓了许多年。不久，当波利于 1130 年命令哈马总督（大马士革的塔吉·穆鲁克·波利的弟弟）加入阿勒颇的赞吉军队后，赞吉却趁机逮捕了他，从而夺取了哈马。1133 年，大马士革人曾短暂地夺回哈马，1135 年又被占领（此后再也没有收复）。就在同一年，赞吉通过武力差一点就占领了大马士革。不过，大马士革大公沙姆斯·穆鲁克·伊斯马伊勒·波利（Shams al-Muluk Isma'il b. Bori，1132—1135 年在位）在取得抵抗赞吉和法兰克人的最初胜利后，就逐渐变得很怪异和暴虐。他由于不断应对大马士革人的起义，因此便秘密同意率领大马士革投降赞吉。伊斯马伊勒的母亲，也就是可敬的萨夫瓦特·穆尔克碰巧知道了这一秘密，便冷酷地处死了她的儿子，将王位传给了她的小儿子什哈布·丁·马赫穆德（Shihab al-Din Mahmud，1135—1139 年在位）。赞吉包围了大马士革，但这一次他并不想在这里花费太多时间，尽管

737　此后他继续对大马士革施加压力。他还多次袭击胡姆斯，但这座城市在波利总督的率领下，进行了顽强的抵抗。最终，他于 1138 年通过与波利家族联姻才控制了这座城市。大马士革的什哈布·丁·马赫穆德迎娶了赞吉的女儿，而赞吉本人则娶了这位大公的母亲萨夫瓦特·穆尔克，后者将胡姆斯作为这桩婚姻的嫁妆。毫无疑问，大马士革希望通过这次联姻能够暂缓赞吉对这座城市的扩张野心，但是结果并没有如愿。他利用 1139 年女婿什哈布·丁·马赫穆德被刺杀的机会，占领了巴尔巴克，并第二次包围大马士革。巴尔巴克守军按照协议投降后惨遭屠杀。赞吉这么做的动机尚不清楚，因为他虽然严厉但却不是完全无理由的野蛮，而这件事却促使大马士革人下定决心坚守城池。当时为什哈布·丁的继承人管理该城的是埃米尔穆因·丁·乌努尔，他只能采取极为悲壮但却不可避免的步骤——与耶路撒冷的福尔克国王结盟，以迫使赞吉撤退。这一战略收到成效，在此后大约十年中，大马士革与耶路撒冷一直保持友好关系，这很不正常；但也不奇怪，这两个国家都致力于抵挡赞吉势力的继续扩张。

1146 年，赞吉在其权力达到巅峰之际突然去世，他的国家同样没能躲过因继承权而起的混乱纷争的命运，而混乱纷争更加凸显出赞吉作为一位帝国创建者的能力，以及其所处时代的政治环境带来的局限。当赞吉带病包围埃德萨时，他的一名侍从暗杀了他，此前，他没有制订任何领地分配计划，所以这项任务留给了他的继承人和高级官

员。他的长子赛义夫·丁·哈兹（Sayf al-Din Ghazi）立刻控制了赞吉的发祥地摩苏尔，以及帝国的管理和军事核心。他的次子努尔·丁·马赫茂德被护送到阿勒颇，并迅速即位，宣布自己为自治大公和阿勒颇独立。刹那间，赞吉在钢铁般意志下奋力打造和维护的统一国家，就转变成传统的塞尔柱式家族联邦制国家。出人意料的是，新的联邦国家很和谐，部分原因在于赛义夫·丁·哈兹不想把自己的权力强加到他弟弟所在的阿勒颇；也可能是他统治时间太短还没来得及实践这一野心。1149 年，赛义夫·丁·哈兹去世，他的三弟库特伯·阿丁·毛都德（Qutb al-Din Mawdud）继任摩苏尔王位。库特伯·阿丁·毛都德的统治生涯很长（1149—1170 年在位），但一直听命于努尔·丁。

在库特伯·阿丁·毛都德的治理下，摩苏尔沦落为赞吉联邦的次要地位。它维持了相当长久的世袭继承（直到 1234 年）传统，而且也顺理成章地继续主宰伊拉克北部事务。[⑮] 在 1174 年努尔·丁去世时，马乌杜德的两个儿子［赛义夫·丁·哈兹二世（1170—1180 年在位）和伊兹·丁·马苏德（'Izz al-Din Ma'sud, 1180—1193 年在位）］积极争取在叙利亚北部和美索不达米亚地区重建摩苏尔之前的霸权。但是他们遭到篡位（他们这样认为）的萨拉丁，后者有野心、坚忍不拔且狡猾机敏，他们能尽全力做到的，不过是保卫自己的城市及其邻近地区的独立。毫无疑问，摩苏尔衰弱的一个关键因素，是1170 年马乌杜德去世后，公国被分成两部分，有时还会分成三个封地。结果，摩苏尔的赞吉大公所能指挥的范围远远不如其前辈。赞吉家族所控制的摩苏尔的命运也不例外；它也走上了伊拉克和伊朗西部的塞尔柱式，以及后塞尔柱时代衰落的典型路线。

然而，阿勒颇却走了另一条道路。随着努尔·丁·马茂德（1146—1174 年在位）的即位，它成为一个扩张且相对中央集权的国家中心。即使努尔·丁的国家在他去世十年后衰落并消失，阿勒颇依然是叙利亚政治生活的焦点，在此后 80 多年中，继续成为一个繁荣的商业和文化中心。如果它没有在 1260 年被蒙古人摧毁，阿勒颇无

---

⑮　关于赞吉去世之后摩苏尔的赞吉王朝，并没有详细的研究成果。埃利塞夫［Elisséeff (1967),
ii］讲述了 1146 年到 1174 年的情况。关于阿尤布王朝（1174—1260 年），必须依据萨拉丁的各种传记
（见后文）；Humphreys (1977b)；and Patton (1991)。

疑会保持更长久的繁荣。而赞吉的长期统治以及在成功化解基督教威胁方面，无疑推动了阿勒颇的社会平衡，使受损的经济得到恢复。此外，阿勒颇是其帝国中的第二大城市，是赞吉在叙利亚各种行动的根据地，而非固定居所。然而，在努尔·丁的统治下，阿勒颇（在1154 年以后和大马士革一起）成为真正的首都。它还从努尔·丁的捐赠行动中受益良多，重修防御工事，兴建大量清真寺和学院，人口数量明显增长。努尔·丁也不是阿勒颇城唯一的保护人，因为他要求他的埃米尔和官员们都按照他的方式管理。在 1183 年阿尤布人占领这座城市后，他们努力游说阿尤布人重修城市的建筑，重建管理制度。作为一个居民点，阿勒颇成为赞吉和阿尤布王国王冠上的明珠。[16]

阿勒颇的复兴并不是某些必然规律的产物，相反，它是建立在其新任大公的幸运遭遇上。努尔·丁初登王位时已经 29 岁，足以独立管理各项事务，而且在他统治的 30 多年中，并没有遇到太严重的威胁。更重要的是，他集许多优秀个人品质于一身。他有很远大的抱负，但行事适度；他有远见，但并非不着边际；个人信仰虔诚朴实但又很有分寸，而且会运用法律。尽管他不是非常优秀的战场指挥官，但足以胜任指挥，而且他还是一位机敏的谈判专家，通过外交手段取得绝大多数胜利成果。他很快就掌握了如何任免和激励有能力的士兵和官员的艺术。这些才能使他能够在其父所取得的功绩基础上进一步发展，同时又能摆脱赞吉遗留下的诸多麻烦。最重要的是，赞吉留给他的还有精神财富，当他号召对抗法兰克人的圣战时，能获得前所未有的信任，同样，当为了圣战需要召集叙利亚建立统一联盟时，也能获得同样的信任。[17]

很显然，从法兰克人首次出现开始，与法兰克人的斗争就被理解为圣战。然而，就像我们看到的那样，叙利亚和埃及的穆斯林统治者为真主信仰而战的行动断断续续，两方都认为这是一项不确定的、经

739

⑯ Sauvaget (1941), i, ch. 8, pp. 109 – 154; Elisséeff (1967), iii, pp. 750 – 780, 838 – 853, 915 – 918; Al-Tabba (1982), i, pp. 38 – 65; H. Gaube and E. Wirth, *Aleppo* (Wiesbaden, 1984), *passim*; Tabbaa (1997).

⑰ 关于这些事件的深入详细研究，见 Elisséeff (1967), ii, pp. 389 – 699; 亦见 Cahen (1940), pp. 374 – 415; Gibb (1969b). Elisséeff (1967), iii, 该文包含大量关于财政制度以及军事制度、经济与社会的内容，但这些内容还需要进一步分析。

常使人沮丧的事业，而且还因为西方人在和穆斯林作战时能建立非常
有效的联盟（当然是短期结盟）。无论如何，即使是像大马士革的图
格蒂京或摩苏尔的马乌杜德这样最具献身精神的人，也只能制订出一
套防守计划，也就是防止十字军的扩张，以及收复具有重要战略意义
的防线，而没有计划过要将他们彻底赶走。即使圣城耶路撒冷的陷落
也没有激起更高层次的目标；它的陷落引起了巨大的悲痛，但却没有
人认真考虑过如何为伊斯兰教收复该城。

　　努尔·丁很快就把对法兰克人进行圣战（jihad）的意义和目标
提高到一个新水平。他的宣传——比之前所有的宣传都更加系统、更
具渗透力——从四个方面阐述：（1）圣战是每一个穆斯林统治者的
基本义务；（2）强有力的圣战需要穆斯林的团结，其领导者应该是
统治者当中最能维护伊斯兰事业的人；（3）圣战是一场重塑道德的
事业，不仅仅是与外来侵略者的斗争，还要与伊斯兰教内部的异端和
堕落斗争；（4）最后，圣战的目标应该是收复所有被十字军侵占的
穆斯林土地，净化那些被污染的土地，而且这场战斗的最高象征将是
收复耶路撒冷。这是一份天才的宣传纲领。其中全是穆斯林早已熟知
的内容，包含塞尔柱早期曾明确阐述的关键主题，但是它将这些糅合
到一起后能引起人们的极大兴趣，其描述的至善要求是不可拒绝的。
因此，从他统治开始，努尔·丁就垄断了作为伊斯兰教象征和价值代
言人的角色，因而也就控制了叙利亚和美索不达米亚意识形态的话
语权。[18]

　　努尔·丁的事业是以对十字军的几场辉煌胜利为开端。在因阿布
（1149年），他击溃了安条克的军队；在被屠杀的人当中还包括安条
克大公普瓦蒂埃的雷蒙。努尔·丁的胜利使安条克在此后数年间一直
陷入政治危机的泥潭，难以自拔，但是他本人却只能从其混乱中得到
有限的利益。1164年，他在阿塔赢得了第二场对安条克与亚美尼亚
联军的大胜。这场战斗不仅终结了来自安条克的所有可能的军事威
胁，而且拉丁人在该城东部的几乎所有据点都丢掉了。然而，即使到
这时，努尔·丁觉得仍然无法对安条克进行围城，在后来的100年
中，这座城市仍然控制在基督徒手中。可能在他看来，肃清埃德萨周

740

---

⑱　Sivan（1968），pp. 59 – 92.

边的拉丁人终究要更加重要些，从 1146 年开始，埃德萨城里的起义被血腥镇压，到 1151 年结束，原先埃德萨占领者所控制的每个城镇和每个城堡都被攻占［与科尼亚（Konya）的塞尔柱国王联合行动］。简而言之，如果说努尔·丁将叙利亚北部重新纳入穆斯林统治之下的成功并不完美，那么至少也是令人非常震撼的；到他统治末年，只剩下耶路撒冷王国独自进行着十字军的扩张事业了。

然而，尽管耶路撒冷王国已被孤立，努尔·丁却几乎没有采取什么措施进攻它。1157 年，他在巴尼亚斯（Banyas）附近消灭了鲍德温三世率领的一支军队，并且差一点就抓住了国王本人。然而，尽管取得了重大胜利，但这次胜利并没有从根本上严重威胁到王国。此后，由于整个叙利亚发生了一场强烈地震（1157 年）、两场严重瘟疫（1157 年和 1158 年），以及在克拉克－代－舍瓦里耶城堡的一次羞辱的败仗（1162 年），努尔·丁也不得不面临一段政治和军事的衰落期。他还在王国北部边界与拜占庭人和塞尔柱国王们发生了延续数年的冲突，虽然规模都比较小。从 12 世纪 60 年代开始，基督徒有充分的理由认为，他们至少在与强大的对手的僵局中取得了胜利。

具有讽刺意味的是，努尔·丁在他即位后最初五年取得的真正意义上的决定性胜利，对手竟然是穆斯林，而且无论从政治上还是军事上讲，都意义非凡。然而，正是这些对穆斯林的胜利，却给予巴勒斯坦的法兰克人以致命的打击，为 12 世纪 80 年代末萨拉丁的进攻提供了契机。第一个胜仗就是 1154 年吞并大马士革，这场胜利是通过协议取得的，尽管城墙之外驻扎着的大军为他提出的条款加重了说服力。这一直是他父亲赞吉有生之年的愿望，但是努尔·丁的准备工作更加谨慎。统治之初，他注意到波利家族（当时的代表是年轻的穆吉尔·丁·乌瓦齐）仍然要求贵族和人民的绝对效忠。于是他静待时机，先是派出许多间谍安插在城中，又大肆贿赂城中他想要争取的重要人物。当乌瓦齐最终暴露出其弱点和蠢笨时，努尔·丁才发起致命一击。到这时，绝大多数大马士革人已经深信努尔·丁能够将他们从十字军的威胁中拯救出来，于是 1154 年 5 月，大马士革打开城门迎接他。

对大马士革的占领实现了 60 年前图图什去世后叙利亚的首次统

一，而且这种统一方式确保了努尔·丁能够充分利用当地的军事和财政资源，而不用担心起义或颠覆运动。事实上，努尔·丁确保大马士革能从新秩序中获利；这里成为他的第二首都，并且和阿勒颇一样，得到了很多恩惠，其中建造了一些最具特色的宗教性纪念碑式建筑。[19] 在他的政府里，地方贵族和义勇军失去了之前塞尔柱和波利大公们治理下拥有的绝大多数权力；没有他们，努尔·丁的军队也能够非常有效地维持城池、维护法律秩序。另外，宗教人士（其中有些是新任的，但大多数仍属于历史悠久的地方贵族）已经与这位虔诚的统治者有过接触，他们的影响力能够渗透到许多公共政策的领域，即狭义上宗教所限定的那些区域之外的领域——税收、与法兰克人的关系、司法等。和阿勒颇一样，努尔·丁的统治标志着这座城市的重要性在政治、文化和经济方面开始得到突出显现，并且长期增长。

从许多方面来说，努尔·丁的第二场胜利都是一次偶然事件，它的发生不是基于长期的战略谋划，而完全是由多种因素共同作用的结果。即便如此，1168 年占领埃及以及 1171 年开罗的"异端"法蒂玛哈里发的终结，都确是其最伟大的军事功绩。[20] 这是极其出人意料的成功，可以肯定的是：努尔·丁从没有插手埃及事务，在他有生之年也很少从中得到丝毫军事或金钱利益，而他的军队在那里取得的胜利还直接导致了他自己的王朝后来的覆灭。然而，努尔·丁对埃及的征服，不仅将耶路撒冷王国陷于难以立足的地理位置上，而且他能够支配的金钱和军事力量很可能不止多了两倍。现在，他控制的或者应该说他能够行使独一无二的霸权的区域，是从摩苏尔到开罗的庞大王国。在理论上，已经是时候进行收复耶路撒冷，以及肃清法兰克人的战略行动了。另外，制订和执行这一战略计划又非常困难，在努尔·丁剩余的几年时间里，他在这方面没有取得什么战果。

埃及带给努尔·丁的根本问题在于，他没有直接控制这个地区，他缺乏有效手段将其意志推行下去，即便这些人就是他的手下。早在这个世纪中期，由于法蒂玛政权的不断分裂，埃及就已经落入他控制之下，当 1161 年萨利赫·塔拉伊布·卢兹克（al-Salih Tala'i' b. Ruzzik）

⑲ Elisséeff (1967), iii, pp. 919–930; Al-Tabba (1982), i, pp. 86–138; Ibn 'Asakir, *Ta' rikh madinat Dimashq*, trans. Elisséeff.

⑳ Elisséeff (1967), ii, pp. 593–690; Ehrenkreutz (1972), chs. 3–6; Lyons and Jackson (1982), pp. 6–69.

被暗杀之后，这一进程就开始加速。在萨利赫去世后争权夺利的混战
中，所有参与者都在四处寻觅能够找到的结盟对象。其中有些人必然
会寻求活跃的耶路撒冷新任国王阿马尔里克（1163—1174 年在位）
的帮助，后者也把这场混乱看作将埃及并入其四面被围王国的机会。
同样不可避免的还有，另一个竞争者（时运不济的沙瓦尔）也争取
到努尔·丁的支持以实现自己的野心。在埃及的政敌即阿马尔里克和
努尔·丁之间，三种方式的斗争毫无结果地持续了五年。

　　然而，到 1168 年秋，危机出现了。法蒂玛国家没有任何能力自
我防御，而此时阿马尔里克的军队已经驻扎在开罗城外，即将占领该
城。于是，努尔·丁第三次派遣远征军前往埃及。与他此前的两次介
入（1164 年和 1167 年）一样，他把这支军队交给年纪最大、他最信
任的埃米尔——库尔德人希尔库赫，这位埃米尔曾在努尔·丁统治之
初帮助他夺得阿勒颇的控制权。与前两次战役一样，希尔库赫还是带
着他最喜欢的侄子萨拉哈·丁·优素福·阿尤布（Salah al-Din Yusuf
b. Ayyub，也就是萨拉丁），这个年轻人一直作为他的军事随从，跟
随他多年。这一次他们取得了决定性的胜利，拉丁人被迫撤军，法蒂
玛王朝的维齐尔沙瓦尔被捕后立即被处死，因为过去这些年，他没完
没了地策划阴谋造成了持续的混乱。倒霉的法蒂玛哈里发阿迪德被迫
任命希尔库赫作为其新任维齐尔（1169 年 1 月）。通过这项任命，埃
及成为努尔·丁帝国的一部分，就像是一个属国，法蒂玛哈里发仍然
拥有最高统治权，但所有政治和军事的实际权力都由努尔·丁的埃米
尔们决定。然而，两个月后，希尔库赫突然去世。令叙利亚远征军中
许多人感到惊愕的是，希尔库赫的核心层立刻操纵萨拉丁继承了他叔
叔的位置。此时，萨拉丁 32 岁，战斗经验丰富，但是却几乎没有高
级指挥或管理的经验。此外，由于他是库尔德人，其他有权势的突厥
埃米尔都用怀疑和蔑视的眼光看待他。总之，他继承的是一个政治、
财政都很混乱的国家，还有来自基督徒的严峻威胁。

　　我们无法对萨拉丁的职业生涯进行详细描述，但简短的概述能帮
助读者了解一些关键环节。他最初五年（1169—1174 年在位）是作
为努尔·丁在埃及的名义总督。一些中世纪和现代历史学家认为，他
就是在这段时期的行为使他招致了无所顾忌的机会主义者的名声。努
尔·丁当然也注意到这个新总督（他本人没有参与选择）和他极不

愿合作。而努尔·丁渴望利用埃及作为对耶路撒冷王国进行大规模协同作战的基地，但是萨拉丁一直拖延提供金钱或派遣军队，至少在其中一场战役中公开消极怠工。

然而，萨拉丁在埃及确实面临许多威胁，在这些问题解决之前，他有非常充分的理由关心他自己的地位问题。他利用 1171 年法蒂玛哈里发阿迪德去世（当时 23 岁）的机会，结束了法蒂玛王朝的统治。努尔·丁和萨拉丁都是坚定的逊尼派信徒，在他们看来，法蒂玛所赞成的伊斯马伊派对伊斯兰教的解释是罪大恶极的异端。因此，这一行动满足了努尔·丁政纲的关键要求，对异端的圣战也要像对十字军的圣战一样积极有力。尽管对法蒂玛王朝的镇压进行得很顺利，然而，亲法蒂玛派策划的阴谋以及有关阴谋的谣言仍然持续了数年。此外，萨拉丁还需要重建埃及的财政制度，以便他能够将庞大但缺乏战斗力的法蒂玛军队改编成一支模仿赞吉模式的骑兵部队，人数不多，但需耗费巨资。萨拉丁在埃及进行改革造成的长期经济压力引起广泛争议，不可否认的是，他想了许多方法来解决这一问题，而且在其支持下，奠定了建立埃及军事组织的基础，并一直持续到 1517 年马穆鲁克素丹国的终结。[21]

无论萨拉丁有怎样的理由，他与努尔·丁之间的决裂几乎是必然的；不过因 1174 年 5 月后者在大马士革去世而最终没有发生。努尔·丁只有一位继承人萨利赫·伊斯梅尔（al-Salih Isma'il），这一次本来不会因继承问题发生危机。但危机还是出现了：萨利赫只有 11 岁，努尔·丁的重臣们为争夺其监护权而争斗不断。萨利赫被一拨人诱拐到阿勒颇，而另一拨人就邀请萨拉丁来占领大马士革。萨拉丁没有让机会悄然溜走，1175 年春，他成为整个叙利亚除阿勒颇之外所有穆斯林的君主。萨拉丁借用努尔·丁的圣战、穆斯林统一和肃清拉丁人的思想宣传，很快就建立了一个专门的宣传机构，其宣传力度比其老师更加强大。通过这些措施，他把自己描绘成努尔·丁政治遗产的唯一真正继承人。此时，他遭到摩苏尔的另一位赞吉家族的统治者赛义夫·丁·哈兹二世·马乌杜德的挑战，后者也宣称自己为努尔·

㉑ 厄伦克雷茨［Ehrenkreutz (1972)，pp. 172, 187 – 188, 234 – 235］的观点非常关键，里昂斯（Lyons）与杰克逊［Jackson (1982)，pp. 49 – 66 and *passim*］的观点有些傲慢。相关资料收录在以下著作中：Gibb (1962), pp. 74 – 88；Cahen, (1977)；Rabie (1972)；Sato (1997), ch. 3.

丁的真正继承人，而其本人很明显是赞吉家族遗产的监护人之一。但是，努尔·丁的老埃米尔们嫉妒他们拥有这项特权，怀疑赛义夫·丁想要干涉叙利亚事务。此外，赛义夫·丁的军队于 1175 年 4 月在哈马的豪恩斯（Horns of Hama）被击溃，导致在他余下的统治时期里，没有办法来挑战萨拉丁对叙利亚的控制。事实上，赞吉大公们无法联合起来对萨拉丁及其继承人形成有效的抵抗，这也成为此后 50 年间叙利亚北部和美索不达米亚历史的关键因素。[22]

744　　然而，1175 年后的许多年中，萨拉丁前进的脚步却迟迟没有进展。尽管他不断地向阿勒颇施加压力，但萨利赫·伊斯梅尔得到当地贵族坚定的支持，萨拉丁无法像努尔·丁在 1154 年和平占领大马士革那样得到阿勒颇。而且，他与法兰克人的斗争——萨拉丁帝国存在的理由——也只取得了一些战术上的成果。他将早期获得的领土在一定程度上进行了整合，完成了对埃及军队的改革，建立了一支战斗力强大的海军，这支军队使埃及在此后十多年时间里，能与意大利舰队比肩，参与争夺东南地中海的控制权。[23] 还有一条比较重要的是，他重新获得了努尔·丁在叙利亚的埃米尔和高级官员的支持，在整个统治生涯中，他在获得这些人的忠诚方面表现出的个人能力丝毫不逊于他的老师。

1181 年到 1186 年，萨拉丁终于成为叙利亚北部和美索不达米亚地区的最高君主。1181 年，萨利赫·伊斯梅尔去世，使得阿勒颇那些效忠赞吉家族的人失去了关键的象征人物，于是，萨拉丁于 1183 年占领该城。然而，阿勒颇并不是这一追逐赛的终点，对于萨拉丁来说，摩苏尔的重要性丝毫也不逊色。摩苏尔是赞吉权力的传统根据地，它对萨拉丁在叙利亚的地位造成潜在的威胁；此外，除了步兵外，他们还拥有非常有战斗力的骑兵队。伊兹·丁·马苏德是一位非常坚韧的对手（和阿勒颇的萨利赫·伊斯梅尔一样），他得到其士兵和臣民的坚决支持。萨拉丁对摩苏尔的两次围城（1182 年和 1185 年）均告失败，于是不得不与伊兹·丁达成和约，以便派兵投入对

---

[22] 萨拉丁在努尔·丁之后的生涯都集中在以下著作中：Gibb（1973），Ehrenkreutz（1972），Lyons and Jackson（1982）。他们对其目标与成就的解读存在巨大差异。关于萨拉丁的意识形态计划，见 Sivan（1968），ch. 4。

[23] Ehrenkreutz（1955）；Pryor（1988），pp. 112–134。

异教徒的战斗。尽管摩苏尔几乎已经缩小成为附庸国，但依然是赞吉家族控制的城市，这一方面要归功于伊兹·丁·马苏德的坚决抵抗，另一方面在于 1185 年秋萨拉丁身患重病，不得不暂停战事。然而，经过 12 年不懈的斗争，萨拉丁终于实现了重建努尔·丁帝国的夙愿。现在他要面对的是如何利用这些辛苦得来的资源。

萨拉丁的目标和政治才能都与努尔·丁非常相似，然而，他仍然建立了自己的新帝国，开创了一个新世系。赞吉和努尔·丁也都在生前建立了统一的国家，当赞吉去世后，按照塞尔柱的政治传统，而非按照其计划，帝国被分裂成两个自治公国。与此相反，萨拉丁在生前，确切地说是在权力达到顶峰之际，就开始认真考虑将疆土分给他的亲属。[24] 阿尤布的家族联邦制不是偶然决定的，它是精心设计的结果。可以肯定，萨拉丁曾研究过塞尔柱帝国和赞吉帝国痛苦的分裂，因此希望他的领地避免出现类似的命运。其安排的复杂程度反映出他打算满足他那非常庞大的家族之"合法的"期待，同时他也希望能够设计出一套平衡的政治结构，在这一结构下联邦的最高大公能够领导而非统治别的大公。

745

萨拉丁将他的众多亲属任命为各地的指挥官和总督，从而保证了自己在埃及和叙利亚部分地区的最高权威。这些人都野心勃勃，但萨拉丁有能力控制住他们，一方面给他们丰厚的回报，另一方面使他们信服自己参与的是一项必胜的事业。萨拉丁的两位兄长图兰沙阿和图格蒂京觉得很难听命于他，于是他立刻将他们送去也门，到那个完全独立的地区创业。阿尤布人在那里的统治将会持续到 1229 年，而当地全面控制着一条至关重要的经济路线，即通往印度和东非的红海海峡商道。在 12 世纪 70 年代晚期，他将叙利亚中部的胡姆斯、巴尔巴克和哈马作为伊克塔（*iqta‘*）授予他的一个侄子和两个外甥。当最初的受封者去世后，他就将他们的伊克塔（*iqta‘*）转给他们的儿子们，由此一来就确认了这些伊克塔（*iqta‘*）为世袭领地。然而，只是在 1183 年占领阿勒颇之后，萨拉丁才开始着手处理帝国内的各大封地。在他结束最后一场对摩苏尔的战争后，这些领地就按照 1186 年约定的构架进行分配。尽管 1187 年的条款偏向萨拉丁自己的儿子，但实

---

[24] Humphreys（1977b），pp. 52–66.

际上却都是在成年人中间分配：大马士革给了他的长子阿法达尔·阿里（al-Afdal ʿAli），埃及分给阿齐兹·奥斯曼（al-ʿAziz ʿUthman），阿勒颇留给了扎希尔·加兹（Al-Zahir Ghazis）。㉕ 他自己没有留下任何封地——这源于强大的自信，相信儿子们对他的忠诚。几年后，他将泛约旦河流域和东部的关键边界地区㉖封给他的幼弟阿迪尔·赛义夫·丁（al-ʿAdil Sayf al-Din），后者经验非常丰富，多年以来一直是不可或缺的顾问和管理者。尽管萨拉丁死后阿尤布王朝的历史出现过波折，但他所设定的这种准世袭制封地还是保证了其帝国相当高的稳定性，事实上，这一体制也构成了奥斯曼人征服之前叙利亚行省管理框架的基础。

746 直到 1186 年底，萨拉丁只对耶路撒冷王国发动了几场零星战役；王国的边界仍然稳定，其军队和主要据点仍然完好无损。此外，根据 1185 年签署的一项停战协定，萨拉丁不得采取任何形式的新举措。不过，在 1187 年，这一协定就被卡拉克（Kerak）领主沙蒂永的雷金纳德违反了，他袭击了途经其城堡的一支埃及商队。如此一来，萨拉丁就有了开战的借口，而且也没有任何理由放弃这次行动。1187 年春，他召集军队，人数是其曾率领过的人数最多的一次，大约有12000 名正规骑兵，还有人数不详的后备军和志愿军。（这 12000 名骑兵大约只相当于他能支配的正规军的一半，包括由摩苏尔和其他美索不达米亚附庸国提供的盟军。）㉗ 在这之前，他所领导的对法兰克人的圣战颇受诟病。但在接下来的两年时间里，他通过一系列精彩的战役挽回了过去的名声。1187 年 7 月，耶路撒冷王国军队在哈丁的

㉕　阿尤布人的命名体系需要做个简短说明。一位阿尤布王子的名字包括三部分。第一部分是帝号，包括 al-malik（king）及其修饰语；因此萨拉丁的帝号是"马利克·纳西尔"（al-Malik al-Nasir），意为"胜利的王"。在当代学术界，通常会略去马利克（"al-Malik"），只引用修饰语，因此常见为阿迪尔（al-Adil）、扎希尔（al-Zahir）等。第二部分在现代使用时也常常略去，是描述其为信仰的服务或立场的尊号，例如阿迪尔（al-Adil）的尊号是"赛义夫·丁"（Sayf al-Din），表示"真理之剑"（Sword of the True Faith），萨拉丁的尊号是"萨拉·丁"（Salah al-Din），表示"完善真理"（Integrity of the True Faith）。最后一部分是本人的名字，经常来自《古兰经》的先知之名，例如：优素福［Yusuf（Joseph）］、穆罕默德（Muhammad）、伊萨［Isa（Jesus）］等。

㉖　阿拉伯的史料将阿尤布王朝在幼发拉底河以东的领地称为"比拉德·沙尔齐亚"（al-Bilad al-Sharqiyya），表示"东部领地"（the Eastern Territories），或简称"东部"（the East）。阿尤布王朝统治的区域经常变动，但它们会在下述地区变来变去：迪亚穆达尔［Diyar Mudar，主要城市有哈兰（Harran）和埃德萨（Edessa）］、迪亚巴哈尔（Diyar Bakr）和迪亚拉比亚（Diyar Rabia，其首府为摩苏尔）。

㉗　关于萨拉丁以及晚期阿尤布王朝的军队，见 Gibb（1962）；Elisséeff（1967），iii, pp. 720–750；Humphreys（1977b），pp. 67–99；Ayalon（1977）and（1981）。

豪恩斯被歼灭，耶路撒冷也于同年10月陷落。到1188年秋，内陆地区的所有拉丁堡垒都已经被攻陷，沿海的所有大城市除了提尔、的黎波里和安条克外也都被占领。只要再进行一场战斗，其任务就肯定能够完成。几乎可以想象得到，努尔·丁的古老计划就要彻底实现了。

就像经常会出现意外情况那样，对胜利的期待最终得到的却是失望的结果。最后一个拉丁城堡进行了殊死的抵抗，此时颇具军事天才的英格兰国王理查德一世率领一支新十字军到来，加入拉丁人的战斗，重新夺回阿什卡隆和提尔之间的巴勒斯坦沿岸地区，甚至几乎重新占领耶路撒冷。理查德抵达后，萨拉丁再也没能赢得一场战役。然而，他率领着他那精疲力竭、十分沮丧的部队在战场上坚持了三年——连一场胜利都没有取得——最终签订了停战协定（1192年9月），按照这份协定，他保住了之前获得的绝大多数地方。此时，萨拉丁苍老而疲惫，六个月后便被病魔袭倒，再也没能恢复过来。但当他躺在大马士革的病床上回望自己的一生时，可以聊以自慰，因为他确实是埃及和叙利亚在12世纪唯一能够获得几乎所有既定目标的君主。

1193年3月4日，萨拉丁将其庞大帝国转交到他的继承人手上。帝国联盟的首领是大马士革大公，也就是他的长子阿法达尔·阿里，当时正好24岁。尽管萨拉丁之前做出了精心安排，阿法达尔的地位仍然不稳。首先，他缺乏获得阿尤布家族尊敬的能力，因为他只是两位重要大公（埃及的阿齐兹·奥斯曼和阿勒颇的扎希尔·加兹）的哥哥，还是另外一位大公（泛约旦河流域和东方省的阿迪尔·阿布·巴克尔）的侄子。其次，他也没有参与过父亲创建帝国的工作，所有其他大公对他毫无感激之情。同样地，萨拉丁的埃米尔也没有把他当成主人，而只是当成满足各自野心的工具。再次，大马士革位于联盟的中心，但又没有足够的财政和军事力量去主导其他封国。特别是埃及比它要富庶很多，所供养的常备军队也是大马士革的三四倍。㉓ 事实上，1198

㉓　在13世纪20年代，由卡米尔·穆罕默德（al-Kamil Muhammad）统领的埃及常备军，伊本·瓦希尔（Ibn Wasil）记录称有1.2万人，穆阿扎姆·伊萨（al-Muazzam Isa）统率的大马士革常备军有3000人（或4000人，来自另一份不太可靠的文献）。每一个阿尤布下属领地均有自己的武装，他们独立招募、训练以及提供资金。当其最高统治者强大有力时，比如萨拉丁以及阿迪尔（al-'Adil），这些各自独立的军队则能实现联合。显然，这并不能总是如此。阿尤布王朝下联合起来的所有正规军——几乎全是重骑兵——数量有2.2万到2.4万人。

年到 1250 年，埃及统治者一直是联盟的首领，原因就在于此。最后，萨拉丁的弟弟阿迪尔比其他大公更有经验，也更有威望。在建立帝国和与法兰克人的战争中发挥过关键作用，因此很难让他听命于自己的侄子们。

在此背景下，萨拉丁的政治安排必然会很快崩溃。[29] 阿尤布家族的联盟由此陷入长达八年的政治纷争和内战中。1201 年尘埃落定时，只有阿勒颇的扎希尔·加兹保住了自己继承的遗产；帝国的其他部分则落入阿迪尔控制之下。他仿照萨拉丁的做法，将主要的封地授予他自己的三个儿子：埃及给了长子卡米尔·穆罕默德（al-Kamil Muhammad）；大马士革给了穆阿扎姆·伊萨（al-Mu'azzam 'Isa）；东方主要留给了阿什拉夫·穆萨（al-Ashraf Musa）。和他哥哥一样，他也没有给自己留封地，但是他的权威却无人能够挑战。哈马和胡姆斯在联邦内不会威胁权力平衡，所以依然留在萨拉丁安排的大公们手中。阿尤布家族联邦制仅仅保留了 1186 年萨拉丁制定的框架，[30] 尽管此时是由一支新族系主导。然而，实践证明，这次新的分配结果比萨拉丁的安排更加持久，因为阿迪尔的后代们在萨利赫·阿尤布（al-Salih Ayyub，1240—1249 年在位）去世前，都一直是联邦内最高明的表演者。

阿迪尔在重建阿尤布秩序的过程中，给阿勒颇留出一个特别的位置，这也是萨拉丁的儿子所控制的最后一块重要封地。为了保证自己的最高权力，他要求扎希尔·加兹（1186—1216 年在位）娶他的女儿戴法·哈吞（Dayfa Khatun），他们婚后生下的孩子阿齐兹·穆罕默德（al-'Aziz Muhammad）在 1216 年继承了扎希尔的封地。不过，在其他方面，阿迪尔对阿勒颇的内部事务干涉较少。这样一来，扎希尔就能建立起一个相当稳定的中央集权国家，这个国家有两次是由婴儿即位（1216 年和 1236 年），但都没有引起重大的政治危机。事实上，在 1218 年阿迪尔去世后，阿勒颇开始谋划成为独立的地方政权，

748

---

[29] 萨拉丁之后的阿尤布王朝，见 Gibb（1969d）Cahen（1960b）。关于阿迪尔（al-'Adil）的崛起以及领地，见 Humphreys（1977a），chs. 3 – 4。

[30] 哈马由萨拉丁的侄子"众王之王"之子塔齐·丁·欧麦尔（Taqi al-Din' Umar b. Shahanshah）的后裔控制，他曾是萨拉丁治下最有能力且最麻烦的指挥官；霍姆斯则由他的叔叔希尔库赫（Shirkuh）的后裔控制，他的支持曾是萨拉丁问鼎埃及的关键因素。这些封地都享有世袭继承权，一直延续到阿尤布人在叙利亚统治的终结，霍姆斯到 1263 年，哈马到 1328 年。

此时它需要应对的是权力达到巅峰的卢姆的塞尔柱人，后者通常能够躲避阿尤布诸公国彼此之间的阴谋陷害斗争。只有当卡米尔·穆罕默德（1218—1238年在位）去世后阿勒颇爆发严重的争夺继承权斗争时，这座城市才再次被卷入公国间的激烈较量中。尽管若要论述阿勒颇当时的情况就会超出本章的时代限定范围，但我们还是不能跳过戴法·哈吞王后巧妙的外交手段不谈，她在1242年去世前，作为其孙子纳西尔（al-Nasir）优素福的代理人，这位老妇人一直为官方所认定且广受尊崇。因为有她，就好像阿勒颇的事务中一直有阿迪尔的影子。

总的说来，阿迪尔的统治是守成而非积极扩张的。这可能部分源于个人性格，因为从其整个职业生涯看，阿迪尔更多的是一名管理者和外交家，而非斗士。当他于1201年稳固了权力时，已近60岁，此前几乎有20多年的时间都在打仗。这也就能很好地理解他为什么身心疲惫且行事谨慎。他首先关注的是重建国库，他哥哥创建帝国的努力、1187—1192年与法兰克人的持续大规模战争，以及1193年后的八年内乱，将国库中的资金几乎耗尽。阿迪尔重整国库的政策需要具有主动性的税收措施，因此他在臣民中很不受欢迎。然而，他最终取得成功，当他的继承人在应对来自第五次十字军东征（1217—1221年）造成的严重危机时，有充分的理由感谢他。他还需要重塑埃及和大马士革的阿尤布军队，这些军队在内战中严重分裂、派系丛生。他做这些事情时，非常谨慎，经常为解决一个极小的问题而用去很多时间。从1201年到他统治结束，他在进行改革调整时没有发生严重的军事动荡，可见其技巧极为高明。最后，他还加固了境内的主要防御工事；在许多令人印象深刻的建筑中，宏伟的大马士革城墙具体表现出他在这方面想取得的目标和成就。

事实上，阿迪尔并不缺少建立帝国的野心，但他将目标聚焦于美索不达米亚和安纳托利亚东南地区；要么他直接采取行动，要么由他儿子阿什拉夫·穆萨代办，他将摩苏尔和辛贾尔以外的绝大多数赞吉领土都纳入自己的王国中，此外还包括凡湖周边地区。目前我们只部分了解他向这个方面扩张的目标。当然，阿尤布人从萨拉丁时代开始，就瞄向了美索不达米亚和摩苏尔，无论如何，他们取得了先机，赶在赞吉向美索不达米亚和叙利亚北部地区进行报复之前采取了行

749 动。然而，凡湖流域荒凉而贫穷，很难判定当阿迪尔向这里派军时是出于怎样的考虑。他可能只是努力将库尔德人的发源地一起纳入阿尤布的统治之下，但这也仅仅是猜想而已。

　　反过来，阿迪尔在应对巴勒斯坦的拉丁人时采取了非常谨慎的政策。[31] 他非但没有试图完成他哥哥开始的这项工作，反而只是在基督徒主动挑衅迫使他不得不应对时才会应战。他还非常愿意用出让小块土地以换取立即停战。对的黎波里和安条克，他确实采取了非常积极的政策，但只是为了限制他们，而非消灭他们。这里我们再次推断他的动机。有一点可以肯定的是，他害怕再度激起像 1189—1192 年一样的新十字军东征运动，因为那次东征几乎就是一场灾难。此外，若要实行积极的反法兰克政策，就会破坏他加强管理和节约开支的计划。最后，阿克和提尔港口在 13 世纪初期的商业活动非常繁荣。大马士革从这些商贸活动中收益颇丰，就像阿勒颇从圣西蒙尼和安条克的贸易中获利一样。战争在带来一些不确定的利益之余，只能破坏这一有效的赋税来源。

　　除去对拉丁人的圣战，阿迪尔与其他阿尤布大公们还严格遵守他们从努尔·丁和萨拉丁那里继承下来的意识形态。特别是，他们作为伊斯兰教逊尼派信仰的积极保护者，在阿尤布统治的数十年间建造了大量清真寺、学校、苏菲派修道院以及其他宗教建筑。这不仅是金钱和实体建筑的问题，在阿尤布统治时期，宗教和历史方面的学问无论是数量还是质量都有非常显著的提升。大马士革可能是 13 世纪世界上最重要的逊尼派学习的中心，而开罗和阿勒颇与之相比也不太逊色。[32]

　　在阿迪尔统治的最后一年，他一生为之奋斗的一切差一点都成为泡影。1217 年，一支新的十字军到达阿克，起初，人们都以为巴勒斯坦的穆斯林又要面临新一波的十字军浪潮，在整个秋季和初冬，为了抵抗十字军经由加利利发起的猛攻，穆斯林进行了艰苦的斗争，但到 1218 年春，十字军转向埃及，包围了重要的海港达米埃塔。那里的战争持续了三年多，而且不止一次威胁到阿尤布政权的存亡。

　　[31]　Sivan（1968），ch. 5；Humphreys（1998）.
　　[32]　关于大马士革的宗教与文学状况，见 Pouzet,（1988）；Chamberlain（1994）. 关于大马士革的建筑情况，见 Humphreys（1988）and（1994）；Aleppo：Sourdel（1949 – 51）；Tabbaa（1997），chs. 5 – 8.

1218 年 8 月，当阿迪尔率领大军从大马士革前往三角洲时，于途中去世，这对于上了年纪的他来说，不能不说是一种慈悲；但他的离世却将他的儿子们置于面临双重麻烦的境地，他们不仅要应对严重的军事危机，还要处理棘手的王权继承问题。[33] 萨拉丁去世时，帝国的重要地区都由其年龄大体相仿的三个儿子（埃及的卡米尔·穆罕默德、大马士革的穆阿扎姆·伊萨和东方省的阿什拉夫·穆萨）控制。阿迪尔的继承者是卡米尔·穆罕默德，他作为帝国联盟领袖所依据的基础只是在于，他是家族中的最年长的哥哥，而以此为基础的权威并不稳固。此外，三个兄弟都已经 30 多岁；他们管理自己的封地已有多年，无论是处理战事还是管理封地都有丰富的经验，所以他们不可避免地会有嫉妒心理，认为彼此地位都应该对等。更糟糕的是，卡米尔很快就面临一位心怀不满的库尔德埃米尔发动的军事政变。在此危急关头，卢姆的塞尔柱人也卷入其中，他们于 1218 年春季发兵进攻阿勒颇。让当时的观察家感到惊奇的是，三位兄弟在第五次十字军东征期间的艰难岁月中，一直保持着有效的联盟。反对卡米尔的军事政变很快就被镇压下去，卢姆的塞尔柱人也被阿什拉夫击退，而曾两次拒绝用耶路撒冷为代价、以换取他们从达米埃塔撤军的十字军，则在 1221 年 9 月因全面失败，而不得不放弃埃及。

一旦十字军骑士离开埃及，战争时期兄弟间的和谐关系也不可避免地会宣告破裂。接下来的 17 年中发生的事件非常复杂，很难详细述说其历史过程。这段历史大体上可以分成四个时期：（1）1221 年到 1227 年，此期是大马士革的穆阿扎姆巧妙地保卫自己的公国（以及尽可能地向外扩张），以对抗其兄弟卡米尔和阿什拉夫的扩张野心；（2）1227 年到 1229 年，一方面是弗雷德里克二世率领的十字军上演的一段奇怪的插曲，另一方面是穆阿扎姆的儿子兼继承人纳西尔·达乌德（al-Nasir Da'ud）按照其父的方法、努力地保卫自己的公国，但这些努力注定都失败了，因为卡米尔狡猾地操纵弗雷德里克和阿什拉夫的野心来实现自己的利益；（3）1229 年到 1236 年，这段时期联盟内部又恢复了和平，阿什拉夫（现在成为大马士革的统治者）和卡米尔（地位比较高，因为他控制着埃及和阿什拉夫此前的东方

750

㉝　Al-Kamil（regn. 1218－38）: Gottschalk（1958）; Humphreys（1977b），chs. 5, 6.

省）则形成了双头政治；（4）1236 年到 1238 年，此时帝国联盟再次爆发内战，最终在 1238 年 1 月卡米尔征服大马士革后尘埃落定。

　　有一种很有诱惑力的说法，把卡米尔的统治说成是一场漫长的斗争，不仅是为了在整个阿尤布联邦国家内确立其最高权力，而且还是为了将它变成一个统一的君主国家。自从 1186 年萨拉丁将帝国分成若干部分后，卡米尔在 1229 年之后控制的领土，确实比其他所有阿尤布大公们都多。同样，他直接控制的土地——埃及和东方省——使他能够一下子吞并叙利亚的所有公国（包括大马士革、胡姆斯、哈马和阿勒颇）。除去卡米尔的领地具有战略重要性，它们还为他提供了大约 1.6 万名正规骑兵，这样一支军队几乎是叙利亚军队总数的两倍。然而，总的说来，卡米尔是保守的；在其统治的整个时期里，他恪守帝国的联邦结构。如果他想要对这一结构进行激烈改变的话，那么他会在他采取任何具体行动之前就死掉了。1238 年围城时，他甚至还曾许诺将大马士革分封给他的外甥纳西尔·达乌德，后者于九年前就被剥夺了一切。（我们当然无法确定他是否信守了自己的诺言；卡米尔一直是个善变的人。）1238 年 3 月，卡米尔在大马士革去世，他的私人领地由他的两个儿子分享，阿迪尔二世得到埃及，萨利赫·阿尤布得到东方省。大马士革则留给他的埃米尔们决定归属；最终他们把这座城市给了卡米尔的一个侄子贾瓦德·尤努斯（al-Jawad Yunus），关于后者我们所知甚少。

　　总的来说，当时阿尤布的家族联邦仍然稳固，其遵循的路线与萨拉丁和阿迪尔所设定的方向也没有出现多么严重的偏差。而事实上，一切都已改变。没有人对新的安排感到满意。帝国可能随时都会崩溃，此后十年间发生的相互残杀，比此前阿尤布家族所经历过的任何内战都要残酷，这将会彻底改变萨拉丁创立的政治制度。阿尤布家族联邦制瓦解后，最终形成了马穆鲁克素丹国的中央军事独裁，但是关于这些内容的分析将留在下一章节来说明。

　　从马利克沙去世到卡米尔·穆罕默德统治之间的这一个半世纪，对于伊朗西部和肥沃的新月地带来说，是一个紧张的政治分裂过程。然而，出现政治混乱的时刻只是短暂而偶然的。我们要注意的是，拥有大致同等资源的地方贵族和高级埃米尔们彼此竞争，争夺自治权或最高权威。这种竞争是由易于理解的，抑或清晰的政治规则制约着的。此外，它还是在一个相当稳定的财政和行政过程——伊克塔制度［*iqta*ʿ、马穆鲁克制度以及阿塔贝格制（*atabeg*）等］中进行的。

从塞尔柱人到赞吉人，再到阿尤布人，王朝的继承问题从规则到实践过程中，都没有发生深刻的变化。然而，每个王朝的结构又以鲜明的特点表现出来。1095 年图图什留下来的塞尔柱遗产只是刚刚开始的阶段，以至于他的直接继承人还无力管理这一强大国家，也不能指望任何人能够在从大马士革到摩苏尔之间的广大地区下达长期而有效的命令。赞吉在巴格达的大塞尔柱政治中接受教育，确实要比他的前辈们更有能力、更具决断力。他还很幸运，因为在其统治生涯早期，在摩苏尔和阿勒颇之间没有任何人反对他。由于他活了很久，有充足的时间将其战利品置于稳定的政治框架中去。他在继承人的问题上也很幸运，特别是他的次子努尔·丁·马赫穆德，后者知道如何在一段较长的时间里，将他父亲的遗产变得更加强大。努尔·丁为其继承者们创建了一个稳定的政治结构；在实践中，他还训练了一批埃米尔和管理人员，他们一起参与了阿尤布家族帝国的创立。最终，萨拉丁的职业生涯也是从努尔·丁宫廷的小埃米尔开始，这也帮助他对努尔·丁的政治体制的工作原理有了非同一般的理解。促使他与努尔·丁渐行渐远的原因，除了他的大胆和 1187 年夏让人咋舌的好运之外，还有其刻意的政治谋划，以及他努力建造一套能够代代相传的、复杂的联邦制度。尽管 1193 年到 1201 年发生了延续数年的继承权纷争，他仍然取得了显著的成功。只是在他去世半个世纪后，阿尤布的政治制度才开始衰败。然而，这一次，它被一套新制度所取代，新制度是以新的政治理念为基础，以完全不同的方式进行政治角逐。

752

斯蒂芬·汉弗莱（Stephen Humphreys）

郭云艳 译

陈志强 校

附录 王朝世系一览表

图例说明

bp	主教
c	伯爵
co-k	共治国王
ctess	女伯爵
d	公爵
dtr	女儿
e	皇帝
k	国王
m	侯爵
p	王子
pcess	公主
q	女王、王后
……	私生的

表一 萨利安朝和霍亨斯陶芬朝皇帝及国王

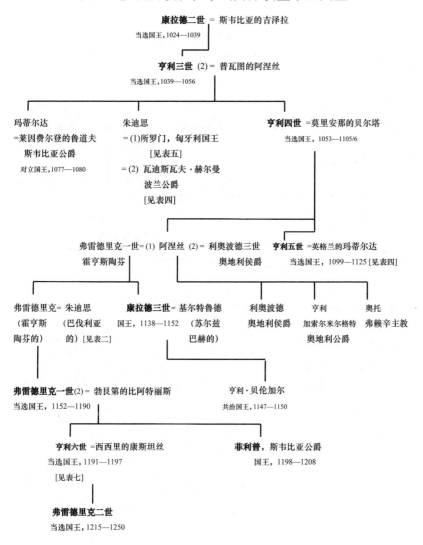

康拉德二世 = 斯韦比亚的吉泽拉
当选国王, 1024—1039

亨利三世 (2) = 普瓦图的阿涅丝
当选国王, 1039—1056

玛蒂尔达
=莱因费尔登的鲁道夫
斯韦比亚公爵
对立国王, 1077—1080

朱迪思
= (1)所罗门, 匈牙利国王
[见表五]
= (2) 瓦迪斯瓦夫·赫尔曼
波兰公爵
[见表四]

亨利四世 =莫里安那的贝尔塔
当选国王, 1053—1105/6

弗雷德里克一世= (1) 阿涅丝 (2) = 利奥波德三世
霍亨斯陶芬 　　　　　　　　 奥地利侯爵

亨利五世 =英格兰的玛蒂尔达
当选国王, 1099—1125 [见表四]

弗雷德里克= 朱迪思
(霍亨斯 　(巴伐利亚
陶芬的) 　的) [见表二]

康拉德三世 =基尔特鲁德
国王, 1138—1152 (苏尔兹
巴赫的)

利奥波德
奥地利侯爵

亨利
加索尔米尔格特
奥地利公爵

奥托
弗赖辛主教

弗雷德里克一世(2) = 勃艮第的比阿特丽斯
当选国王, 1152—1190

亨利·贝伦加尔
共治国王, 1147—1150

亨利六世 =西西里的康斯坦丝
当选国王, 1191—1197
[见表七]

菲利普, 斯韦比亚公爵
国王, 1198—1208

弗雷德里克二世
当选国王, 1215—1250

表二　沃尔夫朝、巴伐利亚公爵和萨克森公爵

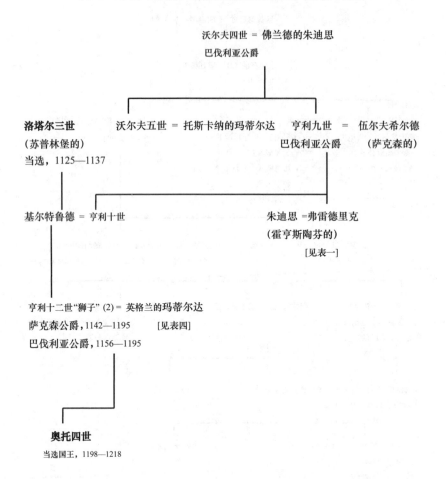

表三　卡佩朝，法国国王

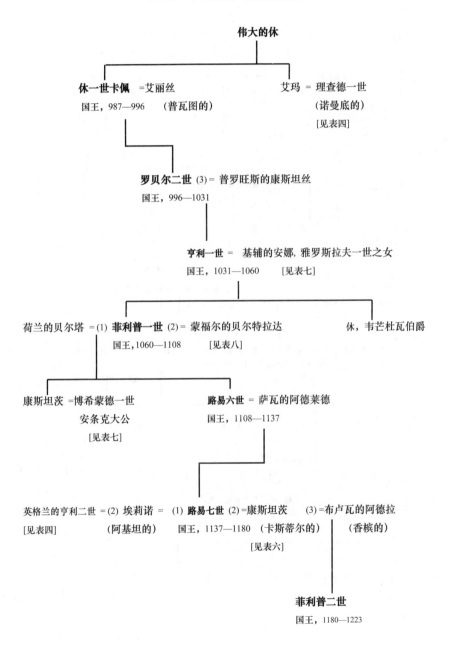

伟大的休

休一世卡佩 =艾丽丝　　　　　　　　　艾玛 = 理查德一世
国王，987—996　　（普瓦图的）　　　　　　（诺曼底的）
　　　　　　　　　　　　　　　　　　　　　　　[见表四]

罗贝尔二世 (3) = 普罗旺斯的康斯坦丝
国王，996—1031

亨利一世 = 基辅的安娜，雅罗斯拉夫一世之女
国王，1031—1060　　[见表七]

荷兰的贝尔塔 =(1) 菲利普一世 (2) = 蒙福尔的贝尔特拉达　　　　休，韦芒杜瓦伯爵
　　　　　　国王，1060—1108　　[见表八]

康斯坦茨 =博希蒙德一世　　路易六世 = 萨瓦的阿德莱德
安条克大公　　　　　　　国王，1108—1137
[见表七]

英格兰的亨利二世 =(2) 埃莉诺 = (1) 路易七世 (2)=康斯坦茨　　(3)=布卢瓦的阿德拉
[见表四]　　　　（阿基坦的）　　国王，1137—1180　（卡斯蒂尔的）　　（香槟的）
　　　　　　　　　　　　　　　　　　　[见表六]

菲利普二世
国王，1180—1223

表四 英格兰国王、诺曼底公爵

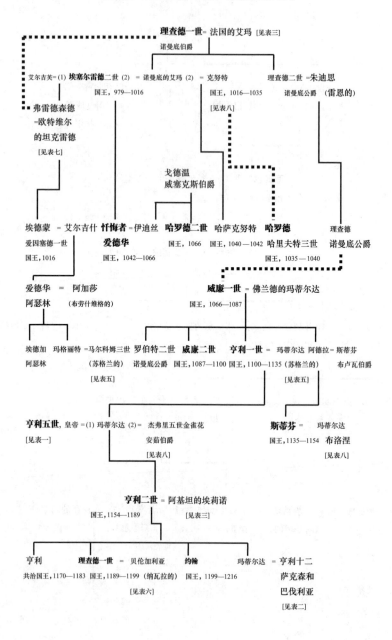

表五　苏格兰国王

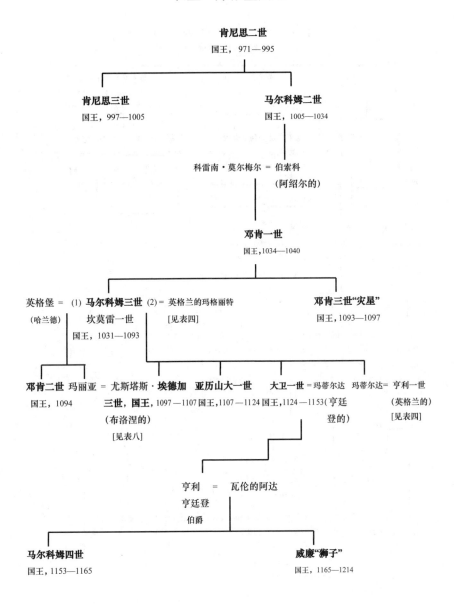

肯尼思二世
国王，971—995

肯尼思三世
国王，997—1005

马尔科姆二世
国王，1005—1034

科雷南·莫尔梅尔 ＝ 伯索科
（阿绍尔的）

邓肯一世
国王，1034—1040

英格堡 ＝ (1) **马尔科姆三世** (2) ＝ 英格兰的玛格丽特　　　　　　**邓肯三世"灾星"**
（哈兰德）　　坎莫雷一世　　　　[见表四]　　　　　　　　国王，1093—1097
　　　　　国王，1031—1093

邓肯二世 玛丽亚 ＝ 尤斯塔斯·**埃德加 亚历山大一世 大卫一世**＝玛蒂尔达 玛蒂尔达＝亨利一世
国王，1094　　**三世**，国王，1097—1107国王，1107—1124国王，1124—1153（亨廷　　（英格兰的）
　　　　　（布洛涅的）　　　　　　　　　　　　　登的）　　　[见表四]
　　　　　[见表八]

亨利 ＝ 瓦伦的阿达
亨廷登
伯爵

马尔科姆四世
国王，1153—1165

威廉"狮子"
国王，1165—1214

表六　伊比利亚半岛的国王

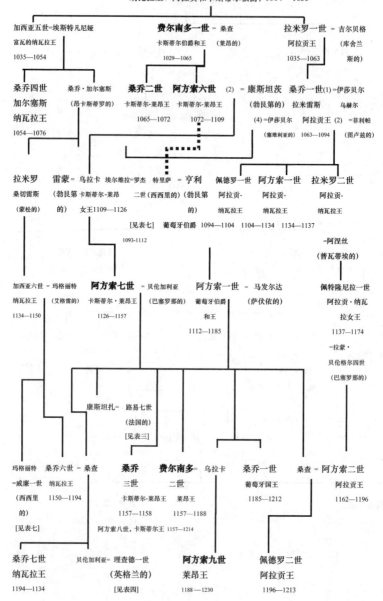

表七　意大利南部、西西里和安条克的奥特维尔家族

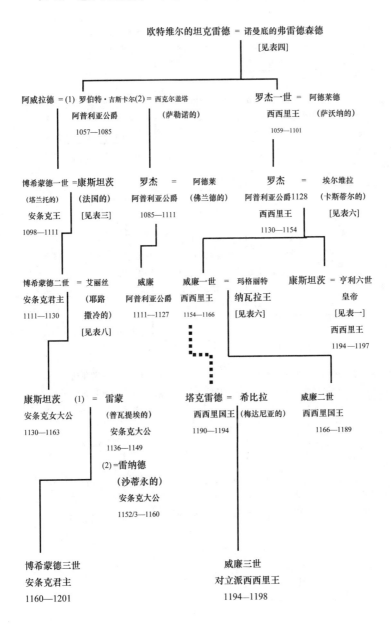

表八　布洛涅的和安茹伯爵，耶路撒冷国王

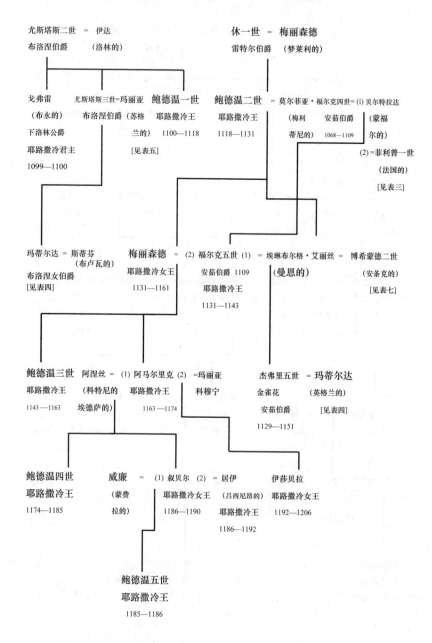

帝王名录

基督教君主

1. 拜占庭皇帝，976—1204

巴西尔二世，Basil Ⅱ，976—1025

君士坦丁八世，Constantine Ⅷ，1025—1028

罗曼诺斯三世·阿吉洛斯，Romanos Ⅲ Argyros，1028—1034

米哈伊尔四世，Michael Ⅳ，1034—1041

米哈伊尔五世，Michael Ⅴ，1041—1042

佐伊和狄奥多拉，Zoe and Theodora，1042

君士坦丁九世·摩诺马赫，Constantine Ⅸ Monomachos，1042—1055

狄奥多拉，Theodora（again），1055—1056

米哈伊尔六世，Michael Ⅵ，1056—1057

伊萨克一世·科穆宁，Isaac Ⅰ Komnenos，1057—1059

君士坦丁十世·杜卡斯，Constantine X Doukas，1059—1067

罗曼诺斯四世·第欧根尼，Romanos Ⅳ Diogenes，1068—1071

米哈伊尔七世·杜卡斯，Michael Ⅶ Doukas，1071—1078

尼基弗鲁斯三世·博塔尼埃蒂兹，Nikephoros Ⅲ Botaneiates，1078—1081

阿列克修斯一世·科穆宁，Alexios Ⅰ Komnenos，1081—1118

约翰二世·科穆宁，John Ⅱ Komnenos，1118—1143

曼努埃尔一世·科穆宁，Manuel Ⅰ Komnenos，1143—1180

阿列克修斯二世·科穆宁，Alexios Ⅱ Komnenos，1180—1183

安德罗尼卡一世·科穆宁，Andronikos Ⅰ Komnenos，1183—1185

伊萨克二世·安杰洛斯，Isaac Ⅱ Angelos，1185—1195

阿列克修斯三世·安杰洛斯，Alexios Ⅲ Angelos，1195—1203

伊萨克二世·安杰洛斯和阿列克修斯四世·安杰洛斯，Isaac Ⅱ Angelos（again）and Alexios Ⅳ Angelos，1203—1204

阿列克修斯五世·穆尔祖夫罗斯，Alexios Ⅴ Murtzouphlos，1204

2. 教宗，1012—1216

本尼狄克八世，Benedict Ⅷ，1012 年 5 月 18 日在位；1024 年 4

月 9 日去世

约翰十九世，John XIX，1024 年 4 月或 5 月在位；1032 年 10 月 20 日去世

本尼狄克九世，Benedict IX，1032 年在位；1044 年 9 月辞职

西尔韦斯特三世，Silvester III，1045 年 1 月 20 日在位；1045 年 3 月 10 日遭废黜

本尼狄克九世，Benedict IX，1045 年 3 月 10 日第二次在位；1046 年 12 月 20 日遭废黜

格列高利六世，Gregory VI，1045 年 5 月 5 日在位；1046 年 12 月 20 日遭废黜

克雷芒二世，Clement II，1046 年 12 月 25 日在位；1047 年 10 月 9 日去世

本尼狄克九世，Benedict IX，1047 年 11 月 8 日第三次复职在位；1048 年 7 月 17 日被驱逐

达马苏二世，Damasus II，1048 年 7 月 17 日在位；1048 年 8 月 9 日去世

利奥九世，Leo IX，1049 年 2 月 12 日在位；1054 年 4 月 19 日去世

维克托二世，Victor II，1055 年 4 月 13 日在位；1057 年 7 月 28 日去世

斯蒂芬十世，Stephen X，1057 年 8 月 3 日在位；1058 年 3 月 29 日去世

本尼狄克十世，Benedict X，对立派教宗，1058 年 4 月 5 日在位；1059 年 1 月 24 日遭废黜

尼古拉二世，Nicholas II，1059 年 1 月 24 日在位；1061 年 7 月 27 日去世

亚历山大二世，Alexander II，1061 年 10 月 1 日在位；1073 年 4 月 21 日去世

洪诺留二世，Honorius II，对立派教宗，1061 年 10 月 28 日在位；1072 年末去世

格列高利七世，Gregory VII，1073 年 6 月 30 日在位；1085 年 5 月 25 日去世

克雷芒三世，Clement Ⅲ，对立派教宗，1084 年 3 月 24 日在位；1100 年 9 月 8 日去世

维克托三世，Victor Ⅲ，1086 年 5 月 24 日在位；1087 年 9 月 16 日去世

乌尔班二世，Urban Ⅱ，1088 年 3 月 12 日在位；1099 年 7 月 29 日去世

帕斯卡尔二世，Paschal Ⅱ，1099 年 8 月 14 日在位；1118 年 1 月 21 日去世

狄奥多勒里克，Theoderic，对立派教宗，1100 年 9 月在位；1101 年 1 月被驱逐

阿尔伯特，Albert，1102 年当选并于同年遭废黜

西尔韦斯特四世，Silvester Ⅳ，1105 年 11 月 18 日在位；1111 年 4 月 12 日遭废黜

格拉修二世，Gelasius Ⅱ，1118 年 3 月 10 日在位；1119 年 1 月 28 日去世

格列高利八世，Gregory Ⅷ，对立派教宗，1118 年 3 月 8 日在位；1121 年 4 月遭废黜

卡立斯特二世，Calixtus Ⅱ，1119 年 2 月 9 日在位；1124 年 12 月 13 日去世

洪诺留二世，Honorius Ⅱ，1124 年 11 月 21 日在位；1130 年 2 月 13 日去世

西莱斯廷二世，Celestine Ⅱ，对立派教宗，1124 年 11 月在位；1125/1126 年去世

英诺森二世，Innocent Ⅱ，1130 年 2 月 23 日在位；1143 年 9 月 24 日去世

阿纳克莱特斯二世，Anacletus Ⅱ，对立派教宗，1130 年 2 月 23 日在位；1138 年 1 月 25 日去世

维克托四世，Victor Ⅳ，1138 年 3 月在位；1138 年 5 月 29 日辞职

西莱斯廷二世，Celestine Ⅱ，1143 年 10 月 3 日在位；1144 年 3 月 8 日去世

卢修斯二世，Lucius Ⅱ，1144 年 3 月 12 日在位；1145 年 2 月 5 日去世

尤金三世，Eugenius Ⅲ，1145 年 2 月 18 日在位；1153 年 7 月 8 日去世

阿纳斯塔修斯四世，Anastasius Ⅳ，1153 年 7 月 12 日在位；1154 年 12 月 3 日去世

阿德里安四世，Adrian Ⅳ，1154 年 12 月 5 日在位；1159 年 9 月 1 日去世

亚历山大三世，Alexander Ⅲ，1159 年 9 月 20 日在位；1181 年 8 月 30 日去世

维克托四世，Victor Ⅳ，对立派教宗，1159 年 10 月 4 日在位；1164 年 4 月 20 日去世

帕斯卡尔三世，Paschal Ⅲ，1164 年 4 月 26 日在位；1168 年 9 月 20 日去世

卡立斯特三世，Calixtus Ⅲ，1168 年 9 月在位；1178 年 8 月 29 日辞职

英诺森三世，Innocent Ⅲ，1179 年 9 月 29 日在位；1180 年 1 月遭废黜

卢修斯三世，Lucius Ⅲ，1181 年 9 月 6 日在位；1185 年 11 月 25 日去世

乌尔班三世，Urban Ⅲ，1185 年 12 月 1 日在位；1187 年 10 月 20 日去世

格列高利八世，Gregory Ⅷ，1187 年 10 月 25 日在位；1187 年 12 月 17 日去世

克莱门特三世，Clement Ⅲ，1187 年 12 月 20 日在位；1191 年 3 月去世

西莱斯廷三世，Celestine Ⅲ，1191 年 4 月 14 日在位；1198 年 1 月 8 日去世

英诺森三世，Innocent Ⅲ，1198 年 2 月 22 日在位；1216 年 7 月 16 日去世

3. 威尼斯总督，991—1205

皮耶罗二世·奥尔塞奥罗，Pietro Ⅱ Orseolo，991—1008

奥托·奥尔塞奥罗，Otto Orseolo，1008—1026

皮耶罗·森特兰尼科（巴尔伯拉诺），Pietro Centranico（Barbola-no），1026—1030

奥托·奥尔塞奥罗，Otto Orseolo，1030—1032

多默尼科·佛拉比亚尼科，Domenico Flabianico，1032—1043

多默尼科·康塔里尼，Domenico Contarini，1043—1070

多默尼科·西尔维奥，Domenico Silvio（Selvo），1070—1084

维塔雷·法雷尔，Vitale Falier，1084—1096

维塔雷一世·米奇尔，Vitale Ⅰ Michiel，1096—1101

奥德拉福·法雷尔，Ordelafo Falier，1101—1118

多默尼科·米奇尔，Domenico Michiel，1118—1129

皮耶罗·波拉尼，Pietro Polani，1129—1148

多默尼科·莫罗西尼，Domenico Morosini，1148—1155

维塔雷二世·米奇尔，Vitale Ⅱ Michiel，1155—1172

塞巴斯蒂亚诺·齐亚尼，Sebastiano Ziani，1172—1178

奥里奥·马斯特洛皮耶罗（马利皮耶罗），Orio Mastropiero（Malipiero），1178—1192

恩里克·丹多洛，Enrico Dandolo，1192—1205

4. 波兰贵族、伯爵、大公和国王，992—1202

波列斯拉夫·查洛里，Boleslaw Chrobry，992—1025

梅什科，Mieszko，1025—1034

卡兹缅兹·奥德诺维奇勒，Kazimierz Odnowiciel，1039—1058

波列斯拉夫，Boleslaw Szczodry，1058—1080，"慷慨的"（the Szczodry）

瓦迪斯瓦夫·赫尔曼，Wladyslaw Herman，1080—1102

波列斯拉夫，Boleslaw Krzywousty，1102—1138，"歪嘴的"（the Krzywousty）

瓦迪斯瓦夫，Wladyslaw，1138—1146

波列斯拉夫·科德切尔扎维，Boleslaw Kedzierzawy，1146—1173 ["卷毛的"（Kedzierzawy）波列斯拉夫]

梅什科，Mieszko，1177—1180，1194—1202

卡兹缅兹，Kazimierz，1180—1194

5. 匈牙利贵族和国王, 997—1204

斯蒂芬一世, Stephen Ⅰ, 997—1038

彼得·奥尔塞奥罗, Peter Orseolo, 1038—1041, 1044—1046

萨缪尔·阿巴, Samuel Aba, 1041—1044

安德鲁, Andrew Ⅰ, 1046—1060

贝拉一世, Bela Ⅰ, 1060—1063

所罗门, Solomon, 1063—1074

盖扎一世, Geza Ⅰ, 1074—1077

拉迪斯拉斯一世, Ladislas Ⅰ, 1077—1095

科洛曼, Coloman, 1095—1116

斯蒂芬二世, Stephen Ⅱ, 1116—1131

贝拉二世, Bela Ⅱ, 1131—1141

盖扎二世, Geza Ⅱ, 1141—1162

斯蒂芬三世, Stephen Ⅲ, 1162—1172

拉迪斯拉斯二世, Ladislas Ⅱ, 1162—1163

斯蒂芬四世, Stephen Ⅳ, 1163

贝拉三世, Bela Ⅲ, 1172—1196

埃默里克, Emeric, 1196—1204

6. 克罗地亚国王, 1000—1097

克莱西米尔三世, Kresimir Ⅲ, 1000—1030

斯蒂耶潘一世, Stjepan Ⅰ, 1030—1058

（彼得）斯蒂耶潘四世, (Peter) Krešimir Ⅳ, 1058—1074

兹万尼米尔·迪米塔尔, Zvonimir Dmitar, 1075—约1089

斯蒂耶潘二世, Stjepan Ⅱ, 约1089—1090/1

彼得, Peter, 1093—1097

7. 基辅贵族和大公, 1024—1205

雅罗斯拉夫一世, Jaroslav Ⅰ, 1024—1054

伊扎斯拉夫一世, Izyaslav Ⅰ, 1054—1073

斯维亚托斯拉夫一世, Svyatoslav Ⅰ, 1073—1076

弗塞沃洛德一世, Vsevolod Ⅰ, 1076—1093

斯维亚托波尔克二世，Svyatopolk Ⅱ，1093—1113

莫诺马赫，Monomakh，1113—1125

姆斯基斯拉夫一世，Mstislav Ⅰ，1125—1132

雅罗斯拉夫二世，Jaropolk Ⅱ，1132—1139

维亚切斯拉夫，Vyacheslav，1139

弗塞沃洛德二世，Vsevolod Ⅱ，1139—1146

伊扎斯拉夫二世，Izyaslav Ⅱ，1146—1154

尤里一世，Yury Ⅰ，1155—1158

伊扎斯拉夫三世，Izyaslav Ⅲ，1158—1159

罗斯季斯拉夫一世，Rostislav Ⅰ，1159—1167

姆斯基斯拉夫二世，Mstislav Ⅱ，1167—1169

安德烈，Andrey，1169—1174

斯维亚托斯拉夫，Svyatoslav Ⅱ，1176—1179

瑞里克二世，Ryurik Ⅱ，1194—1202

罗曼·姆斯季斯拉维奇，Roman Mstislavich，1202—1205

8. 丹麦国王，987—1202

斯文一世·福克比尔德，Sven Ⅰ Forkbeard，987—1014

哈拉尔德，Harald，1014—1018

克努特大王，Knut the Great，1019—1035

哈萨克努特，Harthaknut，1035—1042

马格努斯，Magnus，1042—1047

斯文·艾斯特里德森，Sven Estridsen，1047—1074

哈拉尔德，Harald，1074—1080

克努特二世，Knut Ⅱ，1080—1086

奥拉夫一世，Olaf Ⅰ，1086—1095

埃里克一世，Erik Ⅰ，1095—1103

尼埃尔斯，Niels，1104—1130

马格努斯，Magnus，1134

埃里克二世，Erik Ⅱ，1134—1137

埃里克三世，Erik Ⅲ，1137—1146

斯文三世，Sven Ⅲ，1147—1157

克努特三世，Knut Ⅲ，共治国王，1154—1157

瓦尔德马尔一世，Valdemar Ⅰ，1157—1182

克努特四世，Knut Ⅳ，1182—1202

9. 挪威国王，1047—1202

哈拉尔德·哈德拉达，Harald Hardrada，1045—1066

马格努斯，Magnus，1066—1069

奥拉夫，Olav，1069—1093

马格努斯·巴雷福特，Magnus Barefoot，1095—1103

艾斯坦因，Eystein，共治国王，1103—1123

西古德，Sigurd，共治国王，1103—1130

奥拉夫，Olav，共治国王，1103—1115

哈拉尔德，Harald，1130—1136

马格努斯，Magnus the Blind，共治国王，1136—1139

西古德，Sigurd，共治国王，1136—1155

茵格，Inge，共治国王，1142—1161

艾斯坦因，Eystein，共治国王，1142—1157

哈孔二世，Haakon Ⅱ，1157—1162

西古德，Sigurd，1162—1163

马格努斯，Magnus，1161—1184

斯维尔雷，Sverre，1184—1202

穆斯林统治者及其登基年

10. 巴格达阿拔斯王朝哈里发，991—1180

卡迪尔，al-Qadir，991

卡伊姆，al-Qa'im，1031

穆克塔迪，al-Muqtadi，1075

穆斯塔兹尔，al-Mustazhir，1094

穆斯塔尔希德，al-Mustarshid，1118

拉希德，al-Rashid，1135

穆克塔菲，al-Muqtafi，1136

穆斯塔吉德，al-Mustanjid，1160

穆斯塔迪，al-Mustadi'，1170

纳西尔，al-Nasir，1180

11. 开罗的法蒂玛王朝哈里发，996—1171

哈基姆，al-Hakim，996

扎希尔，al-Zahir，1021

穆斯坦绥尔，al-Mustansir，1036

穆斯塔法·阿里，al-Mustaʿli，1094

阿米尔，al-Amir，1101

哈菲兹，al-Hafiz，1131

扎菲尔，al-Zafir，1149

法伊兹，al-Fa'iz，1154

阿迪德，alˤAdid，1160—1171

12. 阿尤布王朝（萨拉丁及其后代统治者），1169—1250

埃及

纳西尔一世·萨拉丁，al-Nasir Ⅰ Salah-al-Din（Saladin），1169

阿齐兹·欧斯曼，al-ʿAziz ʿUthman，1186

曼苏尔·纳西尔丁，al-Mansur Nasir-al-Din，1198

阿迪尔一世·赛义夫丁，al-ʿAdil Ⅰ Sayf-al-Din，1200

大马士革

阿法达尔·努尔·丁·阿里，al-Afdal Nur-al-Din ʿAli，1186

阿迪尔一世·赛义夫丁，al-ʿAdil Ⅰ Sayf-al-Din，1196

阿勒颇

阿迪尔一世·赛义夫丁，al-ʿAdil Ⅰ Sayf-al-Din，1183

扎希尔·加齐，al-Zahir Ghazi，1186

阿齐兹·穆罕默德，al-ʿAziz Muhammad，1216

迪亚巴哈尔

纳西尔·萨拉丁，al-Nasir I Salah-al-Din（Saladin），1185

阿迪尔一世·赛义夫丁，al-'Adil Ⅰ Sayf-al-Din，1195

阿维哈德·纳吉姆丁·阿尤布，al-Awhad Najm-al-Din Ayyub，1200

阿什拉夫一世·穆萨，al-Ashraf Ⅰ Musa，1210

也门

穆阿扎姆·沙姆斯丁·图兰 – 沙阿，al-Mu'azzam Shams-al-Din Turan-Shah，1174

阿齐兹·扎希尔丁·图格蒂京，al-'Aziz Zahir – al-Din Tughtigin，1181

穆伊兹丁·伊斯马伊勒，Mu'izz-al-Din Isma'il，1197

纳西尔·阿尤布，al-Nasir1，1202

穆扎法尔·苏莱曼，al-Muzaffar Sulayman，1214

马苏德·萨拉丁，al-Mas'ud Salah-al-Din，1215

13. 北非和西班牙的阿尔莫拉维德王朝，1061—1147

优素福·本·塔什芬，Yusuf b. Tashufin，1061

阿里，'Ali，1106

塔什芬，Tashufin，1142

易卜拉欣，Ibrahim，1146

伊斯哈格，Is'haq，1146—1147

14. 北非和西班牙的阿尔莫哈德王朝，1130—1214

穆罕默德·伊本·图马特，Muhammad b. Tumart，1121

阿布德·穆明，Abd-al-Mu'min，1130

阿布德·雅库布·优素福一世，Abu-Ya'qub Yusuf Ⅰ，1163

阿布德·优素福·叶耳孤卜·曼苏尔，Abu-Yusuf Ya'qub al-Mansur，1184

穆罕默德·纳西尔，Muhammad al-Nasir，1199

基本史料目录

西文史料

Acta pontificum Romanorum inedita, ed. J. Pflugk-Harttung, 3 vols., Tübingen and Stuttgart (1881–6)

Adalbero of Laon, *Poème au roi Robert*, ed. C. Carozzi (Classiques de l'Histoire de France au Moyen Age 32), Paris (1979)

Adrian IV, 'Epistolae', *PL* 188, cols. 1361–640

Alexander III, 'Epistolae', *PL* 200, cols. 69–1320

Alexander Telesinus, *Ystoria Rogerii regis Siciliae, Calabriae atque Apuliae*, ed. L. de Nava (FSI 112), Rome (1991)

Alfonso X, *Las siete partidas del rey don Alfonso el Sabio*, ed. Real Academia de la Historia, 3 vols., Madrid (1807)

Amatus of Monte Cassino, *Storia de' Normanni*, ed. V. De Bartholomeis (FSI 76), Rome (1935)

Ambroise, *L'Estoire de la guerre sainte*, ed. G. Paris, Paris (1897); trans. M. J. Hubert and J. La Monte as *The Crusade of Richard the Lionheart*, New York (1941)

Anastasius IV, 'Epistolae', *PL* 188, cols. 989–1088

Ancient Laws and Institutes of Wales, ed. and trans. A. Owen, 2 vols., London (1841)

The Anglo-Saxon Chronicle: A Revised Translation, ed. D. Whitelock, D. C. Douglas and S. I. Tucker, London (1965); *The Anglo-Saxon Chronicle*, ed. G. N. Garmonsway, London (1954)

Anglo-Scottish Relations 1174–1328, ed. E. L. G. Stones, London (1965); rev. edn Oxford (1970)

'Annales Beneventani', ed. O. Bertolini, *BISI* 42 (1923), 112–55.

Annales Marbacenses, ed. H. Bloch, *MGH SRG*, ix

Annales monastici, ed. H. R. Luard, 5 vols. (RS 36), London (1864–9)

Archipoeta, *Carmina*, ed. H. Watenphul and H. Krefeld, Heidelberg (1958)

Arnold of Lübeck, 'Chronica', *MGH S*, xxi, pp. 100–250

Árpádkori új okmánytár: codex diplomaticus Arpadianus continuatus, ed. G. Wenzel, 12 vols., Budapest (1860–74)

Az Árpád-házi királyok okleveleinek kritikai jegyzéke: regesta regum stirpis Arpadianae critico-diplomatica, comp. I. Szentpétery and I. Borsa, 3 vols., Budapest (1923–61)

Baldric of Dol, 'Historia Ierosolimitana', *RHC Occ.* iv, pp. i–iii

Baldric of Dol, 'Vita sancti Hugonis Rothomagensis epscopi', *PL* 166, cols. 1163–72

Becerro Gótico de Cardeña, ed. L. Serrano, Valladolid (1910)

Benoît de Sainte-Maure, *Chronique des ducs de Normandie*, ed. F. Michel, Paris (1938)

Bernard of Clairvaux, 'De consideratione', in Bernard of Clairvaux, *Opera omnia*, ed. J. Leclercq, H. M. Rochais and C. H. Talbot, III Rome (1963), pp. 393–493

Bernard of Clairvaux, 'Epistolae', in Bernard of Clairvaux, *Opera omnia*, ed. J. Leclercq, H. M. Rochais and C. H. Talbot, VII–VIII Rome (1974–7)

Berthold of Zwiefalten, 'Chronicon', ed. L. Wallach, 'Berthold of Zwiefalten's Chronicle', *Traditio* 13 (1957), 141–6

Bibliotheca hagiographica latina antiquae et mediae aetatis, ed. Bollandists, 3 parts, Brussels (1898–1911)

Bonizo of Sutri, 'Liber ad amicum', *MGH Libelli* I, pp. 571–620

Boso of S. Pudenziana, 'Vita Alexandri III', in *Liber pontificalis*, II, pp. 397–446

Boso of S. Pudenziana, 'Vita Eugenii III', in *Liber pontificalis*, II, pp. 386–7

Boso of S. Pudenziana, 'Vita Hadriani IV', in *Liber pontificalis*, II, pp. 388–97

Boso of S. Pudenziana, 'Vita Innocentii II', in *Liber pontificalis*, II, pp. 379–84

'Braint Teilo', ed. and trans. W. Davies, *Bulletin of the Board of Celtic Studies* 26 (1974–6), 123–37

Burchard of Ursberg, *Chronicon*, ed. O. Holder-Egger and B. von Simson, *MGH SRG*, XVI

Burchard of Worms, 'Decretorum libri XX', *PL* 140, cols. 537–1058

Caesarius of Heisterbach, *Dialogus miraculorum*, ed. J. Strange, 2 vols., Cologne, Bonn and Brussels (1851)

Caffaro di Caschifellone, 'Annales Ianuenses', in L. T. Belgrano (ed.), *Annali Genovesi*, I (FSI 11), Genoa (1890)

Calixtus II, 'Epistolae', *PL* 163, cols. 1093–338

Cartas de población del Reino de Aragón en los siglos medievales, ed. M. L. Ledesma Rubio, Saragossa (1991)

Cartulario de San Juan de la Peña, I, ed. A. Ubieto Arteta, Valencia (1962)

Cartulario de San Millán de la Cogolla (759–1076), ed. A. Ubieto Arteta, Valencia (1976)

Los cartularios de Toledo: catálogo documental, ed. F. J. Hernández (Monumenta Ecclesiae Toletanae Historica I.I), Madrid (1985)

Catálogo de documentos del monasterio de Santa Maria de Otero de las Dueñas, comp. R. Rodríguez, León (1949)

Catalogue des actes de Philippe Auguste, ed. L. Delisle, Paris (1856)

Catalogus Baronum, ed. E. M. Jamison (FSI 101), Rome (1972)

Catalogus fontium historiae Hungaricae, ed. F. Gombos, 3 vols., Budapest (1937–8); index ed. Cs. Csapodi (1943)

Celestine III, 'Epistolae', *PL* 206, cols. 867–1262

Les chansons de croisade, ed. C. M. J. Bédier and P. Aubry, Paris (1909)

Chartae Antiquissimae Hungariae ab anno 1001 usque ad annum 1196, ed. Gy. Györffy, Budapest (1994)

The Charters of David I, ed. G. W. S. Barrow, Woodbridge (1999)

The Charters of Gaelic Scotland and Ireland in the Early and Central Middle Ages, ed. D. Broun (Quiggin Pamphlet 2), Cambridge (1995)

Chronica Adefonsi imperatoris, ed. A. Maya Sánchez, in *Chronica Hispana saec. XII* (CCCM 71), Turnhout (1990), pp. 149–248

Chronica monasterii Casinensis, ed. H. Hoffmann, *MGH S*, xxxiv

Chronica regia Coloniensis, ed. G. Waitz, *MGH SRG*, xviii

The Chronicle of Battle Abbey, ed. E. Searle, Oxford (1980)

Chronicles of the Reigns of Stephen, Henry II and Richard I, ed. R. Howlett, 4 vols. (RS 82), London (1884–90)

'Chronicon Compostellanum', ed. E. Flórez, *España Sagrada* 20, Madrid (1765), pp. 608–13

Chronicon Ignoti monachi Cisterciensis sanctae Mariae de Ferraria, ed. A. Gaudenz, Naples (1888)

'Chronicon Mauriniacensis monasterii', *PL* 180, cols. 130–76

Chronicon universale anonymi Laudunensis, ed. A. Cartellieri and W. Stechele, Leipzig and Paris (1909)

'Chronique latine inédite des Rois de Castille (1236)', ed. G. Cirot, *Bulletin Hispanique* 14 (1912), 30–46, 109–18, 244–74, 353–74; 15 (1913), 18–37, 170–87, 268–83, 411

Chronique de Saint Maixent, ed. J. Verdon, Paris (1979)

Chronique de Saint-Pierre-le-Vif de Sens, ed. R.-H. Bautier and M. Gilles, Paris (1979)

Chroniques d'Anjou, ed. P. Marchegay and A. Salmon, Paris (1856)

Chroniques des comtes d'Anjou et des seigneurs d'Amboise, ed. L. Halphen and R. Poupardin, Paris (1913)

Chroniques des églises d'Anjou, ed. P. Marchegay and E. Mabille, Paris (1869)

Chroniques de St Martial de Limoges, ed. H. Duples-Agier, Paris (1874)

Chroniques de Touraine, ed. A. Salmon, Tours (1854); Supplement (1857)

Church Historians of England, ed. J. Stevenson, 5 vols. in 8, London (1853–8)

Codex diplomaticus Caietanus, 2 vols., Monte Cassino (1888–92)

Codex diplomaticus Cavensis, ed. M. Morcaldi *et al.*, 8 vols., Naples (1873–93)

Codex diplomaticus Hungariae ecclesiasticus ac civilis, ed. G. Fejér, 11 vols., Buda (1829–44)

Codice diplomatico Barese, 5 Le Pergamene di S. Nicoa di Bari: periodo normanno 1071–1194, ed. F. Nitti di Vito, Bari (1902)

Colección diplomática de Fernando I (1037–1065), ed. P. Blanco Lozano, León (1987)

Colección diplomática del monasterio de Sahagún (857–1230), III: (1073–1109), ed. M. Herrero de la Fuente, León (1988)

Colección diplomática de Pedro I de Aragón y de Navarra, ed. A. Ubieto Arteta, Saragossa (1951)

Colección diplomática de Santa María de Otero de las Dueñas (León) (854–1037), ed. G. del Ser Quijano, Salamanca (1994)

Colección documental del archivo de la catedral de León (775–1230), IV: 1032–1109, ed. J. M. Ruiz Asencio, León (1990)

Colección de documentos inéditos del archivo de la corona de Aragón, ed. P. de Bofarull, IV, Barcelona (1850)

Le colonie Cassinesi in Capitanata, I: Lesina, ed. T. Leccisotti (Miscellanea Cassinese 13), Monte Cassino (1937)

Conciliorum oecumenicorum decreta, ed. J. Alberigo, J. A. Dossetti *et al.*, 3rd edn, Bologna (1973)

Constantiae imperatricis et reginae Siciliae diplomata (1195–1198), ed. T. Kölzer (Codex Diplomaticus Regni Sicilae, ser. 2, 1.2), Cologne (1983)

Constitutum Constantini, ed. H. Fuhrmann, *MGH Fontes iuris germanici antiqui*, x, Hanover (1968)

Corpus inscriptionum crucesignatorum terrae sanctae (1099–1291), ed. S. De Sandoli (Pubblicazioni della Studium Biblicum Franziscanum 21), Jerusalem (1974)

Cortes de los antiguos reinos de León y de Castilla, ed. Real Academia de la Historia, 1, Madrid (1861)

Crónica general de España de 1344, ed. D. Cátalán and M. S. de Andrés, 2 vols., Madrid (1971)

Crónica Najerense, ed. A. Ubierto Arteta, 2nd edn, Saragossa (1985)

Crónicas anónimas de Sahagún, ed. A. Ubierto Arteta, Saragossa (1987); also ed. J. Puyol, *Boletín de la Real Academia de la Historia* 76 (1920), 7–26, 111–22, 242–57, 339–56, 395–419, 512–19; 77 (1921), 51–9, 151–61

Crónicas asturianas, ed. J. Gil Fernández, J. L. Moralejo and J. I. Ruiz de la Peña, Oviedo (1985)

Councils and Synods with Other Documents relating to the English Church, ed. D. Whitelock, M. Brett and C. N. L. Brooke, I–II Oxford (1981)

Cyfreithiau Hywel Dda yn ôl Llyfr Blegywryd, ed. S. J. Williams and J. E. Powell, 2nd edn, Cardiff (1961)

Decretales Gregorii IX, in E. A. Friedberg (ed.), *Corpus iuris canonici*, II, Leipzig (1881)

Decretales Pseudo-Isidorianae et capitula Angilramni, ed. P. Hinschius, Leipzig (1863)

De expugnatione Lyxbonensi: The Conquest of Lisbon, ed. C. W. David, New York (1936)

Deusdedit, *Die Kanonessammlung des Kardinals Deusdedit*, ed. V. W. von Glanvell, Paderborn (1905); repr. Aalen (1967)

Diplomata Hungariae antiquissimae, ed. Gy. Györffy, Budapest (1992)

I diplomi della cattedrale di Messina, ed. R. Starraba (Documenti per Servire alla Storia di Sicilia, ser. 1, 1), Palermo (1876–90)

I diplomi greci ed arabi di Sicilia, ed. S. Cusa, Palermo (1860)

Il diretto romano nelle legge normanne e sueve del regno di Sicilia, ed. F. Brandileone, Turin (1884)

'Divisio regnorum', ed. *MGH Capitularia regum Francorum*, I, Hanover (1883), no. 45, pp. 126–30

Documentación medieval de Leire (siglos IX a XII), ed. A. J. Martín Duque, Pamplona (1983)

Documentación del monasterio de San Juan de Burgos (1091–1400), ed. F. J. Peña Pérez, Burgos (1983)

La documentación pontificia hasta Inocencio III (965–1216), ed. D. Mansilla, Rome (1955)

Documentos medievais Portugueses: documentos regios, ed. R. P. de Azevedo, 1, Lisbon (1958)

Documentos medievales de la catedral de Avila, ed. A. Barrios García, Salamanca (1981)

Domesday Book, ed. A. Farley, 4 vols., London (1783–1816)

Eadmer, *Historia novorum in Anglia*, ed. M. Rule (RS 81) London (1884)

Early Records of the Burgh of Aberdeen, ed. W. C. Dickinson, Edinburgh (1957)

Early Scottish Charters prior to AD 1153, ed. A. C. Lawrie, Glasgow (1905)

Early Sources of Scottish History, AD 500–1286, ed. A. O. Anderson, Stamford (1922; repr. 1990)

Edward Grim, 'Vita S. Thomae, Cantuariensis archiepiscopi', in *Materials*, II, pp. 353–450

Ekkehard, 'Chronicon universale', *MGH S*, VI, pp. 33–265

Episcopal Acts and Cognate Documents relating to Welsh Dioceses, 1066–1272, trans. J. Conway Davies, 2 vols., Cardiff (1946–8)

Epistolae Cantuarienses, in W. Stubbs (ed.), *Chronicles and Memorials of the Reign of Richard I*, II (RS 38/2), London (1865)

Epistolae pontificum Romanorum ineditae, ed. S. Loewenfeld, Leipzig (1885)

Eugenius III, 'Epistolae', *PL* 180, cols. 1013–1606

Florence of Worcester, *Chronicon ex Chronicis*, ed. B. Thorpe, 2 vols., London (1848–9); *The Chronicle of Florence of Worcester with Two Continuations*, ed. T. Forester, London (1854)

Fontes Byzantini historiae Hungaricae aevo ducum et regum ex stirpe Árpád descedentium, ed. Gy. Moravcsik, Budapest (1984)

Frederick I, Emperor, *Carmen de gestis Frederici I. imperatoris in Lombardia*, ed. I. Schmale-Ott, *MGH SRG*, LXII

Frederick I, Emperor, *Quellen zur Geschichte des Kreuzzuges Kaiser Friedrichs I*, ed. A. Chroust, *MGH SRG NS*, V

Frederick I, Emperor, *Die Urkunden Friedrichs I*, ed. H. Appelt *et al.*, *MGH Diplomata* X/1–5

Fulbert of Chartres, *The Letters and Poems*, ed. F. Behrends, Oxford (1976)

Fulcher of Chartres, *Historia Hierosolymitana*, ed. H. Hagenmeyer, Heidelberg (1913)

Fueros de Navarra, ed. J. M. Lacarra and A. J. Martín Duque, 2 vols., Pamplona (1969–75)

Geoffrey Malaterra, *De rebus gestis Rogerii Calabriae et Siciliae comitis*, ed. E. Pontieri, *RIS NS* 5/1, Bologna (1927–8)

Geoffrey of Monmouth, *Historia regum Britannie*, I–V, ed. N. Wright and J. C. Crick, Cambridge (1985–91); trans. L. Thorpe, *Geoffrey of Monmouth: The History of the Kings of Britain*, Harmondsworth (1966)

Geoffrey of Vigeois, 'Chronica', in P. Labbe (ed.), *Novae bibliothecae manuscriptorum*, II, Paris (1657), pp. 279–343; *Chronique de Geoffrey, prieur de Vigeois*, ed. F. Bonnelye, Tulle (1864)

Geoffrey of Villehardouin, *La conquête de Constantinople*, ed. E. Faral, 2 vols., Paris (1938; repr. 1973)

Gerald of Wales, *Expugnatio Hibernica: The Conquest of Ireland*, ed. and trans. A. B. Scott and F. X. Martin, Dublin (1978)

Gerald of Wales, *The Journey through Wales and the Description of Wales*, trans. L. Thorpe, Harmondsworth (1978)

Gerald of Wales, *Opera*, ed. J. S. Brewer, J. F. Dimock and G. F. Warner, 8 vols. (RS 21), London (1861–91)

Gerald of Wales, *De principis instructione liber*, ed. G. F. Warner (RS 21.8), London (1891)

Gerald of Wales, *Topographia Hiberniae*, trans. J. J. O'Meara, Dundalk (1951); 2nd edn Harmondsworth (1982)

Gerhoch of Reichersberg, 'Commentarius aureus in psalmos', *PL* 193, cols. 621–1814; 194, cols. 9–998

Gerhoch of Reichersberg, 'Ex commentario in Psalmos', *MGH Libelli*, III, pp. 411–502

Gerhoch of Reichersberg, 'Libellus de ordine donorum Sancti Spiritus', *MGH Libelli*, III, pp. 273–83

Gerlac of Milevsko, 'Chronicon sive Continuatio chronicae Vincentii Pragensis', *MGH S*, XVII, pp. 683–710

Gervase of Canterbury, *The Historical Works of Gervase of Canterbury*, ed. W. Stubbs, 2 vols. (RS 73), London (1879–80)

Die 'Gesta Hungarorum' des anonymen Notars: Die älteste Darstellung der ungarischen Geschichte, ed. G. Silagi and L. Veszprémy (Ungarns Geschichtschreiber 4), Sigmaringen (1991)

'Gesta pontificum Autissiodorensium', ed. L.-M. Duru, *Bibliothèque Historique de l'Yonne*, I, Auxerre (1850)

Gesta regis Henrici Secundi, ed. W. Stubbs, 2 vols. (RS 49), London (1867)

Gesta Stephani, ed. K. Potter, Oxford (1976)

Gilbert Foliot, *The Letters and Charters of Gilbert Foliot*, ed. Z. N. Brooke, A. Morey and C. N. L. Brooke, Cambridge (1967)

Giraldus Cambrensis, *see* Gerald of Wales

Gislebert of Mons, *Chronicon Hanoniense*, ed. L. Vanderkindere, Brussels (1904)

Glanvill, *Tractatus de legibus et consuetudinibus regni Anglie qui Glanvilla vocatur*, ed. G. D. G. Hall, London (1965)

Godfrey of Viterbo, 'Opera', *MGH S*, XXII, pp. 1–338

Les Grandes Croniques de Bretagne, ed. A. Bouchart, Rennes (1886)

Gratian, *Decretum*, in E. A. Friedberg (ed.), *Corpus iuris canonici*, Leipzig (1879)

Gregory VII, *Quellen und Forschungen zum Urkunden- und Kanzleiwesen Papst Gregors VII*, I: *Quellen: Urkunden, Regesten, Faksimilia*, ed. L. Santifaller (Studi e Testi 190), Vatican City (1957)

Gregory VII, *Das Register Gregors VII*, ed. E. Caspar, 2nd edn, *MGH Epp. sel.*, II, 2 Berlin

Gregory VIII, 'Epistolae', *PL* 202, cols. 1537–64

Guibert of Nogent, *Dei gesta per Francos*, ed. R. B. C. Huygens (CCCM 127a), Turnhout 1996

Guy, bishop of Amiens, *Carmen de Hastingæ Prælio*, ed. F. Barlow, Oxford (1999)

Hariulf, 'Vita S. Arnulfi episcopi Suessionensis', *PL* 174, cols. 1367–440

Helmold of Bosau, *Chronica Slavorum*, ed. B. Schmeidler, *MGH SRG*, XXXII; trans. F. J. Tschan, *The Chronicle of the Slavs by Helmold, Priest of Bosau*, New York (1935)

Henry IV, *Die Briefe*, ed. C. Erdmann and N. Fickermann, *MGH Epistolae*, V

Henry of Huntingdon, *Historia Anglorum: The History of the English People*, ed. D. Greenway (Oxford Medieval Texts), Oxford (1996); also ed. T. Arnold (RS 74), London (1879)

Henry the Lion, *Die Urkunden Heinrichs des Löwen Herzogs von Sachsen und Bayern*, ed. K. Jordan, *MGH Die deutschen Geschichtsquellen des Mittelalters*, I, *Urkundentexte*, Stuttgart (1957)

Henry of Marcy, abbot of Clairvaux, 'Epistolae', *PL* 204, cols. 215–52

Histoire de Guillaume le Marechal, ed. P. Meyer, 3 vols., Paris (1891–1901)

Historia Compostellana, ed. E. Falque (CCCM 70), Turnhout (1988)

'Historia dedicationis ecclesiae S. Remigii apud Remos', ed. J. Mabillon, *Acta Sanctorum O.S.B.* 6 (1) (1701), 711–27

La Historia o Liber de regno Sicilie di Ugo Falcando, ed. G. B. Siragusa (FSI 22), Rome (1897)

Historia monasterii sancti Augustini Cantuariensis, ed. C. Hardwick (RS 8), London (1858)

'Historia Roderici', ed. E. Falque in *Chronica Hispana saec. XII* (CCCM 71), Turnhout (1990), pp. 1–102

Historia Silense, ed. J. Pérez de Urbel and A. González Ruiz-Zorrilla, Madrid (1959)

The History of Gruffydd ap Cynan, ed. and trans. A. Jones, Manchester (1910)

Hugh the Chanter, *The History of the Church of York 1066–1127*, ed. C. Johnson, M. Brett, C. N. L. Brooke, M. Winterbottom, Oxford (1990)

Hugh of Fleury, 'Modernum regum Francorum acta', *MGH S*, IX, pp. 376–95

Hugh of St-Victor, 'De sacramentis Christianae fidei', *PL* 176, cols. 173–618

Innocent II, 'Epistolae', *PL* 179, cols. 53–658

Innocent III, *Die Rejister Innocenz' III*, II: *Pratifikatojah 1199/1200*, ed. O. Hageneder *et al.*, Rome and Vienna (197)

Isidore of Seville, *Etymologiarum sive originum libri viginti*, ed. W. M. Lindsay, 2 vols., Oxford (1957–62)

Iter Italicum, ed. J. Pflugk-Harttung, Stuttgart (1883)

Itinerarium peregrinorum et gesta regis Ricardi, in W. Stubbs (ed.), *Chronicles and Memorials of the Reign of Richard I*, 1 (RS 38), London (1864)

Ivo of Chartres, 'Epistolae', *PL* 162, cols. 11–288

Jocelin of Brakelond, *The Chronicle of Jocelin of Brakelond*, ed. H. E. Butler, London (1949); *Chronicle of the Abbey of Bury St Edmunds*, ed. D. Greenway and J. Sayers, Oxford (1989)

John of Cornwall, 'Eulogium ad Alexandrum papam tertium', ed. N. M. Haring, *Medieval Studies* 13 (1951), 253–300

John of Hexham, 'Historia', in T. Arnold (ed.), *Symeonis Monachi opera omnia*, II (RS 75), London (1885), pp. 284–332

John of Salisbury, *Historia pontificalis*, ed. M. Chibnall, London (1956; repr. Oxford, 1986)

John of Salisbury, *The Letters of John of Salisbury*, 1, ed. W. J. Millor, H. E. Butler and C. N. L. Brooke, London (1955; repr. 1986); 11, ed. W. J. Millor and C. N. L. Brooke, Oxford (1979)

John of Salisbury, *Metalogicon*, ed. C. J. Webb, Oxford (1929)

John of Salisbury, *Policraticus*, ed. C. J. Webb, 2 vols., Oxford (1909)

John of Worcester, *Chronicle, 1118–1140*, ed. J. Weaver, Oxford (1908)

Jordan Fantosme, *Chronique de la guerre entre les Anglois et les Ecossois en 1173 et 1174*, in R. Howlett (ed.), *Chronicles of the Reigns of Stephen, Henry II and Richard I*, III (RS 82), London (1886), pp. 202–327; *Jordan Fantosme's Chronicle*, ed. R. C. Johnston, Oxford (1981)

Lanfranc, *The Letters of Lanfranc*, ed. and trans. H. Clover and M. T. Gibson, Oxford (1979)

Latin Redaction A of the Law of Hywel, trans. I. F. Fletcher, Aberystwyth (1986)

The Latin Texts of the Welsh Laws, ed. H. D. Emanuel, Cardiff (1967)

The Law of Hywel Dda: Law Texts from Medieval Wales, trans. D. Jenkins, Llandysul (1986)

The Laws of the Medieval Kingdom of Hungary, I: *1000–1301*, ed. and trans. J. M. Bak, Gy. Bónis and J. R. Sweeney, Bakersfield, CA (1989)

Layettes du trésor des chartes, ed. A. Teulet, H.-F. Delaborde, E. Berger, 5 vols., Paris (1863–1909)

Le Liber censuum de l'église romaine, ed. P. Fabre and L. Duchesne (Bibliothèque des Ecoles Françaises d'Athènes et de Rome 2, série 3), 3 vols., Paris (1886–1952)

Liber diurnus Romanorum pontificum, ed. T. E. von Sickel, Vienna (1889)

Le Liber pontificalis: texte, introduction et commentaire, ed. L. Duchesne, 3 vols. (Bibliothèque des Ecoles Françaises d'Athènes et de Rome 2, série 2), Paris (1886–1957)

Libri sancti Jacobi: codex Calixtinus, I: *Text*, ed. W. M. Whitehill, Santiago de Compostela (1944)

Llyfr Cyfnerth: Welsh Medieval Law, ed. and trans. A. W. Wade-Evans, Oxford (1909)

Llyfr Iorwerth, ed. A. Rh. William, Cardiff (1960)

Lothar III, Emperor, *Die Urkunden Lothars III. und die Kaiserin Richenza*, ed. E. von Ottenthal and H. Hirsch, *MGH Diplomata*, VIII

Lucas of Tuy, *Chronicon mundi*, ed. A. Schottus, *Hispania illustrata*, IV, Frankfurt (1608)

Lucius II, 'Epistolae', *PL* 179, cols. 823–936

Lucius III, 'Epistolae', *PL* 201, cols. 1071–1378

Magnum rotulum scaccarii 31 Henry I, ed. J. Hunter, London (1833)

Materials for the History of Thomas Becket, Archbishop of Canterbury, ed. J. C. Robertson and J. B. Sheppard, 7 vols. (RS 67/1–7), London (1875–85)

Medieval Church Councils in Scotland, ed. D. E. R. Watt, Edinburgh (2000)

Miracula sancti Benedicti, Paris (1858)

Monumenta Corbeiensia, ed. P. Jaffé (Bibliotheca Rerum Germanicarum I), Berlin (1864)

Monumenta ecclesiae Strigoniensis, ed. F. Knauz and L. C. Dedek, 3 vols., Strigonii (1874–1924)

'Narratio de electione Lotharii in regem Romanorum', *MGH S*, XII, pp. 509–12

'Narratio de itinere navali peregrinorum Hierosolymam tendentium ad Silviam capientium, AD 1189', ed. C. W. David, *Proceedings of the American Philosophical Society* 81 (1939), 591–671

Normannische Herzogs- und Königsurkunden aus Unteritalien und Sizilien, ed. L. von Heinemann, Tübingen (1899)

Odo of Deuil, *De profectione Ludovici VII in orientem*, ed. V. G. Berry, New York (1948)

Orderic Vitalis, *Historia aeclesiastica*, ed. M. Chibnall, 6 vols., Oxford (1969–80)

Orkneyinga Saga, trans. H. P. Pálsson and P. Edwards, Harmondsworth (1982)

Otto III, *Die Urkunden, MGH Diplomata*, II/I

Otto of Freising, *Chronica sive Historia de duabus civitatibus*, ed. A. Hofmeister, *MGH SRG*, XLV; trans. C. C. Mierow, *The Two Cities: A Chronicle of Universal History to the Year 1146 AD by Otto, Bishop of Freising*, new edn, New York (1966)

Otto of Freising and Rahewin, *Gesta Friderici imperatoris*, ed. B. von Simson, *MGH SRG*, xlvi; trans. C. C. Mierow and R. Emery, *The Deeds of Frederick Barbarossa by Otto of Freising and his Continuator Rahewin*, New York (1953)

Otto Morena, *Das Geschichtswerk des Otto Morena und seiner Fortsetzer über die Taten Friedrichs I. in der Lombardei*, ed. F. Güterbock, *MGH SRG NS*, vii

Otto of St Blasien, *Chronicon*, ed. A Hofmeister, *MGH SRG*, xlvii

Papsturkunden in England, ed. W. Holtzmann (Abhandlungen der Gesellschaft der Wissenschaften zu Göttingen, Phil.-Hist. Klasse), Berlin (1930–52)

Papsturkunden in Spanien, ed. P. F. Kehr (Abhandlungen der Gesellschaft der Wissenschaften zu Göttingen, Phil.-Hist. Klasse), Berlin (1926–8)

Paul of Bernried, 'Vita Gregorii VII papae', ed. J. M. Watterich, *Pontificum Romanorum vitae*, i. Leipzig (1862), pp. 474–546

Pelayo of Oviedo, *Crónica*, ed. B. Sánchez Alonso, Madrid (1924)

Le Pergamene dell'archivio vescovile di Caiazzo (1007–1265), ed. C. Salvati, M. Arpago *et al.*, Caserta (1983)

Peter of Blois, 'Epistolae', *PL* 207, cols. 1–560

Peter of Blois, 'De Hierosolymitana peregrinatione acceleranda', *PL* 207, cols. 1057–70

Peter the Chanter, 'Verbum abbreviatum', *PL* 205, cols. 23–370

Peter Damian, *Die Briefe*, ed. K. Reindel, *MGH Epistolae*, iv, 4 parts

Peter of Eboli, *Liber ad honorem Augusti di Pietro da Eboli*, ed. G. B. Siragusa, FSI, 39 (1906)

Peter the Venerable, *Letters*, ed. G. Constable, *The Letters of Peter the Venerable*, 2 vols. (Harvard Historical Studies 78), Cambridge, MA (1967)

Poema de mio Cid, ed. C. Smith, Oxford (1972)

Prefatio de Almeria, ed. J. Gil, *Chronica Hispana saec.XII* (CCCM 71), Turnhout (1990)

Le Premier Budget de la monarchie française: le compte général de 1202–1203, ed. F. Lot and R. Fawtier (Bibliothèque de l'Ecole des Hautes Etudes, Sciences Historiques et Philogiques 259), Paris (1932)

Radulf Glaber, *Historia*, ed. J. France, Oxford (1989)

Rahewin, *Gesta Friderici imperatoris*, *MGH SRG*, xlvi

Ralph of Coggeshall, *Chronicon Anglicanum*, ed. J. Stevenson (RS 66), London (1875)

Ralph of Diceto, 'Ex ymaginibus historiarum', ed. W. Stubbs, *Radulfi de Diceto decani Londoniensis opera historica*, i–ii (RS 68), London (1876)

Ralph Niger, *Chronica*, ed. R. Anstruther (Caxton Society 13), London (1851)

Recueil des actes de Louis VI, ed. J. Dufour, 4 vols. (Chartes et Diplômes Relatifs à l'Histoire de France), Paris (1992–4)

Recueil des actes de Philippe Auguste, ed. H.-F. Delaborde, C. Petit-Dutaillis, J. Boussard and M. Nortier, 4 vols. (Chartes et Diplômes Relatifs à l'Histoire de France), Paris (1916–79)

Recueil des actes de Philippe Ier, ed. M. Prou (Chartes et Diplômes Relatifs à l'Histoire de France), Paris (1908)

Recueil des chartes de l'abbaye de Cluny, ed. A. Bernard and A. Bruel, 6 vols., Paris (1876–1903)

Recueil des jugements de l'échiquier de Normandie au XIIIe siècle 1207–1270, ed. L. Delisle, Paris (1864)

Regesta pontificum Romanorum ab condita ecclesia ad annum post Christum natum MCX-CVIII, ed. P. Jaffé, 2nd edn, ed. S. Loewenfeld, F. Kaltenbrunner and P. Ewald, 2 vols., Leipzig (1885–8)

Regesta pontificum Romanorum: Italia pontificia, I–III: (*Roma, Latium, Etruria*), ed. P. F. Kehr, Berlin (1906–8)

Regesta regum Scottorum, ed. G. W. S. Barrow *et al.*, Edinburgh (1960)

Les Registres de Philippe Auguste, ed. J. W. Baldwin, F. Gasparri, M. Nortier and E. Lalou, 1 vol. so far (Recueil des Historiens de la France, Documents Financières et Administratives 7), Paris (1992–)

Rerum Hungaricarum monumenta Arpadiana, ed. S. L. Endlicher, Sangalli (1849)

Richard of Devizes, *The Chronicle*, ed. J. T. Appleby, London (1963)

Richard fitz Neal, *Dialogus de Scaccario*, ed. C. Johnson, Oxford (1983)

Richard of S. Germano, 'Chronica regni Siciliae', *MGH S*, XIX, pp. 321–84

Rigord and William le Breton, *Œuvres de Rigord et de Guillaume le Breton*, ed. H.-F. Delaborde, 2 vols., Paris (1882–5)

Robert of Auxerre, 'Chronicon', in *MGH S*, XXVI, pp. 219–76

Robert of Torigny, *Chronica*, in R. Howlett (ed.), *Chronicles of the Reigns of Stephen, Henry II and Richard I*, IV (RS 82), London (1889); *Chronique de Robert de Torigni*, ed. L. Delise, 2 vols., Rouen (1872–3)

Rodrigo Jiménez de Rada (or of Toledo), *Historia de rebus Hispanie sive Historia Gothica*, ed. J. Fernández Valverde (CCCM 72), Turnhout (1987)

Roger of Howden, *Chronica*, ed. W. Stubbs, 4 vols. (RS 51/1–4), London (1868–71)

(Roger of Howden), *Gesta regis Henrici II*, ed. W. Stubbs (RS 49/1–2), London (1867)

Roger of Wendover, *Flores historiarum*, ed. H. G. Hewlett, 3 vols. (RS 84), London (1886–9)

Rogerii II regis diplomata Latina, ed. C.-R. Brühl (Codex Diplomaticus Regni Siciliae, ser. 1, ii. 1), Cologne (1987)

Roland, 'Stroma ex decretorum corpore carptum', in F. Thaner (ed.) *Die Summa magistri Rolandi, nachmals Papst Alexander III.*, Innsbruck (1874), pp. 1–4

Roland, *Summa*, ed. F. Thaner, *Die Summa magistri Rolandi, nachmals Papst Alexander III.*, Innsbruck (1874)

Romuald of Salerno, 'Annales', in *MGH S*, XIX, pp. 387–461; also *Chronica sive annales*, ed. C. A. Garufi (*RIS NS* 7/1), Città di Castello (1909–35)

Rufinus, *Die Summa decretorum des Magister Rufinus*, ed. H. Singer and F. Schöningh, Paderborn (1902)

Rufinus of Assisi, 'Sermo habitus in Lateranensi concilio sub Alexandro papa III', ed. G. Morin, in 'Le discours d'ouverture du concile général de Latran (1179) et l'œuvre littéraire de maître Rufin, évêque d'Assise', *Atti della Pontificia Accademia Romana di Archeologia*, ser. 3, memorie 2, Rome (1928), pp. 113–33

Sacrorum conciliorum nova et amplissima collectio, ed. G. D. Mansi, 31 vols., Florence and Venice (1759–98)

Scotia pontificia: Papal Letters to Scotland before the Pontificate of Innocent III, ed. R. Somerville, Oxford (1982)

Scottish Annals from English Chroniclers AD 500–1286, ed. A. O. Anderson, London (1908; repr. 1991)

'Scripta de feodis ad regem spectantibus et de militibus ad exercitum vocandis e Philippi Augusti registis excerpta', *RHGF*, xxiii, pp. 605–723

Scriptores rerum Hungaricarum, ed. E. Szentpétery, 2 vols., Budapest (1937–8)

Sheriff Court Book of Fife, ed. W. C. Dickinson, Edinburgh (1928)

Sigebert of Gembloux, 'Continuatio', *MGH S*, vi, pp. 375–535

Simeon of Durham, *Opera omnia*, ed. T. Arnold, 2 vols. (RS 75), London (1882–5)

The Song of Dermot and the Earl, ed. G. H. Orpen, Oxford (1892)

Stephen of Rouen, 'Draco Normannicus', in R. Howlett (ed.), *Chronicles of the Reigns of Stephen, Henry II and Richard I*, ii (RS 82), London (1885), pp. 585–781

Stephen of Tournai, *Summa*, ed. J. F. von Schulte, Giessen (1891)

Suger, 'Histoire du roi Louis VII', in A. Molinier (ed.), *Vie de Louis le Gros* (Collection de Textes pour Servir à l'Etude et de l'Enseignement de l'Histoire), Paris (1887)

Suger of St Denis, *Vita Ludovici grossi regis*, ed. H. Waquet (Les Classiques de l'Histoire de France au Moyen Age 11), Paris (1929; repr. 1964)

Summa Parisiensis, in T. P. McLaughlin (ed.), *The Summa Parisiensis on the Decretum Gratiani*, Toronto (1952)

'The Templars and the castle of Tortosa in Syria: an unknown document concerning the acquisition of the fortress', ed. J. Riley-Smith, *EHR* 84 (1969), 278–88

The Text of the Book of Llan Dâv, Reproduced from the Gwysaney Manuscript, ed. J. G. Evans and J. Rhys, Oxford (1893); trans. W. J. Rees, *Liber Landavensis*, Llandovery (1840)

Urban II, *The Councils of Urban II: Decreta Claromontensia*, ed. R. Somerville, (Annuarium Historiae Conciliorum Supplementum 1), Amsterdam (1972)

Usatges de Barcelona i Commemoracions de Pere Albert, ed. J. Rovira i Ermengol, Barcelona (1933)

Vincent of Prague, 'Annales', *MGH S*, xvii, pp. 658–83

'Vita Norberti archiepiscopi Magdeburgensis', *MGH S*, xii, pp. 670–703

Vitae sanctorum Britanniae et genealogiae, ed. and trans. A. W. Wade-Evans, Cardiff (1944)

Vorarbeiten zum Oriens pontificus III: Papsturkunden für Kirchen im Heiligen Lande, ed. R. Hiestand, Abhandlungen der Akademie der Wissenschaften in Göttingen (Philologisch-Historische Klasse, ser. 3, no. 136), Göttingen (1985)

Walter Bower, *Scotichronicon*, ed. and trans. J. and W. MacQueen, Aberdeen (1993–)

Walter of Châtillon, 'Carmina', *MGH Libelli*, iii, pp. 555–60

Walter Map, *De nugis curialium*, ed. M. R. James, R. A. B. Mynors and C. N. L. Brooke, Oxford (1983)

The Welsh Law of Women, ed. and trans. D. Jenkins and M. E. Owen, Cardiff (1980)

William I of Sicily, *Guillelmi I regis diplomata*, ed. H. Enzenssberger (Codex Diplomaticus Regni Siciliae, ser. 1.iii), Cologne (1996)

William of Apulia, *La Geste de Robert Guiscard*, ed. M . Mathieu, Palermo (1961)

William fitz Stephen, *Vita sancti Thomae Cantuariensis*, in *Materials*, iii, pp. 1–154; and in *The Life and Death of Thomas Becket*, ed. D. Greenway, London (1961)

William of Jumièges, *Gesta Normannorum ducum*, ed. E. M. C. van Houts, 2 vols., Oxford (1992–5)

William of Malmesbury, *De gestis regum Anglorum*, ed. W. Stubbs, 2 vols. (RS 90), London (1887–9); new edn R. A. B. Mynors, R. M. Thomson and M. Winterbottom, I, Oxford (1998)

William of Malmesbury, *Historia novella*, ed. K. R. Potter, Edinburgh and London (1955)

William of Newburgh, *Historia rerum anglicarum*, in R. Howlett (ed.) *Chronicles of the Reigns of Stephen, Henry II and Richard I*, I–II (RS 82), London (1884–5); *The History of English Affairs, Book I*, ed. P. G. Walsh and M. J. Kennedy, Warminster (1988)

William of Poitiers, *Gesta Guillelmi ducis Normannorum et regis Anglorum*, ed. R. H. C. Davis and M. Chibnall, Oxford (1998)

William of St-Denis, 'Vita Sugerii abbatis', *PL* 186, cols. 1193–1208

Wipo, 'Vita Chuonradi', *MGH S*, XI, pp. 254–75

拜占庭史料（包括罗斯、保加利亚、塞尔维亚和东部教会的史料）
编辑和翻译

Alexios Komnenos

Maas, P., 'Die Musen des Alexios I', *BZ* 22 (1913), 348–69

Anna Komnena

Anna Comnena, Alexiad: Anne Comnène, Alexiade, ed. B. Leib and P. Gautier, 4 vols., Paris (1937–76; repr. 1967). Two English translations are by E. A. S. Dawes, *The Alexiad of the Princess Anna Comnena*, London (1928), and E. R. A. Sewter, *The Alexiad of Anna Comnena*, London (1969)

Anonyme Metaphrase zu Anna Komnene, Alexias XI–XIII, ed. H. Hunger (Wiener Byzantinistische Studien 15), Vienna (1981)

Reinsch, D. R., 'Die *editio princeps* eines Auszugs aus den *Alexias* Anna Komnenes aus dem Jahr 1562: ein unabhängiger überlieferungsträger', *BZ* 84/5 (1991–2), 12–16

Anon.

Un traité de vie spirituelle et morale au XIe siècle: le florilège sacroprofane du manuscrit 6 de Patmos, ed. E. Sargologos, Asprovalta and Thessalonica (1990)

Bar Hebraeus

Bar Hebraeus (Gregory Abu'l-Faraj), *The Chronography*, ed. and trans. E. A. W. Budge, 2 vols., London (1932)

Christopher of Mitylene

I calendari in metro innografico di Cristoforo Mitileneo, ed. E. Follieri (Subsidia Hagiographica 63), 2 vols., Brussels (1980)

Cristoforo di Mitilene, Canzoniere, ed. R. Anastasi, Catania (1983)

Die Gedichte des Christophoros Mytilenaios, ed. E. Kurtz, Leipzig (1903)

Eustratios of Nicaea

Joannou, P., 'Die Definition des Seins bei Eustratios von Nikaia', *BZ* 47 (1954), 365–8

Joannou, P., 'Der Nominalismus und die menschliche Psychologie Christi', *BZ* 47 (1954), 369–78

Joannou, P., 'Le sort des évêques réconciliés', *Byzantion* 28 (1958), pp. 1–30

John the Deacon and Maistor

Gouillard, J., 'Léthargie des âmes et culte des saints: un plaidoyer inédit de Jean diacre et maïstor', *TM* 8 (1981), 171–86

John Italos

Gouillard, J., 'Une lettre de (Jean) l'Italien au patriarche de Constantinople?', *TM* 9 (1985), 175–9

Gouillard, J., 'Les procès officiel de Jean l'Italien: les actes et leurs sous-entendus', *TM* 9 (1985), 133–74

Ioannis Itali opera, ed. N. Kechkmadze, Tbilisi (1966)

Quæstiones quodlibertales (ΑΠΟΡΙΑΙ ΚΑΙ ΛΥΣΕΙΣ), ed. P. Joannou, Ettal (1956)

Romano, R., 'Un opuscolo inedito di Giovanni Italo', *Bollettino dei Classici*, ser. iii. 13 (1992), 14–24

John Kinnamos

John Kinnamos, *Epitome*, ed. A Meinecke (Corpus Scriptorum Historiae Byzantinae 9), Bonn (1836)

John Cinnamus, *Deeds of John and Manuel Comnenus*, trans. C. M. Brand, New York (1976)

John Mauropous

Anastasi, R., 'Il "Canzoniere" di Giovanni di Euchaita', *Siculorum Gymnasium*, n.s. 22 (1969), 109–44

Follieri, E., 'Altri testi della pietà bizantina. II. Giovanni Maurope, metropolita di Eucaita: Otto canoni paracletici a N.S. Gesù Cristo', *Archivio Italiano per la Storia della Pietà*, 5 (1968), 1–200

Giovanni Mauropode metropolita di Euchaita, Canzoniere, trans. R. Anastasi, Catania (1984)

The Letters of Ioannes Mauropous, metropolitan of Euchaita, ed. A. Karpozilos (Corpus Fontium Historiae Byzantinae, 34, series Thessalonicensis), Thessalonica (1990)

John Oxites

Gautier, P., 'Diatribes de Jean l'Oxite contre Alexis Ier Comnène', *REB* 28 (1970), 5–55

Gautier, P., 'Jean V l'Oxite, patriarche d'Antioche: notice biographique', *REB* 22 (1964), 128–57

Gautier, P., 'Réquisitoire du patriarche Jean d'Antioche contre le charisticariat', *REB* 33 (1975), 77–132

Leib, B., 'Deux inédits byzantins sur les azymes au début du XIIe siècle', *Orientalia Christiana* 2 (1924), 244–63

Spadaro, M. G., 'Sui ff.174-183 del cod. *Vat.gr.* 840', *Siculorum Gymnasium* n.s. 26 (1973), 363–86

John Skylitzes

Ioannis Scylitzae Synopsis historiarum, ed. I. Thurn (Corpus Fontium Byzantinae 5, series Berolinensis), Berlin and New York (1973); German trans. H. Thurn, *Byzanz, wieder ein Weltreich* (Byzantinische Geschichtsschreiber), Graz, Vienna and Cologne (1983)

Η ΣΥΝΕΧΕΙΑ ΤΗΣ ΧΡΟΝΟΓΡΑΦΙΑΣ ΤΟΥ ΙΩΑΝΝΟΥ ΣΚΥΛΙΤΖΗ (Ioannes Slylitzes Continuatus), ed. E. T. Tsolakis, Thessalonica (1968)

John Zonaras

Jacobs, A., *ΖΩΝΑΡΑΣ–ZONARA. Die byzantinische Geschichte bei Joannes Zonaras in slavischer Ubersetzung* (Slavische Propyläen 98), Munich (1970)

John Zonaras, *Epitome historiarum*, ed. M. Pinder and M. Büttner-Wobst, 3 vols., Bonn (1841–97); ed. L. Dindorf, 6 vols., Leipzig (1868–75)

Trapp, E., *Militärs und Höflinge im Ringen um das Kaisertum: Byzantinische Geschichte von 969–1118* (Byzantinische Geschichtsschreiber 16), Graz, Vienna and Cologne (1986)

Kekaumenos

Cecaumeni strategicon et incerti scriptoris de officiis regiis libellus, ed. B. Wassiliewsky and V. Jernstedt, St Petersburg (1896); *Soviety i rasskazy Kevavmena: Sochinenie vizantijskogo polkovodtsa XI veka*, ed. G. G. Litavrin, Moscow (1972). German trans. H.-G. Beck, *Vademecum des byzantinischen Aristokraten: Das sogennante Strategikon des Kekaumenos* (Byzantinische Geschichtsschreiber 5), Graz, Vienna and Cologne (1956)

Leo of Preslav

Poppe, A., 'Le traité des azymes ΛΕΟΝΤΟΣ ΜΗΤΡΟΠΟΛΙΤΟΥ ΤΗΣ ΕΝ ΡΩΣΙΑ(Ι) ΠΡΕΣΛΑΒΑΣ quand, où et par a-t-il été écrit', *Byzantion* 35 (1965), 504–27

Manuel Straboromanos

Gautier, P., 'Le dossier d'un haut fonctionnaire d'Alexis Ier Comnène, Manuel Straboromanos', *REB* 23 (1965), 168–204

Matthew of Edessa

Matthew of Edessa, *Chronique de Matthieu d'Edesse (962–1136) avec la continuation de Grégoire le Prêtre, jusqu'en 1162*, ed. E. Dulaurier (Bibliothèque Historique Arménienne 1), Paris (1858)

Michael Attaleiates

Michael Attaleiates, *Historia*, ed. I. Bekker, Bonn (1853)

Michael Cerularius

Darrouzéz, J., 'Un faut ΠΕΡΙ ΑΖΥΜΩΝ de Michael Cérulaire', *REB* 25 (1967), 288–91

Michael Psellos

Agati, M. L., 'Due epistole di Psello a un monaco del Monte Olimpo', in *Studi in onore di G. Valentini*, Florence (1986), pp. 177–90

Agati, M. L., 'Tre epistole inedite di Michele Psello', *Siculorum Gymnasium* 33 (1980), 909–16

Anastasi, R., *Michele Psello, Encomio per Giovanni, piissimo metropolita di Euchaita e protosincello*, Padua (1968)

Criscuolo, U., *Michele Psello, Autobiografia: encomio per la madre*, Naples (1989/90)

Criscuolo, U., *Michele Psello, Epistola a Giovanni Xifilino*, 2nd edn, Naples (1990)

Criscuolo, U., *Michele Psello, Epistola a Michele Cerulario*, 2nd edn, Naples (1990)

Criscuolo, U., *Michele Psello, Orazione in memoria di Constantino Lichudi*, Messina (1983)

Dennis, G. T., *Michaelis Pselli orationes forenses et acta*, Stuttgart and Leipzig (1994)

Dennis, G. T., *Michaelis Pselli orationes panegyricae*, Stuttgart and Leipzig (1994)

Duffy, J. M., *Michaelis Pselli Philosophica minora*, I: *Opuscula logica, physica, allegorica, alia*, Stuttgart and Leipzig (1992)

Dyck, A. R., *Michael Psellus: The Essays on Euripides and George of Pisidia and on Heliodorus and Achilles Tatius* (Byzantina Vindobonensia 16), Vienna (1986)

Feaver, D. D., 'More on medieval poetics', *Classical World* 62 (1969), 14–116

Fisher, E. A., *Michaelis Pselli orationes hagiographicae*, Stuttgart and Leipzig (1994)

Galigani, P., *Il 'De Lapidum virtutibus' di Michele Psello*, Florence (1980)

Garzya, A., 'Un encomio del vino inedito di Michele Psello', *Byzantion* 35 (1965), 418–28

Garzya, A., 'On Michael Psellus' admission of faith', *EEBΣ*, 35 (1966), 41–6

Garzya, A., *Versi e un opuscolo inediti di Michele Psello* (Quaderni di le Parole e le Idee 4), Naples (1966)

Gautier, P., 'Collections inconnues ou peu connues de textes pselliens', *Rivista di Studi Bizantini e Slavi* 1 (1981), 39–69

Gautier, P., 'La défence de Lazare de Philippoupolis par Michel Psellos', *TM* 8 (1981), 151–69

Gautier, P., 'Deux manuscrits pselliens: le Parisinus graecus 1182 et le Laurentius graecus 57–40', *REB* 44 (1986), 45–110

Gautier, P., 'Un discours inédit de Michel Psellos sur la crucifixion', *REB* 49 (1991), 5–66

Gautier, P., 'Eloge funèbre de Nicolas de la Belle Source par Michel Psellos moine à l'Olympe', *BYZANTINA* 6 (1974), 9–69

Gautier, P., 'Eloge inédit du lecteur Jean Kroustoulas par Michel Psellos', *Rivista di Studi Bizantini e Neoellenici* n.s. 17–19 (1980–2), 119–47

Gautier, P., 'Lettre au sultan Malik-Shah rédigée par Michel Psellos', *REB* 35 (1977), 73–97

Gautier, P., *Michaelis Pselli Theologica*, I, Stuttgart and Leipzig (1989)

Gautier, P., 'Monodies inédites de Michel Psellos', *REB* 36 (1978), 83–151

Gautier, P., 'Monodie inédite de Michel Psellos sur le Basileus Andronic Doucas', *REB* 24 (1966), 123–70

Gautier, P., 'Un recueil de lettres faussement attribué à Michel Psellos', *REB* 35 (1977), 99–106

Gautier, P., 'Quelques lettres de Psellos inédites ou déjà éditées', *REB* 44 (1986), 111–97

Gemmiti, D., 'Omelia di Psello sull'Annunciazone', *Studi e Ricerche sull'Oriente Cristiano* 7 (1984), 97–164

Guglielmino, A. M., 'Versi di Michele Psello all'imperatore, signore Isaaco Comneno, sulle calende, le none e le idi', *Siculorum Gymnasium* n.s. 27 (1974), 121–33

Joannou, P.-P., *Démonologie populaire – démonologie critique au XIe siècle: la vie inédite de saint Auxence par M. Psellos* (Schriften zur Geistesgeschichte des Östlichen Europa 51), Wiesbaden (1971)

Karpozilos, A., 'DYO ANEKΔOTEΣ EΠIΣTOΛEΣ TOY MIXAHΛ ΨEΛΛOΥ', *ΔΩΔΩNH* 9 (1980), 299–310

Littlewood, A. R., *Michaelis Pselli Oratoria minora*, Stuttgart and Leipzig (1985)

Maltese, E. V., 'Epistole inedite di Michele Psello, I, II, III', *Studi Italiani di Filologia Classica*, ser. 3, 5 (1987), 82–98, 214–23; 6 (1988), 110–34

Masullo, R., 'Excerpta neoplatonici inediti di Michele Psello', *Atti Accad. Pontaniana* n.s. 37 (1988), 33–47

Michaelis Pselli Historia Syntomos, ed. W. J. Aerts (Corpus Fontium Historiae Byzantinae 30, series Berolinensis), Berlin and New York (1990)

Michel Psellos, *Chronographie*, ed. E. Renauld, 2 vols., Paris (1926–8; reissued 1967); English trans. E. R. A. Sewter, *Fourteen Byzantine Rulers*, Harmondsworth (1966)

Michele Psello, *Imperatori di Bisanzio (Cronografia)*, ed. S. Impellizzeri, comm. U. Criscuolo, trans. S. Ronchey, introd. D. del Corno, 2 vols., Vicenza (1984)

Musso, O., *Michele Psello, Nozioni Paradossali*, Naples (1977)

Niarchos, C. G., 'John Patricios: Michael Psellos in praise of his student and friend', *BYZANTINA* 11 (1982), 223–42

O'Meara, D. J., *Michaelis Pselli Philosophica Minora*, II: *Opuscula psychologica, theologica, daemonologica*, Stuttgart and Leipzig (1989)

Perusino, F., *Anonimo (Michele Psello?), la tragedia greca*, Urbino (1993)

Pizzari, P., *Michael Psellos, le opere dei demoni*, Palermo (1981)

Snipes, K., 'A letter of Michael Psellos to Constantine the nephew of Michael Cerularios', *Greek, Roman and Byzantine Studies* 22 (1981), 89–107

Snipes, K., 'An unedited treatise of Michael Psellos on the iconography of angels and on the religious festivals celebrated on each day of the week', in *Gonimos: Neoplatonic and Byzantine Studies Presented to L. G. Westerlink at 75*, Buffalo (1988), pp. 189–205

Spadaro, M. D., 'Un chrysobullon Pselliano (Nr. 1023 Dölger)', *Orpheus* 5 (1984), 335–56

Spadaro, M. D., 'Un'epistola di incerta attribuzione (Nr. 202 Sathas) et una semiedita (Nr. 203 Sathas)', *JöB* 30 (1981), 157–67

Spadaro, M. D., 'Un inedito di Psello dal cod.Paris gr.1182', *EΛΛHNIKA* 30 (1977–8), 84–98

Spadaro, M. D., *Michaelis Pselli in Mariam Sclerenam*, Catania (1984)

Spadaro, M. D., 'La monodia EIΣ THN THΣ AΓIAΣ ΣOOIAΣ ΣYMΠTΩΣIN atrribuita a Psello', *Siculorum Gymnasium* n.s. 28 (1975), 192–202

Weiss, G., 'Die Leichenrede des Michael Psellos auf den Abt Nikolaos vom Kloster von der Schönen Quelle', *BYZANTINA* 9 (1977), 219–322

Weiss, G., 'Die "Synopsis legum" des Michael Psellos', *Fontes Minores* 2 (1977), 147–214

Westerlink, L. G., *Michaeli Pselli Poemata*, Stuttgart and Leipzig (1992)

Michael the Syrian

Michael the Syrian, *Chronique de Michel le Syrien, patriarche jacobite d'Antioche (1166–1199)*, ed. and trans. J. B. Chabot, 4 vols., Paris (1899–1924)

Nikephoros Bryennios

Nicéphore Bryennios, *Histoire*, ed. P. Gautier (Corpus Fontium Historiae Byzantinae 9, series Bruxellensis), Brussels (1975)

Nikephoros the Chartophylax

Darrouzès, J., 'Une réponse du chartophylax Nicéphore (IXe siècle)', *REB* 22 (1964), 279–80

Gautier, P., 'Le chartophylax Nicéphore: œuvre canonique et notice biographique', *REB* 27 (1969), 159–95

Niketas Choniates

Niketas Choniates, *Historia*, ed. J.-L. van Dieten, 2 vols., Berlin and New York (1975)

Niketas Stethatos

Nicétas Stéthatos, *ΜΥΣΤΙΚΑ ΣΥΓΓΡΑΜΜΑΤΑ*, ed. P. Chrestou, Thessalonica (1959)

Nicétas Stéthatos, *Opuscules et lettres*, ed. J. Darrouzès, Paris (1961)

Nicétas Stéthatos, *Vie de Syméon le Nouveau Théologien (949–1022)*, ed. I. Hausherr (Orientalia Christiana Analecta 14), Rome (1928)

Nicholas Grammatikos

Darrouzès, J., 'L'éloge de Nicolas III par Nicolas Mouzalon', *REB* 46 (1988), 5–53

Darrouzès, J., 'Un faux acte attribué au patriarche Nicolas (III)', *REB* 28 (1970), 221–37

Darrouzès, J., 'Les réponses de Nicolas III à l'évêque de Zeitounion', in J. Chrysostomides (ed.), *ΚΑΘΗΓΗΤΡΙΑ*, Camberley (1988), pp. 327–43

Koder, J., 'Das Fastengedicht des Patriarchen Nikolaos III. Grammatikos. Edition des Textes und Untersuchung seiner Stellung innerhalb der byzantinischen Fastenliteratur', *JöB* 19 (1970), 203–41

Papagianne, E. and Troianos, S., 'Die kanonische Antworten des Nikolaos III. Grammatikos an den Bischof von Zetunion', *BZ* 82 (1989), 234–50

Nicholas Kataskepenos

Nicolas Kataskepenos, *La Vie de St. Cyrille de Philéote, moine byzantin (†1110)*, ed. E. Sargologos (Subsidia Hagiographica 39), Brussels (1964)

Nicholas Mouzalon

Doannidou, S., 'Η ΠΑΡΑΙΤΗΣΙΣ ΝΙΚΟΛΑΟΥ ΤΟΥ ΜΟΥΖΑΛΩΝΟΣ ΑΠΟ ΤΗΣ ΑΡΧΙΕΠΙΣΚΟΠΗΣ ΚΥΠΡΟΥ. ΑΝΕΚΔΟΤΟΝ ΑΠΟΛΟΓΗΤΙΚΟΝ ΠΟΙΗΜΑ', *ΕΛΛΗΝΙΚΑ* 7 (1934), 109–50

Nicholas of Andida

Darrouzès J., 'Nicolas d'Andida et les azymes', *REB* 32 (1974), 199–210

Symeon Seth

Sjöberg, L.-O., *Stephanites und Ichnelates*, Stöckholm, Göteburg and Uppsala (1962)

Theodosius Goudelis

Theodosius Goudelis, *The Life of Leontios, Patriarch of Jerusalem*, ed., trans. and comm.
   D. Tsougarakis (The Medieval Mediterranean 2), Leiden (1993)

Theophylact of Bulgaria

Garton, C., 'Theophylact "On Predestination", a first translation', *Greek, Roman and
   Byzantine Studies* 14 (1973), 83–102
Gautier, P., 'Le discours de Théophylacte de Bulgarie à l'autocrator Alexis Ier Comnène
   (6 janvier 1088)', *REB* 20 (1962), 93–130
Gautier, P., *Théophylacte d'Achrida, discours, traités, poésies* (Corpus Fontium Historiae
   Byzantinae 16/1), Thessalonica (1980)
Gautier, P., *Théophylacte d'Achrida, lettres* (Corpus Fontium Historiae Byzantinae 16/2),
   Thessalonica (1986)

Timarion

Macleod, M. D., *Luciani Opera*, IV, libellus 86, Oxford (1987)
Romano, R., *Pseudo-Luciano Timarione*, Naples (1974); English trans. B. Baldwin,
   Timarion, Detroit (1984)

Typika

Gautier, P., 'La *diataxis* de Michel Attaleiate', *REB* 39 (1981), 5–143
Gautier, P., 'Le typikon du Christ Sauveur Pantokrator', *REB* 32 (1974), 1–145
Gautier, P., 'Le typikon du sébaste Grégoire Pakourianos', *REB* 42 (1984), 5–146
Gautier, P., 'Le typikon de la Theotokos Evergétis', *REB* 40 (1982), 5–101
Gautier, P., 'Le typikon de la Theotokos Kecharitomène', *REB* 43 (1985), 5–165

穆斯林史料（包括西班牙史料）和东方史料

'Abd Allah, *The Tibyan: Memoirs of 'Abd Allah B. Buluggin, Last Zirid Amir of Granada*,
   trans. A. T. Tibi, Leiden (1986)
Abu Shama, 'Abd al-Rahman ibn Isma'il, *Kitab al-rawdatayn fi akhbar al-dawlatayn
   al-nuriyya wa 'l-salahiyya*, 2 vols., Bulaq (AH 1287–92/1871–5)
Abu Shama, 'Abd al-Rahman ibn Isma'il, *Tarajim rijal al-qarnayn al-sadis wa' l-sabi' al-
   ma 'ruf bi' l-dhal 'ala al-rawdatayn*, ed. M. al-Kawthari, Cairo (1947)
Anonymi auctoris Chronicon ad AC 1234 pertinens, ed. A. Abouna, annotated J.-M. Fiey,
   Louvain (1974)
al-'Azimi, Muhammad b. 'Ali, 'La chronique abrégée d'al-'Azimi', ed. C. Cahen, *Journal
   Asiatique* 230 (1938), 353–448; ed. I. Za'rur, *Ta'rikh Halab*, Damascus (1984)
al-Bundari, Fath b. 'Ali, *Zubdat al-nusra wa nukhbat al-'usra*, ed. M. T. Houtsma,
   Recueil de textes relatifs à l'histoire des Seljoukides, II, Leiden (1889)
Christians and Moors in Spain, III: Arabic Sources (711–1501), trans. C. Melville and
   A. Ubaydli, Warminster (1992)

Fatimid Decrees, ed. S. M. Stern, London (1964)

al-Ghazali, *Al-Munqidh min al-dalal*, Damascus (1939); trans. W. M. Watt, *The Faith and Practice of al-Ghazali*, London (1953)

al-Husayni, Sadr al-Din, *Akhbar al-dawla al-saljuqiyya*, ed. M. Iqbal, Lahore (1933)

Ibn al-ʿAdim, ʿUmar ibn Ahmad, *Bughyat al-talab fi taʾrikh Halab*, ed. Suhayl Zakkar, 11 vols., Damascus (1988)

Ibn al-ʿAdim, ʿUmar ibn Ahmad, *Zubdat al-halab min taʾrikh Halab*, ed. Sami al-Dahhan, 3 vols., Damascus (1951–68)

Ibn ʿAsakir, ʿAli ibn al-Hasan, *Taʾrikh madinat Dimashq*, various editors, 14 vols. so far (Arab Academy of Damascus), Damascus (1951–92); complete edn, ʿAli Shiri, 80 vols., Beirut (1995–8); I, part 2, trans. N. Elisséeff, *La Description de Damas d'Ibn ʿAsakir*, Damascus (1959)

Ibn al-Athir, *Kitab al-kamil fi 'l-taʾrikh*, ed. C. J. Tornberg (1851–76); revised edn, Ihsan ʿAbbas, 13 vols., Beirut (1965)

Ibn al-Athir, ʿAli ibn Muhammad, *Al-Taʾrikh al-bahir fi al-dawlat al-atabakiyya*, ed. A. A. Tulaymat, Cairo (1963)

Ibn al-Azraq al-Fariqi, Ahmad ibn Yusuf, *Taʾrikh Mayyafariqin wa-Amid*, ed. and trans. C. Hillenbrand, *A Muslim Principality in Crusader Times: The Early Artuqid State*, Leiden (1990)

Ibn Bibi, *Die Seltschukengeschichte des Ibn Bibi*, trans. H. W. Duda, Copenhagen (1959)

Ibn al-Furat, Muhammad ibn ʿAbd al-Rahim, *Taʾrikh al-duwal wa'l-muluk*, I–III, Vienna, Österreichische Nationalbibliothek, AF 117–119; IV, ed. H. al-Shamma, Basra (1967)

Ibn Hamdun, Muhammad ibn al-Hasan, *Al-Tadhkira al-Hamduniyya*, ed. I. ʿAbbas, 10 vols., Beirut (1996)

Ibn Hawqal, *Surat al-ard*, ed. J. H. Kramers, Leiden (1938–9); trans. J. H. Kramers and G. Wiet, *Configuration de la terre*, Paris (1964)

Ibn ʿIdhari, *Al-Bayan al-mughrib*, ed. G. S. Colin and E. Levi-Provençal, I, Leiden (1948); trans. F. Maillo Salgado as *La caida del Cóifato de Córdoba y los Reyes de Taifas (al-Bayan al-Mugrib)*, Salamanca (1993)

Ibn al-ʿImrani, Muhammad ibn ʿAli, *Kitab al-anba fi taʾrikh al-khulafaʾ*, ed. Q. al-Samarraʾi, Leiden (1973)

Ibn al-Jawzi, Abu al-Faraj, *Al-Muntazam fi taʾrikh al-muluk wa'l-umam*, 6 vols., Hyderabad (1938–41)

Ibn Jubayr, Muhammad ibn Ahmad, *Tadhkira li-akhbar ʿan ittifaqat al-asfar*, ed. W. Wright, Leiden (1907); trans. R. J. C. Broadhurst, *The Travels of Ibn Jubair*, London (1952); trans. M. Gaudefroy-Demombynes, *Voyages*, 4 vols., Paris (1949–65)

Ibn al-Kardabus, *Historia de al-Andalus*, trans. F. Maillo Salgado, Madrid (1986)

Ibn Khaldun (1967), *The Muqaddimah*, trans. F. Rosenthal, 2nd edn, New York and London (1986)

Ibn Khallikan, *Wafayat al-aʿyan fi anbaʾ abnaʾal-zaman*, ed. Ihsan ʿAbbas, 8 vols., Beirut (1972); trans. Macguckin de Slane, *Ibn Khallikan's Biographical Dictionary*, 4 vols., Paris (1842–71)

Ibn Manzur, Muhammad ibn Mukarram, *Mukhtasar taʾrikh Dimashq li-Ibn ʿAsakir*, various eds., 29 vols., Damascus (1984–9)

Ibn Muyassar, *Akhbar Misr*, ed. A. F. Sayyid, *Choix de passages de la Chronique d'Egypte d'Ibn Muyassar*, Cairo (1981)

Ibn al-Qalanisi, *Dhayl ta'rikh Dimashq*, ed. H. F. Amedroz, Leiden (1908); ed. S. Zakkar, Damascus (1983); partial trans. H. A. R. Gibb, *The Damascus Chronicle of the Crusades*, London (1932); partial trans. R. LeTourneau, *Damas de 1075 à 1154*, Damascus (1952)

Ibn al-Sayrafi, 'Al-Ishara ila man nala al-wizara', ed. A. Mukhlis, *Bulletin de l'Institut Français d'Archéologie Orientale*, 25 (1924), 49–112; 26 (1925), 49–70

Ibn Shaddad, Baha' al-Din Yusuf, *Al-Nawadir al-sultaniyya wa 'l-mahasin al-yusufiyya*, ed. J. al-Shayyal, Cairo (1962); trans. C. W. Wilson and C. R. Conder, *Saladin, or What Befell Sultan Yusuf* (Palestine Pilgrims Text Society 13), London (1897)

Ibn Shaddad, Muhammad ibn 'Ali, *Al-A'laq al-khatira fi dhikr umara'al-Sham wa'l-Jazira: Aleppo*, ed. D. Sourdel, Damascus (1953); *Damascus*, ed. Sami al-Dahhan, Damascus (1956); *Palestine, Transjordan and Lebanon*, ed. Sami al-Dahhan, Damascus (1963); 'North Syria', ed. A.-M. Eddé, *Bulletin d'Etudes Orientales* 32–3 (1982–3), 264–402, and trans. A.-M. Eddé, *Description de la Syrie du Nord*, Damascus (1984); *Mesopotamia (al-Jazira)*, ed. Y. 'Abbara, 2 vols., Damascus (1977–8)

Ibn Wasil, Muhammad b. Salim, *Mufarrij al-kurub fi akhbar Bani Ayyub*, ed. J. al-Shayyal, S. A. F. 'Ashur and Hasanayn al-Rabi', 6 vols. so far, Cairo (1963–77)

'Imad al-Din al-Katib al-Isfahani, *Al-Barq al-Shami*, abridged by al-Bundari as *Sana al-Barq al-Shami*, ed. R. Nabarawy, Cairo (1979)

'Imad al-Din al-Katib al-Isfahani, *Al-Fath al-qussi fi al-fath al-qudsi*, ed. Carlo de Landberg, Leiden (1888); trans. H. Massé, *Conquête de la Syrie et de la Palestine par Saladin*, Paris (1972)

al-Maqrizi, *Itti'az al-hunafa*, 3 vols., Cairo (1967–73)

al-Maqrizi, *Le Traité des famines de Maqrizi*, trans. G. Wiet, Leiden (1962)

al-Maqrizi, Ahmad ibn 'Ali, *Kitab al-mawa'iz wa'l-i'tibar bi-dhikr al-khitat wa'l-athar*, 2 vols., Bulaq (AH 1270/1853–4)

al-Maqrizi, Ahmad ibn 'Ali, *Kitab al-suluk fi ma'rifat duwal al-muluk*, 1, ed. M. M. Ziyada, Cairo (1934); trans. of section on Ayyubids by E. Blochet, *Histoire d'Egypte*, Paris (1908), and by R. J. C. Broadhurst, *History of the Ayyubid Sultans of Egypt*, Boston (1980)

al-Mu'ayyad fi 'l-Din al-Shirazi, 'The Sira', ed. A. Hamdani, PhD, London (1950)

al-Mustansir, *Al-sijillat al-Mustansiriyya, ms. School of Oriental and African Studies*, no.27155, ed. A. M. Magued, Cairo (1954)

al-Mustansir bi'llah, 'The letters', ed. H. F. Hamdani, *Bulletin of the School of Oriental Studies* 7 (1933–5), 307–24

Nishapuri, Zahir al-Din, *Saljuq-nameh*, Tehran (AH 1332/1954)

Nizam al-Mulk, al-Hasan ibn 'Ali, *Siyasat-nameh ya siyar al-muluk*, ed. H. Darke, Tehran (1976); trans. H. Darke, *The Book of Government, or Rules for Kings*, London (1978)

al-Nu'aymi, 'Abd al-Qadir, *Al-Daris fi ta'rikh al-madaris*, ed. Ja'far al-Hassani, 2 vols., Damascus (1948–51)

al-Nu'man (al-Qadi), *Da'a'im al-islam*, ed. A. A. A. Fyzee, Cairo (1951)

Rawandi, Muhammad ibn ʿAli, *Rahat al-sudur wa-ayat al-surur*, ed. M. Iqbal, London (1921)

al-Shirazi, *Diwan*, ed. M. Kamil Husayn, Cairo (1949)

al-Shirazi, *Sirat al-Muʾayyad*, ed. M. Kamil Husayn, Cairo (1949)

Sibt ibn al-Jawzi, Yusuf b. Qizoghlu, *Mirʾat al-zaman fi taʾrikh al-aʿyan – ʿAH 448–480 / AD 1056–1086*ʾ, ed. Ali Sevim, Ankara (1968); ʿAH 495–654 / AD 1100–1256ʾ, as vol. VIII in 2 parts, Hyderabad (1951–2)

Usama b. Munqidh, *Kitab al-iʿtibar*, ed. P. K. Hitti, Princeton (1930); trans. P. K. Hitti, *An Arab-Syrian Gentleman and Warrior in the Period of the Crusades*, New York (1929)

Yahya ibn Saʿid al-Antakiʾ, ʿThe Byzantine–Arab Chronicle (938–1034)ʾ, ed. J. Forsyth, PhD, Michigan (1977); facsimile repr., Ann Arbor (1978)

第二手著作书目（按章编排）

第二章 1024—1122年的罗马教廷

Barlow, F. (1963), *The English Church, 1000–1066*, London

Becker, A. (1955), *Studien zum Investiturproblem in Frankreich*, Saarbrüken

Blaauw, S. de (1987), *Cultus et decor: Liturgie en architectuer in Laatantick en middeleeuws Rome: Basilica Saluatoris, Sandae Mariae, Sandi Petri*, Delft; traas M. B. Annis, *Cuttus et decor: Liturgia e architectura reda Roma tardoantica e medierale* (studi e testi, 355-6), attá del vaticano, 1994

Blumenthal, U.-R. (1978), *The Early Councils of Pope Paschal II, 1100–1110* (Studies and Texts 43), Toronto

Blumenthal, U.-R. (1986), 'Bemerkungen zum Register Papst Paschalis II', *QFIAB* 66: 1–19

Blumenthal, U.-R. (1988a), *The Investiture Controversy: Church and Monarchy from the Ninth to the Twelfth Century*, Philadelphia

Blumenthal, U.-R. (1988b), 'Papal registers in the twelfth century', *Proceedings of the Seventh International Congress of Medieval Canon Law* (1984), Cambridge, pp. 135–51

Bresslau, H. (1912–31), *Handbuch der Urkundenlehre für Deutschland und Italien*, 2 vols., Leipzig

Bresslau, H. (1918), 'Internationale Beziehungen im Urkundenwesen des Mittelalters', *Archiv für Urkundenforschung* 6: 19–76

Brooke, C. N. L. (1971), 'Gregorian Reform in action: clerical marriage in England, 1050–1200', in C. N. L. Brooke (ed.), *Medieval Church and Society: Collected Essays*, London, pp. 69–99

Brooke, Z. N. (1952), *The English Church and the Papacy from the Conquest to the Reign of John*, Cambridge; repr. 1968

Cantor, N. F. (1958), *Church, Kingship, and Lay Investiture in England 1089–1135*, Princeton

Capitani, O. (1966), *Studi su Berengario di Tours*, Lecce

Caspar, E. (1913), 'Studien zum Register Gregors VII', *NA* 38: 144–226

Chodorow, S. A. (1971), 'Ecclesiastical politics and the ending of the Investiture Contest: the papal election of 1119 and the negotiations of Mouzon', *Speculum* 46: 613–40

Congar, Y. M.-J. (1961), 'Der Platz des Papsttums in der Kirchenfrömmigkeit der Reformer des 11. Jahrhunderts', in J. Danielou and H. Vorgrimler (eds.), *Sentire ecclesiam: das Bewusstsein von der Kirche als gestaltende Kraft der Frömmigkeit*, Freiburg, Basle and Vienna, pp. 196–217

Cowdrey, H. E. J. (1970), *The Cluniacs and the Gregorian Reform*, Oxford

Cowdrey, H. E. J. (1972), 'Pope Gregory VII and the Anglo-Norman church and kingdom', *SG* 9: 79–114

Cowdrey, H. E. J. (1983), *The Age of Abbot Desiderius: Montecassino, the Papacy, and the Normans in the Eleventh and Early Twelfth Centuries*, Oxford

Cowdrey, H. E. J. (1989), 'The Gregorian Reform in the Anglo-Norman lands and in Scandinavia', *SG* 13: 321–52

Dahlhaus, J. (1989), 'Autkommen und Bedenting der, Rota in der Urkuden des Papstes Leo IX; *Archivum Historiae Pontificiae* 27: 7–84

Deer, J. (1964), 'Der Anspruch der Herrscher des 12. Jahrhunderts auf die apostolische Legation', *AHP* 2: 117–86

Ehrle, F. (1910), 'Die Frangipani und der Untergang des Archivs und der Bibliothek der Päpste am Anfang des 13. Jahrhunderts', in *Mélanges offerts à M. Emile Chatelain*, Paris, pp. 448–83

Ehrle, F. (1913), 'Nachträge zur Geschichte der drei ältesten päpstlichen Bibliotheken', *Römische Quartalschrift*, Supplement 20: 337–69

Elze, R. (1952), 'Das "sacrum palatium Lateranense" im 10. und 11. Jahrhundert', *SG* 4: 27–54

Erdmann, C. (1935), *Die Entstehung des Kreuzzugsgedankens*, Stuttgart, trans. M. W. Baldwin and W. Goffart as *The Origin of the Idea of Crusade*, Princeton, 1977

Feine, H. E. (1972), *Kirchliche Rechtsgeschichte: die Katholische Kirche*, Cologne and Vienna

Fichtenau, H. (1957), *Arenga, Spätantike und Mittelalter im Spiegel von Urkundenformeln* (Mitteilungen des Österreichischen Geschichtsinstitut, Ergänzungsband 18), Vienna

Fornasari, G. (1989), 'Le riforma gregoriana nel "Regnum Italiae"', *SG* 13: 281–320

Förster, H. (ed.) (1958), *Liber diurnus Romanorum pontificum* (Gesamtausgabe) Berne

Frenz, T. (1986), *Papsturkunden des Mittelalters und der Neuzeit*, Wiesbaden

Fuhrmann, H. (1954), 'Studien zur Geschichte mittelalterlicher Patriarchate, II.', *ZSSRG KA* 40: 1–84

Fuhrmann, H. (1955), 'Studien zur Geschichte mittelalterlicher Patriarchate, III. (Schluss)', *ZSSRG KA* 41: 95–183

Fuhrmann, H. (1961), 'Das ökumenische Konzil und seine historischen Grundlagen', *Geschichte in Wissenschaft und Unterricht* 12: 672–95

Fuhrmann, H. (1972–4), *Einfluss und Verbreitung der pseudoisidorischen Fälschungen*, 3 vols., Stuttgart

Fuhrmann, H. (1989), 'Papst Gregor VII. und das Kirchenrecht: zum Problem des Dictatus Papae', *SG* 13: 123–49

García y García, A. (1989), 'Riforma gregoriana e idea de la *militia sancti Petri* en los reinos ibéricos', *SG* 13: 341–62

Gottlob, T. (1936), *Der kirchliche Amtseid der Bischöfe*, Bonn

Halphen, L. (1907), *Etudes sur l'administration de Rome au moyen âge 751–1252*, Paris; repr. 1981

Hauck, A. (1958), *Kirchengeschichte Deutschlands*, III, Berlin

Herde, P. (1970), 'Das Papsttum und die griechische Kirche in Süditalien vom 11. bis 13. Jahrhundert', *DA* 26: 1–46

Hermann, J.-J. (1973), *Das Tuskulanerpapsttum 1012–1046* (Päpste und Papsttum 4), Stuttgart

Hess, H. (1958), *The Canons of the Council of Sardica, AD 343*, Oxford

Hinschius P. (1869), *System des katholischen Kirchenrechts mit besonderer Rücksicht auf Deutschland (Das Kirchenrecht der Katholiken und Protestanten in Deutschland)*, I, Berlin

Hoffmann, H. (1976), 'Zum Register und zu den Briefen Papst Gregors VII', *DA* 32: 86–130

Huels, R. (1977), *Kardinäle, Klerus und Kirchen Roms 1049–1130*, Tübingen

Jasper, D. (1986), *Das Papstwahldekret von 1059: Überlieferung und Textgestalt*, Sigmaringen

Jordan, K. (1932), 'Das Eindringen des Lehnswesens in das Rechtsleben der römischen Kurie', *Archiv für Urkundenforschung* 12: 13–110

Jordan, K. (1947), 'Die päpstliche Verwaltung im Zeitalter Gregors VII', *SG* 1: 111–35

Jordan, K. (1973), *Die Entstehung der römischen Kurie: ein Versuch, mit Nachtrag 1962* (Libelli 91), Darmstadt; appeared originally in *ZSSRG KA* 28 (1939), 97–152

Katterbach, B. and Peitz, W. M. (1924), 'Die Unterschriften der Päpste und Kardinäle in den "Bullae maiores" vom 11. bis 14. Jahrhundert', *Studi e Testi* (Miscellanea F. Ehrle 4) 40: 177–274

Kehr, P. F. (1901), *Scrinium und Palatium: zur Geschichte des päpstlichen Kanzleiwesens im XI. Jahrhundert* (*MIÖG*, Ergänzungsband 6), Vienna

Kempf, F. (1969), 'The church and the western kingdoms from 900 to 1046', in F. Kempf, H.-G. Beck, E. Ewig and J. A. Jungmann (eds.), *The Church in the Age of Feudalism*, Handbook of Church History, III, trans. A. Biggs, New York, pp. 194–258; also pp. 320–39: 'Renewal and reform from 900–1050'; and pp. 351–403: 'The Gregorian Reform'

Kempf, F. (1978), 'Primatiale und episkopal-synodale Struktur der Kirche vor der gregorianischen Reform', *AHP* 16: 27–66

Klewitz, H.-W. (1934–5), 'Studien über die Wiederherstellung der römischen Kirche in Süditalien durch das Reformpapsttum', *QFIAB* 25: 105–57

Klewitz, H.-W. (1936), 'Die Entstehung des Kardinalkollegiums', *ZSSRG KA* 25: 115–21

Klinkenberg, H. M. (1955), 'Der römische Primat im X. Jahrhundert', *ZSSRG KA* 72: 1–57

Krause, H. G. (1976), 'Über der Verfasser der Vita Leonis IX papae', *DA* 32: 49–85

Kurze, W. (1990), 'Notizen zu den Päpsten Johannes VII., Gregor III. und Benedikt III. in der Kanonessammlung des Kardinals Deusdedit', *QFIAB* 70: 23–45

Kuttner, S. (1945), 'Cardinalis: the history of a canonical concept', *Traditio* 3: 129–214

Lohrmann, D. (1968), *Das Register Papst Johannes' VIII. 872–882* (Bibliothek des Deutschen Historischen Instituts in Rom 30), Tübingen

Maccarrone, M. (1989), 'I fondamenti "Petrini" del Primato Romano in Gregorio VII', *SG* 13: 55–122

Maleczek, W. (1981), 'Das Kardinalskollegium unter Innocenz II. und Anaklet II,' *AHP* 19: 27–78

Maleczek, W. (1984), *Papst und Kardinalskolleg von 1191 bis 1216* (Publikationen des Historischen Instituts beim Österreichischen Kulturinstitut in Rom 1.6), Vienna

Meulenberg, L. F. J. (1965), *Der Primat der Römischen Kirche im Denken und Handeln Gregors VII*, The Hague

Miccoli, G. (1966), *Chiesa gregoriana: ricerche sulla riforma del secolo XI*, Florence

Minninger, M. (1978), *Von Clermont zum Wormser Konkordat: die Auseineranderstungen um den Lehnsnexus zwischen König und Episkopat*, Cologne

Partner, P. (1972), *The Lands of St Peter*, London

Petrucci, E. (1975), *Rapporti di Leone IX con Constantinopoli*, I: *Per la storia dello scisma del 1054*, Rome

Petrucci, E. (1977), *Ecclesiologia e politica di Leone IX*, Rome

Pfaff, V. (1953), 'Die Einnahmen der römischen Kurie am Ende des 12. Jahrhunderts', *Vierteljahrschrift für Sozial- und Wirtschaftsgeschichte* 40: 97–118

Picasso, G. (1989), 'Gregorio VII e la disciplina canonica: clero e vita monastica', *SG* 13: 151–66

Rabikauskas, P. (1958), *Die römische Kuriale in der päpstlichen Kanzlei*, Rome

Robinson, I. S. (1978a), *Authority and Resistance in the Investiture Contest: The Polemical Literature of the Late Eleventh Century*, Manchester

Robinson, I. S. (1978b), 'Periculosus homo: Pope Gregory VII and episcopal authority', *Viator* 9: 103–31

Robinson, I. S. (1988), 'Church and papacy', in J. H. Burns (ed.), *The Cambridge History of Medieval Political Thought, c. 350–c. 1450*, Cambridge, pp. 252–305

Robinson, I. S. (1990), *The Papacy 1073–1198, Continuity and Innovation*, Cambridge

Ryan, J. J. (1956), *Saint Peter Damiani and his Canonical Sources*, Toronto

Ryan, J. J. (1966), 'Bernold of Constance and an anonymous Libellus de Lite: "De Romani pontificis potestate universas ecclesias ordinandi"', *AHP* 4: 9–24

Santifaller, L. (1940), 'Saggio di un Elenco dei funzionari, impiegati e scrittori della Cancelleria Pontificia dall'inizio all'anno 1099', *BISI* 56: 1–865

Santifaller, L. (1973), 'Über die Neugestaltung der äusseren Form der Papstprivilegien unter Leo IX', in *Festschrift Hermann Wiesflecker*, Graz, pp. 29–38

Santifaller, L. (1976), *Liber Diurnus: Studien und Forschungen*, ed. H. Zimmermann (Päpste und Papsttum 10), Stuttgart

Schieffer, R. (1971), 'Tomus Gregorii papae, Bemerkungen zur Diskussion um das Register Gregors VII', *Archiv für Diplomatik* 17: 169–84

Schieffer, R. (1972), '*Spirituales latrones*: zu den Hintergründen der Simonieprozesse in Deutschland zwischen 1069 und 1075', *Historisches Jahrbuch* 92: 19–60

Schieffer, R. (1981), *Die Entstehung des päpstlichen Investiturverbots für den deutschen König* (*MGH Schriften*, XXVIII), Stuttgart

Schieffer, T. (1935), *Die päpstlichen Legaten in Frankreich vom Vertrage von Meersen (870) bis zum Schisma von 1130* (Historische Studien Ebering 263), Berlin

Schimmelpfennig, B. (1978), 'Zölibat und Lage der "Priestersöhne" vom 11. bis 14. Jahrhundert', *HZ* 227: 1–44

Schimmelpfennig, B. (1984), *Das Papsttum: Grundzüge seiner Geschichte von der Antike bis zur Renaissance*, Darmstadt

Schmale, F. J. (1961), 'Papsttum und Kurie zwischen Gregor VII. und Innocenz II.', *HZ* 193: 265–85

Schmale, F.-J. (1976), 'Synodis – synodale concilium – concilium', *Annuarium Historiae Conciliorum* 8: 80–102

Schmale, F.-J. (1979), 'Die "Absetzung" Gregors VI. in Sutri und die synodale Tradition', *Annuarium Historiae Conciliorum* 11: 55–103

Schmidt, T. (1977), *Alexander II. und die römische Reformgruppe seiner Zeit* (Päpste und Papsttum 11), Stuttgart

Schramm, P. E. (1929), 'Studien zu frühmittelalterlichen Aufzeichnungen über Staat und Verfassung', *ZSSRG*, Germanistische Abteilung 49: 199–218

Schramm, P. E. (1947), 'Sacerdotium und Regnum im Austausch ihrer Vorrecht: eine Skizze der Entwicklung zur Beleuchtung des "Dictatus Papae" Gregors VII.', *SG* 2: 403–57

Schneider, C. (1972), *Prophetisches Sacerdotium und heilsgeschichtliches Regnum im Dialog 1073–1077; Zur Geschichte Gregors VII. und Heinrichs IV.*, Münster

Servatius, C. (1979), *Paschalis II. 1099–1118* (Päpste und Papsttum 14), Stuttgart

Somerville, R. (1989), 'The councils of Gregory VII', *SG* 13: 33–53

Somerville, R. (1990), *Papacy, Councils and Canon Law in the 11th–12th Centuries* (Variorum Collected Studies CS 312), Aldershot

Sydow, J. (1951), 'Cluny und die Anfänge der Apostolischen Kammer', *Studien und Mitteilungen zur Geschichte des Benediktiner Ordens* 63: 45–66

Sydow, J. (1954–5), 'Untersuchungen zur kurialen Verwaltungsgeschichte im Zeitalter des Reformpapsttums', *DA* 11: 18–73

Toubert, P. (1973), *Les Structures du Latium médiéval: le Latium et la Sabine du IXe siècle à la fin du XIIe siècle* (Bibliothèque des Ecoles Françaises d'Athène et de Rome 211) 2 vols., Rome

Valentini, R. and Zucchetti, G. (1940–53), *Codice topografico della città di Roma*, 4 vols., Rome

Vehse, O. (1929–30), 'Die päpstliche Herrschaft in der Sabina bis zur Mitte des 12. Jahrhunderts', *QFIAB* 21: 120–75

Vones, L. (1980), *Die 'historia Compostellana' und die Kirchenpolitik des nordwestspanischen Raumes 1070–1130*, Cologne and Vienna

Winroth, A. (2000) *The Making of Gratian's Decretales*, Cambridge

Zafarana, Z. (1966), 'Sul "conventus" del clero romano nel maggio 1082', *Studi Medievali* 3rd series 7: 399–403

第三章　萨利安人统治下的西部帝国

Althoff, G. (1987), 'Der friedens-, bundnis- und gemeinschaftstiftende Charakter des Mahles im früheren Mittelalter', in I. Bitsch, T. Ehlert and X. von Ertzdorff (eds.), *Essen und Trinken in Mittelalter und Neuzeit*, Sigmaringen, pp. 13–25

Althoff, G. (1993), 'Demonstration und Inszenierung: Spielregeln der Kommunikation in mittelalterlicher Öffentlichkeit', *FmaSt* 27: 27–50

Angenendt, A. (1984), *Kaiserherrschaft und Königstaufe. Kaiser, Könige und Päpste als geistliche Patrone in der abendländische Missionsgeschichte*, Berlin and New York

Beulertz, S. (1991), *Das Verbot der Laieninvestitur im Investiturstreit*, Hanover

Blumenthal, U.-R. (1988), *The Investiture Controversy: Church and Monarchy from the Ninth to the Twelfth Century*, Philadelphia

Chazan, R. (1987), *European Jewry and the First Crusade*, Berkeley

Claude, D. (1972), *Geschichte des Erzbistums Magdeburg*, pt 1, Cologne and Vienna

Fenske, L. (1977), *Adelsopposition und kirchliche Reformbewegung im östlichen Sachsen: Entstehung und Wirkung des sächsischen Widerstandes gegen das salische Königtum während des Investiturstreits*, Göttingen

Fried, J. (1973), 'Der Regalienbegriff im 11. und 12. Jahrhundert', *DA* 29: 450–528

Fried, J. (1991), *Die Formierung Europas 840–1046*, Munich

Fried, J. (1994), *Der Weg in die Geschichte bis 1024* (Propyläen Geschichte Deutschlands 1), Berlin

Fuhrmann, H. (1986), *Germany in the High Middle Ages c. 1050–1200*, trans. T. Reuter, Cambridge

Gilchrist, J. (1973, 1980), 'The reception of Gregory VII into canon law', *ZSSRG KA* 59: 35–82; 66: 192–229

Hartmann, W. (1993), *Der Investiturestreit* (Enzyklopädia deutsche Geschichte 21), Munich

Haverkamp, A. (1988), *Medieval Germany, 1056–1273*, trans. H. Braun and R. Mortimer, Oxford

Heidrich, I. (1984), *Ravenna unter Erzbischof Wibert*, Sigmaringen

Heinemeyer, K. (1986), 'König und Reichsfürsten in der späten Salier- und frühen Stauferzeit', *Blätter für Deutsche Landsgeschichte* 122: 1–39

Hoffmann, H. (1993), *Mönchskönig und rex idiota. Studien zur Kirchenpolitik Heinrichs II. und Konrads II.*, Hanover

Jackman, D. (1990), *The Konradiner: A Study in Genealogical Methodology*, Frankfurt

Jakobs, H. (1988), *Kirchenreform und Hochmittelalter 1046–1215* (Oldenbourg Grundriß der Geschichte 7), Munich

Jasper, D. (1986), *Das Papstwahldekret von 1059*, Sigmaringen

Keller, H. (1983), 'Schwäbische Herzöge als Thronbewerber', *Zeitschrift für die Geschichte des Oberrheins* 131: 123–62

Keller, H. (1986), *Zwischen regionaler Begrenzung und universalem Horizont (1024–1250)* (Propyläen Geschichte Deutschlands 2), Berlin

Koziol, G. (1992), *Begging Pardon and Favour: Ritual and Political Order in Early Medieval France*, Ithaca and London

Leyser, K. (1983), 'The crisis of medieval Germany', *PBA* 69: 409–43; repr. in K. Leyser, *Communications and Power in Medieval Europe: The Gregorian Revolution and Beyond*, ed. T. Reuter, London, 1994, pp. 21–49

Leyser, K. (1991), 'The Anglo-Norman succession 1120–1125', *ANS* 13: 225–41

Leyser, K. (1993), 'Am Vorabend der ersten europäischen Revolution: das 11 Jahrhundert als Umbruchszeit', *HZ* 257: 1–28; repr. as 'On the eve of the first European revolution', in K. Leyser, *Communications and Power in Medieval Europe: The Gregorian Revolution and Beyond*, ed. T. Reuter, London, 1994, pp. 1–19

Lynch, J. H. (1985), 'Hugh of Cluny's sponsorship of Henry IV', *Speculum* 60: 800–26

Lynch, J. H. (1986), *Godparents and Kinship in Early Medieval Europe*, Princeton

Mertens, D. (1981), 'Christen und Juden zur Zeit des ersten Kreuzzuges', in B. Martin *et al.* (eds.), *Die Juden als Minderheit in der Geschichte*, Munich, pp. 46–67

Minninger, M. (1978), *Von Clermont zum Wormser Konkordat*, Cologne and Vienna

Reuter, T. (1982) 'The "imperial church system" of the Ottonian and Salian rulers: a reconsideration', *JEH* 33: 347–74

Reuter, T. (1992), 'Unruhestiftung, Fehde, Rebellion, Widerstand', in Weinfurter (1991–2), III, pp. 297–325

Riley-Smith, J. (1986), *The First Crusade and the Idea of Crusading*, London

Rousset, P. (1983), *Histoire d'une idéologie: la croisade*, Lausanne

Schieffer, R. (1972), 'Spirituales Latrones: zu den Hintergründen der Simonieprozesse in Deutschland zwischen 1069 und 1075', *Historisches Jahrbuch* 92: 19–60

Schieffer, R. (1981), *Die Entstehung des päpstlichen Investiturverbots für den deutschen König*, Stuttgart

Schieffer, R. (1986), 'Rechtstexte des Reformpapstums und ihre zeitgenössische Resonanz', in R. Kottje and H. Mordek (eds.), *Überlieferung und Geltung normativer Texte des frühen und hohen Mittelalters*, Sigmaringen, pp. 51–69

Schlesinger, W. (1973), 'Die Wahl Rudolfs von Schwaben zum Gegenkönig 1077 in Forchheim', in. J. Fleckenstein (ed.), *Investiturstreit und Reichsverfassung*, Sigmaringen, pp. 61–86; repr. in W. Schlesinger, *Ausgewählte Aufsätze*, Sigmaringen, 1987, pp. 273–96

Schmid, K. (1983), 'Heinrich III. und Gregor VII. im Gebetsgedächtnis von Piacenza des Jahres 1046', in K. Schmid, *Gebetsgedenken und adliges Selbstverständnis im Mittelalter*, Sigmaringen, pp. 598–619

Schmitt, J.-C. (1990), *Le Raison des gestes dans l'Occident médiéval*, Paris

Southern, R. (1990), *Saint Anselm: A Portrait in a Landscape*, Cambridge

Tellenbach, G. (1988), 'Der Charakter Kaiser Heinrichs IV. Zugleich ein Versuch über die Erkennbarkeit menschlicher Individualität im hohen Mittelalter', in G. Althoff *et al.* (eds.), *Person und Gemeinschaft*, Sigmaringen, pp. 345–67

Tellenbach, G. (1993), *The Church in Western Europe from the Xth to the Early XIth Century* (Cambridge Medieval Textbooks), Cambridge

Vogel, J. (1983), *Gregor VII. und Heinrich IV. nach Canossa: Zeugnisse ihres Selbstverständnisses*, Berlin and New York

Vollrath, H. (1992), 'Konfliktwahrnehmung und Konfliktdarstellung in erzählenden Quellen des 11. Jahrhunderts', in Weinfurter (1991–2), III, pp. 279–96

Vollrath, H. (1993), 'L'accusa di simonia tra le fazioni contraposte nella lotta per le investiture', in C. Violante and J. Fried (eds.), *Il secolo XI: una svolta?*, Bologna, pp. 131–56

Wendehorst, A. (1996), 'Who could read and write in the middle ages', in A. Haverkamp and H. Vollrath (eds.), *England and Germany in the High Middle Ages*, Oxford, pp. 57–88

Weinfurter, S. (1991), *Herrschaft und Reich der Salier*, Sigmaringen

Weinfurter, S. (ed.) (1991–2) *Die Salier und das Reich*, 3 vols., Sigmaringen

Zimmermann, H. (1975), *Der Canossagang von 1077: Wirkungen und Wirklichkeit*, Mainz

第四章（上）　11世纪的意大利北部和中部地区

Archetti Giampaolini, E. (1987), *Aristocrazia e chiese nella Marca del centro-nord tra IX e XI secolo*, Rome

Arezzo e il suo territorio nell'alto medioevo (1985), Cortona

Ascheri, M. and Kurze, W. (eds.) (1989), *L' amiata nel medioevo*, Rome

Atti del 9° Congresso internazionale di studi sull'alto medioevo: il ducato di Spoleto (1983) (Congressi del Centro Italiano di Studi sull'Alto Medioevo 9), Spoleto

Atti dell' 11° Congresso internazionale di studi sull'alto medioevo: Milano ed il suo territorio in età comunale (1989) (Congressi del Centro Italiano di Studi sull'Alto Medioevo 11), Spoleto

Bordone, R. (1980), *Città e territorio nell'alto medioevo: la società astigiana dal dominio dei Franchi all'affermazione comunale* (Biblioteca Storica Subalpina 200), Turin

Bordone, R. (1987), *La società cittadina del regno d'Italia* (Biblioteca Storica Subalpina 202), Turin

Bordone, R. and Jarnut, J. (eds.) (1988), *L'evoluzione delle città italiane nell' XI secolo* (Annali dell'Istituto Storico Italo-Germanico 25), Bologna

Boscolo, A. (1978), *La Sardegna bizantina e alto-giudicale*, Sassari

Bosl, K. (1982), *Gesellschaftsgeschichte Italiens im Mittelalter*, Stuttgart

Branca, V. (ed.) (1979), *Storia della civiltà veneziana*, 1: *Dalle origini al secolo di Marco Polo*, Florence

Brancoli Busdraghi, P. (1965), *La formazione storica del feudo lombardo come diritto reale*, Milan

Bresslau, H. (1879–84), *Jahrbücher des deutschen Reiches unter Konrad II* (Jahrbücher der Deutschen Geschichte), 2 vols., Leipzig

Brezzi, P. (1947), *Roma e l'impero medievale 774–1252* (Storia di Roma 10), Bologna

Brezzi, P. (1959), *I Comuni medioevali nella storia d'Italia*, Turin; new edn 1970

Brühl, C. (1968), *Fodrum, gistum, servitium regis* (Kölner Historische Abhandlungen 14), Cologne and Graz

Cammarosano, P. (ed.) (1988), *Storia della società friulana: il medioevo*, Udine

Capitani, O. (1986), *Storia dell'Italia medievale 410–1216*, Rome and Bari

Castagnetti, A. (1979), *L'organizzazione del territorio rurale nel medioevo*, Turin

Castagnetti A. (1985), *Società e politica a Ferrara, sec. X–XIII*, Bologna

Castagnetti, A. (1986), *La marca veronese-trevigiana* (Storia degli Stati Italiani), Turin

Castagnetti, A. (1988), *Arimanni in 'Romania' fra conti e signori*, Verona

Cessi, R. (1944), *Storia della repubblica di Venezia*, 1, Milan and Messina

I ceti dirigenti in Toscana nell'età pre-comunale (1981) (Convegni sui Ceti Dirigenti in Toscana 1), Pisa

Clementi, A. (1988), 'Le terre del confine settentrionale', in *Storia del Mezzogiorno II*, 1: *Il medioevo*, Naples

Cognasso, F. (1952), 'Novara nella sua storia', in *Novara e il suo territorio*, Novara

Comuni e signorie nell'Italia nordorientale e centrale (1987) (Storia d'Italia 7), 2 vols., Turin

Coniglio, G. (ed.) (1958), *Mantova: la storia*, 1, Mantua

Cracco, G. (1986), *Venezia nel medioevo dal secolo XI al secolo XIV*, Turin

Cracco, G. (ed.) (1988), *Storia di Vincenza*, II: *L'età medievale*, Vicenza

La cristianità dei secoli XI e XII in Occidente: conscienza e strutture di una società (1983) (Università Cattolica, Miscellanea del Centro di Studi Medioevali 10), Milan

Darmstädter, P. (1896), *Das Reichsgut in der Lombardei und Piemont 568–1250*, Strasbourg

Davidsohn, R. (1896), *Geschichte von Florenz*, 1, Berlin

De Vergottini, G. (1924–5), *Lineamenti storici della constituzione politica dell'Istria durante il medio evo*, Trieste; repr. 1974

Dilcher, G. (1967), *Die Entstehung der lombardischen Stadtkommune* (Untersuchungen zur deutschen Staats- und Rechtsgeschichte), Aalen

Fasoli, G. (1969), *Dalle 'civitas' al Comune nell'Italia settentrionale*, Bologna

Formazione e strutture dei ceti dominanti nel medioevo: marchesi, conti e visconti nel regno italico, sec. IX–XII (1988) (Nuovi Studi Štorici 1), Rome

Formentini, U. (1941), *Storia di Genova dalle origini al tempo nostro*, I: *Genova nel basso impero e nell'alto medioevo*, Milan

Galassi, N. (1984), *Figure e vicende di una città* (Imola), I, Imola

Galasso, G. (ed.) (1981), *Storia d'Italia*, IV: *Comuni e signorie*, Turin

Goetz, W. (1944), *Die Entstehung der italienischen Kommunen im frühen Mittelalter* (Bayerische Akademie der Wissenschaften), Munich

Graf, G. (1936), *Die weltlichen Widerstände in Reichsitalien gegen die Herrschaft der Ottonen und der ersten beiden Salier*, Erlangen

Hof, E. (1943), *Pavia und seine Bischöfe im Mittelalter*, I, Pavia

Hyde, J. K. (1973), *Society and Politics in Medieval Italy 1000–1350*, London

Jarnut, J. (1979), *Bergamo 568–1098*, Wiesbaden

Jenal, G. (1974–5), *Erzbischof Anno II von Köln (1056–75) und sein politisches Wirken* (Monographien zur Geschichte des Mittelalters 8), 2 vols., Stuttgart

Keller, H. (1979), *Adelsherrscraft und städtische Gesellschaft in Oberitalien 9. bis 12. Jahrhundert* (Bibliothek des Deutschen Historischen Instituts in Rom 52), Tübingen

Kretschmayr, H. (1905), *Geschichte von Venedig* (Allgemeine Staatengeschichte), Aalen; repr. 1964

Lane, F. C. (1973), *Venice: A Maritime Republic*, Baltimore and London

Maranini, G. (1927), *La constituzione di Venezia dalle origini alla serrata del Maggior Consiglio*, Venice

Meyer von Knonau, G. (1890–1903), *Jahrbücher des deutschen Reiches unter Heinrich IV und Heinrich V* (Jahrbücher der Deutschen Geschichte), 7 vols., Berlin; repr. 1964–5

Mor, C. G. and Schmidinger, H. (eds.) (1979), *I poteri temporali dei vescovi in Italia e in Germania nel medioevo* (Annali dell'Istituto Storico Italo-Germanico 3), Bologna

Overmann, A. (1895), *Gräfin Mathilde von Tuscien*, Innsbruck

Paschini, P. (1934), *Storia del Friuli*, I, Udine; new edn 1953

Piemonte medievale: forme del potere e della società (1985), Turin

Pisa nei secoli XI e XII: formazione e caratteri di una classe di governo (1979), (Istituto di Storia dell'Università di Pisa 10), Pisa

Racine, P. (1980), *Plaisance du Xe à la fin du XIIIe siècle*, I, Lille and Paris

Rauty, N. (1988), *Storia di Pistoia*, I: *Dall'alto medioevo all'età precomunale 406–1105*, Florence

Renouard, Y. (1969), *Les Villes d'Italie de la fin du Xe siècle au début du XIVe siècle*, 2 vols., Paris

Rösch, G. (1982), *Venedig und das Reich* (Bibliothek des Deutschen Historischen Instituts in Rom 53), Tübingen

Rossi Sabatini, G. (1935), *L'espansione di Pisa nel Mediterraneo fino alla Meloria*, Florence

Salvatorelli, L. (1940), *L'Italia comunale* (Storia d'Italia 4), Milan

Schevill, F. (1936), *History of Florence*, New York; new edn 1961

Schmidinger, H. (1954), *Patriarch und Landesherr*, Graz and Cologne

Schumann, R. (1973), *Authority and the Commune: Parma 833–1133*, Parma

Schwartz, G. (1913), *Die Besetzung der Bistümer Reichsitaliens unter den sächsischen und salischen Kaisern*, Leipzig and Berlin

Schwarzmaier, H. (1972), *Lucca und das Reich bis zum Ende des 11. Jahrhunderts* (Bibliothek des Deutschen Historischen Instituts in Rom 41), Tübingen

Sergi, G. (1981), *Potere e territorio lungo la strada di Francia: da Chambéry a Torino fra X e XIII secolo* (Nuovo Medioevo 20), Naples

Sestan, E. (1966), *Italia medievale*, Naples

Settia, A. A. (1983), *Monferrato: strutture di un territorio medievale*, Turin

Settia, A. A. (1984), *Castelli e villaggi nell'Italia padana* (Nuovo Medioevo 23), Naples

Simioni, A. (1968), *Storia di Padova*, Padua

Sorbelli, A. (1938), *Storia di Bologna*, II: *Dalle origini del cristianesimo agli albori del Comune*, Bologna

Steindorff, E. (1874–81), *Jahrbücher des deutschen Reiches unter Heinrich III* (Jahrbücher der Deutschen Geschichte), 2 vols. Darmstadt; repr. 1963

La storia dei Genovesi (1981–2), I–II, Genoa

Storia di Bologna (1978), Bologna

Storia di Brescia, (1963), I, Brescia

Storia di Milano (1954), III, Milan

Storia di Piacenza, II: *Dal vescovo conte alla signoria 996–1313* (1984), Piacenza

Storia di Venezia, II: *Dalle origini del ducato alla IV crociata* (1958), Venice

Structures féodales et féodalisme dans l'Occident méditerranéen, Xe–XIIIe siècles (Ecole Française de Rome 44) (1980), Rome

Studi Matildici, II Convegno (1971), Modena

Studi Matildici, III Convegno (1978), Modena

Tabacco, G. (1966), *I liberi del re nell'Italia carolingia e postcarolingia* (Biblioteca degli 'Studi Medievali' 2), Spoleto

Tabacco, G. (1979), *Egemonie sociale e strutture del potere nel medioevo italiano*, Turin

Toubert, P. (1973), *Les Structures du Latium médiéval: le Latium et la Sabine du IXe siècle à la fin du XIIe siècle* (Bibliothèque des Ecoles Françaises d'Athènes et de Rome 211), 2 vols., Rome

Vaccari, P. (1940), *Profilo storico di Pavia*, Pavia

Valeri, N. (ed.) (1965), *Storia d'Italia*, I: *Il medioevo*, Turin

Vasina, A. (1970), *Romagna medievale*, Ravenna

Vasina, A. (ed.) (1983), *Storia di Cesena*, II: *Il medioevo*, Rimini

La Venezia del mille (1965), Florence

Verona e il suo territorio (1964), II, Verona

Violante, C. (1953), *La società milanese nell'età precomunale*, Bari

Violante, C. (1972), *Studi sulla cristianità medioevale*, Milan

Vittale, V. (1955), *Breviario della storia di Genova*, Genoa

Volpe, G. (1961), *Medioevo italiano*, Florence

Wickham, C. J. (1988), *The Mountains and the City: The Tuscan Appennines in the Early Middle Ages*, Oxford

第四章（下）　11世纪的南部意大利

Borsari, S. (1966–7), 'Aspetti del dominio bizantio in Capitanata', *Atti dell'Accademia Pontaniana* n.s. 16: 55–66

Capitani, O. (1977), 'Specific motivations and continuing themes in the Norman chronicles of southern Italy in the eleventh and twelfth centuries', in *The Normans in Southern Italy and Sicily: Lincei Lectures 1974*, Oxford, pp. 1–46

Chalandon, F. (1907), *Histoire de la Domination Normande en Italie et en Sicile*, 2 vols., Paris

Citarella, A. O. (1968), 'Patterns in medieval trade: the commerce of Amalfi before the Crusades', *Journal of Economic History* 28: 531–55

Clementi, D. R. (1982–3), 'Stepping stones in the making of the regno', *BISI* 90: 227–93

Cowdrey, H. E. J. (1983), *The Age of Abbot Desiderius, Montecassino, the Papacy and the Normans in the Eleventh and Early Twelfth Centuries*, Oxford

D'Alessandro, V. (1978), *Storiografia e politica nell'Italia normanna*, Naples

D'Alessandro, V. (1989), 'Servi e liberi', in *Uomo e ambiente nel Mezzogiorno normanno-svevo* (Centro di Studi Normanno-Svevi 8), Bari, pp. 293–318

Deér, J. (1969), *Das Papsttum und die süditalienischen Normannestaaten 1053–1212*, Göttingen

Deér, J. (1972), *Papsttum und Normannen*, Cologne

Deér, J. (1974), *Papsttum und Normannen: Untersuchungen zu ihren lehnsrechtlichen und kirchenpolitischen Beziehungen*, Cologne and Vienna

Dormeier, H. (1979), *Montecassino und die Laien im 11. und 12. Jahrhundert*, Stuttgart

Falkenhausen, V. von (1967), *Untersuchungen über die byzantinische Herrschaft in Süditalien vom 9. bis ins 11. Jahrhundert*, Wiesbaden

Falkenhausen, V. von (1975), 'Aspetti storico-economici dell'età di Roberto il Guiscardo', in *Roberto di Guiscardo e il suo tempo: relazioni e communicazioni nelle prime giornate normanno-sveve*, Bari, pp. 115–34

Falkenhausen, V. von (1977), 'I ceti dirigenti prenormanni al tempo della costituzione degli stati normanni nell'Italia meridionale e in Sicilia', in G. Rossetti (ed.), *Forma di potere e struttura sociale in Italia nel medioevo*, Bologna, pp. 321–77

Feller, L. (1998), *Les Abruzzes médiévales: territoire, économies et société en Italie centrale du IXe au XIIe siècle*, Rome

Fonseca, C. D. (1977), 'L'organizzazione ecclesiastica dell'Italia normanna tra l'XI e il XII secolo: i nuovi assetti istituzionali', in *Le istituzioni ecclesiastiche della 'Societas Christiana' dei secoli XI e XII* (Miscellanea del Centro di Studi Medievali 7), Milan, pp. 327–52

France, J. (1991), 'The occasion of the coming of the Normans to southern Italy', *JMH* 17: 185–205

Gay, J. (1904), *L'Italie méridionale et l'empire byzantin depuis l'avènement de Basile Ier jusqu'à la prise de Bari par les Normands (867–1071)*, Paris

Galasso, G. (1977), 'Social and political developments in the eleventh and twelfth centuries', in *The Normans in Southern Italy and Sicily: Lincei Lectures 1974*, Oxford, pp. 47–63

Guillou, A. (1963), 'Inchiesta sulla populazione greca della Sicilia e della Calabria nel medio evo', *Rivista Storica Italiana* 75: 53–68 (repr. in Guillou (1970))

Guillou, A. (1965), 'La Lucanie byzantine: étude de géographie historique', *Byzantion*, 35: 119–149 (repr. in Guillou (1970))

Guillou, A. (1970), *Studies on Byzantine Italy*, London

Guillou, A. (1974), 'Production and profits in the Byzantine province of Italy (tenth to eleventh centuries): an expanding society', *DOP* 28: 91–109 (repr. in Guillou (1978))

Guillou, A. (1978), *Culture et société en Italie byzantine (VIe–XIe siècles)*, London

Hoffmann, H. (1969), 'Die Anfänge der Normannen in Süditalien', *QFIAB* 49: 95–144

Hoffmann, H. (1978), 'Langobarden, Normannen, Päpste: zum Legitimationsproblem in Unteritalien', *QFIAB* 58: 137–80

Houben, H. (1989), *Tra Roma e Palermo: aspetti e momenti del mezzogiorno medioevale*, Galatina

Houben, H. (1995), *Die Abtei Venosa und das Mönchtum im normannisch-staufischen Suditalien*, Tübingen

Jahn, W. (1989), *Untersuchungen zur normannischer Herrschaft in Süditalien (1040–1100)*, Frankfurt

Joranson, E. (1948), 'The inception of the career of the Normans in Sicily', *Speculum* 23: 353–96

Kamp, N. (1977), 'Vescovi e diocesi dell'Italia meridionale nel passagio dalla dominazione bizantina allo stato normanno', in G. Rossetti (ed.), *Forma di potere e struttura sociale in Italia nel medioevo*, Bologna, pp. 379–97

Loud, G. A. (1981a), 'How "Norman" was the Norman Conquest of southern Italy?', *Nottingham Medieval Studies* 25: 13–34

Loud, G. A. (1981b), 'A calendar of the diplomas of the Norman princes of Capua', *Papers of the British School at Rome* 49: 99–143

Loud, G. A. (1985), *Church and Society in the Norman Principality of Capua 1058–1197*, Oxford

Loud, G. A. (1987), 'The abbey of Cava, its property and benefactors in the Norman era', in R. A. Brown (ed.), *Anglo-Norman Studies 9: Papers from the Battle Conference 1986*, Woodbridge, pp. 143–77

Loud, G. A. (1988), 'Byzantine Italy and the Normans', in J. D. Howard-Johnston (ed.), *Byzantium and the West c. 850–c. 1200: Proceedings of the XVIII Spring Symposium of Byzantine Studies*, Amsterdam, pp. 215–33

Loud, G. A. (1992), 'Churches and churchmen in an age of conquest: southern Italy 1030–1130', *Haskins Society Journal* 4: 37–53 (repr. in Loud (1999b))

Loud, G. A. (1996), 'Continuity and change in Norman Italy: the Campania during the eleventh and twelfth centuries', *JMH* 22: 313–43 (repr. in Loud (1999b))

Loud, G. A. (1999a), 'Coinage, wealth and plunder in the age of Robert Guiscard', *EHR* 114: 815–43

Loud, G. A. (1999b), *Conquerors and Churchmen in Norman Italy*, Aldershot

Loud, G. A. (2000), *The Age of Robert Guiscard: Southern Italy and the Norman Conquest*, Harlow

Loud, G. A. and Metcalfe, A. (eds.) (2002), *The Society of Norman Italy*, Leiden

Martin, J.-M. (1993), *La Pouille du VIe au XIIe siècle*, Rome

Ménager, L.-R. (1958-9), 'La byzantinisation religieuse de l'Italie méridionale (IX–XIIe siècles) et la politique monastique des Normans d'Italie', *RHE* 53: 747–74; 54: 5–40

Ménager, L.-R. (1975a), 'Pesanteur et étiologie de la colonisation normande de l'Italie', in *Roberto il Guiscardo e il suo tempo: relazioni e communicazioni nelle prime giornate normanno-sveve*, Bari, pp. 189–215

Ménager, L.-R. (1975b), 'Inventaire des familles normandes et franques emigrées en Italie méridionale et en Sicile (XIe–XIIe siècles)', in *Roberto il Guiscardo e il suo tempo: relazioni e communicazioni nelle prime giornate normanno-sveve*, Bari, pp. 261–390

Norwich, J. J. (1967), *The Normans in the South*, London

Scaduto, M. (1947), *Il monachismo basiliano nella Sicilia medievale, rinascita e decadenza sec. XI–XIV*, Rome

Schwarz, U. (1978), *Amalfi im frühen Mittelalter (9.–11. Jahrhundert)*, Tübingen

Skinner, P. (1995), *Family Power in Southern Italy: The Duchy of Gaeta and its Neighbours, 850–1139*, Cambridge

Taviani-Carozzi, H. (1991), *Le Principauté lombarde de Salerne (IXe–XIe siècle): pouvoir et société en Italie lombarde méridionale*, 2 vols., Rome

Taviani-Carozzi, H. (1996), *La Terreur du monde: Robert Guiscard et la conquête normande en Italie*, Paris

Tramontana, S. (1970), *I Normanni in Italia: linee di ricerca sui primi insediamenti*, 1: *Aspetti politici e militari*, Messina

Tramontana, S. (1977), 'Populazione, distribuzione della terra e classi sociali nella Sicilia di Ruggero il Granconte', in *Ruggero il Gran Conte e l'inizio dello stato normanno: relazione e communicazioni nelle seconde giornate normanno-sveve*, Bari, pp. 213–70

Tramontana, S. (1983), 'La monarchia normanna e sveva', in G. Galasso (ed.), *Il Mezzogiorno dai Bizantini a Federico II*, Turin, chs. 1–4, pp. 437–562

Travaini, L. (1995), *La monetazione nell'Italia normanna*, Rome

Vehse, O. (1930–1), 'Benevent als Territorium des Kirchenstaates bis zum Beginn der Avignonesischen Epoche. I. Bis zum Ausgang der normanischen Dynastie', *QFIAB* 22: 87–160

White, L. T. (1938), *Latin Monasticism in Norman Sicily*, Cambridge, MA

Wolf, R. L. (1995), *Making History: The Normans and their Historians in Southern Italy*, Philadelphia

第五章　1108年以前的法兰克王国

Bloch, M. (1924), *Les Rois thaumaturges: étude sur le caractère surnaturel attribué à la puissance royale*, Strasbourg

Bloch, M. (1961), *Feudal Society*, trans. L. A. Manyon, Chicago

Blumenthal, U.-R. (1988), *The Investiture Controversy: Church and Monarchy from the Ninth to the Twelfth Century*, Philadelphia

Bonnassie, Pierre (1975), *La Catalogne du milieu du Xe à la fin du XIe siècle: croissance et mutations d'une société*, 2 vols., Paris

Bouchard, C. B. (1981a), 'The origins of the French nobility: a reassessment', *AHR* 86: 501–32

Bouchard, C. B. (1981b), 'Consanguinity and noble marriages in the tenth and eleventh centuries', *Speculum* 56: 268–87

Bouchard, C. B. (1987), *Sword, Miter and Cloister: Nobility and the Church in Burgundy 980–1198*, Ithaca

Brown, E. A. R. (1974), 'The tyranny of a construct: feudalism and historians of medieval Europe', *AHR* 79: 1063–88

Bur, M. (1977), *La Formation du comté de Champagne v.950–v.1150* (Mémoires des Annales de l'Est 54), Nancy

Chédeville, A. (1973), *Chartres et ses campagnes, XIe–XIIIe siècles*, Paris

Chédeville, A. and Tonnerre, N.-Y. (1987), *La Bretagne féodale, XIe–XIIIe siècle*, Rennes

Cowdrey, H. E. J. (1970a), *The Cluniacs and the Gregorian Reform*, Oxford

Cowdrey, H. E. J. (1970b), 'The Peace and the Truce of God in the eleventh century', *PaP* 46: 42–67

Dunbabin, J. (1985), *France in the Making, 843–1180*, Oxford

Duby, G. (1968), *Rural Economy and Country Life in the Medieval West*, trans. C. Postan, Columbia, SC

Duby, G. (1971), *La Société aux XIe et XIIe siècles dans la région mâconnaise*, 2nd edn, Paris

Duby, G. (1973), 'Guerre et société dans l'Europe féodale', in V. Branca (ed.), *Concetto, storia, miti et immagini del medio evo* (XIV Corso Internazionale d'Alta Cultura), Venice, pp. 449–82

Duby, G. (1980), *The Three Orders: Feudal Society Imagined*, trans. A. Goldhammer, Chicago

Duby, G. (1983), *The Knight, the Lady, and the Priest: The Making of Modern Marriage in Medieval France*, trans. B. Bray, New York

Fawtier, R. (1960), *The Capetian Kings of France: Monarchy and Nation, 987–1328*, trans. L. Butler and R. J. Adam, London

Fliche, A. (1912), *Le Règne de Philippe 1er, roi de France (1060–1108)*, Paris

Flori, J. (1988), 'Chevalerie, noblesse et lutte de classes au moyen âge', *MA* 94: 257–79

Guillot, O. (1972), *Le Comté d'Anjou et son entourage au XIe siècle*, 2 vols., Paris

Hallam, E. M. (1980), *Capetian France, 987–1328*, London

Head, T. and Landes, R. (eds.) (1987), *Essays on the Peace of God: The Church and the People in Eleventh-Century France* (special issue of *Historical Reflections/Reflexions Historiques* 14 (3))

Hunt, N. (1967), *Cluny under Saint Hugh 1949–1109*, London

Lackner, B. K. (1972), *The Eleventh-Century Background of Cîteaux* (Cistercian Studies Series 8), Washington, DC

Lemarignier, J.-F. (1965), *Le Gouvernement royal aux premiers temps capétiens (987–1108)*, Paris

Lewis, A. W. (1981), *Royal Succession in Capetian France: Studies on Familial Order and the State*, Cambridge, MA

Lot, F. and Fawtier, R. (1957), *Institutions seigneuriales* (Histoire des Institutions Françaises au Moyen Age 1), Paris

Lot, F. and Fawtier, R. (1958), *Institutions royales* (Histoire des Institutions Françaises au Moyen Age 2), Paris

Magnou-Nortier, E. (1969), 'Fidélité et féodalité d'après les serments de fidélité (Xe-début XIIe siècle)', in *Les Structures sociales de l'Aquitaine, du Languedoc et de l'Espagne au premier âge féodal*, Paris, pp. 115–35

Magnou-Nortier, E. (1974), *La Société laïque et l'église dans la province ecclésiastique de Narbonne (zone cispyrénéenne) de la fin du VIIIe à la fin du XIe siècle*, Toulouse

Newman, W. M. (1937), *Le Domaine royal sous les premiers capétiens (987–1180)*, Paris

Petit, E. (ed.) (1885–98), *Histoire des ducs de Bourgogne de la race capétienne*, 6 vols., Paris and Dijon

Poly, J.-P. (1976), *La Provence et la société féodale (879–1166)*, Paris

Poly, J.-P. and Bournazel, E. (1980), *La Mutation féodale, Xe–XIIe siècles*, Paris

Prou, M. (ed.) (1908), *Recueil des actes de Philippe 1er, roi de France, 1059–1108*, Paris

Reuter, T. (ed.) (1978), *The Medieval Nobility: Studies on the Ruling Classes of France and Germany from the Sixth to the Twelfth Century* (Europe in the Middle Ages, Selected Studies 14), Amsterdam

Richard, J. (1954), *Les Ducs de Bourgogne et la formation du duché du XIe au XIVe siècle*, Paris

Searle, E. (1988), *Predatory Kinship and the Creation of Norman Power, 840–1066*, Berkeley and Los Angeles

Soehnée, F. (1907), *Catalogue des actes d'Henry 1er, roi de France, 1031–1060*, Paris

Structures féodales et féodalisme dans l'Orient méditerranéen (X–XIIIe siècles) (1980), Paris

Vajay, S. de (1971), 'Mathilde, reine de France inconnue', *Journal des Savants*: 241–60

第六章　11世纪的西班牙

Barrios García, A. (1983–4), *Estructuras agrarias y de poder en Castilla: el ejemplo de Avila (1085–1320)*, 2 vols., Salamanca

Bensch, S. P. (1995), *Barcelona and its Rulers, 1096–1291*, Cambridge

Bishko, C. J. (1961), 'Liturgical intercession at Cluny for the king-emperors of León', *Studia Monastica* 3: 53–76; repr. in *Spanish and Portuguese Monastic History 600–1300*, London, 1984

Bishko, C. J. (1965), 'The Cluniac priories of Galicia and Portugal: their acquisition and administration, 1075–c. 1230', *Studia Monastica* 7: 305–56; repr. in *Spanish and Portuguese Monastic History 600–1300*, London, 1984

Bishko, C. J. (1971), 'Count Henrique of Portugal, Cluny, and the antecedents of the Pacto Sucessório', *Revista Portuguesa de Historia* 13: 155–88; repr. in *Spanish and Portuguese Monastic History 600–1300*, London, 1984

Bishko, C. J. (1980), 'Fernando I and the origins of the Leonese–Castilian alliance with Cluny', in C. J. Bishko, *Studies in Medieval Spanish Frontier History*, II, London, pp. 1–136

Bisson, T. N. (1986), *The Medieval Crown of Aragon: A Short History*, Oxford

Bonnassie, P. (1964), 'Une famille de la campagne barcelonnaise et ses activités économiques aux alentours de l'an mil', *Annales du Midi* 75: 261–307

Bonnassie, P. (1975–6), *La Catalogne du milieu du Xe à la fin du XIe siècle: croissance et mutations d'une société*, 2 vols., Toulouse

Bosch Vilá, J. (1956), *Los Almorávides*, Tetuán; repr. Granada, 1990

Buesa Conde, D. J. (1996), *Sancho Ramírez, rey de aragoneses y pamploneses (1064–1094)*, Saragossa

Bull, M. (1993), *Knightly Piety and the Lay Response to the First Crusade: The Limousin and Gascony c. 970–c. 1130*, Oxford

Carlé, M. C. (1973), 'Gran propiedad y grandes proprietarios', *Cuadernos de Historia de España* 57–8: 1–224

Carzolio de Rossi, M. I. (1981), 'La gran propiedad laica gallega en el signo XI', *Cuadernos de Historia de España* 65–6: 59–112

Collins, R. (1990), *The Basques*, 2nd edn, Oxford

Collins, R. (1995), *Early Medieval Spain: Unity in Diversity, 400–1000*, 2nd edn, London

Cowdrey, H. E. J. (1970), *The Cluniacs and the Gregorian Reform*, Oxford

David, P. (1948), 'Le Pacte successoral entre Raymond de Galice et Henri de Portugal', *Bulletin Hispanique* 50: 275–90

Défourneaux, M. (1949), *Les Français en Espagne aux XIe et XIIe siècles*, Paris

Dunlop, D. M. (1942), 'The Dhunnunids of Toledo', *JRAS*: 77–96

Fernández-Armesto, F. (1992), 'The survival of a notion of *Reconquista* in late tenth- and eleventh-century León', in T. Reuter (ed.), *Warriors and Churchmen in the High Middle Ages: Essays Presented to Karl Leyser*, London, pp. 123–43

Fernández del Pozo, J. M. (1984), 'Alfonzo V, Rey de León', in *León y su Historia: Miscelánea histórica*, v, León, pp. 9–262

Ferreiro, A. (1983), 'The siege of Barbastro 1064–65: a reassessment', *JMH* 9: 129–44

Fletcher, R. A. (1978), *The Episcopate in the Kingdom of León in the Twelfth Century*, Oxford

Fletcher, R. A. (1984), *Saint James's Catapult: The Life and Times of Diego Gelmírez of Santiago de Compostela*, Oxford

Fletcher, R. A. (1987), 'Reconquest and crusade in Spain c. 1050–1150', *TRHS* 5th series, 37: 31–47

Fletcher, R. A. (1989), *The Quest for El Cid*, London

Fletcher, R. A. (1994), 'Las iglesias del reino de León y sus relaciones con Roma en la alta edad media hasta el Concilio IV de Letrán de 1215', in *El reino de León en la alta edad media*, vi, León, pp. 459–95

García de Cortázar, J. A. (1985), 'Del Cantábrico al Duero', in J. A. Garciá de Cortázar et al., *Organización social del espacio en la España medieval: la corona de Castilla en los siglos VIII a XV*, Barcelona, pp. 43–83

García Gómez, E. and Menéndez Pidal, R. (1947), 'El conde mozárabe Sisnando Davídiz y la política de Alfonso VI con los taifas', *Al-Andalus* 12: 27–41

Gautier Dalché, J. (1989), *Historia urbana de León y Castilla en la edad media (siglos IX–XIII)*, 2nd edn, Madrid

González Jiménez, M. (1989), 'Frontier and settlement in the kingdom of Castile (1085–1350)', in R. Bartlett and A. Mackay (eds.), *Medieval Frontier Societies*, Oxford, pp. 49–74

Grassotti, H. (1964), 'Para la historia del botín y de las parias en León y Castilla', *Cuadernos de Historia de España* 39–40: 43–132

Hitchcock, R. (1973), 'El rito hispánico, las ordalías y los mozárabes en el reinado de Alfonso VI', *Estudios Orientales* 21: 19–41

Hrbek, I. and Devisse, J. (1988), 'The Almoravids', in M. El Fasi (ed.), *Africa from the Seventh to the Eleventh Century: UNESCO General History of Africa*, iii, Berkeley, pp. 336–66

Huici Miranda, A. (1956), *Las grandes batallas de la Reconquista durante las invasiones africanas*, Madrid

Huici Miranda, A. (1969–70), *Historia musulmana de Valencia y su región, novedades y rectificaciones*, 3 vols., Valencia

Kehr, P. (1945), 'Cómo y cuándo se hizo Aragón feudatario de la Santa Sede', *EEMCA* 1: 285–326

Kehr, P. (1946), 'El papado y los reinos de Navarra y Aragón hasta mediados del siglo XII', *EEMCA* 2: 74–186

Lacarra, J. M. (1951), 'Desarrollo urbano de Jaca en la edad media', *EEMCA* 4: 139–55

Lacarra, J. M. (1975), *Historia del reino de Navarra en la edad media*, Pamplona

Lacarra, J. M. (1981a), 'Aspectos ecónomicos de la sumisión de los reinos de taifas (1010–1102)', in *Colonización, parias, repoblación y otros estudios*, Saragossa, pp. 41–76

Lacarra, J. M. (1981b), 'Dos tratados de paz y alianza entre Sancho el de Peñalén y Moctadir de Zaragoza (1069 y 1073)', in *Colonización, parias, repoblación y otros estudios*, Saragossa, pp. 77–94

Lagardère, V. (1989a), *Les Almoravides*, Paris

Lagardère, V. (1989b), *Le Vendredi de Zallāqa, 23 Octobre 1086*, Paris

Lévi-Provençal, E. (1931), 'Alphonse VI et la prise de Tolède (1085)', *Hespéris*, 12: 33–49; repr. in *Islam d'Occident: études d'histoire médiévale*, Paris, 1948, pp. 109–35

Lévi-Provençal, E. (1944), *Histoire de l'Espagne musulmane*, 1, Cairo

Linage Conde, A. (1973), *Los orígenes del monacato benedictino en la península Ibérica*, 3 vols., León

Lomax, D. W. (1978), *The Reconquest of Spain*, London

López Ferreiro, A. (1898–1911), *Historia de la Santa A. M. Iglesia de Santiago de Compostela*, 11 vols., Santiago de Compostela

Marín, M. (1992), 'Crusaders in the Muslim west: the view of Arab writers', *Maghreb Review* 17: 95–102

Martínez Sopena, P. (1985), *La tierra de campos occidental: poblamiento, poder y comunidad del siglo X al XIII*, Valladolid

Menéndez Pidal, R. (1956), *La España del Cid*, 2 vols., 5th edn, Madrid

Miranda Calvo, J. (1980), *La Reconquista de Toledo por Alfonso VI*, Toledo

Molina, L. (1981), 'Las campañas de Almanzor a la luz de un nuevo texto', *Al-Qantara* 2: 209–63

Molina López, E. (1990), 'Estudio preliminar', in J. Bosch-Villa, *Los Almoravides*, Granada, pp. v–lxxxi

Moralejo, S. (1985), 'The tomb of Alfonso Ansúrez (†1093): its place and the role of Sahagún in the beginnings of Spanish Romanesque sculpture', in B. F. Reilly (ed.), *Santiago, Saint-Denis, and Saint Peter: The Reception of the Roman Liturgy in León-Castile in 1080*, New York, pp. 63–100

Moreta Velayos, S. (1971), *El monasterio de San Pedro de Cardeña: historia de un dominio castellano (902–1338)*, Salamanca

Müssigbrod, A. (1994), 'Die Beziehungen des Bischofs Petrus von Pamplona zum französischen Mönchtum', *RBén* 104: 346–78

Nelson, L. H. (1984), 'Internal migration in early Aragón: the settlers from Ena and Baón', *Traditio* 40: 131–48

O'Callaghan, J. F. (1975), *A History of Medieval Spain*, Ithaca

O'Callaghan, J. F. (1985), 'The integration of Christian Spain into Europe: the role of Alfonso VI of León-Castile', in B. F. Reilly (ed.), *Santiago, Saint-Denis, and Saint Peter: The Reception of the Roman Liturgy in León-Castile in 1080*, New York, pp. 101–20

Pastor, R. (1980), *Resistencias y luchas campesinas en la época del crecimiento y consolidación de la formación feudal: Castilla y León, siglos X–XIII*, 2nd edn, Madrid

Pattison, D. G. (1996), '"¡Dios, que buen vassalo! ¡Si oviesse buen señor!": the theme of the loyal vassal in the *Poema de mio Cid* ', in B. Powell and G. West (eds.), *Al que en buen hora naçio: Essays on the Spanish Epic and Ballad in Honour of Colin Smith*, Liverpool, pp. 107–13

Pérès, H. (1953), *La poésie andalouse en arabe classique au XIe siècle: ses aspects généraux, ses principaux thèmes et sa valeur documentaire*, 2nd edn, Paris

Pérez de Urbel, J. (1950), *Sancho el mayor de Navarra*, Madrid

Powers, J. F. (1988), *A Society Organized for War: The Iberian Municipal Militias in the Central Middle Ages, 1000–1284*, Berkeley

Prieto Prieto, A. (1975), 'El conde Fruela Muñoz: un asturiano del siglo XI', *Asturiensia Medievalia* 2: 11–37

Reilly, B. F. (1988), *The Kingdom of León-Castilla under King Alfonso VI, 1065–1109*, Princeton

Reilly, B. F. (1992), *The Contest of Christian and Muslim Spain, 1031–1157*, Oxford

Rivera Recio, J. F. (1966), *La iglesia de Toledo en el siglo XII*, Rome and Madrid

Ruiz Asencio, J. M. (1968), 'Campañas de Almanzor contra el reino de León (981–986)', *Anuario de Estudios Medievales* 5: 31–64

Ruiz de la Peña Solar, J. I. (1993), 'Las colonizaciones francas en las rutas castellano-leonesas del camino de Santiago', in J. I. Ruiz de la Peña Solar (ed.), *Las peregrinaciones a Santiago de Compostela y San Salvador de Oviedo en la edad media*, Oviedo, pp. 283–312

Ruiz Doménec, J. E. (1977), 'The urban origins of Barcelona: agricultural revolution or commercial development?', *Speculum* 52: 265–86

Säbekow, G. (1931), *Die päpstlichen Legaten nach Spanien und Portugal bis zum Ausgang des XII Jahrhunderts*, Berlin

Sáez, E. (ed.) (1953), *Los fueros de Sepúlveda*, Segovia

Salrach, J. M. (1987), 'El procés de feudalització (segles III–XII)', in P. Vilar (ed.), *Historia de Catalunya*, II, Barcelona

Sánchez-Albornoz, C. (1965), 'Notas para el estudio del "petitum"', in *Estudios sobre las instituciones medievales españolas*, Mexico City, pp. 483–519

Sánchez-Albornoz, C. (1966), *Despoblación y repoblación del valle del Duero*, Buenos Aires

Sánchez-Albornoz, C. (1978), *El regimen de la tierra en reino asturleónes hace mil años*, Buenos Aires

Santiago-Otero, H. (ed.) (1992), *El camino de Santiago, la hospitalidad y las peregrinaciones*, Salamanca

Scales, P. C. (1994), *The Fall of the Caliphate of Córdoba: Berbers and Andalusis in Conflict*, Leiden

Seco de Lucena Paredes, L. (1970), 'New light on the military campaigns of Almanzor', *Islamic Quarterly* 14: 126–42

Segl, P. (1974), *Königtum und Klosterreform in Spanien: Untersuchungen über die Cluniacenserklöster in Kastilien-León vom Beginn des 11. bis zur Mitte des 12. Jahrhunderts*, Kallmünz

Slaughter, J. E. (1974–9), 'De nuevo sobre la batalla de Uclés', *Anuario de Estudios Medievales* 9: 393–404

Sobrequés i Vidal, S. (1985), *Els grans comtes de Barcelona*, 4th edn, Barcelona

Tapia Garrido, J. A. (1978), *Historia general de Almería y su provincia*, II, Almería

Terrón Albarrán, M. (1971), *El solar de los Aftásids: aportación temática al estudio del reino moro de Badajoz: siglo XI*, Badajoz

Turk, A. (1978), *El reino de Zaragoza en el siglo XI de Cristo (V de la Hégira)*, Madrid

Ubieto Arteta, A. (1948), 'La introducción del rito romano en Aragón y Navarra', *Hispania Sacra* 1: 299–324

Ubieto Arteta, A. (1981), *Historia de Aragón: la formación territorial*, Saragossa

Valdeavellano, L. G. de (1968), *Historia de España: de los orígenes a la baja edad media*, 2 vols., 4th edn, Madrid

Valdeavellano, L. G. de (1969), *Orígenes de la burgesía en la España medieval*, Madrid

Vázquez de Parga, L., Lacarra, J. M. and Uría Ríu, J. (1948–9), *Las peregrinaciones a Santiago de Compostela*, 3 vols., Madrid

Viguera Molíns, M. J. (1992), *Los reinos de Taifas y las invasiones magrebíes (Al-Andalus del XI al XIII)*, Madrid

Viguera Molíns, M. J. (ed.) (1994), *Los reinos de Taifas: al-Andalus en el siglo XI*, Madrid

Villar García, L. M. (1986), *La Extremadura castellano-leonesa: guerreros, clérigos y campesinos (711–1252)*, Valladolid

Viñayo González, A. (1961), 'Cuestíones historico-criticas en torno a la traslación del cuerpo de San Isidoro', in M. Díaz y Díaz (ed.), *Isidoriana*, León, pp. 285–97

Wasserstein, D. (1985), *The Rise and Fall of the Party-Kings: Politics and Society in Islamic Spain, 1002–1086*, Princeton

West, G. (1977), 'King and vassal in history and poetry: a contrast between the "Historia Roderici" and the "Poema de Mio Cid"', in A. D. Deyermond (ed.), *'Mio Cid' Studies*, London, pp. 195–208

Whitehill, W. M. (1941), *Spanish Romanesque Architecture of the Eleventh Century*, Oxford

Wright, R. (1979), 'The first poem on the Cid – the *Carmen Campi Doctoris*', in F. Cairns (ed.), *Papers of the Liverpool Latin Seminar*, II, Liverpool, pp. 213–48

第七章 1042—1137年的英格兰与诺曼底

Anglo-Norman Studies (1979–), ed. R. A. Brown, M. Chibnall and C. Harper-Bill, Woodbridge and Wolfeboro

Barlow, F. (1970), *Edward the Confessor*, London

Barlow, F. (1983), *William Rufus*, London

Barrow, G. W. S. (1973), *The Kingdom of the Scots*, London

Bates, D. (1982), *Normandy before 1066*, London and New York

Bates, D. (1989a), 'Normandy and England after 1066', *EHR* 104: 851–80

Bates, D. (1989b), *William the Conqueror*, London

Bishop, T. A. M. (1961), *Scriptores regis*, Oxford

Brown, R. A. (1985), *The Normans and the Norman Conquest*, 2nd edn, Woodbridge

Blackburn, M. (1991), 'Coinage and currency under Henry I', *ANS* 13: 49–81

Brand, P. (1990), '"Multis vigiliis excogitatem et inventam": Henry II and the creation of the common law', *Haskins Society Journal* 2: 197–222

Campbell, J. (1987), 'Some agents and agencies of the late Anglo-Saxon state', in Holt (1987b), pp. 201–18

Chaplais, P. (1965–9), 'The Anglo-Saxon chancery from the diploma to the writ', *Journal of the Society of Archivists* 3: 160–7

Chibnall, M. (1986), *Anglo-Norman England 1066–1166*, Oxford

Chibnall, M. (1991), *The Empress Matilda*, Oxford

Clanchy, M. (1979), *From Memory to Written Record*, London

Crouch, D. (1987), *The Beaumont Twins* (Cambridge Studies in Medieval Life and Thought), Cambridge

David, C. W. (1920), *Robert Curthose* (Harvard Historical Studies 5), Cambridge, MA

Davies, R. R. (1987), *Conquest, Coexistence and Change in Wales, 1063–1415*, Oxford

Davis, R. H. C. (1980), 'William of Jumièges, Robert Curthose and the Norman succession', *EHR* 95: 597–606

Davis, R. H. C. (1987), 'Domesday Book: continental parallels', in Holt (1987b), pp. 15–39

Davis, R. H. C. (1990), *King Steven*, 3rd edn, London and New York

Douglas, D. C. (1946), 'The Earliest Norman counts', *EHR* 61: 129–56

Douglas, D. C. (1964), *William the Conqueror*, London

Eales, R. (1990), 'Royal power and castles in Norman England', in C. Harper-Bill and R. Harvey (eds.), *The Ideals and Practices of Medieval Knighthood*, 3 vols., Woodbridge and Wolfeboro

Fleming, R. (1991), *Kings and Lords in Conquest England*, Cambridge

Flori, J. (1986), *L'Essor de la Chevalerie XIe–XIIe siècles*, Geneva

Garnett, G. (1986), 'Coronation and propaganda: some implications of the Norman claim to the throne of England in 1066', *TRHS* 5th series, 36: 91–116

Green, J. A. (1981), 'The last century of Danegeld', *EHR* 96: 241–58

Green, J. A. (1982), '"Praeclarum et magnificum antiquitatis monumentum": the earliest surviving Pipe Roll', *Bulletin of the Institute of Historical Research* 55: 1–17

Green, J. A. (1986), *The Government of England under Henry I* (Cambridge Studies in Medieval Life and Thought), Cambridge

Green, J. A. (1989), 'Unity and disunity in the Anglo-Norman state', *Historical Research* 63: 115–34

Haskins, C. H. (1925), *Norman Institutions* (Harvard Historical Studies 24), Cambridge, HMA

Hollister, C. W. (1973), 'The strange death of William Rufus', *Speculum* 48: 637–53

Hollister, C. W. (1975), 'The Anglo-Norman succession debate of 1126: prelude to Stephen's anarchy', *JMH* 6: 289–306

Hollister, C. W. (1976), 'Normandy, France and the Anglo-Norman regnum', *Speculum* 51: 202–42

Hollister, C. W. (1978a), 'The origins of the English treasury', *EHR* 93: 262–75

Hollister, C. W. (1978b), 'The rise of administrative kingship: Henry I', *AHR* 83: 868–91

Hollister, C. W. (1986) *Monarchy, Magnates and Institutions in the Anglo-Norman World*, London and Ronceverte

Hollister, C. W. (1987), 'The Greater Domesday tenants-in-chief', in J. C. Holt (ed.), *Domesday Studies*, Woodbridge and Wolfeboro, pp. 219–48

Holt, J. C. (1972), 'Politics and property in early medieval England', *PaP* 57: 3–52

Holt, J. C. (1984), 'The introduction of knight service into England', *ANS* 6: 89–106

Holt, J. C. (1987a), '1066', in Holt (1987b), pp. 41–64

Holt, J. C. (ed.) (1987b), *Domesday Studies*, Woodbridge and Wolfeboro

Hyams, P. (1987), '"No register of title": the Domesday inquest and land adjudication', *ANS* 9: 127–41

Kealey, E. J. (1972), *Roger of Salisbury*, Berkeley, Los Angeles and London

Keynes, S. (1991), 'The Æthelings in Normandy', *ANS* 13: 173–205

Le Patourel, J. (1976), *The Norman Empire*, Oxford

Lewis, C. P. (1991), 'The early earls of Norman England', *ANS* 13: 207–23

Leyser, K. (1960), 'England and the empire in the early twelfth century', *TRHS* 5th series, 10: 61–83

Leyser, K. (1991), 'The Anglo-Norman succession, 1120–1125', *ANS* 13: 225–41

Loyn, H. R. (1962), *Anglo-Saxon England and the Norman Conquest*, London

Mason, J. F. A. (1963), 'Roger de Montgomery and his sons (1067–1102)', in *TRHS* 5th series, 13: 1–28

Milsom, S. F. C. (1976), *The Legal Framework of English Feudalism*, Cambridge

Musset, L. (1968), 'Gouvernés et gouvernants dans le monde scandinave et dans le monde normand', in *Gouvernés et gouvernants* 2 (Recueils de la Société Jean Bodin), Brussels

Musset, L. (1970), 'Naissance de la Normandie', in Michel de Bouard (ed.), *Histoire de Normandie*, Toulouse, pp. 75–130

Prestwich, J. R. (1954), 'War and finance in the Anglo-Norman state', *TRHS* 5th series, 4: 19–43

Prestwich, J. R. (1981), 'The military household of the Norman kings', *EHR* 96: 1–37

Reynolds, S. (1977), *An Introduction to the History of Medieval Towns*, Oxford

Ritchie, R. L. G. (1954), *The Normans in Scotland* (Edinburgh University Publications, History, Philosophy and Economics 4), Edinburgh

Round, J. H. (1909), *Feudal England*, London

Searle, E. (1988), *Predatory Kinship and the Creation of Norman Power, 840–1066*, Berkeley, Los Angeles and London

Southern, R. W. (1973), *Medieval Humanism and Other Studies*, Oxford

Southern, R. W. (1990), *St Anselm: A Portrait in a Landscape*, Cambridge

Stafford, P. (1989), *Unification and Conquest: A Political and Social History of England in the Tenth and Eleventh Centuries*, London and New York

Stenton, F. *et al.*, (1959), *The Bayeux Tapestry*, London

Stenton, F. M. (1961), *The First Century of English Feudalism*, 2nd edn, Oxford

Stenton, F. M. (1971), *Anglo-Saxon England*, 3rd edn, Oxford

Tabuteau, E. Z. (1988), *Transfers of Property in Eleventh-Century Normandy*, Chapel Hill and London

Van Caenegem, R. C. (1976), 'Public prosecution of crime in twelfth-century England', in C. N. L. Brooke *et al.* (eds.), *Church and Government in the Middle Ages*, Cambridge, pp. 41–76

Van Caenegem, R. C. (ed.) (1959), *Royal Writs in England from the Conquest to Glanvill* (Selden Society 77), London

Van Caenegem, R. C. (ed.) (1990), *English Lawsuits from William I to Richard I*, 1 (Selden Society 106), London

Van Houts, E. M. C. (1988), 'The ship list of William the Conqueror', *ANS* 10: 159–83

Yver, J. (1957), 'Les châteaux forts en Normandie jusqu'au milieu du XIIe siècle', *Bulletin de la Société des Antiquaires de Normandie* 53: 28–115, 604–9

Yver, J. (1969), 'Les premières institutions du duché de la Normandie', in *I Normanni e la loro espansione in Europa nell'alto medioevo* (Centro Italiano di Studi sull'alto Medioevo; Settimana 16), Spolpeto pp. 299–366

第八章   1025—1118年的拜占庭帝国

For a full bibliography (to 1962) see J. M. Hussey (ed.) *Cambridge Medieval History*, IV part 1, Cambridge, 1966, pp. 858–67.

Criticism of sources: studies of authors

Anna Komnena

Aerts, W. J. (1976), 'Anna's mirror, attic(istic) or "antiquarian"?', in *XVe Congrès international d'études byzantines: rapports et co-rapports*, II 1, Athens

Browning, R. (1962), 'An unpublished funeral oration on Anna Comnena', *Proceedings of the Cambridge Philosophical Society* n.s. 8: 1–12

Buckler, G. (1929), *Anna Comnena*, Oxford

Chrystostomides, J. (1982), 'A Byzantine historian: Anna Comnena', in D. O. Morgan (ed.), *Medieval Historical Writing in the Christian and Islamic Worlds*, London, pp. 30–46

Cresci, L. R. (1993), 'Anna Comnena fra storia ed encomio', *Civiltà Classica e Cristiana*, 14: 63–90

Davlen, R. (1972), *Anna Comnena*, New York

Dyck, A. R. (1986), 'Iliad and Alexiad: Anna Comnena's Homeric reminiscences', *Greek, Roman and Byzantine Studies* 27: 113–20

Ferrari d'Occhieppo, K. (1974), 'Zur Identifizierung der Sonnenfinsternis während des Petschenegkrieges Alexios I. Komnenos (1084)', *JöB* 23: 179–84

France, J. (1983), 'Anna Comnena, the *Alexiad*, and the First Crusade', *Reading Medieval Studies* 10: 20–32

Gouma-Peterson, T. (2000), *Anna Commena and her Times*, New York

Hunger, H. (1978), 'Stilstufen in der byzantinischen Geschichtsschreibung des 12. Jahrhunderts', *Byzantine Studies/Etudes Byzantines* 5: 139–70

Kambylis, A. (1975), 'Zum "Program" der byzantinischen Historikerin Anna Komnene', in *ΔΩPHMA, Hans Diller zum 70. Geburtstag*, Athens, pp. 127–46

Kambylis, A. (1970), 'Textkritisches zum 15. Buch der Alexias der Anna Komnena', *JöB* 19: 121–34

Leib, B. (1958), 'Les silences d'Anna Comnène', *BS* 19: 1–10

Lilie, R.-J. (1987), 'Der erste Kreuzzug in der Darstellung Anne Komnenes', in *VARIA II* (Poikila Byzantina 6), Bonn, pp. 49–148

Lilie, R.-J. (1993), 'Anna Komnene und die Lateiner', *BS* 54: 169–82

Ljubarskij, J. N. (1964a), 'Mirovozzrenie Anny Komniny', *Uchenye zapiski Velikolukskogo pedinstituta* 24: 152–76

Ljubarskij, J. N. (1964b), 'Ob istochnikakh "Aleksijady" Anny Komninoj', *VV* 25: 99–120

Loud, A. (1991), 'Anna Comnena and her sources for the Normans of southern Italy', in I. Wood and G. A. Loud (eds.), *Church and Chronicle in the Middle Ages: Essays Presented to John Taylor*, London, pp. 41–57

Maltese, E. V. (1987), 'Anna Comena nel mare delle sventure (Alex. XIV 7,4)', *BZ* 80: 1–2

Reinisch, D. R. (1989a), 'Ausländer und Byzantiner im Werk der Anna Komnene', *Rechtshistorisches Journal* 8: 257–74

Reinisch, D. R. (1989b), '"De minimis non curat Anna?"', *JöB* 39: 129–34

Reinisch, D. R. (1989c), 'Eine angebliche Interpolation in der *Alexias* Anna Komnenes', *BZ* 82: 69–72

Reinisch, D. R. (1990), 'Zum Text der *Alexias* Anna Komnenes', *JöB* 40: 233–68

Reinisch, D. R. (1996), 'Zur literarischen Leistung der Anna Komnene', in J. O. Rosenquist (ed.), *ΛEIMΩN: Studies Presented to Lennart Rydén on his Sixty Fifth Birthday*, Uppsala, pp. 113–25

Thomas, R. D. (1991), 'Anna Comnene's account of the First Crusade: history and politics in the reigns of Alexius I and Manuel I Comnenus', *BMGS* 15: 269–312

Christopher of Mitylene

Follieri, E. (1964), 'Le poesie di Cristoforo Mitilenio come fonte storica', *ZRVI* 8/2: 133–48

Digenes Akrites

Angold, M. J. (1989), 'The wedding of Digenes Akrites: love and marriage in the 11th and 12th centuries', in C. Maltezou (ed.), *H KAΘHMEPINH ZΩH ΣTO BYZANTIO*, Athens, pp. 201–15

Beaton, R. (1981a), 'Was *Digenes Akrites* an oral poem?', *BMGS* 7: 7–27

Beaton, R. (1981b), '*Digenes Akrites* and modern Greek folk song: a reassessment', *Byzantion* 51: 22–43

Beaton, R. and Ricks, D. (1993), *Digenes Akrites: New Approaches to Byzantine Heroic Poetry*, Aldershot

Dyck, A. (1983), 'On *Digenes Akrites*, Grottaferrata version Book 5', *Greek, Roman and Byzantine Studies* 24: 185–92

Galatariotou, C. (1987), 'Structural oppositions in the Grottaferrata *Digenes Akrites*', *BMGS* 11: 29–68

Huxley, G. (1974), 'Antecedents and context of *Digenes Akrites*', *Greek, Roman and Byzantine Studies* 15: 317–38

MacAlister, S. (1984), 'Digenes Akrites: the first scene with the Apelatai', *Byzantion* 54: 551–74

Magdalino, P. (1989), 'Honour among Romaioi: the framework of social values in the work of Digenes Akrites and Kekaumenos', *BMGS* 13: 183–218

Oikonomides, N. (1979), 'L'épopée de Digénis et la frontière orientale de Byzance aux Xe et XIe siècles', *TM* 7: 375–97

Eustratios of Nicaea

Giocarinis, K. (1964), 'Eustratius of Nicaea's defense of the doctrine of ideas', *Franciscan Studies* 24: 159–204

George Cedrenus

Maisano, R. (1977–9), 'Sulla tradizione manoscritta di Georgio Cedreno', *Rivista di Studi Bizantini e Neoellenici*, 14–16: 179–201

Maisano, R. (1983), 'Note su Giorgio Cedreno e la tradizione storiografica bizantina', *Rivista di Studi Bizantini e Slavi*, 3: 227–48

John Italos

Clucas, L. (1981), *The Trial of John Italos and the Crisis of Intellectual Values in Byzantium in the Eleventh Century* (Miscellanea Byzantina Monacensia 26), Münich

Kechakmadze, N. (1967), 'Grammatiko-logicheskij traktat Ioanna Itala', *VV* 27: 197–205

Nikolaou, T. (1984), 'Eine quellenkritische Untersuchung des Traktats (87) "de iconis der Quaestiones Quodlibetales" und seine Bedeutung hinsichtlich der Verurteilung des Johannes Italos', in *MNHMH MHTROΠOΛITH IKONIOY IAKΩBOY*, Athens, pp. 279–94

John Mauropous

Anastasi, R. (1970), 'Dione Crisostomo e Giovanni di Euchaita', *Siculorum Gymnasium* n.s. 23: 17–39

Anastasi, R. (1972), 'Su tre epigrammi di Giovanni di Euchaita', *Siculorum Gymnasium* n.s. 25: 56–60

Anastasi, R. (1976), 'Su Giovanni d'Euchaita', *Siculorum Gymnasium* n.s. 29: 19–49

Bonis, C. G. (1966), 'Worship and dogma: John Mauropous, metropolitan of Euchaita (11th century): his canon on the three hierarchs and its dogmatic significance', *BF* 1: 1–23

Dyck, A. R. (1993), 'John Mauropous of Euchaita and the "Stoic Etymologikon"', *JöB* 43: 113–40

Follieri, E. (1971), 'Sulla Novella promulgata da Costantino IX Monomaco per la restaurazione della Facoltà giuridica a Constantinopoli (sec. XI med.)', in *Studi in onore di Edoardo Volterra*, II, Milan, pp. 647–64

Karpozilos, A. (1982), *ΣYMBOΛH ΣTH MEΛETH TOY BIOY KAI EPΓOY TOY IΩANNH MAYPOΠOΛOΣ*, Ioannina

Kazhdan, A. (1993), 'Some problems in the biography of John Mauropous', *JöB* 43: 87–112

Lefort, J. (1976), 'Rhétorique et politique: trois discours de Jean Mauropous en 1047', *TM* 6: 265–303

Mitsakis, K. (1966), 'Problems concerning the manuscript tradition of John Mauropous's work: John and Symeon metropolitans of Euchaita and the question of authorship of the "Letter to John the contemplative monk"', *APXEION ΠONTOY* 28: 191–6

John Skylitzes

Fatouros, G. (1975), 'Textkritische Beobachtungen zu Ioannes Skylitzes', *JöB* 24: 91–4

Ferluga, J. (1967), 'John Skylitzes and Michael of Devoi', *ZRVI* 10: 163–70

Laiou, A. (1992), 'Imperial marriages and their critics in the eleventh century: the case of Skylitzes', *DOP* 46: 165–76

Seibt, W. (1976), 'Ioannes Skylitzes: zur Person des Chronisten', *JöB* 25: 81–5

Shepard, J. (1975–6), 'Scylitzes on Armenia in the 1040s and the role of Catacalon Cecaumenos', *Revue des Etudes Armeniennes* n.s. 11: 269–311

Shepard, J. (1977–9), 'Byzantium's last Sicilian expedition: Scylitzes' testimony', *Rivista di Studi Bizantini e Neoellenici* n.s. 14–16: 145–59

Shepard, J. (1992), 'A suspected source of Scylitzes' *Synopsis Historion*: the great Catacalon Cecaumenus', *BMGS* 16: 171–81

Thurn, I. (1966), 'Zur Textüberlieferung des Skylitzes', *BZ* 59: 1–4

Tsolakis, E. T. (1964), 'TO ΠPOBΛHMA TOY ΣYNEXIΣTH THΣ XPONOΓPAΦIAΣ TOY IΩANNOY ΣKYΛITΣH', *EΛΛHNIKA* 18: 79–83

John Xiphilinos (the Younger)

Halkin, F. (1966), 'Le concile de Chalcédoine esquissé par Jean Xiphilin', *REB* 24: 182–8

Hennephof, H. (1972), 'Der Kampf um das Prooimion im xiphilinischen Homiliar', *Studia Byzantina et Neohellenica Neerlandica* 3: 281–99

Kekaumenos

Bartikian, H. (1965), 'La généalogie du magistros Bagarat, catépan de l'Orient, et des Kékauménos', in *Revue des Etudes Arméniennes* n.s. 2: 261–72

Darrouzès, J. (1964), 'Kekaumenos et la mystique', *REB* 22: 282–4

Lemerle, P. (1960), *Prolégomènes à une édition critique et commentée de Kékauménos*, Brussels

Litavrin, G. G. (1968a), 'Kekavmen i Mikhail Psell o Varde Sklire', *BF* 3: 157–64

Litavrin, G. G. (1968b), 'Ο ΠΑΠΠΟΣ ΤΟΥ ΚΕΚΑΥΜΕΝΟΥ – Ο ΕΧΘΡΟΣ ΤΗΣ ΡΩΜΑΝΙΑΣ', *VV* 28: 151–8

Manuel Straboromanos

Bühler, W. (1969), 'Zu Manuel Straboromanos', *BZ* 62: 237–42

Michael Attaleiates

Amande, C. (1989), 'L'encomio di Niceforo Botaniate nel Historia di Attaliate: modeli, fonti, suggestioni letterarie', *Serta Historica Antiqua* 2: 265–86

Cresci, L. R. (1991), 'Cadenze narrative e interpr etazione critica nell'opera storica di Michele Attaliate', *REB* 49: 197–218

Cresci, L. R. (1993), 'Anticipazione e possibilità: moduli interpretativi della Storia di Michele Attaliata', in R. Maisano (ed.), *Storia e tradizione culturale a Bisanzio fra XI e XII secolo* (ΙΤΑΛΟΕΛΛΗΝΙΚΑ Quaderni 3), Naples, pp. 71–96

Kazhdan, A. P. (1976), 'Sotsial'nie vozrenija Mihaila Attaliata', *ZRVI* 17: 1–53

Pertusi, A. (1958), 'Per la critica del testo della "storia" di Michele Attaliate', *JöB* 7: 59–73

Thurn, I. (1964), 'Textgeschichtliches zu Michael Attaleiates', *BZ* 57: 293–301

Tsolakis, E. T. (1965), 'Aus dem Leben des Michael Attaleiates (seine Heimatstadt, sein Geburts- und Todesjahr)', *BZ* 58: 3–10

Tsolakis, E. T. (1969a), 'Ο ΜΙΧΑΗΛ ΑΤΤΑΛΕΙΑΤΗΣ ΩΣ ΚΡΙΤΙΚΟΣ ΤΩΝ ΕΠΙΧΕΙΡΗΣΕΩΝ ΚΑΙ ΤΗΣ ΤΑΚΤΙΚΗΣ ΤΟΥ ΠΟΛΕΜΟΥ', *BYZANTINA* 1: 187–204

Tsolakis, E. T. (1969b), 'Das Geschichtswerk des Michael Attaleiates und die Zeit seiner Abfassung', *BYZANTINA* 2: 251–68

Michael Psellos

Aerts, W. J. (1980), 'Un témoin inconnu de la Chronographie de Psellos', *BS* 41: 1–16

Agati, M. L. (1991), 'Michele VII Parapinace e la Chronographia de Psello', *Bollettino della Badia Greca di Grottaferrata* n.s. 45: 11–31

Anastasi, R. (1966), 'Sull'epitafi di Psello per Giovanni Xiphilino', *Siculorum Gymnasium* n.s. 19: 52–6

Anastasi, R. (1969), *Studi sulla 'Chronographia' di Michele Psello*, Catania

Anastasi, R. (1975a), 'Sugli scritti giurdici di Psello', *Siculorum Gymnasium* n.s. 28: 169–91

Anastasi, R. (1975b), 'Psello e Giovanni Italo', *Siculorum Gymnasium* n.s. 28: 525–38

Anastasi, R. (1976), *Studi di filologia bizantina* (Quaderni di Siculorum Gynmasium 2), Catania

Anastasi, R. (1985), 'Considerazione sul libro VII della "Chronographia" di Michele Psello', *Orpheus* n.s. 6: 370–95

Aubreton, R. (1969), 'Michel Psellos et l'Anthologie Palatine', *L'Antiquité Classique* 38: 459–62

Aujac, G. (1975), 'Michel Psellos et Denys d'Halicarnasse: le traité "Sur la composition des éléments du langage"', *REB* 33: 257–75

Baggarly, J. D. (1970), 'A parallel between Michael Psellus and the Hexaemeron of Anastasius of Sinai', *OCP* 36: 337–47

Benakis, L. (1964), 'Doxographische Angaben über die Vorsokratiker im unedierten Kommentar zur "Physik" des Aristoteles von Michael Psellos', in *XAPIΣ K. I. BOYP-BEPH*, Athens, pp. 345–54

Benakis, L. (1975–6), 'ΜΙΧΑΗΛ ΨΕΛΛΟΥ ΠΕΡΙ ΤΩΝ ΙΔΕΩΝ, ΑΣ Ο ΠΛΑΤΩΝ ΛΕΓΕΙ', *ΦΙΛΟΣΟΦΙΑ* 5/6: 391–423

Benakis, L. (1980–81), 'ΧΡΟΝΟΣ ΚΑΙ ΑΙΩΝ', *ΦΙΛΟΣΟΦΙΑ* 10/11: 398–421

Browning, R. (1963), 'A Byzantine treatise on tragedy', in *ΓΕΡΑΣ: Studies Presented to G. Thomson*, Prague, pp. 67–81

Browning, R. and Cutler, A. (1992), 'In the margins of Byzantium? Some icons in Michael Psellos', *BMGS* 16: 21–32

Bühler, W. (1967), 'Zwei Erstveröffentlichungen (Psellos und Eusathios)', *Byzantion* 37: 5–10

Cameron, A. (1970), 'Michael Psellus and the date of the Palatine Anthology', *Greek, Roman and Byzantine Studies* 11: 339–50

Canart, P. (1967), 'Nouveaux inédits de Michel Psellos', *REB* 25: 43–60

Carelos, F. (1991), 'Die Autoren der Zweiten Sophistik und die *Chronographia* des Michael Psellos', *JöB* 41: 133–40

Chamberlain, C. (1986), 'The theory and practice of imperial panegyric in Michael Psellus', *Byzantion* 56: 16–27

Criscuolo, U. (1982), 'ΠΟΛΙΤΙΚΟΣ ΑΝΗΡ: contributo al pensiero politico di Michele Psello', *Rendiconti dell'Accademia di Archeologia, Lettere e Belle Arti: Napoli* n.s. 57: 129–63

Dagron, G. (1983), 'Psellos épigraphiste', in C. Mango and O. Pritsak (eds.), *Okeanos: Essays Presented to I. Sevcenko*, Cambridge, MA, pp. 117–24

Dakouras, D. G. (1977), 'Michael Psellos' Kritik an den alten Griechen und dem griechischen Kult', *ΘΕΟΛΟΓΙΑ* 48: 40–75

Dakouras, D. G. (1978), 'Die Rehabilitation der greichischen Studien im. XI. Jahrhundert und Michael Psellos', *ΘΕΟΛΟΓΙΑ* 49: 185–98, 392–411

Des Places, E. (1966), 'Le renouveau platonicien du XIe siècle: Michel Psellus et les oracles chaldaïques', *Académie des Inscriptions et Belles-Lettres: Comptes Rendus*, 313–24

Dostálóva, R. (1986), 'Tabula Iliaca (Odysseaca) Ducaena: au sujet d'une épitre de Psellos', *BS* 47: 28–33

Dyck, A. R. (1994), '*Psellus Tragicus*: observations on *Chronographia* 5:26ff', *BF* 20: 269–90

Ebbesen, S. (1973), 'Ο ΨΕΛΛΟΣ ΚΑΙ ΟΙ ΣΟΦΙΣΤΙΚΟΙ ΕΛΕΓΧΟΙ', *BYZANTINA* 5: 427–44

Fisher, E. A. (1988), 'Nicodemia or Galatia? Where was Psellos' church of the Archangel Michael?', in *Gonimos: Neoplatonic and Byzantine Studies Presented to L. G. Westerlink at 75*, Buffalo, pp. 175–87

Fisher, E. A. (1993), 'Michael Psellos on the rhetoric of hagiography and the *Life of St Auxentius*', *BMGS* 17: 43–53

Fisher, E. A. (1994), 'Image and Ekphrasis in Michael Psellos' Sermon on the Crucifixion', *BS* 55: 44–55

Gadolin, A. R. (1970), *A Theory of History and Society with Special Reference to the Chronographia of Michael Psellus*, Stockholm

Gautier, P. (1976), 'Precisions historiques sur le monastère de Ta Narsou', *REB* 34: 101–10

Gautier, P. (1977), 'Michel Psellos et la Rhétorique de Longin', *Prometheus* 3: 193–203

Gemmiti, D. (1983), 'Aspetti del pensiero religioso di Michele Psello', in *Studi e Ric cordi. sull'Oriente Cristiano* 6: 77–169

Grosdidier de Matons, J. (1976), 'Psellos et le monde de l'irrationnel', *TM* 6: 325–49

Guglielmino, A. M. (1974), 'Un maestro di grammatica a Bisanzio nell'XI secolo e l'epitaphio per Niceta di Michele Psello', *Siculorum Gymnasium* n.s. 27: 421–63

Hohlweg, A. (1988), 'Medizinischer "Enzyklopädismus" und das ΠΟΝΗΜΑ ΙΑΤΡΙΚΟΝ des Michael Psellos', *BZ* 81: 39–49

Johnson, G. J. (1982), 'Constantine VIII and Michael Psellos: rhetoric, reality and the decline of Byzantium A.D. 1025–1028', *Byzantine Studies/Etudes Byzantines* 9: 220–32

Kambylis, A. (1994), 'Michael Psellos' Schrift über Euripides und Pisides: Probleme der Textkonstitution', *JöB* 44: 203–15

Karahalios, G. (1973), 'Michael Psellos on man and his beginnings', *Greek Orthodox Theological Review* 18: 79–96

Kazhdan, A. (1983), 'Hagiographical notes 3: an attempt at auto-hagiography: the pseudo-life of "Saint" Psellus?', *Byzantion* 53: 546–56

Koutsogiannopoulos, D. I. (1965), 'Η ΘΕΟΛΟΓΙΚΗ ΣΚΕΨΙΣ ΤΟΥ ΜΙΧΑΗΛ ΨΕΛΛΟΥ', *ΕΕΒΣ* 34: 208–17

Kriaras, E. (1968), 'Psellos', in *Real-Encyclopädie der classischen Altertumswissenschaft (Pauly-Wissowa)*, Suppl. Bd. 11: 1124–82

Kriaras, E. (1972), 'Ο ΜΙΧΑΗΛ ΨΕΛΛΟΣ', *BYZANTINA* 4: 53–128

Kyriakis, M. J. (1976–7), 'Medieval European society as seen in two eleventh-century texts of Michael Psellos', *Byzantine Studies/Etudes Byzantines* 3: 77–100; 4: 67–80, 157–88

Leroy-Molinghen, A. (1969a), 'Styliané', *Byzantion* 39: 155–63

Leroy-Molinghen, A. (1969b), 'La descendance adoptive de Psellos', *Byzantion* 39: 284–317

Linnér, S. (1981), 'Literary echoes in Psellus' *Chronographia*', *Byzantion* 51: 225–31

Linnér, S. (1983), 'Psellus' *Chronographia* and the *Alexias*: some textual parallels', *BZ* 76: 1–9

Littlewood, A. (1981), 'The midwifery of Michael Psellos: an example of Byzantine literary originality', in M. Mullett and R. Scott (eds.), *Byzantium and the Classical Tradition*, Birmingham, pp. 136–42

Littlewood, A. (1990), 'Michael Psellos and the witch of Endor', *JöB* 40: 225–31

Ljubarskij, J. N. (1977), 'Der Brief des Kaisers an Phokas', *JöB* 26: 103–7

Ljubarskij, J. N. (1978), *Mikhail Psell: Lichnost' i tvorchestvo. K istorii vizantijskogo predgumanizma*, Moscow

Maisano, R. (1987), 'Un nuovo testimone dell'epistola di Psello a Giovanni Kifilino (Paris Gr.1277)', *Byzantion* 57: 427–32

Maisano, R. (1988), 'Varia Byzantina', in F. Sisti and E. V. Maltese (eds.), *Heptachordos lyra Humberto Albini oblata*, Genoa

Maltese, E. V. (1988), 'Osservazioni critiche sul testo delle epistole di Michele Psello', *JöB* 38: 247–55

Maltese, E. V. (1989), 'Il ms. Barocci 131 per l'epistolario de Michele Psello', *Aevum* 63: 186–92

Maltese, E. V. (1991), 'Un nuovo testimone parziale dei *Theologica* di Michele Psello: Vat.gr.409', *Studi Italiani di Filologia Classica* 3rd series 9: 121–5

Maltese, E. V. (1992), 'Michele Psello commentatore di Gregorio Nazianzo: note per una lettura dei *Theologica*', in C. Moreschini and G. Menestrina (eds.), *Gregorio Nazianzeno, teologo e scrittore*, Bologna, pp. 227–48

Maltese, E. V. (1993), 'I *Theologica* di Psello e la cultura filosofica bizantina', in R. Maisano (ed.), *Storia e tradizione culturale a Bisanzio fra XI e XII secolo* (ITAΛOEΛΛHNIKA Quaderni 3), Naples, pp. 51–69

Miller, T. A. (1975), 'Mikhail Psell i Dionisij Galikarnasskij', in *Antichnost i Vizantija*, Moscow, pp. 140–74

Milovanovic, C. (1984), 'Psel i Grigorje, Nona i Teodota', *ZRVI* 23: 73–87

Ronchey, S. (1985), *Indagini ermeneutiche e critico-testuali sulla Cronografia di Psello* (Istituto Storico Italiano per il Medio Evo, Studi Storici 152), Rome

Snipes, K. (1989), 'The *Chronographia* of Michael Psellos and the textual tradition and transmission of the Byzantine historians of the eleventh and twelfth centuries', *ZRVI* 27/8: 43–62

Sophroniou, S. A. (1966–7), 'Michael Psellos' theory of science', *AΘHNA* 69: 78–90

Spadaro, M. G. (1974), 'Per una nuova edizione dell'elogio funebre per Sclerena di Michele Psello', *Siculorum Gymnasium* n.s. 27: 134–51

Spadaro, M. G. (1975), 'Note su Sclerena', *Siculorum Gymnasium* 28: 351–72

Tinnefeld, F. (1973), '"Freundschaft" in den Briefen des Michael Psellos: Theorie und Wirchlichkeit', *JöB* 22: 151–68

Van Dieten, J. L. (1985), 'Textkritisches zu Psellos: Chronographie II 167, 16ff Renauld', *BYZANTINA* 13: 565–88

Vergari, G. (1987), 'Michele Psello e la tipologia femminile cristiana', *Siculorum Gymnasium* n.s. 40: 217–25

Weiss, G. (1970), 'Untersuchungen zu den unedierten Schriften des M. Psellos', *BYZANTINA* 2: 337–78

Weiss, G. (1972), 'Forschungen zu den Schriften des M. Psellos', *BYZANTINA* 4: 9–51

Weiss, G. (1977), 'Die juristische Bibliothek des Michael Psellos', *JöB* 26: 79–102

Westerlink, L. G. (1987), 'Le Parisinus Gr. 1182 and le Vaticanus Gr. 671 de Psellos', in J. Dummer (ed.), *Texte und Textkritik: eine Aufsatzsammlung*, Berlin, pp. 605–9

Nikephoros Bryennios

Carile, A. (1964), 'Il problema della identificazione del cesare Niceforo Briennio', *Aevum* 38: 74–83

Carile, A. (1969), 'La "YΛH IΣTOPIAΣ" del cesare Niceforo Briennio', *Aevum* 43: 56–87, 235–82

Failler, A. (1989), 'Le texte de l'Histoire de Nicéphore Bryennios à la lumière d'un nouveau fragment', *REB* 47: 239–50

Reinsch, D. R. (1990), 'Der Historiker Nikephoros Bryennios, Enkel und nicht Sohn des Usurpators', *BZ* 83: 423–4

Nikon of the Black Mountain

Giankos, T. (1991), *NIKΩN O MAYPOPEIOTHΣ. BIOΣ–ΣYΓΓPAΦIKO, EPΓO–KANONIKH ΔIΔAΣKAΛIA*, Thessalonica

Grumel, V. (1963), 'Nicon de la Montagne Noire et Jean IV(V) l'Oxite', *REB* 21: 270–2

Nasrallah, J. (1969), 'Un auteur antiochien du xie siècle: Nicon de la Montagne Noire (vers 1025–début du XIIe s.)', *Proche-Orient Chrétien* 19: 150–61

Peira

Oikonomides, N. (1986a), 'Η ΠΕΙΡΑ ΠΕΡΙ ΠΑΡΟΙΚΩΝ', in *AΦIEPΩMA ΣTON NIKO ΣBOPΩNO*, 1, Rethymno, pp. 232–42

Oikonomides, N. (1986b), 'The Peira of Eustathios Romaios: an abortive attempt to innovate in Byzantine law', *Fontes Minores* 7: 169–92

Simon, D. (1986), 'Das Eheguterrecht der Peira: Ein systematischer Versuch', *Fontes Minores* 7: 193–238

Vryonis, S., jnr (1974), 'The Peira as a source for the history of Byzantine aristocratic society', in *Near Eastern Numismatics, Iconography, Epigraphy and History: Studies in Honor of G. C. Miles*, Beirut, pp. 279–84

Weiss, G. (1973), 'Hohe Richter in Konstantinopel: Eustathios Rhomaios und seine Kollegen', *JöB* 22: 117–43

Philip Monotropos

Hörander, W. (1964), 'Die Wiener Handschriften des Philippos Monotropos', in *AKPOΘINIA*, Vienna, pp. 23–40

Hörander, W. (1985), 'Notizen zu Philippos Monotropos', *BYZANTINA* 13: 815–31

Theophylact of Bulgaria

Dragova, N. (1992), 'Theophylact of Ochrida's Old Bulgarian sources on Cyril and Methodius', *Etudes Balkaniques* 28: 107–10

Epstein, A. W. (1980), 'The political content of the paintings of St Sophia at Ochrid', *JöB* 29: 315–29

Gautier, P. (1963), 'L'épiscopat de Théophylacte Héphaistos, archevêque de Bulgarie', *REB* 21: 159–78

Iliev, I. G. (1992), 'The manuscript tradition and the authorship of the Long Life of St Clement of Ochrid', *BS* 52: 68–73

Leib, B. (1953), 'La *ΠAIΔEIA BAΣIΛIKH* de Théophylacte, archevêque de Bulgarie et sa contribution à l'histoire de la fin du xie siècle', *REB* 11: 197–204

Leroy-Molinghen, A. (1938), 'Prolégomènes à une édition critique des lettres de Théophylacte de Bulgarie', *Byzantion* 13: 253–62

Leroy-Molinghen, A. (1966), 'Du destinaire de la lettre Finetti I de Théophylacte de Bulgarie', *Byzantion* 36: 431–7

Maslev, S. I. (1972), 'Les lettres de Théophylacte de Bulgarie à Nicéphore Mélissénos', *REB* 30: 179–86

Maslev, S. I. (1974a), 'Za roljata i znechenieto na dejnostta na Teofilakt Okhridski kato arkhiepiskop bulgarski', *Izvestija na Instituta za bulg. istorija* 23: 235–47

Maslev, S. I. (1974b), *Fontes graeci historiae bulgaricae IX: Theophylacti Achridensis, archiepiscopi Bulgariae, scripta ad historiam Bulgariae pertinentia. I. Studia in scriptis quibusdam a Theophylacto Achridensi archiepiscopo Bulgariae (1090–ca.1126) relictis,* Sofia

Mullett, M. (1990), 'Patronage in action: the problems of an eleventh-century bishop', in R. Morris (ed.), *Church and People in Byzantium,* Birmingham, pp. 125–47

Mullett, M. (1995), *Theophylact of Ochrid: A Byzantine Archbishop and his Letters,* Aldershot

Obolensky, D. (1986), 'Theophylaktos of Ochrid and the authorship of the *Vita Clementis', Byzantion,* 2: 601–18

Obolensky, D. (1988), *Six Byzantine Portraits,* Oxford

Prinzing, G. (1985), '"Contra Judaeos": ein Phantom im Werkzeichnis des Theophylaktos Hephaistos', *BZ* 78: 350–4

Solarino, M. (1991), 'Un intellettuale in provincia: Teofilatto di Achrida', in *Syndesmos: Studi in onore di Rosario Anastasi,* 1, Catania, pp. 63–82

Spadaro, M. G. (1981), 'Un inedito di Teofilatto di Achrida sull'eunuchia', *Rivista di Studi Bizantini e Slavi* 1: 3–38

Spadaro, M. G. (1992), 'Sugli "errori" dei Latini di Teofilatto: obiettività o scelta politica?', in A. M. Babbi *et al.* (eds.), *Medioevo romanzo e orientale: testi e prospettive storiografiche,* Rubbettino, pp. 231–44

Timarion

Alexiou, M. (1983), 'Literary subversion and the aristocracy: a stylistic analysis of *Timarion* chapters 6–7', *BMGS* 8: 29–45

Baldwin, B. (1982), 'A talent to abuse: some aspects of Byzantine satire', *BF* 8: 19–27

Baldwin, B. (1984), 'The authorship of the *Timarion', BZ* 77: 233–7

Reinsch, D. R. (1990), 'Zum überlieferten Text des *Timarion',* in D. Harlfinger (ed.), *ΦΙΛΟΦΡΟΝΗΜΑ: Festschrift für Martin Sicherl zum 75. Geburtstag,* Paderborn, pp. 161–70

Reinsch, D. R. (1993–4), 'Zur Identität einer Gestalt im *Timarion', BZ* 86/7: 383–5

Romano, R. (1973), 'Sulla possibile attribuzione del *Timarione* pseudo-lucianeo a Nicola Callicle', *Giornale Italiano di Filologia* 4: 309–15

现代作品

— 1025—1118年间的拜占庭外交关系

1. 罗斯人

Kazhdan, A. (1963), 'Ioann Mavropod, Pechenegi i Russkie v seredine XI v.', *ZRVI* 8, 1: 177–84

Kazhdan, A. (1977), 'Once more about the "alleged" Russo-Byzantine treaty (ca. 1047) and the Pechenegs' crossing of the Danube', *JöB* 26: 65–77

Kazhdan, A. (1988–9), 'Rus–Byzantine princely marriages in the eleventh and twelfth centuries', *Harvard Ukrainian Studies* 12/13: 414–29

Litavrin, G. G. (1967), 'Psell o prichinakh poslednego pokhoda russkikh na Konstantinopel v. 1043 g.', *VV* 27: 71–86

Poppe, A. (1971), 'La dernière expédition russe contre Constantinople', *BS* 32: 1–29, 233–68

Poppe, A. (1981), 'The building of the church of St Sophia in Kiev', *JMH* 7: 15–66

Shepard, J. (1975), 'John Mauropus, Leo Tornicius and an alleged Russian army: the chronology of the Pecheneg crisis of 1048–1049', *JöB* 24: 61–89

Shepard, J. (1979), 'Why did the Russians attack Byzantium in 1043?', *Byzantinisch-neugriechischen Jahrbücher* 22: 147–212

2. 多瑙河前线和保加利亚

Diaconu, P. (1970), *Les Petchénègues au Bas-Danube* (Bibliotheca Historica Romaniae 27), Bucharest

Diaconu, P. (1978), *Les Coumans au Bas-Danube aux XIe et XIIe siècles*, Bucharest

Laurent, V. (1957), 'Le thème byzantin de Serbie au XIe siècle', *REB* 15: 185–95

Laurent, V. (1969), 'Deux nouveaux gouverneurs de la Bulgarie byzantine: le proèdre Nicéphore Batatzès et le protoproèdre Grégoire', *RES-EE* 7: 143–50

Miltenova, A. and Kajmakanova, M. (1986), 'The uprising of Petar Delyan (1040–1041) in a new Old Bulgarian source', *Byzantinobulgarica* 8: 227–41

Stanescu, E. (1966), 'La crise du Bas-Danube byzantin au cours de la seconde moitié du XIe siècle', *ZRVI* 9: 49–73

3. 突厥人和安纳托利亚及亚美尼亚的失陷

Antoniadis-Bibicou, H. (1964), 'Un aspect des relations byzantino-turques en 1073–1074', in *Actes du XIIe congrès international des études byzantines 1961*, II, Belgrade, pp. 15–25

Cahen, C. (1965), 'La diplomatie orientale de Byzance face à la poussée seljukide', *Byzantion* 35: 10–16

Cahen, C. (1968), *Pre-Ottoman Turkey*, London

Canard, M. (1965), 'La campagne arménienne du sultan seldjuqide Alp Arslan et la prise d'Ani en 1064', *Revue des Etudes Arméniennes* n.s. 2: 239–59

Cheynet, J.-C. (1980), 'Mantzikert un désastre militaire', *Byzantion* 50: 410–38

Eickhoff, E. (1991), 'Zur Wende von Mantzikert', in M. Kitzinger *et al.* (eds.), *Das Andere Wahrnehmen (Festschrift August Nitschke)*, Cologne, pp. 101–19

Felix, W. (1981), *Byzanz und die islamische Welt im früheren 11. Jahrhundert* (Byzantina Vindobonensia 14), Vienna

Friendly, A. (1981), *The Dreadful Day: The Battle of Mantzikert 1071*, London

Janssens, E. (1968–72), 'La bataille de Mantzikert (1071) selon Michel Attaliate', *Annuaire de l'Institut de Philologie et de l'Histoire Orientales et Slaves* 20: 291–304

Janssens, E. (1973), 'Le lac de Van et la stratégie byzantine', *Byzantion* 42: 388–404

Kaegi, W. E., jnr (1964), 'The contribution of archery to the Turkish conquest of Anatolia', *Speculum* 39: 96–108

Shepard, J. (1975–6), 'Scylitzes on Armenia in the 1040s, and the role of Catacalon Cecaumenos', *Revue des Etudes Arméniennes* 11: 269–311

Sümer, F. (1967), 'The Turks in eastern Asia Minor in the eleventh century', in *Proceedings of the XIIIth International Congress of Byzantine Studies*, Oxford, pp. 144–6

Toumanoff, C. (1967), 'The background to Mantzikert', in *Proceedings of the XIIIth International Congress of Byzantine Studies*, Oxford, pp. 411–26

Vryonis, S., jnr (1971), *The Decline of Medieval Hellenism in Asia Minor and the Process of Islamization from the Eleventh through the Fifteenth Century*, Berkeley, Los Angeles and London

Yarnley, C. J. (1972), 'Philaretos: Armenian bandit or Byzantine general?', *Revue des Etudes Arméniennes* n.s. 9: 331–53

4. 罗马教廷

Alexander, P. J. (1963), 'The Donation of Constantine at Byzantium and its earliest use against the western empire', *ZRVI* 8, 1: 11–26

Cowdrey, H. E. J. (1982), 'Pope Gregory VII's "crusading" plans of 1074', in B. Z. Kedar, H.-E. Mayer and R. C. Smail (eds.), *Outremer: Studies in the History of the Crusading Kingdom of Jerusalem Presented to Joshua Prawer*, Jerusalem, pp. 27–40

Denzler, G. (1966), 'Das sogennante morgenländische Schisma im Jahre 1054', *Münchener Theologische Zeitschrift* 17: 24–46

Gauss, J. (1967), *Ost und West in der Kirchen- und Papstgeschichte des 11. Jahrhunderts*, Zurich

Kaplan, M. (1993), 'La place du schisme de 1054 dans les relations entre Byzance, Rome et l'Italie', *BS* 54: 29–37

Krause, H.-G. (1983), 'Das *Constitutum Constantini* im Schisma von 1054', in *Aus Kirche und Reich: Festschrift für F. Kempf*, Sigmaringen, pp. 131–58

Leib, B. (1924), *Rome, Kiev et Byzance à la fin du XIe siècle*, Paris

Nasrallah, J. (1976), 'Le patriarcat d'Antioch est-il resté, après 1054, en communion avec Rome?', *Istina* 21: 374–411

Nicol, D. M. (1962), 'Byzantium and the papacy in the eleventh century', *JEH* 13: 1–20

Nicol, D. M. (1976), 'The papal scandal', *Studies in Church History* 13: 141–68

Petrucci, E. (1973), 'Rapporti di Leone IX con Constantinopoli', *Studi Medievali* 3rd series 14: 733–831

Ševčenko, I. (1964), 'The Civitas Russorum and the alleged falsification of the Latin excommunication bull by Kerullarios', in *Actes du XIIe congrès international des études byzantines 1961*, II, Belgrade, pp. 203–12

Smith, M. H. III (1977), *'And taking bread…': Cerularius and the azyme controversy of 1054* (Théologie Historique 47), Paris

Tuilier, A. (1981), 'Michel VII et le pape Grégoire VII: Byzance et la réforme grégorienne', in *Actes du XVe congrès international d'études byzantines*, IV, Athens, pp. 350–64

5. 意大利南部、诺曼人和西部

Balard, M. (1976), 'Amalfi et Byzance (Xe–XIIe siècles)', *TM* 6: 85–96

Bibicou, H. (1959–60), 'Michel VII Doukas, Robert Guiscard et la pension des dignitaires', *Byzantion* 29/30: 43–75

Bloch, H. (1946), 'Monte Cassino, Byzantium and the west', *DOP* 3: 165–224

Guillou, A. (1967), 'Recherches sur la société et l'administration byzantines en Italie au XIe siècle', in *Proceedings of the XIIIth International Congress of Byzantine Studies*, Oxford, pp. 391–6

Guillou, A. (1974), 'Production and profits in the Byzantine province of Italy (10th–11th centuries): an expanding society', *DOP* 28: 89–109

Guillou, A. (1976), 'La soie du Catépanat d'Italie', *TM* 6: 69–84

Hanawalt, E. A. (1986), 'Norman views of eastern Christendom: from the First Crusade to the principality of Antioch', in V. Goss and C. C. Bornstein (eds.), *The Meeting of Two Worlds*, Michigan, pp. 115–21

Hermans, J. (1979), 'The Byzantine view of the Normans', *ANS* 2: 78–92

Kolias, G. T. (1966), 'Le motif et les raisons de l'invasion de Robert Guiscard en territoire byzantin', *Byzantion* 36: 424–30

Loud, G. (1988), 'Byzantine Italy and the Normans', *BF* 12: 215–33

McQueen, W. B. (1986), 'Relations between the Normans and Byzantium, 1071–1112', *Byzantion* 56: 427–76

Shepard, J. (1988), 'Aspects of Byzantine attitudes and policy towards the west in the 10th and 11th centuries', *BF* 12: 67–118

Van Houts, E. M. C. (1985), 'Normandy and Byzantium in the eleventh century', *Byzantion* 55: 544–59

Von Falkenhausen, V. (1967), *Untersuchungen über die byzantinische Herrschaft in Süditalien vom 9. bis 11. Jahrhunderts* (Schriften zur Geistesgeschichte des Östlichen Europa 1), Wiesbaden

Wolff, R. L. (1978), 'How the news was brought from Byzantium to Angoulême; or, The pursuit of a hare in an ox cart', *BMGS* 4: 139–89

6. 瓦兰吉亚人

Blondal, S. (1978), *The Varangians of Byzantium*, trans. and revised B. Benedikz, Cambridge

Ciggaar, K. (1974), 'L'émigration anglaise à Byzance après 1066: un nouveau texte en latin sur les Varangues à Constantinople', *REB* 32: 301–42

Ciggaar, K. (1976), 'Une description de Constantinople traduite par un pèlerin anglais', *REB* 34: 211–67

Ciggaar, K. (1980), 'Harald Hardrada: his expedition against the Petchenegs', *Balkan Studies* 21: 385–401

Ciggaar, K. (1981), 'Flemish mercenaries in Byzantium: their later history in an old Norse miracle', *Byzantion* 51: 44–75

Ciggaar, K. (1982), 'England and Byzantium on the eve of the Norman Conquest (the reign of Edward the Confessor)', *ANS* 5: 78–96

Godfrey, J. (1978), 'The defeated Anglo-Saxons take service with the eastern Emperor', *ANS* 1: 63–74

Head, C. (1977), 'Alexios Komnenos and the English', *Byzantion* 47: 186–98

Shepard, J. (1973a), 'A note on Harold Hardrada: the date of his arrival at Byzantium', *JöB* 22: 145–50

Shepard, J. (1973b), 'The English and Byzantium: a study of their role in the Byzantine army in the later eleventh century', *Traditio* 29: 53–92

Shepard, J. (1974), 'Another New England? – Anglo-Saxon settlement on the Black Sea', *Byzantine Studies/Etudes Byzantines* 1: 18–39

7. 第一次十字军东征

Abrahamse, D. (1986), 'Byzantine views of the west in the early crusade period: the evidence of hagiography', in V. Goss and C. C. Bornstein (eds.) *The Meeting of Two Worlds*, Michigan, pp. 189–200

Cahen, C. (1974), 'La politique orientale des comtes de Flandre et la lettre d'Alexis Comnène', in P. Salmon (ed.), *Mélanges d'Islamologie: volume dédié à la mémoire d'Armand Abel*, Leiden, pp. 84–90

Cowdrey, H. E. J. (1988), 'The Gregorian papacy, Byzantium and the First Crusade', *BF* 13: 145–69

De Waha, M. (1977), 'La Lettre d'Alexis I Comnène à Robert I le Frison', *Byzantion* 47: 113–25

Ferluga, J. (1961), 'Le ligesse dans l'empire byzantine', *ZRVI* 7: 97–123

France, J. (1970), 'The crisis of the First Crusade: from the defeat of Kerbogah to the departure from Arqa', *Byzantion* 40: 276–308

France, J. (1971), 'The departure of Tatikios from the crusader army', *BIHR* 44: 137–47

France, J. (1994), *Victory in the East: A Military History of the First Crusade*, Cambridge

Ganshof, F. L. (1961a), 'Recherche sur le lien juridique qui unissait les chefs de la première croisade à l'empereur byzantin', in *Mélanges offerts à Paul-Edmond Martin*, Geneva, pp. 49–63

Ganshof, F. L. (1961b), 'Robert le Frison et Alexis Comnène', *Byzantion* 31: 57–74

Kindlimann, S. (1969), *Die Eroberung von Konstantinopel als politische Forderung des Westens im Hochmittelalter: Studien zur Entwicklung der Idee eines lateinischen Kaiserreichs in Byzanz*, Zurich

Lilie, R.-J. (1981), *Byzanz und die Kreuzfahrerstaaten* (ΠΟΙΚΙΛΑ BYZANTINA 1), Munich; trans. J. C. Morris and J. E. Ridings, *Byzantium and the Crusader States 1096–1204*, Oxford, 1993

Lounghis, T. C. (1979), 'The failure of the Germano-Byzantine alliance on the eve of the First Crusade', *ΔΙΠΤΥΧΑ* 1: 158–67

Pryor, J. H. (1984), 'The oaths of the leaders of the First Crusade to Emperor Alexios I Comnenus: fealty, homage – ΠΙΣΤΙΣ, ΔΟΥΛΕΙΑ', *Parergon* n.s. 2: 111–41

Serper, A. (1976), 'La prise de Nicée d'après la "Chanson d'Antioche" de Richard le Pélerin', *Byzantion* 46: 411–21

Skoulatos, B. (1980), 'L'auteur anonyme des Gesta et le monde byzantin', *Byzantion* 50: 504–32

8. 威尼斯

Antoniadis-Bibicou, H. (1962), 'Note sur les relations de Byzance avec Venise: de la dépendance à l'autonomie et à l'alliance: un point de vue byzantin', *ΘΗΣΑΥΡΙΣΜΑΤΑ* 1: 162–78

Borsari, S. (1964), 'Il commercio veneziano nell'impero bizantino nel XII secolo', in *Rivista Storica Italiana* 76: 982–1011

Borsari, S. (1969–70), 'Il crisobullo di Alessio I per Venezia', *Annali dell'Istituto Italiano per gli Studi Storici* 2: 111–31

Borsari, S. (1976), 'Per la storia del commercio veneziano col mondo bizantino nel XII secolo', *Rivista Storica Italiana* 88: 104–26

Frances, E. (1968), 'Alexis Comnène et les privilèges octroyés à Venise', *BS* 29: 17–23

Gadolin, A. R. (1980), 'Alexius Comnenus and the Venetian trade privileges', *Byzantion* 50: 439–46

Lilie, R.-J. (1984), *Handel und Politik zwischen dem byzantinischen Reich und den italienischen Kommunen Venedig, Pisa und Genua in der Epoche der Komnenen und der Angeloi*, Amsterdam

Martin, M. E. (1978), 'The chrysobull of Alexius I Comnenus to the Venetians and the early Venetian quarter in Constantinople', *BS* 39: 19–23

Martin, M. E. (1988), 'The Venetians in the Byzantine empire before 1204', *BF* 12: 201–14

Nicol, D. M. (1988), *Byzantium and Venice: A Study in Diplomatic and Cultural Relations*, Cambridge

Pertusi, A. (1964), 'L'impero bizantino e l'evolvere dei suoi interessi nell'alto Adriatico', in *Le Origini di Venezia*, Florence, pp. 59–93

Pertusi, A. (1965), 'Venezia e Bisanzio nel secolo XI', in *La Venezia del mille*, Florence, pp. 117–60

Pertusi, A. (1979), 'Venezia e Bisanzio, 1000–1204', *DOP* 33: 1–22

Tuilier, A. (1967), 'La date exacte du chrysobulle d'Alexis Ier Comnène en faveur des Vénitiens et son contexte historique', *Rivisti di Studi Bizantini e Neoellenici* n.s. 4: 27–48

Tuma, O. (1981), 'The dating of Alexius's chrysobull to the Venetians: 1082, 1084 or 1092?', *BS* 42: 171–85

9. 博希蒙德

Epstein, A. W. (1983), 'The date and significance of the cathedral of Canosa in Apulia, southern Italy', *DOP* 37: 79–90

Gadolin, A. R. (1982), 'Prince Bohemund's death and the apotheosis in the church of San Sabino, Canosa di Puglia', *Byzantion* 52: 124–53

Marquis de la Force (1936), 'Les conseillers latins du Basileus Alexis Comnène', *Byzantion* 11: 153–65

Rösch, G. (1984), 'Der "Kreuzzug" Bohemunds gegen Dyrrachion 1107/1108', *Römische Historische Mitteilungen* 26: 181–90

Rowe, J. G. (1966), 'Pascal II, Bohemond of Antioch and the Byzantine empire', *Bulletin of the John Rylands Library* 49: 165–202

Shepard, J. (1988), 'When Greek meets Greek: Alexius Comnenus and Bohemund in 1097–98', *BMGS* 12: 185–277

Wolf, K. B. (1991), 'Crusade and narrative: Bohemond and the *Gesta francorum*', *JMH* 17: 207–16

二 1025—1118年间的拜占庭帝国内政史

1. 政治、立法和管理

Anastos, M. V. (1993), 'The coronation of Emperor Michael IV in 1034 by Empress Zoe and its significance', in J. Langdon *et al.* (eds.), *To Hellenikon: Studies in Honour of Speros Vryonis Jnr.*, i, New York, pp. 23–43

Angold, M. J. (1984), *The Byzantine Empire 1025–1204: A Political History*, London

Angold, M. J. (1990), 'The Byzantine empire on the eve of Mantzikert', *BF* 16: 9–34

Angold, M. J. (1994), 'Imperial renewal and Orthodox reaction: Byzantium in the eleventh century', in P. Magdalino (ed.), *New Constantines: The Rhythm of Imperial Renewal in Byzantium*, Aldershot, pp. 231–46

Bompaire, J. (1976), 'Les sources diplomatiques byzantines et, en particulier, les actes de la chancellerie impériale, de 1025 à 1118', *TM* 7: 153–8

Burgmann, L. (1994), 'A law for emperors: observations on a chrysobull of Nikephoros III Botaneiates', in P. Magdalino (ed.), *New Constantines: The Rhythm of Imperial Renewal in Byzantium*, Aldershot, pp. 247–57

Cheynet, J.-C. (1983), 'Dévaluation des dignités et dévaluation monétaire dans la seconde moitié du XIe siècle', *Byzantion* 53: 453–77

Cheynet, J.-C. (1985), 'Du stratège de thème au duc: chronologie de l'évolution au cours du XIe siècle', *TM* 9: 181–94

Cheynet, J.-C. (1990), *Pouvoir et contestations à Byzance (963–1210)*, Paris

Frances, E. (1964), 'La disparition des corporations byzantines', in *Actes du XIIe congrès international des études byzantines 1961*, II, Belgrade, pp. 93–101

Gautier, P. (1977), 'Défection et soumission de la Crète sous Alexis Ier Comnène', *REB* 35: 215–27

Hill, B., James, L. and Smythe, D. (1994), 'Zoe: the rhythm method of imperial renewal', in P. Magdalino (ed.), *New Constantines: The Rhythm of Imperial Renewal in Byzantium*, Aldershot, pp. 215–30

Inque, K. (1993), 'The rebellion of Isaakios Komnenos and the provincial aristocratic *Oikoi*', *BS* 54: 268–78

Kresten, O. and Müller, A. E. (1993–4), 'Die Auslandsschreiben der byzantinischen Kaiser des 11. und 12. Jahrhunderts: Specimen einer kritischen Ausgabe', *BZ* 86/7: 402–19

Leib, B. (1977), *Aperçus sur l'époque des premiers Comnènes: Collectanea byzantina* (Orientalia Christiana Analekta 204), Rome

Lemerle, P. (1967), 'Roga et rente d'état aux Xe–XIe siècles', *REB* 25: 77–100

Lemerle, P. (1977), *Cinq études sur le XIe siècle byzantin* (Le Monde Byzantin), Paris

Lounghis, T. C. (1991–2), 'Un empire romain devant la féodalisation: remarques sur l'emploi du terme ΕΙΡΗΝΗ au XIe siècle', *ΔΙΠΤΥΧΑ* 5: 87–95

Mullett, M. E. (1984), 'The disgrace of the ex-basilissa Maria', *BS* 45: 202–11

Mullett, M. E. (1994), 'Alexios I Komnenos and imperial renewal', in P. Magdalino (ed.), *New Constantines: The Rhythm of Imperial Renewal in Byzantium*, Aldershot, pp. 259–67

Mullett, M. E. and Smythe, D. (1995), *Alexios I Komnenos*, I: *Papers Given at the Second Belfast International Colloquium* (Belfast Byzantine Texts and Translations 4), Belfast

Oikonomides, N. (1963), 'Le serment de l'impératrice Eudocie (1067): un épisode de l'histoire dynastique de Byzance', *REB* 21: 101–28

Oikonomides, N. (1966), 'The donations of castles in the last quarter of the 11th century (Dölger, Regesten No. 1012)', in *Polychronion: Festschrift F. Dölger*, Heidelberg, pp. 413–17

Oikonomides, N. (1976), 'L'évolution de l'organisation administrative de l'empire byzantin au XIe siècle (1025–1118)', *TM* 6: 125–52

Oikonomides, N. (1978), 'The mosaic panel of Constantine IX and Zoe in St Sophia', *REB* 36: 219–32

Oikonomides, N. (1980–1), 'St George of Mangana, Maria Skleraina and the "Malyj Sion" of Novgorod', *DOP* 34/5: 239–46

Oikonomides, N. (1994), 'La couronne dite de Constantin Monomaque', *TM* 12: 241–62

Scheltema, H. J. (1950), 'Une pétition à l'empereur Alexis Comnène de l'an 1085', *Revue Internationale des Droits de l'Antiquité* 5: 457–63

Seibt, W. (1993), 'ΑΡΜΕΝΙΑΚΑ ΘΕΜΑΤΑ als terminus technicus der byzantinischen Verwaltungsgeschichte des 11. Jahrhunderts', *BS* 54: 134–41

Sorlin, I. (1976), 'Publications soviétiques sur le XIe siècle', *TM* 6: 367–98

Spadaro, M. D. (1987), 'La deposizione di Michele VI: un episodio di "Concordia discors" fra chiesa e militari?', *JöB* 37: 153–71

Spadaro, M. D. (1991), 'Archontes a confronto nella periferia dell impero sotto la *basileia* di Alessio I Comneno', in *Syndesmos: studi in onore di Rosario Anastasi*, I, Catania, pp. 83–114

Stanescu, E. (1966), 'Les réformes d'Isaac Comnène', in *RES-EE* 4: 35–69

Stanescu, E. (1967), 'Solutions contemporaines de la crise: un quart de siècle de réformes et contreréformes impériales (1057–81)', in *Proceedings of the XIIIth International Congress of Byzantine Studies*, Oxford, pp. 401–8

Vryonis, S., jnr (1963), 'Byzantine ΔHMOKRATIA and the guilds in the eleventh century', *DOP* 17: 287–314

Vryonis, S., jnr (1982), 'Byzantine imperial authority: theory and practice in the eleventh century', in G. Makdisi, D. Sourdel and J. Sourdel-Thomine (eds.), *Les Notions d'authorité au moyen âge: Islam, Byzance, Occident*, Paris, pp. 141–61

Weiss, G. (1973), *Oströmische Beamte im Spiegel der Schriften des Michael Psellos* (Miscellanea Byzantina Monacensia 16), Munich

2. 人物传记和编年史

Barzos, K. (1984), *H ΓΕΝΕΑΛΟΓΙΑ ΤΩΝ ΚΟΜΝΗΝΩΝ* (BYZANTINA ΚΕΙΜΕΝΑ ΚΑΙ ΜΕΛΕΤΑΙ 20), 2 vols., Thessalonica

Cheynet, J.-C. (1984), 'Toparque et topotèrètes à la fin du IIe siècle', *REB* 42: 215–24

Cheynet, J.-C. (1990), 'Thathoul, archonte des archontes', *REB* 48: 233–42

Duyé, N. (1972), 'Un haut fonctionnaire byzantin du XIe siècle: Basile Malésès', *REB* 30: 167–78

Gautier, P. (1967), 'La date de la mort de Christodule de Patmos (mercredi 16 mars 1093)', *REB* 25: 235–8

Gautier, P. (1969), 'L'obituaire de Pantocrator', *REB* 27: 235–62

Gautier, P. (1971), 'Le synode des Blachernes (fin 1094): étude prosopographique', *REB* 29: 213–84

Grierson, P. (1985), 'The dates of Patriarch Sophronius II of Jerusalem (post 1048–1076/83)', *REB* 43: 231–6

Kazhdan, A. (1970), 'Die Liste der Kinder des Kaisers Alexios I. in einer Moskauer Handschrift (ΓΝΜ 53/147)', in *Festschrift F. Altheim*, II, Berlin, pp. 233–7

Kazhdan, A. (1973), 'Kharakter, sostav i evoljutsija gospodstvujushchego klassa v Vizantii XI–XII vv. Predvaritel'nye vybody', *BZ* 66: 47–60

Kazhdan, A. (1974), *Sotsial'nyj sostav gospodstvujushchego klassa Vizantii XI–XII vv.*, Moscow

Kazhdan, A. (1989), 'A date and an identification in the Xenophon No. 1', *Byzantion* 59: 267–71

Kazhdan, A. and Ljubarskij, J. (1973), 'Basile Malésès encore une fois', *BS* 34: 219–20

Leven, K. H. (1988), 'Der Tod des Kaisers Alexios I. Komnenos', in *Actes du XXX Congrès international d'histoire de la médecine 1986*, Dusseldorf, pp. 896–904

Papachryssanthou, D. (1963), 'La date de la mort du sébastokrator Isaac Comnène, frère d'Alexios I, et de quelques événements contemporains', *REB* 21: 250–5

Polemis, D. I. (1965), 'Notes on eleventh-century chronology (1059–1081)', *BZ* 58: 60–76

Polemis, D. I. (1968), *The Doukai: A Contribution to Byzantine Prosopography* (University of London Historical Studies 22), London

Runciman, S. (1949), 'The end of Anna Dalassena', *Annuaire de l'Institut de Philologie et d'Histoire Occidentales et Slaves* 9: 517–24

Shepard, J. (1977), 'Isaac Comnenus' coronation day', *BS* 38: 22–30

Skoulatos, B. (1980), *Les Personnages byzantins de l'Alexiade: analyse prosopographique et synthèse*, Louvain

Tinnefeld, F. (1989), 'Michael I. Kerrullarios: Patriarch von Konstantinopel 1043–1058', *JöB* 39: 95–127

3. 教会史

Ahrweiler, H. (1967), 'Charisticariat et autres formes d'attribution de fondations pieuses aux Xe–XIe siècles', *ZRVI* 10: 1–27

Angold, M. J. (1995), *Church and Society in Byzantium under the Comneni 1081–1261*, Cambridge

Browning, R. (1975), 'Enlightenment and repression in Byzantium in the eleventh and twelfth centuries', *PaP* 69: 3–22

Darrouzès, J. (1966), 'Dossier sur le charisticariat', in *Polychronion: Festschrift F. Dölger*, Heidelberg, pp. 150–65

Darrouzès, J. (1976), 'Le mouvement des fondation monastiques au XIe siècle', *TM* 6: 159–76

Eleuteri, P. and Rigo, A. (1993), *Eretici, dissidenti, Musulmani ed Ebrei a Bisanzio: una raccolta eresiologia del XI secolo*, Venice

Garsoian, N. G. (1974), 'L'abduration du moine Nil de Calabre', *BS* 35: 12–27

Gautier, P. (1973), 'L'édit d'Alexis Ier Comnène sur la réforme du clergé', *REB* 31: 165–227 (text, 179–201)

Glabinas, A. A. (1972), *Η ΕΠΙ ΑΛΕΞΙΟΥ ΚΟΜΝΗΝΟΥ ΠΕΡΙ ΙΕΡΩΝ ΣΚΕΥΩΝ, ΚΕΙΜΗΛΙΩΝ ΚΑΙ ΑΓΙΩΝ ΕΙΚΟΝΩΝ ΕΡΙΣ (1081–1095)* (BYZANTINA KEIMENA ΚΑΙ ΜΕΛΕΤΑΙ 6), Thessalonica

Gouillard, J. (1959–60), 'Un chrysobulle de Nicéphore Botaneiatès à souscription synodale', *Byzantion* 29/30: 29–41

Gouillard, J. (1965), 'L'hérésie dans l'empire byzantin dès origines au XIIe siècle', *TM* 1: 299–324

Gouillard, J. (1976), 'La religion des philosophes', *TM* 6: 305–24

Gouillard, J. (1978), 'Quatre procès de mystiques à Byzance (vers 960–1143): inspiration et authorité', *REB* 36: 5–81

Gress-Wright, D. (1977), 'Bogomilism in Constantinople', *Byzantion* 47: 163–85

Jenkins, R. J. H. (1967), 'A cross of the patriarch Michael Cerularius', *DOP* 21: 232–49

Kalavrezou, I. (1982), 'Silvester and Keroularios', *JöB* 32/5: 453–8

Kaplan, M. (1984), 'Les monastères et le siècle à Byzance: les investissements des laiques au XIe siècle', *CCM* 27: 71–83

Laurent, V. (1946), 'Le titre de patriarche œcuménique et Michel Cérulaire: à propos de deux sceaux inédits', in *Miscellanea Giovanni Mercati*, III Rome, pp. 373–86

Lemerle, P. (1967), 'Un aspect du rôle des monastères à Byzance: les monastères donnés à des laics, les charisticaires', in *Académie des Inscriptions et Belles-Lettres: Comptes Rendus*, pp. 9–28

Loos, M. (1967), 'Certains aspects du bogomilisme byzantin des 11e et 12e siècles', *BS* 28: 39–53

Morris, R. (1981), 'The political saint of the eleventh century', in S. Hackel (ed.), *The Byzantine Saint*, London, pp. 43–50

Morris, R. (1985), 'Monasteries and their patrons in the tenth and eleventh centuries', *BF* 10: 185–231

Morris, R. (1992), 'Divine diplomacy in the late eleventh century', *BMGS* 16: 147–56

Mullett, M. and Kirby, A. (1994), *The Theotokos Evergetis and eleventh-century monasticism* (Belfast Byzantine Texts and Translations 6.1), Belfast

Oikonomides, N. (1960), 'Un décret inédit du patriarche Jean VIII Xiphilin concernant l'élection et l'ordination des évêques', *REB* 18: 55–78

Podalsky, G. (1991), 'Religion und religiöses Leben im Byzanz des 11. Jahrhunderts', *Orientalia Christiana Periodica* 57: 371–97

Rigo, A. (1990), 'Messalianismo = Bogomilismo: un equazione della eresiologia medievale bizantina', *Orientalia Christiana Periodica* 56: 53–82

Schmink, A. (1979), 'Vier eherechtliche Entscheidungen aus dem 11. Jahrhundert', *Fontes Minores* 2: 252–67

Spadaro, M. D. (1993), 'Contestazione, fronda e sovversione dei patriarchi di Antiochia alla fine dell'XI secolo', in R. Maisano (ed.), *Storia e tradizione culturale a Bisanzio fra XI e XII secolo*, Naples, pp. 71–96

Thomas, J. P. (1984), 'A Byzantine ecclesiastical reform movement', *Mediaevalia et Humanistica* n.s. 12: 1–16

Tiftixoglu, V. (1969), 'Gruppenbildungen innerhalb des konstantinopolitanischen Klerus während der Komnenenzeit', *BZ* 62: 25–72

Walter, C. (1973), 'Pictures of the clergy in the Theodore Psalter', *REB* 31: 229–42

4. 社会、经济和民族

Ahrweiler, H. (1976), 'Recherches sur la société byzantine au XIe siècle: nouvelles hiérarchies et nouvelles solidarités', *TM* 6: 99–124

Antoniadis-Bibicou, H. (1965), 'Villages désertés en Grèce: un bilan provisoire', in *Villages désertés et histoire économique, XIe–XVIIIe siècles*, Paris, pp. 343–417

Antoniadis-Bibicou, H. (1972), 'Démographie, salaires et prix à Byzance au XIe siècle', *Annales ESC* 27: 215–46

Argenti, P. (1966), 'The Jewish community in Chios during the eleventh century', in *Polychronion: Festschrift F. Dölger*, Heidelberg, pp. 39–68

Brand, C. M. (1989), 'The Turkish element in Byzantium, eleventh–twelfth centuries', *DOP* 43: 1–25

Dagron, G. (1976), 'Minorités ethniques et religieuses dans l'Orient byzantin à la fin du Xe et au XIe siècle: l'immigration syrienne', *TM* 6: 177–216

Dédéyan, G. (1975), 'L'immigration arménienne en Cappadoce au XIe siècle', *Byzantion* 45: 41–117

Dédéyan, G. (1993), 'Les Arméniens sur la frontière sud-orientale de Byzance: fin IXe–fin Xe siècles', in Y. Roman (ed.), *La Frontière*, Lyons and Paris, pp. 67–85

Harvey, A. (1982–3), 'Economic expansion in central Greece in the eleventh century', *BMGS* 8: 21–28

Harvey, A. (1989), *Economic Expansion in the Byzantine Empire 900–1200*, Cambridge

Harvey, A. (1990), 'Peasant categories in the tenth and eleventh centuries', *BMGS* 14: 250–6

Harvey, A. (1993), 'The land and taxation in the reign of Alexios I Komnenos: the evidence of Theophylact of Ohrid', *REB* 51: 139–54

Hendy, M. F. (1969), *Coinage and Money in the Byzantine Empire 1081–1261*, Washington DC

Hendy, M. F. (1970), 'Byzantium 1081–1204: an economic reappraisal', *TRHS* 5th series, 20: 31–52

Kazhdan, A. (1982), 'Two notes on Byzantine demography of the eleventh and twelfth centuries', *BF* 8: 115–22

Laiou, A. E. (1986), 'The festival of "Agathe": comments on the life of Constantinopolitan women', in *Byzantium: Tribute to Andreas N. Stratos*, I, Athens, pp. 111–22

Morrisson, C. (1976), 'La dévaluation de la monnaie byzantine au XIe siècle: essai d'interprétation', *TM* 6: 3–48

Morrisson, C. (1979), 'La logarikè: réforme monétaire et réforme fiscale sous Alexis Ier Comnène', *TM* 7: 419–64

Mullett, M. E. (1988), 'Byzantium: a friendly society?', *PaP* 118: 3–24

Nesbitt, J. and Wiitta, J. (1975), 'A confraternity of the Comnenian era', *BZ* 68: 360–84

Oikonomides, N. (1990), 'Life and society in eleventh-century Constantinople', *Südostforschungen* 49: 1–14

Svoronos, N. (1959), 'Recherches sur le cadastre byzantin et la fiscalité aux XIe et XIIe siècles: le cadastre de Thèbes', *Bulletin de Correspondance Hellénique* 83: 1–145

Svoronos, N. (1967), 'Société et organisation intérieure dans l'empire byzantin au XIe siècle', in *Proceedings of the XIIIth International Congress of Byzantine Studies*, Oxford, pp. 373–89

Svoronos, N. (1976), 'Remarques sur les structures économiques de l'empire byzantine au XIe siècle', *TM* 6: 49–67

Thomson, R. W. (1967), 'The influence of their environment on the Armenians in exile in the eleventh century', in *Proceedings of the XIIIth International Congress of Byzantine Studies*, Oxford, pp. 138–40

5. 文化

Anastasi, R. (1974), 'Filosofia e techne a Bisanzio nell'XI secolo', *Siculorum Gymnasium* n.s. 27: 352–86

Anderson, J. C. (1983), 'The date and the purpose of the Barberini psalter', *Cahiers Archéologiques* 31: 35–60

Anderson, J. C. (1988), 'On the nature of the Theodore Psalter', *Art Bulletin* 70: 550–68

Belting, H. (1980–1), 'An image and its function in the liturgy: the Man of Sorrows in Byzantium', *DOP* 34/5: 1–16

Bouras, C. (1982), *Nea Moni on Chios: History and Architecture*, Athens

Conus-Wolska, W. (1976), 'Les écoles de Psellos et de Xiphilin sous Constantin IX Monomaque', *TM* 6: 223–43

Conus-Wolska, W. (1979), 'L'école de droit et l'enseignement du droit à Byzance au XIe siècle: Xiphilin et Psellos', *TM* 7: 1–103

Der Nersessian, S. (1970), *L'Illustration des Psautiers grecs du moyen âge*, II: *Londres Add. 19. 352*, Paris

Hörandner, W. (1976), 'La poésie profane au XIe siècle et la connaissance des auteurs anciens', *TM* 6: 245–63

Kalavrezou, I., Trahoulia, N. and Sabar, S. (1993), 'Critique of the emperor in the Vatican Psalter gr. 752', *DOP* 47: 195–219

Kalavrezou-Maxeiner, I. (1977), 'Eudokia Makrembolitissa and the Romanos ivory', *DOP* 31: 307–25

Kazhdan, A. P. and Epstein, A. W. (1985), *Change in Byzantine Culture in the Eleventh and Twelfth Centuries*, Berkeley, Los Angeles and London

Kazhdan, A. P. and Franklin, S. (1984), *Studies on Byzantine Literature of the Eleventh and Twelfth Centuries*, Cambridge

Ljubarskij, L. (1992), 'The fall of an intellectual: the intellectual and moral atmosphere in eleventh-century Byzantium', in S. Vryonis jnr (ed.), *Byzantine Studies: Essays on the Slavic World and the Eleventh Century* (Hellenism: Ancient, Medieval, Modern, 9), New Rochelle and New York, pp. 175–82

Maguire, H. (1992), 'The mosaics of Nea Moni: an imperial reading', *DOP* 46: 205–14

Mango, C. (1976), 'Les monuments de l'architecture du XIe siècle et leur signification historique et sociale', *TM* 6: 351–65

Mouriki, D. (1980–1), 'Stylistic trends in the monumental painting of Greece during the eleventh and twelfth centuries', *DOP* 34/5: 77–124

Mouriki, D. (1985), *The Mosaics of Nea Moni on Chios*, 2 vols., Athens

Niarchos, C. (1981), 'The philosophical background of the eleventh-century revival of learning in Byzantium', in M. Mullett and R. Scott (eds.), *Byzantium and the Classical Tradition*, Birmingham, pp. 127–35

Papadopoulos, K. (1966), *Die Wandmalereien des XI. Jahrhunderts in der Kirche ΠΑΝΑΓΙΑ ΤΩΝ ΧΑΛΚΕΩΝ in Thessaloniki* (Byzantina Vindobonensia 2), Vienna

Walter, C. (1988), '"Latter-day" saints in the model for the London and Barberini psalters', *REB* 46: 211–28

Weitzmann, K. (1966), 'Byzantine miniature painting in the eleventh century', in *Thirteenth International Congress of Byzantine Studies, Oxford 1966, Main Papers*, VII, Oxford

第九章 约1020—约1200年的基辅罗斯、保加利亚和南斯拉夫

1. 基辅罗斯

Dimnik, M. (1987), 'The "Testament" of Iaroslav "the Wise": a re-examination', *Canadian Slavonic Papers* 19: 369–86

Dimnik, M. (2003), *The Dynasty of Chernigov, 1146–1246* Cambridge

Drevnerusskie knyazhestva X–XIII vv. (1975), ed. L. G., Beskrovnyy, Moscow

Hrushevsky, M. (1890), *Ocherk istorii Kievskoy zemli ot smerti Yaroslava do XIV stoletiya*, Kiev

Hurwitz, E. S. (1980), *Prince Andrej Bogoljubskij: The Man and the Myth*, Florence

Kaiser, D. H. (1980), *The Growth of the Law in Medieval Russia*, Princeton

Kuchkin, V. A. (1985), '"Slovo o polku Igoreve" i mezhduknyazheskie otnosheniya 60-kh godov XI veka', *Voprosy istorii* 11: 19–35

Obolensky, D. (1988), 'Vladimir Monomakh', in *Six Byzantine Portraits*, Oxford, pp. 83–114

Oljancyn, D. (1960), 'Zur Regierung des Grossfursten Izyaslav-Demeter von Kiev (1054–1078), *Jahrbücher für Geschichte Osteuropas* n.s. 8: 397–410

Orlov, A. S. (1946), *Vladimir Monomakh*, Moscow and Leningrad

Pashuto, V. T. (1950), *Ocherki po istorii Galitsko-Volynskoy Rusi*, Moscow

Russ, H. (1981), 'Das Kiever Seniorat von 1054 bis 1169', in *Handbuch der Geschichte Russlands*, I, Stuttgart

Solovév, S. M. (1959–66), *Istoriya Rossii s drevneyshikh vremen*, 15 vols., Moscow

Stokes, A. D. (1970), 'The system of succession to the thrones of Russia 1054–1113', in R. Auty, L. R. Lewitter and A. P. Vlasto (eds.), *Gorski vijenats: A Garland of Essays Offered to Professor Elizabeth Mary Hill*, Cambridge, pp. 268–75

Stokes, A. D. (1976), 'Kievan Russia', in R. Auty and D. Obolensky (eds.), *An Introduction to Russian History*, Cambridge, pp. 49–77

Vernadsky, G. (1948), *Kievan Russia*, New Haven

2. 保加利亚

Angelov, D. (1967), 'Die bulgarischen Länder und das bulgarische Volk in den Grenzen des byzantinischen Reiches im XI.–XII. Jahrhundert (1018–1185), in *Proceedings of the XIIIth International Congress of Byzantine Studies*, London, pp. 149–66

Browning, R. (1975), *Byzantium and Bulgaria*, Berkeley

Diaconu, P. (1978), *Les Coumans au Bas-Danube aux XIe et XIIe siècles*, Bucharest

Dostal, A. (1967), 'Les relations entre Byzance et les Slaves (en particulier les Bulgares) aux XIe et XIIe siècles du point de vue culturel', *Proceedings of the XIIIth International Congress of Byzantine Studies*, London, pp. 167–75

Dujcev, I. (1956), 'V"stanieto v 1185 g. i negovata hronologija', in *Izvestija na Instituta za B"lgarska istorija*, VI, pp. 327–56

Fine, J. V. A., jnr (1977), 'The size and significance of the Bulgarian Bogomil movement', *East European Quarterly* 11: 385–412

Fine, J. V. A., jnr (1983a), 'Bulgaria', in J. R. Strayer (ed.), *Dictionary of the Middle Ages*, II, New York, pp. 399–414

Fine, J. V. A., jnr (1983b), *The Early Medieval Balkans: A Critical Survey from the Sixth to the Late Twelfth Century*, Ann Arbor

Fine, J. V. A., Jnr (1987), *The Late Medieval Balkans: A Critical Survey from the Late Twelfth Century to the Ottoman Conquest*, Ann Arbor

Gelzer, H. (1902), *Der Patriarchat von Achrida*, Leipzig

Lang, D. M. (1976), *The Bulgarians: From Pagan Times to the Ottoman Conquest*, London

Litavrin, G. G. (1960), *Bolgariya i Vizantiya v XI–XII vv*, Moscow

Mutafciev, P. (1943), *Istorija na bulgarskija narod*, 2 vols., Sofia

Mutafciev, P. (1973), *Izbrani proizvedenija*, II, Sofia

Obolensky, D. (1948), *The Bogomils*, Cambridge

Obolensky, D. (1971), *The Byzantine Commonwealth: Eastern Europe 500–1453*, London

Obolensky, D. (1988), *Six Byzantine Portraits*, Oxford

Ostrogorsky, G. (1970), *Vizantija i Sloveni*, Belgrade

Pundeff, M. (1968), 'National consciousness in medieval Bulgaria', *Sudost-Forschungen* 27: 1–27

Runciman, S. (1948), 'Byzantium and the Slavs', in N. H. Baynes and H. St. L. B. Moss (eds.), *Byzantium*, Oxford

Snegarov, I. (1924), *Istoriya na Okhridskata arkhiepiskopiya*, Sofia

Spinka, M. (1968), *A History of Christianity in the Balkans*, Hamden, CT

Stanescu, E. (1966), 'La crise du Bas-Danube byzantin au cours de la seconde moitié du XIe siècle', *Zbornik Radova Vizantološkog Instituta* 9: 49–73

Vlasto, A. P. (1970), *The Entry of the Slavs into Christendom*, Cambridge

Zlatarski, V. N. (1918–40), *Istorija na bulgarskata durzava prez srednite vekove*, 3 vols. in 4, Sofia

3. 塞尔维亚

Ćirković, S. (1964), *Istorija Srednjovekovne Bosanske Države*, Belgrade

Ćirković, S. (ed.) (1981), *Istorija Srpskod Naroda*, I, Belgrade

Dinić, M. (1966), 'The Balkans 1018–1499', in *The Cambridge Medieval History*, IV, I, Cambridge, pp. 519–22

Dinić, M. J. (1978), *Srpske zemlje u srednjem veku*, Belgrade

Fine, J. V. A., jnr (1983), *The Early Medieval Balkans: A Critical Survey from the Sixth to the Late Twelfth Century*, Ann Arbor

Fine, J. V. A., jnr (1987), *The Late Medieval Balkans: A Critical Survey from the Late Twelfth Century to the Ottoman Conquest*, Ann Arbor

Grafenauer, B., Perović, D. and Šidak, J. (eds.) (1953), *Historija naroda Jugoslavije*, Belgrade

Jireček, J. K. (1952), *Istorija Srba*, 2 vols., trans. into Serbo-Croatian and updated by J. Radonić, Belgrade

Melik, A. (1919–20), *Zgodovina Srbov, Horvatov in Slovencev*, 2 vols., Ljubljana

Obolensky, D. (1971), *The Byzantine Commonwealth: Eastern Europe 500–1453*, London

Prelog, M. (1920–1), *Pregled povijesti Južnikh Slavena Srba, Hrvata i Slovenaca*, 2 vols., Sarajevo

Radojčić, B. (1961), 'O hronologiji ugarsko-vizantijskih borbi i ustanku Srba za vreme Jovana II Komnina', *Zbornik radova Vizantološkog Instituta* 7: 177–86

Spinka, M. (1968), *A History of Christianity in the Balkans*, Hamden, CT

Srejović, D. *et al.* (eds.) (1981–2) *Istorija srpskod naroda*, I–II, Belgrade

Stanojević, S. (1928), *Istorija Srba, Hrvata i Slovenaca*, 3rd edn, Belgrade

Vlasto, A. P. (1970), *The Entry of the Slavs into Christendom*, Cambridge

4. 克罗的亚

Ćorović, V. (1940), *Historija Bosne*, Belgrade

Dabinović, A. (1940), *Hrvatska državna i pravna povijest*, Zagreb

Fine, J. V. A., jnr (1983), *The Early Medieval Balkans: A Critical Survey from the Sixth to the Late Twelfth Century*, Ann Arbor

Fine, J. V. A., jnr (1987), *The Late Medieval Balkans: A Critical Survey from the Late Twelfth Century to the Ottoman Conquest*, Ann Arbor

Ferluga, J. (1957), *Vizantiska uprava u Dalmaciji* (Serbian Academy of Sciences, posebna izdanja, 291, Vizantološki Institut, knj. 6), Belgrade

Ferluga, J. (1990), 'Bizanc na Jadranu (6.–13. stoletje)', *Zgodovinski Časopis* 44: 363–86

Guldescu, S. (1964), *History of Medieval Croatia*, The Hague

Klaić, N. (1971), *Povijest Hrvata u ranom srednjem vijeku*, Zagreb

Klaić, V. (1972), *Povijest Hrvata od najstarijih vremena do susretka XIX stoljeća: Kniga prva: Prvo doba – Vladenje knez va i kraljeva Hrvatske krvi (641–1102); Drugo doba – Vladanje kraljeva Arpadovića (1102–1301)*, Zagreb

Mandić, D. (1963), *Rasprave i Prilozi iz stare Hrvatske povijesti*, ed. D. Lasić and B. Pandžić, Rim

Šišić, F. (1920), *Pregled povijesti hrvatskoga naroda od najstarijih vremena do 1918*, 1, izd. 2, Zagreb

Šišić, F. (1925), *Povijest Hrvata u vrijeme narodnih vladara*, repr. Zagreb, 1990

第十章 11—12世纪的波兰

Carter, F. W. (1994), *Trade and Urban Development in Poland: An Economic Geography of Cracow, from its Origins to 1795*, Cambridge

Davies, N. (1981), *God's Playground: A History of Poland*, Oxford

Fedorowicz, J. K. *et al.*, (eds.) (1982), *A Republic of Nobles*, Cambridge

Gasiorowski, A. (ed.) (1984), *The Polish Nobility in the Middle Ages*, Wroclaw

Gieysztor, A. *et al.*, (1968), *History of Poland*, Warsaw; 2nd edn 1979

Górecki, P. (1992), *Economy, Society and Lordship in Medieval Poland 1100–1250*, New York

Górecki, P. (1993), *Parishes, Tithes and Society in Earlier Medieval Poland, c. 1100–c. 1250*, Philadelphia

Górski, K. (1976), *Communitas, Princeps, Corona*, Warsaw

Grudzinski, T. (1985), *Boleslaus the Bold, Called also the Bountiful, and Bishop Stanislaus: The Story of a Conflict*, Warsaw

Halecki, O. (1983), *A History of Poland*, London

Halecki, O. (1991), *Jadwiga of Anjou and the Rise of East Central Europe*, Boulder, CO

Hoffmann, R. (1989), *Land, Liberties and Lordship in a Late Medieval Countryside: Agrarian Structures and Change in the Duchy of Wroclaw*, Philadelphia

Kloczowski, J. (1981), *The Christian Community of Medieval Poland*, Wroclaw

Kloczowski, J. (1990), 'The church and the nation: the example of the mendicants in thirteenth-century Poland', in D. Loades (ed.), *Faith and Identity: Christian Political Experience*, Oxford, pp. 47–55

Kloczowski, J. (2000), *A History of Polish Christianity*, Cambridge

Knoll, P. W. (1972), *The rise of the Polish Monarchy 1320–1370*, Chicago and London

Knoll, P. W. (1989), 'Economic and political institutions on the Polish–German frontier in the middle ages', in R. Bartlett and A. MacKay (eds.), *Medieval Frontier Societies*, Oxford, pp. 151–74

Kozlowska-Budkowa, S. (1985), 'The foundation of the university of Cracow', in J. Braun (ed.), *Poland in Christian Civilization*, London, pp. 165–79

Manteuffel, T. (1982), *The Formation of the Polish State (963–1194)*, Detroit

Michael, M. (trans.) (1997), *The Annals of Jan Dlugosz*, Chichester

Polonsky, A. *et al.* (eds.) (1994), *The Jews in Old Poland (1000–1795)*, London

Reddaway, W. F. *et al.*, (1950), *The Cambridge History of Poland*, Cambridge

Vardy, S. B., Grosschmid, G. and Domonkos, L. S. (eds.) (1986), *Louis the Great: King of Hungary and Poland*, Boulder, CO

Wandycz, D. S. (ed.) (1966), *Studies in Polish Civilization*, New York

Zientara, B. (1974), 'Foreigners in Poland 10–15th centuries', *Acta Poloniae Historica* 29: 5–28

第十一章　11—12世纪的斯堪的纳维亚

Andersen, P. S. (1977), *Samlingen av Norge og kristningen av landet 800–1130* (Handbok i Norges Historie 2), Bergen, Oslo and Tromsø

Bagge, S. (1986), 'Borgerkrig og statsutvikling i Norge i middelalderen', *Historisk Tidsskrift* 65: 145–97

Becker, C. J. (1981), 'The coinage of Harthacnut and Magnus the Good at Lund c. 1040–c. 1046', in C. J. Becker (ed.), *Studies in Northern Coinages of the Eleventh Century* (Det Kongelige Danske Videnskabernes Selskab: Historisk-filosofiske Skrifter 9: 4), Copenhagen, pp. 119–74

Bengtsson, H. (1999), *Den höviska kulturen: en konsthistorisk undersökning*, Stockholm

Blackburn, M. (1990), 'Do Cnut the Great's first coins as king of Denmark date from before 1018?', in K. Jonsson and B. Malmer (eds.), *Sigtuna Papers: Proceedings from the Sigtuna Symposium on Viking-Age Coinage 1–4 June 1989*, Stockholm and London, pp. 55–68

Breengaard, C. (1982), *Muren om Israels hus: regnum og sacerdotium i Danmark 1050–1170*, Copenhagen

Byock, J. L. (1988), *Medieval Iceland: Sagas, Society and Power*, Berkeley, Los Angeles and London

Christensen, A. E. (1977), 'Tiden 1042–1241', in A. E. Christensen *et al.* (eds.), *Danmarks historie*, 1, Copenhagen, pp. 211–399

Dahlbäck, G. (ed.) (1997), *Kyrka – samhälle -stat: fran kristnande till etablerad kyrka*, Helsinki

Edgren, T. and Törnblom, L. (1992), *Finlands Historia*, 1, Esbo

Fenger, O. (2002), '*Kirker rejses alle vegne' 1050–1250* (Danmarkshistorie, ed. O. Olsen, 4), 2nd ed. Copenhagen

Helle, K. (1974), *Norge blev en stat 1130–1319* (Handbok i Norges Historie 3), Bergen, Oslo and Tromsø

Helle, K. (ed.) (2003), *The Cambridge History of Scandinavia Pre history to 1520*, Cambridge

Jonsson, F. (1912–15) *Den Norsk-Islandske Skaldedigtning*, 1, Copenhagen

Krag, C. (1989), 'Norge som odel i Harald Harfagres ætt', *Historisk Tidsskrift* 68: 288–302

Krag, C. (2000), *Norges Historie gram til 1319*, Oslo

Malmer, B., Ros, J. and Tesch, S. (1991), *Kung Olofs Mynthus i kvarteret Urmakaren, Sigtuna*, Sigtuna

Nilsson, B. (1998), *Sveriges kyrkohistoria*, 1: *Missionstid och tidig medeltid*, Stockholm

Nordal, S. (1990), *Icelandic Culture*, Ithaca

Nyberg, T. (2000), *Monasticism in North-Western Europe, 800–1200*, Aldershot

Roesdahl, E. and Wilson, D. M. (1992), *From Viking to Crusader: The Scandinavians and Europe 800–1200*, Copenhagen

Sawyer, B. and Sawyer, P. (1993), *Medieval Scandinavia from Conversion to Reformation circa 500–1500*, Minnesota

Sawyer, B. and Sauyer, P. (2002), *Die Welt der Wikinger*, Berlin

Sawyer, P. (2002), *Da Danmark blev Danmark: fra ca. ar 700 til ca. 1050* (Danmark-shistorie, ed. O. Olsen, 3), 2nd edn Copenhagen

Sawyer, P. (1989), 'Knut, Sweden and Sigtuna', in S. Tesch (ed.), *Avstamp – för en ny Sigtunaforskning*, Sigtuna, pp. 88–93

Sawyer, P. (1991a), *När Sverige blev Sverige*, Alingsas

Sawyer, P. (1991b), 'Swein Forkbeard and the historians', in I. Wood and G. A. Loud (eds.), *Church and Chronicle in the Middle Ages: Essays Presented to John Taylor*, London, pp. 27–40

Sigurðsson, J. V. (1999), *Chieffains and Power the Icelandic Commonwealth*, Odense

Skyum-Nielsen, N. (1971), *Kvinde og Slave*, Copenhagen

Tesch, S. (ed.) (1990), *Makt och Människor i Kungens Sigtuna: Sigtunautgrävningen 1988–90*, Sigtuna

Thorsteinsson, B. (1985), *Island*, Copenhagen

第十二章　11—12世纪的匈牙利

Bartlett, R. (1994), *The Making of Europe*, London

Berend, N. (2001), *At, the Gate of Christendom: Jews, Muslims and Pagans in Medieual Hungary, c. 1000–c.1300*, Cambridge

Bogyay, T. von, Bak, J. and Silagi, G. (1976), *Die Heiligen Könige* (Ungarns Geschichtsschreiber 1), Graz, Vienna and Cologne

Bóna, I. (1995), *Áz Árpádok korai várairól: 11–12. századi ispáni várak és hátarvárak*, Debrecen

Boroviczényi, K. (1991-2), 'Cruciferi sancti regis Stephani: Tanulmányok a Stefaniták, egy középkori magyar ispotályos rend történetéröl', *Orvostörténeti Közlemények* 133–40: 7–48

Csapodi, Cs. (1979), 'Le catalogue de Pannonhalma, reflet de la vie intellectuelle des Bénédictins du XIe siècle en Hongrie', in P. Cockshaw, M.-C. Garand and P. Jodogne (eds.), *Miscellanea Codicologica F. Masai dicata*, Gand, pp. 165–73

Engel, P. (1990), *Beilleszkedés Európába, a kezdetektöl 1440–ig*, Budapest

Érszegi, G. (1993), *The Deed of Foundation of Tihany Abbey*, Veszprém

Font, M. (1990), 'Politische Beziehungen zwischen Ungarn und der Kiever Rus' im 12. Jahrhundert', *Ungarn-Jahrbuch* 18: 1–18

Fügedi, E. (1969), 'Die Entsehung des Städtewesens in Ungarn', *Alba Regia* 10: 101–18

Fügedi, E. (1974), 'Das mittelalterliche Königreich Ungarn als Gastland', in W. Schlesinger (ed.), *Die deutsche Ostsiedlung des Mittelalters als Problem der europäischen Geschichte* (Vorträge und Forschungen 18), Sigmaringen, pp. 471–507

Fügedi, E. (1986a), *Castle and Society in Medieval Hungary (1000–1437)* (Studia Historica Academiae Scientiarum Hungaricae 187), Budapest

Fügedi, E. (1986b), *Kings, Bishops, Nobles and Burghers in Medieval Hungary*, London

Gerevich, L. (ed.) (1990), *Towns in Medieval Hungary* (East European Monographs 297), Highland Lakes, NJ

Gerics, J. (1984), 'Über Vorbilder und Quellen der Vita Hartviciana S. Stephani Regis', *Acta Antiqua Academiae Scientiarum Hungaricae* 29: 425–44

Gerics, J. and Ladányi, E. (1996), 'A Szentszék és a magyar állam a 11. században', in I. Zombori (ed.), *Magyarország és a Szentszék kapcsolatának 1000 éve*, Budapest, pp. 9–20

Göckenjan, H. (1972), *Hilfsvölker und Grenzwächter im mittelalterlichen Ungarns*, Wiesbaden

Györffy, Gy. (1963–), *Az Árpád-kori Magyarország történeti földrajza*, 3 vols. to date, Budapest

Györffy, Gy. (1976), 'Zur Frage der Herkunft der ungarländischen Dienstleute', *Studia Slavica Academiae Scientiarum Hungaricae* 22: 40–83, 311–37

Györffy, Gy. (1977), *István király és műve*, Budapest

Györffy, Gy. (1983), *Wirtschaft und Gesellschaft der Ungarn um die Jahrausendwende mit einem Anhang Gesetze und Synodalbeschlusse Ungarns aus dem 11. Jahrhundert* (Studia Historica Academiae Scientiarum Hungaricae 186), Budapest

Györffy, Gy. (1990), *A magyarság keleti elemei*, Budapest

Györffy, Gy. (1994), *King Saint Stephen of Hungary* (East European Monographs 403), Highland Lakes, NJ

Heckenast, G. (1970), *Fejedelmi (királyi) szolgálónépek a korai Árpád-korban* (Értekezések a történeti tudományok köréből 53), Budapest

Higounet, C. (1989), *Les Allemands en Europe centrale et orientale au moyen âge*, Paris

Hóman, B. (1916), *Magyar pénztörténet 1000–1325*, Budapest

Jánosi, M. (1996), *Törvényalkotás a korai Árpád-korban*, Szeged

Klaniczay, G. (1990), 'From sacral kingship to self-representation: Hungarian and European royal saints', in *idem, The Uses of Supernatural Power*, Princeton, pp. 79–94

Kristó, Gy. (1974), *A XI. századi hercegség története Magyarországon*, Budapest

Kristó, Gy. (1988), *A vármegyék kialakulása Magyarországon*, Budapest

Kristó, Gy. (1990), 'Die Entstehung der Komitatsorganisation unter Stephan dem Heiligen', in F. Glatz (ed.), *Settlement and Society in Hungary* (Etudes Historiques Hongroises), Budapest, pp. 13–25

Kristó, Gy. (1993), *Die Arpadendynastie: die Geschichte Ungarns von 895 bis 1301*, Budapest

Kristó, Gy. (1997), *A magyar nemzet megszületése*, Szeged

Kristó, Gy. (comp.) (1985), *Saecula Hungariae 1000–1196*, Budapest

Kristó, Gy. (ed.) (1994), *Korai magyar történeti lexikon (9–14. század)*, Budapest

Kumorovitz, B. L. (1960), 'Die erste Epoche der ungarischen privatrechtlichen Schriftlichkeit im Mittelalter (XI–XII. Jahrhundert)', in Gy. Ember, E. Mályusz *et al.* (eds.), *Etudes historiques*, I, Budapest, pp. 253–90

Lovag, Z. (ed.) (1983), *Insignia regni Hungariae I: Studien zur Machtsymbolik des mittelalterlichen Ungarn*, Budapest

Makk, F. (1989), *The Árpáds and the Comneni: Political Relations between Hungary and Byzantium in the 12th Century*, Budapest

Makk, F. (1993), *Magyar Külpolitika (896–1196)*, Szeged

Mályusz, E. (1966), 'Die Eigenkirche in Ungarn', *Wiener Archiv für Geschichte des Slawentums und Osteuropas* 5: 282–302

Mályusz, E. (1969), 'La chancellerie royale et la rédaction des chroniques dans la Hongrie médiévale', *MA* 75: 51–86, 219–54

Marosi, E. and Wehli, T. (1997), *Az Árpad-kor művészeti emlékei*, Budapest

Mezey, L. (1968), 'Ungarn und Europa im 12. Jahrhundert: Kirche und Kultur zwischen Ost und West', *Vorträge und Forschungen* 12: 255–72

Moravcsik, J. [Gy.] (1934), 'Les relations entre la Hongrie et Byzance à l'époque des Croisades', *Bibliothèque de la Revue des Etudes Hongroises* 9: 1–8

Moravcsik, Gy. (1947), 'The role of the Byzantine church in medieval Hungary', *American Slavic and East European Review* 6: 134–51

Moravcsik, Gy. (1966), 'Hungary and Byzantium in the middle ages', in *The Cambridge Medieval History*, IV, part 1, Cambridge, pp. 566–92

Moravcsik, Gy. (1970), *Byzantium and the Magyars*, Budapest

Pálóczi-Horváth, A. (1989), *Pechenegs, Cumans, Iasians: Steppe Peoples in Medieval Hungary*, Budapest

Puskely, M. (1996), *Keresztény Szerzetesség*, Budapest

Stephenson, P. (1996), 'Manuel I Comnenus, the Hungarian crown and the "feudal subjection" of Hungary, 1162–1167', *BS* 57: 33–59

Sweeney, J. R. (1981), 'Hungary in the crusades 1169–1218', *International History Review* 3: 468–81

Szabó, I. (1971), *A falurendszer kialakulása Magyarországon (X–XV. század)*, Budapest

Székely, Gy. (1962), 'Gemeinsame Züge der ungarischen und polnischen Kirchengeschichte des XI. Jahrhunderts', *Annales Universitatis Scientiarum Budapestinensis de Rolando Eötvös Nominatae, Sectio Historica* 4: 55–80

Székely, Gy. (1964), 'Wallons et Italiens en Europe centrale aux XIe–XVIe siècles', *Annales Universitatis Scientiarum Budapestinensis de Rolando Eötvös Nominatae, Sectio Historica* 6: 3–71

Székely, Gy. (1967), 'La Hongrie et Byzance aux Xe–XIIe siècles', *Acta Historica Academiae Scientiarum Hungaricae* 13: 291–310

Székely, Gy. (1969), 'Evolution de la structure et de la culture de la classe dominante laïque dans la Hongrie des Árpád', *Acta Historica Academiae Scientiarum Hungaricae* 15: 223–52

Székely, Gy. (1974), 'Les contacts entre Hongrois et Musulmans aux IX–XII siècles', in Gy. Káldy-Nagy (ed.), *The Muslim East: Studies in Honour of Julius Germanus*, Budapest, pp. 53–74

Székely, Gy. (1984), *Magyarország története: Előzmények és Magyar történet 1242-ig*, Budapest

Szentirmai, A. (1956), 'Der Ursprung des Archidiakonats in Ungarn', *Österreichisches Archiv für Kirchenrecht* 7: 231–44

Szentirmai, A. (1961), 'Der Einfluss des byzantinischen Kirchenrechts auf die Gesetzgebung Ungarns im XI–XII Jahrhundert', *Jahrbuch der Österreichischen Byzantinischen Gesellschaft* 10: 73–83

Szovák, K. (1993), 'The image of the ideal king in twelfth-century Hungary: remarks on the legend of St Ladislas', in A. J. Duggan (ed.), *Kings and Kingship in Medieval Europe* (Kings College London Medieval Studies 10), London, pp. 241–64

Szovák, K. (1996), 'Pápai-magyar kapcsolatok a 12. században', in I. Sombori (ed.), *Magyarország és a Szentszék kapcsolatának 1000 éve*, Budapest, pp. 21–46

Szücs, J. (1972), 'König Stephan in der Sicht der modernen ungarischen Geschichtsforschung', *Südost-Forschungen* 31: 17–40

Szücs, J. (1981), *Nation und Geschichte: Studien*, Budapest

Szücs, J. (1983), 'The three historical regions of Europe: an outline', *Acta Historica Academiae Scientiarum Hungaricae* 29: 2–4, 131–84

Takács, I. (ed.) (1996), *Mons Sacer 996–1996: Pannonhalma ezer éve*, Pannonhalma

Váczy, P. (1994), *A magyar történelem korai századaiból*, Budapest

Waldmüller, L. (1987), *Die Synoden in Dalmatien, Kroatien und Ungarn von der Völkwanderung bis zum Ende der Arpaden* (Konziliengeschichte 21), Paderborn and Munich

Zsoldos, A. (1997), *Az Árpádok és alattvalóik: Magyarország története 1301-ig*, Debrecen

第十三章　1122—1198年的罗马教廷

Anciaux, P. (1949), *La Théologie du sacrement de pénitence au XIIe siècle* (Universitas Catholica Lovaniensis, Dissertationes in Facultate Theologica, series 2, 41), Louvain and Gembloux

Baaken, G. (1972), 'Unio regni ad imperium: die Verhandlungen von Verona 1184 und die Eheabredung zwischen König Heinrich VI. und Konstanze von Sizilien', *QFIAB* 52: 219–97

Bachmann, J. (1913), *Die päpstlichen Legaten in Deutschland und Skandinavien 1125–1159* (Historische Studien 115), Berlin

Baldwin, J. W. (1967), 'A debate at Paris over Thomas Becket between Master Roger and Master Peter the Chanter', in *Collectanea Stephan Kuttner* (Studia Gratiana 11), pp. 121–6

Baldwin, J. W. (1970), *Masters, Princes and Merchants: The Social Views of Peter the Chanter and his Circle*, 2 vols., Princeton

Baldwin, J. W. (1986), *The Government of Philip Augustus: Foundations of French Royal Power in the Middle Ages*, Berkeley and Los Angeles

Barker, J. R. V. (1986), *The Tournament in England 1100–1400*, Woodbridge

Barlow, F. (1936), 'The English, Norman and French councils called to deal with the papal schism of 1159', *EHR* 51: 264–8

Barlow, F. (1986), *Thomas Becket*, London

Bémont, C. (1925), 'La bulle *Laudabiliter*', in *Mélanges d'histoire du moyen âge offerts à Ferdinand Lot*, Paris, pp. 41–53

Benson, R. L. (1968), *The Bishop Elect: A Study in Medieval Ecclesiastical Office*, Princeton

Benson, R. L. (1982), 'Political renovatio: two models from Roman antiquity', in R. L. Benson and G. Constable (eds.), *Renaissance and Renewal in the Twelfth Century*, Oxford, pp. 340–59

Berlière, U. (1901), 'Le cardinal Matthieu d'Albano', *RBén* 18: 113–40, 280–303

Berlière, U. (1919), 'Le droit de procuration ou de gîte', *Bulletin de la Classe des Lettres et des Sciences Morales et Politiques de l'Academie Royale de Belgique*: 509–38

Bernhardi, W. (1879), *Lothar von Supplinburg* (Jahrbücher der Deutschen Geschichte), Leipzig

Bethell, D. (1968), 'William of Corbeil and the Canterbury–York dispute', *JEH* 19: 145–59

Boussard, J. (1945–6), 'Les mercenaires au XIIe siècle: Henri II Plantegenêt et les origines de l'armée de métier', *BEC* 106: 189–224

Brett, M. (1975), *The English Church under Henry I*, Oxford

Brixius, J. M. (1912), *Die Mitglieder des Kardinalkollegiums von 1130 bis 1181*, Berlin

Brooke, Z. N. (1931), *The English Church and the Papacy from the Conquest to the Reign of John*, Cambridge

Brühl, C. (1974), 'Zur Geschichte der procuratio canonica vornehmlich im 11. und 12. Jahrhundert', in *Le istituzioni ecclesiastiche della 'societas christiana' dei secoli XI–XII* 1 (Miscellanea del Centro di Studi Medioevali 7), Milan

Brundage, J. A. (1963), 'The crusade of Richard I: two canonical *questiones*', *Speculum* 38: 448–52

Brundage, J. A. (1966), '*Cruce signari*: the rite for taking the cross in England', *Traditio* 22: 289–310

Brundage, J. A. (1968), 'The votive obligations of crusaders: the development of a canonistic doctrine', *Traditio* 24: 77–118

Brundage, J. A. (1969), *Medieval Canon Law and the Crusader*, Madison

Brundage, J. A. (1971), 'The army of the First Crusade and the crusade vow', *Medieval Studies* 33: 334–43

Caspar, E. and Rassow, P. (1924), 'Die Kreuzzugsbullen Eugens III.', *NA* 45: 285–305

Chalandon, F. (1907), *Histoire de la domination normande en Italie et Sicile*, 11, Paris

Cheney, C. R. (1956), *From Becket to Langton: English Church Government 1170–1213*, Manchester

Cheney, C. R. (1967), *Hubert Walter*, London

Cheney, C. R. (1976), *Pope Innocent III and England* (Päpste und Papsttum 9), Stuttgart

Cheney, M. G. (1941), 'The compromise of Avranches of 1172 and the spread of canon law in England', *EHR* 56: 177–97

Cheney, M. G. (1969), 'The recognition of Pope Alexander III: some neglected evidence', *EHR* 84: 474–97

Chibnall, M. (1991), *The Empress Matilda: Queen Consort, Queen Mother and Lady of the English*, Oxford

Chodorow, S. (1972), *Christian Political Theory and Church Politics in the Mid-Twelfth Century*, Berkeley and Los Angeles

Classen, P. (1960), *Gerhoch von Reichersberg, Eine Biographie*, Wiesbaden

Classen, P. (1968), 'Zur Geschichte Papst Anastasius IV.', *QFIAB* 48: 36–63

Classen, P. (1973), 'Das Wormser Konkordat in der deutschen Verfassungsgeschichte', in J. Fleckenstein (ed.), *Investiturstreit und Reichsverfassung* (Vorträge und Forschungen 17), Sigmaringen

Classen, P. (1974), 'La curia romana et le scuole di Francia nel secolo XII', in *Le istituzioni ecclesiastiche della 'societas christiana' dei secoli XI–XII*, 1 (Miscellanea del Centro di Studi Medioevali 7), Milan, pp. 432–6

Classen, P. (1983), *Studium und Gesellschaft im Mittelalter* (*MGH Schriften* 29), Stuttgart

Clementi, D. (1968), 'The relations between the papacy, the western Roman empire and the emergent kingdom of Sicily and south Italy, 1050–1156', *BISI* 80: 191–212

Congar, Y. M.-J. (1955), 'Die Ekklesiologie des hl. Bernhard', in J. Lortz (ed.), *Bernhard von Clairvaux, Mönch und Mystiker, Internationaler Bernhardkongress, Mainz 1953*, Wiesbaden, pp. 76–119

Congar, Y. M.-J. (1958), 'Henri de Marcy, abbé de Clairvaux, cardinal-évêque d'Albano et légat pontifical', in *Analecta Monastica: textes et études sur la vie des moines au moyen âge*, 5th series (Studia Anselmiana 43), Rome, pp. 1–90

Constable, G. (1953), 'The Second Crusade as seen by contemporaries', *Traditio* 9: 213–79

Constable, G. (1957), 'The disputed election at Langres in 1138', *Traditio* 13: 119–52

Cowdrey, H. E. J. (1978), 'Abbot Pontius of Cluny (1109–22/6)', *Studi Gregoriani per la Storia della 'Libertas Ecclesiae'* 11: 177–277

Cronne, H. A. (1970), *The reign of Stephen, 1134–54*, London

Davis, R. H. C. (1967), *King Stephen 1135–1154*, London

Deér, J. (1959), *The Dynastic Porphyry Tombs of the Norman Period in Sicily* (Dumbarton Oaks Studies 5), Cambridge, MA

Deér, J. (1964), 'Der Anspruch der Herrscher des 12. Jahrhunderts auf die apostolische Legation', *AHP* 2: 117–86

Deér, J. (1972), *Papsttum und Normannen: Untersuchungen zu ihren lehnsrechtlichen und kirchenpolitischen Beziehungen* (Studien und Quellen zur Welt Kaiser Friedrichs II., 1), Cologne and Vienna

De Ghellinck, J. (1948), *Le Mouvement théologique au XIIe siècle*, 2nd edn, Bruges

Dubois, J. (1968), 'Les ordres religieux au XIIe siècle selon la Curie romaine', *RBén* 78: 283–309

Dueball, M. (1929), *Der Suprematiestreit zwischen den Erzbistumern Canterbury und York, 1070 bis 1126* (Historische Studien 184), Berlin

Duggan, C. (1963), *Twelfth-Century Decretal Collections and their Importance in English History*, London

Duggan, C. (1966), 'Richard of Ilchester, royal servant and bishop', *TRHS* 5th series 16: 1–21

Dunken, G. (1931), *Die politische Wirksamkeit der päpstlichen Legaten in der Zeit des Kampfes zwischen Kaisertum und Papsttum in Oberitalien unter Friedrich I.* (Historische Studien 209), Berlin

Elze, R. (1950), 'Die päpstliche Kapelle im 12. und 13. Jahrhundert', *ZSSRG KA* 36: 145–204

Engels, O. (1987), 'Zum Konstanzer Vertrag von 1153', in *'Deus qui mutat tempora': Menschen und Institutionen im Wandel des Mittelalters: Festschrift für Alfons Becker*, Sigmaringen, pp. 235–58

Erdmann, C. (1928), *Das Papsttum und Portugal im ersten Jahrhundert der portugiesischen Geschichte* (Abhandlungen der Preussischen Akademie der Wissenschaften, phil.-hist. klasse Jahrgang 1928, no. 5), Berlin

Erdmann, C. (1935), *Die Entstehung des Kreuzzugsgedankens* (Forschungen zur Kirchen- und Geistesgeschichte 6), Stuttgart

Fichtenau, H. (1957), *Arenga: Spätantike und Mittelalter im Spiegel von Urkundenformen*, Cologne and Graz

Fletcher, R. A. (1984), *Saint James's Catapult: The Life and Times of Diego Gelmírez of Santiago de Compostela*, Oxford

Foreville, R. (1943), *L'Eglise et la royauté en Angleterre sous Henri II Plantagenêt*, Paris

Foreville, R. (1965), *Latran I, II, III et Latran IV* (Histoire des Conciles Œcuméniques 6), Paris

Foreville, R. and Rousset de Pina, J. (1953), *Du premier Concile du Latran à l'avènement d'Innocent III* (Histoire de l'Eglise depuis les Origines jusqu'à nos Jours 9), Paris

Forey, A. J. (1973), *The Templars in the Corona de Aragón*, London

Fournier, P. (1916), 'La prohibition par le deuxième concile de Latran d'armes jugés trop meurtrières', *Revue Générale de Droit International Publique* 23: 471–9

Fried, J. (1980), *Der päpstlichen Schutz für Laienfürsten: die politische Geschichte des päpstlichen Schutzprivilegs für Laien (11.–13. Jh)* (Abhandlungen der Heidelberger Akademie der Wissenschaften, phil.-hist. klasse 1980, 1), Heidelberg

Friedländer, I. (1928), *Die päpstlichen Legaten in Deutschland und Italien am Ende des XII. Jahrhunderts (1181–1198)* (Historische Studien 177), Berlin

Frugoni, A. (1967), 'A pictura cepit', *BISI* 78: 123–35

Fuhrmann, H. (1961), 'Das Ökumenische Konzil und seine historische Grundlagen', *Geschichte in Wissenschaft und Unterricht* 12: 672–95

Geisthardt, F. (1936), *Der Kämmerer Boso* (Historische Studien 293), Berlin

Gillingham, J. (1978), *Richard the Lionheart*, London

Gleber, H. (1936), *Papst Eugen III. (1145–1153) unter besonderer Berücksichtigung seiner politischen Tätigkeit* (Beiträge zur Mittelalterlichen und Neueren Geschichte 6), Jena

Gottlob, A. (1906), *Kreuzablass und Almosenablass: eine Studie über die Frühzeit des Ablasswesens* (Kirchenrechtliche Abhandlungen 30–1), Stuttgart

Graboïs, A. (1964a), 'Le privilège de croisade et la régence de Suger', *Revue Historique de Droit Français et Etranger* 4th series 42: 458–65

Graboïs, A. (1964b), 'Les séjours des papes en France au XIIe siècle et leurs rapports avec le développement de la fiscalité pontificale', *Revue d'Histoire de l'Eglise de France* 49: 5–18

Graboïs, A. (1981), 'Le schisme de 1130 et la France', *RHE* 76: 593–612

Grundmann, H. (1961), *Religiöse Bewegungen im Mittelalter*, 2nd edn, Hildesheim

Halphen, L. (1907), *Etudes sur l'administration de Rome au moyen âge* (Bibliothèque de l'Ecole des Hautes Etudes 176), Paris

Häring, N. M. (1965), 'Das sogenannte Glaubensbekenntnis des Reimser Konsistoriums von 1148', *Scholastik* 40: 55–90

Häring, N. M. (1966a), 'Notes on the council and consistory of Rheims 1148', *Medieval Studies* 28: 39–59

Häring, N. M. (1966b), 'The writings against Gilbert of Poitiers by Geoffrey of Auxerre', *Analecta Cisterciensia* 22: 3–83

Häring, N. M. (1967), 'Das Pariser Konsistorium Eugens III. vom April 1147', *Studia Gratiana* 11: 93–117

Hauck, A. (1952), *Kirchengeschichte Deutschlands*, IV, 6th edn, Leipzig

Hehl, E.-D. (1980), *Kirche und Krieg im 12. Jahrhundert: Studien zu kanonishchen Recht und politischen Wirklichkeit* (Monographien zur Geschichte des Mittelalters 19), Stuttgart

Heinemeyer, W. (1969), 'Beneficium – non feudum sed bonum factum: der Streit auf dem Reichstag zu Besançon 1157', *Archiv für Diplomatik* 15: 183–97

Hoffmann, H. (1971), 'Petrus Diaconus, die Herren von Tusculum und der Sturz Oderisius II. von Montecassino', *DA* 27: 1–109

Holtzmann, W. (1938), 'Krone und Kirche in Norwegen im 12. Jahrhundert', *DA* 2: 341–400

Holtzmann, W. (1945), 'Über eine Ausgabe der päpstlichen Dekretalen des 12. Jahrhunderts', *Nachrichten der Akademie der Wissenschaften in Göttingen, phil.-hist. klasse*: 15–36

Hüls, R. (1977), *Kardinäle, Klerus und Kirche Roms, 1049–1130* (Bibliothek des Deutschen Historischen Instituts in Rom 48), Tübingen

Jacqueline, B. (1953), 'Saint Bernard de Clairvaux et la curie romaine', *Rivista di Storia della Chiesa in Italia* 7: 27–44

Janssen, W. (1961), *Die päpstlichen Legaten in Frankreich vom Schisma Anaklets II. bis zum Tode Coelestins III. 1130–1198* (Kölner Historische Abhandlungen 6), Cologne and Graz

Jordan, K. (1933–4), 'Zur päpstlichen Finanzgeschichte im 11. und 12. Jahrhundert', *QFIAB* 25: 61–104

Keen, M. (1984), *Chivalry*, New Haven

Kehr, P. F. (1888), 'Der Vertrag von Anagni im Jahre 1176', *NA* 13: 75–118

Kehr, P. F. (1924), 'Papst Gregor VIII. als Ordensgründer', in *Miscellanea Francesco Ehrle: Scritti di storia e paleografia*, 11 (Studi e Testi 38), Rome, pp. 248–75

Kehr, P. F. (1928), *Das Papsttum und die Königreiche Navarra und Aragón bis zur Mitte des 12. Jahrhunderts* (Abhandlungen der Preußischen Akademie der Wissenschaften, phil.-hist. klasse 1928/4), Berlin

Kehr, P. F. (1934), *Die Belehnungen der süditalienischen Normannenfürsten durch die Päpste 1059–1192* (Abhandlungen der Preußischen Akademie der Wissenschaften, phil.-hist. klasse 1), Berlin

Kemp, E. W. (1948), *Canonization and Authority in the Western Church*, Oxford

Kempf, F. (1963), 'Kanonistik und kuriale Politik im 12. Jahrhundert', *AHP* 1: 11–52

Kennan, E. (1967), 'The *De consideratione* of St Bernard of Clairvaux and the papacy in the mid-twelfth century: a review of scholarship', *Traditio* 23: 73–115

Klewitz, H.-W. (1939), 'Die Festkrönungen der deutschen Könige', *ZSSRG KA* 28: 48–96

Klewitz, H.-W. (1941), 'Die Krönung des Papstes', *ZSSRG KA* 30: 96–130

Klewitz, H.-W. (1957), *Reformpapsttum und Kardinalkolleg*, Darmstadt

Knowles, D. (1951), *The Episcopal Colleagues of Archbishop Thomas Becket*, Cambridge

Knowles, D. (1963), *The Historian and Character and Other Studies*, Cambridge

Knowles, D. (1970), *Thomas Becket*, London

Knowles, D., Duggan, A. J. and Brooke, C. N. L. (1972), 'Henry II's supplement to the Constitutions of Clarendon', *EHR* 87: 757–71

Kuttner, S. (1935), *Kanonistische Schuldlehre von Gratian bis auf die Dekretalen Gregors IX.* (Studi e Testi 64), Vatican City

Kuttner, S. (1964), 'Dat Galienus opes et sanctio Justiniana', in *Linguistic and Literary Studies in Honour of Helmut A. Hatzfeld*, Washington, pp. 237–46

Ladner, G. B. (1935), 'I mosaici gli affreschi ecclesiastico-politici nell'antico palazzo Lateranense', *Rivista di Archeologia Christiana* 12: 281–90

Laehr, G. (1926), *Die Konstantinische Schenkung in der abendländischen Literatur des Mittelalters bis zur Mitte des 14. Jahrhunderts* (Historische Studien 166), Berlin

Lefèvre, J. A. (1954), 'La véritable constitution cistercienne de 1119', *Collectanea Ordinis Cisterciensium Reformatorium* 16: 97–104

Leyser, K. (1982), *Medieval Germany and its Neighbours 900–1250*, London

Little, E. (1973), 'Bernard and Abelard at the Council of Sens', in *Bernard of Clairvaux: Studies Presented to Dom Jean Leclercq* (Cistercian Studies 23), Washington, pp. 55–71

Lomax, D. W. (1978), *The Reconquest of Spain*, London and New York

Lourie, E. (1975), 'The will of Alfonso I *el Batallador*, king of Aragón and Navarre: a reassessment', *Speculum* 50: 635–51

Luchaire, A. (1890), *Louis VI le Gros: annales de sa vie et de son règne (1081–1137) avec une introduction historique*, Paris

Moore, R. I. (1976), 'Heresy as disease', in W. Lourdaux and D. Verhulst (eds.), *The Concept of Heresy in the Middle Ages* (Medievalia Lovaniensia series 1, Studia 4), Louvain, pp. 1–11

Moore, R. I. (1977), *The Origins of European Dissent*, London

Morey, A. (1937), *Bartholomew of Exeter, Bishop and Canonist*, Cambridge

Morey, A. and Brooke, C. N. L. (1965), *Gilbert Foliot and his Letters*, Cambridge

Munz, P. (1969), *Frederick Barbarossa: A Study in Medieval Politics*, London

Nicholl, D. (1964), *Thurstan, Archbishop of York (1114–1140)*, York

Noonan, J. T. (1977), 'Who was Rolandus?', in K. Pennington and R. Somerville (eds.), *Law, Church and Society: Essays in Honour of Stephan Kuttner*, Pennsylvania, pp. 21–48

Noth, A. (1966), *Heiliger Krieg und heiliger Kampf in Islam und Christentum: Beiträge zur Vorgeschichte und Geschichte der Kreuzzüge*, Bonn

O'Callaghan, J. F. (1959, 1960), 'The affiliation of the order of Calatrava with the order of Cîteaux', *Analecta Sacri Ordinis Cisterciensis* 15: 161–93; 16: 3–59, 255–92

O'Callaghan, J. F. (1962), 'The foundation of the order of Alcántara 1176–1218', *Catholic Historical Review* 47: 471–86

O'Callaghan, J. F. (1975), *A history of medieval Spain*, Ithaca and London

Overmann, A. (1895), *Gräfin Mathilde von Tuscien: Ihre Besitzungen*, Innsbruck

Pacaut, M. (1953), 'Louis VII et Alexandre III (1159–1180)', *Revue d'Histoire de l'Eglise en France* 39: 5–45

Pacaut, M. (1955), 'Les légats d'Alexandre III (1159–1181)', *RHE* 50: 821–38

Pacaut, M. (1956), *Alexandre III: étude sur la conception du pouvoir pontifical dans sa pensé et dans sa œuvre*, Paris

Pacaut, M. (1957), *Louis VII et les épiscopales dans le royaume de France* (Bibliothèque de la Société d'Histoire Ecclésiastique de la France), Paris

Pacaut, M. (1964), *Louis VII et son royaume* (Bibliothèque Générale de l'Ecole Pratique des Hautes Etudes 6. Section), Paris

Palumbo, P. F. (1942), *Lo scisma del MCXXX: i precedenti, la vicenda romana e le ripercussioni europee della lotta tra Anacleto e Innocenzo II* (Miscellanea della Deputazione Romana di Storia patria 13), Rome

Palumbo, P. F. (1963), 'Nuovi studi (1942–1962) sullo scisma di Anacleto II', *BISI* 75: 71–103

Partner, P. (1972), *The Lands of St Peter: The Papal State in the Middle Ages and the Early Renaissance*, London

Paulus, N. (1922), *Geschichte des Ablasses im Mittelalter*, 1, Paderborn

Pellegrini, L. (1968), 'La duplice elezione papale del 1130: i precedenti immediati e i protagonisti', in *Raccolta di studi in memoria di Giovanni Soranzo*, II (Contributi dell'Istituto di Storia Medioevale), Milan, pp. 265–302

Petersohn, J. (1974), 'Der Vertrag des Römischen Senats mit Papst Clemens III. (1188) und das Pactum Friedrich Barbarossas mit den Römern (1167)', *MIÖG* 82: 289–337

Pfaff, V. (1927), *Kaiser Heinrichs VI. höchstes Angebot an die römische Kirche (1196)* (Heidelberger Abhandlungen zur Mittleren und Neueren Geschichte 55), Heidelberg

Pfaff, V. (1953), 'Die Einnahmen der römischen Kurie am Ende des 12. Jahrhunderts', *Vierteljahrschrift für Sozial- und Wirtschaftsgeschichte* 40: 97–118

Pfaff, V. (1955), 'Die Kardinäle unter Papst Coelestin III. (1191–1198)', *ZSSRG KA* 41: 58–94

Pfaff, V. (1956), 'Aufgaben und Probleme der päpstlichen Pinanzverwaltung am Ende des 12. Jahrhunderts', *MIÖG* 64: 1–24

Pfaff, V. (1961), 'Papst Coelestin III.', *ZSSRG KA* 47: 109–28

Pfaff, V. (1964), 'Die Gesta Innocenz' III. und das Testament Heinrichs VI.', *ZSSRG KA* 50: 78–126

Pfaff, V. (1966), 'Die Kardinäle unter Papst Coelestin III. (2. Teil)', *ZSSRG KA* 52: 332–69

Pfaff, V. (1974a), 'Das Papsttum in der Weltpolitik des enden 12. Jahrhunderts', *MIÖG* 82: 338–76

Pfaff, V. (1974b), 'Der Vorgänger: das Wirken Coelestins III. aus der Sicht von Innocenz III.', *ZSSRG KA* 60: 121–67

Pfaff, V. (1980), 'Papst Clemens III. (1187–1191): mit einer Liste der Kardinalsunterschriften', *ZSSRG KA* 66: 261–316

Pfaff, V. (1981), 'Sieben Jahre päpstlicher Politik: die Wirksamkeit der Päpste Lucius III., Urban III., Gregor VIII.', *ZSSRG KA* 67: 148–212

Poole, R. L. (1934), *Studies in Chronology and History*, Oxford

Poschmann, B. (1930), *Die abendländische Kirchenbusse im frühen Mittelalter*, Breslau

Preiss, M. (1934), *Die politische Tätigkeit der Cisterzienser im Schisma von 1159–1177* (Historische Studien 248), Berlin

Rassow, P. (1961), *Honor Imperii: die neue Politik Friedrich Barbarossas 1152–1159*, 2nd edn, Darmstadt

Reuter, T. (1976), 'Das Edikt Friedrich Barbarossas gegen die Zisterzienser', *MIÖG* 84: 328–36

Reuter, T. (1983), 'Zur Anerkennung Papst Innocenz II.: eine neue Quelle', *DA* 39: 395–416

Reuter, T. (1984), 'John of Salisbury and the Germans', in M. Wilks (ed.), *The World of John of Salisbury* (Studies in Church History, Subsidia 3), Oxford, pp. 415–25

Riley-Smith, J. (1977), *What Were the Crusades?*, London; 3rd edn 2002

Riley-Smith, J. (1986), *The First Crusade and the Idea of Crusading*, Philadelphia

Rivière, J. (1924), 'Sur l'expression "Papa Deus" au moyen âge', in *Miscellanea Francesco Ehrle*, II, Rome, pp. 276–89

Robinson, I. S. (1990), *The Papacy 1073–1198: Continuity and Innovation*, Cambridge

Rota, A. (1953), 'La costituzione originaria del Comune di Roma: l'epoca del Comune libero (luglio 1143–dicembre 1145)', *BISI* 64: 19–131

Rowe, J. G. (1969), 'Hadrian IV, the Byzantine empire and the Latin orient', in T. A. Sandquist and M. R. Powicke (eds.), *Essays in Medieval History Presented to Bertie Wilkinson*, Toronto, pp. 3–16

Säbekow, G. (1931), 'Die päpstlichen Legationen nach Spanien und Portugal bis zum Ausgang des 12. Jahrhunderts', dissertation, Berlin

Saltman, A. (1956), *Theobald, Archbishop of Canterbury*, London

Sayers, J. E. (1971a), *Papal Judges Delegate in the Province of Canterbury 1198–1254: A Study in Ecclesiastical Jurisdiction and Administration*, Oxford

Sayers, J. E. (1971b), 'Papal privileges for St Albans Abbey and its dependencies', in D. A. Bullough and R. L. Storey (eds.), *The Study of Medieval Records*, Oxford, pp. 57–84

Scheffer-Boichorst, P. (1903), *Gesammelte Schriften*, 1, Berlin

Schieffer, R. (1981), *Die Entstehung des päpstlichen Investiturverbots für den deutschen König (MGH Schriften 28)*, Stuttgart

Schieffer, T. (1935), *Die päpstlichen Legaten in Frankreich vom Vertrage von Meersen (870) bis zum Schisma von 1130* (Historische Studien 263), Berlin

Schmale, F.-J. (1961a), 'Papsttum und Kurie zwischen Gregor VII. und Innocenz II.', *HZ* 193: 265–85

Schmale, F.-J. (1961b), *Studien zum Schisma des Jahres 1130*, Cologne and Graz

Schmale, F.-J. (1974), 'Systematisches zu den Konzilien des Reformpapsttums im 12. Jahrhundert', *Annuarium Historiae Conciliorum* 6: 21–39

Schmidt, T. (1972), 'Die Kanonikerreform in Rom und Papst Alexander II. (1061–1073)', *Studi Gregoriani per la Storia della 'Libertas Ecclesiae'* 9: 199–237

Schnith, K. (1976), 'Zur Problematik englischer Konzilien im Zeitalter der "Anarchie"', *Annuarium Historiae Conciliorum* 8: 103–15

Schramm, P. E. (1960), *Der König von Frankreich: das Wesen der Monarchie vom 9. zum 16. Jahrhundert*, Darmstadt

Schramm, P. E. (1968–71), *Kaiser, König und Päpste: Gesammelte Aufsätze zur Geschichte des Mittelalters*, I–IV, Stuttgart

Seegrün, W. (1967), *Das Papsttum und Skandinavien bis zur Vollendung der nordischen Kirchenorganisation (1164)* (Quellen und Forschungen zur Geschichte Schleswig-Holstein 51), Neumünster

Servatius, C. (1979), *Paschalis II. (1099–1118)* (Päpste und Papsttum 14), Stuttgart

Sheehy, M. P. (1965), *Pontificia Hibernica: Medieval Papal Chancery Documents concerning Ireland 640–1261*, Dublin

Smalley, B. (1973), *The Becket Conflict and the Schools*, Oxford

Somerville, R. (1970), 'The Council of Pisa, 1135: a re-examination of the evidence for the canons', *Speculum* 45: 98–114

Somerville, R. (1972), *The Councils of Urban II*, I: *Decreta Claromontensia* (Annuarium Historiae Conciliorum, Supplementum 1), Amsterdam

Somerville, R. (1975), 'The canons of Reims (1131)', *Bulletin of Medieval Canon Law* new series 5: 122–30

Somerville, R. (1976), 'Pope Innocent II and the study of Roman Law', *Revue des Etudes Islamiques* 44: 105–14

Somerville, R. (1977), *Pope Alexander III and the Council of Tours (1163)*, Berkeley and Los Angeles

Somerville, R. (1982), *Scotia Pontificia: Papal Letters to Scotland before the Pontificate of Innocent III*, Oxford

Southern, R. W. (1953), *The Making of the Middle Ages*, London

Southern, R. W. (1963), *Saint Anselm and his Biographer*, Cambridge

Southern, R. W. (1970), *Medieval Humanism and Other Studies*, Oxford

Stickler, A. M. (1947), 'Der Schwerterbegriff bei Huguccio', *Ephemerides Iuris Canonici* 3: 1–44

Stickler, A. M. (1951), 'Il "gladius" negli atti dei concili e dei RR. Pontefici sino a Graziano e Bernardo di Clairvaux', *Salesianum* 13: 414–45

Stroll, M. (1987), *The Jewish Pope: Ideology and Politics in the Papal Schism of 1130*, Leiden, New York, Copenhagen and Cologne

Tellenbach, G. (1950), 'Vom Zusammenleben der abendländischen Völker im Mittelalter', in R. Nürnberger (ed.), *Festschrift für Gerhard Ritter zu seinem 60. Geburtstag*, Tübingen, pp. 1–60

Tellenbach, G. (1963), 'Der Sturz des Abtes Pontius von Cluny und seine geschichtliche Bedeutung', *QFIAB* 42–3: 13–55

Tierney, B. (1972), *Origins of Papal Infallibility, 1150–1350* (Studies in the History of Christian Thought 6), Leiden

Tillmann, H. (1926), 'Die päpstlichen Legaten in England bis zur Beendigung der Legation Gualas 1218', dissertation, Bonn

Tillmann, H. (1972), 'Ricerche sull'origine dei membri del collegio cardinalizio nel XII secolo II/1', *Rivista di Storia della Chiesa in Italia* 26: 313–53

Ullmann, W. (1954), 'Cardinal Roland and Besançon', *Miscellanea Historiae Pontificiae* 18: 107–25

Ullmann, W. (1955), 'The pontificate of Adrian IV', *Cambridge Historical Journal* 11: 233–52

Ullmann, W. (1970), *The Growth of Papal Government in the Middle Ages*, 3rd edn, London

Ullmann, W. (1981), *Gelasius I. (492–496): das Papsttum an der Wende der Spätantike zum Mittelalter*, Stuttgart

Vacandard, E. (1920), *Vie de St Bernard, abbé de Clairvaux*, 2 vols., Paris

Villey, M. (1942), *La Croisade: essai sur la formation d'une théorie juridique* (L'Eglise et l'Etat au Moyen Age 6), Paris

Voss, L. (1932), *Heinrich von Blois Bischof von Winchester (1129–1171)* (Historische Studien 210), Berlin

Walther, H. G. (1976), 'Häresie und päpstliche Politik: Ketzerbegriff und Ketzergesetzgebung in der Übergangsphase von der Dekretistik', in W. Lourdaux and D. Verhulst (eds.), *The Concept of Heresy in the Middle Ages* (Mediaevalia Lovaniensia Series 1, Studia 4), Louvain, pp. 104–43

Warren, W. L. (1973), *Henry II*, London

Watt, J. A. (1965), *The Theory of Papal Monarchy in the Thirteenth Century: The Contribution of the Canonists*, New York

Watt, J. A. (1970), *The Church and the Two Nations in Medieval Ireland*, Cambridge

Wenck, K. (1926), 'Die römischen Päpste zwischen Alexander III. und Innocenz III. und der Designationsversuch Weihnachten 1197', in A. Brackmann (ed.), *Papsttum und Kaisertum: Forschungen zur politischen Geschichte und Geisteskultur des Mittelalters Paul Kehr zum 65. Geburtstag dargebracht*, Munich, pp. 415–74

Wilks, M. (1971), '*Ecclesiastica* and *regalia*: papal investiture policy from the Council of Guastalla to the First Lateran Council, 1106–23', in D. Baker (ed.), *Councils and Assemblies* (Studies in Church History 7), Cambridge, pp. 69–85

Zenker, B. (1964), 'Die Mitglieder des Kardinalkollegiums von 1130 bis 1159', dissertation, Würzburg

Zerbi, P. (1955), *Papato, impero e 'respublica christiana' dal 1187 al 1198* (Pubblicazioni dell'Università Cattolica del S. Cuore, n.s. 55), Milan

Zerbi, P. (1972), 'Intorno allo scisma di Ponzio, abate di Cluny (1122–26)', in *Studi storici in onore di Ottorino Bertolini*, II, Pisa, pp. 835–91

Zerbi, P. (1975), 'San Bernardo di Chiaravalle e il concilio di Sens', in *Studi su S. Bernardo di Chiaravalle nell'ottavo centenario della canonizzazione* (Bibliotheca Cisterciensis 6), Rome, pp. 115–80

第十四章 1125—1197年的西部帝国

Angermeier, H. (1974), 'Landfriedenspolitik und Landfriedensgesetzgebung unter den Staufern', in J. Fleckenstein (ed.), *Probleme um Friedrich II.* (Vorträge und Forschungen 16), Sigmaringen, pp. 167–86

Appelt, H. (1959), 'Die Erhebung Österreichs zum Herzogtum', *Blätter für Deutsche Landesgeschichte* 95: 25–66

Appelt, H. (1960), 'Der Vorbehalt kaiserlicher Rechte in den Diplomen Friedrich Barbarossas', *MIÖG* 68: 81–97

Appelt, H. (1973), *Privilegium minus: das staufische Kaisertum und die Babenberger in Österreich* (Böhlau Quellenbücher), Vienna, Cologne and Graz

Appelt, H. (1988), *Kaisertum, Königtum, Landesherrschaft: Gesammelte Studien zur mittelalterlichen Verfassungsgeschichte* (*MIÖG* Ergänzungsband 28), Vienna, Cologne and Graz

Assmann, E. (1977), 'Friedrich Barbarossas Kinder', *DA* 33: 435–72

Baaken, G. (1968), 'Die Altersfolge der Söhne Friedrichs Barbarossa und die Königserhebung Heinrichs VI.', *DA* 24: 46–78

Baaken, G. (1978), 'Zur Beurteilung Gottfrieds von Viterbo', in K. Hauck and H. Mordek (eds.), *Geschichtsschreibung und Geistiges Leben in Mittelalter: Festschreib für Heinz Lowe*, Cologne and Vienna, pp. 373–96

Benson, R. L. (1982), '*Political renovatio*: two models from Roman antiquity', in R. L. Benson, G. Constable and C. D. Lanham (eds.), *Renaissance and Renewal in the Twelfth Century*, Cambridge, MA, pp. 339–86

Bernhardi, W. (1879), *Lothar von Supplinburg* (Jahrbücher der Deutschen Geschichte), Leipzig

Bernhardi, W. (1883), *Konrad III.* (Jahrbücher der Deutschen Geschichte), Leipzig

Böhmer, J. F. and Baaken, G. (1972), *Die Regesten des Kaiserreiches unter Heinrich VI. 1165 (1190)–1197* (Regesta Imperii 4, part 3), Cologne and Vienna

Brinken, B. (1974), *Die Politik Konrads von Staufen in der Tradition der rheinischen Pfalzgrafschaft* (Rheinisches Archiv 92), Bonn

Brühl, C. and Kölzer, T. (1979), *Das Tafelgüterverzeichnis des römischen Königs, Ms. Bonn S. 1559*, Cologne and Vienna

Bumke, J. (1991), *Courtly Culture: Literature and Society in the High Middle Ages*, trans. T. Dunlap, Berkeley, Los Angeles and Oxford

Classen, P. (1983), 'Corona imperii: die Krone als Inbegriff des römisch-deutschen Reiches im 12. Jahrhundert', in J. Fleckenstein (ed.), *Ausgewälte Aufsätze* (Vorträge und Forschungen 28), Sigmaringen, pp. 503–14

Colorni, V. (1969), *Die drei verschollenen Gesetze des Reichstages bei Roncaglia, wieder aufgefunden in einer Pariser Handschrift* (Untersuchungen zur Deutschen Staats- und Rechtsgeschichte, n.s. 22), Aalen

Crone, M.-L. (1982), *Untersuchungen zur Reichskirchenpolitik Lothars III. (1125–1137) zwischen reichskirchlicher Tradition und Reformkurie* (Europäische

Hochschulschriften, 3rd series, Geschichte und ihre Hilfswissenschaften 170), Frankfurt am Main and Berne

Engels, O. (1972), *Die Staufer* (Urban-Taschenbücher 154), Stuttgart

Engels, O. (1988), *Stauferstudien: Beiträge zur Geschichte der Staufer im 12. Jahrhundert*, Sigmaringen

Fichtenau, H. (1939), 'Bamberg, Würzburg und die Stauferkanzlei', *MIÖG* 53: 241–85

Fichtenau, H. (1965a), *Von der Mark zum Herzogtum: Grundlagen und Sinn des 'Privilegium Minus' für Österreich* (Österreich-Archiv. Schriftenreihe des Arbeitskreises für Österreichische Geschichte), Vienna and Munich

Fichtenau, H. (1965b), 'Zur Überlieferung des "privilegium minus" für Österreich', *MIÖG* 73: 1–16

Ficker, J. (1862), 'Die Reichshofbeamten der staufischen Periode', *Sitzungsberichte der Phil.-Hist. Classe der Kaiserlichen Akademie der Wissenschaften* 40, part 4: 447–549

Ficker, J. (1911), *Vom Reichsfurstenstande: Forschungen zur Geschichte der Reichsverfassung zunachst im XII. und XIII. Jahrhunderte*, Innsbruck

Fleckenstein, J. (1972), 'Friedrich Barbarossa und das Rittertum: zur Bedeutung der grossen Mainzer Hoftage von 1184–1188', in *Festschrift für Hermann Heimpel*, II (Veröffentlichungen des Max-Planck-Instituts für Geschichte 36/2), Göttingen, pp. 1023–41

Fried, J. (1983), 'Friedrich Barbarossas Krönung in Arles (1178)', *Historisches Jahrbuch* 103: 347–71

Fried, J. (1984), 'Die Wirtschaftspolitik Friedrich Barbarossas in Deutschland', *Blätter für Deutsche Landesgeschichte* 120: 195–239

Fried, J. (1990), 'Die Rezeption bologneser Wissenschaft in Deutschland während des 12. Jahrhunderts', *Viator* 21: 103–45

Geldner, F. (1977), 'Kaiserin Mathilde, die deutsche Königswahl von 1125 und das Gegenkönigtum Konrads III.', *Zeitschrift für Bayerische Landesgeschichte* 40: 3–22

Giese, W. (1978), 'Das Gegenkönigtum des Staufers Konrad 1127–1135', *ZSSRG Germanistische Abteilung* 95: 202–20

Grundmann, H. (1942), 'Rotten und Brabanzonen: Söldner-Heere im 12. Jahrhundert', *DA* 5: 419–92

Grundmann, H. (1959), *Der Cappenberger Barbarossakopf und die Anfänge des Stiftes Cappenberg* (Münstersche Forschungen 12), Cologne and Graz

Haller, J. (1911), 'Der Sturz Heinrichs des Löwen', *Archiv für Urkundenforschung* 3: 295–450

Hausmann, F. (1950), 'Formularbehelfe der frühen Stauferkanzlei: Untersuchungen über deren Herkunft, Verwendung und Verhältnis zur Urkundensammlung des Codex Udalrici', *MIÖG* 58: 68–96

Hausmann, F. (1956), *Reichskanzlei und Hofkapelle unter Heinrich V. und Konrad III.* (*MGH Schriften* 14), Stuttgart

Hausmann, F. (1969), *Die Urkunden Konrads III. und seines Sohnes Heinrich* (MGH Diplomata Regum et Imperatorum Germaniae 9), Vienna, Cologne and Graz

Haussherr, R. (1977), *Die Zeit der Staufer: Geschichte-Kunst-Kultur*, I, Stuttgart

Havercamp, A. (1987), 'Der Konstanzer Friede zwischen Kaiser und Lombardenbund (1183)', in H. Maurer (ed.), *Kommunale Bündnisse* (Vorträge und Forschungen 33), Sigmaringen, pp. 11–44

Heinemann, H. (1983–4), 'Untersuchungen zur Geschichte der Zähringer in Burgund', *Archiv für Diplomatik* 29: 42–192; 30: 97–257

Heinemeyer, K. (1981), 'Der Prozess Heinrichs des Löwen', *Blätter für Deutsche Landesgeschichte* 117: 1–60

Heinemeyer, W. (1969), '"*Beneficium – non feudum sed bonum factum.*" Der Streit auf dem Reichstag zu Besançon 1157', *Archiv für Diplomatik* 15: 155–236

Herkenrath, R. M. (1964), 'Reinald von Dassel als Verfasser und Schreiber von Kaiserurkunden', *MIÖG* 72: 34–62

Herkenrath, R. M. (1969), *Regum et imperium: das 'Reich' in der fruhstaufischen Kanzlei (1138–1155)* (Sitzungsberichte der Österreichischen Akademie der Wissenschaften, phil.-hist. Klasse 264), Vienna

Herkenrath, R. M. (1977), *Die Reichskanzlei in den Jahren 1174 bis 1180* (Denkschriften der Österreichischen Akademie der Wissenschaften, phil.-hist. klasse 130), Vienna

Herkenrath, R. M. (1985), *Die Reichskanzlei in der Jahren 1181–1190* (Denkschriften der Österreichischen Akademie der Wissenschaften, phil.-hist. klasse 175), Vienna

Hildebrand, R. (1937), *Der sächsische 'Staat' Heinrichs des Löwen* (Historische Studien 302), Berlin

Jakobi, F.-J. (1979), *Wibald von Stablo und Corvey (1098–1158)* (Veröffentlichungen der Historischen Kommission für Westfalen 10 / Abhandlungen zur Corveyer Geschichtschreibung 5), Münster

Johanek, P. (1978), 'Zur Geschichte der Reichskanzlei unter Friedrich Barbarossa', *MIÖG* 86: 27–45

Jordan, K. (1939 and 1952), *Die Bistumsgründungen Heinrichs des Löwen: Untersuchungen zur Geschichte der osterdeutschen Kolonisation (MGH Schriften* 3), Stuttgart

Jordan, K. (1979 and 1986), *Heinrich der Löwe: eine Biographie*, trans. P. S. Falla, *Henry the Lion: A Biography*, Munich and Oxford

Jordan, K. (1981), 'Heinrich der Löwe und seine Familie', *Archiv für Diplomatik* 27: 111–44

Kaminsky, H. H. (1973), 'Das "Tafelgüterverzeichnis des römischen Königs": eine Bestandaufnahme für Lothar III.?', *DA* 29: 163–96

Koch, G. (1968 and 1982), 'Sacrum imperium: Bemerkungen zur Herausbildung der staufischen Herrschaftsideologie', *Zeitschrift für Geschichtswissenschaft* 16: 596–614; and in M. Kerner (ed.), *Ideologie und Herrschaft im Mittelalter* (Wege der Forschung 530), Darmstadt, pp. 268–302

Koch, W. (1973), *Die Reichskanzlei in den Jahren 1167 bis 1174* (Denkschriften der Österreichischen Akademie der Wissenschaften, phil.-hist. klasse 115), Vienna

Koch, W. (1979), *Die Schrift der Reichskanzlei im 12. Jahrhundert (1125–1190): Untersuchungen zur Diplomatik der Kaiserurkunde* (Denkschriften der Österreichischen Akademie der Wissenschaften, phil.-hist. klasse 134), Vienna

Koch, W. (1980), 'Zu Sprache, Stil und Arbeitstechnik in den Diplomen Friedrich Barbarossas', *MIÖG* 88: 36–69

Koch, W. (1985), 'Die Reichskanzlei unter Kaiser Friedrich I.', *Archiv für Diplomatik* 31: 327–50

Koeppler, H. (1939), 'Frederick Barbarossa and the schools of Bologna: some remarks on the "Authentica Habita"', *EHR* 54: 577–607

Kölzer, T. (1990), 'Sizilien und das Reich im ausgehenden 12. Jahrhundert', *Historisches Jahrbuch* 110: 3–22

Krieger, K.-F. (1970), 'Die königliche Lehnsgerichtsbarkeit im Zeitalter der Staufer', *DA* 26: 400–33

Leyser, K. J. (1988), 'Frederick Barbarossa and the Hohenstaufen polity', *Viator* 19: 153–76

Mariotte, J.-Y. (1963), *Le Comté de Bourgogne sous les Hohenstaufen 1156–1208* (Cahiers d'Etudes Comtoises 4), Paris

Mayer, T., Heilig, K. and Erdmann, C. (1944 and 1952), *Kaisertum und Herzogsgewalt im Zeitalter Friedrichs I. Studien zur politischen und Verfassungsgeschichte des hohen Mittelalters* (*MGH Schriften* 9), Leipzig and Stuttgart

Metz, W. (1964), *Staufenische Güterverzeichnisse: Untersuchungen zur Verfassungs- und Wirtschaftsgeschichte des 12. und 13. Jahrhunderts*, Berlin

Meuthen, E. (1975), 'Barbarossa und Aachen', *Rheinische Vierteljahrblätter* 39: 28–59

Mohrmann, W.-D. (1980), *Heinrich der Löwe* (Veröffentlichungen der Niedersächsischen Archivverwaltung 39), Göttingen

Munz, P. (1969), *Frederick Barbarossa: A Study in Medieval Politics*, London

Opll, F. (1976), 'Das kaiserliche Mandat im 12. Jahrhundert (1125–1190)', *MIÖG* 84: 290–327

Opll, F. (1978), *Das Itinerar Kaiser Friedrich Barbarossa (1152–1190)* (Forschungen zur Kaiser- und Papstgeschichte des Mittelalters 1), Vienna, Cologne and Graz

Opll, F. (1986), *Stadt und Reich im 12. Jahrhundert (1125–1190)* (Forschungen zur Kaiser- und Papstgeschichte des Mittelalters 6), Vienna, Cologne and Graz

Opll, F. (1990), *Friedrich Barbarossa* (Gestalten des Mittelalters und der Renaissance), Darmstadt

Petke, W. (1985), *Kanzlei, Kapelle und königliche Kurie unter Lothar III (1125–1137)* (Forschungen zur Kaiser- und Papstgeschichte des Mittelalters 5), Vienna and Cologne

Peyer, H. C. (1951), 'Friedrich Barbarossa, Monza und Aachen', *DA* 8: 438–60

Probleme des 12. Jahrhunderts: Reichenau-Vorträge 1965–1967 (1968) (Vorträge und Forschungen 12), Stuttgart

Rassow, P. (1961 and 1973), *Honor imperii: die neue Politik Friedrich Barbarossas 1152–1159*, new editions, Munich and Darmstadt

Riedmann, J. (1967–8), 'Studien über die Reichskanzlei unter Friedrich Barbarossa in den Jahren 1156–1166', *MIÖG* 75: 322–402; 76: 23–105

Rörig, F. (1937), 'Heinrich der Löwe und die Gründung Lübecks: Grundsätzliche Erörterungen zur städtischen Ostsiedlung', *DA* 1: 408–56

Schieffer, R. (1990), 'Bleibt der Archipoeta anonym?', *MIÖG* 97: 59–79

Schlunk, A. C. (1988), *Königsmacht und Krongut: die Machtgrundlage des deutschen Königstums im 13. Jahrhundert – und eine neue historische Methode*, Stuttgart

Schmale, F.-J. and Schmale-Ott, I. (1972), *Frutolfs und Ekkehards Chroniken und die Anonyme Kaiserchronik* (Ausgewählte Quellen zur Deutschen Geschichte des Mittelalter. Freiherr vom Stein-Gedächtnisausgabe 15), Darmstadt

Schmandt, R. H. (1967), 'The election and assassination of Albert of Louvain, bishop of Liège, 1191–92', *Speculum* 42: 639–60

Schmid, K. (1954), *Graf Rudolf von Pfullendorf und Kaiser Friedrich I.* (Forschungen zur Oberrheinischen Landesgeschichte 1), Freiburg im Breisgau

Schmid, K. (1986), *Die Zähringer: eine Tradition und ihre Erforschung* (Veröffentlichung zur Zähringer-Ausstellung 1), Sigmaringen

Schmidt, U. (1987), *Königswahl und Thronfolge im 12. Jahrhundert* (Forschungen zur Kaiser- und Papstgeschichte des Mittelalters 7), Cologne and Vienna

Schreibmüller, H. (1955), 'Herzog Friedrich IV. von Schwaben und Rothenburg (1145–1167), *Zeitschrift für Bayerische Landesgeschichte* 18: 213–42

Schubert, P. (1913), 'Die Reichshofämter und ihre Inhaber bis um die Wende des 12. Jahrhunderts', *MIÖG* 34: 427–501

Schwarzmaier, H. (1986), 'Staufer, Welfen und Zähringer im Lichte neuzeitlicher Geschichtsschreibung', *Zeitschrift für die Geschichte des Oberrheins* 134: 76–87

Seltmann, I. (1983), *Heinrich VI. Herrschaftspraxis und Umgebung* (Erlanger Studien 43), Erlangen

Simonsfeld, H. (1908 and 1967), *Jahrbücher des deutschen Reiches under Friedrich I., 1152–1158* (Jahrbücher der Deutschen Geschichte), Leipzig and Berlin

Speer, L. (1983), *Kaiser Lothar III. und Erzbischof Adalbert I. von Mainz: eine Untersuchung zur Geschichte des deutschen Reiches im frühen zwölften Jahrhundert* (Dissertationen zur mittelalterlichen Geschichte 3), Cologne and Vienna

Stelzer, W. (1978), 'Zum Scholarenprivileg Friedrich Barbarossas (Authentica "Habita")', *DA* 34: 123–65

Stoob, H. (1974), 'Zur Königswahl Lothars von Sachsen im Jahre 1125', in H. Beumann (ed.), *Historische Forschungen für Walter Schlesinger*, Cologne and Vienna, pp. 438–61

Toeche, T. (1867 and 1965), *Kaiser Heinrich VI.* (Jahrbücher der Deutschen Geschichte), Leipzig and Darmstadt

Wadle, E. (1969), *Reichsgut und Königsherrschaft unter Lothar III (1125–1137): ein Beitrag zur Verfassungsgeschichte des 12. Jahrhunderts* (Schriften zur Verfassungsgeschichte 12), Berlin

Wadle, E. (1987), 'Der Nürnberger Friedebrief Kaiser Friedrich Barbarossas und das gelehrte Recht', in G. Kobler (ed.), *Wege europäische Rechtsgeschichte: Karl Kroeschell zum 60. Geburtstag* (Rechtshistorische Reihe 60), Frankfurt am Main

Wattenbach, W. and Schmale, F.-J. (1976), *Deutschlands Geschichtsquellen im Mittelalter: vom Tode Kaiser Heinrichs V. bis zum Ende des Interregnum*, 1, Darmstadt

Weikmann, M. (1967), 'Königsdienst und Königsgastung in der Stauferzeit', *Zeitschrift für Bayerische Landesgeschichte* 30: 314–32

Werke, H. (1962), 'Staufische Hausmachtpolitik am Rheine im 12. Jahrhundert', *Zeitschrift für die Geschichte des Oberrheins* 110: 241–370

Wolf, G. (1975), *Friedrich Barbarossa* (Wege der Forschung 390), Darmstadt

Wolter, H. (1985), 'Die Verlobung Heinrichs VI. mit Konstanze von Sizilien im Jahre 1184', *Historisches Jahrbuch* 105: 30–51

Zeillinger, K. (1966), 'Die Notare der Reichskanzlei in den ersten Jahren Friedrich Barbarossas', *DA* 22: 472–555

Zeillinger, K. (1970), 'Friedrich Barbarossa, Wibald von Stablo und Eberhard von Bamberg', *MIÖG* 78: 210–23

Die Zeit der Staufer 1977 & 1979, Katalog der Ausstellung im Würtembergischen (1977, 1979), Landesmuseum, 1–IV (Vorträge und Forschungen 5), Stuttgart

Ziegler, H.-U. (1984), 'Der Kompilator des Codex Udalrici – ein Notar der Bamberger Bischofskanzlei?', *Archiv für Diplomatik* 30: 258–81

第十五章（上） 12世纪的意大利北部和中部

L'amiata nel medioevo (1989), ed. M. Ascheri and W. Kurze, Rome

Atti del 9° Congresso internazionale di studi sull'alto medioevo (1983) (Il Ducato di Spoleto, Congressi del Centro Italiano di Studi sull'Alto Medioevo 9), Spoleto

Atti dell'11° Congresso internazionale di studi sull'alto medioevo (1989) (Milano ed il suo Territorio in Età Comunale, Congressi del Centro Italiano di Studi sull'Alto Medioevo 11), Spoleto

Beiträge zur Geschichte Italiens im 12. Jahrhundert (Vorträge und Forschungen, Sonderband 9), Sigmaringen 1971

Bernhardi, W. (1879), *Lothar von Supplinburg* (Jahrbücher der Deutschen Geschichte), Leipzig

Bernhardi, W. (1883), *Konrad III* (Jahrbücher der Deutschen Geschichte), Leipzig

Bordone, R. (1987), *La società cittadina del regno d'Italia* (Biblioteca Storica Subalpina 202), Turin

Bosl, K. (1982), *Gesellschaftgeschichte Italiens im Mittelalter*, Stuttgart

Brancoli Busdraghi, P. (1965), *La formazione storica del feudo lombardo come diritto reale*, Milan

Brezzi, P. (1947), *Roma e l'impero medievale 774–1252* (Storia di Roma 10), Bologna

Brezzi, P. (1959), *I Comuni medioevali nella storia d'Italia*, Turin; new edn 1970

Brühl, C. (1968), *Fodrum, gistum, servitium regis* (Kölner Historische Abhandlungen 14), Cologne and Graz

Capitani, O. (1986), *Storia dell'Italia medievale 410–1216*, Rome and Bari

Cardini, F. (1985), *Il Barbarossa*, Milan

Castagnetti, A. (1985), *Società e politica a Ferrara, sec. X–XIII*, Bologna

Castagnetti, A. (1986), *La marca veronese-trevigiana* (Storia degli Stati Italiani), Turin

Castagnetti, A. (1988), *Arimanni in 'Romania' fra conti e signori*, Verona

Cessi, R. (1944), *Storia della repubblica di Venezia*, I, Milan and Messina

Cessi, R. (1953), *La repubblica di Venezia e il problema adriatico*, Naples

I ceti dirigenti dell'età comunale nei secoli XII e XIII (1982) (Convegni sui Ceti Dirigenti in Toscana 2), Pisa

Clementi, A. (1988), 'Le terre del confine settentrionale', in *Storia del Mezzogiorno*, II, 1: *Il medioevo*, Naples

Cognasso, F. (1952), 'Novara nella sua storia', in *Novara e il suo territorio*, Novara

Cognasso, F. (1968), *Il Piemonte nell'età sveva* (Miscellanea di Storia Patria IV 10), Turin

Comuni e signori nell'Italia nordorientale e centrale (1987) (Storia d'Italia 7), 2 vols., Turin

Cracco, G. (1986), *Venezia nel medioevo dal secolo XI al secolo XIV*, Turin

La cristianità dei secoli XI e XII in Occidente: coscienza e strutture di una società (1983) (Università Cattolica, Miscellanea del Centro di Studi Medioevali 10), Milan

Cultura universitaria e pubblici poteri a Bologna dal XII al XV secolo (1990), ed. O. Capitani, Bologna

Darmstädter, P. (1896), *Das Reichsgut in der Lombardei und Piemont 568–1250*, Strasbourg

Davidsohn, R. (1896), *Geschichte von Florenz*, I, Berlin

De Vergottini, G. (1924–5), *Lineamenti storici della costituzione politica dell'Istria durante il medio evo*, Trieste; repr. 1974

Dilcher, G. (1967), *Die Entstehung der lombardischen Stadtkommune* (Untersuchungen zur Deutschen Staats- und Rechtsgeschichte 7), Aalen

Falco, G. (1919), *I comuni della campagna e della marittima nel medioevo*, Rome

Formazioni e strutture dei ceti dominanti nel medioevo: marchesi, conti e visconti nel regno italico, sec. IX–XII (1998) (Nuovi Studi Storici 1), Rome

Frugoni, A. (1954), *Arnaldo da Brescia nelle fonti del secolo XII* (Studi Storici 8–9), Rome

Galassi, N. (1984), *Figure e vicende di una città* (Imola), 1, Imola

Haverkamp, A. (1970–1), *Herrschaftsformen der Frühstaufer in Reichsitalien* (Monographien zur Geschichte des Mittelalters 1), 2 vols., Stuttgart

Hessel, A. (1910), *Geschichte der Stadt Bologna von 1116 bis 1280*, Berlin

Hyde, J. K. (1973), *Society and Politics in Medieval Italy 1000–1350*, London

Kauffmann, H. (1933), *Die italienische Politik Kaiser Friedrichs I nach dem Frieden von Constanz*, Griefswald

Keller, H. (1979), *Adelsherrschaft und städtische Gesellschaft in Oberitalien 9. bis 12. Jahrhundert* (Bibliothek des Deutschen Historischen Instituts in Rom 52), Tübingen

Kommunale Bundnisse Oberitaliens und Oberdeutschlands im Vergleich (1987) (Vorträge und Forschungen 33), Sigmaringen

Kretschmayr, H. (1905), *Geschichte von Venedig* (Allgemeine Staatengeschichte), Aalen; repr. 1964

Lamma, P. (1955–7), *Comneni e Staufer* (Studi Storici 14–18, 22–5), Rome

Lane, F. C. (1973), *Venice: A Maritime Republic*, Baltimore and London

Leonhard, J.-F. (1983), *Die Seestadt Ancona im Spätmittelalter* (Bibliothek des Deutschen Historischen Instituts in Rom 55), Tübingen

Ludwig, C. (1973), *Untersuchungen über die frühesten Podestaten italienischer Städte*, Vienna

Luzzati, M. (1986), *Firenze e la Toscana nel medioevo* (Storia degli Stati Italiani), Turin

Maire Vigueur, J.-Cl. (1987), *Comuni e signorie in Umbria, Marche e Lazio* (Storia degli Stati Italiani), Turin

Mantova: la storia (1958), 1, ed. G. Coniglio, Mantua

Maranini, G. (1927), *La costituzione di Venezia dalle origini alla serrata del Maggior Consiglio*, Venice

Moscati, L. (1980), *Alle origini del comune romano*, Naples

Nahmer, D. von der (1965), *Die Reichsverwaltung in Toscana unter Friedrich I und Heinrich VI*, Aalen

Opll, F. (1986), *Stadt und Reich im 12. Jahrhundert (1125–1190)* (Forschungen zur Kaiser- und Papstgeschichte des Mittelalters 6), Vienna, Cologne and Graz

La pace di Costanza 1183: un difficile equilibrio di poteri fra società italiana ed impero (1984), Bologna

Paschini, P. (1934), *Storia del Friuli*, 1, Udine; new edn 1953

Piemonte medievale: forme del potere e della società (1985), Turin

Pisa nei secoli XI e XII: formazione e caratteri di una classe di governo (1979) (Istituto di Storia dell'Università di Pisa 10), Pisa

Popolo e stato in Italia nell'età di Federico Barbarossa (1970), Turin

Potere, società e popolo tra età normanna ed età sveva (1189–1210) (1983) (Quinte Giornate Normanno-Sveve), Bari

I problemi della civiltà comunale (1971), ed. C. D. Fonseca, Milan

Prutz, H. (1871–4), *Kaiser Friedrich I*, 3 vols., Danzig

Racine, P. (1980), *Plaisance du Xe à la fin du XIIIe siècle*, 1, Lille and Paris

Renouard, Y. (1969), *Les Villes d'Italie de la fin du Xe siècle au début du XIVe siècle*, 2 vols., Paris

Rosch, G. (1982), *Venedig und das Reich* (Bibliothek des Deutschen Historischen Instituts in Rom 53), Tübingen

Rossi Sabbatini, G. (1935), *L'espansione di Pisa nel Mediterraneo fino alla Meloria*, Florence

Salvatorelli, L. (1940), *L'Italia comunale* (Storia d'Italia 4), Milan

Scarsella, A. R. (1942), *Storia di Genova III: Il comune dei consoli*, Milan

Schevill, F. (1909), *Siena: The History of a Medieval Commune*, New York and London; new edn 1964

Schevill, F. (1936), *History of Florence*, New York; new edn 1961

Schmidinger, H. (1954), *Patriarch und Landesherr*, Graz and Cologne

Sergi, G. (1981), *Potere e territorio lungo la strada di Francia: da Chambéry a Torino fra X e XIII secolo* (Nuovo Medioevo 20), Naples

Sestan, E. (1966), *Italia medievale*, Naples

Sestan, E. (1989), *Italia comunale e signorile*, Florence

Settia, A. A. (1983), *Monferrato: strutture di un territorio medievale*, Turin

Settia, A. A. (1984), *Castelli e villaggi nell'Italia padana* (Nuovo Medioevo 23), Naples

Simioni, A. (1968), *Storia di Padova*, Padua

Simonsfeld, H. (1908), *Jahrbücher des deutschen Reiches unter Friedrich I: 1152 bis 1158* (Jahrbücher der deutschen Geschichte), Leipzig

Società e istituzioni dell'Italia comunale: l'esempio di Perugia (1988), Perugia

Spazio, società, potere nell'Italia dei Comuni (1986), ed. G. Rossetti, Naples

La storia dei Genovesi (1981–4), 4 vols., Genoa

Storia di Bologna (1978), Bologna

Storia di Brescia (1963), I, Brescia

Storia di Cesana, II: *Il Medioevo* (1983), ed. A. Vasini, Rimini

Storia della civiltà veneziana, I: *Dalle origini al secolo di Marco Polo* (1979), ed. V. Branca, Florence

Storia d'Italia, I: *Il medioevo* (1965), ed. N. Valeri, Turin

Storia d'Italia, IV: *Comuni e signorie* (1981), ed. G. Galasso, Turin

Storia di Milano (1955), IV, Milan

Storia di Piacenza, II: *Dal vescovo conte alla signoria 996–1313* (1984), Piacenza

Storia della società friulana: il Medioevo (1988), ed. P. Cammarosano, Udine

Storia di Venezia, II: *Dalle origini del Ducato alla IV crociata* (1958), Venice

Storia di Vicenza, II: *L'età medievale* (1988), ed. G. Cracco, Vicenza

Structures féodales et féodalisme dans L'Occident méditerranéen, Xe–XIIIe siècles (1980) (Ecole Française de Rome 44), Rome

Studi sulla pace di Constanza (1984), Milan

Tabacco, G. (1979), *Egemonie sociale e strutture del potere nel medioevo italiano*, Turin

Toeche, Th. (1867), *Kaiser Heinrich VI* (Jahrbücher der deutschen Geschichte), Darmstadt; repr. 1965

Torelli, P. (1930–52), *Un comune cittadino in territorio ad economia agricola*, 2 vols., Mantua

Toubert, P. (1973), *Les Structures du Latium médiéval* (Ecoles Françaises d'Athènes et de Rome 221), 2 vols., Rome

Vaccari, P. (1940), *Profilo storico di Pavia*, Pavia

Van Cleve, T. C. (1937), *Markward of Anweiler and the Sicilian Regency*, Princeton

Vasina, A. (1970), *Romagna medievale*, Ravenna

Venezia dalla prima crociata alla conquista di Constantinopoli del 1204 (1966), Florence

Verona e il suo territorio (1964), II, Verona

Violante, C. (1953), *La società milanese nell'età precomunale*, Bari

Violante, C. (1980), *Economia, società, istituzioni a Pisa nel Medioevo*, Bari

Vitale, V. (1955), *Breviario della storia di Genova*, Genoa

Volpe, G. (1902), *Studi sulle istituzioni comunali a Pisa*, Florence; repr. 1970

Volpe, G. (1961), *Medioevo italiano*, Florence

Volpe, G. (1964), *Toscana medievale*, Florence

Waley, D. (1969), *The Italian City-Republics*, new edn. London; 1978

Zerbi, P. (1955), *Papato, Impero e 'respublica christiana'* (Università Cattolica, Scienze Storiche 26), Milan; repr. 1980

第十五章（下）　12世纪诺曼人统治下的西西里

Abulafia, D. S. H. (1977), *The Two Italies: Economic Relations between the Norman Kingdom of Sicily and the Northern Communes*, Cambridge

Abulafia, D. S. H. (1983), 'The crown and the economy under Roger II and his successors', *DOP* 37: 1–14; repr. in Abulafia (1987)

Abulafia, D. S. H. (1984), 'Ancona, Byzantium and the Adriatic, 1155–1173', *Papers of the British School at Rome* 52: 195–216; repr. in Abulafia (1987)

Abulafia, D. S. H. (1985), 'The Norman kingdom of Africa and the Norman expeditions to Majorca and the Muslim Mediterranean', *ANS* 7: 26–49; repr. in Abulafia (1987)

Abulafia, D. S. H. (1987), *Italy, Sicily and the Mediterranean*, London

Bercher, H., Courteaux, A. and Mouton J. (1979), 'Un abbaye latine dans la société musulmane: Monreale au XIIe siècle', *Annales ESC* 35: 525–47

Brühl, C. R. (1978), *Urkunden und Kanzlei König Rogers II. von Sizilien*, Cologne

Cahen, C. (1940), *Le Régime féodal de l'Italie Normande*, Paris

Caravale, M. (1966), *Il regno normanno di Sicilia*, Rome

Chalandon, F. (1907), *Histoire de la domination Normande en Italie et en Sicile*, 2 vols., Paris

Clementi, D. R. (1953–4), 'Some unnoticed aspects of the Emperor Henry VI's conquest of the Norman kingdom of Sicily', *Bulletin of the John Rylands Library* 36: 328–57

Clementi, D. R. (1967), 'The circumstances of Count Tancred's accession to the kingdom of Sicily, duchy of Apulia and principality of Capua', in *Mélanges Antonio Marongiu*, Palermo, pp. 59–80

Clementi, D. R. (1968), 'The relations between the papacy, the western Roman Empire and the emergent kingdom of Sicily and south Italy (1050–1156)', *BISI* 80: 191–212

Cuozzo, E. (1984), *Catalogus Baronum: commentario* (Fonti per la Storia d'Italia), Rome

Cuozzo, E. (1989), *'Quei maledetti normanni': cavalieri e organizzazione militare nel mezzogiorno normanno*, Naples

D'Alessandro, V. (1978), *Storiografia e politica nell'Italia normanna*, Naples

D'Alessandro, V. (1989), 'Servi e liberi', in *Uomo e ambiente nel Mezzogiorno normanno-svevo* (Centro di Studi Normanni-Svevi 8), Bari, pp. 293–318

Deér, J. (1959), *The Dynastic Porphyry Tombs of the Norman Period in Sicily*, Cambridge, MA

Deer, J. (1972), *Papsttum und Normannen*, Cologne

Enzenberger, H. (1980), 'Der "bose" und der "gute" Wilhelm: zur Kirchenpolitik der normannischen Konige von Sizilien nach dem Vertrag von Benevent (1156)', *DA* 36: 385–432

Enzenberger, H. (1981), 'Il documento regio come strumento di potere', in *Potere, società e popolo nell'età dei due Guglielmi* (Atti del Centro di Studi Normanno-Svevi 4), Bari, pp. 103–38

Falkenhausen, V. von (1987), 'Il popolamento: etnio, fedi, insediamenti', in *Terra e uomini nel Mezzogiorno normanno-svevo* (Atti del Centro di Studi Normanno-Svevi 7), Bari, pp. 39–73

Houben, H. (1992), 'Tra vocazione mediterranea e destino europeo: la politica estera di re Guglielmo II di Sicilia', in C. D. Fonseca, H. Houben and B. Vetere (eds.), *Unità politica e differenze regionali nel regno di Sicilia*, Galatina, pp. 119–33

Jamison, E. M. (1913), 'The Norman administration of Apulia and Capua, more especially under Roger II and William I, 1127–1166', *Papers of the British School at Rome* 6: 211–481; repr. as a separate monograph, Aalen, 1987

Jamison, E. M. (1929, 1930), 'The administration of the county of Molise in the twelfth and thirteenth centuries', *EHR* 44: 529–59; 45: 1–34

Jamison, E. M. (1957), *Admiral Eugenius of Sicily, his Life and Work*, London

Jamison, E. M. (1967), 'Iudex Tarantinus', *PBA* 53: 289–344

Jamison, E. M. (1971), 'Additional work on the Catalogus Baronum', *BISI* 83: 1–63

Johns, J. (1993), 'The Norman kings of Sicily and the Fatimid caliphate', *ANS* 15: 133–59

Kamp, N. (1980), 'Der unteritalienische Episkopat im Spannungsfeld zwischen monarchischer Kontrolle und römischer "libertas" von der Reichsgrundung Rogers II. bis zum Konkordat von Benevent', in *Società, potere e popolo nell'età di Ruggero II* (Atti del Centro di Studi Normanno-Svevi 3), Bari, pp. 99–132

Loewenthal, L. J. A. (1972), 'For the biography of Walter Ophamil, archbishop of Palermo', *EHR* 87: 75–82

Loud, G. A. (1981), 'The Norman counts of Caiazzo and the abbey of Montecassino', in *Monastica. I. Scritti raccolti in memoria del xv centario della nascita di S. Benedetto 480–1980* (Miscellanea Cassinese 44), Monte Cassino, pp. 199–217

Loud, G. A. (1982), 'Royal control of the church in the twelfth-century kingdom of Sicily', *Studies in Church History* 18: 147–59

Loud, G. A. (1983), 'The church, warfare and military organisation in Norman Italy', *Studies in Church History* 20: 31–45

Loud, G. A. (1985), *Church and Society in the Norman Principality of Capua, 1058–1197*, Oxford

Loud, G. A. (1987), 'The abbey of Cava, its property and benefactors in the Norman era', *ANS* 9: 143–77

Martin, J.-M. (1980), 'Les communautés d'habitants de la Pouille et leur rapports avec Roger II', in *Società, potere e popolo nell'età di Ruggero II* (Atti del Centro di Studi Normanno-Svevi 3), Bari, pp. 73–98

Martin, J.-M. (1987), 'Le travail agricole: rythmes, corvées, outillage', in *Terra e uomini nel Mezzogiorno normanno-svevo* (Atti del Centro di Studi Normanno-Svevi 7), Bari, pp. 113–57

Martin, J.-M. (1992), 'Les structures économiques du royaume à l'époque normande', in C. D. Fonseca, H. Houben and B. Vetere (eds.), *Unità politica e differenze regionali nel regno di Sicilia*, Galatina, pp. 85–104

Matthew, D. J. A. (1981), 'The chronicle of Romuald of Salerno', in R. H. C. Davis and J. M. Wallace-Hadrill (eds.), *The Writing of History in the Middle Ages: Essays Presented to Richard William Southern*, Oxford, pp. 239–74

Matthew, D. J. A. (1992), *The Norman Kingdom of Sicily*, Cambridge

Ménager, L.-R. (1960), *Amiratus-Αμερας: l'émirat et les origines de l'admirauté (XIe–XIIIe siècles)*, Paris

Ménager, L.-R. (1969), 'La législation sud-italienne sous la domination normande', *Settimane di Studio del Centro Italiano di Studi sull'Alto Medioevo* 16: 439–96

Norwich, J. J. (1970), *The Kingdom in the Sun*, London

Pacaut, M. (1981), 'Papauté, royauté et épiscopat dans le royaume de Sicile (deuxième moitié du XIIème siècle)', in *Potere, società e popolo nell'età dei due Guglielmi* (Atti del Centro di Studi Normanno-Svevi 4), Bari, pp. 31–61

Peri, I. (1978), *Uomoni, città e campagne in Sicilia dall'XI al XIII secolo*, Bari

Reisinger, C. (1992), *Tankred von Lecce: normannischer König von Sizilien*, Cologne

Rowe, J. G. (1969), 'Hadrian IV, the Byzantine empire and the Latin Orient', in L. Sandquist and M. Powicke (eds.), *Essays in Medieval History Presented to Bertie Wilkinson*, Toronto, pp. 3–16

Schaller, H. M. (1957), 'Die Kanzlei Kaiser Friedrichs II. Ihr Personal und ihr Sprachstil, I', *Archiv für Diplomatik* 3: 209–86

Schwarz, U. (1978), *Amalfi im frühen Mittelalter*, Tübingen

Takamaya, H. (1985), 'The financial and administrative organization of the Norman kingdom of Sicily', *Viator* 16: 129–55

Takamaya, H. (1989), '*Familiares regis* and the royal inner council in twelfth-century Sicily', *EHR* 104: 357–72

Takamaya, H. (1993), *The Administration of the Norman Kingdoms of Sicily*, Leiden

Tramontana, S. (1983), 'La monarchia normanna e sveva', in A. Guillou *et al.* (eds.), *Il Mezzogiorno dai Bizantini a Federico II*, Turin, pp. 447–768

White, L. T. (1938), *Latin Monasticism in Norman Sicily*, Cambridge, MA

Wieruszowski, H. (1963), 'Roger II of Sicily, Rex-Tyrannus in twelfth-century political thought', *Speculum* 38: 46–78

第十六章　12世纪的西班牙

Alonso, M. (ed.) (1943), *Diego García: Planeta*, Madrid

Alvárez Palenzuela, V. A. (1978), *Monasterios cistercienses en Castilla (siglos XII–XIII)*, Valladolid

d'Alverny, M. T. (1982), 'Translations and translators', in R. L. Benson and G. Constable (eds.), *Renaissance and Renewal in the Twelfth Century*, Oxford, pp. 421–62

Arvizu, F. de (1988), 'Las cortes de León de 1188 y sus decretos: un ensayo de crítica institucional', in *El reino de León en la alta edad media*, I: *Cortes, concilios y fueros*, León, pp. 11–141

Avalle, S. d'A. (1960), *Peire Vidae: Poesie*, Milan and Naples

Barrios García, A. (1983–4), *Estructuras agrarias y de poder en Castilla: el ejemplo de Avila (1085–1320)*, 2 vols., Salamanca

Barton, S. (1997), *The Aristocraey in Twelfth-Century León and Castile*, Cambridge

Beltrán de Heredia (1935), 'La universidad de Palencia. – Santo Domingo de Guzmán en Palencia. – San Pedro González Telmo', in *Semana 'Pro Ecclesia et Patria': conferencias pronunciadas en los dias 3 al 6 de septiembre de 1934 en el Salón de Actos del Seminario Conciliar de Palencia*, Palencia, pp. 215–43

Beltrán de Heredia (ed.) (1970), *Cartulario de la Universidad de Salamanca (1218–1600)*, I, Salamanca

Bishko, C. J. (1975), 'The Spanish and Portuguese reconquest, 1095–1492', in K. M. Setton (gen. ed.), *A History of the Crusades*, III, Madison, pp. 396–456

Bisson, T. N. (1977), 'The organized peace in southern France and Catalonia, ca. 1140–ca. 1233', *AHR* 82: 290–311

Bisson, T. N. (1984a), 'L'essor de la Catalogne: identité, pouvoir et idéologie dans une société du XIIe siècle', in *Annales ESC* 39: 454–79

Bisson, T. N. (1986), *The Medieval Crown of Aragón: A Short History*, Oxford

Bisson, T. N. (ed.) (1984b), *Fiscal Accounts of Catalonia under the Early Count-Kings (1151–1213)*, 2 vols., Berkeley

Blöcker-Walter, M. (1966), *Alfons I. von Portugal*, Zurich

Bonnassie, P. (1980), 'Du Rhône à la Galice: genèse et modalités du régimt féodale', in *Structures féodale et féodalisme dans l'Occident méditerranéen (Xe–XIIIe siècles): bilan et perspectives de recherches*, Rome, pp. 17–55

Cabestany, J.-F. (1960), 'Alfons el Cast', in P. E. Schramm *et al.* (eds.), *Els Primers Comtes-Reis*, Barcelona, pp. 57–104

Canal Sánchez-Pagin, J. M. (1980), '¿Crónica Silense o Crónica Domnis Sanctis?', *Cuadernos de Historia de España*, 63–4: 94–103

David, P. (1947), *Etudes historiques sur la Galice et le Portugal du VIe au XIIe siècle*, Lisbon and Paris

Defourneaux, M. (1949), *Les Français en Espagne aux XIe et XIIe siècles*, Paris

Dillard, H. (1984), *Daughters of the Reconquest: Women in Castilian Town Society 1100–1300*, Cambridge

Duggan, J. J. (1989), *The 'Cantar de mio Cid': poetic creation and its economic and social contexts*, Cambridge

Erdmann, C. (1928), *Das Papssttum und Portugal im ersten Jahrhundert der portugiesischen Geschichte* (Abhandlungen der Preußischen Akademie der Wissenschaften, phil.-hist. klasse 5), Berlin

Estepa Díez, C. (1988), 'Curia y cortes en el reino de León', in *Las cortes de Castilla y León en la edad media: actas de la primera etapa del congreso cientifico sobre la historia de las cortes de Castilla y León, Burgos 1986*, I, Valladolid, pp. 23–103

Feige, P. (1978), 'Die Anfänge des portugiesischen Königstums und seiner Landeskirche', *Spanische Forschungen der Görresgesellschaft* 29: 85–436

Ferreira, J. A. (1928), *Fastos episcopaes da Igreja primacial de Braga*, I, Famalição

Fletcher, R. A. (1984), *St James's Catapult: The Life and Times of Diego Gelmírez of Santiago de Compostela*, Oxford

Fletcher, R. A. (1987), 'Reconquest and crusade in Spain c.1050–1150', *TRHS* 5th series 37: 31–47

Forey, A. J. (1973), *The Templars in the 'Corona de Aragón'*, Oxford

Forey, A. J. (1980–1), 'The will of Alfonso I of Aragon and Navarre', *Durham University Journal* 73: 56–65

Freedman, P. H. (1983), *The Diocese of Vic: Tradition and Regeneration in Medieval Catalonia*, New Brunswick

García-Arenal, M. (1984), 'Los moros de Navarra en la baja edad media', in M. García-Arenal and B. Leroy (eds.), *Moros y judíos en Navarra en la baja edad media*, Madrid, pp. 11–139

García de Cortazar, J. A. (1990), *La sociedad rural el la España medieval*, 2nd edn, Madrid

García Gallo, A. (1945), 'El imperio medieval español', *Arbor* 4: 199–228

García Gallo, A. (1975), 'Los fueros de Toledo', *Anuario de Historia del Derecho Español* 45: 341–488

García y García, A. (1985), *Iglesia, sociedad y derecho*, 1, Salamanca

García Larragueta, S. A. (1957), *El Gran Priorado de Navarra de la orden de S. Juan de Jerusalén s.XII–XIII*, 2 vols., Pamplona

Gautier Dalché, J. (1979), *Historia urbana de León y Castilla en la edad media (siglos IX–XIII)*, Madrid

Gibbon, E. (1972), 'Outlines of the history of the world', in P. B. Craddock (ed.), *The English Essays of Edward Gibbon*, Oxford

Goñi Gaztambide, J. (1958), *Historia de la bula de la cruzada en España*, Vitoria

González, J. (1944), *Alfonso IX*, Madrid

González, J. (1960), *El reino de Castilla en la época de Alfonso VIII*, 3 vols., Madrid

Hehl, E. D. (1980), *Kirche und Krieg im 12. Jahrhundert: Studien zu kanonischem Recht und politischer Wirklichkeit*, Stuttgart

Herculano, A. (n.d.), *História de Portugal desde o começo da monarquia até a fim do reinado de D. Afonso III*, 8 vols., Lisbon

Hernández, F. J. (1985), 'Los mozárabes del siglo XII en la ciudad y la iglesia de Toledo', *Toletum* 16: 57–124

Hernández, F. J. (1988), 'Las cortes de Toledo de 1207', in *Las cortes de Castilla y León en la edad media: actas de la primera etapa del congreso científico sobre la historia de las cortes de Castilla y León, Burgos 1986*, 1, Valladolid, pp. 221–63

Hohler, C. (1972), 'A note on *Jacobus*', *Journal of the Warburg and Courtauld Institutes* 35: 31–80

Huici Miranda, A. (1956), *Las grandes batallas de la Reconquista durante las invasiones africanas*, Madrid

Lacarra, J. M. (1952), 'El rey Lobo de Murcia y la formación del señorío de Albarracín', in *Estudios dedicados a Menéndez Pidal*, III, Madrid, pp. 515–26

Lacarra, J. M. (1971), *Vida de Alfonso el Batallador*, Saragossa

Lacarra, J. M. (1972), *História política del reino de Navarra desde sus orígenes hasta su incorporación a Castilla*, 3 vols., Pamplona

Lacarra, J. M. (1976), *Historia del reino de Navarra en la edad media*, Pamplona

Le Tourneau, R. (1969), *The Almohad Movement in North Africa in the Twelfth and Thirteenth Centuries*, Princeton

Lindley Cintra, L. F. (1957), 'Sobre a formaèção e evolução da lenda de Ourique (até à Crónica de 1419)', in *Miscelànea de estudos em honra do prof. Hernàni Cidade*, Lisbon, pp. 168–215

Linehan, P. (1971), *The Spanish Church and the Papacy in the Thirteenth Century*, Cambridge

Linehan, P. (1980), 'The Synod of Segovia (1166)', *Bulletin of Medieval Canon Law* n.s. 10: 31–44

Linehan, P. (1993), *History and the Historians of Medieval Spain*, Oxford

Livermore, H. V. (1966), *A New History of Portugal*, Cambridge

Lomax, D. W. (1978), *The Reconquest of Spain*, London

Lomax, D. W. (1988), 'La conquista de Andalucía a través de la historiografía europea de la epoca', in E. Cabrera (ed.), *Andalucía entre Oriente y Occidente (1236–1492): actas del V coloquio internacional de historia medieval de Andalucía*, Cordoba, pp. 37–49

Lomax, D. W. (1989), 'Heresy and Orthodoxy in the fall of Almohad Spain', in D. W. Lomax and D. Mackenzie (eds.), *God and Man in Medieval Spain: Essays in Honour of J. R. L. Highfield*, Warminster, pp. 37–48

Lopes, D. (1941), 'O Cid português: Geraldo Sem Pavor', *Revista Portuguesa de História* 1: 93–104

Lourie, E. (1966), 'A society organized for war: medieval Spain', *PaP* 35: 54–76

Lourie, E. (1975), 'The will of Alfonso I, "El Batallador", king of Aragón and Navarre', *Speculum* 50: 635–51

Lourie, E. (1984–5), 'The will of Alfonso I of Aragon and Navarre: a reply to Dr Forey', *Durham University Journal* 77: 165–72

McCrank, L. J. (1983), 'The Cistercians of Poblet as medieval frontiersmen: an historiographic essay and case study', in *Estudios en homenaje a D. Claudio Sánchez-Albornoz en sus 90 años*, II, Buenos Aires, pp. 313–60

Maffei, D. (1990), 'Fra Cremona, Montpellier e Palencia nel secolo XII: ricerche su Ugolino da Sesso', *Rivista Internazionale di Diritto Comune* 1: 9–30

Maravall, J. A. (1964), *El concepto de España en la edad media*, Madrid

Marongiu, A. (1968), *Medieval Parliaments: A Comparative Study*, trans. S. J. Wolff, London

Martínez Díez, G. (1988), 'Curia y cortes en el reino de Castilla', in *Las cortes de Castilla y León en la edad media: actas de la primera etapa del congreso científico sobre la historia de las cortes de Castilla y León, Burgos 1986*, I, Valladolid, pp. 105–51

Mattoso, J. (1986), *Identificação de um país: ensaio sobre as origens de Portugal 1096–1325*, 2 vols., Lisbon

Menéndez Pidal, R. (1969), *La España del Cid*, 2 vols., Madrid

Michael, I. (1991), 'Per Abbat, ¿avtor o copista? Enfoque de la cuestión', in *Homenaje a Alonso Zamora Vicente*, III: *Literaturas medievales: Literatura españda de los Siglos XV–XVII*, I, Madrid, pp. 179–205

Miret y Sans, J. (1912), 'Le roi Louis VII et le compte de Barcelone à Jaca en 1155', *MA* 16: 289–300

Moxó, S. de (1979), *Repoblación y sociedad en la España cristiana medieval*, Madrid

O'Callaghan, J. F. (1975), *A History of Medieval Spain*, Ithaca

O'Callaghan, J. F. (1989), *The Cortes of Castile-León 1188–1350*, Philadelphia

Palacios-Martín, B. (1988), 'Investidura de armas de los reyes españoles en los siglos XII y XIII', in *Gladius*, tomo especial, pp. 153–92

Pallares Méndez, M. del C. and Portela Silva, E. (1971), *El Bajo valle del Miño en los siglos XII y XIII: economia agraria y estructura social*, Santiago de Compostela

Pastor de Togneri, R. (1973), *Conflictos sociales y estancamiento económico de la España medieval*, Barcelona

Pérez-Prendes y Muños de Arraco, J. M. (1988), 'La potestad legislativa en el reino de León', in *El reino de León en la alta edad media*, I: *Cortes, concilios y fueros*, León, pp. 497–545

Portela, E. (1985), 'Del Duero al Tajo', in J. M. García de Cortázar *et al.* (eds.), *Organización social del espacio en la España medieval: la corona de Castilla en los siglos VIII a XV*, Barcelona, pp. 86–122

Post, G. (1964), *Studies in Medieval Thought*, Princeton

Powers, J. F. (1979), 'Frontier municipal baths and social interaction in thirteenth-century Spain', *Speculum* 84: 649–67

Powers, J. F. (1988), *A Society Organized for War: The Iberian Municipal Militias in the Central Middle Ages, 1000–1284*, Berkeley

Procter, E. S. (1980), *Curia and Cortes in León and Castile 1072–1295*, Cambridge

Rassow, P. (1950), *Dev Prinzgemahl: Ein Pactum Matrimoniale ars dem Jahre 1188*, Weimar

Recuero Astray, M. (1979), *Alfonso VII, emperador: el Imperio Hispánico en el siglo XII*, León

Reilly, B. F. (1982), *The Kingdom of León-Castilla under Queen Urraca 1109–1126*, Princeton

Rico, F. (1985), 'La clericía del mester', *Hispanic Review* 53: 1–23, 127–50

Sáez, E. (ed.) (1953), *Los fueros de Sepúlveda*, Segovia

Sánchez Alonso, B. (1947), *Historia de la historiografía española*, I, Madrid

Sánchez Belda, L. (1951), 'Notas de diplomática: en torno a tres diplomas de Alfonso VII', *Hispania* II: 47–61

Serrão, J. V. (1979), *História de Portugal*, I: *Estado, pátria e nação (1080–1415)*, 2 vols., n.p.

Shideler, J. (1983), *A Medieval Catalan Noble Family: The Montcadas 1000–1230*, Berkeley

Smith, C. (1983), *The Making of the 'Poema de mio Cid'*, Cambridge

Soldevila, F. (1962), *Història de Catalunya*, I, Barcelona

Torres Balbás, L. (1954), *Algunos aspectos del mudejarismo urbano medieval*, Madrid

Valdeavellano, L. G. de (1968), *Historia de España*, 2 vols., Madrid

Valdeavellano, L. G. de (1969), *Orígenes de la burguesía en la España medieval*, Madrid

Vázquez de Parga, L., Lacarra, J. M. and Uría Ríu, J. (1948–9), *Las peregrinaciones a Santiago de Compostela*, 3 vols., Madrid

Vicens Vives, J. (1967), *Manual de historia económica de España*, Barcelona

Villanueva, J. (1851), *Viage literario a las iglesias de España*, XIX Madrid

Vones, L. (1980), *Die 'História Compostellana' und die Kirchenpolitik des nordwest-spanischen Raumes 1070–1130*, Cologne and Vienna

Wright, R. (1982), *Late Latin and Early Romance in Spain and Carolingian France*, Liverpool

第十七章（上） 从路易六世到菲利普二世的法兰克王国：王权和政府

Audouin, E. (1913), *Essai sur l'armée royale au temps de Philippe Auguste*, Paris

Baldwin, J. W. (1986), *The Government of Philip Augustus: Foundations of French Royal Power in the Middle Ages*, Berkeley; French edn Paris, 1991

Bautier, R.-H. (ed.) (1982), *La France de Philippe Auguste: le temps des mutations* (Colloques Internationaux du Centre National de la Recherche Scientifique 602), Paris

Bournazel, E. (1975), *Le Gouvernement capétien au XIIe siècle (1108–1180): structures sociales et mutations institutionnelles*, Limoges

Cartellieri, A. (1899–1922), *Philipp II. August, König von Frankreich*, 4 vols., Leipzig

Duby, G. (1973), *Le Dimanche de Bouvines* (Trente Journées qui ont fait la France), Paris

Dunbabin, J. (1985), *France in the Making, 843–1180*, Oxford

Hallam, E. M. (1980), *Capetian France, 987–1328*, London

Lewis, A. W. (1981), *Royal Succession in Capetian France: Studies on Familial Order and the State*, Cambridge, MA

Lot, F. and Fawtier, R. (1957–62), *Histoire des institutions Françaises au moyen âge*, 3 vols., Paris

Luchaire, A. (1890), *Louis le Gros: annales de sa vie et de son règne (1081–1137)*, Paris

Newman, W. M. (1937), *Le Domaine royal sous les premiers capétiens (987–1180)*, Paris

Pacaut, M. (1957), *Louis VII et les élections épiscopales dans le royaume de France*, (Bibliothèque de la Société Ecclesiastique de la France), Paris

Pacaut, M. (1964), *Louis VII et son royaume* (Bibliothèque Générale de l'Ecole Pratique des Hautes Etudes, VIe Section), Paris

Powicke, M. (1961), *Loss of Normandy, 1189–1204: Studies in the History of the Angevin Empire*, 2nd edn, Manchester

Schneidmuller, B. (1987), *Nomen Patriae: die Entstehung Frankreichs in der politisch-geographischen Terminologie (10.–13. Jahrhundert)* (Nationes: Historische und Philologische Untersuchungen zur Entstehung der Europäischen Nationen im Mittelalter 7), Sigmaringen

Schramm, P. E. (1960), *Der König von Frankreich: das Wesen der Monarchie vom 9. zum 16. Jahrhundert*, rev. edn, Darmstadt

第十七章（下） 从路易六世到菲利普二世的法兰克王国：领主权

Barthelémy, D. (1984), *Les Deux Ages de la seigneurie banale: Coucy (XIe–XIIIe siècles)*, Paris

Bisson, T. (1984), 'L'essor de la Catalogne: identité, pouvoir, et idéologie dans une société du XIIe siècle', *Annales ESC* 3: 454–479

Boutruche, R. (1970), *Seigneurie et féodalité*, II: *L'apogée (XIe–XIIIe siècles)*, Paris

Bur, M. (1977), *La Formation du comté de Champagne (v.950–v.1150)*, Nancy

Bur, M. (1983), 'L'image de la parenté chez les comtes de Champagne', *Annales ESC* 5: 1016–39

Bur, M. (1985), 'Remarques sur la formation des principautés en France (IXe–XIIIe siècles)', in *Centralismno y descentralization: modelos y procesos historicos en Francia y en España* (Comité Espanol de Ciencias Historicas), Madrid, pp. 215–32

Chédeville, A. and Tonnerre, N. Y. (1987), *La Bretagne féodale (XIe–XIIIe siècles)*, Rennes

Corbet, P. (1977), 'Les collégiales comtales en Champagne', *Annales de l'Est* 3: 195–241

Debord, A. (1987), *La Société laïque dans les pays de la Charente (Xe–XIIe siècles)*, Paris

Duby, G. (1973), *Hommes et structures du moyen âge: recueil d'articles*, Paris

Desportes, P. (1979), *Réims et les Rémois aux XIIIe et XIVe siècles*, Paris

Desportes, P. (1989), 'Les pairs de France et la couronne', *Revue Historique* 282: 305–40

Guyotjeannin, O. (1987), *Episcopus et comes: affirmation et déclin de la seigneurie épiscopale au nord du royaume de France, Beauvais-Noyon, Xe–début du XIIIe siècle*, Geneva and Paris

Lot, F. and Fawtier, R. (1957), *Histoire des institutions Françaises au moyen âge*, 1: *Institutions seigneuriales*, Paris

Musset, L. (1985), *Autour du pouvoir ducal normand* (Cahier des Annales de Normandie 17), Caen

Richard, J. (1954), *Les Ducs de Bourgogne et la formation du duché (XIe–XIVe siècles)*, Paris

Schneider, J. (1979), 'Le problème des principautés en France et dans l'empire (Xe–XVe siècles)', in *Principautés et territoires: actes du 103e congrès national des sociétés savantes, Nancy-Metz 1978*, Paris, pp. 9–39

Verhulst, A. (1967), 'Initiative comtale et développement économique en Flandre au XIIe siècle: le rôle de Thierry et de Philippe d'Alsace', in *Miscellanea in memoriam J. F. Niermeyer*, Groningen, pp. 227–40

Werner, K. F. (1978), 'Kingdom and principalities in twelfth century France', in T. Reuter (ed.), *The Medieval Nobility*, Amsterdam, pp. 243–90

第十八章　1137—1204年的英格兰与安茹领地

Alexander, J. W. (1970), 'The Becket controversy in recent historiography', *Journal of British History* 9: 1–26

Alexander, J. W. (1983), *Ranulph of Chester, a Relic of the Conquest*, Athens, GA

Alexander, J. W. (1985), 'A historiographical survey: Norman and Plantagenet kings since World War II', *Journal of British History* 24: 94–109

Altschul, M. (1965), *A Baronial Family in Medieval England: The Clares, 1217–1314*, Baltimore

Amt, E. M. (1988), 'Richard de Lucy, Henry II's Justiciar', *Medieval Prosopography* 9: 61–88

Amt, E. M. (1990), 'The Forest Regard of 1155', *Haskins Society Journal* 2: 189–95

Amt, E. M. (1991), 'The meaning of waste in the early Pipe Rolls of Henry II', *Economic History Review* 44: 239–48

Appleby, J. T. (1960), *King John of England*, London

Appleby, J. T. (1962a), *Henry II, the Vanquished King*, London

Appleby, J. T. (1962b), 'The monastic foundations of Henry II', *Catholic Historical Review* 48: 205–15

Appleby, J. T. (1965), *England without Richard*, London

Appleby, J. T. (1970), *The Troubled Reign of King Stephen*, New York

Avent, R. and Kenyon, J. (eds.) (1987), *Castles in Wales and the Marches*, Cardiff

Bachrach, B. (1978), 'The idea of the Angevin empire', *Albion* 10: 293–9

Bachrach, B. (1984), 'The Angevin tradition of family hostility', *Albion* 16: 111–30

Bachrach, B. (1985), 'Henry II and Angevin claims to the Saintonage', *Medieval Prosopography* 6: 23–45

Baldwin, J. (1986), *Philip II Augustus: Foundations of French Royal Power in the Middle Ages*, Berkeley and Los Angeles

Barber, R. (1964), *Henry Plantagenet*, London

Barlow, F. (1979), *The English Church 1066–1154*, London

Barlow, F. (1986), *Thomas Becket*, London

Barlow, F. (1988), *The Feudal Kingdom of England, 1042–1216*, 4th edn, London

Barrow, G. W. S. (1973), *The Kingdom of the Scots*, London

Barrow, G. W. S. (1980), *The Anglo-Norman Era in Scottish History*, Oxford

Barrow, G. W. S. (1981), *Kingship and Unity in Scotland, 1000–1306*, London

Barrow, G. W. S. (1985), *David of Scotland (1124–1153): The Balance of New and Old* (University of Reading, Stenton Lecture 1984), Reading

Bates, D. (1989), 'Normandy and England after 1066', *EHR* 104: 851–80

Bautier, R.-H. (1986), '"Empire Plantagenet" ou "Espace Plantagenet"?' *CCM* 29: 139–47

Beeler, J. H. (1956), 'Castles and strategy in Norman and early Angevin England', *Speculum* 31: 581–601

Beeler, J. H. (1966), *Warfare in England, 1066–1189*, Ithaca

Benjamin, R. (1986), 'The Angevin empire', *History Today* 36: 17–22

Benjamin, R. (1988), 'A forty-years war: Toulouse and the Plantagenets, 1156–1196', *Historical Research* 61: 270–85

Benton, J. F. (1967), 'The revenues of Louis VII', *Speculum* 42: 84–91

Bienvenu, J.-M. (1986), 'Aliénor d'Aquitaine et Fontevraud', *CCM* 29: 15–27

Bournazel, E. (1975), *Le Gouvernement capétien au XIIe siècle, 1108–1180*, Limoges

Boussard, J. (1938), *Le Comté d'Anjou sous Henri Plantagenet et ses fils (1151–1204)*, Paris

Boussard, J. (1945–6), 'Les mercenaries au XIIe siècle: Henri II Plantagenet et les origines de l'armée de métier', *BEC* 106: 189–224

Boussard, J. (1956), *Le Gouvernement d'Henri II Plantagenet*, Paris

Boussard, J. (1982), 'Philippe Auguste et les Plantagenets', in R.-H. Bautier (ed.), *La France de Philippe Auguste: le temps de mutation*, Paris, pp. 263–87

Brand, P. A. (1990), '"Multis vigiliis excogitatam et inventam": Henry II and the creation of the English common law', *Haskins Society Journal* 2: 197–222

Brooke, C. N. L. (1961), *From Alfred to Henry III, 871–1272*, London

Brooke, C. N. L. (1988), 'The marriage of Henry II and Eleanor of Aquitaine', *Historian* 20: 3–8

Brooke, Z. N. (1931), *The English Church and the Papacy from the Conquest to the Reign of King John*, Cambridge

Brooke, Z. N. and Brooke, C. N. L. (1946), 'Henry II, duke of Normandy and Aquitaine', *EHR* 61: 81–9

Brown, R. A. (1959), 'A list of castles, 1154–1216', *EHR* 74: 259–77

Brown, R. A. (1970), *English Castles*, revised edn, London

Brown, S. (1989), 'Military service and monetary reward in the eleventh and twelfth centuries', *History* 74: 20–38

Bradbury, J. (1990a), 'The early years of the reign of Stephen, 1135–1139', in D. Williams (ed.), *England in the Twelfth Century: Proceedings of the 1988 Harlaxton Symposium*, Woodbridge, pp. 17–30

Bradbury, J. (1990b), 'Geoffrey V of Anjou, count and knight', in C. Harper-Bill and R. Harvey (eds.), *The Ideal and Practice of Medieval Knighthood, III: Papers from the Fourth Strawberry Hill Conference 1988*, Woodbridge, pp. 21–38

Brundage, J. (1974), *Richard Lion Heart*, New York

Callahan, T. (1974a), 'The impact of anarchy on English monasticism, 1135–1154', *Albion* 6: 218–32

Callahan, T. (1974b), 'A re-evaluation of the anarchy of Stephen's reign, 1135–1154: the case of the Black Monks', *RBén* 84: 338–51

Callahan, T. (1974c), 'The renaissance of monastic bishops in England, 1135–1154', *Studia Monastica* 16: 55–67

Callahan, T. (1975), 'King Stephen and the Black Monks: abbatical elections during the anarchy', *RBén* 85: 348–57

Callahan, T. (1976a), 'The notion of anarchy in England, 1135–1154', *British Studies Monitor* 6: 23–35

Callahan, T. (1976b), 'Sinners and saintly retribution: the timely death of King Stephen's son Eustace', *Studia Monastica* 18: 109–17

Callahan, T. (1978), 'Ecclesiastical reparations and the soldiers of the anarchy', *Albion* 10: 300–11

Chaplais, P. (1973), 'Henry II's reissue of the canons of the Council of Lillebonne', *Journal of the Society of Archivists* 4: 627–32

Cheney, C. R. (1956), *From Becket to Langton*, Manchester

Cheney, C. R. (1967), *Hubert Walter*, London

Cheney, C. R. (1976), *Pope Innocent III and England*, Stuttgart

Cheney, M. G. (1981), *Roger Bishop of Worcester 1164–1179: An English Bishop in the Age of Becket*, Oxford

Chibnall, M. (1984), *The World of Orderic Vitalis*, Oxford

Chibnall, M. (1986), *Anglo-Norman England 1066–1166*, Oxford

Chibnall, M. (1988a), 'The Empress Matilda and Bec-Hellouin', *ANS* 10: 35–49

Chibnall, M. (1988b), 'The Empress Matilda and Church Reform', *TRHS* 5th series 38: 107–30

Chibnall, M. (1989), 'Orderic Vitalis on Castles', in C. Harper-Bill, C. J. Holdsworth and J. L. Nelson (eds.), *Studies in Medieval History Presented to R. Allen Brown*, Woodbridge, pp. 43–56

Chibnall, M. (1991), *The Empress Matilda: Queen Consort, Queen Mother and Lady of England*, Oxford

Christelow, S. E. (1990), 'All the king's men: prosopography and the Santa Barbara school', *Medieval Prosopography* 11: 1–15

Clanchy, M. T. (1983), *England and its Rulers, 1066–1272*, London

Corner, D. (1983), 'The "Gesta regis Henrici Secundi" and "Chronica" of Roger, Parson of Howden', *BIHR* 56: 126–44

Coulson, C. (1983), 'Fortress-policy in Capetian tradition and Angevin practice: aspects of the conquest of Normandy by Philip II Augustus', *ANS* 6: 12–38

Craig, M. A. (1977), 'A second daughter of Geoffrey of Brittany', *BIHR* 50: 112–15

Cronne, H. A. (1970), *The Reign of King Stephen: Anarchy in England*, London

Crouch, D. (1984), 'Oddities in the early history of the marcher lordship of Gower, 1107–1166', *Bulletin of the Board of Celtic Studies* 31: 133–42

Crouch, D. (1985), 'Robert, earl of Gloucester, and the daughter of Zelophehad', *JMH* 11: 227–43

Crouch, D. (1986), *The Beaumont Twins: The Roots and Branches of Power in the Twelfth Century*, Cambridge

Crouch, D. (1988a), 'Earl William of Gloucester and the end of anarchy: new evidence relating of the honor of Eudo Dapifer', *EHR* 103: 69–75

Crouch, D. (1988b), 'Strategies of lordship in Angevin England and the career of William Marshal', in C. Harper-Bill and R. Harvey (eds.), *The Ideals and Practice of Medieval Knighthood*, II: *Papers from the Third Strawberry Hill Conference*, Woodbridge, pp. 1–25

Crouch, D. (1990), *William Marshal: Court, Career and Chivalry in the Angevin Empire*, London

Dalton, P. (1990), 'William earl of York and royal authority in Yorkshire in the reign of Stephen', *Haskins Society Journal* 2: 155–65

Davies, R. R. (1987), *Conquest, Coexistence and Change in Wales, 1063–1415*, Oxford

Davis, H. W. C. (1903), 'The anarchy of King Stephen's reign', *EHR* 18: 630–41

Davis, R. H. C. (1960a), 'King Stephen and the earl of Chester revised', *EHR* 75: 654–60

Davis, R. H. C. (1960b), 'Treaty between William, earl of Gloucester, and Roger, earl of Hereford', in *A Medieval Miscellany for Doris Mary Stenton* (Pipe Roll Society, n.s. 36), London, pp. 141–2

Davis, R. H. C. (1964a), 'Geoffrey de Mandeville Reconsidered', *EHR* 79: 299–307

Davis, R. H. C. (1964b), 'What happened in Stephen's reign', *History* 49: 1–12

Davis, R. H. C. (1971), 'An unknown Coventry charter', *EHR* 86: 533–47

Davis, R. H. C. (1972), 'The College of St Martin's-Le-Grand and the anarchy, 1135–1154', *London Topographical Record*, 23: 9–26

Davis, R. H. C. (1990), *King Stephen*, 3rd edn, London

Douie, D. L. (1960), *Archbishop Geoffrey Plantagenet*, New York

Dunbabin, J. (1985), *France in the Making, 843–1180*, Oxford

Duggan, A. (1980), *Thomas Becket: A Textual History of his Letters*, Oxford

Duggan, C. (1966), 'Richard of Ilchester, royal servant and bishop', *TRHS* 5th series 16: 1–21

Duncan, A. A. M. (1975), *Scotland: The Making of the Kingdom*, Edinburgh

Eales, R. (1986), 'Local loyalties in Norman England: Kent in Stephen's reign', *ANS* 8: 88–108

Eales, R. (1990), 'Royal power and castles in Norman England', in C. Harper-Bill and R. Harvey (eds.), *The Ideals and Practice of Medieval Knighthood*, III: *Papers from the Fourth Strawberry Hill Conference*, Woodbridge, pp. 49–78

Elkins, S. K. (1988), *Holy Women of Twelfth Century England*, Chapel Hill, NC

English, B. (1979), *The Lords of Holderness, 1086–1260: A Study in Feudal Society*, Oxford

Eyton, R. W. (1878), *Court, Household and Itinerary of King Henry II*, London

Falls, J. S. (1978), 'Rannulf de Glanville's formative years, c.1120–1179: the family background and his ascent to the justiciarship', *Medieval Studies* 40: 312–27

Farmer, D. L. (1956), 'Some price fluctuations in Angevin England', *Economic History Review* 2nd series, 9: 34–43

Fawtier, R. (1960), *The Capetian Kings of France*, London

Flanagan, M. T. (1989), *Irish Society, Anglo-Norman Settlers, Angevin Kingship: Interaction in Ireland in the Late Twelfth Century*, Oxford

Foreville, R. (1943), *L'Eglise et la royauté en Angleterre sous Henri II Plantagenet (1154–1189)*, Paris

Foreville, R. (1989), 'Thomas Becket et la France capétienne', in C. Harper-Bill, C. J. Holdsworth and J. L. Nelson (eds.), *Studies in Medieval History Presented to R. Allen Brown*, Woodbridge, pp. 117–28

Frame, R. (1981), *Colonial Ireland, 1169–1369*, Dublin

Frame, R. (1989), 'England and Ireland, 1171–1399', in M. Jones and M. Vale (eds.), *England and her Neighbours, 1066–1453: Essays in Honour of Pierre Chaplais*, London, pp. 139–55

Frame, R. (1990), *The Political Development of the British Isles, 1100–1400*, Oxford

Franklin, M. (1990), 'The bishops of Winchester and the monastic revolution', *Anglo-Norman Studies* 12: 47–66

Gillingham, J. (1978), *Richard the Lionheart*, London

Gillingham, J. (1979), 'The unromantic death of Richard I', *Speculum* 54: 18–41

Gillingham, J. (1980), 'Richard I and Berengaria of Navarre', *BIHR* 53: 157–73

Gillingham, J. (1981), 'Some legends of Richard the Lionheart: their development and their influence', in *Riccardo Cuor di Leone nella storia e nella leggenda* (Accademia Nazionale dei Lincei. Problemi Attuali de Scienza e di Cultura, 253), pp. 35–50

Gillingham, J. (1984a), *The Angevin Empire*, London

Gillingham, J. (1984b), 'Richard I and the science of war in the middle ages', in J. Gillingham and J. C. Holt (eds.), *War and Government in the Middle Ages*, Woodbridge, pp. 78–91

Gillingham, J. (1985), 'The art of Kingship: Richard I, 1189–1199', *History Today* 35: 17–23

Gillingham, J. (1986), 'The fall of the Angevin empire', *History Today* 36: 30–5

Gillingham, J. (1989), 'War and chivalry in the history of William Marshal', in *Thirteenth Century England*, II: *Proceedings of the Newcastle-upon-Tyne Conference 1987*, Woodbridge, pp. 1–13

Gransden, A. (1974), *Historical Writing in England, c.550–c.1307*, London

Grant, L. (1988), 'The architecture of the early Savignacs and Cistercians in Normandy', *ANS* 10: 111–44

Green, J. (1981), 'The last century of Danegeld', *EHR* 96: 241–58

Green, J. (1986), *The Government of England under Henry I*, Cambridge

Green, J. (1988), 'King Henry I and the aristocracy of Normandy', in *La 'France anglaise' au moyen âge, actes du IIIe congrès national de sociétés savantes, Poitiers, 1986*, Paris, pp. 161–73

Green, J. (1989), 'Anglo-Scottish relations, 1066–1174', in M. Jones and M. Vale (eds.), *England and her Neighbours, 1066–1453: Essays in Honour of Pierre Chaplais*, London, pp. 53–72

Guilloreau, L. (1907), 'Aliénor de Bretagne: quelques details relatifs à sa captivité (1203–41)', *Revue de Bretagne* 37: 257–75, 326–36

Hallam, E. M. (1975), 'Henry II, Richard I, and Order of Grandmont', *JMH* 1: 165–86

Hallam, E. M. (1977), 'Henry II as a Founder of Monasteries', *JEH* 28: 113–32

Hallam, E. M. (1980), *Capetian France, 987–1328*, New York

Hallam, E. M. (1981), *Rural England, 1066–1348*, Glasgow

Hallam, E. M. (ed.) (1986), *The Plantagenet Chronicles*, London

Harper-Bill, C. (1989), 'The struggle for benefices in twelfth-century East Anglia', *ANS* 11: 113–32

Harper-Bill, C. and Harvey, R. (eds.) (1990), *The Ideal and Practice of Medieval Knighthood*, III: *Papers from the Fourth Strawberry Hill Conference 1988*, Woodbridge

Harvey, P. D. A. (1973), 'The English inflation of 1180–1220', *PaP* 61: 3–30

Haskins, C. H. (1918), *Norman Institutions*, Cambridge, MA

Hays, L. and Jones, E. D. (1990), 'Policy on the run: Henry II and Irish Sea diplomacy', *Journal of British Studies* 29: 293–316

Heiser, R. (1989), 'The royal *familiares* of King Richard I', *Medieval Prosopography* 10: 25–50

Heiser, R. (1990), 'The households of the justiciars of Richard I: an inquiry into the second level of medieval English government', *Haskins Society Journal* 2: 223–35

Heltzel, B. (1947), *Fair Rosamund* (Northwestern University Studies in Humanities 16), Evanston

Heslin, A. (1965), 'The coronation of the young king in 1170', *Studies in Church History* 2: 165–78

Hicks, S. (1979), 'The impact of William Clito upon the continental policies of Henry I of England', *Viator* 10: 1–21

Hill, B. (1968), *English Cistercian Monasteries and their Patrons in the Twelfth Century*, Urbana, IL.

Hill, R. (1989), 'The battle of Stockbridge, 1141?', in C. Harper-Bill, C. J. Holdsworth and J. L. Nelson (eds.), *Studies in Medieval History Presented to R. Allen Brown*, Woodbridge, pp. 173–8

Hillion, Y. (1985), 'La Bretagne et la rivalité Capetiens-Plantagenet: un exemple la duchesse Constance (1186–1202)', *Annales de Bretagne* 92: 111–44

Hollister, C. W. (1961), 'King John and the historians', *Journal of British Studies* 1: 1–19

Hollister, C. W. (1965), *The Military Organization of Norman England*, Oxford

Hollister, C. W. (1973), 'The misfortunes of the Mandevilles', *History* 58: 19–26

Hollister, C. W. (1974), 'Stephen's anarchy', *Albion* 6: 233–9

Hollister, C. W. (1975), 'The Anglo-Norman succession debate of 1126', *JMH* 1: 19–24

Hollister, C. W. (1976), 'Normandy, France and the Anglo-Norman regnum', *Speculum* 51: 202–42

Hollister, C. W. (1982), 'Recent trends in Anglo-Norman scholarship: the new political history', *Albion* 14: 254–7

Hollister, C. W. (1986), *Monarchy, Magnates and Institutions in the Anglo-Norman World*, London

Hollister, C. W. and Keefe, T. K. (1973), 'The making of the Angevin empire', *Journal of British Studies* 12: 1–25

Holt, J. C. (1961), *The Northerners: A Study in the Reign of King John*, Oxford

Holt, J. C. (1963), *King John* (Historical Association), London

Holt, J. C. (1972), 'Politics and property in early medieval England', *PaP* 57: 3–52

Holt, J. C. (1975), 'The end of the Anglo-Norman realm', *PBA* 61: 223–65

Holt, J. C. (1981), 'Richardus Rex Anglorum et Dux Normannorum', in *Riccardo Cuor di Leone nella storia e nella leggenda* (Accademia Nazionale dei Lincei. Problemi Attuali di Scienza e di Cultura, 253), pp. 17–33

Holt, J. C. (1984a), 'The loss of Normandy and royal finance', in J. Gillingham and J. C. Holt (eds.), *War and Government in the Middle Ages*, Woodbridge, pp. 92–105

Holt, J. C. (1984b), 'Patronage and politics', *TRHS* 5th series 34: 1–26

Holt, J. C. (1985), *Magna Carta and Medieval Government*, London

Holt, J. C. (1986), 'Aliénor d'Aquitaine, Jean sans Terre et la succession de 1199', *CCM* 29: 95–100

Holt, J. C. (1989), 'The acta of Henry II and Richard I of England, 1154–1199: the archive and its historical implications', in P. Ruck (ed.), *Fotografische Sammlungen mittelalterlicher Urkunden in Europa*, Sigmaringen, pp. 137–40

Holt, J. C. (1990), 'The *casus regis*: the law and politics of succession in the Plantagenet dominions, 1185–1247', in E. B. King and S. J. Ridyard (eds.), *Law in Medieval Life and Thought*, Sewannee, TN, pp. 21–42

Howell, M. (1962), *Regalian Right in Medieval England*, London

Hudson, J. (1990), 'Life-grants of land and the development of inheritance in Anglo-Norman England', *ANS* 12: 67–80

Ide, A. F. (1986), *Calendar of Death: Socio-Psychological Factors in Thomas of Canterbury's Attitude towards his Own Death*, Irving, TX

Johnston, R. C. (1976), 'The historicity of Jordan Fantosme's *Chronicle*', *JMH* 2: 135–57

Jolliffe, J. (1963), *Angevin Kingship*, 2nd edn, London

Jones, M. (1990), 'The Capetians and Brittany', *History* 63: 1–16

Jones, T. M. (1973), 'The generation gap of 1173–1174: the war between the two Henrys', *Albion* 5: 24–40

Jones, T. M. (1980), *War of the Generations: The Revolt of 1173–1174*, Ann Arbor, MI

Jordan, K. (1986), *Henry the Lion: A Biography*, trans. P. Falla, Oxford

Kealey, E. (1972), *Roger of Salisbury, Viceroy of England*, Berkeley and Los Angeles

Kealey, E. (1974), 'King Stephen: government and anarchy', *Albion* 6: 201–17

Keefe, T. K. (1974), 'Geoffrey Plantagenet's will and the Angevin succession', *Albion* 6: 266–74

Keefe, T. K. (1981), 'King Henry II and the earls: the Pipe Roll evidence', *Albion* 13: 191–222

Keefe, T. K. (1982), 'The 1165 levy for the army of Wales', *Notes and Queries* 29: 194–6

Keefe, T. K. (1983), *Feudal Assessments and the Political Community under Henry II and his Sons*, Berkeley and Los Angeles

Keefe, T. K. (1989), 'Counting those who count: a computer-assisted analysis of charter-witness lists and the itinerant court in the first year of the reign of King Richard I', *Haskins Society Journal* 1: 135–45

Keefe, T. K. (1990), 'Place–date distribution of royal charters and the historical geography of patronage strategies at the court of King Henry II Plantagenet', *Haskins Society Journal* 2: 179–88

Kelly, A. (1952), *Eleanor of Aquitaine and the Four Kings*, London

Kibler, W. W. (ed.) (1977), *Eleanor of Aquitaine: Patron and Politician*, Austin, TX

King, E. (1973), *Peterborough Abbey, 1086–1310: A Study in the Land Market*, Cambridge

King, E. (1974a), 'King Stephen and the Anglo-Norman aristocracy', *History* 59: 180–94

King, E. (1974b), 'The tenurial crisis of the early twelfth century', *PaP* 65: 110–17

King, E. (1980), 'Mountsorrel and its region in King Stephen's reign', *Huntingdon Library Quarterly* 44: 1–10

King, E. (1984), 'The anarchy of King Stephen's reign', *TRHS* 5th series 34: 133–53

King, E. (1985), 'Waleran, count of Meulan, earl of Worcester (1104–1166)', in D. E. Greenway, C. J. Holdsworth and J. E. Sayers (eds.), *Traditions and Change: Essays in Honour of Marjorie Chibnall Presented by her Friends on the Occasion of her Seventieth Birthday*, Cambridge, pp. 165–82

King, E. (1988), *Medieval England*, Oxford

King, E. (1990), 'The foundation of Pipewell Abbey, Northamptonshire', *Haskins Society Journal* 2: 167–77

Knowles, D. (1951), *The Episcopal Colleagues of Archbishop Thomas Becket*, Cambridge

Knowles, D. (1966), *The Monastic Order in England*, 2nd edn, Cambridge

Knowles, D. (1970), *Thomas Becket*, Stanford

Labande, E.-R. (1952), 'Pour une image véridique d'Aliénor d'Aquitaine', *Bulletin de la Société des Antiquaires de l'Ouest* 4.11: 173–233

Labande, E.-R. (1986), 'Les filles d'Aliénor d'Aquitaine: étude comparative', *CCM* 29: 101–12

Lalley, J. E. (1976), 'Secular patronage at the court of King Henry II', *BIHR* 49: 159–84

Latimer, P. (1986), 'Grants of *totus comitatus* in twelfth century England: their origins and meaning', *BIHR* 59: 137–45

Latimer, P. (1989), 'Henry II's campaign against the Welsh in 1165', *Welsh History Review* 14: 523–52

Leach, H. G. (1921), *Angevin Britain and Scandinavia*, Cambridge, MA

Legge, M. D. (1982), 'William Marshal and Arthur of Brittany', *BIHR* 55: 18–24

Leedom, J. W. (1974), 'William of Malmesbury and Robert of Gloucester reconsidered', *Albion* 6: 251–63

Leedom, J. W. (1980), 'The English settlement of 1153', *History* 65: 347–64

Le Maho, J. (1976), 'L'apparition de seigneuries châtelaines dans le Grand-Caux à l'époque ducal', *Archéologie Médiévale* 6: 8–148

Lemarignier, J.-F. (1965), *Le Gouvernement royal aux premiers temps capétiens*, Paris

Le Patourel, J. (1965), 'The Plantagenet dominions', *History* 50: 289–308

Le Patourel, J. (1973), 'What did not happen in King Stephen's reign', *History* 67: 1–17

Le Patourel, J. (1976), *The Norman Empire*, Oxford

Le Patourel, J. (1978), 'The Norman Conquest, 1066, 1106, 1154?', *ANS* 1: 103–20, 216–20

Le Patourel, J. (1984), 'Angevin succession and the Angevin empire', in *Feudal Empires: Norman and Plantagenet*, London, art. IX: 1–17

Lewis, A. (1981), *Royal Succession in Capetian France: Studies in Familial Order and the State*, Cambridge, MA

Leyser, K. (1975), 'Frederick Barbarossa, Henry II and the hand of St James', *EHR* 90: 489–95

Lyon, B. (1989), 'Henry II: a non-Victorian interpretation', in J. S. Hamilton *et al.* (eds.), *Documenting the Past: Essays in Medieval History Presented to George Peddy Cuttino*, Woodbridge, pp. 21–31

Lyttelton, G. (1769–73), *History of the Life of King Henry II*, 3rd edn, 6 vols., London

McGurk, J. (1973), 'Henry II and the revolts of 1173', *History Today* 23: 280–9

Mack, R. P. (1966), 'Stephen and the anarchy 1135–1154', *British Numismatic Journal* 35: 38–112

Maple, J. T. (1989), 'Anglo-Norman Conquest of Ireland and the Irish economy: stagnation or stimulation?', *Historian* 52: 61–81

Martindale, J. (1989), 'Succession and politics in the Romance-speaking world, c.1000–1140', in M. Jones and M. Vale (eds.), *England and her Neighbours, 1066–1453: Essays in Honour of Pierre Chaplais*, London, pp. 19–41

Mason, E. (1976), 'The Mauduits and their chamberlainship of the Exchequer', *BIHR* 49: 1–23

Mason, E. (1980), 'The king, the chamberlain and Southwark Priory', *BIHR* 53: 1–10

Matthew, D. J. A. (1962), *The Norman Monasteries and their English Possessions*, London

Mayr-Harting. H. (1963), 'Hilary, bishop of Chichester and Henry II', *EHR* 78: 209–24

Megaw, I. (1949), 'The ecclesiastical policy of Stephen, 1135–1139: a reinterpretation', in H. A. Cronne *et al.* (eds.), *Essays in British and Irish History in Honour of James Eadie Todd*, London, pp. 24–46

Meisel, J. (1980), *Barons of the Welsh Frontier: The Corbet, Pantulf and Fitz Warin Families, 1066–1272*, Lincoln, NB

Miller, E. (1951), *The Abbey and Bishopric of Ely*, Cambridge

Miller, E. (1971), 'The English economy in the 12th and 13th centuries: an economic contrast', *Economic History Review* 2nd series, 24: 1–14

Miller, E. and Hatcher, J. (1978), *Medieval England: Rural Society and Economic Change, 1086–1348*, London

Mitchell, S. K. (1914), *Studies in Taxation under John and Henry III*, New Haven

Mitchell, S. K. (1951), *Taxation in Medieval England*, ed. S. Painter, New Haven

Moore, O. H. (1925a), 'Bertran de Born et le jeune roi', *Romania* 51: 46–75

Moore, O. H. (1925b), *The Young King Henry Plantagenet, 1155–1183*, Columbus, OH

Morey, A. (1937), *Bartholomew of Exeter, Bishop and Canonist: A Study in the Twelfth Century*, Cambridge

Mortimer, R. (1978), 'Religious and secular motives for some English monastic foundations', *Studies in Church History* 9: 77–85

Mortimer, R. (1981a), 'The family of Rannulf de Glanville', *BIHR* 54: 1–16

Mortimer, R. (1981b), 'The beginnings of the honour of Clare', *ANS* 3: 119–41

Mortimer, R. (1986), 'Land and service: the tenants of the honour of Clare', *ANS* 8: 177–97

Mortimer, R. (1990), 'The charters of Henry II: what are the criteria for authenticity', *ANS* 12: 119–34

Musset, L. (1986), 'Y-eut-il une aristocratie d'affaires commune aux grandes villes de Normandie et d'Angleterre entre 1066 et 1204?', *Etudes Normandes* 35: 7–19

Musset, L. (1988), 'Les études d'histoire en Normandie (1951–1988). II – La Normandie du Viéme siècle à 1204', *Annales de Normandie* 38: 373–91

Musset, L. (ed.) (1985), *Autour du pouvoir ducal Normande Xe–XIIe siecles*, Caen

Nicholl, D. (1964), *Thurstan, Archbishop of York (1114–1140)*, London

Norgate, K. (1887), *England under the Angevin Kings*, 2 vols., London

Norgate, K. (1900), 'The alleged condemnation of King John by the court of France in 1202', *TRHS* 2nd series, 14: 53–67

Norgate, K. (1902), *John Lackland*, New York

Norgate, K. (1924), *Richard the Lionheart*, London

Nortier, M. (1970), 'Le comté de Mortain au début du XIIIe siècle', in *Mélanges d'histoire normande dédiées à René Jouanne* (numero spécial du *Pays bas-normand*), Flers, pp. 225–35

Nortier, M. and Baldwin, J. W. (1990), 'Contributions à l'étude des finances de Philippe Auguste', *BEC* 138: 5–33

Pacaut, M. (1964), *Louis VII and son royaume*, Paris

Pain, N. (1978), *Empress Matilda*, London

Painter, S. (1933), *William Marshal*, Baltimore

Painter, S. (1943), *Studies in the History of the English Feudal Barony*, Baltimore

Painter, S. (1949), *The Reign of King John*, Baltimore

Painter, S. (1961), *Feudalism and Liberty*, ed. F. A. Cazel, Baltimore

Painter, S. and Cazel, F. (1952), 'The marriage of Isabella of Angoulême', *EHR* 67: 233–5

Patterson, R. (1965), 'William of Malmesbury's Robert of Gloucester: a reevaluation of the *Historia novella*', *AHR* 70: 983–7

Patterson, R. (1968), 'Stephen's Shaftesbury charter: another case against William of Malmesbury', *Speculum* 43: 487–92

Patterson, R. (1972), 'An un-edited charter of Henry fitz Empress and Earl William of Gloucester's comital status', *EHR* 87: 755–7

Patterson, R. (1974), 'Anarchy in England, 1135–1154: the theory of the constitution', *Albion* 6: 190–200

Patterson, R. (1990), 'Robert Fitz Harding of Bristol: profile of an early Angevin burgess-baron patrician and his family's urban involvement', *Haskins Society Journal* 1: 109–22

Patterson, R. (1991), 'Bristol: an Angevin baronial capital under royal siege', *Haskins Society Journal* 3: 171–81

Pernoud, R. (1967), *Eleanor of Aquitaine*, London

Petit-Dutaillis, C. (1933), *La Monarchie féodale en France et en Angleterre*, Paris

Pocquet du Haut-Jusse, B.-A. (1946), 'Les Plantagenets et la Bretagne', *Annales de Bretagne* 53: 1–27

Poole, A. L. (1940), 'Livestock prices in the twelfth century', *EHR* 55: 284–95

Poole, A. L. (1955), *From Domesday Book to Magna Carta 1087–1216*, 2nd edn, Oxford

Poole, R. L. (1912), *The Exchequer in the Twelfth Century*, Oxford

Pounds, N. J. G. (1990), *The Medieval Castle in England and Wales: A Political and Social History*, Cambridge

Powicke, F. M. (1928), *Stephen Langton*, Oxford

Powicke, F. M. (1961), *The Loss of Normandy*, 2nd edn, Manchester

Prestwich, J. O. (1981), 'Richard Cœur de Lion: rex bellicosus', in *Riccardo Cuor di Leone nella storia e nella leggenda* (Accademia Nazionale dei Lincei. Problemi Attuali di Scienza e di Cultura, 253), pp. 3–15

Prestwich, J. O. (1988), 'The treason of Geoffrey de Mandeville', *EHR* 103: 283–312, 960–7 (see pp. 313–17, 967–8 for R. H. C. Davis's reply)

Ramsey, J. H. (1898), *The Foundations of England*, 2 vols., London

Ramsey, J. H. (1903), *The Angevin Empire 1154–1216*, London

Renouard, Y. (1945), 'Essai sur le rôle de l'empire Angevin dans formation de la France', *Revue Historique* 195: 289–304

Richard, A. (1903), *Histoire de comtes de Poitou, 778–1204*, 2 vols., Paris

Richardson, H. G. (1932), 'William of Ely the king's treasurer, 1195–1215', *TRHS* 4th series 15: 45–90

Richardson, H. G. (1946), 'The marriage and coronation of Isabelle of Angouleme', *EHR* 61: 289–314

Richardson, H. G. (1950), 'King John and Isabelle of Angouleme', *EHR* 65: 360–71

Richardson, H. G. (1960), *The English Jewry under the Angevin Kings*, London

Richardson, H. G. and Sayles, G. O. (1963), *The Governance of Medieval England from the Conquest to Magna Carta*, Edinburgh

Ritchie, R. L. G. (1954), *The Normans in Scotland*, Edinburgh

Roderick, A. J. (1952), 'The feudal relations between the English crown and Welsh princes', *History* 37: 201–12

Round, J. H. (1892), *Geoffrey de Mandeville: A Study of the Anarchy*, London

Round, J. H. (1895), *Feudal England*, London

Rowley, T. (1983), *The Norman Heritage, 1066–1200*, London

Russel, J. (1970), 'Rannulf de Glanville', *Speculum* 45: 69–79

Saltman, A. (1956), *Theobald, Archbishop of Canterbury*, London

Scammel, G. V. (1956), *Hugh du Puiset, Bishop of Durham*, Cambridge

Schnith, K. (1976), 'Regni et pacis inquietatrix', *JMH* 2: 135–58

Schriber, C. (1990), *Arnulf of Lisieux: The Dilemmas of a Twelfth Century Norman Bishop*, Bloomington, IN

Shaw, I. P. (1950–1), 'The ecclesiastical policy of Henry II on the continent', *Church Quarterly Review* 151: 137–55

Southern, R. W. (1966), *Saint Anselm and his Biographery*, Cambridge; new edn 1990

Southern, R. W. (1970a), *Medieval Humanism and Other Studies*, Oxford

Southern, R. W. (1970b), *Western Society and the Church in the Middle Ages*, London

Spear, D. S. (1982), 'The Norman empire and the secular clergy', *Journal of British Studies* 21: 1–10

Spear, D. S. (1983), 'Les doyens du chapitre cathédrale de Rouen durant la période ducale', *Annales de Normandie* 33: 91–119

Spear, D. S. (1984a), 'Les archidiacres de Rouen au cours de la période ducale', *Annales de Normandie* 34: 15–50

Spear, D. S. (1984b), 'Membership in the Norman cathedral chapters during the ducal period: some preliminary findings', *Medieval Prosopography* 5: 1–18

Spear, D. S. (1987), 'Les dignitaires de la cathédrale de Rouen pendant la période ducale', *Annales de Normandie* 37: 129–33

Spear, D. S. (1991), 'Les chanoines de la cathédrale de Rouen pendant la période ducale', *Annales de Normandie* 41: 135–76

Spufford, P. (1986), *Money and its Uses in Medieval Europe*, Cambridge

Stalley, R. A. (1971), 'A twelfth-century patron of architecture: a study of the buildings erected by Roger, bishop of Salisbury, 1102–1139', *Journal of the British Archaeological Association* (3) 34: 62–82

Stenton, D. M. (1958), 'King John and the courts of Justice', *PBA* 44: 103–28

Stenton, D. M. (1962), *English Society in the Early Middle Ages*, 3rd edn, London

Stenton, D. M. (1965), *English Justice between the Norman Conquest and the Great Charter*, London

Stenton, F. M. (1961), *The first century of English feudalism 1066–1166*, 2nd edn, Oxford

Strickland, M. (1990), 'Securing the north: invasion and the strategy of defence in twelfth-century Anglo-Scottish warfare', *ANS* 12: 175–98

Stringer, K. (1985), *Earl David of Huntingdon, 1152–1219*, Edinburgh

Thomson, R. M. (1987), *William of Malmesbury*, Woodbridge

Thorpe, L. (1978), 'Walter Map and Gerald of Wales', *Medium Aevum* 47: 6–21

Turner, R. V. (1985), *The English Judiciary in the Age of Glanville and Bracton*, Cambridge

Turner, R. V. (1986), 'Les contacts entre l'Angleterre Normanno-Angevine et la Sicile Normande', *Etudes Normandes* 35: 39–60

Turner, R. V. (1988a), 'Eleanor of Aquitaine and her children: an inquiry in medieval family attachment', *JMH* 14: 21–35

Turner, R. V. (1988b), *Men Raised from the Dust: Administrative Service and Upward Mobility in Angevin England*, Philadelphia

Turner, R. V. (1989), 'The Mandeville inheritance, 1189–1236: its legal, political and social context', *Haskins Society Journal* 1: 147–72

Turner, R. V. (1990), 'Changing perceptions of the new administrative class in Anglo-Norman and Angevin England: the *curiales* and their conservative critics', *Journal of British Studies* 29: 93–117

Ullmann, W. (1979), 'Arthur's homage to King John', *EHR* 94: 356–64

Valin, L. (1909), *Le Duc de Normandie et sa cour (912–1204): étude d'histoire juridique*, Paris

Walker, D. (1958), 'Miles of Gloucester, earl of Hereford', in *Transactions of the Bristol and Gloucester Archaeological Society* 77: 66–84

Walker, D. (1983), 'Crown and episcopacy under the Normans and the Angevins', *ANS* 5: 220–33

Ward, J. C. (1989), 'Royal service and reward: the Clare family and the crown, 1066–1154', *ANS* 11: 261–78

Wardrop, J. (1987), *Fountains Abbey and its Benefactors, 1132–1300*, Kalamazoo, MI

Warren, W. L. (1957), 'What was wrong with King John?', *History Today* 7: 806–12

Warren, W. L. (1961), *King John*, Berkeley and Los Angeles; repr. 1978

Warren, W. L. (1969), 'The interpretation of twelfth-century Irish history', *Historical Studies* 7: 1–19

Warren, W. L. (1973), *Henry II*, Berkeley and Los Angeles

Warren, W. L. (1976), 'John in Ireland in 1185', in J. A. Bossy and P. J. Jupp (eds.), *Essays Presented to Michael Roberts*, Belfast, pp. 11–23

Warren, W. L. (1981), 'King John and Ireland', in J. Lyon (ed.), *England and Ireland in the Later Middle Ages: Essays in Honour of Jocelyn Otway-Ruthven*, Dublin, pp. 26–42

Warren, W. L. (1987), *The Governance of Norman and Angevin England*, Stanford

White, G. H. (1948), 'The household of the Norman kings', *TRHS* 3rd series 30: 127–56

White, G. J. (1974), 'The restoration of order in England, 1153–1165', University of Cambridge, PhD thesis

White, G. J. (1976), 'King Stephen, Duke Henry, and Ranulf de Gernons, earl of Chester', *EHR* 91: 555–65

White, G. J. (1985), 'The devastated midlands? The remissions for "waste" in the Danegeld accounts of 1156', *Midland History* 10: 26–46

White, G. J. (1990), 'The end of Stephen's reign', *History* 75: 3–22

Wightman, W. E. (1966), *The Lacy Family in England and Normandy*, Oxford

Yoshitake, K. (1988a), 'The arrest of the bishops in 1139 and its consequences', *JMH* 14: 97–114

Yoshitake, K. (1988b), 'The Exchequer in the reign of King Stephen', *EHR* 103: 950–9

Young, A. (1979), *William Cumin: Border Politics and the Bishopric of Durham 1141–1144* (University of York, Borthwick Papers, no. 54), York

Young, C. (1968), *Hubert Walter, Lord of Canterbury and Lord of England*, Durham, NC

Young, C. (1979), *The Royal Forests of Medieval England*, Philadelphia

Yver, J. (1955–6), 'Les châteaux forts en Normandie jusqu'au milieu du XIIe siècle: contribution a l'étude du pouvoir ducal', *Bulletin de la Société des Antiquaires de Normandie* 54: 78–115

第十九章　12世纪的苏格兰、威尔士与爱尔兰
苏格兰

通史

Anderson, A. O. (1963), 'Anglo-Scottish relations from Constantine II to William I', *Scottish Historical Review* 42: 1–20

Barrell, A. D. M. (2000), *Medieval Scotland*, Cambridge

Barrow, G. W. S. (1973), *The Kingdom of the Scots*, London

Barrow, G. W. S. (1980), *The Anglo-Norman Era in Scottish History*, Oxford

Barrow, G. W. S. (1981), *Kingship and Unity, Scotland 1000–1306*, Edinburgh; 2nd edn 1989

Barrow, G. W. S. (1992), *Scotland and its Neighbours in the Middle Ages*, London

Barrow, G. W. S. (1994), 'The Scots and the North of England', in E. King (ed.), *The Anarchy of King Stephen's Reign*, Oxford, pp. 231–53

Broun, D. (1998), 'Defining Scotland and the Scots before the Wars of Independence', in D. Broun *et al.* (eds.), *Image and Identity: The Making and Remaking of Scotland through the Ages*, Edinburgh, pp. 4–17

Broun, D. (1999), *The Irish Identity of the Kingdom of the Scots in the Twelfth and Thirteenth Centuries*, Woodbridge

Clapperton, C. M. (ed.) (1983), *Scotland: A New Study*, Newton Abbot

Cowan, E. J. and McDonald, R. A. (eds.) (2000), *Alba: Celtic Scotland in the Middle Ages*, East Linton

Davies, R. R. (1990), *Domination and Conquest: The Experience of Ireland, Scotland and Wales 1100–1300*, Cambridge

Dodgshon, R. A. (1981), *Land and Society in Early Scotland*, Oxford

Duffy, S. (1999), 'The Anglo-Norman era in Scotland: convergence and diversity', in T. M. Devine and J. F. McMillan (eds.), *Celebrating Columba – Irish–Scottish Connections 597–1997*, Edinburgh, pp. 15–34

Duffy, S. (2000), 'Ireland and Scotland, 1014–1169: contacts and caveats', in A. P. Smyth (ed.), *Seanchas*, Dublin, pp. 348–56

Duncan, A. A. M. (1975), *The Making of the Kingdom*, Edinburgh

Frame, R. (1990), *The Political Development of the British Isles 1100–1400*, Oxford; rev. edn 1995

MacKie, E. W. (1975), *Scotland: An Archaeological Guide*, London

McNeill, P., MacQueen, H. L. and Nicholson, R. (1975), *An Historical Atlas of Scotland c. 400–1600*, St Andrews; new edn as *Atlas of Scottish History to 1707*, Edinburgh, 1996

Ritchie, R. L. G. (1954), *The Normans in Scotland*, Edinburgh

Smith, B. (ed.) (1999), *Britain and Ireland 900–1300: Insular Responses to Medieval European Change*, Cambridge

Webster, B. (1997), *Medieval Scotland: The Making of an Identity*, Basingstoke

Whittington, G. and Whyte, I. D. (eds.) (1983), *An Historical Geography of Scotland*, London

苏格兰的斯堪的纳维亚人

Batey, C. E., Jesch, J. and Morris, C. D. (eds.) (1995), *The Viking Age in Caithness, Orkney and the North Atlantic*, Edinburgh

Crawford, B. E. (1987), *Scandinavian Scotland*, Leicester

McDonald, R. A. (1997), *The Kingdom of the Isles: Scotland's Western Seaboard in the Central Middle Ages c. 1100–1336*, East Linton

Power, R. (1986), 'Magnus Barelegs' expeditions to the West', *Scottish Historical Review* 65: 107–32

苏格兰的诺曼人

Aird, W. (1994), 'St Cuthbert, the Scots and the Normans', *ANS* 16: 1–20

Barrow, G. W. S. (1994), 'The kings of Scotland and Durham', in D. Rollason, M. Harvey and M. Prestwich (eds.), *Anglo-Norman Durham 1093–1193*, Woodbridge, pp. 311–23

Green, J. (1990), 'Aristocratic loyalties on the northern frontier of England c. 1100–1174', in D. Williams (ed.), *England in the Twelfth Century*, Woodbridge, pp. 83–100

Kapelle, W. (1979), *The Norman Conquest of the North. The region and its transformation 1000–1135*, London

Oram, R. D. (1991), 'Fergus, Galloway and the Scots', in R. D. Oram and G. P. Stell (eds.), *Galloway, Land and Lordship*, Edinburgh, pp. 117–30

Oram, R. D. and Stell, G. (1991), *Galloway, Land and Lordship*, Edinburgh

Sellar, W. D. H. (1966), 'The origins and ancestry of Somerled', *Scottish Historical Review* 45: 123–42

Stringer, K. J. (1997), 'State-building in twelfth-century Britain: David I, king of Scots, and northern England', in J. C. Appleby and P. Dalton (eds.), *Government, Religion and Society in Northern England*, Stroud, pp. 40–62

继承权和政治

Barrow, G. W. S. (1975), 'Macbeth and other mormaers of Moray', in *The Hub of the Highlands* (Inverness Field Club centenary volume 1875–1975), Inverness, pp. 109–22

Brooke, D. (1994), *Wild Men and Holy Places: St Ninian, Whithorn and the Medieval Realm of Galloway*, Edinburgh

Broun, D. (1999), *The Irish Identity of the Kingdom of the Scots*, Woodbridge and Rochester, NY

Crawford, B. E. (1976–7), 'The earldom of Caithness and the kingdom of Scotland', *Northern Scotland* 2: 97–117

Davies, W. (1993), 'Celtic kingships in the early middle ages', in A. Duggan (ed.), *Kings and Kingship in Medieval Europe* (Kings College London Medieval Studies 10), London, pp. 101–24

Duncan, A. A. M. and Brown, A. L. (1957–7), 'Argyll and the Isles in the earlier middle ages', *Proceedings of the Society of Antiquaries in Scotland* 90: 192–220

Hudson, B. T. (1994), *Kings of Celtic Scotland*, Wesport, CT, and London

Owen, D. D. R. (1997), *William the Lion 1143–1214*, East Linton

Stringer, K. (1993), 'Periphery and core: Alan of Galloway', in A. Grant and K. Stringer (eds.), *Medieval Scotland*, Edinburgh, pp. 82–113

Wormald, P. (1986), 'Celtic and Anglo-Saxon kingship', in P. E. Szarmach and V. D. Oggins (eds.), *Sources of Anglo-Saxon Culture*, Kalamazoo, MI, pp. 151–83

政府

Anderson, M. O. (1980), *Kings and Kingship in Early Scotland*, 2nd edn, Edinburgh

Barrow, G. W. S. (1981), 'Popular courts in early medieval Scotland', *Scottish Studies* 25: 1–24

Barrow, G. W. S. (1988–9), 'Badenoch and Strathspey, 1130–1312', *Northern Scotland* 9: 1–16

Grant, A. (1993), 'Thanes and thanages from the eleventh to the fourteenth centuries', in A. Grant and K. Stringer (eds.), *Medieval Scotland*, Edinburgh, pp. 39–81

Grant, A. (2000), 'The construction of the early Scottish state', in J. Maddicott and D. Palliser (eds.), *The Medieval State: Essays Presented to James Campbell*, London, pp. 47–71

苏格兰人和外来者；贵族

Anderson, A. O. (1963), 'Anglo-Scottish relations from Constantine II to William', *Scottish Historical Review* 41: 1–20

Bannerman, J. (1990), 'The Scots language and the kin-based society', in D. S. Thomson (ed.), *Gaelic and Scots in Harmony*, Glasgow, pp. 1–19

Barrow, G. W. S. (1992), 'The Lost Gàidhealtachd', in G. W. S. Barrow, *Scotland and its neighbours*, London, pp. 105–26

Jackson, K. (1972), *The Gaelic notes in the Book of Deer*, Cambridge

Reid, N. H. (1990), *Scotland in the reign of Alexander III*, Edinburgh

Strickland, M. (1989), 'Securing the North: invasion and the strategy of defence in twelfth-century Anglo-Scottish warfare', *ANS* 12: 177–98

Stringer, K. (ed.) (1985a), *Earl David of Huntingdon*, Edinburgh

Stringer, K. (ed.) (1985b), *Essays on the Nobility of Medieval Scotland*, Edinburgh

Young, A. (1997), *Robert the Bruce's Rivals: The Comyns 1212–1314*, East Linton

土地和定居

Baker, A. R. H. and Butlin, R. A. (eds.) (1973), *Studies in Field Systems in the British Isles*, Cambridge

Dodgshon, R. A. (1981), *Land and Society in Early Scotland*, Oxford

Oram, R. D. (1993), 'A family business? Colonisation and settlement in twelfth and thirteenth century Galloway', *Scottish Historical Review* 72: 111–45

Parry, M. L. and Slater, T. R. (1980), *The Making of the Scottish Countryside*, London

Whyte, I. D. (1995), *Scotland before the Industrial Revolution*, London and New York

自治城市

Dicks, B. (1983), 'The Scottish medieval town: a search for origins', in G. Gordon and B. Dicks (eds.), *Scottish Urban History*, Aberdeen, pp. 23–51

Lynch, M. *et al.* (eds.) (1988), *The Scottish Medieval Town*, Edinburgh

Mackenzie, W. (1949), *Scottish Burghs*, Edinburgh

教会

Barrell, A. D. M. (1995), 'The background to *Cum universi*: Scoto–papal relations 1159–1192', *Innes Review* 46: 116–38

Cowan, I. and Easson, D. (1976), *Medieval Religious Houses, Scotland*, 2nd edn, London

Donaldson, G. (1985), *Scottish Church History*, Edinburgh

Dumville, D. N. (1997), *Councils and Synods of the Gaelic Early and Central Middle Ages* (Quiggin Pamphlet 3), Cambridge

Hudson, B. T. (1994), 'Kings and church in early Scotland', *Scottish Historical Review* 73: 145–70

McDonald, R. A. (1995), 'Scoto-Norse kings and the reformed religious orders: patterns of monastic patronage in twelfth-century Galloway and Argyll', *Albion* 27: 187–219

McDonald, R. A. (1998), 'The foundation and patronage of nunneries by native elites in twelfth- and early thirteenth-century Scotland', in E. Ewan and M. M. Meikle (eds.), *Women in Scotland c.1100–c.1750*, East Linton, pp. 3–15

Macquarrie, A. (1992), 'Early Christian religious houses in Scotland: foundation and function', in W. J. Blair and R. Sharpe (eds.), *Pastoral Care before the Parish*, Leicester pp. 110–33

Morgan, M. (1947), 'The organization of the Scottish church in the twelfth century', *TRHS* 4th series 29: 135–49

Oram, R. A. (1991), 'In obedience and reverence: Whithorn and York, c.1128–c.1250', *Innes Review* 42: 83–100

Reeves, W. (1864), *The Culdees of the British Isles*, Dublin

Watt, D. E. R. (1991), *Ecclesia Scoticana* (Series Episcoporum Ecclesiae Catholicae Occidentalis, Series 6.1), Stuttgart

威尔士

通史

Bowen, E. G. (1957), *Wales: A Physical, Historical and Regional Geography*, London

Davies, W. (1982), *Wales in the Early Middle Ages*, Leicester

Emery, F. V. (1969), *Wales*, London

Evans, G. (1974), *Land of My Fathers: 2000 Years of Welsh History*, Swansea

Lloyd, J. E. (1911), *A History of Wales from the Earliest Times to the Edwardian Conquest*, 2 vols., London; 3rd edn 1939

Rees, W. (1959), *An Historical Atlas of Wales from Early to Modern Times*, 2nd edn, London

Richards, M. (1969), *Welsh Administrative and Territorial Units, Medieval and Modern*, Cardiff

Thomas, D. (ed.) (1977), *Wales: A New Study*, Newton Abbot

Wade-Evans, A. W. *et al.* (1950), *The Historical Basis of Welsh Nationalism*, Cardiff

Williams, A. H. (1941–8), *An Introduction to the History of Wales*, 2 vols., Cardiff

威尔士法律

Carr, A. D. and Jenkins, D. (1985), *A Look at Hywel's Law*, Whitland

Charles-Edwards, T. M. (1989), *The Welsh Laws*, Cardiff

Charles-Edwards, T. M. (1993), *Early Irish and Welsh Kinship*, Oxford

Charles-Edwards, T. M. *et al.* (eds.) (1986), *Lawyers and Laymen*, Cardiff

Ellis, T. P. (1926), *Welsh Tribal Law and Custom in the Middle Ages*, 2 vols., Oxford

Jenkins, D. (1973), *Celtic Law Papers Introductory to Welsh Medieval Law and Government*, Brussels

Jenkins, D. (1977), 'The significance of the Law of Hywel', *Transactions of the Honourable Society of Cymmrodorion*: 54–76

Pierce, T. J. (1972), *Medieval Welsh Society*, Cardiff

Seebohm, F. (1904), *The Tribal System in Wales*, 2nd edn, London

政治

Davies, W. (1981), 'Property rights and property claims in Welsh *Vitae* of the eleventh century', in E. Patlagean and P. Riché (eds.), *Hagiographie, cultures et sociétés, IVe–XIIe siècles*, Paris, pp. 515–33

Lloyd, J. E. (1899–1900), 'Wales and the coming of the Normans (1039–1093)', *Transactions of the Honourable Society of Cymmrodorion* (1899–1900), pp. 122–79

Maund, K. L. (1985), 'Cynan ab Iago and the killing of Gruffudd ap Llywelyn', *Cambridge Medieval Celtic Studies* 10: 57–65

Maund, K. L. (1986–7), 'Trahaearn ap Caradog: legitimate usurper?', *Welsh History Review* 13: 468–76

Maund, K. L. (1991), *Ireland, Wales and England in the Eleventh Century*, Woodbridge

诺曼影响

Davies, R. R. (1979), 'Kings, lords and liberties in the March of Wales, 1066–1272', *TRHS* 5th series 29: 41–61

Davies, R. R. (1987), *Conquest, Coexistence and Change: Wales 1063–1415*, Oxford; repr. as *The Age of Conquest: Wales, 1063–1415*, Oxford, 1991

Edwards, J. G. (1956), 'The Normans and the Welsh March', *PBA* 42: 155–77

Rowlands, I. W. (1980), 'The making of the March: aspects of the Norman settlement in Dyfed', *Proceedings of the Battle Conference on Anglo-Norman Studies* 3: 142–57, 221–5

Tait, J. (1925), 'Flintshire in Domesday Book', *Flintshire Historical Society Publications* II: 1–37

Walker, D. (1978), 'The Norman settlement in Wales', *Proceedings of the Battle Conference on Anglo-Norman Studies* I: 131–43, 222–4

12世纪的住所

Barrow, G. W. S. (1956), *Feudal Britain: The Completion of the Medieval Kingdoms, 1066–1314*, London

Bartlett, R. (1982), *Gerald of Wales 1146–1223*, Oxford

Brooke, C. N. L. (1986), *The Church and the Welsh Border in the Central Middle Ages*, Woodbridge

Caerwyn Williams, J. E. (1978), *The Poets of the Welsh Princes*, Cardiff

Charles-Edwards, T. M. (1989), *The Welsh Laws*, Cardiff

Cowley, F. G. (1977), *The Monastic Order in South Wales, 1066–1349*, Cardiff

Davies, J. R. (1998), 'Liber Landavensis: its date and the identity of its editor', *Cambrian Medieval Celtic Studies* 35: 1–11

Davies, R. R. (1974), 'Colonial Wales', *PaP* 65: 3–23

Davies, R. R. (1990), *Domination and Conquest: The Experience of Ireland, Scotland and Wales, 1100–1300*, Cambridge

Davies, W. (1979), *The Llandaff Charters*, Aberystwyth

Huws, D. (1987–8), 'The making of Liber Landavensis', *National Library of Wales Journal* 25: 133–60

Maund, K. L. (1996), *Gruffudd ap Cynan: A Collaborative Biography*, Woodbridge

Pryce, H. (1986), 'The prologues to the Welsh lawbooks', *Bulletin of the Board of Celtic Studies* 33: 151–87

Pryce, H. (1988), 'Church and society in Wales, 1150–1250: an Irish perspective', in R. R. Davies (ed.), *The British Isles 1100–1500: Comparisons, Contrasts and Connections*, Edinburgh, pp. 27–47

Pryce, H. (1993), *Native Law and the Church in Medieval Wales*, Oxford

Richter, M. (1976), *Giraldus Cambrensis: The Growth of the Welsh Nation*, 2nd edn, Aberystwyth

Stokes, K. (1999), *The Myth of Wales: Constructions of Ethnicity 1100–1300*, Clayton

Suppe, F. C. (1994), *Military Institutions on the Welsh Marches: Shropshire, 1066–1300*, Woodbridge

Wada, Y. (1997), 'Gerald on Gerald: self-presentation by Giraldus Cambrensis', *ANS* 20: 223–46

Williams, G. (1976), *The Welsh Church from Conquest to Reformation*, 2nd edn, Cardiff

威尔士和西南部的基督教

Brooke, C. N. L. (1986), *The Church and the Welsh Border in the Central Middle Ages*, Woodbridge

Knowles, D. and Hadcock, R. N. (1971), *Medieval Religious Houses, England and Wales*, 2nd edn, London

Lapidge, M. and Sharpe, R. (1985), *A Bibliography of Celtic Latin Literature 400–1200*, Dublin

Pryce, H. (1993), *Native Law and the Church in Medieval Wales*, Oxford

爱尔兰

参考书

Duffy, S. (1997), *Ireland in the Middle Ages*, Basingstoke

Flanagan, D. and Flanagan, L. (1994), *Irish Place Names*, Dublin

Hogan, E. (1910), *Onomasticon Goedelicum*, Dublin

Kenney, J. F. (1929), *Sources for the Early History of Ireland: Ecclesiastical*, rev. imp. by L. Bieler, New York, 1966

Ó Corráin, D. (1972), *Ireland before the Normans*, Dublin

Ó Corráin, D. (1976), 'A hand-list of publications in early Irish history', *Historical Studies* (Irish Conference of Historians) 10: 172–203

Ó Corráin, D. and Maguire, F. (1990), *Irish Names*, 2nd edn, Dublin

Ó Cróinín, D. (1995), *Early Medieval Ireland, 400–1200*, London

相关的小册子

Broun, D. (1995), *The Charters of Gaelic Scotland and Ireland in the Early and Central Middle Ages*, Cambridge

Carey, J. (1994), *The Irish National Origin-legend: Synthetic Pseudo-history*, Cambridge

Charles-Edwards, T. M. (1999), *The Early Medieval Gaelic Lawyer*, Cambridge

Dumville, D. N. (1997), *Councils and Synods of the Gaelic Early and Central Middle Ages*, Cambridge

考古和艺术

Barry, T. B. (1987), *The Archaeology of Medieval Ireland*, London

Butlin, R. A. (ed.) (1977), *The Development of the Irish Town*, London

Edwards, N. (1990), *The Archaeology of Early Medieval Ireland*, London

Hamlin, A. and Lynn, C. (eds.) (1988), *Pieces of the Past: Archaeological Excavations by the Department of the Environment for Northern Ireland 1970–1986*, Belfast

Henry, F. (1965–70), *Irish Art*, 3 vols., London

Hughes, K. and Hamlin, A. (1977), *The Modern Traveller to the Early Irish Church*, London; new edn Dublin, 1997

Manning, C. (1985), *Irish Field Monuments*, Dublin

Norman, E. R. and St Joseph, J. K. S. (1969), *The Early Development of Irish Society: The Evidence of Aerial Photography*, Cambridge

Ó Ríordáin, S. P. [and R. de Valera] (1979), *Antiquities of the Irish Countryside*, 5th edn, London

Proudfoot, V. B. (1961), 'The economy of the Irish rath', *Medieval Archaeology* 5: 94–122

Proudfoot, V. B. (1977), 'Economy and settlement in rural Ireland', in L. Laing (ed.), *Studies in Celtic Survival*, Oxford, pp. 83–106

Scott, B. G. (ed.) (1974), *Perspectives in Irish Archaeology*, Dublin and Belfast
Simms, K. (1987), *From Kings to Warlords*, Woodbridge

法律论文和社会法规

Charles-Edwards, T. M. (1976), 'Boundaries in Irish law', in P. H. Sawyer (ed.), *Medieval Settlement: Continuity and Change*, London, pp. 83–7
Charles-Edwards, T. M. (1986), '*Crith Gablach* and the law of status', *Peritia* 5: 53–73
Charles-Edwards, T. M. (1993), *Early Irish and Welsh Kinship*, Oxford
Gerriets, M. (1981), 'The organization of exchange in early Christian Ireland', *Journal of Economic History* 41: 171–8
Gerriets, M. (1983), 'Economy and society: clientship according to the Irish laws', *Cambridge Medieval Celtic Studies* 6: 43–62
Kelly, F. (1988), *A Guide to Early Irish Law*, Dublin
Kelly, F. (1998), *Early Irish Farming*, Dublin
Ó Corráin, D. (1978), 'Women in early Irish history', in M. MacCurtain and D. Ó Corráin (eds.), *Women in Irish Society: The Historical Dimension*, Dublin, pp. 1–13
Ó Cróinín, D. (1995), *Early Medieval Ireland 400–1200*, London
Patterson, N. T. (1994), *Cattle-lords and Clansmen: The Social Structure of Early Ireland*, 2nd edn, Notre Dame, IN

王权和政治组织

MacNeill, E. J. (1911–12), 'Early Irish population groups', *Proceedings of the Royal Irish Academy* 29C: 59–114
Ó Corráin, D. (1971), 'Irish regnal succession: a reappraisal', *Studia Hibernica* 11: 7–39
Ó Corráin, D. (1975), 'Nationality and kingship in pre-Norman Ireland', *Historical Studies* (Irish Conference of Historians) 11: 1–35
Scott, B. G. (1970–3), '"Tribes" and "tribalism" in early Ireland', *Ogam* 22–5: 197–208
Simms, K. (1987), *From Kings to Warlords*, Woodbridge
Wailes, B. (1982), 'The Irish "royal sites" in history and archaeology', *Cambridge Medieval Celtic Studies* 3: 1–29
Warner, R. B. (1988), 'The archaeology of early historic Irish kingship', in S. T. Driscoll and M. R. Nieke (eds.), *Power and Politics in Early Medieval Britain and Ireland*, Edinburgh, pp. 47–68

爱尔兰教会

Bethell, D. (1969), 'English monks and Irish reform in the eleventh and twelfth centuries', *Historical Studies* (Irish Conference of Historians) 8: 111–35
Flanagan, M. T. (1989), *Irish Society, Anglo-Norman Settlers, Angevin Kingship*, Oxford
Gwynn, A. (1941), 'Papal legates in Ireland during the twelfth century', *Irish Ecclesiastical Record* 58: 361–70
Gwynn, A. (1945–6), 'The first Synod of Cashel', *Irish Ecclesiastical Record* 66: 81–92; 67: 109–22

Gwynn, A. (1968), *The Twelfth-Century Reform*, Dublin

Henry, F. (1970), *Irish Art in the Romanesque Period 1020–1170*, London

Lawlor, H. J. (1922), 'A fresh authority for the Synod of Kells 1152', *Proceedings of the Royal Irish Academy* 36C: 16–22

Martin, F. X. (1975), *No Hero in the House* (O'Donnell Lecture 1975), Dublin

O'Doherty, J. F. (1933), 'Rome and the Anglo-Norman invasion of Ireland', *Irish Ecclesiastical Record* 42: 131–45

O'Doherty, J. F. (1937–8), 'Sir Laurence O'Toole and the Anglo-Norman invasion', *Irish Ecclesiastical Record* 50: 449–77, 600–25; 51: 131–46

Watt, J. A. (1970), *The Church and the Two Nations in Medieval Ireland*, Cambridge

盎格鲁—法国对爱尔兰的干涉

通史

Duffy, S. (1997), *Ireland in the Middle Ages*, Basingstoke

Flanagan, M. T. (1976–7), 'Hiberno-papal relations in the late twelfth century', *Archivium Hibernicum* 34: 55–70

Flanagan, M. T. (1989), *Irish Society, Anglo-Norman Settlers, Angevin Kingship*, Oxford

Gwynn, A. (1944), 'Papal legates in Ireland during the twelfth century', *Irish Ecclesiastical Record* 5th series 63: 361–70

Sheehy, M. (1975) *When the Normans came to Ireland*, Cork; 2nd edn, 1998

Warren, W. L. (1967), 'The interpretation of twelfth-century Irish history', *Historical Studies* (Irish Conference of Historians) 7: 1–19

盎格鲁—诺曼和安茹英格兰

Flanagan, M. T. (1984), 'Strongbow, Henry II and Anglo-Norman intervention in Ireland', in J. Gillingham and J. C. Holt (eds.), *War and Government in the Middle Ages*, Woodbridge, pp. 62–77

Hudson, B. T. (1994–5), 'William the Conqueror and Ireland', *Irish Historical Studies* 29: 145–58

Kenney, J. F. (1929), *The Sources for the Early History of Ireland: Ecclesiastical*, New York; rev. imp. 1966

Philpott, M. (1997), 'Some interaction between the English and Irish churches', *ANS* 20: 187–204

Warren, W. L. (1973), *Henry II*, London

爱尔兰背景

Curtis, E. (1921), 'Murchertach O'Brien, high king of Ireland, and his Norman son-in-law', *Journal of the Royal Society of Antiquaries of Ireland* 51: 116–24

Duffy, S. (1992), 'Irishmen and Islesmen in the kingdoms of Ireland and Man, 1052–1171', *Ériu* 43: 93–133

Martin, F. X. (1975), *No Hero in the House* (O'Donnell Lecture 1975), Dublin

征服

Duffy, S. (1997), 'Ireland's Hastings: the Anglo-Norman conquest of Dublin', *ANS* 20: 69–85

殖民定居概况

Bartlett, R. (1982), *Gerald of Wales, (1146–1223)*, Oxford

Gillingham, J. (1997), 'The travels of Roger Howden and his views of the Irish, Scots and Welsh', *ANS* 20: 151–69

1170年以后的爱尔兰教会

Mooney, C. (1969), *The Church in Gaelic Ireland, 13th–15th Centuries*, Dublin

Watt, J. A. (1970), *The Church and the Two Nations in Medieval Ireland*, Cambridge

1170年以后的爱尔兰

Flanagan, M. T. (1997), 'Strategies of lordship in pre-Norman and post-Norman Leinster', *ANS* 20: 107–26

Frame, R. (1981), *Colonial Ireland 1169–1369*, Dublin

Nicholls, K. W. (1972), *Gaelic and Gaelicised Ireland in the Later Middle Ages*, Dublin

O Neill, P., (1997), 'The impact of the Norman invasion on Irish literature', *ANS* 20: 171–85

Simms, K. (1987), *From Kings to Warlords*, Woodbridge

第二十章 1118—1204年的拜占庭帝国

Ahrweiler, H. and Laiou, A. E. (1998), *Studies on the Internal Diaspora of the Byzantine Empire*, Washington DC

Angold, M. (1995), *Church and Society under the Comneni, 1081–1261*, Cambridge

Angold, M. (1997), *The Byzantine Empire 1025–1204: A Political History*, 2nd edn, London

Angold, M. (1999), 'The state of research: the road to 1204: the Byzantine background to the Fourth Crusade', *JMH* 25: 257–78

Beaucamp, J. and Dagron, G. (1998), *La Transmission du patrimoine: Byzance et l'aire méditerranéenne*, Paris

Brand, C. M. (1968), *Byzantium Confronts the West, 1180–1204*, Cambridge, MA

Chalandon, F. (1912), *Les Comnène*, II: *Jean II Comnène (1118–1143) et Manuel I Comnène (1143–1180)*, 2 vols., Paris; repr. London, 1962

Cheynet, J.-C. (1990), *Pouvoir et contestations à Byzance (963–1210)*, Paris

Ciggaar, K. (1996), *Western Travellers to Constantinople: The West and Byzantium, 962–1204*, Leiden

Dagron, G. (1996), *Empereur et prêtre: étude sur le 'césaropapisme' byzantin*, Paris

Harvey, A. (1989), *Economic Expansion in the Byzantine Empire, 900–1200*, Cambridge

Hendy, M. F. (1985), *Studies in the Byzantine Monetary Economy, c.300–1450*, Cambridge

Jacoby, D. (1994), 'Italian privileges and trade in Byzantium before the Fourth Crusade: a reconsideration', *Anuario de Estudios Medievales* 24: 349–69; repr. in Jacoby (1997)

Jacoby, D. (1997), *Trade, Commodities and Shipping in the Medieval Mediterranean*, Aldershot

Kazhdan, A. P. and Epstein, A. W. (1985), *Change in Byzantine Culture in the Eleventh and Twelfth Centuries*, Berkeley, Los Angeles and London

Kazhdan, A. P. with Ronchey, S. (1997), *L'aristocrazia bizantina dal principio del XI allo fine de XII secolo*, Palermo

Laiou, A. E. and Simon, D. (eds.) (1994), *Law and Society in Byzantium, Ninth–Twelfth Centuries*, Washington DC

Lilie, R.-J. (1984), *Handel und Politik zwischen dem byzantinischen Reich und den italienischen Kommunen Venedig, Pisa, und Genoa in der Epoche der Komnenen und der Angeloi (1081–1204)*, Amsterdam

Lilie, R.-J. (1993), *Byzantium and the Crusader States, 1096–1204*, trans. J. C. Morris and E. Ridings, Oxford

Macrides, R. (2000), *Kinship and Justice in Byzantium, 11th–15th Centuries*, Aldershot

Magdalino, P. (1991), *Tradition and Transformation in Medieval Byzantium*, Aldershot

Magdalino, P. (1993), *The Empire of Manuel I Komnenos, 1143–1180*, Cambridge

Magdalino, P. (1996a), *Constantinople médiévale: études sur l'évolution des structures urbaines* (*TM* Monographies 9), Paris

Magdalino, P. (1996b), 'Eustathios and Thessalonica', in C. N. Constantinides, N. M. Panagiotakes, E. Jeffreys and A. D. Angelou (eds.), *ΦΙΛΕΛΛΗΝ: Studies in Honour of Robert Browning*, Venice, pp. 225–38

Magdalino, P. (ed.) (1994), *New Constantines: The Rhythm of Imperial Renewal in Byzantium, 4th–13th Centuries*, Aldershot

Maguire, H. (ed.) (1997), *Byzantine Court Culture, 829–1204*, Washington DC

Mango, C. and Dagron, G. (eds.) (1995), *Constantinople and its Hinterland*, Aldershot

Mullett, M. E. and Smythe, D. (1996), *Alexios I Komnenos,* 1: *Papers* (Belfast Byzantine Texts and Translations 4.1), Belfast

Oikonomides, N. (1996), *Byzantium from the Ninth Century to the Fourth Crusade*, Aldershot

Oikonomides, N. (1996), *Fiscalité et exemption fiscale à Byzance (IXe–XIe s.)*, Athens

Ostrogorsky, G. (1968), *History of the Byzantine State*, trans. J. Hussey (Oxford)

Phillips, J. (1996), *Defenders of the Holy Land: Relations between the Latin East and the West, 1119–1187*, Oxford

Prinzing, G. and Salamon, M. (eds.) (1999), *Byzanz und Mitteleuropa 950–1453: Beiträge zu einer table-ronde des XIX International Congress of Byzantine Studies, Copenhagen 1996* (Mainzer Veröffentlichungen zur Byzantinistik 3), Wiesbaden

Shepard, J. and Franklin, S. (eds.) (1992), *Byzantine Diplomacy*, Aldershot

Stephenson, P. (1994), 'Manuel I Comnenus and Geza II: a revised context and chronology for Hungaro-Byzantine relations, 1148–1155', *BS* 55: 251–77

Stephenson, P. (1996), 'John Cinnamus, John II Comnenus and the Hungarian campaign of 1127–1129', *Byzantion* 66: 177–87

Stephenson, P. (1999), 'Political authority in Dalmatia during the reign of Manuel I Comnenus (1143–1180)', in G. Prinzing and M. Salamon (eds.), *Byzanz und Mitteleuropa 950–1453*, Wiesbaden, pp. 127–50

Tinnefeld, F. (1995), 'Byzanz und die Herrscher des Hauses Hohenstaufen (1138–1259)', *Archiv für Diplomatik* 41: 105–27

Tsiknakis, K. (ed.) (1997), *Byzantium at War (9th–12th c.)*, Athens

Whittow, M. (1995), 'Rural fortifications in western Europe and Byzantium: tenth to twelfth centuries', *BF* 21: 57–74

第二十一章 1098—1204年的拉丁东方

Amouroux-Mourad, M. (1988), *Le Comté d'Edesse 1098–1150* (Bibliothèque Archéologique et Historique 128), Paris

Antweiler, W. (1991), *Das Bistum Tripolis im 12. und 13. Jahrhundert: Personengeschichtliche und strukturelle Probleme* (Studia Humaniora 20), Dusseldorf

Arnold, U. (1978), 'Jerusalem und Akkon: zur Frage von Kontinuität oder Neügrundung des Deutschen Ordens 1190', *MIÖG* 86: 416–32

Arnold, U. (1980), 'Entstehung und Frühzeit des Deutschen Ordens: zu Gründung und innerer Struktur des Deutschen Hospitals von Akkon und des Ritterordens in der ersten Hälfte des 13. Jahrhunderts', in J. Fleckenstein and M. Hellman (eds.), *Die geistlichen Ritterorden Europas* (Vorträge und Forschungen 26), Sigmaringen, pp. 81–107

Asbridge, T. (2000), *The Creation of the Principality of Antioch, 1098–1130*, Woodbridge

Balard, M., Kedar, B. Z., Riley-Smith, J. (eds.) (2001), *Dei gesta per Francos: études sur les croisades dédiées à Jean Richard*, Aldershot

Baldwin, M. W. (1936), *Raymond III of Tripolis and the Fall of Jerusalem (1140–1187)*, Princeton; repr. New York, 1978

Barasch, M. (1971), *Crusader Figural Sculpture in the Holy Land: Twelfth Century Examples from Acre, Nazareth and Belvoir Castle*, Ramat Gan

Barber, M. (1994), *The New Knighthood: A History of the Order of the Temple*, Cambridge

Beyer, G. (1936), 'Das Gebiet der Kreuzfahrerherrschaft Caesarea in Palästina siedlungs- und territorial-geschichtlich untersucht', *ZDPV* 59: 1–91

Beyer, G. (1940), 'Neapolis (Nablus) und sein Gebiet in der Kreuzfahrerzeit: eine topographische und historisch-geographische Studie', *ZDPV* 63: 155–209

Beyer, G. (1942), 'Die Kreuzfahrer gebiete von Jerusalem und S. Abraham (Hebron)', *ZDPV* 65: 165–211

Beyer, G. (1944–5), 'Die Kreuzfahrergebiete Akko und Galilaea', *ZDPV* 67: 183–260

Beyer, G. (1946–51), 'Die Kreuzfahrergebiete Südwestpalästinas', *Beiträge zur biblischen Landes- und Altertumskunde (hervorgegangen aus der ZDPV)* 68: 148–92, 249–81

Bieberstein, K. and Bloedhorn, H. (1994), *Jerusalem: Grundzuge der Baugeschichte vom Chalkolithikum bis zur Frühzeit der osmanischen Herrschaft* (Beihefte zum Tübinger Atlas des Vorderen Orients, Reihe B, Nr. 100, 1–3), 3 vols., Wiesbaden

Boas, A. J. (1999), *Crusader Archaeology: The Material Culture of the Latin East*, London

Brand, C. M. (1968), *Byzantium Confronts the West, 1180–1204*, Cambridge, MA

Brincken, A. D. von den (1973), *Die 'Nationes Christianorum orientalium' im Verständnis der lateinischen Historiographie von der Mitte des 12. bis in die zweite Hälfte des 14. Jahrhunderts* (Kölner Historische Abhandlungen 22), Cologne and Vienna

Buchthal, H. (1957), *Miniature Painting in the Latin Kingdom of Jerusalem, with Liturgical and Palaeographical Chapters by Francis Wormald*, Oxford

Bulst-Thiele, M. L. (1974), *Sacrae domus militiae Templi Hierosolymitani magistri: Untersuchungen zur Geschichte des Templerordens 1118/19–1314* (Abhandlungen der Akademie der Wissenschaften in Göttingen, phil.-hist. klasse, 3rd series, 86), Göttingen

Buschhausen, H. (1978), *Die süditalienische Bauplastik im Königreich Jerusalem von König Wilhelm II. bis Kaiser Friedrich II* (Österreichische Akademie der Wissenschaften, phil.-hist. klasse, Denkschriften 108), Vienna

Cahen, C. (1940), *La Syrie du Nord à l'époque des croisades et la principauté franque d'Antioche* (Institut Français de Damas, Bibliothèque Orientale 1), Paris

Cahen, C. (1950–1), 'Notes sur l'histoire des croisades et de l'Orient latin: 2. Le régime rural syrien au temps de la domination franque', *Bulletin de la Faculté des Lettres de l'Université de Strasbourg* 29: 286–310

Chalandon, F. (1900–12), *Les Comnène: étude sur l'empire byzantin au XIe et au XIIe siècles* (Mémoires et Documents Publiés par la Société de l'Ecole des Chartes 4), 2 vols., Paris; repr. New York, 1960

Deschamps, P. (1934–73), *Les Châteaux des croisés en Terre Sainte*, I: *Le Crac des Chevaliers*; II: *La Défense du royaume de Jérusalem*; III: *La Défense du Comté de Tripoli et de la principauté d'Antioche* (Bibliothèque Archéologique et Historique 19, 34, 90), 3 vols., and 3 albums of plates, Paris

Dijkstra, C. T. J. (1995), *La Chanson de croisade: étude thématique d'un genre hybride*, Amsterdam

Duparc-Quioc, S. (1955), *Le Cycle de la croisade*, Paris

Dussaud, R. (1927), *Topographie historique de la Syrie antique et médiévale* (Bibliothéque Archéologique et Historique 4), Paris

Eck, T. (2000), *Die Kreuzfahrerbistümer Beirut und Sidon im 12. und 13. Jahrhundert auf prosopographischer Grundlage* (Kieler Werkstucke, Reihe C, Band 3), Frankfurt am Main

Edbury, P. W. (1977), 'Feudal obligations in the Latin east', *Byzantion* 47: 328–56

Edbury, P. W. (1993), 'Propaganda and faction in the kingdom of Jerusalem: the background to Hattin', in M. Shatzmiller (ed.), *Crusaders and Muslims in Twelfth-Century Syria* (The Medieval Mediterranean 1), Leiden, pp. 173–89

Edbury, P. W. (1995), 'Law and custom in the Latin east: les letres dou sepulcre', in B. Arbel (ed.), *Intercultural Contacts in the Medieval Mediterranean: Studies in Honour of David Jacoby* (Mediterranean Historical Review 10), pp. 71–9

Edbury, P. W. (ed.) (1985), *Crusade and Settlement*, Cardiff

Eddé, A. M. (1999), *La Principauté ayyoubide d'Alep (579/1183–658/1260)* (Freiburger Islamstudien 21), Stuttgart

Elisséeff, N. (1967), *Nur ad-Din: un grand prince musulman de Syrie au temps des croisades (511–569 H./1118–1174)* (Institut Français de Damas), 3 vols., Damascus

Ellenblum, R. (1998), *Frankish Rural Settlement in the Latin Kingdom of Jerusalem*, Cambridge

Enlart, C. (1925–28), *Les Monuments des croisés dans le royaume de Jérusalem: architecture religieuse et civile* (Bibliothéque Archèologique et Historique 7–8), 2 vols. and 2 albums, Paris

Favreau, M. L. (1974), *Studien zur Frühgeschichte des Deutschen Ordens* (Kieler Historische Studien 21), Stuttgart

Favreau, M. L. (1977), 'Die Kreuzfahrerherrschaft "Scandalion" (Iskanderune)', *ZDPV* 93: 12–29

Favreau-Lilie, M. L. (1989), *Die Italiener im Heiligen Land vom ersten Kreuzzug bis zum Tode Heinrichs von Champagne (1098–1197)*, Amsterdam

Fleckenstein, J. and Hellmann, M. (eds.) (1980), *Die geistlichen Ritterorden Europas* (Vorträge und Forschungen 26), Sigmaringen

Folda, J. (1976), *Crusader Manuscript Illumination at Saint Jean d'Acre, 1275–1291*, Princeton

Folda, J. (1995), *The Art of the Crusaders in the Holy Land, 1098–1187*, Cambridge

Forstreuter, K. (1967), *Der Deutsche Orden am Mittelmeer* (Quellen und Studien zur Geschichte des Deutschen Ordens 2), Bonn

Gennes, J. P. de (1995), *Les Chevaliers du Saint-Sépulcre de Jérusalem: essai critique*, 1, n.p.

Grousset, R. (1934–6), *Histoire des croisades et du royaume franc de Jérusalem*, 3 vols., Paris

Hamilton, B. (1978a), 'The Elephant of Christ: Reynald of Châtillon', *Studies in Church History* 15: 97–108

Hamilton, B. (1978b), 'Women in the crusader states: the queens of Jerusalem (1100–1190)', in D. Baker (ed.), *Medieval Women: Dedicated and Presented to Rosalind M. T. Hill on the Occasion of her Seventieth Birthday* (Studies in Church History Subsidia 1), Oxford, pp. 143–74

Hamilton, B. (1980), *The Latin Church in the Crusader States: The Secular Church*, London

Hamilton, B. (1999), *Crusaders, Cathars and the Holy Places* (Collected Studies Series 656), Aldershot

Hamilton, B. (2000), *The Leper King and his Heirs: Baldwin IV and the Crusader Kingdom of Jerusalem*, Cambridge

Hartmann, A. (1975), *An-Nasir li-Din Allah (1180–1225): Politik, Religion, Kultur in der spaten 'Abbasidenzeit* (Studien zur Sprache, Geschichte und Kultur des Islamischen Orients. Beihefte zur Zeitschrift "Der Islam", Neue Folge 8), Berlin

Hatem, A. (1932), *Les Poèmes épiques des croisades: genèse, historicité, localisation: essai sur l'activité littéraire dans les colonies franques de Syrie au moyen âge*, Paris

Hellenkemper, H. (1976), *Burgen der Kreuzritterzeit in der Grafschaft Edessa und im Königreich Kleinarmenien* (Geographica Historica 1), Bonn

Heyd, W. (1879), *Geschichte des Levantehandels im Mittelalter*, 2 vols., Stuttgart; trans. F. Raynaud, *Histoire du commerce du Levant au moyen âge*, 2 vols., Leipzig (1885–6); repr. Leipzig, 1936, and Amsterdam, 1959

Hiestand, R. (1978), 'Zum Leben und zur Laufbahn Wilhelms von Tyrus', *DA* 34: 345–80

Hiestand, R. (1980), 'Die Anfänge der Johanniter', in J. Fleckenstein and M. Hellmann (eds.), *Die geistlichen Ritterorden Europas* (Vorträge und Forschungen 26), Sigmaringen, pp. 31–80

Hiestand, R. (1988a), 'Die Integration der Maroniten in die römische Kirche: zum ältesten Zeugnis der päpstlichen Kanzlei', *Orientalia Christiana Periodica* 54: 119–52

Hiestand, R. (1988b), 'Kardinal-bischof Matthaus von Albano, das Konzil von Troyes und die Entstehung des Templerordens', *Zeitschrift für Kirchengeschichte* 99: 295–325

Hiestand, R. (1997), 'Die Herren von Sidon und die Thronfolgekrise des Jahres 1163', in B. Z. Kedar, J. Riley-Smith and R. Hiestand (eds.), *Montjoie: Studies in Crusade History in Honour of Hans Eberhard Mayer*, Aldershot, pp. 77–90

Hillenbrand, C. (1990), *A Muslim Principality in Crusader Times: The Early Artuqid State* (Uitgaven van het Nederlands Historisch-Archaeologisch Instituut te Istanbul 66), Leiden

Hoch, M. (1993), *Jerusalem, Damaskus und der Zweite Kreuzzug: Konstitutionelle Krise und äußere Sicherheit des Kreuzfahrerkönigreiches Jerusalem* AD *1126–1154* (Europäische Hochschulschriften, Reihe 3, Band 560), Frankfurt am Main

Hodgson, M. G. S. (1955), *The Order of the Assassins: The Struggle of the Early Nizârî Isma'ilis against the Islamic World*, The Hague; repr. New York, 1980

Hotzelt, W. (1940), *Kirchengeschichte Palästinas im Zeitalter der Kreuzzüge 1099–1291*, Cologne

Humphreys, R. S. (1977), *From Saladin to the Mongols: The Ayyubids of Damascus, 1193–1260*, Albany

Huygens, R. B. C. (1964), *Latijn in 'Outremer': een blik op de Latijnse letterkunde der Kruisvaarderstaten in het Nabije Oosten*, Leiden

Jacoby, D. (1993), 'Conrad, marquis of Montferrat and the kingdom of Jerusalem (1187–1192)', in L. Balletto, *Atti del congresso internazionale 'Dai feudi monferrini e dal Piemonte ai nuovi mondi oltre gli Oceani'*, Alessandria, pp. 187–238

Jacoby, D. (1997), 'The Venetian privileges in the Latin kingdom of Jerusalem: twelfth and thirteenth century interpretations and implementations', in B. Z. Kedar, J. Riley-Smith and R. Hiestand (eds.), *Montjoie: Studies in Crusade History in Honour of Hans Eberhard Mayer*, Aldershot, pp. 155–75

Jankrift, K. P. (1996), *Leprose als Streiter Gottes: Institutionalisierung und Organisation des Ordens vom Heiligen Lazarus zu Jerusalem von seinen Anfängen bis zum Jahre 1350* (Vita Regularis 4), Münster

Jotischky, A. (1995), *The Perfection of Solitude: Hermits and Monks in the Crusader States*, University Park, PA

Kedar, B. Z. (1974), 'The general tax of 1183 in the crusading kingdom of Jerusalem: innovation or adaptation?', *EHR* 89: 339–45

Kedar, B. Z. (1982), 'The Patriarch Eraclius', in B. Z. Kedar, H. E. Mayer and R. C. Smail (eds.), *Outremer: Studies in the History of the Crusading Kingdom of Jerusalem Presented to Joshua Prawer*, Jerusalem, pp. 177–204

Kedar, B. Z. (1983), 'Gerard of Nazareth: a neglected twelfth-century writer in the Latin east', *DOP* 37: 55–77

Kedar, B. Z. (1984), *Crusade and Mission: European Approaches toward the Muslims*, Princeton

Kedar, B. Z. (1989), '[The Samaritans in] the Frankish Period', in A. D. Crown (ed.), *The Samaritans*, Tübingen, pp. 82–94

Kedar, B. Z. (1990), 'The subjected Muslims of the Frankish Levant', in J. M. Powell (ed.), *Muslims under Latin Rule, 1100–1300*, Princeton, pp. 135–74

Kedar, B. Z., Mayer, H. E. and Smail, R. C. (eds.) (1982), *Outremer: Studies in the History of the Crusading Kingdom of Jerusalem Presented to Joshua Prawer*, Jerusalem

Kirstein, K. P. (2002), *Die lateinischen Patriarchen von Jerusalem von der Eroberung der Heiligen Stadt durch die Kreuzfahrer 1099 bis zum Ende der Kreuzfahrerstaaten 1291* (ends, however, in 1214) (Berliner Historische Studien 35 = Ordensstudien 16), Berlin

Köhler, M. (1991), *Allianzen und Verträge zwischen fränkischen und islamischen Herrschern im Vorderen Orient* (Studien zur Sprache, Geschichte und Kultur des Islamischen Orients, Neue Folge 12), Berlin

Kühnel, G. (1988), *Wall Painting in the Latin Kingdom of Jerusalem* (Frankfurter Forschungen zur Kunst 14), Berlin

La Monte, J. L. (1932), *Feudal Monarchy in the Latin Kingdom of Jerusalem, 1100 to 1291* (Mediaeval Academy of America Monographs 4), Cambridge, MA.

La Monte, J. L. (1938a), 'The rise and decline of a Frankish seigneury in Syria in the time of the crusades', *Revue Historique du Sud-Est Européen* 15:301–22

La Monte, J. L. (1938b), 'The viscounts of Naplouse in the twelfth century', *Syria* 19: 272–8

La Monte, J. L. (1942), 'The lords of Le Puiset on the crusades', *Speculum* 17: 100–18

La Monte, J. L. (1944–5), 'The lords of Sidon in the twelfth and thirteenth centuries', *Byzantion* 17: 183–211

La Monte, J. L. (1947), 'The lords of Caesarea in the period of the crusades', *Speculum* 22: 145–61

Lawrence, T. E. (1988), *Crusader Castles*, new edn by D. Pringle, Oxford

Lewis, B. (1968), *The Assassins: A Radical Sect in Islam*, New York

Lilie, R. J. (1993), *Byzantium and the Crusader States 1096–1204*, trans. J. C. Morris and J. E. Ridings, Oxford

Lyons, M. C. and Jackson, D. E. P. (1982), *Saladin: The Politics of the Holy War* (University of Cambridge Oriental Publications 30), Cambridge

Magdalino, P. (1993), *The Empire of Manuel I Komnenos 1143–1180*, Cambridge

Mayer, H. E. (1968), 'On the beginnings of the communal movement in the Holy Land: the commune of Tyre', *Traditio* 24: 443–57

Mayer, H. E. (1972a), 'Kaiserrecht und Heiliges Land', in H. Fuhrmann, H. E. Mayer and K. Wriedt (eds.), *Aus Reichsgeschichte und Nordischer Geschichte* (Kieler Historische Studien 16), Stuttgart, pp. 193–208

Mayer, H. E. (1972b), 'Studies in the history of Queen Melisende of Jerusalem', *DOP* 26: 93–182

Mayer, H. E. (1977), *Bistümer, Klöster und Stifte im Königreich Jerusalem* (*MGH Schriften* 26), Stuttgart

Mayer, H. E. (1978a), 'Latins, Muslims and Greeks in the Latin kingdom of Jerusalem', *History* 63: 175–92

Mayer, H. E. (1978b), *Das Siegelwesen in den Kreuzfahrerstaaten* (Bayerische Akademie der Wissenschaften, phil.-hist. klasse, Abhandlungen n.s. 83), Munich

Mayer, H. E. (1980a), 'Ein Deperditum König Balduins III. von Jerusalem als Zeugnis seiner Pläne zur Eroberung Ägyptens', *DA* 36: 549–66

Mayer, H. E. (1980b), 'Jérusalem et Antioche au temps de Baudouin II', *Académie des Inscriptions et Belles-Lettres: Comptes Rendus*, pp. 717–34

Mayer, H. E. (1980c), 'Die Seigneurie de Joscelin und der Deutschen Orde', in J. Fleckenstein and M. Hellmann (eds.), *Die geistlichen Ritterorden Europas* (Vorträge und Forschungen 26), Sigmaringen, pp. 171–216

Mayer, H. E. (1982a), 'Carving up crusaders: the early Ibelins and Ramla', in B. Z. Kedar, H. E. Mayer and R. C. Smail (eds.), *Outremer: Studies in the History of the Crusading Kingdom of Jerusalem Presented to Joshua Prawer*, Jerusalem, pp. 101–18

Mayer, H. E. (1982b), 'The Concordat of Nablus', *JEH* 33: 531–43

Mayer, H. E. (1984), *Mélanges sur l'histoire du royaume latin de Jérusalem* (Mémoires de l'Académie des Inscriptions et Belles-Lettres n.s. 5), Paris

Mayer, H. E. (1985a), 'Die Herrschaftsbildung in Hebron', *ZDPV* 101: 64–81

Mayer, H. E. (1985b), 'The origins of the county of Jaffa', *Israel Exploration Journal* 35: 35–45

Mayer, H. E. (1985c), 'The origins of the lordships of Ramla and Lydda in the kingdom of Jerusalem', *Speculum* 60: 537–52

Mayer, H. E. (1985d), 'The succession to Baldwin II of Jerusalem: English impact on the east', *DOP* 39: 139–47

Mayer, H. E. (1985–6), 'Guillaume de Tyr à l'école', *Mémoires de l'Académie des Sciences, Arts et Belles-Lettres de Dijon* 127: 257–65 (published 1988)

Mayer, H. E. (1988a), *The Crusades*, trans. J. Gillingham, 2nd edn., Oxford; 9th edn. of German version, with updated notes and bibliography, as *Geschichte der Kreuzzüge*, Stuttgart, 2000

Mayer, H. E. (1988b), 'Die Hofkapelle der Könige von Jerusalem', *DA* 44: 489–509

Mayer, H. E. (1988c), 'Die Legitimität Balduins IV. von Jerusalem und das Testament der Agnes von Courtenay', *Historisches Jahrbuch* 108: 63–89

Mayer, H. E. (1990a), *Die Kreuzfahrerherrschaft Montréal (Šōbak): Jordanien im 12. Jahrhundert* (Abhandlungen des Deutschen Palästina-Vereins 14), Wiesbaden

Mayer, H. E. (1990b), 'The wheel of fortune: seignorial vicissitudes under Kings Fulk and Baldwin III of Jerusalem', *Speculum* 65: 860–77

Mayer, H. E. (1991), 'Fontevrault und Bethanien: Kirchliches Leben in Anjou und Jerusalem im 12. Jahrhundert', *Zeitschrift für Kirchengeschichte* 102: 14–44

Mayer, H. E. (1992), 'The beginnings of King Amalric of Jerusalem', in B. Z. Kedar (ed.), *The Horns of Hattin*, Jerusalem and London, pp. 121–35

Mayer, H. E. (1993), *Varia Antiochena: Studien zum Kreuzfahrerkfürstentum Antiochia im 12. und frühen 13. Jahrhundert* (*MGH Studien und Texte* 6), Hanover

Mayer, H. E. (1994), 'The crusader principality of Galilee between Saint-Omer and Bures-sur-Yvette', in R. Curiel and R. Gyselen (eds.), *Itinéraires d'Orient: hommages à Claude Cahen* (Res Orientales 6), Bures-sur-Yvette, pp. 157–67

Mayer, H. E. (1995), 'Herrschaft und Verwaltung im Kreuzfahrerkönigreich Jerusalem', *HZ* 261: 695–738

Mayer, H. E. (1996), *Die Kanzlei der lateinischen Könige von Jerusalem* (*MGH Schriften* 40), 2 vols., Hanover

Mayer, H. E. (2001), 'Die Register der Secrète des Königreichs Jerusalem', *DA* 57: 165–70

Melville, M. (1974), *La Vie des Templiers*, 2nd edn, Paris

Metcalf, D. M. (1995), *Coinage of the Crusades and the Latin East in the Ashmolean Museum, Oxford*, 2nd edn, London

Mouton, J. M. (1994), *Damas et sa principauté sous les Saljoukkides et les Bourides (468–549/1076–1154): Vie politique et religieuse* (Institut Français d'Archéologie Orientale. Textes Arabes et Etudes Islamiques 33), Cairo

Murray, A. V. (1998), 'Daimbert of Pisa, the Domus Godefridi and the accession of Baldwin I of Jerusalem', in A. V. Murray (ed.), *From Clermont to Jerusalem: The Crusades and Crusader Societies 1095–1500*, Turnhout, pp. 81–102

Murray, A. V. (2000), *The Crusader Kingdom of Jerusalem: A Dynastic History 1099–1125*, Oxford

Nicholson, R. L. (1940), *Tancred: A Study of His Career and Work*, Chicago; repr. New York, 1978

Nicholson, R. L. (1954), *Joscelin I, Prince of Edessa* (Illinois Studies in the Social Sciences 34–4), Urbana; repr. New York, 1983

Pahlitzsch, J. (2000), *Graeci und Suriani im Pälastina der Kreuzfahrerzeit: Beiträge und Quellen zur Geschichte des griechisch-orthodoxen Patriarchats von Jerusalem* (Berliner Historische Studien 33 = Ordensstudien 15), Berlin

Palmer, A. (1991–2), 'The history of the Syrian Orthodox in Jerusalem', *Oriens Christianus* 75: 16–43; 76: 74–94

Phillips, J. (1996), *Defenders of the Holy Land: Relations between the Latin East and the West, 1119–1187*, Oxford

Prawer, J. (1969–70), *Histoire du royaume latin de Jérusalem*, 2 vols., Paris; 2nd edn, 1975

Prawer, J. (1980), *Crusader Institutions*, Oxford

Prawer, J. (1988), *The History of the Jews in the Latin Kingdom of Jerusalem*, Oxford

Pringle, D. (1993–8), *The Churches of the Crusader Kingdom of Jerusalem: A Corpus*, 2 vols. so far, of 3, Cambridge

Pringle, D. (1997), 'The castle and lordship of Mirabel', in B. Z. Kedar, J. Riley-Smith and R. Hiestand (eds.), *Montjoie: Studies in Crusade History in Honour of Hans Eberhard Mayer*, Aldershot, pp. 91–112

Pringle, D. (2000), *Fortification and Settlement in Crusader Palestin* (Collected Studies Series 675), Aldershot

Prutz, H. (1883) *Kulturgeschichte der Kreuzzüge*, Berlin; repr. Hildesheim, 1964

Prutz, H. (1908), *Die geistlichen Ritterorden: ihre Stellung zur kirchlichen, politischen, gesellschaftlichen und wirtschaftlichen Entwicklung des Mittelalters*, Berlin

Pryor, J. H. (1988), *Geography, Technology and War: Studies in the Maritime History of the Mediterranean, 649–1571*, Cambridge

Rey, E. G. (ed.) (1869), *Les Familles d'Outre-Mer de Du Cange* (Collection de Documents Inédits sur l'Histoire de France), Paris

Rheinheimer, M. (1990), *Das Kreuzfahrerfürstentum Galiläa* (Kieler Werkstücke, Reihe C, Band 1), Frankfurt am Main

Richard, J. (1945), *Le Comté de Tripoli sous la dynastie toulousaine (1102–1187)* (Bibliothèque Archéologique et Historique 39), Paris; repr. New York, 1980

Richard, J. (1976), *Orient et Occident au moyen âge: contacts et relations (XIIe–XVe s.)* (Collected Studies Series 49), London

Richard, J. (1977), *Les Relations entre l'Orient et l'Occident au moyen âge* (Collected Studies Series 69), London

Richard, J. (1979), *The Latin Kingdom of Jerusalem*, trans. J. Shirley (Europe in the Middle Ages Selected Studies, vols. 11A and 11B), Amsterdam

Richard, J. (1983), *Croisés, missionaires et voyageurs. Les perspectives orientales du monde latin mediévale* (Collected Studies Series 182), London

Richard, J. (1989), 'Aux origines d'un grand lignage: des Palladii à Renaud de Châtillon', in *Media in Francia... recueil de mélanges offert a Karl Ferdinand Werner à l'occasion de son 65e anniversaire par ses amis et collègues français*, Maulévrier, pp. 409–18

Richard, J. (1992), *Croisades et états latins d'Orient: points de vue et documents* (Collected Studies Series 383), Aldershot

Riley-Smith, J. (1967), *The Knights of St John in Jerusalem and Cyprus c.1050–1310* (A History of the Order of the Hospital of St John of Jerusalem 1), London and New York

Riley-Smith, J. (1971a), 'The assise sur la Ligèce and the commune of Acre', *Traditio* 27:179–204

Riley-Smith, J. (1971b), 'A note on confraternities in the Latin kingdom of Jerusalem', *BIHR* 44: 301–8

Riley-Smith, J. (1972), 'Some lesser officials in Latin Syria', *EHR* 87: 1–26

Riley-Smith, J. (1973), *The Feudal Nobility and the Kingdom of Jerusalem, 1174–1277*, London

Riley-Smith, J. (1978), 'Peace never established: the case of the kingdom of Jerusalem', *TRHS* 5th series 28: 87–102

Riley-Smith, J. (1983), 'The motives of the earliest crusaders and the settlement of Latin Palestine', *EHR* 98: 721–36

Riley-Smith, J. (1985), 'Further thoughts on Baldwin II's établissement on the confiscation of fiefs', in P. W. Edbury (ed.), *Crusade and Settlement*, Cardiff, pp. 176–80

Röhricht, R. (1898), *Geschichte des Königreichs Jerusalem (1100–1291)*, Innsbruck; repr. Amsterdam, 1967

Röhricht, R. (ed.) (1893–1904), *Regesta regni Hierosolymitani, 1097–1291* and *Additamentum*, Innsbruck; repr. New York, 1960

Rowe, J. G. (1957), 'Paschal II and the relation between the spiritual and temporal powers in the kingdom of Jerusalem', *Speculum* 32: 470–501

Rowe, J. G. (1960), 'The papacy and the ecclesiastical province of Tyre (1100–1187)', *Bulletin of the John Rylands Library* 43: 160–89

Runciman, S. (1951–2), *A History of the Crusades*, I and II, Cambridge

Schaube, A. (1906), *Handelgeschichte der romanischen Volker des Mittelmeergebiets bis zum Ende der Kreuzzüge* (Handbuch der Mittelalterlichen und Neueren Geschichte, Sect. 3, 5), Munich and Berlin

Schlumberger, G., Chalandon, F. and Blanchet, A. (1943), *Sigillographie de l'Orient latin* (Bibliothèque Archéologique et Historique 37), Paris

Setton, K. M. (gen. ed.) (1955), *A History of the Crusades*, I, *The First Hundred Years*, ed. M. W. Baldwin, Philadelphia; revised edn Madison, 1969

Smail, R. C. (1956), *Crusading Warfare, 1097–1193* (Cambridge Studies in Medieval Life and Thought n.s. 3), Cambridge

Smail, R. C. (1969), 'Latin Syria and the west, 1149–1187', *TRHS* 5th series 19: 1–20

Spreckelmeyer, G. (1974), *Das Kreuzzugslied des lateinischen Mittelalters* (Munstersche Mittelalter Schriften 21), Munich

Stevenson, W. B. (1907), *The Crusaders in the East*, Cambridge

Ter-Grigorian Iskenderian, G. (1915), *Die Kreuzfahrer und ihre Beziehungen zu den armenischen Nachbarfürsten bis zum Untergange der Grafschaft Edessa* (Diss., Leipzig), Weida

Tibble, S. (1989), *Monarchy and Lordships in the Latin Kingdom of Jerusalem 1099–1291*, Oxford

Tischler, C. (2000), *Die Burgenses von Jerusalem im 12. Jahrhundert: eine Prosopographie über die nichtadligen Einwohner Jerusalems von 1120 bis 1187* (Studien und Quellen zur Geschichte der Kreuzzüge und des Papsttums 1), Frankfurt am Main

Tumler, M. (1955), *Der Deutsche Orden im Werden, Wachsen und Wirken bis 1400*, Montreal and Vienna

Vincent, L. H. and Abel, F. M. (1912–26), *Jérusalem: recherches de topographie, d'archéologie et d'histoire*, 2 vols. in 4, Paris

Vogtherr, T. (1994), 'Die Regierungsdaten der lateinischen Könige von Jerusalem', *ZDPV* 110: 51–81

Vogüé, C. J. M. de (1860), *Les Eglises de la Terre Sainte*, Paris

Wentzlaff-Eggebert, F. (1960), *Kreuzzugsdichtung des Mittelalters: Studien zu ihrer geschichtlichen und dichterischen Wirklichkeit*, Berlin

Yewdale, R. B. (1924), *Bohemond I, Prince of Antioch*, Princeton; repr. New York, 1980

第二十二章　阿拔斯、法蒂玛和塞尔柱王朝

Al-Duri, A. A. (1969), 'The origins of Iqtaʿ in Islam', *Al-Abhāth* 22: 3–22

Amari, M. (1937–9), *Storia dei Musulmani di Sicilia*, 2nd revised edn by C. A. Nallino, 2 vols., Catania

Ashtor, E. (1972), 'Un mouvement migratoire au haut moyen âge: migration de l'Irak vers les pays mediterranéens', *Annales ESC* 27: 185–214; repr. in E. Ashtor, *The Medieval Near East: Social and Economic History*, London, 1978

Assaad, S. (1974), *The Reign of al-Hākim bi Amr Allah (386/996–411/1021): A Political Study*, Beirut

Bianquis, T. (1978), 'Al-Hākim bi Amr Allah', in C.-A. Julien *et al.* (eds.), *Les Africains*, XI, Paris, pp. 103–33

Bianquis, T. (1980), 'Une crise frumentaire dans l'Egypte fatimide', *Journal of Economic and Social History of the Orient* 22: 67–101

Bianquis, T. (1986), *Damas et la Syrie sous la domination fatimide (359–468/969–1076)*, Damascus

Bianquis, T. (1992), 'Le fonctionnement des dīwān financiers d'après al-Musabbihi', *Annales Islamologiques* 26: 47–61

Bosworth, C. E. (1962), 'The imperial policy of the early Ghaznavids', *Islamic Studies* 1: 49–82

Bosworth, C. E. (1963), *The Ghaznavids: Their empire in Afghanistan and Eastern Iran*, Edinburgh

Bosworth, C. E. (1967), *The Islamic Dynasties*, Edinburgh

Bosworth, C. E. (1968), 'The political and dynastic history of the Iranian world (AD 1000–1217)', *Cambridge History of Iran*, IV Cambridge, pp. 1–202

Bosworth, C. E. (1975), 'The early Ghaznavids', *Cambridge History of Iran*, IV, pp. 162–97

Braudel, F. (1972), *The Mediterranean and the Mediterranean World in the Age of Philip II*, 2 vols., London

Brett, M. (1969), 'Ifriqiya as a market for Saharan trade, from the tenth to the twelfth century AD', *Journal of African History* 10: 347–64

Brett, M. (1974–5), 'The Zughba at Tripoli, 429H (1037–8)', *Society for Libyan Studies, Sixth Annual Report*, pp. 41–7

Brett, M. (1982), 'Fatimid historiography: a case study – the quarrel with the Zirids, 1048–58', in D. O. Morgan (ed.), *Medieval Historical Writing in the Christian and Islamic Worlds*, London, pp. 47–59

Brett, M. (1983), 'Islam and trade in the Bilād al-Sūdān, tenth–eleventh century AD', *Journal of African History* 24: 431–40

Brett, M. (1984), 'The way of the peasant', *BSOAS* 47: 44–56

Brett, M. (1994a), 'The Mim, the 'Ayn, and the making of Ismā'īlism', *BSOAS* 57: 27–39

Brett, M. (1994b), 'The unification of North Africa by Islam in the seventh to thirteenth centuries', *Morocco: Occasional Papers* 1: 3–12

Brett, M. (1995a), 'The origins of the Mamluk military system in the Fatimid period', in U. Vermeulen (ed.), *Egypt and Syria in the Fatimid, Ayyubid and Mamluk Eras* (Orientalia Lovaniensia 73), Leuven, pp. 39–52

Brett, M. (1995b), 'The battles of Ramla, 1099–1105', in U. Vermeulen (ed.), *Egypt and Syria in the Fatimid, Ayyubid and Mamluk Eras* (Orientalia Lovaniensia 73), Leuven, pp. 17–37

Brett, M. (2001), *The Rise of the Fatimids: The World of the Mediterranean and the Middle East in the Fourth Century AH, tenth century CE*, Leiden

Brett, M. and Fentress, L. (1995), *The Berbers*, Oxford

Bryer, D. (1975–6), 'The origin of the Druze religion', *Der Islam* 52: 47–84, 239–62; 53: 5–27

Cahen, C. (1953), 'L'évolution de l'iqta' du XIe au XIIIe siècle', *Annales ESC* 8: 25–52; repr. in C. Cahen, *Les Peuples musulmans dans l'histoire médiévale*, Damascus, 1977, pp. 231–69

Cahen, C. (1971), 'Iktā', *Encyclopaedia of Islam*, 2nd edn, III, pp. 1088–91

Cahen, C. (1974), *Turcobyzantina et Oriens Christianus*, London

The Cambridge History of Africa (1978), II, ed. J. D. Fage, Cambridge

The Cambridge History of Iran (1968), V, ed. J. A. Boyle, Cambridge

The Cambridge History of Iran (1975), IV, ed. R. N. Frye, Cambridge

Canard, M. (1951), 'Le cérémonial fatimite et le cérémonial byzantin: essai de comparaison', *Byzantion* 21: 355–420; repr. in M. Canard, *Byzance et les musulmans du Proche-Orient*, London, 1973

Canard, M. (1952), 'La procession du Nouvel An chez les Fatimides', *Annales de l'Institut des Etudes Orientales*, Algiers, 10: 364–98; repr. in M. Canard, *Miscellanea Orientalia*, London, 1973

Canard, M. (1958), 'Al-Basāsirī', in *Encyclopaedia of Islam*, 2nd edn, I, pp. 1073–5

Canard, M. (1961), 'Les sources arabes de l'histoire byzantine aux confins des Xe et XIe siècles', *Revue des Etudes Byzantines* 19: 284–314

Canard, M. (1971), 'Al-Hākim bi-amr Allah', in *Encyclopaedia of Islam*, 2nd edn, III, pp. 76–82

Chaudhuri, K. N. (1985), *Trade and Civilization in the Indian Ocean*, Cambridge

Cheddadi, A. (1986), *Ibn Khaldūn: peuples et nations du monde*, 2 vols., Paris

Coulson, N. J. (1964), *A History of Islamic Law*, Edinburgh

Crone, P. and Hinds, M. (1986), *God's Caliph: Religious Authority in the First Centuries of Islam*, Cambridge

Daftary, F. (1990), *The Ismā'īlis: Their History and Doctrines*, Cambridge

Encyclopaedia of Islam (1913–35), 1st edn, 4 vols. and supplement, Leiden and London; 2nd edn 10 vols. and supplement, Leiden and London, 1954–

Gibb, H. A. R. (1962), *Studies on the Civilization of Islam*, ed. S. J. Shaw and W. R. Polk, London

Goitein, S. D. (1942), 'The origin of the vizierate and its true character', *Islamic Culture* 16: 255–62, 380–92

Goitein, S. D. (1961), 'On the origin of the term vizier', *Journal of American Oriental Studies* 80: 425–6

Goitein, S. D. (1966), *Studies in Islamic History and Institutions*, Leiden

Gottheil, R. (1906), 'A distinguished family of Fatimid Cadis (Al-Nu'man) in the tenth century', *Journal of the American Oriental Society* 27: 217–96

Halm, H. (1978), *Kosmologie und Heilslehre der frühen Ismāʿīlīya*, Wiesbaden

Hamblin, W. J. (1987), 'The Fatimid army during the early crusades', PhD Michigan 1985; fascimile reprint, Ann Arbor

Hasan, Y. F. (1967), *The Arabs and the Sudan*, Edinburgh

Hazard, H. W. (1952), *The Numismatic History of Late Medieval North Africa*, New York

Hodgson, M. G. S. (1955), *The Order of Assassins*, The Hague

Hodgson, M. G. S. (1962), 'Al-Darazī and Hamza in the origin of the Druze religion', *Journal of the American Oriental Society* 82: 5–20

Hodgson, M. G. S. (1968), 'The Ismāʿīlī state', in *Cambridge History of Iran* (1968), v, pp. 422–82

Hodgson, M. G. S. (1974), *The Venture of Islam*, 3 vols., Chicago and London

Idris, H. R. (1962), *La Bérberie orientale sous les Zirides*, 2 vols., Paris

Johns, J. (1993), 'The Norman kings of Sicily and the Fatimid caliphate', *ANS* 15: 133–59

Kennedy, H. (1986), *The Prophet and the Age of the Caliphates*, Harlow

Ladak, H. A. (1971), 'The Fatimid caliphate and the Ismāʿīlī Daʿwa: from the appointment of Mustaʿli to the suppression of the dynasty', PhD, London

Lambton, A. K. S. (1965), 'Reflections of the Iqtaʿ', in G. Makdisi (ed.), *Arabic and Islamic Studies in Honor of Hamilton A. R. Gibb*, Leiden, pp. 358–76

Lambton, A. K. S. (1981), *State and Government in Medieval Islam*, Oxford

Lane-Poole, S. (1906), *The Story of Cairo*, London

Lane-Poole, S. (1914), *A History of Egypt in the Middle Ages*, 2nd edn, London

Launois, A. (1964), 'Influence des docteurs malékites sur le monnayage ziride de type sunnite et sur celui des Almoravides', *Arabica* 11: 127–50

Lev, Y. (1981), 'The Fatimid vizier Yaʿqūb ibn Killis and the beginning of the Fatimid administration in Egypt', *Der Islam* 58: 237–49

Lewis, B. (1967), *The Assassins*, London

Lewis, B. (1974), *Islam from the Prophet Muhammed to the Capture of Constantinople*, 2 vols., New York

Lombard, M. (1975), *The Golden Age of Islam*, Amsterdam, Oxford and New York

Lyons, M. C. and Jackson, D. E. P. (1982), *Saladin: The Politics of Holy War*, Cambridge

Makarem, S. N. (1970), 'Al-Hākim bi-amrillah's appointment of his successors', *Al-Abhāth* 23: 319–24

Mamour, P. H. (1934), *Polemics on the Origin of the Fatimi Caliphs*, London

Maspéro, J. and Wiet, G. (1919), *Matériaux pour servir à la géographie de l'Egypte*, Cairo

Mez, A. (1937), *The Renaissance of Islam*, trans. S. K. Baksh and D. Margoliouth, Patna

Momen, M. (1985), *An Introduction to Shiʿi Islam*, New Haven and London

Mottahedeh, R. P. (1980), *Loyalty and Leadership in an Early Islamic Society*, Princeton

Poonwala, I. K. (1977), *Biobibliography of Ismaʿili Literature*, Malibu

Rabie, H. (1972), *The Financial System of Egypt, AH 564–741 / AD 1169–1341*, Oxford

Raymond, A. (1993), *Le Caïre*, Paris

Rosenthal, E. I. J. (1962), *Political Thought in Medieval Islam*, Cambridge

Runciman, S. (1951–4), *A History of the Crusades*, 3 vols., Cambridge

Sanders, P. A. (1989), 'From court ceremony to urban language: ceremonial in Fatimid Cairo and Fustāt', in C. E. Bosworth *et al.* (eds.), *The Islamic World from Classical to Modern Times: Essays in Honor of Bernard Lewis*, Princeton, pp. 311–21

Sanders, P. A. (1992), 'Claiming the past: Ghadir Khumm and the rise of Hāfizī historiography in late Fatimid Egypt', *Studia Islamica* 75: 81–104

Sanders, P. A. (1994), *Ritual, Politics and the City in Fatimid Cairo*, New York

Sato, T. (1982), 'The Iqtā' system of Iraq under the Buwayhids', *Orient* 18: 83–105

Shaban, M. A. (1976), *Islamic History: A New Interpretation*, II: *750–1055 (AH 132–448)*, Cambridge

Stern, S. M. (1949), 'Ismā'īlī propaganda and Fatimid rule in Sind', *Islamic Culture* 23: 298–308

Stern, S. M. (1950), 'The epistle of the Fatimid Caliph al-Āmir (al-Hidāya al-Āmiriyya) – its date and purpose', *JRAS*: 20–31

Stern, S. M. (1951), 'The succession to the Fatimid Imam al-Āmir, the claims of the later Fatimids to the imamate, and the rise of Tayyibī Ismā'īlism', *Oriens* 4: 193–255

Stern, S. M. (1955), 'Heterodox Ismā'īlism at the time of al-Mu'izz', *BSOAS* 17: 10–33

Stern, S. M. (1983), *Studies in Early Ismā'īlism*, Jerusalem and Leiden

Stern, S. M. (1984), *History and Culture of the Medieval Muslim World*, London

Turner, B. S. (1974), *Weber and Islam*, London

Vatikiotis, P. J. (1957), *The Fatimid Theory of State*, Lahore

Von Grunebaum, G. E. (1955), *Islam: Essays in the Nature and Growth of a Cultural Tradition*, London

Walker, P. E. (1993), 'The Isma'ili Da'wa in the reign of the Fatimid Caliph al-Hakim', *Journal of the American Research Center in Egypt* 30: 161–82

Watt, W. M. (1953), *The Faith and Practice of al-Ghazali*, London

Williams, C. (1983, 1985), 'The cult of 'Alid saints in the Fatimid monuments of Cairo', *Muqarnas* I: 37–52; 3: 39–60

第二十三章　赞吉王朝、阿尤布王朝和塞尔柱人

Ashtor, E. (1969), *Histoire des prix et des salaires dans l'Orient médéval*, Paris

Ashtor-Strauss, E. (1956), 'L'administration urbaine en Syrie médiévalé', *Rivista degli Studi Orientali* 31: 73–128

Ayalon, D. (1977), 'Aspects of the Mamluk phenomenon: Ayyubids, Kurds, and Mamluks', *Der Islam* 54: 1–32

Ayalon, D. (1981), 'From Ayyubids to Mamluks', *Revue des Etudes Islamiques* 49: 43–57

Barthold, W. (Bartol'd, V. V.) (1968), *Turkestan down to the Mongol Invasion*, 3rd rev. edn, London

Berchem, M. van (1922, 1927), *Matériaux pour un Corpus Inscriptionum Arabicarum: deuxième partie: Syrie du Sud, Jérusalem* (Mémoires de l'Institut Français d'Archeologie Orientale au Caire 43–4), 2 vols., Paris and Cairo

Bosworth, C. E. (1968), 'The political and dynastic history of the Iranian world (AD 1000–1217)', in J. H. Boyle (ed.), *Cambridge History of Iran*, V, Cambridge, pp. 1–202

Bosworth, C. E. (1995), 'Saldjukids', in *Encyclopaedia of Islam*, 2nd edn, VIII, pp. 936–59

Cahen, C. (1940), *La Syrie du Nord à l'époque des croisades et la principauté franque d'Antioche*, Paris

Cahen, C. (1953), 'L'évolution de l'iqta' du IXe au XIIIe siècle', *Annales ESC* 8: 25–52

Cahen, C. (1958–9), 'Mouvements populaires et autonomisme urbain dans l'Asie musulmane du moyen âge', *Arabica* 5: 225–50; 6: 25–56, 233–65

Cahen, C. (1960a), 'Atabak', in *Encyclopaedia of Islam*, 2nd edn, I, pp. 731–2

Cahen, C. (1960b), 'Ayyubids', in *Encyclopaedia of Islam*, 2nd edn, I, pp. 796–807

Cahen, C. (1977), *Makhzumiyyat: études sur l'histoire économique et financière de l'Egypte médiévale*, Leiden

Chamberlain, M. (1994), *Knowledge and Social Practice in Medieval Damascus, 1190–1350*, Cambridge

Eddé, A.-M. (1986), 'Ridwan, prince d'Alep de 1095 a 1113', *Revue des Etudes Islamiques* 54: 101–25

Eddé, A.-M. (1999), *La principauté d'Alep (579/1183-658/12)* (Freiburger Islamstudien zi), Skuttgart

Ehrenkreutz, A. S. (1955), 'The place of Saladin in the naval history of the Mediterranean Sea', *Journal of the Americal Oriental Society* 75: 100–16

Ehrenkreutz, A. S. (1972), *Saladin*, Albany, NY

Elisseeff, N. (1952–54), 'La titulature de Nur ad-Din d'après ses inscriptions', *Bulletin d'Etudes Orientales* 14: 155–96

Elisseeff, N. (1967), *Nur ad-Din: un grand prince musulman de Syrie au temps des croisades (511–569 H / 1118–1167 AD)*, 3 vols., Damascus

Gaube, H. and Worth, E. A. (1984), *Aleppo: Historische und geographische Beiträge zur baulichen Gestaltung, zur sozialen Organisation, und zur wirtschaftlichen Dynamik einer vorderasiastischen Fernhandelmetropole* (Tübinger Atlas des Vorderen Orients: Beihefte, Reihe B, no. 58), Wiesbaden

Gibb, H. A. R. (1962), 'The Armies of Saladin', in H. A. R. Gibb, *Studies on the Civilization of Islam*, ed. S. J. Shaw and W. R. Polk, London

Gibb, H. A. R. (1969a), 'Zengi and the Fall of Edessa', in K. M. Setton (gen. ed.), *A History of the Crusades*, 2nd edn, I, Madison, WI, pp. 449–62

Gibb, H. A. R. (1969b), 'The career of Nur al-Din', in K. M. Setton (gen. ed.), *A History of the Crusades*, 2nd edn, I, Madison, WI, pp. 513–27

Gibb, H. A. R. (1969c), 'The rise of Saladin', in K. M. Setton (gen. ed.), *A History of the Crusades*, 2nd edn, I, Madison, WI, pp. 563–89

Gibb, H. A. R. (1969d), 'The Aiyubids', in K. M. Setton (gen. ed.), *A History of the Crusades*, 2nd edn, vol. II, Madison, WI, pp. 693–714

Gibb, H. A. R. (1973), *Saladin*, Oxford

Gottschalk, H. L. (1958), *Al-Malik al-Kamil von Egypten und seine Zeit*, Wiesbaden

Havemann, A. (1975), *Ri'āsa und Qadā': Institutionen als Ausdruck wechselnder Kräfteverhältnisse in syrische Städten vom 10. bis zum 12. Jahrhundert*, Freiburg im Breisgau

Havemann, A. (1989), 'The vizier and the ra'is in Saljuq Syria: the struggle for urban self-representation', *International Journal of Middle East Studies* 21: 233–42

Heyd, W. (1885–6), *Geschichte des Levantehandels im Mittelalter*, 2 vols., Stuttgart (1879); trans. F. Raynaud, *Histoire du commerce du Levant au moyen âge*, 2 vols., Leipzig, 1885–6; repr. Leipzig, 1936 and Amsterdam, 1967

Hillenbrand, C. (1981), 'The career of Najm al-Din Il-Ghazi', *Der Islam* 58: 250–92

Hoch, M. (1993), *Jerusalem, Damaskus und der zweite Kreuzzug*, Frankfurt

Holt, P. M. (1986), *The Age of the Crusades: The Near East from the Eleventh Century to 1517*, London

Horst, H. (1964), *Die Staatsverwaltung der Grosselǧuqen und Ḫorazmshahs*, Wiesbaden

Humphreys, R. S. (1977a), *From Saladin to the Mongols: The Ayyubids of Damascus 1193–1260*, Albany, NY

Humphreys, R. S. (1977b), 'The emergence of the Mamluk army', *Studia Islamica* 45: 67–99; 46: 147–82

Humphreys, R. S. (1989), 'Politics and architecture patronage in Ayyubid Damascus', in C. E. Bosworth *et al.* (eds.), *The Islamic World from Classical to Modern Times: Essays in Honour of Bernard Lewis*, Princeton, pp. 151–74

Humphreys, R. S. (1994), 'Women as patrons of architecture in Ayyubid Damascus', *Muqarnas* 11: 35–54

Humphreys, R. S. (1998), 'Ayyubids, Mamluks, and the Latin east in the thirteenth century', *Mamluk Studies Review* 2: 1–18

Klausner, K. (1973), *The Seljuk Vezirate: A Study of Civil Administration, 1055–1194*, Cambridge, MA

Kohler, M. (1991), *Allianzen und Vorträge zwischen fränkischen und islamischen Herrschen im Vorderen Orient*, Berlin

Labib, S. (1965), *Handelsgeschichte Ägyptens im Spätmittelalter, 1171–1517*, Wiesbaden

Lambton, A. K. S. (1953), *Landlord and Peasant in Persia*, London

Lambton, A. K. S. (1968), 'The internal structure of the Saljuq empire', in J. A. Boyle (ed.), *The Cambridge History of Iran*, v, Cambridge, pp. 203–82

Lambton, A. K. S. (1988), *Continuity and Change in Medieval Persia: Aspects of Administrative, Economic and Social History, 11th–14th Century*, Albany, NY

Lewis, B. (1967), *The Assassins: A Radical Sect in Islam*, London

Lyons, M. C. and Jackson, D. E. P. (1982), *Saladin: The Politics of Holy War*, Cambridge

Mouton, J.-M. (1994), *Damas et sa principauté sous les Saljoukides et les Bourides, 468–549 / 1076–1154*, Cairo

Patton, D. (1991), *Badr al-Din Lu'lu': Atabeg of Mosul, 1211–1259*, Seattle, WA

Pouzet, L. (1988), *Damas au VIIe/XIIIe siècle: vie et structures religieuses dans une métropole islamique*, Beirut

Pryor, J. H. (1988), *Geography, Technology and War: Studies in the Maritime History of the Mediterranean, 649–1571*, Cambridge

Rabie, H. (1972), *The Financial System of Egypt, AH 564–741 / AD 1169–1341*, London

Répertoire chronologique d'épigraphie arabe, ed. E. Combe, J. Sauvaget and G. Wiet, 17 vols. so far, Cairo (1931–)

Sato Tsugitaka (1997), *State and Rural Society in Medieval Islam: Sultans, Muqtaʿs and Fallahin*, Leiden

Sauvaget, J. (1934), 'Esquisse d'une histoire de la ville de Damas', *Revue des Etudes Islamiques* 8: 421–80

Sauvaget, J. (1941), *Alep: essai sur le développement d'une grande ville syrienne des origines au milieu du XIXe siècle*, 2 vols., Paris

Schaube, A. (1906), *Handelsgeschichte der romanischen Völker des Mittelmeergebiets bis zum Ende der Kreuzzüge*, Berlin

Sivan, E. (1968), *L'Islam et la croisade: idéologie et propagande dans les réactions musulmanes aux croisades*, Paris

Sourdel, D. (1949–51), 'Les professeurs de madrasa à Alep aux XIIe–XIIIe siècles', *Bulletin d'Etudes Orientales* 13: 95–115

Al-Tabba, Y. (1982), 'The architectural patronage of Nur al-Din (1146–1174)', 2 vols., PhD, New York

Tabbaa, Y. (al-Tabba) (1997), *Constructions of Power and Piety in Medieval Aleppo*, University Park, PA

Yared-Riachi, M. (1997), *La Politique extérieure de la principauté de Damas, 468–549 H/1076–1154*, Damascus

索　引

902

903

904

---

*　文中206页提到的是苏格兰国王阿尔弗雷德，此处原英文索引有误——译者注

905

---

* 原文有误，应为 532——译者注

908

909

911

912

913

916

917

921

923

924

925

926

929

934

935

938

940

941

943

944

946

947

948

950

953

957

959